Infanteriewaffen gestern

ILLUSTRIERTE ENZYKLOPÄDIE DER INFANTERIE-WAFFEN AUS ALLER WELT

INFANTERIE-WAFFEN
GESTERN (1918-1945)
BAND 2

Reiner Lidschun
Günter Wollert

Brandenburgisches Verlagshaus

Die Deutsche Bibliothek – CIP-Einheitsaufnahme

Infanteriewaffen gestern : (1918–1945) / Reiner Lidschun ;
Günter Wollert. – Berlin : Brandenburgisches Verl.-Haus.
(Illustrierte Enzyklopädie der Infanteriewaffen aus aller Welt)
ISBN 3-89488-036-8
NE: Lidschun, Reiner; Wollert, Günter

Bd. 2. – 3. Aufl. – 1998

Bildquellen: Archiv

ISBN 3-89488-036-8

Alle Rechte, auch die des auszugsweisen Nachdrucks, der fotomechanischen
Wiedergabe und der Übertragung in Bildstreifen, vorbehalten.
3. Auflage
© Brandenburgisches Verlagshaus in der Dornier Medienholding, Berlin 1998
Printed in Germany
Gesamtgestaltung: Ingeburg Zoschke/Wolfgang Ritter
Gesamtherstellung: Offizin Andersen Nexö, Leipzig

gedruckt in leipzig

WAFFEN

Italien

Selbstladepistole Modell Beretta 1934 und Versionen 9 mm bzw. 7,65 mm

Kurz vor dem ersten Weltkrieg war die italienische Firma Pietro Beretta S.p.A. in Gardone Val Trompia/Brescia zu einem der bedeutendsten Waffenproduzenten des Landes herangereift. Ab 1903 hatte man das bereits 1680 gegründete Unternehmen modernisiert und es in wenigen Jahren zu einer noch leistungsfähigeren Produktionsstätte als zuvor profilieren können. Außer anderen Waffen entstanden dort damals unter Leitung von Tullio Marengoni, dem späteren Chefingenieur und Entwicklungschef, Selbstladepistolen guter Qualität.

Im zweiten Jahr des ersten Weltkriegs gelang dem Betrieb ein großer Geschäftserfolg. Mit der Beretta-Pistole Modell 1915 – das waren Waffen mit 7,65 mm und 9 mm Kaliber von zum Teil geringfügig unterschiedlicher technischer Ausstattung – machte er den Standard-Faustfeuerwaffen der italienischen Streitkräfte Konkurrenz. Das Heer führte damals die im Lande entwickelte Selbstladepistole Modell Glisenti 1910, die Marine die Selbstladepistole Modell Mauser C 96 (s. dort) aus Deutschland. Darüber hinaus gehörten aber auch Ruby-Pistolen Modell 1916 aus Spanien sowie teils aus Frankreich importierte, teils in Italien hergestellte Revolver zum Bestand. Beretta konnte diese Faustfeuerwaffen weitgehend verdrängen. Nur die Glisenti-Pistole kam noch einmal zu einem gewissen Comeback, als sie Ende des zweiten Weltkriegs wieder an bewaffnete Formationen verteilt wurde.

Zu dieser Zeit führten die Streitkräfte offiziell nur noch die Beretta-Pistolen. Der Betrieb in Brescia hatte sich zu einem der wichtigsten Waffenlieferanten entwickelt. Die Firma erzielte ab 1919 aber auch bedeutende Gewinne auf dem privaten Markt. Zu den Verkaufsschlagern gehörte damals die neukonstruierte Taschenpistole Modell 1919 mit dem Kaliber 6,35 mm. Wie die Waffe von 1915 wurde sie auch Brevetto-Pistole genannt. Sie war zwar weitgehend auf der Grundlage des erfolgreichen Kriegsmodells konstruiert, im Gegensatz zu diesem jedoch anders ausgestattet worden.

Funktionierte die Waffe von 1915 mit einem verdeckten Hahn, so wirkte die Schlagfeder der Taschenpistole direkt auf den Schlagbolzen. Für dieses Modell verwendete Marengoni erstmals konstruktive Details, die auch für alle folgenden Beretta-Pistolen benutzt wurden. Er verlängerte die obere Aussparung des Verschlußstücks bis zum Laufende und konnte dadurch auf eine separate Öffnung zum Auswerfen der Patronenhülsen verzichten. Außerdem stattete er den Lauf mit einem gefrästen Ansatz aus und lagerte ihn in den Ausfräsungen des Griffstücks.

Die Taschenpistole wurde später verbessert. Eine Version war das Modell 1926, eine weitere das Modell 418, von dem es auch die Luxusausführungen 420 und 421 gab. Die Waffe von 1926, oftmals ebenfalls als Brevetto-Pistole 1919 bezeichnet, stand in zwei Modifikationen zur Verfügung: zunächst ohne, später mit Unterbrecher an der Abzugsstange, aber stets mit zusätzlicher Griffsicherung. Ab 1935 erhielten die Pistolen ein formverändertes Griffstück. Das war das oben erwähnte Modell 418. Man produzierte es in Standard- und Luxusausführung noch nach 1945 und verkaufte es wie alle Taschenpistolen mit großem Erfolg an zivile Kunden, nicht nur in Italien.

Da sich die konstruktiven Änderungen bewährten, wurden sie auch für die Pistolen übernommen, die Browning-Patronen 7,65 mm verschossen. So rüstete man 1922 die während des ersten Weltkriegs vor allem von Offizieren getragene Beretta-Pistole Modell 1915 sowohl mit dem anderen Verschlußstück als auch mit der verbesserten Lauflagerung aus, behielt aber im Unterschied zum Brevetto-Modell 1919 den verdeckten Hahn bei. Auf diese Weise veränderte Waffen wurden teils

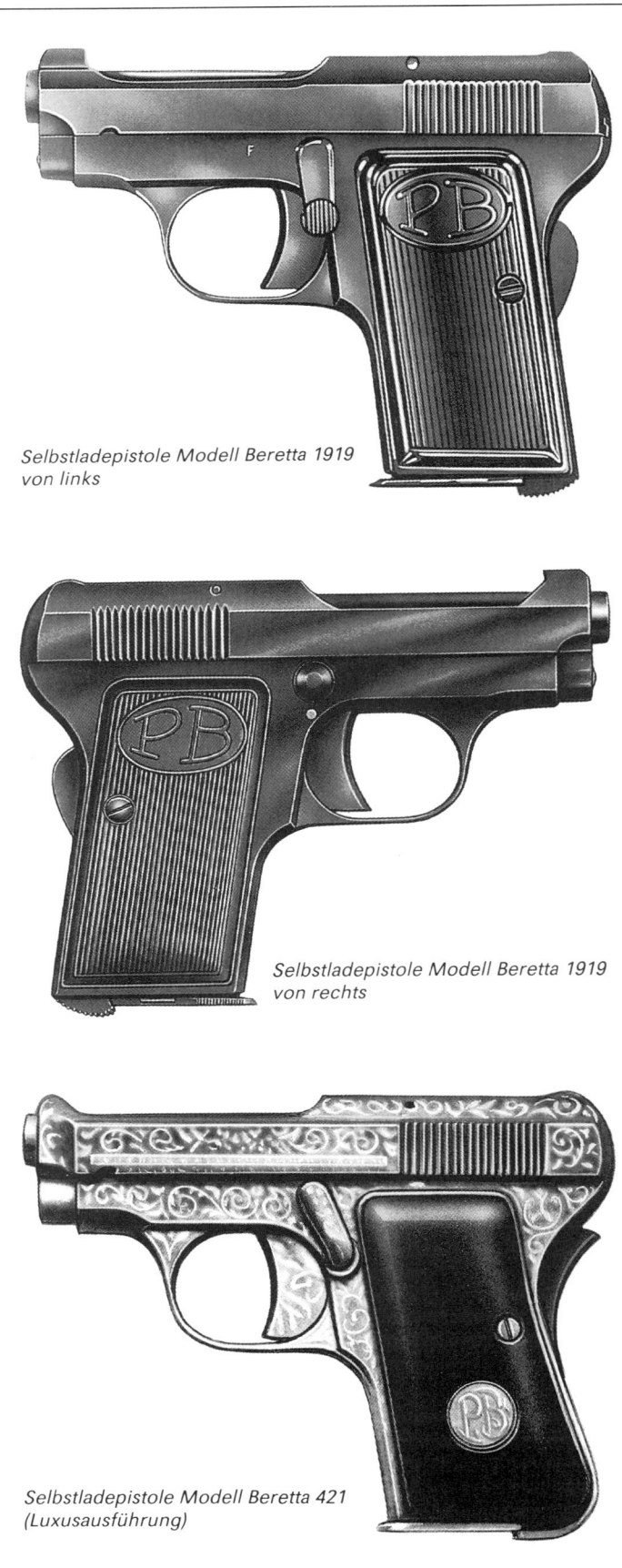

Selbstladepistole Modell Beretta 1919 von links

Selbstladepistole Modell Beretta 1919 von rechts

Selbstladepistole Modell Beretta 421 (Luxusausführung)

Modell 1915/19, teils Modell 1922 genannt und in großer Stückzahl verkauft.

Im Jahre 1923 setzte die Firma Beretta sozusagen einen neuen Akzent. Mit dem Modell 1923 stellte sie eine Waffe von 9 mm Kaliber vor. Sie war mit einem außenliegenden Hahn ausgestattet. Ein Hahn solcher Art gehört zu den typischen Kennzeichen sämtlicher folgender Pistolenmodelle der Firma aus Brescia. Die Waffe war wie die Militärversion des entsprechenden Kalibers von 1915 für die Glisenti-Patrone 9 mm eingerichtet. Derartige Munition, schwächer als Parabellum-Patronen 9 mm, hatte man seinerzeit für die Ordonnanzwaffe, das Glisenti-Modell 1910, entwickelt.

Abgesehen von Hahn, Verschlußstück und Lauflagerung sowie einigen anderen Details, war die Pistole von 1923 mit dem Modell aus dem Kriege weitgehend identisch. Sie erhielt aber keine Pufferfeder, sondern einen Pufferring aus Gummi. Als Militärwaffe konzipiert, lieferte man sie in heute nicht mehr bekannter Stückzahl auch mit einer Tasche, die als Anschlagkolben benutzt werden konnte. In Italien zwar erprobt, hatte die Firma mit Pistolen Modell 1923 jedoch keinen Erfolg, wohl aber in Argentinien. Die Polizei von Buenos Aires und weitere Polizeiformationen des Landes übernahmen sie in ihren Bestand und importierten beachtliche Mengen.

Anfang/Mitte der dreißiger Jahre kam das Unternehmen dann aber mit den Streitkräften und der Polizei des seit Oktober 1922 faschistischen Staates Italien noch besser ins Geschäft als während des ersten Weltkriegs. Die Firma sicherte sich mit Weiterentwicklungen auf der Grundlage bewährter Konstruktionen eine als Waffenlieferant dominierende Stellung. Italiens Streitkräfte und Polizeiformationen übernahmen Beretta-Pistolen der Modelle 1931, 1932, 1934 und 1935 in ihren Bestand, zumeist offiziell als Ordonnanzwaffen. Diese unterscheiden sich vom Modell 1923 nur geringfügig. Abgesehen davon, daß sie keinen Pufferring, aber geringere Abmessungen haben, besteht der wesentlichste Unterschied in der für sie benötigten Munition.

Der erneute Einstieg glückte mit der für die Browning-Patrone 7,65 mm eingerichteten Pistole Modell 1931. Sie avancierte zur Dienstwaffe der Marine. Ihre kurz darauf präsentierte, für die Browning-Patrone 9 mm kurz eingerichtete Version Modell 1932 wurde bei bewaffneten Formationen zwar nicht offiziell geführt, aber verwendet. Obwohl in beträchtlicher Stückzahl produziert, gilt diese Pistole als eine Art Prototyp der zwei Jahre später übernommenen Armeewaffe Modell 1934. Sie verschießt Munition desselben Typs und unterscheidet sich von der Erstausführung Modell 1932 lediglich auf Grund der eleganteren Form ihres Griffes und des für seine Schalen benutzten Materials: Kunststoff statt Holz. Schließlich stellte die Firma mit dem Modell 1935 auch eine für die Patrone 7,65 mm Browning eingerichtete Version mit modernisiertem Griff vor. Manche dieser Waffen haben ein extrem leichtes Verschlußstück. Die Beretta-Pistole Modell 1934 wurde vom Heer, das Modell 1935 von Luftwaffe und Polizei eingeführt.

Nach 1945 einigten sich die Militärs zunächst auf das Modell 1934 als für alle Waffengattungen verbindliche Standardpistole. Sie wurde bis Ende der fünfziger Jahre hergestellt und gehörte sogar noch 1986 zur strukturmäßigen Bewaffnung, ihre Ablösung begann aber bereits 1951 durch die für Munition des Typs Parabellum 9 mm eingerichtete Beretta-Pistole Modell 951

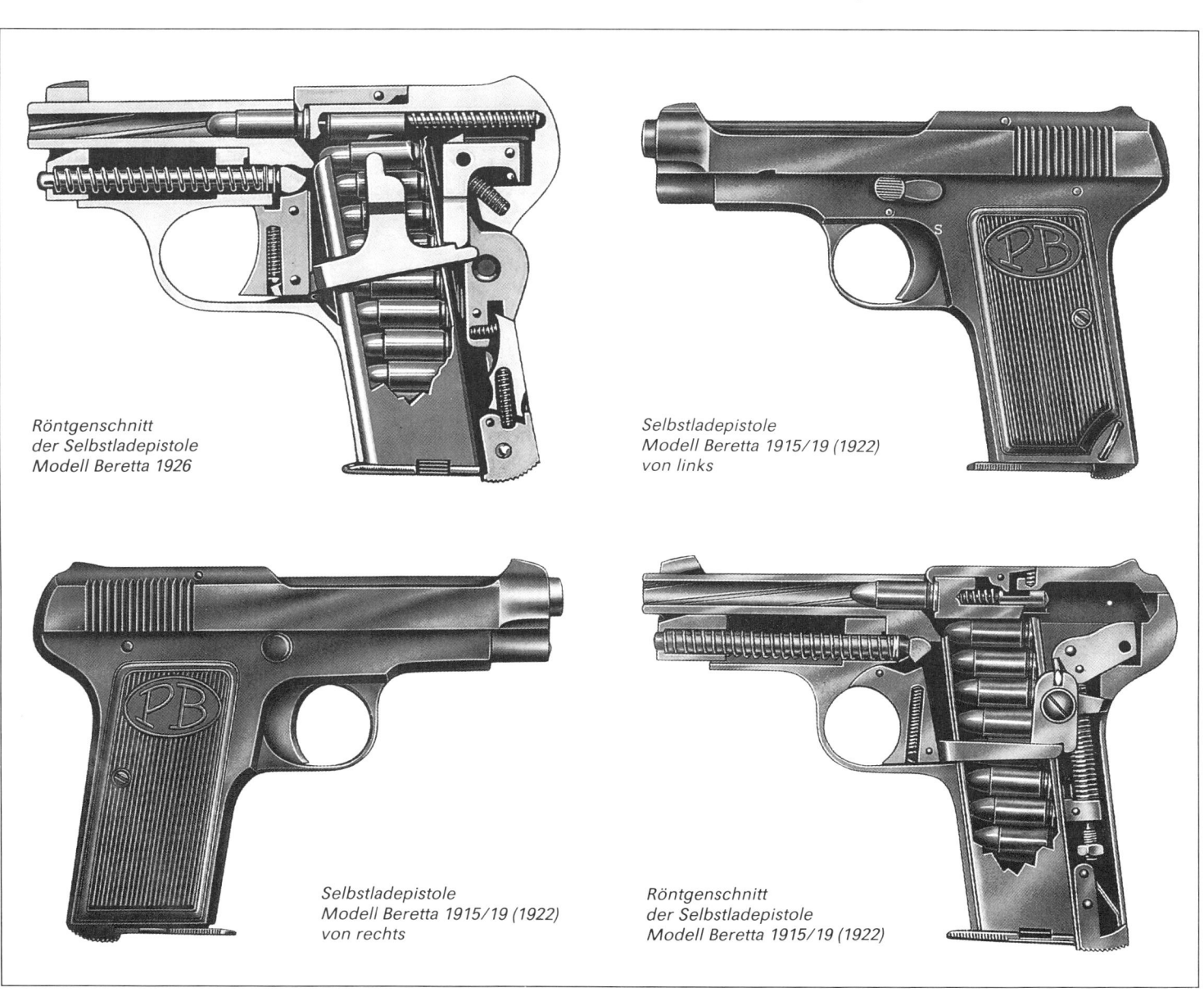

Röntgenschnitt der Selbstladepistole Modell Beretta 1926

Selbstladepistole Modell Beretta 1915/19 (1922) von links

Selbstladepistole Modell Beretta 1915/19 (1922) von rechts

Röntgenschnitt der Selbstladepistole Modell Beretta 1915/19 (1922)

Italien

(s. »Schützenwaffen heute«). Die Entscheidung war also für eine Waffe von stärkerer Durchschlagskraft der Geschosse gefallen. Damit konnte ein beim Vorkriegsmodell jahrelang beanstandeter Mangel abgestellt werden.

Daß man diese Kritik erst mit den Ende der vierziger Jahre begonnenen Entwicklungsprojekten ernst nahm, ist erstaunlich; denn die Selbstladepistole wurde schon seit ihrer relativ frühzeitigen Einführung von den italienischen Militärs als wichtiges, ja unverzichtbares Kampf- bzw. Verteidigungsmittel geschätzt. Die Streitkräfte benötigten und benutzten Pistolen in großer Anzahl. Man brauchte sie für Offiziere, zum Teil auch für Unteroffiziere. Sie gehörten zur Standardbewaffnung von Besatzungen gepanzerter Gefechtsfahrzeuge und Flugzeuge sowie zur Ausrüstung der Marine.

Da man den Bedarf nie vollständig decken konnte, haben die Militärs für den zivilen Markt bestimmte Beretta-Pistolen oftmals aufgekauft, ebenso Pistolen anderer Typen. Dies erklärt auch die Tatsache, daß die Militärmodelle 1931 bis 1935 im Gegensatz zu

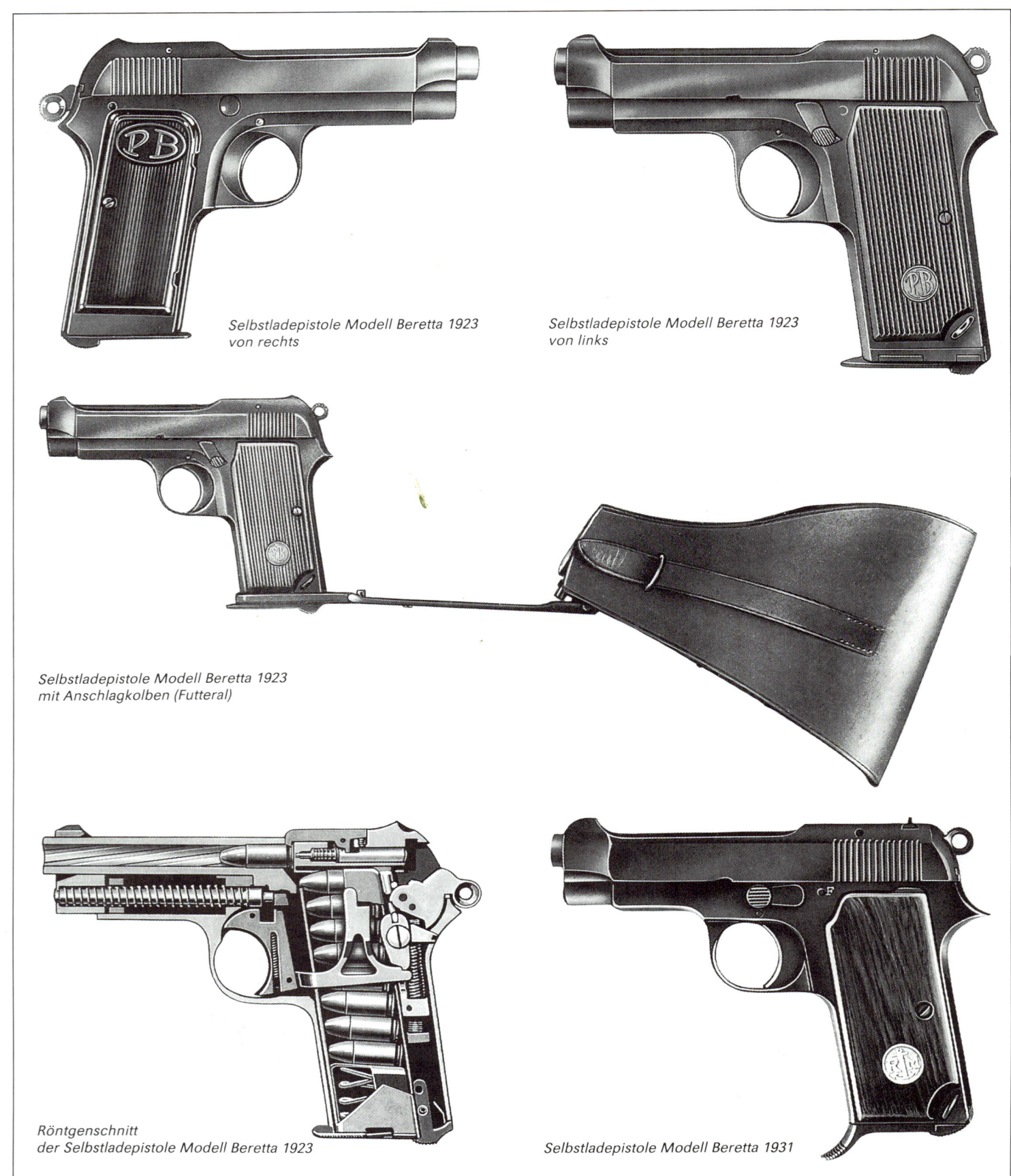

Selbstladepistole Modell Beretta 1923 von rechts

Selbstladepistole Modell Beretta 1923 von links

Selbstladepistole Modell Beretta 1923 mit Anschlagkolben (Futteral)

Röntgenschnitt der Selbstladepistole Modell Beretta 1923

Selbstladepistole Modell Beretta 1931

den anderen Beretta-Pistolen nur in vergleichsweise geringer Stückzahl exportiert werden konnten. Ein weltweiter Export in nennenswerten Dimensionen hat erst nach 1945 begonnen. Während des zweiten Weltkriegs sind Beretta-Pistolen auch von der deutschen Wehrmacht benutzt worden.

Die Selbstladepistole Modell Beretta 1934 ist ein Rückstoßlader mit Feder/Masse-Verschluß und außenliegendem Hahn ohne Spannabzug. Der Hahn wird mit dem Daumen der Schießhand gespannt. Ein geübter Schütze kann die Waffe auch problemlos wieder entspannen, muß aber darauf achten, daß sein Daumen dabei nicht vom Hahn abgleitet. Das Tragen der geladenen und entspannten Pistole ist ungefährlich. Der Hahn wird in der Sicherheitsraste arretiert.

Der Sicherungshebel wirkt auf Abzug und Abzugsstange. Er befindet sich vor der linken Griffschale, gut erreichbar vom Daumen. Nach dem letzten Schuß bleibt der Verschluß offen. Die gleitenden Teile werden jedoch nicht von einem Sperrhebel gefangen, sondern vom Zubringer des leeren Magazins. Das Herausnehmen ist daher nicht einfach. Hat der Schütze das Magazin entfernt, gleitet der Schlitten nach vorn. Nach Einführen eines vollen Magazins muß man das Verschlußstück erneut zurückziehen.

Eine starke Patrone vom Kaliber 9 mm, etwa Munition des Typs Parabellum, ist für diese Beretta-Pistole nicht verwendbar. Daher wird die schwächere, für den militärischen Einsatz weniger geeignete kurze Browning-Patrone benutzt. Das Magazin hat eine Fingerstütze. So findet die Hand des Schützen bzw. sein kleiner Finger am relativ kleinen Griffstück besseren Halt.

Gezielt wird mittels festjustierter Visierung. Der Abzugsweg ist kurz, der Abzugswiderstand nicht unerheblich, die Treffsicherheit dennoch beachtlich, die Durchschlagskraft des Geschosses jedoch zu gering. Auf 25 m Distanz wird trockenes Tannenholz von 88 mm Dicke durchschlagen. Manche Pistolen wurden mit Schalldämpfer geliefert. Er verringert den Mündungsknall um etwa 80 Prozent.

Wie alle Beretta-Pistolen ist dieses Modell eine robuste, einfache und handliche Konstruktion von sehr guter Verarbeitung und relativ eleganter Form. Die Pistole hat eine gute Handlage und gilt trotz der relativ schwachen Patrone als brauchbare Verteidigungswaffe.

Sie wird wie folgt auseinandergenommen: Verschlußstück so weit zurückziehen, daß der Sicherungshebel nach vorn in die Aussparung des Verschlußstücks eingreift. Lauf nach hinten drücken und dann nach oben herausnehmen, Sicherungshebel drehen und Verschlußstück nach vorn abziehen.

Selbstladepistole Modell Beretta 1934 von links

Selbstladepistole Modell Beretta 1934 von rechts

Daten: Selbstladepistole Modell Beretta 1919

Kaliber:	6,35 mm	Patrone:	6,35 × 15,5 HR
v_0:	215 m/s	Lauflänge:	60 mm
Länge Waffe:	113 mm	Züge/Richtung:	6/r
Höhe Waffe:	90 mm	Magazinkapazität:	8 Schuß
Länge Visierlinie:	101 mm	Einsatzschußweite:	25 m
Masse ohne Magazin:	0,310 kg		

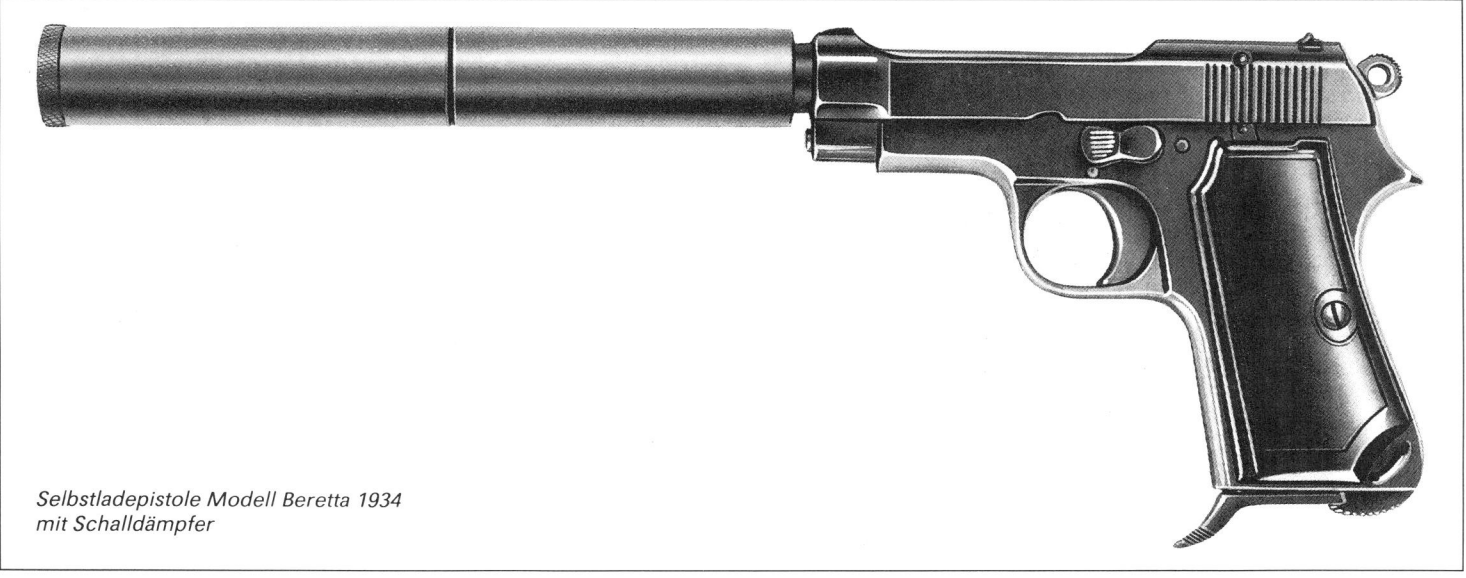

Selbstladepistole Modell Beretta 1934 mit Schalldämpfer

Italien

Selbstladepistole Modell Beretta 1935 von links

Selbstladepistole Modell Beretta 1935 von rechts

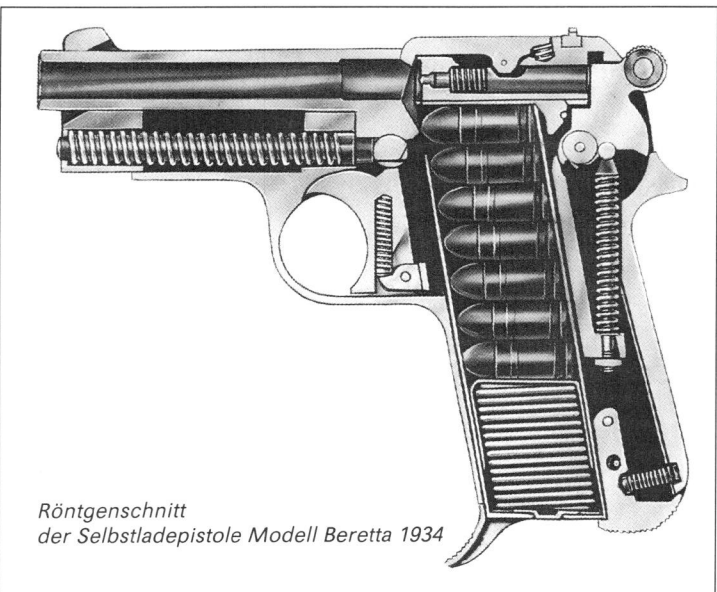

Röntgenschnitt der Selbstladepistole Modell Beretta 1934

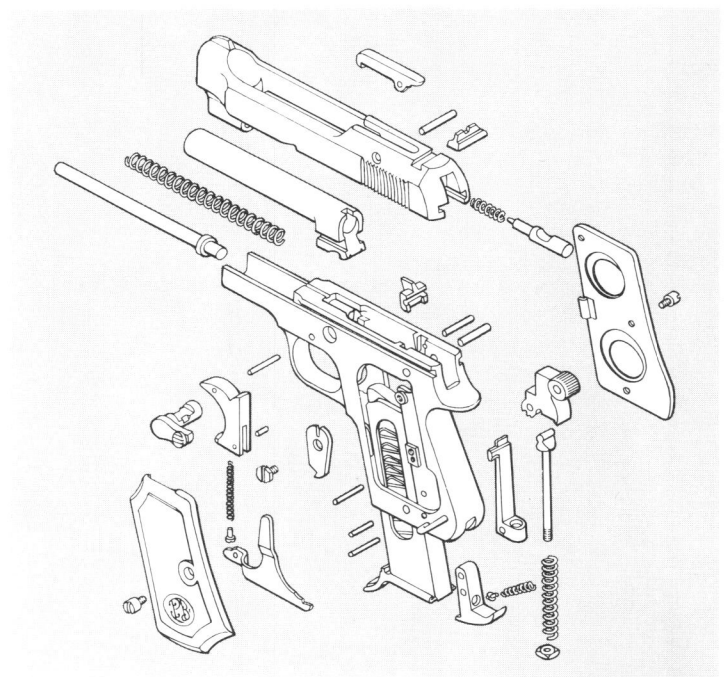

Explosionszeichnung der Selbstladepistole Modell Beretta 1934

Daten: Selbstladepistole Modell Beretta 1915/19 (1922)

Kaliber:	7,65 mm	Patrone:	7,65 × 17 HR
v_0:	295 m/s	Lauflänge:	85 mm
Länge Waffe:	151 mm	Züge/Richtung:	6/r
Höhe Waffe:	114 mm	Magazinkapazität:	8 Schuß
Länge Visierlinie:	mm	Einsatzschußweite:	35 m
Masse ohne Magazin:	0,580 kg		

Daten: Selbstladepistole Modell Beretta 1923

Kaliber:	9 mm	Patrone:	9 × 19[1]
v_0:	290 m/s	Lauflänge:	102 mm
Länge Waffe:	167 mm	Züge/Richtung:	6/r
Höhe Waffe:	131 mm	Magazinkapazität:	8 Schuß
Länge Visierlinie:	122 mm	Einsatzschußweite:	40 m
Masse ohne Magazin:	0,900 kg		

[1] Glisenti M 10.

Daten: Selbstladepistole Modell Beretta 1931

Kaliber:	7,65 mm	Patrone:	7,65 × 17 HR
v_0:	295 m/s	Lauflänge:	85 mm
Länge Waffe:	150 mm	Züge/Richtung:	6/r
Höhe Waffe:	110 mm	Magazinkapazität:	8 Schuß
Länge Visierlinie:	108 mm	Einsatzschußweite:	35 m
Masse ohne Magazin:	0,560 kg		

Daten: Selbstladepistole Modell Beretta 1932

Kaliber:	9 mm	Patrone:	9 × 17
v_0:	265 m/s	Lauflänge:	85 mm
Länge Waffe:	150 mm	Züge/Richtung:	6/r
Höhe Waffe:	120 mm	Magazinkapazität:	7 Schuß
Länge Visierlinie:	mm	Einsatzschußweite:	40 m
Masse ohne Magazin:	0,570 kg		

Daten: Selbstladepistole Modell Beretta 1934

Kaliber:	9 mm	Patrone:	9 × 17
v_0:	265 m/s	Lauflänge:	89 mm
Länge Waffe:	150 mm	Züge/Richtung:	6/r
Höhe Waffe:	123 mm	Magazinkapazität:	7 Schuß
Länge Visierlinie:	108 mm	Einsatzschußweite:	40 m
Masse ohne Magazin:	0,660 kg		

Daten: Selbstladepistole Modell Beretta 1935

Kaliber:	7,65 mm	Patrone:	7,65 × 17 HR
v_0:	295 m/s	Lauflänge:	88 mm
Länge Waffe:	146 mm	Züge/Richtung:	6/r
Höhe Waffe:	123 mm	Magazinkapazität:	8 Schuß
Länge Visierlinie:	104 mm	Einsatzschußweite:	35 m
Masse ohne Magazin:	0,620 kg		

Maschinenpistolen des Systems Beretta 9 mm:
Modell 1938 A, Modelle 1938/42 und 1938/44 sowie Modell 1

Italien

Bereits Ende des ersten Weltkriegs waren bei der italienischen Firma Pietro Beretta S.p.A. in Gardone Val Trompia/Brescia Maschinenpistolen hergestellt worden. Auf Bitte der Militärs hatte man dort mit der Beretta-MPi Modell 1918 eine wesentlich leichtere, unkomplizierter bedienbare und alles in allem wirkungsvollere Waffe konstruiert, als es die seit 1915 verfügbare MPi Modell Villar Perosa zu jener Zeit sein konnte.

Konstrukteur des Systems Villar Perosa war der Italiener Abiel Betel Revelli gewesen, Erstproduzent die Firma Officini de Villar Perosa (OVP) mit Sitz in der italienischen Stadt identischen Namens. Während des ersten Weltkriegs als Ordonnanzwaffe der Streitkräfte geführt, konnte der Bedarf vom Entwicklerbetrieb nicht gedeckt werden. So bezog man weitere Unternehmen in die Fertigung ein – die Firma Fiat und den kanadischen Betrieb Canadian General Electric Company Ltd. in Toronto.

In seiner Erstausführung war das Kampfmittel neuen Typs eigentlich noch keine Maschinenpistole in für heutige Begriffe truppendiensttauglicher Bauweise, sondern eine Kombination von zwei auf einer Stützvorrichtung montierten Einzelwaffen ohne Schaft, aber mit bronzenen Haltegriffen. Dieses System verfeuerte aus zwei leicht gebogenen Stangenmagazinen zugeführte Glisenti-Patronen 9 mm des Typs M 10. Die Magazine waren oben offen, wurden von oben eingesetzt und, ohne abgenommen werden zu müssen, auch von oben nachgefüllt. Die Kapazität betrug 25 Schuß, die Feuergeschwindigkeit etwa 1 500 S/min, und zwar je Magazin bzw. je Waffe. Der Schütze konnte die beiden Abzugsknöpfe separat oder zusammen betätigen.

Als Handfeuerwaffe ließ sich die Konstruktion damals noch nicht verwenden, wohl aber wie ein Dauerfeuer schießendes leichtes Maschinengewehr zu ebener Erde auf Einbein, Zweibein oder Dreibein, des weiteren als festinstalliertes Kampfmittel an Bord von Krädern mit Beiwagen und Kraftfahrzeugen sowie auf Booten und Schiffen, ja sogar in Flugzeugen. Zur Handfeuerwaffe avancierte das System erst nach entsprechendem Umbau durch den Entwicklerbetrieb, vermutlich um 1920.

Wurde die Erstausführung je nach Hersteller MPi Villar Perosa 1915, Fiat-MPi oder Revelli Automatic Machine Gun, mitunter aber auch Revelli-MPi genannt, erhielt die Weiterentwicklung von 1920 den Namen MPi Modell OVP. Heute bezeichnet man sämtliche Waffen solchen Typs zumeist einheitlich als Maschinenpistolen Modell Villar Perosa und meint damit sowohl die Erst- als auch die Zweitversion. In dieser weiterentwickelten Ausführung soll sie von italienischen Infanteristen noch 1940 bei den Kämpfen in Nordafrika benutzt worden sein.

Die Weiterentwicklung war eine Maschinenpistole mit Holzschäftung und Kolben für den Schulteranschlag. Obwohl sie völlig anders aussah als das Modell von 1915, stimmte das Funktionssystem prinzipiell überein. Der Verschluß war eine Konstruktion derselben Art. Er funktionierte nach dem Prinzip des verzögerten Rücklaufs. Das Magazin, ebenfalls unverändert, wurde in gleicher Weise von oben eingesetzt und mit Patronen derselben Anzahl sowie desselben Typs gefüllt.

Der Schütze konnte sie nicht nur per Dauerfeuer, sondern auch einzeln verschießen, indem er die unterschiedliche Feuerart an einem der beiden Abzüge wählte. Von veränderter Konstruktion waren Spannvorrichtung und Lauf. Statt mit zwei Spannhebeln wurde die Maschinenpistole mit einem runden Spannstück ausgerüstet. Dieser Bauteil befand sich hinter dem Magazin. Der Lauf war etwa 420 mm kürzer und steckte in halber Länge in einem Mantel ohne Kühllöcher.

Bevor das System Villar Perosa zur Maschinenpistole dieser Version umgebaut wurde, lagen bereits Erfahrungen über bei Gefechten eingesetzte Waffen solcher Art vor. Das betraf nicht nur die Erstausführung der Villar-Perosa-MPi, sondern insbesondere Maschinenpistolen zweier anderer Konstrukteure. Der eine war Tullio Marengoni, damals ein junger Ingenieur des italienischen Unternehmens Beretta in Gardone/Brescia, dessen Entwicklungschef er später wurde; der andere war Hugo Schmeisser, ein anerkannter Waffenexperte bei der deutschen Firma Theodor Bergmann in Suhl. Marengoni hatte auf der Grundlage des Systems Villar Perosa die eingangs erwähnte Beretta-MPi Modell 1918 konstruiert, Schmeisser die als Modell 18/1 bekanntgewordene Bergmann-MPi entwickelt.

Als sie dem Heer des damaligen kaiserlichen Deutschland geliefert wurde, kämpften italienische Infanteristen schon mit Waffen der Konstruktion Revellis und Marengonis. Daher ist man sich noch heute nicht einig darüber, welche von ihnen als erste Maschinenpistole der Welt gelten kann. Es gibt sogar Fachleute, die in die engere Wahl auch die Steyr-Pistole Modell 1912 aus Österreich einbeziehen, und dies mit folgendem Argument: Ab Februar 1916 stand diese Waffe als Version P 16 mit Dauerfeuereinrichtung, Anschlagkolben und Magazin für 16 Patronen

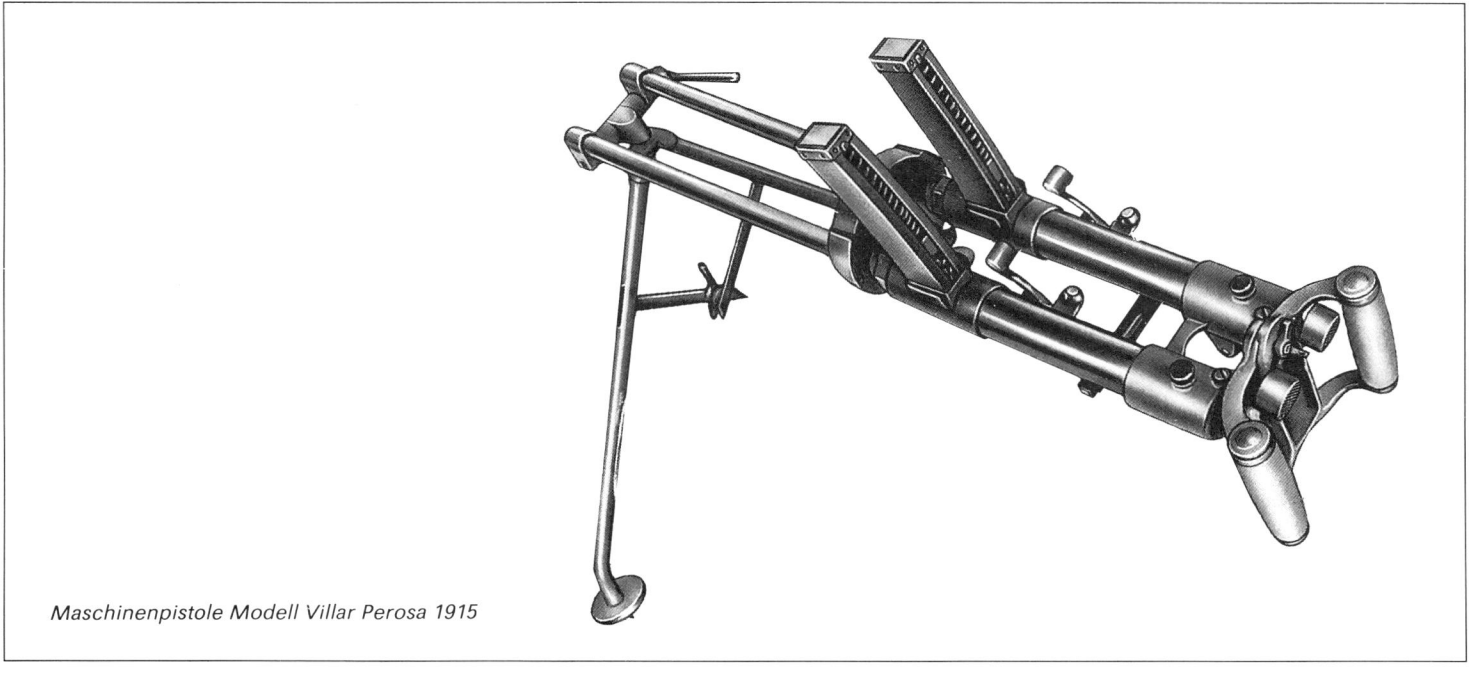

Maschinenpistole Modell Villar Perosa 1915

zur Verfügung und konnte wie eine Klein-Maschinenpistole benutzt werden.

Da jede Auseinandersetzung darüber immer von unterschiedlichen Standpunkten bestimmt sein wird, ist ein solcher Streit völlig müßig. Nachfolgend der Versuch einer zusammenfassenden sachlichen Einschätzung: Die Villar Perosa der Erstausführung war ein als leichtes Maschinengewehr eingesetztes System. Da es allgemein als Maschinenpistole bezeichnet wird, besteht keine Veranlassung, es in diesem Buch etwa anders zu nennen. Die Weiterentwicklung von Marengoni war zwar auf jeden Fall eine Maschinenpistole, allerdings nicht von solchen Parametern, daß man sie als für jede Gefechtssituation geeignet einstufen könnte. Die Bergmann-MPi Modell 18/1 hingegen entsprach bei taktisch richtiger Anwendung den in sie gesetzten Erwartungen. Sie erwies sich aus damaliger Sicht als funktionstüchtige Waffe. Wenn sie unter diesem Aspekt als erste truppendiensttaugliche Maschinenpistole überhaupt einrangiert wird, ist das nicht falsch.

Unbestritten sind in diesem Zusammenhang aber auch folgende Tatsachen: Konstrukteure aus Italien haben sich als erste in der Welt in Sachen Maschinenpistole verdient gemacht, die Militärs dieses Landes schon zu einer Zeit waffentechnischen Weitblick bewiesen, als die Generalität sämtlicher anderer Staaten Maschinenpistolen noch ablehnte. Die für die Ausrüstung der italienischen Streitkräfte verantwortlichen Dienststellen engagierten sich nicht nur für die Entwicklung von Waffen der neuen Art, sondern sie reihten sie sofort in die strukturmäßige Ausrüstung ein, da sie erstmals verfügbar waren. Jedoch fehlte es nach dem Kriege an der notwendigen Konsequenz, diesen Weg weiter zu gehen.

Die Beretta-MPi von 1918 und die Villar-Perosa-MPi der Erstausführung haben trotz unterschiedlichen Aussehens eine Reihe von völlig identischen Bauteilen: Verschluß und Zuführsystem funktionierten nach demselben Prinzip. Sie waren für Glisenti-Patronen 9 mm eingerichtet, die aus einem Magazin von 25 Schuß Kapazität ein und desselben Typs zugeführt wurden. Abgesehen von den veränderten Abmessungen, stimmten Lauf und Gehäuse zwar miteinander überein, wirken jedoch auf den ersten Blick unterschiedlich — schaftlos beim System Villar Perosa, eingebettet in Holzschäftung mit langem Kolben und weit nach vorn reichendem Handschutz bei der Beretta-MPi.

Obwohl diese Waffe ebenfalls nur Dauerfeuer schoß, hatte sie keinen Auslöseknopf, sondern ein Abzugssystem wie ein Gewehr. An der Laufmündung befand sich eine Halterung für ein klappbar befestigtes Bajonett. Marengonis Konstruktion auf der Grundlage des Villar-Perosa-Systems war die erste als Handfeuerwaffe einsetzbare Maschinenpistole der italienischen Infanterie. Über die Stückzahl ist nichts bekannt, wohl aber über die

Maschinenpistole Modell OVP (Modell Villar-Perosa, Zweitversion)

Maschinenpistole Modell Beretta 1918 mit abgeklapptem Bajonett

Selbstladekarabiner Modell Beretta 1918/30 mit angeklapptem Bajonett

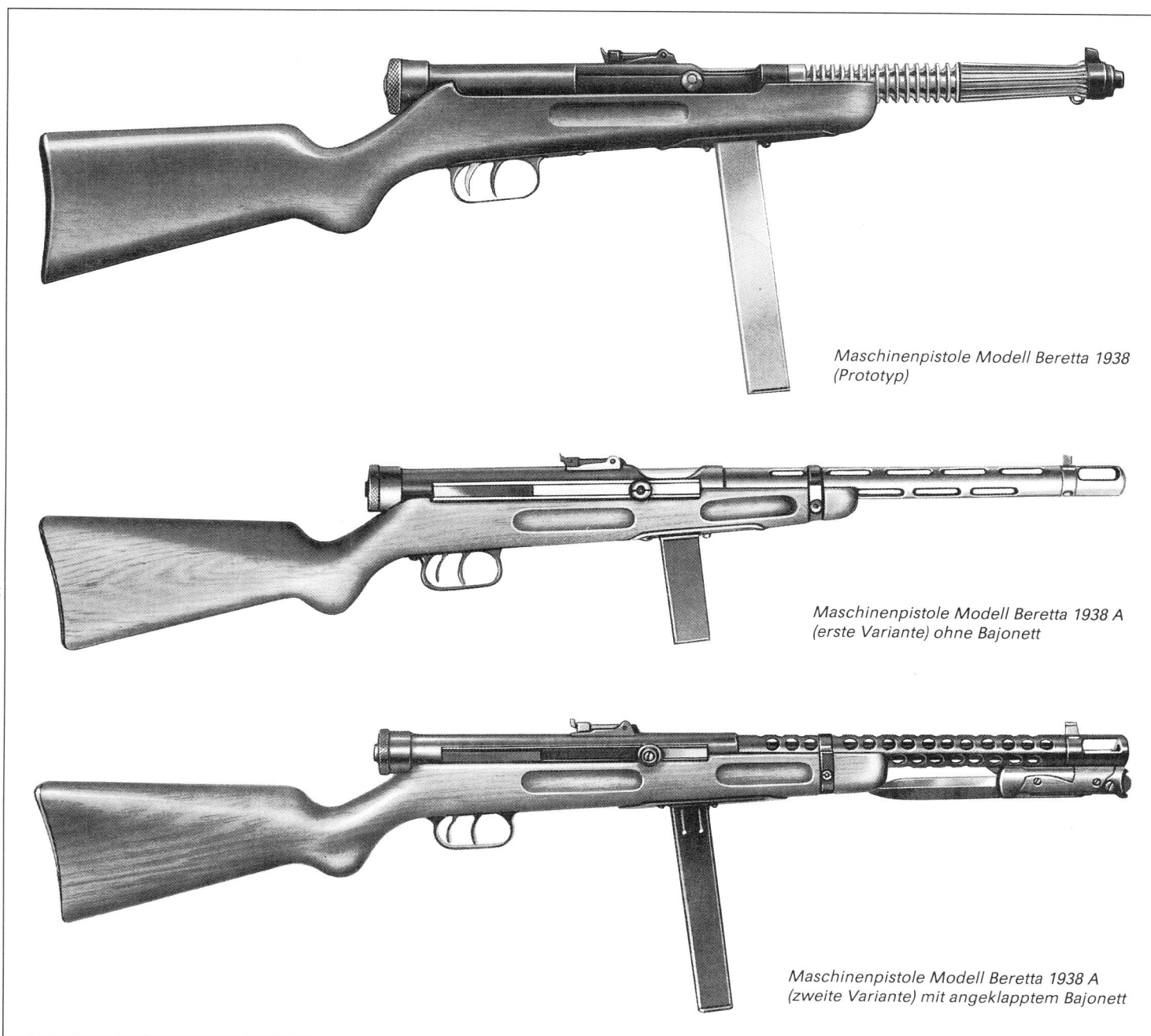

Maschinenpistole Modell Beretta 1938 (Prototyp)

Maschinenpistole Modell Beretta 1938 A (erste Variante) ohne Bajonett

Maschinenpistole Modell Beretta 1938 A (zweite Variante) mit angeklapptem Bajonett

Dienstzeit. Solche Waffen gehörten von Frühsommer 1918 bis Mitte des zweiten Weltkriegs zur Ausrüstung.

Marengoni hat diese Konstruktion erst Ende der zwanziger Jahre zum Modell 1918/30 weiterentwickelt, zu einer aufschießenden Waffe mit Schlagstück. Allerdings war sie in dieser Version keine Maschinenpistole, sondern ein Einzelfeuer schießender Selbstladekarabiner mit Holzkolben und Klappbajonett. Das gerade Stangenmagazin mußte von unten angesetzt, die Zielvorrichtung konnte von 100 m bis 500 m Entfernung eingestellt werden. Für die Polizei konzipiert, fand die Konstruktion in Italien jedoch keine Interessenten. Die wenigen Waffen, die hergestellt wurden, gingen ins Ausland. Käufer waren argentinische Polizeiformationen.

Mit dem Modell 1935, einem ähnlichen Selbstladekarabiner, blieb Marengoni ebenfalls ohne Erfolg, nicht jedoch mit seiner auf dieser Waffe basierenden Konstruktion von 1938. Diese Maschinenpistole war die erfolgreichste Waffe der norditalienischen Firma und wurde schließlich in mehreren Versionen in Massenproduktion hergestellt.

Maschinenpistolen solchen Typs hatten zwar noch nicht während des Krieges gegen Äthiopien von Oktober 1935 bis Mai 1936 zur Verfügung gestanden, kamen aber noch rechtzeitig für einen Einsatz im spanischen Bürgerkrieg. An der Seite des faschistischen deutschen Staates bot Italien nach Unterzeichnung der Achse Berlin–Rom vom 25. Oktober 1936 gegen Spanien bis 1939 schließlich vier Divisionen mit insgesamt 50 000 Soldaten auf. Außer mit deutschen Waffen kämpften sie auch mit neuentwickelten Maschinenpistolen aus landeseigener Produktion. Gegen das Anfang April 1939 annektierte Albanien sind sie ebenfalls eingesetzt worden.

Als Italien am 11. Juni 1940 in den zweiten Weltkrieg eingriff, war ein Großteil der Infanterie mit Beretta-Maschinenpistolen ausgerüstet. Allerdings führte man sie – Inkonsequenz wie bei der Generalität der meisten anderen Länder – nur als Zweitwaffe. Das änderte sich erst infolge der gemeinsam mit den deutschen Truppen verlorenen Schlachten in Afrika und in der Sowjetunion. Als im Juni 1943 die Alliierten auf Sizilien landeten, war die Anzahl der bei der Infanterie Italiens etatmäßig geführten Maschinenpistolen bereits beachtlich gewachsen und mindestens jeder Gruppenführer mit einer Beretta-MPi ausgerüstet.

Ihre Massenfertigung hatte Mitte 1942 begonnen. Im September des folgenden Jahres wurde sie enorm forciert. Fast alle ab Spätsommer/Herbst 1943 bei Beretta produzierten Waffen – das betraf nicht nur Maschinen-, sondern auch Selbstladepistolen – beschlagnahmte die deutsche Wehrmacht, die zu dieser Zeit Italien besetzt hielt. Ab 1944 hat sie monatlich etwa 20 000 Beretta-Maschinenpistolen für die eigene Ausrüstung

Italien

beansprucht. Viele davon wurden von Partisanen erbeutet und im Widerstandskampf benutzt.

Die MPi Modell Beretta 1938 A, eine zuschießende Waffe, ist ein Rückstoßlader mit unverriegeltem Masseverschluß. Die um den Schlagbolzen angeordnete Schließfeder hat einen geringen Durchmesser. Der hintere Teil dieser Feder befindet sich im Gehäuseverschluß. Der Schlagbolzen ist separat, bei Waffen aus späterer Produktion aber feststehend.

Der Lauf steckt in einem Mantel mit zahlreichen Kühlschlitzen oder -löchern. Das Kurvenvisier kann bis 500 m Entfernung eingestellt werden. Die Schäftung reicht bis weit vor den Magazinschacht. All diese Bauteile hat man bei den weiterentwickelten Modifikationen verändert. Der Lauf wurde verkürzt und massegekühlt, die Visierschußweite auf 200 m Distanz reduziert, der Vorderschaft nur bis an den Magazinschacht herangeführt.

Der Spanngriff befindet sich rechts an der Verschlußhülse auf einer den Schlitz verdeckenden Blechschiene. Nicht direkt mit dem Verschlußstück verbunden, gleitet er daher aus zurückgezogener Position nicht selbsttätig in seine Ausgangsstellung zurück. Der Schütze muß ihn wieder nach vorn schieben. Dort verbleibt er unbeweglich während des Schießens.

Hat der Schütze das Vorschieben verabsäumt, wird der Spanngriff vom Verschlußstück nach vorn gestoßen, wenn dieses vorgleitet. Störungen sind dabei kaum zu vermeiden. Einerseits kann der Spannmechanismus beschädigt, andererseits das vorgleitende Verschlußstück abgebremst werden. In solchem Fall ist es möglich, daß die nächste Patrone nicht zugeführt oder nicht gezündet wird. Bei vorschriftsmäßiger Handhabung hat diese Konstruktion allerdings den Vorzug völliger Unbeweglichkeit sämtlicher außenliegenden Waffenteile.

Sowohl der Verschluß als auch der Magazinschacht sind weitgehend vor Verschmutzung geschützt. Der Führungsschlitz für den Spanngriff wird von der schon erwähnten Blechschiene verdeckt, der Schacht bei abgenommenem Magazin von einer Klappe verschlossen. Der Magazinschacht befindet sich unten, die Auswerferöffnung für die Hülsen links oben.

Die Munition wird aus einem geraden Stangenmagazin zugeführt. Das Standardmagazin kann mit 40 Patronen gefüllt werden. Außerdem gab es Magazine mit 10, 20 oder 30 Schuß Kapazität. Das sind Parabellum-Patronen 9 mm des italienischen Typs M 1938 von stärkerer Laborierung als die übliche Munition. Diese läßt sich zwar ebenfalls benutzen, jedoch mit dem Nachteil wesentlich reduzierter Feuer- und Mündungsgeschwindigkeit sowie geringerer Durchschlagsleistung. Ein weiterer Nachteil: Für Maschinenpistolen wurde andere Munition gebraucht als für die Standardpistole. Die Selbstladepistole Modell Beretta 1934 (s. dort) verschoß in der Version mit 9 mm Kaliber Munition des Typs Browning kurz.

Alle Maschinenpistolen sind für Einzel- und Dauerfeuer eingerichtet. Bei Einzelfeuer beträgt die praktische Feuergeschwindigkeit 40 S/min, bei Dauerfeuer 120 S/min. Der Schütze bestimmt die Feuerart durch Betätigen eines der beiden Abzüge – vorn Einzelfeuer, hinten Dauerfeuer. Diese Vorrichtung mit Doppelabzug gehört zu den charakteristischen Bauteilen sämtlicher Beretta-Maschinenpistolen dieses Typs.

Die Serienfertigung der ersten Ausführung begann 1938; die Serienfertigung der letzten Ausführung endete erst 1970. Erste Version war das Beretta-Modell 1938 A mit drei Varianten, letzte Version das Beretta-Modell 38/49 (s. »Schützenwaffen heute«) mit zwei Varianten. Zwischen der ersten und letzten Version gab

Maschinenpistole Modell Beretta 1938 A (dritte Variante) von links

Maschinenpistole Modell Beretta 1938 A (dritte Variante) von rechts

Röntgenschnitt der Maschinenpistole Modell Beretta 1938 A (dritte Variante)

*Maschinenpistole Modell Beretta 1
(Versuchswaffe für Fallschirmjäger)*

*Maschinenpistole Modell Beretta 1938/42
von links*

*Maschinenpistole Modell Beretta 1938/42
von rechts*

*Maschinenpistole Modell Beretta 1938/42
(Version 1938/43 mit Lauf ohne Kühlnuten)*

*Röntgenschnitt
der Maschinenpistole Modell Beretta 1938/42
(Detailansicht der Schließfeder)*

Italien

Italien

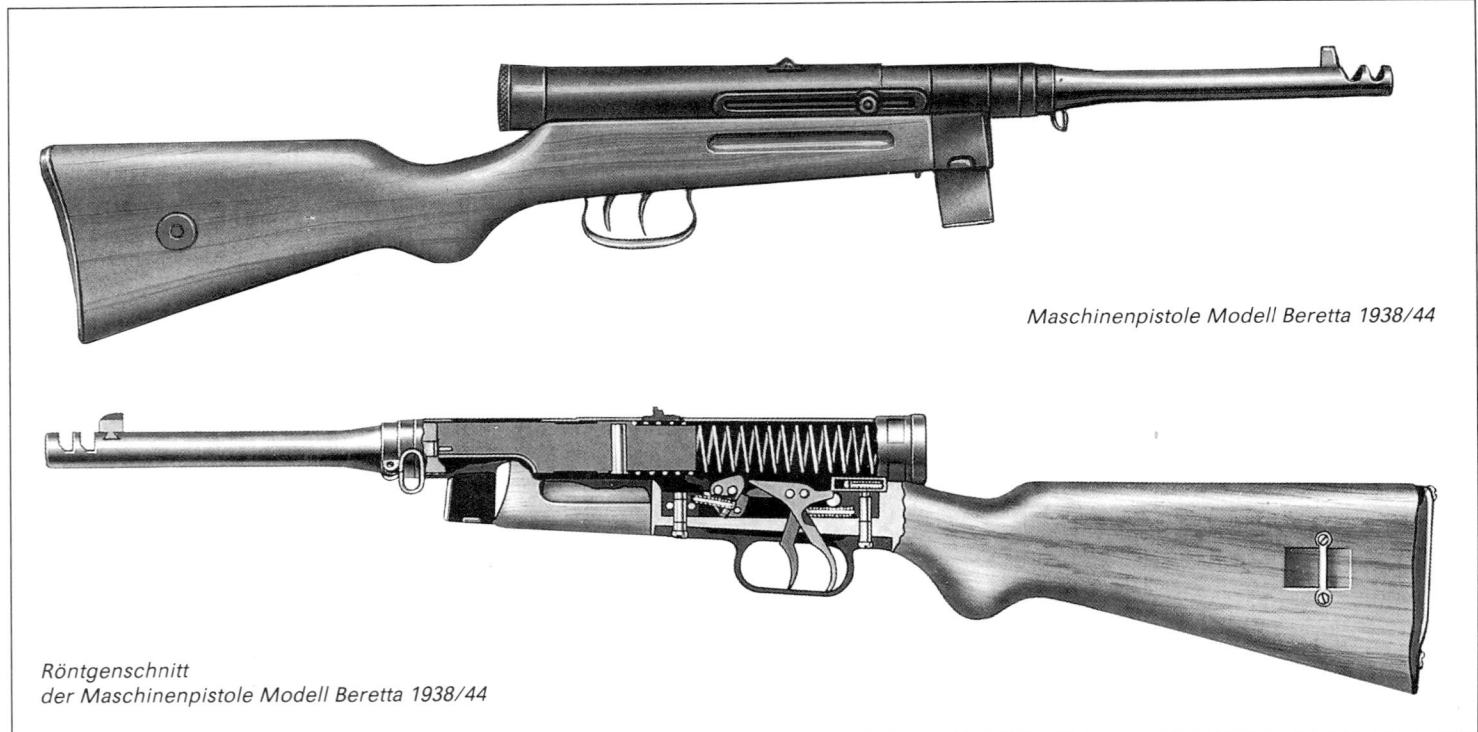

Maschinenpistole Modell Beretta 1938/44

Röntgenschnitt der Maschinenpistole Modell Beretta 1938/44

es mehrere, sich voneinander teils deutlich, teils geringfügig unterscheidende Modifikationen. Die meisten davon wurden hergestellt, einige blieben Prototypen.

Nachfolgend die Versionen auf einen Blick: Modell 1938 A in erster Variante von Januar 1938, Modell 1938 A in zweiter Variante von Mitte 1938, Modell 1938 A in dritter Variante von Ende 1938; Beretta-MPi Modell 1 von 1941; Modell 1938/42 von Mitte 1942 und Modell 1938/44 von Februar 1944; außerdem das Modell 38/49 von Anfang 1950 sowie die Maschinenpistolen der Modelle 2 von 1951, 3 von 1955, 4 von 1956 und 5 von 1957.

Sämtliche Maschinenpistolen mit Jahreszahl in der Modellbezeichnung waren Serienwaffen. Die anderen hingegen – abgesehen allerdings vom Modell 5 und einem Teil der Maschinenpistolen Modell 4 – blieben Prototypen. Obwohl die Beretta-MPi Modell 1 nur den Status einer Versuchswaffe erreichte, ist sie in heute nicht mehr bekannter Anzahl hergestellt und eingesetzt worden.

Um Irrtümer von vornherein auszuschließen, sind vor der Schilderung konkreter Fakten über die einzelnen Versionen ausführliche Erläuterungen bezüglich der Modelle 1 bis 5 notwendig: Die Entwicklung von Waffen dieser Versuchsreihe begann Ende 1940 und wurde nach 1945 fortgesetzt. Schon 1938/39 hatten die Militärs die Firma Beretta mit der Bereitstellung von Maschinenpistolen ähnlicher Art wie die deutsche MPi Modell 38 (s. dort) beauftragt. Im Unterschied zur Beretta-MPi mit Holzschäftung sollten das Waffen in Metallkonstruktion mit klappbarer Schulterstütze und Pistolengriff sein.

Das für Fallschirmjäger bestimmte Modell 1 von 1941 war die erste Konstruktion dieser Bauweise. Weitere folgten erst nach dem zweiten Weltkrieg. Sie blieben ausnahmslos Prototypen und wurden nicht mit Jahreszahl, sondern in Fortsetzung der damals begonnenen Bezeichnung benannt. Mitte der fünfziger Jahre, als bereits feststand, daß Beretta in absehbarer Zeit eine völlig neue Generation von Maschinenpistolen produzieren würde, erhielt dann die damalige Standardwaffe, das schon erwähnte Modell 38/49, die Bezeichnung des letzten von Marengoni konstruierten Prototyps Modell 4 und die vom Nachfolger des damaligen Entwicklungschefs modifizierte Variante der Nachkriegs-MPi folgerichtig die Bezeichnung Modell 5.

So verwirrend die Nomenklatur der Beretta-Maschinenpistolen nach 1945 ist, so übersichtlich war die Benennung davor. Waffen des Grundmodells 1938 A gab es in den drei folgenden Varianten:

Die erste Variante von Januar 1938 hat einen von einem Mantel mit langen Kühlschlitzen umgebenen Lauf und einen Mündungskompensator einfacher Konstruktion mit zwei großen Öffnungen. Der Sicherungshebel befindet sich links am Gehäuse, griffgünstig über dem Doppelabzug. Unter dem Lauf kann ein klappbares Bajonett befestigt werden. Die Stückzahl solcher Waffen war nur gering.

Die zweite Variante von Mitte 1938 hingegen wurde in größeren Serien gefertigt. Der Lauf hat ebenfalls einen Mantel, aber mit kleinen und runden Kühlöffnungen. Die Sicherung ist verbessert worden. Wenn der Schütze Einzelfeuer schießt, kann er den hinteren Abzug mit einem im Bügel installierten Schieber blockieren. Mündungskompensator und Bajonett blieben unverändert.

Die dritte Variante von Ende 1938 wurde bis 1942 produziert und vor allem an die italienischen Streitkräfte, in beachtlicher Stückzahl aber auch an die deutsche Wehrmacht geliefert. Rumänien führte das Modell 1938 ein, Argentinien nach Wiederbeginn der Fertigung neun Jahre später. Waffen dieser Ausführung haben einen Mündungskompensator mit vier Schlitzen. Auf das Bajonett hat man verzichtet.

Beretta-Maschinenpistolen Modell 1938 A werden als zuverlässige und präzise schießende Waffen eingeschätzt, deren Treffgenauigkeit auf Grund des zwar einfachen, doch äußerst wirksamen Mündungskompensators auch bei Dauerfeuer bemerkenswert hoch ist. Allerdings gibt es auch viele kritische Urteile, vor allem in bezug auf die relativ große Masse sowie die zeit- und kostenaufwendige Fertigungsweise. Alle Teile mußten im Fräsverfahren hergestellt werden.

Als man etwa ab 1940/41 einige von ihnen nach effektiverer Technologie fertigte – so wurde zum Beispiel der Laufmantel gestanzt, genietet und verschweißt – verringerten sich zwar die Kosten, jedoch nicht entscheidend. Bedeutende Einsparungen konnten erst bei der Massenproduktion der Modelle 1938/42 und 1938/44 erzielt werden. Sofern das technisch irgend möglich war, stellte man jeden Bauteil durch Stanzen und Prägen her und verband sie durch Nieten und Schweißen.

Die Beretta-MPi Modell 1938/42 hat zahlreiche veränderte Bauteile, teils im Inneren des Mechanismus, teils sichtbar von außen. Der Schlagbolzen ist feststehend, die Schließfeder anders geführt. Sie läuft auf einer Stange, die hinten in die Verschlußkappe mündet und dort geringfügig hervorsteht. Der Lauf ist kürzer und ohne Mantel; er wird massegekühlt und hat sechs in Längsrichtung verlaufende Kühlnuten, auf die man später jedoch wieder verzichtete. Maschinenpistolen ohne Kühlnuten werden oftmals als Modell 1938/43 bezeichnet.

Der Mündungskompensator, inzwischen fester Bestandteil des

Laufes, hat nur noch zwei tiefe Kerben. Das Klappvisier ist nur auf 100 m und 200 m Distanz einstellbar. Die Drehsicherung befindet sich links. Unter dem Lauf kann kein Bajonett aufgepflanzt werden. Der auffallendste Unterschied im Vergleich zu allen Beretta-Maschinenpistolen zuvor ist aber die veränderte Schäftung. Der Vorderschaft endet am Magazinschacht.

Die Serienfertigung solcher Waffen begann Mitte 1942. Sie gehörten zur Ausrüstung der italienischen Infanterie, wurden auch bei der deutschen Wehrmacht und in geringer Stückzahl ab 1943 bei den rumänischen Streitkräften geführt. Als diese sie übernahmen, produzierte Beretta unter deutscher Kontrolle bereits das modifizierte Modell 1938/44 mit verkürztem Verschluß und einer Schließfeder größeren Durchmessers, aber geringerer Länge. Ihre Führungsstange steht daher hinten nicht aus dem Gehäuse hervor. Man erkennt diese Waffen an der glatten Verschlußkappe.

Daten: Maschinenpistole Modell OVP
(Modell Villar-Perosa, Zweitversion)

Kaliber:	9 mm	Patrone:	9 × 19[1]
v_0:	380 m/s	Lauflänge:	279 mm
Länge Waffe:	902 mm	Züge/Richtung:	
Feuergeschwindigkeit:	900 S/min	Visierschußweite:	m
		Einsatzschußweite:	200 m
Munitionszuführung: Kurvenmagazin mit 25 Schuß			
Masse ohne Magazin:	3,63 kg		
Masse des vollen Magazins:	0,45 kg		

[1] Glisenti M 10.

Daten: Maschinenpistole Modell Beretta 1918

Kaliber:	9 mm	Patrone:	9 × 19[1]
v_0:	380 m/s	Lauflänge:	318 mm
Länge Waffe:	851 mm	Züge/Richtung:	
Feuergeschwindigkeit:	900 S/min	Visierschußweite:	m
		Einsatzschußweite:	200 m
Munitionszuführung: Kurvenmagazin mit 25 Schuß			
Masse ohne Magazin:	3,27 kg		

[1] Glisenti M 10.

Daten: Selbstladekarabiner Modell Beretta 1935

Kaliber:	9 mm	Patrone:	9 × 19[1]
v_0:	385 m/s	Lauflänge:	406 mm
Länge Waffe:	940 mm	Züge/Richtung:	
Feuergeschwindigkeit:	S/min	Visierschußweite:	m
		Einsatzschußweite:	200 m
Munitionszuführung: gerades Stangenmagazin mit 20 Schuß			
Masse ohne Magazin:	3,40 kg		

[1] Glisenti M 10.

Daten: Maschinenpistole Modell Beretta 1938 A

Kaliber:	9 mm	Patrone:	9 × 19[1]
v_0:	430 m/s[1]	Lauflänge:	315 mm
Länge Waffe:	946 mm	Züge/Richtung:	6/r
Feuergeschwindigkeit:	600 S/min[1]	Visierschußweite:	500 m
		Einsatzschußweite:	200 m
Munitionszuführung: gerades Stangenmagazin mit 10, 20, 30 bzw. 40 Schuß			
Masse ohne Magazin:	4,19 kg		

[1] Italienische Patrone M 1938 mit stärkerer Ladung; Parabellum-Patrone mit üblicher Ladung: 375 m/s und 400 S/min.

Daten: Maschinenpistole Modell Beretta 1 (Versuchswaffe)

Kaliber:	9 mm	Patrone:	9 × 19[1]
v_0:	380 m/s	Lauflänge:	198 mm
Länge Waffe:	711 mm	Züge/Richtung:	6/r
Feuergeschwindigkeit:	550 S/min	Visierschußweite:	200 m
		Einsatzschußweite:	200 m
Munitionszuführung: gerades Stangenmagazin mit 40 Schuß			
Masse ohne Magazin:	3,63 kg		

[1] Italienische Patrone M 1938 mit stärkerer Ladung.

Daten: Maschinenpistole Modell Beretta 1938/42

Kaliber:	9 mm	Patrone:	9 × 19[1]
v_0:	370 m/s	Lauflänge:	216 mm
Länge Waffe:	800 mm	Züge/Richtung:	6/r
Feuergeschwindigkeit:	400 S/min	Visierschußweite:	200 m
		Einsatzschußweite:	200 m
Munitionszuführung: gerades Stangenmagazin mit 20 bzw. 40 Schuß			
Masse ohne Magazin:	3,27–4,30 kg		

[1] Deutsche Patrone mit Standardlaborierung.

Maschinenpistole Modell FNAB 1943 9 mm

Maschinenpistolen wurden während des zweiten Weltkriegs im Adrialand Italien nicht nur bei der Firma Pietro Beretta S.p.A. produziert, sondern auch in anderen Betrieben. Mit der MPi Modell Beretta 1938 A und ihren Versionen (s. dort) stellte das profilierte Unternehmen aus Gardone Val Trompia/Brescia zwar die in großer Stückzahl gelieferte Standardwaffe der italienischen Streitkräfte, aber auch andere Konstrukteure als Berettas Chefingenieur Tullio Marengoni bemühten sich um die Entwicklung von Maschinenpistolen.

Diese Fachleute gehörten zur Fabrica Nazionale d'Armi (FNAB), einem in Brescia ansässigen Unternehmen. Nach dem Hersteller und dem Jahr ihres Produktionsbeginns nannte man die dort entwickelte Maschinenpistole Modell FNAB 1943. Zwar nicht offiziell eingeführt, wurden Waffen solchen Typs aber bei italienischen Truppen und auch bei militärischen Einheiten der deutschen Streitkräfte benutzt. Allerdings sollen bis Ende des zweiten Weltkriegs nur etwa 7 000 Stück hergestellt worden sein.

Über Produktionskosten sind keine Angaben verfügbar. Man kann aber annehmen, daß sie außerordentlich hoch waren; denn dieses Modell ist eine sehr komplizierte Waffe. Das betrifft ihren Funktionsmechanismus ebenso wie die Technologie bei der Fertigung ihrer Einzelteile. Um sie herzustellen, waren schwierige und zeitintensive Arbeitsgänge erforderlich, insbesondere für Waffen- und Magazingehäuse, die jeweils aus einem Stück gedreht und gefräst werden mußten. Manche Autoren bezeichnen das Modell als einen Triumph italienischer Handwerkskunst, für eine effektive Serienproduktion jedoch völlig ungeeignet. Es gibt Hinweise darauf, daß die Fertigung einer Maschinenpistole des Typs FNAB 1943 mindestens doppelt so lange dauerte wie die Produktion einer Beretta-MPi.

Die MPi Modell FNAB 1943 ist ein Rückstoßlader mit unverriegeltem, relativ kleinem und kurzem Feder/Masse-Verschluß. In manchen Veröffentlichungen wird informiert, er sei zweiteilig, in anderen, er sei dreiteilig. Der Mechanismus bewirkt einen verzögerten Rücklauf des Verschlußstücks. Die Waffe ist aufschießend und damit von einer für Maschinenpistolen relativ seltenen Konstruktion, der man den Schlagbolzen speziell anpassen mußte. Er arbeitet mit kurzer Verzögerung vor jedem Schuß.

Bei einem solchen Mechanismus ist die theoretische Feuergeschwindigkeit verhältnismäßig gering. In diesem Fall beträgt sie

Italien

Maschinenpistole Modell FNAB 1943 von links

Maschinenpistole Modell FNAB 1943 von rechts mit angeklappter Schulterstütze

Maschinenpistole Modell FNAB 1943 von rechts

Röntgenschnitt der Maschinenpistole Modell FNAB 1943

nur etwa 400 S/min. Die geringe Kadenz bewirkt eine sehr gute Stabilität. Die Waffe schießt auch bei länger anhaltendem Dauerfeuer mit wenig Streuung und daher gutem Trefferergebnis. Ihre Munition wird aus einem von unten einsetzbaren geraden Stangenmagazin zugeführt. Die meisten Magazine haben eine Kapazität von 20 Patronen. Einige sind größer und fassen 40 Schuß. Das sind Parabellum-Patronen 9 mm. Sie werden in Einzel- oder Dauerfeuer verschossen. Die praktische Feuergeschwindigkeit bei Dauerfeuer beträgt 120 S/min, bei Einzelfeuer 40 S/min.

Völlig im Gegensatz zu den damaligen anderen italienischen Maschinenpistolen hat die MPi FNAB 1943 keinen Holzkolben und Holzschaft, sondern ist eine Ganzmetallkonstruktion mit einem hölzernen Pistolengriff hinter dem Abzug. Der relativ kurze Lauf hat einen sehr einfachen, doch wirksamen Mündungskompensator und ist von einem Mantel mit zahlreichen Kühllöchern umgeben. Die Magazinhalterung kann auf dem Transport nach vorn unter den Lauf geklappt werden. Auch die Metallschulterstütze, ein Stahlholm mit Schulteranlage, ist klappbar. Sie liegt rechts am Gehäuse und unter dem Laufmantel an, wird um 180° nach unten und hinten geschwenkt. Kimme und Korn sind feststehend. Der Spanngriff befindet sich rechts, die Auswerferöffnung oben auf dem Gehäuse oberhalb des Magazinschachtes.

Daten: Maschinenpistole Modell FNAB 1943

Kaliber:	9 mm	Patrone:	9 × 19
v_0:	380 m/s	Lauflänge:	198 mm
Länge Waffe:	527 mm[1]	Züge/Richtung:	6/r
Feuergeschwindigkeit:	400 S/min	Visierschußweite:	m
		Einsatzschußweite:	200 m
Munitionszuführung: gerades Stangenmagazin mit 40 bzw. 20 Schuß			
Masse ohne Magazin:	3,18 kg		
Masse des vollen 40-Schuß-Magazins:	0,77 kg	[1] Bei abgeklappter Schulterstütze: 790 mm.	

Maschinenpistole Modell TZ 1945 9 mm

Waffen dieses Typs gehörten zwar nicht zur strukturmäßigen Ausrüstung der Streitkräfte Italiens, sollen dort aber Ende des zweiten Weltkriegs von militärischen Formationen benutzt worden sein. Allerdings war die Anzahl gering. Im Jahre 1944 von den Brüdern Toni und Zorzoli Giandoso entwickelt, wurden 1945 vermutlich lediglich 6000 Stück hergestellt. Wie die Fachliteratur informiert, produzierte man Waffen dieses Typs später nicht mehr in Italien, wohl aber in einem Betrieb, den einer der Brüder in Burma errichtet hatte. Die Lizenzversion erhielt die Bezeichnung MPi Modell BA 52. Sie war eine modifizierte Ausführung.

Die MPi Modell TZ 1945 ist eine zuschießende Waffe mit Masseverschluß und feststehendem Schlagbolzen. Sie hat eine Vorlaufsicherung und damit eine für die damalige Zeit bemerkenswerte Sicherheitseinrichtung. Diese besteht aus zwei voneinander unabhängigen Sicherungen. Sie werden mit je einem Hebel am Verschluß bzw. hinter dem Magazin betätigt.

Maschinenpistolen dieses Typs sind für Einzel- und Dauerfeuer eingerichtet. Der Feuerwahlhebel befindet sich rechts. Die Waffe verschießt Parabellum-Patronen 9 mm. Sie werden aus einem Stangenmagazin von unten zugeführt. Man benutzte meist das Standardmagazin der Beretta-MPi Modell 1938 A (s. dort) mit 40 Schuß Kapazität, aber auch ihr Magazin für 20 Patronen. Ausgerüstet mit dem großen Magazin, hat die Maschinenpistole eine Höhe von 277 mm. Ihre Breite beträgt 64 mm.

Waffen des Typs TZ 1945 sehen der britischen MPi Modell Sten (s. dort) ähnlich. Der Lauf ist allerdings etwas länger. Die Länge seines gezogenen Teiles beträgt 215 mm, die Drallänge 245 mm. Der Lauf steckt in einem zweiteiligen Mantel mit auffallend langen Kühlschlitzen und hat einen Kompensator von sehr einfacher Konstruktion. Dennoch stabilisiert er die Waffe bei Dauerfeuer und ermöglicht treffsicheres Schießen. Die Metallschulterstütze ist herausziehbar, die an Gehäuse und Lauf mit

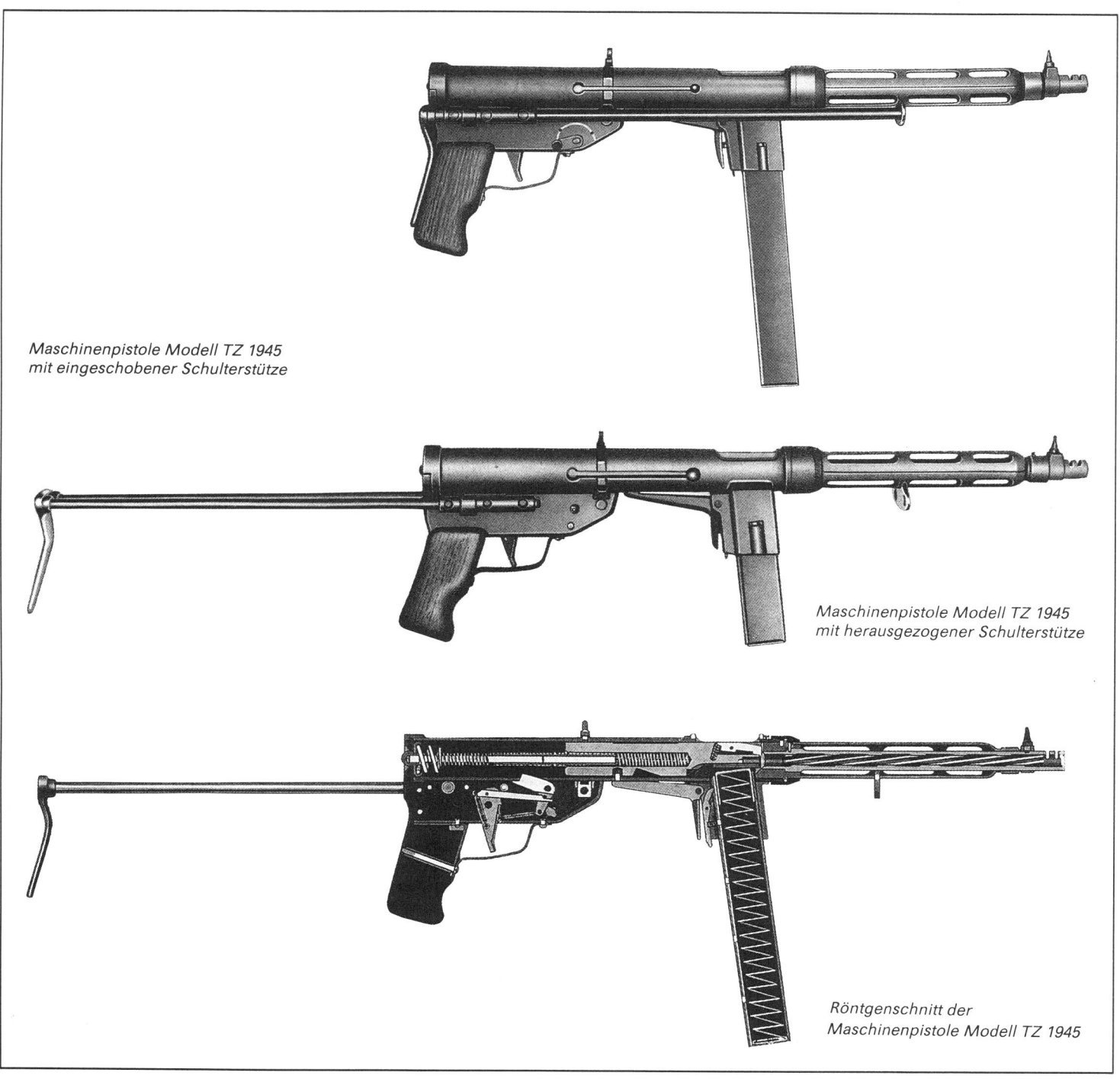

Maschinenpistole Modell TZ 1945 mit eingeschobener Schulterstütze

Maschinenpistole Modell TZ 1945 mit herausgezogener Schulterstütze

Röntgenschnitt der Maschinenpistole Modell TZ 1945

einem Gewinde befestigte Zielvorrichtung festjustiert. Sie besteht aus einer Lochkimme mit 2,5 mm Bohrungsdurchmesser und einem 1,5 mm hohen Balkenkorn. Die Visierlinie hat eine Länge von 365 mm.

In der Fachliteratur wird dieses Modell als Maschinenpistole sehr einfacher, ja primitiver Konstruktion eingeschätzt. Man hebt aber ihre zuverlässige Funktionsweise hervor. Der Schütze kann die Waffe mit beiden Händen am Pistolengriff und Magazinschacht treffsicher halten. Das Auseinandernehmen ist unkompliziert und erfolgt mit wenigen Handgriffen. Um den Lauf vom Gehäuse zu trennen, braucht man allerdings einen Spezialschlüssel.

Daten: Maschinenpistole Modell TZ 1945

Kaliber:	9 mm	Patrone:	9 × 19
v_0:	365 m/s	Lauflänge:	215 mm[2]
Länge Waffe:	557 mm[1]	Züge/Richtung:	6/r
Feuer-		Visierschußweite:	m
geschwindigkeit:	620 S/min	Einsatzschußweite:	200 m
Munitionszuführung: gerades Stangenmagazin mit 20 bzw. 40 Schuß			
Masse ohne Magazin:	3,17 kg		
Masse mit vollem			
40-Schuß-Magazin:	3,85 kg		

[1] Bei herausgezogener Schulterstütze: 845 mm.
[2] Gezogener Teil.

Mehrlade-Einheitsgewehr Modell Carcano 1938 7,35 mm

Als am 11. Juni 1940 Italien an der Seite des verbündeten Deutschland seine Teilnahme am zweiten Weltkrieg erklärte, waren die Streitkräfte mit Mehrladern technisch veralteten Typs ausgerüstet. Die Soldaten der damaligen italienischen Armee haben während des Krieges nicht weniger als neun Versionen des Gewehrs Mannlicher-Carcano geführt. Zählt man Übungs- und Trainingswaffen sowie die für eine andere Patrone eingerichteten Gewehre und Karabiner hinzu, erhöht sich die Anzahl sogar auf 15 Modifikationen. Nicht eine davon, so die Fachliteratur, entsprach zu dieser Zeit noch den Anforderungen.

Die Konstruktion war damals schon ein halbes Jahrhundert alt. Sie stammte aus dem Jahr, als man die erste Modellreihe von Mehrladegewehren für rauchschwaches Pulver einführte. Das war 1891. In diesem Zusammenhang bestimmten die Militärs, das Kaliber, das fünf Jahre zuvor bereits von 10,35 mm auf 8 mm verringert worden war, wiederum zu reduzieren, und zwar auf 6,5 mm. Damals zweifellos brauchbar, erwiesen sich Waffen und Munition bald als technisch überholt. Sie bewährten sich schon 1911/12 während des Italienisch-Türkischen Krieges kaum noch, geschweige denn 1914 bis 1918 oder gar später.

Eigentlich war das 1891 eingeführte System keine Neu-, sondern eine Weiterentwicklung mit einem Verschluß auf der Grundlage des Zündnadelschlosses von Dörsch-Baumgarten und einem Magazin, das Ferdinand Ritter von Mannlicher konstruiert hatte. Als Konstrukteure des Systems 1891 machten sich Oberstleutnant Salvatore M. Carcano und Oberst Paravicino verdient. Die Waffen wurden daher auch entsprechend bezeichnet: als Gewehre Mannlicher-Carcano oder als Paravicino-Carcano, oft auch lediglich mit dem Namen des Oberstleutnants.

Sie standen in drei Grundausführungen zur Verfügung: als langes Infanteriegewehr, als kurze Alpiniversion für Gebirgsjäger, als Karabiner für die Kavallerie. Für alle Waffen gab es Bajonette, allerdings unterschiedlicher Art und Befestigung. Mußten sie bei Infanterie- und Kurzgewehren aufgepflanzt werden, so war der Karabiner mit einem stets an der Waffe befestigten Klappbajonett ausgerüstet.

Gewehre solchen Typs hatten entscheidende Nachteile. Sie funktionierten nur, wenn der Laderahmen mit der Munition bis zum Einführen der letzten Patrone in den Lauf im Magazin verblieb. Danach fiel er durch eine Öffnung nach unten heraus. Vor allem aber war die Munition mit ihrer geringen ballistischen Leistung viel zu schwach, das Geschoß mit der abgerundeten Spitze von zu wenig Durchschlagskraft, die effektive Reichweite entschieden zu kurz.

Obwohl diese Mängel den Militärs schon vor dem ersten Weltkrieg viel Zündstoff für Diskussionen geliefert hatten, entschloß man sich im Gegensatz zu den anderen Staaten nicht zur Einführung des Spitzgeschosses. Die Ausrüstung der Streitkräfte mit besseren Waffen und stärkerer Munition wäre schon damals dringend notwendig gewesen. Man hielt aber an dem System mit Zylinderverschluß fest und bemühte sich auch nicht um die Entwicklung anderer Patronen. Obwohl Mitte der dreißiger Jahre dann doch noch Maßnahmen eingeleitet wurden, blieb es im Prinzip bis 1945 bei den technisch veralteten Waffen und der in dieser Hinsicht dazu passenden Munition, die sich übrigens für Maschinengewehre als noch unvorteilhafter erwies.

Nach dem Krieg Italiens gegen Äthiopien vom 3. Oktober 1935 bis 9. Mai 1936 hatten die offensichtlichen Mängel an Waffe und Munition zu ersten Konsequenzen geführt. Die Militärs vergaben 1937 Entwicklungsaufträge für einen leistungsstärkeren Patronentyp und ein verbessertes Gewehr. Allerdings täuschte man sich in der Annahme, beides mit möglichst geringem Kostenaufwand realisieren zu können.

Die Generalität entschied sich für das seltene Kaliber 7,35 mm

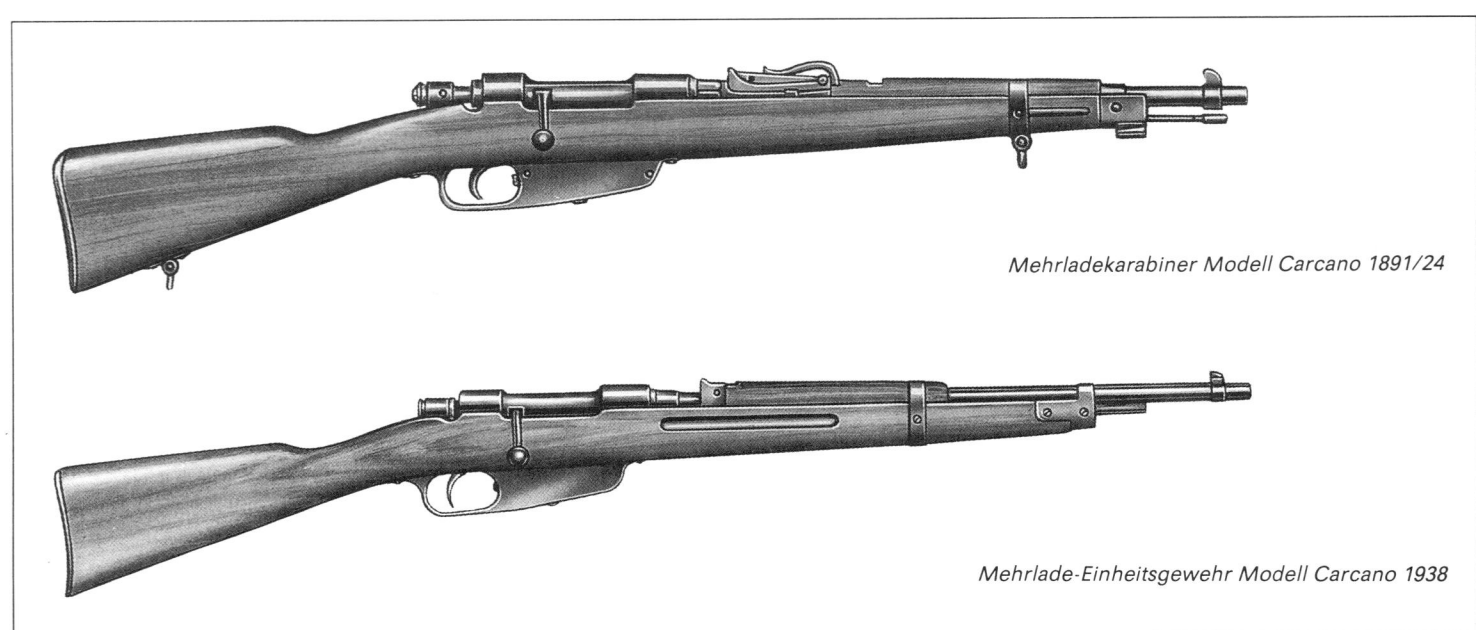

Mehrladekarabiner Modell Carcano 1891/24

Mehrlade-Einheitsgewehr Modell Carcano 1938

Italien

Mehrlade-Einheitsgewehr Modell Carcano 1938 mit aufgepflanztem Bajonett

Mehrlade-Einheitsgewehr Modell Carcano 1938 mit Bajonett in Transportlage

Mehrladegewehr Modell Carcano 1938 mit Schießbecher

Mehrladekarabiner Modell Carcano 1938 TS

Mehrladekurzgewehr Modell Carcano 1891/38

Mehrladegewehr Modell Carcano 1891/41

Italien

und hoffte, das Bewaffnungsproblem mit einem entsprechend umgerüsteten sogenannten Einheitsgewehr alten Typs lösen zu können. Weder Munition noch Waffe entsprachen den in sie gesetzten Erwartungen. Bestenfalls war die Aktion ein aus Zeit- und Geldmangel resultierender Kompromiß. Obwohl Ende 1937/Anfang 1938 ein Umrüstungsprogramm begann, verhalf dieses nicht einmal zu einem minimalen Erfolg.

Interessant sind folgende Details der damals neuen Patrone: Ihre Hülse blieb unverändert; ihr Geschoß erhielt eine Aluminiumspitze. Es war etwas leichter und spitzer als das Geschoß der Munition alten Typs. Die beabsichtigte Mündungsgeschwindigkeit von 820 m/s wurde nicht erreicht, wohl aber eine größere Zerstörungswirkung, falls das Geschoß nach instabilem Flug sein Ziel traf.

Bereits 1939 ging den Verantwortlichen sozusagen der Atem aus. Sie mußten feststellen, daß man weder in der Lage war, die Munition in ausreichender Menge bereitzustellen noch das modifizierte Einheitsgewehr in erforderlicher Stückzahl zu produzieren. Es fehlte derart an Fertigungskapazität, daß das Umrüstungsprogramm nicht nur eingestellt, sondern sogar rückgängig gemacht werden mußte. So hat man bereits ausgelieferte Waffen zum Teil wieder zurückgezogen und mit einem Lauf des Kalibers 6,5 mm ausgerüstet, um Patronen des alten Typs verschießen zu können.

Allerdings war es nicht möglich, sämtliche Waffen zu erfassen. Als 1940 die Soldaten in den Krieg zogen, führten manche von ihnen sogenannte Einheitsgewehre mit 7,35 mm, die meisten aber Waffen mit 6,5 mm Kaliber. Die Produktion der neuen Munition mußte schon wenige Monate später eingestellt werden, und alle noch verfügbaren, nicht umgerüsteten Waffen kamen zunächst zurück in die Arsenale. Sie blieben dort monatelang ungenutzt, und dies in einer Situation, da die Armee die etatmäßigen Sollzahlen an Ausrüstung nicht annähernd erreichte. Das führte auch zu unlösbaren Schwierigkeiten bei der Bewaffnung der auf seiten der deutschen Wehrmacht in der Sowjetunion kämpfenden Verbände. Im Januar 1943 wurden dort am Don übrigens mehrere italienische Divisionen vernichtend geschlagen.

Die Fachliteratur informiert darüber, daß zu dieser Zeit in Italien eine nicht unbedeutende Anzahl Carcano-Einheitsgewehre des Kalibers 7,35 mm angehäuft war, für die man keine Verwendung fand. Solche Gewehre wurden ab Mitte September jenen Jahres unter deutscher Aufsicht zum Verschießen von Mauser-Patronen 7,92 mm umgerüstet. Um den akuten Waffenmangel zu mindern, gab man sie sofort an die deutsche Wehrmacht aus, vorwiegend an Angehörige rückwärtiger Dienste, zum Teil aber auch an Kampftruppen. Es wird berichtet, gegen Kriegsende seien aus Italien sogar Carcano-Gewehre mit 7,92 mm Kaliber fabrikneu geliefert worden.

Hersteller des Einheitsgewehrs war die Waffenfabrik Terni. Eine gewisse Stückzahl wurde aber auch in anderen Betrieben gefertigt, zum Beispiel bei Pietro Beretta S.p.A. in Gardone Val Trompia/Brescia und beim Unternehmen Fiat. Nach dem Hauptproduzenten nennt man die Waffe in der Fachliteratur auch Terni-Gewehr bzw. Terni-Karabiner. Die Bezeichnungen Infanteriegewehr, Kurzgewehr oder Karabiner Carcano mit der Jahreskennung 1938 oder 1891/38 sind ebenfalls üblich. Manche Waffen wurden zusätzlich mit den Buchstaben TS gekennzeichnet. Mit solchen Gewehren, zumeist auf Karabinerabmessungen verkürzt, rüstete man Fernmeldetruppen Militärkraftfahrer und Geschützbesatzungen aus, verteilte sie also an Formationen, die Gewehre nur selten benötigten.

Während des zweiten Weltkriegs führten die italienischen Streitkräfte folgende Mehrlader des Systems Carcano: Gewehr 1891, Karabiner 1891 TS, Karabiner 1891 mit Klappbajonett, Karabiner 1891/24, Einheitsgewehr 1938, Karabiner 1938, Karabiner 1938 TS, Kurzgewehr 1891/38 und Gewehr 1891/41. Die Waffen mit der Modellbezeichnung 1938 standen zunächst nur mit 7,35 mm, später auch mit 6,5 mm Kaliber zur Verfügung. Hinzu kamen die auf die Mauser-Patrone umgerüsteten Ausführungen.

Waffen des Systems Carcano sind erst nach dem zweiten Weltkrieg abgelöst worden. Zur neuen Standardwaffe während der folgenden eineinhalb Jahrzehnte avancierte das auf der Grundlage des US-amerikanischen Selbstladers Modell M1 Garand (s. dort) in Italien in modifizierter Ausführung hergestellte Selbstladegewehr Modell M1 (s. »Schützenwaffen heute«).

Das sogenannte Einheitsgewehr Modell Carcano 1938 ist ein Mehrlader konventioneller Bauart mit Zylinderverschluß und im Mittelschaft integriertem Mannlicher-Magazin. Seine Kapazität beträgt 6 Schuß. Im Unterschied zum Gewehr von 1891 hat die Waffe einen gebogenen Kammerstengel. Sie ist kürzer als das lange Gewehr, aber länger als der kurze Karabiner. Die Visierung kann nicht verändert werden. Sie ist auf 300 m Distanz festjustiert. Am Lauf wird ein klappbares Messerbajonett befestigt. Der Schütze kann es abnehmen und als Dolch verwenden.

Interessant ist die Art, wie man mit Waffen dieses Typs Gewehrgranaten verfeuert hat. Das geschah nicht mit Hilfe eines an der Mündung befestigten Schießbechers, sondern aus einem seitlich an der Waffe angeschraubten Mörser von kleinem Format. Er war mit glattem Rohr, einem dem Gewehr angepaßten Verschlußstück und einer Kartusche ausgerüstet. Der Schütze mußte seine Waffe zum Teil demontieren und ihren Verschluß in das Verschlußstück der Abschußvorrichtung einsetzen. Erst dann konnte die Kartusche geladen und die Granate von oben aufgesetzt werden. So war der italienische Infanterist doppelt gehandicapt: Um Gewehrgranaten verschießen zu können, mußte er nicht nur das Gewehr, sondern den ebenso schweren Mörser transportieren und im Gefecht überdies mit komplizierten Mechanismen hantieren, ehe diese feuerbereit waren.

Daten: Mehrlade-Einheitsgewehr Modell Carcano 1938

Kaliber:	7,35 mm	Patrone:	7,35 × 52
v_0:	755 m/s	Lauflänge:	540 mm
Länge Waffe:	1016 mm	Züge/Richtung:	4/r
Feuergeschwindigkeit:	12 S/min[1]	Visierschußweite:	300 m[2]
Munitionszuführung:	integriertes Magazin für 6 Schuß	Einsatzschußweite:	600 m
Masse ungeladen:	3,09 kg		

[1] Auch mit 18 S/min angegeben.
[2] Standvisier.

Leichtes Maschinengewehr Modell Breda 1930 6,5 mm

Schon während des ersten Weltkriegs hatte das auf die Herstellung von Lokomotiven spezialisierte Unternehmen Societa Italiana Ernesto Breda in Brescia Infanteriewaffen produziert. Damals waren dort in Kooperation mit der Firma Fiat Baugruppen des wassergekühlten schweren MG Modell Fiat-Revelli 1914 gefertigt worden, zum Teil auch komplette Waffen. Nach 1918 bemühten sich die Firmenchefs erneut um Regierungsaufträge.

So boten sie 1924 das erste von Konstrukteuren ihres Betriebes entwickelte leichte Maschinengewehr an. Die Modell 1924 genannte Versuchswaffe war für die Standardpatrone 6,5 mm eingerichtet, mit einem Magazin von 20 Schuß Kapazität ausgestattet und luftgekühlt. Sie funktionierte nach dem Rückstoßprinzip. Ihre Masse betrug 9,07 kg, die Feuergeschwindigkeit 475 S/min, die Mündungsgeschwindigkeit etwa 635 m/s. Die Militärs zeigten großes Interesse, verlangten aber Verbesserung.

Zwei Jahre später wurde die Konstruktion als leichtes Breda-MG 1926 erneut vorgestellt und schließlich in einer Anzahl von ungefähr 2000 Stück in zwei unterschiedlichen Ausführungen gefertigt: mit Holzkolben oder mit Spatengriffen. Die Waffen erreichten eine praktische Feuergeschwindigkeit von

40 S/min bis 60 S/min. Ihre Munition, ebenfalls Standardpatronen 6,5 mm, wurde aus einem Kastenmagazin von rechts zugeführt, die Hülse nach links entfernt.

Die meisten Maschinengewehre dieses Modells waren auf einem sehr leichten Dreibein mit herausziehbarer hinterer Stütze montiert. Vorn an der Gabel befand sich ein Rückenpolster mit Gurten, die sich der Schütze überschnallen konnte. Auf diese Weise ließ sich die Waffe, montiert auf dem Stützsystem, bequem transportieren. Sie entsprach jedoch keineswegs den in sie gesetzten Erwartungen und ist daher bald modifiziert worden: zunächst zum Modell 1928, über das wenig bekannt ist, dann zum Standard-Modell 1930, einer ebenfalls nur bedingt geeigneten Waffe.

Als das Breda-Modell 1926 in Serienfertigung ging, firmierte der Betrieb übrigens schon unter dem neuen Namen Breda Meccanica Bresciana S.p.A. Die Firma erlangte schnell landesweite Bedeutung. Im Herbst 1930 kaufte sie dem namhaften Unternehmen Fiat sogar Waffenpatente und Fertigungsstätten ab, so den Zweigbetrieb Safat, in dem man ab 1935 ein gleichnamiges Flugzeug-MG produzierte. In einer Version mit Dreibein stand es auch für die Infanterie zur Verfügung.

Zu dieser Zeit lief die Serienfertigung des leichten Maschinengewehrs schon auf Hochtouren. Nach seinem Hersteller als Breda-MG Modell 1930 bezeichnet, diente es den italienischen Streitkräften während des zweiten Weltkriegs als Standardwaffe. Sie wurde in großer Stückzahl, aber nie in ausreichender Menge hergestellt und auf allen Schlachtfeldern eingesetzt. Über eine Exportversion von 7,92 mm Kaliber liegen zwar Hinweise, doch keine detaillierten Informationen vor.

Das leichte Maschinengewehr war bei der italienischen Armee die Basiswaffe der Gruppe, das schwere Maschinengewehr — zunächst das Modell Fiat-Revelli 1914, dann auch die Weiterentwicklung Modell Fiat-Revelli 1914/35 (s. dort) und schließlich das Modell Breda 1937 (s. dort) — die Basiswaffe des Zuges. Die etatmäßig vorgesehene Anzahl an leichten Maschinengewehren von drei Stück je Zug ist allerdings selten erreicht worden. Meist verfügte der Zug über nur eine Waffe solcher Art, und zahlreiche Bataillone zogen sogar ohne ein einziges schweres Maschinengewehr ins Gefecht.

Hatte man die Truppen für den am 12. September 1940 begonnenen Feldzug in Nordafrika mit äußerster Anstrengung noch etatmäßig versorgen können, so rissen die Niederlagen ab Januar des folgenden Jahres immer schwieriger schließbare Lücken. Das betraf nicht nur Maschinengewehre, sondern auch andere Infanteriewaffen, insbesondere Maschinenpistolen und die nicht im eigenen Lande hergestellten Panzerbüchsen. Trotz Lieferungen aus dem Bestand des Afrikakorps des verbündeten Deutschland, das jedoch zunehmend in eine ähnliche Lage geriet, wurde die Situation stets komplizierter.

Als im Januar 1943 sowjetische Truppen die italienischen Divisionen am Don vernichteten und dann am 13. Mai jenen Jahres die letzten auf afrikanischem Boden operierenden deutsch-italienischen Verbände in Tunis kapitulieren mußten, waren die Reserven des Adrialands an Waffen und Ausrüstung erschöpft. Neue ließen sich nicht mehr mobilisieren; denn die deutsche Wehrmacht bediente sich aller Bestände und jeder Neuproduktion.

Im Falle leichtes Maschinengewehr vom Typ Breda 1930 war die Situation von Anfang an kritisch gewesen. Einerseits resultierte das aus dem steten Mangel an solchen Waffen, andererseits lag das an ihrer mangelhaften Qualität. Zahlreiche Fachleute beurteilen dieses Maschinengewehr als eine völlige Fehlkonstruktion.

Abgesehen vom unvorteilhaften Design, hat es einen störanfälligen Mechanismus. Durch zahlreiche Öffnungen und Schlitze kann Schmutz eindringen und die ohnehin unzureichende Funktionstüchtigkeit zusätzlich beeinträchtigen. Darüber hinaus entsprach die seit 1891 benutzte Patrone 6,5 mm des Typs Paravicino-Carcano mit ihrem Geschoß von abgerundeter Spitze und ihrer zu geringen Durchschlagskraft längst nicht mehr den Notwendigkeiten des modernen Gefechts.

Das leichte MG Modell Breda 1930 ist ein luftgekühlter Rückstoßlader mit verzögertem Rücklauf. Das Funktionssystem beruht auf einer Art Kombination von Gasdruck und Rückstoß. Am Verschlußkopf befinden sich Verriegelungszapfen, an der Laufhülse ein drehbarer Verriegelungsring. Der Verschlußkopf paßt in den Verriegelungsring. Bei Rechts- oder Linksdrehung des Ringes wird der Verschlußkopf mit dem Lauf fest verriegelt.

Bricht der Schuß, so stoßen Lauf und Verschluß zusammen knapp 13 mm zurück. Der Verriegelungsring dreht sich, der Verschluß wird entriegelt. Bewirkt durch die beim Rückstoß sich

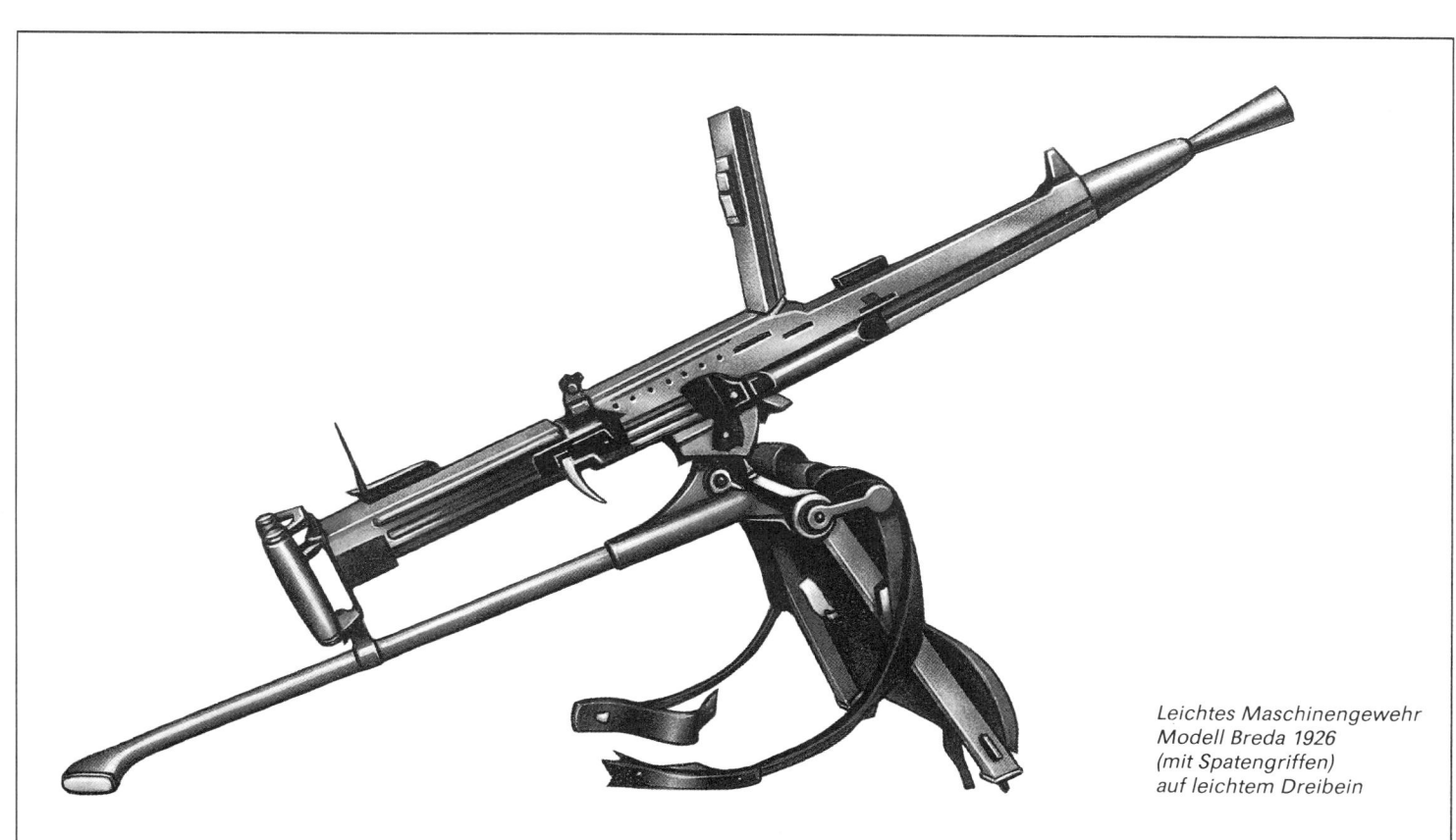

Leichtes Maschinengewehr Modell Breda 1926 (mit Spatengriffen) auf leichtem Dreibein

scher Ausrüstung – die Streitkräfte wurden nie ausreichend versorgt – war der Nachschub mit Patronen eines weiteren in die Produktion zu übernehmenden Typs von vornherein in Frage gestellt.

Daß dieses Problem nicht gelöst werden konnte, erwies sich nicht erst, als das Adrialand Italien am 11. Juni 1940 in den zweiten Weltkrieg eingriff. Bereits 1939 hatte man das völlig unrealistische Projekt einer beabsichtigten Umrüstung auf das für eine ebenfalls neue Patrone eingerichtete Mehrlade-Einheitsgewehr Modell Carcano 1938 (s. dort) ersatzlos gestoppt. Weder die Waffen noch die dafür benötigte Munition konnten in auch nur annähernd ausreichender Menge hergestellt werden. Zudem wurden für Beretta-Pistolen Modell 1934 (s. dort) und Beretta-Maschinenpistolen Modell 1938 A (s. dort) ebenfalls Patronen unterschiedlicher Typen gebraucht.

Die Industrie war Anforderungen solcher Dimension nicht gewachsen, die ökonomische Basis entschieden zu instabil. Abgesehen von allen anderen Mängeln, lag die Ausrüstung der italienischen Armee beträchtlich unter dem etatmäßigen Soll. So mußten zahlreiche Bataillone sogar auf schwere Maschinengewehre völlig verzichten, und der Munitionsnachschub war nie gesichert.

Maschinengewehre des Systems Revelli wurden bis Herbst 1930 bei Fiat, danach bei der Firma Breda Meccanica Bresciana S.p.A. hergestellt. Das Unternehmen aus Brescia hatte in jenem Jahr von Fiat sowohl das Patent als auch die Fertigungsstätte erworben. Unter neuen Besitzverhältnissen sind wohl nur Waffen der modifizierten Version 1914/35 produziert worden, um deren Serienreife sich Revelli bemüht hatte.

Kurz nach Ende des ersten Weltkriegs war ihm die Aufgabe gestellt worden, das Modell 1914 entscheidend zu verbessern. Zu seinen Besonderheiten und Mängeln gehörten vor allem Magazin und Patronenzuführung, das verzögerte Rückstoßsystem und damit verbunden das Auswerfen der Hülsen ohne vorherigen Druckausgleich, des weiteren die komplizierte Bauweise des Verschlusses. Daraus resultierte eine Reihe von Nachteilen, die sich im Gefecht sehr negativ auswirkten.

Die Munition wurde auf ungewöhnliche Weise aus einem Metallkasten zugeführt. Der Schütze mußte ihn von links unten in eine Öffnung im Gehäuse einsetzen. In diesem Kasten befanden sich 50 Patronen in zehn Reihen zu je 5 Schuß. Bei der Vorwärtsbewegung führte der Verschluß die obenliegenden Patronen zu. Waren fünf Stück verfeuert, rückte eine komplizierte Mechanik die nächsten in Zuführposition. Ein leeres Magazin wurde nach rechts aus der Halterung geschoben, konnte aufgefüllt oder ausgetauscht werden.

Das Entfernen der Hülsen war ebenfalls mit nicht lösbaren Schwierigkeiten verbunden. Da der Rückstoß verzögert erfolgte, mußte der Mechanismus sie ohne vorangegangenen Druckausgleich auswerfen. Dies setzte sorgfältige Schmierung der Patronen voraus. Sie erfolgte mit Öl, automatisch per Pumpe und Sprühstrahl. Dabei eindringender Schmutz blockierte über kurz oder lang die Automatik und setzte sie außer Funktion. Staub und Sand drangen aber nicht nur mit dem Öl in das System, sondern auch auf Grund einer unvorteilhaften Bauweise von Verschluß, Spanngriff und Magazinschacht.

Der Konstrukteur hat keinen dieser Mängel abstellen können.

Sein Modell, das er dem Betrieb 1935 als serienfertig übergab, war im Prinzip unverändert geblieben. Nur das Ölsystem fehlte. Da Revelli ein gerifftes Patronenlager eingebaut hatte, nahm er an, wenigstens auf die Ölpumpe verzichten zu können. Seine Hoffnung bestätigte sich nicht.

Auf Grund des stärkeren Gasdrucks der neuen Patrone löste sich ihre Hülse auch von einem gerifften Lager nicht. Wurden Lauf und Patronenlager nach längerem Dauerfeuer warm oder gar heiß, hafteten die Hülsen fest an der Wandung. Abriß und Ladehemmungen waren die Folge. Bereits ausgelieferte Waffen gingen an den Hersteller zum Anbau von Ölbehälter und Pumpe zurück. Beides war jedoch nicht in ausreichender Menge verfügbar.

Daher suchte der Konstrukteur nach einer anderen Lösung. Er ersetzte den Magazinkasten durch einen Metallgurt von 300 Schuß Kapazität. Bevor man den Gurt füllte, wurden die Patronen mit Fett eingeschmiert. Auf diese Weise verschmutzte der Mechanismus noch mehr. Weitere Veränderungen führten zu neuen Komplikationen.

Um vielleicht doch noch die Funktionstüchtigkeit des geriffelten Patronenlagers gewährleisten zu können, baute man eine Rotationsbremse ein. Allerdings reduzierte sich dadurch die Feuergeschwindigkeit von 500 S/min auf 120 S/min. Mit einer derart geringen Kadenz war das Maschinengewehr als Unterstützungswaffe nicht brauchbar. Eine andere Maßnahme, von der sich Revelli entscheidende Vorteile bezüglich der Treffsicherheit versprach, brachte nur Gefahr für den Schützen. Im Lauf solcher konstruktiv veränderter Waffen befand sich stets eine Patrone. Da sie die Zufuhr von Frischluft blockierte, konnte der Lauf während der Feuerpausen nicht abkühlen. Die Munition entzündete sich oftmals von selbst.

Abgesehen vom anderen Kaliber, gelang also lediglich der Wechsel des Kühlsystems. Revellis Maschinengewehr von 1914 schießt mit wassergekühltem, seine Version von 1935 mit luftgekühltem Lauf. Sonst hatte sich nichts entscheidend verbessert. So blieb das schwere Maschinengewehr vom Typ Fiat-Revelli eine störanfällige und unzuverlässige, überdies schwierig bedienbare Waffe, die den in sie gesetzten Erwartungen nie entsprach. Als Standard-MG ungeeignet, wurde sie zwei Jahre später durch das schwere Breda-MG Modell 1937 (s. dort) ergänzt.

Daten: Schweres Maschinengewehr Modell Fiat-Revelli 1914/35

Kaliber:	8 mm	Patrone:	8 × 59 ER
v_0:	790 m/s	Lauflänge:	635 mm
Länge Waffe:	1 270 mm	Züge/Richtung:	
Feuergeschwindigkeit:	500 S/min[1]	Visierschußweite:	m
		Einsatzschußweite:	1 000 m[2]
Munitionszuführung:	Metallkasten mit 50 Schuß		
	Metallgurt mit 300 Schuß		
Masse ungeladen:	18,10 kg		
Masse der Lafette Typ Breda:	18,80 kg		
Masse der Lafette Typ Fiat:	22,50 kg		

[1] Mit Rotationsbremse: 120 S/min.
[2] Bei direktem Richten; bei indirektem Richten: 3 500 m.

Schweres Maschinengewehr Modell Breda 1937 8 mm

Als 1937 die Infanteristen der italienischen Armee die ersten Waffen dieses Modells erhielten, dürften sie skeptisch gewesen sein. Mit Maschinengewehren aus landeseigener Entwicklung und Produktion hatten sie bis dahin keine guten Erfahrungen gemacht. Das im ersten Weltkrieg benutzte schwere MG Modell Fiat-Revelli 1914 entsprach nicht den Erwartungen, seine weiterentwickelte Ausführung Modell 1914/35 (s. dort) ebensowenig. Auch das leichte MG Modell Breda 1930 (s. dort) war keine Konstruktion, die durch Qualität, Zuverlässigkeit und Leistung beeindruckte.

Die Infanteristen waren an Hülsenreißer, leicht zu verschmutzende Automatik sowie an Ladehemmungen gewöhnt und wären wohl kaum erstaunt gewesen, hätten sie mit den neuen Waffen vor den alten Problemen gestanden. Man wurde jedoch angenehm überrascht. Allerdings hielt sich die Überraschung in Grenzen. Das neue Maschinengewehr war keinesfalls eine Waffe von bemerkenswertem technischem Format, aber weitgehend zuverlässig und treffsicher und daher alles in allem zufriedenstellend.

Zahlreiche Fachleute sind sich noch heute nicht einig darüber, ob dieses Modell ein schweres oder ein leichtes Maschinengewehr ist. Was Masse und Aussehen betrifft, kann die Waffe als

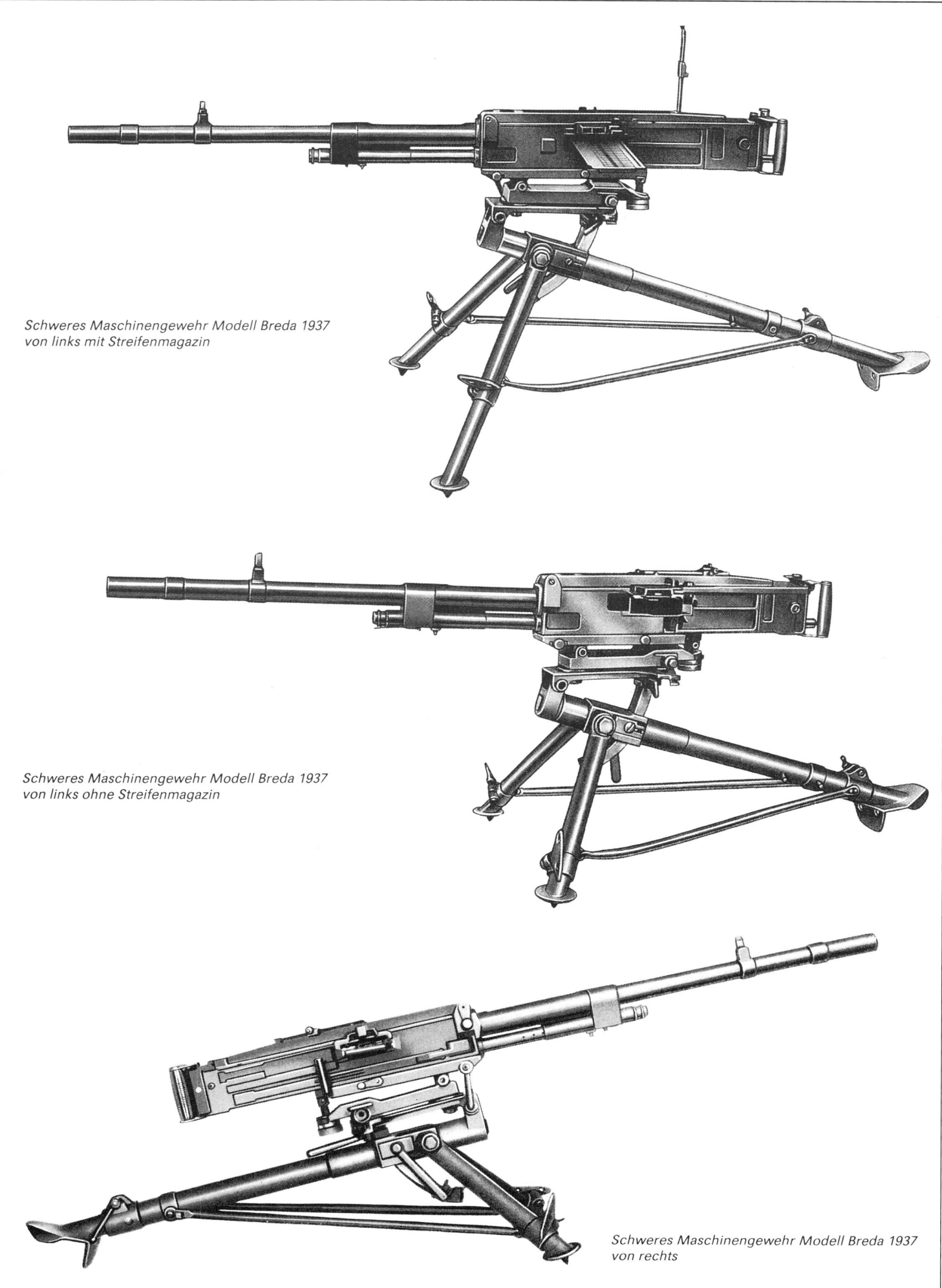

Schweres Maschinengewehr Modell Breda 1937 von links mit Streifenmagazin

Schweres Maschinengewehr Modell Breda 1937 von links ohne Streifenmagazin

Schweres Maschinengewehr Modell Breda 1937 von rechts

Italien

Italien

ein schweres Maschinengewehr gelten. Gemessen an ihrer für den taktischen Einsatz entscheidenden Leistung gehört sie jedoch eher in die Kategorie der leichten Maschinengewehre. Daher wird das Breda-MG nicht selten als mittleres Maschinengewehr eingestuft.

Die Waffe wiegt mehr als 19 kg, die Lafette etwas weniger. Der Kasten des Verschlußgehäuses ist kantig. Die Spatengriffe des Abzugssystems wirken stabil. Der Lauf ist schwer und dickwandig, die Dreibeinlafette sperrig und groß. Wer auf Grund des optischen Eindrucks eine hohe Feuerkraft erwartet hatte, der wurde enttäuscht. Die Waffe hat nur 20 Schuß Kapazität.

Ein solch geringer Patronenvorrat, dazu noch per Dauerfeuer verschossen, schränkt die Wirksamkeit von vornherein ein. Die Feuergeschwindigkeit ist ebenfalls nicht gefechtsgerecht: Die theoretische Kadenz beträgt 450 S/min, die praktische nur 120 S/min. Daß dieses Maschinengewehr so langsam schießt, hat konstruktionsbedingte, unter anderem mit dem Entfernen der Hülsen verbundene Ursachen.

Dennoch wurde das Breda-MG ab 1937 in relativ großer, allerdings nie ausreichender Stückzahl bei der in Brescia ansässigen Firma Breda Meccanica Bresciana S.p.A. produziert. Es avancierte sofort zur Standardwaffe der italienischen Streitkräfte und gehörte noch jahrelang nach dem zweiten Weltkrieg zur strukturmäßigen Ausrüstung. Endgültige Ablösung erfolgte wohl erst durch das Universal-MG 42/59 (s. »Schützenwaffen heute«), eine mit Lizenz aus der Bundesrepublik Deutschland in Italien produzierte Waffe.

Das schwere MG Modell Breda 1937 ist ein zuschießender Gasdrucklader mit starr verriegeltem Verschluß und luftgekühltem schwerem Lauf. Die Waffe schießt nur Dauerfeuer, das allerdings mehr eine Folge von dicht hintereinander brechenden Einzelschüssen ist. Sie hat einen Regler, mit dem die Intensität der überströmenden Gase in zehn Positionen eingestellt werden kann. Zu jedem Maschinengewehr gehört ein Wechsellauf. Laufwechsel ist zwar relativ schnell, allerdings nur von vorn möglich. Bei heißgeschossenem Lauf wird Spezialwerkzeug benötigt. Der Schütze muß es aus zwei Teilen zusammenschrauben und beim Wechsel Asbesthandschuhe tragen.

Charakteristisch für diese Waffe ist ihre für ein Maschinengewehr wohl einmalige Patronenzuführung. Die Munition wird aus einem flachen Streifenmagazin von 20 Schuß Kapazität bereitgestellt. Das sind Patronen eines erst 1935 neuentwickelten Typs, erstmals in diesem Land mit Spitzgeschoß. Der Verschluß befördert sie aus dem Streifen in das Patronenlager. Ist eine Patrone verfeuert, wird ihre Hülse von der Mechanik in den Streifen zurückgesteckt. Er fällt schließlich mit 20 Hülsen nach rechts aus der Waffe heraus. Sobald der Schütze einen vollen Streifen eingesetzt hat, ist das Maschinengewehr ohne eine einzige Ladebewegung wieder feuerbereit.

Die ungewöhnliche Bauweise läßt die Absicht erkennen, die Anzahl der Öffnungen auf ein Minimum zu reduzieren. Vermutlich waren die Konstrukteure durch die ständigen Ladehemmungen beim leichten Breda-MG eindringlich gewarnt. Im Gegensatz zu dieser Waffe mit ihren zahlreichen Öffnungen und Schlitzen, in die stets Schmutz eindrang, ist das schwere Breda-MG von geradezu schmutzabweisender Bauart und hat noch nicht einmal die für damalige Maschinengewehre übliche große Auswerferöffnung.

Auf das Schmiersystem mittels Ölpumpe aber, das bei den anderen Maschinengewehren so viel Ärger bereitete, konnte man nicht verzichten. In verbesserter Ausführung blieb es erhalten. Konstruktionsbedingt, werden die Hülsen bei hohem Gasdruck aus dem Patronenlager entfernt; konstruktionsbedingt, muß daher jede Patrone geschmiert werden. Dennoch sind Hülsenreißer und Ladehemmungen entschieden seltener als bei den anderen Maschinengewehren italienischer Konstruktion.

Die Waffe hat ein klappbares Rahmenvisier. Es umfaßt einen Bereich von 400 m bis 3000 m Entfernung. Skala und Zahlen sind aber nur bei hellem Licht gut erkennbar. Das Korn befindet sich in einer Schwalbenschwanzführung. Die Länge der Visierlinie beträgt 850 mm.

Maschinengewehre dieses Modells sind auf einer Dreibeinlafette montiert. Sie hat Ähnlichkeit mit der Lafette des Schwarz-

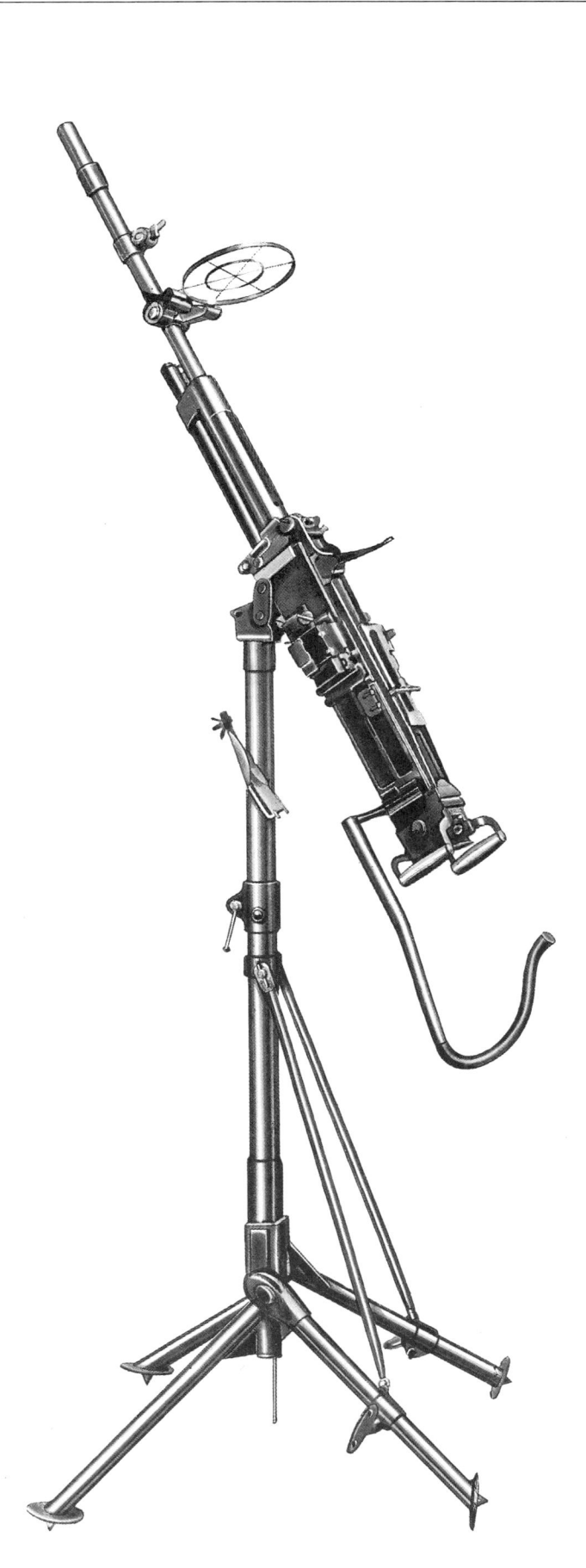

Schweres Maschinengewehr Modell Breda 1937 mit Fliegervisier und Schulterstütze (auf Dreibein als Fliegerabwehr-MG)

Italien

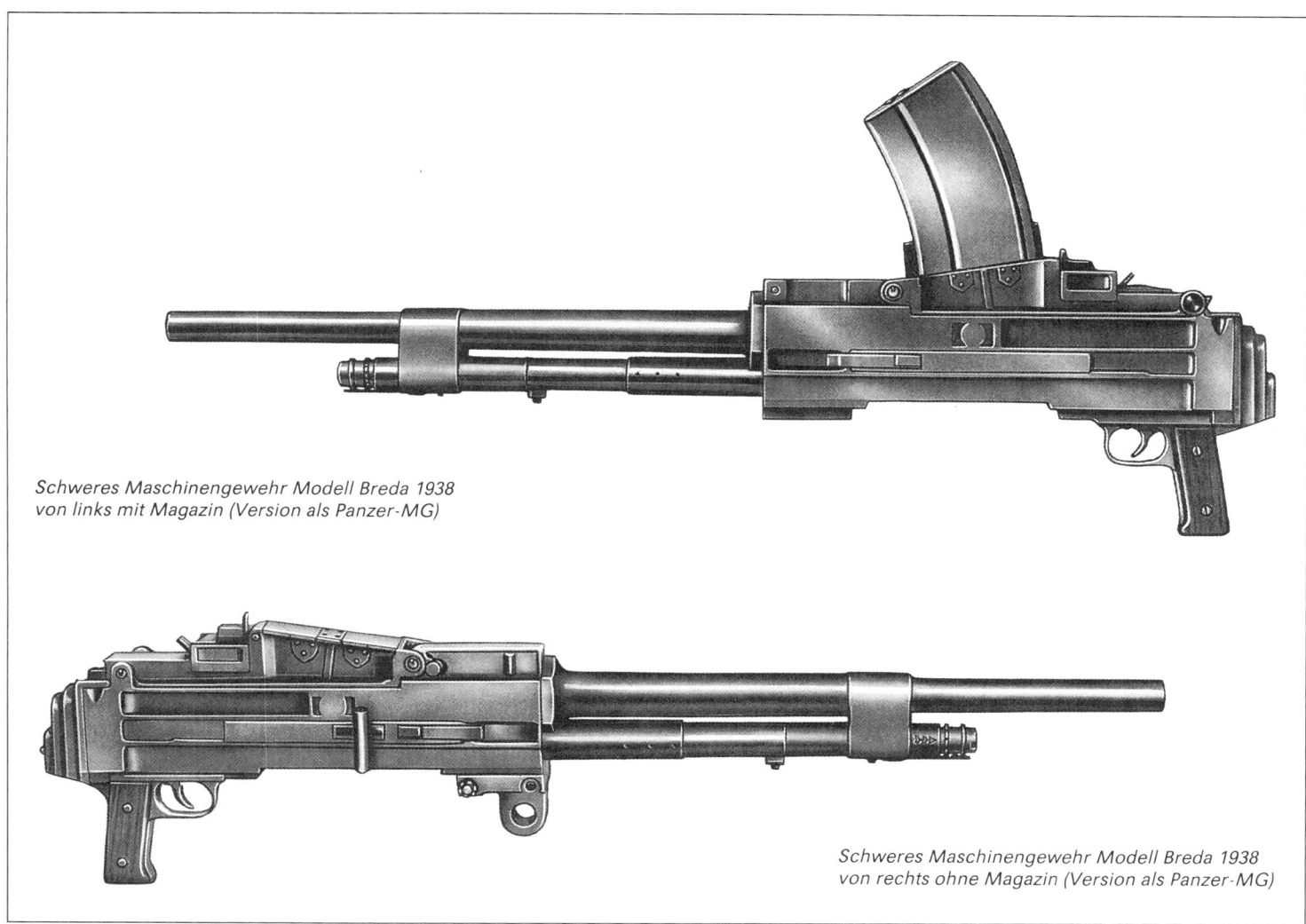

Schweres Maschinengewehr Modell Breda 1938 von links mit Magazin (Version als Panzer-MG)

Schweres Maschinengewehr Modell Breda 1938 von rechts ohne Magazin (Version als Panzer-MG)

lose-MG. Sie ist seiten- und höhenverstellbar, trotz ihrer großen Masse jedoch nicht stabil. Ein Transport des sperrigen, nur Y-förmig zusammenklappbaren Stützsystems bereitet erhebliche Mühe.

Um fliegende Ziele bekämpfen zu können, mußte der Schütze die Waffe umrüsten und auf einem anderen Dreibein montieren. Das Maschinengewehr erhielt ein Fliegervisier und eine Art Schulterstütze. Dieses Zubehör, einschließlich spezieller Lafettenfüße und anderen Bauteilen, war in einem Holzkoffer untergebracht. Die Lafette fing die Kraft des Rückstoßes nicht ab. Der Schütze konnte ihn nur mit der Waffe im Schulteranschlag kompensieren.

Bereits ein Jahr nach Produktionsbeginn wurde das Breda-MG zum Modell 1938 modifiziert. Man verstärkte den Lauf, rüstete die Waffe mit einem Pistolengriff aus und veränderte die Art der Patronenzuführung. Das Maschinengewehr erhielt ein vertikales Kastenmagazin. Die Patronen wurden von oben zugeführt, die Hülsen nach unten ausgeworfen. Waffen dieser Version waren nicht für die Infanterie bestimmt. Sie wurden in Kampfpanzern und gepanzerten Gefechtsfahrzeugen unterschiedlicher Art eingesetzt.

Daten: Schweres Maschinengewehr Modell Breda 1937

Kaliber:	8 mm	Patrone:	8 × 59 ER
v_0:	790 m/s	Lauflänge:	679 mm
Länge Waffe:	1270 mm	Züge/Richtung:	4/r
Feuergeschwindigkeit:	450 S/min	Visierschußweite:	3000 m
Munitionszuführung:	Streifenmagazin mit 20 Schuß	Einsatzschußweite:	2000 m
Masse ungeladen:	19,28 kg		
Masse des Dreibeins:	18,80 kg		
Masse des Laufes:	4,40 kg		

Japan

Selbstladepistole Modell Nambu Taisho 14 8 mm

Diese 1925 eingeführte Pistole, eine verbesserte Version des Modells Nambu Taisho 4, wurde während des zweiten Weltkriegs bei den japanischen Streitkräften als Standard-Faustfeuerwaffe geführt. Sie war die erste in Japan offiziell in die strukturmäßige Bewaffnung übernommene Pistole. Außerdem benutzten die Japaner zu dieser Zeit aber auch andere Faustfeuerwaffen. Das waren ausnahmslos Pistolen und Revolver älteren Typs. Dazu zählten zum Beispiel die obengenannte, seit 1915 verwendete Nambu-Pistole 4 und der schon 1893 in die Bewaffnung übernommene Revolver Modell Meiji 26.

Waffen beider Typen sollten ab 1925 nach und nach völlig abgelöst werden. Das gelang jedoch nicht. In großer Stückzahl gehörten sie auch dann noch zur Ausrüstung, als diese 1937 durch Pistolen des Modells Nambu 94 (s. dort) ergänzt wurde. Soldaten waren mit dem Revolver bis 1945, Angehörige der Polizei sogar noch solange bewaffnet, bis sie ab 1961 den Revolver Modell New Nambu 60 (s. »Schützenwaffen heute«) erhielten. Die um die Jahrhundertwende entwickelte Pistole verblieb ebenfalls noch lange nach 1945 im Bestand.

Die Ausrüstung mit Faustfeuerwaffen war während des Krieges sowie zuvor und danach nicht nur uneinheitlich, sondern auch unvollständig. Pistolen wurden zumeist nur an Offiziere, kaum an Soldaten ausgegeben, wobei Offiziere ihre Pistole als persönliche Waffe meist selbst bezahlen mußten. Zur Ausrüstung der Polizei gehörten Pistolen wohl erst nach 1945.

Im Zusammenhang mit den in Japan üblichen Modellbezeichnungen von Waffen alten Typs ist eine ausführliche Erläuterung notwendig: Die Bezeichnungen wurden von der komplizierten japanischen Zeitrechnung abgeleitet. Danach gilt das Jahr 1867 als das Jahr 1 der Amtsübernahme des Kaisers Mutsuhito, der als Meiji-Tenno bekannt wurde. Daher wird der 1893 eingeführte Revolver nach der Meiji-Zeitrechnung Modell 26 bzw. exakter Modell Meiji 26 genannt. Als 1912 Kaiser Taisho die Macht übernahm, begann die Zeitrechnung mit dem Jahr 1 wieder von vorn, ebenso 1926 beim Amtsantritt des Kaisers Hirohito. Seitdem gibt es außerdem eine weitere Zeitrechnung, die mit Gründung des japanischen Kaiserreichs im Jahre 660 vor unserer Zeitrechnung beginnt. Außer als Jahr 1, was allerdings nur selten der Fall ist, bezeichnet man das Jahr, in dem Hirohito den Thron bestieg, auch als das Jahr 2586.

Von diesen unterschiedlichen Zeitrechnungen hat man zumeist die Modellbezeichnungen der Waffen hergeleitet. Allerdings wurde das Jahr ihrer Einführung nicht immer mit dem Namen des jeweiligen Kaisers verbunden, vor allem nicht in der Fachliteratur. So findet sich nur derjenige zurecht, der nicht nur über Geschichtskenntnisse verfügt, sondern außerdem nachrechnet.

Wird in der Fachliteratur der Kaisername hinzugefügt – bei der Standardpistole des zweiten Weltkriegs also Modell Nambu Taisho 14 –, ist die Orientierung noch relativ einfach. Für manche Waffen verwendet man jedoch eine Modellbezeichnung nach der Zeitrechnung ab Gründung des Kaiserreichs. Die gesamte Zahlenreihe wird allerdings nur sehr selten genannt, zumeist nur die letzte Ziffer. Häufig sind aber auch zwei oder drei Ziffern gebräuchlich, die auf den ersten Blick mit keiner Zeitrechnung in erkennbarem Zusammenhang stehen.

Das ist zum Beispiel bei Waffen der Fall, die 1940, also im Jahre 2600 nach Gründung des Kaiserreichs, entwickelt bzw. eingeführt wurden. Diese bezeichnet man sowohl als Waffen des Modells 0 als auch des Modells 100, manchmal aber auch als Waffen des Modells 10. Hinzu kommen Druckfehler, und darüber hinaus gibt es in der Fachliteratur noch weitere Bezeichnungen, die zu zusätzlicher Verwirrung beitragen.

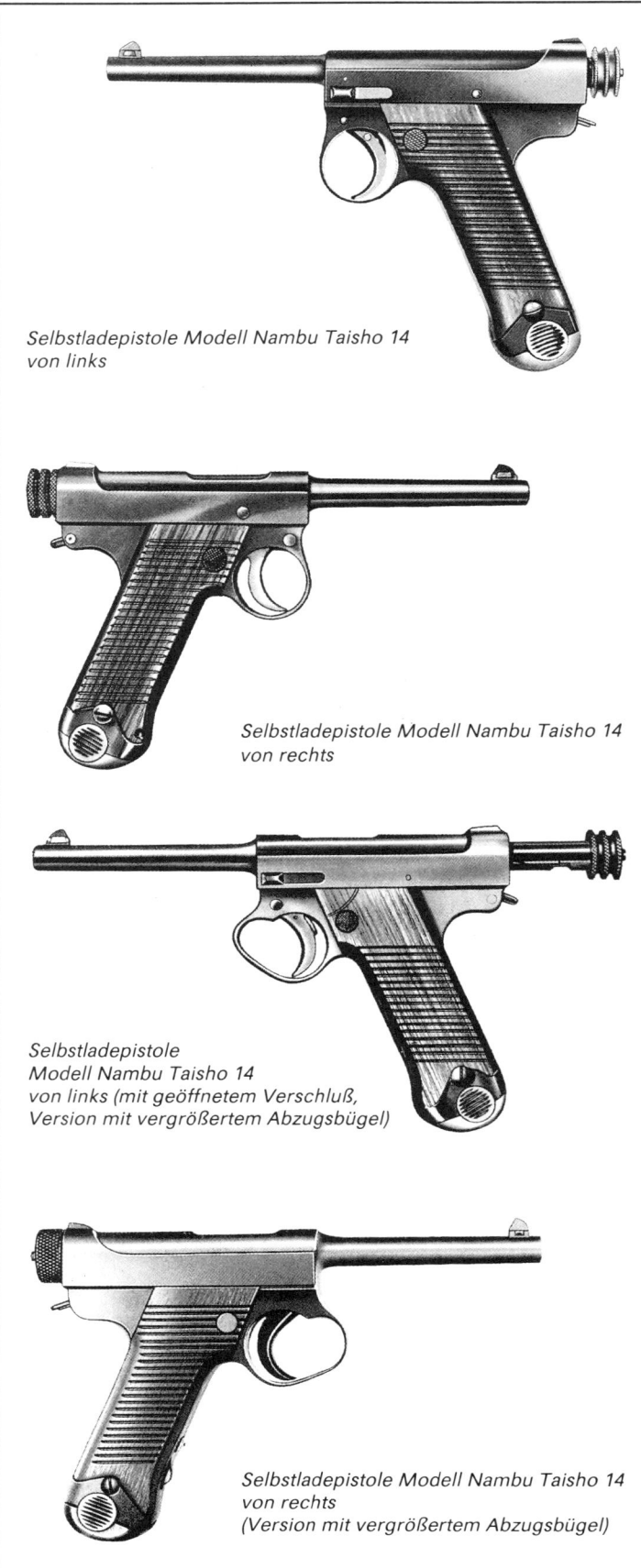

Selbstladepistole Modell Nambu Taisho 14 von links

Selbstladepistole Modell Nambu Taisho 14 von rechts

Selbstladepistole Modell Nambu Taisho 14 von links (mit geöffnetem Verschluß, Version mit vergrößertem Abzugsbügel)

Selbstladepistole Modell Nambu Taisho 14 von rechts (Version mit vergrößertem Abzugsbügel)

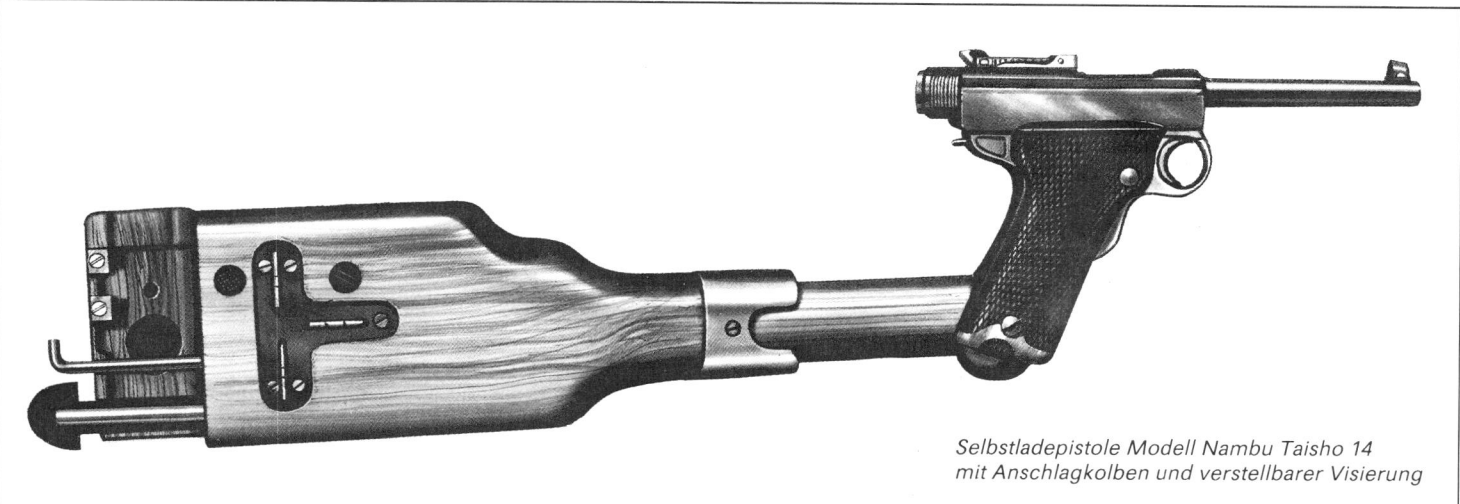

Selbstladepistole Modell Nambu Taisho 14 mit Anschlagkolben und verstellbarer Visierung

Konstrukteur der Selbstladepistole Modell Nambu Taisho 14 war der japanische Major und spätere General Kijiro Nambu. Den Vorläufer dieser Waffe hatte man in drei Ausführungen in einer Anzahl von insgesamt nur etwa 20 000 Stück hergestellt. Die Weiterentwicklung jedoch, von 1926 bis April 1945 bei drei japanischen Firmen produziert, stand in wesentlich größerer Stückzahl zur Verfügung. Insgesamt sollen mehr als 320 000 Pistolen solchen Typs hergestellt worden sein. Diesbezüglich gibt es allerdings sehr unterschiedliche Angaben. In manchen Veröffentlichungen wird nur eine Stückzahl von 275 000 genannt, von denen man etwa 141 000 dem Zeitraum zwischen 1941 und 1945 zuordnet.

Wesentliche Unterschiede zwischen den beiden Modellen bestehen nicht. Dennoch unterscheiden sie sich in bezug auf einige teils sichtbare, teils als Bestandteil der Konstruktion von außen nicht sichtbare Details voneinander. So hat die Nambu-Pistole von 1925 eine auf die Abzugsstange wirkende Sicherung mit manuell bedienbarem Sicherungshebel und eine in Nuten gelagerte Doppel-Rückholfeder. Das ältere Modell hingegen war mit Griffsicherung und einer Feder ausgerüstet, die in einer Rahmennut verläuft. Ab 1939 stand eine weitere Version mit auffallend großem Abzugsbügel zur Verfügung, der das Schießen in Handschuhen ermöglichte. Ab 1940 wurden Waffen dieses Typs mit Magazinhaltefeder, ab 1942 mit verkürztem Schlagbolzen geliefert.

Die Selbstladepistole Modell Nambu Taisho 14 ist ein Rückstoßlader mit kurz zurückgleitendem Lauf und festjustierter Visierung. Zur Verriegelung rastet ein Sperrstück in einem Vorsprung im Griffstück ein. Das Sperrstück ist drehbar an der Unterseite der Verschlußhülse befestigt. Seine Drehung wird durch das Zurückgleiten des Laufes bewirkt. Das Magazin hat eine Kapazität von 8 Schuß.

Ist die letzte Patrone verfeuert, wird der Verschluß vom Zubringer des Magazins offengehalten. Der Schütze muß das leere Magazin gegen den Druck der Rückholfeder herausziehen.

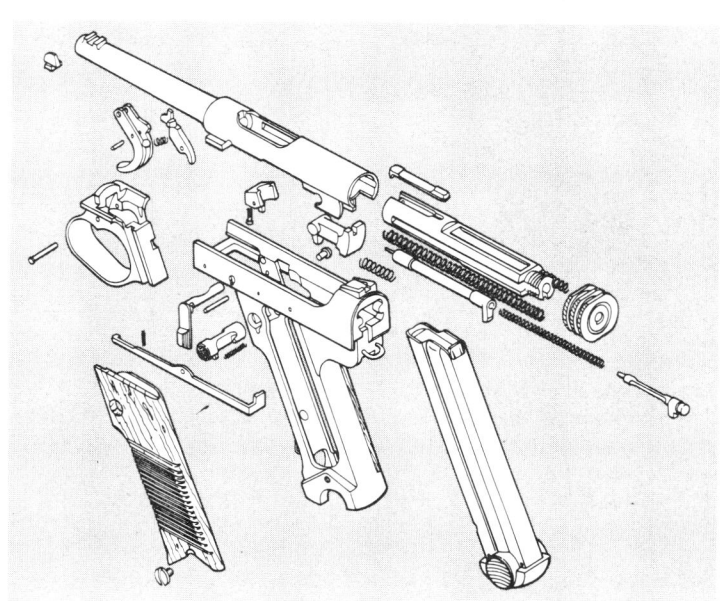

Explosionszeichnung der Selbstladepistole Modell Nambu Taisho 14

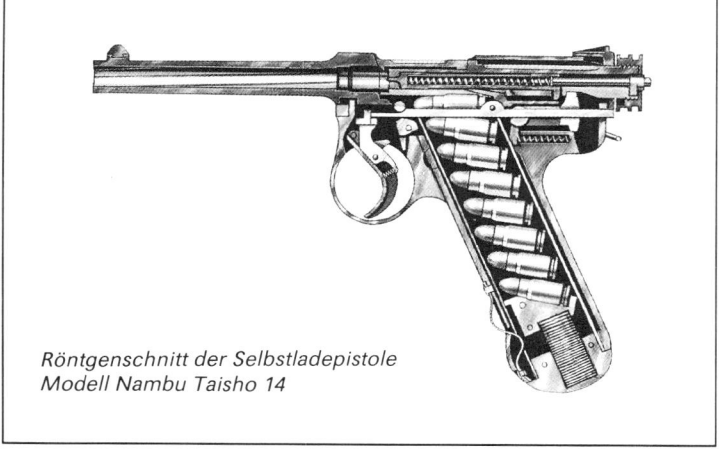

Röntgenschnitt der Selbstladepistole Modell Nambu Taisho 14

Das ist relativ schwierig und daher ein Nachteil. Außerdem hat die Waffe eine zu schwache Schlagbolzenfeder, so daß die Patrone mitunter nicht zündet. Der Sicherungshebel, der sich an der linken Seite befindet, kann mit der Schießhand nicht erreicht werden. Der Schütze muß ihn mit seiner linken Hand betätigen.

In der Fachliteratur wird diese Pistole oft kritisiert. Abgesehen von den obengenannten Mängeln, bezeichnet man sie auch als Waffe von unzureichender Durchschlagskraft, lobt aber Treffsicherheit und weichen Rückstoß sowie die gute Handlage. In diesem Zusammenhang wird sie nicht selten die japanische Luger genannt. Man betont allerdings, daß die Leistung der japanischen Patrone des Kalibers 8 mm weit hinter der Leistung bekannter Pistolenpatronen zurückblieb. Mit der Parabellum-Patrone 9 mm ist diese Munition nicht vergleichbar.

Obwohl im Vergleich zur Erstausführung bedeutend einfacher produzierbar, war die Herstellung immer noch schwierig und mit hohem Aufwand an Zeit und Kosten verbunden. Während des zweiten Weltkriegs hat man die Technologie vereinfacht, um solche Pistolen billiger produzieren zu können. Wie die Kosten verringerte sich allerdings auch die Qualität.

Wie schon erwähnt, wurden Waffen dieses Typs Mitte der dreißiger Jahre durch die von demselben Konstrukteur entwickelte Nambu-Pistole Modell 94 ergänzt. Die Ablösung des Modells Nambu Taisho 14 begann aber erst, als man nach 1945 Pistolen Modell Colt M 1911 A1 (s. dort) aus den USA importierte und ab 1957 auf der Grundlage dieser Faustfeuerwaffen entwickelte Pistolen der Modelle New Nambu 57 und 57 A (s. »Schützenwaffen heute«) mit Kaliber .45 bzw. 9 mm sowie das

Japan

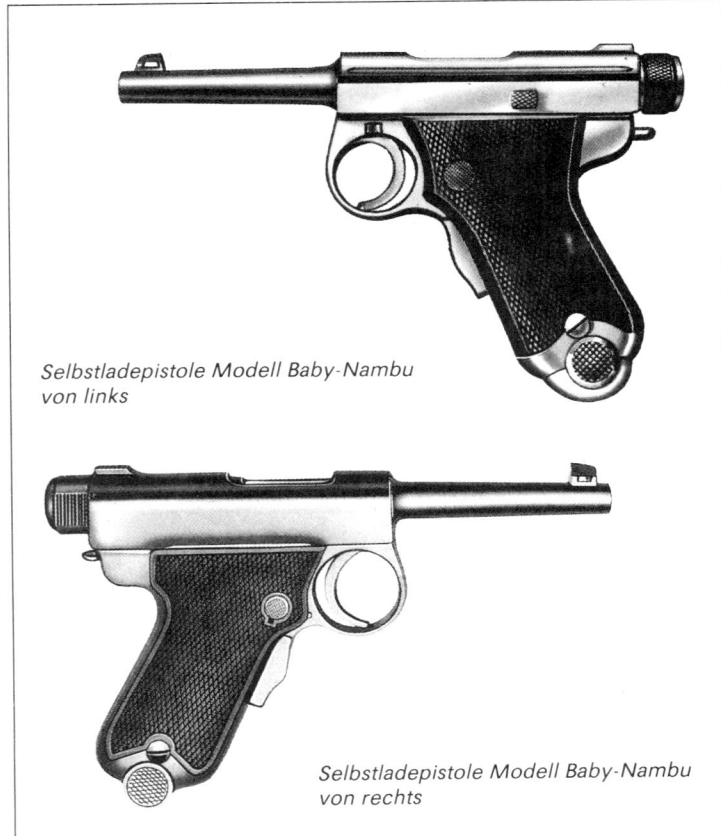

Selbstladepistole Modell Baby-Nambu von links

Selbstladepistole Modell Baby-Nambu von rechts

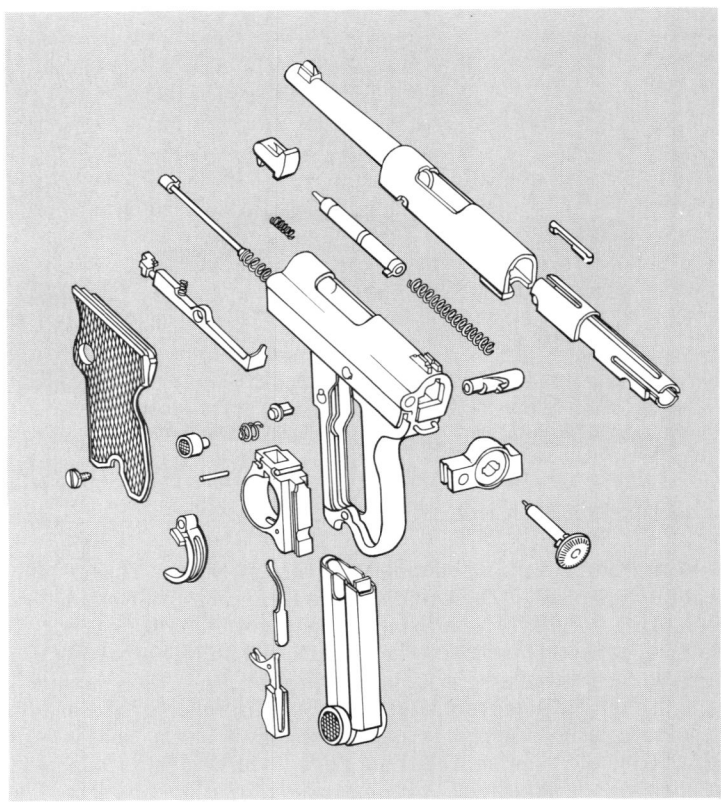

Explosionszeichnung der Selbstladepistole Modell Baby-Nambu

Modell New Nambu 57 B (s. »Schützenwaffen heute«) für die Browning-Patrone 7,65 x 17 HR im eigenen Lande herstellte.

Außer der damaligen Standard-Faustfeuerwaffe hatte der Konstrukteur auf der Grundlage seiner kurz nach der Jahrhundertwende vorgestellten Erstausführung ein weiteres Modell entwickelt. Das war eine Nambu-Pistole im Kleinformat. Sie wird als Baby-Nambu bezeichnet. Konstruktions- und Funktionsprinzip sind mit denen der beiden anderen Pistolenmodelle identisch, die Abmessungen bei weitgehend übereinstimmender Proportion aber geringer. Wie das Erstmodell wurde die kleine Pistole nicht mit einer Hebel-, sondern mit einer Griffsicherung ausgerüstet.

Das Kaliber beträgt 7 mm. Die Munition ist eine modifizierte Version der japanischen Pistolenpatrone des Kalibers 8 mm und hat die Abmessungen 7 x 20 HR. Das Magazin kann mit 7 Patronen gefüllt werden. Die Waffen sollen mit Reinigungsset und Reservemagazin geliefert worden sein.

Über Entwicklung und Produktion informiert die Fachliteratur widersprüchlich. Mitunter wird berichtet, das Modell stand schon 1902 zur Verfügung und wurde ab 1903 hergestellt; meist gibt man jedoch die Jahre kurz vor dem ersten Weltkrieg als möglichen Zeitpunkt der Entwicklung und die Jahre kurz danach als eventuellen Produktionsbeginn an. Weder die eine noch die andere Information läßt sich bisher eindeutig belegen.

Vermutlich ist das Baby-Modell auf der Grundlage einer frühen Ausführung der Nambu-Taisho-Pistole 4 entstanden und tatsächlich schon ab dieser Zeit hergestellt worden. Allerdings war das wohl keine Serienproduktion, sondern nur Einzelfertigung. Nennenswerte Stückzahlen gab es erst nach dem Krieg. Die genaue Anzahl ist jedoch ebenso unbekannt wie der exakte Zeitpunkt der Konstruktion und des Serienbeginns, so daß auch in dieser Beziehung bislang noch Vermutung vor Fakten rangiert.

Die Schätzungen schwanken zwischen 3 000 bis 6 500 Stück. Ohne je Ordonnanzwaffe gewesen zu sein, hat Nambus Baby-Modell während des zweiten Weltkriegs zur Ausrüstung japanischer Piloten gehört. Davor ist sie schon von hochrangigen Politikern als persönliche Waffe getragen worden. Außerdem wurden solche Pistolen im Auftrag des Tenno als kaiserliche Ehrengeschenke vergeben. Zu denen, die sie erhielten, zählten promovierte Absolventen der Militärakademie.

Daß man, so wird vereinzelt berichtet, Baby-Pistolen von Nambu auf dem zivilen Markt verkauft oder ins Ausland geliefert hat, dürfte nicht den Tatsachen entsprechen. Abgesehen von ganz wenigen Ausnahmen, waren damals in Japan produzierte Pistolen wie sämtliche anderen Infanteriewaffen nur für die Sreitkräfte und Polizeiformationen des Landes bestimmt. Einen kommerziellen Waffenmarkt gab es dort vor dem zweiten Weltkrieg noch nicht, und über Exporte ist bis auf vereinzelte Lieferungen von Nambu-Pistolen des Typs 94 nach Thailand ebenfalls nichts bekannt.

Daten: Selbstladepistole Modell Nambu Taisho 14

Kaliber:	8 mm	Patrone:	8 × 21,5
v_0:	290 m/s	Lauflänge:	121 mm
Länge Waffe:	229 mm	Züge/Richtung:	6/r
Höhe Waffe:	153 mm	Magazinkapazität:	8 Schuß
Länge Visierlinie:	200 mm	Einsatzschußweite:	50 m
Masse ohne Magazin:	0,960 kg		

Daten: Selbstladepistole Modell Baby-Nambu

Kaliber:	7 mm	Patrone:	7 × 20 HR
v_0:	280 m/s	Lauflänge:	84 mm
Länge Waffe:	173 mm	Züge/Richtung:	6/r
Höhe Waffe:	mm	Magazinkapazität:	7 Schuß
Länge Visierlinie:	mm	Einsatzschußweite:	30 m
Masse ohne Magazin:	0,605 kg		

Selbstladepistole Modell Nambu 94 8 mm

Oftmals wird diese Waffe als eine Modifikation der 1925 bei den japanischen Streitkräften eingeführten Pistole Modell Nambu Taisho 14 (s. dort) bezeichnet. Das ist nicht richtig. Kijiro Nambu, der Konstrukteur, wollte wohl, so die Fachliteratur, eine Pistole für den Export nach Südamerika entwickeln, die keine Kopie oder Version seiner Militärwaffen, sondern eine Pistole für den Zivilgebrauch sein sollte.

Daß sie nicht nach Südamerika exportiert wurde, gilt als erwiesen. Mit der japanischen Patrone hätte sie dort nie eine Chance gehabt. So kam der von Nambu beabsichtigte Export großen Umfangs nie zustande. Dennoch war diese Nambu-Pistole eine der wenigen damals ins Ausland gelieferten japanischen Waffen. Kunde waren die Streitkräfte Thailands. Sie erhielten allerdings nur geringe Mengen.

Ab 1934 wurde das Modell von einigen Waffengattungen der japanischen Streitkräfte übernommen, zunächst von Panzertruppe und Luftwaffe, kurz nach Beginn der Kämpfe gegen China Anfang Juli 1937 auch vom Heer. Entsprechend der komplizierten japanischen Zeitrechnung (vgl. S. 330) erhielt die Waffe die Modellbezeichnung 94. Damit fixierte man das Jahr der Übernahme in die Ausrüstung der Streitkräfte.

Die Selbstladepistole Modell Nambu 94 ist ein Rückstoßlader mit halbstarr verriegeltem Verschluß und beweglichem Lauf. Die Verriegelung erfolgt durch ein vertikales Gleitstück. Der Verriegelungsmechanismus funktioniert nicht immer einwandfrei, die auf die Abzugsstange wirkende Sicherung ebenfalls nicht. Sie nutzt sich schnell ab. Weitere Unsicherheitsfaktoren sind die Empfindlichkeit der Abzugsstange bei gespannter Waffe gegen Erschütterung und ein Unterbrecher von unzulänglicher Konstruktion. Daher kann sich aus der Pistole ein Schuß lösen, ohne daß der Schütze den Abzug betätigt. Der Sicherungshebel befindet sich an der linken Seite des Griffstücks in Nähe der Magazinsicherung.

Fachleute schätzen die Wirksamkeit dieser Waffe als unzureichend ein. Da ihr Lauf verhältnismäßig kurz ist, bleiben Mündungsgeschwindigkeit und Mündungsenergie der ohnehin schwachen japanischen Patrone von 8 mm Kaliber gering. Die Drallänge beträgt 278 mm, die Länge der Visierlinie 117 mm.

Beim Nachladen gibt es ebenfalls Probleme. Sobald die letzte Patrone verfeuert wurde, verklemmt das Magazin. Sein Zubringer hält den Verschluß in offener Stellung fest. Das Magazin kann nur mit Kraftaufwand entfernt werden. Seine Kapazität beträgt 6 Schuß.

Die Pistole besteht aus den vier Baugruppen Griffstück, Schlitten mit Verschlußstück, Lauf mit Verriegelungsblock und Magazin. Das Auseinandernehmen ist relativ kompliziert. Das Verschlußstück wird bis zum Anschlag zurückgezogen und festgehalten, der Schlagbolzen nach vorn gedrückt und der freiwerdende Querbolzen von rechts nach links hinausgeschoben. Danach zieht man das Verschlußstück heraus, läßt den Schlitten nach vorn gleiten und hebt dabei die Verriegelung mittels Daumendrucks auf die Laufmündung auf. In diesem Zustand können Lauf- und Rückholfeder entfernt werden. Anschließend läßt sich der nunmehr freiliegende Verriegelungsblock aus dem Rahmen herausnehmen.

Fast alle Autoren bezeichnen Handhabung und Bedienbarkeit der Nambu-Pistole Modell 94 als mühevoll. Ihre Sicherheit wird als völlig ungenügend klassifiziert. Überdies war die Verarbeitung schlecht, vor allem während des Krieges. Von 1935 bis Mai 1945 sollen etwa 71 000 Stück dieses Modells hergestellt worden sein, die meisten 1942, 1943 und 1944, und zwar 10 500, 12 500 bzw. 20 000 Stück.

Daten: Selbstladepistole Modell Nambu 94

Kaliber:	8 mm	Patrone:	8 × 21,5
v_0:	275 m/s	Lauflänge:	96 mm
Länge Waffe:	186 mm	Züge/Richtung:	6/r
Höhe Waffe:	116 mm	Magazinkapazität:	6 Schuß
Länge Visierlinie:	117 mm	Einsatzschußweite:	40 m
Masse ohne Magazin:	0,750 kg		

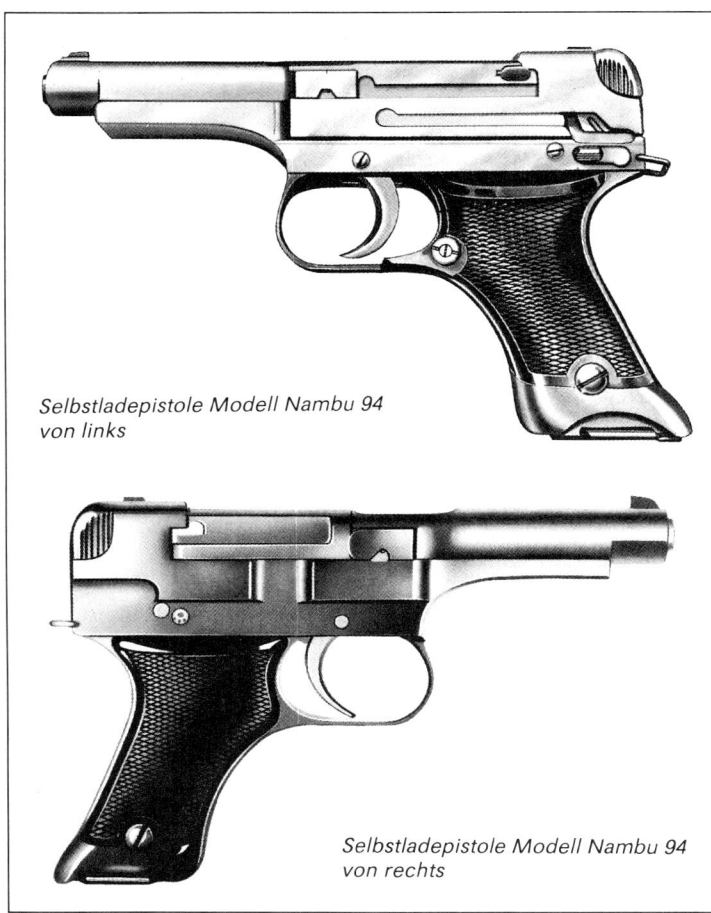

Selbstladepistole Modell Nambu 94 von links

Selbstladepistole Modell Nambu 94 von rechts

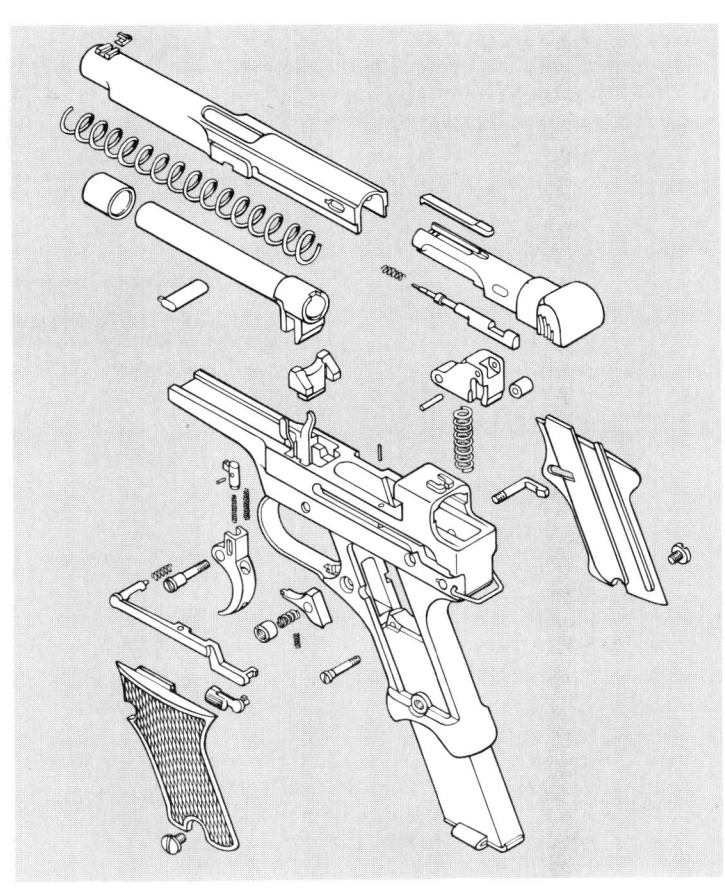

Explosionszeichnung der Selbstladepistole Modell Nambu 94

Selbstladepistolen Modelle Hamada Typ 1 und Typ 2 7,65 mm bzw. 8 mm

Pistolen dieser Modelle wurden zwar nicht in großer Stückzahl produziert, aber zusätzlich zu der Standard-Faustfeuerwaffe Modell Nambu Taisho 14 (s. dort) und der Pistole Modell Nambu 94 (s. dort) während des zweiten Weltkriegs bei den japanischen Streitkräften benutzt. Ihre Bezeichnung erhielten die Waffen nach der Herstellerfirma Hamada Seisakusho und der damaligen japanischen Zeitrechnung (vgl. S. 330), wobei das Jahr 1940 als das Jahr Null zugrunde gelegt wurde. Man kann als sicher voraussetzen, Produktionsbeginn für den Typ 1 war 1941, für den Typ 2 ein Jahr danach.

Typ 1 wurde wahrscheinlich vom Firmenchef, Typ 2 von einem japanischen Major namens Yato entwickelt. Man nennt die Waffen nicht selten auch Hamada-Browning bzw. Hamada-Yato. Die Bezeichnung Kenju Shiki ist für beide ebenfalls üblich. Das erstgenannte Modell wurde für die ab 1935 in Japan hergestellte Patrone 7,65 mm Browning eingerichtet und ist die Kopie einer Browning-Pistole mit Feder/Masse-Verschluß. Die andere Waffe, ein starr verriegelter Rückstoßlader aus Eigenkonstruktion, verschießt japanische Standardpatronen 8 mm. Wie die Fachliteratur berichtet, sind von beiden Modellen nur wenige hundert Stück hergestellt worden. Die Browning-Kopie wurde inoffiziell geführt, die Eigenkonstruktion Mitte 1943 vom Heer in die strukturmäßige Ausrüstung übernommen.

Pistolen des Typs 1 haben eine Gesamtlänge von 150 mm, eine Lauflänge von 75 mm und eine Masse von 650 g. Das Magazin kann mit 9 Patronen gefüllt werden. Die technischen Daten von Pistolen des Typs 2 sind 165 mm Gesamtlänge, 90 mm Lauflänge, 700 g Masse und 6 Schuß Magazinkapazität. In der Fachliteratur wird darauf hingewiesen, daß diese Daten keine exakten, sondern auf- oder abgerundete Werte sind.

Außer mit Pistolen aus Eigenproduktion waren Angehörige der japanischen Streitkräfte während des zweiten Weltkriegs auch mit Faustfeuerwaffen aus anderen Ländern ausgerüstet. Dazu gehörten Browning-Pistolen aus Belgien, in China erbeutete Waffen Modell Mauser C 96 (s. dort) aus deutscher Produktion sowie aus Deutschland gelieferte Pistolen Modell P 08 (s. dort) und Modell DWM 1923 (s. dort). Über andere Typen und Stückzahlen ist nichts bekannt. Kurz vor Kriegsende berieten Militärs und Industrielle Pläne für eine Massenproduktion von Handfeuerwaffen einfachster Konstruktion. Sie sollten in einer Anzahl von mehreren Millionen Stück hergestellt und an Zivilpersonen zu ihrem persönlichen Schutz ausgegeben werden. Dazu gehörten auch einschüssige Pistolen mit glattem Lauf. Sie verfeuerten primitive, von Rundstahlstäben abgeschnittene Geschosse. Derartige Waffen sollen tatsächlich hergestellt worden sein, allerdings nicht in Massenfertigung. Über Konstruktionsprinzip und Funktionsweise, Hersteller und Stückzahlen sind keine Informationen verfügbar.

Maschinenpistolen Modell 100 8 mm

Obwohl wenige Jahre nach dem ersten Weltkrieg bereits einige Modelle truppendiensttauglicher Maschinenpistolen bekannt waren, wurde die Bedeutung dieser neuen Infanteriewaffe von den führenden Militärs der meisten Länder unterschätzt. Die japanische Generalität machte da keine Ausnahme. Sie stimmte zwar 1931 dem Import von Maschinenpistolen in geringer Stückzahl aus der Schweiz zu, lehnte jedoch eine Eigenentwicklung solcher Waffen zunächst ab.

Vermutlich sind die von der Schweizerischen Industrie-Gesellschaft (SIG) gekauften Maschinenpistolen nie in einem Gefecht eingesetzt worden. Das waren Waffen des Modells SIG 1920 (s. dort). Man rüstete sie in Japan mit einem Bajonetthalter aus und komplettierte sie mit einem unter dem Laufmantel angebrachten Bajonett.

Über die Stückzahl ist nichts bekannt, wohl aber darüber, daß sich eine kleine Gruppe interessierter Militärs, unterstützt von Vertretern der Industrie, gegen die Generalität durchzusetzen versuchte. Trotz hartnäckigen Widerstands der konservativen militärischen Führung arbeiteten sie zielstrebig an einem Projekt zur Entwicklung eigener Maschinenpistolen.

Die ersten drei Modelle unterschiedlicher Ausführungen, bezeichnet als Typ 1, Typ 2 und Typ 3, konnten 1934 vorgestellt

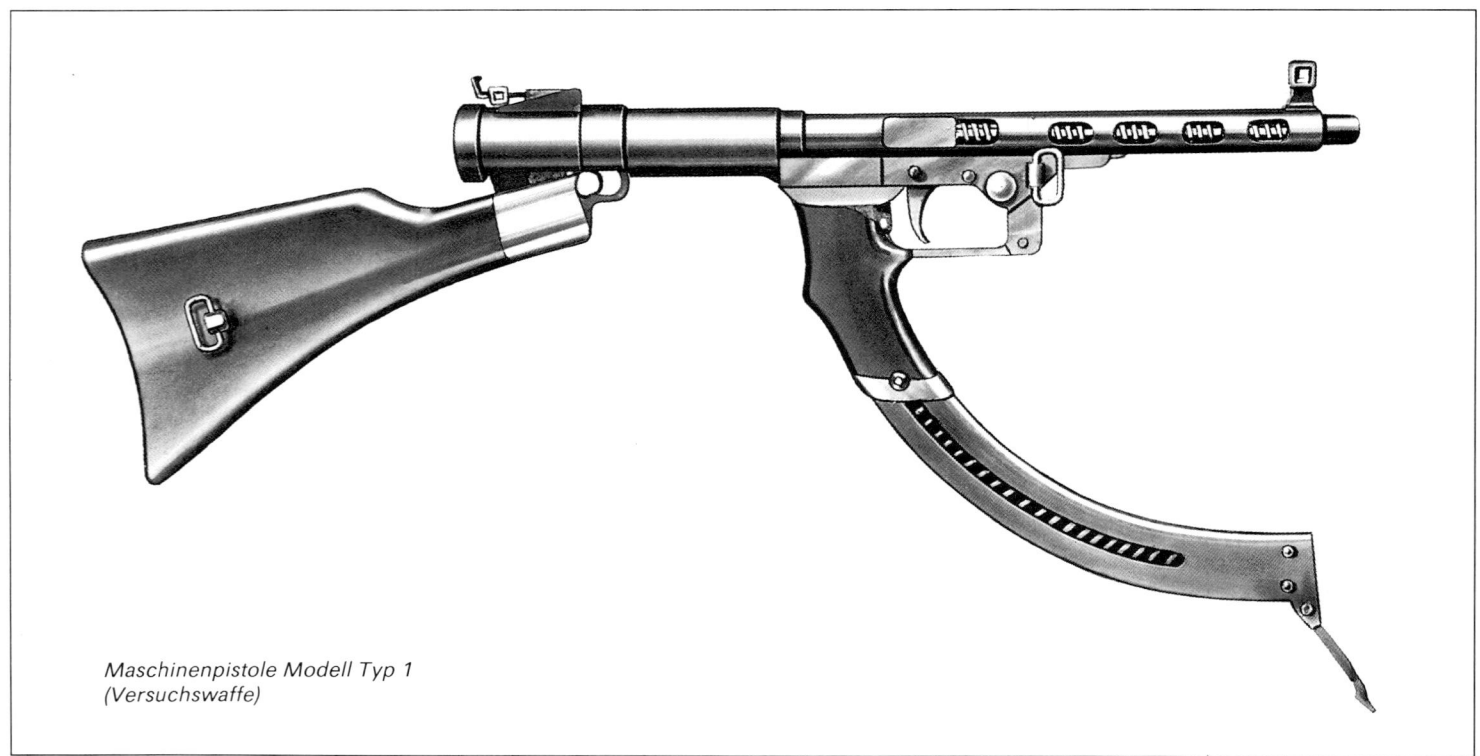

Maschinenpistole Modell Typ 1 (Versuchswaffe)

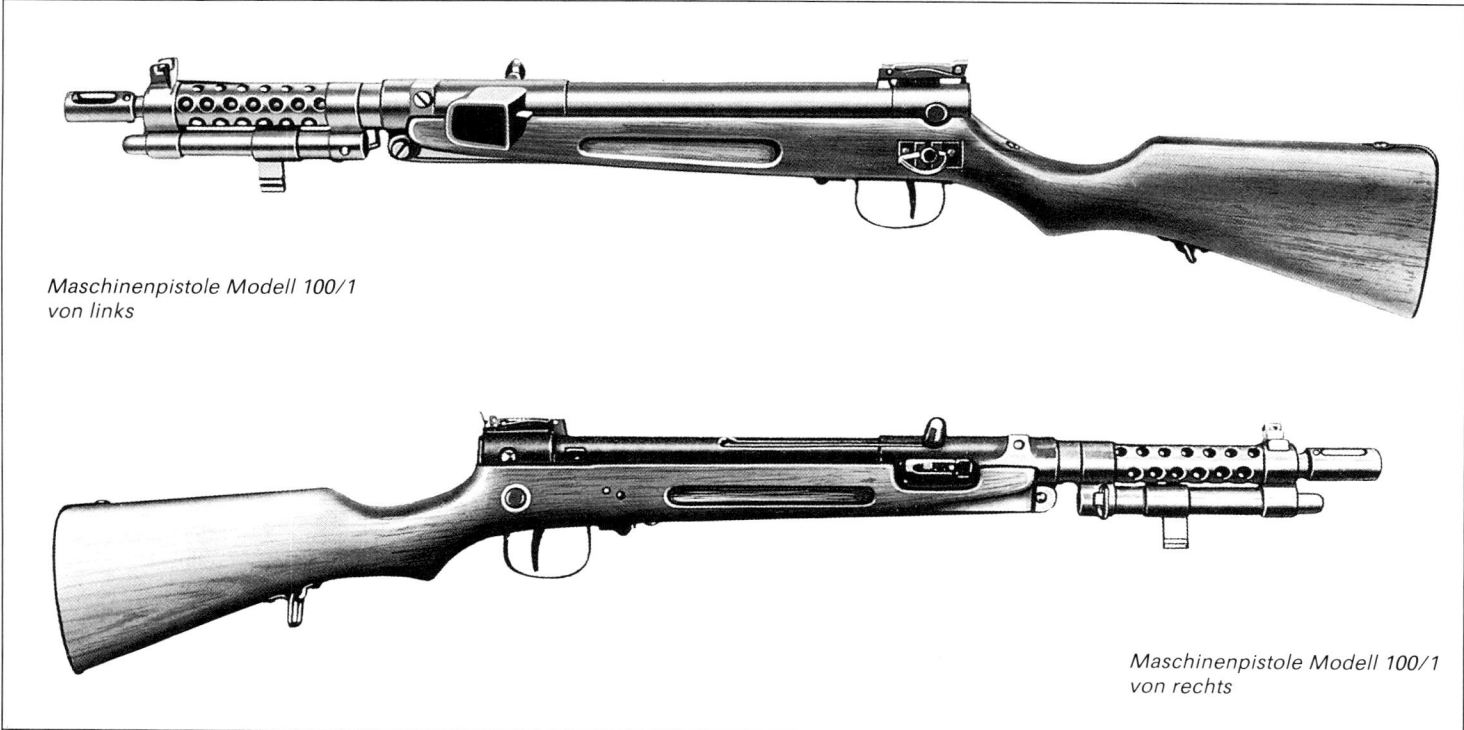

Maschinenpistole Modell 100/1 von links

Maschinenpistole Modell 100/1 von rechts

werden. Man hatte sie auf der Grundlage der Maschinenpistolen SIG-Bergmann entwickelt. Nachstehend einige interessante Einzelheiten über die Versuchswaffen, wobei aber darauf hingewiesen werden muß, daß diese Angaben einer Quelle entnommen sind, deren Glaubwürdigkeit nicht durch Vergleich mit anderen Veröffentlichungen überprüfbar war:

Vom Typ 1 gab es wahrscheinlich zwei Ausführungen mit unterschiedlicher theoretischer Feuergeschwindigkeit von 300 S/min bzw. 600 S/min. Die Testwaffen von 690 mm Gesamtlänge und 3,2 kg Masse waren mit einem Kurvenvisier und einem Kurvenmagazin von 50 Schuß Kapazität ausgerüstet, das von unten in den Pistolengriff eingesetzt wurde. Sie verschossen japanische Standard-Pistolenpatronen 8 mm. Der Lauf steckte in einem Mantel mit Kühlöffnungen. Der Holzkolben war auf unterschiedliche Weise befestigt, bei manchen Waffen festinstalliert, bei anderen klappbar.

Typ 2 gab es in mehreren, für verschiedenartige Patronen unterschiedlichen Kalibers eingerichteten Modifikationen: außer für die Standard-Pistolenpatrone 8 mm auch für die Testmunition der Kaliber 6,5 mm, 7,7 mm und 8,65 mm. Die letztgenannte Version stand wahrscheinlich in zwei Ausführungen mit unterschiedlicher theoretischer Feuergeschwindigkeit von 400 S/min bzw. 600 S/min zur Verfügung. Abmessungen und Masse waren mit 700 mm Gesamtlänge, 230 mm Lauflänge und 3,8 kg Masse übereinstimmend. Die Munition wurde aus einem Magazin von 30 Schuß Kapazität zugeführt. Bei sämtlichen Modifikationen dieses Typs war der Holzschaft fast so lang wie die Waffe, und die Verschlußführung ragte über den Schaftrücken hinaus.

Über Maschinenpistolen des Typs 3 sind kaum verwertbare Informationen verfügbar. Erwiesen ist nur, daß mehrere Ausführungen erprobt wurden. Ebenso wie die anderen Versuchswaffen lehnte man sie jedoch wegen mangelhafter Funktionstüchtigkeit ab.

Erst im April 1939 war dann ein neuer, von der Firma Nambu Seisakusho entwickelter Prototyp einer für die Standardpatrone eingerichteten Maschinenpistole präsent. In der Fachliteratur wird er als unausgereifte Konstruktion kritisiert, als eine Kombination von Details der Systeme Beretta, Suomi und Bergmann, allerdings ohne deren Gütemerkmale. Dennoch begann 1940 die Produktion. Bis 1944 sollen aber nur 1 000 Maschinenpistolen hergestellt worden sein.

Nach der japanischen Zeitrechnung (vgl. S. 330) bezeichnet man Waffen solchen Typs als MPi Modell 100. Da eine vier Jahre später produzierte Maschinenpistole in der Fachliteratur ebenfalls unter dieser Bezeichnung bekannt ist, soll die Erstausführung von 1940 hier Modell 100/1, die Version von 1944 aber Modell 100/2 genannt werden. So kann man sie besser voneinander unterscheiden.

Masse und Abmessungen der MPi Modell 100/1 entsprechen mit 3,83 kg in ungeladenem Zustand und 889 mm Gesamtlänge durchaus den Parametern von damals in anderen Ländern verfügbaren Waffen. Die theoretische Feuergeschwindigkeit von 450 S/min ist jedoch sehr gering. Wenn man allerdings bedenkt, daß die Waffe nur Dauerfeuer schießt und die japanischen Schützen im Gebrauch von Maschinenpistolen ungeübt waren, ist eine solche Kadenz wohl akzeptabel. Auf jeden Fall gewährleistet diese Schußfolge eine relativ stabile Treffpunktlage.

Trotz zahlreicher Mängel wird die Waffe von den meisten Fachleuten als eine funktionstüchtige Maschinenpistole eingeschätzt. Man kritisiert aber das komplizierte Kurvenvisier und den relativ wuchtigen Holzkolben samt Schäftung, die fast an die auffällig stabile Arretiervorrichtung des Bajonetts stößt. Eine derart sorgfältig konstruierte Aufpflanzvorrichtung wird ebenfalls als völlig unnötig bezeichnet, ebenso das für einen Teil der Waffen mitgelieferte Zweibein.

Der Lauf steckt in einem Mantel mit Kühllöchern. Das Kurvenmagazin befindet sich an der linken Seite. Seine Kapazität beträgt 30 Schuß. Beim Zuführen der Patronen wurden Ladehemmungen festgestellt.

Von hohem fertigungstechnischem Niveau aber ist der Lauf mit seiner hartverchromten Innenwandung. Eine solche Spezialbehandlung gewährleistet Unempfindlichkeit gegen Erosion durch die Treibladungsgase, gegen alle Art von Verschmutzung und bewirkt eine sehr hohe Lebensdauer. Für diese Waffe war sie auf Grund der Umstände aber nicht nötig.

Ende 1943 lieferte man eine Version für Fallschirmjäger mit nach rechts abklappbarem Holzkolben. Er wird durch einen Doppelhaken nahe der Ladeöffnung verriegelt. Das Gelenk befindet sich am Kolbenhals. Von dieser Version sollen 1944 maximal 5 000 Stück hergestellt worden sein.

Obwohl die japanische Industrie damals kaum noch über Ressourcen verfügte, mußte sie noch vorhandene Kapazitäten von Forschung und Fertigung auf das Entwicklungsprojekt Maschinenpistole konzentrieren. Lange Jahre hatte die Generalität die Maschinenpistole als völlig unnötige Waffe abgelehnt. Im Kriege jedoch forderte sie jetzt ebenso hartnäckig ihre Weiterentwicklung.

Die Ursachen lagen auf der Hand. Von Maschinenpistolen versprach man sich eine entschieden höhere Kampfkraft der Truppe an allen Fronten. Am 27. September 1940 hatte das Kai-

Japan

Maschinenpistole Modell 100/2 von rechts

Maschinenpistole Modell 100/2 von links

serreich Japan das aggressive Militärbündnis mit den faschistischen Staaten Deutschland und Italien unterzeichnet und am 7. Dezember des folgenden Jahres mit dem Überfall auf den US-amerikanischen Pazifik-Stützpunkt Pearl Harbour in den zweiten Weltkrieg eingegriffen. Seit der ein halbes Jahr später gegen die USA verlorenen See/Luft-Schlacht bei den Midway-Inseln vom 4. bis 6. Juni 1942 wurde der Aggressor immer mehr in die Verteidigungsstellung gedrängt und versuchte mit allen Mitteln, die sich inzwischen deutlich abzeichnende Niederlage zu verhindern.

Mitte 1944 stellten dann japanische Ingenieure mit dem Modell 100/2 tatsächlich eine weiterentwickelte Maschinenpistole vor. Noch ehe die Waffe erprobt werden konnte, begann man in aller Eile mit ihrer Serienproduktion. Die Technologie war den Kriegsbedingungen angepaßt worden. Von Anfang an hatte man sich auf eine zeit- und kostengünstige Fertigung orientiert. Allerdings konnten bis Kriegsende kaum mehr als 8 000 Stück hergestellt werden.

Auf Qualität wurde kein Wert mehr gelegt. Die Waffen haben Schweißnähte und deutliche Spuren der Bearbeitungswerkzeuge. Warum man aber in dieser Situation auf den verchromten Innenlauf nicht verzichtete, ist unbegreiflich.

Trotz zahlreicher Mängel ist die MPi Modell 100/2 eine Waffe von beachtlicher Funktionstüchtigkeit. Da eine andere Rückholfeder verwendet wurde als beim Vorgängermodell, beträgt die theoretische Feuergeschwindigkeit 800 S/min. Die Munition wird aus einem Kurvenmagazin von 30 Schuß Kapazität zugeführt und per Dauerfeuer verschossen. Das sind Standard-Pistolenpatronen von 8 mm Kaliber. Ein Mündungskompensator relativ komplizierter Art bewirkt trotz der wesentlich höheren Kadenz eine noch bessere Stabilität als beim Modell 100/1.

Die Visiervorrichtung wurde ebenfalls anders gestaltet. Statt eines Kurvenvisiers hat die weiterentwickelte Maschinenpistole eine feststehende V-förmige Kimme. Obwohl die Konstrukteure auf den stabilen Bajonetthalter verzichteten, kann an einer Vorrichtung unter der Laufmündung ein Bajonett aufgepflanzt werden.

Insgesamt erhielten die Streitkräfte Japans höchstens 14 000 Maschinenpistolen aus Entwicklung und Produktion des eigenen Landes. Wahrscheinlich ist die Zahl noch geringer; denn ein Teil der 1945 von US-amerikanischen Truppen erbeuteten Waffen Modell 100/2 war noch unbenutzt.

Die meisten Maschinenpistolen – alle drei Typen waren offiziell eingeführt – wurden an Marineeinheiten geliefert. Außerdem kämpften japanische Soldaten mit in deutschem Auftrag in der Schweiz hergestellten Maschinenpistolen sowie mit Waffen, die in Österreich produziert worden waren.

Daß auch ihre Anzahl begrenzt blieb, dürfte gewiß sein. In kaum einer Veröffentlichung nach 1945 wird darauf Bezug genommen. Man weist lediglich auf dürftige Restbestände aus einheimischer Produktion hin und auf Nachkriegsimporte in großer Stückzahl aus den USA.

Das waren Maschinenpistolen der Typen Thompson M1 (s. dort) und M3 A1 (s. dort). Obwohl diese ab 1965/66 durch die im eigenen Lande entwickelten Maschinenpistolen Modelle SCK 65 und SCK 66 (s. »Schützenwaffen heute«) ergänzt wurden, gehörten sie noch vier Jahrzehnte nach dem zweiten Weltkrieg zur Ausrüstung der japanischen Streitkräfte.

Daten: Maschinenpistole Modell 100/1 (Standardversion)

Kaliber:	8 mm	Patrone:	8 × 21,5
v_0:	335 m/s	Lauflänge:	228 mm
Länge Waffe:	889 mm	Züge/Richtung:	6/r
Feuergeschwindigkeit:	450 S/min	Visierschußweite:	m
		Einsatzschußweite:	150 m
Munitionszuführung: Kurvenmagazin mit 30 Schuß			
Masse ungeladen:	3,83 kg		

Daten: Maschinenpistole Modell 100/1 (Fallschirmjäger-Version)

Kaliber:	8 mm	Patrone:	8×21,5
v_0:	335 m/s	Lauflänge:	228 mm
Länge Waffe:	556 mm [1]	Züge/Richtung:	6/r
Feuergeschwindigkeit:	450 S/min	Visierschußweite:	m
		Einsatzschußweite:	150 m
Munitionszuführung: Kurvenmagazin mit 30 Schuß			
Masse ungeladen:	3,83 kg		

[1] Bei abgeklapptem Kolben: 889 mm.

Daten: Maschinenpistole Modell 100/2

Kaliber:	8 mm	Patrone:	8×21,5
v_0:	335 m/s	Lauflänge:	228 mm
Länge Waffe:	863 mm	Züge/Richtung:	6/r
Feuergeschwindigkeit:	800 S/min	Visierschußweite:	m
		Einsatzschußweite:	150 m
Munitionszuführung: Kurvenmagazin mit 30 Schuß			
Masse ungeladen:	3,83 kg		

Mehrlade-Scharfschützengewehr Modell Arisaka 97 6,5 mm

Wie sämtliche bis Ende des zweiten Weltkriegs in Japan entwickelten Infanteriewaffen erhielt dieses Scharfschützengewehr seine Modellbezeichnung nach dem Jahr der Übernahme in die strukturmäßige Bewaffnung. Das war 1937 und entspricht dem Jahr 2597 der japanischen Zeitrechnung ab Gründung des Kaiserreichs (vgl. S. 330). Die beiden ersten Ziffern wurden gestrichen und die Modellbezeichnung mit dem Namen des Mannes komplettiert, unter dessen Leitung 1897 eine neue Generation von Infanteriegewehren entstanden war: des Armeeoberst Nariake Arisaka.

Damals hatte man zusammen mit einer neuen Patrone von 6,5 mm Kaliber das Mehrladegewehr Modell Arisaka Meiji 30 übernommen, dem dann 1905 das weitgehend auf dem Mauser-Prinzip beruhende Modell Arisaka Meiji 38 gefolgt war. Von dieser Waffe schließlich wurde 1937 die Scharfschützenversion abgeleitet. Allerdings war das nur ein Notbehelf, denn eigens für Scharfschützen entwickelte Gewehre gab es wie in den meisten anderen Staaten auch in Japan nicht.

Das Scharfschützengewehr Modell Arisaka 97 ist wie das Arisaka-Modell Meiji 38 ein konventioneller Mehrlader mit Zylinderverschluß und integriertem Magazin. Prinzipielle Unterschiede zwischen beiden Waffen bestehen nicht. Die Version für Scharfschützen erhielt lediglich einen etwas längeren, nach unten gebogenen Kammerstengel, wurde mit einem Zielfernrohr und oft mit einbeiniger Stütze aus stabilem Profildraht ausgerüstet. Eine solche Stütze benutzte man später auch für die Scharfschützenversion des Mehrladegewehrs Modell 99 (s. dort).

Das Zielfernrohr hat eine 2,5fach vergrößernde Optik und ein Gesichtsfeld von 10°, kann aber nicht manuell reguliert werden, weder im Höhen- noch Seitenbereich. Die Zieloptik ist dem Gewehr speziell angepaßt und ohne Justierung durch Fachleute nicht für ein anderes verwendbar. Der Schütze trägt sein Zielfernrohr in einer Segeltuchtasche mit sich. Er setzt es vor dem Gefecht in die schwalbenschwanzförmige Halterung links an der Waffe ein und zielt durch Richten des in Gradskalen eingeteilten Fadenkreuzes. Eine Augenmuschel aus Weichgummi schützt vor Lichtreflexen und Rückstoß.

Die Zieloptik hat am Gewehr einen sicheren Halt. Sie ist dort so befestigt, daß die Waffe ohne Komplikation mit Ladestreifen geladen werden kann. Die Magazinkapazität beträgt 5 Schuß. Das sind rauchlose und mündungsfreie Spezialpatronen 6,5 mm des 1905 eingeführten Typs M 38 mit Spitzgeschoß.

Derartige Spezialpatronen wurden jedoch in nur sehr begrenzter Menge produziert. Da die Bestände schnell aufgebraucht waren, mußte man bereits während des Chinesisch-Japanischen Krieges, den Japan am 7. Juli 1937 mit dem Überfall auf China auslöste, wieder Standardpatronen benutzen. Daß die Spezialmunition nach Eingreifen des Landes in den zweiten Weltkrieg ab Dezember 1941 wieder hergestellt wurde, ist kaum zu vermuten. Ab 1942 stand für Scharfschützen mit der entsprechenden Version des Modells 99 eine bessere Waffe zur Verfügung. Sie verschoß Patronen von 7,7 mm.

Scharfschützengewehre des Arisaka-Typs 97 sind bis Mitte 1942 in zwei Betrieben hergestellt worden – bei den Konkura-Werken, dem Entwickler und Erstproduzenten, sowie im Waffenwerk Nagoya. Die Gewehre aus beiden Betrieben stimmen trotz geringfügiger Unterschiede prinzipiell überein. Vom Zweitproduzenten gelieferte Waffen haben unter anderem eine Kolbenplatte mit abgerundeten Kanten, ein Verschlußstück, dessen Oberflächenverarbeitung anfangs sorgfältig ausgeführt war, einen schraubbaren Unterring und eine Schäftung von etwas geringerer Masse. Ein weiterer Unterschied besteht hinsichtlich der Visierschußweite: Einstellmöglichkeit bis 2 400 m Entfernung bei Konkura-Gewehren, 100 m Distanz weniger bei Nagoya-Gewehren.

Über Stückzahlen sind keine exakten Informationen verfügbar. Die Fachliteratur berichtet über Seriennummern der von den Konkura-Werken hergestellten Waffen bis etwa 9 000 und des Nagoya-Werkes bis ungefähr 14 000. Die Qualität wurde zunehmend schlechter. So soll zum Beispiel der Zweitproduzent mindestens die Hälfte seiner Gewehre mit unverchromten Verschlußteilen und etwa ein Drittel der Waffen ohne Profildrahtstütze geliefert haben. Vermutlich hat man auf das Verchromen etwa ab Seriennummer 6 500 und auf die Stütze ab Seriennummer 9 300 verzichtet.

Daten: Mehrlade-Scharfschützengewehr Modell Arisaka 97

Kaliber:	6,5 mm	Patrone:	6,5×50,5 HR
v_0:	730 m/s	Lauflänge:	798 mm
Länge Waffe:	1 270 mm	Züge/Richtung:	4/r
Feuergeschwindigkeit:	10 S/min	Visierschußweite:	2 400 m [1])
		Einsatzschußweite:	800 m
Munitionszuführung:	integriertes Magazin für 5 Schuß		
Masse ungeladen, mit Zielfernrohr:	4,64 kg		

Auch mit 2 300 m (je nach Hersteller).

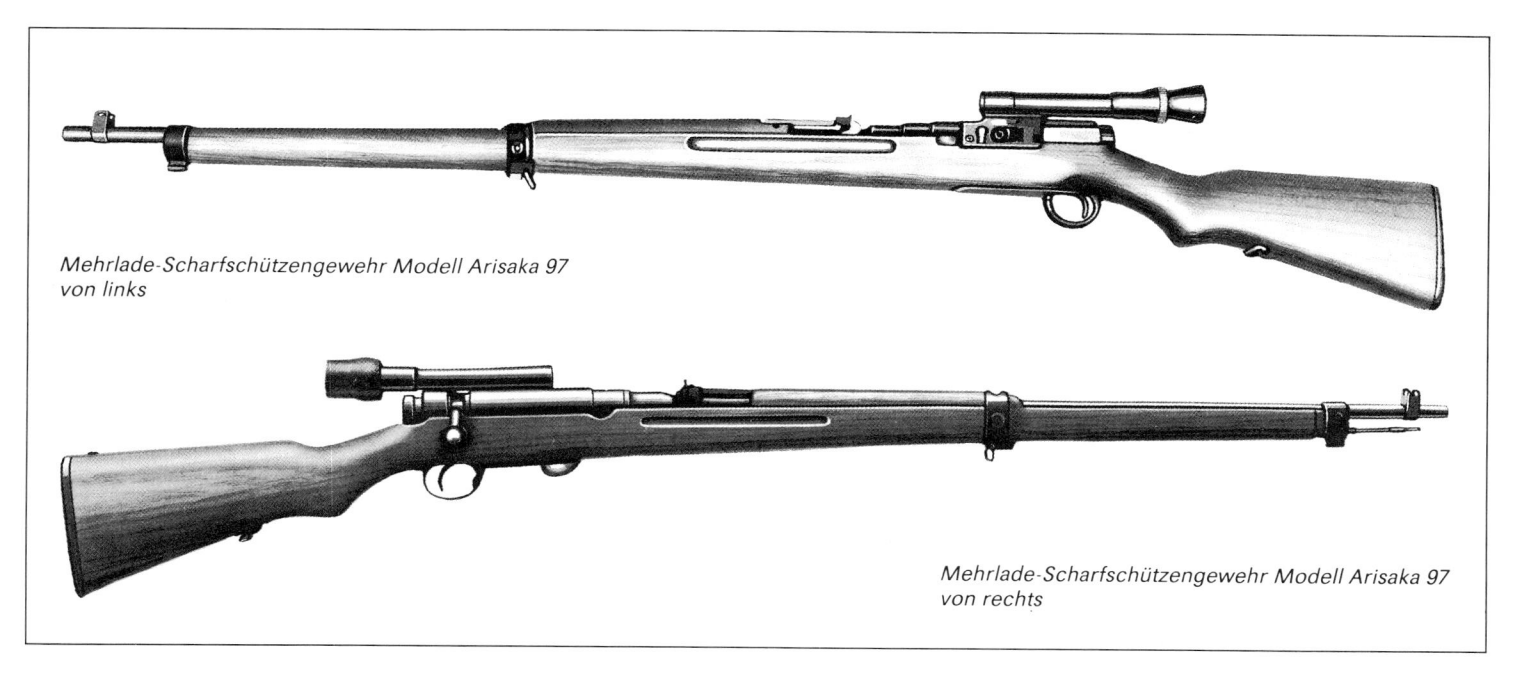

Mehrlade-Scharfschützengewehr Modell Arisaka 97 von links

Mehrlade-Scharfschützengewehr Modell Arisaka 97 von rechts

Mehrladegewehr Modell 99 und Versionen 7,7 mm

Während des zweiten Weltkriegs waren die japanischen Streitkräfte mit Gewehren und Karabinern desselben Typs ausgerüstet wie 1914 bis 1918. Die Soldaten kämpften mit Arisaka-Mehrladern. Sie führten also Waffen mit Mauser-Verschluß. Solche Konstruktionen hatte man bereits 1905 als Gewehre und Karabiner Modell Arisaka Meiji 38 in die strukturmäßige Bewaffnung übernommen.

Nach der japanischen Zeitrechnung (vgl. S. 330) war das Jahr 1905 das 38. Jahr der Regierungszeit des damaligen Kaisers Mutsuhito, der auch Meiji-Tenno genannt wurde. Die Bezeichnung Arisaka weist auf den Armeeoberst Nariake Arisaka hin, der sich Ende des vorigen Jahrhunderts als Chef eines Teams von Experten um Entwicklung und Produktion von Infanteriewaffen verdient gemacht hatte. Unter seiner Leitung wurden 1897 auf der Grundlage von Mauser- und Mannlicher-Konstruktionen entwickelte Gewehre und Karabiner neuen Typs eingeführt. Das geschah übrigens zusammen mit der ebenfalls neuentwickelten Patrone M 30 von 6,5 mm Kaliber.

Während des Russisch-Japanischen Krieges 1904/05 mußte man feststellen, daß die Infanteriewaffen des Typs Arisaka den Anforderungen des Gefechts nicht mehr genügten. Eine Verbesserung erfolgte durch Modifizierung nach dem Beispiel des deutschen Mehrladers Modell 98 (Gewehr 98).

Im Jahre 1905 wurden sie dann, wie schon erwähnt, als Modell Arisaka Meiji 38 in die strukturmäßige Bewaffnung eingereiht. Ein halbes Jahrzehnt später kam mit dem Karabiner Modell Arisaka Meiji 44 eine modifizierte Version mit klappbar befestigtem Bajonett hinzu. Diese 1911 eingeführten Waffen werden auch als Kavalleriekarabiner bezeichnet.

Sämtliche bis dahin produzierten Mehrlader verschossen die 1905 eingeführte japanische Standardmunition 6,5 mm M 38, einer durch Spitzgeschoß verbesserten Ausführung der Munition von 1897. Der neue Typ war wie der alte eine leistungsschwache Patrone mit unzureichenden ballistischen Parametern, starker Windabdrift, mangelhafter Treffgenauigkeit und ungenügender Durchschlagskraft des Geschosses.

Als Japan am 18. September 1931 in die Mandschurei einfiel, mußten die Militärs bei allen Kämpfen feststellen, daß die Gewehrmunition den Anforderungen nicht mehr genügte. Im Chinesisch-Japanischen Krieg, den Japan am 7. Juli 1937 auslöste, wurden die Mängel der Standardpatrone 6,5 mm so offensichtlich, daß man unverzüglich mit einem Entwicklungsprojekt für neue Gewehrmunition begann.

Im Jahre 1938 erhielt eine staatliche Erprobungsstelle für Infanteriewaffen auf das Kaliber 7,7 mm umgerüstete Gewehre des Arisaka-Typs mit dem Auftrag, diese zu testen. Das waren Waffen in Standard- und in Karabinerausführung. Aus solchen Mehrladern wurden Patronen M 92 der Abmessungen 7,7 x 58 HR verschossen. Diese Munition hatte man für Maschinengewehre entwickelt und 1932 eingeführt.

Bei den Tests erwies sich, daß die Patrone M 92 für Arisaka-Mehrlader nicht geeignet war, weder für die Gewehr- noch für die Karabinerversion. Rückstoß und Mündungsfeuer waren zu stark, vor allem beim Karabiner, und darüber hinaus gab es beim Zuführen der Patronen ebenso Probleme wie beim Auswerfen ihrer Hülsen.

Bis Mai 1939 konstruierte man eine randlose Patrone mit stärkerer Treibladung und eine auf der Grundlage des Arisaka-Modells von 1905 modifizierte neue Gewehrversion von jeweils 7,7 mm Kaliber. Entsprechend der Zeitrechnung ab Gründung des Kaiserreichs wurden die neue Patrone sowie das neue Gewehr als Modelle 99 bezeichnet und sofort eingeführt.

Dennoch verblieben sowohl die Arisaka-Mehrlader mit 6,5 mm Kaliber als auch die Munition von 1905 bis Ende des zweiten Weltkriegs in der strukturmäßigen Bewaffnung. Sie gehörten zum Teil sogar noch nach 1945 zum Bestand. Außerdem gab es eine Modifikation des Typs 38 mit schwächerer Pulverladung und Spezialmunition für Mehrlade-Scharfschützengewehre Modell Arisaka 97 (s. dort), darüber hinaus eine Patronenart von 7,7 mm Kaliber mit Rand, die der Munition .303 British Lee-Enfield entsprach.

Die ungewöhnlich zahlreichen Patronentypen – nicht nur für Gewehre, auch für Maschinengewehre sowie zusätzlich noch andere Arten für die Faustfeuerwaffen und Maschinenpistolen aus Eigenproduktion und Import – brachten große Probleme bezüglich Herstellung und Nachschub. Da ein Patronentyp den anderen nicht etwa ablöste, sondern allein für Gewehre – abgesehen sogar von den Waffen für Scharfschützen – nicht weniger

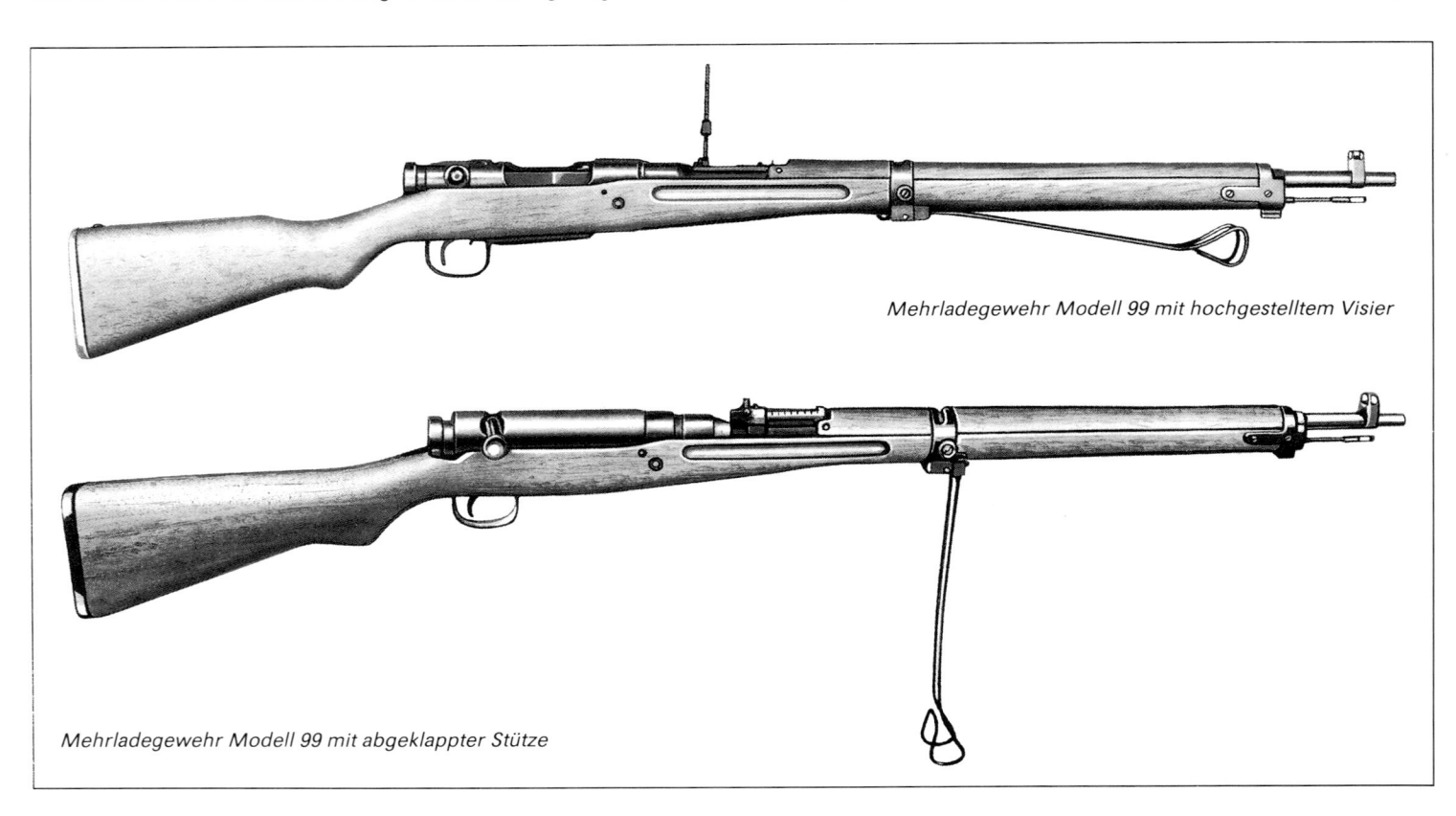

Mehrladegewehr Modell 99 mit hochgestelltem Visier

Mehrladegewehr Modell 99 mit abgeklappter Stütze

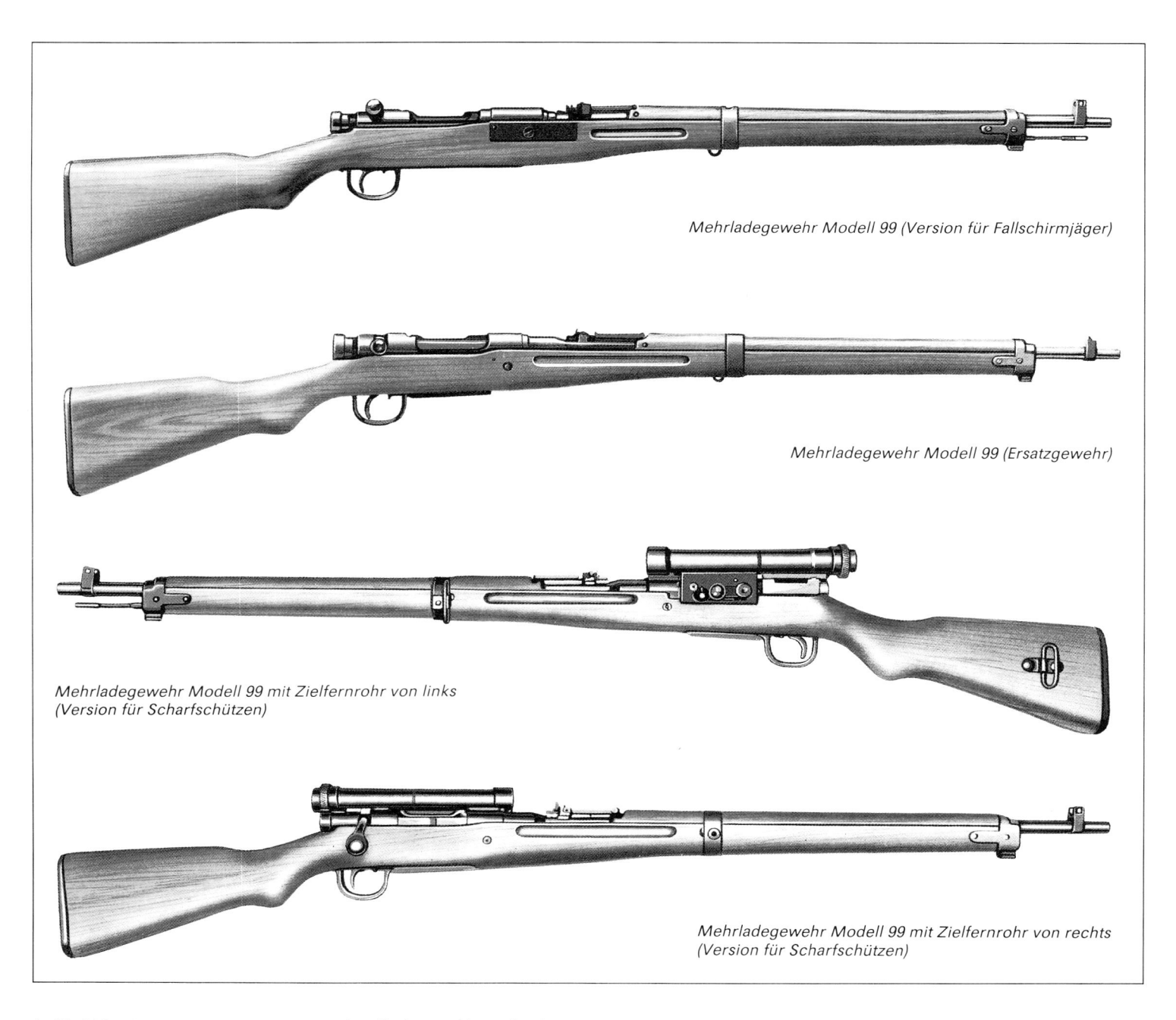

Mehrladegewehr Modell 99 (Version für Fallschirmjäger)

Mehrladegewehr Modell 99 (Ersatzgewehr)

Mehrladegewehr Modell 99 mit Zielfernrohr von links (Version für Scharfschützen)

Mehrladegewehr Modell 99 mit Zielfernrohr von rechts (Version für Scharfschützen)

als fünf Munitionsarten zweier unterschiedlicher Kaliber gleichzeitig benötigt wurden, war die japanische Industrie schon in dieser Beziehung überfordert.

Als das Kaiserreich Japan nach jahrelangen Kämpfen gegen das Nachbarland China dann am 7. Dezember 1941 mit dem Überfall auf den US-amerikanischen Pazifik-Stützpunkt Pearl Harbour auch noch in den zweiten Weltkrieg eingriff, da waren die Reserven schon nach wenigen Monaten völlig erschöpft. Das betraf nicht nur die Bereitstellung von Infanteriewaffen und der dafür erforderlichen Munition. Sehr schwach entwickelt, erwies sich die Lage der damals ohnehin über nur unzureichende Kapazitäten verfügenden Industrie als aussichtslos instabil. Das galt insbesondere für den metallverarbeitenden Zweig.

Das Mehrladegewehr Modell 99 ist wie seine Vorgänger eine Konstruktion auf der Grundlage des Mauser-Systems mit Zylinderverschluß und integriertem Magazin für 5 Schuß. Die Patronen werden mit Hilfe eines Ladestreifens in das Magazin eingedrückt. Obwohl der modifizierte Mehrlader im Prinzip zu den ältesten Konstruktionen der Welt zählte, hat er sich während des Krieges alles in allem erstaunlich bewährt. Abgesehen von den für Arisaka-Gewehren typischen Mängeln, die weitgehend auch auf die Munition zurückgeführt werden müssen, war das für die neuentwickelte Patrone eingerichtete Modell trotz einer Reihe von Nachteilen die bis dahin beste Standardwaffe des japanischen Infanteristen.

Sie unterscheidet sich vom Arisaka-Gewehr von 1905 nicht nur hinsichtlich des Kalibers. Bei Kammer, Lauf und Verschlußkopf sowie der Visiereinrichtung gibt es ebenfalls Unterschiede. Die Schloßsicherung ist verbessert, die Waffe nicht nur kürzer, sondern auch leichter geworden. Ober- und Unterschaft umhüllen den Lauf bis zum Oberring. Unter dem Lauf befindet sich eine einbeinige Stütze aus stabilem Profildraht. Sie ist klappbar, aber nicht standfest, war für sämtliche Waffen zwar standardmäßig vorgesehen, allerdings an vielen nicht angebracht.

Der Visierrahmen hat hochklappbare Schenkel mit V-förmigem Ausschnitt. Zum Schießen auf tieffliegende Ziele werden die Schenkel aufgestellt. Sie haben zwei Markierungen, die bei der Bekämpfung von Tiefliegern als Vorhaltemaß dienen: die äußere Markierung für vorbeifliegende, die innere für schräg anfliegende Ziele. Flugzeuge im Direktanflug bekämpft der Schütze über Kimme und Korn auf übliche Weise, wobei die Seitenwände des Kornes ebenfalls mit als Vorhalt benutzbaren Hilfsmarkierungen ausgerüstet sind. Allerdings erwies sich das Abwehren von Flugzeugen mit Gewehren nur im Ausnahmefall als effektiv.

Von solchen Mehrladern wurden zwei Versionen produziert: ein langes Gewehr für die Infanterie und ein kurzes Gewehr für Kavallerie, Artillerie sowie andere spezielle Waffengattungen. Die Kurzversion – das muß betont werden – ist kein Karabiner, sondern ein verkürztes Gewehr. Bereits Ende 1939 stellte man die Fertigung des langen Gewehrs zugunsten der Kurzversion ein, die Einheitsgewehr für sämtliche Waffengattungen werden sollte. Das Einheitsgewehr stand jedoch nie in auch nur annähernd ausreichender Anzahl zur Verfügung. So konnte man auf keine einzige Waffe der alten Typen verzichten.

Darüber hinaus wurde das Modell 99 in Ausführungen für Scharfschützen und Fallschirmjäger gefertigt. Kurz vor Kriegsende gab es außerdem sogenannte Ersatzgewehre des Typs 99.

Die Ausführung für Scharfschützen, ebenfalls als Modell 99 bezeichnet, wurde 1941 entwickelt, im Juni 1942 eingeführt und ab jenem Monat produziert. Diese Waffe von 1 115 mm Gesamtlänge, 662 mm Lauflänge und 4,42 kg Masse in ungeladenem Zustand hat ein Zielfernrohr mit vierfach vergrößernder Optik und einem Gesichtsfeld von 7°. Die Skaleneinteilung beginnt bei 300 m Distanz. Wie beim Mehrlade-Scharfschützengewehr Modell Arisaka 97, dessen Fertigung man Mitte 1942 einstellte, befindet sich die Zieloptik an der linken Seite. Sie wurde so angebracht, daß die Waffe mit Ladestreifen geladen werden kann. Sie verschießt keine Spezialpatronen, sondern randlose Standardpatronen 7,7 mm. Vermutlich sind nicht mehr als 10 000 Scharfschützengewehre hergestellt worden.

Eine weitere Ausführung des Mehrladers von 1939 war das in zwei Teile zerlegbare Fallschirmjägergewehr. Wahrscheinlich wurde es bereits 1940 entwickelt, aber erst ein Jahr darauf an die Streitkräfte geliefert. Die Stückzahl war gering.

Die Waffe vom Typ 1 hat eine Gesamtlänge von 1 120 mm, eine Lauflänge von 657 mm und wiegt ungeladen 4,34 kg. Lauf und Vorderteil sind durch eine Art Bajonettverschluß mit Bolzen und Öse am Gehäuse befestigt. Allerdings ist die Verbindung nicht stabil. Oftmals lockerte sie sich schon nach wenigen Schüssen.

Das Fallschirmjägergewehr wurde modifiziert und ab Mai 1943 in einer verbesserten Ausführung als Typ 2 hergestellt. Ein stabiler Querkeil verbindet Lauf und Vorderteil fest mit dem Gehäuse. Die Gesamtlänge dieser Waffe beträgt 1 115 mm, ihre Lauflänge 645 mm, die Masse ohne Patronen 4,05 kg.

In diesem Zusammenhang ist sehr interessant, daß auch der für die Patrone 6,5 mm eingerichtete Arisaka-Karabiner Modell Meiji 38 für Fallschirmjäger modifiziert wurde. Die Gesamtlänge der umkonstruierten Waffe beträgt 875 mm, die Lauflänge 487 mm, die Masse in ungeladenem Zustand 3,7 kg. Der Schaft dieser Version hat am Kolbenhals ein Gelenk. Der 1911 eingeführte Kavalleriekarabiner Modell Arisaka Meiji 44 mit Klappbajonett sollte ebenfalls in einer Ausführung für Fallschirmjäger hergestellt werden. Versuchswaffen gab es, Serienwaffen aber nicht.

Ab Dezember 1943 wurden für die Patrone 7,7 mm eingerichtete sogenannte Ersatzgewehre Modell 99 mit 1 115 mm Gesamtlänge, 660 mm Lauflänge und 3,8 kg Masse produziert. Man bezeichnet sie zuweilen auch als Modelle 99/2 und 99/3. Das waren Waffen mangelhafter Qualität aus minderwertigem Material wie die Volkssturmgewehre und -karabiner (s. dort) im verbündeten Deutschland. US-amerikanische Truppen erbeuteten zahlreiche japanische Ersatzgewehre.

Sämtliche Waffen waren außerordentlich schlecht verarbeitet, hatten auffallende Schweißnähte und Spuren der Bearbeitungswerkzeuge. Statt eines Stangenvisiers wurde ein feststehendes Visier angebaut. Bei manchen Gewehren hatte man auf einen Handschutz verzichtet, bei anderen für die Kolbenplatte statt Stahl oder Gußeisen Sperrholz benutzt.

Es gab sogar Waffen der Arisaka-Scharfschützenversion 97 mit einem Lauf für Patronen 7,7 mm. Darüber hinaus versuchte man, Gewehre der 1905 und 1939 eingeführten Modelle mit einem Magazin für leichte Maschinengewehre von 20 Schuß Kapazität auszurüsten. Und 1944/45 berieten Militärs und Vertreter der Industrie Pläne für eine Massenfertigung einschüssiger Gewehre, die man an Zivilpersonen für deren Schutz ausgeben wollte.

Eine Massenproduktion solcher Einzellader konnte nicht mehr in Gang gebracht werden, wohl aber die Herstellung beachtlicher Stückzahlen in Werkstätten. Derartige Waffen haben einen für die Patrone 7,7 mm vorgesehenen Zylinderverschluß, waren aber für Munition des Typs M 99 von zu schwacher Bauweise. Man verschoß schließlich die für die Nambu-Pistole Modell Taisho 14 (s. dort) bestimmte Patrone 8 mm.

Das Mehrladegewehr Modell 99 und all seine Versionen gehörten zur strukturmäßigen Bewaffnung. In welcher Stückzahl sie den Streitkräften geliefert wurden, ist nicht bekannt. Experten schätzen, daß japanische Firmen bis Ende des zweiten Weltkriegs nicht weniger als 10 Millionen Arisaka-Gewehre hergestellt haben. Diese Anzahl umfaßt Waffen sämtlicher Typen ab 1897, dem Jahr der Einführung ihrer Erstversion.

Darüber hinaus standen auch Gewehre aus italienischer Produktion und für Versuchszwecke Spezialversionen des Arisaka-Gewehrs von 1905 zur Verfügung.

Die Fachliteratur informiert über importierte Infanteriegewehre des Systems Mannlicher-Carcano. Sie sollen in einer Anzahl von etwa 110 000 Stück an die japanische Marine geliefert und dort als Gewehr Modell Typ 1 bezeichnet worden sein. Vermutlich waren das für die japanischen Standardpatronen 6,5 mm aptierte Infanteriegewehre Modell Mannlicher-Carcano 1891.

In bezug auf eine der Spezialversionen vom Typ Arisaka gibt es ebenfalls nur ungenaue Hinweise. Die Waffe wird als Schützengrabengewehr bezeichnet. Man berichtet, sie sei mit einem Arisaka-Verschluß, mit Spezialschäftung und einem unterhalb der Seelenachse des Laufes liegenden Kolben ausgerüstet gewesen. Mit einer solchen Waffe, daher der Name Schützengrabengewehr, soll das Schießen aus sicherer Deckung heraus möglich gewesen sein.

Daten: Mehrladegewehr Modell 99 (Kurzversion)

Kaliber:	7,7 mm	Patrone:	7,7 × 58
v_0:	735 m/s	Lauflänge:	654 mm
Länge Waffe:	1 117 mm [1]	Züge/Richtung:	4/r
Feuergeschwindigkeit:	10 S/min	Visierschußweite:	2 000 m
		Einsatzschußweite:	600 m [2]
Munitionszuführung:	integriertes Magazin für 5 Schuß		
Masse ungeladen:	3,79 kg [3]		

[1] *Länge des langen Gewehrs: 1272 mm.*
[2] *Version mit Zielfernrohr: 800 m.*
[3] *Masse der Scharfschützenversion: 4,42 kg.*

Selbstladegewehr Modell 5 7,7 mm

Noch lange nach dem zweiten Weltkrieg waren die japanischen Streitkräfte mit Mehrladern ausgerüstet. Sie führten mehrere Typen des Mauser-Systems mit Zylinderverschluß. Dazu gehörten für die Patrone 6,5 mm eingerichtete Gewehre und Karabiner Modell Arisaka Meiji 38 sowie Arisaka-Karabiner Modell 44, die man 1905 bzw. 1911 eingeführt hatte. Zum Bestand zählten aber auch die 1939 in die strukturmäßige Bewaffnung übernommenen Mehrladegewehre Modell 99 und ihre Versionen (s. dort). Sie verschossen Patronen von 7,7 mm Kaliber.

Kurz nach 1945 kamen Selbstladegewehre Modell M1 Garand (s. dort) aus US-amerikanischer Produktion hinzu. Eine generelle Umbewaffnung, verbunden mit schrittweiser Ablösung der technisch veralteten Waffen und der aus den USA importierten Selbstlader, begann aber erst 1964 mit der Serienfertigung des im eigenen Lande entwickelten Schnellfeuergewehrs Modell 64 (s. »Schützenwaffen heute«).

Mit Schnellfeuergewehren hatten sich die Japaner schon vor dem zweiten, mit Selbstladegewehren sogar bereits vor dem ersten Weltkrieg beschäftigt. Allerdings kamen sie nicht über das Stadium des Experimentierens hinaus. Die japanische Generalität, konservativ wie die Militärs der meisten anderen Länder,

Selbstladegewehr Modell 5

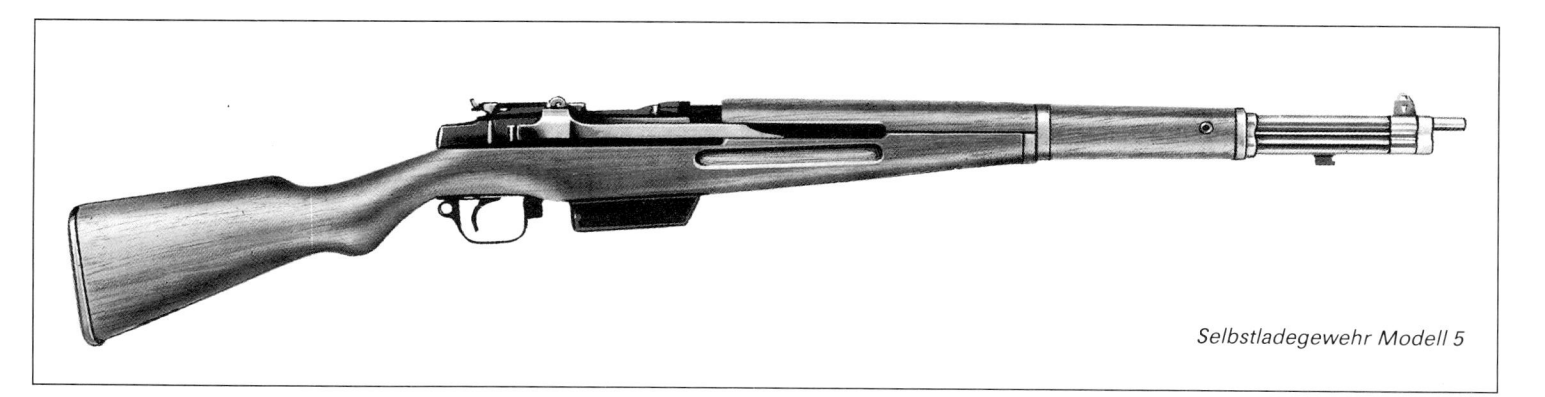

legte auf solche Waffen lange Zeit ebensowenig Wert wie auf Maschinenpistolen. Erst als sich kurz vor Kriegsende die große Bedeutung automatischer Infanteriewaffen erwies, förderte man entsprechende Bestrebungen einzelner Konstrukteure und drängte diese zur Eile. Die Entwicklungsprojekte führten jedoch nicht zu nennenswertem Erfolg, weder hinsichtlich der Gewehre noch in bezug auf Maschinenpistolen.

Trotz großer Anstrengung konnten bis 1945 nur etwa 14 000 Maschinenpistolen Modell 100 (s. dort) in unterschiedlicher Ausführung hergestellt werden. Automatische Gewehre aus Serienfertigung erhielten die Truppen bis zum letzten Kriegstag jedoch nicht. Lediglich eine geringe Stückzahl von eilig entwickelten Versuchsgewehren ging im März/April 1945 an die Marine. Das waren Selbstlader.

Es hatte also fast vier Jahrzehnte gedauert, ehe japanische Soldaten von Kampftruppen ein im Lande gefertigtes Selbstladegewehr in den Händen hielten. Das erste automatische Gewehr stand bereits 1908 zur Verfügung. Das war ein von Kijiro Nambu, dem Konstrukteur zahlreicher Waffen, zum Beispiel der nach ihm benannten Selbstladepistole Modell Nambu Taisho 14 (s. dort), entwickeltes Selbstladegewehr. Es funktionierte nach dem Rückstoßprinzip. Im Juni 1909 wurde das Nambu-Gewehr in der Militärakademie ausgestellt. Die japanische Generalität zeigte jedoch kein Interesse.

Erst 1931 müssen sich einige führende Militärs mit dem Problem automatische Infanteriewaffen näher befaßt haben. Damals wurden auf ihre Veranlassung außer einer geringen Stückzahl von Maschinenpistolen des Systems Bergmann aus Schweizer Produktion auch Pedersen-Gewehre aus den USA gekauft. Bald darauf erwarb man in Dänemark, Frankreich und in der Tschechoslowakei zu Versuchszwecken hergestellte automatische Gewehre und testete kurz danach auch Selbstlade- und Schnellfeuerwaffen der sowjetischen Konstrukteure Sergej Simonow und Fjodor Tokarew.

Wie die Fachliteratur informiert, sollen bis 1937, dem Jahr des Überfalls Japans auf China, intensive Versuche mit Nachbauten des US-amerikanischen Gewehrs stattgefunden haben. Ende der dreißiger Jahre fertigte man mehrere Gasdrucklader und Rückstoßlader nach dem Vorbild der sowjetischen Waffen. Diese Versuche wurden dann wohl aber spätestens 1941 eingestellt, als Japan am 7. Dezember mit dem Überfall auf den US-amerikanischen Stützpunkt Pearl Harbour in den zweiten Weltkrieg eingriff und diesen auf den Stillen Ozean ausdehnte.

Drei Jahre später setzte man die Arbeiten fort und führte sie unter großer Anstrengung bis März/April 1945 zu einem gewissen Teilerfolg. Angesichts der drohenden militärischen Niederlage wurde in fieberhafter Eile das US-amerikanische Garand-Gewehr kopiert und für die japanische Patrone 7,7 mm eingerichtet. Die Marine, bei der bereits auf diese Munition umgerüstete Originalgewehre aus Beuteständen im Einsatz waren, erhielt eine geringe Stückzahl des japanischen Nachbaus zum Truppentest.

Die für die Serienproduktion vorbereitete Waffe wurde als Selbstladegewehr Modell 5 bekannt. Das Gewehr ist ein Gasdrucklader mit Zylinderverschluß. Die Kapazität des umgebauten Magazins beträgt 10 Schuß. Die Patronen werden einzeln geladen oder mit zwei Ladestreifen zu je 5 Schuß eingeführt. Die Mündungsgeschwindigkeit beträgt ungefähr 715 m/s, die Gesamtlänge der Waffe 1 100 mm, ihre Lauflänge 535 mm, die Masse ohne Patronen 4,14 kg.

Leichtes Maschinengewehr Modell Nambu Taisho 11 und Versionen 6,5 mm bzw. 7,7 mm

Bereits Anfang dieses Jahrhunderts hatten die japanischen Streitkräfte Maschinengewehre erhalten. Das waren in Frankreich gekaufte schwere Maschinengewehre des Typs Hotchkiss von 1897. Angesichts der späteren Zurückhaltung japanischer Militärs gegenüber automatischen Waffen wie Maschinenpistolen und Selbstladegewehren ist diese frühzeitige Aufgeschlossenheit sehr erstaunlich. Immerhin entschied man sich schon damals für eine neue, in Japan noch relativ unbekannte Waffenart, die zu jener Zeit bei Militärs vieler anderer Länder zumeist abgelehnt wurde.

Die japanischen Militärs hingegen bewiesen im Falle Maschinengewehr Konsequenz. Schon kurz nach Import und Truppen-

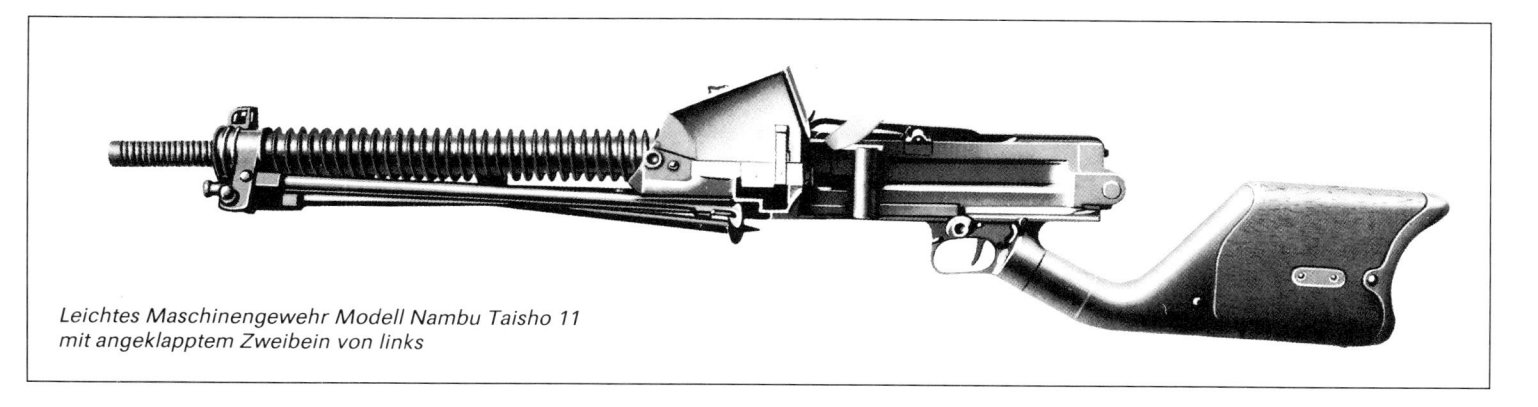

Leichtes Maschinengewehr Modell Nambu Taisho 11 mit angeklapptem Zweibein von links

Japan

Leichtes Maschinengewehr Modell Nambu Taisho 11 mit abgeklapptem Zweibein von links

Leichtes Maschinengewehr Modell Nambu Taisho 11 mit abgeklapptem Zweibein von rechts

Leichtes Maschinengewehr Modell Nambu Taisho 11 auf Dreibeinlafette von rechts

erprobung veranlaßten sie Serienproduktion. Abgeleitet von der französischen Typenbezeichnung Modell 1897, wurden Maschinengewehre des Typs Hotchkiss entsprechend der damaligen japanischen Zeitrechnung (vgl. S. 330) schweres MG Modell Meiji 30 genannt und in beachtlicher Stückzahl gefertigt.

Im Russisch-Japanischen Krieg 1904/05 konnten die Waffen erfolgreich eingesetzt werden. Das Maschinengewehr wurde von Kijiro Nambu, dem Konstrukteur der späteren Standardpistole Modell Nambu Taisho 14 (s. dort) und zahlreicher anderer Waffen, 1905 zunächst zum Modell Meiji 38 und 1914 schließlich zum Modell Taisho 3 modifiziert.

Bei der Abänderung des Hotchkiss-Systems rüstete Nambu das Maschinengewehr von der Lebel-Patrone 8 mm auf die japanische Standardpatrone 6,5 mm um. Der grundlegende Unterschied zwischen dem Hotchkiss-System und dem Nambu-System besteht in der Vergrößerung des Zwischenraums zwischen Patronenhülse und Wandung im Patronenlager. Beim Hotchkiss-MG wird die leere Hülse nach vorangegangenem Druckausgleich relativ komplikationslos ausgestoßen. Beim Nambu-MG erfolgt dieser Vorgang ohne Druckausgleich und ist mit einer heftigen Erschütterung der Waffe verbunden. Da die Patronen vor dem Laden geschmiert werden müssen, rüstete

Nambu das Maschinengewehr mit Ölbehälter und Meßgerät aus.

Die Militärs hatten zwar die Bedeutung des Maschinengewehrs als wirksame Waffe zur Unterstützung der Infanterie erkennen, nicht aber voraussehen können, daß die Modifizierung des Hotchkiss-Systems und die Anpassung an die japanische Munition eine wesentlich schlechtere Qualität der im Lande produzierten Modelle nach sich ziehen würden. Das aber erwies sich sehr bald.

Auch beim leichten MG Modell Nambu Taisho 11, einer ebenfalls von Kijiro Nambu nach Funktionsmerkmalen des Hotchkiss-Systems und eigenen Konstruktionsprinzipien entwickelten Waffe, war das der Fall. Sie wurde 1922 in die strukturmäßige Ausrüstung übernommen und bis Mitte der dreißiger Jahre in großer Stückzahl gefertigt. Auf Grund zahlreicher Mängel hat sich dieses Maschinengewehr nicht bewährt. Obwohl ab 1936 durch leichte Maschinengewehre Modell 96 (s. dort) ergänzt, verblieb es bis Ende des zweiten Weltkriegs in der Ausrüstung der Infanterie.

Die Struktur der japanischen Infanterie, auch ihre Ausrüstung mit Maschinengewehren und die Art, wie diese eingesetzt wurden, unterschieden sich von der europäischer Armeen. Das taktische Konzept beruhte nicht auf wechselseitigem, sondern auf Einzeleinsatz des Maschinengewehrs. Ein japanisches Infanteriebataillon bestand aus vier Kompanien mit je drei Zügen; zu jedem Zug gehörten drei Gruppen. Das Bataillon war mit 36 leichten und 8 schweren Maschinengewehren ausgerüstet, von denen sich übrigens nicht eines beim Kompanieführer oder beim Bataillonsstab befand. Dort war man daher auf den Feuerschutz der Kompanien angewiesen.

Jede Gruppe verfügte über ein leichtes Maschinengewehr, das von zwei Mann bedient wurde. Der Schütze war für den Transport der Waffe, der Hilfsschütze sowohl für den Transport der Munition als auch für den Feuerschutz der MG-Stellung mit seinem Infanteriegewehr verantwortlich. Die schweren Maschinengewehre hingegen waren in einer MG-Kompanie von zwei Zügen mit je vier Waffen konzentriert. Die Bedienung bestand zumeist aus je drei Mann.

Das leichte MG Modell Nambu Taisho 11 ist ein luftgekühlter Gasdrucklader mit feststehendem Lauf und Horizontalblockverschluß. Der Lauf kann ausgewechselt werden. Der Gaskolben befindet sich unter dem Lauf. Der Verschluß entspricht weitgehend dem Hotchkiss-System. Die Patronen werden aber durch einen von Nambu entwickelten Mechanismus zugeführt. Das ist eine eigenartige Konstruktion mit erheblichen Nachteilen.

An der linken Seite der Waffe befindet sich ein Kasten mit sechs Gewehrladestreifen von je 5 Schuß Kapazität. Die Ladestreifen werden mit Federkraft nach unten gedrückt. Die Zuführerkrallen ziehen die Patronen aus dem untersten Ladestreifen heraus und schieben sie nach rechts in die Waffe. Sobald der Ladestreifen geleert ist, fällt er nach unten aus dem Kasten, und der darüber liegende volle Ladestreifen wird von der Feder nach unten gedrückt.

Der Schütze kann also den Munitionsvorrat jederzeit kontrollieren und volle Ladestreifen nachlegen. Das ist der einzige Vorzug dieses Zuführsystems, im Gefecht allerdings von untergeordneter Bedeutung. Die Nachteile überwiegen.

So bringt der Kasten die Waffe aus der Balance. Das Auffüllen ist schon beim Schießen vom Zweibein im Liegendanschlag sehr schwierig, beim Sturmangriff aber nahezu unmöglich. Da der Schütze außerdem gefettete Patronen verwenden muß, dringen Staub und Sand aus dem nie ganz sauberen Kasten in den Mechanismus der Waffe, verunreinigen und beschädigen die Teile der Automatik. Oftmalige Ladehemmungen sind somit die Folge. Störanfällig war auch der ohne Abdeckung allen Witterungseinflüssen ausgesetzte Auswerfer hinten links am Gehäuse.

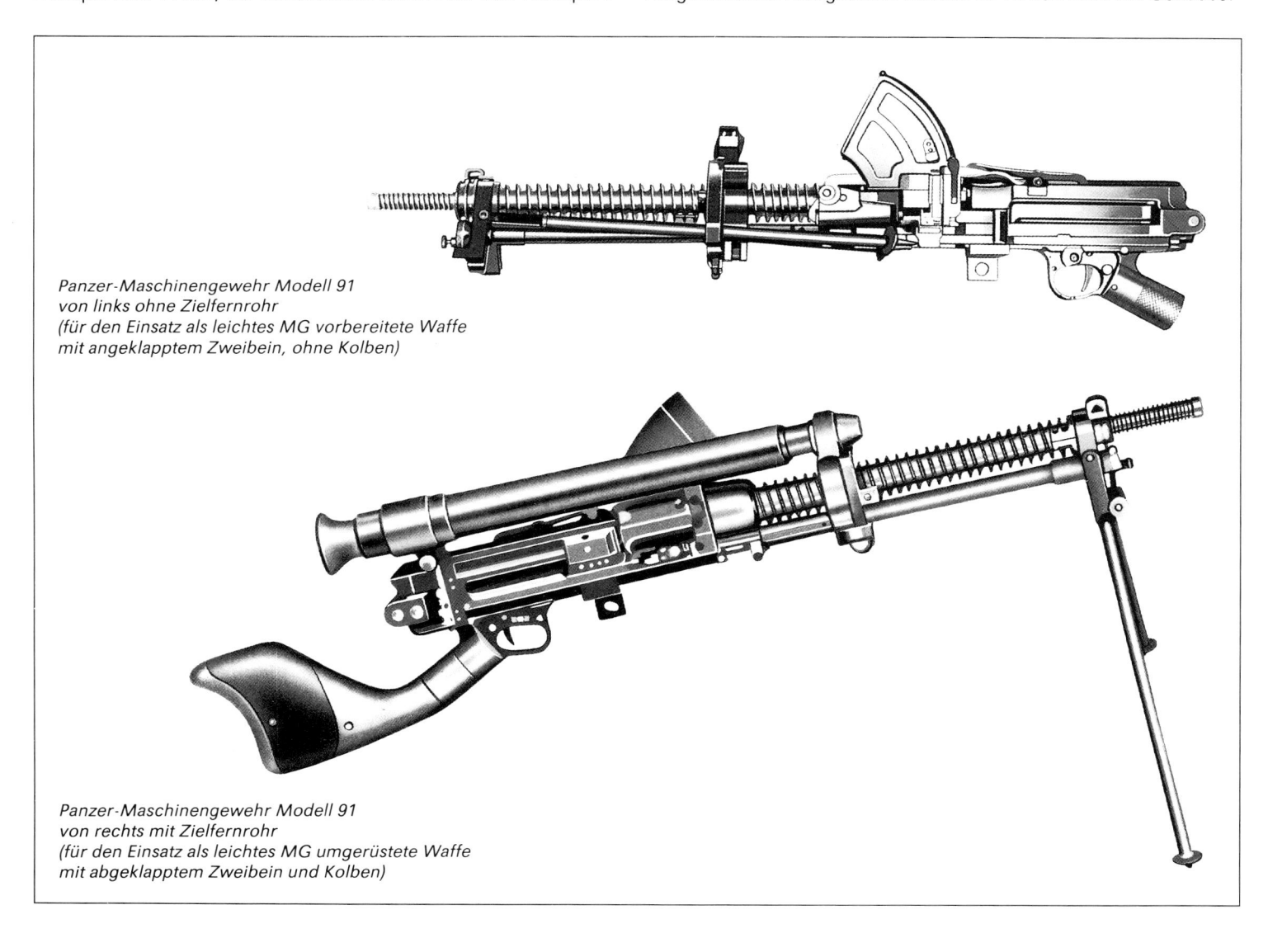

*Panzer-Maschinengewehr Modell 91
von links ohne Zielfernrohr
(für den Einsatz als leichtes MG vorbereitete Waffe
mit angeklapptem Zweibein, ohne Kolben)*

*Panzer-Maschinengewehr Modell 91
von rechts mit Zielfernrohr
(für den Einsatz als leichtes MG umgerüstete Waffe
mit abgeklapptem Zweibein und Kolben)*

Japan

Panzer-Maschinengewehr Modell 97 von rechts

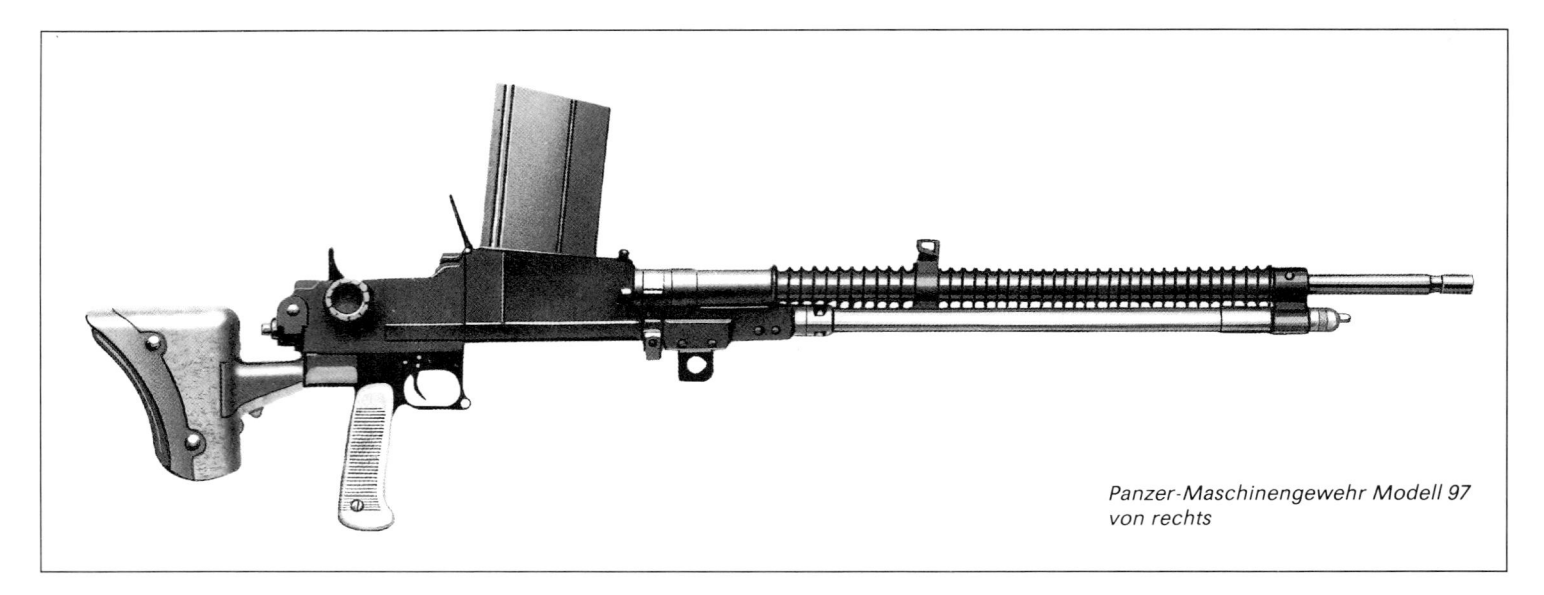

Für solche Maschinengewehre wurden nicht nur gefettete, sondern sogar Patronen mit reduzierter Pulverladung benötigt. Mit Standardpatronen 6,5 mm, die man für Gewehre und Karabiner benutzte, schoß die Waffe zu schnell. So war der Zuführmechanismus einem zu hohen Verschleiß ausgesetzt.

Charakteristische Bauteile der Waffe sind vor allem der von radialen Kühlrippen umgebene Lauf und der nach rechts gebogene klobige Holzkolben von viereckiger Form. Er ist an einem verhältnismäßig dünnen, aus Stahl gefertigten Kolbenhals befestigt. Die Visiereinrichtung wurde ebenfalls rechtsseitig versetzt angebracht, das Zweibein nahe der Mündung unter dem Lauf befestigt. Auf einem Dreibein kann die Waffe aber ebenfalls montiert und wie ein schweres, auf jeden Fall aber mittleres Maschinengewehr eingesetzt werden. Allerdings ist der Patronenvorrat sehr begrenzt.

Die meisten damals entwickelten japanischen Maschinengewehre haben Kühlrippen. Noch heute streiten die Fachleute darüber, ob das zweckmäßig ist. Einerseits vergrößern Kühlrippen die Kühlfläche, andererseits erhöhen sie aber die Masse der Waffe. Außerdem wird das Zielen erschwert. Denn das zwischen den Kühlrippen abgesetzte Fett und Öl erhitzt sich bei heißgeschossenem Lauf und umgibt ihn mit einem Dunstschleier, der vor dem Auge des Schützen flimmert.

Von seinem Maschinengewehr leitete der Konstrukteur eine als Bordwaffe von Panzern und gepanzerten Gefechtsfahrzeugen bestimmte Version ab. Sie wurde 1931 eingeführt und als Modell 91 bezeichnet. Mit zu geringem Munitionsvorrat, ungenügender Durchschlagsleistung des Geschosses der ladungsreduzierten Patrone von 6,5 mm Kaliber erwies sie sich aber als relativ unwirksam.

Bereits 1937 wurde sie daher durch das Panzer-MG Modell 97, einen modifizierten Nachbau des leichten MG Modell ZB 1926 (s. dort) aus der Tschechoslowakei, abgelöst bzw. ergänzt. Das modifizierte Maschinengewehr von 7,7 mm Kaliber verschoß sowohl Patronen des Typs M 92 mit Halbrand als auch randlose Patronen des Typs M 99. Sie wurden von oben zugeführt. Als Bordwaffe von Panzerfahrzeugen war dieses Modell ebenso ungeeignet wie sein Vorgänger.

Waffen beider Typen setzte man auch bei der Infanterie ein, vor allem ab 1944, als der Mangel an Maschinengewehren immer deutlicher spürbar wurde. Sie erhielten für den Kampf am Boden einen Gewehrkolben und ein Zweibein.

Ursprünglich war das Modell 91 als Waffe für gepanzerte Gefechtsfahrzeuge mit einem Pistolengriff ausgerüstet und daher von kürzeren Abmessungen als Nambus Infanterie-MG. Die ungewöhnliche Munitionszuführung mit Kasten und Gewehrladestreifen hatte er beibehalten, den Patronenvorrat durch Verwendung von zehn Ladestreifen mit je 5 Patronen aber von 30 auf 50 Schuß Kapazität erhöht. Um weit entfernte Ziele besser anvisieren zu können, wurde die Waffe mit einem Zielfernrohr von fünffach vergrößernder Optik ausgerüstet. Es befindet sich auf der rechten Seite am Gehäuse.

Die Gesamtlänge der Waffe beträgt ohne Kolben 838 mm, die Lauflänge 488 mm, die Masse ohne Patronen 10,15 kg. Das Maschinengewehr hat eine theoretische Feuergeschwindigkeit von 500 S/min und eine praktische Kadenz von 120 S/min.

Der 1937 als Modell 97 eingeführte japanische Nachbau des tschechoslowakischen Maschinengewehrs ist ein Gasdrucklader mit Kippverschluß. Als Panzer-MG hat er sich nicht bewährt, wohl aber beim Infanterieeinsatz. Entscheidend war auch, daß eine Waffe verfügbar war, bei der man auf Schmierung der Patronen verzichten konnte.

Das Modell 97 hat eine Gesamtlänge von 1 180 mm, eine Lauflänge von 712 mm und wiegt ohne Patronen, Kolben und Zweibein 11,14 kg. Die Magazinkapazität beträgt 30 Schuß, die theoretische Feuergeschwindigkeit 500 S/min. Auf der linken Seite des Gehäuses befindet sich ein langes Zielfernrohr mit 1,5fach vergrößernder Optik.

Eine ursprünglich ebenfalls nicht für den Einsatz am Boden, sondern als beweglich eingebautes Kampfmittel in Flugzeugen bestimmte, im letzten Kriegsjahr aber vielfach von der Marineinfanterie benutzte Waffe war das sogenannte Heeres/Bord-MG Modell 89. Dieses Maschinengewehr ist eine modifizierte Ausführung des Nambu-MG-Modell Taisho 11 und wurde 1929 eingeführt. Zu dieser Zeit übernahm man übrigens auch ein Flugzeug-MG derselben Typenbezeichnung, aber für den starren Einbau, importiert aus Großbritannien. Für solche Waffen wird dieselbe Munition benötigt wie für Nambus modifiziertes Maschinengewehr.

Beide verschießen Randpatronen 7,7 mm des Typs M 89 mit den Abmessungen 7,7 x 56 R. Derartige Munition wurde in Japan in Anlehnung an die Patrone .303 British Lee-Enfield entwickelt und ab 1929 produziert. Die Munitionszuführung erfolgt beim beweglichen Flugzeug-MG Modell 89 auf völlig andere Art als beim Nambu-MG von 1922. Der Schütze benutzt ein Tellermagazin von 70 Schuß Kapazität, das dem Magazin des Lewis-MG ähnelt. Selbstverständlich erübrigt sich vorheriges Ölen oder Fetten der Patronen.

Das MG Modell 89 ist ein Gasdrucklader. Die Gesamtlänge beträgt 990 mm, die Lauflänge 622 mm, die Masse ohne Magazin 11,45 kg. Diese Waffe hat eine theoretische Feuergeschwindigkeit von 600 S/min und wurde für den Einsatz am Boden mit einem Zweibein ausgerüstet.

Daten: Leichtes Maschinengewehr Modell Nambu Taisho 11

Kaliber:	6,5 mm	Patrone:	6,5×50,5 HR[1])
v_0:	700 m/s	Lauflänge:	482 mm
Länge Waffe:	1 104 mm	Züge/Richtung:	4/r
Feuergeschwindigkeit:	500 S/min	Visierschußweite:	m
		Einsatzschußweite:	800 m
Munitionszuführung:	Kasten mit 6 Ladestreifen von insgesamt 30 Schuß		
Masse ungeladen:	10,19 kg	[1]) Mit reduzierter Ladung.	

Schwere Maschinengewehre Modelle 92 und 1 7,7 mm

Im Jahre 1932 rüsteten japanische Konstrukteure das schwere MG Modell Taisho 3 von der Patrone 6,5 mm auf die neuentwickelte Patrone 7,7 mm M 92 mit Halbrand um. Die später für das Mehrladegewehr Modell 99 (s. dort) bereitgestellte randlose Patrone 7,7 mm M 99 konnte für das modifizierte Maschinengewehr ebenfalls benutzt werden. Nach der damals im Lande üblichen Zeitrechnung (vgl. S. 330) wird die Waffe als schweres MG Modell 92 bezeichnet, nicht zu verwechseln mit dem ebenfalls Modell 92 genannten schweren Marine/Bord-MG (s. dort) desselben Kalibers. Waffen des zuletzt genannten Typs verschießen Randpatronen M 89, die der Munition .303 British Lee-Enfield entsprechen.

Abgesehen von den munitionsbedingten Veränderungen an Patronenlager und Lauf, gibt es zwischen dem Maschinengewehr von 1914 und der modifizierten Waffe von 1932 keine gravierenden Unterschiede. Auf den ersten Blick sichtbar, hat das Modell 92 jedoch statt der bis dahin üblichen zwei Spatengriffe als Handhabe zur Bedienung ein unter dem Gehäuse installiertes Griffpaar von anderer Ausführung, eine andere Spannvorrichtung und einen trichterförmigen Mündungsfeuerdämpfer. Er mußte installiert werden, weil man die andere Patrone benutzte.

Da man das Nambu-System beibehielt, konnte das Problem fehlender Druckausgleich beim Auswerfen der leeren Hülse nicht gelöst werden. Nach wie vor mußten die Patronen vor dem Einführen in das Patronenlager geölt werden. Das erfolgte wie beim leichten MG Modell Nambu Taisho 11 (s. dort) mit Hilfe von Ölbehälter und Meßgerät im Gehäuse der Waffe.

So wurden also die aus diesem Prinzip resultierenden Nachteile vom alten auf das modifizierte Modell gewissermaßen übertragen. Im Einsatz erwies sich dann aber, daß es mit der neuen Munition kaum Ladehemmungen durch Hülsenreißer und Verschmutzung gab.

Ein wesentlicher Mangel dieses Maschinengewehrs war jedoch seine sehr große Masse. Mit Dreibeinlafette wog es mehr als 55 kg. Jeder Stellungswechsel war also Schwerstarbeit. Um sie zu erleichtern, hat das Stützsystem Vorrichtungen zum Einschieben von Tragestangen. Die Dreibeinlafette wurde mit einem höhenverstellbaren Mittelsockel ausgerüstet. Nach Einbau eines Spezialzwischenstücks diente sie als Stütze, wenn das Maschinengewehr zur Fliegerabwehr benutzt werden sollte.

Trotz der erwähnten Mängel, die systembedingt sind, hat sich die Waffe im Einsatz bewährt. Sie erwies sich als äußerst robust und funktionierte relativ zuverlässig. Obwohl die Schußfolge nicht hoch ist, wird dieses Maschinengewehr von den Fachleuten als wirksame Waffe zur Feuerunterstützung beurteilt.

Die Produktion war jedoch kostenaufwendig, und die Stückzahl blieb daher so begrenzt, daß die Maschinengewehre alten Typs nicht abgelöst werden konnten. Bis Ende des zweiten Weltkriegs sollen nicht mehr als 30 000 modifizierte Waffen hergestellt worden sein. Nach 1945 nicht mehr gefertigt, verblieben noch verfügbare Maschinengewehre in der Ausrüstung. Bis Mitte der fünfziger Jahre stand dann das Modell bei den Streitkräften kleiner Länder des Fernen Ostens im Dienst.

Das schwere MG Modell 92 ist ein luftgekühlter Gasdrucklader mit starr verriegeltem Verschluß und schwerem Lauf. Die Spannvorrichtung befindet sich rechts. Der Lauf kann ausgewechselt werden. Sein vorderes Drittel ragt aus dem massiven Mantel heraus und hat radiale Kühlrippen bis fast zur Mündung. Sie enden dort, wo der Mündungsfeuerdämpfer beginnt. Auch der Mantel ist von Kühlrippen umgeben. Im Unterschied zu denen des Laufes sind sie auffallend wuchtig.

Für die Patronenzuführung benutzt man Ladestreifen aus Metall. Sie haben eine Kapazität von 30 Schuß und können zu einem Gurt verbunden werden. Je länger der Gurt, desto höher die praktische Feuergeschwindigkeit. Sie wird mit etwa 200 S/min angegeben. Die theoretische Kadenz beträgt 450 S/min. Die Waffe schießt kein ununterbrochenes Dauerfeuer, sondern lediglich eine dichte Folge längerer Feuerstöße.

Sämtliche Maschinengewehre wurden mit einer mechanischen Visiereinrichtung ausgerüstet. Manche erhielten zusätzlich ein Zielfernrohr. Das mechanische Visier kann bis 2 200 m Entfernung eingestellt werden. Das Zielfernrohr stand in drei

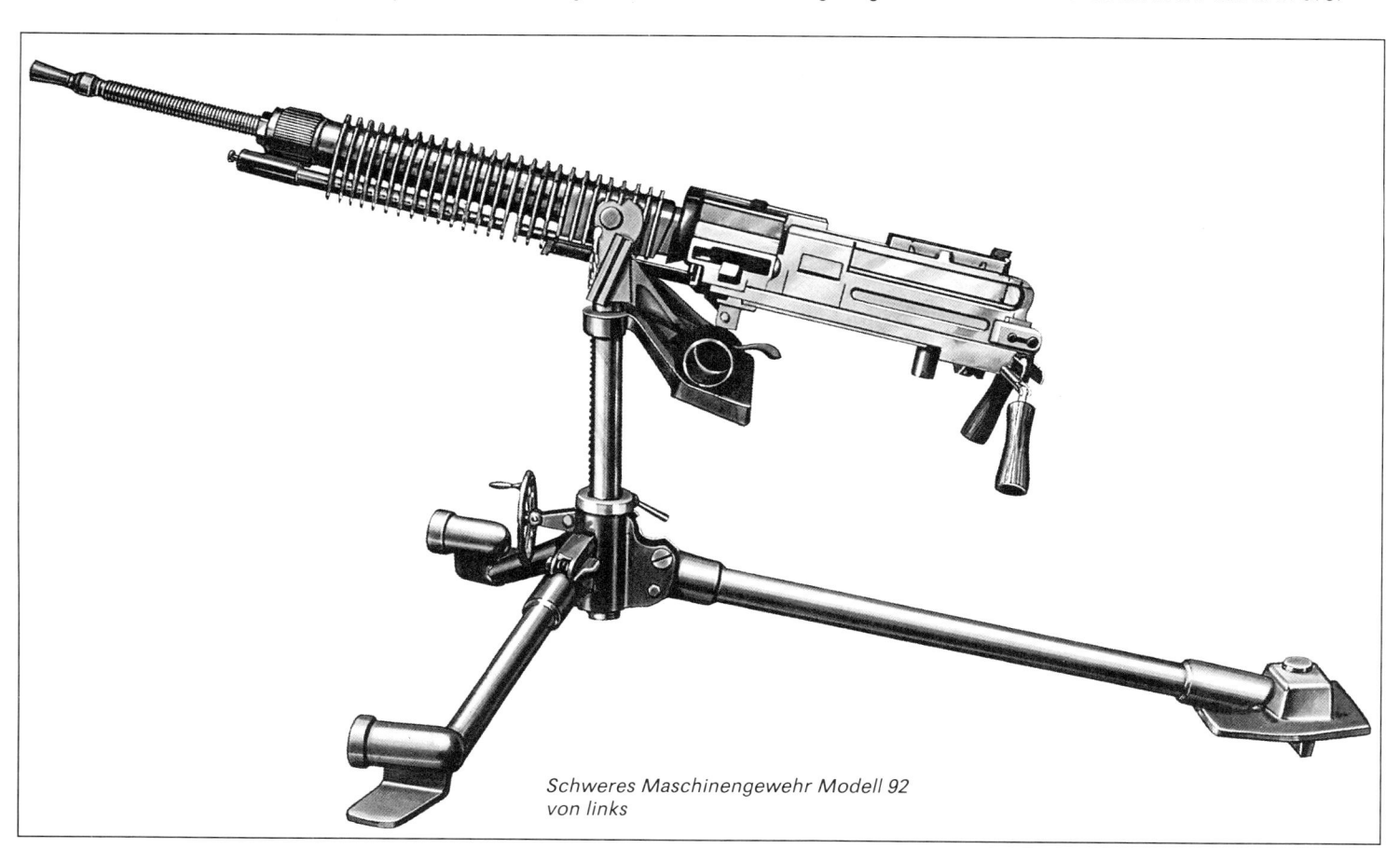

Schweres Maschinengewehr Modell 92 von links

Japan

Schweres Maschinengewehr Modell 92

Schweres Maschinengewehr Modell 1

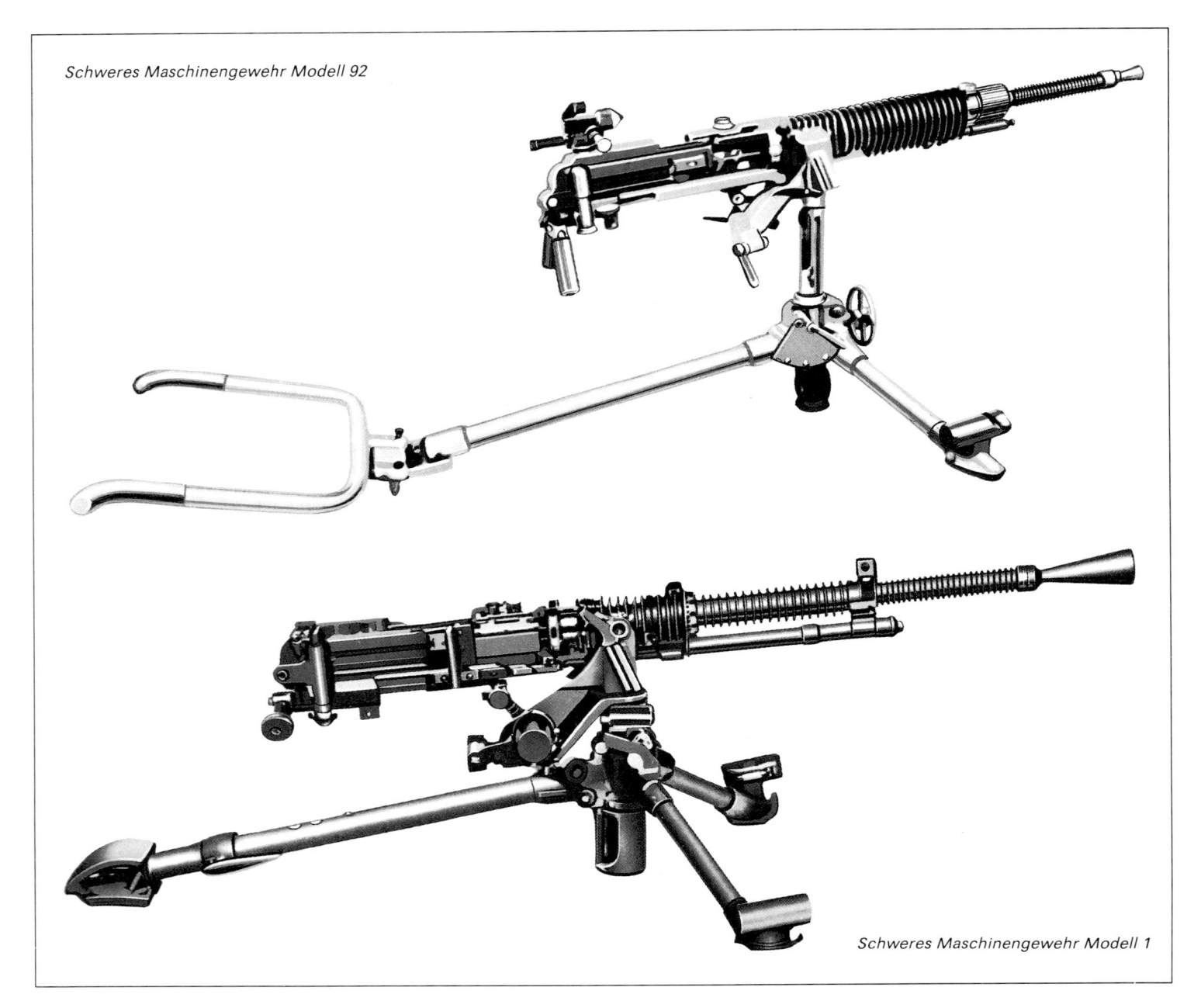

Ausführungen zur Verfügung — mit vierfach, fünffach oder sechsfach vergrößernder Optik.

Waffen solchen Typs wurden erstmals unter Gefechtsbedingungen bei den Kämpfen in der Mandschurei eingesetzt. Als japanische Truppen dann am 7. Juli 1937 in China eindrangen und den bis 1945 dauernden Chinesisch-Japanischen Krieg auslösten, gehörten Maschinengewehre des Modells 92 ebenfalls zu ihrer Ausrüstung. Obwohl sie sich als brauchbare Waffen erwiesen, wurde ihr wesentlicher Mangel schnell offensichtlich. Auf Grund der sehr großen Masse war die Manövrierfähigkeit erheblich beeinträchtigt. Das zeigte sich insbesondere beim Stellungswechsel.

Die Militärs forderten, daß die Masse des Maschinengewehrs entscheidend reduziert werden sollte. Bereits 1940, zu einer Zeit, da sich die Generalität des kaiserlichen Landes nach dessen Beitritt zum Dreimächtepakt vom 27. September im Bündnis mit den faschistischen Staaten Deutschland und Italien für weitere Aggressionen rüstete, stand eine wesentlich leichtere Ausführung zur Verfügung. Das betraf vor allem die Waffe, aber auch das Stützsystem. Der Prototyp wurde unverzüglich getestet. Ein Jahr später übernahm man ihn als schweres MG Modell 1 in die strukturmäßige Ausrüstung.

Das verbesserte Maschinengewehr wiegt etwa 12 kg weniger, die Lafette ist fast 7 kg leichter. Insgesamt konnte die Masse um fast 19 kg verringert werden. Hatte man für einige Versuchswaffen noch eine Schlittenlafette verwendet, die dem Stützsystem des schweren MG Modell 08 (s. dort) aus Deutschland sehr ähnlich sah, entschied man sich schließlich für ein anderes Dreibein. Dessen Grundkonzeption stimmt mit der bis dahin verwendeten Lafette überein.

Entscheidend für die geringere Masse der Waffe war der Verzicht auf den massiven Laufmantel mit den wuchtigen Kühlrippen. Maschinengewehre der verbesserten Version haben einen Lauf mit vergleichsweise geradezu zierlichen Kühlrippen vom Gehäuse bis zur Mündung, wo sich der trichterförmige Mündungsfeuerdämpfer befindet.

Weitere Verbesserungen sind die Schnellwechseleinrichtung des Laufes und eine um 100 S/min höhere theoretische Feuergeschwindigkeit. Im Gefecht machte sich das allerdings kaum bemerkbar. Mit den zu einem Gurt zusammengefügten Ladestreifen von je 30 Schuß Kapazität wurde bei 250 S/min keine wesentlich höhere praktische Feuergeschwindigkeit erreicht als mit dem 1932 eingeführten Maschinengewehr. Im Gegensatz zu diesem kann das Modell von 1941 nur randlose Patronen von 7,7 mm Kaliber verschießen.

Die Herstellungskosten verringerten sich, allerdings kaum nennenswert. Genaue Angaben über Stückzahlen liegen nicht vor. In der Fachliteratur wird aber betont, der Produktionsausstoß sei nicht hoch gewesen. So kann man vermuten, daß dieses Maschinengewehr nach 1945 nur noch in sehr geringer Stückzahl vorhanden war. Das trifft auch auf eine während des Krieges entwickelte leichte Version des schweren MG Modell Taisho 3 zu. Über dieses Modell sind jedoch keine Informationen verfügbar.

Daten: Schweres Maschinengewehr Modell 92

Kaliber:	7,7 mm	Patrone:	7,7×58 HR 7,7×58
v_0:	730 m/s	Lauflänge:	720 mm
Länge Waffe:	1 155 mm	Züge/Richtung:	4/r
Feuergeschwindigkeit:	450 S/min	Visierschußweite:	2 200 m
		Einsatzschußweite:	1 000 m
Munitionszuführung:	Metalladestreifen mit 30 Schuß[1]		
Masse ungeladen:	27,60 kg		
Masse des Dreibeins:	27,95 kg		

[1] Die Ladestreifen können zu einem Gurt verbunden werden.

Daten: Schweres Maschinengewehr Modell 1

Kaliber:	7,7 mm	Patrone:	7,7×58
v_0:	730 m/s	Lauflänge:	590 mm
Länge Waffe:	1 077 mm	Züge/Richtung:	4/r
Feuergeschwindigkeit:	550 S/min	Visierschußweite:	2 200 m
		Einsatzschußweite:	1 000 m
Munitionszuführung:	Metalladestreifen mit 30 Schuß[1]		
Masse ungeladen:	15,49 kg		
Masse des Dreibeins:	21,33 kg		

[1] Die Ladestreifen können zu einem Gurt verbunden werden.

Schweres Marine/Bord-Maschinengewehr Modell 92 7,7 mm

Waffen solchen Typs – nicht zu verwechseln mit den ebenfalls Modell 92 (s. dort) genannten schweren Maschinengewehren für die Infanterie – wurden 1932 eingeführt und vor allem an Marine und Marineinfanterie ausgegeben. Das Modell ist keine Eigenentwicklung, sondern eine in Japan nachgebaute Kopie des britischen Lewis-MG. Während des ersten Weltkriegs und davor waren solche Maschinengewehre in Großbritannien in großer Stückzahl hergestellt worden.

Die Japaner haben nicht nur die Waffe, sondern auch die Munition kopiert. Auf der Grundlage der Gewehrpatrone .303 British Lee-Enfield Mk.7, das ist eine Patrone mit Rand, entwickelten sie ihren Munitionstyp M 89. Das sind ebenfalls Randpatronen, und zwar mit 7,7 mm Kaliber. Sie wurden ab 1929 hergestellt und auch für andere Maschinengewehre verwendet, unter anderem für aus Großbritannien importierte Waffen der Typen Vickers und Lewis.

Solche Maschinengewehre hatten die japanischen Streitkräfte bereits 1929 erhalten. Übereinstimmend Modelle 89 genannt, wurden sie als schweres Heeres/Flugzeug-MG bzw. als schweres Marine/Flugzeug-MG bei der Luftwaffe von Heer und Marine offiziell eingeführt. Oftmals verwendete man sie aber auch, komplettiert mit einem Zweibein, bei Kämpfen zu ebener Erde. Ob das Maschinengewehr vom Typ Vickers später auch in Japan produziert wurde, ist nicht bekannt. Waffen des Lewis-Systems aber sind dort hergestellt worden, zumindest das Modell 92 für die Marine.

Das schwere Marine/Bord-MG Modell 92 ist ein Gasdrucklader mit starr verriegeltem Verschluß. Der luftgekühlte Lauf steckt in einem Aluminiummantel mit großflächigen axialen Kühlrippen. Von außen sind weder Lauf, Kühlrippen noch Aluminiummantel sichtbar. Sie befinden sich in einem vorn und hinten offenen Mantel aus Stahlblech. Er ragt über die Laufmündung hinaus.

Diese Konstruktion bewirkt eine sehr effektive Kühlung. Die beim Schießen aus dem Lauf ausströmenden Pulvergase saugen Kaltluft in den Laufmantel. Die kalte Luft umströmt die Kühlrippen mit hoher Geschwindigkeit von hinten nach vorn. Der Kühleffekt ist wesentlich besser als Kühlung durch ruhende Umgebungsluft.

Die Munition wird aus einem Tellermagazin von 47 Schuß Kapazität zugeführt. Das Magazin befindet sich oben auf dem Gehäuse und dreht sich beim Schießen. Die theoretische Feuergeschwindigkeit beträgt 600 S/min, die praktische 150 S/min. Die Waffe schießt nur Dauerfeuer. Sie hat einen Spatengriff als Handhabe und unter dem Gehäuse einen Pistolengriff mit der Abzugseinrichtung.

Montiert auf dem verstellbaren Dreibein, kann sie zum Kampf gegen Bodenziele und zur Fliegerabwehr eingesetzt werden. Vor allem bei der Marineinfanterie sollen sich Maschinengewehre dieses Typs als robuste und zuverlässige, allerdings mit geringer Feuergeschwindigkeit schießende Waffen bewährt haben. Wann die mit erheblichem Kosten- und Zeitaufwand verbundene Produktion eingestellt wurde, ist nicht bekannt. Über Stückzahlen gibt es ebenfalls keine Informationen.

Daten: Schweres Marine/Bord-Maschinengewehr Modell 92

Kaliber:	7,7 mm	Patrone:	7,7×56 R
v_0:	745 m/s	Lauflänge:	610 mm
Länge Waffe:	990 mm	Züge/Richtung:	4/r
Feuergeschwindigkeit:	600 S/min	Visierschußweite:	m
		Einsatzschußweite:	1 000 m
Munitionszuführung:	Tellermagazin mit 47 Schuß		
Masse ungeladen:	11,13 kg		
Masse des Dreibeins:	11,50 kg		

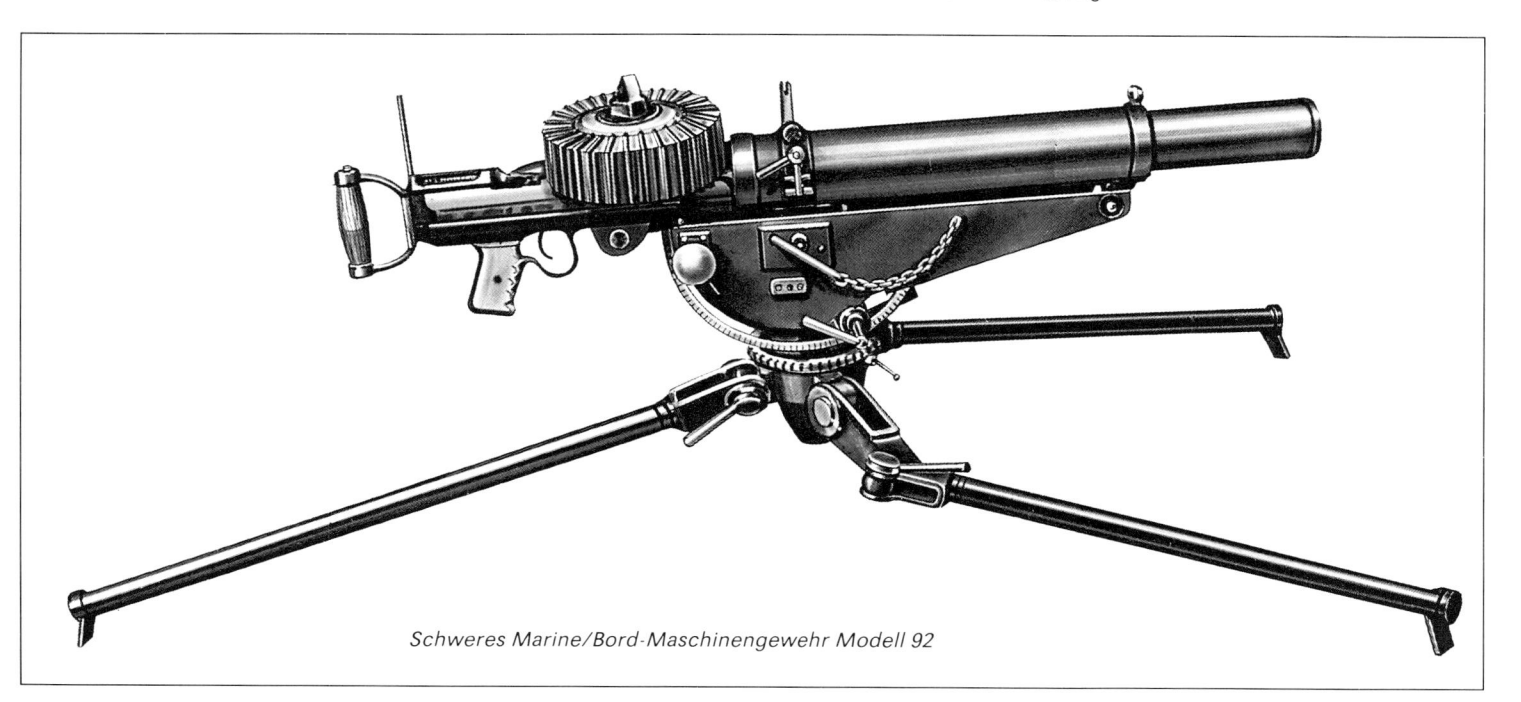

Schweres Marine/Bord-Maschinengewehr Modell 92

Japan
Überschweres Maschinengewehr Modell 93 13,2 mm

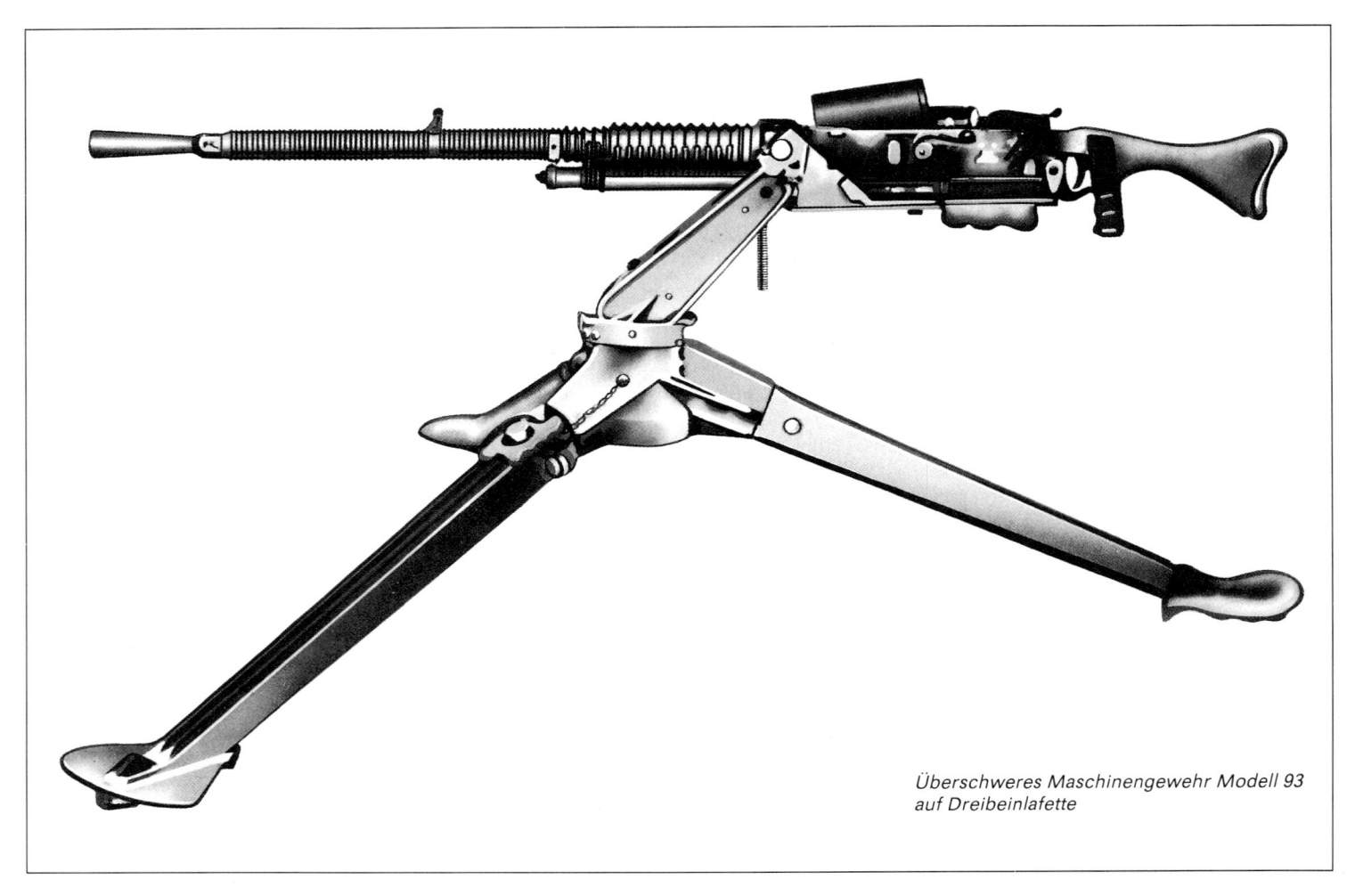

Überschweres Maschinengewehr Modell 93 auf Dreibeinlafette

Im Jahre 1933 erhielten die japanischen Streitkräfte erstmals überschwere Maschinengewehre aus eigener Produktion. Entsprechend der damaligen Zeitrechnung (vgl. S. 330) wurden sie nach dem Einführungsjahr als Modell 93 bezeichnet. Die Waffen waren vor allem für den Einsatz gegen leichtgepanzerte Fahrzeuge und zur Fliegerabwehr durch die Infanterie bestimmt.

Das Modell ist keine Eigenentwicklung, sondern ein modifizierter Nachbau des großkalibrigen Hotchkiss-MG aus Frankreich. Die Genehmigung zur Lizenzproduktion war 1929 nach fast zweijährigen Verhandlungen erteilt worden. Wie die Fachliteratur informiert, sollen das sehr schwierige Verhandlungen gewesen sein. Sie hatten im April 1927 begonnen und für Japan nicht zu einem vollen Erfolg geführt. Die Konstruktion der Zuführeinrichtung – bei der Originalwaffe aus Gurten – soll auf Anweisung der französischen Regierung geheimgehalten worden sein. Daher mußten die Japaner ihr Maschinengewehr modifizieren und für Ladestreifen einrichten.

Das überschwere MG Modell 93 ist ein Gasdrucklader mit feststehendem Lauf und starr verriegeltem Horizontalblockverschluß. Die Schließfeder befindet sich unter dem Verschluß. Der schwere Lauf ist luftgekühlt und auswechselbar. Er hat einen trichterförmigen Mündungsfeuerdämpfer, radiale Kühlrippen und einen ebenfalls von Kühlrippen umgebenen Mantel, der bis zur Bohrung der Gasentnahme reicht. Im Unterschied zum Hotchkiss-MG wurde die japanische Waffe nicht mit Spatengriffen ausgerüstet. Sie hat einen Gewehrkolben, außerdem einen Pistolengriff mit Abzug.

Die Munitionszuführung erfolgt aus einem Kasten mit Federzubringer von oben. Im Kasten befinden sich Ladestreifen von 30 Schuß Kapazität. Der Fachliteratur kann man entnehmen, daß es auch – erstmals bei einem japanischen Maschinengewehr – leichtgekrümmte Stangenmagazine von ebenfalls 30 Schuß Kapazität gegeben haben soll. Das jedoch ist nicht erwiesen.

Aus der Waffe verschoß man Patronen der Abmessungen 13,2 × 99. Sie wurden in Japan hergestellt und wie das Maschinengewehr nach dem Jahr der Einführung als M 93 bezeichnet. Derartige Patronen eigneten sich zur Bekämpfung leichtgepanzerter Fahrzeuge. Das Geschoß durchschlug auf 100 m Distanz 25 mm dicken Panzerstahl.

Die theoretische Feuergeschwindigkeit der Waffe beträgt 450 S/min, die praktische 120 S/min. Für den Einsatz bei der Infanterie und gegen Panzer wurde das Maschinengewehr auf einem massiven Dreibein montiert, als Fliegerabwehrwaffe auf Zwillingslafette mit Höhen- und Seitenrichtmechanismus verwendet.

Daten: Überschweres Maschinengewehr Modell 93

Kaliber:	13,2 mm	Patrone:	13,2 × 99
v_0:	765 m/s	Lauflänge:	915 mm
Länge Waffe:	1 640 mm[1]	Züge/Richtung:	
Feuergeschwindigkeit:	450 S/min	Visierschußweite:	m
		Einsatzschußweite:	2 000 m
Munitionszuführung:	Kasten mit Ladestreifen von 30 Schuß		
Masse ungeladen:	39,45 kg		
Masse der Dreibeinlafette:	57,15 kg		

[1] Mit Mündungsfeuerdämpfer.

Leichtes Maschinengewehr Modell 96 6,5 mm

Mitte der dreißiger Jahr übernahm die japanische Infanterie leichte Maschinengewehre eines neuen Modells in ihre strukturmäßige Bewaffnung. Nach dem Einführungsjahr 1936 wurden sie entsprechend der damaligen Zeitrechnung (vgl. S. 330) leichtes MG Modell 96 genannt. Es war vorgesehen, daß diese Waffen die störanfälligen leichten Maschinengewehre Modell Nambu Taisho 11 (s. dort) ablösen sollten. Das gelang jedoch nur zum Teil und auch nur auf Zeit.

Als Japan am 7. Juli 1937 den Krieg gegen China begann und dann viereinhalb Jahre später am 7. Dezember 1941 mit dem Überfall auf den US-amerikanischen Stützpunkt Pearl Harbour in den zweiten Weltkrieg eingriff, wurden Waffen in großer Menge benötigt. So konnte man auf das unzuverlässige Nambu-MG nicht verzichten. Es verblieb übrigens auch noch Jahre nach 1945 in der Ausrüstung.

Auf den ersten Blick erkennbar, hat die Neuentwicklung auffallende Ähnlichkeit mit dem tschechoslowakischen leichten MG Modell ZB 1926 (s. dort). Gehäuseform, Gaszylinder unter dem Lauf, Lauf mit Kühlrippen bis fast zur Mündung sowie Tragegriff und Visiereinrichtung beider Waffen sind nahezu übereinstimmend. Funktionsweise und Patrone aber sind anders, und zwar eindeutig zum Nachteil des japanischen Maschinengewehrs.

Wie die 1922 von Kijiro Nambu bereitgestellte Waffe verschießt das leichte MG Modell 96 ladungsreduzierte Patronen 6,5 mm des Typs Meiji 38. Und wie für das Maschinengewehr alten Typs müssen sie für das neue geschmiert werden. Da die Patronenlager beider Waffen von identischer Konstruktion sind, können die leeren Hülsen nur ohne Störungen ausgeworfen werden, wenn die Patronen entsprechend vorbehandelt wurden. Beim neuen Maschinengewehr geschieht das mit einem anderen Schmiermittel nach einer verbesserten Methode: nicht mehr mit Öl, sondern mit Fett; nicht mehr im Gehäuse der Waffe, sondern im Magazin.

Nach wie vor mußte der Schütze aber mit Hülsenreißern, Verunreinigung und Ladehemmungen rechnen. Dennoch waren Maschinengewehre des neuen Typs wesentlich funktionstüchtiger als ihre Vorgänger. In der Fachliteratur wird betont, daß sie sich unter günstigen Gefechtsbedingungen bewährt haben und vergleichbaren Waffen dieser Zeit aus europäischen Ländern kaum nachstanden.

Das leichte MG Modell 96 ist ein luftgekühlter Gasdrucklader mit feststehendem Lauf und Horizontalblockverschluß. Der Lauf hat eine Schnellwechseleinrichtung. Die Munition wird aus einem Kurvenmagazin mit Federzubringer von oben zugeführt und per Dauerfeuer verschossen. Die Magazinkapazität beträgt 30 Schuß.

Charakteristisch für diese Waffe sind der mit Abzugsvorrichtung und Holzkolben kombinierte Pistolengriff sowie der Tragegriff. Er befindet sich vor dem Magazin oben am Lauf. Auf die Laufmündung kann ein Mündungsfeuerdämpfer aufgesetzt werden. Das Zweibein wird weit vorn am Gaszylinder befestigt.

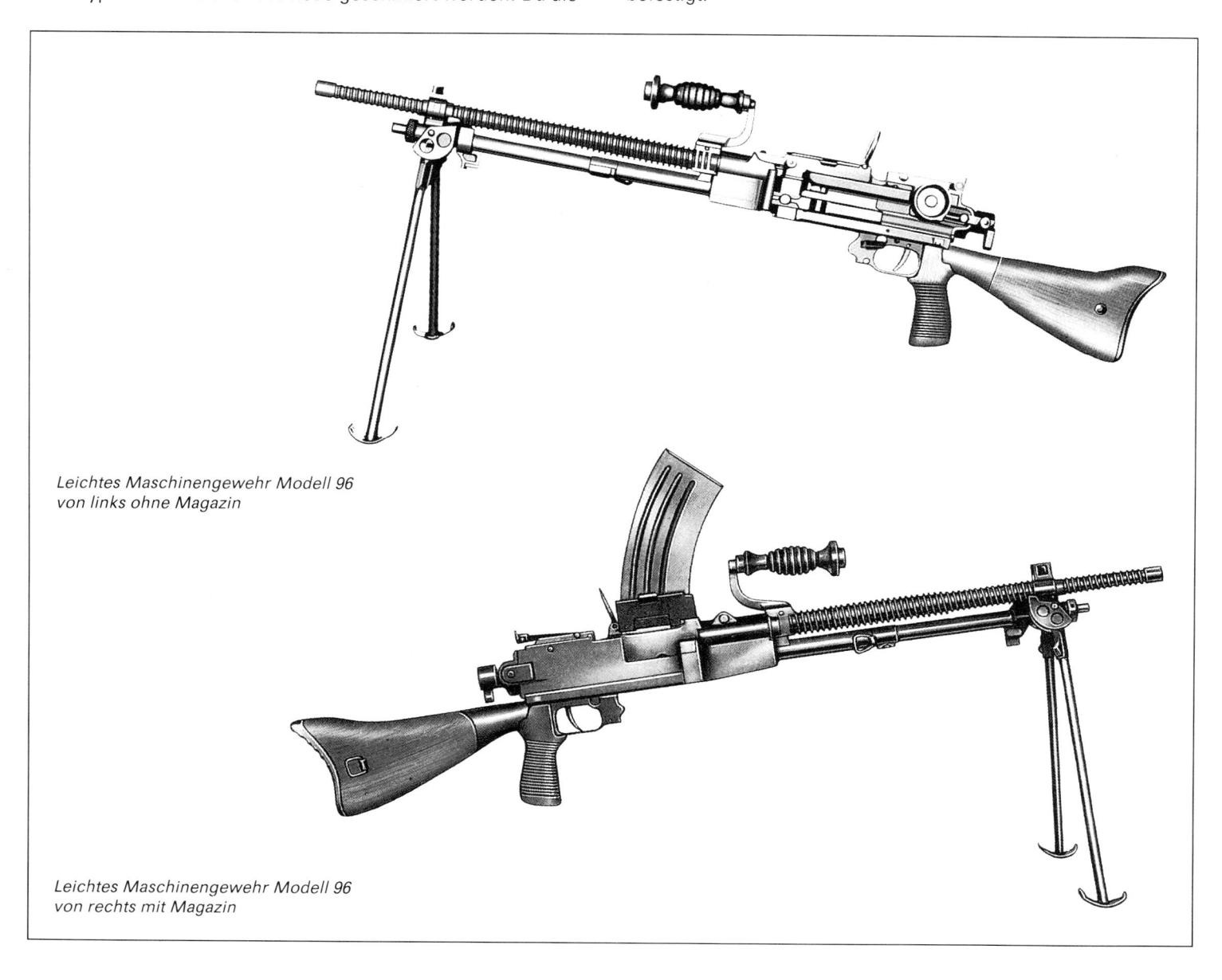

Leichtes Maschinengewehr Modell 96 von links ohne Magazin

Leichtes Maschinengewehr Modell 96 von rechts mit Magazin

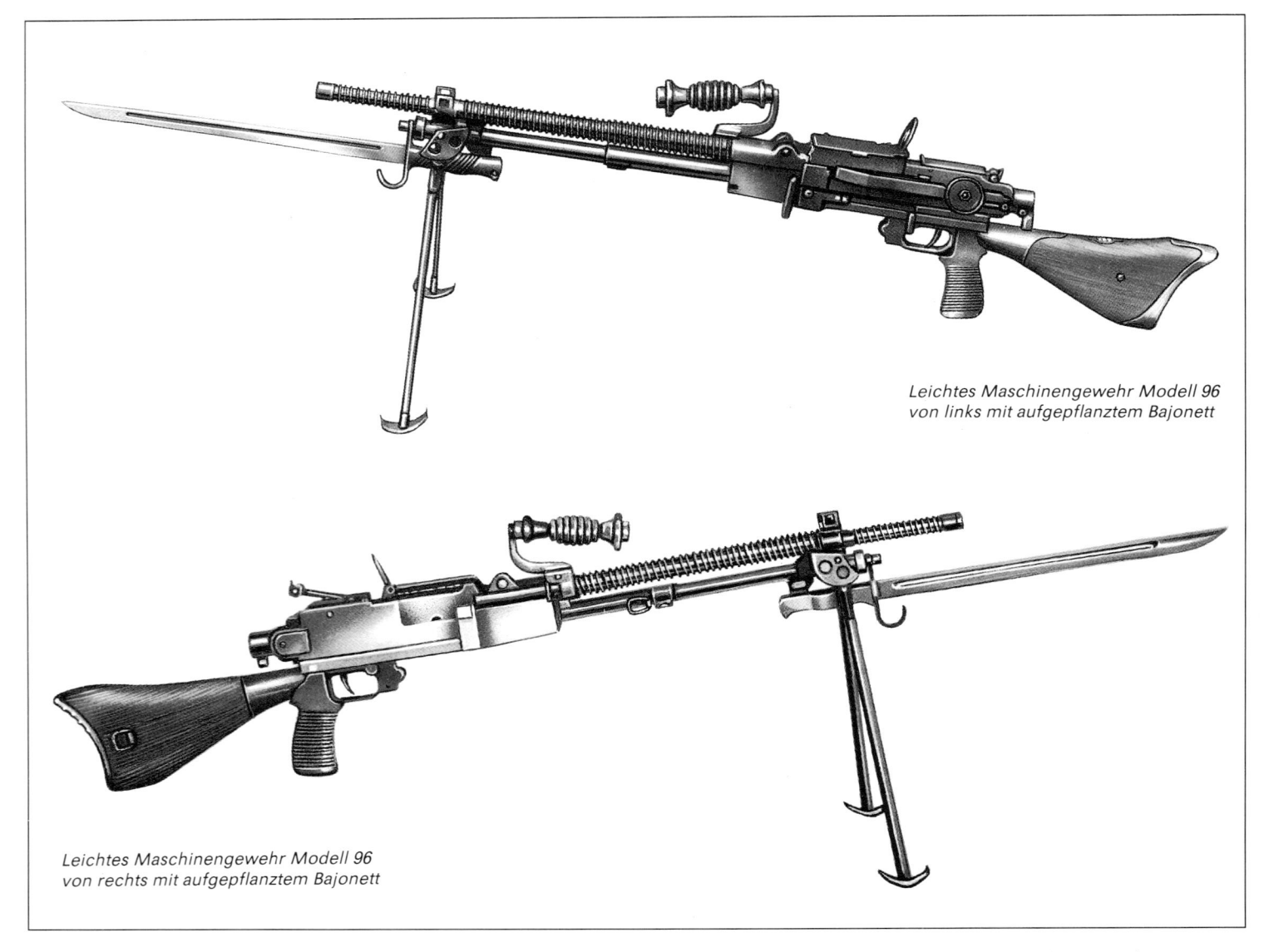

Japan

Leichtes Maschinengewehr Modell 96 von links mit aufgepflanztem Bajonett

Leichtes Maschinengewehr Modell 96 von rechts mit aufgepflanztem Bajonett

Das Maschinengewehr hat zwei Besonderheiten. Auf den Gaszylinder unter dem Lauf kann der Schütze ein Bajonett aufstecken. Bei aufgesetztem Mündungsfeuerdämpfer ragt es jedoch nur wenig über dessen trichterförmige Mündung hinaus. Im Reglement war allerdings vorgeschrieben, daß der japanische Infanterist beim Sturmangriff die Waffe im Hüftanschlag und mit Bajonett führen mußte. Bei etwa 10 kg, die sie geladen wog, vollbrachte er damit eine recht beachtliche Leistung.

Eine weitere Besonderheit ist die zusätzlich zur mechanischen Visiereinrichtung installierbare optische Zielhilfe. Das Zielfernrohr, nur für wenige Waffen verfügbar, hat eine 2,5fach vergrößernde Optik und kann rechtsseitig versetzt an einem schwalbenschwanzförmigen Zapfen befestigt werden.

Die Produktion von Waffen dieses Typs wurde nach der Niederlage Japans eingestellt. Bis dahin sollen mindestens 120 000 Stück produziert worden sein. Leichte Maschinengewehre Modell 96 gehörten nach 1945 noch viele Jahre zur Ausrüstung der neu gebildeten Streitkräfte des Landes.

Daten: Leichtes Maschinengewehr Modell 96

Kaliber:	6,5 mm	Patrone:	6,5×50,5 HR[1]
v_0:	730 m/s	Lauflänge:	553 mm
Länge Waffe:	1 054 mm	Züge/Richtung:	4/r
Feuergeschwindigkeit:	550 S/min	Visierschußweite:	1 600 m
		Einsatzschußweite:	800 m
Munitionszuführung:	Kurvenmagazin mit 30 Schuß		
Masse:	9,07 kg		

[1] Mit reduzierter Ladung.

Leichtes Maschinengewehr Modell 99 7,7 mm

Gerade noch rechtzeitig vor dem Chinesisch-Japanischen Krieg war die Infanterie mit neuen leichten Maschinengewehren ausgerüstet worden. Im Jahre 1936 hatte man das leichte MG Modell 96 (s. dort) eingeführt, von dem sich die Militärs eine entscheidende Erhöhung der Feuerkraft ihrer Infanteriebataillone versprachen. Die Produktion dieser Waffen lief auf Hochtouren.

Während der Gefechte mußte festgestellt werden, daß das neue Maschinengewehr zwar wesentlich besser war als das 1922 von Kijiro Nambu entwickelte leichte MG Modell Nambu Taisho 11 (s. dort), sich jedoch keinesfalls so bewährte wie erhofft. Immer noch war man auf die leistungsschwachen Patronen 6,5 mm angewiesen. Um sie aus den leichten Maschinengewehren verschießen zu können, hatte man sogar die Pulverladung reduzieren müssen. Probleme gab es auch auf Grund der Schmiereinrichtungen mit den Waffen selbst. Doch mit ungeölten oder ungefetteten Patronen schoß weder das eine noch das andere Maschinengewehr.

So initiierten die Militärs Ende 1937 Versuche für die Entwicklung eines modernen leichten Maschinengewehrs. Man wollte unbedingt auf das Schmiersystem verzichten und Patronen von größerer Leistung und Wirkung einsetzen. Entsprechend der damaligen Zeitrechnung (vgl. S. 330) nach dem Jahr seiner Einführung als leichtes MG Modell 99 bezeichnet, stand 1939 nicht nur die neue Waffe zur Verfügung, sondern auch eine neue, nunmehr randlose Patrone: der Typ M 99 von 7,7 mm Kaliber. Aus dem etwa zur gleichen Zeit neuentwickelten und in die strukturmäßige Ausrüstung übernommenen Mehrladegewehr Modell 99 (s. dort) wurde derartige Munition ebenfalls verschossen.

Das Maschinengewehr sollte sofort in Massenproduktion hergestellt werden. Dies gelang jedoch erst mit beträchtlicher Verzögerung. Um die Waffe produzieren zu können, brauchte man eine völlig neue Technologie. Sie mußte auf geringe Fertigungstoleranzen ebenso abgestimmt sein wie auf die Verarbeitung besonders hochwertigen Materials. Mit einem der neuen Patrone angepaßten Lauf und einem geringfügig modifizierten Patronenlager, wie man erhofft hatte, war das Problem nicht zu lösen. Auf Grund komplizierter spanabhebender Bearbeitungsverfahren wurde die Produktion zeit- und kostenaufwendig.

Die beim Aufrüstungsprogramm großen Ausmaßes bereits total überlastete Industrie konnte den neuen Ansturm auf die begrenzten Produktionskapazitäten nicht mehr bewältigen. Erst lange nach Eintritt Japans in den zweiten Weltkrieg – er erfolgte mit dem Überfall auf den US-amerikanischen Pazifikstützpunkt Pearl Harbour am 7. Dezember 1941 – gelang eine reibungslose Serienproduktion. Waffen des neuen Modells wurden ab 1943 in großen Mengen an die Streitkräfte geliefert.

Bis 1945 sollen etwa 100 000 Maschinengewehre Modell 99 hergestellt worden sein. Obwohl die Waffe zum Standard-MG avancierte, konnte der Bedarf nicht gedeckt werden. Die japanischen Truppen mußten ihre anderen Maschinengewehre, die eigentlich abgelöst werden sollten, weiter benutzen. So wurden Ersatzteilhaltung und Nachschub noch komplizierter.

Das betraf auch die Munition. Innerhalb eines einzigen Bataillons, mitunter auch in der Kompanie und im Zug, ja zum Teil sogar in der Gruppe benötigte man für die unterschiedlichen Faustfeuerwaffen, Mehrladegewehre und -karabiner sowie die Vielzahl von Maschinengewehren verschiedenartige Munition. Insgesamt gab es fast ein Dutzend Patronenarten, davon allein fünf für Gewehre und Maschinengewehre, die ständig im Einsatz waren. Mit dem neuen Maschinengewehr für die randlose Patrone 7,7 mm, die auch aus dem Mehrlader verschossen wurde, kam eine weitere Munitionssorte hinzu. Und berücksichtigt man darüber hinaus die überschweren Maschinengewehre sowie die Bordwaffen für gepanzerte Fahrzeuge, Schiffe und Boote, so erhöht sich die Anzahl der Patronenarten nur für Maschinengewehre auf insgesamt acht.

Das leichte MG Modell 99 ist ein luftgekühlter Gasdrucklader mit verriegeltem Verschluß. Der Gasdruck kann mittels Reglers in fünf Positionen eingestellt werden. Die Munition wird aus einem Kurvenmagazin von oben zugeführt. Seine Kapazität beträgt 30 Schuß. Die Patronen werden per Dauerfeuer verschossen.

Der wesentliche Vorzug dieses Maschinengewehrs im Vergleich zu den bis dahin benutzten besteht in der sorgfältigen Bearbeitung sämtlicher Teile des Verschlußsystems. Der Verschlußabstand kann eingestellt werden. Die Patrone liegt optimal an der Wandung des Patronenlagers an. Sie braucht weder geölt noch gefettet zu werden. Das Auswerfen der Hülsen erfolgt ohne Störung. Hülsenreißer wie bei allen zuvor entwickelten Modellen gibt es bei diesem Maschinengewehr ebensowenig wie systembedingte Ladehemmungen infolge Verunreinigung der Automatik durch Fett, Staub oder Sand. Die Waffe hat eine hohe Funktionssicherheit, schießt präzis, zuverlässig und treffgenau.

In bezug auf all diese Vorzüge ist das Maschinengewehr also mit seinem Vorläufer nicht vergleichbar. Es sieht diesem aber sehr ähnlich. Für beide hat das tschechoslowakische leichte MG Modell ZB 1926 (s. dort) gewissermaßen Pate gestanden. Die weitgehende Übereinstimmung zahlreicher Bauteile hinsichtlich Lage, Konstruktion und Gestaltung ist unverkennbar. Das betrifft die Gehäuseform, die Position des Gasdruckzylinders, den Lauf mit Kühlrippen und Schnellwechselvorrichtung, außerdem Tragegriff, mechanisches Visier und Magazinzuführung.

Es gibt aber auch sichtbare Unterschiede. Das Magazin ist etwas stärker gebogen, am Kolben befindet sich eine abklappbare Stütze, und oft wurde die Waffe mit einem Zielfernrohr von 2,5fach vergrößernder Optik geliefert. Außerdem hat jedes Maschinengewehr ein unter dem Gaszylinder befestigtes Zweibein und einen trichterförmigen Mündungsfeuerdämpfer, etwa von ähnlicher Art wie beim erwähnten Modell aus der Tschechoslowakei.

Wie die Fachliteratur informiert, gab es auch eine Version für Fallschirmjäger, allerdings wohl nur zu Versuchszwecken. Diese Waffe soll identische Abmessungen haben und etwas schwerer sein. Weitere Einzelheiten sind nicht bekannt. In diesem Zusammenhang ist der Hinweis notwendig, daß die japanische Luftwaffe ebenfalls ein Maschinengewehr mit der Bezeichnung Modell 99 benutzte. Das war ein in Lizenz hergestelltes Vickers-MG für Patronen 7,7 mm, aber mit Rand.

Leichtes Maschinengewehr Modell 99
von links mit Magazin und abgeklappter Kolbenstütze

Japan

Leichtes Maschinengewehr Modell 99 von links mit abgeklappter Kolbenstütze, ohne Magazin

Leichtes Maschinengewehr Modell 99 von rechts

Bemerkenswert ist die Tatsache, daß die sonst eher konservative japanische Generalität dem Maschinengewehr so große Bedeutung beimaß, und dies schon seit dem Jahrhundertwechsel. Inzwischen war ein Infanteriebataillon mit 36 leichten und 8 schweren Maschinengewehren ausgerüstet. In jeder Gruppe wurde ein leichtes Maschinengewehr mitgeführt. Solche Waffen bildeten die Hauptfeuerkraft des Zuges. Die Militärs förderten den Einsatz des Maschinengewehrs bei anderen Waffengattungen ebenfalls, insbesondere bei Panzer- und Luftwaffe sowie bei der Marine.

Auf Entwicklung und Produktion von Maschinengewehren wurde ein enormes Potential konzentriert. Das gilt auch bezüglich des Nachbaus unterschiedlicher ausländischer Systeme. Es gab Konstruktionen nach dem System von Browning, Hotchkiss, Lewis und Vickers. Teils waren das geringfügig modifizierte Kopien, teils Nachbauten mit beträchtlichen Veränderungen. Während des zweiten Weltkriegs gehörten wohl nicht weniger als zwei Dutzend Modelle von Maschinengewehren zur Ausrüstung. Hinzu kamen diverse Test- und Versuchswaffen, die jedoch nie das Stadium der Serienreife erlangten.

Die meisten bis 1945 in großer Stückzahl hergestellten Maschinengewehrtypen verblieben auch später in der strukturmäßigen Bewaffnung der neu gebildeten Streitkräfte. Das betraf unter anderem das leichte MG Modell 99. Sie wurden ergänzt durch Maschinengewehre aus US-amerikanischer Produktion. Die Militärs bemühten sich zwar um Standardisierung von Waffen und Munition, mußten sich aber lange gedulden. Erst 1962 konnten sie die Umrüstung einleiten. Damals begann die Serienfertigung des Universal-MG Modell NTK 62 (s. »Schützenwaffen heute«).

Daten: Leichtes Maschinengewehr Modell 99

Kaliber:	7,7 mm	Patrone:	7,7×58
v_0:	715 m/s	Lauflänge:	550 mm
Länge Waffe:	1 188 mm[1]	Züge/Richtung:	4/r
Feuergeschwindigkeit:	800 S/min	Visierschußweite:	1 600 m
		Einsatzschußweite:	800 m
Munitionszuführung:	Kurvenmagazin mit 30 Schuß		
Masse:	10,01 kg		

[1] Mit Mündungsfeuerdämpfer.

Schwere Panzerbüchse Modell 97 20 mm

Über die Ausrüstung der japanischen Infanterie mit Panzerabwehrmitteln gibt es in der Fachliteratur einander widersprechende Informationen. Manche Autoren berichten, die Infanteristen haben mehrere unterschiedliche Panzerbüchsen der Kaliber 13,2 mm, 20 mm und 25 mm verwendet; andere führen den Nachweis über nur einen Typ. Entsprechend der damaligen Zeitrechnung (vgl. S. 330) wird dieser nach dem Einführungsjahr 1937 schwere Panzerbüchse Modell 97 genannt.

Wer die Waffe konstruiert hat, ist nicht bekannt. Über die Produktion sind ebenfalls keine genauen Angaben verfügbar, lediglich der Hinweis auf eine Serienfertigung begrenzten Umfangs. Jedes Infanteriebataillon, so die Vorschrift, sollte zwei Stück erhalten. Sie befanden sich beim Panzerabwehrzug der MG-Kompanien und wurden mit mehr oder weniger großem Erfolg vor allem bei den Kämpfen im pazifischen Raum konzentriert eingesetzt.

Die schwere Panzerbüchse Modell 97 kann eigentlich schon der Gruppe der Maschinenkanonen zugeordnet werden. Sie schießt nur Dauerfeuer und funktioniert nach dem Gas/Rückstoß-System mit verriegeltem Verschluß. Er verriegelt und entriegelt wie folgt: Sobald der Schuß bricht, kippt der Verschlußblock hinten hoch, und die Verriegelungszapfen rasten im Gehäuse ein. Nach dem Schuß hebt das Gasdrucksystem die Verriegelung auf, und der Restdruck der Pulvergase im Rohr treibt den Mechanismus nach hinten.

Die Waffe hat einen mit der Abzugsvorrichtung kombinierten Pistolengriff, eine gut in die Schulter einziehbare Stütze, ein Zweibein und vor der Schulterstütze zusätzlich ein Einbein. Am Rohr befindet sich ein Mündungskompensator. Das Magazin wird von oben eingesetzt. Seine Kapazität beträgt 7 Schuß. Das sind Patronen des Typs M 97. Sie werden in zwei kurzen Feuerstößen verschossen.

Obwohl sehr massiv und nur Dauerfeuer schießend, verursacht die Panzerbüchse auf Grund ihrer besonderen Konstruktion nur einen bemerkenswert geringen Rückstoß. Rohr, Gehäuse und Pistolengriff bewegen sich auf dem Unterbau während des Rückstoßes nach hinten. Die Wucht wird durch Rückstoßfedern und -dämpfer derart gemindert, daß der Schütze an seiner Schulter lediglich einen anhaltend gleichmäßigen Druck verspürt. So ist er keiner großen Belastung ausgesetzt. Der Rückstoß soll kaum stärker sein als der des US-amerikanischen Springfield-Gewehrs (s. dort), informiert die Fachliteratur.

Eine stabile Treffpunktlage ist allerdings nicht gewährleistet. Die Panzerbüchse verbleibt während des Feuerns nicht treffsicher im Ziel. Will der Schütze die Visierlinie seitlich schwenken, muß er die Waffe anheben und drehen. Quer vorbeifahrende Panzer kann er also nur bedingt bekämpfen.

Fahrzeuge mit schwerer Panzerung konnten nicht außer Gefecht gesetzt werden. Mit knapp 13 mm Durchschlagslei-

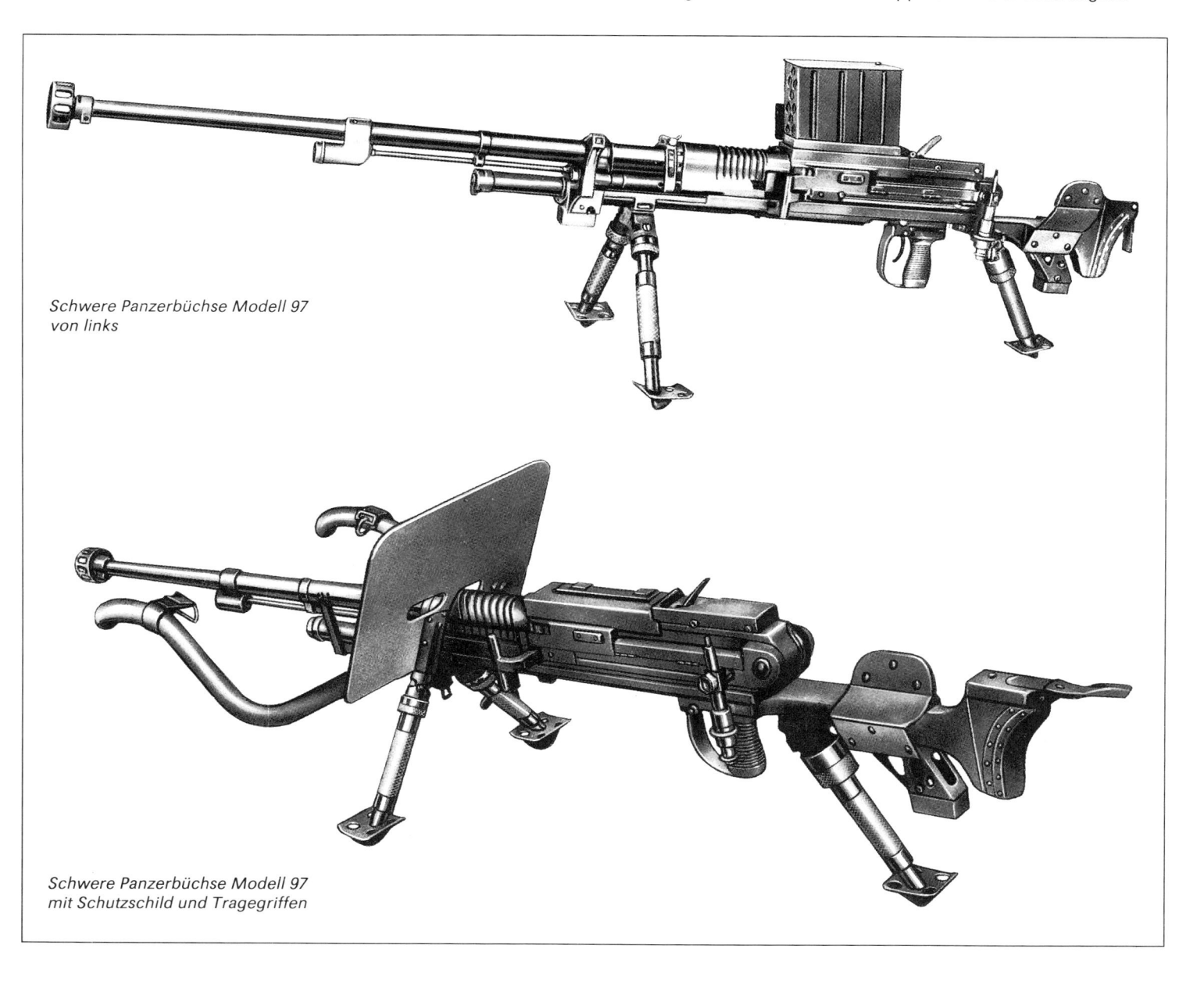

Schwere Panzerbüchse Modell 97 von links

Schwere Panzerbüchse Modell 97 mit Schutzschild und Tragegriffen

Japan

Schwere Panzerbüchse Modell 97 von rechts

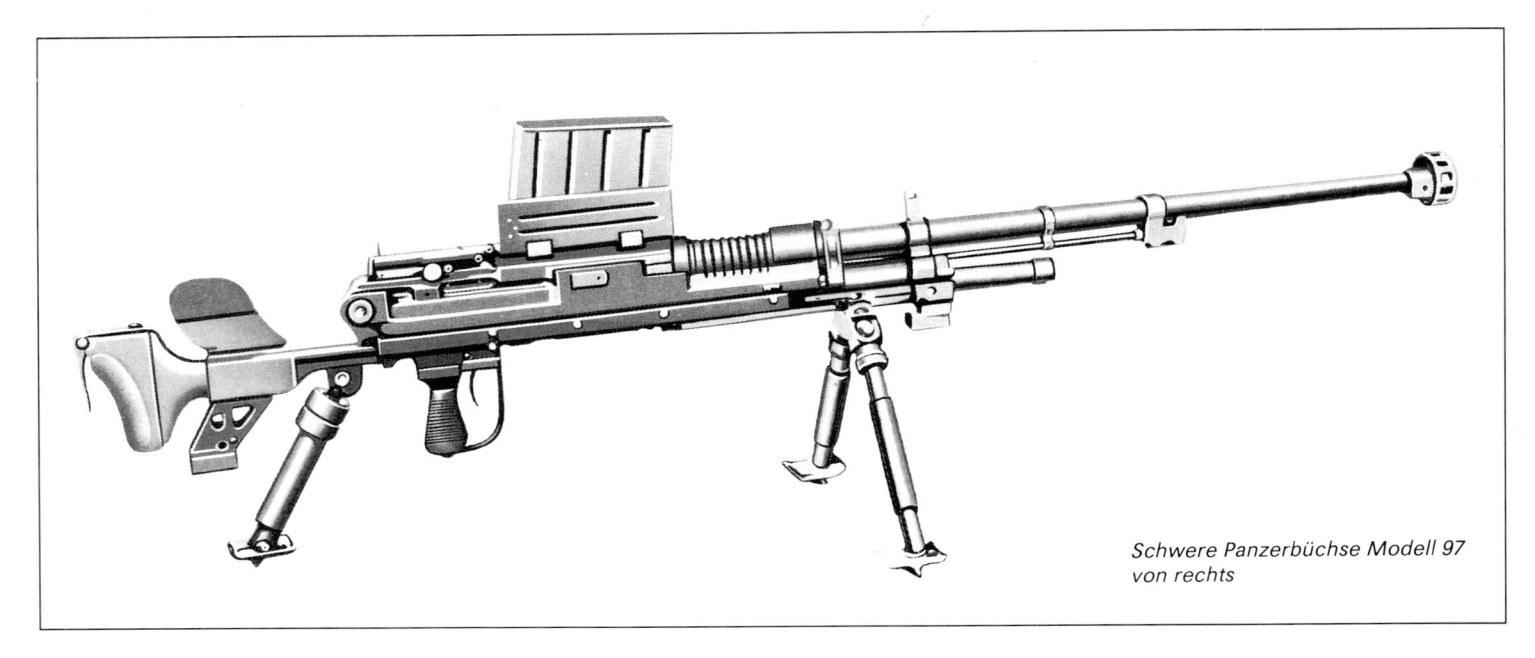

stung auf etwa 180 m Distanz war die Waffe sogar gegen leichtgepanzerte Kampfwagen von relativ geringer Wirkung. Außer panzerbrechenden Patronen stand Munition zur Verfügung, für die Sprenggeschosse mit Splitterwirkung benutzt wurden. Derartige Geschosse verwendete man auch für Patronen anderer japanischer Kampfmittel zur Panzerabwehr.

Eines davon war das in der Fachliteratur als leichte Kanone bezeichnete Modell 98, eine schwerere und größere Ausführung der Panzerbüchse des Typs 97. Die Kanone wurde auf Einzel- und Zwillingslafette vor allem zur Fliegerabwehr, auf einer Lafette mit Rädern aber zur Panzerabwehr benutzt.

Zur Ausrüstung mancher Panzerbüchsen Modell 97 gehört ein Schutzschild aus dünnem Stahlblech. Allerdings bot diese Vorrichtung relativ wenig Schutz und behinderte den Schützen beim Schießen. Man lieferte den Schild daher nicht serienmäßig mit. Falls notwendig, konnte er nachträglich montiert werden.

Da die Panzerbüchse relativ groß und schwer ist, sind Bedienung und Transport kompliziert. Statt zwei Mann, wie vorgesehen, wurden für die Bedienung drei, nicht selten sogar vier Soldaten benötigt. Bei Stellungswechsel waren sie besonders belastet, obwohl die Waffe eine praktische Tragevorrichtung hat.

Die Tragegriffe sehen aus wie übergroße Lenkstangen eines Fahrrads. Sie werden in Schlitze hinten und vorn am Unterbau der Rückstoßlagerung eingeschoben. So können vier, aber auch drei Mann die Waffe verhältnismäßig schnell von einer Stellung zur anderen tragen und dort schußbereit absetzen. Ein Stellungswechsel ist sogar mit vollem Magazin möglich.

Daten: Schwere Panzerbüchse Modell 97

Kaliber:	20 mm	Patrone:	20 × 124
v_0:	865 m/s	Rohrlänge:	1 195 mm
Länge Waffe:	2 035 mm	Visierschußweite:	m
Feuergeschwindigkeit:	21 S/min	Einsatzschußweite:	200 m
Durchschlagsleistung:	12,7/≈183 mm/m[1]		
Masse in Feuerstellung:	52,20 kg		
Masse mit Zubehör (Schutzschild und Tragegriffe):	68,90 kg	[1] Entspricht 0,5 Zoll/200 yd.	

Jugoslawien

Mehrladegewehre und Mehrladekarabiner Modelle 1924 und 1929 7,92 mm

Im Oktober 1929 wurde der knapp elf Jahre zuvor gegründete Staat der Völker Jugoslawiens, das Königreich der Serben, Kroaten und Slowenen, in Königreich Jugoslawien umbenannt. Damals waren die Streitkräfte des Landes bereits mit einer großen Anzahl Gewehren und Karabinern des Mauser-Systems von 7,92 mm Kaliber ausgerüstet. Man hatte sie vor allem aus Belgien und der Tschechoslowakei, aber auch aus Deutschland importiert.

Mauser-Gewehre waren jedoch auch noch aus alten Beständen vorhanden, allerdings zumeist mit anderem Kaliber. Als 1918 die Streitkräfte gebildet wurden, hatte man Infanteriewaffen zahlreicher unterschiedlicher Typen und Kaliber aus dem ersten Weltkrieg übernehmen müssen. Die Armee war zu dieser Zeit mit Waffen aus der Produktion zahlreicher Länder ausgerüstet. Dazu gehörten Gewehre und Karabiner aus dem ehemaligen Österreich-Ungarn und aus dem ehemaligen zaristischen Rußland, aus Belgien, Frankreich und Italien. Hinzu kamen Maschinengewehre mehrerer Systeme, vor allem der Typen Schwarzlose und Hotchkiss.

Daher drängte die Führung der Streitkräfte auf Typenbereinigung. Dieses Vorhaben konnte durch Orientierung auf Gewehre des Mauser-Systems von 7,92 mm Kaliber zum Teil verwirklicht werden. Aus den bereits oben erwähnten Ländern erhielt man bedeutende Lieferungen von Mehrladern: das Modell 1924 (s. dort) aus Brno und später auch die FN-Version 1924/30 (s. dort) aus Belgien sowie das sogenannte Standardgewehr Modell 1924, gewissermaßen ein Vorläufer des Mehrladekarabiners Modell Mauser 98 k (s. dort), aus Deutschland. Waffen solcher Typen waren bei der tschechoslowakischen Firma Zbrojovka Brno, beim belgischen Unternehmen Fabrique Nationale (FN) in Herstal bzw. bei der Mauser Werke AG in Oberndorf auf der Grundlage des deutschen Mauser-Mehrladers in kurzläufigen Ausführungen entwickelt worden.

Die Waffen aus tschechoslowakischer und belgischer Konstruktion gehörten zur strukturmäßigen Bewaffnung der Streitkräfte beider Herstellerländer und wurden außer nach Jugoslawien in zahlreiche andere Länder exportiert. Das Modell aus Deutschland war damals nur für den Export bestimmt. Von FN erhielt Jugoslawien auf der Grundlage eines Kaufvertrags von 1925, der auch die Lizenzklauseln für eine künftige Eigenproduktion enthielt, etwa 100 000 Gewehre und 110 Millionen Patronen. Von der Firma Mauser wurden nach den Bestimmungen des Versailler Vertrags vom 28. Juni 1919 als Reparationsleistung 800 Maschinen geliefert.

Bald darauf begann die Produktion von Waffen des Mauser-Systems auch in Jugoslawien. So wurde dort zum Beispiel 1928 in Užice die Waffenfirma Kragujevac errichtet. Das geschah mit Hilfe belgischer Fachleute. Ab 1929 belieferte der Betrieb die jugoslawischen Streitkräfte mit Gewehren und Karabinern der Modelle 1924 und 1929. Ein Teil des Bedarfs konnte aus Eigenproduktion gedeckt werden, der andere mußte weiterhin importiert werden. Unter anderem führte man auch Mauser-Mehrladekarabiner Modell 1929 (s. dort) aus Polen ein.

Bei Maschinengewehren waren die jugoslawischen Militärs ebenfalls auf das Ausland angewiesen. Das leichte MG Modell ZB 1926 (s. dort) bzw. dessen Vorläufer avancierte zur Hauptwaffe. Solche Maschinengewehre wurden in der Tschechoslowakei gekauft, später aber vermutlich auch in Jugoslawien hergestellt.

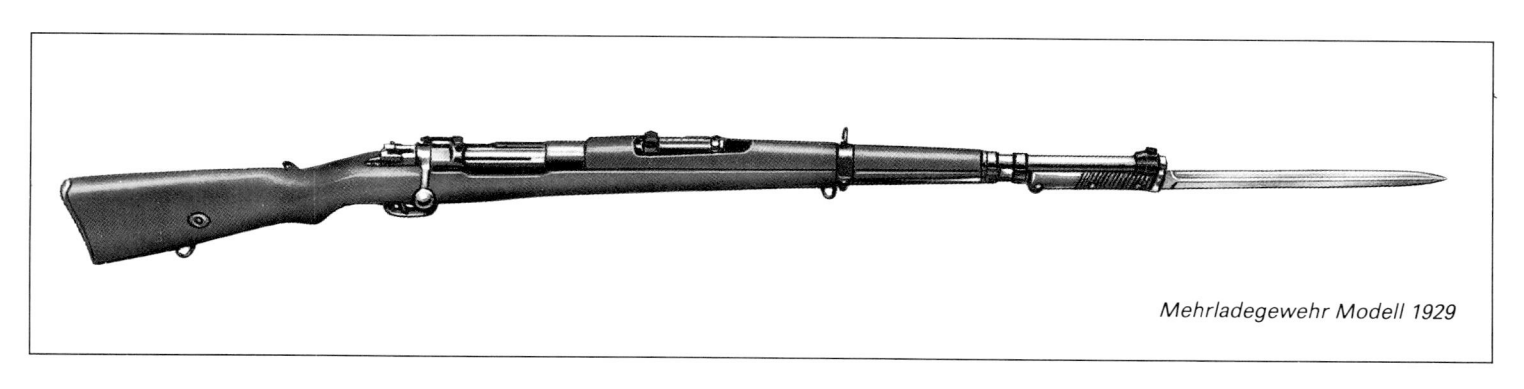

Mehrladegewehr Modell 1929

Kanada

Selbstladepistole Modell Browning High Power 9 mm

Diese Faustfeuerwaffe ist keine Eigenentwicklung kanadischer Konstrukteure, sondern der Nachbau der Selbstladepistole Modell FN Browning 1935 High Power (s. dort) aus Belgien. Die Produktion begann während des zweiten Weltkriegs bei der kanadischen Firma John Inglis Company in Toronto. Im Prinzip eine nahezu originalgetreue Kopie, hat man die Waffe damals in Kanada nur geringfügig modifiziert. Sie wurde unter ihrem Originalnamen, aber mit kanadischer Firmierung hergestellt, ergänzt durch die Bezeichnung Nr.1 Mk.1, Nr.1 Mk.1*, Nr.2 Mk.1 oder Nr.2 Mk.1*. Sie sind seit damals bei den kanadischen Streitkräften eingeführt.

Bald wurden sie auch von britischen Soldaten benutzt. Pistolen dieses Typs haben nach dem zweiten Weltkrieg in Großbritannien den Revolver Modell Enfield Nr.2 Mk.1 und seine Versionen (s. dort) als Standard-Faustfeuerwaffen abgelöst. Heute ist die Browning-Pistole bei Streitkräften und Polizeieinheiten zahlreicher Länder unverzichtbarer Bestandteil der strukturmäßigen Ausrüstung. Teils werden Waffen solchen Typs selbst hergestellt, teils importiert, zum Beispiel aus Belgien. In Kanada ist die Produktion im September 1945 beendet worden.

Nach 1940 waren Waffen des Modells FN High Power 1935 auf recht abenteuerlichem Wege dorthin gelangt. Als der faschistische Staat Deutschland am 5. Mai 1940 Belgien überfiel und Ende jenen Monats okkupierte, versuchten Widerstandskämpfer die Originaldokumentation der Pistole aus der besetzten belgischen Firma Fabrique Nationale (FN) vor dem Zugriff der Besatzer zu retten. Die Zeichnungen und Fertigungsunterlagen sollten von Herstal nach Kanada gebracht werden. Ob der Absicht die Tat folgte, ist nicht gewiß. Einerseits liegen Informationen vor, die Unterlagen seien auf dem Weg durch das inzwischen ebenfalls besetzte Frankreich verlorengegangen, andererseits steht fest, daß in Herstal unter deutscher Kontrolle nach Originaldokumenten produziert wurde.

Auf jeden Fall standen in Kanada keine Unterlagen aus Belgien zur Verfügung, wohl aber Waffen aus belgischer Fertigung. Die Kopie erfolgte nach sechs Originalpistolen, die die kanadische Firma aus China besorgt hatte. An Hand der Einzelteile der Waffen erarbeitete man Zeichnungen und Dokumentation, wobei man vom metrischen auf das englische Maßsystem umstellen mußte. Die erste Pistole wurde in Toronto im Februar 1944 gefertigt. Die Produktion erreichte innerhalb kürzester Zeit große Stückzahlen. Bis Kriegsende, so das Firmenarchiv, sind dort 151 816 Pistolen dieses Typs produziert worden. Sie wurden an die kanadischen und britischen Streitkräfte sowie nach China, Griechenland und in die Sowjetunion geliefert.

Die meisten Pistolen haben ein mattes metallisches Grau, einige jedoch ein Finish in glänzendem Stahl mit spezialbehandelten Teilen. Für die Griffschalen verwendete man serienmäßig schwarzen Kunststoff, mitunter aber mattweißen Plast. Die Mehrzahl der Waffen wurde nur mit feststehender Visierung ausgestattet. Es gab allerdings auch Pistolen mit zusätzlichem Kurvenvisier und Anschlagkolben, jedoch nicht als Futteral benutzbar und ohne Riemenöse. Waffen mit Kurvenvisier und Anschlagkolben waren vorwiegend für den Export nach China bestimmt.

Inglis-Pistolen des Typs Browning High Power mit der Modellbezeichnung Nr.1 Mk.1 sind mit einem Kurvenvisier von 50 m bis 500 m sowie mit Haltevorrichtung für den Anschlagkolben ausgestattet. Die Nr.1 Mk.1* genannten Waffen entsprechen dieser Ausführung, haben aber einen Hahn, einen Auszieher und Auswerfer von verbesserter Konstruktion. Pistolen Nr.2 Mk.1 erhielten eine festjustierte Visierung, jedoch keine Vorrichtung zum Befestigen eines Kolbens. Für die Ausführung Nr.2 Mk.1* mit derselben Visierung und fast immer ohne Kolbenrinne, wurden die schon erwähnten verbesserten Teile verwendet. Sie sind gegen die von Pistolen der Bauart Mk.1 nicht austauschbar.

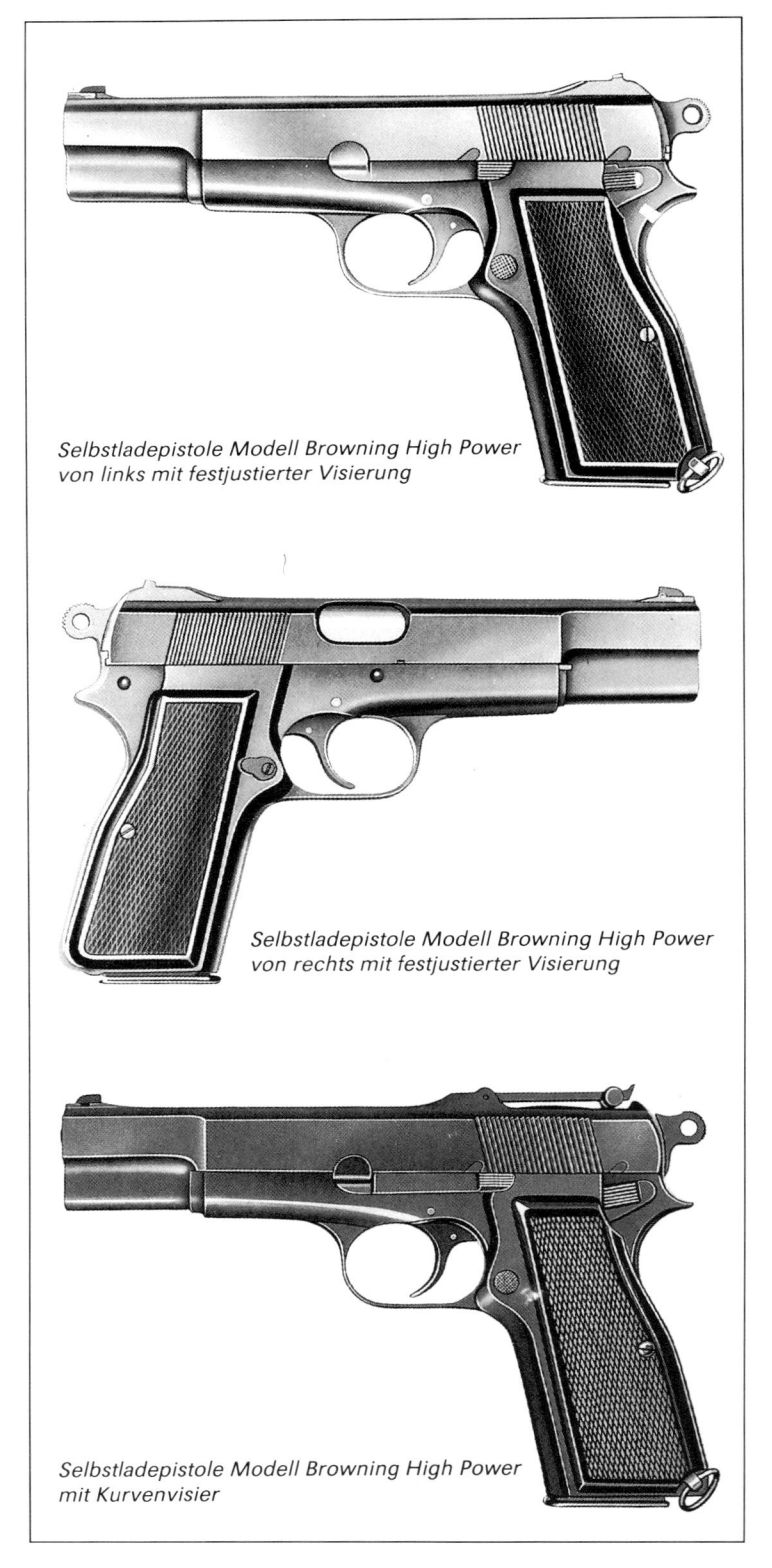

Die Selbstladepistole Modell Browning High Power hat einen

Selbstladepistole Modell Browning High Power von links mit festjustierter Visierung

Selbstladepistole Modell Browning High Power von rechts mit festjustierter Visierung

Selbstladepistole Modell Browning High Power mit Kurvenvisier

Selbstladepistole Modell Browning High Power mit Kurvenvisier und Anschlagkolben

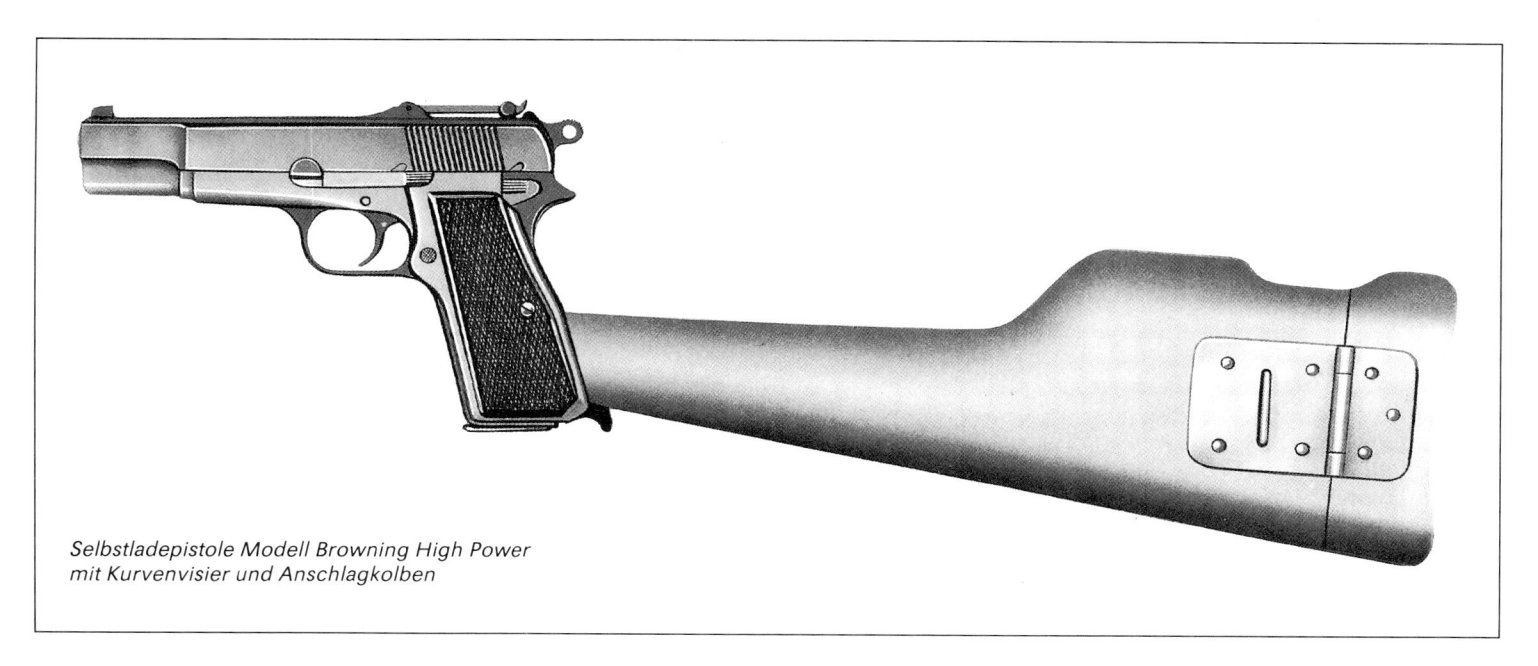

verriegelten Verschluß und einen kurz zurückgleitenden Lauf. Nach dem Abschuß der Patrone stoßen Lauf und Verschlußstück zusammen eine kurze Strecke zurück und werden dann durch einen Keil entriegelt. Während der Lauf gestoppt wird, gleitet das Verschlußstück weiter bis in seine hintere Stellung und wird durch die zusammengedrückte Feder wieder nach vorn gestoßen. Dabei erfolgt die Zuführung der nächsten Patrone. Die Waffe verschießt Munition vom Typ Parabellum 9 mm. Das Magazin hat eine Kapazität von 13 Schuß.

Außer Pistolen wurden in Kanada damals auch andere Infanteriewaffen produziert. Das waren Maschinenpistolen, Gewehre, Maschinengewehre und Panzerbüchsen, teils für den Bedarf der eigenen Streitkräfte, teils für den Export. Eine sehr enge Zusammenarbeit gab es vor allem mit britischen Firmen, die Lizenzaufträge beachtlichen Umfangs vergaben. Zu den bekanntesten Waffen britischer Konstruktion, die kanadische Betriebe herstellten, gehörten Maschinenpistolen des Systems Sten (s. dort), Mehrlader des Systems Lee-Enfield (s. dort), das leichte MG Modell Bren (s. dort) und die Panzerbüchse Modell Boys (s. dort).

Norwegen

Mehrlade-Scharfschützengewehre des Systems Krag-Jörgensen 6,5 mm: Modelle 1923, 1925 und 1930

Ende vorigen Jahrhunderts hatten sich die norwegischen Militärs wie kurz vorher schon Dänemark für das System Krag-Jörgensen entschieden. Damals war das Mehrladegewehr Modell 1894 in die strukturmäßige Bewaffnung eingereiht worden. Gewehre dieses Systems mit Zylinderschloß von unsymmetrischer Verriegelung, Mittelschaftmagazin und rechtsseitiger Patroneneingabe wurden den Streitkräften des Landes vor allem aus Dänemark und Österreich geliefert.

Das betraf vor allem das lange Infanteriegewehr Modell 1894, teils mit langem, teils mit kurzem Bajonett. Ergänzt wurde der Bestand an diesen Waffen später durch den Kavalleriekarabiner Modell 1895 sowie den Karabiner für die Gebirgsartillerie und für Ingenieureinheiten Modell 1897. Vor dem ersten Weltkrieg kamen dann noch weitere drei Typen hinzu: der Ingenieurkarabiner Modell 1904, der Artilleriekarabiner Modell 1907 und der Karabiner Modell 1912.

Ein Teil dieser Waffen ist in Norwegen hergestellt worden. Nach dem Kriege hat man die Produktion dort intensiviert und unter anderem drei weitere, von landeseigenen Konstrukteuren auf der Grundlage von Mehrladern des Systems Krag-Jörgensen modifizierte Gewehrtypen gefertigt. Erstaunlicherweise waren die Weiterentwicklungen sämtlich Scharfschützengewehre, Spezialwaffen also, deren Konstruktion und Produktion die meisten anderen Länder zu dieser Zeit völlig vernachlässigten.

Als dann am 9. April 1940 die Wehrmacht des deutschen Staates in Norwegen eindrang, wurde sie also nicht nur mit herkömmlichen Mehrladern, sondern auch mit Scharfschützengewehren bekämpft. Allerdings war der Widerstand gegen den Aggressor auf Grund des Verrats in den norwegischen Reihen nur schwach und vereinzelt. Er währte nur kurze Zeit, bis die Truppen des Landes kapitulierten. Sie hatten damals folgende Scharfschützengewehre geführt: Modell 1923, Modell 1925 und Modell 1930. Über diese Gewehre sind zwar nur wenige, aber recht interessante Einzelheiten bekannt.

Kürzestes Gewehr, eigentlich ein Karabiner, ist das Modell 1923 mit einem 666 mm langen Lauf, also fast 100 mm kürzer als der Lauf der Erstversion von 1894. Vorderschaft und Handschutz des Scharfschützengewehrs reichen bis unmittelbar zur Mündung. Der Kolben hat einen griffsicheren, hinter dem Abzug gelegenen Absatz, an dem die Hand des Schützen sicheren Halt findet. Er zielt mit Hilfe eines Dioptervisiers. Zur Waffe gehört ein langes Bajonett mit einer Stahlscheide.

Das zwei Jahre später eingeführte Modell 1925 ist eine weitgehende Kopie der Erstversion des Krag-Jörgensen-Gewehrs von Ende des vorigen Jahrhunderts, aber mit der Zielvorrichtung der Scharfschützenversion. Außer dem langen Bajonett war die Waffe auch mit dem kurzen Seitengewehr komplettierbar. Verfügbare Abbildungen in der Fachliteratur zeigen jedoch, daß man die Bajonette selten aufpflanzte, weder auf

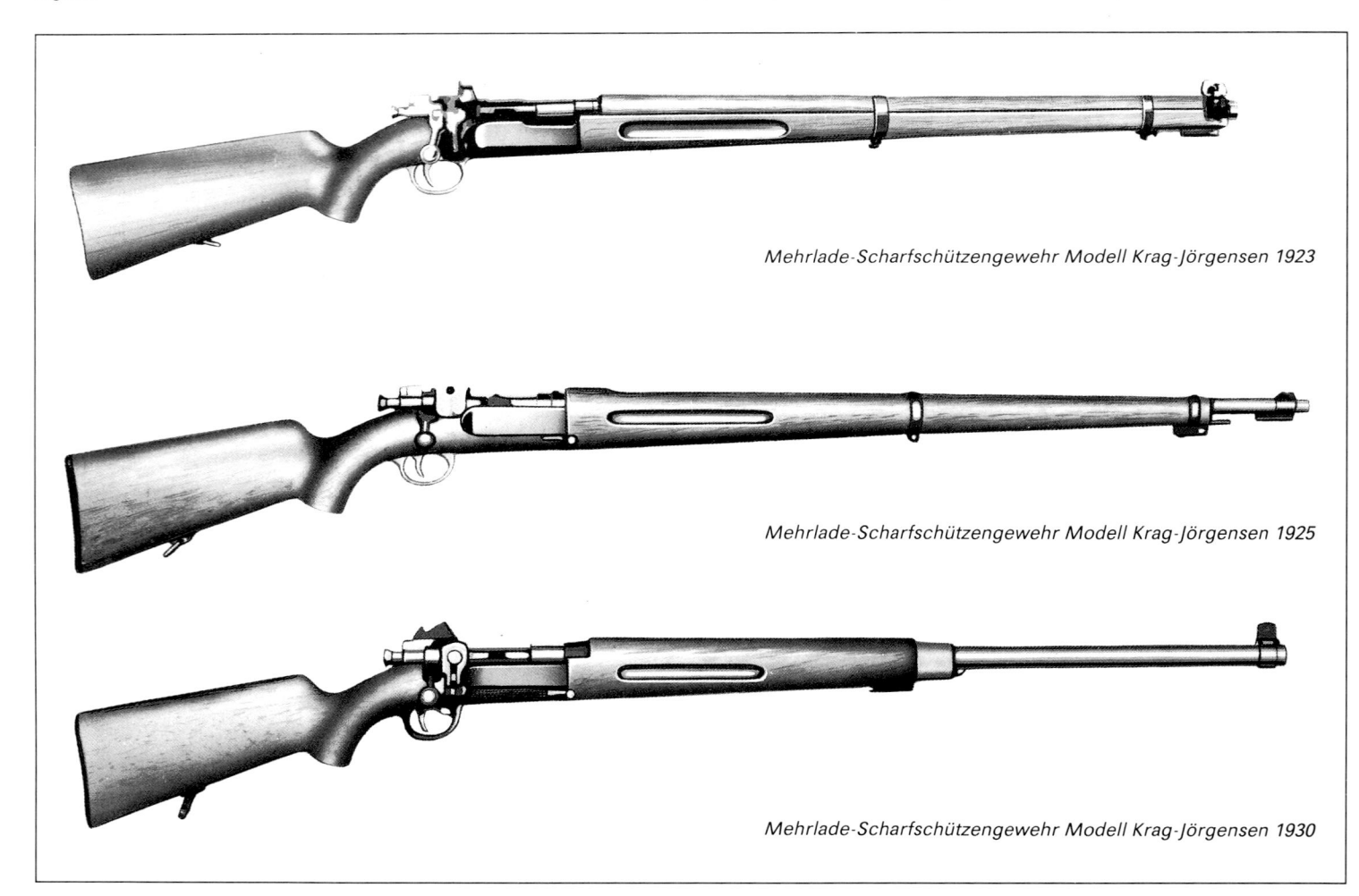

Mehrlade-Scharfschützengewehr Modell Krag-Jörgensen 1923

Mehrlade-Scharfschützengewehr Modell Krag-Jörgensen 1925

Mehrlade-Scharfschützengewehr Modell Krag-Jörgensen 1930

die Scharfschützenversionen noch auf die anderen Waffen.

Das Modell 1930 schließlich ist sozusagen eine Sonderausführung. Sie hat zwar mit dem Kavalleriekarabiner von 1895 eine gewisse Ähnlichkeit, wurde aber mit längeren Abmessungen und in auffallend modernerem Design hergestellt. Das Scharfschützengewehr ist halbgeschäftet. Handschutz und Vorderschaft reichen nur etwa bis zur Laufmitte und werden dort von einer Vorrichtung gehalten, die beide miteinander verbindet. Der Lauf ist von auffallender Stabilität, extrem dick und etwa 750 mm lang. Diese Waffe hat kein Bajonett, aber ein Dioptervisier von derselben Ausführung wie die beiden anderen Scharfschützengewehre.

Waffen solcher Typen verfeuern Patronen des Kalibers 6,5 mm, und zwar mit einer Mündungsgeschwindigkeit von ungefähr 700 m/s. Die Magazinkapazität beträgt 5 Schuß. Der Lauf hat vier Züge mit Linksdrall. Sämtliche Metallteile sind brüniert. Schaft und Kolben wurden aus Nußbaum gefertigt. Die Holzteile sind sorgfältig verarbeitet und lackiert.

Österreich

Selbstladepistole Modell Steyr 1934 7,65 mm

Pistolen solchen Typs wurden ab 1934 produziert. In jenem Jahr schlossen sich die Steyr-Werke AG mit dem Motorenwerk Austro-Daimler und dem Fahrradwerk Puch zur Steyr-Daimler-Puch AG zusammen. Die Waffe war keine Neuentwicklung des österreichischen Privatunternehmens, sondern die weiterentwickelte Ausführung der Steyr-Pistole Modell 1909 mit Kipplauf. Solche Waffen, konstruiert von dem Belgier Nicolas Pieper, gab es mit den Kalibern 6,35 mm und 7,65 mm.

Nachdem in Belgien Vorläufer derartiger Kipplaufpistolen in einer geringen Stückzahl hergestellt worden waren, verkaufte Pieper alle Rechte an die österreichische Firma, die das Modell 1909 mit einigen Änderungen auf den Markt brachte. Nach dem ersten Weltkrieg verlagerte man seine Produktion weitgehend in einen Betrieb in der Schweiz. Die dort hergestellten Pistolen unterscheiden sich von denen aus österreichischer Produktion außer durch ein anderes Firmensymbol nur auf Grund einiger nicht nennenswerter optischer Details.

Das 1934 von Steyr vorgestellte Modell wurde als Standardpistole bei der österreichischen Polizei eingeführt. Nach der Annexion Österreichs durch das benachbarte Deutschland am 13. März 1938 verwendete man solche Waffen auch bei deutschen Polizeiformationen. Von den österreichischen Streitkräften wurde die Steyr-Pistole Modell 1934 nicht geführt. Diese waren mit dem Rast-Gasser-Revolver Modell 1898, der Mauser-Pistole Modell C 96 (s. dort) aus Deutschland, der von Karel Krnka entwickelten Roth-Pistole Modell 1907 und der Steyr-Pistole Modell 1912 ausgerüstet.

Nach 1945 wurden diese Waffen nicht mehr verwendet. Als man ein Jahrzehnt später nach Annahme des Verfassungsgesetzes über die immerwährende Neutralität die österreichischen Streitkräfte neu bildete, erhielten diese zunächst als Modelle 11 und 38 bezeichnete Faustfeuerwaffen. Das waren Selbstladepistolen Modell Colt M 1911 A1 (s. dort) und Walther-Pistolen Modell P 38 (s. dort). Erst 1980 begann deren Ablösung durch die im Lande entwickelte und produzierte Selbstladepistole Modell P 80 (s. »Schützenwaffen heute«).

Steyr-Pistolen des Typs 1934 wurden in großer Stückzahl in zahlreiche Länder exportiert, sowohl vor 1938 als auch danach, ab Ende 1939 allerdings nur noch in geringerem Umfang. Wie viele insgesamt hergestellt worden sind, ist nicht bekannt. Die Fertigung war aufwendig und kompliziert, die Waffe daher relativ teuer, aber von sehr guter Verarbeitungsqualität.

Das Modell 1934 unterscheidet sich von der Pistole aus dem Jahre 1909 auf Grund einiger veränderter konstruktiver Details. Der Verschluß wurde verstärkt, die Masse der zurückgleitenden Teile von 97 g auf 183 g erhöht, der Schlitten verbreitert und dabei die Grifffläche zum Spannen vergrößert. Da die Verschlußkonstruktion anders ist, hat die modifizierte Version kein Auswerferfenster; beim Rücklauf wird die gesamte rechte Seite des Verschlußgehäuses frei. Hinzu kommen einige weitere Veränderungen: zum Beispiel eine Pufferfeder hinten im Verschlußstücklager, um den Rückstoß zu kompensieren; ein vom Schlitten gesteuerter Schieber, der zusammen mit dem Schlagfeder-Druckbolzen den Unterbrecher betätigt; ein Hülsenauszieher im Verschlußstück. Auf den Signalstift, der beim Modell 1909 anzeigt, daß die Waffe gespannt ist, hat man verzichtet.

Die Selbstladepistole Modell Steyr 1934 ist eine für die Browning-Patrone 7,65 mm eingerichtete Waffe mit unverriegeltem Feder/Masse-Verschluß und innenliegendem Schlagstück. Die Schließfeder befindet sich über dem Lauf. Der Springkipplauf wird von einem Hebel an der linken Seite in seiner Lage gehalten. Drückt man auf diesen Hebel, löst sich die Verriegelung, und der Lauf kippt nach unten. Sollte sich im Patronenlager noch eine Patrone befinden, so wird sie durch den Schwung ausgeworfen.

Das Schlagstück kann durch Zurückziehen des Verschlusses bei heruntergekipptem Lauf gespannt werden. Sobald der Schütze eine Patrone in den Lauf eingeführt, diesen hochge-

Selbstladepistole Modell Steyr 1934 von links

Selbstladepistole Modell Steyr 1934 von rechts

Röntgenschnitt der Selbstladepistole Modell Steyr 1934

schwenkt und arretiert hat, ist die Waffe feuerbereit. Das Nachladen erfolgt dann selbsttätig. Das geschieht aber nur, wenn das Magazin bis zum Anschlag in den Schacht eingeschoben, der Magazinhalter in die unterste Kerbe des Magazins eingerastet ist.

Arretiert er die oberste Kerbe, wurde das volle Magazin also nicht völlig eingeführt, kann die Waffe als Einzellader benutzt werden. Ohne die Patrone mitzunehmen, gleitet der Verschluß über diese hinweg und spannt nur das Schlagstück. Um zu laden, muß der Schütze den Lauf kippen. Obwohl sozusagen eine Spielerei, ist die Möglichkeit, die Pistole als Einzellader benutzen zu können, eine interessante technische Besonderheit. Außerdem wird dadurch das Reinigen sehr erleichtert.

Die Waffe hat zuverlässig funktionierende Sicherheitseinrichtungen. Der Sicherungshebel an der linken Seite ist vom Daumen der Schießhand erreichbar. Obwohl die Mechanik nicht den Abzug blockiert, sondern das Schlagstück, kann sich ungewollt kein Schuß lösen. Sobald man die gespannte Pistole sichert, wird das Schlagstück geringfügig weitergespannt und dabei die Abzugsstange außer Funktion gesetzt. In gesichertem Zustand, wenn die Sicherungswelle auf das Schlagstück einwirkt, kann die Waffe nicht gespannt werden. Auf Grund der Konstruktion des Abzugssystems ist auch ein sogenanntes Doppeln nicht möglich. Daß sich ein Schuß bei nicht völlig geschlossenem Verschluß löst, kann allerdings vorkommen.

Zur starren Zielvorrichtung gehören eine eingefräste V-Kimme an der Oberkante des Verschlusses und ein festes Trapezkorn mit niedrigem Kornsattel auf dem Federführungsrohr. Die Griffschalen, mit zwei Schrauben befestigt, bestehen meist aus Hartgummi, selten aus Holz. Das Griffstück hat eine stählerne Öse zum Befestigen eines Fangriemens. Auf 10 m Distanz dringt das Geschoß 125 mm tief in Fichtenholz ein, auf 100 m Entfernung noch 65 mm. Die Breite der Waffe beträgt 27 mm. Zum Reinigen braucht man sie nicht auseinander zu nehmen. Ist der Lauf gekippt, kann er von hinten gesäubert werden.

Daten: Selbstladepistole Modell Steyr 1934

Kaliber:	7,65 mm	Patrone:	7,65 × 17 HR
v_0:	300 m/s	Lauflänge:	91 mm
Länge Waffe:	162 mm	Züge/Richtung:	6/r
Höhe Waffe:	118 mm	Magazinkapazität:	7 Schuß
Länge Visierlinie:	mm	Einsatzschußweite:	40 m
Masse mit leerem Magazin:	0,690 kg		
Masse geladen:	0,746 kg		

Maschinenpistole Modell Steyr 1934 9 mm

Infanteriewaffen waren in Steyr bereits seit den sechziger Jahren des vorigen Jahrhunderts in Serienproduktion hergestellt worden. Den bis dahin größten Auftrag hatte man damals durch die Armee mit einer Bestellung von 100 000 Hinterladergewehren erhalten. Von 1867 bis 1914 sollen in Steyr fast 285 000 Pistolen, mehr als sechs Millionen Armeegewehre und über 9 200 Maschinengewehre produziert worden sein. Sie wurden an die Streitkräfte des damaligen Österreich-Ungarn geliefert und in 20 Länder Europas, Asiens und des amerikanischen Kontinents exportiert.

Nach 1918 schränkte man die Waffenproduktion vorübergehend ein bzw. verlagerte einen Teil unter Umgehung der Bestimmungen des Versailler Vertrags vom 28. Juni 1919 in die Schweiz. Dort ließ auch die deutsche Firma Rheinische Metallwaren- und Maschinenfabrik (Rheinmetall) in derselben Absicht Waffen produzieren, zum Beispiel eine 1920 vom deutschen Konstrukteur Louis Stange entwickelte Maschinenpistole. Sie wurde bekannt unter dem Namen MPi Modell Solothurn S1-100 (s. dort), wird aber auch Steyr-MPi 1934 genannt und hier im Buch unter Deutschland als MPi Modell Steyr-Solothurn S1-100 (s. dort) ausführlich beschrieben.

Maschinenpistolen dieses Typs stellte man also bei der Steyr-Daimler-Puch AG ebenfalls her. Wann die Produktion begann, ist ungeklärt. Darüber gibt es in zahlreichen Veröffentlichungen unterschiedliche Angaben. Nach Auswertung kann man annehmen, Produktionsbeginn war 1928. Zwei Jahre später soll die Maschinenpistole bei österreichischen Polizeieinheiten eingeführt worden sein. Manche Veröffentlichungen nennen jedoch 1924 als Einführungsjahr für Streitkräfte und Polizei.

In diesem Zusammenhang wird auch darauf hingewiesen, daß sich die österreichischen Streitkräfte sehr frühzeitig für die Maschinenpistole als strukturmäßige Waffe entschieden. Ein Infanteriebataillon war mit 58 Maschinenpistolen ausgerüstet. Solche Waffen wurden schließlich als MPi Modell Steyr 1934 in großer Stückzahl in Österreich für den Eigenbedarf und den Export hergestellt.

Während des zweiten Weltkriegs benutzten deutsche Truppen sie unter der Bezeichnung Modell 34 (ö). Der faschistische deutsche Staat hatte seine Wehrmacht am 12. März 1938 in Österreich einmarschieren lassen und das Land am folgenden Tag annektiert.

Leichtes Maschinengewehr Modell 1930 7,92 mm und 8 mm

An der Produktion solcher Waffen war die österreichische Firma Steyr-Daimler-Puch AG seit Anfang der dreißiger Jahre beteiligt. Damals lieferte sie Einzelteile, die in der Waffenfabrik Solothurn in der Schweiz zu Maschinengewehren Modell Solothurn S2-200 (s. dort) montiert wurden. Dieser Betrieb gehörte ab 1929 der deutschen Firma Rheinische Metallwaren- und Maschinenfabrik (Rheinmetall). Die Firmenchefs hatten im Ausland eine Waffenproduktion organisiert, die ihnen der Versailler Vertrag vom 28. Juni 1919 offiziell verbot, und dabei bedeutende Gewinne erzielen können.

Die im Auftrag von Rheinmetall hergestellten Maschinengewehre sind daher in diesem Buch unter Deutschland als Modelle Steyr-Solothurn S2-100 und S2-200 bzw. Modelle 1929 und 1930 (s. dort) eingeordnet und werden dort ausführlich beschrieben. Sie wurden in großer Stückzahl exportiert. Derartige Manipulationen erfolgten auch mit Maschinenpistolen und Panzerbüchsen.

Wie die Fertigung von Maschinenpistolen wurde die Herstellung von Maschinengewehren nach der Annexion Österreichs zu Steyr verlagert. Dadurch konnte die Serienproduktion von Panzerbüchsen in der Solothurner Firma enorm erhöht werden. Das österreichische Unternehmen stellte also ab diesem Zeitpunkt nicht nur die MPi Modell Steyr 1934 (s. dort), sondern auch das leichte MG Modell 1930 als Alleinproduzent her. Die Modellbezeichnung erhielt das Maschinengewehr nach dem Jahr seiner Übernahme in die strukturmäßige Bewaffnung. Die österreichischen Streitkräfte hatten die Waffe 1930 eingeführt.

Polen

Revolver Modell Nagant 1930 7,62 mm

Nachdem 1795 Polen zum dritten Male völlig an seine Nachbarn Rußland, Preußen und Österreich aufgeteilt worden war, nachdem 1815 der Wiener Kongreß die Aufteilung des acht Jahre zuvor nach dem Tilsiter Frieden von 1807 gebildeten Großherzogtums Warschau verfügt hatte – das zaristische Rußland annektierte dabei das neu gebildete Königreich Polen und regierte es in Personalunion, Österreich aber Galizien und 1846 auch die Freie Stadt Kraków, in Großpolen schließlich entstand das preußische Großherzogtum Posen –, nach diesen fast eineinhalb Jahrhunderten nationaler Unterdrückung waren Ende des ersten Weltkriegs die Voraussetzungen für die Wiedererrichtung eines unabhängigen polnischen Staates herangereift.

Im Januar 1919 fanden dann im Lande Parlamentswahlen statt, und am 28. Juni bestätigte der Versailler Vertrag die völkerrechtmäßige Existenz des souveränen Polen.

Seine Truppen hatten schon seit Ende November 1918 die neue bürgerliche Ordnung unterstützt. Ein nicht unwesentlicher Teil der Ausrüstung an Waffen und anderem Gerät bestand aus Lieferungen der Siegermächte, auch des Nachbarn jenseits der östlichen Grenzen. Dazu gehörten Infanteriewaffen unterschiedlicher Art, vor allem Gewehre und Maschinengewehre, aber auch Revolver Modell Nagant 1895. Sie stammten sämtlich aus der zaristischen Zeit.

Nagant-Revolver dieses Typs gehörten bis 1923 zur Standardbewaffnung, wurden aber auch danach noch benutzt. Ihre Stückzahl läßt sich heute nicht mehr ermitteln. Sie dürfte nicht unbedeutend gewesen sein.

Die trotz der großen Masse dieses Revolvermodells alles in allem recht akzeptablen Parameter waren wohl der Grund dafür, daß man solche Waffen in Polen bald in Lizenz herstellte. Sie erhielten die Bezeichnung Revolver Modell Nagant 1930. Ihre Serienproduktion begann 1930 in der Staatlichen Waffenfabrik in Radom, obwohl die Militärs zu dieser Zeit schon längst das Projekt zur Entwicklung der später als Standardwaffe eingeführten Pistole Modell VIS 1935 (s. dort) ausgelöst hatten.

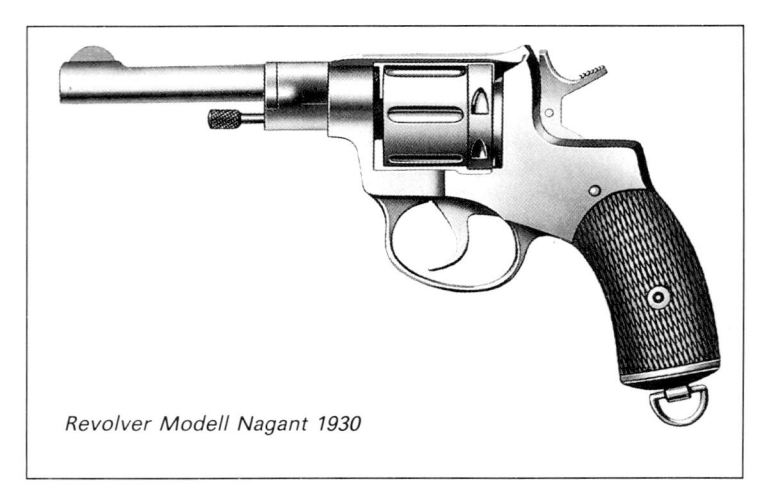

Revolver Modell Nagant 1930

Die polnische Fachliteratur beurteilt Nagant-Revolver aus landeseigener Produktion als zuverlässige und treffsicher schießende Waffen. Man betont, daß die Konstruktion außerordentlich einfach und robust sowie von besseren Parametern war als das 1895 im zaristischen Rußland eingeführte Original. Im Vergleich zu diesem haben Nagant-Revolver aus Radom bei völlig identischem Funktionsprinzip – sie verschießen Patronen des Kalibers 7,62 mm vom selben Typ – eine geringere Masse und kürzere Abmessungen, vor allem hinsichtlich ihrer Gesamt- und Lauflänge.

Wie viele solcher Waffen hergestellt wurden und wann man die Produktion beendet hat, darüber existieren, so die polnische Fachliteratur, keinerlei Unterlagen. Unbekannt ist auch die Menge der bei der Infanterie, nicht aber die Anzahl der von Polizeiformationen geführten Revolver aus Radom. Diese Einheiten verfügten 1935 über mindestens 7 000 Stück. Daß Teile der Armee am 1. September 1939 ebenfalls noch mit Nagant-Revolvern bewaffnet waren, gilt als erwiesen.

Selbstladepistole Modell VIS 1935 9 mm

Pistolen dieses Typs wurden ab 1936 bei der Staatlichen Waffenfabrik in Radom hergestellt. Zu dieser Zeit waren das allerdings noch keine Waffen aus Serienproduktion, sondern aus Einzelfertigung in geringer Stückzahl für Truppenversuche. Berichte in der Fachliteratur, daß mit der Entwicklung der VIS-Pistole erst 1935 begonnen worden sein soll, sind ebenso falsch wie die Behauptung, der Waffe habe die Pistole Modell FN Browning 1935 High Power (s. dort) aus Belgien als Vorlage gedient.

Der erste Prototyp der polnischen Pistole stand im Februar 1931 zur Verfügung. Ab Ende März/Anfang April jenes Jahres wurden die ersten Versuchswaffen bei der Truppe erprobt. Das waren bis 1937 allerdings nicht mehr als 90 Stück, die man zu je 10 Pistolen auf drei Infanterieregimenter und ein Ulanenregiment sowie zwei Regimenter berittener Soldaten und drei der leichten Artillerie aufteilte.

Wie in anderen Staaten hatte man sich in Polen nach dem ersten Weltkrieg mit dem Problem der Übernahme einer Selbstladepistole als Standard-Faustfeuerwaffe in die strukturmäßige Ausrüstung beschäftigt. Das war zu einer Zeit, als das Land auf der Grundlage des Versailler Vertrags vom 28. Juni 1919 als ein unabhängiger Staat völkerrechtlich bestätigt worden war. Die Pistole sollte die bis dahin im ehemaligen zaristischen Rußland produzierten Nagant-Revolver von 1895 ablösen, die später aber auch als Modell Nagant 1930 (s. dort) in Polen gefertigt wurden.

Zunächst wollte man auf ein ausländisches Modell zurückgreifen und kaufte Frommer-Pistolen mit 7,65 mm und 9 mm Kaliber. Derartige Waffen erhielten mehrere Kavallerieregimenter und Panzereinheiten in heute nicht mehr zu ermittelnder Stückzahl schon 1919. Allerdings kam das Modell mit seiner relativ komplizierten Konstruktion als Standardwaffe schließlich doch nicht in Frage, und die Militärs orientierten sich anders.

Sie interessierten sich für die Pistole Modell ČZ 1924 (s. dort), die in der Tschechoslowakei auf der Grundlage der dort ČZ-Pistole Modell 1922 (s. dort) genannten Konstruktion des deutschen Mauser-Ingenieurs Josef Nickl entwickelt worden war. Ende der zwanziger Jahre sollte die damalige Standardpistole der tschechoslowakischen Streitkräfte auch in Polen ordonnanzmäßig eingeführt werden. Man verhandelte bereits über Lizenzen, nahm dann jedoch von diesem Vorhaben Abstand.

Auf Grund von Sachverständigenurteilen, unter anderem aus

der Feder des polnischen Professors Piotr Wilniewczyc, wurde das im Strakonicer Betrieb der Tschechischen Waffenfabrik AG Prag, der Česká Zbrojovka (ČZ), produzierte Modell als kompliziert, teuer, nicht völlig funktionstüchtig und für den militärischen Einsatz weitgehend ungeeignet abgelehnt. Bewaffnete Formationen Polens verfügten aber trotzdem über eine geringe Anzahl solcher Pistolen aus bereits vor der Entscheidung abgeschlossenen Importverträgen, die realisiert wurden.

So hat man den Grenzwachen im April 1929 exakt 716 solcher Waffen übergeben. Sie wurden in Polen als Modell 1928 bezeichnet. Außerdem führten polnische Zollbeamte eine Spezialversion der ČZ-Pistole mit längerem Griff und einem als Kolben ansetzbaren Holzetui. Etwa 1700 derartige Waffen, vom tschechoslowakischen Hersteller als Modell ČZ 1928 bezeichnet, sind 1929/30 nach Polen exportiert worden.

Interessant ist, daß die Militärs, nachdem dieses und das vorangegangene Projekt zur Einführung eines ausländischen Modells fehlgeschlagen waren, die Übernahme von Browning-Pistolen aus der Produktion der belgischen Firma Fabrique Nationale (FN) erwogen. So zogen sie eine Zeitlang die FN-Pistole von 1910 und danach eine in Polen als Modell 1930 bezeichnete Version in Betracht, die von FN gewissermaßen als Vorserie der späteren Browning-Pistole Modell 1935 High Power produziert wurde. Insbesondere die Erstversion der High-Power-Pistole erhielt damals und erhält noch heute in Polen sehr gute Kritiken.

Sowohl dieses als auch das Modell von 1910 wurden erprobt, in einer geringen Stückzahl erworben und von bewaffneten Kräften benutzt. Von der Pistole des älteren Typs standen bis Dezember 1934 etwa 450 Stück zur Verfügung. Die Anzahl der Pistolen Modell 1930 ist unbekannt. Derartige Waffen aus belgischem Import sind 1935 geliefert worden. Warum man das Vorhaben der strukturmäßigen Übernahme von Browning-Pistolen wieder aufgab, war nicht zu ermitteln. Man kann aber vermuten, daß sich in Polen diejenigen durchgesetzt haben, die eine Standardpistole eigener Konstruktion anstrebten.

Bereits 1928 hatten die Militärs mit dem Professor Wilniewczyc, damals Dozent an einer Artillerieschule, einen Experten mit der Lösung des Problems beauftragt. Wilniewczyc war nicht nur als Autor bedeutender Publikationen auf dem Gebiet der Waffenkunde und Waffentechnik bekannt, sondern hatte sich auch mit der Entwicklung von Infanteriewaffen einen Namen gemacht. Innerhalb von drei Tagen soll er für eine an der Browning-Pistole von 1910 orientierten Konstruktion die gesamte technische Beschreibung einschließlich aller technischen Zeichnungen vorgelegt haben. Später schrieb er darüber, seine Überlegungen für das Prinzip einer Präzisionspistole hätten da angefangen, wo die von John Moses Browning aufgehört haben.

Gemeinsam mit Jan Skrzypinski, dem damaligen Direktor der Staatlichen Gewehrfabrik in Warschau, entwickelte Wilniewczyc die Konstruktion weiter. Der Prototyp – noch ohne den für die Pistolen aus späterer Serienproduktion charakteristischen Entspannhebel – ähnelte schließlich dem US-amerikanischen Colt-Modell M 1911 A1 (s. dort). Entscheidende konstruktive Details jedoch waren anders gelöst: weniger Einzelteile, ein fester Entriegelungsstollen für den Lauf statt eines Gelenks und darüber hinaus eine Führung für die Rückholfeder. Außerdem war die Waffe nicht für die Patrone .45 ACP, sondern für die Parabellum-Patrone 9 mm eingerichtet.

Allerdings hat man später auch einige für die Munition des US-amerikanischen Typs geeignete Pistolen gefertigt. Das geschah zu Versuchszwecken und in Hinblick auf einen möglichen Export. Derartige Waffen erhielten 1937 auf einer Ausstellung in Argentinien gute Kritiken. Lieferungen ins Ausland gelangen jedoch nicht, wohl aber die Herstellung einer unbekannten Stückzahl von für Kleinkaliberpatronen 5,6 mm eingerichteten Sportpistolen.

Eine weitere Version, jedoch nur für Versuche, war die Ausführung mit einer Nut im Griffrücken, an der ein Anschlagkolben befestigt werden konnte. Solche Waffen stattete man mit einer Dauerfeuereinrichtung aus.

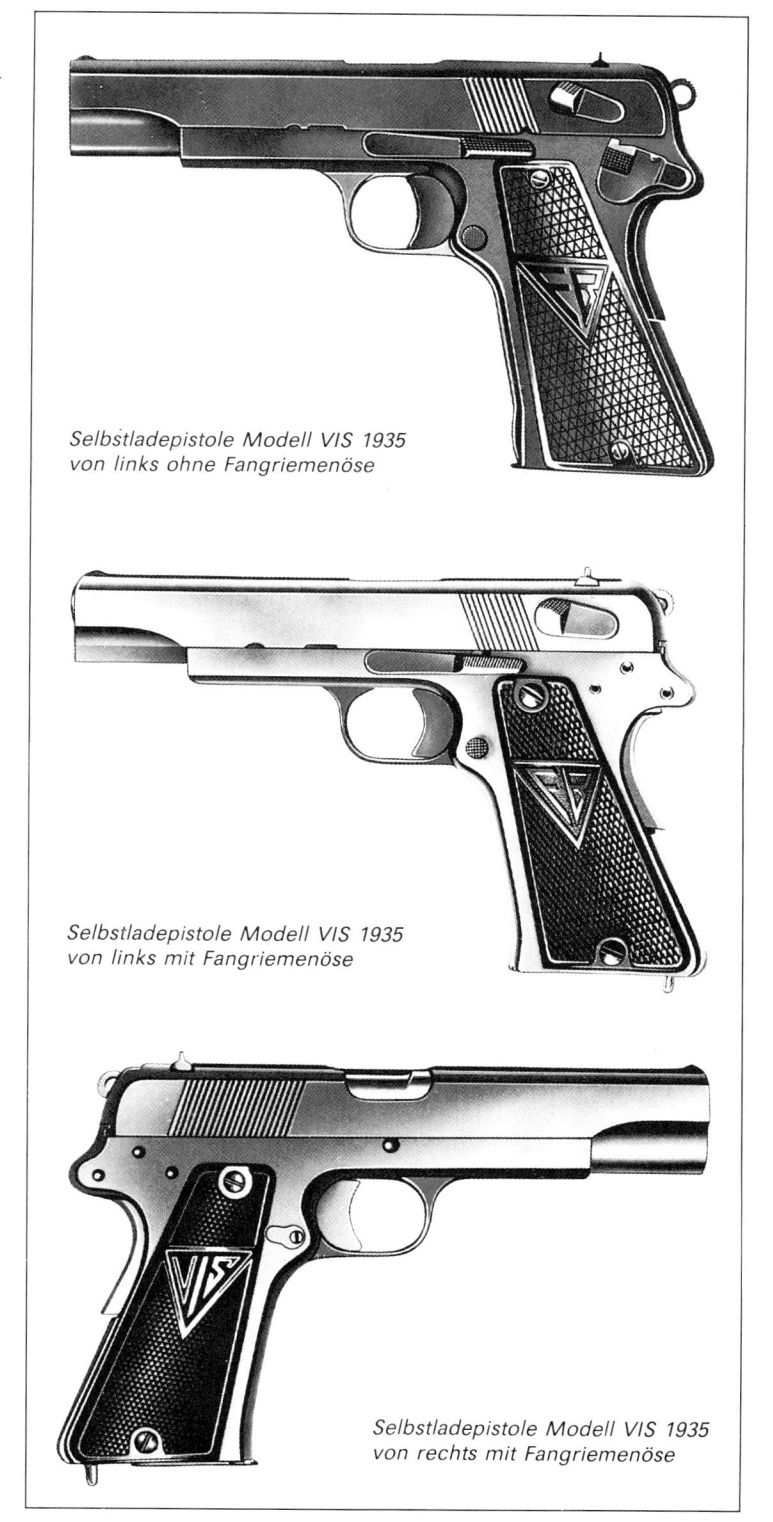

Selbstladepistole Modell VIS 1935 von links ohne Fangriemenöse

Selbstladepistole Modell VIS 1935 von links mit Fangriemenöse

Selbstladepistole Modell VIS 1935 von rechts mit Fangriemenöse

Die künftige Standardwaffe, in Polen am 15. Januar 1931 unter Nummer 15 567 patentiert, erhielt nach den Anfangsbuchstaben der Namen beider Konstrukteure zunächst die Kurzbezeichnung WIS. Sie wurde später geändert. Man entschied sich auf Vorschlag der Militärs, die Pistole als Modell VIS zu bezeichnen, also schon mit dem Namen zu verdeutlichen, was man sich von ihr versprach. Das Wort VIS kommt aus dem Lateinischen; es bedeutet soviel wie Kraft oder Stärke.

Beim Testschießen von insgesamt nicht weniger als 6 000 Schuß wurden einige Mängel festgestellt. Sie ließen sich ohne Schwierigkeiten beheben. Hinzu kamen Verbesserungen, zu denen außer Veränderungen hinten am Schloß vor allem der Entspannhebel zählte. Nach einer positiven Entscheidung der zuständigen Dienststellen von Februar 1932 verfügten die Militärs sofortige Übernahme in die strukturmäßige Bewaffnung. Mit solchen Pistolen sollten Offiziere und Unteroffiziere ausgerüstet werden. Abgesehen von den Waffen aus Einzelfertigung für den Truppenversuch – bis Oktober 1936 nur 40 Stück –, konnten den Streitkräften solche Pistolen erst Ende 1937/Anfang 1938 geliefert werden.

Etwa zu dieser Zeit hatte die Serienproduktion in dem staatlichen Unternehmen in Radom unter der Bezeichnung Selbstladepistole Modell VIS 1935 begonnen, und zwar in den zwei Ausführungen mit bzw. ohne Fangriemenöse. Sie war übrigens abnehmbar. Das außerhalb Polens auch als Radom-Pistole bekanntgewordene Modell ist bis 1939 in einer bemerkenswert hohen Anzahl hergestellt worden. Allerdings sind die Angaben in der Fachliteratur über 40 000 bis 49 000 Stück ebenso unrichtig wie jene über einen Produktionsausstoß von nur 18 000 Stück. Aus polnischen Informationen geht hervor, daß weder die eine noch die andere Zahl den Tatsachen entspricht.

Der Bedarf der polnischen Streitkräfte war mit etwa 90 000 Stück ermittelt worden, davon allein 50 000 Stück für Infanterie, Nachrichtentruppen und Artillerie, die man vorrangig ausrüsten wollte. Im Oktober 1938 besaß die Armee 29 416 Pistolen, bis Mai des folgenden Jahres ungefähr 30 800. Ab Januar 1938 hatte man in der Hauptstadt stationierte Einheiten, bis Juni dann auch mehrere Panzerbataillone, Kavallerieregimenter und die Fliegergeschwader mit VIS-Pistolen ausgerüstet. An die Infanterie wurden sie entgegen der ursprünglichen Absicht erst ab letztem Quartal 1938 verteilt, und zwar 133 Stück je Regiment. Im Mai 1939 begann dann die Lieferung auch an den Grenzschutz und die Kavallerie.

Die Selbstladepistole Modell VIS 1935 ist ein Rückstoßlader mit verriegeltem Verschluß, beweglichem Lauf und außenliegendem Hahn, aber ohne Spannabzug. Die Waffe hat eine Handballensicherung. Auf der linken Seite des Schlittens befindet sich der bereits erwähnte Entspannhebel.

Bewegt man ihn nach unten, wird der Hahn der durchgeladenen Pistole entspannt. In diesem Zustand kann die Waffe getragen werden. Zieht man mit dem rechten Daumen den Hahn zurück, ist sie sofort feuerbereit. Bei betätigter Handballensicherung ist die Funktion des Entspannhebels außer Kraft gesetzt. Als zusätzliche Sicherheitseinrichtung hat die Pistole eine Raste, die Entspannhebel und Abzug blockiert.

Die Munition, Parabellum-Patronen 9 mm, wird aus einem Stangenmagazin zugeführt. Seine Kapazität beträgt 8 Schuß. Ist die Munition verfeuert, verbleibt der Verschluß in offener Stellung. Die Zielvorrichtung wurde festinstalliert. Sie besteht aus einem seitlich eingeschobenen Standvisier mit dreieckiger Kimme und einem massiven, niedrigen Dachkorn von 1,5 mm Breite. Auf Grund der Hohlschiene von Kimme zu Korn ist das Zielen recht einfach. Die Griffschalen wurden aus Hartgummi gefertigt. Die Drallänge beträgt 250 mm, die Breite 34 mm.

Die Waffe wird wie folgt auseinandergenommen: Schlitten zurückziehen und sein Fangstück einrasten, Schließfederstange geringfügig nach vorn ziehen und Schlittensperre nach links bewegen. Danach kann man den Schlitten nach vorn entfernen, die Schließfederstange seitwärts schwenken und zusammen mit der Feder herausheben. In diesem Zustand läßt sich schließlich der Lauf nach hinten herausziehen.

VIS-Pistolen aus polnischer Produktion werden als ausgezeichnet verarbeitete Waffen von hoher Schußleistung beurteilt. Man lobt ihre gute Handlage und hohe Zuverlässigkeit und betont, daß die Sicherheitseinrichtungen perfekt sind. In der Fachliteratur wird nicht selten berichtet, daß das Modell in bezug auf die Schußpräzision eine der besten Pistolen seiner Zeit war. Nach 1945 verblieb es noch einige Jahre in der Ausrüstung bewaffneter Kräfte. Heutige Standard-Faustfeuerwaffe der Polnischen Armee ist die Pistole Modell P 64 (s. »Schützenwaffen heute«). Neu eingeführt wird die Pistole Modell P 83.

Nach dem Überfall auf Polen am 1. September 1939, mit dem der faschistische deutsche Staat den zweiten Weltkrieg ausgelöst hatte, unterstellten die deutschen Besatzer die Waffenfabrik Radom dem österreichischen Unternehmen Steyr-Daimler-Puch AG. Bereits 1940 erteilten sie einen Auftrag zur Montage von 10 000 VIS-Pistolen, vermutlich aus damals noch vorhandenen Einzelteilen der Vorkriegsproduktion.

Bis zur Befreiung Polens durch die Streitkräfte der Sowjetunion wurden in Radom mindestens 298 000 Pistolen solchen Typs hergestellt: 1940 etwa 12 000 Stück, 1941 fast 30 000, 1942 ungefähr 51 000, 1943 mehr als 140 000 und 1944 nahezu 65 000 Stück. In diesem Zusammenhang informiert die Fachliteratur aber auch über 350 000 unter deutscher Kontrolle produzierte Radom-Pistolen. Welche Angabe den Tatsachen entspricht, ließ sich nicht genau ermitteln.

Die Waffen erhielten zunächst die Bezeichnung Pistole 35 (p), ab Juni 1944 dann 35/1 (p). Sie wurden im Heer der deutschen Streitkräfte in geringer, bei der Luftwaffe aber in großer Anzahl verwendet und sollen auch bei der Marine benutzt worden sein.

Pistolen der Ausführung 35/1 (p) haben keinen Demontagehebel, sondern eine in den Hahn eingefräste Nut, in die bei der Montage die Zunge des Entspannhebels eingreift. Diese Veränderung und einige andere nahm man vor, um bei der Fertigung Zeit und Material einsparen zu können. Solche Pistolen sind außer am fehlenden Demontagehebel auch daran zu erkennen, daß sich an der linken Seite, vor dem Entspannhebel, nicht zehn, sondern elf Rillen befinden.

Außer in Radom sind VIS-Pistolen auch in Steyr hergestellt worden. Als die sowjetische Armee an allen Fronten im Vormarsch war, verlagerten die deutschen Besatzer die Produktion der Radom-Pistole 1944 kurzzeitig zur ebenfalls unter deutscher Kontrolle stehenden Steyr-Daimler-Puch AG. Aus Österreich wurden sie unter anderem mit Holzgriffschalen geliefert, aber auch in einer Ausführung als sogenannte Volkssturmpistole minderer Qualität.

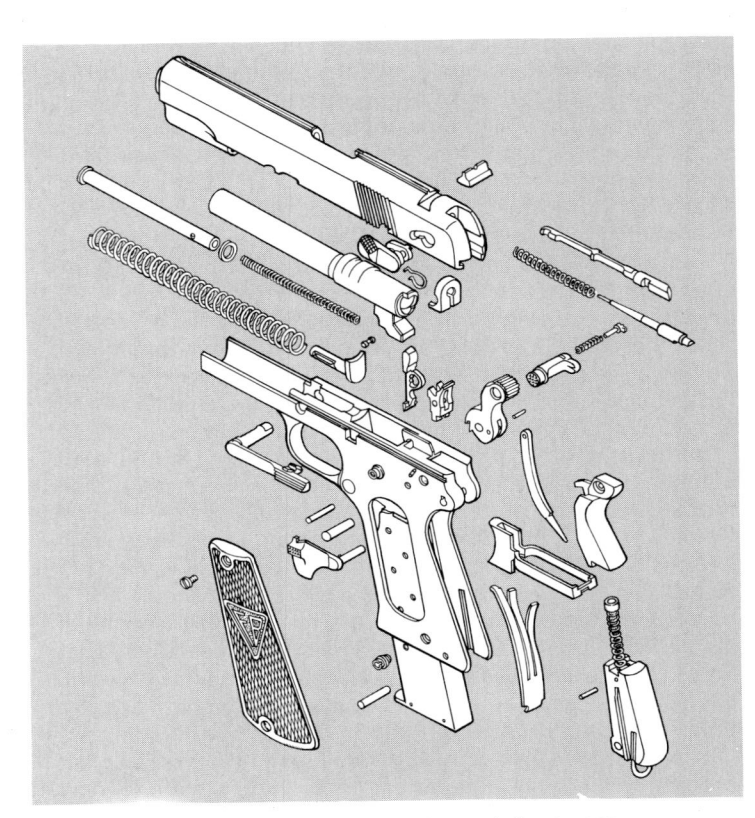

Explosionszeichnung der Selbstladepistole Modell VIS 1935

Daten: Selbstladepistole Modell VIS 1935

Kaliber:	9 mm	Patrone:	9×19
v_0:	320 m/s	Lauflänge:	117 mm[1]
Länge Waffe:	204 mm	Züge/Richtung:	6/r
Höhe Waffe:	141 mm	Magazinkapazität:	8 Schuß
Länge Visierlinie:	156 mm	Einsatzschußweite:	50 m
Masse ohne Magazin:	1,015 kg		

[1] Auch bis 119 mm.

Maschinenpistole Modell Mors 1939 9 mm

Polen

Diese Maschinenpistole war zwar bei den polnischen Streitkräften offiziell eingeführt, wurde jedoch bei Kampfhandlungen kaum benutzt. Sie gehört zu den seltensten Waffen des zweiten Weltkriegs, ist möglicherweise sogar die in der geringsten Stückzahl gefertigte Ordonnanzwaffe jener Zeit überhaupt. Maximal 50 Maschinenpistolen solchen Typs – die genaue Anzahl ist nicht erwiesen – konnten der Truppe zum Test zur Verfügung gestellt werden.

Wie die Generalität der meisten anderen Länder hatte die Führung der polnischen Streitkräfte gegen Waffen dieser Art jahrelang Vorbehalte. Vor 1936 soll es in Polen nicht eine einzige Maschinenpistole gegeben haben. Erst der Chef der Staatspolizei ließ in jenem Jahr eine geringe Anzahl aus Finnland beschaffen. Das waren Waffen vom Typ Suomi 1931 (s. dort), für die man seit ihrer Verfügbarkeit in Finnland bereits den damals dort tätigen polnischen Militärattaché zu interessieren versucht hatte.

Zu dieser Zeit setzten sich auch am waffentechnischen Fortschritt interessierte Militärs der für die Ausrüstung der Infanterie verantwortlichen Dienststellen nachdrücklich dafür ein, die Truppe schnellstmöglich mit Maschinenpistolen zu bewaffnen, insbesondere die Kommandeure von Zügen und Gruppen. Eine solche Forderung wurde im Zusammenhang mit dem damals begonnenen Programm der Modernisierung der Streitkräfte erhoben. Mit Maschinenpistolen, so die Begründung, könnten Feuerintensität und Feuerkraft der Infanterie entscheidend erhöht werden. Obwohl man nachwies, daß die Maschinenpistole die für den Infanteristen auf eine Distanz bis maximal 200 m am besten geeignete Handfeuerwaffe ist, gab die Generalität ihre ablehnende Haltung nicht auf.

Trotzdem setzten weitsichtige Militärs den Kauf benötigter Musterwaffen aus dem Ausland durch. Im April 1936 erhielten zum Beispiel Einheiten des Grenzschutzes die MPi Modell Thompson M 1928 A1 (s. dort) aus den USA, allerdings nur 16 Stück. Mitte jenes Jahres kamen 20 Suomi-Maschinenpistolen für Versuchszwecke aus Finnland. In Belgien und in der Schweiz erwarb man ebenfalls einige Waffen.

In dieser Situation ergriffen zwei namhafte polnische Experten die Initiative: Professor Piotr Wilniewczyc, Dozent an der Artillerieschule und Waffenkonstrukteur aus Passion, sowie Jan Skrzypiński, Direktor der Staatlichen Gewehrfabrik in Warschau. Seit Ende der zwanziger Jahre hatten sie sich mit Entwicklungsprojekten für Infanteriewaffen beschäftigt, zum Beispiel von Pistolen und Maschinenpistolen. Sie waren die Konstrukteure der Selbstladepistole Modell VIS 1935 (s. dort) und auch die geistigen Väter der polnischen Maschinenpistole. Ihre erste Versuchs-MPi stand Mitte 1937 zur Verfügung. Das war eine Waffe von entschieden zu hoher theoretischer Feuergeschwindigkeit. Sie schoß mit einer Kadenz von 1 200 S/min, verfeuerte den Munitionsvorrat von 25 Patronen also in wenig mehr als einer Sekunde.

Am 15. Februar 1938 wurde dann ihre neue Versuchswaffe unter Nummer P 56 390 zum Patent angemeldet. Kurz darauf begannen die Tests. Zum umfangreichen Kontrollprogramm gehörten Vergleichsprüfungen mit Maschinenpistolen von damals international führender Konstruktion. Man orientierte sich insbesondere an der deutschen MPi Modell Erma EMP (s. dort), die man übrigens nicht aus Deutschland, sondern aus Belgien beschafft hatte. Ob der Verkäufer nur Händler oder auch Produzent war, ließ sich nicht ermitteln. Konstruktion und Bedienbarkeit der polnischen Waffe waren besser; Präzision und Zuverlässigkeit jedoch hielten keinem Vergleich stand.

Wie die Fachliteratur informiert, führte man die unzureichende Schußpräzision bei Einzelfeuer auf folgende konstruktive Details zurück: ein mit nur 210 mm Länge zu kurzer Lauf, dessen Halterung überdies nicht den Anforderungen entsprach; eine zu kurze Visierlinie; ein zu großer Abstand zwischen Auge und Kimme, für deren Ausschnitt das Korn zu breit war. Die sehr große Streuung bei Dauerfeuer wurde mit folgenden Fakten begründet: zu hohe theoretische Feuergeschwindigkeit von 750 S/min auf Grund eines wesentlich zu kurzen Weges des Schlosses und einer zu schwachen Rückholfeder; zu hohe Rückstoßenergie; zu langer Schaft mit schlecht zu umfassendem Kolbenhals und einem Pistolengriff, der zu weit vorn angebracht war.

Die Versuchs-MPi bestand auch den Zuverlässigkeitstest nicht. Bei insgesamt 2 000 Schuß Dauerfeuer in Serien von je 500 Schuß mußte man 18 Störungen beim Zuführen der Munition registrieren. Das Magazin war nicht richtig befestigt, seine Arretiervorrichtung nicht funktionssicher. Als die Versuchswaffe in verschmutztem Zustand unter erschwerten Bedingungen geprüft wurde, gab es weitere Enttäuschungen: zu viele Funktionsstörungen.

Kurze Zeit später stellten die Konstrukteure zwei neue Testwaffen vor, zogen eine davon jedoch nach kurzer Erprobung zurück. Das war eine für Einzel- und Dauerfeuer eingerichtete Maschinenpistole ohne Feuerwahlhebel, mit nur einem Abzug. Die Feuerart konnte durch unterschiedlich starken Druck auf den Abzug geregelt werden. Magazinhalterung und Kimmenausschnitt entsprachen denen der Erma-MPi.

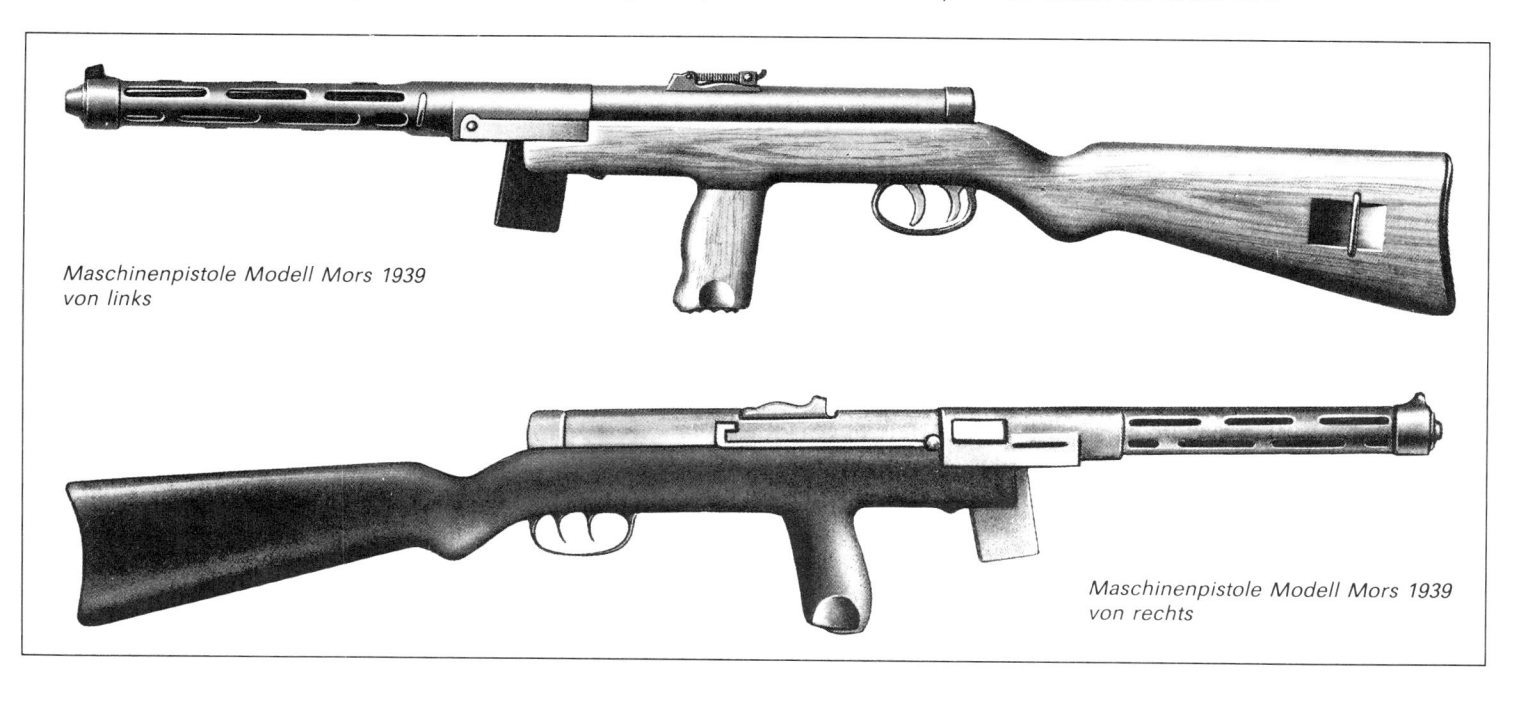

Maschinenpistole Modell Mors 1939 von links

Maschinenpistole Modell Mors 1939 von rechts

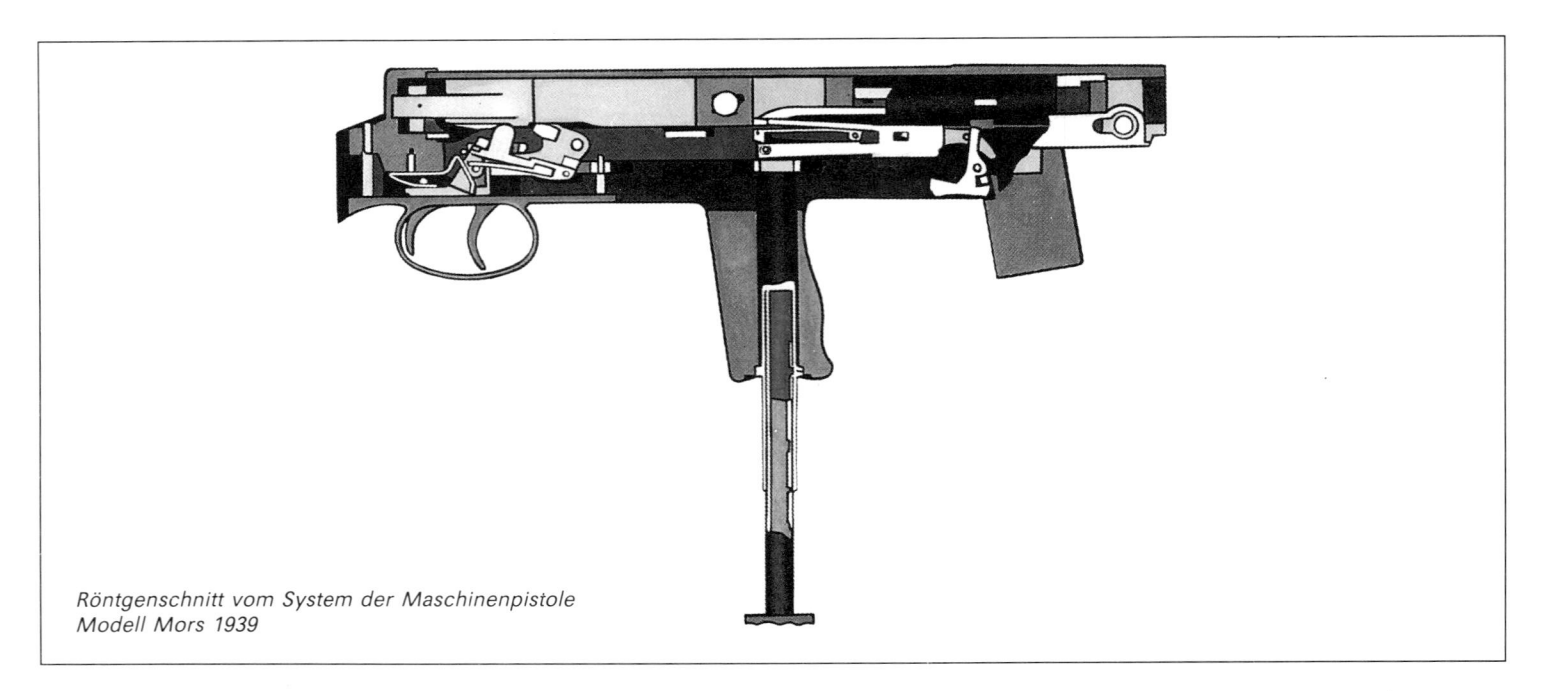

Polen

Röntgenschnitt vom System der Maschinenpistole Modell Mors 1939

Das andere Modell, eine ebenfalls für Einzel- und Dauerfeuer eingerichtete Waffe, aber mit Doppelabzug, erwies sich als bessere Konstruktion. Die Visierung hatte man im wesentlichen von den im Lande produzierten Mehrladern des Systems Mauser (s. dort) übernommen, die Schäftung und den Pistolengriff nach dem Beispiel der Erma-MPi gestaltet. Im Unterschied zur bereits patentierten Maschinenpistole wog die Waffe mit 3,95 kg etwa 0,69 kg weniger, und der Lauf war mit 270 mm um 60 mm länger. Der längere Lauf bewirkte eine wesentlich höhere Mündungsgeschwindigkeit des Geschosses.

Auch die Bahn des Verschlußstücks war verlängert, darüber hinaus eine stärkere Rückholfeder eingebaut worden. Daher betrug die theoretische Feuergeschwindigkeit nur noch ungefähr 600 S/min. Trotzdem befriedigte die Schußpräzision immer noch nicht. Die Streuung war zu groß, die Stabilität bei Dauerfeuer nicht ausreichend.

Diese Mängel bekamen die Konstrukteure dann aber schnell in den Griff. Sie reduzierten die Kadenz um weitere 100 S/min und erhöhten die Masse der Waffe um 0,30 kg. Sie optimierten die Masseverteilung, verlängerten den Lauf um 30 mm, verbesserten die Munitionszuführung und auch den Haltemechanismus des Magazins. Bei 10 000 Schuß Dauerfeuer in Serien von je 250 Schuß erwies sich das Testmodell als funktionssicher und leistungsfähig.

Am 22. Dezember 1938 gaben die Militärs zu einem nach diesem Vorbild konstruierten Prototyp ihre Zustimmung. Sie erklärten ihn unter dem Namen MPi Modell Mors zur Ordonnanzwaffe und bestellten im März 1939 eine Probeserie von 36 Versuchswaffen für den Truppentest. Sie wurden im Juni gefertigt. Wie die polnische Fachliteratur informiert, sind vermutlich sogar 50 Stück hergestellt worden. Die Serienproduktion war für den Herbst, spätestens für Oktober, vorgesehen, konnte jedoch nicht mehr beginnen.

Als der faschistische deutsche Staat am 1. September 1939 mit dem Überfall auf Polen den zweiten Weltkrieg auslöste, standen lediglich die Maschinenpistolen aus der Nullserie zur Verfügung. Ein Teil davon ist im Kampf gegen die Aggressoren eingesetzt worden. Das waren all jene Waffen, die die Angehörigen des 3. Selbständigen Schützenbataillons in Rembertów und der ebenfalls dort stationierten Stabskompanie der 39. Infanteriedivision erhalten hatten.

Um die Mors-MPi vor den Besatzungstruppen zu retten, um zu verhindern, daß die Serienproduktion zu deutschem Vorteil begann, hatte man die Dokumentation kurz nach Kriegsbeginn aus der Warschauer Gewehrfabrik entfernt. Vermutlich ist sie nach Lublin gebracht worden, seitdem aber verschollen. Wo sie verlorenging, konnte bis heute nicht festgestellt werden.

Obwohl Presse, Rundfunk und Fernsehen im November 1961 eine große Suchaktion nach Waffen und Dokumenten starteten, wurde in ganz Polen weder eine Maschinenpistole noch eine Zeichnung gefunden, geschweige denn Unterlagen technologischer Art über die vorbereitete Serienproduktion. Lediglich ein Dokument aus der Warschauer Gewehrfabrik über die Prototypen ist seit damals wieder verfügbar.

Auf Grund des landesweiten Aufrufs der Massenmedien meldeten sich Zeitzeugen, die damals den mit der Mors-MPi ausgerüsteten Truppenteilen angehört hatten. Sie versicherten, am 27. September 1939, dem Tage der Kapitulation Warschaus, Kameraden beim Vergraben ihrer Mors-MPi beobachtet zu haben. Einige Zeugen konnten sogar genaue Hinweise auf Gelände und Platz geben. Trotz sorgfältigen Suchens, bei dem man jede bezeichnete Stelle mehrmals umgrub, wurde nicht eine einzige Waffe gefunden. Nach einem Hinweis der Tochter Skrzypińskis ist sogar dessen damaliger Garten buchstäblich durchforstet worden, jedoch ohne Erfolg.

Wahrscheinlich blieben nur zwei Maschinenpistolen erhalten. Man fand sie im Zentralmuseum der sowjetischen Streitkräfte in Moskau. Eine davon, die Mors-MPi mit der Fertigungsnummer 38, befindet sich seit August 1983 im Museum der Polnischen Armee in Warschau. Sie hat allerdings weder ein Magazin noch den Originallauf oder das Originalvisier.

Mit Ausnahme der schon erwähnten Darstellung von Prototypen gingen also die gesamte Dokumentation und jede Zeichnung verloren. Nach 1945 versuchte man, die Ereignisse um diese Maschinenpistole an Hand von Aussagen zu rekonstruieren. Die Befragten, vor allem der damals noch lebende Konstrukteur Wilniewczyc, er starb 1960, konnten sich zwar an interessante Einzelheiten erinnern, nicht jedoch an alle Details. Daher fehlen zum Beispiel genaue Angaben über Visierschußweite und Magazinkapazität. Wilniewczycs Angaben, die ermittelten Parameter der Museumswaffe und die anderen Informationen weichen zum Teil voneinander ab.

Die MPi Modell Mors 1939 ist eine aufschießende Waffe. Sie hat einen pneumatisch verzögerten Masseverschluß. Die Munition wird aus einem geraden Stangenmagazin von unten zugeführt. Der Schacht befindet sich dort, wo der Vorderschaft endet, reicht sogar geringfügig über diesen hinaus und ist etwas nach vorn geneigt. Die Maschinenpistole mit einer Magazinkapazität von vermutlich 25 Schuß ist für Einzel- und Dauerfeuer eingerichtet. Sie hat zwei Abzüge – den vorderen für Dauerfeuer, den hinteren für Einzelfeuer – und verschießt Patronen des Typs Parabellum 9 mm.

Der Spanngriff befindet sich auf der rechten Seite. Wird er in einer Aussparung im hinteren Teil des Verschlußgehäuses arretiert, ist die Waffe gesichert. Eine andere Sicherung hat sie nicht. Ihr Lauf steckt in einem massiven Stahlmantel mit langen Kühlschlitzen. Der Lauf ist auswechselbar und kann mit einem Mündungskompensator komplettiert werden.

Der Schaft der Maschinenpistole besteht aus Holz. Ihr Vorderschaft reicht relativ weit nach vorn über den Pistolengriff hinaus, an dem die linke Hand des Schützen sicheren Halt hat. Aus dem Griff kann er eine teleskopartige Stütze herausziehen, um die Maschinenpistole im Anschlag liegend in aufgestützter Position zu benutzen. Auf diese Weise schießt er ähnlich wie mit einer Waffe, die auf einem Zweibein montiert wurde. Das Kurvenvisier ist von ähnlicher Konstruktion wie die Visierung des damals in Polen produzierten Mauser-Mehrladekarabiners Modell 1929 (s. dort). Es kann vermutlich auf 100 m und 200 m Distanz eingestellt werden.

Die Mors-MPi hat zwei technisch sehr interessante Besonderheiten: die Konstruktion der pneumatischen Verzögerung und die Mechanik der Magazinzuführung.

Im Dorn des Verschlußstücks befindet sich ein Hohlraum mit einer Öffnung nach außen. Beim Schießen entsteht ein Ausgleich zwischen Außendruck und Druck im Hohlraum. Wird die Waffe nicht benutzt, ist der Hohlraum im Dorn geöffnet. Sobald das Verschlußstück zurückgleitet, schließt sich die Öffnung, und der Druck im Hohlraum steigt an. Die dabei entstehende Kraft wirkt auf das Verschlußstück wie eine Bremse. Auf diese Weise reduziert sich die Kadenz.

Ist die letzte Patrone verschossen, hält der Mechanismus den Verschluß in seiner hinteren Stellung fest und lockert das Magazin. Es wird zwar nicht selbsttätig entfernt, der Schütze kann es aber ohne Widerstand aus dem Schacht ziehen. Führt er ein volles Magazin ein, schnellt der Verschluß wieder in schußbereite Position nach vorn. Dabei schiebt er die oberste Patrone in das Patronenlager des Laufes.

Nach dem zweiten Weltkrieg erhielt die neugebildete Polnische Armee zunächst Maschinenpistolen aus der Sowjetunion. Im Jahre 1951 begann dann die Serienfertigung von Maschinenpistolen der Modelle 43 und 43/52 (s. »Schützenwaffen heute«), ein Jahr später der MPi Modell 41 (s. »Schützenwaffen heute«). Das waren ebenfalls Waffen nach sowjetischem Vorbild – Nachbauten der Maschinenpistolen Modell Sudajew PPS 1943 (s. dort) und Modell Schpagin PPSch 1941 (s. dort). Heute sind die polnischen Streitkräfte außer mit der Klein-MPi Modell PM 63 (s. »Schützenwaffen heute«) vor allem mit Maschinenpistolen des Waffensystems Modell PMK und deren Versionen (s. »Schützenwaffen heute«) ausgerüstet.

Daten: Maschinenpistole Modell Mors 1939[1])

Kaliber:	9 mm	Patrone:	9 × 19
v_0:	395 m/s	Lauflänge:	250 mm[2])
Länge Waffe:	840 mm	Züge/Richtung:	
Feuergeschwindigkeit:	400 S/min	Visierschußweite:	200 m
		Einsatzschußweite:	200 m
Munitionszuführung:	gerades Stangenmagazin mit 25 Schuß		
Masse ohne Magazin:	3,90 kg		
Masse des leeren Magazins:	0,14 kg		

[1]) Nach Erinnerung des Konstrukteurs.
[2]) Auch mit 300 mm angegeben.

Daten: Maschinenpistole Modell Mors 1939[1])

Kaliber:	9 mm	Patrone:	9 × 19
v_0:	400 m/s	Lauflänge:	295 mm
Länge Waffe:	930 mm	Züge/Richtung:	
Feuergeschwindigkeit:		Visierschußweite:	60 m
	500 S/min[2])	Einsatzschußweite:	m
Munitionszuführung:	gerades Stangenmagazin mit 25 Schuß		
Masse ohne Magazin:	4,20 kg		
Masse des leeren Magazins:	0,17 kg		
Masse des vollen Magazins:	0,47 kg		

[1]) Nach einem Dokument der Staatlichen Gewehrfabrik Warschau.
[2]) Auch mit 550 S/min angegeben.

Daten: Maschinenpistole Modell Mors 1939[1])

Kaliber:	9 mm	Patrone:	9 × 19
v_0:	970 m/s	Lauflänge:	300 mm
Länge Waffe:	970 mm	Züge/Richtung:	[2])
Feuergeschwindigkeit:	S/min[2])	Visierschußweite:	m[2])
		Einsatzschußweite:	200 m
Munitionszuführung:	Schuß[2])		
Masse ohne Magazin:	4,25 kg		

[1]) Restaurierte MPi mit Fertigungs-Nr. 38.
[2]) Nicht feststellbar.

Mehrladekarabiner Modell 1891/98/25 7,92 mm

Nach Neugründung des polnischen Staates verfügten seine Streitkräfte über Gewehre und Karabiner unterschiedlichen Typs und Kalibers. Zur Ausrüstung gehörten außer den von deutschen Einheiten übernommenen, dann zu Standardwaffen erklärten und bald auch in Warschau und Radom produzierten Mehrladern des Systems Mauser (s. dort) vor allem Mannlicher-Gewehre und -Karabiner aus Beständen des ehemaligen Österreich-Ungarn, Lebel-Gewehre und Berthier-Karabiner aus Frankreich sowie Mehrlader des Systems Mosin (s. dort) aus dem ehemals zaristischen Rußland.

Die Waffen aus russischer Produktion waren das damals im Herstellerland als Modell 1891 bezeichnete Mosin-Gewehr sowie das Dragonergewehr Modell 1891. Ob der sogenannte Kosakenkarabiner von 1910 ebenfalls geführt wurde, ist nicht bekannt. Unbekannt ist auch die Stückzahl der Waffen, nicht hingegen ihre Verwendung. Das lange Infanteriegewehr bezeichnete man in Polen übrigens als Gewehr 1891, die Dragonerausführung aber als Karabiner.

Obwohl die polnischen Militärs Waffen des Typs Mosin bezüglich ihrer ballistischen Parameter nicht so hoch bewerteten wie Waffen des Typs Mauser, schätzten sie diese als Kampfmittel von großer Zuverlässigkeit, jederzeitiger Einsatzbereitschaft und minimalem Wartungsaufwand. Ihre technische Ausstattung entsprach den damaligen Anforderungen, Schuß-

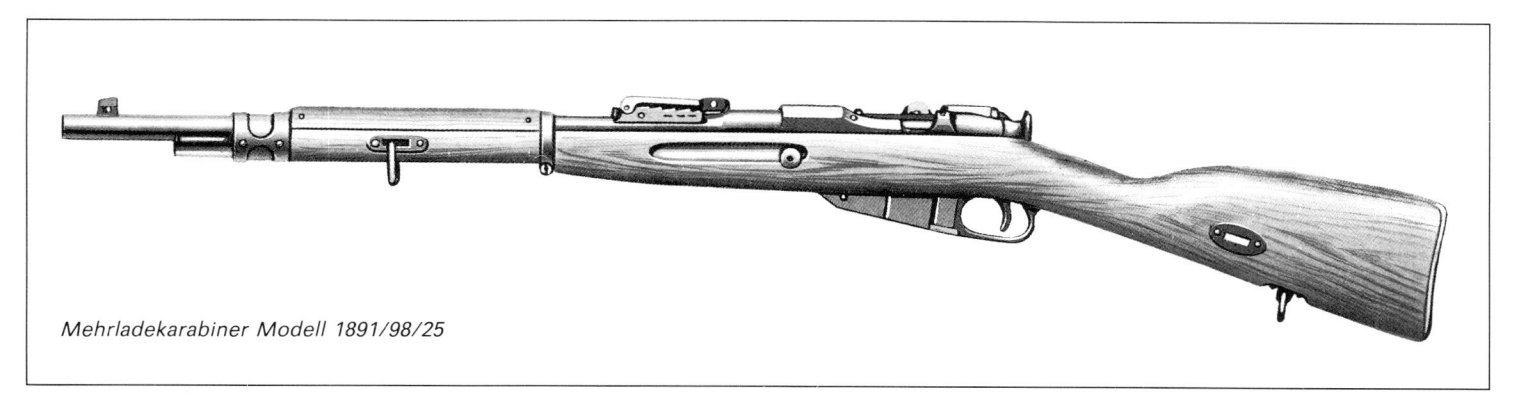

Mehrladekarabiner Modell 1891/98/25

präzision und Verwendungsmöglichkeit waren sehr gut und universell, Bedienbarkeit und Handlichkeit unkompliziert. Auch der Munitionsvorrat – vier Patronen im Magazin, eine Patrone im Lauf – und damit die praktische Feuergeschwindigkeit gaben keinen Anlaß zur Beanstandung. Daß man sich trotzdem gegen das Mosin-System entschied, lag einerseits wohl an der Orientierung auf die auch für Maschinengewehre benutzte Patrone 7,92 mm Mauser und andererseits daran, daß die Voraussetzungen für eine landeseigene Produktion von Mauser-Mehrladern eindeutig besser waren.

Aus Rußland stammende Gewehre in Originalausführung mit 7,62 mm Kaliber wurden daher nur von Anfang an nur in begrenztem Umfang verwendet und nur wenige Jahre. Mit dem langen Gewehr war wohl nur ein Infanterieregiment, mit dem kürzeren Dragonergewehr waren zwei Ulanenregimenter und einige Schwadronen ausgerüstet.

Da es Probleme bei der Bereitstellung der Munition gab – auf Grund der schwierigen finanziellen Lage des neugebildeten Staates war eine gleichzeitige Beschaffung unterschiedlicher Patronenarten kaum vertretbar – entschieden sich die Militärs dazu, einen Teil ihrer Mosin-Mehrlader auf die Mauser-Patrone umzurüsten. Das geschah von 1924 bis 1927, in einer Zeit, da die Produktion von Mauser-Karabinern in der Warschauer Gewehrfabrik bereits auf Hochtouren lief und in der Waffenfabrik in Radom gerade begann. Der Umbau erfolgte in enger Zusammenarbeit armee-eigener Werkstätten von Warschauer Arsenalen und Zeughäusern mit einer Waffen- und Maschinenfirma in Lwów.

Dabei ging man so ökonomisch vor, wie irgend möglich. Teils wurden umgearbeitete, teils neuhergestellte Läufe verwendet. Aptierte Infanteriegewehre erhielten einen um etwa 200 mm kürzeren Lauf mit entsprechenden Zügen und Feldern sowie einem an anderer Stelle installierten, ebenfalls umgestalteten Kornfuß. Darüber hinaus mußten weitere Teile verändert werden, zum Beispiel das Patronenlager, Mechanismen des Schlosses, das Visier und Magazin. Beim Dragonergewehr entfernte man überdies den Vorderring und tauschte ihn gegen einen solchen des Mauser-Gewehrs 98 aus. Außer weiteren Teilen wurden auch Schaft und Handschutz verändert. So ist der Vorderteil des Schaftes um etwa 250 mm, der Handschutz um ungefähr 240 mm kürzer.

Sämtliche aptierten Waffen werden zumeist Mehrladekarabiner Modell 1891/98/25 genannt, sowohl die ehemaligen Infanterie- als auch die Dragonergewehre. Es gibt allerdings auch eine frühe und eine späte Version, die man mitunter als Modell 1891/98/23 bzw. Modell 1891/98/26 bezeichnet. Solche Waffen unterscheiden sich von der Standardausführung nur geringfügig. Insgesamt sollen etwa 77 000 Mosin-Mehrlader umgebaut worden sein und davon im April 1934 noch etwa 74 000 Stück vorhanden gewesen sein.

Ende der zwanziger Jahre hatte man sie in die ordonnanzmäßige Bewaffnung eingereiht, an Kavallerie, Artillerie und Gendarmerie ausgegeben. Sie verblieben dort aber nur wenige Jahre. Ihr Austausch gegen Mauser-Karabiner Modell 1929 (s. dort) begann bereits 1930. Er war 1936 beendet. In jenem Jahr lagerte man derartige Waffen als sogenannten Mobilmachungsbestand in die Arsenale ein. Andere Formationen hingegen führten aptierte Mosin-Mehrlader neben Gewehren und Karabinern vom Typ Mauser noch bis Kriegsbeginn, zum Beispiel die Grenzwachen 7 385 und die Staatspolizei etwa 32 000 Stück.

Interessant ist, daß den polnischen Militärs Mitte der zwanziger Jahre mit Mosin-Mehrladern in Originalausführung ein vorteilhaftes Auslandsgeschäft geglückt war. Im Austausch gegen Waffen des Systems Mauser sind damals 32 000 Mosin-Gewehre nach Rumänien und 7 000 Stück nach Finnland geliefert worden.

Die eingangs erwähnten Waffen aus Österreich-Ungarn und Frankreich verblieben ebenfalls nur solange wie unbedingt notwendig in der Ausrüstung. Der Austausch erfolgte gegen Mauser-Gewehre und -Karabiner, teils noch aus deutscher, teils schon aus polnischer Produktion. Im wesentlichen war die Umrüstung der Infanterie 1936 beendet, nicht jedoch die anderer Waffengattungen.

Mehrlader des Systems Mauser 7,92 mm: Gewehre und Karabiner Modelle 1898 und 1898 a, Karabiner Modell 1929

Als am 1. September 1939 der faschistische deutsche Staat Polen überfiel und den zweiten Weltkrieg auslöste, waren die polnischen Streitkräfte zum größten Teil schon mit Gewehren und Karabinern vom Typ Mauser ausgerüstet. Die Ende 1921 eingeleitete Umbewaffnung auf diese Mehrlader hatte zwar bemerkenswerte Fortschritte gemacht, im wesentlichen auch abgeschlossen, jedoch weder bezüglich Qualität noch Quantität zu einem durchgängigen Erfolg geführt werden können. Die Infanteristen waren weitgehend einheitlich ausgerüstet, Kavallerie und Artillerie ebenfalls, nicht aber andere wichtige Waffengattungen.

Neben Gewehren und Karabinern vom Typ Mauser führte eine Reihe von Formationen noch Waffen anderen Typs, wenige von ihnen zum Beispiel Mannlicher-Mehrlader, einige Lebel-Gewehre und Berthier-Karabiner, andere auch Mehrlader des Systems Mosin (s. dort), die man in Polen zum Mehrladekarabiner Modell 1891/98/25 (s. dort) umgerüstet und damit zum Verschießen von Mauser-Patronen 7,92 mm eingerichtet hatte. Zudem war die Stückzahl der damals verfügbaren Mehrlader vom System Mauser trotz ihrer beachtlichen Menge für den Kriegsfall zu gering.

Einerseits lag das an der fehlenden Konsequenz, das beschlossene Programm der umfassenden Modernisierung auch tatsächlich und rigoros durchzusetzen; andererseits wirkten sich sowohl die fehlenden finanziellen Mittel des jungen Staates als auch das leistungsschwache Industriepotential in wachsendem Maße zu seinem Nachteil aus. Außerdem hatten politische und militärische Führung nicht nur die von den Bündnispartnern Frankreich und Großbritannien erklärte Bereitschaft zur Hilfe auf finanziellem, wirtschaftlichem und militärischem Gebiet weit überbewertet, sondern auch Aggressivität und Schlagkraft ihres faschistischen Nachbarn total unterschätzt. So drang dieser an jenem Septembermorgen in das Land ein und konnte es, wie das seine Blitzkriegsstrategie vorsah, in wenigen Tagen besiegen.

Zum Zeitpunkt des Überfalls zeigte sich die polnische Armee ungenügend vorbereitet. Das betraf die Ausrüstung mit jedweden Kampfmitteln und allem Gerät, wobei zum Beispiel die Situation in bezug auf Geschütze und Panzer noch schwieriger war als die Lage auf dem Gebiet der Infanteriebewaffnung. Im Vergleich dazu erwies sich das noch nicht völlig gelöste Gewehrproblem sogar als relativ unkompliziert. Wie schon erwähnt, bestand die Ausrüstung an Gewehren und Karabinern vorwiegend aus Mehrladern des Mauser-Systems.

Über derartige Waffen aus Heeresbeständen des ehemaligen kaiserlichen Deutschland verfügten die Streitkräfte seit Neugründung des polnischen Staates im Jahre 1918. Das waren Mauser-Gewehre des Typs 98 und Mauser-Karabiner des Typs 98 a. Zu Beginn des zweiten Weltkriegs gehörten aber vor allem Mauser-Mehrlader aus landeseigener Produktion zum Bestand. Die polnischen Soldaten führten Gewehre und Karabiner Modell 1898 und Modell 1898 a, außerdem Karabiner Modell 1929.

Im Dezember 1921 hatte der zuständige Minister den Mauser-Mehrlader in Originalausführung zur Standardwaffe erklärt. Der damalige Bestand umfaßte etwa 245 000 Gewehre des Typs 98 und 19 000 Karabiner des Typs 98 a. Ungefähr 30 000 Stück davon stammten aus der Ausrüstung der in Polen entwaffneten Truppenteile der kaiserlichen deutschen Armee, weitere 140 000 Stück aus gezielten Einkäufen polnischer Militärs, vor

Mehrladekarabiner Modell 1898a

Mehrladegewehr Modell 1898

Mehrladekarabiner Modell 1929

Polen

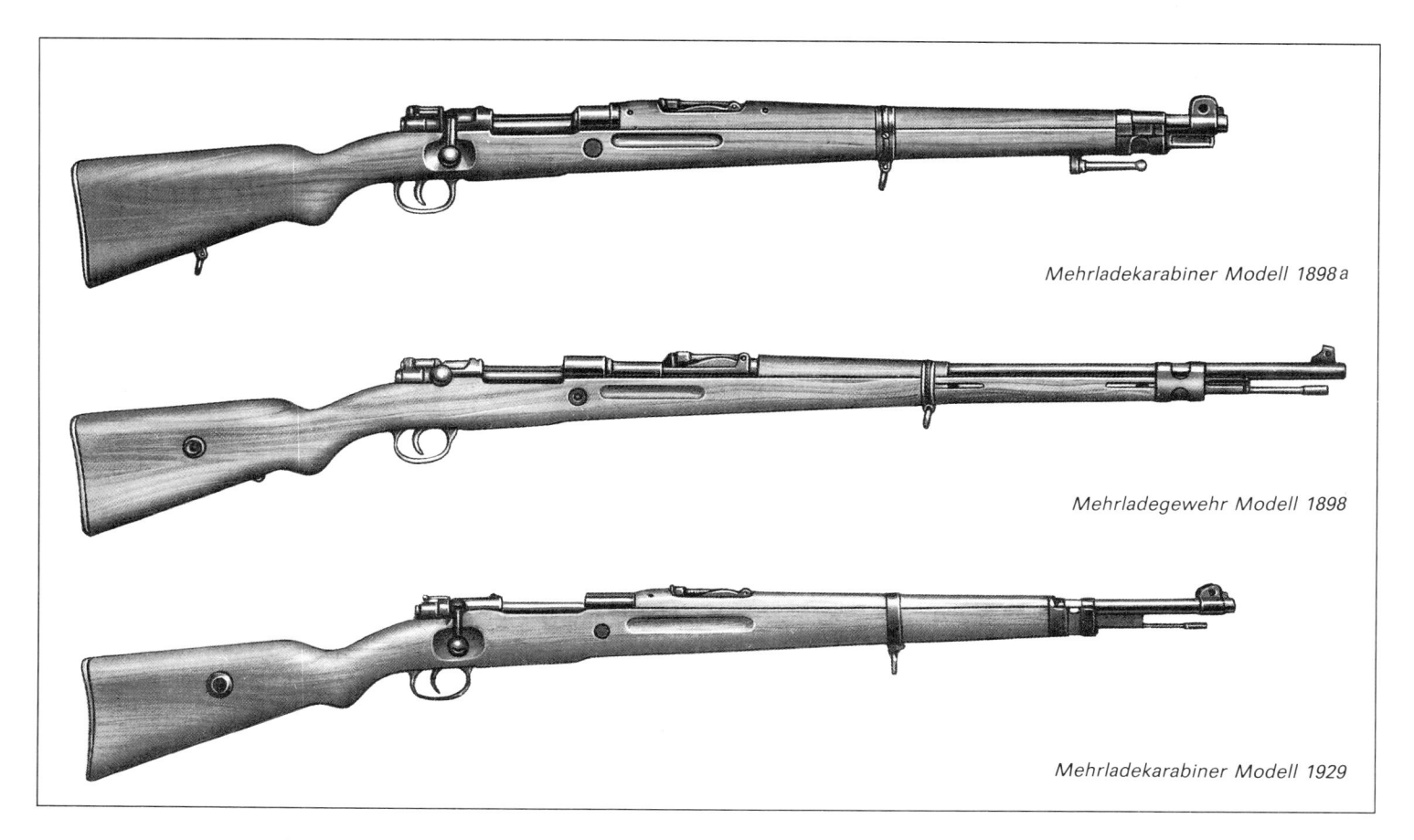

allem in Belgien und Frankreich, wo man nicht nur fabrikneue, sondern meist gebrauchte Waffen erwarb. Über die restlichen Mehrlader liegt außer dem Hinweis, daß man die Ausrüstung von Anfang November 1920 bis Ende November 1921 um 84 000 Mauser-Mehrlader vergrößert hat, keine Information vor.

Da viele Waffen repariert werden mußten, betrug 1922 der verwendungsfähige Bestand nach offiziellen Angaben etwa 178 000 Gewehre und ungefähr 19 300 Karabiner. Entsprechend der damaligen Struktur waren jedoch 131 258 Gewehre und 272 404 Karabiner vorgesehen. Die größere Anzahl von Gewehren glich allerdings die Menge der fehlenden Karabiner nicht aus. Abgesehen davon, daß mehr als 206 000 Waffen nicht zur Verfügung standen, war die Ausgabe von Gewehren an eigentlich zur Ausrüstung mit Karabinern vorgesehene Truppenteile nur ein Notbehelf.

Wollte die Generalität das schwierige Problem lösen, mußte die Regierung des Landes entweder weitere Waffenkäufe im Ausland bewilligen oder unverzüglich eine Massenfertigung in Polen organisieren. Sowohl das eine als auch das andere geschah. Außerdem konnte man durch geschickte Verhandlungen mit Rumänien und Finnland den Bestand an Mauser-Karabinern in einer Menge von 14 500 bzw. 6 000 Stück im Austausch gegen nicht mehr benötigte Mosin-Gewehre aufstocken. Entscheidend aber war die Eigenproduktion.

Im Jahre 1921 hatte die deutsche Mauser Werke AG nach den Bestimmungen des Versailler Vertrags vom 28. Juni 1919 etwa 1 000 Werkzeugmaschinen als Reparationslieferung an Polen abgeben müssen. Sie wurden in der Staatlichen Gewehrfabrik in Warschau installiert. Dieser Betrieb war vor der Waffenfabrik Radom das für die Fertigung von Infanteriewaffen bedeutendste Unternehmen des Landes. Beide stellten zunächst in Versuchsserien, bald aber in Massenproduktion Mauser-Mehrlader her – die Warschauer Firma ab 1923, die Fabrik in Radom vier Jahre später.

Bis 1924 lieferten die Warschauer ungefähr 22 000 Gewehre, bis 1931 dann 190 500 Karabiner. Aus Radom kamen noch stattlichere Mengen. Der Produktionsausstoß dieses Betriebes betrug von 1927 bis 1931 ungefähr 158 000 Waffen des Modells 1898. Von 1930 bis Mai 1939 lieferte die Radomer Waffenfabrik den Streitkräften außerdem 264 300 Mehrladekarabiner des neuent-wickelten Modells 1929 und von 1936 bis 1939 ungefähr 44 500 Waffen vom Typ 1898 a.

Auf Grund der Massenproduktion verfügten die Streitkräfte bereits 1936, als man die Umrüstung auf das Mauser-Waffensystem bei der Infanterie im wesentlichen abschließen konnte, über 227 652 Gewehre und 292 258 Karabiner der Typen 98 bzw. 1898 aus deutscher oder polnischer Fertigung sowie über 206 263 Karabiner Modell 1929. Hatten von 1918 bis 1921 nur ausgewählte Truppen der Infanterie und sehr wenige Kavallerieeinheiten solche Waffen geführt, so setzte bald darauf die Ablösung der Mehrlader österreichischen und französischen Typs in sämtlichen Infanterieregimentern ein.

Dieses Programm lief parallel mit der Ausrüstung von Kavallerie und Artillerie, die 1930 bzw. 1932 begann. Bei der Kavallerie war sie erst kurz vor Kriegsausbruch, bei der Artillerie, der Panzertruppe, den Pionier- und Nachrichteneinheiten schon Ende 1936 so gut wie vollzogen. Die anderen Waffengattungen erhielten Mehrlader des Mauser-Typs ebenfalls, allerdings in nicht ausreichender Stückzahl und keinesfalls durchgängig. Für einen Krieg jedenfalls waren die Streitkräfte nicht gerüstet.

Als 1923 die Fertigung von Gewehren und zwei Jahre danach die Produktion von Karabinern begonnen hatte, stellte man noch Mehrlader her, die mit den Originalwaffen der Modelle 98 bzw. 98 a aus Deutschland weitgehend übereinstimmten. Die polnischen Mehrlader waren lediglich in bezug auf wenige konstruktive Details modifiziert worden, allerdings mit schwerwiegenden Folgen. Wie die Fachliteratur des Landes informiert, entsprach ihre Qualität nicht der Güte der Originalwaffen aus Deutschland.

Einerseits war das fertigungs- und materialbedingt, andererseits durch die konstruktiven Veränderungen verursacht. Vor allem das Karabinermodell erwies sich als eine Waffe mit zahlreichen Mängeln bezüglich Funktionssicherheit und Schußpräzision, hinsichtlich Rückstoß und Mündungsfeuer, aber auch in bezug auf Handhabung und Austauschbarkeit seiner Teile. So waren mehrere Verschlußteile oftmals schon nach wenigen Schüssen defekt, die Streubereiche relativ groß, Rückstoß und Mündungsfeuer sehr stark.

Als polnische Konstrukteure ab 1927 die letzten Arbeiten an der technischen Dokumentation des Karabiners abschließen, ihre Gewehre dann ab 1936 mit einer neuen Visierung ausrüsten und darüber hinaus nach dem Vorbild der damals schon produzierten Mehrladekarabiner Modell 1929 verbessern konnten, ließen sich einige Mängel beseitigen. Qualitätswaffen waren allerdings weder die Gewehre und Karabiner des Modells 1898 noch die des verbesserten Modells 1898 a.

Für sämtliche Mehrlader benutzte man damals mit den Bajonetten der Typen 22, 23 und 27 polnische Seitengewehre derselben Ausführungen wie für die noch aus Deutschland stammenden Waffen. Die Gesamtlänge der Bajonette betrug 380 mm bis 385 mm, die Klingenlänge 248 mm bis 252 mm. Ab 1933 wurden dann solche Bajonette – ihre Ausführung war unterschiedlich – als Typ 27 bezeichnet. Für die neukonstruierten Karabiner stand auch ein neuentwickeltes Bajonett zur Verfügung. Es war mit einer stabileren Haltevorrichtung per Ring arretiert und wurde bis 1933 als Typ 28, danach in Anlehnung an den neuentwickelten Karabiner als Typ 29 bezeichnet.

Im Vergleich zum alten Karabinermodell hatte man das neue nur geringfügig modifiziert. Die Waffe sieht dem im benachbarten Deutschland entwickelten Mehrladekarabiner Modell Mauser 98 k (Karabiner 98 k – s. dort) ähnlich. Sie hat ein bis 2 000 m Distanz einstellbares Kurvenvisier. Ihre Dralllänge beträgt 240 mm, die praktische Feuergeschwindigkeit 10 S/min bis 15 S/min, die Kapazität des integrierten Magazins 5 Patronen.

Im Unterschied zum Karabiner zuvor wurde das neue Modell mit einem massiveren Schloßgehäuse und einigen stabileren Verschlußteilen ausgestattet. Schaft und Handschutz sind um etwa 75 mm verkürzt worden. Mehrere Metallteile wurden nicht mehr gefräst, sondern gestanzt, und der Lauf soll von wesentlich besserer Qualität gewesen sein als zuvor.

Die polnische Fachliteratur hebt die Güte der Stähle hervor, die die Qualität der Stähle aus belgischer und tschechoslowakischer Produktion übertraf. Man betont, daß Läufe aus solchem Stahl mit einer Lebensdauer von 10 000 Schuß die nur mit 8 600 Schuß belastbaren Läufe der Vergleichswaffen gewissermaßen in den Schatten gestellt haben.

Wie viele Gewehre und Karabiner in Warschau und Radom insgesamt hergestellt wurden, ist nicht bekannt. Die meisten Mehrlader lieferte man an die polnischen Streitkräfte, insgesamt etwa 679 300 Stück. Mehr als 140 000 Stück aber sollen ins Ausland verkauft worden sein, 1937 zum Beispiel etwa 37 000 Karabiner Modell 1929. Die meisten davon erhielt die Armee Jugoslawiens. Die Wehrmacht und andere militärische Einheiten Deutschlands haben polnische Mauser-Mehrlader ebenfalls übernommen, insbesondere ab 1943, als der Bedarf längst nicht mehr aus eigenem Aufkommen gedeckt werden konnte.

Daten: Mehrladekarabiner Modell 1929

Kaliber:	7,92 mm	Patrone:	7,92×57
v_0:	845 m/s	Lauflänge:	600 mm
Länge Waffe:	1 100 mm	Züge/Richtung:	4/r
Feuergeschwindigkeit:	15 S/min	Visierschußweite:	2 000 m
		Einsatzschußweite:	400 m
Munitionszuführung:	integriertes Magazin für 5 Schuß		
Masse ungeladen:	4,00 kg		

Leichtes Maschinengewehr Modell Browning 1928 7,92 mm

Nach fast 150jähriger Fremdherrschaft erlangte Polen 1918 wieder seine staatliche Souveränität. Wie sämtliche Industriezweige mußte die waffenproduzierende Industrie entwickelt werden. Mit den Waffenfabriken in Warschau und Radom gab es zwar Betriebe, die sich relativ schnell profilieren konnten; ihre Kapazität reichte jedoch nicht aus. Einerseits sollte die Ausrüstung der polnischen Streitkräfte modernisiert werden, andererseits mußte man sich aber auch durch Exporte Einnahmen aus dem Ausland verschaffen.

So konnte das Programm der Modernisierung nur zum Teil realisiert werden. Trotz einer respektablen Gewehr- und Karabinerproduktion von Mehrladern des Systems Mauser (s. dort) gehörten 1939 noch immer veraltete Typen zur Ausrüstung. Bei Maschinengewehren war das nicht anders. Viele Infanteriegruppen waren zwar mit dem leichten Browning-MG Modell 1928 aus landeseigener Produktion bewaffnet, die längst zur Ablösung bestimmten leichten Maschinengewehre Modell 08/15 aus Deutschland und Modell Chauchat 1915 aus Frankreich sowie andere Waffen solcher Art mußten jedoch ebenfalls noch benutzt werden. Hinsichtlich der schweren Maschinengewehre war die Situation ähnlich.

Anfang 1924 hatten die Militärs erste konkrete Maßnahmen zur Ablösung der damals geführten leichten Maschinengewehre eingeleitet. Im Juli jenen Jahres fand ein Wettbewerb statt, bei dem verschiedene ausländische Produzenten ihre Waffen vorführten. Dazu gehörten die leichten Maschinengewehre Modell Madsen 1924 (s. dort) aus Dänemark, Modell Hotchkiss 1922 (s. dort) und Modell Lewis 1924 sowie als Vorläufer des Modells Châtellerault 1924/29 (s. dort) aus Frankreich, des weiteren das leichte MG Modell Vickers-Berthier (s. dort) aus Großbritannien und außerdem die Praga-MG 1924 genannte Erstausführung des Modells ZB 1926 (s. dort) aus der Tschechoslowakei.

Außer weiteren Waffen begutachtete man auch die auf der Grundlage des US-amerikanischen BAR-MG Modell M 1922 (s. dort) bei der Firma Fabrique Nationale (FN) in Herstal konstruierte MG-Version von 1924. Diese Waffe wurde später in Belgien zum leichten MG Modell FN Browning 1928 (s. dort) weiterentwickelt und wie der Nachfolgetyp von 1930 in zahlreiche Länder exportiert.

Die belgische Version von 1924 erzielte bei einem weiteren Wettbewerb in Polen die besten Ergebnisse. Wie vom Lewis-MG und Hotchkiss-MG sind damals etwa ein Dutzend Testwaffen zum Truppenversuch zugelassen worden, allerdings erst, nachdem die belgischen Konstrukteure einer Reihe von Veränderungen zugestimmt und diese realisiert hatten. Dazu gehörten Modifizierungen des Visiers und des Stützsystems, aber auch des Laufes sowie von Verschlußteilen und am Kolben. So wurden zum Beispiel außer einem längeren Lauf Verbesserungen an Verschlußkopf und Auswerfer sowie auch am Abzugsystem gefordert. Überdies bestanden die potentiellen Kunden aus Polen auf Formveränderungen des Kolbens.

Die Testwaffen absolvierten den Truppenversuch bei der Infanterie ohne Mängel. Ende 1927 beschlossen die polnischen Militärs die Übernahme in die strukturmäßige Ausrüstung. Das Maschinengewehr wurde als Modell 1928 eingeführt und in einer Anzahl von 10 000 Stück in Herstal in Auftrag gegeben. Mit dem Kauf erwarb man auch die Genehmigung zur Lizenzproduktion.

Sie begann vermutlich 1930 bei der Staatlichen Gewehrfabrik in Warschau, zu einer Zeit also, da der belgische Vertragspartner seine Lieferungen wie vorgesehen einstellte. Im November des Vorjahrs hatte er 8 500 Stück übersandt, im darauf folgenden Februar den Rest. Während desselben Jahres übernahmen die Militärs auch die ersten 600 Maschinengewehre aus landeseigener Fertigung. Bis August 1939 lieferte der Warschauer Betrieb insgesamt 10 710 Stück, davon die größte Jahresproduktion mit 2 400 Maschinengewehren bereits 1931 und die mit 315 Stück geringste Anzahl im Jahr des Kriegsbeginns.

Damals war das Browning-MG längst zur Hauptwaffe der Infanteriegruppen und besonderer Gruppen von Maschinengewehrschützen bei den Reiterschwadronen avanciert. Die Kavallerie hatte als erste Waffengattung ab März 1930, die Infanterie erst acht Monate später mit der Übernahme begonnen. Etwa zu jener Zeit wurde das Browning-MG in geringer Stückzahl auch an die Panzertruppe, in größeren Mengen an den Grenzschutz und ab Oktober 1938 an Pioniereinheiten ausgegeben. Speziell für die Kavallerie entwickelte man übrigens eine Trage zum Transport der Waffe auf dem Rücken des Reiters.

Nach offiziellen Angaben verfügte die Armee 1934 über 13 009

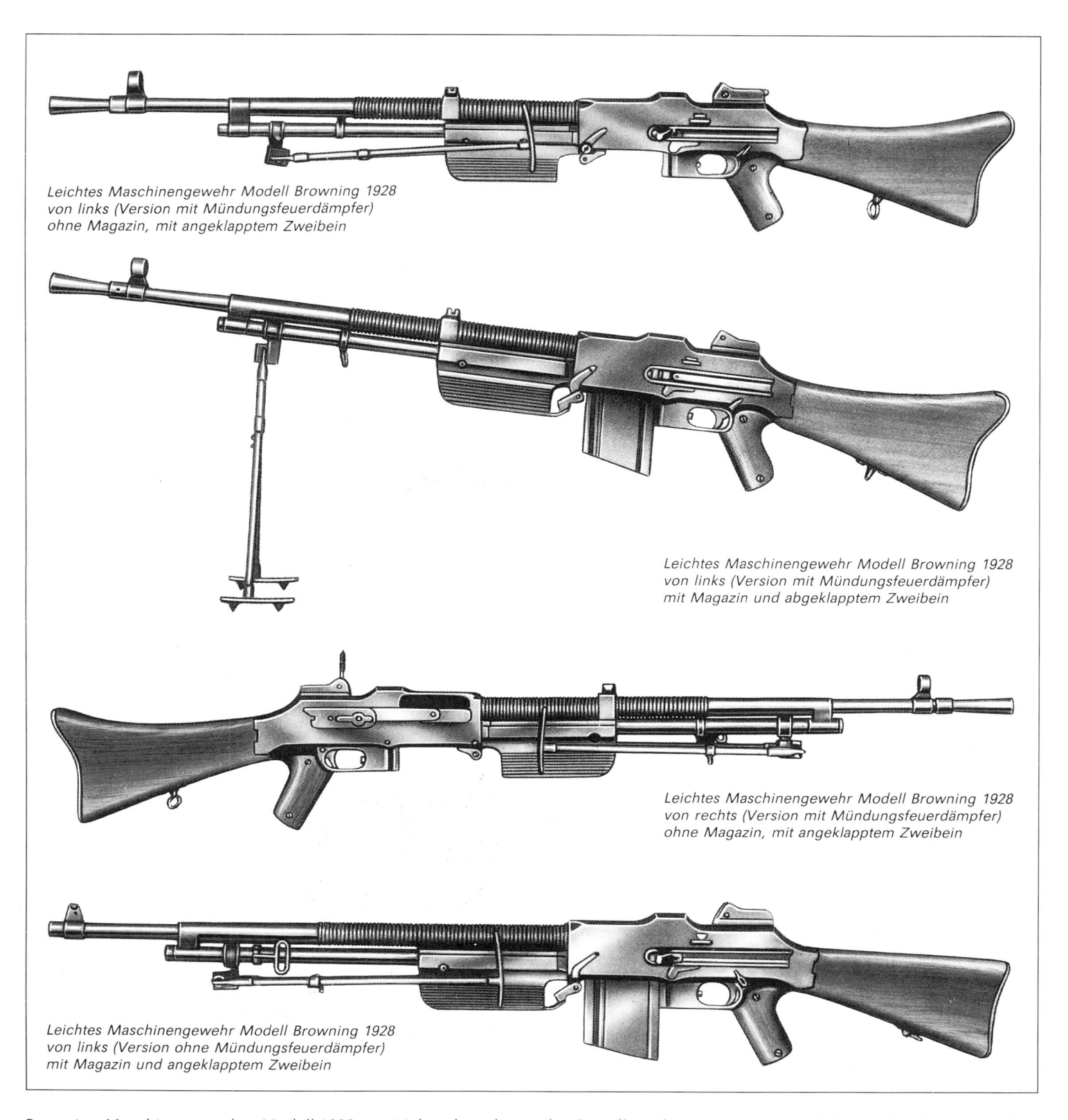

Leichtes Maschinengewehr Modell Browning 1928 von links (Version mit Mündungsfeuerdämpfer) ohne Magazin, mit angeklapptem Zweibein

Leichtes Maschinengewehr Modell Browning 1928 von links (Version mit Mündungsfeuerdämpfer) mit Magazin und abgeklapptem Zweibein

Leichtes Maschinengewehr Modell Browning 1928 von rechts (Version mit Mündungsfeuerdämpfer) ohne Magazin, mit angeklapptem Zweibein

Leichtes Maschinengewehr Modell Browning 1928 von links (Version ohne Mündungsfeuerdämpfer) mit Magazin und angeklapptem Zweibein

Browning-Maschinengewehre Modell 1928, zwei Jahre danach über 17 115 und 1938 schließlich über 19 971 Stück. Der tatsächliche Bedarf von Infanterie und Kavallerie, geschweige denn der der anderen Waffengattungen konnte jedoch nicht gedeckt werden.

Trotzdem hat man solche Maschinengewehre auch ins Ausland geliefert, allerdings nur in der geringen Anzahl von ungefähr 600 Stück. Beim Überfall auf Polen erbeutete Waffen sind von der deutschen Wehrmacht ebenfalls benutzt worden. Sie wurden unter der Bezeichnung 28 (p) offiziell übernommen. Wie viele Maschinengewehre man unter deutscher Besatzung hergestellt hat, ist nicht bekannt. Es liegen nur Informationen darüber vor, daß die Produktion weitergeführt werden sollte.

Das in den USA entwickelte Browning-MG BAR M 1922, das dem belgischen Modell gewissermaßen Pate gestanden hat, wird übrigens auch als automatisches Gewehr bezeichnet. Auf der Grundlage ihrer Linzenzversion haben polnische Konstrukteure ebenfalls eine automatische Handfeuerwaffe entwickelt. Sie stand als Selbstladegewehr M Typ 1938 zur Verfügung. Die Bezeichnung M erhielt der Selbstlader nach seinem Konstrukteur Jósef Maroszek.

Den ersten Prototyp hatte er 1934 anläßlich eines Wettbewerbs in der Warschauer Gewehrfabrik präsentiert, die Testwaffe dann 1936. Das war ein Gasdrucklader mit asymmetrischer Verriegelung. Zwei Jahre später wurden 72 Versuchswaffen für eine Truppenerprobung bestellt. Wie viele man tatsächlich gefertigt hat, ist nicht bekannt, wohl aber, daß sich ein solcher Selbstlader heute in einer Privatsammlung in den USA befindet. In Serienfertigung ist die Waffe nicht hergestellt worden. Der im September 1939 beginnende Krieg hat alle weiteren Versuche gestoppt.

Das leichte MG Modell Browning 1928, eine zuschießende

Waffe, ist ein luftgekühlter Gasdrucklader mit feststehendem Lauf und einem Kniehebelverschluß nach dem Browning-System. Die Pulvergase werden durch eine Bohrung im vorderen Teil des Laufes in den Gaskanal abgeleitet. Der Lauf hat Kühlrippen und zumeist einen trichterförmigen Mündungsfeuerdämpfer. Die Waffe ist für die Mauser-Patrone 7,92 mm eingerichtet. Ihre Munition wird aus einem zweireihigen Trapezmagazin von unten zugeführt und in Einzel- oder Dauerfeuer verschossen. Die Magazinkapazität beträgt 20 Schuß, die praktische Feuergeschwindigkeit 40 S/min bis 60 S/min.

Zur Zielvorrichtung gehören ein Rahmen-Dioptervisier und ein Korn mit schwalbenschwanzförmiger Befestigung. Angeklappt, ist das Visier auf 300 m Entfernung eingestellt, hochgeklappt, von 400 m bis 1 600 m um jeweils 100 m Distanz verstellbar. Für die Bekämpfung fliegender Ziele kann eine entsprechende Visierung installiert werden.

Unter dem Gaszylinder ist ein klappbares Zweibein befestigt. Gegen fliegende Ziele wird das Maschinengewehr auf einem Dreibein montiert. Vor dem Magazin befindet sich ein Handgriff zum Tragen der heißgeschossenen Waffe, hinter dem Abzug ein Pistolengriff und auf der linken Seite des Griffstücks der Feuerwahlhebel, mit dem man die Waffe auch sichern kann. Der Spanngriff ragt links aus dem Gehäuse heraus.

Das Maschinengewehr stand in zwei Ausführungen zur Verfügung: eine Version mit Mündungsfeuerdämpfer, Kornschutz, Kreiskornhalter und langem Kolben; die andere ohne Mündungsfeuerdämpfer, ohne Kornschutz und ohne Kreiskornhalter sowie mit kurzem Kolben. Beide Versionen werden als funktionstüchtige, robuste und treffsichere Waffen bewertet.

Daten: Leichtes Maschinengewehr Modell Browning 1928

Kaliber:	7,92 mm	Patrone:	7,92×57
v_0:	760 m/s	Lauflänge:	610 mm
Länge Waffe:	1 110 mm[1]	Züge/Richtung:	4/r
Feuergeschwindigkeit:	500 S/min	Visierschußweite:	1 600 m
		Einsatzschußweite:	800 m
Munitionszuführung:	Trapezmagazin mit 20 Schuß		
Masse ungeladen:	8,85 kg		
Masse des leeren Magazins:	0,24 kg		

[1]) *Auch mit 1 150 mm (mit langem Kolben) und 1 190 mm (mit Mündungsfeuerdämpfer) angegeben.*

Schweres Maschinengewehr Modell Browning 1930 7,92 mm

Ab 1929 erhielten die polnischen Streitkräfte leichte, ab 1931 schwere Maschinengewehre neuen Typs. Das waren Waffen nach dem Browning-System. Sie wurden teils aus dem Ausland geliefert, teils in Polen in Lizenz hergestellt und sollten die bis dahin geführten alten Modelle ablösen. Vorgesehen war, mit dem leichten MG Modell Browning 1928 (s. dort) die technisch veralteten leichten Maschinengewehre aus Deutschland und Frankreich, das Modell 08/15 bzw. das Modell Chauchat 1915, sowie andere Typen zu ersetzen. Den Platz der schweren Maschinengewehre der drei Systeme Maxim, Hotchkiss und Schwarzlose sollte das schwere Browning-MG Modell 1930 einnehmen.

Die ersten Maschinengewehre schwerer Ausführung hatten die polnischen Streitkräfte kurz nach Wiedergründung des Staates im Jahre 1918 erhalten. Das waren Waffen Modell 08 (s. dort), hergestellt im ehemals kaiserlichen Deutschland, sowie der Typen PM 1905 und PM 1910 aus dem ehemaligen zaristischen Rußland. Zum Teil erbeutete Waffen, stammten sie vorwiegend aus Lagerbeständen der Siegermächte des ersten Weltkriegs. Bis 1921 konnten die polnischen Militärs sie durch Kauf im Ausland ergänzen.

Im August 1922 verfügte die Armee über 3 900 Waffen deutschen und 2 900 Waffen russischen Typs. Allerdings täuschen diese Zahlen über den realen Ausrüstungsstand. Nicht jede Waffe war einsatzfähig. Zahlreiche Maschinengewehre — sie sind während des Krieges benutzt worden — standen mehr in der Werkstatt als bei der Truppe. So mußte man während der folgenden zwölf Monate zum Beispiel 111 Maschinengewehre aus deutscher Fertigung verschrotten.

Da sich die Militärs Ende 1921 für die bald darauf auch im Lande produzierten Mehrlader des Systems Mauser (s. dort) als Standardwaffen des Heeres entschieden hatten, waren sie am Maxim-MG aus Deutschland sehr interessiert. All diese Waffen verschossen Mauser-Patronen 7,92 mm. Für das in Rußland hergestellte Maxim-MG hingegen wurden Mosin-Patronen 7,62 mm benötigt.

Daher nutzte man jede Möglichkeit, den Bestand an Waffen des Modells PM 1910 zu reduzieren und den des Modells 08 zu ergänzen, möglichst mit wenig Kosten. Eine gute Gelegenheit dazu ergab sich 1923/24. Im Austausch Waffe des einen Typs gegen Waffe des anderen erhielt man aus Rumänien 660 und aus Finnland 130 schwere Maschinengewehre Modell 08.

Schweres Maschinengewehr Modell 1910/28

Schweres Maschinengewehr Modell 1925

Polen

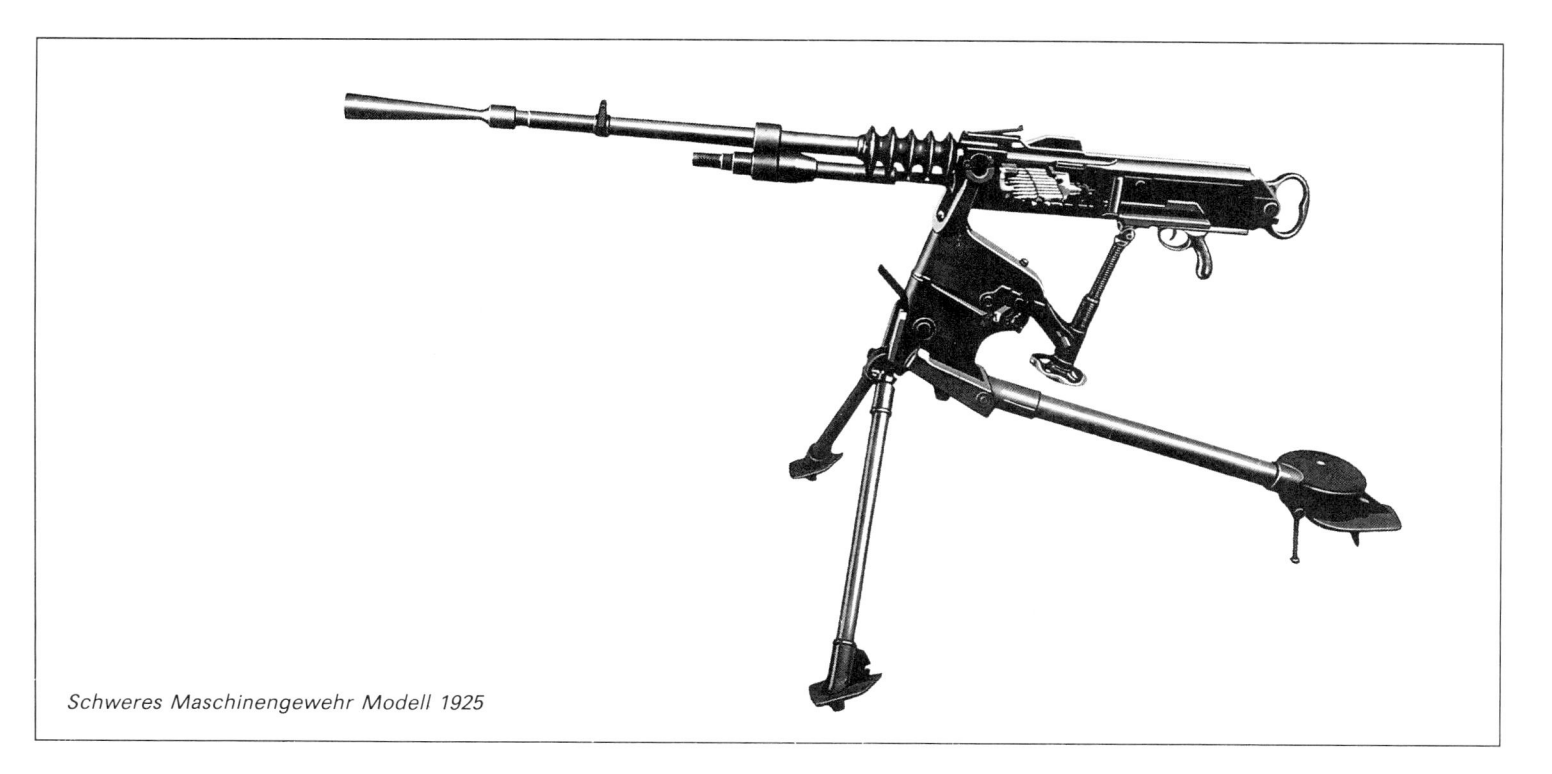

Durch weitere Käufe und Verkäufe verfügte die Armee nach offiziellen Angaben im Juli 1936 schließlich über insgesamt 7 817 einsatzfähige schwere Maschinengewehre beider Typen, davon 5 964 Stück des Modells 08. Die Anzahl der Dreibeinlafetten für diese Waffen war mit 7 050 Stück, davon 5 725 Lafetten für das Maschinengewehr deutschen Typs, etwas geringer. Der MG-Schlitten 08 ist später übrigens für den Einsatz bei der Kavallerie durch ein modifiziertes, eigentlich für das schwere Schwarzlose-MG passendes Stützsystem ergänzt worden. Maschinengewehre des Systems Schwarzlose führten die polnischen Streitkräfte ebenfalls, und zwar das Modell 1907/12 mit 6,5 mm Kaliber.

Mit solchen und den anderen schweren Maschinengewehren waren vor allem Einheiten der Infanterie und Kavallerie, weniger der Artillerie ausgerüstet. In geringer Stückzahl gab man sie später auch an Panzereinheiten und Formationen des Grenzschutzes aus.

Bezüglich der Maschinengewehre aus russischer Fertigung ist eine Erläuterung notwendig: Die meisten der nach dem Kriege übernommenen Waffen vom Typ PM 1905 waren damals nicht direkt aus dem Herstellerland – nach der Oktoberrevolution von 1917 inzwischen Sowjetrußland –, sondern auf einem Umweg nach Polen gekommen. Solche Maschinengewehre hatten deutsche Truppen während der ersten Kriegsjahre erbeutet und aus Mangel an eigenen in ihren Werkstätten vom Originalkaliber 7,62 mm auf das Kaliber 7,92 mm umrüsten lassen. Sie erhielten damals die Bezeichnung schweres MG Modell 05 S. Wie viele davon in Polen geführt wurden und bis wann, ist nicht bekannt. Vermutlich gehörten sie zu jenen Waffen, die Anfang der zwanziger Jahre als erste hatten verschrottet werden müssen.

Über die anderen Maschinengewehre russischen Ursprungs hingegen liegen Informationen vor. Sämtliche im Lande verbliebenen Waffen PM 1910 sind Ende der zwanziger/Anfang der dreißiger Jahre ebenfalls auf das für die Mauser-Patrone passende Kaliber 7,92 mm umgebaut worden. Der Lauf wurde aufgebohrt, die Patronenkammer modifiziert, das Schloß gegen ein solches des MG 08 ausgetauscht. Außerdem veränderte man Wasserkühler, Korn und Visier. Als Stützsystem diente die Originallafette. Aptierte Waffen solchen Typs erhielten in Polen die Bezeichnung Modell 1910/28.

Außerdem gab es seit 1926 auch andere, in ähnlicher Weise umgebaute schwere Maschinengewehre und auf dasselbe Kaliber umgebaute schwere Maschinengewehre. Sie wurden Modell 1925 genannt. In Originalausführung als schweres Hotchkiss-MG Modell 1914 mit 8 mm Kaliber hatte man sie ab 1919/20 in Frankreich gekauft. Wie groß ihre Anzahl damals war, ließ sich nicht ermitteln, wohl aber die bei den polnischen Streitkräften im Jahre 1921 verfügbare Menge: 1 490 Stück. Mitte der zwanziger Jahre wuchs ihre Anzahl um etwa 1 200. Ungefähr 200 Stück davon waren durch Tausch gegen Maschinengewehre Modell PM 1910 mit Estland nach Polen gekommen. Schließlich verfügten die Streitkräfte über insgesamt 3 867 schwere Maschinengewehre des Typs Hotchkiss, davon 1 247 für die Mauser-Patrone 7,92 mm aptierte Waffen.

Sie gehörten zum Bestand von Infanterie und Kavallerie, zum Teil auch von anderen Formationen, bewährten sich allerdings nicht. Solche Maschinengewehre waren nicht funktionssicher, aber sehr schnell defekt. Sie schossen mit schlechtem Trefferergebnis. Trotzdem verblieben sie wie die Originalwaffen und auch die anderen schweren Maschinengewehre bis zum Kriegsbeginn am 1. September 1939 in der Ausrüstung der polnischen Streitkräfte.

Deren Führung hatte schon Mitte der zwanziger Jahre nachdrücklich darauf hingewiesen, daß bei einer künftigen Modernisierung unbedingt das Problem schweres Maschinengewehr zu berücksichtigen sei. Man nahm es dann zwar in Angriff, konnte es jedoch nicht zur Zufriedenheit lösen.

Im Dezember 1927 fand in Warschau ein Wettbewerb statt, bei dem namhafte Firmen mehrerer Länder ihre Waffen vorführten. Die besten Leistungen erzielten US-amerikanische Unternehmen – die Firma Colt's Patent Firearms Manufacturing Corporation aus Hartford, Connecticut, und die Firma Armstrong aus Newcastle, beide mit je einem schweren MG Modell Browning M 1917. Bei einem Vergleichsschießen im Sommer des folgenden Jahres schoß sich das Colt-MG im wahrsten Sinne des Wortes auf den ersten Platz und schlug alle Konkurrenz aus dem Felde.

Über die Verträge sind keine Einzelheiten bekannt, wohl aber über die Aktivität polnischer Konstrukteure bei der Entwicklung einer eigenen Version. Vermutlich wurden nur sehr wenige US-amerikanische Waffen für Versuchszwecke und als gegenständliche Ergänzung der aus Hartford erhaltenen Dokumentation gekauft. Die polnische Fachliteratur berichtet, wie schwierig die Umstellung auf das metrische System war, wie kompliziert die Arbeit der Konstrukteure, um all die zahlreichen, für die vorgesehene Munition vom Typ Mauser 7,92 mm vorgesehenen Veränderungen realisieren zu können.

Das Projekt stand unter Leitung von Fachleuten des Entwicklungsressorts der Staatlichen Gewehrfabrik in Warschau und wurde 1929 begonnen. Zu den Unterschieden im Vergleich zur Originalwaffe gehörten bald ein längerer Lauf mit besserer Arretierung, ein modifizierter Wasserkühler, eine verbesserte Visierung einschließlich der Halterungen für die Zielvorrichtung zur

Polen

Fliegerabwehr sowie konstruktive Veränderungen am Abzugssystem. Die erste Versuchswaffe wurde im Sommer 1930 getestet.

Abgesehen von wenigen Mängeln am Zuführ- und Abzugssystem, muß dieser Prototyp wohl den in ihn gesetzten Erwartungen entsprochen haben. Nur kurz danach gaben die verantwortlichen Militärs ihre Zustimmung zur Serienproduktion und ließen keinen Zweifel an ihrer Absicht, das Maschinengewehr nach erfolgreicher Truppenerprobung als Modell Browning 1930 zur Ordonnanzwaffe erklären zu wollen.

Im Februar 1938 ist sie dann zum Modell 1930 A weiterentwickelt worden. Dabei hat man mehrere Bauteile und Funktionsmechanismen verbessert, zum Beispiel Schlagbolzen, Zubringerfeder, Verschlußbolzen, Abzugsvorrichtung, Laufbefestigung und Haltegriff. Beim Dauertest erwies sich das verbesserte Maschinengewehr als außerordentlich funktionssicher.

Wesentlich komplizierter jedoch war die Entwicklung des Stützsystems, für das man Ingenieure einer Warschauer Waffenwerkstatt verantwortlich gemacht hatte. Sie konstruierten ein als Typ 30 bezeichnetes Dreibein von 29,3 kg Masse, mit zwei vorderen Stützen identischer Länge und einer langen Hinterstütze, alle drei nicht höhenverstellbar. Montiert auf diesem Gerät, feuerte das Maschinengewehr in einem vertikalen Bereich von −38° bis +40°. Rundumbeschuß war gewährleistet, nicht jedoch der Einsatz der Waffe als Fliegerabwehr-MG. Dafür war erst das weiterentwickelte Dreibein Typ 34 von 26,3 kg Masse und einem auf −37° bis +33° reduzierten Vertikalbereich geeignet. Außer der Stütze zur Fliegerabwehr, die sich montierbereit stets am Gerät befand, hatten die Konstrukteure auch einen für den schnellen Stellungswechsel wichtigen Tragegriff installiert.

Den Anforderungen des Gefechts entsprach jedoch erst das Dreibein Typ 36, für dessen Konstruktion der Ingenieur Z. Krotkiewski vier Patente erhielt. Mit nur 17 kg war die Masse entscheidend reduziert worden, bei variabler Höhenverstellbarkeit aller Stützen die Anpassung an jedes Gelände möglich, durch wahlweise Benutzung einer sowohl für den Erdkampf als auch zur Fliegerabwehr verwendbaren Vorrichtung schließlich optimales Manövrieren gewährleistet. Auf einem solchen Stützsystem mit federnder Aufhängung ließ sich das Maschinengewehr für jede Gefechtssituation verwenden.

Erste Versuchswaffen aus einer Nullserie von 200 Stück standen bereits im Frühjahr 1931 zur Verfügung. Da der Truppentest sehr erfolgreich war, erklärten die Militärs das Maschinengewehr zur Standardwaffe. Ab 1931 wurde sie zuerst bei der Infanterie, dann bei anderen Waffengattungen, aber erst ab Januar 1938 auch bei der Kavallerie in Dienst gestellt.

Jede Infanteriedivision sollte 132, jede Kavalleriebrigade 73 Stück erhalten. Das Browning-MG Modell 1930 bzw. seine verbesserte Version 1930 A erreichte nur in den MG-Kompanien der Infanteriedivisionen und den selbständigen MG-Bataillonen tatsächlich den Status einer Standardwaffe. Die beabsichtigte, mit vollständiger Umbewaffnung verbundene Ablösung der anderen schweren Maschinengewehre ließ sich nicht verwirklichen. Sämtliche Typen verblieben also nach wie vor bei der Truppe. Die Industrie – produziert wurde nur in der Staatlichen Gewehrfabrik Warschau – war den Anforderungen nicht annähernd gewachsen. Trotzdem sind 420 schwere Maschinengewehre Modell Browning 1930 nach Rumänien verkauft worden. Über weitere Exporte ist nichts bekannt.

Bis Mai 1939 übernahmen die Streitkräfte 7861 Waffen, die meisten davon 1932 und 1933 mit 2017 bzw. 1396 Stück. Zu dieser Zeit begann man mit der Aussonderung der alten Maschinengewehre, insbesondere der Modelle aus französischer, österreichischer und russischer Produktion. Das konnte allerdings nur im Rahmen des Neuzugangs geschehen, und dieser blieb weit unter den Erwartungen.

Im April 1934 verfügte die Armee über 2863 neue Maschinengewehre, 1936 über 5256, zwei Jahre später über 7699 Stück, davon bereits 120 Waffen des Modells 1930 A. Der Bestand an Stützsystemen entwickelte sich ähnlich: 3787 Stück im Jahre 1936, davon schon 353 Dreibeine Typ 34. Im Frühjahr 1938 gehörten dann 3222 Dreibeine Typ 30 sowie 3980 Typ 34 zur Ausrüstung, und 600 Stück des Typs 36 standen bis Jahresende noch aus.

Das schwere MG Modell Browning 1930 ist ein wassergekühlter Rückstoßlader mit kurz zurückgleitendem Lauf und verriegeltem Verschluß. Die Munition wird aus einem Gurt zugeführt und per Dauerfeuer verschossen. Der Gurt hat die sehr seltene Kapazität von 330 Schuß. Das sind Mauser-Patronen 7,92 mm. Die praktische Feuergeschwindigkeit beträgt 250 S/min, die theoretische 600 S/min.

Der Abzug befindet sich hinten am Schloßkasten. Die Waffe hat einen Pistolengriff und ist auf einem Dreibein montiert. Das hochklappbare Stangenvisier kann bis zu 2000 m Distanz eingestellt werden. Zur Bekämpfung fliegender Ziele wird es gegen ein Kreiskornvisier ausgetauscht. Die Anschlaghöhe ist von 270 mm bis 607 mm verstellbar.

Solche Maschinengewehre wurden bei der Kavallerie auf einem zweiachsigen, dreispännigen Wagen, bei der Infanterie

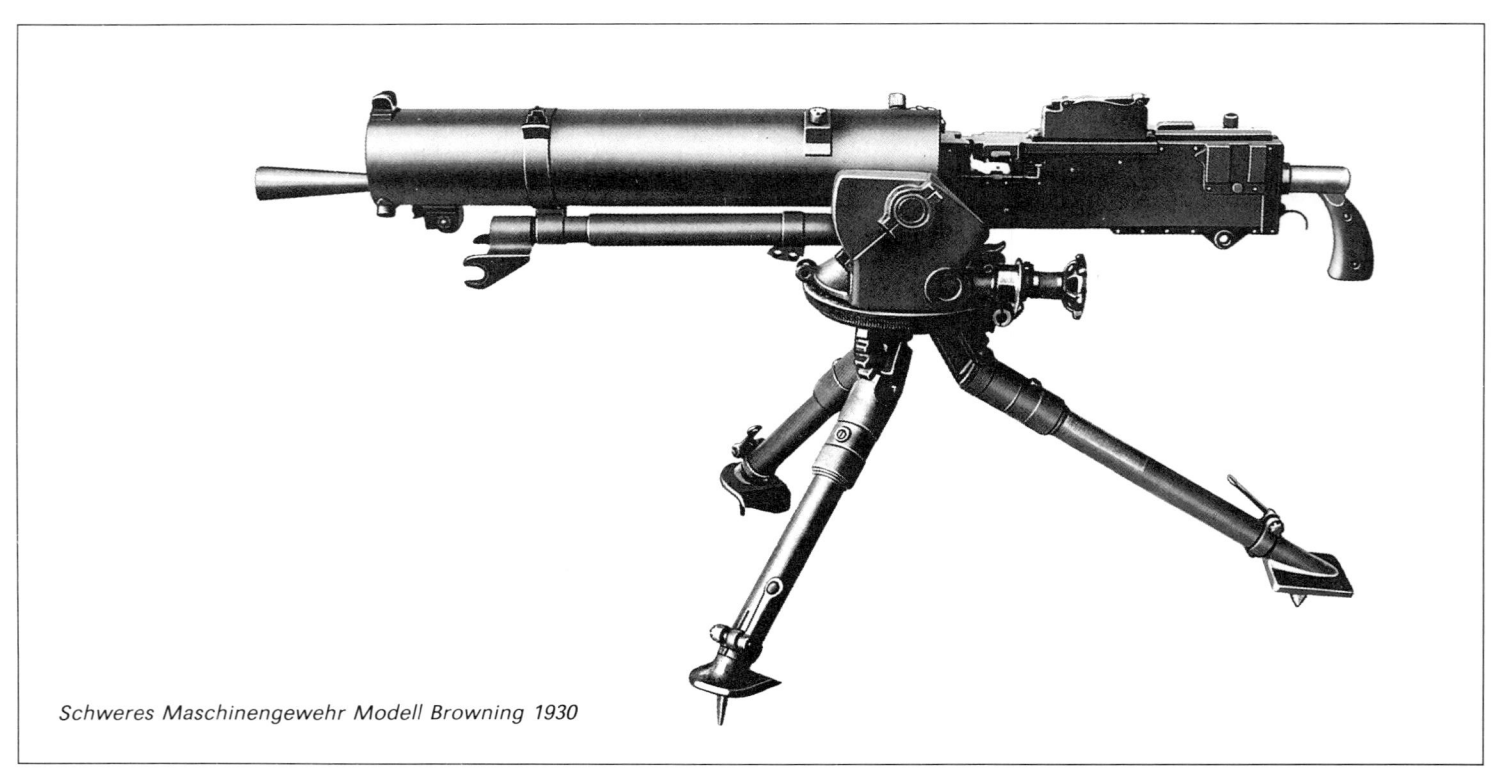

Schweres Maschinengewehr Modell Browning 1930

auf einem einspännigen Karren transportiert, den man auch mit den Munitionskästen und dem Gepäck der Bedienmannschaft belud. An der Rückwand des Karrens befand sich ein Schwenkarm. Dort konnte die Waffe befestigt und auf diese Weise behelfsmäßig gegen fliegende Ziele eingesetzt werden.

Die nach dem zweiten Weltkrieg neugebildete Polnische Armee erhielt leichte und schwere Maschinengewehre zunächst aus sowjetischer Produktion. Ab 1953 wurden die Streitkräfte dann auch im eigenen Lande hergestellten Waffen ausgerüstet. Das waren Lizenzversionen sowjetischer Maschinengewehre, anfangs das leichte MG Modell Degtjarjow DP 1928 bzw. seine verbesserte Version DPM 1944 (s. dort) und das schwere MG Modell Gorjunow SG 1943 (s. dort). Bald darauf kamen das leichte MG Modell Degtjarjow RPD (s. »Schützenwaffen heute«) und ab 1968 das Universal-MG Modell Kalaschnikow PK/PKS sowie dessen Versionen (s. »Schützenwaffen heute«) hinzu. Waffen beider Typen wurden auch in Polen produziert.

Daten: Schweres Maschinengewehr Modell Browning 1930

Kaliber:	7,92 mm	Patrone:	7,92×57
v_0:	845 m/s	Lauflänge:	720 mm
Länge Waffe:	1 200 mm	Züge/Richtung:	
Feuergeschwindigkeit:	600 S/min	Visierschußweite:	2 000 m
		Einsatzschußweite:	1 000 m
Munitionszuführung:	Gurt mit 330 Schuß		
Masse ungeladen:	21,00 kg		
Masse des Dreibeins Typ 30:	29,30 kg		
Masse des Dreibeins Typ 34:	26,30 kg		
Masse des Dreibeins Typ 36:	17,00 kg		
Masse des Kühlwassers:	4,00 kg		

Panzerbüchse Modell 1935 7,92 mm

Beim Überfall deutscher Truppen am 1. September 1939 war Polen ohne Chance, die Niederlage abwenden zu können. Dafür gab es Ursachen, die aus der Fehleinschätzung der politischen, militärischen und ökonomischen Realitäten durch die damalige Führung des Landes resultierten. Sie hatte auf Stärke und Vertragstreue ihrer Bündnispartner Frankreich und Großbritannien gebaut; sie hatte die Aggressionsbereitschaft und Schlagkraft des faschistischen Regimes in Deutschland verkannt; sie hatte schließlich die wirtschaftliche Instabilität des eigenen Landes mit seiner nur schwach entwickelten Industrie ignoriert.

Die Ausrüstung der polnischen Streitkräfte war gewissermaßen ein Spiegelbild dieser Fehleinschätzung und entsprach nicht den Erfordernissen. Das galt für sämtliche Waffengattungen und für den größten Teil der dort geführten Waffensysteme, so auch für die Infanterie. Die eingeleitete Umrüstung auf eine moderne Bewaffnung war nicht zum Abschluß gebracht worden.

Bei konsequentem Handeln hätten dafür Chancen bestanden, sowohl bezüglich Gewehren und Maschinengewehren als auch hinsichtlich Pistolen und Maschinenpistolen, ja sogar, was wirksame Panzerabwehrmittel für die Nahdistanz betraf. Namhafte polnische Konstrukteure hatten sich bei Neu- und Weiterentwicklung von Infanteriewaffen verdient gemacht, und in den Betrieben des Landes war unter großen Schwierigkeiten eine Serienproduktion respektabler Größenordnung organisiert worden.

Entsprachen die weiterentwickelten bzw. modifizierten Infanteriewaffen, zum Beispiel die Mehrlader des Systems Mauser (s. dort), das leichte Browning-MG Modell 1928 (s. dort) und das schwere Browning-MG Modell 1930 (s. dort), dem damaligen internationalen Standard, so gehörten die Selbstladepistole Modell VIS 1935 (s. dort) und die Maschinenpistole Modell Mors 1939 (s. dort) sogar zu den Neuentwicklungen von überdurchschnittlichem Niveau. All diese Waffen waren allerdings nicht in ausreichender Menge verfügbar, und viele Infanteristen mußten sich der deutschen Übermacht mit veralteter Technik erwehren.

Dazu gehörten auch ungeeignete Abwehrmittel gegen Panzer. Während die polnische Infanterie die deutsche Wehrmacht mit nur wenigen Panzerbüchsen bekämpfte, lagerte eine stattliche Anzahl derartiger Waffen in den Arsenalen und fiel dem Feind unbenutzt in die Hände. Das waren Panzerbüchsen einer für die damalige Zeit akzeptablen Konstruktion und von unkomplizierter Funktionsweise.

Anfang der dreißiger Jahre von einem Konstrukteurteam unter Leitung von Oberstleutnant Dr. T. Felsztyn und Ingenieur József Maroszek entwickelt, hatte man mit dem Projekt begonnen, bevor ein offizieller Beschluß vorlag. Obwohl erst am 1. August 1935 gefaßt, konnte die erste Versuchswaffe daher schon im Herbst jenen Jahres getestet werden. Allerdings waren die Tests zunächst nicht erfolgreich. Der im Vergleich zu einem Gewehr um etwa 460 mm längere Lauf – auf Grund der extremen Länge von 1 200 mm erreichte das Geschoß die beabsichtigte hohe Mündungsgeschwindigkeit von ungefähr 1 250 m/s – hielt nur maximal 20 Schüssen stand.

Nach zahlreichen Versuchen, bei denen die Konstrukteure Munitionsparameter und Laufmaterial in nahezu optimale Relation brachten, konnte eine Panzerbüchse mit einer Lebensdauer ihres Laufes bis 300 Schuß konstruiert werden. Der Prototyp des künftigen Panzerabwehrmittels für die Nahdistanz erwies sich beim Test als außerordentlich wirksam. Aus 300 m Entfernung durchschlug das Geschoß bei 30° Auftreffwinkel Panzerplatten von 15 mm Dicke. Der Durchmesser der Einschußöffnung soll beachtlich gewesen sein.

Auf Grund der vielversprechenden Ergebnisse empfahl der zuständige Minister am 25. November 1935 die Übernahme der Panzerbüchse unter einer Tarnbezeichnung in die strukturmäßige Ausrüstung. Im Dezember desselben Jahres erteilte er Order zur Herstellung von fünf Waffen mit je drei Reserveläufen und insgesamt 5 000 Schuß Munition. Sie waren für einen Truppenversuch vorgesehen und sollten im Ausbildungszentrum der Infanterie in Rembertów unter simulierten Gefechtsbedingungen erprobt werden. Auch dabei entsprach die Panzerbüchse im wesentlichen den in sie gesetzten Erwartungen.

So erhielt die Staatliche Gewehrfabrik Warschau den Auftrag zur unverzüglichen Serienproduktion. Bis Mitte Mai 1937 wollte die Armee 1 000 Stück übernehmen. Der Termin wurde zwar nicht gehalten, im Oktober des folgenden Jahres standen der Truppe dann aber 2 000 und im August 1939 etwa 3 500 Stück zur Verfügung. Weitere Panzerbüchsen lagerten zu dieser Zeit für den Mobilmachungsfall und als strategische Reserve in den Arsenalen. Der Gesamtbestand umfaßte 7 610 Stück.

Jede Infanteriedivision, so sah es der Verteilungsplan vor, sollte 92 Waffen erhalten. Die wenigsten von ihnen kamen jedoch in die Ausrüstung, noch weniger davon direkt an den Mann. Obwohl die Armee bereits 1938 beliefert wurde, gab man die einzeln mit drei Ersatzläufen und drei vollen Magazinen in versiegelten Kisten verpackten Waffen erst Anfang des folgenden Jahres an die Regimenter von Infanterie und Kavallerie aus. Allerdings erfolgte dies mit dem ausdrücklichen Hinweis, das Siegel nur auf Ministerbefehl zu entfernen.

Dieser ließ jedoch bis Juli auf sich warten und gestattete dann auch noch das Schießtraining nur einem begrenzten, zu strengstem Stillschweigen verpflichteten Personenkreis. Dazu gehörten außer den Kommandeuren der Infanteriedivisionen und Kavalleriebrigaden, außer den Kommandeuren der Regimenter von Infanterie und Kavallerie sowie deren Stellvertreter, außer schließlich den Bataillons-, Kompanie- und Schwadronskommandeuren lediglich drei Scharfschützen je Infanteriekompanie bzw. je Kavallerieschwadron und ihr Waffenmeister.

Abgesehen von wenigen Ausnahmen, bekamen diejenigen also, die im Ernstfall mit Panzerbüchsen kämpfen sollten, sie vor

Polen

Panzerbüchse Modell 1935 von links

Panzerbüchse Modell 1935 von rechts

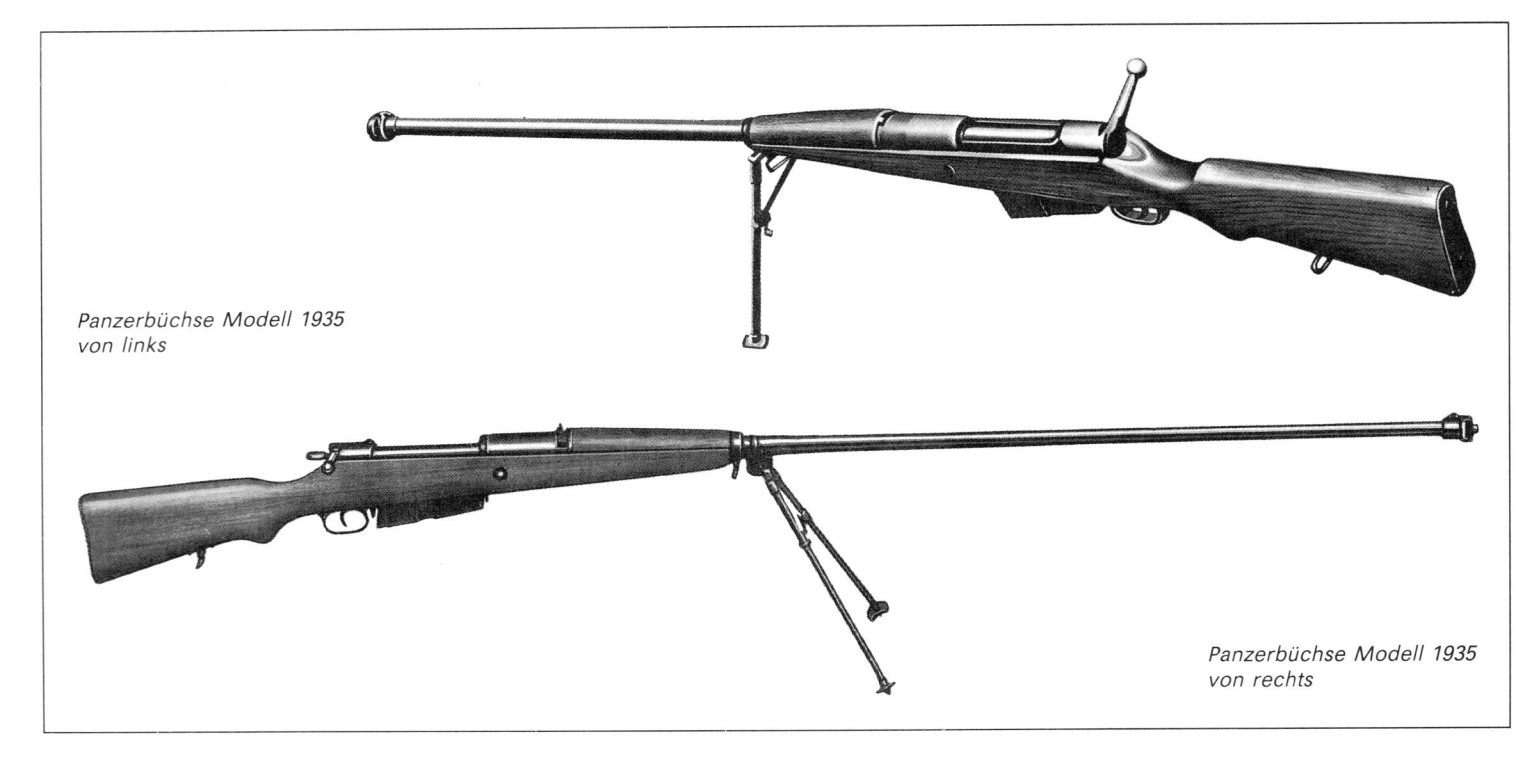

dem Tag, da der zweite Weltkrieg begann, nicht zu Gesicht. Statt eine fundierte Ausbildung zu organisieren, debattierten die verantwortlichen Militärs in den zuständigen Dienststellen monatelang darüber, wie die Waffe von den Infanteristen und wie sie vor allem von den Kavalleristen zu tragen sei – auf der rechten oder der linken Schulter, mit dem Lauf nach oben oder nach unten, ob mit Riemen oder Spezialvorrichtung am Sattel.

Sicher, dies war ein Problem, verbunden auch mit möglichen Änderungen an Ösen und Haltegriffen, jedoch angesichts der von deutscher Seite Woche um Woche in stärkerem Maße ausgehenden Kriegsgefahr ebenso unwichtig wie die ebenfalls noch ungeklärte Frage, wie denn nun eigentlich diese Waffe endgültig zu bezeichnen sei! Zu nennenswertem Einsatz ist die Panzerbüchse auf Grund all solcher Verzögerungen nicht mehr gekommen, jedenfalls nicht auf polnischer Seite, deren Soldaten von ihrer Existenz kaum etwas wußten, geschweige denn mit ihrem Gebrauch vertraut waren.

Die Panzerbüchse Modell 1935 ist ein Mehrlader mit Zylinderdrehverschluß und symmetrischer Zapfenverriegelung. Wie beim Mauser-Gewehr befinden sich zwei Zapfen vorn im Verschluß, ein zusätzlicher hinten. Der Lauf, sehr lang und dünnwandig, hat sechs Züge mit Rechtsdrall und muß nach maximal 300 Schuß ausgewechselt werden. Ein Laufwechsel kann mit dem beiliegenden Spezialschlüssel unter Gefechtsbedingungen innerhalb kurzer Zeit erfolgen. Der Lauf hat einen Mündungskompensator. Er absorbiert etwa 65 Prozent der Rückstoßenergie. Der Schütze verspürt daher den Rückstoß nur geringfügig stärker als den eines Karabiners.

Das auswechselbare Magazin ragt aus dem hölzernen Gewehrschaft heraus und wird von oben gefüllt. Die Kapazität beträgt 3 Schuß. Die Fachliteratur informiert darüber, daß die Waffe auch einzeln geladen werden kann. Man verwendet Spezialpatronen mit starker Treibladung und einem relativ langen, zylindrischen Geschoß. Da seine Flugbahn extrem flach ist, wurde eine feststehende Zielvorrichtung installiert.

Hinten am Verschluß befindet sich ein Ring. Wird er in horizontale Lage gedreht, ist der Schlagbolzen entspannt und die Waffe gesichert. Bei einem Versager zieht der Schütze den Ring nach hinten. Auf diese Weise kann er spannen, ohne die Kammer öffnen zu müssen. Das Zweibein, direkt vor dem Handschutz plaziert, ist klappbar befestigt. Auf dem Marsch wird es nach vorn unter den Lauf geschwenkt, im Gefecht als Stütze benutzt. Aber die Panzerbüchse kann auch ohne Zweibein eingesetzt werden.

Mit einer Durchschlagsleistung von 22 mm Panzerstahl auf 50 m Distanz war sie zu Beginn des zweiten Weltkriegs zur Bekämpfung leichtgepanzerter Gefechtsfahrzeuge noch geeignet. Bezüglich ihrer Einsatzmöglichkeit entsprach sie weitgehend der deutschen Panzerbüchse Modell 39 (s. dort). Sämtliche Waffen, die die deutsche Wehrmacht im September 1939 in Polen erbeutet hatte, wurden in die Ausrüstung übernommen. Sie erhielten die Bezeichnung Panzerbüchse 35 (p), wurden vom Heereswaffenamt offiziell als PzB 770 (p) geführt und sowohl von deutschen als auch von italienischen Truppen benutzt. Als man 1940 die Panzerung von Panzern und Gefechtsfahrzeugen verstärkte, genügten Waffen solchen Typs nicht mehr den Anforderungen.

Interessant ist auch ein weiteres Panzerabwehrmittel polnischer Konstruktion. Es wird teils als überschweres Maschinengewehr, teils als Panzerbüchse bezeichnet und war sowohl für den Einbau in Panzern als auch mit Spezialvisier auf Spezialfafette zur Fliegerabwehr bestimmt, außerdem für den infanteristischen Einsatz verwendbar. Die Modell A 1938 genannte, vom Ingenieur B. Jurek aus der Staatlichen Gewehrfabrik Warschau entwickelte, dann im Mai 1937 erstmals getestete Waffe von 20 mm Kaliber und 57 kg Masse wird in der polnischen Fachliteratur im Vergleich zu den Panzerbüchsen Modell Madsen 1935 (s. dort) aus Dänemark und Modell Oerlikon (s. dort) aus der Schweiz als wesentlich wirksamer bewertet. Aus einer um 200 m größeren Distanz als diese soll sie, so wird informiert, die Panzerung von Gefechtsfahrzeugen durchschlagen haben.

Diese Panzerbüchse ist ein Rückstoßlader mit symmetrischer Verriegelung und kurz zurückgleitendem Rohr, das der Schütze mit wenigen Handgriffen auswechseln kann. Der Rückstoß wird mittels Federsystems und Spezialdämpfers zu einem großen Teil kompensiert. Für Einzel- und Dauerfeuer eingerichtet, erfolgt die Zuführung der Munition aus einem flachen Magazin von 5 oder 10 Schuß Kapazität bzw. aus einem Trommelmagazin, das 15 Patronen faßt. Waffen dieses Typs gehörten zum strukturmäßigen Bestand, allerdings nur in einer Anzahl von 50 Stück, die wenigsten davon als Bordwaffe von Panzern. Hersteller war der Entwicklerbetrieb in der Hauptstadt.

Daten: Panzerbüchse Modell 1935

Kaliber:	7,92 mm	Patrone:	7,92 × 107
v_0:	1275 m/s	Lauflänge:	1200 mm
Länge Waffe:	1760 mm	Visierschußweite:	300 m
Feuergeschwindigkeit:	6 S/min	Einsatzschußweite:	200 m
Durchschlagsleistung:	22/50, 15/100 mm/m		
Masse ungeladen:	9,50 kg		
Masse des Zweibeins:	0,50 kg		

Rumänien

Maschinenpistole Modell Orita 1941 9 mm

Vor dem zweiten Weltkrieg erhielten die Streitkräfte Rumäniens ihre Infanteriewaffen zum überwiegenden Teil aus dem Ausland. Die rumänischen Militärs waren Kunden zahlreicher Waffenfabriken in aller Welt. Die Armee des Landes führte unter anderem von tschechoslowakischen Konstrukteuren entwickelte Infanteriewaffen. Zum größten Teil waren sie aus der Tschechoslowakei importiert, in geringem Umfang aber auch im eigenen Lande hergestellt worden. Dazu gehörten sowohl Mehrlader des Systems Mauser (s. dort) als auch leichte Maschinengewehre Modell ZB 1930. Das war eine Version des leichten MG Modell ZB 1926 (s. dort).

Gewehre und Maschinengewehre dieser Typen wurden in Rumänien ab etwa 1930 produziert. Mit Hilfe tschechoslowakischer Ingenieure hatte man zu dieser Zeit in Cugir eine Waffenfabrik errichtet. Über den Umfang der Produktion ist nichts Definitives bekannt. Die Fachliteratur informiert lediglich über eine Serienfertigung von erheblicher Stückzahl.

Zum Produktionsprogramm gehörten ab Anfang der vierziger Jahre auch Maschinenpistolen. Sie wurden unter der Bezeichnung MPi Modell Orita 1941 bei den rumänischen Streitkräften eingeführt und in einer Anzahl von insgesamt 4 000 Stück in zwei Ausführungen hergestellt: die Grundversion mit festem Holzkolben und bis zur Magazinhalterung reichendem Schaft sowie eine Modifikation mit klappbarer Metallschulterstütze und Pistolengriff. Waffen dieses Typs waren ebenfalls keine Eigenentwicklung. Konstrukteur war der tschechoslowakische Ingenieur Leopold Jašek.

Die MPi Modell Orita 1941 ist ein Rückstoßlader mit feststehendem Lauf und unverriegeltem, gefedertem Masseverschluß. Der Lauf hat weder Mantel noch Kühlrippen. Die Munition wird aus einem von unten einsetzbaren geraden Stangenmagazin von 25 Schuß Kapazität zugeführt und in Einzel- oder Dauerfeuer verschossen. Das sind Parabellum-Patronen 9 mm bzw. Glisenti-Patronen M 10 desselben Kalibers. Bei Einzelfeuer beträgt die praktische Feuergeschwindigkeit 40 S/min, bei Dauerfeuer 120 S/min. Die Waffe hat ein Schiebevisier, das von 100 m bis 500 m Distanz eingestellt werden kann. Für diese Maschinenpistole soll es auch ein Kurvenmagazin für 32 Patronen gegeben haben.

Daten: Maschinenpistole Modell Orita 1941

Kaliber:	9 mm	Patrone:	9 × 19
v_0:	390 m/s	Lauflänge:	287 mm
Länge Waffe:	894 mm	Züge/Richtung:	6/r
Feuergeschwindigkeit:	600 S/min	Visierschußweite:	500 m
		Einsatzschußweite:	200 m
Munitionszuführung:	gerades Stangenmagazin mit 25 Schuß		
	Kurvenmagazin mit 32 Schuß		
Masse ungeladen:	3,46 kg		
Masse des vollen 25-Schuß-Magazins:	0,54 kg		

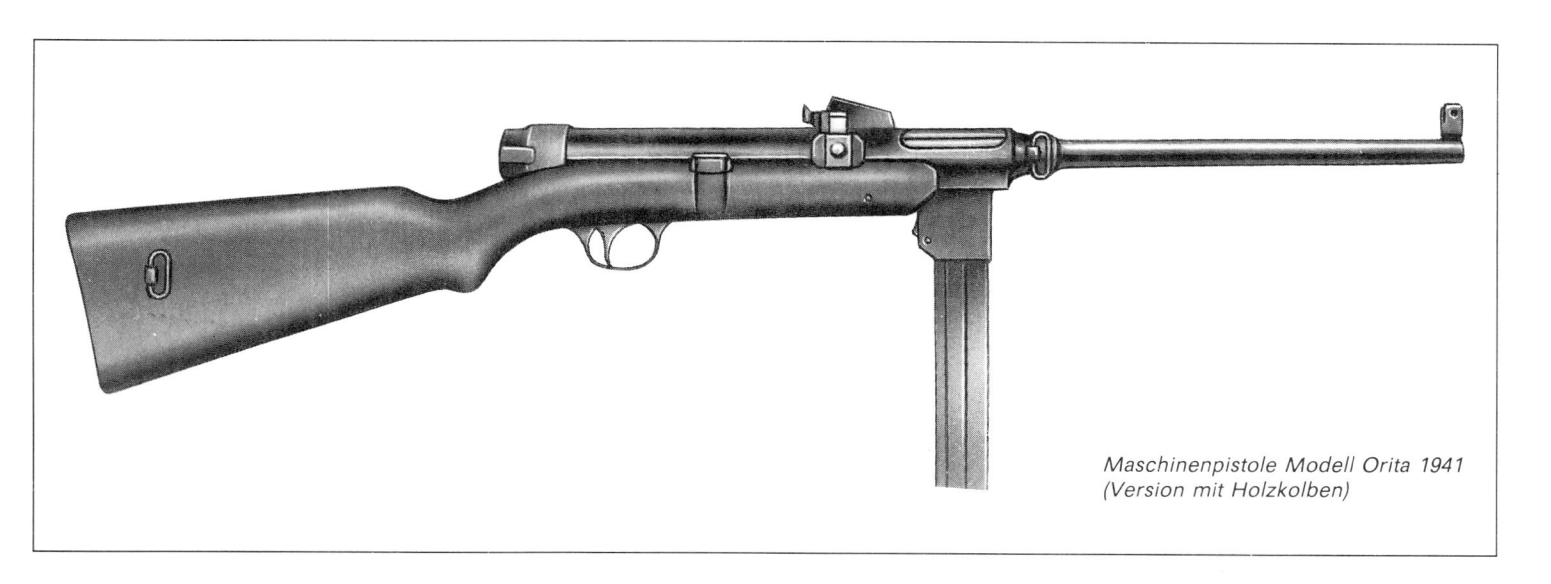

Maschinenpistole Modell Orita 1941 (Version mit Holzkolben)

Schweden

Selbstladepistole Modell 1940 9 mm

Diese Waffe wurde 1940 zur Standardpistole der schwedischen Streitkräfte bestimmt und gehörte in geringer Stückzahl dort noch Ende der achtziger Jahre zur Ausrüstung. Sie löste die nach dem Browning-System konstruierte Pistole Modell 1907 ab, deren Produktion in Schweden aber erst Ende 1942 eingestellt wurde. Die damalige Standardpistole war eine für die Browning-Patrone 9 mm lang eingerichtete Waffe.

Eigentlich wollten die schwedischen Militärs die Walther-Pistole Modell P 38 (s. dort) bzw. einen ihrer Vorläufer aus Deutschland einführen. Ende 1938/Anfang 1939 kaufte man 2 000 Stück und übernahm sie als Modell 1939 offiziell in die strukturmäßige Bewaffnung. Dann stellte die Firma aus Zella-Mehlis ihre Lieferungen ein. Walther-Pistolen wurden für die eigenen Streitkräfte benötigt.

Die schwedische Standard-Faustfeuerwaffe war keine Eigenentwicklung, sondern der Nachbau der Pistole Modell Lahti VKT-L 1935 (s. dort) aus Finnland. Die Produktion erfolgte mit Lizenz der staatlichen Gewehrfabrik Valtion Kivääri Tehdas (VKT). Nach ihrem Konstrukteur Aimo Johannes Lahti wird die Waffe sowohl in Finnland als auch in Schweden oftmals Lahti-Pistole genannt.

Waffen aus der Produktion beider Länder unterscheiden sich auf den ersten Blick kaum voneinander. Konstruktions- und Funktionsprinzip stimmen überein. Auch der sogenannte Schleuderhebel, der beim Verriegeln und Entriegeln die Verschlußteile beschleunigt, ist beibehalten worden. Eine solche konstruktive Besonderheit haben übrigens nur sehr wenige Pistolen. Außer der finnischen und schwedischen Lahti gehört dazu zum Beispiel die Schwarzlose-Pistole Modell 1898.

Bei Pistolen der ersten Serien aus schwedischer Fertigung sind Änderungen nicht feststellbar. Lediglich die Kunststoffgriffschalen haben eine andere Farbe. Bei den finnischen Waffen sind sie braun, bei den schwedischen schwarz. Schwedische Lahti-Pistolen mit braunen Griffschalen gab es nur wenige hundert Stück aus der ersten Serie. Wie das finnische Original haben sämtliche Pistolen aus schwedischer Produktion eine Schiene, an der ein Anschlagkolben befestigt werden kann. Ein solcher Kolben ist bei den schwedischen Streitkräften aber nie benutzt worden.

Zunächst sollten die Waffen in einem speziell dafür zu errichtenden Betrieb hergestellt werden. Um Investitionen zu sparen, entschied man sich 1940 aber anders und vergab schließlich einen Auftrag zur Produktion von 60 000 Stück an die Privatfirma Husqvarna Vapenfabriken AB in Husqvarna. Die ersten Pistolen wurden 1942 an die Streitkräfte geliefert, gingen jedoch bald an den Hersteller zurück. Für Gehäuse und Griffstück hatte er untauglichen Stahl verwendet. Dessen Qualität war so schlecht, daß sich bei zahlreichen Waffen Risse zeigten.

Später wurden einige konstruktive Details modifiziert. Auffälligste Veränderung im Vergleich zum finnischen Modell ist die achteckige Laufwarze. Außer dem Ladeanzeiger, den man bereits nach Auslieferung weniger hundert Stück aus Sicher-

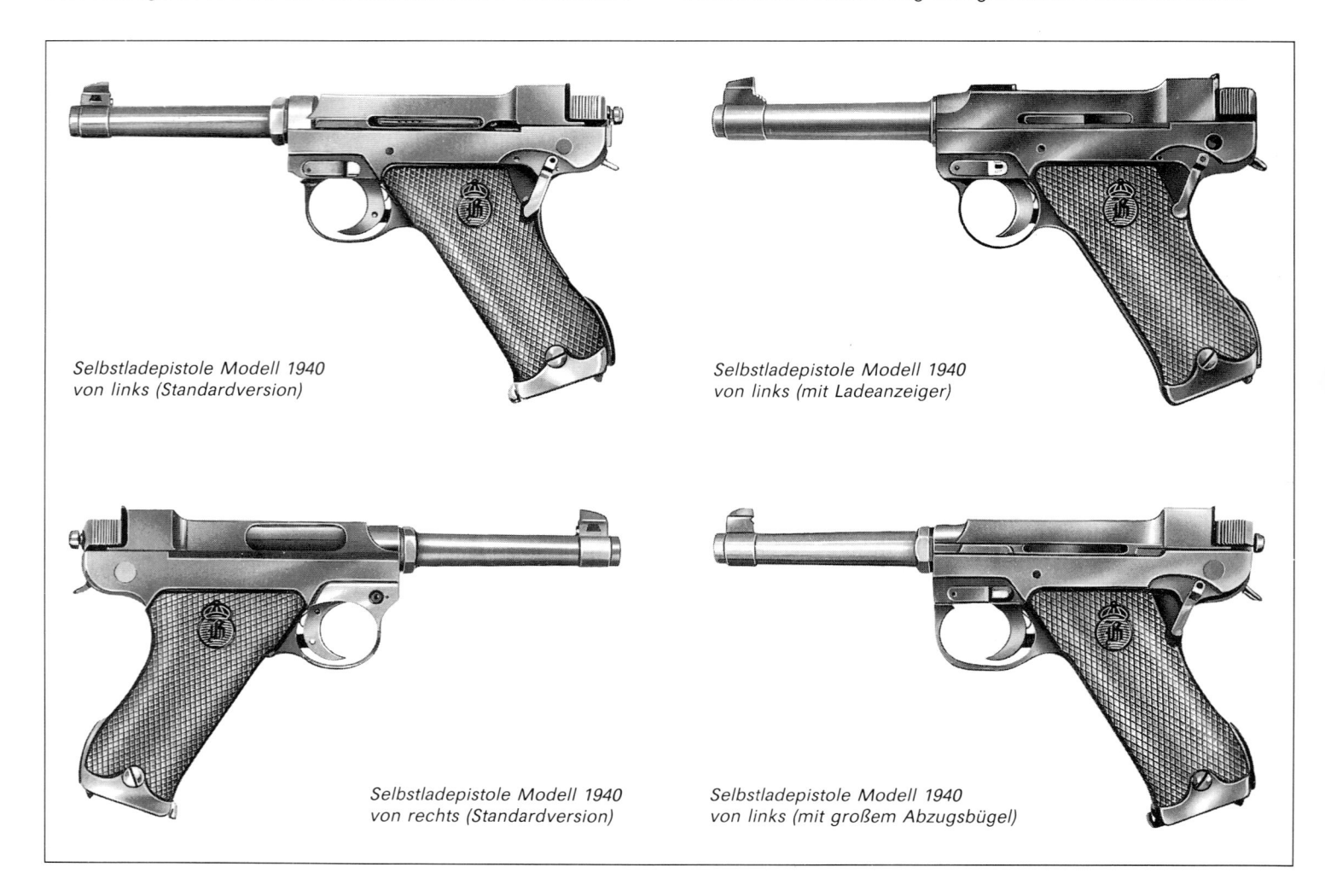

Selbstladepistole Modell 1940 von links (Standardversion)

Selbstladepistole Modell 1940 von links (mit Ladeanzeiger)

Selbstladepistole Modell 1940 von rechts (Standardversion)

Selbstladepistole Modell 1940 von links (mit großem Abzugsbügel)

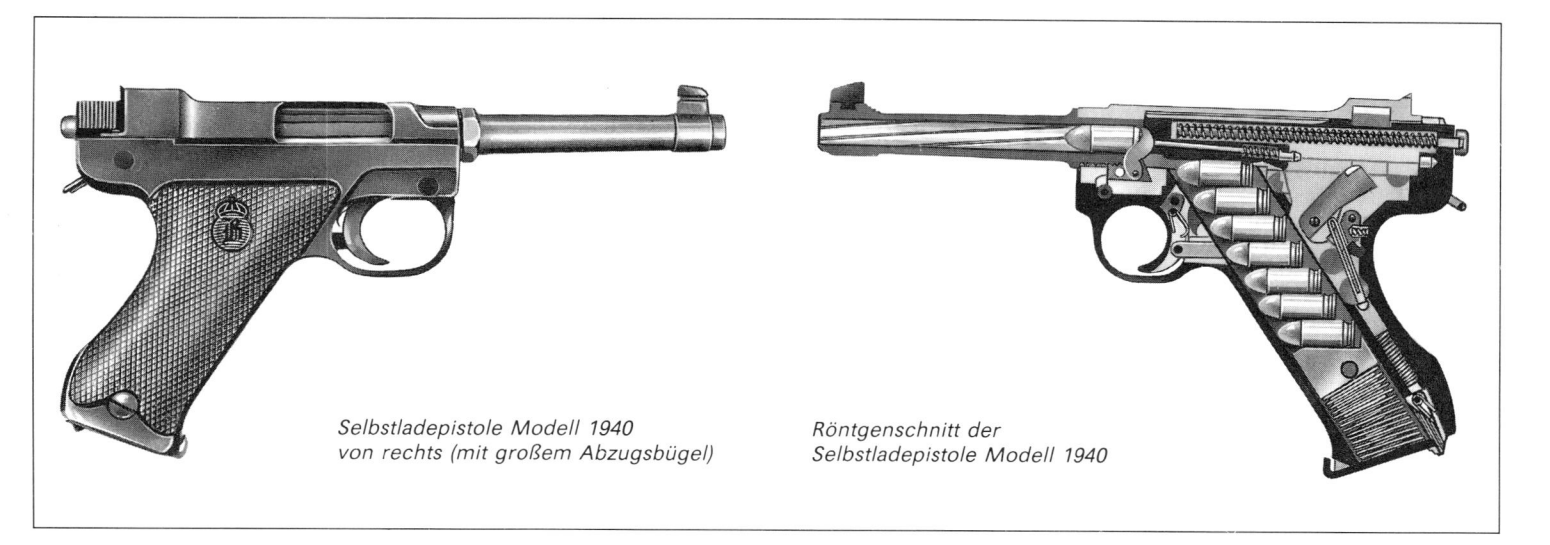

Schweden

Selbstladepistole Modell 1940 von rechts (mit großem Abzugsbügel)

Röntgenschnitt der Selbstladepistole Modell 1940

heitsgründen entfernt hatte, verstärkte der Hersteller das Verschlußgehäuse sowie die Feder des Schlagstücks und rüstete die Pistole mit einem größeren Abzugsbügel aus. Diese Version konnte benutzt werden, wenn der Schütze Handschuhe trug.

Wie viele Pistolen Modell 1940 hergestellt wurden, ist nicht genau zu ermitteln. Man schätzt die Stückzahl auf etwa 100 000. Das wären wesentlich mehr als in Finnland. Nicht alle waren für die schwedischen Streitkräfte bestimmt.

Außer knapp 850 Pistolen für den zivilen Markt fertigte Husqvarna auch ungefähr 500 Stück ohne Abnahmestempel und Firmensymbol. Diese Waffen sollen Ende des zweiten Weltkriegs an norwegische Widerstandskämpfer geliefert worden sein. Hinzu kamen, ebenfalls kurz vor Kriegsende, etwa 2 000 Pistolen für norwegische sowie 4 000 Stück für dänische Armee- und Polizeieinheiten. Die für Dänemark bestimmten Waffen sind dort nach 1945 unter der Bezeichnung Modell 40 S noch einige Jahre bei der Polizei geführt worden. Der genaue Zeitpunkt der Aussonderung ist nicht bekannt.

Daten: Selbstladepistole Modell 1940

Kaliber:	9 mm	Patrone:	9 × 19
v_0:	345 m/s	Lauflänge:	118 mm
Länge Waffe:	240 mm	Züge/Richtung:	6/r
Höhe Waffe:	145 mm	Magazinkapazität:	8 Schuß
Länge Visierlinie:	200 mm	Einsatzschußweite:	50 m
Masse mit leerem Magazin:	1,250 kg		

Maschinenpistole Modell 1937/39 9 mm

Mitte der dreißiger Jahre beschlossen die schwedischen Militärs, ihre Infanterie mit Maschinenpistolen auszurüsten. Das war ein bemerkenswerter Entschluß. Im Gegensatz zur Generalität zahlreicher anderer Länder, die damals noch auf die Maschinenpistole verzichtete, bewies die Führung der schwedischen Streitkräfte militärische Weitsicht. Man suchte nach einem geeigneten Modell und fand es in Finnland. Dort war seit einigen Jahren die von Aimo Johannes Lahti entwickelte MPi Modell Suomi 1931 (s. dort) eingeführt worden.

Die staatliche schwedische Firma Carl Gustafs Stads Gevärsfactori in Eskilstuna erwarb die Genehmigung zur Lizenzproduktion. Unter der Bezeichnung Modell 1937 wurde die Waffe in modifizierter Ausführung hergestellt. Diese Maschinenpistolen verschossen Browning-Patronen 9 mm. Die Waffen wurden mit kürzerem Lauf hergestellt und mit einem längeren Stangenmagazin ausgerüstet. Seine Kapazität betrug 56 Schuß.

Als die schwedischen Militärs kurz danach in Deutschland einige Maschinenpistolen des Typs Bergmann (s. dort) kauften und 2 000 Vorläufer der Walther-Pistole P 38 (s. dort) einführten, entschieden sie sich, für die Maschinenpistolen aus eigener Produktion ebenfalls die Parabellum-Patrone 9 mm zu verwenden. Das Modell 1937 wurde weiterentwickelt und für die zum Standard gewählte Munition eingerichtet. Außerdem veränderte man einige Details der Waffe und vergab deren Serienfertigung an die Privatfirma Husqvarna Vapenfabriken AB in Husqvarna.

Dort wurde der modifizierte Nachbau der Suomi-MPi mit finni-

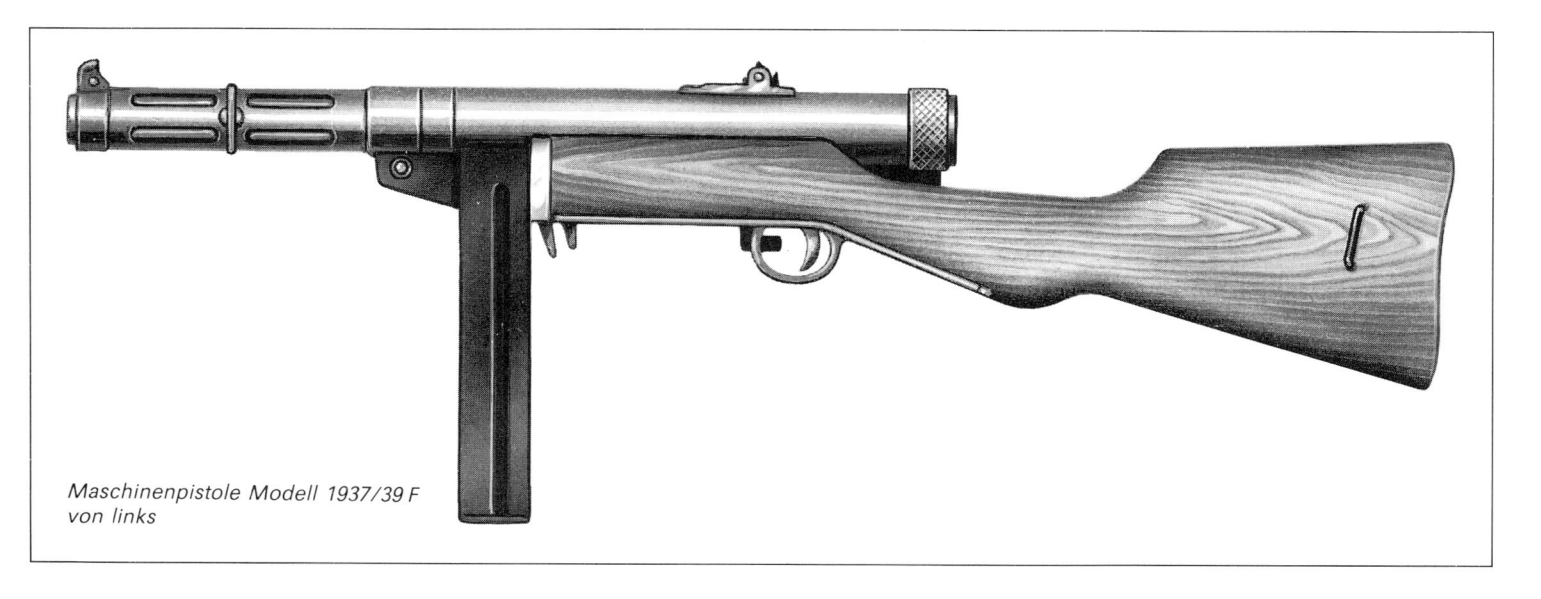

Maschinenpistole Modell 1937/39 F von links

Schweden

Maschinenpistole Modell 1937/39 F von rechts mit Magazin

Maschinenpistole Modell 1937/39 F von rechts ohne Magazin

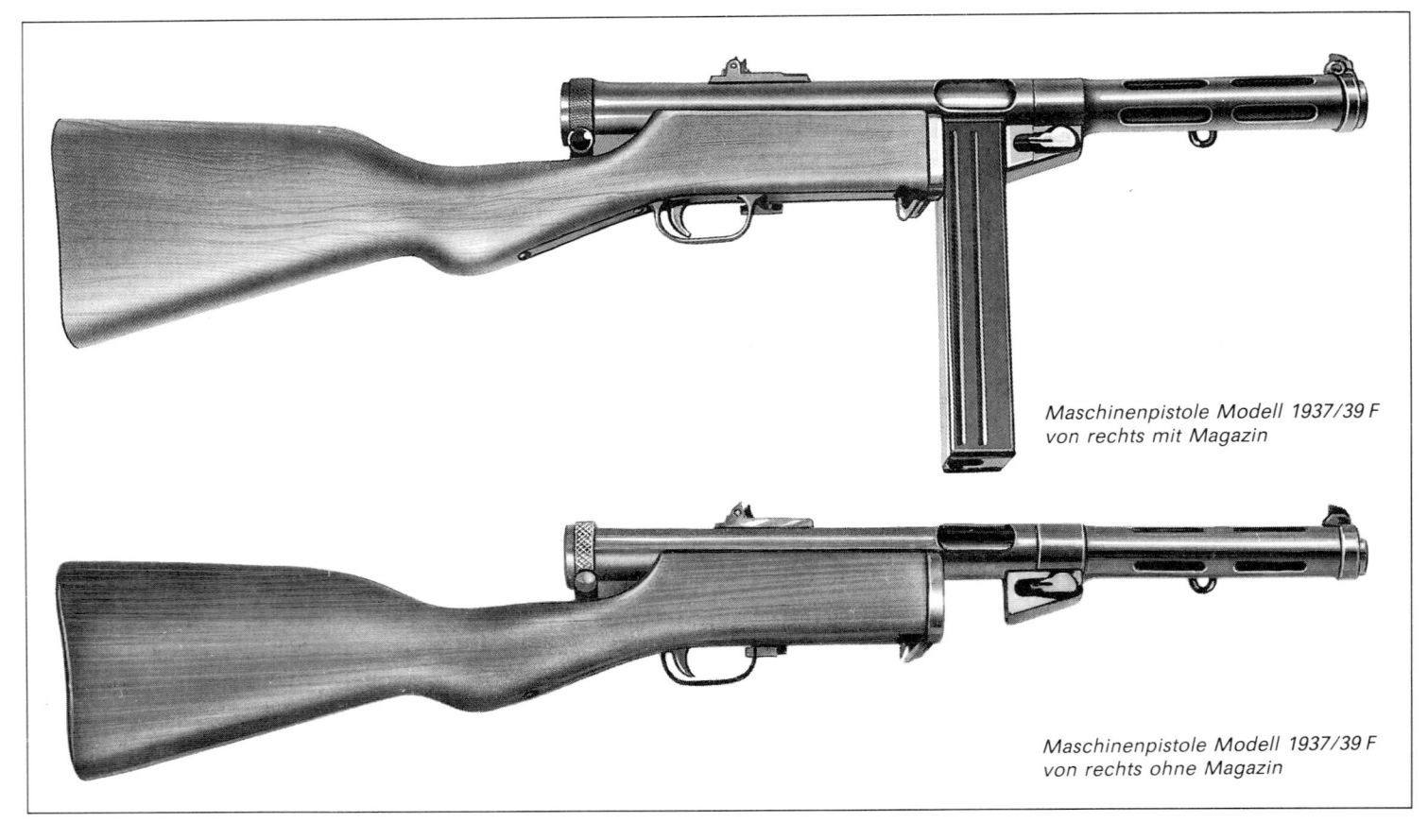

scher Lizenz in zwei Ausführungen hergestellt: mit kurzem Lauf als Modell 1937/39 und mit einem Standardlauf, wie der der finnischen Waffe, als Modell 1937/39 F. Für beide Versionen verwendete man das Stangenmagazin finnischen Typs mit 50 Schuß Kapazität.

Im Unterschied zur Originalwaffe haben die schwedischen Maschinenpistolen der Standardausführung 1937/39 einen um etwa 105 mm kürzeren Lauf mit auf gleiche Länge verkürztem Laufmantel. Da die Einsatzschußweite geringer ist, mußte auch die Visierung angepaßt werden. Weitere Veränderungen – das gilt auch für die Version 1937/39 F – betreffen Spanngriff, Abzugsbügel und Kolben. Der Spanngriff hat keinen Knauf, sondern einen Haken. Der Abzugsbügel ist größer und ermöglicht komplikationsloses Schießen in Handschuhen. Der Holzkolben ist stabiler und hat eine etwas andere Form.

Offenbar waren die Militärs mit der Waffe nicht völlig zufrieden. Ob sich das nur auf die geringe Stückzahl oder auch auf die Konstruktion selbst bezog, konnte nicht festgestellt werden. Während des zweiten Weltkriegs erhielten die Ingenieure der staatlichen Firma in Eskilstuna den Auftrag zur Entwicklung einer für die Massenproduktion geeigneten neuen Maschinenpistole. Ihre Prototypen standen bereits vor 1945 zur Verfügung. Die Serienfertigung begann aber erst nach Ende des Krieges. Als MPi Modell Carl Gustaf 45 bzw. 45 B (s. »Schützenwaffen heute«) bezeichnet, wurde sie sofort in die strukturmäßige Bewaffnung übernommen.

Daten: Maschinenpistole Modell 1937/39

Kaliber:	9 mm	Patrone:	9 × 19
v_0:	340 m/s	Lauflänge:	210 mm
Länge Waffe:	769 mm	Züge/Richtung:	6/r
Feuergeschwindigkeit:	900 S/min	Visierschußweite: Einsatzschußweite:	m 150 m
Munitionszuführung:	gerades Stangenmagazin mit 50 Schuß		
Masse ungeladen:	3,97 kg		
Masse des vollen Magazins:	1,12 kg		

Daten: Maschinenpistole Modell 1937/39 F

Kaliber:	9 mm	Patrone:	9 × 19
v_0:	380 m/s	Lauflänge:	315 mm
Länge Waffe:	871 mm	Züge/Richtung:	6/r
Feuergeschwindigkeit:	900 S/min	Visierschußweite: Einsatzschußweite:	500 m 200 m
Munitionszuführung:	gerades Stangenmagazin mit 50 Schuß		
Masse ungeladen:	4,67 kg		

Mehrladegewehre Modelle 1938, 1896/38 und 1896/41 6,5 mm

Bereits Ende des vorigen/Anfang diesen Jahrhunderts hatten die staatliche Gewehrfabrik Carl Gustafs Stads Gevärsfactori und die Privatfirma Husqvarna Vapenfabriken AB in Husqvarna Mauser-Mehrlader hergestellt. Damals waren dort als Karabiner Modell 1894 bzw. als Gewehr Modell 1896 bezeichnete Mauser-Konstruktionen in Lizenz produziert worden. Mehr als insgesamt 57 000 Waffen beider Typen, geliefert von den Mauser-Werken in Oberndorf, gehörten zu dieser Zeit schon zur Ausrüstung der Streitkräfte des Landes.

Kurz vor dem zweiten Weltkrieg wurden sie mit modifizierten Mehrladern des alten Systems ausgestattet. Das eine Gewehr nannte man offiziell Modell 1938, das andere in Anlehnung an die Grundversion Modell 1896/38. Diese Waffen verschossen schwedische Mauser-Patronen M 96 mit den Abmessungen 6,5 × 55.

Die zuerst erwähnte Version wurde bis Mitte der vierziger Jahre von der Firma Husqvarna hergestellt. Man hatte das Mauser-Gewehr von 1896 zu einem Kurzgewehr modifiziert und geringfügig verändert. Die neu entstandene Waffe ist mit etwa 1 120 mm Gesamtlänge ungefähr 140 mm kürzer. Sie hat einen abgeschrägten oder gebogenen Kammerstengel und ein Visier kürzerer Reichweite, dessen Skaleneinteilung bei 100 m beginnt.

Die andere Version ist keine komplette Neuanfertigung, sondern eine umgerüstete Ausführung des alten Gewehrs. Ein Teil der Waffen war in den Betrieb zurückgeholt worden. Man ver-

Schweden

Mehrladegewehr Modell 1938

Mehrladegewehr Modell 1896/38

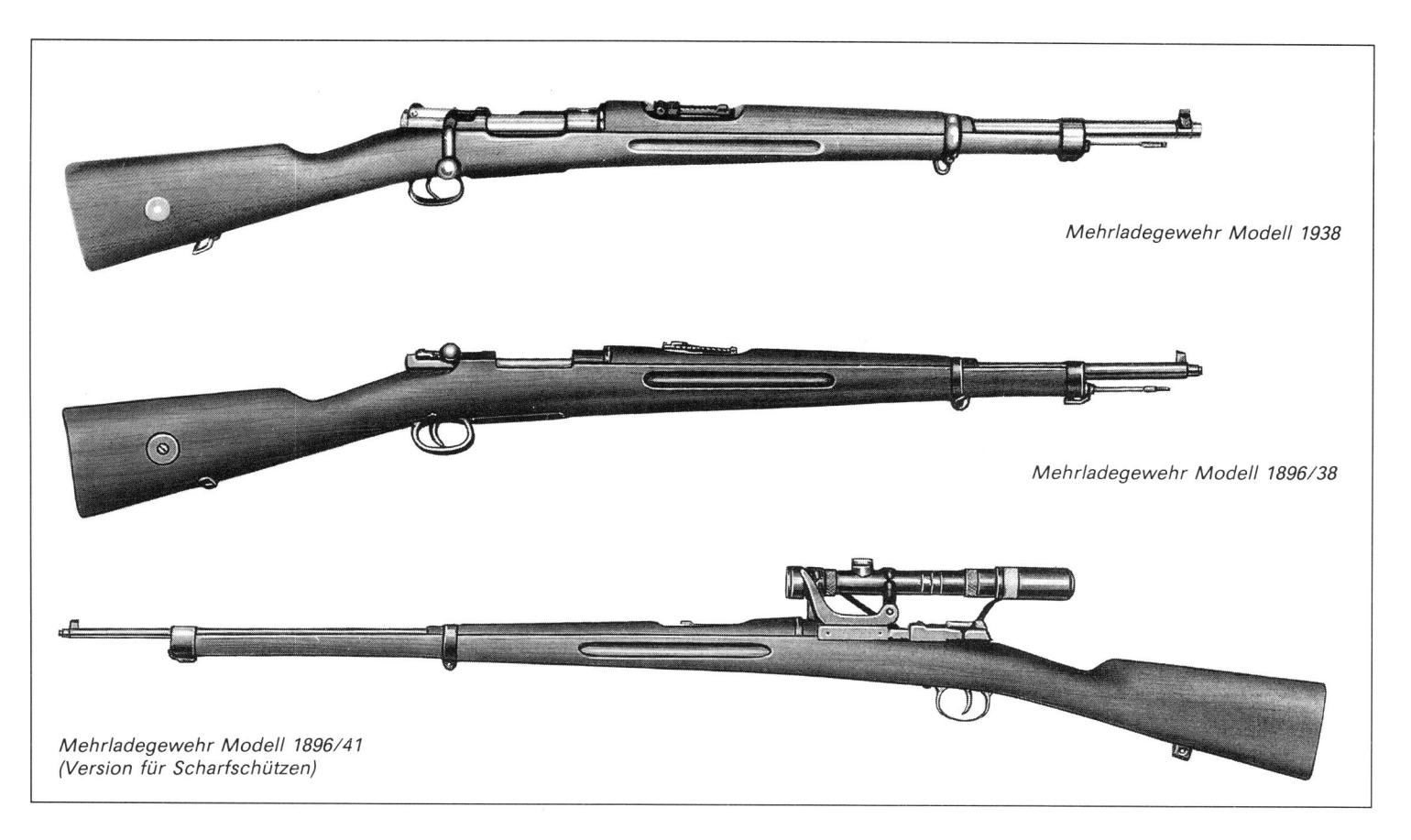

Mehrladegewehr Modell 1896/41 (Version für Scharfschützen)

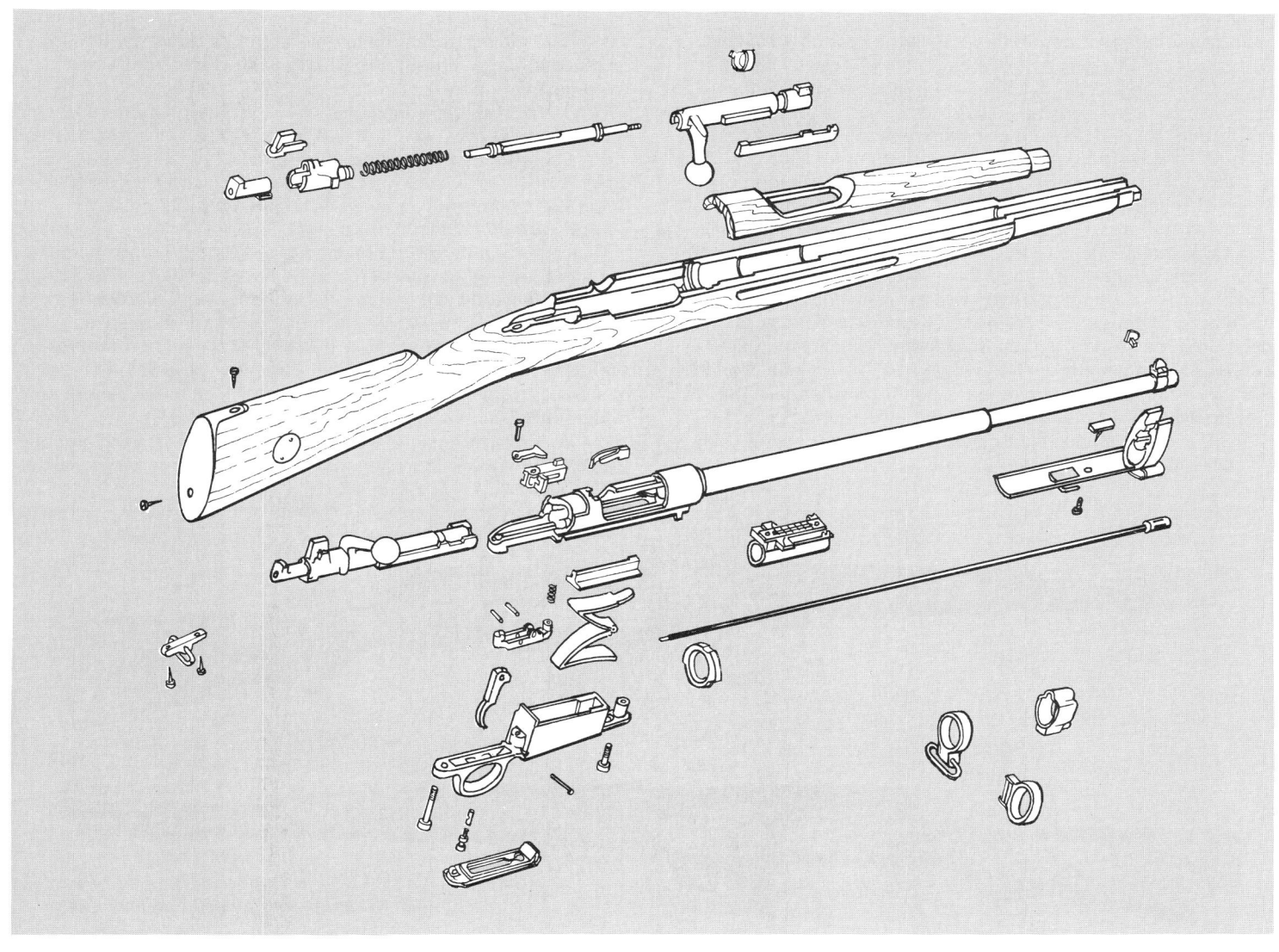

Explosionszeichnung des Mehrladegewehrs Modell 1896/38

kürzte den alten Lauf oder setzte einen kürzeren neuen ein, veränderte das Visier und bei manchen Gewehren auch die Schäftung. Der gerade Kammerstengel des Mauser-Modells 1896 blieb aber erhalten.

Drei Jahre später wurden ausgesuchte alte Gewehre zu Waffen für Scharfschützen umgerüstet und danach als Modell 1896/41 bezeichnet. Um das Zielfernrohr montieren zu können, erhielten sie einen gebogenen oder abgeschrägten Kammerstengel. Für die ersten Scharfschützengewehre wurden Zielfernrohre mit vierfach vergrößernder Optik aus deutscher Produktion ausgewählt. Ab 1942 montierte man schwedische Zielfernrohre, die dreifach vergrößerten.

Die meisten Mauser-Gewehre konnten mit einem Messerbajonett komplettiert werden. Es war von demselben Typ, den man für das Selbstladegewehr Modell Ljungman 1942 B (s. dort) benutzte. Der Lauf mancher Waffen hat ein Gewinde zum Aufschrauben einer Platzpatronendüse. Interessant ist die Tatsache, daß Mauser-Gewehre aus schwedischer Produktion Anfang des zweiten Weltkriegs nach Finnland geliefert wurden. Auch Dänemark erhielt solche Mehrlader, allerdings erst nach 1945.

Obwohl die schwedischen Streitkräfte 1942 das Ljungman-Selbstladegewehr eingeführt hatten, gehörten Mehrlader des Systems Mauser bis Ende der siebziger/Anfang der achtziger Jahre zur Ausrüstung, 1976 noch 340 000 Stück.

Selbstladegewehr Modell Ljungman 1942 B 6,5 mm

Hatte sich die Führung der schwedischen Streitkräfte 1937 mit der Übernahme einer Maschinenpistole bereits am waffentechnischen Fortschritt orientiert, so tat sie 1942 einen weiteren Schritt in diese Richtung. Damals wurde das Selbstladegewehr Modell Ljungman 1942 B als Ordonnanzwaffe eingeführt. Allerdings dauerte es noch vier Jahrzehnte, bis die Mehrladegewehre und -karabiner des Mauser-Systems, unter ihnen zum Beispiel die Ende der dreißiger/Anfang der vierziger Jahre modifizierten Modelle 1938, 1896/38 und 1896/41 (s. dort), abgelöst werden konnten.

Die Ablösung begann zwar 1964 mit der Einführung des Schnellfeuergewehrs Modell AK 4 (s. »Schützenwaffen heute«), wurde aber erst abgeschlossen, als Schnellfeuergewehre Modell FFV 890 C (s. »Schützenwaffen heute«) in ausreichender Anzahl zur Verfügung standen. Das war nicht vor Mitte der achtziger Jahre.

Während des zweiten Weltkriegs hatten die schwedischen Konstrukteure Ljungman und Eklund mit der Entwicklung des Selbstladers begonnen. Nach nur einem Jahr vorgestellt, wurde er als Modell 1942 von den Militärs akzeptiert, allerdings mit der Forderung, für den Gastubus Spezialmaterial zu verwenden. Solches Material wurde für die Serienwaffe benutzt. Einziger Unterschied zur Erstversion: Die Ausführung 1942 B hat einen rostfreien Gastubus.

Gewehre dieses Modells wurden bei der staatlichen Waffenfabrik Carl Gustafs Stads Gevärsfactori in Serienfertigung hergestellt. Über Stückzahlen ist nichts bekannt. Die Fachliteratur informiert über eine Produktion von für schwedische Verhältnisse beachtlichem Umfang. Auch Lizenzen wurden vergeben, nach Dänemark und Ägypten. In Dänemark stellte man die bereits begonnene Produktion wieder ein, als sich die Militärs des Landes gegen das Ljungman-Gewehr entschieden. Die Geschäftsbeziehung mit Ägypten hingegen führte zum Erfolg.

Nach dem zweiten Weltkrieg wurde dort unter Leitung schwedischer Ingenieure ein neuer Betrieb aufgebaut, wo man Ljungman-Gewehre in modifizierter Ausführung mit 7,92 mm Kaliber als Modell Hakim 42/49 (s. »Schützenwaffen heute«) herstellte. Später fertigte man dort mit dem Modell Raschid (s. »Schützenwaffen heute«) Infanteriewaffen, die nach demselben Verschlußsystem funktionieren.

Das Selbstladegewehr Modell Ljungman 1942 B ist ein Gasdrucklader mit Kippverschluß. Gasdrucksystem und Verschluß sind von besonderer Konstruktion, die nicht häufig angewandt wird. Dieses Gasdrucksystem bietet den Vorzug eines geringen Bedarfs an Einzelteilen, hat aber den Nachteil erhöhter Korrosions- und Verschmutzungsgefahr. Der Verschluß hingegen ist vor Verschmutzung weitgehend geschützt.

Die Pulvergase werden nicht über ein Gestänge indirekt, sondern durch ein Röhrchen direkt auf den Verschlußträger geleitet. Er wird nach hinten gestoßen und schiebt dann den Verschluß aus seinem Lager im Gehäuse. Verschlußträger und Verschluß gleiten zusammen weiter zurück, wobei die Schließfeder zusammengepreßt, die Hülse ausgeworfen, der Schlaghahn gespannt wird.

Der Verschluß befindet sich nicht im, sondern auf dem Verschlußgehäuse, das lediglich den unteren Teil des Verschlusses führt. Beim Rücklauf schiebt sich der Verschlußträger unter einen Verschlußdeckel, wo die Schließfeder und als Verschlußhebel funktionierende Nocken installiert sind. Mit diesem Deckel wird der Verschluß betätigt.

Das Zuführen der Munition erfolgt aus einem Trapezmagazin, das von unten eingesetzt wird. Seine Kapazität beträgt 10 Schuß. Das sind schwedische Mauser-Patronen 6,5 mm. Sie werden einzeln oder mit Clip in das Magazin eingeführt. Um laden zu können, muß der Schütze den Verschlußdeckel über den Verschlußträger nach vorn schieben. Dabei wird die Schließfeder gespannt und danach zusammen mit dem Verschlußträger nach hinten gezogen.

Ist das Gewehr gesichert oder das Magazin leer, verbleibt der Verschluß in geöffneter Stellung. Entfernt man das Magazin

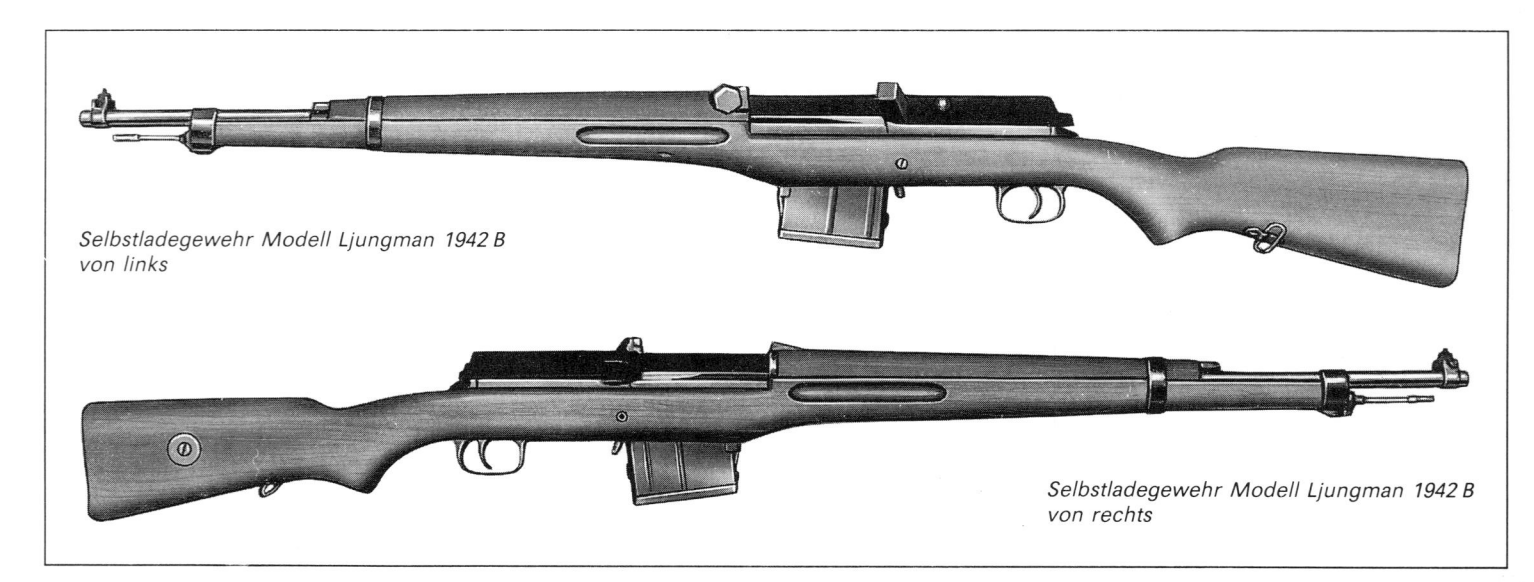

Selbstladegewehr Modell Ljungman 1942 B von links

Selbstladegewehr Modell Ljungman 1942 B von rechts

oder ist die Waffe feuerbereit, schnellt er nach vorn. Die Sicherung befindet sich hinter dem Verschlußdeckel. Zum Entsichern wird sie nach links geschwenkt. Das Visier kann von 100 m bis 700 m Entfernung eingestellt werden.

Das Ljungman-Gewehr ist eine relativ schwere und lange Waffe mit einem auffallend großen, fast rechteckigen Verschluß. Fachleute loben die ruhige Lage beim Schießen und die Schußpräzision.

Daten: Selbstladegewehr Modell Ljungman 1942 B

Kaliber:	6,5 mm	Patrone:	6,5 × 55
v_0:	750 m/s	Lauflänge:	620 mm
Länge Waffe:	1 220 mm	Züge/Richtung:	6/r
Feuergeschwindigkeit:	40 S/min	Visierschußweite:	700 m
		Einsatzschußweite:	600 m
Munitionszuführung:	Trapezmagazin mit 10 Schuß		
Masse ungeladen:	4,60 kg		

Leichtes Maschinengewehr Modell Browning 1921 6,5 mm

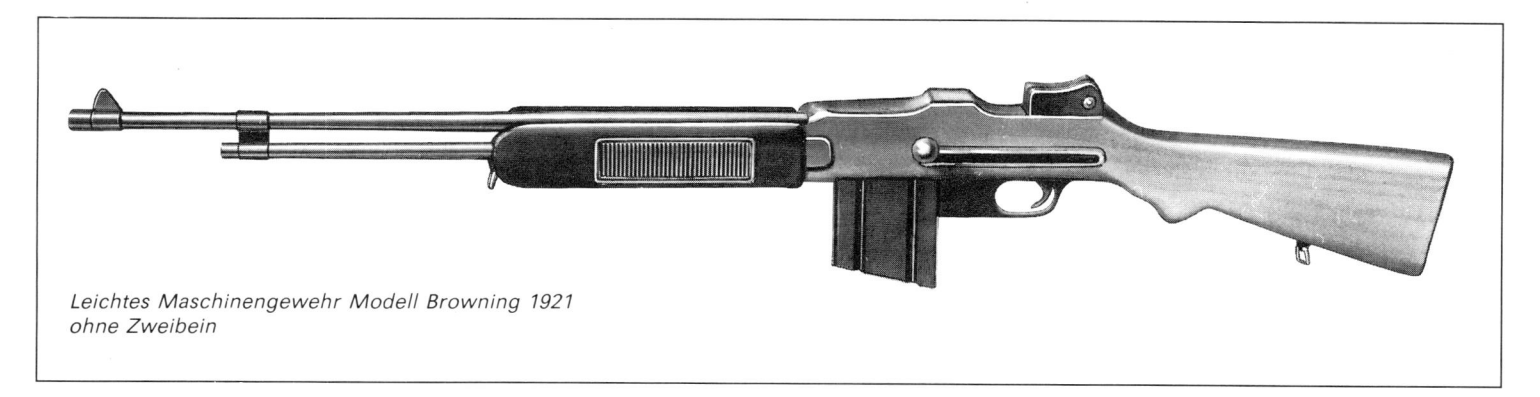

Leichtes Maschinengewehr Modell Browning 1921 ohne Zweibein

Dieses Modell ist keine Eigenentwicklung schwedischer Konstrukteure, sondern ein modifizierter Nachbau des US-amerikanischen leichten MG Modell BAR M 1918. Die Veränderungen sind geringfügig. Im wesentlichen beschränken sie sich auf das andere Kaliber und die bei der Originalwaffe in ihrer Erstausführung nicht installierte Schloßsicherung. Das schwedische Maschinengewehr wurde mit einer solchen Einrichtung ausgestattet.

Obwohl die Lizenzversion den besonderen klimatischen Bedingungen in Schweden nicht speziell angepaßt war, haben sich Waffen solchen Typs auch in Schnee, Eis und Kälte so gut bewährt, daß sie auch dann noch in der Ausrüstung verblieben, als die Militärs des Landes Mitte der dreißiger Jahre in begrenztem Umfang eine Reform ihrer Heeresorganisation einleiteten.

Damals orientierten sie sich zum Beispiel auf die leistungsstarke Pistole Modell Lahti VKT-L 1935 (s. dort) aus Finnland, die bald darauf als Pistole Modell 1940 (s. dort) übernommen und produziert wurde. Sie rüsteten die Infanterie auch mit der im Lande hergestellten MPi Modell 1937/39 (s. dort) aus. Das war ebenfalls eine finnische Konstruktion, der Nachbau der MPi Modell Suomi 1931 (s. dort). In diesem Zusammenhang hatte man sich sogar für eine neue Munitionsart entschieden. Nach einigen Schwierigkeiten war die Parabellum-Patrone 9 mm zur Ordonnanz erklärt worden.

Bezüglich ihrer Mehrlader und Maschinengewehre hielten die schwedischen Militärs allerdings an der schon traditionellen Patrone 6,5 mm fest, jedenfalls im Prinzip. Nur das schwere MG Modell Browning 1936 (s. dort) stand außer für die Standardmunition auch in einer Ausführung für die Mauser-Patrone 7,92 mm zur Verfügung.

Diese war in Schweden übrigens nicht unbekannt. Man hatte sie schon für einige schwedische Maschinengewehre des Typs Schwarzlose benutzt, die Anfang der dreißiger Jahre in geringer Stückzahl aus der Tschechoslowakei als umgebaute Version Modell 1924 (s. dort) durch Import ins Land gekommen waren. Das schwere Schwarzlose-MG mit 6,5 mm Kaliber wurde in Schweden Modell 1914, seine verbesserte Ausführung Modell 1914/29 genannt. Die Bezeichnung Modell 1914/29 erhielten dann wohl auch die Maschinengewehre aus tschechoslowakischem Import. Vermutlich sind sie bis Ende der dreißiger Jahre in den Reservebestand übernommen worden.

Daß man für das leichte Browning-MG Modell 1921 die ballistisch schwache schwedische Munition mit dem relativ kleinen Kaliber benutzte, erwies sich für solche Waffen als eindeutiger Nachteil. Hinzu kamen der geringe Patronenvorrat und die mit 40 S/min bis 60 S/min relativ niedrige praktische Feuergeschwindigkeit. Trotzdem zählten diese Maschinengewehre noch während des zweiten Weltkriegs, aus dem sich Schweden heraushalten konnte, zur Hauptbewaffnung der Infanterie- und Kavalleriegruppen des Landes. Anfang des Krieges, während der Jahre 1939/40, wurde sogar eine geringe Stückzahl nach Finnland geliefert.

Das leichte MG Modell Browning 1921 ist ein luftgekühlter Gasdrucklader mit feststehendem Lauf und starr verriegeltem Verschluß. Sein Kniegelenkstück öffnet nach oben. Die Waffe schießt Einzel- oder Dauerfeuer. Ihre Munition wird aus einem Trapezmagazin von unten zugeführt. Seine Kapazität beträgt 20 Schuß.

Hinter dem Magazinschacht befindet sich der Abzug. Auf Grund eines zum Pistolengriff geformten Halses des Holzkolbens kann ihn der Schütze handhabungssicher bedienen. Vor dem Magazin wurde ein Handschutz aus Holz installiert, der sowohl den Lauf als auch den darunter plazierten Gaszylinder umgibt – den Gaszylinder etwa zur Hälfte, den Lauf zu einem Drittel.

Die Waffe ist mit einem Rahmendioptervisier und zusätzlich mit einem Hilfskorn für den Schuß auf 100 m Distanz ausgerüstet. Das Visier kann von 200 m bis 1 200 m Entfernung eingestellt werden. Sämtliche Waffen haben ein klappbares Zweibein, wurden aber auch ohne Stützsystem benutzt. Ist das Zweibein dem Schützen auf dem Marsch hinderlich, kann er es abnehmen.

Daten: Leichtes Maschinengewehr Modell Browning 1921

Kaliber:	6,5 mm	Patrone:	6,5 × 55
v_0:	680 m/s	Lauflänge:	610 mm
Länge Waffe:	1 110 mm	Züge/Richtung:	
Feuergeschwindigkeit:	400 S/min	Visierschußweite:	1 200 m
		Einsatzschußweite:	800 m
Munitionszuführung:	Trapezmagazin mit 20 Schuß		
Masse geladen:	9,30 kg		

Schweden

Schwere Maschinengewehre Modell Browning 1936 6,5 mm und 7,92 mm

Nach dem Browning-System konstruierte schwere Maschinengewehre gehörten während des zweiten Weltkriegs zur Ausrüstung der Infanterie zahlreicher Länder. Die schwedischen Streitkräfte erhielten solche Waffen aus landeseigener Produktion Ende der dreißiger Jahre. Sie ersetzten die technisch veralteten Maschinengewehre des Typs Schwarzlose Modell 1914 und Modell 1914/29 von 6,5 mm bzw. 7,92 mm Kaliber. Für die Mauser-Patrone eingerichtete Maschinengewehre des Systems Schwarzlose, so Hinweise in der Fachliteratur, waren erst wenige Jahre zuvor aus der Tschechoslowakei, wo man sie mit großem Aufwand zum Modell 1924 (s. dort) aptiert hatte, angekauft worden.

Die neuen Waffen, Lizenzversionen des schweren Browning-MG M 1917 aus den USA, standen ebenfalls in Ausführungen beider Kaliber zur Verfügung. Bei den MG-Zügen der Infanteriekompanien wurden sie in der Version 6,5 mm Kaliber geführt, bei den MG-Kompanien der Bataillone sowie den MG- und Fliegerabwehr-MG-Zügen der Regimenter mit 7,92 mm Kaliber. Der Transport war kompliziert. Im Sommer wurden die Waffen auf einspännigen Karren, im Winter auf von Hunden gezogenen Schlitten transportiert. Lediglich bei der Kavallerie waren die meisten MG-Einheiten motorisiert.

Das schwere MG Modell Browning 1936 ist ein wassergekühlter Rückstoßlader mit kurz zurückgleitendem Lauf. Für die Munitionszuführung werden Gurte benutzt, die sich im Kasten links neben der Waffe befinden. Ihre Kapazität beträgt 250 Schuß. Der Abzug, hinten am Verschlußgehäuse installiert, muß per Handgriff betätigt werden.

Abhängig vom Kaliber des Maschinengewehrs benutzt man schwedische Mauser-Patronen 6,5 mm oder Patronen des Typs Mauser 7,92 mm. Sie werden mit einer praktischen Feuergeschwindigkeit von 250 S/min bis 350 S/min per Dauerfeuer verschossen. Die theoretische Feuergeschwindigkeit beträgt 720 S/min, kann aber mit Hilfe eines Rückstoßverstärkers bis 850 S/min erhöht werden.

Für dieses Maschinengewehr verwendet man Visiereinrich-

Daten: Schweres Maschinengewehr Modell Browning 1936

Kaliber:	6,5 mm bzw. 7,92 mm	Patrone:	6,5 × 55 bzw. 7,92 × 57
v_0:	700 m/s bzw. 760 m/s	Lauflänge:	600 mm
Länge Waffe:	mm	Züge/Richtung:	
Feuergeschwindigkeit:	720 S/min[1]	Visierschußweite:	2 400 m
Munitionszuführung:	Gurt (im Kasten) mit 250 Schuß	Einsatzschußweite:	2 400 m[2]
Masse ungeladen, mit Kühlwasser:	22,00 kg		
Masse des Dreibeins:	25,00 kg		
Masse der Fliegerabwehr-Lafette:	13,00 kg	[1] Bis 850 S/min. [2] Bei indirektem Feuer bis 3 500 m.	

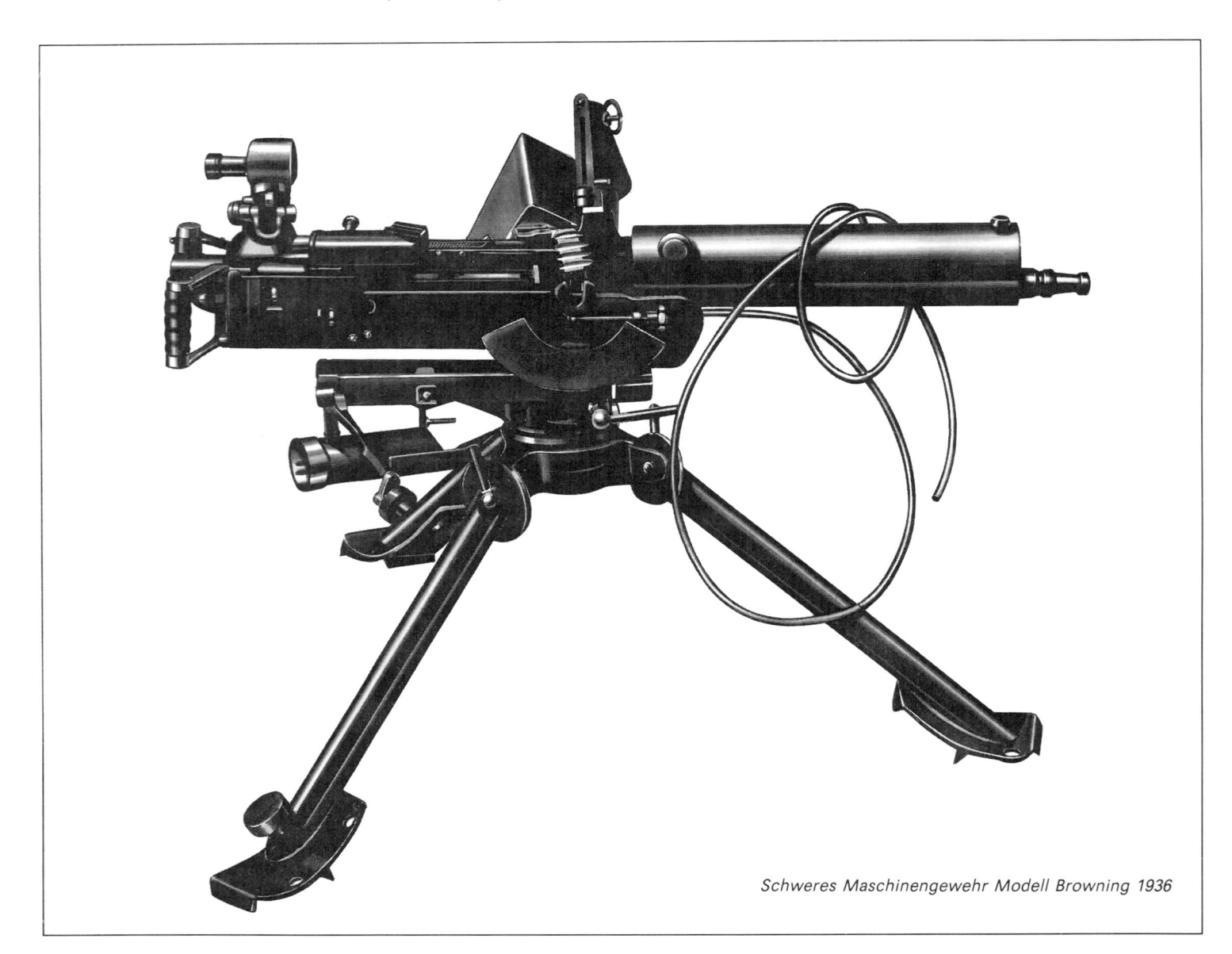

Schweres Maschinengewehr Modell Browning 1936

tungen unterschiedlicher Art entsprechend dem Einsatz der Waffe. Eine der Zielvorrichtungen ist ein montierbares optisches Visier für direktes Schießen bis 2400 m Entfernung. Zur Fliegerabwehr wird ein spezielles Visier benutzt. Für den Einsatz gegen fliegende Ziele muß das Maschinengewehr auf einer Speziallafette mit einem Höhenrichtbereich bis +85° befestigt werden. Für Ziele am Boden steht ein höhenverstellbares Dreibein mit Tiefenfeuerbegrenzer zur Verfügung.

Solche Maschinengewehre verblieben nach 1945 in der Ausrüstung der schwedischen Streitkräfte. Als ihre Bewaffnung 1976 modernisiert wurde, kamen Universal-Maschinengewehre des Typs FN MAG (s. »Schützenwaffen heute«) aus belgischer Produktion hinzu. Sie wurden als Universal-MG Modell Kulspruta M 58 (s. »Schützenwaffen heute«) bezeichnet. Hersteller war die Firma Fabrique Nationale (FN), die Universal-Maschinengewehre in zahlreiche Länder lieferte.

Schwere Panzerbüchse Modell Bofors 1940 20 mm

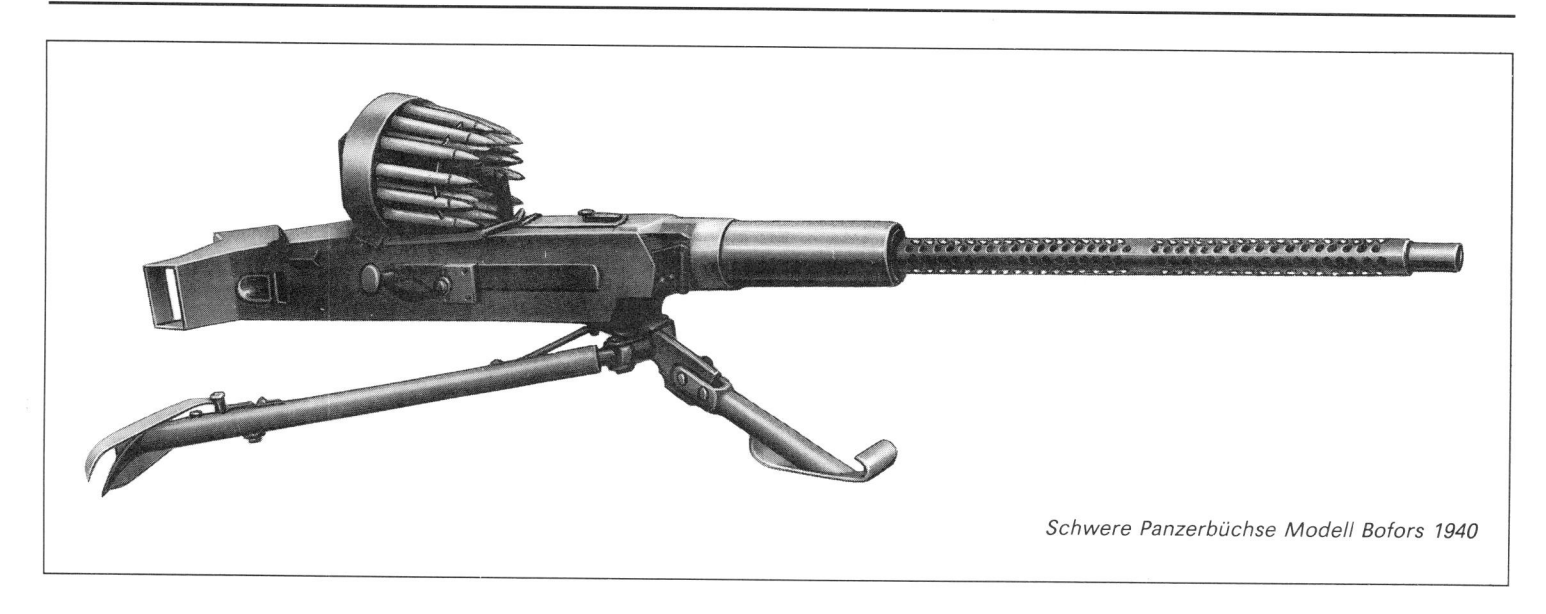

Schwere Panzerbüchse Modell Bofors 1940

Trotz erklärter Neutralität ihres Landes bereiteten sich die schwedischen Militärs auf einen möglichen Angriff vor und vervollkommneten die Ausrüstung ihrer Streitkräfte mit modernen Infanteriewaffen. Das betraf nicht nur Pistolen, Maschinenpistolen, Gewehre und Maschinengewehre, sondern auch Panzerabwehrmittel für die Nahdistanz. Kurz nach Beginn des zweiten Weltkriegs erhielt die Infanterie Panzerbüchsen. Nach der Entwicklerfirma und dem Jahr der Übernahme in die strukturmäßige Bewaffnung nannte man sie Modell Bofors 1940.

Mit der Serienproduktion, die 1940 begann, wurde das schwedische Unternehmen Bofors beauftragt. Dieser Betrieb hatte sich als Entwickler und Produzent schwerer Waffentechnik schon vor Jahren einen guten Namen gemacht. Er produzierte auch Maschinenkanonen mit 25 mm und 40 mm Kaliber.

Wie viele Bofors-Büchsen zur Panzerbekämpfung hergestellt wurden, ist nicht bekannt. Ihre Stückzahl, so schätzen Fachleute, war gering. Im Fronteinsatz mußte sich die Waffe niemals bewähren. Schweden behielt seine Neutralität und hat solche Panzerbüchsen auch nicht an die kriegführenden Länder geliefert.

Die schwere Panzerbüchse Modell Bofors 1940 ist ein nur für Einzelfeuer eingerichteter Rückstoßlader mit weit zurückgleitendem Rohr und einem Vertikalblockverschluß mit Vorlaufabfeuerung. Das Rohr steckt in einem Mantel mit sehr vielen Kühllöchern. Die Patronen werden aus einem Trommelmagazin mit 25 Schuß Kapazität von oben zugeführt, die Hülsen aus einer Öffnung hinten im Gehäuse nach rechts ausgeworfen.

Da der Rückstoßweg sehr lang ist, gerät die Panzerbüchse nach jedem Schuß in Bewegung. Von den Soldaten erhielt sie daher den Namen Grashüpfer. Geschossen wird nur im Liegendanschlag mit auf dem Dreibein montierter Waffe. Der Schütze ist dabei gefährdet. Mit seinem Gesicht muß er mindestens 200 mm von der Handhabe entfernt sein, sonst trifft ihn der Rückstoß. Hält er die Waffe beim Abziehen nicht sehr fest im Ziel, hat er kaum Chancen zu treffen.

Das Dreibein ist von einfacher Konstruktion, kann kaum verstellt und nicht zum Richten benutzt werden. Gerichtet wird nach Seite und Höhe nur mit der freien Hand. Eine Stütze des Dreibeins befindet sich vorn, zwei Stützen hinten. Die Füße der Stützen sind beweglich. Dreht man sie, so steht die Panzerbüchse auf Kufen und kann im Winter wie auf einem Schlitten gefahren werden. Für den Stellungswechsel sind drei Soldaten erforderlich. Sie tragen die Waffe in gefechtsbereiter Position. Für den Transport muß sie demontiert werden.

Daten: Schwere Panzerbüchse Modell Bofors 1940

Kaliber:	20 mm	Patrone:	
v_0:	815 m/s	Rohrlänge:	1400 mm
Länge Waffe:	1920 mm	Visierschußweite:	m
Feuergeschwindigkeit:	8 S/min	Einsatzschußweite:	250 m
Durchschlagsleistung:	30/100 mm/m		
Masse ungeladen:	42,00 kg		
Masse des Dreibeins:	12,00 kg		

Schweiz

Revolver Modell 1882/29 7,5 mm

Im letzten Jahrzehnt des vorigen Jahrhunderts waren die schweizerischen Streitkräfte mit dem Revolver Modell 1882 ausgerüstet worden. Das war eine von Rudolf Schmidt, dem damaligen Direktor der Eidgenössischen Waffenfabrik in Bern, auf der Grundlage des Systems Chamelot-Delvigne entwickelte Konstruktion. Ab Mitte 1933 erhielten die Soldaten und Unteroffiziere unterer Dienstgrade eine vereinfachte, gleichzeitig aber verbesserte Ausführung. Sie war am 30. Januar 1929 eingeführt worden, wurde als Modell 1882/29 bezeichnet und verschoß wie der Vorgänger die Schwarzpulverpatrone 7,5 mm. Offiziere und höhere Unteroffiziere führten die Parabellum-Pistole Modell 1900/06 bzw. ab 1933 die modifizierte Version 1906/29 (s. dort).

Beide mit dem Einführungsjahr 1929 benannten Faustfeuerwaffen sind aus wirtschaftlichen Gründen veränderte Ausführungen der Modelle von 1882 bzw. 1906. Revolver wie Pistole der neueren Version konnten mit wesentlich geringerem Kostenaufwand hergestellt werden. Als man sich 1926 mit dem Problem der Modifizierung des Revolvers zu beschäftigen begann, hatten zwei solcher Waffen etwas mehr gekostet als eine Selbstladepistole. Für die ab Februar 1933 produzierte Version des Revolvers nahm der Hersteller nur 75 Prozent des ursprünglichen Preises.

Produzent war die Berner Waffenfabrik. Bis sie die Fertigung im Februar oder Juni 1946 beendete – darüber gibt es in der Fachliteratur unterschiedliche Angaben –, wurden 18 209 Stück hergestellt. In geringer Anzahl belieferte man auch den Zivilmarkt. Interessant ist die Tatsache, daß solche Revolver noch Mitte der siebziger Jahre zur Ausrüstung gehörten. Die Eisenbahnpolizei und Hilfspolizisten trugen sie zu dieser Zeit, Angehörige von militärischen Verwaltungen, Mechaniker des Hilfsdienstes, Truppenhandwerker und Hundeführer ebenfalls.

Obwohl sich beide Ausführungen sehr gleichen, hat die Version von 1929 bei besserer Schußleistung und höherer Funktionstüchtigkeit etwa ein Dutzend veränderter Details. Zu den auffälligsten gehören Lauf und Griffstück. Statt mit Achtkantlauf wurde das neue Modell mit einem runden Lauf und seitlich verstellbarem Korn ausgerüstet. Das Griffstück ist massiver und der Hand besser angepaßt, der Schlagdorn beweglich gelagert, die Rahmenbrücke über der Trommel verstärkt. Auf das Lager für die Federhaft an der Anschlagtasche hat man verzichtet. Das Geschoß dringt auf 30 m Distanz 70 mm tief in Tannenholz ein.

Als Material wurde qualitativ hochwertiger Stahl von besonderer Legierung verwendet. Die ersten 7 000 Waffen erhielten rote Griffschalen aus Canevasit. Da sie schnell splitterten, wurden sie bald gegen braune, später gegen schwarze Griffschalen aus besserem Kunststoff ausgetauscht.

Revolver Modell 1882/29 von links

Revolver Modell 1882/29 von rechts

Röntgenschnitt des Revolvers Modell 1882/29

Daten: Revolver Modell 1882/29

Kaliber:	7,5 mm	Patrone:	7,5 × 22,5 R
v_0:	210 m/s	Lauflänge:	116 mm
Länge Waffe:	228 mm	Züge/Richtung:	4/r
Höhe Waffe:	150 mm	Trommelkapazität:	6 Schuß
Länge Visierlinie:	149 mm	Einsatzschußweite:	40 m
Masse ungeladen:	0,765 kg		

Selbstladepistole Modell Parabellum 1906/29 7,65 mm

Im November 1918 lieferte die Eidgenössische Waffenfabrik Bern (W+F) die ersten selbstgefertigten Parabellum-Pistolen Modell 1900/06 aus. Eigentlich hatte man deren Produktion gar nicht vorgesehen. Das Modell war in großer Stückzahl bis Herbst 1914 von den Deutschen Waffen- und Munitionsfabriken AG (DWM) in Karlsruhe gekauft worden.

Der seit langem andauernden Geschäftsbeziehung lagen auch auf die Zukunft orientierte Verträge zugrunde. Während der ersten Kriegsmonate stellte die Firma jedoch ihre Lieferungen ein. Da solche Pistolen für die bewaffneten Kräfte des Landes benötigt wurden, mußte der Schweizer Betrieb die Voraussetzung für eine Eigenproduktion schaffen.

Um die Zusammenhänge zu verdeutlichen, ist ein Rückblick notwendig: Am 4. Mai 1900 hatte der Bundesrat beschlossen, die Borchardt-Luger-Pistole mit dem Kaliber 7,65 mm unter der Bezeichnung Modell 1900 als künftige Standard-Faustfeuerwaffe der schweizerischen Streitkräfte zu übernehmen. Bei DWM wurden 5000 Stück in Auftrag gegeben. Nachdem die Pistole vom Hersteller geringfügig verändert worden war, bezeichnete man sie in der Schweiz entsprechend einem Bundesratsbeschluß vom Januar 1906 als Modell 1900/06. Bis Herbst 1914 lieferte die deutsche Firma 10 215 Stück.

Pistolen dieser Version wurden danach, wie schon erwähnt, in der Schweiz hergestellt, und zwar bis Mai 1933. Die Berner Waffenfabrik produzierte sie von Seriennummer 15 216 bis Seriennummer 33 089, also fast 17 900 Stück. Ende Juni 1929 bestätigte das Eidgenössische Militärdepartement erneute Änderungen an der Pistole. Die Militärs erklärten sie zur Ordonnanzwaffe Modell 1906/29 für Offiziere und höhere Mannschaftsdienstgrade und erteilten 1930 den Auftrag zur Serienproduktion. Solche Pistolen wurden von Juni 1933 bis November 1946 in einer Anzahl von knapp 28 000 Stück hergestellt. Sie erhielten die Seriennummern 50 001 bis 77 941.

Für die Änderungen waren ökonomische Gründe maßgebend gewesen. Die Schweizer Ordonnanzwaffe war ähnlich wie die in Deutschland geführte Parabellum-Pistole Modell P 08 (s. dort) zu teuer. Obwohl man die Herstellungskosten innerhalb eines Jahrzehnts um mehr als 43 Prozent hatte reduzieren können, mußte 1928 für eine Pistole Modell 1900/06 fast doppelt soviel bezahlt werden wie für den Ordonnanzrevolver Modell 1882. Dieser wurde übrigens ab Februar 1933 in einer ebenfalls vereinfachten Version als Modell 1882/29 (s. dort) produziert. Er war für Soldaten und Unteroffiziere unterer Dienstgrade bestimmt.

Die beabsichtigten Einsparungen, so die Forderung der Militärbehörde, sollten auf keinen Fall zu Lasten von Qualität, Funktionssicherheit und Treffgenauigkeit gehen. Daher wurde unter anderem der von Oberst Adolf Furrer, dem damaligen Direktor von W+F, stark unterstützte Vorschlag abgelehnt, auf die Griffsicherung zu verzichten. Man ließ sich auch nicht davon beeinflussen, daß die deutsche Parabellum-Pistole P 08 ebenfalls ohne Griffsicherung produziert wurde.

Die deutsche Firma, 1922 in Berlin-Karlsruher Industriewerke AG (BKIW) umbenannt, versuchte übrigens wieder ins Geschäft zu kommen. Von dort lag ein Angebot vor, mit dem der ausländische Konkurrent um 22 Prozent unter dem Stückpreis der Berner Fabrik blieb. Die Schweizer Militärs wollten jedoch das Risiko eines eventuell erneuten Vertragsbruchs nicht eingehen und überdies ihre Dienstwaffe modernisieren.

Nach sorgfältigen Vergleichstests mit einer Star-Pistole (s. dort) aus Spanien, den ČZ-Pistolen Modell 1924 (s. dort) und Modell 1927 (s. dort) aus der Tschechoslowakei sowie der Pistole Modell Le Français (s. dort) aus Frankreich fiel schließlich die Entscheidung zugunsten der Berner Weiterentwicklung. Die modifizierte Pistole 1906/29 war um etwa ein Viertel billiger als das Modell 1900/06.

Im Unterschied zu diesem hat sie ein Griffstück mit gerader Vorderkante, ein Gabelgehäuse, das vorn zylindrisch abgestuft ist, und keinen Riemenbügel. Beim Sperrstück, Magazinhalter, Sicherungshebel und bei den Scharnierknöpfen des Kniegelenks

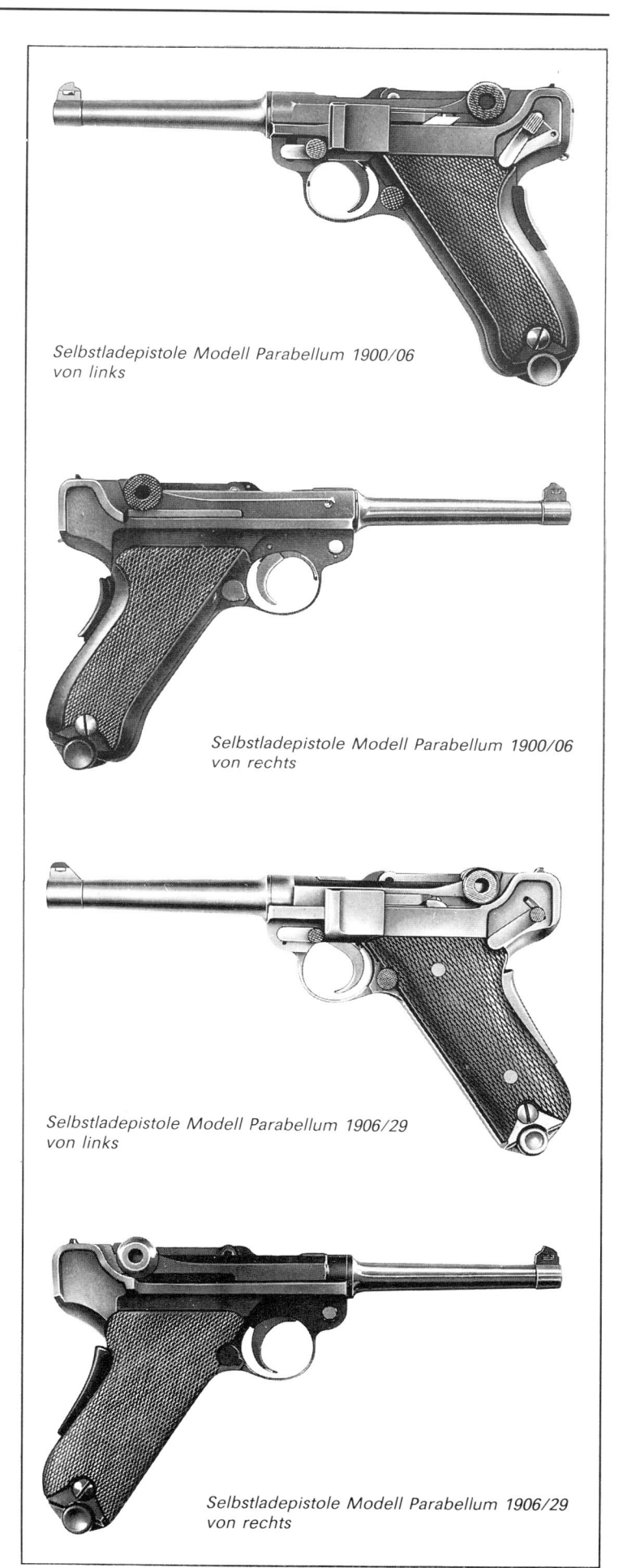

Selbstladepistole Modell Parabellum 1900/06 von links

Selbstladepistole Modell Parabellum 1900/06 von rechts

Selbstladepistole Modell Parabellum 1906/29 von links

Selbstladepistole Modell Parabellum 1906/29 von rechts

wurde entweder auf die Fischhaut verzichtet oder diese vereinfacht. Darüber hinaus hat man das Nußbaum für die Griffschalen durch Bakelit ersetzt. Die Oberflächenbearbeitung war den Sparmaßnahmen ebenfalls angepaßt, die Anzahl der Reservemagazine von zwei auf eines reduziert worden.

Parabellum-Pistolen dieses Typs wurden nicht nur für die schweizerischen Streitkräfte, sondern auch für den zivilen Markt hergestellt, allerdings nur in geringer Menge. Man schätzt die Anzahl der sogenannten Privatwaffen auf ungefähr 1 300 bis 1 900 Stück. An Hand der Seriennummern wurden schon 1 915 solcher Pistolen ermittelt. Man betont aber, daß diese Recherche nicht exakt sein könne. Die privaten unterscheiden sich von den Militärpistolen weder bezüglich konstruktiver Details noch hinsichtlich der äußeren Ausführung; sie haben lediglich das Kennzeichen P (Privatwaffe) vor der Seriennummer.

Obwohl Pistolen Modell 1906/29 noch bis November 1946 produziert wurden, forderten die Militärs schon 1940 eine neue Standardpistole von einfacherer Konstruktion, robusterer Bauweise und größerer Durchschlagsleistung. Bis Ende des zweiten Weltkriegs testete man mehrere Prototypen und führte auch zwei Pistolen versuchsweise ein. Neue Ordonnanzwaffen erhielten die schweizerischen Streitkräfte jedoch nach vielem Hin und Her erst nach 1945 mit der Selbstladepistole Modell 49 bzw. SIG P 210 (s. »Schützenwaffen heute«).

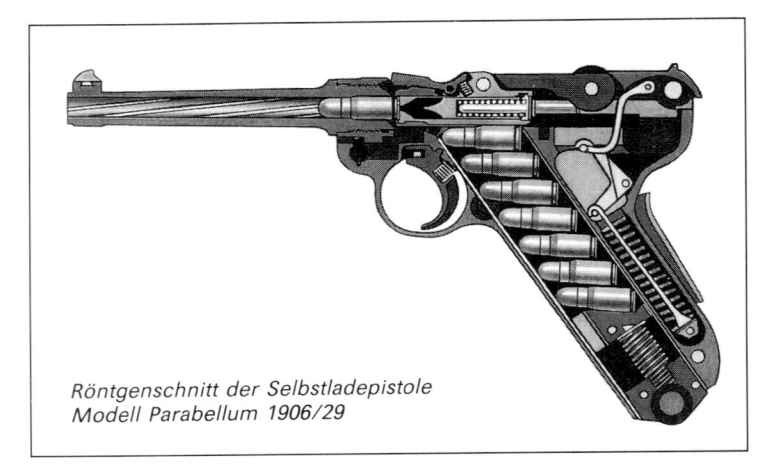

Röntgenschnitt der Selbstladepistole Modell Parabellum 1906/29

Daten: Selbstladepistole Modell Parabellum 1906/29

Kaliber:	7,65 mm	Patrone:	7,65 × 22
v_0:	365 m/s	Lauflänge:	120 mm
Länge Waffe:	238 mm	Züge/Richtung:	4/r
Höhe Waffe:	mm	Magazinkapazität:	8 Schuß
Länge Visierlinie:	215 mm	Einsatzschußweite:	50 m
Masse ohne Magazin:	0,870 kg		
Masse des Magazins:	0,060 kg		

Maschinenpistole Modell W+F 1919 7,65 mm

Maschinenpistole Modell W+F 1919 von links mit hineingeschobener Mittelstütze und Magazin

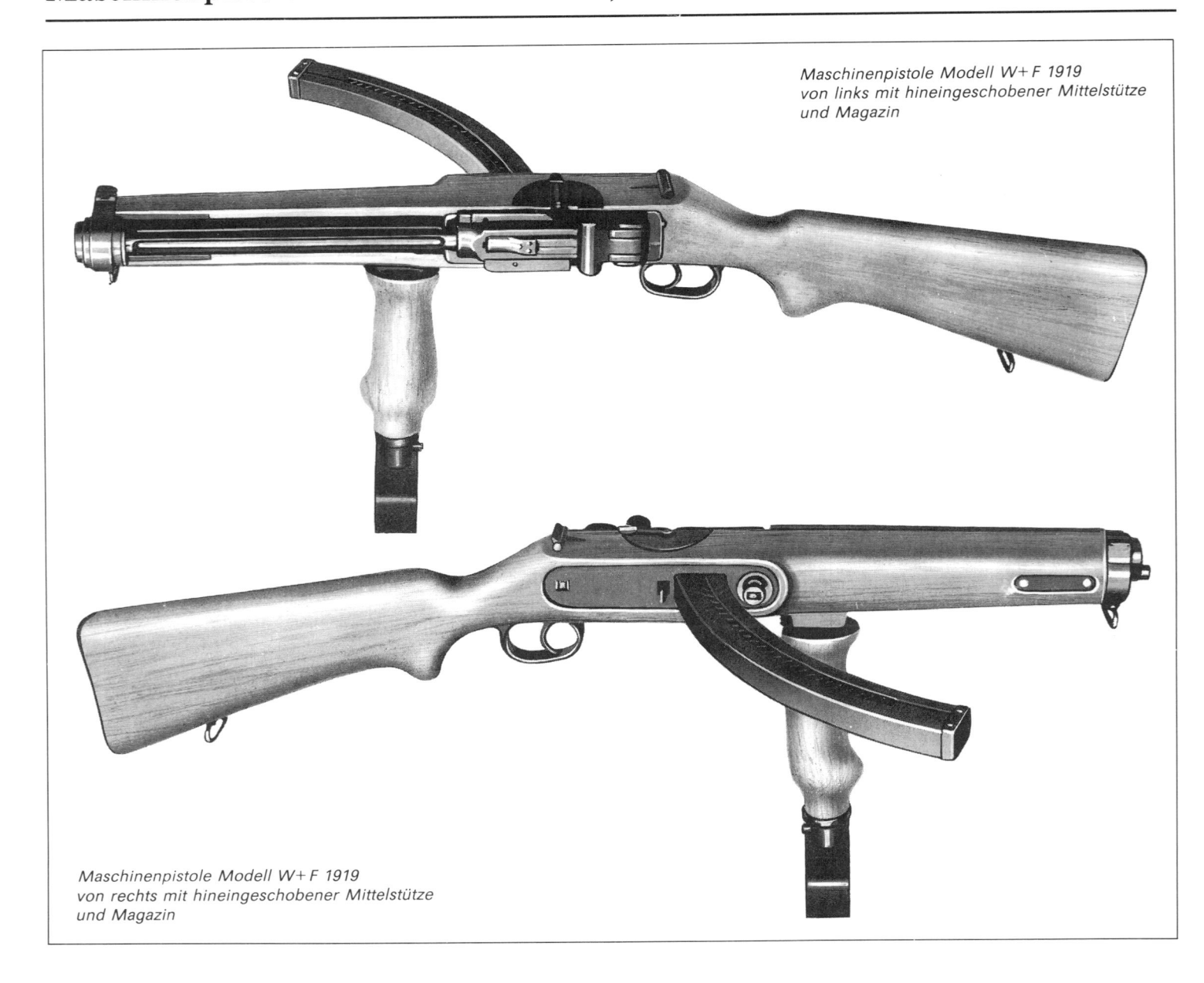

Maschinenpistole Modell W+F 1919 von rechts mit hineingeschobener Mittelstütze und Magazin

Schweiz

Maschinenpistole Modell W+F 1919 mit herausgezogener Mittelstütze, ohne Magazin

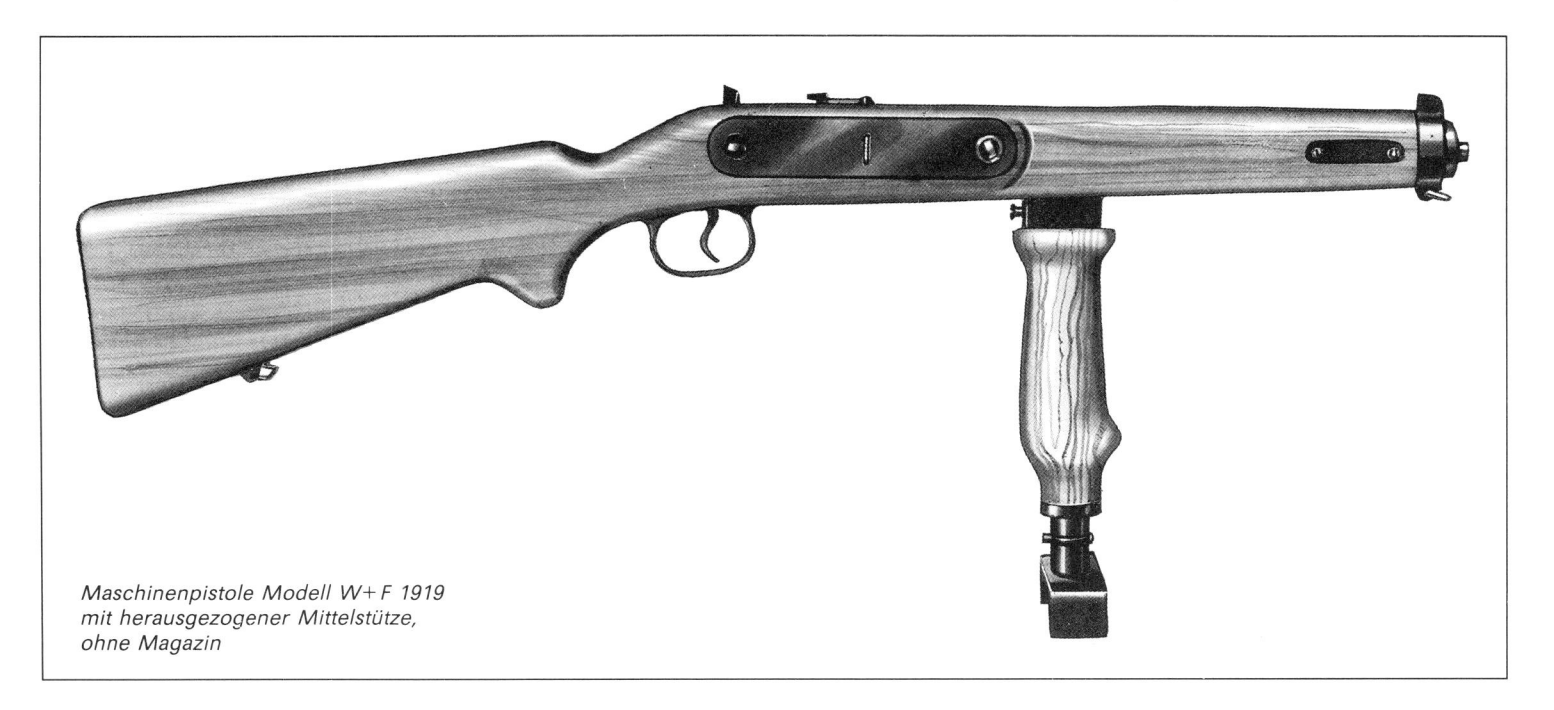

Diese Waffe ist die erste in der Schweiz entwickelte Maschinenpistole. Konstrukteur war Oberst Adolf Furrer, damals Direktor der Eidgenössischen Waffenfabrik Bern (W+F), zu deren Produktionsprogramm das auch Pistolengewehr genannte Modell von 1919 bis 1921 zählte. Obwohl man nur 92 Stück herstellte, wurde die Maschinenpistole bei den schweizerischen Streitkräften eingeführt. Allerdings war das erst im Mai 1940, als sich die zuständige Dienststelle mit der sofortigen Übernahme von Maschinenpistolen befassen mußte.

Unter den damals übernommenen 296 Maschinenpistolen befanden sich auch derartige Pistolengewehre. Sie wurden als MPi Modell W+F 1919 (altes Modell) bezeichnet. Wie die polnische MPi Modell Mors 1939 (s. dort) zählt die Schweizer Maschinenpistole zu den seltensten Ordonnanzwaffen des zweiten Weltkriegs. Heute gibt es davon nur noch wenige Stück. Im Jahre 1962 wurden 69 Waffen dieses Modells verschrottet.

Die MPi Modell W+F 1919 ist ein Rückstoßlader mit kurz zurückgleitendem Lauf und Kniegelenkverschluß. Sie funktioniert ähnlich wie die Schweizer Parabellum-Pistole Modell 1906/29 (s. dort) bzw. deren Grundtyp Modell 1900, an dessen Konstruktionsprinzip Furrer sich orientiert hat. Lauf und Verschluß gleiten nach Abgabe des Schusses zusammen eine kurze Strecke zurück. Der Verschlußkasten mit Sicherungs- und Abzugsvorrichtung ist unbeweglich und im Schaft eingebaut. An der Laufmündung befindet sich ein Rückstoßverstärker. Er beschleunigt die beweglichen Teile.

Die Munition wird aus einem Kurvenmagazin von rechts zugeführt. Seine Kapazität beträgt 50 Schuß. Das sind Parabellum-Patronen 7,65 mm. Sie liegen zweireihig im Magazin und können in Einzel- oder Dauerfeuer verschossen werden. Der Schütze stellt die Feuerart mit einem Hebel ein, der sich oben auf dem Gehäuse befindet: Einzelfeuer auf E, Dauerfeuer auf M. Die theoretische Feuergeschwindigkeit beträgt 1 380 S/min. Die Fachliteratur informiert aber auch über eine Kadenz von 1 000 S/min und 1 200 S/min. Bei leergeschossenem Magazin verbleibt der Verschluß in offener Stellung. Er schließt sich, sobald der Schütze das Magazin entfernt hat.

Das Visier ist senkrecht verstellbar und hat eine Skaleneinteilung für 100 m bis 500 m Distanz. Die Länge der Visierlinie beträgt 390 mm, die Drallänge 250 mm. Zur Waffe gehört eine höhenverstellbare Mittelstütze. In zusammengeschobenem Zustand ist sie 260 mm hoch. Bis zur vierten Raste herausgezogen, beträgt ihre Höhe 380 mm.

Das zunächst Pistolengewehr genannte Modell war nicht die einzige Waffe, die der Oberst 1919 mit der Absicht entwickelt hatte, eine truppendiensttaugliche Maschinenpistole zur Verfügung zu stellen. Zu Furrers Konstruktionen gehörte auch die sogenannte Flieger-Doppelpistole Modell 1919. Das war eine wie die italienische MPi Modell Villar Perosa 1915 mit zwei Läufen ausgerüstete Waffe, die eher einem leichten Maschinengewehr als einer Maschinenpistole glich, aber wohl mit der Absicht entwickelt wurde, eine neue Waffenart zu schaffen.

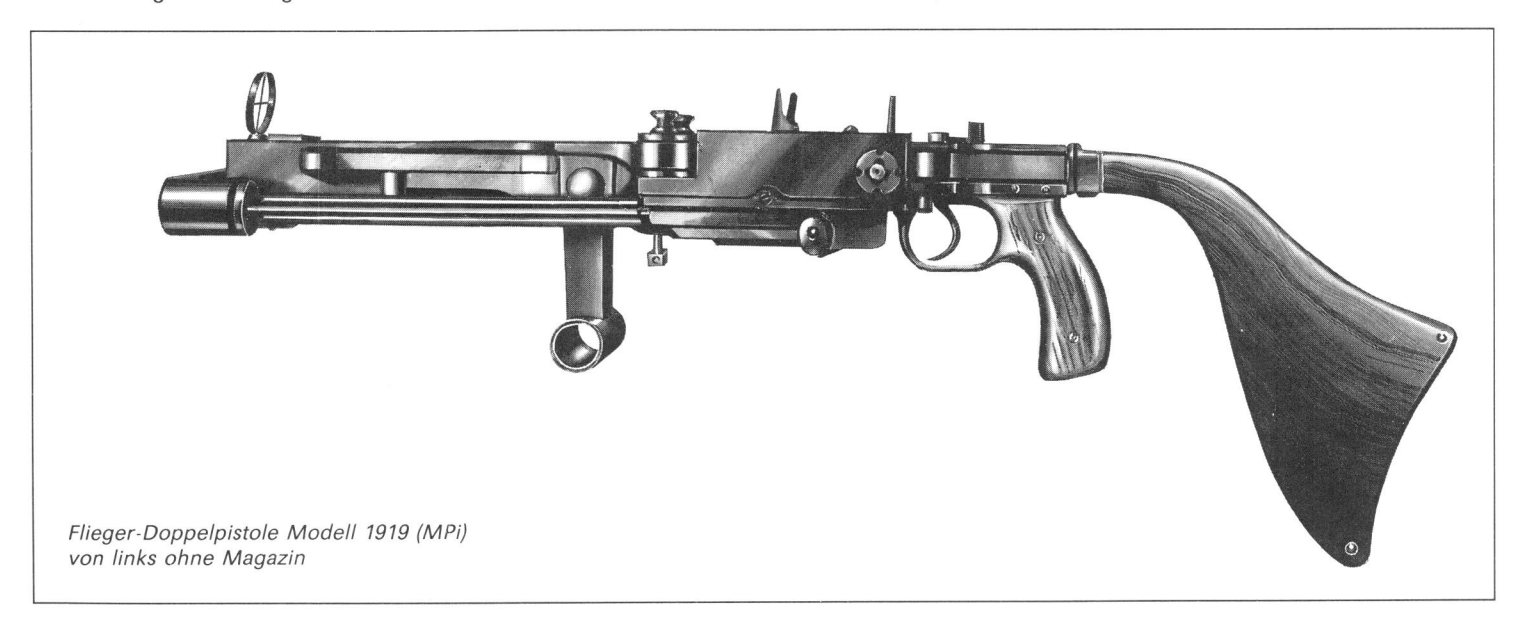

Flieger-Doppelpistole Modell 1919 (MPi) von links ohne Magazin

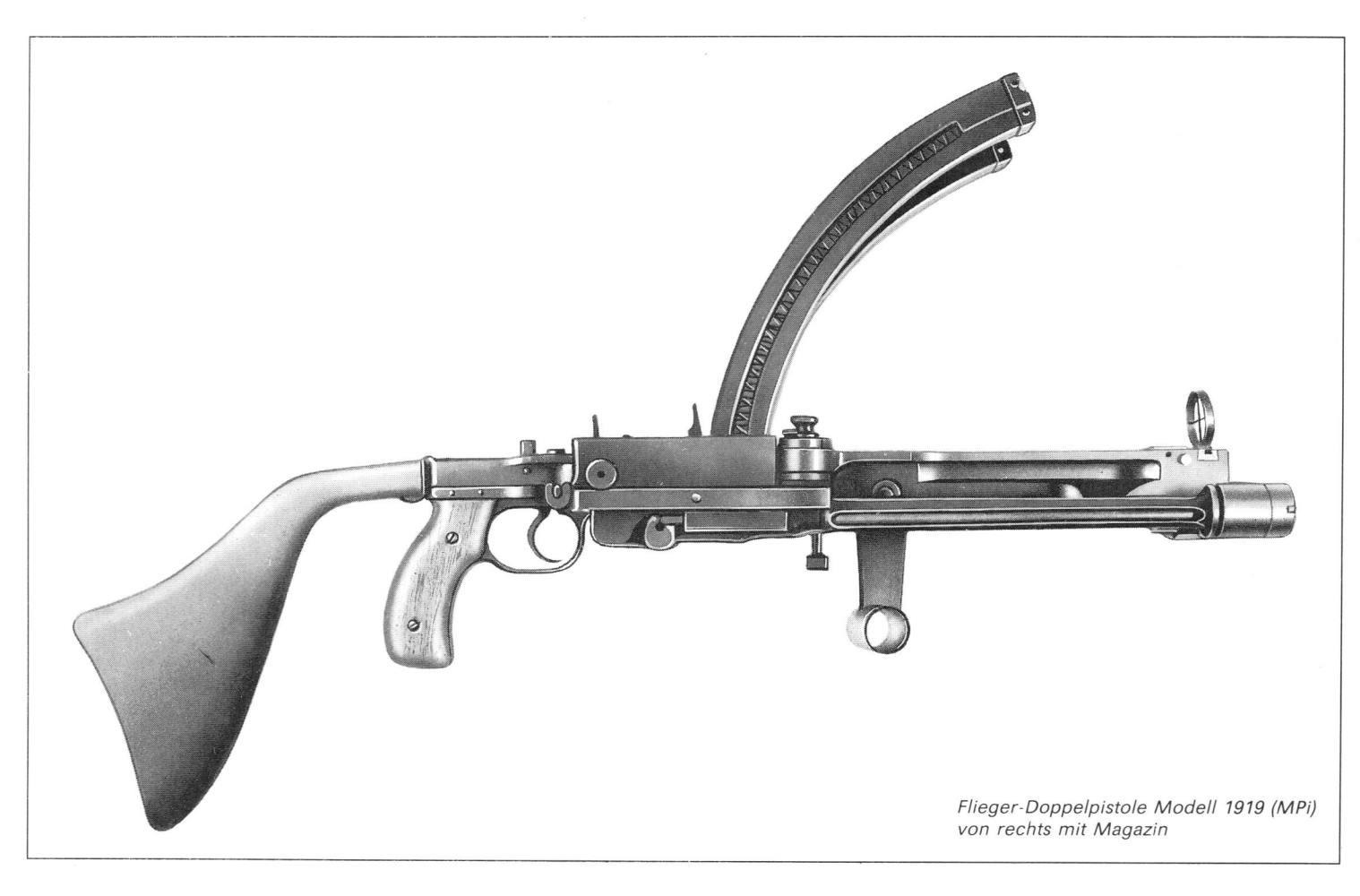

Schweiz

Flieger-Doppelpistole Modell 1919 (MPi) von rechts mit Magazin

Funktionsprinzip, Kaliber, Patrone und Magazinart sind mit der MPi Modell W+F 1919 identisch. Die Waffe hat ein Doppelmagazin von je 50 Schuß Kapazität. Das nicht verstellbare Visier befindet sich auf einem Steg, der die Läufe miteinander verbindet. Das Korn hat einen Ring mit Fadenkreuz. In ungeladenem Zustand wiegt die Maschinenpistole 9,1 kg. Ihre Gesamtlänge beträgt 745 mm, die Lauflänge 300 mm.

Wie die Fachliteratur informiert, sollen bis 1921 im Berner Betrieb 61 solcher Maschinenpistolen hergestellt worden sein. Sie wurden an die Fliegertruppen nach Dübendorf geliefert.

Daten: Maschinenpistole Modell W+F 1919 (Pistolengewehr)

Kaliber:	7,65 mm	Patrone:	7,65 × 22
v_0:	350 m/s	Lauflänge:	270 mm
Länge Waffe:	790 mm	Züge/Richtung:	4/r
Feuergeschwindigkeit:	1 380 S/min[1]	Visierschußweite:	500 m
		Einsatzschußweite:	150 m
Munitionszuführung:	Kurvenmagazin mit 50 Schuß		
Masse ungeladen und ohne Mittelstütze:	4,78 kg		

[1]) Auch mit 1 000 S/min und 1 200 S/min angegeben.

Maschinenpistole Modell SIG 1920   7,63 mm und 7,65 mm

Bereits vor dem ersten Weltkrieg hatte man bei der Schweizerischen Industrie-Gesellschaft (SIG) in Neuhausen automatische Infanteriewaffen hergestellt. Das waren Mondragon-Selbstladegewehre gewesen. Nach dem Krieg profitierte das Neuhausener Unternehmen vom Versailler Vertrag, der deutschen Firmen unter anderem die Produktion von Maschinenpistolen untersagte.

Dieses Verbot wurde oftmals umgangen. Deutsche Betriebe beschafften sich Partner im Ausland, die Waffen in ihrem Auftrag herstellten. Ein Beispiel dafür war die Serienfertigung der MPi Modell Solothurn S1-100 (s. dort) in der Schweiz. In Deutschland bei der Rheinischen Metallwaren- und Maschinenfabrik (Rheinmetall) entwickelt und dort als Testserie hergestellt, wurden solche Maschinenpistolen bei der ab 1929 zu Rheinmetall gehörenden Zweigfirma Solothurn in Zuchwill gefertigt. Später sind solche, hier im Buch als MPi Modell Steyr-Solothurn S1-100 (s. dort) unter Deutschland vorgestellten Waffen in Österreich produziert worden.

Fast ein Jahrzehnt vor Produktionsbeginn bei Solothurn war die deutsche Firma Theodor Bergmann mit dem Neuhausener Unternehmen SIG ins Geschäft gekommen. Der Suhler Betrieb hatte ein Angebot zur Lizenzproduktion der von Hugo Schmeisser entwickelten MPi Modell Bergmann 18/1 gemacht. Geringfügig modifiziert, wurde die Waffe als MPi Modell SIG 1920 in der Schweiz hergestellt. Die Serienproduktion begann 1920 und endete sieben Jahre danach. Über Stückzahlen ist nichts bekannt.

Das Modell stand in zwei Versionen unterschiedlichen Kalibers zur Verfügung. Es war eingerichtet zum Verschießen von Mauser-Patronen 7,63 mm oder Parabellum-Patronen 7,65 mm. Beide Ausführungen wurden mit Ausnahme weniger Waffen nicht bei den schweizerischen Streitkräften geführt. Für die Mauser-Patrone eingerichtete Maschinenpistolen exportierte SIG nach China und Japan. In Japan wurden sie in geringer Stückzahl nach Anbau einer Bajonetthalterung bei der Marine eingesetzt. Waffen, die Parabellum-Patronen verschossen, sind nach Finnland geliefert worden.

Die MPi Modell SIG 1920 ist ein Rückstoßlader mit feststehendem Lauf und Masseverschluß. Die Munition wird von der linken Seite aus einem geraden Stangenmagazin zugeführt und per Dauerfeuer verschossen. Das Magazin, im rechten Winkel in den Schacht eingesetzt, hat eine Kapazität von 50 Schuß. Der Schütze sichert die Waffe, indem er den Verschlußhebel in eine Nut im Gehäuse einhängt. Der Lauf steckt in einem Mantel mit

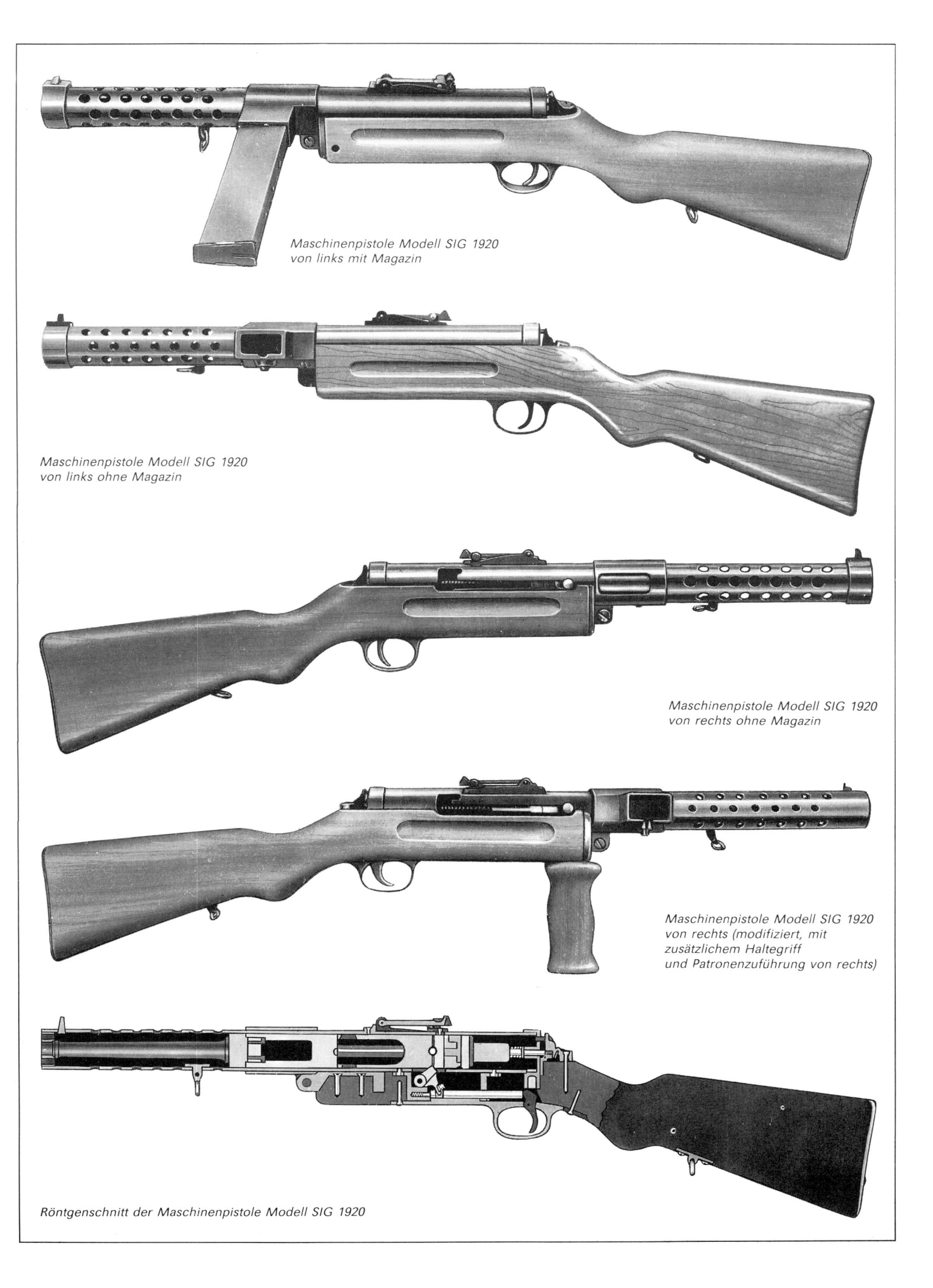

Schweiz

Maschinenpistole Modell SIG 1920 von links mit Magazin

Maschinenpistole Modell SIG 1920 von links ohne Magazin

Maschinenpistole Modell SIG 1920 von rechts ohne Magazin

Maschinenpistole Modell SIG 1920 von rechts (modifiziert, mit zusätzlichem Haltegriff und Patronenzuführung von rechts)

Röntgenschnitt der Maschinenpistole Modell SIG 1920

zahlreichen Kühllöchern. Zur Zielvorrichtung gehören ein Kurvenvisier und ein Blockkorn, das sich auf dem Laufmantel befindet. Das Visier kann auf 100 m bis 1 000 m Distanz eingestellt werden.

Nachdem SIG die Produktion bereits beendet hatte, präsentierte das Unternehmen drei Jahre später plötzlich eine Modifikation mit einem zusätzlichen Haltegriff unter der Holzschäftung. Er befindet sich direkt hinter dem Magazinschacht, den man von der linken auf die rechte Seite verlegt hatte. Abgesehen von diesen beiden Veränderungen, war die Waffe mit der Erstausführung identisch. Da die Firma mit Maschinenpistolen dieses Typs keinen geschäftlichen Erfolg erzielen konnte, wurde die Produktion bald eingestellt.

Bekannt ist auch eine Maschinenpistole für Versuche aus den zwanziger Jahren, die der SIG-MPi von 1920 bzw. der Version mit zusätzlichem Haltegriff ähnelt. Die andere Waffe wirkt jedoch wesentlich eleganter, hat einen Holzkolben von gefälliger Form und einen schlankeren Laufmantel mit größeren Kühllöchern. Sie funktioniert nach demselben Prinzip, verschießt aber Parabellum-Patronen 9 mm. Ihre Gesamtlänge beträgt 685 mm, die Lauflänge 200 mm. Sie hat sechs Züge mit Rechtsdrall und wiegt ungeladen 3,98 kg.

Daten: *Maschinenpistole Modell SIG 1920*

Kaliber:	7,65 mm[1])	Patrone:	7,65 × 22[1])
v_0:	365 m/s	Lauflänge:	200 mm
Länge Waffe:	840 mm	Züge/Richtung:	4/r
Feuergeschwindigkeit:	600 S/min	Visierschußweite:	1 000 m
		Einsatzschußweite:	100 m
Munitionszuführung:	gerades Stangenmagazin mit 50 Schuß		
Masse ungeladen:	4,10 kg		
Masse des vollen Magazins:	1,00 kg		

[1]) *Auch mit Kaliber 7,63 mm für Mauser-Patronen 7,63 × 25.*

Maschinenpistole Modell Solothurn S1-100 9 mm

Dieses Modell wurde 1920 von Louis Stange in Deutschland entwickelt, durfte dort aber nicht in Serienfertigung hergestellt werden. Der Versailler Vertrag vom 28. Juni 1919 untersagte deutschen Betrieben die Produktion von Maschinenpistolen und anderem Kriegsmaterial. Nachdem bei der Rheinischen Metallwaren- und Maschinenfabrik (Rheinmetall) unter strenger Geheimhaltung eine Testserie gefertigt worden war, wurde die Serienproduktion bei der Rheinmetall-Zweigfirma Solothurn in Zuchwill organisiert. Da die Waffe also ein Rheinmetall-Erzeugnis ist, wird sie in diesem Buch unter Deutschland als MPi Modell Steyr-Solothurn S1-100 (s. dort) beschrieben.

Bevor Rheinmetall 1929 die Aktien des Unternehmens in Solothurn-Zuchwill erwarb, hatten zwischen beiden Betrieben bereits mehrjährige Geschäftsbeziehungen bestanden. Die Schweizer Firma war zu Beginn des ersten Weltkriegs unter dem Namen Moderna gegründet worden. Man stellte dort außer Uhren auch Teile für Munition her, ging aber 1922 bankrott.

Bereits ein Jahr darauf entstand die Firma als Patronenfabrik Solothurn neu. Chef des Unternehmens war ein vorher als Direktor in den Deutschen Waffen- und Munitionsfabriken AG (DWM) tätig gewesener Schweizer. Er knüpfte enge Beziehungen zu deutschen Betrieben, konnte jedoch einen abermaligen Konkurs nicht verhindern. Über das belgische Unternehmen Fabrique Nationale (FN) und die österreichische Firma Hirtenberg gelangten die Aktien schließlich in den Besitz von Rheinmetall.

Für den deutschen Betrieb bestand somit die seit Jahren angestrebte Möglichkeit einer Waffenproduktion großen Stils, die nicht durch die Alliierten kontrolliert wurde, weil man sie im Ausland betrieb. Kurz nach dem ersten Weltkrieg waren bereits Dokumentationen wichtiger Neuentwicklungen und tonnenweise Material dem Zugriff der Siegermächte entzogen und nach den Niederlanden verbracht worden. Dort hatte man die Gründung einer Zweigfirma versucht, war aber gescheitert und nutzte nunmehr die Chance in der neutralen Schweiz. Gleichzeitig liierte sich Rheinmetall mit der österreichischen Waffenfirma Steyr, die dann 1934 mit zwei weiteren Betrieben zur Steyr-Daimler-Puch AG fusionierte, und gründete unter dem Namen Steyr-Solothurn Waffen AG in der Schweiz ein gemeinsames Verkaufsbüro.

Die in deutschem Auftrag und unter deutscher Regie bei Solothurn produzierten Waffen und Lafetten bzw. Teile dafür wurden mit einer besonderen Kodierung gekennzeichnet. Sie erhielten den Buchstaben S, manchmal auch T, und eine ein- oder zweistellige Zahl, der eine Zahlenkombination folgte. Die Zahl symbolisierte die Waffenart, die Zahlenkombination gab Auskunft über das Grundmodell bzw. dessen Modifikation. Mit S1 bezeichnete man Maschinenpistolen, mit S2 Maschinengewehre für die Infanterie, mit S 18 Panzerbüchsen und mit vorangestelltem T Maschinengewehre und Maschinenkanonen für Flugzeuge.

So trug also die von Louis Stange entwickelte Maschinenpistole die Modellbezeichnung S1-100. Sie wurde ebenso wie die anderen Waffen, die man zum Teil auch für die Wiederaufrüstung Deutschlands verwendete, in beachtlicher Stückzahl in zahlreiche Länder exportiert. Später stellte man die Maschinenpistole ausschließlich in Österreich als MPi Modell Steyr 1934 (s. dort) her.

Während die Serienproduktion des leichten MG Modell S2-100 und des weiterentwickelten Typs S2-200 (s. dort) ebenfalls dorthin verlagert wurde, konzentrierte sich die Direktion der Rheinmetall-Zweigfirma Solothurn außer auf Maschinenkanonen verschiedener Typen für den Einsatz am Boden und in Flugzeugen auch auf Maschinengewehre für Flugzeuge und Panzer, diverse Lafetten unterschiedlichster Verwendung und auf Panzerbüchsen von 20 mm Kaliber. Solche Panzerbüchsen wurden unter den Bezeichnungen Solothurn S 18-100, S 18-1000 und S 18-1100 (s. dort) gefertigt.

Maschinenpistolen Modelle SIG MKMO und MKMS sowie Versionen 7,63 mm, 7,65 mm und 9 mm

Die Schweizerische Industrie-Gesellschaft (SIG) in Neuhausen erwarb kurz nach dem ersten Weltkrieg von der deutschen Firma Theodor Bergmann die Lizenz für die von Hugo Schmeisser entwickelte Bergmann-MPi Modell 18/1. Waffen dieses Typs wurden als MPi Modell SIG 1920 (s. dort) in Serienproduktion hergestellt, nach China und Finnland, in geringer Stückzahl auch nach Japan geliefert. Da die schweizerischen Militärs die Bedeutung von Maschinenpistolen unterschätzten, meldeten sie damals noch keinen Bedarf an. Dennoch beschäftigten sich Ingenieure des Neuhausener Unternehmens mit der Weiterentwicklung der Bergmann-MPi und der Konstruktion neuer Modelle.

So wurde 1930 eine für die Parabellum-Patrone 9 mm eingerichtete Versuchs-MPi von 950 mm Gesamtlänge, 250 mm Lauflänge und 4,65 kg Masse vorgestellt. Man bezeichnete sie damals auch als Maschinenkarabiner. Das war ein nur Dauerfeuer schießender Rückstoßlader mit feststehendem Lauf und Masseverschluß, Blockkorn, Kurvenvisier für 100 m bis 1 000 m

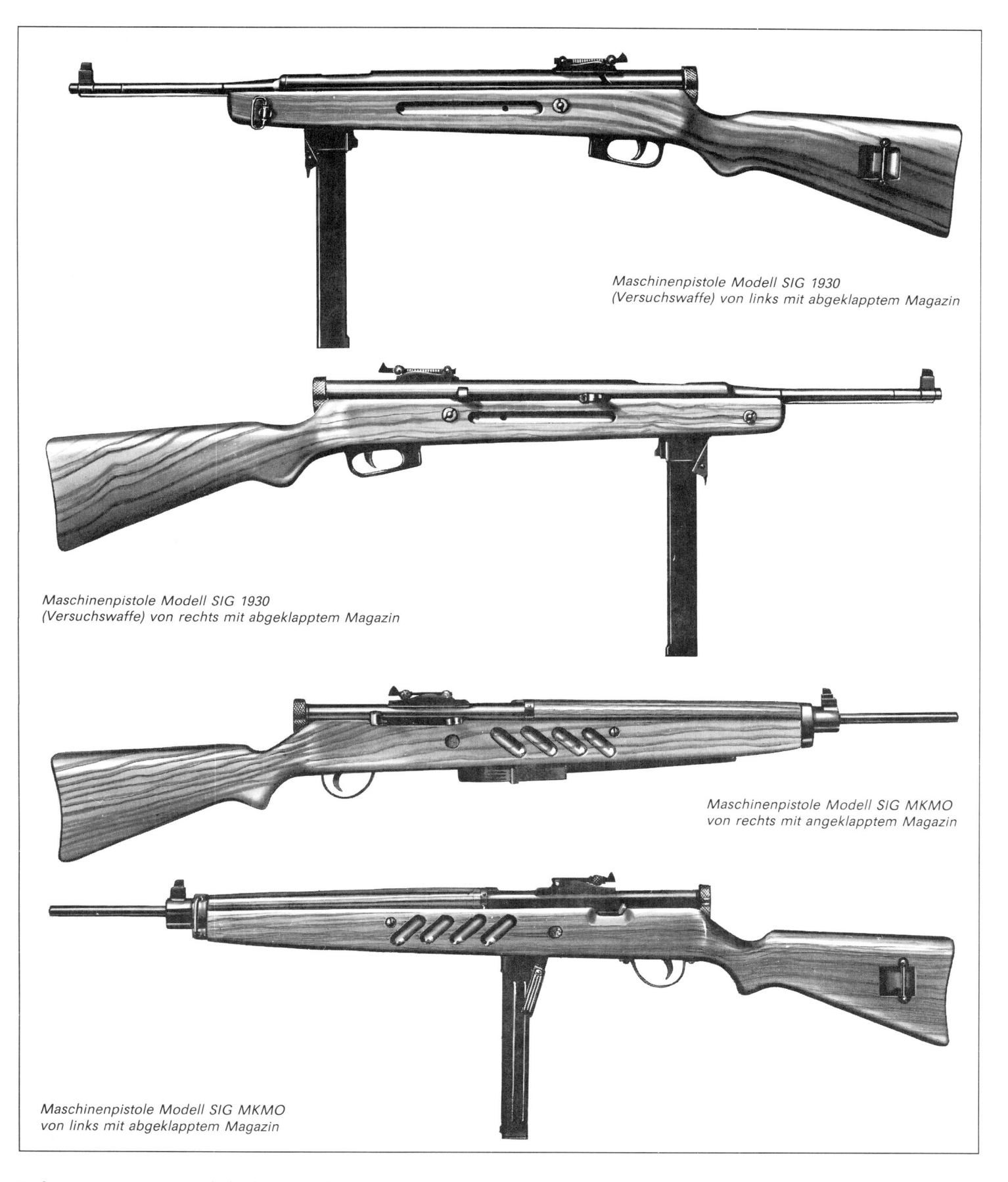

*Maschinenpistole Modell SIG 1930
(Versuchswaffe) von links mit abgeklapptem Magazin*

*Maschinenpistole Modell SIG 1930
(Versuchswaffe) von rechts mit abgeklapptem Magazin*

*Maschinenpistole Modell SIG MKMO
von rechts mit angeklapptem Magazin*

*Maschinenpistole Modell SIG MKMO
von links mit abgeklapptem Magazin*

Schweiz

Entfernung sowie einer Hebelsicherung links am Verschlußkasten.

Die SIG-Konstrukteure Gotthard End und Gaetzki hatten die Waffe mit einer technischen Besonderheit ausgestattet. Sie war die erste Maschinenpistole der Welt mit einem klappbaren Magazin. Allerdings wurde das Stangenmagazin von 40 Schuß Kapazität nicht nach vorn geklappt wie bei den später entwickelten Maschinenpistolen aus Neuhausen, sondern nach hinten in eine Aussparung der Holzschäftung.

Nur fünf Jahre später begann dann das Unternehmen, wiederum als erstes der Welt, mit der Serienproduktion einer Maschinenpistole mit nach vorn klappbarem Magazin. Sie war von den beiden genannten SIG-Konstrukteuren auf der Grundlage der vorher erwähnten Versuchswaffe entwickelt worden. Magazingehäuse und Zuführsystem hatte der damals in Neuhausen beschäftigte Ungar Pal Király konstruiert. Diese Konstruktion benutzte er später auch für die ungarische MPi Modell 1939 und ihre verbesserte Version Modell 1943 (s. dort).

Schweiz

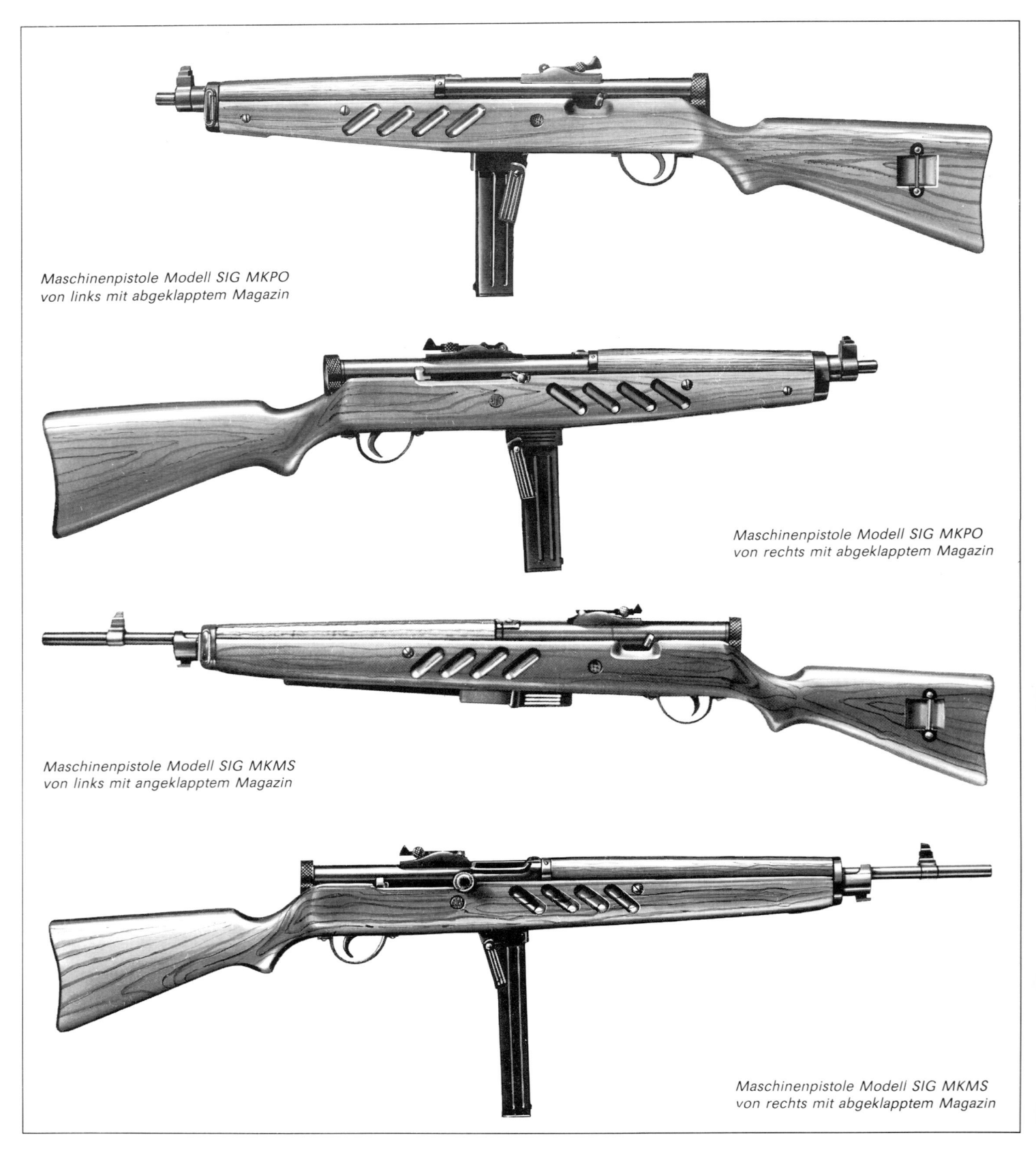

Maschinenpistole Modell SIG MKPO von links mit abgeklapptem Magazin

Maschinenpistole Modell SIG MKPO von rechts mit abgeklapptem Magazin

Maschinenpistole Modell SIG MKMS von links mit angeklapptem Magazin

Maschinenpistole Modell SIG MKMS von rechts mit abgeklapptem Magazin

Man bezeichnete die SIG-Waffe als Maschinenkarabiner Modell MKMO (**M**aschinen**k**arabiner für **M**ilitär mit Hülsenauswurf nach **o**ben). Maschinenpistolen dieses Typs wurden bis 1937 produziert und in Ausführungen von unterschiedlichem Kaliber geliefert. Es gab Versionen zum Verschießen folgender Patronen: Mauser 7,63 mm und 9 mm, Parabellum 7,65 mm und 9 mm. Ein Verkaufserfolg wurde die Waffe nicht. Auf Grund ihres zwar funktionssicheren, aber relativ komplizierten Systems war sie sehr teuer. Das traf auch auf eine für Polizeiformationen bestimmte, zur selben Zeit produzierte Kurzversion ohne Bajonetthalterung zu. Sie wurde als Modell MKPO (**M**aschinen**k**arabiner für **P**olizei mit Hülsenauswurf **o**ben) bezeichnet.

Die MPi Modell MKMO, eine zuschießende Waffe, ist ein nur für Dauerfeuer eingerichteter Rückstoßlader mit feststehendem Lauf und verzögertem, zweiteiligem Masseverschluß, der fest verriegelt. Sobald der Schütze den Abzug betätigt, löst sich die Abzugsstange aus der Raste unter dem Verschluß, und die zusammengepreßte Schließfeder schiebt den hinteren Teil des Verschlusses in Richtung des vorderen. In dem Moment, da dieser die oben gelegene Auswerferöffnung der Waffe verschließt, löst sich eine Verriegelung am hinteren Verschlußteil und schiebt ihn völlig heran an den vorderen. Während sich der nunmehr komplette Verschluß noch immer nach vorn bewegt, trifft der Schlagbolzen auf den Patronenboden.

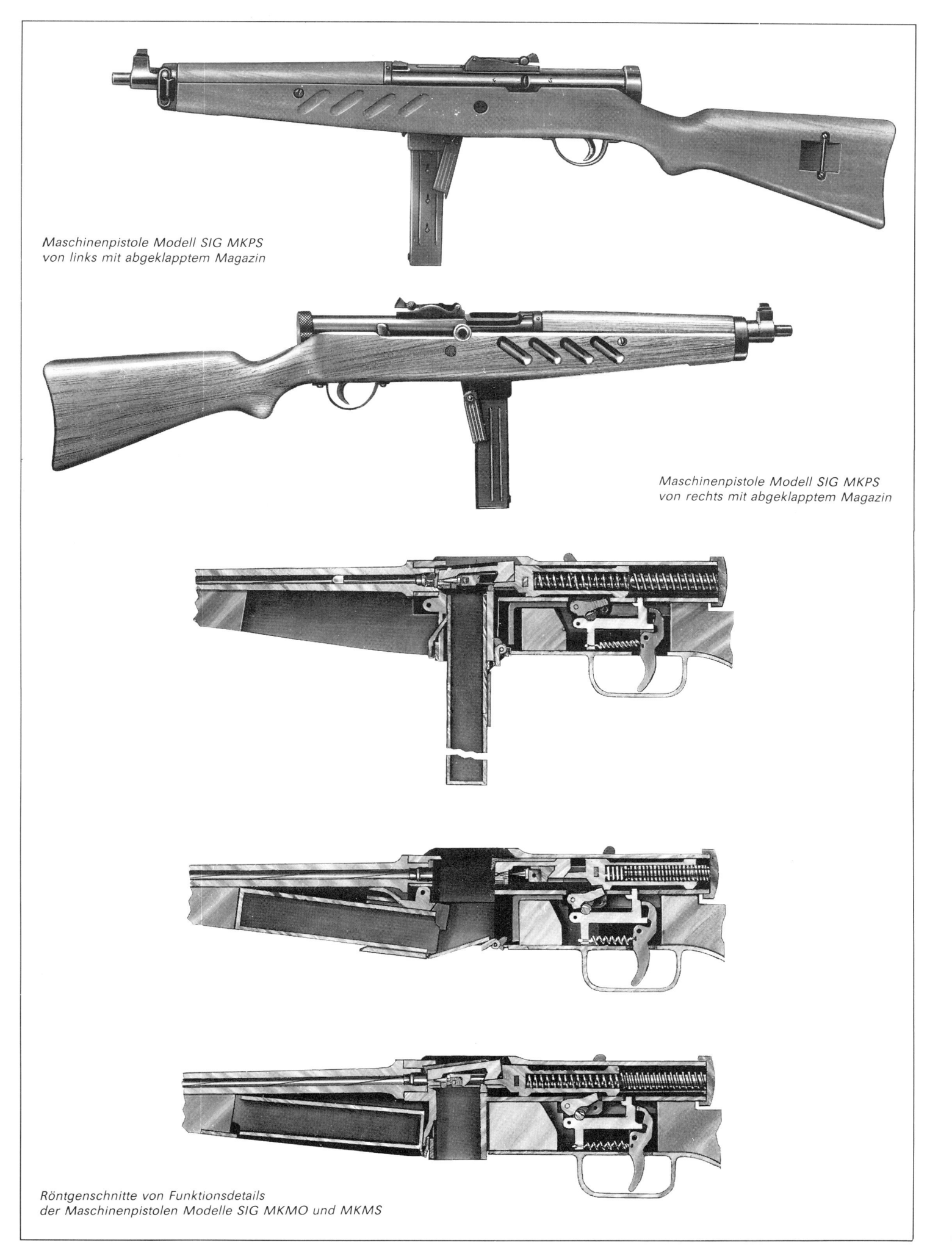

*Maschinenpistole Modell SIG MKPS
von links mit abgeklapptem Magazin*

*Maschinenpistole Modell SIG MKPS
von rechts mit abgeklapptem Magazin*

*Röntgenschnitte von Funktionsdetails
der Maschinenpistolen Modelle SIG MKMO und MKMS*

Schweiz

Nach dem Schuß gleitet der Verschluß wieder zurück. An der Auswerferöffnung wird er gestoppt und verriegelt. Der hintere Teil des Verschlusses gleitet weiter zurück, und der Verschlußkopf wird nach unten gedrückt. Wenn er wieder freikommt, hat das Geschoß den Lauf schon verlassen. Der noch vorhandene Gasdruck schiebt die beiden voneinander getrennten Verschlußteile nach hinten.

Die Munition wird aus einem geraden Stangenmagazin von 40 Schuß Kapazität zugeführt. Das Magazin kann in eine Aussparung nach vorn unter den Holzschaft geklappt werden. In dieser Position ist die Waffe gesichert. So wird sie auch auf dem Transport getragen. Unabhängig davon, ob sie gespannt ist oder entspannt, löst sich unbeabsichtigt kein Schuß. Sollte sie etwa zu Boden fallen, so gleitet der Verschluß zwar nach vorn, kann jedoch keine Patrone zuführen. Um Feuerbereitschaft herzustellen, muß der Schütze das Magazin lediglich in die Zuführposition abklappen.

Die Maschinenpistole hat einen festinstallierten Holzkolben und Holzschäftung, die weit nach vorn reicht: bei den Polizeiversionen bis fast zur Laufmündung bzw. bis dicht an den Kornträger heran. Die Visiereinrichtung, einstellbar von 100 m bis 1 000 m Entfernung, besteht aus Kurvenvisier und Blockkorn. Unter dem Lauf befindet sich eine Bajonetthalterung, auf der linken Seite des Verschlußkastens die Hebelsicherung.

Als die Fertigung eingestellt wurde, standen bereits weiterentwickelte Maschinenpistolen zur Verfügung. Dies waren das auf der Grundlage der Erstausführung modifizierte Modell MKMS (**M**aschinen**k**arabiner für **M**ilitär mit **s**eitlichem Hülsenauswurf) und die davon abgeleitete Polizeiversion Modell MKPS (**M**aschinen**k**arabiner für **P**olizei mit Hülsenauswurf **s**eitlich). Solche Waffen wurden bis 1940 produziert.

Obwohl mitunter als Neuentwicklungen bezeichnet, sind sie nur vereinfachte Ausführungen der vorher genannten Modelle. Aussehen und Funktionsprinzip ähneln sich sehr. Allerdings gibt es konstruktive Veränderungen. Die Waffen haben einen einteiligen Verschluß mit separatem Schlagbolzen. Die Auswerferöffnung befindet sich nicht oben, sondern rechts. Der Spannhebel hat einen auffällig großen Griffknopf. Die Weiterentwicklungen wurden in zwei Ausführungen mit den Kalibern 9 mm und 7,65 mm zum Verschießen von Parabellum-Patronen gebaut.

Die in der Schweiz veröffentlichte Fachliteratur informiert, daß die Polizeiversion 1940 bei den Streitkräften des Landes eingeführt wurde, aber nur in der geringen Anzahl von 60 Stück. Anfang der sechziger Jahre hat man 25 davon verschrottet. Ob die anderen Modelle ebenfalls übernommen wurden, war nicht zu ermitteln. Da die Neuhauser Firma solche Maschinenpistolen in zahlreiche Länder exportiert hat, dürften sie dort bei Militär und Polizei eingesetzt worden sein. Welche Länder das waren, ist nicht bekannt. Über die Stückzahlen von Produktion und Export sind ebenfalls keine Angaben verfügbar.

Daten: Maschinenpistole Modell SIG MKMO (Militärversion)

Kaliber:	9 mm[1]	Patrone:	9 × 25[1]
v_0:	490 m/s	Lauflänge:	500 mm
Länge Waffe:	1 025 mm	Züge/Richtung:	6/r
Feuergeschwindigkeit:	900 S/min	Visierschußweite:	1 000 m
		Einsatzschußweite:	100 m
Munitionszuführung:	gerades Stangenmagazin mit 40 Schuß		
Masse ungeladen:	4,25 kg		
Masse des vollen Magazins:	0,77 kg		

[1] *Mauser-Patrone; aber auch mit Kaliber 7,63 mm für Mauser-Patronen 7,63 × 25 und 7,65 mm für Parabellum-Patronen 7,65 × 22 sowie 9 mm für Parabellum-Patronen 9 × 19.*

Daten: Maschinenpistole Modell SIG MKPO (Polizeiversion)

Kaliber:	9 mm[1]	Patrone:	9 × 25[1]
v_0:	400 m/s	Lauflänge:	300 mm
Länge Waffe:	831 mm	Züge/Richtung:	6/r
Feuergeschwindigkeit:	900 S/min	Visierschußweite:	1 000 m
		Einsatzschußweite:	100 m
Munitionszuführung:	gerades Stangenmagazin mit 30 Schuß		
Masse ungeladen:	4,04 kg		
Masse des vollen Magazins:	0,58 kg		

[1] *Mauser-Patrone; aber auch mit Kaliber 7,63 mm für Mauser-Patronen 7,63 × 25 und 7,65 mm für Parabellum-Patronen 7,65 × 22 sowie 9 mm für Parabellum-Patronen 9 × 19.*

Daten: Maschinenpistole Modell SIG MKMS (Militärversion)

Kaliber:	9 mm[1]	Patrone:	9 × 19[1]
v_0:	380 m/s	Lauflänge:	489 mm
Länge Waffe:	1 022 mm	Züge/Richtung:	6/r
Feuergeschwindigkeit:	900 S/min	Visierschußweite:	1 000 m
		Einsatzschußweite:	100 m
Munitionszuführung:	gerades Stangenmagazin mit 40 Schuß		
Masse ungeladen:	4,45 kg		

[1] *Parabellum-Patrone; aber auch mit Kaliber 7,65 mm für Parabellum-Patronen 7,65 × 22.*

Daten: Maschinenpistole Modell SIG MKPS (Polizeiversion)

Kaliber:	7,65 mm[1]	Patrone:	7,65 × 22[1]
v_0:	365 m/s	Lauflänge:	300 mm
Länge Waffe:	820 mm	Züge/Richtung:	6/r
Feuergeschwindigkeit:	900 S/min	Visierschußweite:	1 000 m
		Einsatzschußweite:	100 m
Munitionszuführung:	gerades Stangenmagazin mit 30 Schuß		
Masse ungeladen:	3,70 kg		

[1] *Parabellum-Patrone; aber auch mit Kaliber 9 mm für Parabellum-Patronen 9 × 19.*

Maschinenpistolen Modelle SIG 1941 und 1944 9 mm

Im Mai 1940 ordneten die schweizerischen Militärs die unverzügliche Übernahme von Maschinenpistolen in die strukturmäßige Bewaffnung an. Diese Entscheidung wurde in der Sorge getroffen, daß das Land trotz erklärter Neutralität angegriffen werden könnte und sich verteidigen müßte. Zweieinhalb Jahrzehnte lang hatten die Militärs die Bedeutung der Maschinenpistole unterschätzt. Obwohl die Schweizerische Industrie-Gesellschaft (SIG) in Neuhausen derartige Waffen seit 1920 in Serienproduktion herstellte, verfügten die Streitkräfte des Landes zu jener Zeit über kaum 500 Stück.

In aller Eile wurden 296 Maschinenpistolen unterschiedlicher Modelle in den Bestand der bewaffneten Kräfte eingereiht. Ein Teil davon stammte aus dem Ausland, der andere war Schweizer Produktion. Zu den im eigenen Land hergestellten Waffen gehörten einige MPi Modell W+F 1919 (s. dort), mehrere MPi Modell SIG 1920 (s. dort) und wenige Maschinenpistolen vom Typ MKPS, einer Version der MPi Modell SIG MKMS (s. dort).

Damals fiel auch die Entscheidung über die künftige Standardmunition für Maschinenpistolen zugunsten der Patrone Parabellum 9 mm. Über eine Standard-MPi jedoch gab es noch keine Klarheit. Bis Mai 1941 wurden außer den genannten Waffen auch aus dem Ausland beschaffte Modelle getestet. Dazu gehörten die Maschinenpistolen Modell Erma EMP (s. dort) und Modell 38 (MP 38 – s. dort) aus Deutschland sowie Schnellfeuerpistolen Modell Astra (s. dort) aus Spanien.

Eine Entscheidung für die eine oder andere Waffe konnte nicht fallen; denn keine von ihnen war in erforderlicher Menge erhältlich. So vertrauten die Militärs auf die Konstrukteure im eigenen Land, die man im Mai 1940 mit Neuentwicklungen beauftragt hatte. Sowohl bei der staatlichen Eidgenössischen Waffenfabrik Bern (W+F) als auch beim Privatunternehmen in Neuhausen standen entsprechende Entwicklungsprojekte im Mittelpunkt der Aktivität.

Beide Betriebe stellten im Dezember 1940 Versuchswaffen vor. Der von Oberst Adolf Furrer entwickelte Prototyp wurde sofort als MPi Modell W+F 1941 (s. dort) eingeführt. Die Maschi-

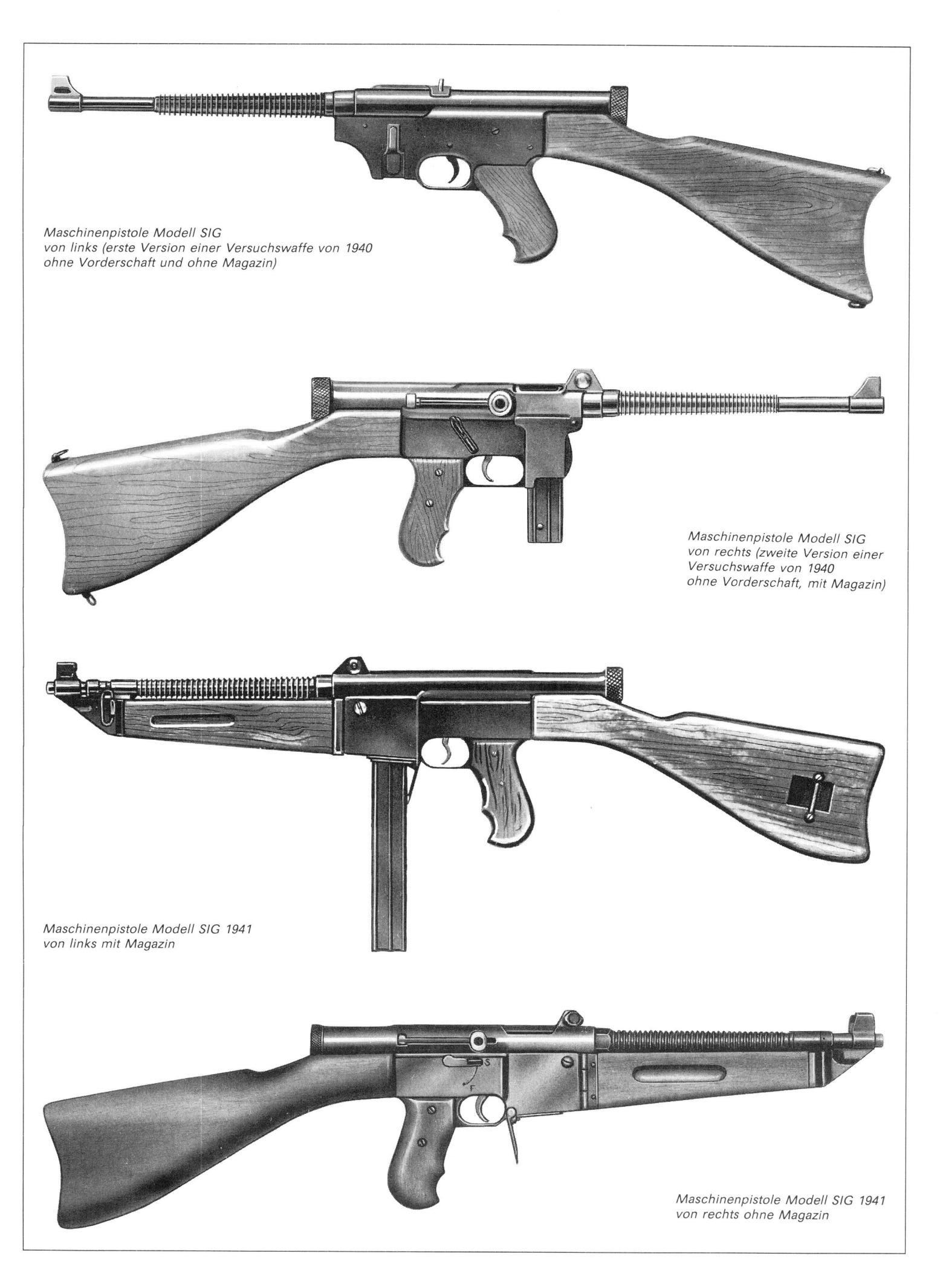

Schweiz

*Maschinenpistole Modell SIG
von links (erste Version einer Versuchswaffe von 1940
ohne Vorderschaft und ohne Magazin)*

*Maschinenpistole Modell SIG
von rechts (zweite Version einer
Versuchswaffe von 1940
ohne Vorderschaft, mit Magazin)*

*Maschinenpistole Modell SIG 1941
von links mit Magazin*

*Maschinenpistole Modell SIG 1941
von rechts ohne Magazin*

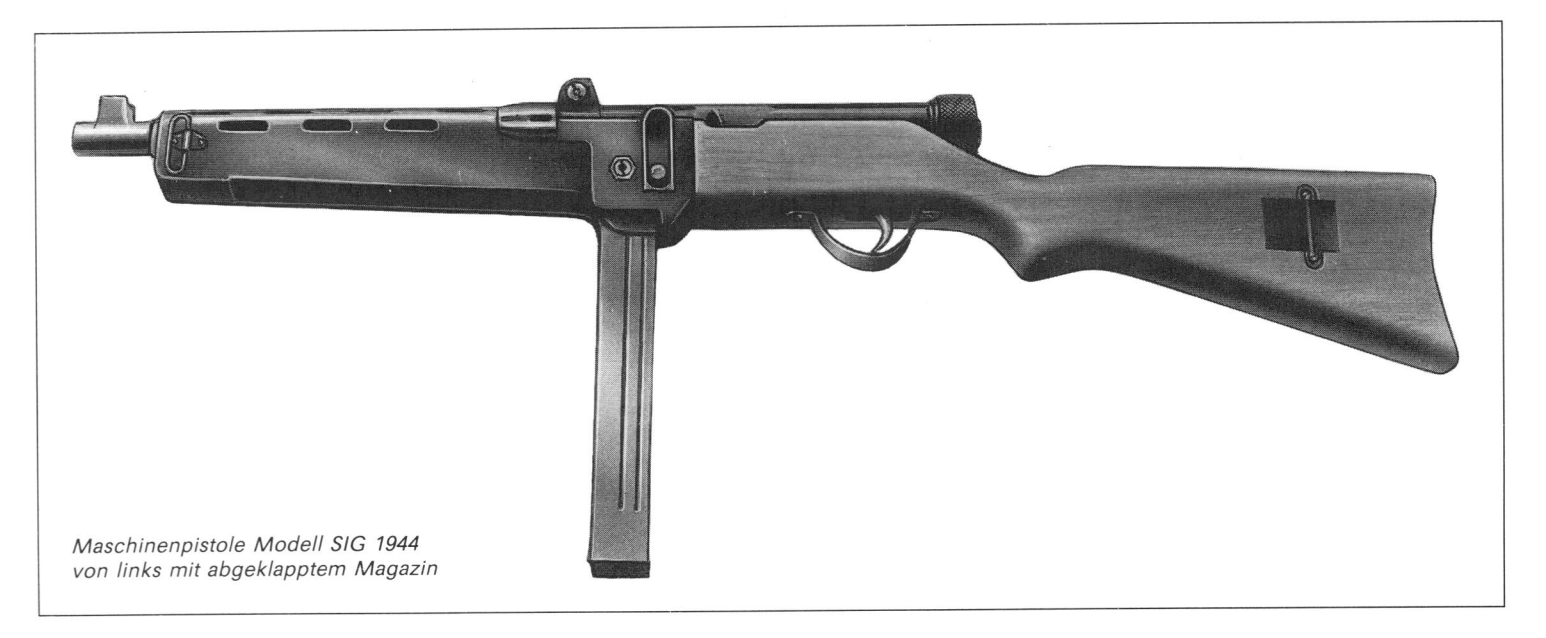

*Maschinenpistole Modell SIG 1944
von links mit abgeklapptem Magazin*

nenpistole von SIG jedoch lehnten die Militärs ab. Sie übernahmen lediglich die bestellten Waffen aus der Testserie in ihren Bestand. Das waren nur 50 Stück. Fast alle wurden im Dezember 1962 verschrottet.

Als die Neuhausener ihren von Emil Busenhart entwickelten Prototyp vorstellten, hatten sie keinerlei Zweifel an seinem Erfolg. Um so überraschender kam die für sie wohl sehr deprimierende Entscheidung. Sie wird in der Fachliteratur als völlig unverständlich, ja als eklatanter Fehler beurteilt. Man hatte mit der Entschuldigung, keine Zeit mehr zu haben, auf die Erprobung der Prototypen verzichtet und eine ungeeignete Waffe zur Standard-Maschinenpistole erklärt. Von außerordentlich komplizierter Konstruktion, war sie nur mit hohem Kosten- und Zeitaufwand produzierbar. Die Furrer-MPi soll die teuerste Maschinenpistole gewesen sein, die man je hergestellt hat.

Hingegen hätte die SIG-MPi, so die Fachliteratur, für ein Viertel der Kosten und in der Hälfte der Zeit produziert werden können. Die Konstruktion Busenharts war in Neuhausen sorgfältig getestet worden. Ihr lagen die Erfahrungen aus zwei Jahrzehnten Entwicklung und Produktion von Maschinenpistolen zugrunde.

Die MPi Modell SIG 1941 ist ein Rückstoßlader mit feststehendem Lauf, einteiligem Masseverschluß und separatem Schlagbolzen. Grundlegende Konstruktionsmerkmale des Verschlußsystems hatte man von der SIG-MPi Modell MKMS übernommen, aber vereinfacht. Spannhebel und Sicherungshebel wurden rechts installiert. Erstmals bei einer SIG-MPi konnte der Schütze die Sicherung betätigen, ohne den Pistolengriff hinter dem Abzug loslassen zu müssen.

Das gerade Stangenmagazin ist nach vorn klappbar. Es rastet unter dem Vorderschaft in einer Aussparung ein. Die Arretierung für das Scharnier befindet sich unterhalb des Korns. Sie wird mit der linken Hand gelöst. Das Magazin klappt ab und rastet ohne einen weiteren Handgriff in Zuführposition ein.

Die Magazinkapazität beträgt 40 Schuß. Das sind Parabellum-Patronen 9 mm. Der Schütze kann sie in Einzel- oder Dauerfeuer verschießen. Er regelt die Feuerart durch unterschiedlich starken Druck auf den Abzug. In der Fachliteratur gibt es jedoch auch den Hinweis darauf, daß eine solche Abzugsvorrichtung erst für die weiterentwickelte Waffe von 1944 eingerichtet war, die SIG-MPi 1941 aber nur für Dauerfeuer eingerichtet war.

Zur Zielvorrichtung gehören ein Walzenvisier mit Driftkorrektur und ein Blockkorn mit seitlichem Schutz. Das Visier kann auf 50 m bis 300 m Distanz eingestellt werden. Die Länge der Visierlinie beträgt 270 mm. Der Lauf ist von radialen Kühlrippen umgeben. Die Waffe hat einen hölzernen Vorderschaft und einen massiv wirkenden Holzkolben.

Diese Maschinenpistole brachte dem Neuhausener Unternehmen keinen Geschäftserfolg. Von den Streitkräften kam kein Auftrag, und Lieferungen ins Ausland waren während des Krieges nicht möglich. Eine modifizierte Version ohne hölzernen Vorderschaft und mit einem Stangenmagazin von nur 30 Schuß Kapazität, das ebenfalls von unten eingesetzt wird, aber nicht klappbar ist, fand auch kein Interesse.

So versuchte die Firma kurz vor Kriegsende mit einer weiteren Neuentwicklung, der MPi Modell SIG 1944, doch noch ins Geschäft einzusteigen. Auch dieser Versuch war vergeblich. Spektakuläre Geschäftserfolge mit automatischen Handfeuerwaffen erzielte die Firma erst nach 1945, allerdings weniger mit Maschinenpistolen, sondern mit Selbstladepistolen und Schnellfeuergewehren. Die ab 1958 für kurze Zeit in Serienproduktion hergestellte MPi Modell SIG 310 (s. »Schützenwaffen heute«) wurde zwar in geringer Anzahl ins Ausland geliefert, nicht aber bei den Streitkräften eingeführt. Lediglich Polizeiformationen der Schweiz sollen etwa 1 000 Stück übernommen haben.

Die MPi Modell SIG 1944 hat fast die gleiche Verschlußkonstruktion wie die Waffe von 1941, aber einige veränderte Baugruppen. Der Vorderschaft wurde nicht aus Holz hergestellt, sondern wie Laufmantel und Magazingehäuse aus gestanzten Metallteilen. Der Lauf hat keine Kühlrippen, das Gehäuse keinen Umschalthebel zum Einstellen der Feuerart. Sie wird mit dem Abzug geregelt. Auf den Pistolengriff hat man verzichtet. Die Waffe erhielt einen Holzkolben von besserer Form mit griffgünstig gestaltetem Hals.

Daten: Maschinenpistole Modell SIG 1941

Kaliber:	9 mm	Patrone:	9 × 19
v_0:	400 m/s	Lauflänge:	305 mm
Länge Waffe:	800 mm	Züge/Richtung:	6/r
Feuergeschwindigkeit:	850 S/min[1]	Visierschußweite:	300 m
		Einsatzschußweite:	200 m
Munitionszuführung:	gerades Stangenmagazin mit 40 Schuß		
Masse mit leerem Magazin:	4,24 kg		
Masse des vollen Magazins:	0,77 kg		

[1] Auch mit 650 S/min angegeben.

Daten: Maschinenpistole Modell SIG 1944

Kaliber:	9 mm	Patrone:	9 × 19
v_0:	420 m/s	Lauflänge:	300 mm
Länge Waffe:	833 mm	Züge/Richtung:	6/r
Feuergeschwindigkeit:	800 S/min	Visierschußweite:	300 m
		Einsatzschußweite:	200 m
Munitionszuführung:	gerades Stangenmagazin mit 40 Schuß		
Masse ungeladen:	3,95 kg		
Masse des vollen Magazins:	0,77 kg		

Maschinenpistolen Modelle W+F 1941 und 1941/44 9 mm

Als die schweizerischen Streitkräfte im Mai 1940 eine Standard-MPi in die strukturmäßige Bewaffnung übernehmen wollten, mußte die Führung feststellen, daß man im Lande über weniger als 500 Maschinenpistolen verfügte. In aller Eile wurden nach einem Test mehrerer in- und ausländischer Modelle die staatliche Eidgenössische Waffenfabrik Bern (W+F) und die Privatfirma Schweizerische Industrie-Gesellschaft (SIG) in Neuhausen mit der Entwicklung solcher Waffen beauftragt. Ende 1940 standen sie zur Verfügung.

Obwohl eine bei weitem wirtschaftlichere Konstruktion, lehnten die Militärs die MPi Modell SIG 1941 (s. dort) aus Neuhausen ab. Die Waffe aus Bern hingegen erhielt ohne Erprobung den Status einer Standard-Maschinenpistole. Sie wurde als Modell W+F 1941 offiziell übernommen. Diese Entscheidung wird von den Schweizer Fachleuten noch heute verurteilt. Man kommentiert sie mit drastischen Worten und unterstellt persönliche Motive. Der Konstrukteur Adolf Furrer, so der Kommentar in der Fachliteratur, war nicht nur ein hoher Militär mit Einfluß auf die Führung der Streitkräfte, sondern damals auch Chef der Herstellerfirma.

Allerdings wurden die Waffen der Truppe weder rechtzeitig noch in erforderlicher Anzahl zur Verfügung gestellt. Die Serienproduktion verzögerte sich erheblich. Im Dezember bestellte 100 Stück waren erst im Frühjahr 1942 fertig. Mit der Erledigung eines größeren Auftrags vom Juli 1941 konnte man sogar erst zwei Jahre später beginnen. In jenem Jahr lieferte die Firma nicht mehr als 4 844 Maschinenpistolen aus. Bis Ende 1944, als die Produktion beendet wurde, standen dann insgesamt ungefähr 9 800 Stück zur Verfügung.

Die im Mai 1940 begonnene Aktion einer durchgängigen Bewaffnung der Streitkräfte mit Maschinenpistolen war also schon ein Jahr darauf vorerst mißlungen. Ohne fremde Hilfe kam man nicht weiter. Im November 1942 entschlossen sich die Militärs zu einem Import von etwa 5 000 Maschinenpistolen Modell Suomi 1931 (s. dort) aus Finnland. Im Juli 1943 beauftragten sie die Genfer Firma Hispano Suiza SA mit der Serienproduktion nach finnischer Lizenz. Die Waffen aus Finnland wurden als Modell 1943, die Waffen aus Genf als Modell 1943/44 (s. dort) bezeichnet. Sie gehörten nach 1945 noch lange zur Ausrüstung.

Die MPi Modell W+F 1941 ist ein Rückstoßlader mit kurz zurückgleitendem Lauf und starr verriegeltem Kniegelenkverschluß. In der Fachliteratur weist man darauf hin, daß diese Waffe von äußerst komplizierter Konstruktion und die wohl teuerste Maschinenpistole war, die jemals in Serienproduktion hergestellt wurde.

Ihre Verschlußautomatik funktioniert wie folgt: Beim Auslösen des Schusses sind Lauf und Verschluß miteinander verriegelt. Sie gleiten durch den Rückstoß so weit nach hinten, bis der Verschluß nach etwa 5 mm entriegelt und der Lauf festgehalten wird. Der Verschlußblock stößt weiter zurück und wirft dabei die Hülse aus. Befindet sich der Verschluß in der hinteren Position, drückt ihn die Schließfeder wieder nach vorn. Dabei führt er die nächste Patrone zu und verriegelt dann mit dem Lauf.

Die Munition wird aus einem geraden Stangenmagazin von rechts zugeführt. Seine Kapazität beträgt 40 Schuß. Das sind Parabellum-Patronen 9 mm. Der Schütze kann sie in Einzel- oder Dauerfeuer verschießen. Er regelt die Feuerart durch unterschiedlich starken Druck auf den Abzug, der sich in einem relativ großen Bügel befindet.

Zur Zielvorrichtung gehören ein Kurvenvisier und ein verschiebbares Blockkorn. Das Visier kann von 300 m bis 1 500 m Entfernung eingestellt werden. Die Länge der Visierlinie beträgt 272 mm. Die Waffe hat Holzschäftung, einen massiven Holzkolben und einen Pistolengriff hinter dem Abzug. Der Lauf steckt

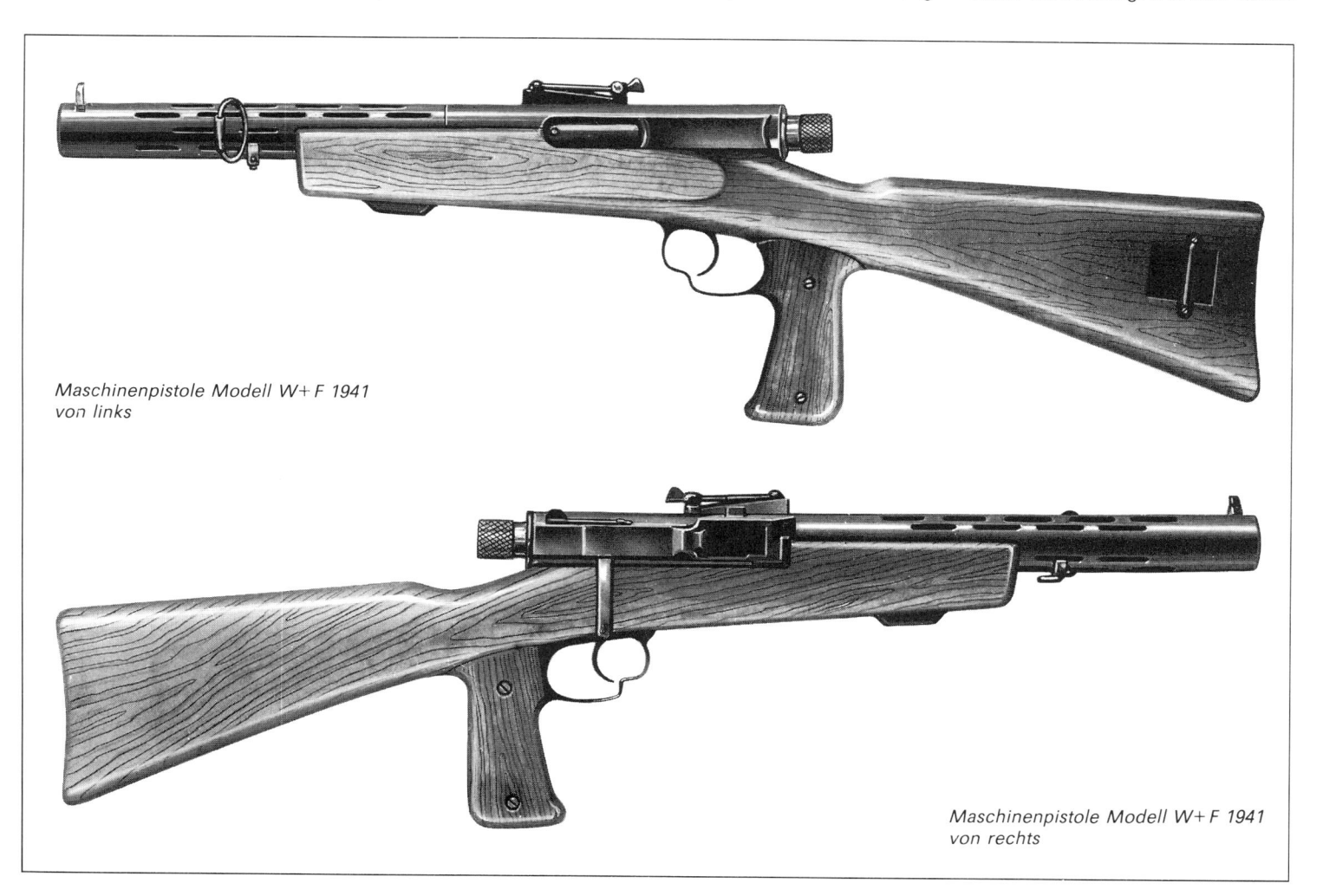

Maschinenpistole Modell W+F 1941 von links

Maschinenpistole Modell W+F 1941 von rechts

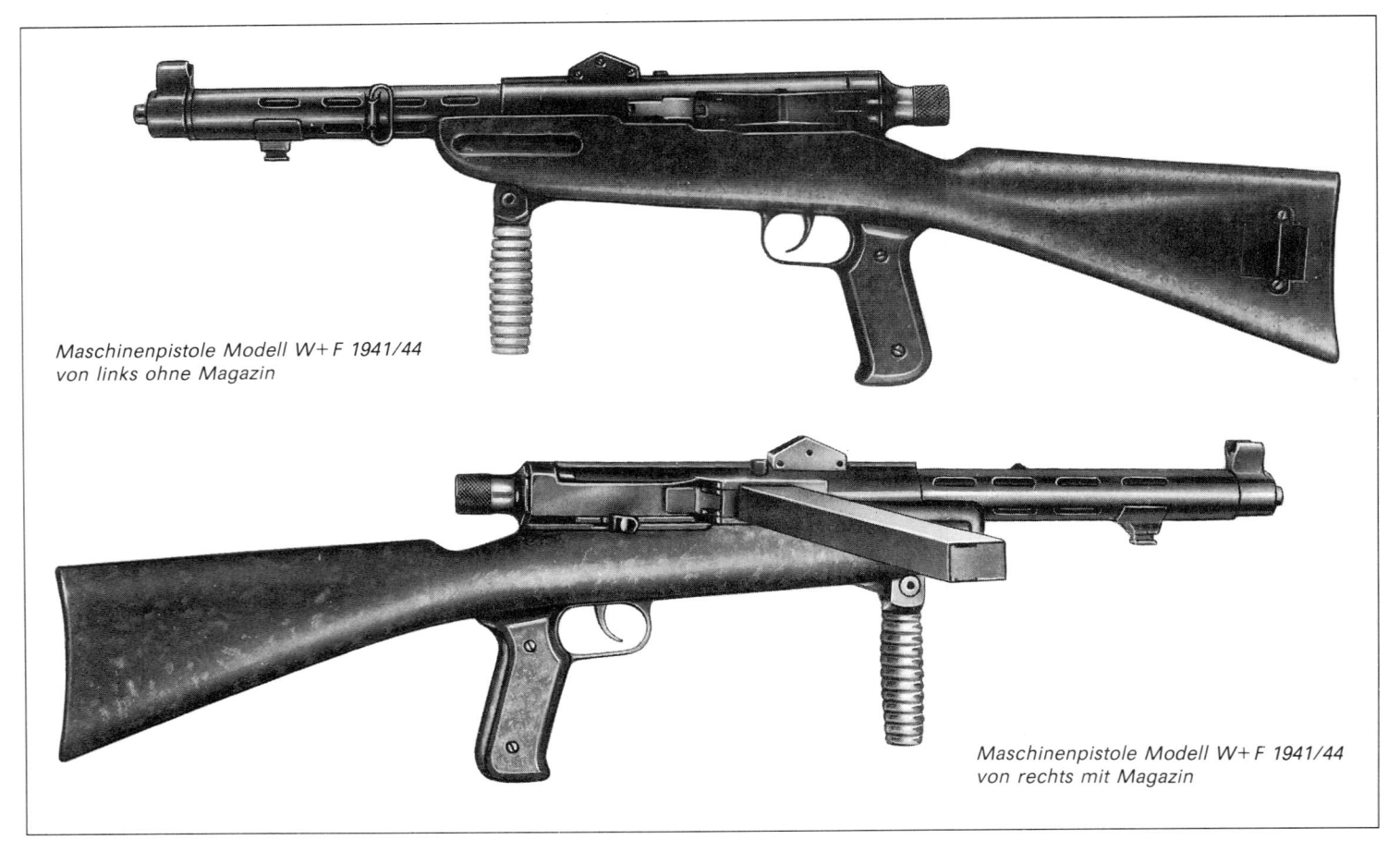

Maschinenpistole Modell W+F 1941/44 von links ohne Magazin

Maschinenpistole Modell W+F 1941/44 von rechts mit Magazin

in einem Mantel mit Kühlschlitzen und ist zumeist mit einer Vorrichtung zum Arretieren eines Bajonetts ausgestattet.

Ab 1944 wurden Maschinenpistolen dieses Typs zum Modell W+F 1941/44 modifiziert. Spannhebel und Abzugsbügel haben eine andere Form. Die Visierung ist zwar einfacher, Kimme und Korn erhielten jedoch einen seitlichen Schutz. Das Klappvisier kann auf 100 m und 200 m Distanz eingestellt werden. Vorn unter dem Handschutz befindet sich ein zusätzlicher, nach hinten klappbarer Haltegriff. Auf die Bajonetthalterung aber hat man verzichtet. Sämtliche Maschinenpistolen der Erstversion sollen dann im Laufe der Zeit zum Modell 1941/44 umgebaut worden sein.

Daten: Maschinenpistole Modell W+F 1941

Kaliber:	9 mm	Patrone:	9 × 19
v_0:	390 m/s	Lauflänge:	270 mm
Länge Waffe:	760 mm	Züge/Richtung:	6/r
Feuergeschwindigkeit:	800 S/min	Visierschußweite:	1 500 m
		Einsatzschußweite:	200 m
Munitionszuführung:	gerades Stangenmagazin mit 40 Schuß		
Masse ungeladen:	5,20 kg		
Masse des vollen Magazins:	0,86 kg		

Daten: Maschinenpistole Modell W+F 1941/44

Kaliber:	9 mm	Patrone:	9×19
v_0:	400 m/s	Lauflänge:	270 mm
Länge Waffe:	760 mm	Züge/Richtung:	6/r
Feuergeschwindigkeit:	800 S/min	Visierschußweite:	200 m
		Einsatzschußweite:	200 m
Munitionszuführung:	gerades Stangenmagazin mit 40 Schuß		
Masse ungeladen:	5,20 kg		

Maschinenpistole Modell 1943/44 9 mm

Obwohl die Militärs im Dezember 1940 die MPi Modell W+F 1941 (s. dort) zur Standardwaffe erklärt hatten, mußten die Streitkräfte zwei Jahre später zusätzlich mit anderen Maschinenpistolen ausgerüstet werden. Die von Adolf Furrer entwickelte, bei der Eidgenössischen Waffenfabrik Bern (W+F) produzierte Waffe stand zu dieser Zeit in kaum nennenswerter Stückzahl zur Verfügung.

Da Maschinenpistolen dringend benötigt wurden, bemühte sich die militärische Führung der Schweiz 1942 um Waffen aus Finnland. Die ersten 100 Maschinenpistolen Modell Suomi 1931 (s. dort), im November bestellt, trafen bereits im Dezember ein. Die letzten von insgesamt 5 200 Stück wurden allerdings erst 1945 geliefert. Alle erhielten die Ordonnanzbezeichnung Modell 1943.

Ab Sommer 1943 stellte man solche Maschinenpistolen auch in der Schweiz her, zunächst nahezu originalgetreu, später in modifizierter Ausführung. Mit der Serienproduktion war die Genfer Firma Hispano Suiza SA beauftragt worden. Unter der Bezeichnung MPi Modell 1943/44 lieferte sie den Streitkräften zunächst 5 000, bis Oktober 1949 dann insgesamt 22 468 Maschinenpistolen. Solche Waffen werden auch häufig Schweizer Suomi-MPi oder Modell Hispano-Suiza genannt. Die Magazine fertigte die Firma Autophon AG in Solothurn, von 1943 bis 1948 insgesamt 93 600 Stück.

Die ersten Maschinenpistolen wurden wie die finnische Waffe mit vorn abgeschrägtem Laufmantel hergestellt. Später produzierte man sie zumeist mit geradem Laufmantel und einer Halterung für das zum Mehrladekarabiner Modell 1931 (s. dort) geführte Dolchbajonett, das für diese Version der Maschinenpistole ebenfalls benutzt werden konnte. Nach dem zweiten Weltkrieg hergestellte Waffen haben einen stärkeren Schaft. Sämtliche Maschinenpistolen aus Schweizer Produktion sind mit einer anderen Visiereinrichtung ausgerüstet als die Originalwaffen.

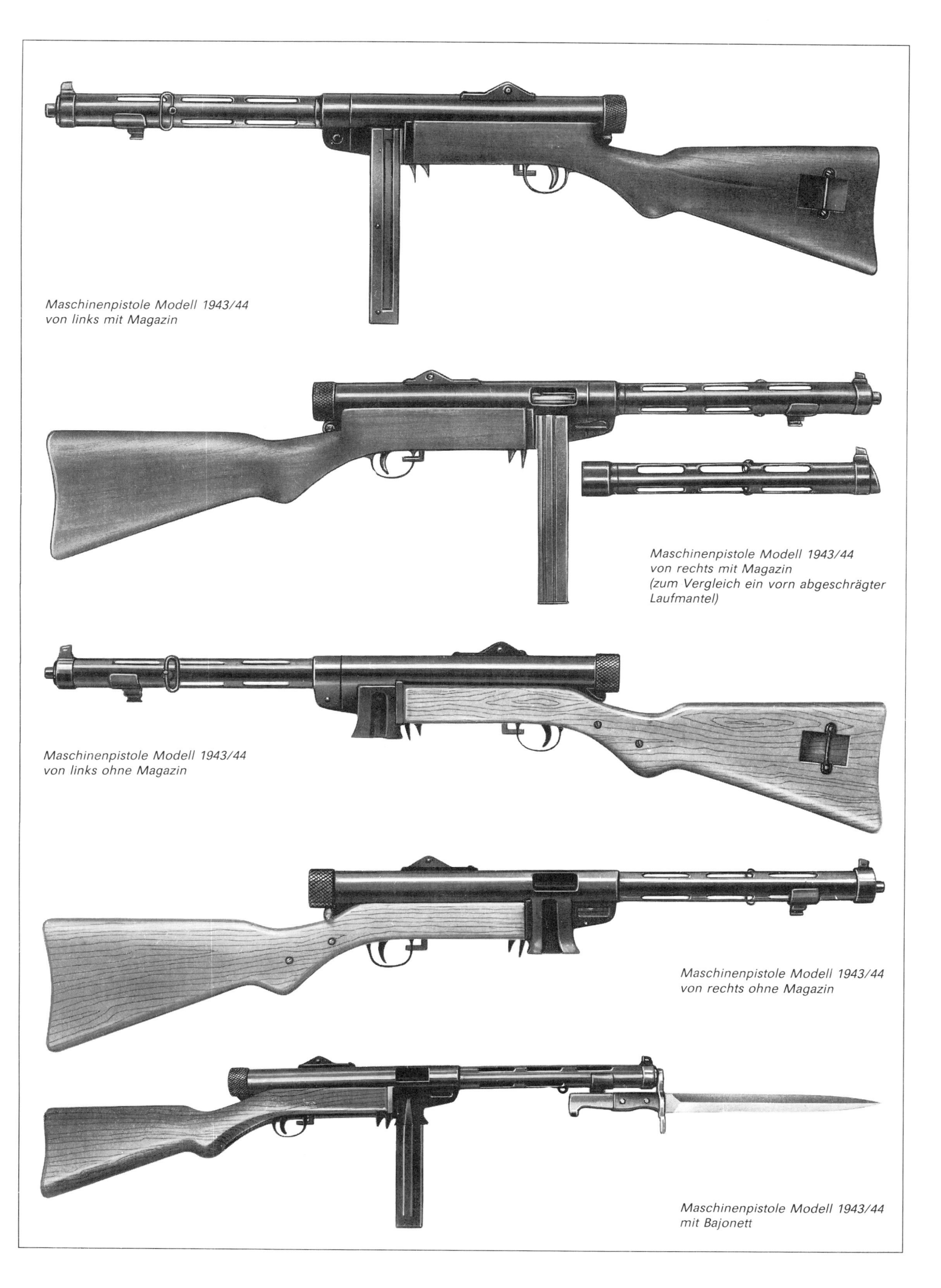

Schweiz

Maschinenpistole Modell 1943/44 von links mit Magazin

Maschinenpistole Modell 1943/44 von rechts mit Magazin (zum Vergleich ein vorn abgeschrägter Laufmantel)

Maschinenpistole Modell 1943/44 von links ohne Magazin

Maschinenpistole Modell 1943/44 von rechts ohne Magazin

Maschinenpistole Modell 1943/44 mit Bajonett

Die MPi Modell 1943/44 ist ein unverriegelter Rückstoßlader mit feststehendem Lauf und Masseverschluß. Sie schießt aus offener Verschlußstellung zu. Mit Ausnahme der bereits erwähnten Details sowie der Halterung für den Trageriemen und dem Material für die Kolbenkappe unterscheidet sie sich nicht von der Suomi-MPi aus finnischer Produktion.

Der Lauf steckt in einem Mantel, der zwölf Kühlschlitze hat. Die Munition wird von unten aus einem Stangenmagazin von 50 Schuß Kapazität zugeführt. Das sind Parabellum-Patronen 9 mm. Sie können in Einzel- oder Dauerfeuer verschossen werden. Der Sicherungshebel befindet sich griffgünstig vorn im Abzugsbügel und dient auch zum Einstellen der Feuerart. Statt eines Leitkurvenvisiers mit Einteilung für 100 m bis 500 m Entfernung hat die Schweizer Maschinenpistole ein Klappvisier mit seitlichem Schutz, das auf 100 m und 200 m Distanz eingestellt werden kann.

Der Schaft wurde wie bei der finnischen Waffe aus Birken- oder Buchenholz gefertigt, die Kolbenkappe jedoch nicht aus Gußeisen, sondern aus Aluminium hergestellt. Und statt eines in den Schaft eingeschraubten unteren Riemenbügels hat die Schweizer Maschinenpistole einen Trageriemenhalter wie der Mehrladekarabiner von 1931. Die Länge der Visierlinie beträgt 442 mm, die Drallänge 250 mm, die Länge des Stangenmagazins 210 mm.

Mit Maschinenpistolen solchen Typs wurden nicht nur die Streitkräfte ausgerüstet, sondern auch Polizeieinheiten des Landes. Diese erhielten zumeist Waffen mit Laufmantel ohne Schräge und ohne Bajonetthalterung. Mit solchen Maschinenpistolen war die Polizei mancher Kantone noch während der achtziger Jahre bewaffnet. Zum Bestand der Streitkräfte gehörten sie ebenfalls lange Zeit nach dem zweiten Weltkrieg. Sie wurden nicht durch neue Maschinenpistolen ersetzt, sondern vom Sturmgewehr 57, einer Version aus dem Waffensystem von Schnellfeuergewehren Modell SIG 510 (s. »Schützenwaffen heute«), abgelöst.

Daten: Maschinenpistole Modell 1943/44

Kaliber:	9 mm	Patrone:	9 × 19
v_0:	380 m/s	Lauflänge:	315 mm
Länge Waffe:	860 mm	Züge/Richtung:	6/r
Feuergeschwindigkeit:	800 S/min	Visierschußweite:	200 m
		Einsatzschußweite:	200 m
Munitionszuführung: gerades Stangenmagazin mit 50 Schuß			
Masse mit			
leerem Magazin:	5,08 kg		
Masse ohne Magazin:	4,65 kg		

Mehrladekarabiner Modell 1931 und Versionen 7,5 mm

Im Jahre 1889 hatten sich die Schweizer Militärbehörden für ein Mehrladegewehr mit Geradzugverschluß sowie für eine Patrone von 7,5 mm Kaliber mit rauchschwachem Pulver und Rundkopfgeschoß entschieden. Das Gewehr war von Oberst Rudolf Schmidt, dem damaligen Direktor der Waffenfabrik in Bern, die Patrone von Major Rubin, damals Direktor der Munitionsfabrik in Thun, entwickelt worden. Waffe und Munition wurden seitdem mehrmals verändert, das Gewehr bereits sieben Jahre nach seiner Einführung.

Man versetzte die sehr weit hinten gelegenen Verriegelungszapfen nach vorn in Richtung Patronenlager und konnte den Verschluß erheblich verkürzen. Mit einem solchen Verschluß sind dann mehrere Modelle von neuentwickelten und modifizierten Mehrladern in Bern hergestellt worden.

Als 1911 die neue Patrone des Typs M 11 mit Spitzgeschoß eingeführt wurde – das Geschoß erreichte eine größere Mündungsgeschwindigkeit und bessere Durchschlagsleistung –, waren die Waffen für die stärkere Munition mit höherem Gasdruck nicht mehr geeignet. Sie mußten erneut verändert werden. Man entwickelte einen neuen Lauf und ein neues Visier, auch einen Schaft mit pistolengriffähnlichem Ansatz, an dem die Schießhand wesentlich besseren Halt fand.

Mit solchen Bauteilen wurden die alten Mehrlader ausgerüstet, wobei man den Pistolengriff mit Spezialkleber befestigte. Gleichzeitig erging aber die Anweisung an den Hersteller, ab diesem Zeitpunkt nur noch Gewehre und Karabiner mit derartiger Ausstattung zu produzieren. Diese Mehrlader erhielten die Bezeichnung Modell 1911. Sie wurden ebenso wie ein Teil der aptierten Waffen älteren Typs noch während des zweiten Weltkriegs geführt.

Zu dieser Zeit verfügten die schweizerischen Streitkräfte aber auch schon über modernere Infanteriewaffen. Das waren Mehrladekarabiner Modell 1931. Man hatte sie auf der Grundlage der Waffen von 1911 entwickelt bzw. modifiziert, dabei den Verschluß von 1896 verbessert und sie für die ebenfalls 1931 modifizierte Patrone mit besserer ballistischer Leistung präpariert. So war das sogenannte Einheitsgewehr von 1931, dessen Entwicklung 1928 begonnen hatte, keine Neukonstruktion, sondern gewissermaßen eine modernisierte Ausführung nach den bewährten Systemen von Schmidt und Rubin.

Auf Antrag des Militärdepartements wurde das Modell am 21. Januar 1932 vom Schweizer Bundesrat zur Ordonnanzwaffe erklärt. Das Vorhaben, mit dem Karabiner als ein Einheitsgewehr das lange Gewehr von 1911 bei allen Einheiten der Infanterie

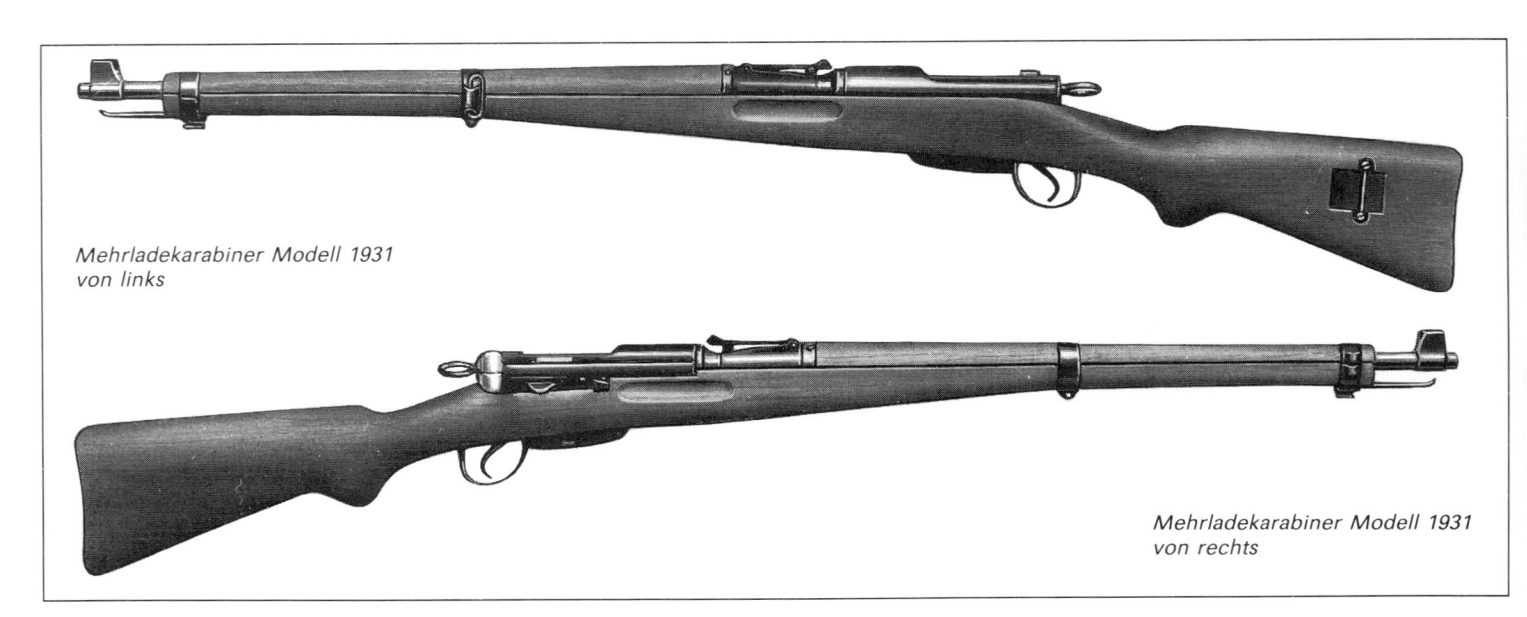

Mehrladekarabiner Modell 1931 von links

Mehrladekarabiner Modell 1931 von rechts

*Mehrlade-Scharfschützenkarabiner Modell W+F
von links (Versuchswaffe von 1940)*

*Mehrlade-Scharfschützenkarabiner Modell W+F
von rechts (Versuchswaffe von 1940)*

*Mehrlade-Scharfschützenkarabiner Modell 1931/42
von links*

*Mehrlade-Scharfschützenkarabiner Modell 1931/42
von rechts*

abzulösen – man faßte diesen Beschluß am 16. Juni 1933 –, ließ sich jedoch nur Schritt um Schritt verwirklichen. Dieser Beschluß konnte erst nach dem zweiten Weltkrieg realisiert werden.

Der Mehrladekarabiner Modell 1911 ist eine Waffe mit Geradzug-Zylinderverschluß, bei dem die Verriegelungszapfen weit vorn, dicht am Patronenlager, angebracht sind. Das integrierte zweireihige Kastenmagazin hat eine Kapazität von 6 Schuß. Das sind Patronen des Typs M 11 von 7,5 mm Kaliber. Sie können auch einzeln eingeführt werden. Die Waffe hat Zentralzündung mit Schlagbolzen. Die Drallänge beträgt 270 mm.

Zur Zielvorrichtung gehören ein Leitkurvenvisier und ein Rechteckkorn mit seitlichem Schutz. Das Visier ist von 100 m bis 1500 m Entfernung einstellbar. Für die Schäftung benutzte man anfangs Nußbaum, später Buchenholz mit Stahl für den Handschutz. Verschlußhülse und Kammerstengel wurden aus rostfreiem Stahl hergestellt. Unter dem Lauf kann ein Bajonett aufgepflanzt werden. Damals standen Dolchbajonette der Typen M 1889/18 und M 1918 sowie das Sägebajonett M 1914 zur Verfügung.

Zwischen den Karabinern von 1911 und 1931 gibt es einige deutliche Unterschiede, zum Beispiel an Verschluß, Lauf, Visier, Magazin und Handschutz. Der Verschluß mit weit nach vorn verlegten Verriegelungszapfen ist erheblich kürzer, der Lauf hingegen um etwa 60 mm länger. Die Verschlußhülse umgibt nicht nur den hinteren Teil des Verschlußzylinders, sondern den ganzen; Verschlußzylinder und Verschlußmutter sind nicht durch ein Gewinde, sondern durch Bajonettverriegelung miteinander verbunden; im Magazin befindet sich keine Spiral-, sondern eine Flachfeder in W-Form. Hinzu kamen weitere Veränderungen, die Handlichkeit und Bedienbarkeit verbesserten. Solche Veränderungen bewirkten außerdem Einsparungen an Material und verkürzten die Herstellungszeit. Daher konnten die Fertigungskosten verringert werden.

Während des zweiten Weltkriegs wurden zwei Versionen des Karabiners für Scharfschützen hergestellt. Beide haben ein zusätzlich zur Standardvisierung seitlich versetzt befestigtes Zielfernrohr, ließen sich aber auch ohne benutzen. Ein geschickter Schütze war übrigens in der Lage, sein Zielfernrohr selbst zu montieren. Meist wurde das jedoch von Spezialisten erledigt.

Beim Modell 1931/42 vergrößert die Optik 1,8fach, beim Modell 1931/43 hingegen 2,8fach. Hatte man 1941 noch einen Bedarf von 12000 derartiger Karabiner ermittelt, so betrug die von 1943 bis 1945 in Bern gefertigte Anzahl dieser Waffen ledig-

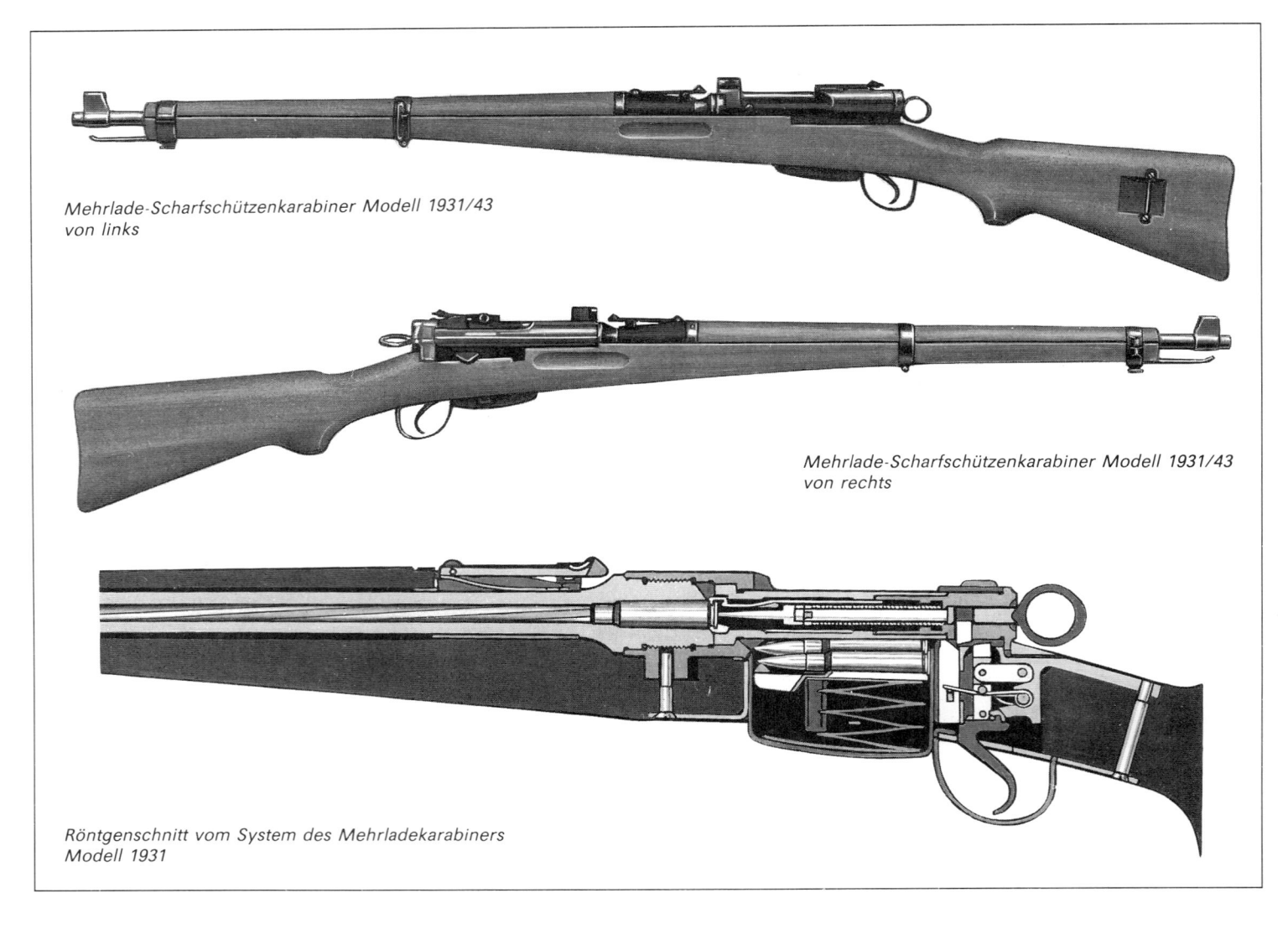

Mehrlade-Scharfschützenkarabiner Modell 1931/43 von links

Mehrlade-Scharfschützenkarabiner Modell 1931/43 von rechts

Röntgenschnitt vom System des Mehrladekarabiners Modell 1931

lich 2 241 Stück. Beide Versionen unterscheiden sich voneinander auf Grund des Leitkurvenvisiers für das Zielfernrohr. Das eine hat eine Distanzeinstellung von 100 m bis 1 000 m, das andere von 100 m bis 700 m.

Solche Waffen verblieben zwar bis 1979 in der Ausrüstung, wurden aber ab 1957 durch den ein Jahr zuvor zur Ordonnanzwaffe erklärten Mehrlade-Scharfschützenkarabiner Modell 31/55 (s. »Schützenwaffen heute«) ergänzt. Wie die Fachliteratur informiert, war man weder mit den vor 1945 hergestellten Modellen zufrieden noch mit der weiterentwickelten Version Mitte der fünfziger Jahre. Daher ist auch sie inzwischen längst abgelöst worden. Sie wurde ersetzt durch eine Spezialausführung des Schnellfeuergewehrs Modell SIG 510 (s. »Schützenwaffen heute«), zu dem auch das Sturmgewehr 57 gehört. Diese Waffe war übrigens der direkte Nachfolger des Karabiners von 1931.

Daten: Mehrladekarabiner Modell 1931

Kaliber:	7,5 mm	Patrone:	7,5×55,5
v_0:	780 m/s	Lauflänge:	652 mm
Länge Waffe:	1 107 mm	Züge/Richtung:	4/r
Feuergeschwindigkeit:	12 S/min	Visierschußweite:	1 500 m
		Einsatzschußweite:	600 m
Munitionszuführung:	integriertes Magazin für 6 Schuß		
Masse ungeladen, ohne Bajonett:	3,98 kg		

Daten: Mehrlade-Scharfschützenkarabiner Modell 1931/42

Kaliber:	7,5 mm	Patrone:	7,5×55,5
v_0:	780 m/s	Lauflänge:	652 mm
Länge Waffe:	1 110 mm	Züge/Richtung:	4/r
Feuergeschwindigkeit:	12 S/min	Visierschußweite:	1 000 m [1]
		Einsatzschußweite:	800 m
Munitionszuführung:	integriertes Magazin für 6 Schuß		
Masse ungeladen, mit Zielfernrohr:	4,27 kg		

[1] Betrifft Distanzeinstellung des Zielfernrohrs; beim Modell 1931/43: 700 m. Beide Modelle haben außerdem ein Leitkurvenvisier von 100 m bis 1 500 m.

Leichtes Maschinengewehr Modell 1925 7,5 mm

Die Schweizer Militärs hatten sich für Maschinengewehre schon frühzeitig interessiert. Nach mehrjähriger Erprobung solcher Waffen waren bereits 1897/98 zwei MG-Kompanien bei den Festungstruppen und vier MG-Kompanien bei den Kavalleriebrigaden formiert worden. Im Sommer 1911 wurde das aus Deutschland importierte schwere MG Modell 08 (s. dort) nach dem Maxim-System unter der Bezeichnung Modell 1911 zur Ordonnanzwaffe erklärt und laut Truppenordnung bei der Infanterie ebenfalls eingeführt. Eine beachtliche Stellung in der strukturmäßigen Ausrüstung erlangte das Maschinengewehr dann während des ersten Weltkriegs, als Infanterie und Kavallerie mehr Waffen dieser Art erhielten.

Sie kamen bereits aus eigener Produktion. Als 1915 die Lieferungen aus Deutschland ausblieben, hatte die Eidgenössische Waffenfabrik Bern (W+F) mit der Lizenzfertigung begonnen. Bis Kriegsende stellte sie etwa 2 000 schwere Maxim-Maschinengewehre Modell 1911 in modifizierter Ausführung her. Für den Anfang war das eine recht stattliche Stückzahl.

Ein führender eidgenössischer Militär war von den Maschinengewehren geradezu begeistert. Nach 1918 schlug er allen Ernstes die Aufstellung einer schweizerischen Maschinengewehr-Armee vor. Die Soldaten, so seine Idee, sollten 7 000 solcher Waffen erhalten. Später forderte er 12 000 Stück. Auf Grund deren gewaltiger Feuerkraft würde das Land seiner Ansicht nach völlig unangreifbar werden.

Auch andere einflußreiche Militärs widmeten dem Maschinengewehr große Aufmerksamkeit, ohne allerdings seine Bedeutung zu überschätzen. Einer von ihnen war Oberst Adolf Furrer, Direktor der Berner Waffenfabrik. Außer auf Maschinenpistolen – er entwickelte die Modelle W+F 1919 (s. dort) und W+F 1941 (s. dort) – konzentrierte sich der Oberst auch auf die automatische Waffe Maschinengewehr. An allen Konstruktionen aus Bern war er beteiligt, für manche zeichnete er als Alleinkonstrukteur verantwortlich.

Zu den bekanntesten gehörte das leichte MG Modell 1925, dem drei Jahre zuvor ein erster Prototyp vorangegangen war. Das serienreife, nach dem Firmendirektor auch Furrer-MG genannte Modell wurde auf Beschluß des Schweizer Bundesrats vom 19. Juni 1925 zur Ordonnanz erklärt und als Standardwaffe bei Infanterie, Kavallerie, Artillerie und Landwehr eingeführt.

Exakt 23 045 Stück, so die Fachliteratur, sind bis 1946, als man die Produktion einstellte, von den Streitkräften beschafft worden. Dazu gehörten auch die von 1939 bis 1942 gefertigten 1 742 Maschinengewehre mit Fußleiste für ein Zielfernrohr und eine unbekannte Anzahl einer Spezialversion mit Klappkolben für die Kavallerie.

Leichte Maschinengewehre Modell 1925, neben dem schweren MG Modell 1911 geführt, waren bestimmt als Gruppenwaffe der Infanterie zur Feuerunterstützung bei Verteidigung und Angriff. Waffen beider Typen verblieben nach 1945 in der Ausrüstung. Obwohl es während der dreißiger und vierziger Jahre an Versuchen nicht gefehlt hatte, vor allem das inzwischen technisch veraltete Maxim-MG zu ersetzen, begann dessen Ablösung erst ein halbes Jahrzehnt nach dem zweiten Weltkrieg. Ab 1951 stand ein sogenanntes Einheits-Maschinengewehr zur Verfügung. Trotzdem gehörte das Furrer-MG noch Mitte der achtziger Jahre zum Bestand.

Das leichte MG Modell 1925 ist ein luftgekühlter Rückstoßlader mit kurz zurückgleitendem Lauf und Kniegelenkverschluß. Der Lauf steckt in einem Mantel mit langen Kühlschlitzen und hat 270 mm Drallänge. Nach 180 Schuß, so die Dienstvorschrift, muß der Schütze den heißgeschossenen Lauf austauschen. Ein Laufwechsel dauert nur 17 s.

Die Munition wird aus einem zweireihigen Kurvenmagazin

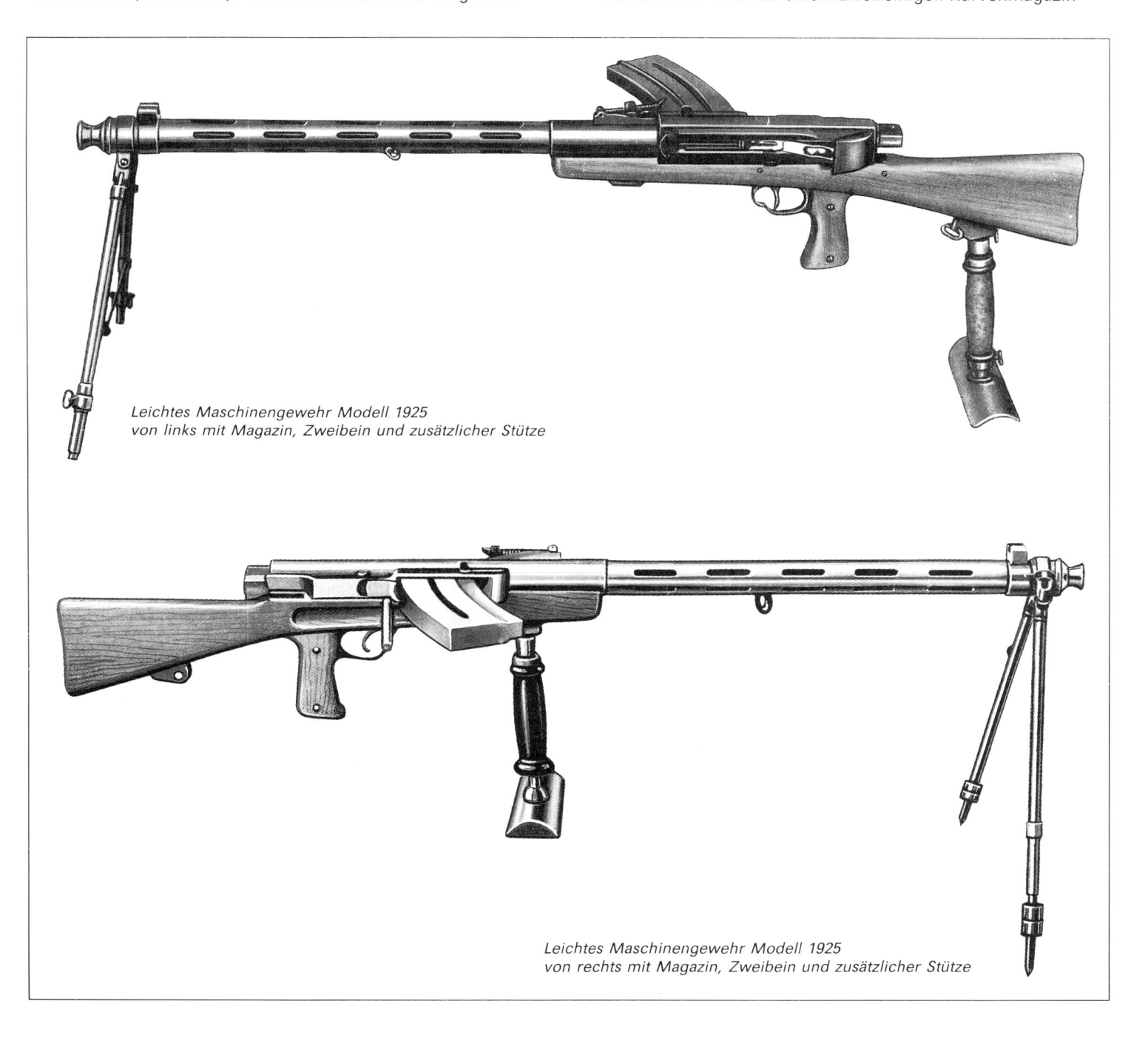

*Leichtes Maschinengewehr Modell 1925
von links mit Magazin, Zweibein und zusätzlicher Stütze*

*Leichtes Maschinengewehr Modell 1925
von rechts mit Magazin, Zweibein und zusätzlicher Stütze*

Schweiz

*Leichtes Maschinengewehr Modell 1925
von links ohne Magazin und ohne Stützsystem*

*Leichtes Maschinengewehr Modell 1925
von rechts ohne Magazin und ohne Stützsystem*

*Leichtes Maschinengewehr Modell 1925
(Kavalleriemodell mit Klappkolben und Zieloptik,
auf Dreibeinlafette)*

von rechts zugeführt. Seine Kapazität beträgt 30 Schuß. Das sind Schweizer Gewehrpatronen des Typs M 11. Sie können in Einzel- oder Dauerfeuer verschossen werden. Der Schütze stellt die Feuerart mit einem Kombinationshebel ein. Dieser dient auch zum Sichern. Der Hebel befindet sich auf dem Verschlußkasten.

Zur Zielvorrichtung gehört ein offenes Kurvenvisier, das von 100 m bis 2 000 m Entfernung um jeweils 100 m Distanz verstellbar ist. Unter der Laufmündung kann ein Zweibein, am Kolben oder Schaft eine zusätzliche Stütze montiert werden. Beide sind abnehmbar. Kolben, Vorderschaft und Pistolengriff hinter dem Abzug bestehen aus Holz. Ein Teil dieser Waffen erhielt ab 1935 die für das schwere Maxim-MG neukonstruierte Speziallafette mit Dreibein. Darauf befestigt, sollte das Maschinengewehr, falls erforderlich, zur Bekämpfung von Zielen bis 1 000 m Flughöhe und 600 km/h Geschwindigkeit eingesetzt werden. Für solch einen Fall mußte eine spezielle Zielvorrichtung montiert werden.

Interessant ist der strukturmäßige Einsatz bei der Infanterie. Eine Maschinengewehrgruppe, die eine Waffe vom Typ 1925 führte, bestand aus acht Mann: dem Gruppenführer, einem Maschinengewehrschützen, drei Munitionsträgern und drei Füsilieren. Sie waren mit je einem Gewehr bewaffnet, anfangs mit dem Mehrlader Modell 1911, später mit dem Mehrladekarabiner Modell 1931 (s. dort). Der Maschinengewehrschütze verfügte über vier volle Magazine mit je 30 Patronen. Jeder Munitionsträger führte eine Tasche mit Magazinen und 300 Patronen mit sich. Die Munitionsreserve war wie folgt verteilt: 480 Patronen je Maschinengewehr im Munitionswagen des Zuges und 720 Patronen je Waffe im Munitionswagen der Kompanie.

Daten: Leichtes Maschinengewehr Modell 1925

Kaliber:	7,5 mm	Patrone:	7,5×55,5
v_0:	740 m/s	Lauflänge:	585 mm
Länge Waffe:	1 163 mm	Züge/Richtung:	4/r
Feuergeschwindigkeit:	490 S/min [1]	Visierschußweite:	2 000 m
		Einsatzschußweite:	800 m [2]
Munitionszuführung: Kurvenmagazin mit 30 Schuß			
Masse ungeladen:	8,65 kg		
Masse mit leerem Magazin, Zweibein, Einbein und Doppeltrageriemen:	9,69 kg		
Masse der Dreibeinlafette:	10,70 kg		

[1] Auch mit 525 S/min angegeben.
[2] Auf Dreibeinlafette: 1 000 m.

Leichtes Maschinengewehr Modell SIG KE 7 7,92 mm

Gegen das von Adolf Furrer konstruierte leichte MG Modell 1925 (s. dort) war diese Waffe aus Entwicklung und Produktion der Schweizerischen Industrie-Gesellschaft (SIG) in Neuhausen von vornherein chancenlos. Als Chef der Eidgenössischen Waffenfabrik Bern (W+F) hatte Oberst Furrer einen großen Einfluß auf die militärische Führungsspitze des Landes. So erklärte der Schweizer Bundesrat am 19. Juni 1925 das Furrer-MG zur Ordonnanzwaffe. Infanterie, Kavallerie, Artillerie und Landwehr wurden mit diesem Modell ausgerüstet, die Neuhausener lediglich mit der Herstellung von Zulieferteilen beauftragt.

Dennoch führte man die Anfang 1925 bei SIG begonnenen Konstruktionsarbeiten für ein eigenes Maschinengewehr zielstrebig weiter. Das Projekt stand unter Leitung des ungarischen Ingenieurs Pal Király und des damaligen SIG-Direktors Gotthard End. Zwei Jahre nach Furrers Erfolg präsentierte das Neuhausener Unternehmen mit dem Modell KE 7 ein leichtes Maschinengewehr von hohem technischem Format. Für die Bezeichnung wählte man die Initialen der Familiennamen beider Verantwortlicher.

Mit knapp 8 kg Masse gehörte die Waffe damals zu den leichtesten Maschinengewehren der Welt. Das SIG-MG hat mehrere technische Details, die Mitte bis Ende der zwanziger Jahre absolut neu waren. Dazu zählt das teleskopartige Verschlußsystem mit ineinander greifendem Verschluß und Schlitten, sowohl in verriegelter als auch in offener Stellung. Eine weitere konstruktive Besonderheit ist der Abzugsmechanismus. Er hat nur eine einzige Feder. Auch die um 48 mm verzögerte Verschlußentriegelung war neu. Der Entriegelungsvorgang beginnt erst dann, wenn der Gasdruck in der Patronenhülse völlig abgesunken und die Spannung im Patronenlager deutlich verringert ist. Schließlich haben die Konstrukteure das Ausziehen und Auswerfen der Hülsen genauestens mit der Rücklaufbewegung des Verschlusses abgestimmt. Die Hülsen werden nach rechts aus der Waffe entfernt.

Sie wurde sorgfältig erprobt, bestand Kältetests und Zuverlässigkeitsprüfungen unter extremen Bedingungen. Nach 100 Schuß Dauerfeuer ungereinigt mit vollem Magazin mehrere Stunden bei minus 10 °C abgelegt, schoß sie in eiskaltem Zustand völlig einwandfrei. Sie funktionierte sogar ohne Störung, nachdem sie, ebenfalls ungereinigt, ein ganzes Jahr ungeschützt im Freien gelegen hatte.

Daß ein Maschinengewehr von solcher Qualität Abnehmer finden würde, stand außer Frage. Allerdings gab sich die Unternehmensleitung auch keinerlei Illusionen darüber hin, daß Kunden etwa aus dem eigenen Land kommen könnten. Eine Nachfrage der schweizerischen Streitkräfte bestand nicht. Aber das Ausland war an Lieferungen sehr interessiert.

Von 1929 bis 1935 wurden Maschinengewehre dieses Typs nach China exportiert. Ihr Einsatz erfolgte dort zum Beispiel im Kampf gegen die japanische Armee, die im September 1931 die Mandschurei überfallen hatte. Zu den Abnehmern gehörten auch Kolumbien und mehrere andere Länder des amerikanischen Kontinents sowie Frankreich. Über Stückzahlen ist nichts bekannt. Die Fachliteratur informiert lediglich über Lieferungen von größerem Umfang. Da dieses Maschinengewehr damals zu den wichtigsten Erzeugnissen des Neuhausener Unternehmens gehörte, kann man annehmen, daß der Produktionsausstoß beträchtlich war.

Das leichte MG Modell SIG KE 7, eine zuschießende Waffe, ist

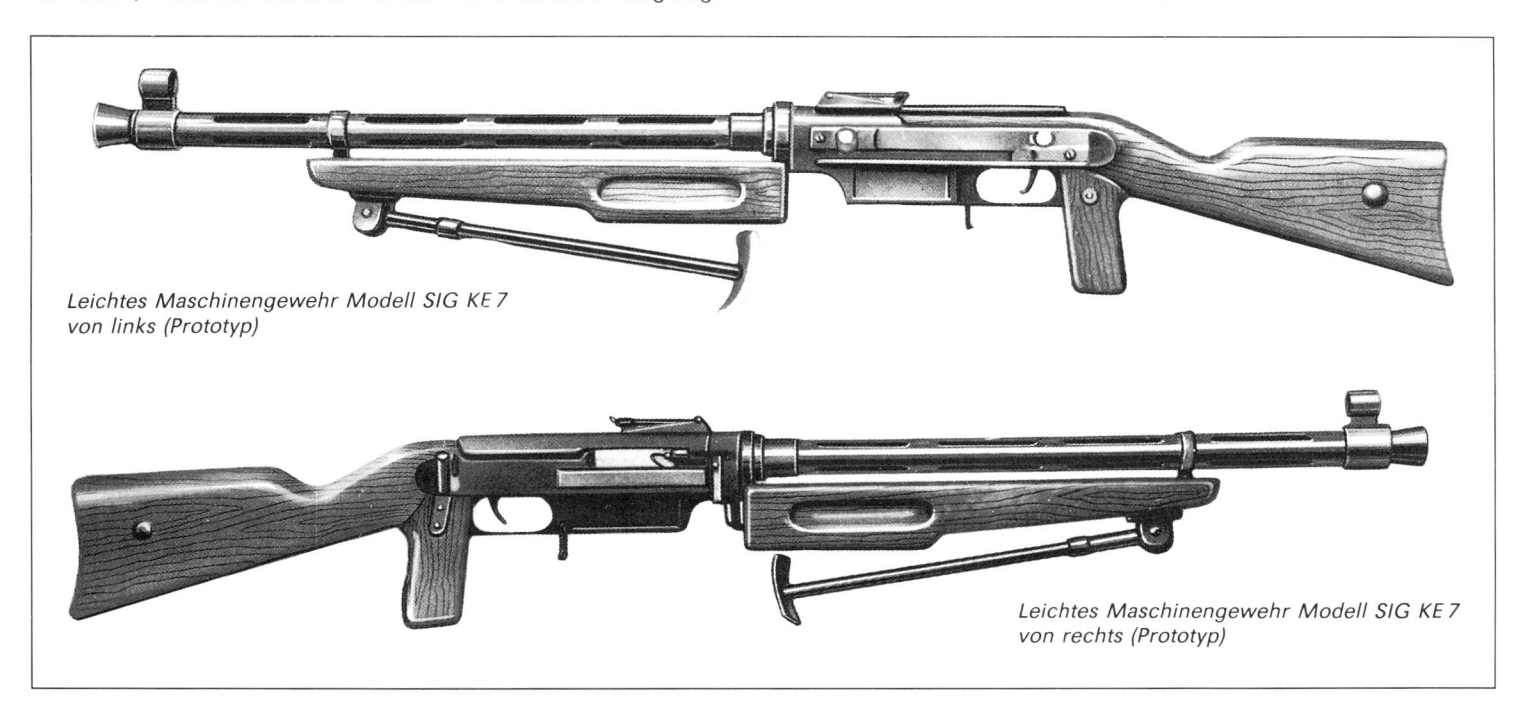

Leichtes Maschinengewehr Modell SIG KE 7 von links (Prototyp)

Leichtes Maschinengewehr Modell SIG KE 7 von rechts (Prototyp)

Schweiz

*Leichtes Maschinengewehr Modell SIG KE 7
von links mit abgeklapptem Zweibein, ohne Kolbenstütze*

*Leichtes Maschinengewehr Modell SIG KE 7
von links mit angeklapptem Zweibein*

*Leichtes Maschinengewehr Modell SIG KE 7
von rechts mit angeklapptem Zweibein*

*Leichtes Maschinengewehr Modell SIG KE 7
von rechts mit Fliegervisier, ohne Stützsystem*

ein luftgekühlter Rückstoßlader mit kurz zurückgleitendem Lauf und Kippverschluß. Der Lauf hat eine glatte Oberfläche und wird von einem Mantel mit zwölf Kühlschlitzen in Längsrichtung umgeben. Die Wanddicke des Laufes gewährleistet eine gleichmäßige Wärmeverteilung über seine gesamte Oberfläche. Die Drallänge beträgt 240 mm. Laufwechsel ist mit wenigen Handgriffen ohne vorheriges Entladen möglich.

Vor dem Kornträger befindet sich ein kurzer Mündungsfeuerdämpfer mit Rückstoßverstärker. Auf Kundenanforderung konnte ein Schußverzögerer eingebaut werden. Solche Waffen wurden zum Beispiel nach Frankreich geliefert. Der Schußverzögerer ist im Pistolengriff hinter dem Abzug installiert und verringert die Kadenz um 200 S/min. Die praktische Feuergeschwindigkeit beträgt 75 S/min. Der Spanngriff befindet sich links. Während des Schießens bleibt er unbeweglich.

Die Munition wird aus einem Kurvenmagazin zugeführt. Der Schütze setzt es von unten ein. Die Magazinkapazität beträgt 25 Schuß. Bei der Standardausführung sind das Mauser-Patronen 7,92 mm. Darüber hinaus wurde die Waffe in mehreren Versionen zum Verschießen unterschiedlicher Munition angeboten. Dazu zählten Mauser-Patronen 7 mm und 7,65 mm, Patronen .303 British Lee-Enfield sowie Munition von 8 mm.

Die Möglichkeit, Patronen unterschiedlichster Art und Ausführung verschießen zu können, gehört zu den Vorzügen dieses Maschinengewehrs. Seine Funktionssicherheit wird gewährleistet, indem man den Rückstoßverstärker der entsprechenden Munitionsart anpaßt. So können Patronen mit Eisen-, Stahl- oder Messinghülse verfeuert werden, die Geschosse unterschiedlicher Masse und Laborierung haben. In der Fachliteratur wird darauf hingewiesen, daß sämtliche Varianten der damals in aller Welt hergestellten Mauser-Patrone 7,92 mm für dieses Maschinengewehr von SIG benutzt werden konnten.

Der Schütze verschießt die Munition in Einzel- oder Dauerfeuer. Er regelt die Feuerart durch unterschiedlich starken Druck auf den Abzug. Geringer Druck bewirkt Einzelfeuer, starker Druck Dauerfeuer.

Im Unterschied zum Furrer-MG hat diese Waffe also keinen Kombinationsschalter, mit dem man die Feuerart einstellen und außerdem sichern kann. Die Neuhausener Konstrukteure waren der Meinung, das Einstellen der Feuerart an der Ordonnanzwaffe sei für einen Schützen in voller Deckung zu kompliziert, und bei Dunkelheit könne der Schalter statt auf gesichert irrtümlich auf Dauerfeuer eingerastet werden.

Daher wird das SIG-MG mit einem separaten Hebel gesichert. Seine Mechanik blockiert die Abzugsstange. Der Sicherungshebel befindet sich auf der rechten Seite. Er funktioniert auch als Demontagehebel. Will man die Waffe auseinander nehmen, wird er horizontal nach hinten umgelegt und nach rechts herausgezogen.

Zur Zielvorrichtung gehören ein offenes Kurvenvisier und ein Blockkorn mit Schutztunnel. Das Visier kann auf 100 m bis 2 000 m Distanz eingestellt werden. Die Länge der Visierlinie beträgt 662 mm. Zum Schießen auf fliegende Ziele bis 1 000 m Höhe und 600 km/h Geschwindigkeit lieferte der Hersteller eine spezielle Zielvorrichtung: ein Kreiskorn mit zwei Ringen und Visierkreuz sowie eine Visierperle. Diese Vorrichtung wird oben auf dem Gehäuse an einer Fußleiste befestigt. Dort kann auch ein Zielfernrohr montiert werden.

Die Waffe hat ein Zweibein und zusätzlich eine einbeinige Stütze mit rundem Fuß. Das Zweibein befindet sich vorn unter dem Laufmantel, das Einbein hinten unter dem Kolben. Benötigt der Schütze das Stützsystem nicht, klappt er das Zweibein nach hinten unter den Handschutz und entfernt das Einbein ebenfalls. Ohne die Stützen wird das Maschinengewehr beim Sturmangriff im Hüftanschlag geführt. Gegen fliegende Ziele setzt man die Waffe im Schulteranschlag ein oder montiert sie auf einer Dreibeinlafette.

Die Betriebe in Neuhausen und Bern waren nicht die einzigen Schweizer Unternehmen, die Maschinengewehre produzierten. Dazu gehörten auch die in Arbon ansässige Firma Adolph Sauer und die Brevetti-Scotti AG in Zürich. Von 1917 bis 1920 wurden in Arbon einige Modelle von leichten und schweren Maschinengewehren gefertigt, die die Streitkräfte jedoch nicht erprobten, geschweige denn übernahmen. Die Züricher Firma bot in Italien entwickelte Maschinengewehre an. Ihre Versuchsmuster waren in der Waffen- und Werkzeugmaschinenfabrik Oerlikon hergestellt worden, und zwar in Kooperation mit SIG sowie mit der italienischen Firma Fabrica Nazionale d'Armi Brescia (FNAB) und dem deutschen Unternehmen Mauser Werke AG.

Eine andere deutsche Firma etablierte sich ebenfalls in der Schweiz: die Rheinische Metallwaren- und Maschinenfabrik (Rheinmetall) mit ihrem Tochterunternehmen, der Waffenfabrik Solothurn. Dort wurden außer Maschinenpistolen und Panzerbüchsen auch Maschinengewehre produziert, unter anderem die Modelle Solothurn S2-100 und S2-200 (s. dort). Derartige Waffen lieferte Rheinmetall unter Verletzung des Versailler Vertrags an ausländische Kunden.

Daten: Leichtes Maschinengewehr Modell SIG KE 7

Kaliber:	7,92 mm	Patrone:	7,92×57
v_0:	820 m/s	Lauflänge:	600 mm
Länge Waffe:	1 190 mm [1]	Züge/Richtung:	4/r
Feuergeschwindigkeit:	550 S/min [2]	Visierschußweite:	2 000 m
		Einsatzschußweite:	800 m
Munitionszuführung:	Kurvenmagazin mit 25 Schuß		
Masse mit Zweibein:	7,82 kg		
Masse des leeren Magazins:	0,38 kg		
Masse der Kolbenstütze:	0,71 kg		
Masse der Dreibeinlafette:	12,00 kg	[1] Mit Mündungsfeuerdämpfer. [2] Mit Schußverzögerer: 350 S/min.	

Leichte Maschinengewehre Modelle Solothurn S2-100 und S2-200 7,92 mm und 8 mm

Die Serienproduktion solcher Maschinengewehre begann bei der Waffenfabrik Solothurn wenige Monate, nachdem der Betrieb ein Tochterunternehmen der deutschen Firma Rheinische Metallwaren- und Maschinenfabrik (Rheinmetall) geworden war. Die Unternehmensführung von Rheinmetall hatte 1929 die Aktien der Schweizer Firma aufgekauft. Das war in der Absicht geschehen, die Bestimmungen des Versailler Vertrags vom 28. Juni 1919 zu umgehen, der die Produktion von Kriegsmaterial in Deutschland verbot.

Solche Waffen wurden also im Rheinmetall-Auftrag hergestellt und verkauft. Daher werden sie in diesem Buch unter Deutschland als leichte Maschinengewehre Modelle Solothurn S2-100 und S2-200 bzw. Modelle 1929 und 1930 (s. dort) ausführlich beschrieben. Später produzierte man derartige Maschinengewehre ausschließlich in Österreich bei der Steyr-Daimler-Puch AG als leichtes MG Modell 1930 (s. dort).

Nach dort wurde auch die Produktion der bis dahin ebenfalls in deutschem Auftrag in der Schweiz gefertigten MPi Modell Solothurn S1-100 (s. dort) verlagert. Dadurch konnte der Produktionsausstoß anderer Waffen, zu denen zum Beispiel die Panzerbüchsen Modell Solothurn S 18-100 sowie ihre Versionen S 18-1000 und S 18-1100 (s. dort) zählten, erhöht werden.

Schweres Maschinengewehr Modell 1943 7,5 mm

Zu Beginn des zweiten Weltkriegs waren die schweizerischen Streitkräfte noch immer mit dem technisch veralteten schweren MG Modell 1911 ausgerüstet. Mitte der dreißiger Jahre war es zwar von Konstrukteuren der Eidgenössischen Waffenfabrik Bern (W+F) modernisiert worden, trotzdem entsprach es nicht mehr den Anforderungen und hätte abgelöst werden müssen. Da aber kein neues Modell zur Verfügung stand, mußte der wassergekühlte Veteran aus der Zeit vor dem ersten Weltkrieg weiter geführt werden.

Statt Gurten aus Stoff benutzte man inzwischen Metallgurte und hatte eine Reihe dadurch bedingter technischer Verbesserungen vornehmen können. Darüber hinaus war die Waffe seit 1934/35 mit einem Mündungsfeuerdämpfer, einer neuen, nur einhändig bedienbaren Abzugseinrichtung, mit Streu- und Begrenzungsvorrichtungen für das Seiten- und Höhenrichten sowie einer speziellen Zielvorrichtung zur Fliegerabwehr und außerdem mit einer neuen Lafette ausgerüstet.

Zu den Infanteriewaffen, die von Mitte der zwanziger bis Mitte der vierziger Jahre bei W+F unter maßgeblicher Mitwirkung des Firmendirektors Adolf Furrer entwickelt wurden,

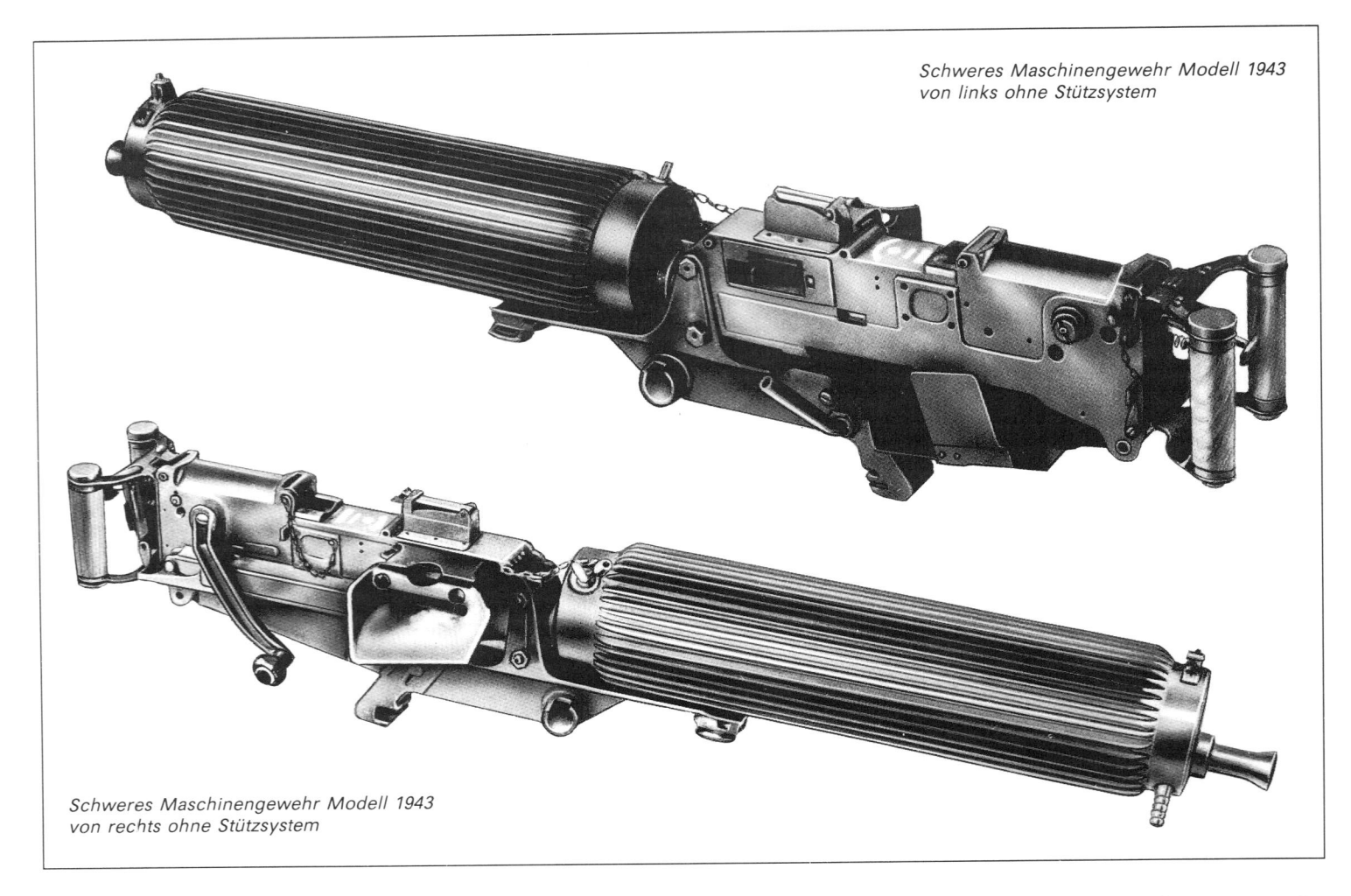

Schweiz

Schweres Maschinengewehr Modell 1943 von links ohne Stützsystem

Schweres Maschinengewehr Modell 1943 von rechts ohne Stützsystem

gehörten mehrere Maschinengewehre. Sämtliche Waffen waren Rückstoßlader mit Kniegelenkverschluß, zum Beispiel das luftgekühlte Flugzeug-MG Modell 1929, eine mit 1 360 S/min Feuergeschwindigkeit schießende Spezialwaffe. Sie wurde modifiziert zum Fliegerabwehr-Doppel-MG Modell 1938, zum Panzer-MG Modell 1938 und zu einem für die Infanterie vorgesehenen schweren Maschinengewehr mit Wasserkühlung, das man Modell 1943 nannte.

Obwohl nur in geringer Anzahl vorhanden, wurden sämtliche genannten Maschinengewehre als Ordonnanzwaffen eingeführt. Die Konstruktion von 1943 sollte die schweren Maschinengewehre des Typs Maxim ablösen. Sie war jedoch sehr störanfällig, für den Einsatz bei der Infanterie nicht geeignet und wurde 1944 lediglich in einer kleinen Serie von 22 Stück hergestellt.

Das schwere MG Modell 1943 ist ein Rückstoßlader mit kurz zurückgleitendem Lauf und Kniegelenkverschluß. Die Munition wird aus einem Metallgurt von 250 Schuß Kapazität zugeführt und per Dauerfeuer verschossen. Das sind Patronen des Typs M 11 von 7,5 mm Kaliber. Zur Zielvorrichtung gehören ein offenes Kurvenvisier, das von 100 m bis 1 500 m Entfernung eingestellt werden kann, und ein auf dem Laufmantel installiertes Blockkorn. Als Sicherung dient ein Hebel am Abzug. Die Dralllänge beträgt 270 mm.

So verblieb das wassergekühlte Maxim-MG Modell 1911 in seiner Mitte der dreißiger Jahre modernisierten Ausführung in der strukturmäßigen Bewaffnung. Erst ein halbes Jahrzehnt nach dem zweiten Weltkrieg begann seine Ablösung. Das luftgekühlte Furrer-MG Modell 1925 (s. dort) gehörte sogar noch Mitte der achtziger Jahre zum Bestand. Ab 1951 wurden sie nach und nach durch das im Dezember des vorangegangenen Jahres zur Ordonnanzwaffe bestimmte Universal-MG Modell W+F 51 (s. »Schützenwaffen heute«) ersetzt.

Daten: Schweres Maschinengewehr Modell 1943

Kaliber:	7,5 mm	Patrone:	7,5×55,5
v_0:	800 m/s	Lauflänge:	710 mm
Länge Waffe:	1 090 mm	Züge/Richtung:	4/r
Feuergeschwindigkeit:	1 200 S/min	Visierschußweite:	1 500 m
		Einsatzschußweite:	1 000 m
Munitionszuführung:	Metallgurt mit 250 Schuß		
Masse ungeladen:	23,00 kg		

Schwere Panzerbüchse Modell Solothurn S 18-100 sowie ihre Versionen S 18-1 000 und S 18-1 100 20 mm

Im Jahre 1939/40 übernahmen die schweizerischen Streitkräfte 58 als Modell Solo 40 bezeichnete Panzerbüchsen aus der Produktion der Waffenfabrik Solothurn. Sie waren dort wie die MPi Modell Solothurn S1-100 (s. dort) und die leichten Maschinengewehre Modelle Solothurn S2-100 und S2-200 (s. dort) in deutschem Auftrag hergestellt worden. Beginn der Serienfertigung von Panzerbüchsen war 1932 gewesen.

Der Betrieb in der Schweiz gehörte seit 1929 der deutschen Firma Rheinische Metallwaren- und Maschinenfabrik (Rheinmetall) und wurde benutzt, um eine Waffenproduktion großen Umfangs zu realisieren. In Deutschland war sie auf Grund des Versailler Vertrags vom 28. Juni 1919 nicht möglich. Obwohl in der Schweiz hergestellt, hatte man die Panzerbüchsen bei Rheinmetall entwickelt. Ihr Verkaufserlös floß in die Kasse des deutschen Unternehmens. Die Panzerbüchsen sind also deutsche Waffen. Sie werden daher als Modelle Solothurn S18-100, S18-1000 und S18-1100 (s. dort) in diesem Buch unter Deutschland ausführlich beschrieben.

Schwere Panzerbüchsen Modell Oerlikon 20 mm

Seit Jahren als Produzent automatischer Bord- und Bodengeschütze bekannt, stellte die Schweizer Waffen- und Werkzeugmaschinenfabrik Oerlikon 1932 ihre erste großkalibrige Panzerbüchse vor. Nach dem Betrieb wurde sie Modell Oerlikon genannt. Die Konstrukteure bezeichneten sie als schweres Selbstladegewehr. In der Fachliteratur wird die Waffe nicht selten als Maschinengewehr eingestuft. Das System hat Ähnlichkeit mit der von Reinhold Becker entwickelten Flugzeug-Maschinenkanone, die während des ersten Weltkriegs bei den Streitkräften des kaiserlichen Deutschland als Waffe in Flugzeugen und zur Abwehr fliegender Ziele vom Boden aus benutzt worden war.

Wie diese verschoß die Panzerbüchse Oerlikon Munition mit 20 mm Kaliber. Das Spitzgeschoß war von hinreichender Durchschlagskraft, um in Fahrzeuge mit leichter Panzerung einzudringen. Für später hergestellte Gefechtsfahrzeuge mit stabilerer Panzerung reichte die Effektivität der Schweizer Waffe ebensowenig aus wie die Leistung der auch als Tankgewehr bezeichneten Panzerbüchse Modell 18 aus Deutschland.

Die schwere Panzerbüchse Modell Oerlikon ist ein Rückstoßlader mit Feder/Masse-Verschluß, Vorlaufabfeuerung und feststehendem Rohr. Sie schießt nur Einzelfeuer. Die Munition wird aus einem Magazin zugeführt, das der Schütze von der linken Seite einsetzt. Je nach Größe hat es 5 oder 10 Schuß Kapazität. Schulterstütze und Rohr sind mit einer Art Bajonettverriegelung im Gehäuse befestigt. Unter dem Rohr, etwa in seiner Mitte, befindet sich ein Zweibein, unter der Schulterstütze, direkt vor der Schulterauflage, ein Einbein.

Der Schütze bedient die Panzerbüchse wie folgt: Spanngriff an der rechten Seite bis zur Arretierung des Verschlusses zurückziehen, Waffe sichern und ein volles Magazin einführen; entsichern, zielen und abdrücken. In diesem Moment schnellt der Verschluß nach vorn, erfaßt eine Patrone und führt sie zu. Auf dem Weg nach vorn wird sie durch den auftreffenden Schlagbolzen gezündet. Dabei befindet sich die Patrone nicht völlig in der Kammer. Die Kraft der Pulvergase stoppt den Verschluß und schleudert ihn wieder nach hinten. Das System der Patronenvorzündung wurde, wie schon erwähnt, von der Becker-Maschinenkanone übernommen.

Die Waffe kann nur gehalten werden, wenn der Schütze die Schulterstütze mit ihrer Auflage fest eingezogen und den Pistolengriff hinter dem Abzug sicher gepackt hat. Der Rückstoß ist zwar verhältnismäßig gering, die Kraft, mit der der vorlaufende Verschluß abgebremst wird, verursacht jedoch eine Erschütterung, die sich auf die Treffsicherheit auswirkt.

Dieser Nachteil konnte bei der weiterentwickelten Version Modell Oerlikon 1936 nicht völlig, aber zum Teil beseitigt werden. Man befestigte das Zweibein unter dem Rahmen. Die Schulterstütze ist stabiler, ihre Anlagefläche besser, das heißt körpergerechter geformt und der Schulter gut angepaßt. Zweibein und Einbein sind klappbar. Das Einbein hat eine größere Bodenplatte, die Panzerbüchse eine bessere Balance.

Hinzu kamen weitere Veränderungen. Um die Waffe gegen Ziele mit stärkerer Panzerung einsetzen zu können, mußte die Durchschlagsleistung erhöht werden. Dafür brauchte man eine stärkere Patrone und eine dieser Munition entsprechende Waffenkonstruktion. Das Geschoß wurde beibehalten, die Pulverladung vergrößert, die Hülse verlängert.

Bei identischem Funktionsprinzip hat die weiterentwickelte Panzerbüchse einen größeren Verschluß von wesentlich mehr Masse, eine stärkere Rückschlagfeder und ein längeres Rohr. Außerdem wurde sie mit einer Abzugssicherung ausgerüstet. Sie befindet sich hinter dem Abzug. Diese Panzerbüchse verfeuert Geschosse mit einer um etwa 200 m/s höheren Mündungsgeschwindigkeit. Die Durchschlagsleistung soll größer sein. Genaue Werte waren allerdings nicht zu ermitteln.

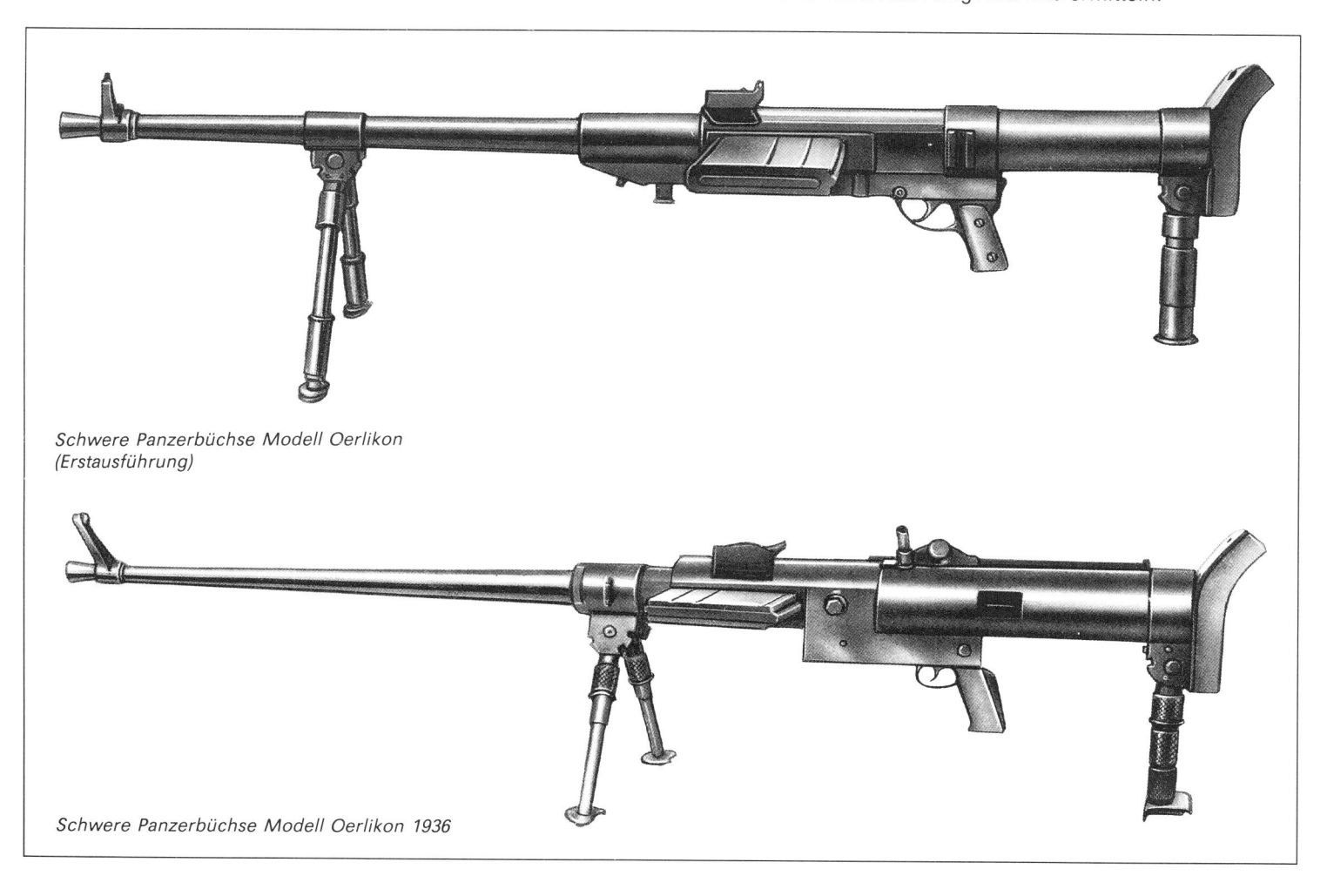

Schwere Panzerbüchse Modell Oerlikon (Erstausführung)

Schwere Panzerbüchse Modell Oerlikon 1936

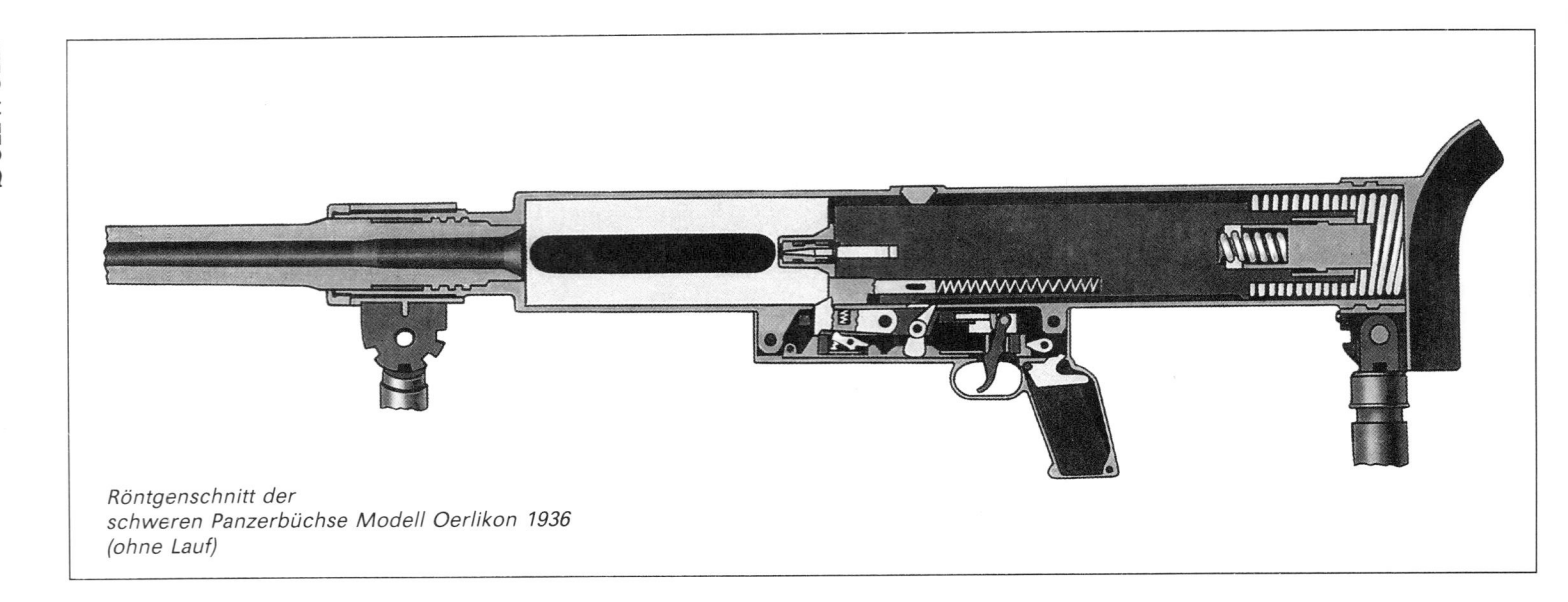

Schweiz

Röntgenschnitt der schweren Panzerbüchse Modell Oerlikon 1936 (ohne Lauf)

Trotz verbesserter Wirksamkeit reichte die Leistung nicht aus, um die stets weiter verstärkte Panzerung der Gefechtsfahrzeuge zu durchschlagen. Einer modifizierten Munition von möglicherweise noch weiter gesteigerter Leistung setzte das Beckersche Gasdrucksystem Grenzen. Patronen mit noch stärkerer Pulverladung und noch größerer Mündungsgeschwindigkeit hätten aus Waffen, die nach diesem System konstruiert sind, kaum verschossen werden können.

Daher stellte der Betrieb nach Produktion einer geringen Anzahl die Fertigung ein. Wie viele Waffen hergestellt wurden, ist nicht bekannt. Der Fachliteratur, allerdings nicht schweizerischen Veröffentlichungen, kann man entnehmen, daß Panzerbüchsen Modell Oerlikon außer von den Streitkräften der Schweiz auch von der finnischen und tschechoslowakischen Armee angekauft wurden. In anderen Ländern sollen sie nicht geführt worden sein.

Daten: Schwere Panzerbüchse Modell Oerlikon (Erstausführung)

Kaliber:	20 mm	Patrone:	20×96
v_0:	555 m/s	Rohrlänge:	750 mm
Länge Waffe:	1450 mm	Visierschußweite:	m
Feuergeschwindigkeit:	8 S/min[1]	Einsatzschußweite:	300 m
Durchschlagsleistung:	20/100, 17/300, 15/500 mm/m		
Masse:	30,00 kg		
Masse des Zweibeins und Einbeins:	3,00 kg	[1] Auch mit 10 S/min angegeben.	

Daten: Schwere Panzerbüchse Modell Oerlikon 1936

Kaliber:	20 mm	Patrone:	20×110
v_0:	750 m/s	Rohrlänge:	840 mm
Länge Waffe:	1727 mm	Visierschußweite:	m
Feuergeschwindigkeit:	8 S/min[1]	Einsatzschußweite:	500 m
Durchschlagsleistung:	mm/m		
Masse:	38,50 kg	[1] Auch mit 10 S/min angegeben.	

Schwere Panzerbüchse Modell 1941 24 mm

Kurz nach Beginn des zweiten Weltkriegs verfügten die schweizerischen Streitkräfte über sehr wenige Panzerbüchsen: lediglich 58 Stück des Solothurn-Modells S 18-1000 (s. dort), die man als Solo 40 bezeichnete, und eine unbekannte Anzahl Modell Oerlikon (s. dort). Da sie für die Verteidigung des Landes im Falle einer Aggression nicht annähernd ausgereicht hätten, entwickelten Konstrukteure der Eidgenössischen Waffenfabrik Bern (W+F) ein neues Panzerabwehrmittel für die Nahdistanz. Als Grundlage dienten seit 1938 geführte Panzerwagen- und Panzerabwehr-Festungskanonen.

Die Panzerabwehrgruppen der Füsilierkompanien übernahmen die neue Waffe 1941 als schwere Panzerbüchse Modell 1941, nannten sie aber auch Tankbüchse 41. In diesem Zusammenhang ist unbedingt der Hinweis notwendig, daß in Deutschland und in der von deutschen Truppen besetzten Tschechoslowakei ebenfalls unter ähnlicher Bezeichnung bekanntgewordene Panzerabwehrmittel für die Infanterie hergestellt wurden: die schwere Panzerbüchse Modell 41 (s. dort) bzw. Panzerbüchsen Modell 1941 (s. dort). Von anderer Bauart, dürfen sie mit der Waffe aus Bern nicht verwechselt werden.

In aller Eile wurden dort die Voraussetzungen für die Serienproduktion geschaffen. Über Stückzahlen sind keine Informationen verfügbar. Die in der Schweiz veröffentlichte Fachliteratur berichtet lediglich über eine sehr begrenzte Zeitdauer des Einsatzes. Im Jahre 1951 musterte man die schon vor Kriegsende technisch veralteten Waffen aus und konzentrierte sich auf Panzerbüchsen mit Hohlladungsgeschoß.

Damals wurden reaktive Panzerbüchsen Modell 50, später Modell 51 (s. »Schützenwaffen heute«) übernommen. Das waren auf der Grundlage der belgischen reaktiven Panzerbüchse Modell Blindicide RL 83 (s. »Schützenwaffen heute«) in der Schweiz modifizierte und in Serienproduktion hergestellte Waffen.

Versuche mit großkalibriger Hohlladung hatte man bereits 1944 unternommen und dabei speziell präparierte Panzerbüchsen Modell 1941 getestet. Sie wurden mit einem Schießbecher ausgerüstet, der sich hinten am Rohr, an dessen linker Seite, befand. Der Schießbecher enthielt eine Hohlladungsgranate.

Die schwere Panzerbüchse Modell 1941 ist ein Rückstoßlader mit beweglichem Rohr und Kniegelenkverschluß. Das Rohr hat 12 Züge mit Rechtsdrall. An der Mündung befindet sich eine den Rückstoß kompensierende Rücklaufbremse. Ihre Wirkung kann reguliert werden, indem man bis acht Bremsringe installiert.

Die Munition wird aus einem Magazin von 6 Schuß Kapazität zugeführt und per Einzelfeuer verschossen. Das sind Granatpatronen mit panzerbrechender oder Splitterwirkung. Außerdem stand Übungsmunition zur Verfügung. Bezüglich der Leistung der Gefechtsmunition sind keine Informationen verfügbar, lediglich der Hinweis auf eine wirksame Bekämpfung gepanzerter Fahrzeuge bis 500 m Distanz.

Sobald nach dem fünften Schuß die letzte Patrone zugeführt ist, entfernt der Mechanismus das Magazin aus der Waffe. Sie braucht daher nach einem Magazinwechsel nicht mittels Ladehebels nachgeladen zu werden. Dieser befindet sich oben auf dem Verschlußkasten an dessen rechter Seite. Hinten am Verschlußgehäuse wurden die beiden Handgriffe befestigt. Sie sind verstellbar. Der Abzug ist griffgünstig nahe dem rechten Handgriff installiert.

Die Panzerbüchse hat zwei Zielvorrichtungen: ein offenes Leitkurvenvisier mit Visierschieber und seitlich geschütztem Korn sowie ein demontierbares Zielfernrohr mit 2,2fach vergrößernder Optik. Beide können bis 1500 m Entfernung eingestellt werden, das mechanische Visier ab 100 m Distanz.

Entweder wird die Waffe auf einem Dreibein oder auf einem gummibereiften Schieß- und Fahrgestell montiert. Die Dreibeinlafette hat schwenkbare Vorderstützen und eine Wiege. Sie befindet sich zwischen den zusätzlich an den Vorderstützen befestigten Radspreizen. Die Feuerhöhe ist von 370 mm bis 650 mm regulierbar. Wird die Panzerbüchse auf dem Schieß- und Fahrgestell montiert, kann in liegender, kniender oder sitzender Position geschossen werden. Die Feuerhöhe beträgt 650 mm. Das Gestell wird bei Stellungswechsel von Hand, auf dem Transport von einem Fahrzeug oder aber auch angehängt an ein Fahrrad gezogen.

Zu jeder Panzerbüchse lieferte der Hersteller einen Munitionskarren. Er mußte von Hand gezogen werden. Der Karren enthielt fünfzehn mit je 6 Panzergranatpatronen und zwei mit je 5 Splittergranatpatronen gefüllte Magazine, außerdem je eine Kiste, in der sich 30 Schuß beider Arten von Gefechtsmunition befanden. Eine Gruppe verfügte je Panzerbüchse über 120 panzerbrechende und 40 Splittergranatpatronen. Zu jeder Panzerabwehrgruppe im Panzerabwehrzug der Füsilierkompanie gehörten ein Gruppenführer und sechs Mann. Sie waren mit einer Panzerbüchse bewaffnet, und jeder trug einen Mehrladekarabiner Modell 1931 (s. dort) mit 48 Patronen. Später erhielt der Gruppenführer eine Maschinenpistole.

Daten: Schwere Panzerbüchse Modell 1941

Kaliber:	24 mm	Patrone:	
v_0:	900 m/s	Rohrlänge:	1515 mm[2]
Länge Waffe:	2590 mm[1]	Visierschußweite:	1500 m
Feuergeschwindigkeit:	30 S/min	Einsatzschußweite:	500 m
Durchschlagsleistung:	mm/m		
Masse ungeladen:			77,00 kg
Masse des Rohres mit Mündungsbremse und Schließvorrichtung:			39,00 kg
Masse des vollen Magazins:			5,12 kg
Masse des Verschlußkastens mit Verschlußgehäuse und Verschluß:			38,00 kg
Masse des Fahrgestells:			53,00 kg
Masse des vollen Munitionskarrens:			208,50 kg

[1] *Auf Lafette: 3330 mm.*
[2] *Gezogener Teil.*

Sowjetunion

Selbstladepistole Modell Tula-Korowin TK 6,35 mm

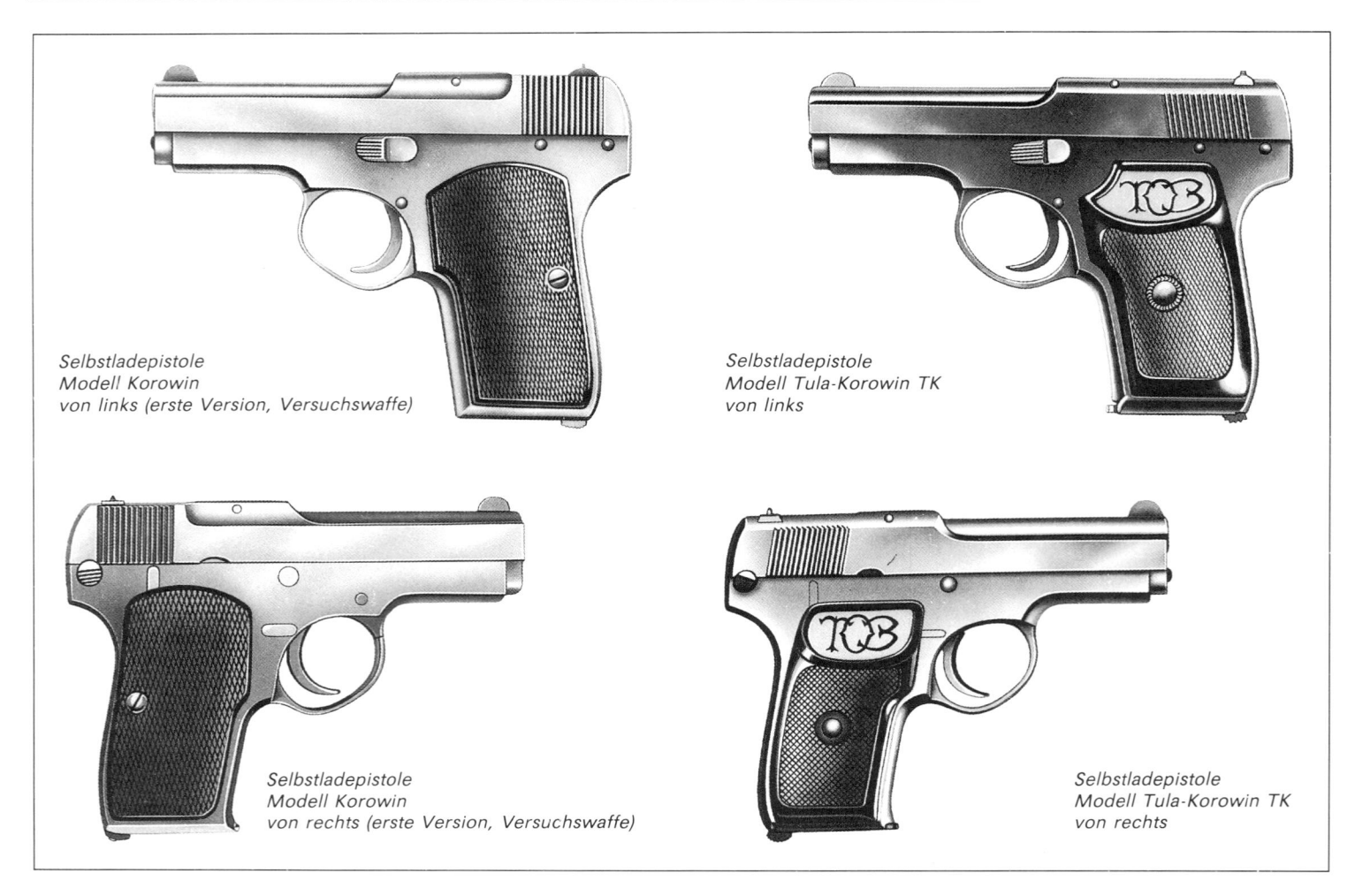

Selbstladepistole Modell Korowin von links (erste Version, Versuchswaffe)

Selbstladepistole Modell Tula-Korowin TK von links

Selbstladepistole Modell Korowin von rechts (erste Version, Versuchswaffe)

Selbstladepistole Modell Tula-Korowin TK von rechts

Wahrscheinlich war diese Taschenpistole die erste in der Sowjetunion entwickelte Faustfeuerwaffe, die bei den Streitkräften benutzt wurde. Obwohl die Fachliteratur zumeist darüber informiert, daß Entwicklungsabschluß und Produktionsbeginn erst 1930 gewesen und das Modell bis 1935 hergestellt worden sein soll, gibt es Hinweise auf ein Debüt dieser Pistole im Jahre 1926. Wie sowjetische Autoren berichten, wurde sie schon damals hergestellt. Über Stückzahlen ist nichts bekannt.

Zwar keine Ordonnanzwaffe gewesen, ist sie später aber von hohen Offizieren bei Armeestäben und der Miliz geführt worden. In dieser Beziehung hat sie in der Selbstladepistole Modell PSM (s. »Schützenwaffen heute«) ein halbes Jahrhundert danach sozusagen einen Nachfolger gefunden. Konstrukteur des damaligen Modells war Sergej Alexandrowitsch Korowin. Eigentlich wollte er keine Pistole für Armee- und Polizeiangehörige, sondern eine Sportwaffe entwickeln. Vorangegangen war 1920/21 eine Versuchspistole, über die es jedoch kaum Informationen gibt; Nachfolger waren Testwaffen, mit denen sich Korowin nicht durchsetzen konnte.

Die Selbstladepistole Modell Tula-Korowin TK ist ein Rückstoßlader mit unverriegeltem Verschluß. Das Stangenmagazin hat eine Kapazität von 8 Patronen. Die Fachliteratur informiert aber auch über ein Magazin für 7 Schuß. Das sind in der Sowjetunion entwickelte Spezialpatronen, deren Geschosse eine Mündungsgeschwindigkeit von etwa 230 m/s erreichen. Browning-Patronen 6,35 mm können ebenfalls verschossen werden, allerdings mit nur 200 m/s. Die praktische Feuergeschwindigkeit beträgt 24 S/min. Die Zielvorrichtung besteht aus einem Blattkorn und einer feststehenden U-Kimme.

Als die sowjetischen Streitkräfte mit einer neuen Standard-Faustfeuerwaffe ihren Nagant-Revolver Modell 1895 ablösen wollten, gehörte Korowin zu den Konstrukteuren, die sich am Wettbewerb beteiligten. Seine Versuchswaffen erregten zwar große Aufmerksamkeit, hielten aber einem Vergleich mit der

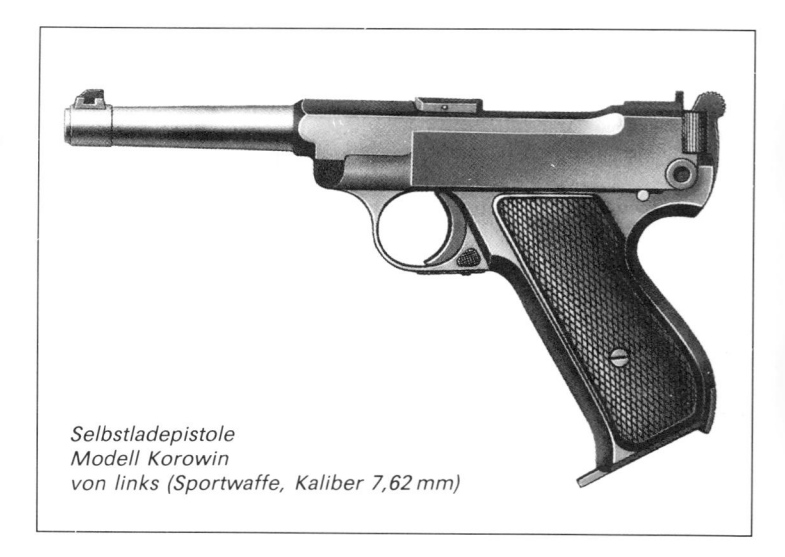

Selbstladepistole Modell Korowin von links (Sportwaffe, Kaliber 7,62 mm)

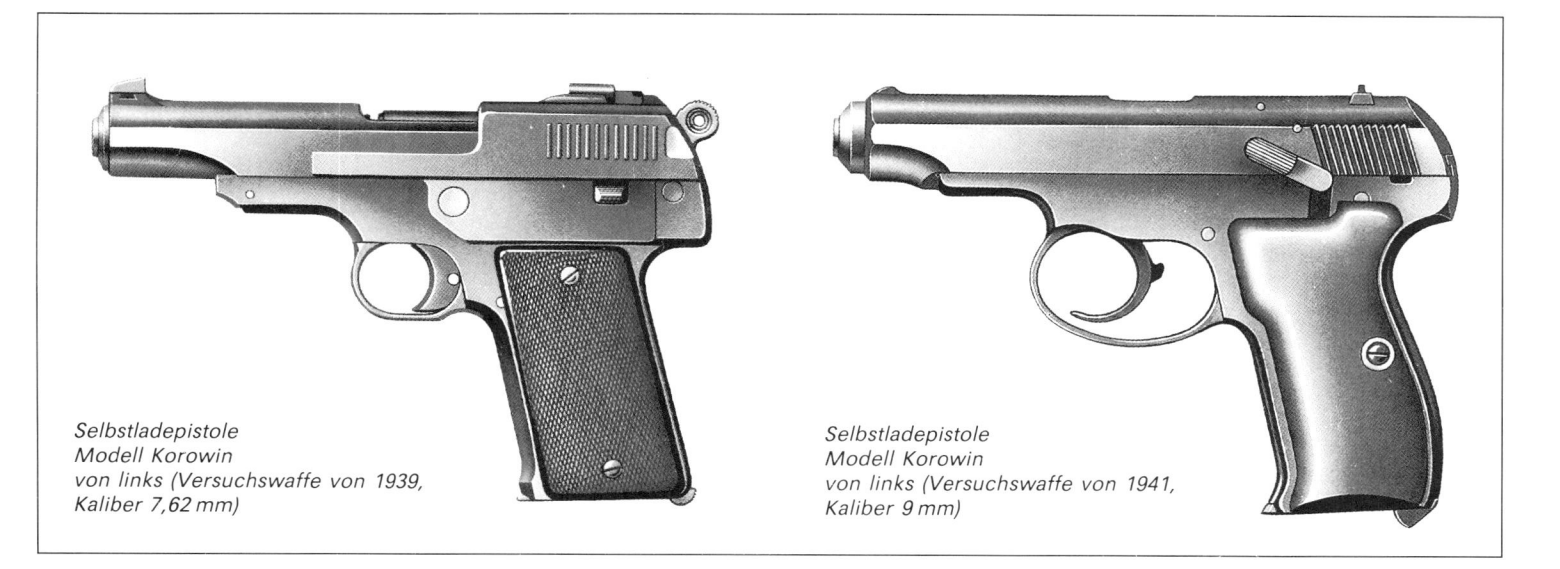

Selbstladepistole Modell Korowin von links (Versuchswaffe von 1939, Kaliber 7,62 mm)

Selbstladepistole Modell Korowin von links (Versuchswaffe von 1941, Kaliber 9 mm)

von Fjodor Wassiljewitsch Tokarew präsentierten Pistole Modell Tula-Tokarew TT 1930 bzw. TT 1933 (s. dort) nicht stand. Korowin blieb ohne Erfolg.

Ähnlich erging es dem Tulaer Konstrukteur Ende der dreißiger Jahre bei einem erneuten Wettbewerb. Die Führung der sowjetischen Streitkräfte hatte ihn mit dem Ziel initiiert, die Tokarew-Pistole durch eine bessere Standard-Faustfeuerwaffe zunächst zu ergänzen und später abzulösen. Bei einem Vergleichsschießen Mitte 1939 belegte Korowins Versuchswaffe den zweiten Platz. Im März 1941 präsentierte er erneut eine Wettbewerbspistole. Die Waffe von 1939 verschoß Patronen mit 7,62 mm, die von 1941 Munition mit 9 mm Kaliber.

Die Entscheidung über eine neue Standardpistole mußte dann aufgeschoben werden. Nach 1945 war mit Nikolai Fjedorowitsch Makarow aber wiederum ein anderer Konstrukteur erfolgreich.

Sein nach ihm benanntes Modell Makarow PM (s. »Schützenwaffen heute«) schlug die für eine Patrone mit dem Kaliber 9 mm eingerichtete Versuchswaffe Korowins aus dem Felde.

Daten: Selbstladepistole Modell Tula-Korowin TK

Kaliber:	6,35 mm	Patrone:	6,35 × 15,5 HR[1]
v_0:	230 m/s[1]	Lauflänge:	67,5 mm[2]
Länge Waffe:	122 mm	Züge/Richtung:	
Höhe Waffe:	99 mm	Magazinkapazität:	8 Schuß[3]
Länge Visierlinie:	105 mm	Einsatzschußweite:	20 m
Masse ungeladen:	0,460 kg		

[1] Sowjetische Spezialpatrone; Browning-Patrone 6,35 mm: 200 m/s.
[2] Auch mit 64 mm angegeben.
[3] Auch mit 7 Schuß angegeben.

Selbstladepistolen Modelle Tula-Tokarew TT 1930 und TT 1933   7,62 mm

Bis Anfang der dreißiger Jahre war die 1918 nach der Oktoberrevolution gebildete Rote Armee vor allem mit dem Nagant-Revolver Modell 1895 ausgerüstet. Er wurde übrigens erst lange nach 1945 völlig durch Selbstladepistolen ersetzt, bei einigen militärischen Formationen sogar erst Mitte der achtziger Jahre. Dieser Revolver war eine von den Brüdern Emile und Leon Nagant aus Belgien entwickelte Waffe mit gasdichtem System. Man hatte sie bereits im zaristischen Rußland in der Waffenfabrik Tula gefertigt, stellte die Produktion dann 1934 ein, nahm sie aber auf Befehl der sowjetischen militärischen Führung wenige Monate später wieder auf. Nagant-Revolver wurden noch während des zweiten Weltkriegs gefertigt.

Aus belgischer Produktion war vor der Revolution auch ein 1910 verbessertes Nagant-Modell in geringer Stückzahl importiert worden. Hinzu kamen beachtliche Mengen deutscher Revolver Modell 1883 und einige Typen von Selbstladepistolen, ebenfalls aus dem Ausland. Dazu gehörten vor allem Mauser-Pistolen Modelle C 96, 1912 und 1920 (s. dort), auch Browning-Pistolen Modelle FN 1906 und FN 1910 sowie Schwarzlose-Pistolen Modell 1898.

Anfang der zwanziger Jahre beriet die Führung der sowjetischen Streitkräfte über die Einführung einer Pistole als Standard-Faustfeuerwaffe. Um nicht von Lieferungen aus dem Ausland abhängig zu sein, entschied man sich für eine Produktion im eigenen Lande. Die obengenannten Modelle kamen aus verschiedenen Gründen für eine Serienproduktion nicht in Frage.

So orientierte die Armeeführung auf die Entwicklung einer neuen Pistole und rief die Konstrukteure des Landes zu einem Wettbewerb auf. Namhafte Spezialisten beteiligten sich. Zu ihnen gehörten Sergej Alexandrowitsch Korowin und S. A. Prilutzki. In der Sowjetunion wurden interessante Einzelheiten über ihre damaligen Versuchswaffen veröffentlicht.

Eine davon war die 1924 von Prilutzki vorgestellte Versuchspistole mit dem Kaliber 7,65 mm, ein Rückstoßlader mit kurz zurückgleitendem Lauf und starr verriegeltem Verschluß. Die Verriegelung erfolgte mit einem freien Bremsriegel. Das Hahnschloß der Waffe funktionierte sehr zuverlässig. Die Schließfeder befand sich vorn im Gehäuse unter dem Lauf. Die Pistole bestand aus 31 Bauteilen. Sie verschoß Browning-Patronen 7,65 × 17 HR, die aus einem einreihigen Magazin von 9 Schuß Kapazität zugeführt wurden. Von diesem Modell bestellte man 10 Stück für weitere Versuche. Nach dem Jahr ihrer Übergabe zum Testen nannte man sie Modell 1928.

Die von Korowin angebotene Pistole war mit 56 Bauteilen von komplizierterer Konstruktion, fand aber Anerkennung als eine selbst in verunreinigtem Zustand einwandfrei funktionierende Waffe. Sie wurde als Versuchsmodell 1927 bezeichnet. Dabei handelte es sich um die Weiterentwicklung eines Anfang 1923 als Testwaffe zur Verfügung gestellten Modells, dessen erste Ausführung zwei Jahre zuvor schon einmal erprobt worden war.

Für Patronen desselben Typs eingerichtet wie Prilutzkis oben erwähnte Versuchswaffe, wog das Korowin-Modell von 1923 allerdings 0,915 kg. Die Visierung war auf 25 m Distanz festjustiert. Von diesem Modell sind 50 Stück für Versuche bestellt worden.

Diese Waffen von 1927 waren Rückstoßlader mit kurz zurückgleitendem Lauf und starr verriegeltem Verschluß. Die Verriegelung erfolgte mit einem Zapfen, der sich unten befand. Der Konstrukteur hatte das Schloß mit innenliegendem Hahn ausgestattet, die Schlagfeder im Griffrücken und die Schließfeder vorn im Gehäuse plaziert, den Sicherungshebel links installiert und das einreihige Magazin für eine Kapazität von 9 Schuß vorgesehen.

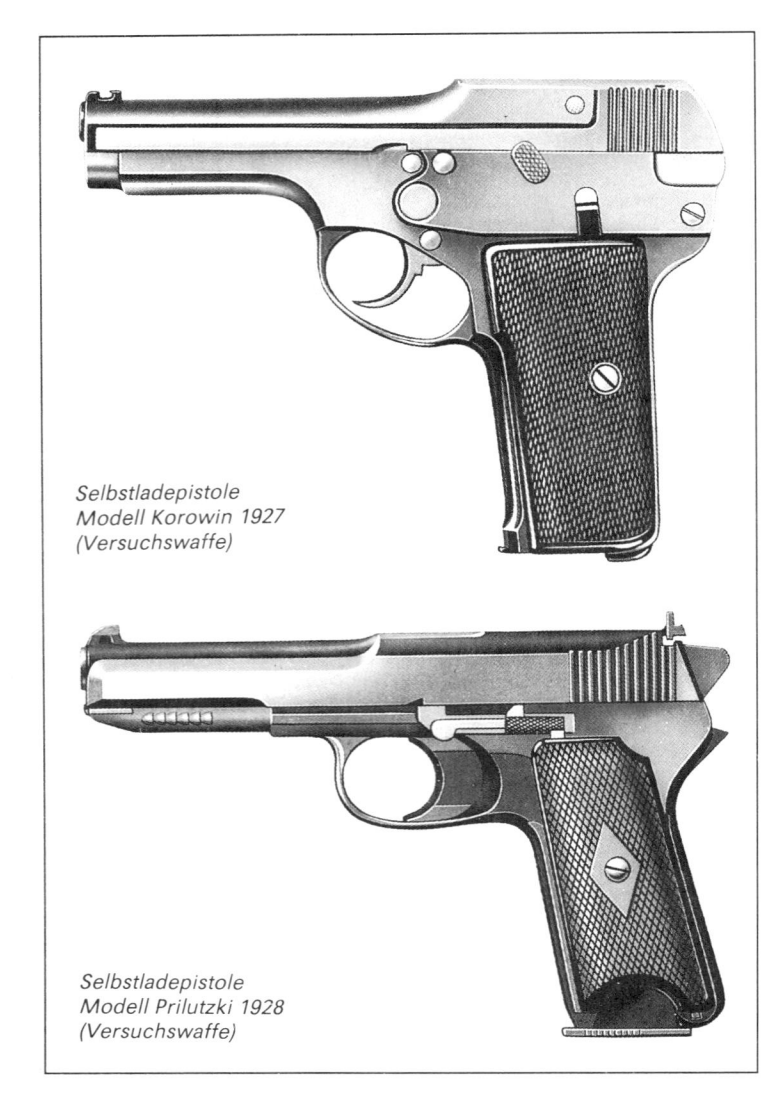

Sowjetunion

Selbstladepistole Modell Korowin 1927 (Versuchswaffe)

Selbstladepistole Modell Prilutzki 1928 (Versuchswaffe)

Korowin gehörte damals bereits zu den bekannten Konstrukteuren. Im Vorjahr war er mit einer Taschenpistole erfolgreich gewesen. Sein 1926 akzeptiertes Modell Tula-Korowin TK (s. dort) wurde zu dieser Zeit schon in Serienproduktion hergestellt und ab etwa 1930 an höhere Offiziere ausgegeben. Obwohl von zahlreichen hohen sowjetischen Militärs und Angehörigen der Miliz geführt, war die TK-Pistole nie Ordonnanzwaffe.

Im April 1928 erprobte man bei einem Vergleichsschießen mit Walther-Pistolen aus Deutschland sowohl die Versuchspistolen Korowins als auch die Testwaffen Prilutzkis. Beide sowjetischen Pistolen schnitten besser ab als das ausländische Modell. Trotz unentschiedenen Ausgangs – bezüglich der Treffsicherheit waren die Konstruktionen der sowjetischen Spezialisten gleichwertig – erhielt Prilutzkis Pistole den Vorzug, allerdings nicht den Status einer Ordonnanzwaffe. Man beauftragte den Konstrukteur, eine Reihe von Mängeln zu beseitigen, bestellte von der weiterentwickelten Version 500 Stück für einen Truppenversuch, entschied sich dann jedoch anders.

Zu dieser Zeit wurde nicht nur über Waffen, sondern auch über Patronen beraten. Man erwog die Übernahme der Mauser-Patrone 7,63 mm als Standardmunition für künftige Selbstladepistolen und Maschinenpistolen. Als Pistolenmunition des später M 1930 genannten Typs mit den Abmessungen 7,62 × 25 zur Verfügung stand, erhielt diese Neuentwicklung des sowjetischen Konstrukteurs Fjodor Wassiljewitsch Tokarew die Zustimmung der militärischen Führung des Landes.

Ganz selbstverständlich erging die Order an die Waffenspezialisten, neukonstruierte Pistolen für die neue Standardpatrone einzurichten. Auch Prilutzki und Korowin rüsteten ihre Testwaffen um, und zwar schon 1929, als die Einführung der neuen Munition bereits so gut wie sicher war. Sie hatten allerdings keinen Erfolg. Nach einem Vergleichsschießen, das am 25. Juni 1930 in Tula begann, entschied sich die verantwortliche Kommission für eine von Tokarew entwickelte Pistole.

Bei sorgfältigen Tests hatte sie sich nach Meinung der Militärs nicht nur den Waffen der beiden anderen sowjetischen Konstrukteure, sondern auch den damals wiederum zum Vergleich überprüften Pistolen der Modelle Browning, Mauser und Walther von unterschiedlichem Kaliber sowie auch der Parabellum-Pistole P 08 (s. dort) aus Deutschland als überlegen erwiesen. Nach weiteren Verbesserungen und erneuter Erprobung Anfang Januar 1931 empfahlen die Verantwortlichen der zuständigen Dienststelle im folgenden Monat sowohl die Übernahme der Tokarew-Pistole in die strukturmäßige Ausrüstung als auch die Produktion einer Nullserie von 1000 Stück.

Nach dem Herstellerbetrieb und ihrem Konstrukteur erhielt die Waffe die Bezeichnung Tula-Tokarew TT. Sie wurde zunächst als Modell 1930, später in verbesserter Ausführung als Modell 1933 bekannt. Die Waffe war anfangs nur für Kommandeure vorgesehen, wurde aber in der modifizierten Version von 1933 später auch an Panzer- und Flugzeugbesatzungen ausgegeben, vor allem während des Krieges. Sie gehörte schließlich fast zwei Jahrzehnte als Standardpistole zur Ausrüstung der sowjetischen Streitkräfte.

Waffen dieses Typs bewiesen ihre Zuverlässigkeit unter Kampfbedingungen erstmals 1936 bis 1939 bei zahlreichen Gefechten im spanischen Bürgerkrieg. Sie bewährten sich von Juli bis November 1938 sowie von Mai bis August 1939, als die Rote Armee die japanischen Angriffe am Chassansee bzw. im Gebiet des Chalchyn-gul zerschlug. Im Finnisch-Sowjetischen Krieg 1939/40 kamen sie zum Einsatz, und während des zweiten Weltkriegs gehörten sie in großer Anzahl an allen Fronten zur Kampfausrüstung der sowjetischen Truppen.

Von der Erstausführung TT 1930 sollen nur einige tausend Stück hergestellt worden sein, von der TT 1933 hingegen bald enorme Mengen. Die in der sowjetischen Fachliteratur veröffentlichten Fakten über den Produktionsausstoß einzelner Jahre deuten allerdings darauf hin, daß die Fertigung zunächst weit hinter den Erwartungen zurückblieb. Obwohl 1931 als künftige Standardwaffe bestätigt, wurden 1932, 1933 und 1937 zum Teil weit mehr Revolver als Pistolen hergestellt.

Über die Pistolenproduktion von 1932, dem Jahr, da man erste

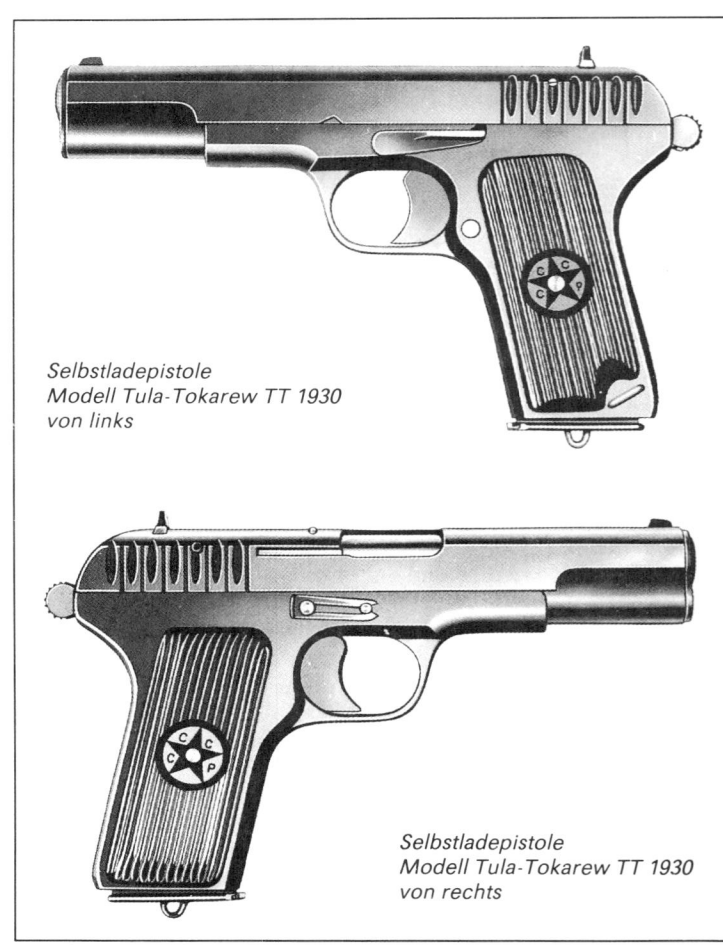

Selbstladepistole Modell Tula-Tokarew TT 1930 von links

Selbstladepistole Modell Tula-Tokarew TT 1930 von rechts

416

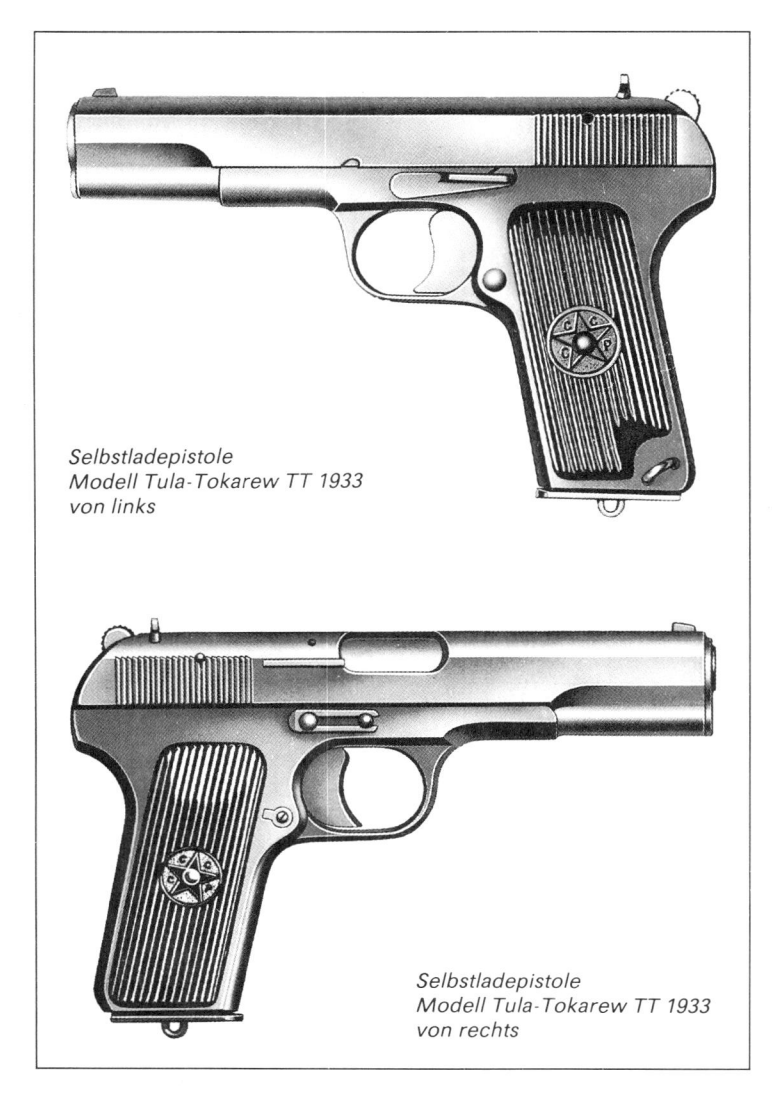

Selbstladepistole Modell Tula-Tokarew TT 1933 von links

Selbstladepistole Modell Tula-Tokarew TT 1933 von rechts

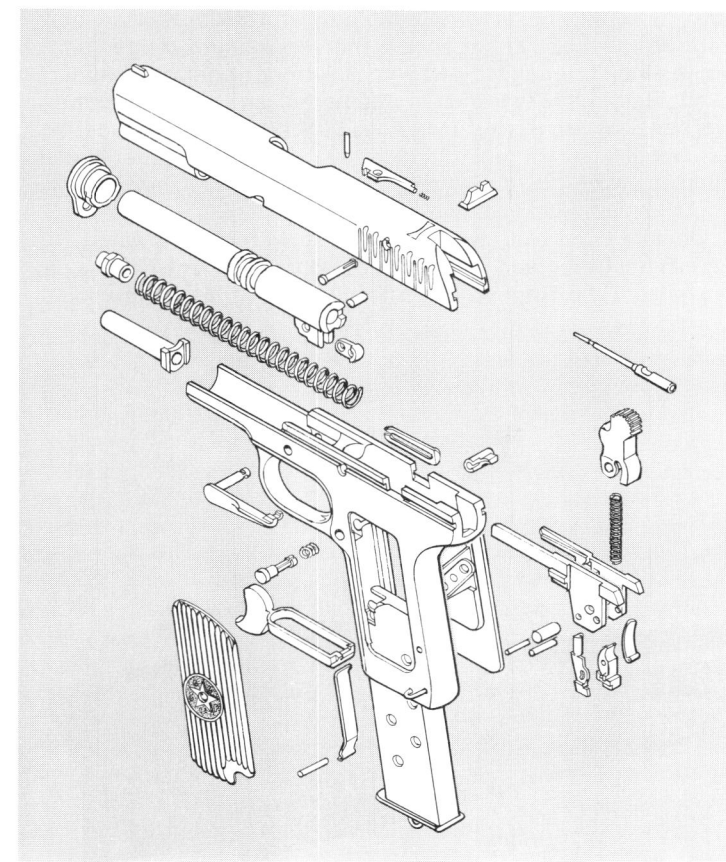

Explosionszeichnung der Selbstladepistole Modell Tula-Tokarew TT 1933

Anfänge einer Serienfertigung organisierte, sind keine genauen Angaben verfügbar, wohl aber über die der folgenden Jahre. So lieferte die Waffenfabrik Tula 1933 eine Anzahl von 6 785, ein Jahr darauf von 47 150 und 1935 von 38 488 Stück. Während der folgenden Jahre stieg die Stückzahl kontinuierlich an: 1937 auf 59 824, ein Jahr danach auf 87 022. Die Massenproduktion zur Versorgung der kämpfenden Truppe begann Mitte 1941. Allein in jenem Jahr wurden 120 903 Tokarew-Pistolen ausgeliefert, ein Jahr danach waren es 161 485 Stück.

Interessant ist ein Vergleich zu den Stückzahlen der in diesem Zeitraum produzierten Revolver des Typs Nagant. Wie schon erwähnt, wurde seine Fertigung 1934 zwar vorübergehend gestoppt, ein Jahr später jedoch wieder begonnen. Hatte man 1932 noch 82 368 Revolver hergestellt, sank der Produktionsausstoß im folgenden Jahr auf 38 763 Stück. Er begann 1935 wieder mit 12 871 Stück, stieg dann stark an, ehe er schließlich ab 1942 deutlich und endgültig zurückging. So weisen die Bilanzen für 1937 eine Anzahl von 72 086, für 1938 von 98 647, für 1941 von 118 453, für 1942 jedoch von nur noch 15 485 Nagant-Revolvern aus.

Nach 1945 wurde die Tokarew-Pistole von den Streitkräften einiger, damals sozialistischer Staaten übernommen. Dazu gehörten Albanien, Bulgarien, die ehemalige DDR und Rumänien. Bewaffnete Kräfte anderer Länder führten dieses Modell ebenfalls ein, zum Teil in modifizierter Ausführung, mitunter aus Eigenproduktion.

In China wurden Tokarew-Pistolen als Modell 51 (s. »Schützenwaffen heute«) gefertigt. In Jugoslawien stellte man sie zunächst mit Originalkaliber als Modell 57 (s. »Schützenwaffen heute«) her, später dann in einer für die Parabellum-Patrone 9 mm umgerüsteten Version als Modell 70-d (s. »Schützenwaffen heute«). Der in Korea modifizierte Nachbau heißt Modell 68 (s. »Schützenwaffen heute«), die einige Zeit in Polen produzierten Pistolen Modell 33 (s. »Schützenwaffen heute«), die originalgetreue ungarische Ausführung schließlich Modell 48 (s. »Schützenwaffen heute«). In Ungarn wurden Pistolen des Tokarew-Typs aber auch modifiziert für den Export nach Ägypten gefertigt. Diese für Parabellum-Patronen 9 mm eingerichteten Waffen mit verändertem Griffstück, anderem Magazin und mit Sicherung bezeichnet man als Modell Tokagypt 58 (s. »Schützenwaffen heute«).

Die Selbstladepistole Modell Tula-Tokarew TT 1933 ist ein Rückstoßlader mit zurückgleitendem Lauf und einem verriegelten Verschluß nach dem System Colt/Browning. Bei diesem Verschlußsystem rasten die Laufzapfen im Schlitten ein. Um zu entriegeln, führt der Lauf eine Kippbewegung aus. Bezüglich des Aussehens hat die Waffe Ähnlichkeit mit der Browning-Pistole Modell FN 1903, bezüglich des Funktionsmechanismus mit der Colt-Pistole Modell M 1911. Dem Konstrukteur ist eine Kombination von Handlichkeit und Eleganz, von schlanker Form und geringen Abmessungen mit einer zuverlässig verriegelnden Mechanik, einem außenliegenden Hahn und einer starken Patrone gelungen.

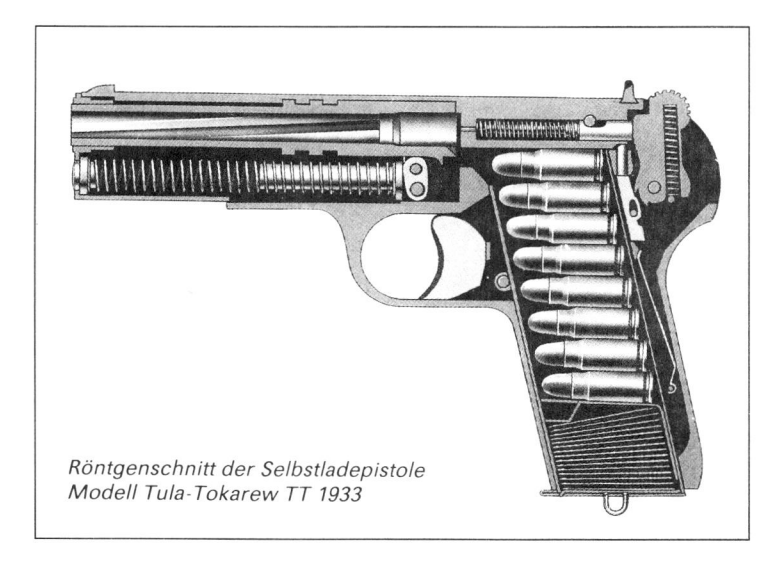

Röntgenschnitt der Selbstladepistole Modell Tula-Tokarew TT 1933

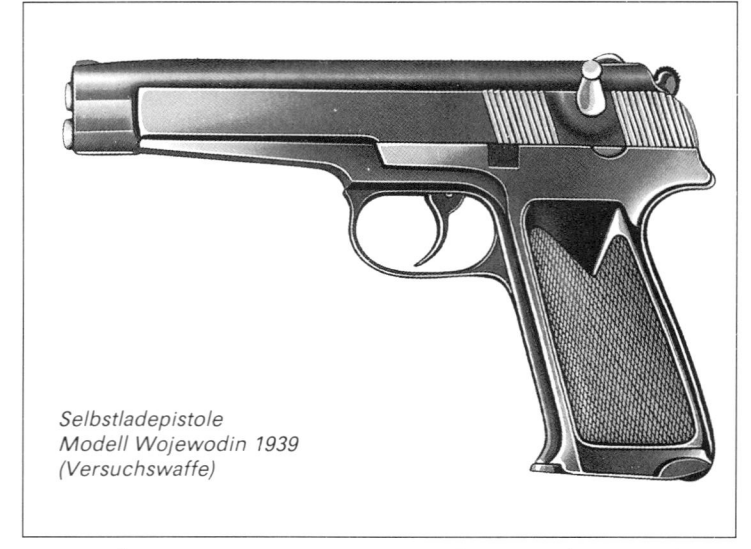

Sowjetunion

Selbstladepistole Modell Wojewodin 1939 (Versuchswaffe)

Trotz Ähnlichkeit mit Pistolen aus anderen Ländern war das sowjetische Modell keine Kopie, sondern eine Weiterentwicklung mit einer Reihe von Vorzügen, allerdings auch mit Nachteilen. Waffen dieses Typs konnten mit geringem Aufwand an Zeit und Kosten hergestellt werden. Sie waren also für die Massenproduktion sehr gut geeignet. Tokarew hatte die Gesamtkonzeption der Colt-Pistole im Prinzip übernommen, auch deren Verschlußsystem. Er veränderte aber einige Details, unter anderem Schloß, Hahn und Patronenzuführung.

Waren die Verriegelungszapfen des TT-Modells 1930 noch mit denen der Colt-Pistole identisch, wurden sie bei der modifizierten Version von 1933 gefräst – zunächst im oberen Sektor, später rund um den Lauf. Hatte man den Griffrücken der Erstausführung als Einzelteil hergestellt, fertigte man ihn für die TT 1933 zusammen mit dem Rahmen aus einem Stück.

Der Abzugsmechanismus der Pistole kann als Baugruppe zum Reinigen komplett herausgenommen werden. Das Magazin ist oben am Zubringer relativ flach und daher funktionssicher. Ladehemmungen – von Magazinen mit gebogenen Rändern nicht selten verursacht – sind bei Tokarew-Pistolen nahezu ausgeschlossen.

Die Waffe funktioniert zuverlässig. Das gilt auch für ihre Sicherheitseinrichtung, obwohl sie – dies allerdings ist ein Nachteil – keine direkte Sicherung hat. Der Hahn wird von einer Fangraste gehalten. Sie blockiert Verschluß und Abzug. Befindet sich der Hahn in der Fangraste, ist auch der Schlitten festgelegt und ein Zurückziehen nicht möglich. Bei Erschütterungen jedoch, wie sie zum Beispiel verursacht werden, wenn die Waffe zu Boden fällt, kann sich unbeabsichtigt ein Schuß lösen.

Das Einlegen des Hahnes in die Fangraste geschieht wie folgt: Nach dem Durchladen hält der Schütze den Hahn mit dem rechten Daumen zurück und betätigt mit dem Zeigefinger den Abzug. Sobald der Daumen dem Federdruck nachgibt, bewegt sich der Hahn nach vorn in die Fangraste. Um Feuerbereitschaft herzustellen, zieht der Daumen den Hahn nur geringfügig nach hinten.

Das Magazin hat eine Kapazität von 8 Schuß. Das sind Patronen des Typs Tokarew 7,62 mm. Mauser-Patronen 7,63 mm können aber ebenfalls benutzt werden. Der Schütze verfeuert die Munition nach dem Single-action-Prinzip; denn die Tokarew-Pistole hat keinen Spannabzug. Ihr Abzugswiderstand beträgt 2,6 kg, die praktische Feuergeschwindigkeit 32 S/min, die maximale Flugweite des Geschosses 800 m bis 1 000 m Entfernung, die Einsatzschußweite 50 m Distanz, die Breite der Waffe 30,5 mm, ihre Drallänge 225 mm. Kimme und Korn sind nicht verstellbar. Die Griffschalen bestehen aus Holz oder geriffeltem Plast.

In der Fachliteratur wird die Waffe als robuste Armeepistole beurteilt. Sie ist relativ leicht, handlich, einfach bedienbar und kann mit wenigen Handgriffen auseinandergenommen werden. Auch ungeübte Schützen erreichen beachtliche Schußleistungen. Zu den Nachteilen allerdings zählt aus heutiger Sicht der fehlende Spannabzug.

Die Tokarew-Pistole stand bzw. steht auch in kleinkalibrigen Versionen zur Verfügung. Das sind die für Patronen 5,6 mm eingerichteten Modelle TTR 3 und TTR 4, beides Rückstoßlader, jedoch nicht mit verriegeltem Verschluß wie die Militärausführung, sondern mit einem der Kleinkaliberpatrone angepaßten Masseverschluß.

Das erstgenannte Modell ist eine Trainingspistole, das andere eine Sportwaffe mit auffallend langem Lauf. Sie wurden 1935 bzw. 1937 entwickelt. Der Fachliteratur kann man entnehmen, daß Pistolen des Modells TTR 3 während der fünfziger Jahre im polnischen Waffenbetrieb in Radom hergestellt worden sind, dort, wo man die Selbstladepistole Modell VIS 1935 (s. dort) produziert hatte.

Mit der Militärwaffe zwar weitgehend übereinstimmend, hat die Trainingspistole jedoch einige nennenswerte Unterschiede. Lauf, Schließfeder, Schlitten und Griffstück sind anders. Der Lauf mit seinem etwas verkürzten Korn wurde der Kleinkaliberpatrone angepaßt. Er hat oben keine Verriegelungsrippen und unten einen offenen Haken. Da das Patronenlager unverändert blieb, müssen die Patronen in Adapterhülsen untergebracht werden. Das Auswerferfenster des Schlittens ist größer, der Schlagbolzen nicht rund, sondern oval, die Schließfeder kürzer und schwächer. Beim Griffstück hat man den Abstand von Vorderkante zum Rücken etwas verringert.

Obwohl sich Tokarews Militärpistole, wie schon erwähnt, bereits bei Gefechten in Spanien bewährt hatte, entschloß sich die militärische Führung der Sowjetunion, ein Nachfolgemodell

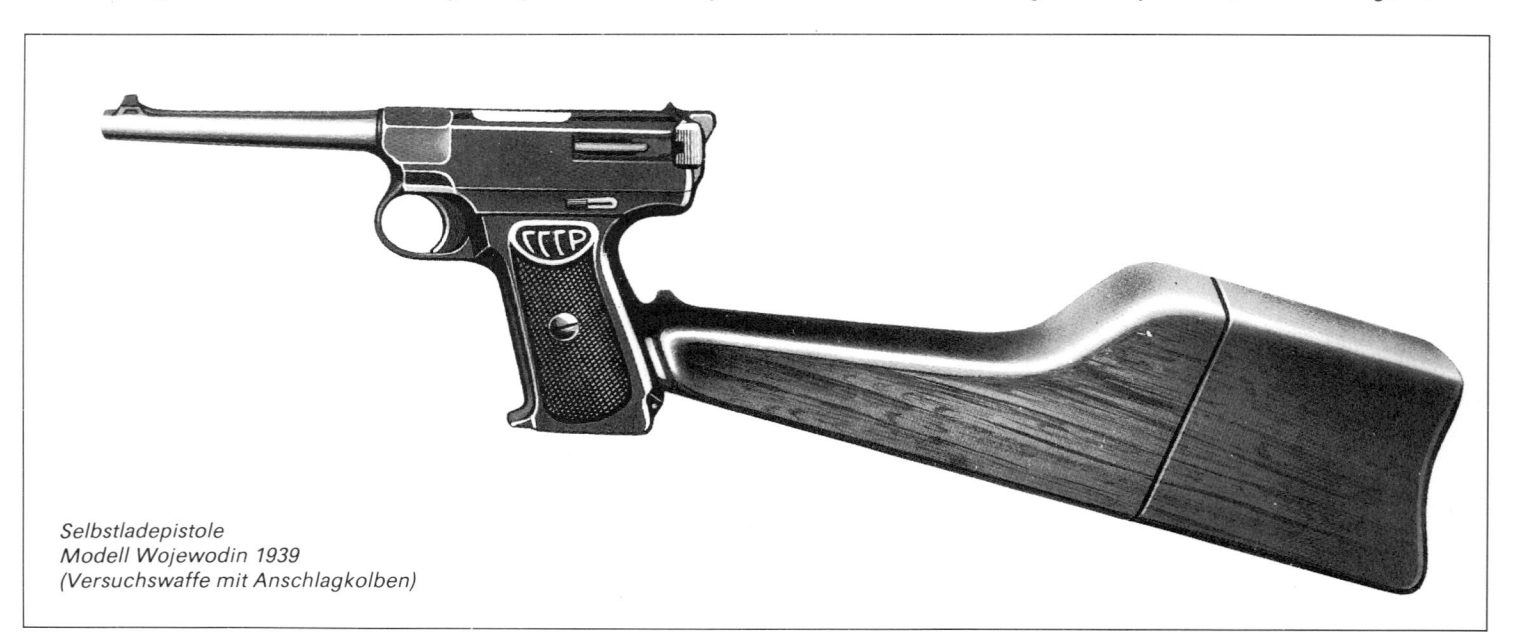

Selbstladepistole Modell Wojewodin 1939 (Versuchswaffe mit Anschlagkolben)

entwickeln zu lassen. Diesem Entschluß lag die Erkenntnis über die erwähnten Nachteile der Konstruktion zugrunde. Die sowjetische Fachliteratur nennt in diesem Zusammenhang weitere Fakten: Schlagfeder, Abzugsjustage und Magazinhalterung waren nicht optimal. Außerdem war die Pistole für Angehörige motorisierter Truppen, insbesondere für Panzersoldaten, nicht in jeder Hinsicht geeignet.

Am 17. Mai 1938 wurde daher ein Wettbewerb mit dem Ziel ausgeschrieben, eine optimale Standardpistole zu schaffen. Wieder beteiligten sich namhafte Konstrukteure. Zu ihnen gehörten außer Korowin und Tokarew auch I. I. Rakow und P. W. Wojewodin.

Versuchswaffen von ihnen bestanden im März 1939 einen Test mit guten Ergebnissen. Die Pistolen wurden vervollkommnet, im Mai 1939 und Juni 1940 erneut geprüft und dann nach weiterer Verbesserung im März 1941 nochmals getestet. Unter den Testwaffen von 1939 – teils zum Vergleichsschießen zugelassen, teils nicht erprobt – befanden sich interessante Konstruktionen. Alle waren für die Standardpatrone M 1930 eingerichtet, die meisten mit einem langen, feststehenden Lauf ausgestattet, manche in unterschiedlichen Versionen verfügbar und zum Teil für den Anbau eines Anschlagkolbens präpariert.

Zu solchen gehörte eine Versuchsmodell 1939 genannte Waffe von Wojewodin mit langem, feststehendem Lauf und einem Magazin für 9 Patronen. An der Schwalbenschwanzführung hinten am Griff konnte man ein Holzfutteral als Anschlagkolben befestigen. Bei einer anderen, ebenfalls als Versuchsmodell 1939 bezeichneten Waffe, die jedoch nicht erprobt wurde, hatte sich der Konstrukteur für einen kurz zurückgleitenden Lauf, eine auf 50 m und 75 m Distanz einstellbare Zielvorrichtung sowie für ein Magazin mit 18 Schuß Kapazität entschieden. Der Test der Versuchspistole mit Anschlagkolben soll vielversprechend gewesen sein.

Keine dieser Waffen, das gilt für die Versuchsmodelle aller genannten Konstrukteure, wurde in Serienproduktion hergestellt. Bereits anberaumte weitere Tests mußten abgesagt werden. Als am 22. Juni 1941 deutsche Truppen die Sowjetunion überfielen, gab es weit wichtigere Probleme als die Ausrüstung mit einer neuen Standardpistole. Erst nach dem zweiten Weltkrieg konnte man dieses Projekt mit der Entwicklung der Selbstladepistole Modell Makarow PM (s. »Schützenwaffen heute«) erfolgreich abschließen. Waffen solchen Typs wurden ebenso wie Schnellfeuerpistolen Modell Stetschkin APS (s. »Schützenwaffen heute«) Ende 1951 in die strukturmäßige Bewaffnung übernommen. Dennoch gehörten Tokarew-Pistolen noch Ende der achtziger Jahre zum Bestand.

Daten: Selbstladepistole Modell Tula-Tokarew TT 1933

Kaliber:	7,62 mm	Patrone:	7,62×25
v_0:	420 m/s	Lauflänge:	116 mm
Länge Waffe:	195 mm	Züge/Richtung:	4/r
Höhe Waffe:	123 mm	Magazinkapazität:	8 Schuß
Länge Visierlinie:	156 mm	Einsatzschußweite:	50 m
Masse geladen:	0,938 kg		
Masse mit leerem Magazin:	0,854 kg		

Daten: Selbstladepistole Modell TTR 3 (Trainingswaffe)

Kaliber:	5,6 mm	Patrone:	5,6×15,5 R
v_0:	m/s	Lauflänge:	119 mm
Länge Waffe:	198 mm	Züge/Richtung:	
Höhe Waffe:	119 mm	Magazinkapazität:	8 Schuß
Länge Visierlinie:	mm	Einsatzschußweite:	50 m
Masse ungeladen:	0,870 kg		

Maschinenpistolen
Modelle Degtjarjow PPD 1934, PPD 1934/38 und PPD 1940   7,62 mm

Die Entwicklung von Maschinenpistolen begann in der Sowjetunion zwar bereits Mitte der zwanziger Jahre, über eine nennenswerte Anzahl truppendiensttauglicher Waffen dieser Art verfügten die Angehörigen der Roten Armee jedoch erst 1939/40. Daß die Infanterieeinheiten erst relativ spät Maschinenpistolen erhielten, wird in der sowjetischen Fachliteratur kritisiert und mit dem zögernden Handeln der militärischen Führung des Landes erklärt, in der man sich über Bedeutung und Einsatz, Zweckmäßigkeit und Notwendigkeit der Maschinenpistole uneinig war. In diesem Zusammenhang hebt man das Verdienst der Konstrukteure hervor, die die Entwicklung auf waffentechnischem Gebiet aufmerksam verfolgten und der Einführung von Maschinenpistolen gegen manchen Widerstand konsequent den Weg ebneten.

Trotz der zögernden Haltung eines Teiles der Generalität waren die sowjetischen Infanteristen früher mit Maschinenpistolen bewaffnet als die Soldaten anderer bedeutender Länder Europas. Das muß man als große Leistung werten; denn jahrelang hatten sich die Waffenexperten vor allem damit beschäftigen müssen, die im Bürgerkrieg kämpfenden Streitkräfte, Milizeinheiten und anderen bewaffneten Formationen der jungen Sowjetrepublik überhaupt in ausreichender Menge mit Waffen versorgen zu können. Die Industrie war nur schwach entwickelt, und die Betriebe waren mit der Herstellung und Reparatur von Waffen aus der Zeit vor der Oktoberrevolution überlastet.

Als man 1921 in der Waffenfabrik von Kowrow ein Konstruktionsbüro für automatische Infanteriewaffen einrichtete, konzentrierten sich dessen Mitarbeiter zunächst vor allem auf die Entwicklung von Maschinengewehren. Unter Leitung des Waffenexperten Wladimir Grigorjewitsch Fjodorow, dem mit Wassili Alexejewitsch Degtjarjow ein erfahrener Spezialist dieser Branche zur Seite stand, wurden ganze Baureihen leistungsfähiger Maschinengewehre konstruiert. Schließlich begann Degtjarjow auch mit der Entwicklung von Maschinenpistolen. Sie standen ab 1929 zur Verfügung.

Die erste in der Sowjetunion entwickelte Waffe dieser Art hatte jedoch ein anderer Konstrukteur bereits zwei Jahre zuvor vorgestellt. Das war Fjodor Wassiljewitsch Tokarew, der damalige Technische Direktor der Waffenfabrik Tula, später berühmt als Konstrukteur der Standardpistole Modell Tula-Tokarew TT 1933 (s. dort) sowie von Selbstladegewehren der Modelle SWT 1938 und SWT 1940 (s. dort). Die Tokarew-MPi von 1927 war allerdings nur eine in sehr geringer Stückzahl gefertigte Testwaffe. Sie wurde nach mehreren Erprobungen nicht akzeptiert und konnte nicht in Serienproduktion hergestellt werden.

Über dieses Versuchsmodell sind einige interessante Einzelheiten bekannt. Die Tokarew-MPi war mit einem Masseverschluß und einem ungewöhnlichen Magazingehäuse ausgerüstet, an dem sich vorn ein Holzgriff befand, um sie zielsicher halten zu können. Wie die sowjetische Fachliteratur informiert, hatte der Konstrukteur zwei Abzüge installiert, den vorderen für Dauerfeuer, den hinteren für Einzelfeuer. Verfügbare Abbildungen zeigen allerdings eine Tokarew-MPi von 1927 mit nur einem Abzug. Bezüglich der Visierschußweite gibt es ebenfalls Differenzen. Einerseits wird sie mit 200 m angegeben, andererseits informiert man über ein Klappvisier für 100 m und 150 m.

Die theoretische Feuergeschwindigkeit betrug 1 100 S/min bis 1 200 S/min, die praktische Feuergeschwindigkeit bei Einzelfeuer 40 S/min, bei Dauerfeuer von kurzen Feuerstößen bis 5 Schuß ungefähr 100 S/min, die Mündungsgeschwindigkeit etwa 300 m/s. Das Magazin faßte 21 Patronen mit den Abmessungen 7,62 × 39 R. Allerdings war das nicht die für den Nagant-Revolver Modell 1895 benötigte Originalmunition des Typs M 1895, sondern eine Modifikation mit verändertem Hülsenrand und etwas schwerer, präpariert zur weitgehend störungsfreien Zuführung beim automatischen Schießen.

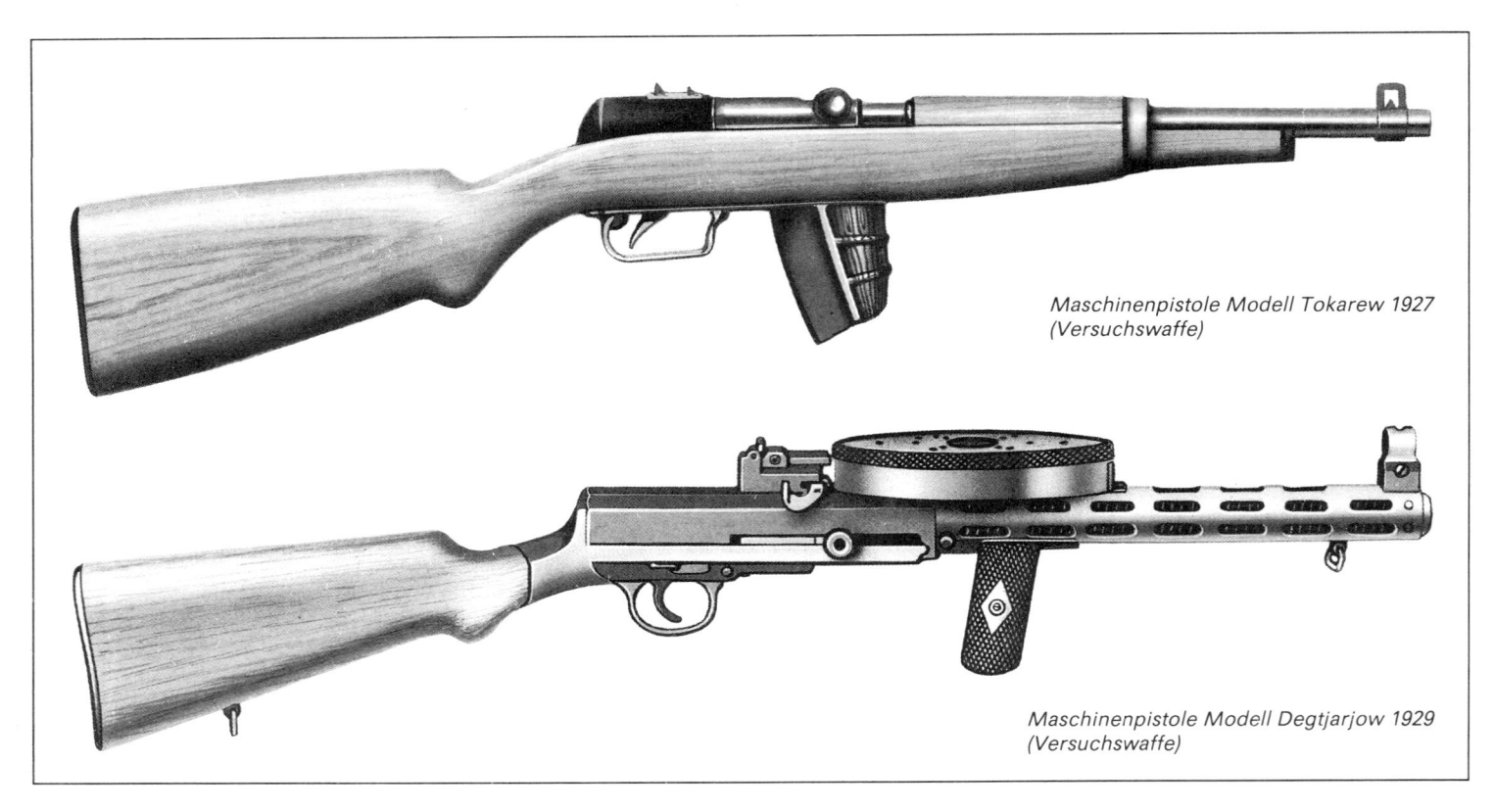

Maschinenpistole Modell Tokarew 1927 (Versuchswaffe)

Maschinenpistole Modell Degtjarjow 1929 (Versuchswaffe)

Der Konstrukteur hatte die Testwaffe, wie damals üblich, mit einem Kolben und einem Handschutz aus Holz ausgestattet. Der Handschutz war relativ lang und ließ nur etwa ein Drittel des Laufes frei. Die Maschinenpistole sah einem Karabiner nicht unähnlich und wurde wohl daher vom Konstrukteur als leichter Karabiner bezeichnet. Die Masse der Versuchswaffe betrug ohne Magazin 2,8 kg, mit vollem Magazin 3,3 kg. Dieses Modell soll in 33 Teile zerlegbar gewesen sein.

Tokarews Konstruktion wurde im November 1927 bei einem Vergleichsschießen mit der MPi Modell Vollmer-Erma (s. dort) aus Deutschland erprobt. Man schoß insgesamt 1 100 Schuß auf unterschiedliche Entfernungen, sowohl mit sauberer als auch mit verstaubter Waffe. Die Durchschlagsleistung war beachtlich, die Patronenzuführung aber nicht störungsfrei. Dennoch stellten die Verantwortlichen des Versuchsschießens bessere Ergebnisse mit der sowjetischen Waffe fest als mit der deutschen Maschinenpistole.

Die Tokarew-MPi sollte im Waffenwerk Tula in einer Anzahl von 10 Stück für eine Gefechtserprobung hergestellt werden. Die ersten fünf Waffen mit unterschiedlich langem Lauf und verschiedenartig geformtem Kolben wurden im Juni 1928 geliefert. Für die anderen verlangte man Umrüstung auf die Mauser-Patrone 7,63 × 25 des Typs M 1896. Tokarew vergrößerte überdies die Magazinkapazität auf 22 Schuß und veränderte Handschutz und Kolben. Die Ergebnisse des Gefechtsschießens entsprachen jedoch nicht den Erwartungen, weder mit den Waffen für die modifizierte Nagant-Patrone noch mit denen für Mauser-Munition.

Ein Jahr später stellte Degtjarjow seine erste Versuchs-MPi vor, einen für Einzel- und Dauerfeuer eingerichteten Rückstoßlader, dessen Lauf durch seitliches Spreizen der Stützklappen verriegelte. Der Lauf steckte in einem Metallmantel mit Kühlschlitzen. Die Waffe war mit Holzkolben und vorderem Handgriff ausgerüstet. Die Zuführung der Munition – das waren Tokarew-Patronen des neuentwickelten, später M 1930 genannten Typs mit den Abmessungen 7,62 × 25 – erfolgte aus einem tellerförmigen Magazin von oben. Die Kapazität des Magazins betrug 22 Schuß, die Visierschußweite 200 m Distanz, die Masse etwa 3,33 kg. Die Feuergeschwindigkeit war nicht wesentlich geringer als die Kadenz der Tokarew-MPi.

Das galt für die Anfang 1930 von Sergej Alexandrowitsch Korowin, dem Konstrukteur der Taschenpistole Modell Tula-Korowin TK (s. dort), präsentierte, für Einzel- und Dauerfeuer eingerichtete Maschinenpistole ebenfalls. Sie verschoß Tokarew-Patronen, die aus einem zweireihigen Stangenmagazin von 30 Schuß Kapazität zugeführt wurden. Die Visierschußweite betrug 500 m, die Masse 2,74 kg.

Ähnlich erfolglos in bezug auf Maschinenpistolen erwiesen sich auch Iwan Nikolajewitsch Kolesnikow und S. A. Prilutzki. In der Fachliteratur werden sie als Konstrukteure von Versuchs-Maschinenpistolen genannt, ohne daß man ihre Waffen allerdings vorstellt. Allein 1932/33 wurden 14 Konstruktionen getestet, unter anderem auch neu- und weiterentwickelte Waffen von Tokarew und Degtjarjow.

Im Jahre 1934 stand dann der Prototyp der ersten, für die Serienproduktion vorgesehenen Maschinenpistole von Degtjarjow zur Verfügung. Sie verschoß die inzwischen zur Standardmunition erklärten Tokarew-Pistolenpatronen 7,62 mm. Die Waffe war ein Rückstoßlader mit Masseverschluß und der MPi Modell Schmeisser 28/2 (s. dort) aus Deutschland nicht unähnlich. Degtjarjow hatte eine Reihe konstruktiver Details, vor allem das Verschlußsystem, übernommen, aber Laufmantel, Visier, Patronenzuführung und Magazin anders gestaltet.

Das Magazin war geringfügig gebogen und wurde von unten eingesetzt. Das Kurvenvisier konnte von 50 m bis 500 m Distanz eingestellt werden. Die theoretische Feuergeschwindigkeit betrug 900 S/min. Der Holzkolben wirkte auffallend massiv. Der Lauf war von einem Metallmantel mit großen Kühlschlitzen umgeben.

Allerdings erwies sich das Magazin für nur 25 Patronen als zu klein. Gemeinsam mit Irizarch Andrejewitsch Komaritzky entwickelte daher der Konstrukteur ein Trommelmagazin von fast dreifacher Kapazität. Es war dem Magazin der MPi Modell Suomi 1931 (s. dort) aus Finnland sehr ähnlich, aber mit einem nach oben in das Verschlußgehäuse hineinragenden Haltestift ausgestattet. Außerdem erhielt die Waffe ein verbessertes Visier und einen kompakten Laufmantel mit vier Reihen etwas kleinerer Kühlschlitze.

Zu den von außen nicht sichtbaren Veränderungen gehörten ein modifizierter Schlagbolzen sowie die speziell oberflächenbehandelte Innenwandung von Lauf und Patronenlager. Der Schlagbolzen wurde durch einen Hebel nach vorn getrieben. Dieser schlug unmittelbar vor Abschluß der Schließbewegung am Waffengehäuse an und übertrug den Schlag auf den Schlagbolzen. Laufwandung und Patronenlager wurden verchromt.

Als Degtjarjow-MPi Modell PPD 1934/38 bezeichnet, stand die weiterentwickelte Waffe in drei Versionen zur Verfügung:
Die erste Version war mit einem Trommelmagazin von

73 Schuß Kapazität ausgerüstet. Das Stangenmagazin für 25 Patronen konnte aber ebenfalls benutzt werden. Der Feuerwahlhebel vor dem Abzug war auf zwei Positionen einstellbar, nach vorn für Einzelfeuer, nach hinten für Dauerfeuer. Solche Waffen erhielten einen Schlagbolzen mit außenliegendem Spannstück, einen polierten Verschluß, eine abgerundete Fingerschutzplatte am Spannstück, einen Abzugsbügel, der aus einem Stück bestand, und eine sehr enge Auswerferöffnung.

Die zweite Version gilt als die Standardausführung. Sie wurde mit einem Trommelmagazin geringerer Kapazität ausgerüstet: statt 73 nur 71 Patronen. Das Magazin erhielt ein Ansatzstück für das Gehäuse. Der Abzugsbügel bestand aus zwei zusammengeschweißten Stücken. Der Verschluß war brüniert, die Fingerschutzplatte von rechteckiger Form und die Auswerferöffnung nicht mehr so eng.

Für die dritte Version wählte Degtjarjow ebenfalls das Trommelmagazin für 71 Patronen. Er reduzierte die Anzahl der Kühlschlitze im Laufmantel von vier Reihen kleiner auf drei Reihen großer Öffnungen. Bezüglich aller anderen Details sollen Waffen der dritten Version mit denen der ersten übereingestimmt haben. Mitunter bezieht man das auch auf die Magazinkapazität; das dürfte jedoch nicht exakt sein. Obwohl zweifellos auch für später hergestellte Waffen benutzt, wurde das Trommelmagazin von 73 Schuß Kapazität nur für Maschinenpistolen der ersten Version produziert.

Wie bereits angedeutet, war die Ausrüstung der Infanterie mit derartigen Waffen nur zögernd und jahrelang in kaum nennenswerter Stückzahl erfolgt. Ebenso wie die Generalität der meisten europäischen Länder war sich die militärische Führung der Sowjetunion während dieser Zeit über einen massenhaften Einsatz von Maschinenpistolen nicht einig. So maß man ihrer Produktion nicht die gebührende Aufmerksamkeit bei. Obwohl die Degtjarjow-MPi am 9. Juli 1935 zur Ordonnanzwaffe erklärt wurde, allerdings nur für Kommandeure, galt immer noch die Entscheidung vom 23. Januar jenen Jahres über eine Fertigung von lediglich 300 Stück.

Aus zahlreichen Werken der Fachliteratur verschiedener Länder geht hervor, daß sich führende sowjetische Militärs gegen die Waffe aussprachen. Sie sollen nicht nur eine unzureichende Schußweite bemängelt, sondern darüber hinaus an der Zweckmäßigkeit von Maschinenpistolen gezweifelt und daher einer durchgängigen Ausrüstung nicht zugestimmt haben. In der sowjetischen Fachliteratur wird das Zögern als folgenschwer bewertet und darauf hingewiesen, daß sich die Situation erst ab

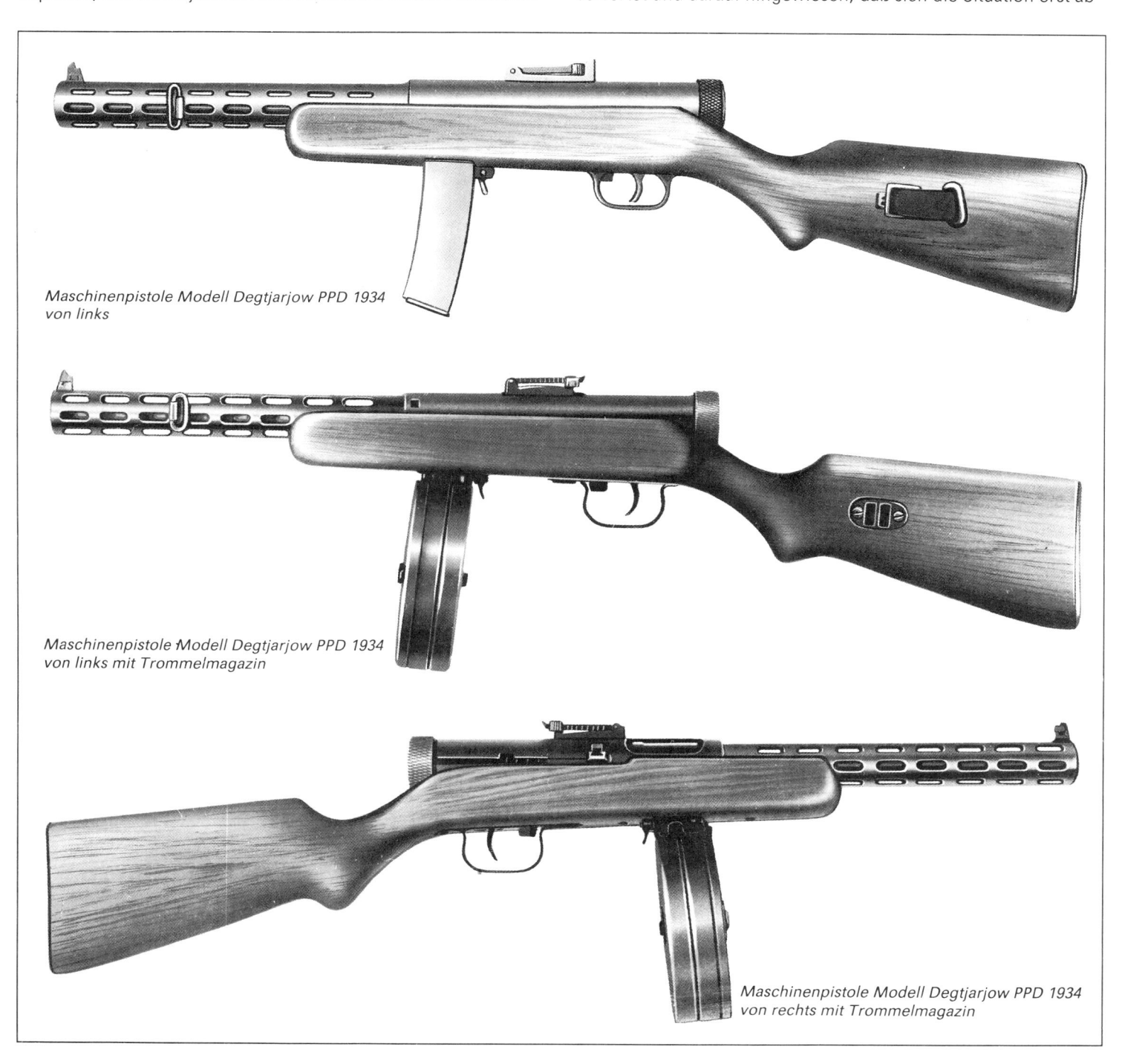

Maschinenpistole Modell Degtjarjow PPD 1934 von links

Maschinenpistole Modell Degtjarjow PPD 1934 von links mit Trommelmagazin

Maschinenpistole Modell Degtjarjow PPD 1934 von rechts mit Trommelmagazin

Maschinenpistole Modell Degtjarjow PPD 1934/38 von rechts

Ende 1939 änderte, als Soldaten der Roten Armee im Finnisch-Sowjetischen Krieg von November 1939 bis März 1940 mit Maschinenpistolen des Typs Suomi 1931 bekämpft wurden.

Anfang 1939 hatte ein Kollektiv sowjetischer Generale die Perspektiven des Gefechtseinsatzes von Maschinenpistolen erarbeitet. In einer Veröffentlichung in der Fachpresse wiesen sie auf Zweckmäßigkeit, ja Notwendigkeit dieser Art von Waffen hin und verlangten ihre so schnelle wie mögliche, ihre so umfassende wie nötige Einführung bei der Infanterie und bei anderen Truppen. Dabei wurde der Nachweis geführt, daß die zu jener Zeit bereits beseitigten Mängel des MPi-Systems – dies betraf vor allem den sicheren Halt des Magazins und seinen schnellen Wechsel – nicht waffenarttypisch, sondern konstruktionsbedingt waren.

Trotz des Engagements für die Maschinenpistole fiel wenige Tage später eine völlig entgegengesetzte Entscheidung. Im Februar 1939 stoppte man nicht nur die Produktion der Degtjarjow-MPi, sondern zog die wenigen bis dahin schon ausgelieferten Waffen wieder ab. Dies erfolgte mit dem Hinweis auf bessere Gefechtseigenschaften der Mehrlader des Systems Mosin (s. dort). Die sowjetische Fachliteratur informiert in diesem Zusammenhang darüber, daß ein Kollektiv erfahrener Konstrukteure sich an die politische Führung des Landes wandte und schließlich Rücknahme der Fehlentscheidung, Weisung zur Serienproduktion sowie den Befehl zur umfassenden Einführung der Maschinenpistole in die strukturmäßige Bewaffnung erwirkte. Beginn der Serienproduktion war Ende Dezember 1939; der Befehl, die Degtjarjow-MPi als Ordonnanzwaffe in allen Infanterieeinheiten zu übernehmen, kam am 6. Januar 1940.

Bis dahin waren kaum mehr als 5 000 Maschinenpistolen des Degtjarjow-Systems PPD hergestellt worden: im Jahre 1934, als die Einzelfertigung begann, 44 Stück, ein Jahr später nur 23, 1937 mit 1 291 Stück, 1938 mit 1 115 und 1939 mit 1 700 Stück geringfügig mehr. Von 1936 sind keine Angaben verfügbar, wohl aber von 1940, als eine Serienfertigung größeren Umfangs einsetzte. Der Produktionsausstoß jenes Jahres betrug nach sowjetischen Angaben 81 118 Stück.

Das waren teils Waffen des Typs PPD 1934/38, teils Maschinenpistolen des Typs PPD 1940. Der Konstrukteur hatte sein modifiziertes Modell am 15. Februar 1940 vorgestellt. Es wurde sechs Tage später bestätigt und Anfang März in die Serienproduktion übernommen. So gelangten die ersten in den Waffenfabriken von Tula und Sestorezk hergestellten Maschinenpistolen des weiterentwickelten Typs noch rechtzeitig an die finnisch-sowjetische Front.

In Eis und Schnee, in Wäldern und Sümpfen sind Waffen des Systems PPD unter schwierigen Gefechtsbedingungen eingesetzt worden. Sie haben sich im Gebiet der karelo-finnischen Landenge in einer von Felshindernissen durchzogenen Landschaft bewährt, also insbesondere dort ihre Feuertaufe bestanden, wo keine weiträumigen Operationen von Infanterie und Panzerverbänden möglich sind. Die Soldaten sollen vor allem mit dem großen Patronenvorrat zufrieden gewesen sein. Allerdings betrug die Masse der Waffe mit vollem Trommelmagazin mehr als 5 kg.

Trotz weitgehender Verbesserung des Systems, vor allem in bezug auf eine kostengünstigere Herstellungsweise, zeigten sich fertigungstechnische Mängel, die einen Produktionsausstoß nicht in vorgesehenem Umfang ermöglichten. Auf Grund ihrer recht komplizierten Technologie war die Maschinenpistole für die beabsichtigte Massenfertigung nicht geeignet. Manche Teile mußten in zeit- und kostenaufwendiger Handarbeit, andere auf Spezialmaschinen hergestellt werden. So blieb die Stückzahl begrenzt. Bereits Ende 1940 entschied man sich für eine ab September jenen Jahres getestete, später MPi Modell Schpagin PPSch 1941 (s. dort) genannte Neuentwicklung.

Obwohl weitgehend mit dem Modell PPD 1934/38 identisch, hat die Degtjarjow-MPi von 1940 eine ganze Reihe von außen sichtbarer und nicht sichtbarer Unterschiede. Das betrifft vor allem den Schaft und damit verbunden die Magazinhalterung. Bestand der hölzerne Schaft beim älteren Modell aus einem einzigen Stück mit einer Öffnung zum Einsetzen des Magazins, so besteht er beim neuen Modell aus zwei durch die Magazinhalterung voneinander getrennten Teilen. Die Magazinbefestigung ist ebenfalls anders. Das Trommelmagazin befindet sich wesentlich tiefer im Schaft. Es hat keinen senkrecht nach oben ragenden Haltestift, sondern eine an der Verschlußhülse anzusetzende Magazinlippe und nur noch eine Zubringerfeder. Der Schlagbolzen – zunächst starr, später aber als bewegliches Teil hergestellt – wird von einem Hebel am Verschlußkopf festgehalten.

Verschluß und Laufgehäuse beider Modelle sind sich zwar sehr ähnlich, können aber nicht gegeneinander ausgetauscht werden. Bei Verschlußhülse, Hülsenkappe, Schließfeder und Abzugsmechanismus jedoch ist das möglich.

Die MPi Modell Degtjarjow PPD 1940 ist ebenso wie die vorher erwähnten Maschinenpistolen des sowjetischen Konstrukteurs eine zuschießende Waffe. Der Rückstoßlader mit unbeweglichem Lauf und unstarr verriegeltem Masseverschluß wurde für Einzel- und Dauerfeuer eingerichtet. Bevor der Verschluß seine Schließbewegung völlig beendet hat, wird die Patrone vom Schlagbolzen gezündet. Die praktische Feuergeschwindigkeit bei Dauerfeuer beträgt 100 S/min bis 120 S/min. Der Umschalthebel befindet sich im Abzugsbügel. Der Abzug hat keinen Druckpunkt. Der Lauf ist innen serienmäßig verchromt.

Geladen wird bei gespannter oder ungespannter Waffe. Um zu sichern – das ist in gespanntem und ungespanntem Zustand möglich –, schiebt der Schütze den Sicherungshebel am Spanngriff nach links. In dieser Position wird der Verschluß blockiert. Zum Entsichern schiebt man den Hebel nach rechts. Das Magazin kann nach Druck auf die Magazinsperre entfernt werden.

Ebenso unkompliziert wird die Maschinenpistole zum Reinigen auseinandergenommen. Der Schütze schraubt die Verschlußkappe ab und entfernt sie zusammen mit Schließfeder und Verschluß. Um den Verschluß wieder einzusetzen, muß er den Abzug zurückziehen.

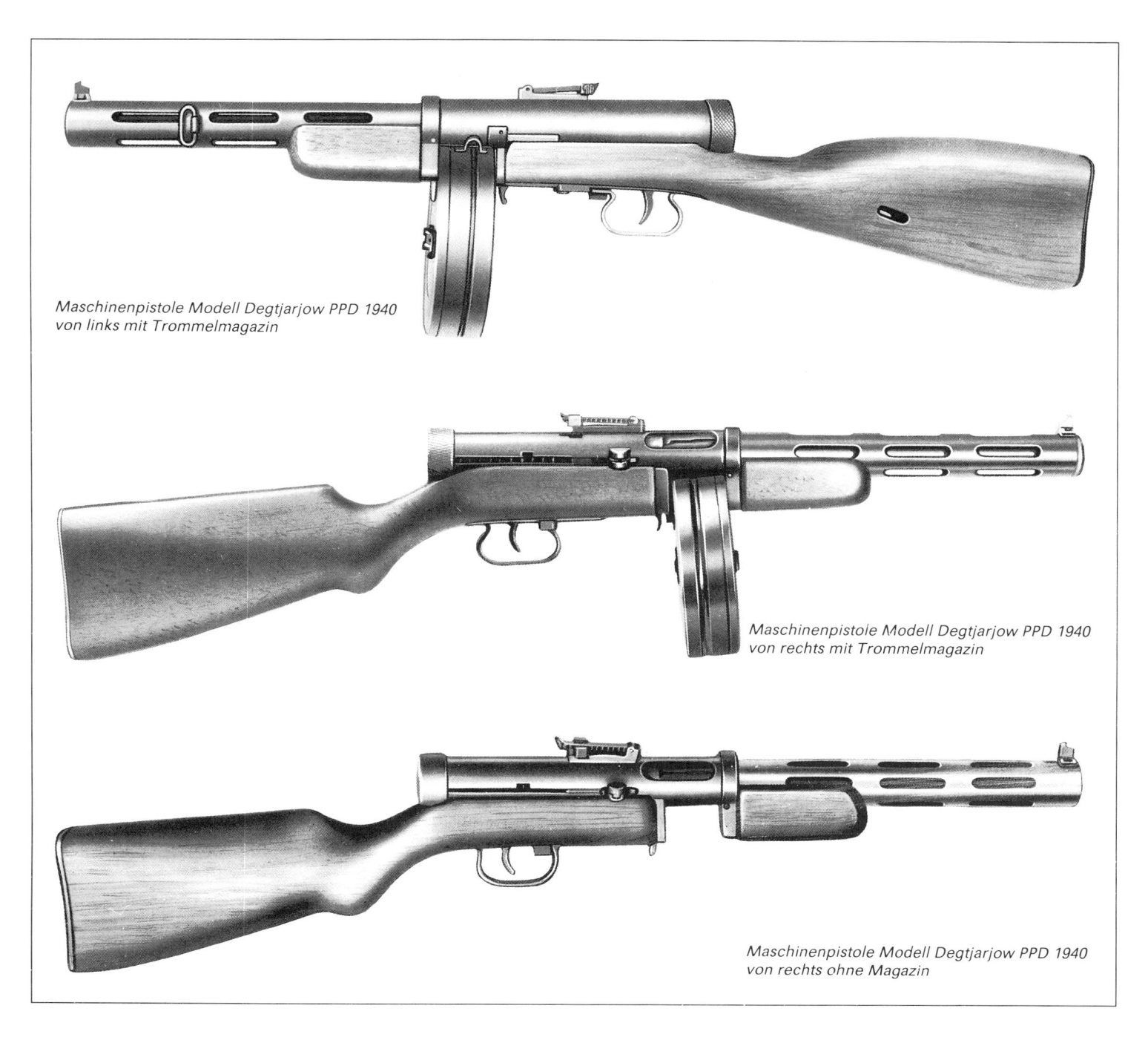

Maschinenpistole Modell Degtjarjow PPD 1940 von links mit Trommelmagazin

Maschinenpistole Modell Degtjarjow PPD 1940 von rechts mit Trommelmagazin

Maschinenpistole Modell Degtjarjow PPD 1940 von rechts ohne Magazin

Sowjetunion

Daten: Maschinenpistole Modell Tokarew 1927 (Versuchswaffe)

Kaliber:	7,62 mm	Patrone:	7,62 × 39 R[2]
v_0:	300 m/s	Lauflänge:	mm
Länge Waffe:	805 mm	Züge/Richtung:	
Feuergeschwindigkeit:	1 100 S/min[1]	Visierschußweite:	200 m[3]
Munitionszuführung:	zweireihiges Stangenmagazin mit 21 Schuß	Einsatzschußweite:	200 m
Masse geladen:	3,30 kg		
Masse mit leerem Magazin:	2,80 kg		

[1] Auch mit 1 200 S/min angegeben.
[2] Modifizierte Patrone.
[3] Auch mit 150 m angegeben.

Daten: Maschinenpistole Modell Degtjarjow PPD 1934

Kaliber:	7,62 mm	Patrone:	7,62 × 25
v_0:	480 m/s	Lauflänge:	260 mm
Länge Waffe:	785 mm	Züge/Richtung:	4/r
Feuergeschwindigkeit:	900 S/min	Visierschußweite:	500 m
Munitionszuführung:	Kurvenmagazin mit 25 Schuß	Einsatzschußweite:	200 m
Masse ohne Magazin:	3,45 kg		

Daten: Maschinenpistole Modell Degtjarjow PPD 1934/38

Kaliber:	7,62 mm	Patrone:	7,62 × 25
v_0:	490 m/s	Lauflänge:	269 mm
Länge Waffe:	779 mm	Züge/Richtung:	4/r
Feuergeschwindigkeit:	800 S/min	Visierschußweite:	500 m
Munitionszuführung:	Trommelmagazin mit 71 bzw. 73 Schuß[1]	Einsatzschußweite:	200 m
Masse geladen:	≈5,20 kg		
Masse ohne Magazin:	3,73 kg		

[1] Das Kurvenmagazin mit 25 Schuß ist ebenfalls verwendbar.

Daten: Maschinenpistole Modell Degtjarjow PPD 1940

Kaliber:	7,62 mm	Patrone:	7,62 × 25
v_0:	480 m/s	Lauflänge:	244 mm[1]
Länge Waffe:	788 mm	Züge/Richtung:	4/r
Feuergeschwindigkeit:	1 000 S/min	Visierschußweite:	500 m
Munitionszuführung:	Trommelmagazin mit 71 Schuß	Einsatzschußweite:	200 m
Masse geladen:	5,40 kg		
Masse des vollen Magazins:	1,80 kg		

[1] Gezogener Teil.

Maschinenpistole Modell Schpagin PPSch 1941 7,62 mm

Dieses Modell war eine der am meisten verwendeten Waffen des zweiten Weltkriegs. Fachleute schätzen, daß von den Anfang Juli 1941 bis Ende Juni 1945 in der Sowjetunion insgesamt produzierten 6,1 Millionen Maschinenpistolen mehr als fünf Millionen Stück Waffen des Typs Schpagin PPSch 1941 waren. Hinzu kam die Lizenzproduktion nach dem zweiten Weltkrieg in mehreren anderen Staaten. Auch dort wurden solche Maschinenpistolen – teils originalgetreu, teils in modifizierter Ausführung – in bemerkenswerter Stückzahl gefertigt.

Die Anstrengungen in der Sowjetunion um Entwicklung und Produktion derartiger Waffen sind ein überzeugender Beweis dafür, welch große Bedeutung die Führung der Streitkräfte der Maschinenpistole beimaß, als nach jahrelangem Zögern 1939/40 die Erkenntnis über Zweckmäßigkeit und Notwendigkeit solcher Waffen endlich herangereift war. Die Maschinenpistole avancierte gegen den Widerstand konservativer Militärs zu einer der Hauptwaffen der Infanterie.

Nicht nur einzelne Gruppen, sondern ganze Kompanien erhielten Maschinenpistolen. War das sehr vereinzelt schon während der letzten Wochen des Krieges gegen Finnland (1939/40) der Fall, so wurde es später im zweiten Weltkrieg zur Regel. Sogar ganze Bataillone waren mit Maschinenpistolen bewaffnet, Partisanenverbände ebenfalls. Die Maschinenpistole kam wie bei keiner anderen Armee der kriegführenden Staaten zum Einsatz. Sie erwies sich beim Nah- und Ortskampf, bei Gefechten in Wald und durchschnittenem Gelände als eine ideale Infanteriewaffe für Verteidigung und Angriff.

Allein 1932/33, so die sowjetische Fachliteratur, hatte man 14 verschiedene Modelle von Maschinenpistolen getestet. Mit der MPi Modell Degtjarjow PPD 1934 (s. dort) wurde eines davon Ordonnanzwaffe. Ende der dreißiger Jahre, als die sowjetischen Infanteristen die weiterentwickelte Degtjarjow-MPi PPD 1934/38 (s. dort) erhielten, arbeitete der schon durch die Entwicklung eines großkalibrigen Maschinengewehrs bekanntgewordene Konstrukteur Georgi Semjonowitsch Schpagin an einem Projekt für eine Maschinenpistole.

Das überschwere MG Modell Degtjarjow-Schpagin DSchK 1938 (s. dort) hatte er übrigens in enger Zusammenarbeit mit dem Konstrukteur der ersten sowjetischen Ordonnanz-MPi entwickelt. Das war Wassili Alexejewitsch Degtjarjow. Als stellvertretender Leiter eines 1921 von Wladimir Grigorjewitsch Fjodorow in der Waffenfabrik Kowrow gegründeten Konstruktionsbüros für automatische Infanteriewaffen erwarb er sich ab dieser Zeit bei der Entwicklung ganzer Baureihen von Maschinengewehren außerordentliche Verdienste.

Als Degtjarjows zum Modell PPD 1940 (s. dort) modifizierte Maschinenpistole schon produziert wurde, stellte Schpagin nach vorangegangener Werkserprobung ab 26. August 1940 Prototypen seiner Waffe zur Diskussion. Bei deren Konstruktion waren selbstverständlich die während des Einsatzes an der sowjetisch-finnischen Front gewonnenen Erfahrungen mit den Maschinenpistolen Degtjarjows berücksichtigt worden. Im September 1940 begann die Erprobung des ersten Versuchsmodells, und zwei Monate später absolvierten 25 Maschinenpistolen von Schpagin ein Testschießen gegen 15 ebenfalls neuentwickelte Maschinenpistolen des Konstrukteurs Boris Gawrilowitsch Schpitalny sowie zum Vergleich herangezogene Ordonnanz-Maschinenpistolen Degtjarjows.

Schpitalnys Konstruktion war eine für Einzel- und Dauerfeuer eingerichtete Waffe mit Holzkolben und hölzernem Handschutz sowie sehr wirksamem Mündungskompensator. Sie verschoß Tokarew-Patronen 7,62 mm, die aus einem zweireihigen Stangenmagazin von 97 bis 100 Schuß Kapazität zugeführt wurden. Das Schiebevisier konnte bis 500 m Entfernung eingestellt werden.

Hinsichtlich der Trefferdichte erwies sich diese Konstruktion als die beste. Die sowjetische Fachliteratur informiert über eine Trefferdichte, die um 71 Prozent höher war als bei der Degtjarjow-MPi und um 23 Prozent höher als bei der Schpagin-MPi.

Auch die Mündungsgeschwindigkeit des Geschosses lag um einige Prozent über den Werten der beiden anderen Waffen. Die Masse war allerdings ebenfalls größer, ohne Patronen etwa um 0,8 kg. Hinsichtlich der anderen taktisch-technischen Daten konnte alles in allem Übereinstimmung der beiden Versuchsmodelle, aber ein deutlicher Vorsprung vor der damaligen Ordonnanz-MPi festgestellt werden.

Den Ausschlag für die Konstruktion Schpagins dürfte wohl schließlich ihre geringere Masse, die wesentlich einfachere Bedienung und Handhabung und vor allem die Möglichkeit gegeben haben, derartige Waffen mit geringem Aufwand an Zeit, Kosten und Material herstellen zu können. Am 3. Dezember 1940 empfahl der Chef der für die Ausrüstung mit Infanteriewaffen zuständigen Dienststelle der politischen Führung des Landes die Versuchs-MPi des Systems Schpagin zur Übernahme in die strukturmäßige Bewaffnung. Ein entsprechender Befehl wurde am 21. jenen Monats erlassen. Nach ihrem Konstrukteur bezeichnete man die neue Ordonnanz-MPi als Modell Schpagin PPSch 1941, nannte sie aber auch PPScha-41, PPS-41 und oftmals lediglich Schpagin-MPi.

Die schnelle Entscheidung war auf Grund handfester Ergebnisse gefällt worden. Der Konstrukteur hatte mit seiner Maschinenpistole sämtliche Forderungen erfüllt: funktionstüchtig unter allen Witterungsbedingungen, störfrei bei ungünstigen Umwelteinflüssen, einsatzfähig in jeder für eine Waffe dieser Art geeigneten Gefechtssituation; zudem von unkomplizierter Konstruktionsweise und Fertigungstechnologie und daher mit wenigen Kosten innerhalb kurzer Zeit in Massenfertigung produzierbar. Die Herstellung einer Degtjarjow-MPi dauerte übrigens doppelt solange wie die Fertigung einer Maschinenpistole Modell PPSch 1941.

Ihre Serienproduktion begann im Oktober 1941, kurz nach Kriegsanfang. Trotz der Verlagerung von Betrieben und Arbeitskräften beim Zurückweichen an allen Fronten konnten unter schwierigen Bedingungen bis Jahresende 98 644 Maschinenpistolen geliefert werden, darunter 92 776 Stück der Schpagin-MPi. Ein Jahr später betrug die Produktion bei ähnlich ungünstigen Umständen schon fast eineinhalb Millionen Stück.

Die unverzügliche Massenfertigung in einer derart großen Menge war außerordentlich wichtig, denn Mangel an Waffen, insbesondere an Maschinenpistolen, herrschte damals an allen Fronten. Zum Jahreswechsel 1942 gehörten zur Reserve des Oberkommandos lediglich 250 Maschinenpistolen. Am 1. Januar jenen Jahres verfügte die kämpfende Truppe über nur 55 147 einsatzfähige Waffen solcher Art, ein Jahr darauf über 678 068 und am 1. Januar 1944 über 1 427 085 Stück. Der Bestand hatte sich also vervielfacht. Dies bedeutete, daß man in jedem Infanterieregiment mindestens eine Kompanie mit Maschinenpistolen ausrüsten konnte.

Für eine rationelle Fertigung waren vor allem die ökonomisch günstige Kaltverformung, die Blechprägetechnik, die Schweißtechnik, der geringe Aufwand an Nacharbeit nach Pressen und Stanzen sowie die schnelle Montage der wenigen Einzelteile entscheidend. Verschlußgehäuse und Laufmantel wurden aus Stahlblech gestanzt, die anderen Teile gepreßt und vernietet. Auf Schraubverbindungen hatte man weitgehend verzichtet. Auf Grund der unkomplizierten Technologie konnten Maschinenpistolen dieses Typs nicht nur in völlig artfremden Betrieben, sondern sogar in einfachen Werkstätten von relativ unerfahrenen Arbeitskräften hergestellt werden.

Die MPi Modell Schpagin PPSch 1941, eine zuschießende Waffe, ist ein Rückstoßlader mit unbeweglichem Lauf und unstarr verriegeltem, gefedertem Masseverschluß. Der Rücklauf des Verschlußstücks wird durch Puffer begrenzt. Der Schlagbolzen ist starr. Seine Spitze ragt aus der Stirnfläche des Verschlusses heraus. Kurz vor Abschluß der Schließbewegung wird die Patrone gezündet. Die Waffe ist für Einzel- und Dauerfeuer eingerichtet. Die Feuerart wird mittels direkt vor dem Abzug

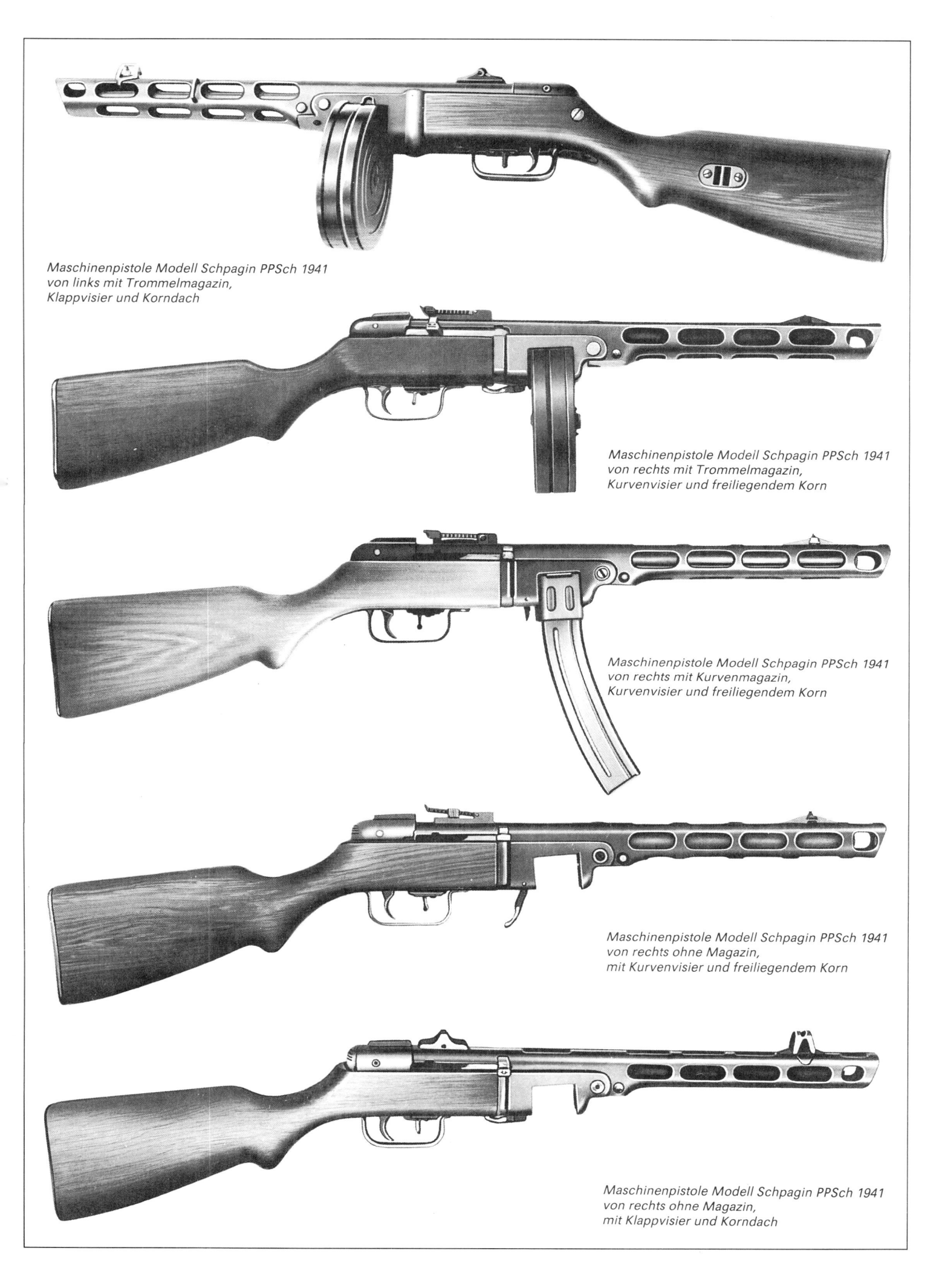

Maschinenpistole Modell Schpagin PPSch 1941
von links mit Trommelmagazin,
Klappvisier und Korndach

Maschinenpistole Modell Schpagin PPSch 1941
von rechts mit Trommelmagazin,
Kurvenvisier und freiliegendem Korn

Maschinenpistole Modell Schpagin PPSch 1941
von rechts mit Kurvenmagazin,
Kurvenvisier und freiliegendem Korn

Maschinenpistole Modell Schpagin PPSch 1941
von rechts ohne Magazin,
mit Kurvenvisier und freiliegendem Korn

Maschinenpistole Modell Schpagin PPSch 1941
von rechts ohne Magazin,
mit Klappvisier und Korndach

Sowjetunion

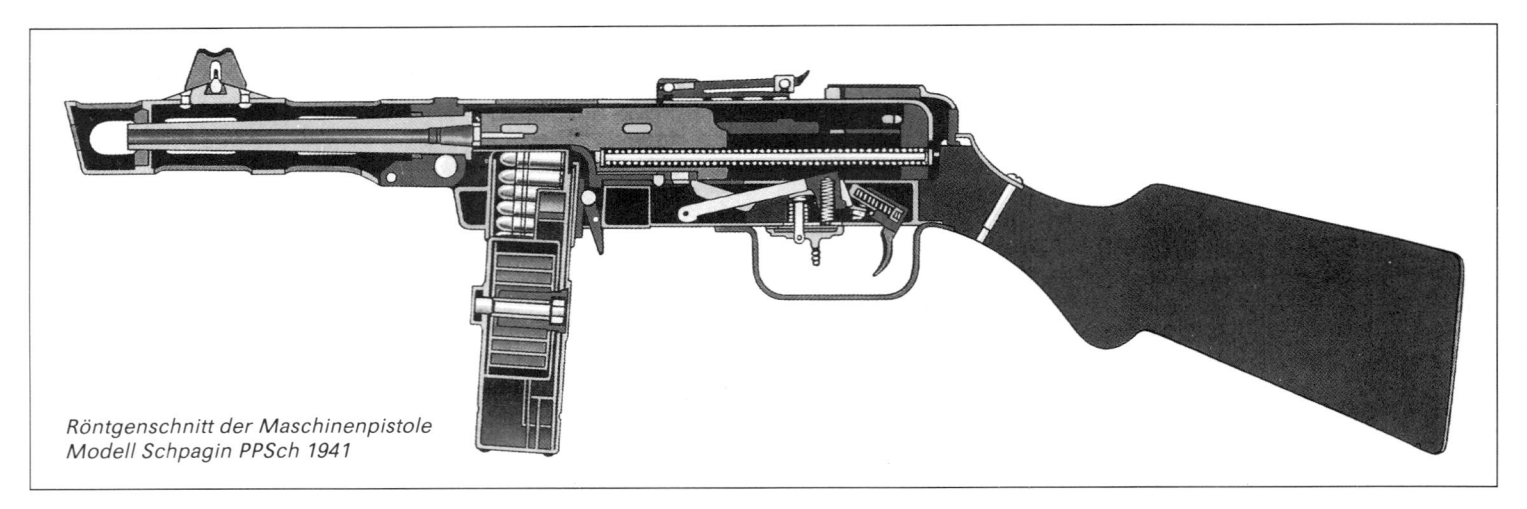

Röntgenschnitt der Maschinenpistole Modell Schpagin PPSch 1941

gelegenen Schiebers eingestellt – nach vorn geschoben Dauerfeuer, nach hinten Einzelfeuer.

Trotz hoher theoretischer Kadenz schießt die Maschinenpistole bemerkenswert rückstoßfrei. Ihre praktische Feuergeschwindigkeit bei Dauerfeuer beträgt 100 S/min bis 140 S/min, bei Einzelfeuer 30 S/min bis 40 S/min, der Abzugswiderstand etwa 3 kg. Der Abzug hat keinen Druckpunkt. Nach Verschießen der letzten Patrone verbleibt der Verschluß in vorderer Stellung.

Der Lauf hat einen über die Mündung hinaus verlängerten Metallmantel. Vorn ist er von oben nach unten schräg. Diese Konstruktion wirkt als Mündungskompensator und stabilisiert die Lage der Waffe bei Dauerfeuer. Als Sicherung dient ein Schieber oben im Ladegriff. Zum Entsichern wird er nach links geschoben. Bei gesicherter Waffe ist der Verschluß blockiert, und zwar in gespannter oder entspannter Stellung.

Für die Maschinenpistole benutzt man Magazine unterschiedlicher Art und Kapazität: ein Trommelmagazin mit 148 mm Durchmesser von 71 Schuß oder ein Kurvenmagazin von 35 Schuß Kapazität. Das sind Tokarew-Pistolenpatronen 7,62 mm. Trommelmagazine standen zuerst zur Verfügung; die Kurvenmagazine kamen später hinzu. Die Trommelmagazine der Schpagin-MPi sind mit denen der Maschinenpistole von Degtjarjow übrigens nicht austauschbar.

Man hat die MPi Modell PPSch 1941 in vier Ausführungen mit unterschiedlicher Visiereinrichtung geliefert. Wurden Waffen früherer Serien zunächst mit einem für 50 m bis 500 m Entfernung einstellbaren Kurvenvisier und freiliegendem Korn produziert, so stellte man sie nach den ersten Fronterfahrungen bald mit einem vor Beschädigung und Blendung schützenden Korndach her. Später wurde das Kurvenvisier von einem Klappvisier für 100 m und 200 m Distanz und schließlich von einem festjustierten Visier mit denselben Entfernungsmarkierungen abgelöst. Die Visierlinie solcher Waffen beträgt 365 mm.

In der Fachliteratur wird darauf hingewiesen, daß man Läufe für diese Maschinenpistole oftmals aus dem Lauf von Mosin-Gewehren Modell 1891 gewonnen haben soll, indem man einen Gewehrlauf zu zwei Läufen für Maschinenpistolen durchtrennte. Der Lauf mancher Fertigungsserien der Schpagin-MPi wurde innen verchromt, damit die Waffen länger benutzt werden konnten. Die Maschinenpistole hat einen für ihr Aussehen charakteristischen hölzernen Halbschaft ohne vorderen Handschutz. Im Kolben befindet sich das Reinigungsgerät.

Die Bedienung der Waffe ist ebenso unkompliziert wie ihre Konstruktion. Um zu laden, zieht der Schütze den Spannhebel nach hinten, bis er vom Abzug gehalten wird, sichert und führt das volle Magazin in die Halterung ein. Dann wird entsichert, und die Maschinenpistole ist feuerbereit. Geladen werden kann aber auch bei ungespanntem Verschluß.

Die Waffe wird wie folgt auseinandergenommen: Gehäuseriegel lösen, Laufmantel nach unten drücken und auf diese Weise den Oberteil des Gehäuses öffnen. Spannhebel zurückziehen und mit Schließfeder und Masseverschluß nach rechts oben aus dem Gehäuse herausnehmen.

Trotz ihres unkomplizierten Konstruktionsprinzips, trotz einfacher, ja zum Teil primitiver Bauweise – gleiches trifft übrigens auf die britische MPi Modell Sten (s. dort) zu – erwies sich die Schpagin-MPi als eine zuverlässige Waffe von guter Funktionssicherheit, hoher Trefferdichte und ausgezeichneter Treffpunktlage. Es ist erwiesen, daß solche Maschinenpistolen sogar in völlig verschmutztem Zustand unter allen klimatischen Bedingungen einwandfrei schießen.

Zwei Monate nach Beginn der Serienproduktion hatte man die Schpagin-MPi bei einem Vergleichsschießen mit den besten Maschinenpistolen anderer Länder nochmals getestet. Die militärische Führung wollte ganz sicher gehen und eventuelle Nachteile der Waffe ausmerzen. Das Ergebnis des Tests brachte letzte Sicherheit, daß die sowjetische Konstruktion anderen Maschi-

Maschinenpistole Modell Schpagin PPSch 1942 (Versuchswaffe)

nenpistolen nicht nur ebenbürtig, sondern zum Teil sogar überlegen war. Vorteile zeigten sich auf jeden Fall bezüglich der Bedienbarkeit und rationellen Produktion.

Obwohl es hinsichtlich der Vorzüge zwei Einschränkungen gibt, ist bis heute keine Veröffentlichung mit kritischem Pauschalurteil bekannt, wie es über andere Waffen sehr oft gefällt wurde. Fachleute in aller Welt vertreten übereinstimmend die Meinung, daß Maschinenpistolen solchen Typs zu den treffsichersten, störungsfreiesten und robustesten Waffen ihrer Zeit gehörten. Bemängelt werden nur einige Details.

Die oben angedeuteten Einschränkungen hängen zum Teil mit der einfachen Bauweise zusammen: Ungeübte Schützen haben beim Füllen der Trommel Schwierigkeiten, insbesondere bei Dunkelheit. Auch die Gefahr des unbeabsichtigten Auslösens von Schüssen läßt sich nicht völlig ausschließen, vor allem nicht bei sehr starker Erschütterung, etwa beim Schlag auf die Kolbenplatte oder wenn die Waffe zu Boden fällt.

Das Füllen der Trommel ist tatsächlich nicht unkompliziert. Hat der Schütze die Sperre der Trommel eingedrückt und den Riegel beiseite geschoben, kann er den Deckel abnehmen. Dann muß er den Drehgriff entgegen dem Uhrzeigersinn drehen. Dabei spannt sich die Feder. Sind die Patronen mit der Spitze nach oben in die Führungen eingelegt, wird nochmals gespannt, die Sperre gedrückt und dadurch die Magazinfeder in die zum Zuführen der Patronen erforderliche Position gebracht. Danach muß der Deckel aufgesetzt und mit dem Riegel befestigt werden.

Im Zusammenhang mit den guten Gefechtseigenschaften und der ökonomischen Herstellungsweise sind nach dem zweiten Weltkrieg veröffentlichte Geheimdokumente aus einigen deutschen Archiven interessant. Im Jahre 1942 hatten die für die Ausrüstung verantwortlichen Dienststellen den unveränderten Nachbau der Schpagin-MPi erwogen. Man testete auch auf das Kaliber 9 mm umgerüstete, für Parabellum-Patronen eingerichtete Waffen. Allerdings war das ebenso erfolglos wie die versuchsweise Ausrüstung der deutschen MPi Modell 40 (s. dort) mit einem Doppelmagazin.

Auf diese Weise wollte man mit der eigenen Waffe die Feuerkraft der sowjetischen Maschinenpistole erreichen. Diese wurde als wesentlich höher eingeschätzt. Die Schpagin-MPi war der deutschen Waffe auch an Funktionssicherheit weit überlegen. Daher benutzten die Soldaten der deutschen Infanterie und anderer Truppen solche Maschinenpistolen, wo immer sie ihrer habhaft werden konnten. Im Juli 1942 erschien sogar eine deutsche Bedienungsanleitung für diese Waffen.

Wenig bekannt ist die Tatsache, daß Schpagin auch eine als PPSch 1942 bezeichnete Version seiner Maschinenpistole entwickelte. Diese ist nicht zu verwechseln mit der Sudajew-MPi Modell PPS 1942, die dann ab März 1943 als Modell PPS 1943 (s. dort) in Serienproduktion hergestellt wurde. Die modifizierte Waffe von Schpagin war eine auf Grund der Fronterfahrungen speziell für Panzerbesatzungen und Fallschirmjäger weiterentwickelte Ausführung mit abnehmbarem Holzkolben, Pistolengriff, Kurvenmagazin für 35 Patronen, Mündungskompensator und einer Visiereinrichtung für 100 m und 200 m Distanz.

Ende Mai/Anfang Juni 1942 getestet, stand diese Maschinenpistole trotz einer Reihe beachtlicher Ergebnisse der oben erwähnten, von Alexej Iwanowitsch Sudajew präsentierten Versuchs-MPi deutlich nach. Das galt insbesondere in bezug auf die Trefferdichte bei Dauerfeuer, auf Handlichkeit, Abmessungen und Masse. Daher fiel Mitte Juli jenen Jahres die Entscheidung zugunsten der Sudajew-MPi. Zusätzlich zur Schpagin-MPi PPSch 1941 avancierte sie zur Ordonnanzwaffe.

Obwohl sich Maschinenpistolen des Typs Schpagin an allen Fronten bewährt hatten, verblieben sie nach dem zweiten Weltkrieg nur noch kurze Zeit in der strukturmäßigen Bewaffnung. Bereits vor Kriegsende war eine neue Munitionsart entwickelt worden, für die Michail Timofejewitsch Kalaschnikow bald eine neue Infanteriewaffe konstruierte. Die sowjetischen Streitkräfte übernahmen sie 1949 in ihre Ausrüstung. Die neue Munition, die Kurzpatrone 7,62 × 39 des Typs M 43, und die neue Waffe, der als MPi Modell Kalaschnikow AK 47 (s. »Schützenwaffen heute«) bezeichnete Schnellfeuerkarabiner, den man aber auch Sturmgewehr nennt, waren die Grundlage für eine völlig neue Generation von Infanteriewaffen und deren Munitionierung. Waffe wie Munition – das gilt auch für die weiterentwickelten und kleinerkalibrigen Typen – wurden später von anderen Staaten ebenfalls übernommen.

Die meisten von ihnen hatten nach 1945 Schpagin-Maschinenpistolen geführt. In einigen Ländern sind Waffen dieses Typs auch hergestellt worden. In China nannte man sie Modell 50 (s. »Schützenwaffen heute«). Die zum Teil stark modifizierten jugoslawischen Ausführungen wurden als Modelle 49 und 49/57 (s. »Schützenwaffen heute«) bezeichnet. Die teils originalgetreuen, teils geringfügig veränderten Versionen aus koreanischer Produktion heißen Modell 49 (s. »Schützenwaffen heute«), der polnische Nachbau Modell 41 (s. »Schützenwaffen heute«), der ungarische Modell 48 M (s. »Schützenwaffen heute«) und die erheblich veränderten Maschinenpistolen aus vietnamesischer Fertigung Modell K 50 M (s. »Schützenwaffen heute«). Bei bewaffneten Formationen von Ländern der dritten Welt sind Maschinenpistolen des Typs Schpagin ebenfalls geführt worden. Man benutzte sie noch während der sechziger, ja siebziger Jahre.

Daten: Maschinenpistole Modell Schpagin PPSch 1941

Kaliber:	7,62 mm	Patrone:	7,62×25
v_0:	500 m/s	Lauflänge:	270 mm[1]
Länge Waffe:	842 mm	Züge/Richtung:	4/r
Feuergeschwindigkeit:	1 000 S/min	Visierschußweite:	200 m[2]
		Einsatzschußweite:	100 m[3]
Munitionszuführung:	Trommelmagazin mit 71 Schuß		
	Kurvenmagazin mit 35 Schuß		
Masse mit vollem Trommelmagazin:	5,30 kg		
Masse mit vollem Kurvenmagazin:	4,10 kg		
Masse des vollen Trommelmagazins:	1,80 kg		
Masse des vollen Kurvenmagazins:	0,67 kg		

[1] Gezogener Teil: 240 mm.
[2] Gilt für Klappvisier und festjustierte Visiereinrichtung; mit Schiebevisier: 500 m.
[3] Gilt für lange Feuerstöße; bei kurzen Feuerstößen: 200 m, bei Einzelfeuer: 300 m, wirksame Flugweite des Geschosses: maximal 800 m.

Maschinenpistolen Modelle Sudajew PPS 1942 und PPS 1943   7,62 mm

Als Angehörige bestimmter Waffengattungen und spezieller Kommandos – insbesondere Panzerbesatzungen, Marinelandungstrupps und Skipatrouillen sowie Fallschirmjäger und Aufklärer, aber auch Partisanen – Maschinenpistolen Modell Sudajew PPS 1943 erhielten, hatten sich Waffen solchen Systems bereits bewährt. Die Front, an der sie zuvor eingesetzt worden waren, verlief damals rings um das eingeschlossene, monatelang von deutschen Truppen belagerte Leningrad.

Zur Ausrüstung seiner Verteidiger gehörten Maschinenpistolen, die erst Ende Juli 1942 Ordonnanzwaffen geworden waren. Sie mußten ihre Feuertaufe ohne vorherige Truppenerprobung bestehen und wurden auf Grund der beim Kampf gewonnenen Erfahrungen verbessert. Die ab August jenes Jahres vor allem beim Durchbrechen der Blockade von Leningrad eingesetzten Maschinenpistolen sind als Modell PPS 1942, die verbesserten Waffen als Modell PPS 1943 bekannt.

Konstrukteur war Alexej Iwanowitsch Sudajew. Er hatte die Waffe im belagerten Leningrad entwickelt. Dort wirkte er auch maßgeblich mit bei Verbesserung und Überführung in die Serienproduktion. Die einmillionste Maschinenpistole seit Beginn der Produktion von Waffen solcher Art in dieser Stadt im

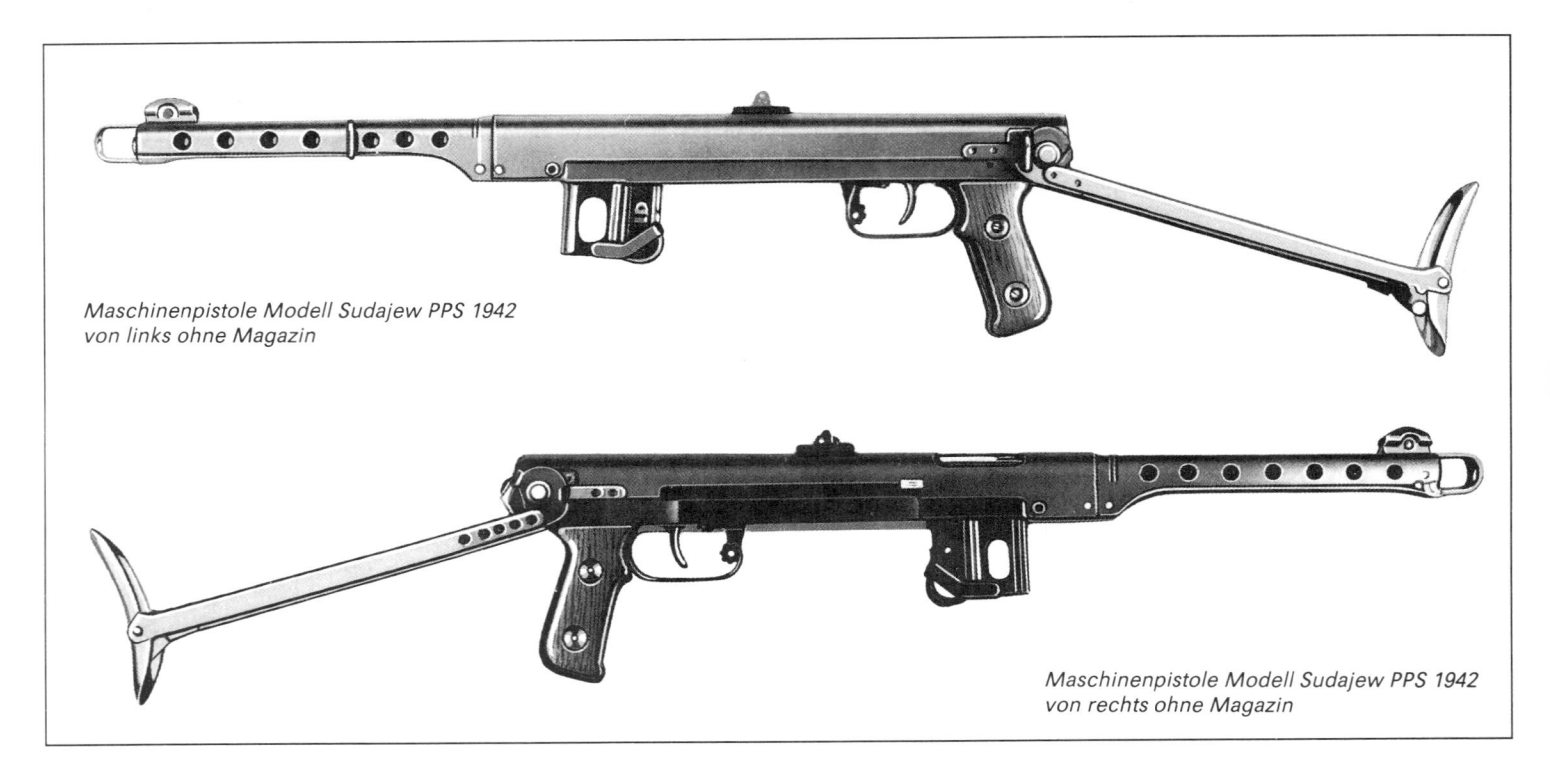

Maschinenpistole Modell Sudajew PPS 1942 von links ohne Magazin

Maschinenpistole Modell Sudajew PPS 1942 von rechts ohne Magazin

Jahre 1941, so die sowjetische Fachliteratur, wurde in Leningrad übrigens am 27. September 1943 hergestellt. Bis Juli jenes Jahres hatte man dort auch die Schpagin-MPi Modell PPSch 1941 (s. dort) gefertigt.

Der Auftrag zur Entwicklung einer neuen Maschinenpistole war keinesfalls aus Unzufriedenheit mit der damaligen Ordonnanzwaffe erteilt worden. Maschinenpistolen solchen Typs wurden in mehreren Betrieben des Landes seit Herbst 1941 in Massenfertigung hergestellt und an alle Fronten geliefert. Die Schpagin-MPi sollte nicht ersetzt, sondern durch ein vor allem bei Spezialeinheiten verwendbares Modell ergänzt werden.

Folgende Kriterien waren verbindlich: noch bessere Gefechtseigenschaften, Verwendung von warmgewalztem Stahlblech mit 2,0 mm bis 3,5 mm Dicke, eine noch effektivere Technologie, ein Aufwand von nur drei bis dreieinhalb Stunden Produktionszeit; des weiteren 2,5 kg bis 3 kg Masse und eine theoretische Feuergeschwindigkeit von etwa 500 S/min.

Mit dem Projekt beschäftigten sich erfahrene Konstrukteure wie Wassili Alexejewitsch Degtjarjow, Sergej Alexandrowitsch Korowin und Georgi Semjonowitsch Schpagin. Das waren Spezialisten, die sich bereits bei Entwicklung und Produktionsaufnahme von Infanteriewaffen und Zubehör große Verdienste erworben hatten. Eine Chance erhielten aber auch damals noch weniger bekannte Konstrukteure wie N. W. Rukawischnikow und Sudajew.

Daß Sudajew schließlich Erfolg haben würde, war angesichts der Ergebnisse des Testschießens vom 25. Februar bis 5. März 1942, bei dem Versuchswaffen der genannten Konstrukteure erprobt wurden, eine Überraschung. Seine Konstruktion war damals nämlich noch nicht präsent. Das beste Ergebnis erzielte Degtjarjow.

Er hatte einen nur für Dauerfeuer eingerichteten Rückstoßlader mit Masseverschluß und einem Schlagbolzen mit hervorstehender Spitze vorgestellt, der wie seine Ordonnanz-MPi als zuschießende Waffe funktionierte. Die Maschinenpistole war mit einem zweireihigen Kurvenmagazin für 35 Tokarew-Patronen 7,62 mm, einem auf 100 m und 200 m Distanz einstellbaren Klappvisier und einer klappbaren Metallschulterstütze ausgerüstet. Abgesehen von Lauf, Verschluß und einigen Kleinteilen, bestanden sämtliche Teile des Versuchsmodells aus gestanztem sowie miteinander verschweißtem und vernietetem Stahlblech.

Die Prüfungskommission bescheinigte dieser Versuchs-MPi Funktionssicherheit, gute Manövrierfähigkeit, einfache Handhabung und Bedienung sowie eine nicht nur den Erwartungen entsprechende Qualität hinsichtlich der wichtigsten anderen taktisch-technischen Parameter, sondern darüber hinaus auch die für eine rationale Massenfertigung unerläßlichen Voraussetzungen. Bei einer zweiten Erprobung – sie fand vom 26. April bis 12. Mai jenen Jahres statt – wollte man aber nochmalige Tests mit sämtlichen Versuchs-Maschinenpistolen der anderen Konstrukteure durchführen. Zu diesem Test stand Sudajews Waffe ebenfalls zur Verfügung. Sie erwies sich der Versuchs-MPi Degtjarjows als überlegen, war zu jener Zeit jedoch noch nicht perfekt.

Sudajew verbesserte einige konstruktive Details, sowohl hinsichtlich ihrer Funktionssicherheit, Manövrierfähigkeit und Bedienung als auch in bezug auf kostengünstige Produktion. Das betraf Schlag-, Schließ- und Abzugsfeder, Verschlußteile, Auswerfer, Sicherung, die Form der Schulterstütze und den Laufmantel. Das perfektionierte Modell setzte sich schließlich auch gegen die von Schpagin auf der Grundlage der damaligen Ordonnanzwaffe entwickelte Modifikation PPSch 1942 durch, die beim Testschießen Ende Mai/Anfang Juni 1942 zwar akzeptable Kritiken erhielt, nicht aber bestätigt wurde. Nach einem weiteren Vergleich vom 9. bis 13. Juli jenes Jahres fiel die Entscheidung endgültig zugunsten der Konstruktion Sudajews.

Mit der Weisung unverzüglichen Fertigungsbeginns wurde die Sudajew-MPi Ordonnanzwaffe. Der Konstrukteur erhielt den Auftrag, die Produktion im belagerten Leningrad persönlich zu organisieren. In aller Eile wurden dort solche Waffen hergestellt und sofort zur Verteidigung eingesetzt. Sie bestanden ihre Feuertaufe auf so beeindruckende Weise, daß man die Fertigung nach Durchbrechen der Blockade Mitte Januar 1943 zunächst ohne Veränderungen fortsetzte.

Bis Mitte 1943, als die Produktion des verbesserten Modells PPS 1943 begann, sind 46 572 Maschinenpistolen der Erstausführung hergestellt worden. Wie viele Waffen der Modifikation PPS 1943 ausgeliefert wurden, war nicht genau zu ermitteln. Die nicht in der Sowjetunion herausgegebene Fachliteratur informiert über eine Stückzahl von etwa einer halben Million. Diese Zahl ist aber nicht bestätigt.

Abgesehen von der vor allem für Panzerbesatzungen und Fallschirmjäger geeigneten Spezialkonstruktion solcher Waffen, waren sie nicht nur leichter als die Schpagin-MPi PPSch 1941, sondern auch beträchtlich billiger. Ihre Produktion konnte nach wirtschaftlichsten Gesichtspunkten organisiert werden, erforderte einen wesentlich geringeren Aufwand an Material, Zeit und Kosten. Benötigte man für die Fertigung einer Schpagin-MPi insgesamt 13,9 kg Metall und eine maschinelle Bearbeitungszeit von 7,3 Stunden, waren für eine Sudajew-MPi lediglich 6,2 kg Metall und 2,7 Stunden Zeit erforderlich. Da außerdem weniger als die Hälfte an Arbeitskräften und Maschinen benötigt wurde, rechneten damals sowjetische Ökonomen mit einer Mehrproduktion von 300 000 bis 350 000 Maschinenpistolen binnen fünf bis sechs Monaten, und zwar ohne zusätzlichen Aufwand. Dies jedoch dürfte wohl stark übertrieben gewesen sein.

Die Sudajew-MPi war die erste sowjetische Maschinenpistole mit klappbarer Schulterstütze. Mit Ausnahme der Schalen des Pistolengriffs besteht die Waffe völlig aus Metall. Im Unterschied zur Schpagin-MPi mit massivem Holzkolben und Trommelmagazin wirkt Sudajews Konstruktion mit dem schlanken Waffengehäuse und dem kurvenförmigen Magazin geradezu zierlich.

Sie wurde aus gestanzten, miteinander verschweiß- und vernietbaren Metallteilen gefertigt. Solche Maschinenpistolen konnte man nicht nur in größeren Betrieben, sondern sogar in kleineren Werkstätten herstellen. Produktionsstopp war Ende des zweiten Weltkriegs. Ab 1949 erfolgte nach und nach Ablösung durch die teils Maschinenpistolen des Waffensystems Modell Kalaschnikow AK 47 (s. »Schützenwaffen heute«), teils Sturmgewehre genannten, aber auch als Schnellfeuerkarabiner bezeichneten Infanteriewaffen eines neuen Typs. Manche Einheiten der Streitkräfte führten die Sudajew-MPi jedoch noch Mitte der fünfziger Jahre.

Maschinenpistole Modell Sudajew PPS 1943 von rechts mit abgeklappter Schulterstütze

Maschinenpistole Modell Sudajew PPS 1943 von rechts mit angeklappter Schulterstütze

Maschinenpistole Modell Sudajew PPS 1943 von links mit angeklappter Schulterstütze

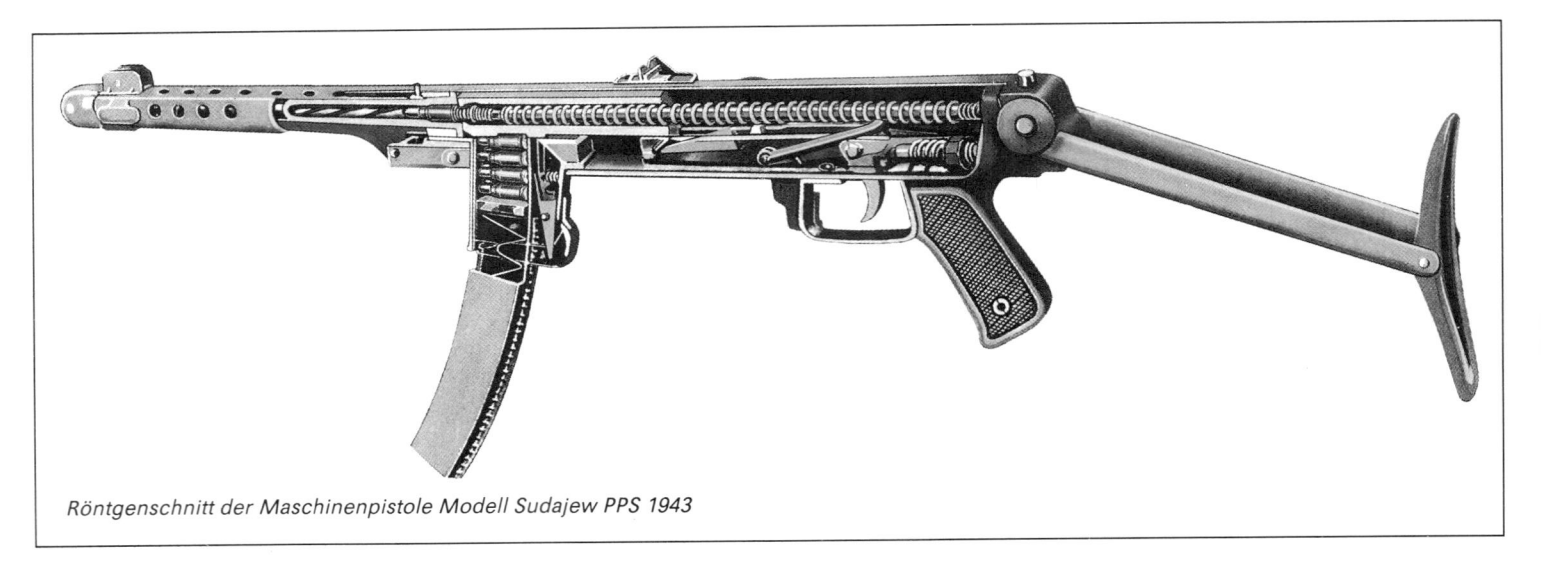

Röntgenschnitt der Maschinenpistole Modell Sudajew PPS 1943

Waffen dieses Typs gehörten nach 1945 in China und Polen ebenfalls zur Ausrüstung. Sie wurden dort auch hergestellt, zum Teil in modifizierter Ausführung. Die originalgetreue chinesische Lizenzversion nannte man Modell 43 (s. »Schützenwaffen heute«), die Waffen aus polnischer Fertigung Modelle 43 und 43/52 (s. »Schützenwaffen heute«). Das eine Modell war ein unveränderter, das andere ein modifizierter Nachbau mit festem Holzkolben. Beide gehörten noch während der siebziger Jahre zur Ausrüstung territorialer Einheiten.

Die MPi Modell Sudajew PPS 1943 bzw. ihr Vorläufer von 1942 ist ein Rückstoßlader mit unbeweglichem Lauf und unstarr verriegeltem Masseverschluß. Der Verschluß hat eine feststehende Schlagbolzenspitze. Sie kann mühelos ausgewechselt werden. Der Lauf ist mit seinem Gehäuse festverbunden. Das Laufgehäuse hat drei Reihen mit je sieben Kühllöchern – oben eine Reihe, die beiden anderen rechts und links. Am Laufgehäuse befindet sich ein Mündungskompensator aus Blech mit offenen Seiten. Er wirkt beim Schießen stabilisierend. Die Sicherung wurde am oder im Bügel vor dem Abzug installiert. Sie blockiert Verschlußstück und Abzug. Hinter dem Abzug befindet sich ein Pistolengriff.

Obwohl nur für Dauerfeuer eingerichtet, können geübte Schützen auch Einzelfeuer schießen. Der Abzug hat keinen Druckpunkt. Die Munition wird aus einem Kurvenmagazin zugeführt, das der Schütze von unten einsetzt. Das Magazin hat 35 Schuß Kapazität. Dies sind Tokarew-Patronen 7,62 mm. Sie werden mit einer praktischen Feuergeschwindigkeit von 100 S/min bis 120 S/min verschossen. Die günstigste Einsatzschußweite sind 200 m Distanz, die noch wirksame Reichweite des Geschosses 800 m, seine größte Flugweite 1 500 m Entfernung.

Zur Zielvorrichtung gehört ein auf 100 m und 200 m Distanz einstellbares Klappvisier. Die Länge der Visierlinie beträgt 350 mm. Die Schulterstütze mit Drehpunkt hinter dem Pistolengriff wird über das Verschlußgehäuse nach hinten geschwenkt. Beim Modell PPS 1942 reicht sie angeklappt bis über die Auswerferöffnung, beim kürzeren Modell PPS 1943 nicht so weit.

Das ist jedoch nicht der einzige Unterschied zwischen Erst- und Zweitausführung. Waffen aus der Produktion ab Mitte 1943 sind auch an folgenden anderen konstruktiven Details erkennbar: Das Oberteil des Gehäuses besteht bis zur Laufmündung aus einem Stück. Die Sicherung befindet sich vor dem Abzugsbügel. Die Magazinhalterung ist schräger und griffsicherer. Für die Schalen des Pistolengriffs wurde nicht Holz, sondern Kunststoff verwendet. Der Mündungskompensator ist nicht direkt am Laufmantel, sondern am Blechteil angeschweißt, der die Mündung verstärkt. Auch die Schließfeder ist stärker.

Die Waffe wird mit wenigen Handgriffen auseinandergenommen. Der Schütze löst die Sperre für das Verschlußgehäuse. Sie befindet sich hinter dem Pistolengriff. Bei gelöster Sperre läßt sich das Verschlußstück herunterklappen. Danach zieht man den Spannhebel zurück und entfernt Verschluß sowie Schließfeder.

Interessant ist die Tatsache, daß Sudajew zu den Konstrukteuren gehörte, die sich am Entwicklungsprojekt einer Waffe für die neue Kurzpatrone M 43 mit den Abmessungen 7,62 × 39 beteiligten. Solche Munition stand 1943 zur Verfügung. Anfang des folgenden Jahres stellte der Konstrukteur eine in Blechprägetechnik gefertigte Maschinenpistole mit Holzkolben, Pistolengriff und klappbarem Zweibein vor.

Die Waffe war mit einem zweireihigen Kurvenmagazin von 30 Schuß Kapazität und einer bis 800 m Distanz verstellbaren Visiereinrichtung ausgestattet. Sie schoß wahlweise Einzel- oder Dauerfeuer. Für die starke Patrone war dieser Rückstoßlader mit Masseverschluß jedoch nicht geeignet. Eine weitere, aber nach dem Gasdruckprinzip funktionierende Versuchs-MPi Sudajews wurde im August 1944 erprobt. Im folgenden Jahr stellte man zwar eine Serie von Testwaffen für die Truppenerprobung her, lehnte sie dann aber ab.

Der Weg zum Erfolg führte schließlich über Michail Timofejewitsch Kalaschnikow. Seine Konstruktion bildete nach dem zweiten Weltkrieg die Grundlage für eine völlig neue Generation von Infanteriewaffen. Zu ihnen gehören nicht nur Maschinenpistolen, die – wie schon erwähnt – auch Schnellfeuerkarabiner oder Sturmgewehre genannt werden, sondern auch Maschinengewehre. All diese Infanteriewaffen gibt es in zahlreichen Versionen unterschiedlichen Kalibers.

Daten: Maschinenpistole Modell Sudajew PPS 1942

Kaliber:	7,62 mm	Patrone:	7,62×25
v_0:	490 m/s	Lauflänge:	274 mm[2]
Länge Waffe:	907 mm[1]	Züge/Richtung:	4/r
Feuergeschwindigkeit:	600 S/min	Visierschußweite:	200 m
		Einsatzschußweite:	200 m
Munitionszuführung:	Kurvenmagazin mit 35 Schuß		
Masse ungeladen:	2,95 kg		

[1] Bei abgeklappter Schulterstütze.
[2] Gezogener Teil.

Daten: Maschinenpistole Modell Sudajew PPS 1943

Kaliber:	7,62 mm	Patrone:	7,62×25
v_0:	500 m/s	Lauflänge:	223 mm[2]
Länge Waffe:	821 mm[1]	Züge/Richtung:	4/r
Feuergeschwindigkeit:	600 S/min	Visierschußweite:	200 m
		Einsatzschußweite:	200 m
Munitionszuführung:	Kurvenmagazin mit 35 Schuß		
Masse geladen:	3,67 kg		
Masse des vollen Magazins:	0,67 kg		

[1] Bei abgeklappter Schulterstütze.
[2] Gezogener Teil.

Mehrlader des Systems Mosin 7,62 mm:
Mehrladegewehr und Mehrlade-Scharfschützengewehr Modell 1891/30, Mehrladekarabiner Modell 1938 und Modell 1944

Mehrlader vom Typ Mosin gehörten länger als sieben Jahrzehnte zur Ausrüstung der Streitkräfte des Landes. In der strukturmäßigen Bewaffnung außerhalb der Sowjetunion führte man sie noch länger. Das Mosin-System zählt zu den erfolgreichsten Konstruktionen der Welt. Diese Wertschätzung beruht weniger auf der Dauer des Einsatzes als vielmehr auf der Qualität solcher Waffen.

Am 16. April 1891 hatte sich eine vom damaligen Verteidigungsminister des zaristischen Rußland eingesetzte Kommission für die Einführung des Mehrladegewehrs Modell Mosin 1891 entschieden. Die Waffe war von dem russischen Hauptmann und späteren Oberst Sergej Iwanowitsch Mosin entwickelt worden. Die belgischen Konstrukteure Emile und Leon Nagant steuerten kurz vor Beginn der Serienfertigung ein Magazin bei. Der tschechoslowakische Ingenieur Karel Krnka komplettierte später den Verschluß mit einer Führungsleiste, das Magazin mit einem Ladestreifen und nahm in diesem Zusammenhang Veränderungen an der Hülse vor.

Das lange Infanteriegewehr, nach dem damals in Rußland üblichen Maßsystem wegen des Kalibers 7,62 mm auch als Dreiliniengewehr bezeichnet (1 russ. Linie = 2,54 mm), wurde schon frühzeitig modifiziert. Solche Modifikationen waren das kürzere Dragonergewehr Modell 1891, ein Karabiner Modell 1907 und der sogenannte Kosakenkarabiner Modell 1910. Derartige Waffen stellte man in den Zentren der Waffenproduktion Rußlands, in Tula, Sestorezk und Ishewsk, in Massenfertigung her.

Kurz vor dem ersten Weltkrieg sollen die zaristischen Streitkräfte außer über Gewehre anderen Typs über insgesamt 4 171 743 Mosin-Mehrlader verfügt haben. Allerdings konnte der Bedarf aus Eigenproduktion nicht gedeckt werden, weder vor dem ersten Weltkrieg, geschweige denn während des Krieges, als die Betriebe des Landes kaum ein Drittel der benötigten Waffen herstellten. Aus dem Ausland kamen Lieferungen in großen Stückzahlen, so aus Belgien und Frankreich sowie der Schweiz und den USA.

Der Mangel an Waffen aller Art wurde später noch größer. Die Bestände, so die sowjetische Fachliteratur, waren dürftig, die Neuproduktion im Verhältnis zum Bedarf zu gering. Von Juni bis Ende 1918 konnten die zuständigen Dienststellen aber immerhin 926 975 Gewehre und Karabiner bereitstellen. Eine beträchtliche Anzahl davon kam aus der Neuproduktion jenes Jahres: 380 239 Stück. Auf Grund dieser Lieferungen an die Truppe waren allerdings die Reserven nahezu erschöpft.

Nach vier Jahren Weltkrieg und drei Jahren ausländischer militärischer Intervention gegen die im Ergebnis der Oktoberrevolution von 1917 entstandene Sowjetmacht, die sich in einem blutigen Bürgerkrieg behauptet hatte, übernahm man ein schweres Erbe. Die Industrie des wirtschaftlich zerrütteten Landes erreichte 1920 nur 13,8 Prozent des Standes von 1913, und eine zügige Entwicklung war auch danach noch nicht möglich. Die 1918 gebildete Rote Armee, die an vielen Fronten gekämpft hatte, die Milizeinheiten und andere bewaffnete Formationen standen auch weiterhin massierten Angriffen ihrer Feinde gegenüber.

Unter derart schwierigen Bedingungen mußte die Versorgung mit Infanteriewaffen aufrechterhalten werden. Das galt in bezug auf die Situation vor 1920 und auch danach.

Eine außerordentlich kritische Lage war zum Beispiel im April 1919 entstanden, als feindliche Truppen das Waffenwerk Ishewsk besetzt hatten. Dort waren 1918 fast 215 000 Gewehre und Karabiner hergestellt worden. Nach der Befreiung der Stadt durch die Rote Armee brachte man die Produktion sofort wieder in Gang, lieferte im Juli 1919 etwa 12 500 Gewehre aus und konnte die Fertigung bis Jahresende auf monatlich 20 000 Stück steigern. Die Jahresbilanz dieses Betriebes betrug insgesamt 171 075 Mosin-Mehrlader.

Ein weit besseres Ergebnis erreichten die Waffenwerker von Tula. Außer 79 060 Revolvern Modell Nagant 1895 und 6 270 schweren Maschinengewehren Modell Maxim PM 1910 wurden dort 1919 exakt 290 979 Mosin-Gewehre und -Karabiner produziert. Ein Jahr später stieg die Produktion auf 429 898 Mehrlader und 4 467 Maschinengewehre. Wie die sowjetische Fachliteratur informiert, sind in der Sowjetunion von 1918 bis 1920 insgesamt 1 298 173 Mosin-Mehrlader hergestellt und weitere 900 000 Stück repariert worden.

An Neuentwicklungen von Infanteriewaffen war in einer solchen Situation nicht zu denken. Ehe man sich der Lösung dieses Problems zuwenden konnte, mußten elementarste Voraussetzungen geschaffen werden. Als erste Maßnahme erklärte ein Befehl vom 3. Oktober 1922 das Dragonergewehr mit Bajonett zur Standardwaffe.

Anfang 1924 beschäftigte sich dann ein Expertengremium mit

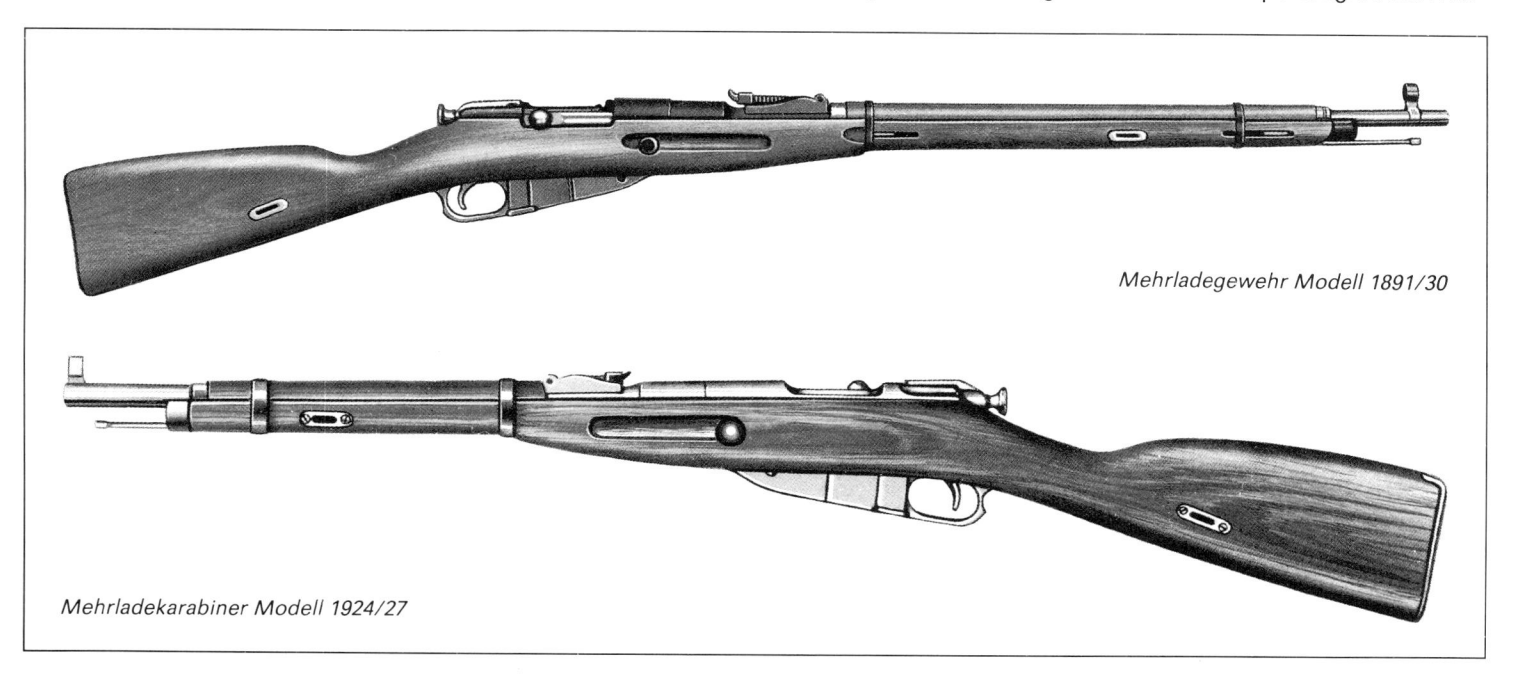

Mehrladegewehr Modell 1891/30

Mehrladekarabiner Modell 1924/27

Sowjetunion

Mehrladegewehr Modell 1891/30 mit Bajonett

Mehrladekarabiner Modell 1938

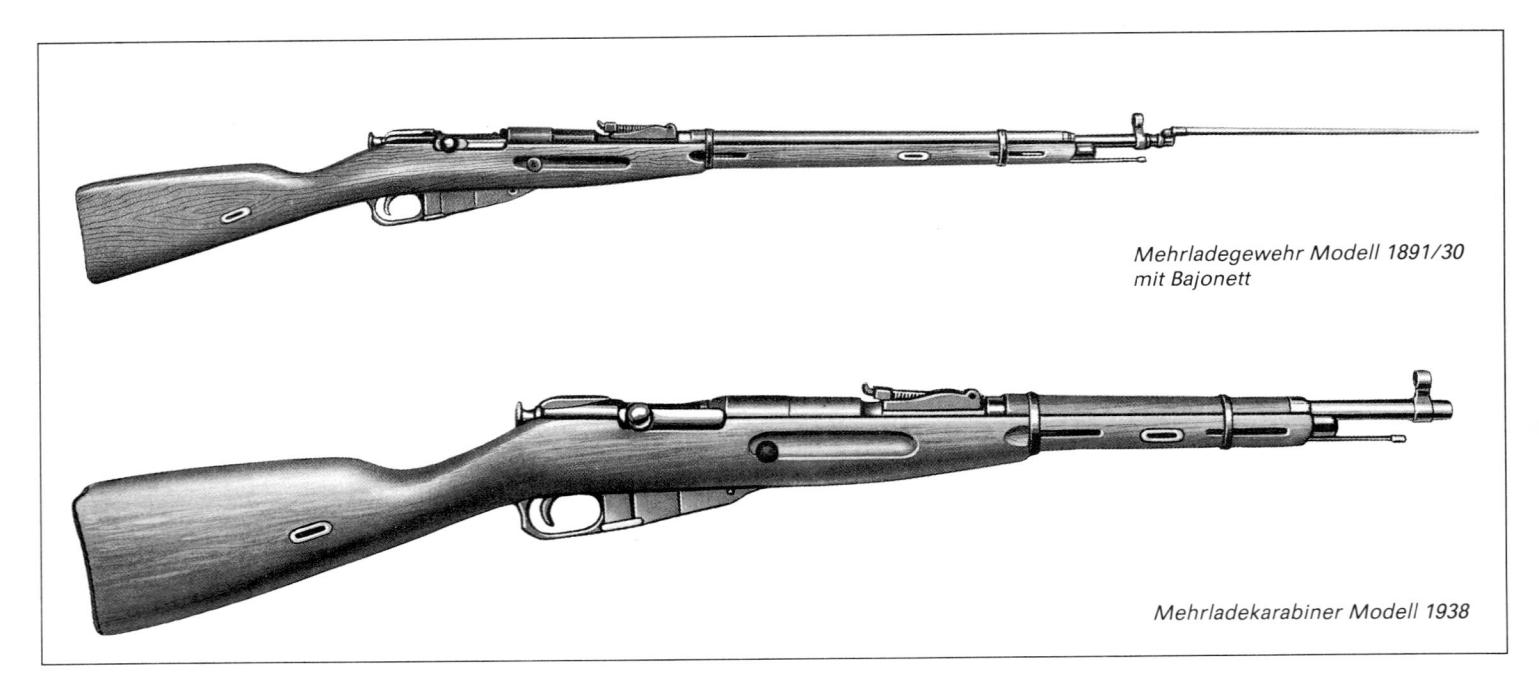

der Modernisierung der Infanteriebewaffnung. Zum Gremium gehörten Vertreter des für die Ausrüstung der Streitkräfte mit Artillerie- und Infanteriewaffen verantwortlichen Artilleriekomitees, des weiteren Militärs aus der Leitung der Infanterieinspektion, der Offiziersschule Wystrel und dem Komitee für Schießtaktik. Sitz und Stimme erhielten auch Spezialisten aus den waffenproduzierenden Betrieben.

Angesichts der militärischen Notwendigkeiten und der wirtschaftlichen Situation des Landes entschloß man sich für ein schrittweises Vorgehen. Dazu gehörten erstrangig die Modernisierung bewährter Infanteriewaffen und deren so schnelle wie mögliche Serienproduktion in hoher Stückzahl, aber bei gleichzeitiger intensiver Vorbereitung auf eine neue Waffengeneration.

Das 1921 im Waffenwerk Kowrow unter Leitung von Wladimir Grigorjewitsch Fjodorow, dem weltweit anerkannten Spezialisten, gebildete Konstruktionsbüro für automatische Infanteriewaffen wurde daher angewiesen, alle entscheidenden Voraussetzungen für die Entwicklung neuer Waffensysteme zu schaffen. Ihre Übernahme in die Serienproduktion sollte aber erst erfolgen, sobald es die militärische Lage erfordern bzw. die wirtschaftliche Stabilität des Landes ermöglichen würde. Als dringliche Sofortmaßnahme konzentrierte sich die Aktivität auf die damalige Hauptwaffe der sowjetischen Infanterie, auf das Mehrladegewehr Modell Mosin 1891 und seine Modifikationen, speziell auf das zum Ordonnanzmodell bestimmte Dragonergewehr.

Diese Entscheidung hatte auch im Hinblick auf die Qualität der Gewehre in den anderen Ländern getroffen werden können. Nirgendwo verfügte man nach dem ersten Weltkrieg über serienfertige Neuentwicklungen, die dem Mosin-Mehrlader deutlich überlegen gewesen wären. Das war auch bezüglich des deutschen Mauser-Mehrladers vom Typ 98 nicht der Fall. So bestand keine Veranlassung, auf das bewährte Gewehr zugunsten einer etwaigen Neuentwicklung zu verzichten.

Die Industrie wurde also mit der Modernisierung beauftragt. Erfahrene Konstrukteure rüsteten das Dragonergewehr vom veralteten russischen Maßsystem auf das metrische System um, statteten die Waffe mit einer entsprechenden Visiereinrichtung aus, veränderten einige andere Details, wie Bajonettbefestigung, Kornschutz und Lauflagerung im Schaft, entwickelten auch Zusatzgeräte und optimierten die Technologie der Herstellung.

So verfügten die sowjetischen Infanteristen bald nicht nur über Mehrlader, die moderneren Erfordernissen entsprachen, sondern die auch auf effektive Weise bei erheblich verminderten Kosten und in kürzerer Zeit hergestellt werden konnten. Angesichts der beabsichtigten Massenfertigung – von 1930 bis 1940 dürften weit mehr als sechs Millionen Stück produziert worden sein – war eine moderne Technologie außerordentlich wichtig.

Die Versuche auf dem Schießplatz hatten 1927 begonnen, wurden nach sorgfältiger Auswertung ein Jahr später an entsprechend den Testergebnissen veränderten Waffen weitergeführt und bald darauf erfolgreich beendet. Am 28. April 1930 befahl die militärische Führung die Übernahme des weiterentwickelten Gewehrs in die strukturmäßige Bewaffnung, und am 10. Juni jenen Jahres wurde Produktionsbeginn verfügt. Die Waffe erhielt die Bezeichnung Mehrladegewehr Modell 1891/30. Sie stand damals bereits auch in einer für Scharfschützen modifizierten Version mit Zielfernrohr und gebogenem Kammerstengel zur Verfügung. Waffen dieses Typs sind vom verkürzten Dragonergewehr Modell 1891 abgeleitet worden.

Es ist nicht geklärt, ob eine auf der Grundlage des kürzeren Kosakenkarabiners Modell 1910 modifizierte Ausführung zu dieser Zeit ebenfalls Ordonnanzwaffe war. Doch es gibt Hinweise auf eine solche, als Modell 1924/27 bezeichnete Version mit folgenden Daten: Gesamtlänge 1015 mm, Lauflänge 510 mm, Masse 3,6 kg, Kurvenvisier von 100 m bis 1000 m Distanz. Am Lauf solcher Waffen soll mitunter ein klappbares Vierkantbajonett befestigt gewesen sein. Diese Angaben sind nicht sowjetischen Quellen entnommen.

Das Mehrladegewehr Modell 1891/30 ist eine mit drehbarem Zylinderverschluß ausgerüstete Waffe. Die Konstruktion hat zwei Stützzapfen und einen abnehmbaren Verschlußkopf. Die Munition wird aus einem im Mittelschaft integrierten Kastenmagazin zugeführt und mit einer praktischen Feuergeschwindigkeit von etwa 10 S/min verschossen. Die Mehrladeeinrichtung hat eine Kapazität von 4 plus 1 Schuß und wird mittels Ladestreifens gefüllt, vier Patronen fürs Magazin, eine direkt für die Kammer. Das sind die 1891 entwickelten Mosin-Patronen, aber mit dem 1908 übernommenen Spitzgeschoß, die ab 1930 mit verbesserter Leistung als Typ M 1908/30 benutzt wurden. Seit damals gibt es übrigens nicht nur das leichte, sondern auch ein schweres Geschoß.

Am Zubringer des Magazins befindet sich eine Sperre. Sie drückt die zweite Patrone nach unten. Auf Grund dieser Konstruktion kann die oben liegende Patrone durch den Verschluß aus dem Magazin herausgeschoben und nach vorn gebracht werden. Sobald der Verschluß nach vorn bewegt wird, gibt die Sperre die nächste Patrone frei.

Der Magazinboden läßt sich nach vorn abklappen, die Waffe danach problemlos entladen. Der Schütze muß, sofern erforderlich, die Patronen also nicht von oben entfernen. Er sichert wie folgt: Schlößchen nach hinten ziehen und nach links drehen. Auf diese Weise wird die nach hinten bewegte Schlagbolzenmutter mit ihrem Ansatz an der schrägen Fläche der Hülse festgehalten.

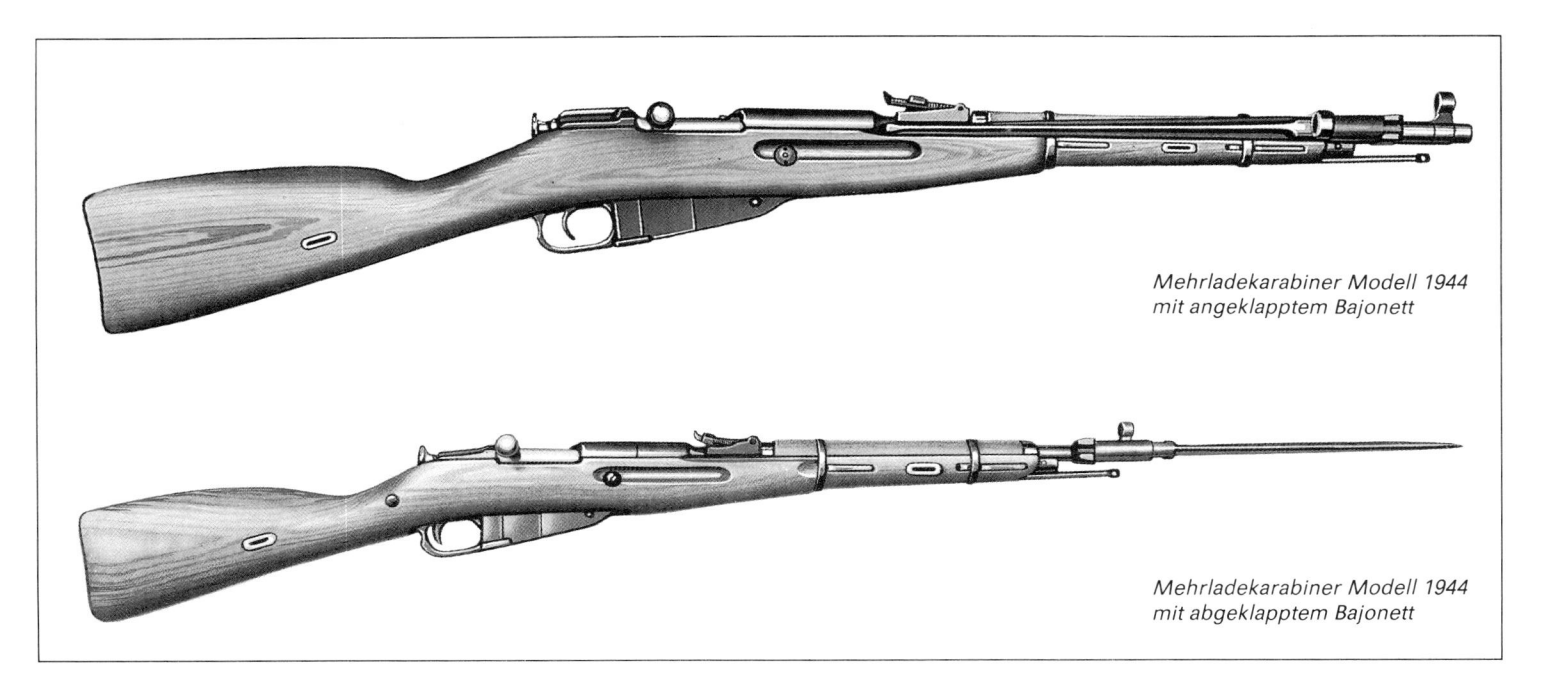

Mehrladekarabiner Modell 1944 mit angeklapptem Bajonett

Mehrladekarabiner Modell 1944 mit abgeklapptem Bajonett

Im Unterschied zum Mosin-Mehrlader von 1891 hat das 1930 eingeführte Gewehr eine völlig veränderte Visiereinrichtung: dort ein Rahmen-Treppenvisier mit Verstellmöglichkeit von 400 bis 3 200 Arschin (1 Arschin = 0,7112 m), hier ein Kurvenvisier für 100 m bis 2 000 m Distanz; dort ein abgeschrägtes offenes Korn, hier ein durch Runddach geschütztes Korn. Die Länge der Visierlinie beträgt 622 mm. Die anderen Veränderungen betreffen außer der Bajonett- und Tragriemenbefestigung, außer Schäftung, Handschutz und federnden Handschutzringen insbesondere die Abmessungen und Masse. Die Waffe ist kürzer und leichter.

Das stilettartige Klingenbajonett mit vier Hohlkehlen und abgewinkelter Lauftülle blieb im Prinzip unverändert. Es wurde aber anders befestigt: früher mit Festlegering, ab 1930 mit einem gefederten Druckstück. Um die verbesserte Bajonetthalterung machte sich der Ingenieur Irizarch Andrejewitsch Komaritzky verdient, der später auch das Trommelmagazin für die Degtjarjow-MPi Modell PPD 1934/38 (s. dort) konstruiert und gemeinsam mit Boris Gawrilowitsch Schpitalny das Flugzeug-MG Modell SchKAS entwickelt hat. Darüber hinaus gab es ab 1942 für den Mehrlader vom Typ Mosin auch Seitengewehre, und zwar mit einschneidiger Klinge, Hohlkehle und in der Mittellinie gelegener Spitze sowie einer abgewinkelten Lauftülle mit Druckstift zum Befestigen hinter dem Korn.

Zum Reinigen nimmt der Schütze die Waffe wie folgt auseinander: Der Kammerstengel wird senkrecht gestellt, das Schloß bei betätigtem Abzug zurückgezogen und entfernt. Ist die Feder nach Zurückziehen und Linksdrehung des Schlößchens entspannt, kann man Verschlußkopf und Gleitschiene nach vorn abziehen. Die Schlagbolzenspitze wird abgestützt, der Kammerstengel kräftig nach unten gedrückt. Danach läßt sich die Schlagbolzenmutter abschrauben, lassen sich anschließend Schlagbolzen und Schlagbolzenfeder aus der Kammer herausnehmen.

Ein beachtenswertes Zusatzgerät war der 0,5 kg schwere und 235 mm lange Schall- oder Knalldämpfer von 32 mm Außendurchmesser. Während des zweiten Weltkriegs benutzte man solche Geräte vor allem bei Spezialkommandos und Partisaneneinheiten. Der Schalldämpfer bestand aus einem Stahlzylinder, in dem sich zwei Gummieinlagen von 15 mm Dicke befanden. Das Gerät wurde wie ein Bajonett auf den Gewehrlauf aufgesetzt und dort arretiert. Nach etwa 100 Schuß mußte der Schütze es reinigen und die Gummieinlagen auswechseln. Eingeprägte Ziffern am Schalldämpfer informierten ihn über die richtige Visiereinstellung beim Schießen mit diesem Gerät. Dafür benutzte er Spezialpatronen mit nur etwa 0,5 g Pulverladung und einem Geschoß von 9,75 g Masse, dessen Mündungsgeschwindigkeit lediglich 260 m/s betrug.

Befestigte man die Waffe auf einem speziellen zweibeinigen Stützsystem und rüstete sie mit Spezialzielgerät sowie -schießbecher aus, konnten Gewehrgranaten mit Splitter/Spreng-Wirkung verfeuert werden. Allerdings mußte der Schütze auf Grund des sehr starken Rückstoßes den Kolben fest auf dem Boden abstützen. Als Treibmittel diente die Standardpatrone. Mit Hilfe von Spezialkartusche und zusätzlicher Zieleinrichtung wurden auch etwa 680 g schwere Granatpatronen unterschiedlicher Ausführung von panzerbrechender Wirkung verfeuert. Auf 60 m Distanz durchschlugen sie bei 60° Auftreffwinkel 30 mm dicke Panzerung.

Die qualitativ besten Gewehre wurden als Waffen für Scharfschützen ausgesucht, mit einem gebogenen Kammerstengel und Zielfernrohr ausgerüstet. Während des zweiten Weltkriegs

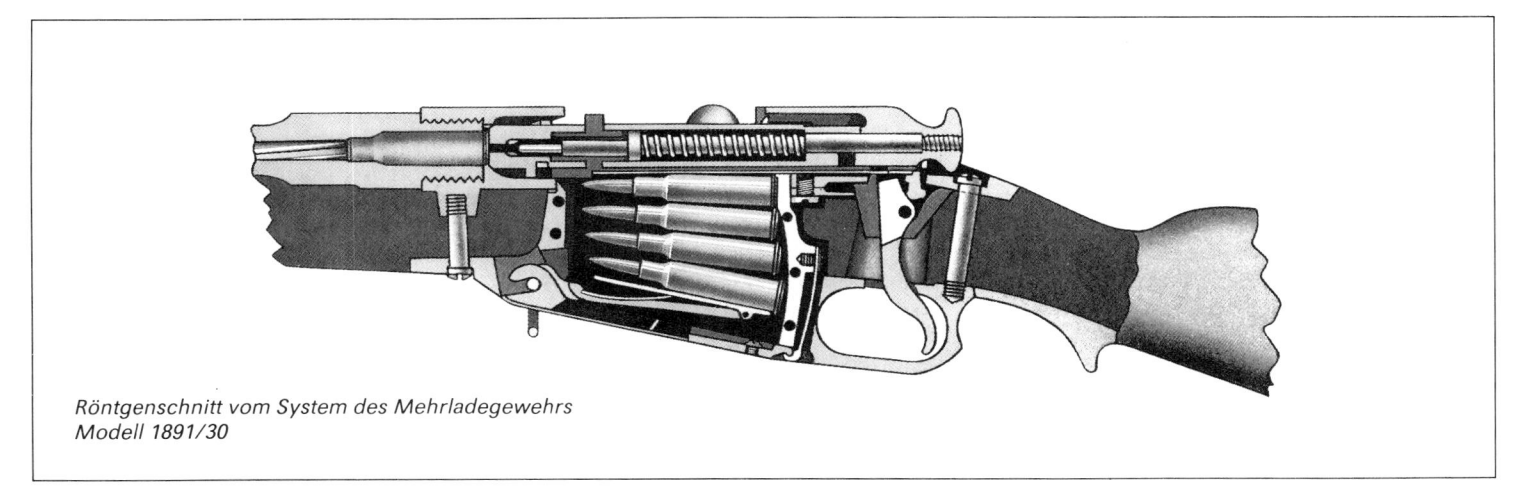

Röntgenschnitt vom System des Mehrladegewehrs Modell 1891/30

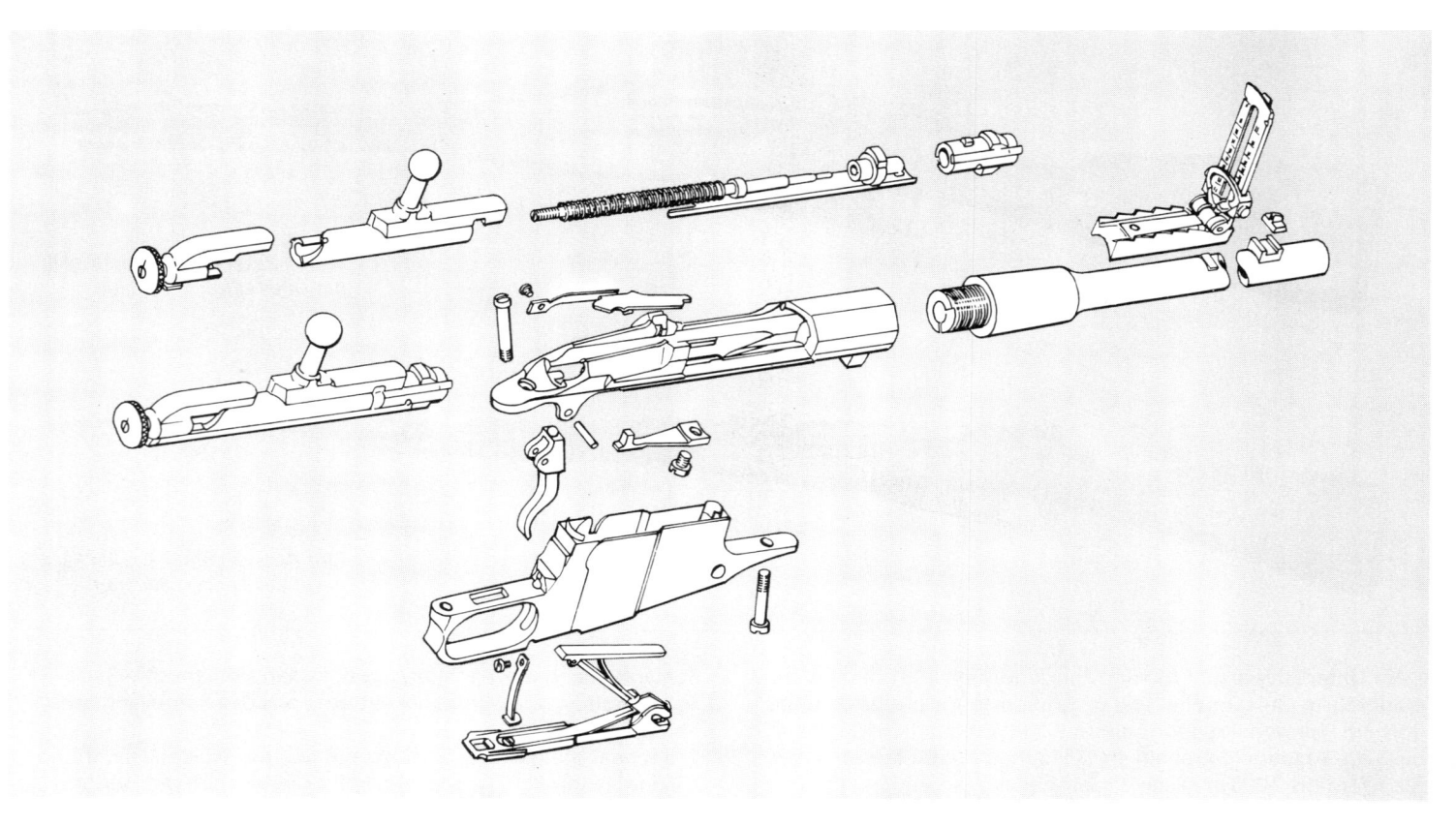

Explosionszeichnung vom System des Mehrladegewehrs Modell 1891/30

erlangten die sowjetischen Scharfschützen große Bedeutung. Sie absolvierten ein umfangreiches Ausbildungsprogramm mit intensivem Schießtraining. Oftmals war der Einsatz solcher Spezialisten für den erfolgreichen Gefechtsausgang entscheidend. Wenn die internationale Fachliteratur den sowjetischen Scharfschützen hohe Anerkennung zollt, beurteilt sie damit auch die Präzision ihrer Waffen.

Zunächst wurden ausgesuchte Gewehre mit dem 169 mm langen Zielfernrohr PU von 3,5fach vergrößernder Optik und 1 300 m Reichweite komplettiert. Ab Mitte der dreißiger Jahre verwendete man auch 274 mm lange Zielfernrohre PE mit vierfach vergrößernder Optik und 1 400 m Reichweite. Ihre Sehschärfe war verstellbar, ebenso das Absehen, und zwar stufenlos nach Höhe und Seite. Die Zielfernrohre wurden auf unterschiedliche Art an den Anfang der dreißiger Jahre noch mit sechskantiger, später mit runder Hülse gelieferten Waffen montiert.

Solche Gewehre gehörten noch zwei Jahrzehnte nach Kriegsende zur Ausrüstung der sowjetischen Scharfschützen. Versuche, die 1936 bzw. 1940 in die strukturmäßige Bewaffnung übernommenen Gewehre Modell AWS 1936 (s. dort) von Sergej Gawrilowitsch Simonow und Modell SWT 1940 (s. dort) von Fjodor Wassiljewitsch Tokarew ebenfalls mit Zielfernrohr als Scharfschützenwaffen zu benutzen, brachten nicht den beabsichtigten Erfolg. Optimaler Ersatz stand erst zur Verfügung, als man 1963 das von Jewgenij Fjedorowitsch Dragunow entwickelte Selbstlade-Scharfschützengewehr Modell SWD (s. »Schützenwaffen heute«) einführte.

Mehrladegewehre Modell Mosin 1891 wurden bis 1930, Mehrladegewehre Modell 1891/30 bis 1944 hergestellt. Aufschlußreich für die Leistungsfähigkeit der waffenproduzierenden Industrie sind die Stückzahlen. Wie schon erwähnt, überschritt man bis Ende 1940 die Sechs-Millionen-Grenze beträchtlich. Wurden 1930 lediglich etwa 102 000 und 1931 dann 154 000 Gewehre hergestellt, waren es 1932 bereits 283 451. Im Jahre 1933 betrug die Bilanz 239 290, ein Jahr später 300 590 und im folgenden Jahr 136 959 Stück. Von 1936 sind keine Angaben verfügbar. Die Produktion erreichte 1937 mehr als 560 545 Stück und überstieg 1938 mit 1 124 664 Gewehren erstmals eine Million. Im Jahre 1939 betrug der Produktionsausstoß 1 396 667 und 1940 schließlich 1 375 822 Stück.

In dieser Aufstellung sind die Scharfschützengewehre nicht mitgerechnet. Im Jahre 1933 wurde die Grenze von 1 000 Stück erstmals um 347 solcher Gewehre überboten. Im folgenden Jahr stellte man mit 6 637 Stück fast die fünffache Menge her, die dann 1935 mit 12 752 Stück nahezu verdoppelt werden konnte. Zwei Jahre später wurden den Streitkräften 13 130 und 1938 dann 19 545 Scharfschützengewehre geliefert. Die exakte Anzahl ab Produktionsbeginn 1932, als 749 Stück hergestellt worden waren, ist nicht bekannt, denn von 1936 und 1939 sind keine Angaben verfügbar. Diese Zeit ausgenommen, wurden die Scharfschützen mit insgesamt 54 160 Spezialgewehren beliefert.

Trotz des enormen Produktionsausstoßes bestand in den Infanterieeinheiten nicht nur ein großer Mangel an automatischen Waffen, sondern auch an Mehrladegewehren. Allein an der Westfront fehlten Ende September 1941, wie aus einem Bericht des dortigen Befehlshabers ersichtlich, mehr als 113 000 Gewehre. An den anderen Fronten war die Situation ähnlich, nicht nur was Gewehre betraf, sondern auch bezüglich aller anderen Arten von Infanteriewaffen.

Dies erforderte eine sofortige rigoros erhöhte Kapazität in allen Betrieben unter den schwierigen Bedingungen des Rückzugs an allen Fronten. In welchen Dimensionen das gelang, verdeutlicht die Tatsache, daß die sowjetische Verteidigungsindustrie während der Kriegsjahre 1941 bis 1945 etwa 6,4mal mehr Gewehre produzierte als das zaristische Rußland im ersten Weltkrieg.

Die genauen Stückzahlen von Mehrladern des Systems Mosin, bis ihre Produktion eingestellt wurde, sind nicht bekannt, wohl aber die von der sowjetischen Fachliteratur veröffentlichten Fakten über die Gesamtproduktion von Gewehren und Karabinern während der Kriegsjahre. Diese Zahlen umfassen allerdings auch den Produktionsausstoß von automatischen Gewehren.

Demnach hat die sowjetische Verteidigungsindustrie 1941 nicht weniger als 1 292 475, ein Jahr später sogar 3 714 191 und ab 1943 bis Kriegsende jährlich mehr als 3,4 Millionen Gewehre und Karabiner hergestellt. Von diesen Waffen waren 1941 exakt 419 084 und ein Jahr darauf 687 426 Stück Karabiner. Die rückläufige Tendenz ab 1943 wird von sowjetischen Autoren mit einer völligen Bedarfsdeckung der kämpfenden Truppe an Gewehren, zum Teil auch an Karabinern sowie der Umrüstung ganzer Verbände auf Maschinenpistolen erklärt. Interessant ist auch der

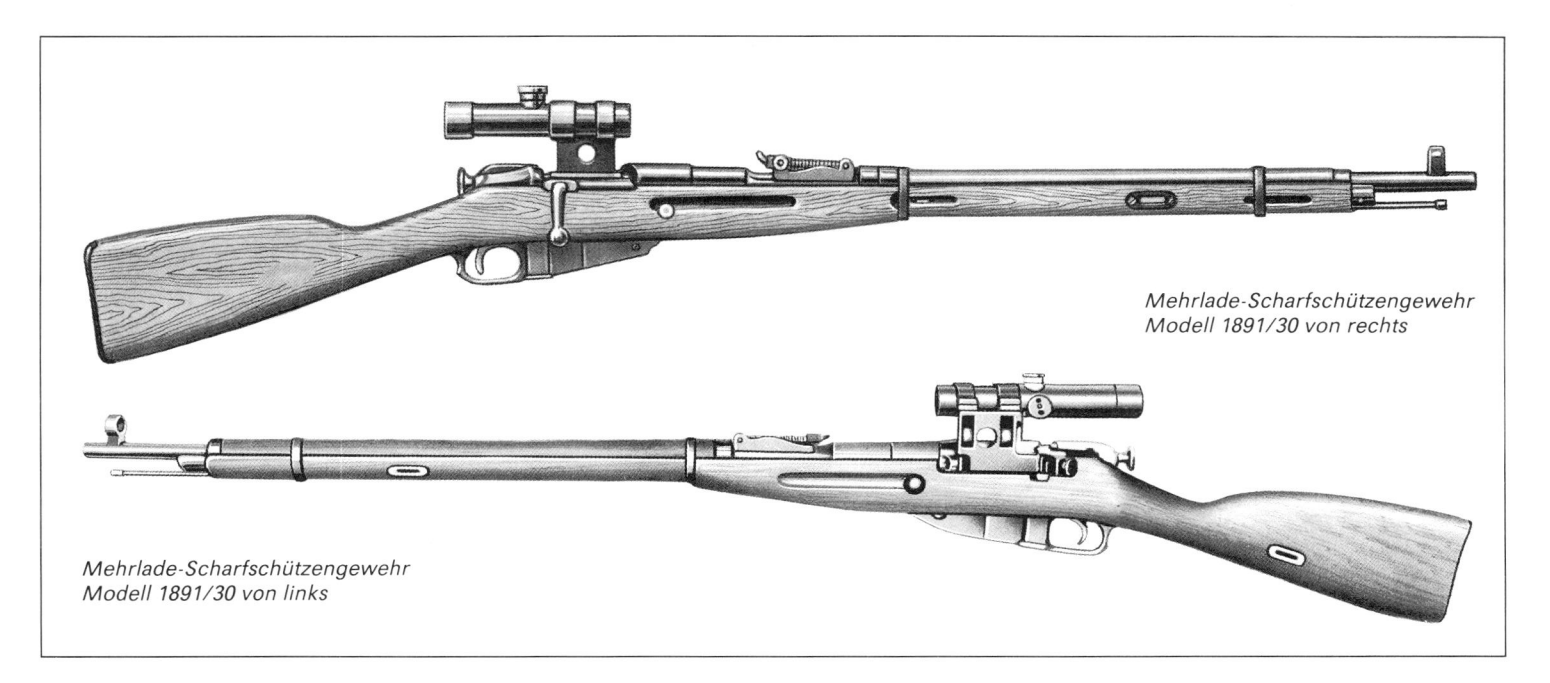

Mehrlade-Scharfschützengewehr Modell 1891/30 von rechts

Mehrlade-Scharfschützengewehr Modell 1891/30 von links

Produktionsausstoß an Scharfschützengewehren, deren Fertigung 1940 vorübergehend eingestellt worden war. Allein 1942, als man die Produktion fortsetzte, betrug er mit 53 195 Stück etwa ebensoviel wie im Zeitraum 1931 bis 1938.

Die letzten Modifikationen von Mehrladern des Systems Mosin waren die Karabiner Modell 1938 und Modell 1944. Die erstgenannte Version wurde auf Befehl vom 26. Februar 1939, die andere auf Order vom 17. Januar 1944 in die Ausrüstung übernommen. Die Karabiner unterscheiden sich vom Gewehr auf Grund der kürzeren Abmessungen, der verminderten Masse und einer geringeren Visierschußweite. Der grundlegende Unterschied zwischen den Karabinerversionen untereinander besteht in der Ausstattung mit oder ohne Bajonett. Das Modell von 1938 wurde ohne, das Modell von 1944 serienmäßig mit Bajonett geliefert.

Dieses Bajonett ist festinstalliert und klappbar. In Marschlage befindet es sich, um einen seitlichen Bolzen drehbar, angeklappt rechts neben dem Lauf; in Gefechtslage wird es, nach vorn geklappt, von einer über die Laufmündung gezogenen Federsperre gehalten. Schießen ist nur möglich mit Bajonett in Gefechtslage.

Bei identischem Konstruktions- und Funktionsprinzip mit dem Gewehr haben die Karabinerversionen nahezu übereinstimmende Abmessungen und, abgesehen vom Bajonett, grundsätzlich dieselbe Ausstattung. Der Karabinerlauf ist kürzer als der Gewehrlauf, das Kurvenvisier kann auf 100 m bis 1 000 m Distanz eingestellt werden. Die Länge der Visierlinie beträgt 416 mm. Die Karabiner haben wie das Gewehr eine Mehrladeeinrichtung für 4 plus 1 Patronen, einen hölzernen Handschutz, Schlitze für den Trageriemen und ein Korn mit Schutzdach.

Effektive Einsatzschußweite des Gewehrs waren 600 m, der Karabiner 400 m Distanz. Das gilt für Einzelziele. Mit zusammengefaßtem Feuer konnten Gruppenziele bis 800 m Entfernung und fliegende Ziele bis 500 m Höhe erfolgreich bekämpft werden. Scharfschützengewehre setzte man bis 800 m Entfernung, seltener auf die mit der Reichweite des Zielfernrohrs mögliche größere Distanz ein.

Das Gewehr war Standardwaffe der sowjetischen Infanterie bis Ende des zweiten Weltkriegs. Es büßte jedoch – ergänzt durch Karabiner, vor allem aber bei speziell ausgerüsteten Kompanien verdrängt durch Maschinenpistolen – seine dominierende Stellung mehr und mehr ein. Der Trend ging zu kurzläufigen Waffen von höherer Feuergeschwindigkeit, besserer Handlage und Bedienbarkeit.

Hinzu kamen außer der Maschinenpistole auch andere automatische Waffen wie das Selbstlade- und Schnellfeuergewehr. Die automatischen Gewehre konnten sich damals allerdings noch nicht durchsetzen. Man muß sie als eine Ergänzung, in gewisser Weise auch als Pilotausrüstung für eine Bewaffnung werten, die dann bald nach dem zweiten Weltkrieg nur noch nach automatischem Prinzip funktionierende Konstruktionen umfaßte.

Die Karabiner wurden ab 1939 vor allem an Kavallerie, Artillerie und Spezialtruppen ausgegeben. Das Jahr des Produktionsbeginns ist mit der Modellbezeichnung identisch. Waffen des Modells 1938 produzierte man wahrscheinlich bis 1943/44, Waffen des Modells 1944 sicherlich noch nach dem zweiten Weltkrieg. Obwohl die meisten Veröffentlichungen in der Fachliteratur darauf verweisen, daß die Fertigung 1945 endgültig eingestellt wurde, informieren einige ernstzunehmende Quellen über eine noch spätere Produktion bis etwa 1948.

Das könnte den Tatsachen entsprechen, denn Waffen dieses Typs gehörten zur Erstausstattung der Streitkräfte damaliger sozialistischer Staaten, später auch zum Bestand neugebildeter Formationen in Ländern der dritten Welt. Derartige Waffen wurden also noch relativ lange geführt.

Mit Gewehren und Karabinern des Systems Mosin hatten Soldaten der zaristischen Streitkräfte während des ersten Weltkriegs und zuvor gekämpft. Mosin-Mehrlader führten Soldaten der Roten Armee im Bürgerkrieg ebenfalls. Mit modifizierten Waffen solchen Typs verteidigten die sowjetischen Infanteristen ihre Heimat auch während des zweiten Weltkriegs. Und nach 1945 gehörten derartige Mehrlader noch beträchtliche Zeit zur strukturmäßigen Bewaffnung.

Die Fachwelt ist sich einig darüber, daß die Mehrlader des Systems Mosin zu den bemerkenswertesten Konstruktionen gehörten. Man lobt ihre Zuverlässigkeit und Funktionssicherheit unter allen klimatischen Bedingungen.

Daten: Mehrladegewehr Modell 1891/30

Kaliber:	7,62 mm	Patrone:	7,62 × 54 R
v_0:	865 m/s[1]	Lauflänge:	730 mm[3]
Länge Waffe:	1 230 mm[2]	Züge/Richtung:	4/r
Feuergeschwindigkeit:	10 S/min	Visierschußweite:	2 000 m
		Einsatzschußweite:	600 m[4]
Munitionszuführung:	integriertes Magazin für 4 plus 1 Schuß		
Masse ungeladen, mit Bajonett:	4,50 kg		
Masse des Bajonetts:	0,50 kg		
Masse des Zielfernrohrs PU (3,5fach):	0,27 kg		
Masse des Zielfernrohrs PE (4fach):	0,60 kg		
Masse des Schalldämpfers:	0,50 kg		
Masse des vollen Ladestreifens:	0,12–0,13 kg		

[1] Patrone mit leichtem Geschoß.
[2] Mit aufgepflanztem Bajonett: 1 660 mm.
[3] Gezogener Teil: 657 mm.
[4] Als Scharfschützengewehr mit Zielfernrohr: 800 m.

Daten: Mehrladekarabiner Modell 1938

Kaliber:	7,62 mm	Patrone:	7,62 × 54 R
v₀:	820 m/s[1]	Lauflänge:	512 mm[2]
Länge Waffe:	1 020 mm	Züge/Richtung:	4/r
Feuergeschwindigkeit:	10 S/min	Visierschußweite:	1 000 m
		Einsatzschußweite:	400 m

Munitionszuführung: integriertes Magazin für 4 plus 1 Schuß
Masse ungeladen: 3,50 kg

[1] Patrone mit leichtem Geschoß.
[2] Gezogener Teil: 439 mm.

Daten: Mehrladekarabiner Modell 1944

Kaliber:	7,62 mm	Patrone:	7,62 × 54 R
v₀:	820 m/s[1]	Lauflänge:	517 mm[3]
Länge Waffe:	1 020 mm[2]	Züge/Richtung:	4/r
Feuergeschwindigkeit:	10 S/min	Visierschußweite:	1 000 m
		Einsatzschußweite:	400 m

Munitionszuführung: integriertes Magazin für 4 plus 1 Schuß
Masse ungeladen: 3,90 kg
Masse des Bajonetts: 0,40 kg

[1] Patrone mit leichtem Geschoß.
[2] Mit Bajonett in Gefechtslage: 1 330 mm.
[3] Gezogener Teil: 444 mm.

Schnellfeuergewehr Modell Simonow AWS 1936 7,62 mm

Von 1920 bis 1925 wurden in der neuerrichteten Waffenfabrik von Kowrow außer Maschinengewehren auch automatische Gewehre hergestellt. Das waren Schnellfeuergewehre Modell Fjodorow 1916, bekannt auch unter der Bezeichnung Fjodorow-Automat. Entwickelt worden waren sie von einem seit Jahren anerkannten Waffenexperten des Landes: Wladimir Grigorjewitsch Fjodorow.

Mit automatischen Gewehren hatte Fjodorow bereits 1905/06 in der Versuchswerkstatt von Oranienbaum, dem heutigen Lomonossow, experimentiert. Damals stellte er eine auf der Grundlage des Mosin-Mehrladers Modell 1891 konstruierte Versuchswaffe vor. Wenige Jahre später präsentierte er ein weiteres, für eine von ihm entwickelte Patrone mit 6,5 mm Kaliber eingerichtetes automatisches Gewehr. Diesem folgte dann 1916 die oben erwähnte Waffe. Fjodorow bezeichnete sie damals als leichtes Maschinengewehr, der bekannte sowjetische Ballistiker Nikolai Michailowitsch Filatow später aber als Automaten; die sowjetische Fachliteratur stuft sie jedoch nicht selten als Maschinenpistole ein.

Tatsächlich war dem Konstrukteur als erstem in der Welt die Entwicklung einer Waffe von den Abmessungen und der Masse eines Gewehrs gelungen, das nicht nur Einzelfeuer, sondern wie ein Maschinengewehr auch Dauerfeuer schoß. Daher kann man das russische Oranienbaum gewissermaßen als die Wiege des Schnellfeuergewehrs und Fjodorow als seinen geistigen Vater bezeichnen.

Die neue Waffe, ein für die japanische Infanteriepatrone Arisaka M 38 mit den Abmessungen 6,5 × 50,5 HR eingerichteter Rückstoßlader mit kurz zurückgleitendem Lauf, drehbarem Verschluß und Kurvenmagazin von 25 Schuß Kapazität, wurde in geringer Stückzahl für einen Truppenversuch hergestellt. Mit solchen Schnellfeuergewehren ging nach vorheriger spezieller Ausbildung im Dezember 1916 eine Infanteriekompanie des 189. Ismailregiments an die Front.

Nach der Oktoberrevolution bereitete Fjodorow – damals als Direktor sowohl für den Ausbau des neuen Waffenwerkes in Kowrow als auch für die Aufnahme der Produktion in diesem Betrieb verantwortlich – außer der Serienfertigung von Maschinengewehren auch die seines Automaten vor. Ab September 1920 ließ er erste Versuchswaffen herstellen, bis Ende jenen Jahres etwa 100 Stück.

Als im April 1921 die Serienproduktion der Schnellfeuerwaffe verfügt wurde, war die monatlich gefertigte Stückzahl bereits auf den angesichts damaliger Umstände respektablen Umfang von 50 Automaten gestiegen. Solche Gewehre sind bei Gefechten während der Interventionskriege eingesetzt worden. Obwohl sie sich alles in allem bewährten, gab es Grund zu Beanstandungen.

Bei Dauerfeuer erreichten nur die ersten Geschosse ihr Ziel, und Waffen in leicht verschmutztem Zustand schossen nicht mehr. Außerdem war der Nachschub von Patronen des Kalibers 6,5 mm aus japanischer Produktion nicht gesichert. Hinzu kam die Entscheidung, nur noch Gewehre und Maschinengewehre für die im Lande als Standardmunition geführte Mosin-Patrone 7,62 mm zu produzieren.

Daher mußte die Produktion im Oktober 1925 eingestellt werden. Bis zu diesem Zeitpunkt hat das Waffenwerk Kowrow etwa 3 200 Schnellfeuergewehre geliefert. Der höchste Produktionsausstoß einzelner Monate betrug 200 Stück. Die Waffen verblieben bis 1928 in der Ausrüstung der Roten Armee, und zwar bei einem Moskauer Infanterieregiment. Sie lagen dort aber wohl nur im Arsenal.

Zu den Fachleuten, die seinerzeit die Produktion des Fjodorow-Schnellfeuergewehrs überwachten, hatte mit Sergej Gawrilowitsch Simonow ein junger, technisch sehr talentierter Fachmann gehört, Obermeister in der Waffenfabrik. Simonow machte sich auch als Mitarbeiter profilierter Konstrukteure verdient, war an Teilkonstruktionen verschiedener Waffen beteiligt, wirkte als Technologe und beschäftigte sich bald mit eigenen Entwicklungsprojekten von Infanteriewaffen.

Sein erstes Selbstladegewehr, 1926 vorgestellt, wurde von der für die Ausrüstung der Streitkräfte verantwortlichen Artilleriekommission ohne Erprobung abgelehnt. Sein automatisches Gewehr von 1931 jedoch, das war eine Schnellfeuerwaffe, absolvierte den Test auf dem Schießplatz. Die Artilleriekommission empfahl Truppenerprobung, und die zuständige Dienststelle verfügte den Beginn der Serienproduktion für das erste Quartal 1934.

Die Entscheidung ist widerrufen worden. Diese Waffe kam nicht in die Produktion, jedenfalls nicht in der damaligen Ausführung. Abgelehnt wurden auch weitere Konstruktionen, unter anderem ein automatischer Karabiner von 1935. Erst das im fol-

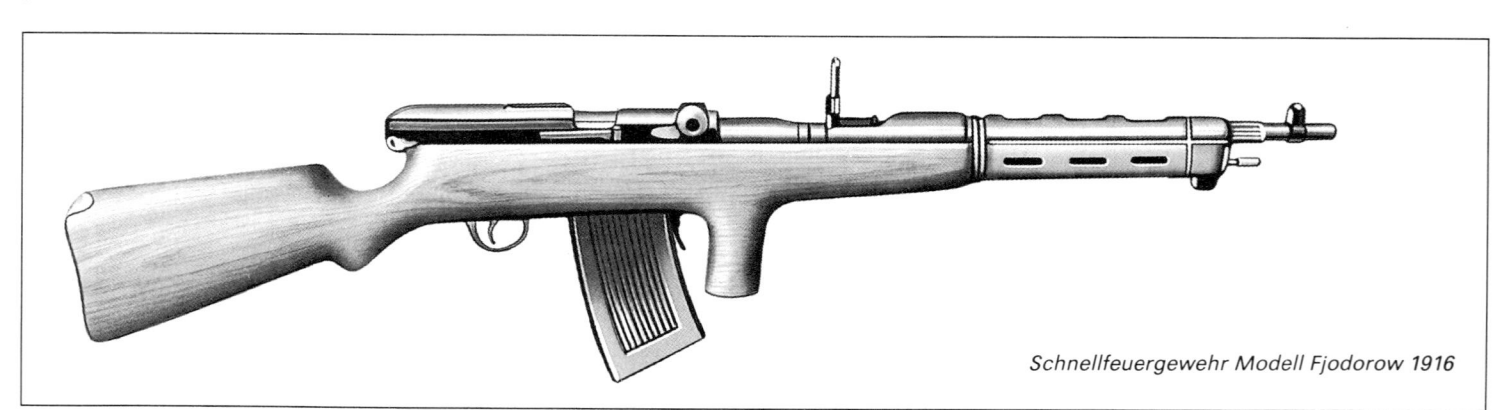

Schnellfeuergewehr Modell Fjodorow 1916

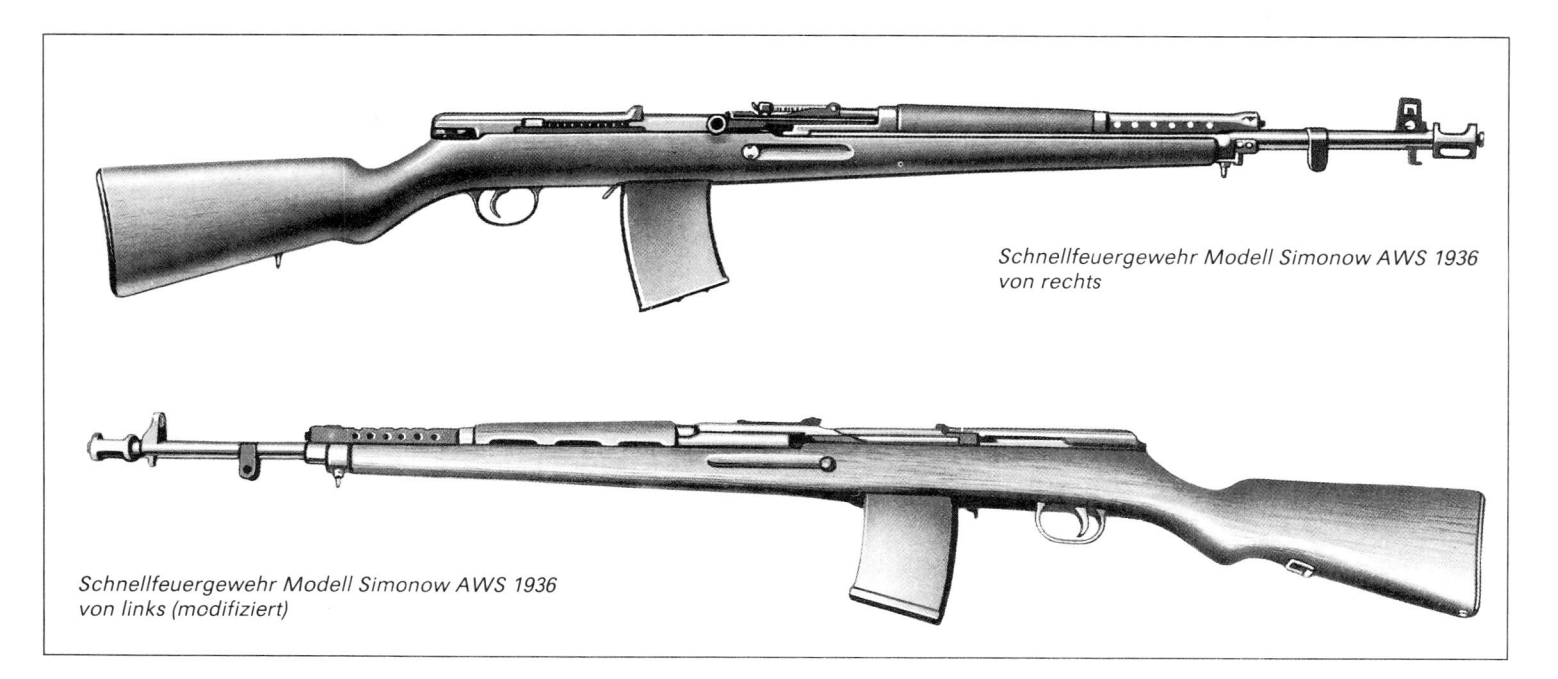

Schnellfeuergewehr Modell Simonow AWS 1936 von rechts

Schnellfeuergewehr Modell Simonow AWS 1936 von links (modifiziert)

genden Jahr serienfertige Schnellfeuergewehr, das zuvor mehrere Vergleichsschießen gegen Testwaffen von Fjodor Wassiljewitsch Tokarew und Wassili Alexejewitsch Degtjarjow gewonnen hatte, brachte dem Konstrukteur den langersehnten Erfolg. Dieses Modell war übrigens keine Neuentwicklung, sondern das beträchtlich verbesserte, unter anderem mit einem Mündungskompensator ausgerüstete Modell von 1931.

Allerdings hielt sich Simonows Erfolg in Grenzen. Im Vergleich zu seiner im Sommer 1941 in die Ausrüstung übernommenen Panzerbüchse Modell PTRS (s. dort) und seinem 1949 eingeführten Selbstladekarabiner Modell SKS 45 (s. »Schützenwaffen heute«) war er sogar sehr bescheiden. Das Schnellfeuergewehr wurde zwar kurzzeitig hergestellt, war jedoch kein Ersatz für die Standardgewehre Modell 1891/30 vom System Mosin (s. dort). In geringer Stückzahl hat man Simonows Waffe auch in einer Version mit Zielfernrohr für Scharfschützen gefertigt.

Die sowjetische Fachliteratur informiert darüber, daß 1934 und 1935 exakt 106 bzw. 286 Testwaffen für Truppenversuche, 1937 dann 10 280 serienmäßige Schnellfeuergewehre und 1938 weitere 24 401 Stück hergestellt wurden. Die Produktion erfolgte im Waffenwerk Ishewsk. Von dort kam am 26. Februar 1938 die Meldung, Technologie und Serienfertigung hätten den erforderlichen Stand; einer effektiven Massenproduktion stünde nichts mehr im Wege.

Aus damaliger Sicht war diese Nachricht vielleicht noch nicht einmal übertrieben, angesichts der geplanten Stückzahlen aber wohl doch etwas zu optimistisch. Auf Grund seiner komplizierten Konstruktion konnte das Simonow-Gewehr nur bei unvertretbar hohem Aufwand an Zeit und Kosten hergestellt werden. Für eine Massenproduktion war dieses Modell nicht geeignet. Wie viele Waffen gefertigt wurden und wann man die Produktion eingestellt hat, ließ sich nicht genau ermitteln. Vermutlich blieb es bei den oben erwähnten Stückzahlen, und die

Produktion wurde gestoppt, als Tokarews Selbstladegewehre Modell SWT 1938 bzw. Modell SWT 1940 (s. dort) zur Verfügung standen.

Das Schnellfeuergewehr Modell Simonow AWS 1936 ist ein Gasdrucklader mit angebohrtem Lauf und Geradzug-Blockverschluß. Dieser wird durch einen senkrecht gesteuerten Riegel blockiert. Gleitet der Verschluß vorwärts, wird ein vertikales Verriegelungsstück nach oben in einen Hohlblock des Verschlusses gedrückt. Auf solche Weise verriegelt, dichtet der Verschluß das Patronenlager so lange ab, bis die Kolbenstange den Verschlußträger nach hinten stößt. Diese Bewegung wird durch den Gasdruck bewirkt, der dabei das Verriegelungsstück nach unten und den Verschluß nach hinten drückt. Der Gasdruck ist regulierbar.

Die Munition wird aus einem Trapezmagazin von 15 Schuß Kapazität zugeführt. Das sind Mosin-Patronen 7,62 mm des Typs M 1908/30. Sie werden in Einzel- oder Dauerfeuer verschossen. Der Schütze stellt die Feuerart mit einem Hebel rechts hinten am Schloß ein. Bei Einzelfeuer erreicht er eine praktische Feuergeschwindigkeit von 20 S/min bis 25 S/min, bei Dauerfeuer mit kurzen Feuerstößen 40 S/min. Trotz dreifacher Magazinkapazität im Vergleich zur damaligen Standardwaffe des Systems Mosin war der Patronenvorrat für ein Schnellfeuergewehr entschieden zu gering.

Zur Zielvorrichtung gehören ein Kurvenvisier und ein Korn ohne Schutz. Das Visier kann auf 100 m bis 1 500 m Distanz eingestellt werden. Die Länge der Visierlinie beträgt 591 mm, die Drallänge 557 mm. Charakteristische Merkmale des Schnellfeuergewehrs sind übrigens seine auffällige, allerdings wenig wirksame Mündungsbremse und der lange Einschnitt im Verschluß für den Spannhebel.

Daß die Waffe die in sie gesetzten Erwartungen nicht erfüllt hat, lag wohl vor allem an ihrer komplizierten Verschlußkonstruktion: Je kleiner die Bauteile eines solchen Systems, desto

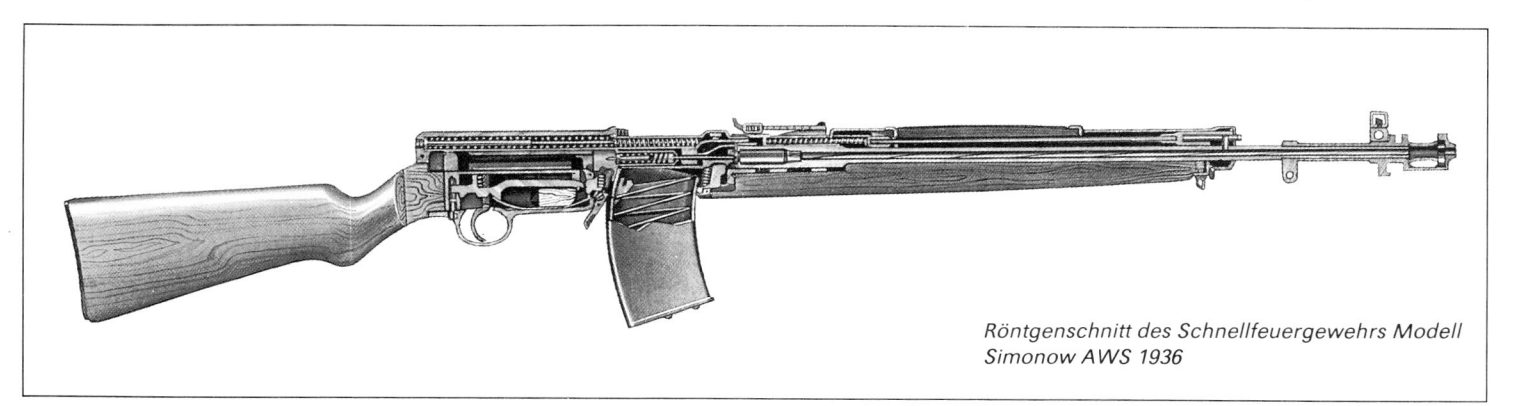

Röntgenschnitt des Schnellfeuergewehrs Modell Simonow AWS 1936

Sowjetunion

geringer die Masse der Waffe. Ein kausaler Zusammenhang besteht allerdings auch zwischen Stabilität und Funktionssicherheit, zwischen Arbeitsaufwand und Kosten. Die Bauteile waren zu klein und zu instabil, zu kompliziert und zu teuer. Der Aufwand bei Herstellung und Montage stand in keinem Verhältnis zur Präzision des Systems.

Sehr schnell abgenutzt, war die Automatik schon nach kurzer Zeit nicht mehr paßgenau. Ihre Funktionstüchtigkeit wurde auch von außen beeinträchtigt. Der beim Vor- und Rücklauf offene Verschluß war gegen Verunreinigung ungeschützt. Darüber hinaus gab es weitere Mängel: zu lauter Mündungsknall, zu heftiger Rückstoß, zu starke Erschütterung bei jedem Feuerstoß.

Obwohl das Schnellfeuergewehr nicht lange im Truppendienst stand, kann man es sozusagen als ein Pilotmodell später folgender Schnellfeuerwaffen anderer Konstrukteure bezeichnen. In diesem Sinne äußerte sich auch ein Experte im US-amerikanischen Infanteriejournal von August 1942: »Die russische Armee verfügte über ihr automatisches Gewehr früher als wir über unser Garand-Gewehr (s. dort – d.A.). Noch später, erst 1942, führte die deutsche Armee automatische Gewehre ein.« Diese sachliche Feststellung kann man zum Teil auch auf die Selbstladegewehre der Modelle SWT 1938 und SWT 1940 von Tokarew beziehen.

Daten: *Schnellfeuergewehr Modell Fjodorow 1916 (Fjodorow-Automat)*

Kaliber:	6,5 mm	Patrone:	6,5 × 50,5 HR
v_0:	670 m/s	Lauflänge:	520 mm
Länge Waffe:	1 045 mm	Züge/Richtung:	
Feuergeschwindigkeit:	600 S/min	Visierschußweite:	2 100 m
		Einsatzschußweite:	600 m
Munitionszuführung:	Kurvenmagazin mit 25 Schuß		
Masse geladen:	4,93 kg		

Daten: *Schnellfeuergewehr Modell Simonow AWS 1936*

Kaliber:	7,62 mm	Patrone:	7,62 × 54 R
v_0:	835 m/s[1]	Lauflänge:	615 mm[3]
Länge Waffe:	1 260 mm[2]	Züge/Richtung:	4/r
Feuergeschwindigkeit:	S/min	Visierschußweite:	1500 m
		Einsatzschußweite:	600 m
Munitionszuführung:	Trapezmagazin mit 15 Schuß		
Masse mit leerem Magazin und Bajonett:	4,50 kg		

[1] Patrone mit leichtem Geschoß.
[2] Mit aufgepflanztem Bajonett: 1 520 mm.
[3] Gezogener Teil: 557 mm.

Selbstladegewehre
Modelle Tokarew SWT 1938 und SWT 1940 sowie Versionen 7,62 mm

Ab Anfang der zwanziger Jahre arbeiteten namhafte sowjetische Konstrukteure intensiv an der Entwicklung automatischer Infanteriewaffen. Das waren zunächst vor allem Maschinengewehre. Trotz der Entscheidung, die Mehrlader des Systems Mosin (s. dort) zu verbessern, um sie weiterhin als Standardwaffen zu führen, widmete man aber auch Selbstladegewehren die ihnen gebührende Aufmerksamkeit. Der Entwicklungsstand solcher Waffen sollte nach einem Beschluß von 1924 so weit vorangebracht werden, daß eine Serienproduktion unverzüglich beginnen konnte, falls dies die militärische Lage erfordern würde.

Eine sofortige Produktion wäre damals nicht möglich gewesen. Nach den langen Jahren des ersten Weltkriegs sowie des Interventions- und Bürgerkriegs befand sich das Land in einer schwierigen Lage. Die Wirtschaft war total geschwächt. Die Industrie mußte unter größten Entbehrungen neu aufgebaut werden. So wurden die für die Landesverteidigung notwendigen Maßnahmen sorgfältig mit den Projekten des industriellen Aufbaus abgestimmt, freigesetzte finanzielle Mittel und verfügbare Kapazität nur in eingeschränktem Maße für die Vervollkommnung der Waffensysteme verwendet, zum Beispiel von Infanteriewaffen. Ein Teil davon kam Neuentwicklungen zugute.

Mit Entwicklungsprojekten für Selbstladegewehre setzten die Konstrukteure bewährte Traditionen fort. Sie waren vor allem mit den Namen Wladimir Grigorjewitsch Fjodorow und Fjodor Wassiljewitsch Tokarew verbunden. Die sowjetischen Spezialisten folgten damit einem gewissen, seit kurz vor der Jahrhundertwende in einigen Ländern zögernd begonnenen Trend.

Mit Hinweis auf die nach automatischem Prinzip arbeitenden Maschinengewehre hatten seit dieser Zeit weitsichtige Fachleute aus mehreren Ländern gefordert, auf ähnliche Weise funktionierende Gewehre zu entwickeln. Die Feuerkraft der Truppe, so die Begründung für eine derartige Initiative, ließe sich entscheidend erhöhen, wenn man den Schützen das Verwendung von Mehrladern erforderliche Durchladen ersparte.

Mit automatischen Waffen – das waren Maschinengewehre und Selbstladegewehre, teils schon im Einsatz, teils noch als Testmodell – lagen um die Jahrhundertwende bereits Erfahrungen vor. In diesem Zusammenhang gab es Konstrukteure von Rang und Namen.

Zu ihnen gehörten seit 1881 Hiram Maxim aus den USA, seit 1885 Ferdinand Ritter von Mannlicher aus Österreich, auch John Moses Browning, Samuel Colt und Paul Mauser. Anfang dieses Jahrhunderts stellten dann 1908 der mexikanische General Mondragon das erste tatsächlich truppendiensttaugliche Selbstladegewehr und 1916 der russische Ingenieur Fjodorow das erste, sofort bei der Truppe eingesetzte Schnellfeuergewehr der Welt vor. Nach ihren Konstrukteuren wurden die Waffen Mondragon-Gewehr bzw. Fjodorow-Automat genannt.

So konnten die zu einem Wettbewerb um die Entwicklung eines Selbstladers aufgerufenen Konstrukteure in der Sowjetunion also schon auf Erfahrungen aus dem eigenen Lande aufbauen. Wichtige Erkenntnisse lagen auch durch die Arbeit Tokarews vor, der 1907 auf der Grundlage des Mosin-Mehrladers ein Selbstladegewehr konstruiert, dieses von 1916 bis 1918 weiterentwickelt und ein Jahr darauf schließlich zu einem automatischen Karabiner vervollkommnet hatte. Anfang Oktober 1921 getestet, erhielt er zwar gute Kritiken, wurde dann jedoch als ein für die japanische Arisaka-Patrone 6,5 mm eingerichtetes Modell nicht weiter verbessert.

Damals fiel die Entscheidung, nur noch an Entwicklungsprojekten von automatischen Gewehren und Maschinengewehren weiterzuarbeiten, für die die Mosin-Standardpatrone 7,62 mm verwendet werden konnte. Das galt auch für die Waffenproduktion selbst und führte schließlich zusammen mit weiteren Gründen im Oktober 1925 zum Stopp der Serienfertigung des Fjodorow-Automaten Modell 1916. Ab 1920 waren bis zu diesem Zeitpunkt übrigens etwa 3 200 Schnellfeuergewehre solchen Typs hergestellt worden. Ihre Fertigung hatte weitere wichtige Erkenntnisse über das damals so schwierige Problem automatisches Gewehr erbracht.

Am Wettbewerb Mitte der zwanziger Jahre beteiligten sich außer den schon genannten Experten Fjodorow und Tokarew auch Wassili Alexejewitsch Degtjarjow, Iwan Nikolajewitsch Kolesnikow und W.P. Konowalow. Man stellte den Konstrukteuren zunächst die Aufgabe, nicht nur einen Selbstlader, sondern ein für Einzel- und Dauerfeuer eingerichtetes Schnellfeuergewehr zu entwickeln, eine Waffe mit etwa 4 kg Masse. Im Januar 1926 wurden mehrere Versuchsmodelle unter Kontrolle von Vertretern der damals für die Infanteriebewaffnung der sowjetischen Streitkräfte zuständigen Artilleriekommission erprobt.

Die Testwaffen von Fjodorow, Degtjarjow und Tokarew schnitten zwar am besten ab, entsprachen aber ebensowenig den Anforderungen wie die Versuchsmodelle der anderen Konstrukteure. Nicht ein einziges Gewehr erreichte die geforderte

Lebensdauer von 10 000 Schuß. Die Kommission stellte in einer neuen Ausschreibung noch höhere Ansprüche bezüglich einfacher Konstruktion, Funktionssicherheit und Lebensdauer und legte sich dabei auf Selbstladegewehre sowie neue Limits hinsichtlich Abmessung und Ausstattung für diese fest.

Die 1926 beim Januartest abgelehnten Waffen werden in der sowjetischen Fachliteratur als Versuchsgewehre Modell 1925 bezeichnet. Sie verschossen Mosin-Patronen 7,62 mm:

Fjodorows Versuchsgewehr war ein Rückstoßlader mit kurz zurückgleitendem Lauf, Mittelschaftmagazin für 5 Patronen, Kurvenvisier bis 2 000 m Reichweite mit Diopterkimme und Korn mit Schutz sowie einem unteren Handschutz mit fünf Kühlöffnungen und einer Bajonetthalterung. Diese Waffe gilt als eine Weiterentwicklung seines Selbstladers mit 7,62 mm Kaliber von 1912. Zusammen mit einem weiteren automatischen Gewehr mit 6,5 mm Kaliber von 1913 hatte diese Vorkriegs-Versuchswaffe dann seinerzeit schließlich zum berühmten Automaten geführt.

Degtjarjows Testgewehr, ebenfalls eine Weiterentwicklung eines schon 1916 vorgestellten Versuchskarabiners, war ein Gasdrucklader mit unter dem Lauf gelegenem Gaskanal, Handschutz mit Kühlöffnungen und einem Bajonett. Der Konstrukteur hatte die Waffe mit einer Visiereinrichtung derselben Art ausgerüstet wie Fjodorow und ein Magazin für 5 Patronen installiert.

Tokarews Versuchsgewehr schließlich war ein Rückstoßlader mit kurz zurückgleitendem Lauf, einem Magazin für 10 Patronen, einem bis 2 500 m einstellbaren Dioptervisier und einem festinstallierten, klappbaren Vierkantbajonett.

Die dann im Juni 1928 getesteten Versuchsgewehre mußten ebenfalls abgelehnt werden, und zwar aus denselben Gründen wie knapp zweieinhalb Jahre zuvor. Das waren einerseits weiterentwickelte Waffen der Systeme Fjodorow und Degtjarjow mit neuen konstruktiven Details, andererseits ein verbessertes Modell Tokarewscher Bauweise. Gemeinsam mit den Ingenieuren I. I. Besrukow, A. I. Kusnetzow und D. W. Urasnow hatten Fjodorow und Degtjarjow im Kollektiv drei Gewehre vorgestellt: einen Rückstoßlader nach dem Fjodorow-System, zwei Gasdrucklader nach dem Degtjarjow-Prinzip. Tokarew jedoch war als Einzelbewerber vertreten: ebenfalls mit einem verbesserten Rückstoßlader. Am 5. November 1928 lehnte die Artilleriekommission diese vier Versuchswaffen ab.

Auch andere Konstrukteure hatten sich etwa um diese Zeit erfolglos bemüht. Einer von ihnen war J. U. Roschtschepej. Sein Versuchs-Selbstlader mit dem Kaliber 7,62 mm funktionierte zwar zufriedenstellend, jedoch nur beim Verschießen von Spezialpatronen, die er bereitstellte, nicht aber von Standardmunition.

Für das Frühjahr 1930 beraumte die Artilleriekommission ein weiteres Vergleichsschießen an. Es fand im März statt. Sowohl Degtjarjow als auch Tokarew stellten fünf unterschiedliche Selbstladegewehre vor, sämtlich Gasdrucklader mit kurz zurückgleitendem Lauf. Sie entsprachen nicht den Erwartungen und veranlaßten die Kommission zu der Forderung nach Waffen mit feststehendem Lauf.

Am 28. April 1930 wurde schließlich die Fertigung einer Versuchsserie eines verbesserten Degtjarjow-Selbstladers verfügt. Am 28. Dezember 1931 erhielten diese Waffen die Bezeichnung Selbstladegewehr Modell Degtjarjow 1930. Zwei Jahre danach erprobte man sie in einer Moskauer Infanterieeinheit. Über die Ergebnisse ist kaum etwas bekannt. Als sie vorlagen, stand wohl eine baldige Serienfertigung in Aussicht. Daß sie nicht begann, hing mit einer anderen, wesentlich besseren, jedoch ebenfalls nicht optimalen Konstruktion zusammen. Diese kam von Sergej Gawrilowitsch Simonow.

Seine Waffe war kein Selbstlader, sondern ein Schnellfeuergewehr. Nach mehreren Tests wurde es als Schnellfeuergewehr Modell Simonow AWS 1936 (s. dort) in die strukturmäßige Bewaffnung eingereiht. Allerdings erfüllte die eilig in die Serienproduktion übernommene Waffe nicht die in sie gesetzten Erwartungen, weder bezüglich der Technologie bei der Fertigung noch hinsichtlich ihrer Truppendiensttauglichkeit.

So setzte sich im Wettbewerb um ein Armee-Selbstladegewehr schließlich doch noch der erfahrenere Konstrukteur Tokarew durch. Im Verlaufe einiger Jahre und nach zahlreichen Tests stets verbessert, schoß eine seiner Versuchswaffen am 20. November 1938 beim abschließenden Vergleich mehrerer neuentwickelter Selbstlader anderer Konstrukteure gewisser-

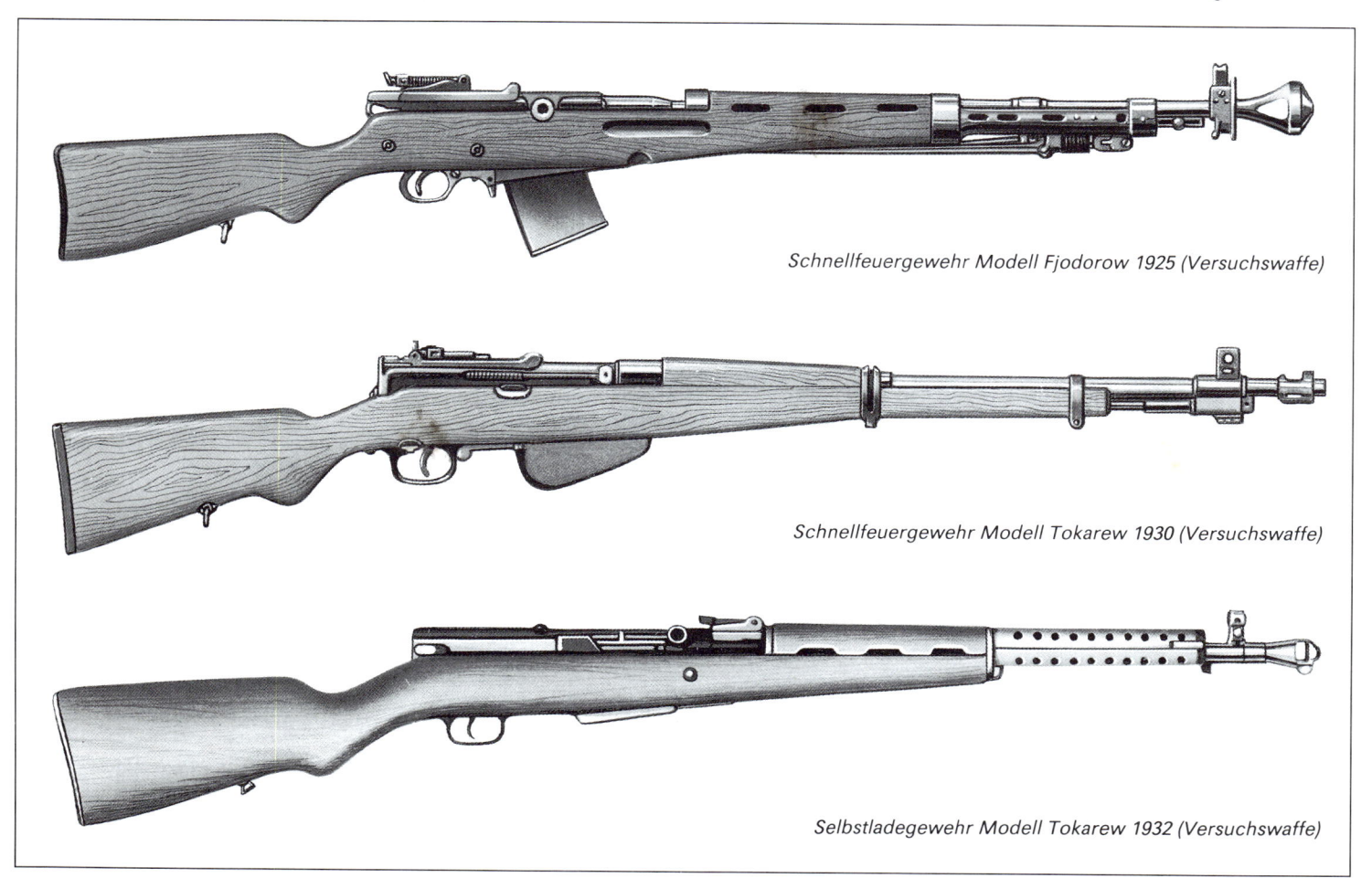

Schnellfeuergewehr Modell Fjodorow 1925 (Versuchswaffe)

Schnellfeuergewehr Modell Tokarew 1930 (Versuchswaffe)

Selbstladegewehr Modell Tokarew 1932 (Versuchswaffe)

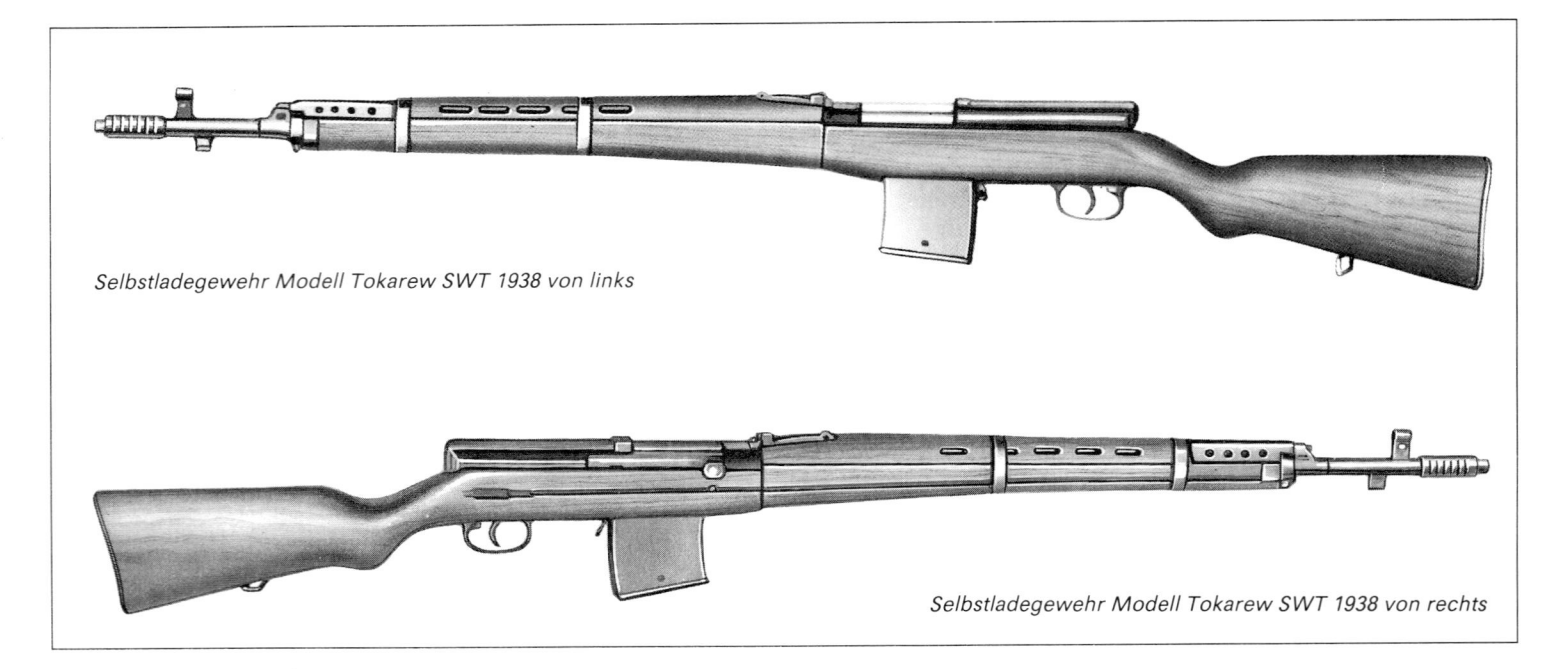

Selbstladegewehr Modell Tokarew SWT 1938 von links

Selbstladegewehr Modell Tokarew SWT 1938 von rechts

maßen aus dem Felde. Tokarews Konstruktion wurde dann am 29. Februar 1939 als Selbstladegewehr Modell SWT 1938 in die strukturmäßige Bewaffnung eingereiht und nach weiterer Vervollkommnung mit Befehl vom 13. April des folgenden Jahres als verbessertes Modell SWT 1940 übernommen.

Daß sich diese Selbstlader während des Einsatzes bewährten, ist hinlänglich bekannt. Daß sie keine Optimallösung waren, allerdings ebenfalls. Tokarews Waffen erwiesen sich aber als robust und weitgehend zuverlässig. Sie wurden in großer Stückzahl vor allem bei Spezialeinheiten und Landungstruppen, auch von Fallschirmjägern und Partisanen benutzt.

Außer an anderen Fronten haben Selbstladegewehre solchen Typs ihre Funktionstüchtigkeit zunächst im Finnisch-Sowjetischen Krieg 1939/40 und später während des zweiten Weltkriegs, zum Beispiel bei der Abwehrschlacht um Leningrad, unter Beweis gestellt. Nach monatelanger Belagerung durch die Truppen der deutschen Wehrmacht endete dieser für die sowjetischen Streitkräfte schließlich siegreiche Kampf Mitte Januar 1943 mit dem Durchbrechen der Blockade.

In diesem Zusammenhang wird das Tokarew-Gewehr in einem Standardwerk der Bundesrepublik Deutschland über die Geschichte des zweiten Weltkriegs als eine bei mäßigen Temperaturen »zuverlässige und wirkungsvolle Waffe bester Konstruktion« gelobt. Man weist aber auch darauf hin, daß sie bei großer Kälte nicht störungsfrei funktionierte.

Aus heutiger Sicht können die damaligen Schwierigkeiten der Konstrukteure bei der Entwicklung automatischer Gewehre sachlich eingeschätzt werden: Man mußte nicht nur das Problem einer möglichst optimalen Konstruktion lösen, sondern diese auch für die damals verwendete Randpatrone des Typs M 1908 bzw. für ihre verbesserte Version M 1908/30 einrichten. Patronen von einer derartigen Hülsenform mit einem relativ breiten Bodenrand erwiesen sich für automatische Gewehre als wenig geeignet. Bei sämtlichen Entwicklungen – darunter befanden sich vielversprechende Versuchswaffen – gab es Mängel, die zu einem nicht geringen Teil aus den Eigenschaften der Munition resultierten.

Dieses Problem konnte erst nach 1943 gelöst werden, als mit der Kurzpatrone M 43 die geeignete Munition zur Verfügung stand. Sie wird für die teils als Schnellfeuerkarabiner, teils als Sturmgewehre, aber auch als Maschinenpistolen Modell Kalaschnikow des Kalibers 7,62 mm (s. »Schützenwaffen heute«) bezeichneten Konstruktionen ebenso benutzt wie für die leichten Kalaschnikow-Maschinengewehre Modell RPK (s. »Schützenwaffen heute«) und für zahlreiche weitere Waffen aus der Sowjetunion sowie aus anderen Ländern. Dazu gehört zum Beispiel auch der schon Ende des zweiten Weltkriegs entwickelte, aber erst 1949 eingeführte Selbstladekarabiner Modell Simonow SKS 45 (s. »Schützenwaffen heute«).

Daß die Führung der sowjetischen Streitkräfte bei Übernahme der automatischen Gewehre von Simonow und Tokarew keine generelle Umbewaffnung veranlaßte, war also eine richtige Entscheidung. Keines der nicht optimal funktionierenden Gewehre wäre für die damalige Standardwaffe der Infanterie, das Mehrladegewehr Modell 1891/30 (s. dort) bzw. dessen Versionen, ein akzeptabler Ersatz gewesen.

Dennoch waren die automatischen Gewehre von damals nicht nur sehr interessante Modelle, die sich trotz mancher Mängel beim Fronteinsatz bewährten, sondern vor allem Entwicklungen, auf denen die Konstrukteure aufbauen konnten. Daß es heute mit Maschinenpistolen und Maschinengewehren des Typs Kalaschnikow, mit Selbstladern wie dem Dragunow-Scharfschützengewehr Modell SWD (s. »Schützenwaffen heute«) automatische Waffen von hoher Qualität gibt, ist auch ein Verdienst der sowjetischen Konstrukteure von damals. Mit ihren Entwicklungen leisteten sie Pionierarbeit, legten sie den Grundstein für die heutige Perfektion.

Tokarews Selbstlader von 1938, eine aus insgesamt 143 Teilen bestehende Waffe, war eine Weiterentwicklung seines Versuchsmodells von 1932. Das Ordonnanzgewehr ist ein Gasdrucklader mit Gasdruckregler und einem auf den Verschlußträger wirkenden Gaskolben mit langem Gestänge. Die Verriegelung erfolgt durch Kippbewegung des Verschlusses nach unten. Auffällig ist die im Vergleich zum Schnellfeuergewehr Modell AWS 1936 wesentlich bessere Konstruktion des Spannschlitzes für den Verschluß. Bei Simonows Waffe ist der Verschluß völlig offen, bei Tokarews Gewehr hingegen wird er durch eine Abdeckung vor Verschmutzung geschützt.

Der vordere Teil des oberen Handschutzes besteht nicht aus Holz, sondern hat einen Blechmantel mit Kühllöchern. Öffnungen zur Kühlung befinden sich auch im dahinter gelegenen Teil des Handschutzes. Dieser Teil besteht aus Holz, und die Kühlöffnungen sind Schlitze. Der Reinigungsstock ist nicht unter dem Lauf, sondern seitlich befestigt. Nahe der Laufmündung befindet sich eine aufgeschraubte Muffe. Sie hält Korn, Mündungsbremse und Gasdruckregler. Die Mündungsbremse hat sechs schmale Schlitze. Ab 1940/41 wurden andere Mündungsbremsen verwendet. Sie haben zwei große Schlitze.

Von identischer Bauweise, aber verbessert, stellte Tokarew seinen Selbstlader zwei Jahre später als Modell SWT 1940 vor. Der Konstrukteur hatte sich mit Frontsoldaten beraten und deren im Finnisch-Sowjetischen Krieg gewonnene Erfahrungen in die waffentechnische Praxis umgesetzt.

So hat die Weiterentwicklung keinen zweiteiligen, sondern einen einteiligen Schaft. Auch der Handschutz wurde verändert: statt der Blech/Holz-Kombination ein hölzerner Handschutz aus einem Stück und ein davor gelegener, den ganzen Lauf umhüllender Blechteil. Im Blech befinden sich Kühllöcher, im Schaft

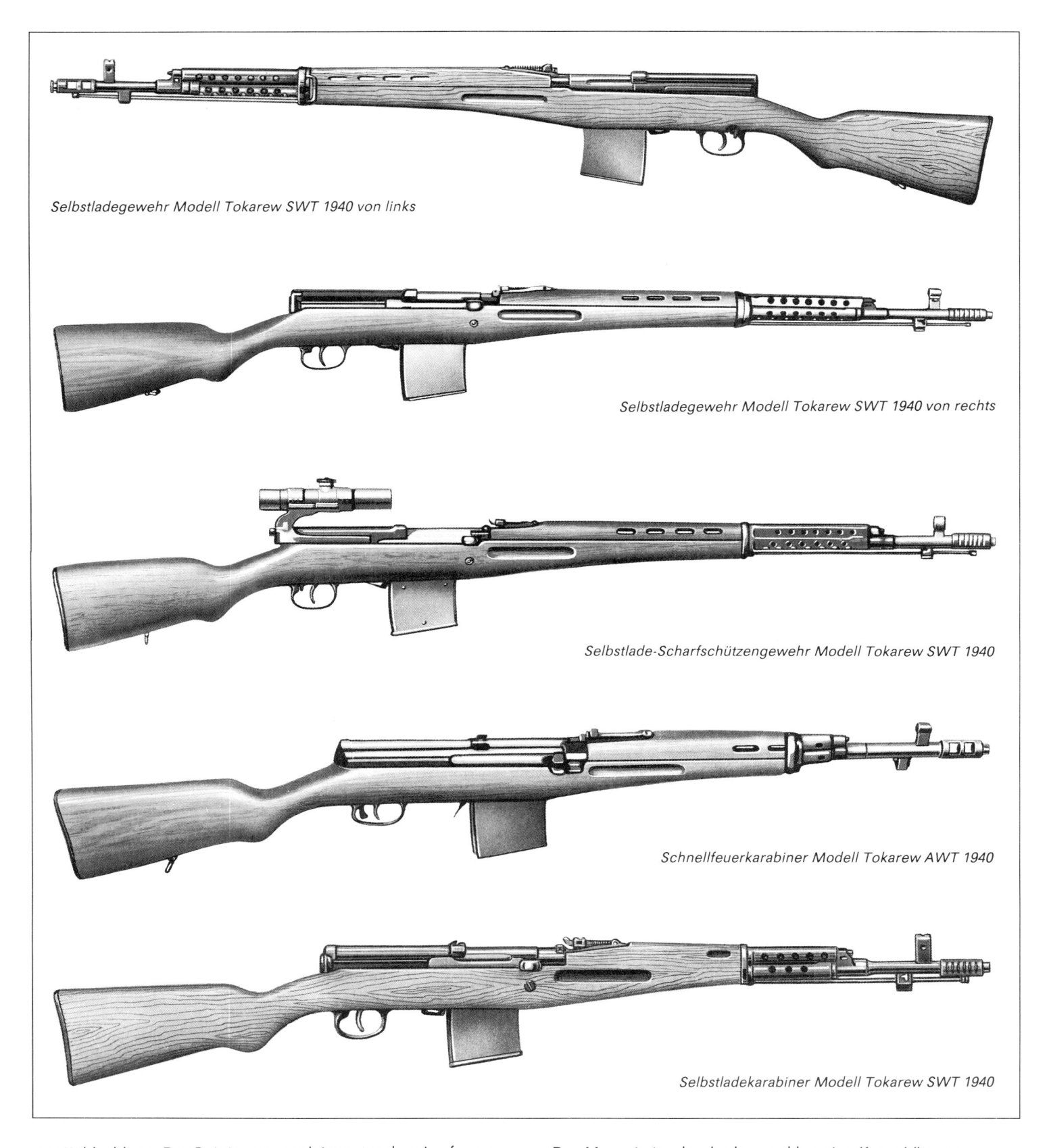

Selbstladegewehr Modell Tokarew SWT 1940 von links

Selbstladegewehr Modell Tokarew SWT 1940 von rechts

Selbstlade-Scharfschützengewehr Modell Tokarew SWT 1940

Schnellfeuerkarabiner Modell Tokarew AWT 1940

Selbstladekarabiner Modell Tokarew SWT 1940

vier Kühlschlitze. Der Reinigungsstock ist unter dem Lauf angebracht, die den Rückstoß dämpfende Mündungsbremse aber übereinstimmend mit der Erstversion: zunächst mit sechs schmalen, später mit zwei großen Schlitzen.

Das Selbstladegewehr Modell Tokarew SWT 1940 ist ein Gasdrucklader mit angebohrtem Lauf und Schwenkblockverschluß. Der Gaskolben befindet sich über dem Lauf. Verschluß und Gaskolben haben je eine Schließfeder. Der Gasdruck kann an einem Regler in fünf Positionen eingestellt werden, allerdings nur mit Werkzeug. Das Kurvenvisier ist von 100 m bis 1 000 m Entfernung um jeweils 100 m Distanz verstellbar. Die Länge der Visierlinie beträgt 409 mm, die effektive Einsatzschußweite 600 m, mit Zielfernrohr als Scharfschützenwaffe 800 m Entfernung.

Das Magazin ist abnehmbar und hat eine Kapazität von 10 Schuß. Das sind Gewehrpatronen 7,62 mm des Typs M 1908/30. Sie werden per Einzelfeuer verschossen. Der Schütze erreicht eine praktische Feuergeschwindigkeit bis 25 S/min. Ein leergeschossenes Magazin wird getrennt von der Waffe gegen ein volles ausgetauscht, kann aber auch mit Ladestreifen im Gewehr gefüllt werden. Zum Zubehör zählen ein Bajonett und ein Reinigungsstock.

Komplettiert mit einem Zielfernrohr von 3,5fach bzw. vierfach vergrößernder Optik, verwendete man ausgesuchte Waffen Modell SWT 1940 mit besonders sorgfältig bearbeitetem Lauf als Scharfschützengewehre. Die Halterung für das Zielfernrohr wurde an der linken Seite des Gehäuses befestigt. Als Scharf-

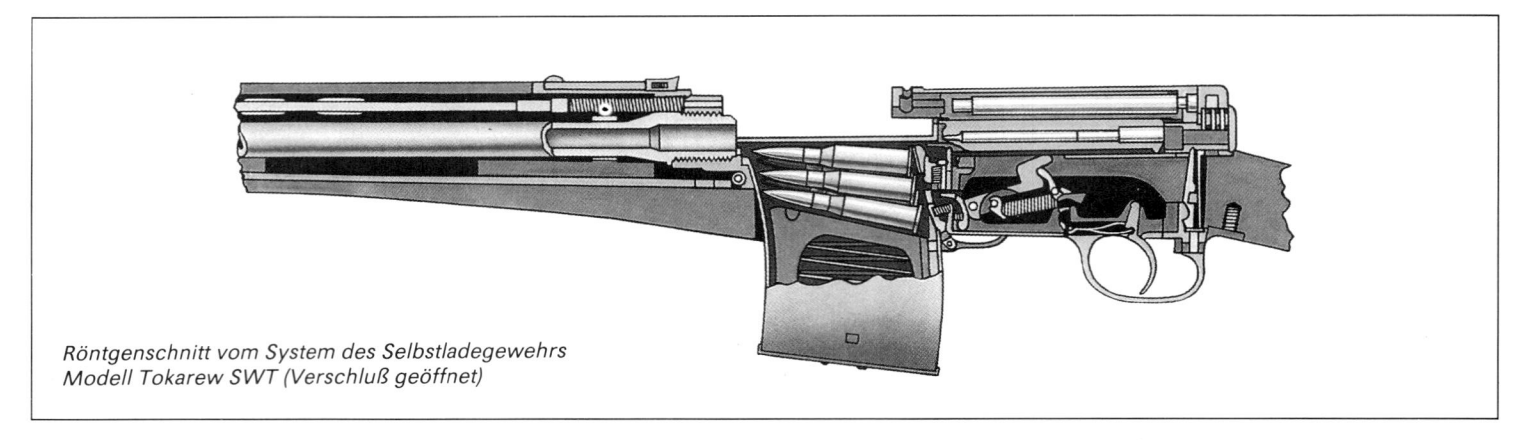

Sowjetunion

Röntgenschnitt vom System des Selbstladegewehrs Modell Tokarew SWT (Verschluß geöffnet)

schützengewehre waren die Selbstlader ebenfalls offiziell eingeführte Ordonnanzwaffen. Sie erreichten allerdings nicht die Präzision der Mehrlade-Scharfschützengewehre Modell 1891/30 (s. dort), deren Produktion man 1940 eingestellt hatte.

Trotz konstruktiver Veränderungen blieben die Scharfschützen-Selbstlader des Systems Tokarew unter anderem auf Grund ihrer größeren Streuung in bezug auf Treffgenauigkeit und Trefferdichte beträchtlich hinter den Scharfschützen-Mehrladern des Systems Mosin zurück. Da sich das Problem ohne rigorose konstruktive Maßnahmen nicht lösen ließ, die Front aber eine Vielzahl hochklassiger Scharfschützengewehre benötigte, entschloß man sich zum Wiederbeginn der Produktion entsprechender Mehrlader ab Anfang 1942 und stellte die Fertigung von Scharfschützen-Selbstladern zum 1. Oktober ein.

Ab Juli jenen Jahres wurde bereits eine weitere Version der Tokarewschen Ordonnanzwaffe gefertigt: der für Einzel- und Dauerfeuer eingerichtete Karabiner AWT 1940. Mit der Modifizierung seines Selbstladers zum Schnellfeuerkarabiner hatte der Konstrukteur einen Beitrag zur Entschärfung der damals äußerst angespannten Lage in bezug auf die Qualität der Infanteriebewaffnung leisten wollen. Man versuchte, durch solche Schnellfeuerwaffen die auf Grund mangelhafter Ausrüstung mit Maschinenpistolen und leichten Maschinengewehren seit Kriegsbeginn bestehende Lücke wenigstens teilweise zu schließen.

Allerdings konnte die unzureichende Feuerdichte der Infanterie nicht kompensiert werden. Solche Waffen haben sich nicht so bewährt, wie man erhofft hatte. Abgesehen davon, daß die Trefferdichte bei kurzen Feuerstößen und Dauerfeuer die der Maschinenpistolen bei weitem nicht erreichte und daß sogar der Karabiner Modell 1938 (s. dort) treffsicherer Einzelfeuer schoß als diese Version mit ihrem sehr starken Rückstoß, abgesehen also von solchen Mängeln — darüber hinaus funktionierte auch die Automatik der Waffe nicht störungsfrei. Ladehemmungen und Hülsenreißer waren die Regel. Der Verschluß klemmte, und der Karabiner war so schnell defekt, daß Befehl erteilt werden mußte, kurze Feuerstöße und Dauerfeuer nur dann zu schießen, wenn die Gefechtssituation keine andere Wahl ließ.

Der Schnellfeuerkarabiner Modell Tokarew AWT 1940 hat einen einteiligen Schaft und eine Mündungsbremse mit Schlitzen unterschiedlicher Anzahl. Die Munition wird wie bei den Selbstladern aus einem Trapezmagazin zugeführt. Es gab Magazine für 10 und 15 Patronen.

Die Waffe ist ein Gasdrucklader mit Kippverschluß. Der Hebel zum Einstellen der Feuerart — er wird auch als Sicherungshebel benutzt — befindet sich hinter dem Abzug: nach links gestellt Einzelfeuer, auf Mitte gesichert, nach rechts gestellt Dauerfeuer. Die theoretische Feuergeschwindigkeit wird mit 700 S/min angegeben.

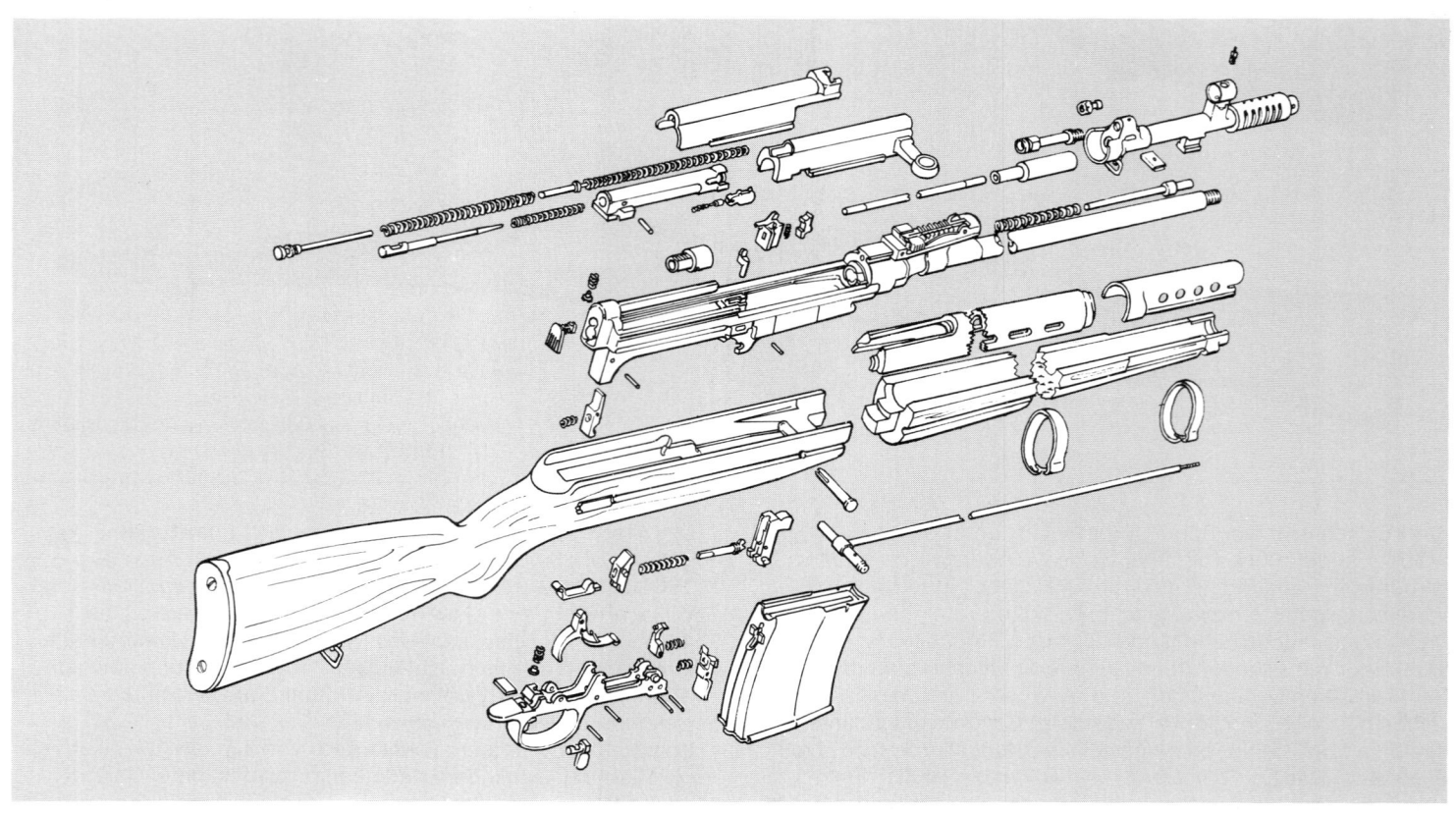

Explosionszeichnung vom System des Selbstladegewehrs Modell Tokarew SWT

Das System funktioniert wie folgt: Bei geschlossener Stellung wird der Verschluß durch den Verschlußträger nach unten gedrückt und befindet sich in verriegelter Position in einer Aussparung des Verschlußgehäuses. Sobald der Schuß bricht, strömt ein Teil der Pulvergase durch die Bohrung vorn im Lauf auf das Gasventil. Über ein gefedertes Gestänge wirkt der Bewegungsimpuls auf den Verschlußträger. Das Geschoß verläßt den Lauf, der Gasdruck fällt ab, der Verschlußträger gleitet etwa 10 mm zurück.

Danach hebt er den Verschluß an dessen zwei Nocken aus der Verriegelung und schiebt ihn nach hinten. Der Verschluß spannt das Schlagstück, zieht die Hülse aus dem Patronenlager und wirft sie aus. Befinden sich Verschlußträger und Verschluß in der hintersten Stellung, werden sie von der Schließfeder wieder nach vorn gedrückt. Die Mechanik führt eine neue Patrone zu, und der Verschluß verriegelt.

Außerdem gab es von 1940 bis 1943 mehrere als Selbstlader funktionierende Karabiner vom Typ SWT, zumeist nur Versuchswaffen. Tokarew hatte Lauf, Blechmantel und Schaft verkürzt und die Schaftringe weiter nach hinten versetzt. Unter anderem weist die Fachliteratur auf einen in geringer Stückzahl gefertigten Karabiner Modell SWT 1940 hin. Waffen dieses Systems dürfen jedoch nicht verwechselt werden mit den Versuchsmodellen zum Verschießen der neuentwickelten Kurzpatrone M 43.

In der Sowjetunion wurden interessante Einzelheiten über die Produktion der Tokarew-Selbstlader veröffentlicht. Am 2. Juni 1939, als die endgültige Entscheidung über eine Massenproduktion gefallen und das Waffenwerk Tula als Hersteller bestimmt worden war, hatte man folgende Stückzahlen geplant: 50 000 Gewehre für 1939, 600 000 Stück für 1940, 1,8 Millionen für 1941 und zwei Millionen für das folgende Jahr. Die Serienfertigung konnte binnen weniger Monate organisiert werden.

Am 16. Juli 1939 stand der erste Tokarew-Selbstlader SWT 1938 gewissermaßen als Mustermodell zur Verfügung. Neun Tage später begann die Montage in Einzelfertigung und ab 1. Oktober jenen Jahres die Serienproduktion. Die anfangs kalkulierten Planzahlen sind allerdings korrigiert worden. Genaue Angaben über die Stückzahl der Erstausführung aus den Jahren 1939/40 liegen nicht vor, wohl aber über die der Zweitversion SWT 1940, deren Fertigung am 1. Juli 1940 begann.

Bis Monatsende wurden 3 416 Stück hergestellt, bis Ende August 8 100, bis 18. Oktober 11 960 Gewehre. Der Produktionsausstoß von 1941 betrug 1 031 861, von 1942 aber nur 264 148 Stück, außerdem 34 782 bzw. 14 210 Scharfschützengewehre. Den beträchtlichen Rückgang – ganz im Gegensatz zur ursprünglichen Absicht – erklärt die sowjetische Fachliteratur mit Mängeln der Konstruktion, die sich zwar bewährt, nicht jedoch allen in sie gesetzten Erwartungen entsprochen hat. Am 3. Januar 1945 wurde die Produktion endgültig eingestellt.

Daten: Selbstladegewehr Modell Tokarew SWT 1938

Kaliber:	7,62 mm	Patrone:	7,62 × 54 R
v_0:	840 m/s[1]	Lauflänge:	625 mm[3]
Länge Waffe:	1 225 mm[2]	Züge/Richtung:	4/r
Feuergeschwindigkeit:	25 S/min	Visierschußweite:	1 500 m
		Einsatzschußweite:	600 m[4]
Munitionszuführung:	Trapezmagazin mit 10 Schuß		
Masse mit leerem Magazin und Bajonett mit Scheide:	4,83 kg		
Masse ohne Magazin:	3,90 kg		

[1] Patrone mit leichtem Geschoß.
[2] Mit aufgepflanztem Bajonett: 1 460 mm.
[3] Ohne Mündungsbremse.
[4] Mit Zielfernrohr als Scharfschützenwaffe: 800 m.

Daten: Selbstladegewehr Modell Tokarew SWT 1940

Kaliber:	7,62 mm	Patrone:	7,62 × 54 R
v_0:	840 m/s[1]	Lauflänge:	625 mm[3]
Länge Waffe:	1 226 mm[2]	Züge/Richtung:	4/r
Feuergeschwindigkeit:	25 S/min	Visierschußweite:	1 500 m
		Einsatzschußweite:	600 m[4]
Munitionszuführung:	Trapezmagazin mit 10 Schuß		
Masse mit leerem Magazin und Bajonett:	4,30 kg		

[1] Patrone mit leichtem Geschoß.
[2] Mit aufgepflanztem Bajonett: 1 465 mm.
[3] Ohne Mündungsbremse; gezogener Teil: 555 mm.
[4] Mit Zielfernrohr als Scharfschützenwaffe: 800 m.

Daten: Schnellfeuerkarabiner Modell Tokarew AWT 1940

Kaliber:	7,62 mm	Patrone:	7,62 × 54 R
v_0:	800 m/s[1]	Lauflänge:	420 mm[2]
Länge Waffe:	1 020 mm	Züge/Richtung:	4/r
Feuergeschwindigkeit:	25 S/min	Visierschußweite:	1 500 m
		Einsatzschußweite:	400 m
Munitionszuführung:	Trapezmagazin mit 10 bzw. 15 Schuß		
Masse ohne Magazin:	3,10 kg		

[1] Patrone mit leichtem Geschoß.
[2] Ohne Mündungsbremse.

Leichtes Maschinengewehr Modell Maxim-Tokarew MT 7,62 mm

Als 1918 die Rote Armee formiert wurde, verfügte sie über leichte Maschinengewehre in nicht annähernd ausreichender Anzahl, aber unterschiedlichen Typs. Nicht eine einzige solcher Waffen war im Lande hergestellt worden. Das zaristische Rußland hatte sie aus Dänemark, Frankreich und Großbritannien importiert. Das waren leichte Maschinengewehre vom Typ Madsen, Hotchkiss Modell 1908 und Chauchat Modell 1915 sowie Lewis Modell 1915.

Auf Grund der unterschiedlichen Modelle – keines verschoß im Lande produzierte Patronen – ergaben sich große Probleme bezüglich Munitionierung und Nachschub, Ersatzteilhaltung und Reparatur. Für Sowjetrußland war eine solche Situation nach Weltkrieg, Interventionskrieg und Bürgerkrieg sowie bei der Abwehr der fortdauernden militärischen Aktionen von außen und innen bei der damaligen schwierigen wirtschaftlichen Situation sehr kompliziert.

Seit 1921 in der Waffenfabrik Kowrow ein Konstruktionsbüro für automatische Infanteriewaffen gegründet wurde, arbeiteten sowjetische Fachleute an der Entwicklung von Maschinengewehren. Dabei versuchten sie, erste Voraussetzungen zur baldigen Lösung der obengenannten Probleme zu schaffen.

Schon 1921/22 stellten Wladimir Grigorjewitsch Fjodorow und Wassili Alexejewitsch Degtjarjow Versuchs-Maschinengewehre vor. Das waren auf der Grundlage des Fjodorow-Automaten Modell 1916 konstruierte Waffen. Sie verschossen Patronen von 6,5 mm Kaliber. Diese Munition entsprach weitgehend der japanischen Standardpatrone Arisaka M 38, war aber modifiziert worden. Die Patrone wog 21,25 g, das Geschoß etwa 9 g, die Pulverladung 2,24 g. Die Mündungsgeschwindigkeit betrug 660 m/s. Derartige Munition wurde für sämtliche nachfolgend erwähnten Versuchswaffen benutzt.

Sehr interessant ist ein als Modell Fjodorow-Degtjarjow 1921 bezeichnetes leichtes Versuchs-MG. In bezug auf das Funktionsprinzip fast völlig mit dem Fjodorow-Automaten identisch, wurde die Waffe aber mit einem Lauf ausgerüstet, den man nach dem Beispiel des britischen leichten Lewis-MG konstruiert hatte. Dieser Lauf erhielt einen Kühler mit Längsrippen aus Aluminium, wurde in einem Mantel untergebracht und gewährleistete eine ausreichende Luftkühlung. Unter dem Lauf befand sich ein klappbares Zweibein mit verstellbaren Füßen.

Zwei andere, als Modelle 1922 bezeichnete Versuchswaffen glichen sowohl dem Fjodorow-Automaten als auch dem Versuchs-MG von 1921 mit Ausnahme von Handschutz und Lauf. Der Handschutz der einen Waffe war verkürzt und mit metal-

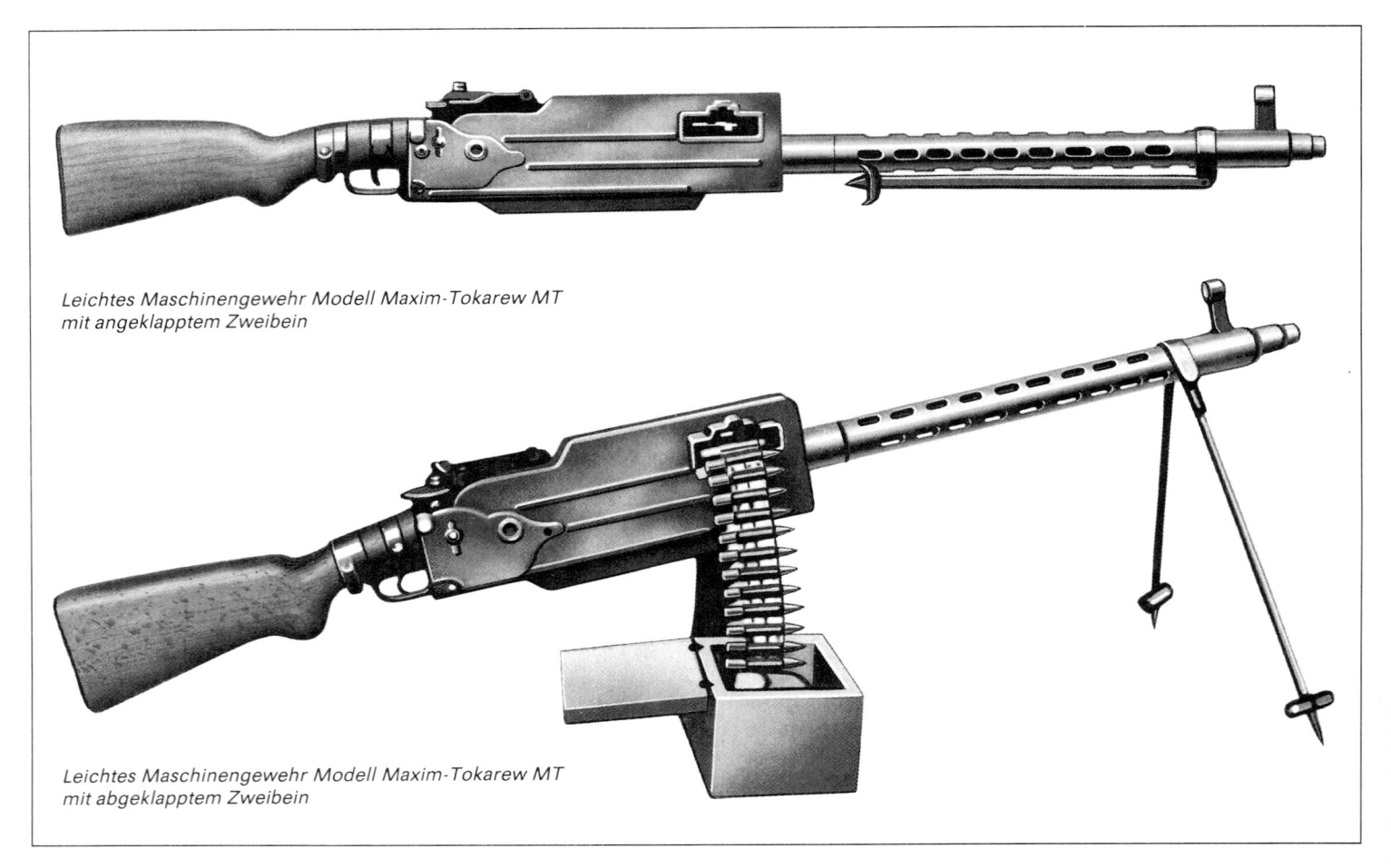

Leichtes Maschinengewehr Modell Maxim-Tokarew MT mit angeklapptem Zweibein

Leichtes Maschinengewehr Modell Maxim-Tokarew MT mit abgeklapptem Zweibein

lenen Endstücken ausgerüstet. Eine Waffe wurde mit Luft, die andere mit Wasser gekühlt. Der luftgekühlte Lauf war von einem Mantel mit Kühlöffnungen umgeben, der wassergekühlte Lauf stammte vom damals als Standard-Maschinengewehr geführten schweren Maxim-MG Modell PM 1910.

Georgi Semjonowitsch Schpagin orientierte sich bei der Entwicklung von Maschinengewehren zunächst ebenfalls an Fjodorows Schnellfeuergewehr. Im Jahre 1922 war er mit einem luftgekühlten Zwillings-MG präsent, das aus zwei miteinander verbundenen Fjodorow-Automaten bestand. Die Munition wurde von oben zugeführt. Die Versuchswaffe war mit Pistolengriff, herausziehbarer Schulterstütze und Schiebevisier ausgerüstet.

Damals entstanden unter Fjodorows und Degtjarjows Leitung für umfangreiche Versuchszwecke auch mehrere Flugzeug-Maschinengewehre in Einzel-, Zwillings- und Drillingsausführung. Man hatte sie mit einer Magazinzuführung derselben Art ausgerüstet wie später das leichte Maschinengewehr Modell Degtjarjow DP 1928 (s. dort). Für sämtliche Waffen wurden flache Tellermagazine benutzt.

Das erste bei den Streitkräften eingeführte Modell eines leichten Maschinengewehrs aus sowjetischer Eigenproduktion kam dann aber nicht aus dem Konstruktionsbüro von Fjodorow, sondern entstand 1924 auf dem Reißbrett von Fjodor Wassiljewitsch Tokarew, dem damaligen Technischen Direktor der Waffenfabrik Tula. Im Gegensatz zu den vorher genannten Konstrukteuren hatte sich Tokarew sofort auf die Mosin-Patrone 7,62 mm konzentriert und als Grundlage der künftigen Waffe das schon erwähnte Maxim-MG gewählt. Die Produktion von Maschinengewehren des Typs Maxim war 1905 im zaristischen Rußland in einer Ausführung mit Kühlmantel aus Bronze begonnen und 1910 mit einem Kühlmantel aus Stahl sowie geringfügig veränderter Patronenzuführung fortgesetzt worden.

Tokarews Überlegungen erwiesen sich für eine praktische Interimslösung als richtig: Benutzte man die Standardpatrone, hatte man das Problem der Munitionierung gelöst. Modifizierte man das Standard-MG, würde die Serienfertigung sofort beginnen können und wesentlich unkomplizierter sein, als es die Produktion einer Neukonstruktion nach neuer Technologie und auf neuen Maschinen wäre. Das nach seinem Erstkonstrukteur und nach dem Tulaer Direktor benannte leichte MG Modell Maxim-Tokarew MT wurde dann auch zu einem großen Teil auf denselben Maschinen hergestellt wie der gewissermaßen größere Bruder, das schwere Maschinengewehr. Produzent war die Waffenfabrik in Tula.

Solchen Überlegungen sind auch die für die Waffentechnische Abteilung der Offiziersschule Wystrel verantwortlichen Militärs gefolgt. Bereits 1923 hatten sie Iwan Nikolajewitsch Kolesnikow mit der Weiterentwicklung des schweren Maxim-MG zu einem luftgekühlten Maschinengewehr und darüber hinaus zu einer Waffe für Flugzeuge beauftragt. So arbeiteten zwei fähige Fachleute getrennt an der Lösung eines schwierigen Problems, und man konnte sich für die bessere Variante entscheiden.

Die Entscheidung fiel am 10. April 1925 bei einem Vergleichsschießen zwischen der Modell MK genannten Testwaffe Kolesnikows und der Weiterentwicklung von Tokarew zugunsten des Tulaer Betriebsdirektors. Sein Maschinengewehr wurde am 26. Mai jenes Jahres in die strukturmäßige Bewaffnung übernommen. Bis 1927 stellte man 2 450 Stück her. Sie sind sofort an die Truppe geliefert worden.

Allerdings war das nur eine Zwischenlösung. Schon kurze Zeit später mußte das Maschinengewehr dem leichten Degtjarjow-MG DP 1928, einer ebenfalls für die Standardpatrone 7,62 mm eingerichteten, jedoch weit besseren Waffe, weichen. Trotzdem hat sich Tokarews Konstruktion bewährt, und zwar nicht nur im Truppendienst bei sowjetischen Schützen, sondern auch im bewaffneten Kampf an zwei Fronten: von 1936 bis 1939 im spanischen Bürgerkrieg und ab 1937 in China bei der Abwehr japanischer Angriffe.

Die grundlegenden Unterschiede zwischen dem Originalmodell und seiner Modifikation sind das Kühl- und das Stützsystem. Das schwere Maschinengewehr wurde mit Wasser, das leichte wird mit Luft gekühlt. Das schwere Maschinengewehr war auf einer Radlafette montiert, das leichte mit einem klappbaren Zweibein ausgerüstet. Außerdem hat Tokarew an der Waffe einen Holzkolben installiert, der auch Abzugsvorrichtung und Sicherung hält.

Das leichte MG Modell Maxim-Tokarew MT ist ein luftgekühlter Rückstoßlader mit Kniegelenkverschluß. Die Munition wird von rechts aus einem Kasten zugeführt, in dem sich ein Textilgurt mit 250 Schuß Kapazität befindet. Das sind Mosin-Patronen 7,62 mm. Sie werden per Dauerfeuer verschossen. Die praktische Feuergeschwindigkeit beträgt 250 S/min. Die Mündungsgeschwindigkeit des Geschosses ist etwas geringer als beim schweren Maxim-MG.

Im Unterschied zu diesem wiegt das leichte Maschinengewehr entschieden weniger. Der Lauf hat eine größere Wanddicke, ist kürzer und wird von einem durchbrochenen Mantel umgeben. Die Fachleute streiten noch heute darüber, ob die Kühlung ausreichend war. Auffällig ist der Holzkolben mit einer pistolengriffähnlichen Form hinter dem Abzug. Als Stützsystem wurde ein Zweibein benutzt.

Trotz drastisch reduzierter Masse war die Waffe für ein leichtes Maschinengewehr zu schwer und zu unhandlich. Als problematisch erwies sich auch die Munitionszuführung mit Gurt im Kasten. Der Patronenvorrat war zwar sehr groß, die Manövrierfähigkeit aber stark eingeschränkt.

Daten: Leichtes Maschinengewehr Modell Maxim-Tokarew MT

Kaliber:	7,62 mm	Patrone:	7,62 × 54 R
v_0:	840 m/s[1]	Lauflänge:	605 mm
Länge Waffe:	mm	Züge/Richtung:	
Feuergeschwindigkeit:	600 S/min	Visierschußweite:	m
		Einsatzschußweite:	600 m
Munitionszuführung:	Gurt (im Kasten) mit 250 Schuß		
Masse ungeladen:	12,90 kg		

[1]) *Patrone mit leichtem Geschoß.*

Leichte Maschinengewehre
Modelle Degtjarjow DP 1928 und DPM 1944 7,62 mm

Trotz Übernahme des leichten MG Modell Maxim-Tokarew MT (s. dort) in die strukturmäßige Bewaffnung war 1925 das Problem der Ausrüstung mit leichten Maschinengewehren aus eigener Produktion noch nicht gelöst. Nach wie vor führten die sowjetischen Streitkräfte unterschiedliche Modelle aus verschiedenen Ländern. Die Anzahl dieser Waffen hatte sich inzwischen rapide verringert.

Um das Problem einer modernen Infanteriebewaffnung gewissermaßen in den Griff zu bekommen, war 1921 in Kowrow ein Konstruktionsbüro für automatische Infanteriewaffen gebildet worden. Sein Leiter war kein Geringerer als der international anerkannte Waffenspezialist Wladimir Grigorjewitsch Fjodorow, sein Stellvertreter mit Wassili Alexejewitsch Degtjarjow ebenfalls ein Waffenkonstrukteur von Rang und Namen. Zu ihrem von Jahr zu Jahr wachsenden Kollektiv gehörten fähige Ingenieure. Das Konstruktionsbüro avancierte auf seinem Gebiet bald zum führenden Entwicklungszentrum des Landes.

Schon bevor der offizielle Gründungsbeschluß gefaßt worden war, hatten Fjodorow und Degtjarjow in einer Versuchswerkstatt mit Entwicklungsprojekten für Maschinengewehre begonnen. Obwohl diese Modelle – alle für eine Patrone von 6,5 mm Kaliber eingerichtet – zum Teil interessante Konstruktionen waren, kamen sie über das Stadium von Versuchswaffen nicht hinaus. Erst als man sich 1924 auf die im Lande benutzte Standardpatrone Mosin 7,62 mm konzentrierte, beschritt man den richtigen Weg.

Dabei gelang es schließlich, das Problem der Bereitstellung eines truppendiensttauglichen, in hoher Stückzahl produzierbaren leichten Maschinengewehrs zu bewältigen. Degtjarjow entwickelte nicht nur eine Waffe für die Infanterie, sondern ein ganzes System. Die später modifizierten Versionen konnten auch als Bordwaffen von Flugzeugen und Panzern eingesetzt werden. All das waren Maschinengewehre von unkomplizierter Funktionsweise, einer geringen Anzahl sich bewegender Teile und relativ wenig Masse.

Im Jahre 1923 hatte der Konstrukteur eine Versuchswaffe vorgeführt. Das Maschinengewehr auf zwei kleinen Rädern aus Eisen, aber ohne Schutzschild, war für Gurtzuführung eingerichtet. Ein Jahr später präsentierte er eine weiterentwickelte Versuchswaffe mit einem flachen Tellermagazin und auf Zweibein. Am 22. Juni 1924 getestet, veranlaßten führende Militärs eine sorgfältige Truppenerprobung.

Im Sommer 1927 erwies sich das Degtjarjow-MG beim Vergleichsschießen den Maschinengewehren der bis dahin verwendeten ausländischen Typen sowie dem leichten MG Modell Dreyse 13 (s. dort) aus Deutschland und dem Tokarew-MG MT eindeutig als überlegen. Nach 20 000 Schuß gab es keinen Defekt und nach insgesamt 40 000 Schuß nicht mehr als 0,5 Prozent Ladehemmungen. Dennoch wurde die Waffe weiter vervollkommnet. Degtjarjow verbesserte zum Beispiel Schloßführung, Gaskolben, Schlagbolzen und Patronenauszieher.

Interessant ist in diesem Zusammenhang ein Bericht von Fjodorow vom 29. Mai 1930 über zu dieser Zeit durchgeführte Lebensdauerversuche. Er schrieb über eine Belastbarkeit von 75 000 bis 100 000 Schüssen bei weniger beanspruchten sowie von 25 000 bis 30 000 Schüssen bei stark beanspruchten Teilen.

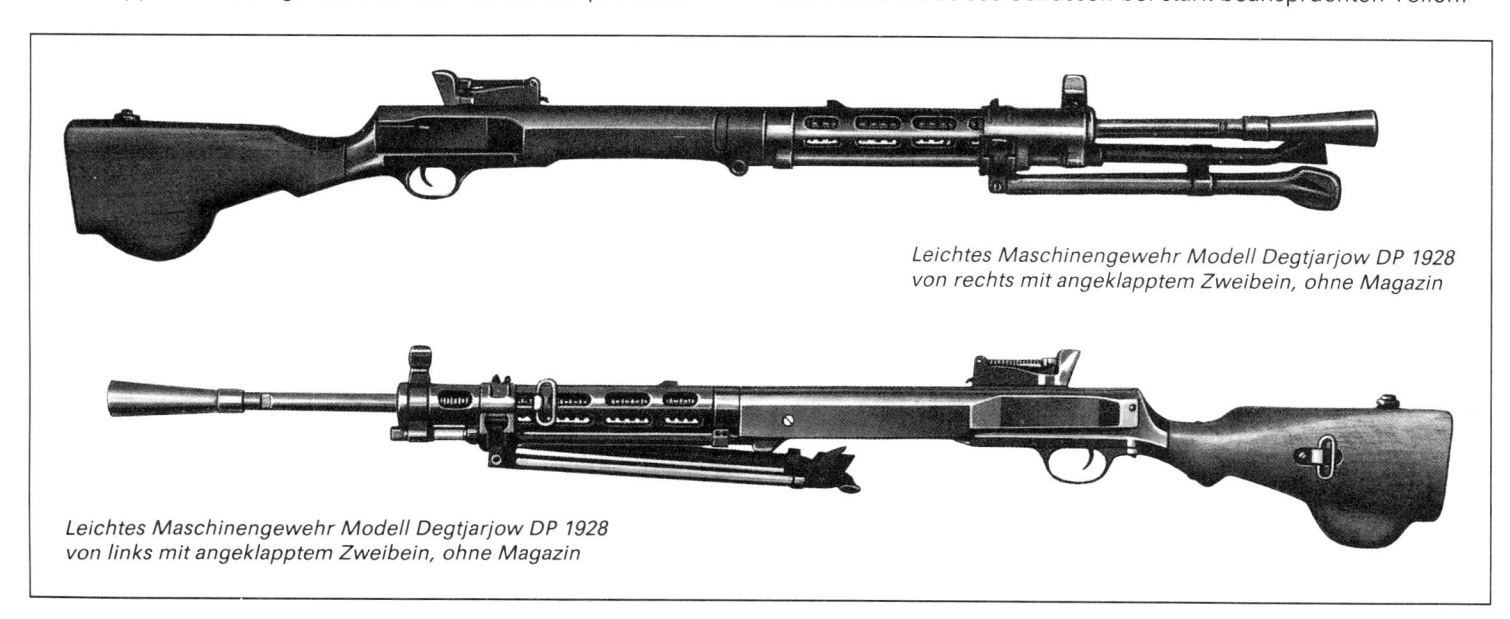

Leichtes Maschinengewehr Modell Degtjarjow DP 1928 von rechts mit angeklapptem Zweibein, ohne Magazin

Leichtes Maschinengewehr Modell Degtjarjow DP 1928 von links mit angeklapptem Zweibein, ohne Magazin

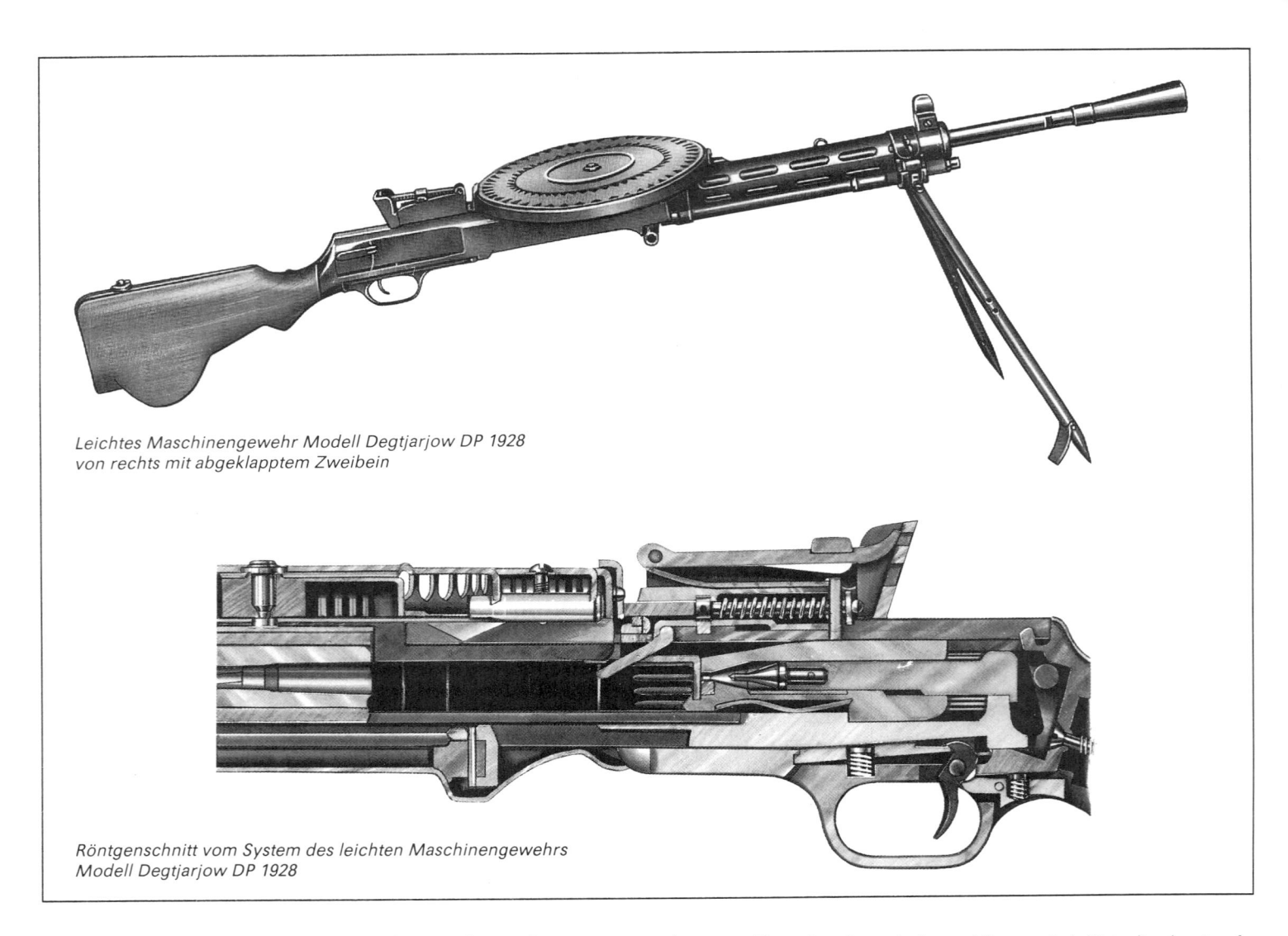

Leichtes Maschinengewehr Modell Degtjarjow DP 1928 von rechts mit abgeklapptem Zweibein

Röntgenschnitt vom System des leichten Maschinengewehrs Modell Degtjarjow DP 1928

Und der sowjetischen Fachliteratur zufolge soll man dem Konstrukteur des Maschinengewehrs außerhalb des Landes den Beinamen Russischer Maxim gegeben haben.

Als Modell DP 1928 bezeichnet, war das Maschinengewehr damals längst Standardwaffe der sowjetischen Infanterie. Über den Zeitpunkt der offiziellen Einführung gibt es unterschiedliche Informationen. Außer dem Jahr 1928, was nach neuesten Erkenntnissen richtig sein dürfte, findet man in der Fachliteratur auch Hinweise auf 1927 und 1929. Dabei hat man sich an dem Jahr des Vergleichsschießens bzw. am Jahr nach Beginn der Serienfertigung orientiert, als die Auslieferung erstmals in größerer Stückzahl erfolgte.

Das leichte MG Modell Degtjarjow DP 1928, eine zuschießende Waffe, ist ein Gasdrucklader mit feststehendem Lauf und starr verriegeltem Stützklappenverschluß. Hat das Geschoß die Bohrung im Lauf passiert, dringt ein Teil der Pulvergase durch die Öffnung in die Gaskammer und drückt den mit dem Schloß verbundenen Gaskolben nach hinten. Nach Zurückgleiten des Gaskolbens entriegelt der Verschluß, und die Automatik bereitet den nächsten Schuß vor. Der Gasdruck kann mit Werkzeug an einem Regler eingestellt werden.

An den Seiten des Verschlusses befinden sich zwei Verriegelungszapfen. Sie werden bei der Vorwärtsbewegung des Schlagbolzens nach außen gedrückt und greifen ein in die Verriegelungsnuten im Gehäuse. Vor der Verriegelung kann die Patrone nicht gezündet werden; und der Verschluß entriegelt erst, wenn der Gaskolben den Schlagbolzen zurückgedrückt hat.

Etwa ein Drittel des Laufes ragt aus dem Mantel hervor. Dieser hat Kühlschlitze. Am Lauf befindet sich ein trichterförmiger Mündungsfeuerdämpfer. Läufe aus früherer Produktion haben Kühlrippen, später hergestellte Läufe sind glatt. Der Lauf ist auswechselbar. Nach 250 bis 300 Schuß Dauerfeuer muß er ausgetauscht werden. Das ist nicht unkompliziert, denn er hat keinen Griff. Um ihn zu wechseln, benötigt der Schütze Werkzeug, mit dessen Hilfe er Steckgewinde und Sperrstück löst, die den Lauf im Gehäuse halten.

Das Zuführen der Munition erfolgt aus einem relativ schweren Tellermagazin sehr ungewöhnlicher Konstruktion von oben. Die Patrone wird durch einen Schlitz nach unten hinausgedrückt, die Zuführung durch ein Federwerk im Innern gesteuert. Die Magazinkapazität beträgt 49 Schuß. Um Ladehemmungen zu vermeiden, wurde das Magazin allerdings nur mit 47 Patronen gefüllt. Das waren Mosin-Patronen 7,62 mm, anfangs Munition des Typs M 1908, später des verbesserten Typs M 1908/30.

Zu einer Zeit, da es außer den Waffen vom Typ Lewis kein truppendiensttaugliches leichtes Maschinengewehr mit einem so großen Munitionsvorrat gab, verfügten die sowjetischen Streitkräfte also über ein Modell für 47 Patronen. Das erwies sich später als sehr entscheidend, bezüglich des taktischen Konzepts jedoch nicht immer als ausreichend. Hinzu kam ein weiterer Fakt: Das Füllen des Magazins ist relativ schwierig, vor allem in der Hektik des Gefechts, und der flache Magazinteller kann vor Beschädigung kaum geschützt werden.

Die Waffe schießt nur Dauerfeuer. Ihre praktische Feuergeschwindigkeit beträgt 80 S/min bis 100 S/min, die maximale Flugweite des Geschosses 3000 m. Die Sicherung befindet sich hinter dem Abzugsbügel. Sobald der Schütze beim Umfassen des Kolbens mit dem Zeigefinger den Abzug betätigt, drückt er mit dem Mittelfinger auf die Sicherung und löst die Abzugssperre. Läßt er den Kolben los, ist der Abzug blockiert. Das Kurvenvisier kann ab 100 m bis 1500 m Entfernung um jeweils 100 m Distanz verstellt werden. Die Länge der Visierlinie beträgt 616 mm. Zur Waffe gehört ein unter dem Gaskanal befestigtes Zweibein. In Ruhestellung wird es unter den Lauf geklappt.

Obwohl sehr beweglich, relativ leicht und robust, auch zuverlässig und schnell einsatzbereit, wurde die Waffe nicht sämtlichen Gefechtsbedingungen gerecht. So beanstandete man Verschluß, Schließfeder, Magazin und Zweibein. Manche Verschlußteile waren nach starker Beanspruchung nicht mehr paßgenau und daher instabil. Die Lebensdauer der Schließfeder war zu kurz. Unterhalb des Laufes konzentrisch um den Gaskolben angeordnet, wurde sie beim Schießen schnell heiß. Die Kapazität des Magazins sollte ebenfalls erhöht werden. Das Zweibein schließlich bot keine optimale Standsicherheit.

Die wesentlichsten Mängel konnten beseitigt werden. Vom Konstrukteur A.I. Schilin nach zahlreichen vorangegangenen Versuchen modernisiert, stand 1944 eine verbesserte, als leichtes MG Modell Degtjarjow DPM bezeichnete Ausführung zur Verfügung. Diese Waffe hat einen Sicherungshebel, einen Pistolengriff hinter dem Abzugsbügel und einen Kolben von schlankerer Form. Der Schütze konnte das Maschinengewehr daher beim Sturmangriff auch im Hüftanschlag benutzen. Vor allem aber war die Schließfeder verbessert worden. Sie ist stabiler und befindet sich hinter dem Verschluß im Schutzrohr über dem Kolbenhals, wird also extremer thermischer Beanspruchung nicht mehr ausgesetzt. Der Lauf mit dickerer Wandung ist ebenfalls robuster. Das Zweibein wurde weiter hinten am Laufmantel befestigt und ist standsicher.

Das Zuführsystem konnte man allerdings nicht verbessern. Vorgesehen war ein Gurt von wesentlich größerer Patronenkapazität. Dieses Problem wurde erst beim Kompanie-MG Modell RP 46 (s. »Schützenwaffen heute«) gelöst.

Zu den Versionen des leichten Degtjarjow-MG gehören die 1928 bzw. 1930 eingeführten Flugzeug-Maschinengewehre Modell DA in Einzelausführung und Modell DA-2 in Zwillingsausführung, das 1929 übernommene Panzer-MG Modell DT und die schließlich verbesserte Ausführung DPM 1944. Ab Ende der zwanziger Jahre verfügten die sowjetischen Streitkräfte also nicht nur über ein als Standardwaffe einsetzbares leichtes Infanterie-MG, sondern über ein ganzes Waffensystem, allerdings in unzureichender Stückzahl.

Die Flugzeugwaffen mit Pistolengriff, veränderter Schulterstütze und einem Magazin von 63 Schuß Kapazität wurden vorwiegend als bewegliche Maschinengewehre in Bombern und Aufklärern eingebaut. Die Panzerwaffen rüstete man mit herausziehbarer Schulterstütze, stabilerem Lauf, Dioptervisier und einem Magazin wie beim Flugzeug-MG aus. Sie wurden übrigens auch bei der Infanterie sowie von Partisanen benutzt, und zwar auf Zweibein.

In der internationalen Fachliteratur lobt man Degtjarjows leichte Maschinengewehre DP 1928 und DPM 1944 übereinstimmend als zuverlässige Waffen von hoher Funktionssicherheit. Sie werden auch als unkomplizierte Konstruktionen beurteilt. Ähnliches gilt in bezug auf die Produktion. Obwohl in spanabhebender Arbeitsweise vorwiegend durch Drehen und Fräsen gefertigt, waren die Herstellungskosten gering. Manche Autoren ordnen diese Waffen den damals einfachsten und kostengünstigsten Maschinengewehren der Welt zu.

Die Erstausführung Modell DP 1928 wurde von 1936 bis 1939 im spanischen Bürgerkrieg bei den Truppen der verfassungsmäßigen Volksfrontregierung und den Internationalen Brigaden eingesetzt. Sie bewährte sich auch 1938 bzw. 1939 bei der Abwehr der japanischen Angriffe am Chassansee und im Gebiet des Chalchyn-gul sowie 1939/40 während des Finnisch-Sowjetischen Krieges.

Im zweiten Weltkrieg stellten Degtjarjows Maschinengewehre ihre Zuverlässigkeit an allen Fronten unter Beweis. Sie schossen unter extremen Einsatzbedingungen präzise und treffsicher; sie funktionierten bei Hitze, Kälte und starker Verschmutzung. Die deutschen Truppen haben daher erbeutete derartige Waffen in großer Stückzahl benutzt. Das Heereswaffenamt führte sie in seinen Listen als leichtes MG Modell 120 (r) bzw. 120/2 (r).

Wie viele Maschinengewehre hergestellt wurden, ist nicht exakt bekannt. Sowjetische Autoren berichten über eine Nullserie von 100 Waffen bis Januar 1928 und darüber, daß für 1927/1928 ein erster Auftrag über 2 500 Stück erteilt worden war, den man dann für einen mit 1928/1929 angegebenen Zeitraum auf 6 500 Stück erweitert hat, davon 4 000 Infanterie-, 2 000 Flugzeug- und 500 Panzer-Maschinengewehre.

In diesem Zusammenhang wird auch über Aktivitäten der mili-

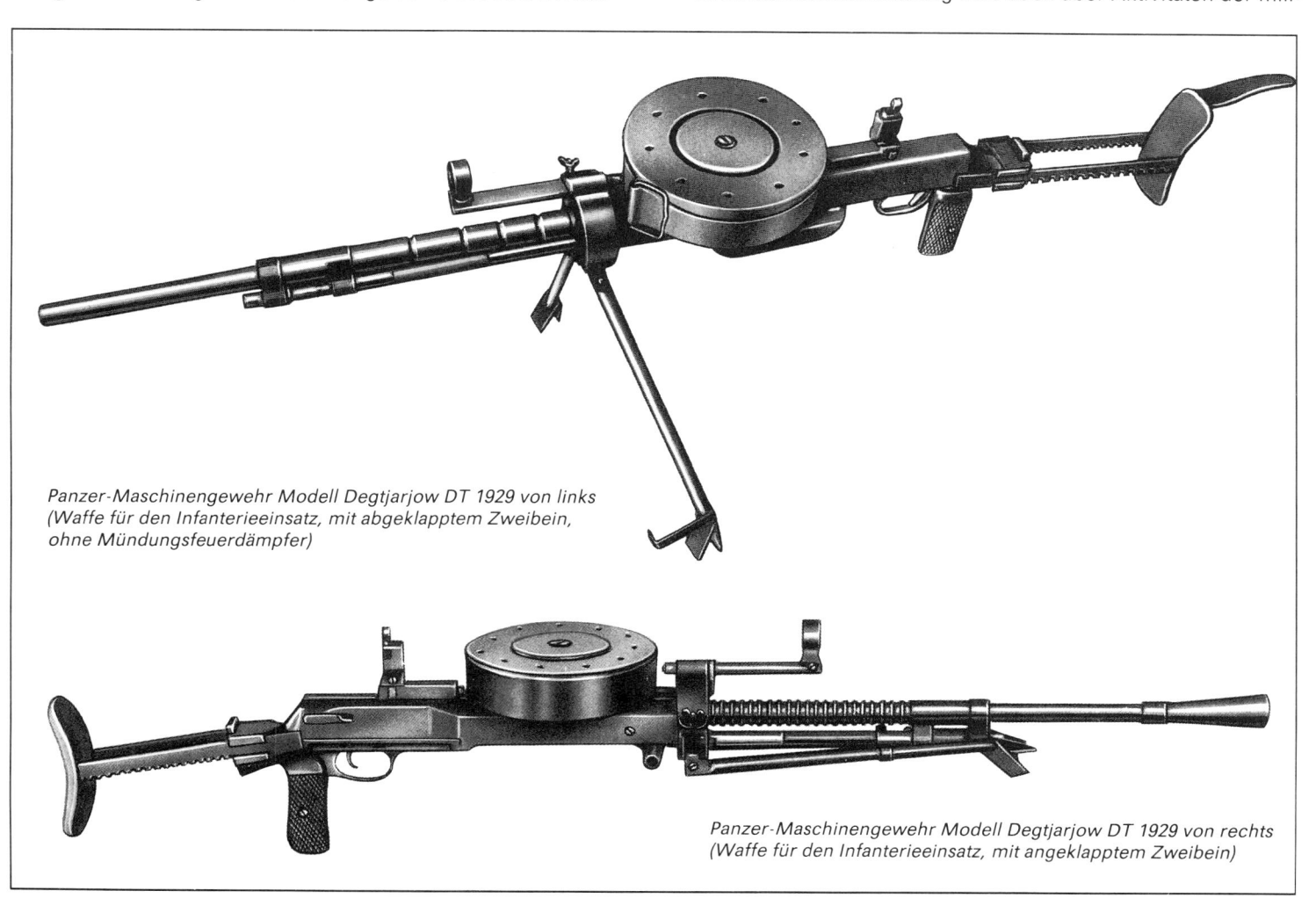

Panzer-Maschinengewehr Modell Degtjarjow DT 1929 von links (Waffe für den Infanterieeinsatz, mit abgeklapptem Zweibein, ohne Mündungsfeuerdämpfer)

Panzer-Maschinengewehr Modell Degtjarjow DT 1929 von rechts (Waffe für den Infanterieeinsatz, mit angeklapptem Zweibein)

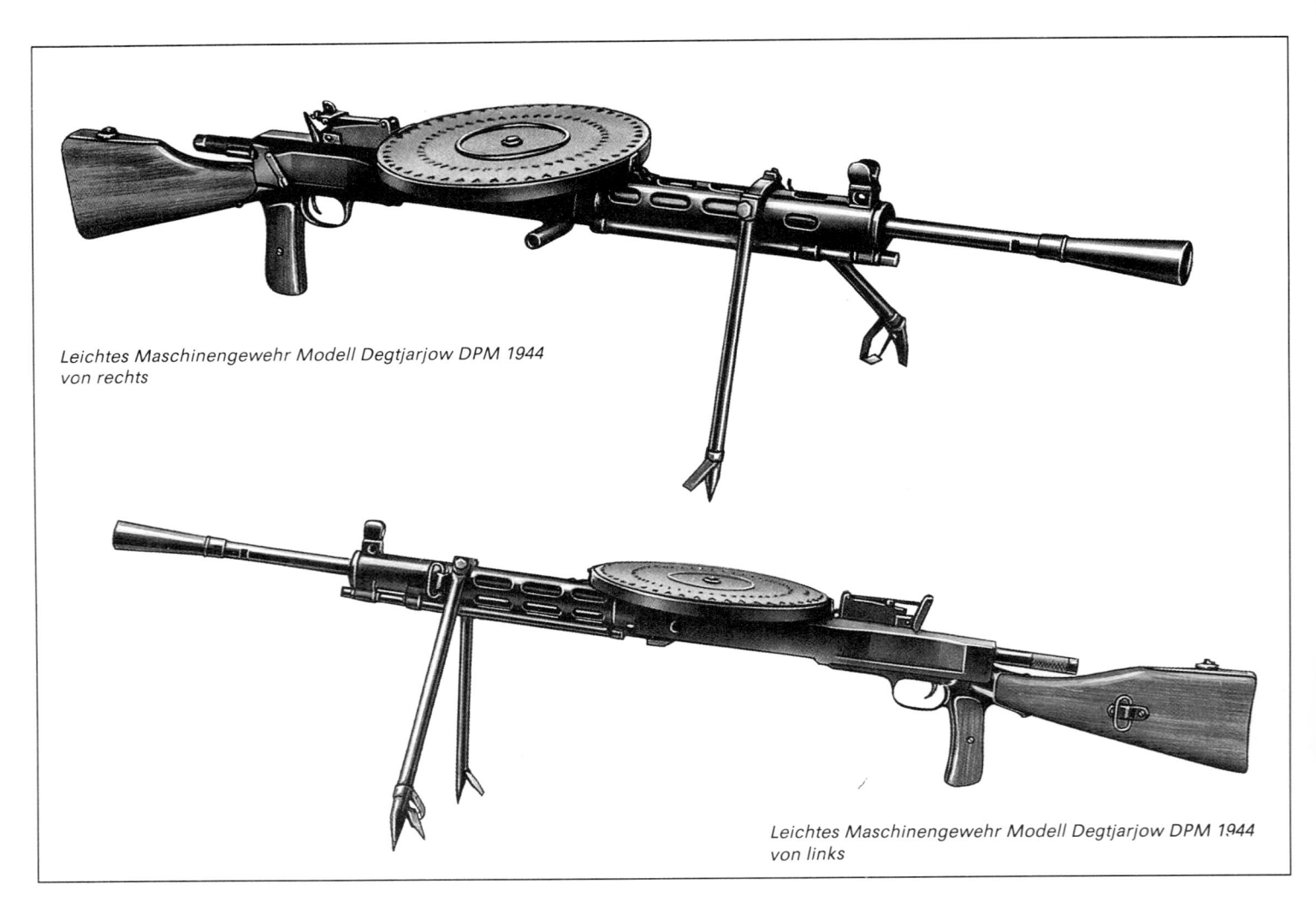

Leichtes Maschinengewehr Modell Degtjarjow DPM 1944 von rechts

Leichtes Maschinengewehr Modell Degtjarjow DPM 1944 von links

tärischen Führung des Landes informiert, deren Vertreter sich persönlich mit dem Problem einer zügigen Serienproduktion beschäftigt haben. Dabei ging es vor allem um technologische Aspekte, um Bereitstellung geeigneter Stahlsorten, um die Austauschbarkeit einzelner Waffenteile und alles in allem um die ständige Verbesserung der Erzeugnisqualität.

Mit diesem Ziel wurden zu jener Zeit zahlreiche Dauererprobungen durchgeführt. Hinzu kamen damals und später auf die weitere Verbesserung der Waffe gerichtete konstruktive Änderungen. So sind mehrere, im Laufe der Zeit getestete Versuchsmodelle bekannt, zum Beispiel von 1931, 1934 und 1938. Während des zweiten Weltkriegs erwog man, wie schon erwähnt, die Waffe auf Gurtzuführung umzustellen. Versuche Degtjarjows, der 1943 solche Modelle erprobte, schlugen allerdings fehl. Stangenmagazine waren ebenfalls nicht geeignet.

In bezug auf Versuche mit leichten Maschinengewehren bedarf es einer ausführlichen Erläuterung: Man war mit dem damaligen Standard-MG nicht völlig zufrieden, weder in technischer noch in taktischer Hinsicht. Technische Mängel zeigten sich insbesondere an Verschluß und Schließfeder und konnten dann endgültig mit der verbesserten Version DPM 1944 beseitigt werden. Die Mängel in taktischer Hinsicht jedoch betrafen vor allem den Magazinvorrat.

Benötigt wurde ein bewegliches, von der Kompanie in Gefechtsordnung mitführbares Maschinengewehr von hoher Feuerkraft und einem daher annähernd der Patronenkapazität von schweren Maschinengewehren entsprechenden Munitionsvorrat. Eine solche Waffe für die erste Linie sollte die in der zweiten Linie oder an den Flanken operierenden schweren Maschinengewehre ergänzen. Trotz seines relativ großen Magazins wurde das Degtjarjow-MG solchen taktischen Konstellationen nicht gerecht.

Daher initiierte die militärische Führung 1943 einen Wettbewerb mit dem Ziel, die Standardwaffe durch ein neues Maschinengewehr zu ergänzen. Die sowjetische Fachliteratur informiert über mehrere Versuchswaffen, außer von Degtjarjow

insbesondere von Sergej Gawrilowitsch Simonow und dem damals noch weitgehend unbekannten Konstrukteur Michail Timofejewitsch Kalaschnikow. Derartige Versuchswaffen unterschiedlichster Ausführung waren zunächst für die Mosin-Patrone 7,62 mm eingerichtet. Da zu dieser Zeit jedoch bereits die neuentwickelte Kurzpatrone M 43 zur Verfügung stand, konzentrierte sich die Aktivität bald auf diese Munition. Zum Kreis der besonders engagierten Konstrukteure zählten damals außer den schon genannten auch A. A. Dubinin, P. P. Poljakow, A. I. Schilin und Alexej Iwanowitsch Sudajew.

Ihre zahlreichen, teils in Einzel-, teils in Kollektivarbeit konstruierten Testmodelle wurden nach sorgfältiger Erprobung verbessert und weiterentwickelt. Auf diese Weise entstanden schließlich Waffen der erforderlichen Perfektion. Eine davon ist das Kompanie-MG Modell RP 46 für die Mosin-Standardpatrone M 1908/30, eine andere das leichte MG Modell Degtjarjow RPD (s. »Schützenwaffen heute«) für die Kurzpatrone M 43. Obwohl schon vor Kriegsende serienfertig, wurden sie erst nach 1945 eingeführt. Später kam ein ganzes Waffensystem modernster Maschinengewehre hinzu, dessen erstes Modell das leichte Kalaschnikow-MG RPK (s. Schützenwaffen heute«) war.

So blieb Degtjarjows Waffe von Ende der zwanziger Jahre bis Ausgang des zweiten Weltkriegs Standardmodell, wohl auch auf Grund fehlender Produktionskapazität für die schon serienfertigen oben erwähnten anderen Maschinengewehre.

Seit es Waffen vom Typ DP 1928 gab, war der Bedarf der Streitkräfte an solchen Maschinengewehren stets gewachsen. Trotz kontinuierlich gestiegener Produktion standen sie bis 1942/43 jedoch nicht in ausreichender Menge zur Verfügung. Obwohl sich ihr Bestand allein von 1929 bis 1933 auf mehr als das 7,5fache erhöht hatte und zu den von 1939 bis Juni 1941 ausgelieferten insgesamt 105 000 Maschinengewehren aller Art eine große Anzahl vom Typ DP 1928 gehörte, herrschte akuter Mangel an leichten Maschinengewehren. Allein an der Westfront fehlten Ende September 1941 etwa 3 800 Stück.

Ein enorm gesteigerter Produktionsausstoß half, das Defizit zu überwinden. So sollen im Jahre 1944 mehr als 120 000 Degtjarjow-Maschinengewehre der Infanterieausführung und etwa 40 000 Bordwaffen für Panzerfahrzeuge hergestellt worden sein. Da diese Angaben jedoch nicht der Fachliteratur aus der Sowjetunion entnommen sind, konnten sie nicht nachgeprüft, wohl aber mit Veröffentlichungen sowjetischer Autoren verglichen werden. Diese informieren über eine jährliche Gesamtproduktion leichter, schwerer und überschwerer Maschinengewehre ab 1942 von durchschnittlich 450 000 Stück. Dabei wird betont, daß die Industrie des Landes von Juli 1941 bis Ende des Krieges 78mal mehr Maschinengewehre an die Front lieferte, als das zaristische Rußland während des ersten Weltkriegs hergestellt hat.

Wie in anderen Staaten gehörte das Degtjarjow-MG DP bzw. die verbesserte Version DPM in der ehemaligen DDR zur Erstausrüstung der Streitkräfte. Solche Waffen wurden dann durch Maschinengewehre Modell Degtjarjow RPD ergänzt und erst durch die leichten Maschinengewehre Modell Kalaschnikow RPK abgelöst.

Übrigens sind Maschinengewehre der Typen DP und DPM nicht nur in der Sowjetunion hergestellt worden, sondern auch in China und Polen. In China wurden sie Modell 53 (s. »Schützenwaffen heute«), in Polen Modelle DP und DPM (s. »Schützenwaffen heute«) genannt.

Daten: Leichtes Maschinengewehr Modell Degtjarjow DP 1928

Kaliber:	7,62 mm	Patrone:	7,62 × 54 R
v_0:	840 m/s[1]	Lauflänge:	605 mm[2]
Länge Waffe:	1 266 mm	Züge/Richtung:	4/r
Feuergeschwindigkeit:	600 S/min	Visierschußweite:	1 500 m
		Einsatzschußweite:	800 m
Munitionszuführung:	Tellermagazin mit (49) 47 Schuß		
Masse geladen:	8,40 kg		
Masse des vollen Magazins:	2,82 kg		
Masse des leeren Magazins:	1,64 kg		

[1] Patrone mit leichtem Geschoß.
[2] Gezogener Teil: 532 mm.

Überschweres Maschinengewehr Modell Degtjarjow-Schpagin DSchK 1938 12,7 mm

In der richtigen Erkenntnis, daß überschwere Maschinengewehre als Ausrüstung von Gefechtsfahrzeugen, Booten und Erdstellungen große Bedeutung für die erfolgreiche Bekämpfung gepanzerter und fliegender Ziele sowie MG-Nester haben, erhielt der sowjetische Konstrukteur Wassili Alexejewitsch Degtjarjow von der Führung der Streitkräfte Ende der zwanziger Jahre einen entsprechenden Entwicklungsauftrag. Auf der Grundlage des Funktionsprinzips seines leichten MG Modell DP 1928 (s. dort) konstruierte er ein als Modell DK bezeichnetes überschweres Maschinengewehr. Die Testwaffe mit dem Kaliber 12,7 mm stand 1930 zur Erprobung bereit.

Ein solches Kaliber war zu jener Zeit durchaus nicht üblich. Es resultierte aus den im ersten Weltkrieg gewonnenen Erfahrungen, insbesondere gepanzerte Fahrzeuge mit Maschinengewehren hoher Durchschlagskraft bekämpfen zu müssen. Die aus Infanterie-Maschinengewehren mit einem Kaliber nicht größer als 8 mm verfeuerten Geschosse konnten zwar Panzerstahl damaliger Fertigung durchschlagen, kaum jedoch die inzwischen schon dickere Panzerung modernerer Gefechtsfahrzeuge. Und daß die Entwicklung in Richtung noch stabilerer Panzerung gehen würde, dies zeichnete sich zu jener Zeit deutlich ab.

Man mußte also Waffen und Munition größeren Kalibers entwickeln. Allerdings war man sich auch der Grenzen bewußt, die solchen Waffen aus funktionstechnischen und ökonomischen Gründen gesetzt waren.

Je größer Kaliber und Mündungsgeschwindigkeit, desto höher im allgemeinen die Durchschlagskraft. Jedoch Masse der Waffe und ihre Feuergeschwindigkeit stehen ebenfalls in einer engen Wechselwirkung zueinander. Will man mit Geschossen größeren Kalibers eine höhere Mündungsgeschwindigkeit erreichen, muß die Masse der Waffe ebenfalls größer sein. Dies hat übrigens auch ökonomische Folgen. Da aber Teile mit größerer Masse nicht so schnell bewegt werden können, sinkt die Feuergeschwindigkeit.

So galt es angesichts all dieser aufeinander einwirkenden Faktoren, die günstigste Variante zu finden. Das Kaliber 12,7 mm war damals ein solcher Kompromiß. Auch die US-amerikanischen Militärs waren ihn eingegangen. Schon Ende des ersten Weltkriegs hatten sie ein Maschinengewehr mit dem Kaliber .50 übernommen. Es wurde weiterentwickelt und in seiner letzten Version als überschweres MG Modell Browning M2 HB (s. dort) schließlich 1933 eingeführt. Elf Jahre danach gelang dann aber in der Sowjetunion die Entwicklung des überschweren MG Modell Wladimirow KPW (s. dort). Das war eine Waffe mit dem noch größeren Kaliber 14,5 mm.

Als sich 1929/30 Degtjarjow mit seinem Projekt beschäftigte, verwendete er die im eigenen Lande für eine Panzerbüchse entwickelte Patrone M 30 mit den Abmessungen 12,7 × 108. Solche Munition stand 1930 mit panzerbrechendem, ab 1932 auch mit Panzerbrandgeschoß zur Verfügung. Sie wurde später zur Patrone M 30/38 modifiziert.

Degtjarjows Prototyp von 1930 war mit einem Rahmenvisier bis 3 500 m Entfernung zur Bekämpfung von Zielen am Boden sowie mit einem Kreiskornvisier bis 2 400 m Distanz zum Einsatz gegen fliegende und schnellbewegliche Bodenziele ausgerüstet. Die Munition wurde aus einem Trommelmagazin von 30 Schuß Kapazität zugeführt. Der Lauf war in das Gehäuse eingeschraubt und auswechselbar. Der Rückstoß wurde durch eine Mündungsbremse gemindert. Für die Waffe stand eine Speziallafette zur Verfügung.

Beim Vergleichsschießen mit zwei anderen Maschinengewehren, darunter einem Vorläufer des späteren US-amerikanischen Standard-MG vom Typ Browning, erzielte die sowjetische Waffe vielversprechende Ergebnisse. Ihre Mündungsgeschwindigkeit betrug 810 m/s, die Feuergeschwindigkeit 350 S/min bis 400 S/min, die Durchschlagskraft des Geschosses auf 300 m Entfernung bei 90° Auftreffwinkel 16 mm Panzerstahl. Die Prüfungskommission ordnete konstruktive Verbesserungen an, zum Beispiel das Umrüsten auf Gurtzuführung. Sie empfahl Truppenerprobung und für 1931 die Fertigung von 50 Stück.

Wie viele Waffen hergestellt wurden, läßt sich nicht mehr exakt ermitteln. Diesbezügliche Angaben in der sowjetischen Fachliteratur – sie informiert über eine Fertigung in kleinen Serien – betreffen nicht nur die Erstausführung dieser Waffe, sondern auch die dann Ende der dreißiger Jahre in die Ausrüstung übernommene Zweitversion. Demnach haben die Streitkräfte bis zum 22. Juni 1941 insgesamt etwa 2 000 überschwere Maschinengewehre mit 12,7 mm Kaliber erhalten. Die Anzahl des bis 1935 gefertigten Modells DK dürfte kaum größer gewesen sein als 1 000 Stück.

Solche Waffen sind wiederholt erprobt und getestet worden. Ihre Mängel bekam Degtjarjow allerdings nicht in den Griff. Zu den Mängeln gehörten vor allem die geringe Manövrierfähigkeit und das zu langsame Feuertempo. Um die Waffe vom Einsatz gegen Bodenziele auf die Bekämpfung fliegender Ziele umzustellen, brauchte man zuviel Zeit, da das ebenfalls neuentwickelte Stützsystem nicht perfekt war. Und das Feuertempo erwies sich als zu gering, da das System der Patronenzuführung mit seinem zu schweren und sperrigen Magazin nicht schnell genug arbeitete.

Beide Schwierigkeiten konnten schließlich behoben werden. Georgi Semjonowitsch Schpagin rüstete das Zuführsystem auf

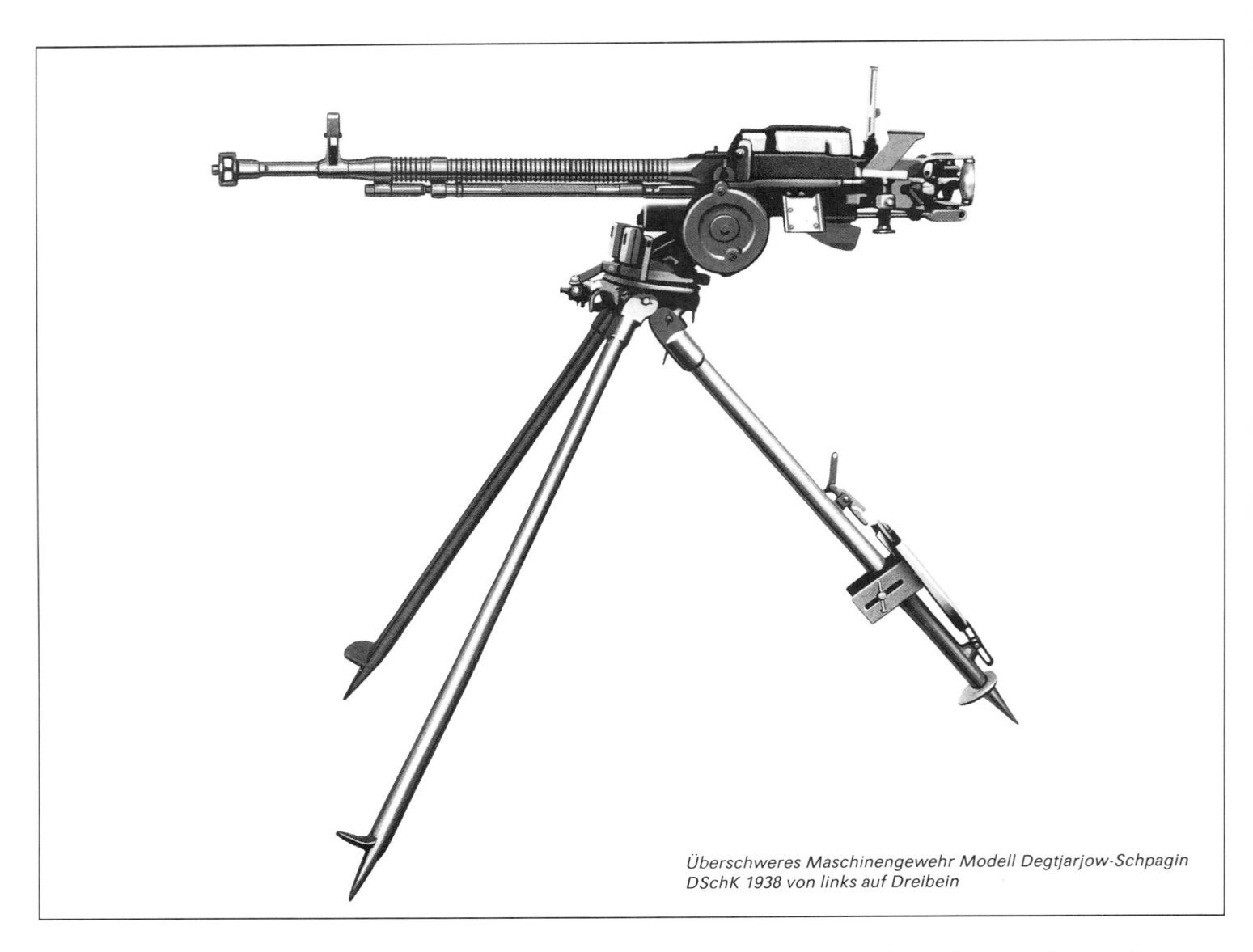

Sowjetunion

Überschweres Maschinengewehr Modell Degtjarjow-Schpagin DSchK 1938 von links auf Dreibein

Gurt mit trommelförmigem Zuführer um, und die Feuergeschwindigkeit stieg beträchtlich. Iwan Nikolajewitsch Kolesnikow verbesserte die von ihm entwickelte Lafette, und die Umstellung von Erd- auf Luftkampf war schnell und unkompliziert möglich.

Das perfektionierte Maschinengewehr bestand im April 1938 sämtliche Tests, wurde am 26. Februar 1939 in die strukturmäßige Ausrüstung eingereiht und ab dem folgenden Jahr an die Truppe geliefert. Waffen dieses Typs erwiesen sich während des zweiten Weltkriegs als ausgezeichnete Kampfmittel gegen Ziele zu Lande, zu Wasser und in der Luft. Sie waren vergleichbaren Maschinengewehren nicht nur ebenbürtig, sondern sogar überlegen.

Im Jahre 1940 erhielten die Streitkräfte 566 und bis Ende des folgenden Halbjahrs erneut 234 Stück. Am 1. Januar 1942 verfügten die Kampfverbände über 720 einsatzbereite überschwere Maschinengewehre vom Typ DSchK 1938, am darauffolgenden 1. Juli über 1 947. Am 1. Januar 1943 war der Bestand auf 5 218 und zwölf Monate danach auf 8 442 Stück angewachsen. Diese Fakten lassen Rückschlüsse zu auf einen beachtlichen Produktionsausstoß während des Krieges.

Ende 1944/Anfang 1945 wurde das Maschinengewehr nochmals modifiziert. Bereits im Februar des letzten Kriegsjahrs erhielt die kämpfende Truppe die ersten 250 Waffen mit wiederholt verbessertem Zuführmechanismus und widerstandsfähigeren Bauteilen von wesentlich größerer Lebensdauer. Obwohl also schon vor Kriegsende eingesetzt, bezeichnete man die modifizierte Waffe erst später offiziell als überschweres MG Modell Degtjarjow-Schpagin DSchK 1938/46 (s. »Schützenwaffen heute«).

Solche Maschinengewehre gehörten noch Ende der achtziger Jahre zur Ausrüstung der Streitkräfte in der Sowjetunion, in anderen, damals sozialistischen und weiteren Staaten. Dazu zählten zum Beispiel Ägypten, Albanien, China, die damalige DDR und die ČSSR, Indonesien, Korea, Kuba, Polen, Rumänien, Ungarn und Vietnam. Die weiterentwickelte, auch in China und Pakistan produzierte Ausführung heißt dort Modell 54 (s. »Schützenwaffen heute«). Sie hat das Kaliber 12,7 mm bzw. .50.

Das überschwere MG Modell Degtjarjow-Schpagin DSchK 1938 ist ein luftgekühlter Gasdrucklader mit angebohrtem Lauf und starr verriegeltem Stützklappenverschluß. Der Gasdruck kann an einem Regler eingestellt werden. Eine spezielle Fangvorrichtung hält das Verschlußstück fest. Daher prallt es nach dem Anstoßen am Laufbund nicht ab. Der Lauf hat radiale Kühlrippen, die fast über seine gesamte Länge bis zum Kornhalter reichen. Der Mündungsfeuerdämpfer ist auffallend lang und verjüngt sich zum Lauf.

Der Schütze erreicht eine praktische Feuergeschwindigkeit von 80 S/min. Die theoretische Feuergeschwindigkeit beträgt 600 S/min. Die Munition wird aus einem Metallgurt mit Hilfe einer Trommel zugeführt. Die Trommel rotiert und bewegt dadurch den Gurt. Ihre Aussparungen entnehmen dem Gurt die Patronen und führen sie dem Verschlußkopf zu. Dieser schiebt sie in das Patronenlager. Der Gurt hat eine Kapazität von 50 Schuß. Das sind Patronen des Typs M 30/38. Sie werden per Dauerfeuer verschossen.

Zur Zielvorrichtung gehören ein Schiebevisier und ein Blattkorn mit Schutz. Die Länge der Visierlinie beträgt 1 100 mm. Das Visier kann bis 3 500 m Entfernung eingestellt werden. Zur Bekämpfung von fliegenden Zielen steht ein Spezialvisier zur Verfügung – 1938 entwickelt, drei Jahre später verbessert. Obwohl als günstigste Einsatzschußweite 2 000 m Distanz gelten, ist die erfolgreiche Bekämpfung von lebenden Zielen bis 3 500 m, von fliegenden Zielen bis 2 400 m und von gepanzerten

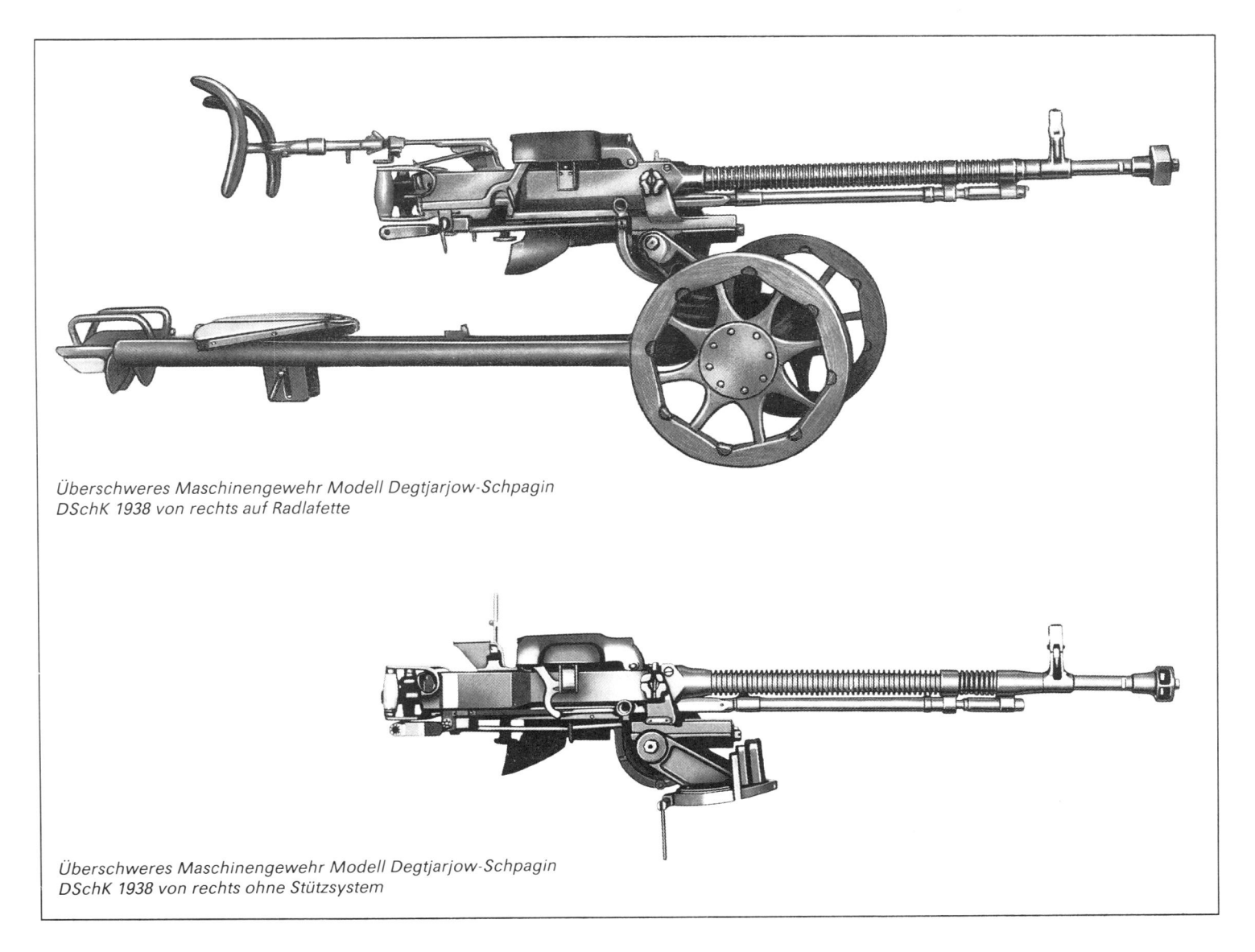

Überschweres Maschinengewehr Modell Degtjarjow-Schpagin DSchK 1938 von rechts auf Radlafette

Überschweres Maschinengewehr Modell Degtjarjow-Schpagin DSchK 1938 von rechts ohne Stützsystem

Fahrzeugen bis 500 m Entfernung möglich. Auf diese Distanz durchschlägt das Geschoß 15 mm dicke Panzerung.

Als Stützsystem gab es Konstruktionen unterschiedlicher Art. Zum Bekämpfen von Erdzielen und Flugobjekten benutzte man die schon erwähnte, von Kolesnikow entwickelte Speziallafette zum Rundumbeschuß. Befestigt auf einem zweirädrigen Fahrgestell mit oder ohne Panzerschild, wurde das Maschinengewehr vor allem gegen gepanzerte Fahrzeuge verwendet. Nach Entfernen der Räder diente die Konstruktion mit Dreibein zur Abwehr von Flugzeugen.

Während des Krieges montierte man Maschinengewehre dieses Typs auch auf Behelfslafetten mit 360° Schwenkbereich, auf Selbstfahrlafetten, auf Lastkraftwagen, Eisenbahnwagen, auf schweren Panzern, Schiffen und Booten. Häufig wurde die Waffe als Zwillings- oder Vierlings-MG eingesetzt. Nicht selten hat man sie mit einem Suchscheinwerfer ausgerüstet.

Daten: Überschweres Maschinengewehr Modell Degtjarjow-Schpagin DSchK 1938

Kaliber:	12,7 mm	Patrone:	12,7 × 108
v_0:	850 m/s	Lauflänge:	1 000 mm
Länge Waffe:	1 626 mm	Züge/Richtung:	4/r
Feuergeschwindigkeit:	600 S/min	Visierschußweite:	3 500 m
		Einsatzschußweite:	2 000 m[1]
Munitionszuführung:	Metallgurt (im Kasten) mit 50 Schuß		
Masse ungeladen und ohne Lafette:	33,30 kg		
Masse der Radlafette:	142,10 kg		
Masse des vollen Gurtes:	9,00 kg		

[1] Günstigste Entfernung.

Schweres Maschinengewehr Modell Degtjarjow DS 1939 7,62 mm

Bereits Jahre vor dem ersten Weltkrieg hatten die Streitkräfte des zaristischen Rußland wassergekühlte schwere Maschinengewehre vom Typ Maxim geführt. Zunächst waren das aus Großbritannien importierte Waffen gewesen. Nachdem man in Tula bald Läufe hergestellt hatte, war dort 1905 auch mit der Serienfertigung der kompletten Waffen begonnen worden. Damals wurden sie als schweres MG Modell PM 1905 mit Kühlmantel aus Bronze, fünf Jahre später als Modell PM 1910 mit Kühlmantel aus Stahl geliefert. Die Stückzahlen waren gering.

Im August 1914 soll die zaristische Armee mit insgesamt 4 157 schweren Maschinengewehren ausgerüstet gewesen sein. Trotz zahlreicher Importe und eilig erhöhter Produktion konnte der Mangel während der Kriegsjahre nicht behoben werden. Das betraf übrigens andere Infanteriewaffen ebenso.

So mußte das im Ergebnis der Oktoberrevolution entstandene Sowjetrußland außer all den anderen Aufgaben auch das schwierige Problem einer enormen Steigerung der Waffenproduktion meistern, und dies unter denkbar ungünstigen Bedingungen. Daß sie relativ schnell und in beachtlichem Umfang wuchs, war angesichts der durch ausländische Intervention und Bürgerkrieg zusätzlich geschwächten Industrie des ohnehin rückständigen Landes eine große Leistung.

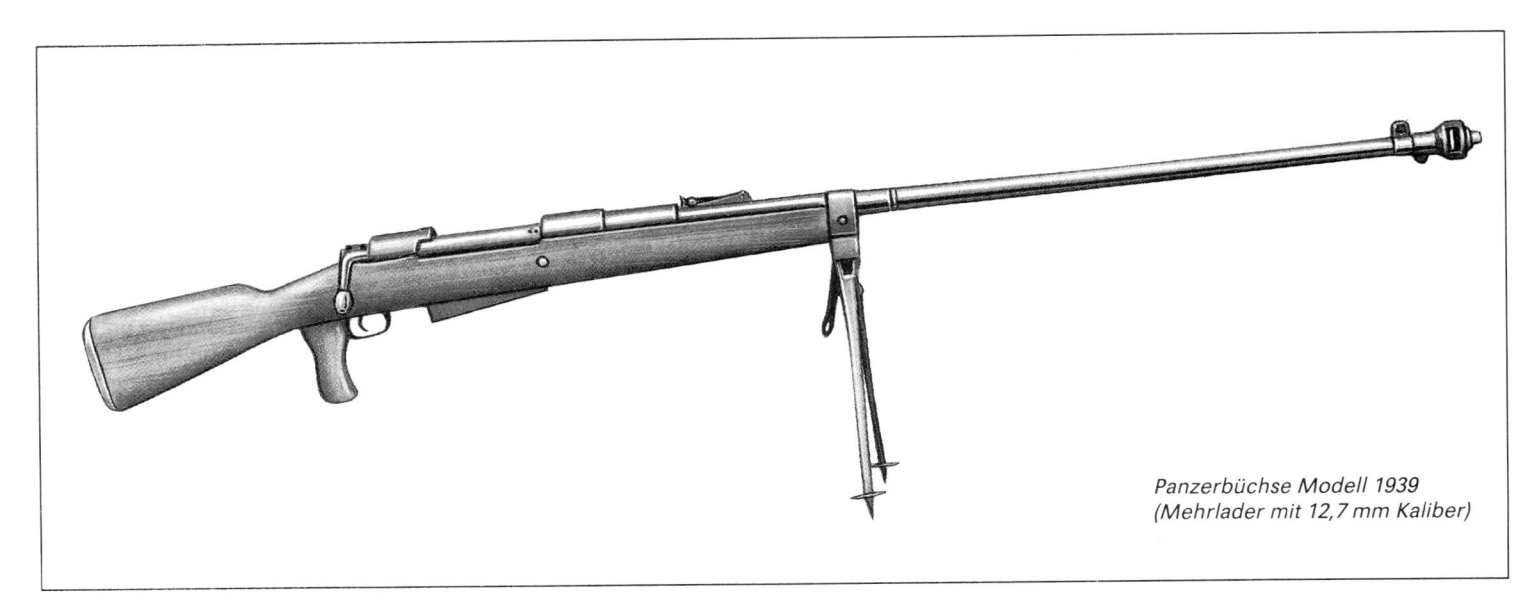

*Panzerbüchse Modell 1939
(Mehrlader mit 12,7 mm Kaliber)*

zentriertem Feuer auf Flanken, Heck und Sehschlitze ebenfalls erfolgreich bekämpft werden, nicht jedoch die massiven neuen Kampfwagen ab 1943 mit einer Panzerplattendicke bis 110 mm. Derartigen Panzerstahl durchschlugen die Geschosse zwar nicht, noch aber waren die Panzerbüchsen geradezu unentbehrlich. Sie wurden bei Abwehr und Angriff eingesetzt: gegen verschiedenartige, zusammen mit Panzern operierende leichtgepanzerte Gefechtsfahrzeuge, zur Bekämpfung von Maschinengewehrnestern, zum Teil sogar gegen Bunker und fliegende Ziele. Als Panzerabwehrmittel jedoch ging ihre Bedeutung ab Ende 1943/Anfang 1944 mehr und mehr zurück.

Die Panzerbüchse Modell Degtjarjow PTRD 1941 ist ein Einzellader mit zurückgleitendem Lauf und starr verriegeltem Zylinderdrehverschluß. Er hat zwei Verriegelungszapfen. Ein Drittel des Rückstoßes wird durch die große Einkammer-Mündungsbremse absorbiert, ein weiteres durch die Mechanik der Rücklaufeinrichtung, das restliche durch die gepolsterte Schulterstütze. Daher ist der Rückstoß weder stark noch schlagartig. Die Mündungsbremse wurde mit Linksgewinde auf den Lauf aufgeschraubt und ist mit einem Stift gesichert.

Lauf mit Verschluß sowie Abzugseinrichtung mit Griffstück und Führungsrohr gleiten nach dem Schuß etwa 65 mm zurück. Dabei schiebt sich das Führungsrohr in das Rohr der Schulterstütze, drückt die bereits vorgespannte Vorholfeder weiter zusammen und begrenzt den Rücklauf. Die starre Verbindung zwischen Schloß und Lauf wird beim Rücklauf entriegelt. Der restliche Gasdruck im Lauf wirkt auf das Schloß, stößt es zurück, zieht die leere Patronenhülse heraus und entfernt sie. Unter dem Druck der Vorholfeder werden die nach hinten gestoßenen Teile wieder in ihre vordere Position gebracht.

Das Schloß verbleibt in offener Stellung. Der Schütze steckt die nächste Patrone in das Patronenlager, schiebt den Verschluß vor und legt den Kammerstengel nach rechts um. Damit hat er auch den Schlagbolzen gespannt. In diesem Zustand ist die Waffe feuerbereit. Sie wird gesichert, indem man den Schlagbolzen am Haken zurückzieht, bis zum Anschlag nach rechts dreht und wieder nach vorn läßt. Zum Entsichern muß der Schlagbolzen völlig nach links gedreht werden.

Die Panzerbüchse hat eine höhenverstellbare Zielvorrichtung. Diese ist am Lauf installiert und steht zur linken Seite heraus. Bei geringer Distanz wird der Visierschieber auf den Visierfuß, bei einer Zielentfernung darüber bis zum Anschlag des Stiftes nach oben gedrückt. Das sind 400 m bzw. 1 000 m Entfernung. Durch Verschieben des Korns auf dem Kornfuß kann die seitliche Treffpunktlage korrigiert werden. Die günstigsten Einsatzschußweiten liegen zwischen 200 m und 400 m Distanz. Hinter dem Abzug befindet sich ein Pistolengriff. Die gepolsterte Schulterstütze hat eine verstellbare Wangenauflage. Am Lauf, etwa beim Schwerpunkt der Waffe, wurde ein Tragegriff installiert, unter dem Lauf ein nach vorn klappbares Zweibein. Für die Bedienung sind zwei Mann erforderlich. Der eine behält nach dem Schuß das Ziel im Auge, der andere führt die nächste Patrone ein.

Daten: Panzerbüchse Modell 1939 (Einzellader)

Kaliber:	12,7 mm	Patrone:	12,7 × 108
v_0:	860 m/s	Lauflänge:	1 000 mm
Länge Waffe:	1 795 mm	Visierschußweite:	m
Feuergeschwindigkeit:	4–6 S/min	Einsatzschußweite:	m
Durchschlagsleistung:	22,5/100, 16/300 mm/m[1])		
Masse:	16,30 kg		
Masse des Zweibeins:	1,00 kg		

[1]) *Nach deutschen Angaben, bei 90° Auftreffwinkel; nach sowjetischen Angaben: Eindringtiefe auf 400 m Distanz = 12 mm bis 15 mm in Panzerstahl von 20 mm Dicke.*

Daten: Panzerbüchse Modell 1939 (Mehrlader)

Kaliber:	12,7 mm	Patrone:	12,7 × 108
v_0:	860 m/s	Lauflänge:	1 150 mm
Länge Waffe:	1 915 mm	Visierschußweite:	m
Feuergeschwindigkeit:	6–8 S/min	Einsatzschußweite:	m
Durchschlagsleistung:	12/100, 10/300 mm/m[1])		
Masse:	17,50 kg		
Masse des Zweibeins:	1,00 kg		

[1]) *Nach deutschen Angaben, bei 60° Auftreffwinkel; nach sowjetischen Angaben: Eindringtiefe auf 400 m Distanz = 12 mm bis 15 mm in Panzerstahl von 20 mm Dicke.*

Daten: Panzerbüchse Modell Degtjarjow PTRD 1941

Kaliber:	14,5 mm	Patrone:	14,5 × 114
v_0:	1 010 m/s	Lauflänge:	1 350 mm[1])
Länge Waffe:	2 000 mm	Visierschußweite:	1 000 m
Feuergeschwindigkeit:	6–8 S/min	Einsatzschußweite:	400 m[2])
Durchschlagsleistung:	40/100, 35/300 mm/m		
Masse mit Zweibein:	17,30 kg		
Masse des Zweibeins:	1,00 kg		

[1]) *Ohne Mündungsbremse.*
[2]) *Gegen Bunker: 800 m.*

Allgemein wird hervorgehoben, daß die Waffe robust und auch nach langem Einsatz noch funktionstüchtig sei. Man schätzt die Treffsicherheit, kritisiert jedoch den zu lauten Mündungsknall. Ein Vergleich mit den 1941/42 verfügbaren Panzerbüchsen anderer Länder fällt unter Berücksichtigung aller für den massenhaften Gefechtseinsatz wichtigen Faktoren – das sind vorrangig Kampfwert, Manövrierfähigkeit, Bedienung und selbstverständlich auch die für eine effektive Serienproduktion in großer Stückzahl entscheidende unkomplizierte Bauweise – positiv für die sowjetischen Panzerbüchsen aus, insbesondere für Waffen vom Typ PTRD, etwas eingeschränkt aber auch für jene vom Typ PTRS.

Als sie in genügender Anzahl bereitstanden, verfügte jedes Infanterieregiment strukturmäßig über 54 Stück. Darüber hinaus wurden mit Panzerbüchsen ausgerüstete Kampfformationen gebildet: in den Bataillonen Züge, in den Regimentern Kompanien. Außerdem nahm die Anzahl der Panzerjägerabteilungen zu.

In Massenfertigung vor allem im Waffenwerk Kowrow hergestellt, betrug der Bestand der kämpfenden Truppe an einsatzfähigen Panzerbüchsen beider Modelle am 1. Januar 1942 schon 8 116 Stück, am darauffolgenden 1. Juli bereits 65 365, am 1. Januar 1943 insgesamt 118 563 und ein Jahr danach 142 861 Stück. Im Jahre 1941 wurden 17 688 PTRD-Panzerbüchsen produziert, 1942 dann 184 800. Ab November 1942 erhielt die Rote Armee monatlich mehr als 20 000 Waffen beider Typen.

Zu dieser Zeit waren sie das wichtigste infanteristische Kampfmittel zur Panzerabwehr. Wann immer die Wehrmacht solche Panzerbüchsen erbeuten konnte, sind sie auf deutscher Seite ebenfalls eingesetzt worden. Ihre Produktion wurde im Januar 1945 beendet, der Bestand bei der kämpfenden Truppe damals auf 40 000 Stück reduziert.

Welche Bedeutung die Führung der sowjetischen Streitkräfte solchen Waffen seinerzeit beimaß und welche Wirksamkeit diese erzielten, verdeutlicht das Beispiel der siegreich beendeten Kursker Schlacht vom Juli 1943. Auf einem Frontkilometer wurden dort durchschnittlich 7 bis 10 Panzerabwehrkanonen und 10 Panzerbüchsen eingesetzt, bei den Hauptknoten der Panzerabwehr sogar 10 bis 12 Geschütze und 50 bis 70 Panzerbüchsen. Bei dieser Schlacht operierten selbständige, aus drei bis vier Kompanien bestehende Panzerbüchsen-Bataillone. Jede Kompanie verfügte über 27 Panzerbüchsen.

Als die sowjetischen Streitkräfte nach der Kursker Schlacht in die strategische Offensive gingen, konnte die Mitte der dreißiger Jahre konzipierte Taktik einer in der Tiefe gestaffelten Panzerabwehr durchgängig verwirklicht werden. Wie vorgesehen, konzentrierte man sich auf die drei Schwerpunkte Artillerie, pioniermäßige Abwehr und natürliche Hindernisse. Die inzwischen erstarkte Artillerie nahm den Infanteristen die bis dahin mit großem Mut getragene Hauptlast bei der Panzerabwehr ab. So verwirklichte sich die von der Armeeführung entwickelte taktische Konzeption schließlich auf überzeugende Weise.

Panzerbüchse Modell Simonow PTRS 1941 14,5 mm

Am 22. Juni 1941 verfügte die sowjetische Infanterie kaum über Waffen zur Panzerabwehr aus Nahdistanz. Obwohl sich Konstrukteure seit Anfang der dreißiger Jahre um die Entwicklung von Panzerbüchsen bemüht hatten, war es nicht möglich gewesen, solche Waffen in geforderter Qualität zur Verfügung zu stellen. Die Verantwortung dafür trugen allerdings nicht die Konstrukteure.

Zwar waren zahlreiche Versuchsmodelle unterschiedlicher Bauart, Funktionsweise und Kaliber getestet, kein einziges jedoch in Serie produziert worden. Zum Teil lag das auch an der unentschlossenen Haltung führender Militärs. Sie hatten vor Kriegsbeginn die damalige Lage falsch eingeschätzt, Panzerbüchsen als nicht geeignet für den Einsatz gegen die deutschen Kampfwagen bewertet und daher die Serienfertigung einer bereits strukturmäßig übernommenen Panzerbüchse, des Modells Rukawischnikow 1939, so lange verzögert, bis ihre Produktion nicht mehr möglich war.

Erst als die Führung der sowjetischen Streitkräfte unmittelbar nach dem deutschen Angriff mit Wassili Alexejewitsch Degtjarjow und Sergej Gawrilowitsch Simonow zwei Experten an die Spitze von Entwicklerkollektiven stellte und das Projekt mit höchster Dringlichkeit forciert wurde, gelang der seit Jahren angestrebte Erfolg.

Das Kollektiv um Degtjarjow entwickelte mit der Panzerbüchse Modell Degtjarjow PTRD 1941 (s. dort) einen Einzellader, das andere mit dem Modell Simonow PTRS 1941 einen Mehrlader. Beide Panzerbüchsen wurden nach kurzer Erprobung am 29. August 1941 in die strukturmäßige Bewaffnung übernommen und ab Herbst jenen Jahres in Serienproduktion hergestellt. Sie verstärkten die Panzerabwehr in entscheidendem Maße und erlangten dabei große Bedeutung.

Die Panzerbüchse Modell Simonow PTRS 1941 ist ein Gasdrucklader mit feststehendem Lauf und Schwenkblockverschluß. Der Gasdruck wird an der Düse mit einem Schraubenzieher eingestellt. Etwa in der Mitte des Laufes befinden sich feine Bohrungen zur Gasableitung.

Die Automatik funktioniert wie folgt: Hat das Geschoß die Laufbohrung passiert, strömt ein Teil der Pulvergase in den Gaszylinder. Stoßstange und Schloßsteuerung werden zurückgedrängt. Die Schloßsteuerung hebt das Schloß aus seinem Gegenlager. Der Verschluß gleitet zurück. Dabei wird die Schließfeder zusammengepreßt, der Schlaghahn gespannt und arretiert sowie die leere Patronenhülse entfernt. Bewirkt durch die Stoßstangenfeder, bewegen sich Stoßstange und Gaskolben nach vorn. Unter dem Druck der Schließfeder schließt sich der Verschluß und schiebt die zugeführte Patrone in das Patronenlager. In diesem Zustand ist die Waffe feuerbereit.

Sie hat ein festeingebautes Magazin von 5 Schuß Kapazität. Das sind Patronen der Abmessungen 14,5 × 114. Sie werden in Einzelfeuer verschossen. Will der Schütze laden, klappt er das Magazin nach unten und führt die Munition mit einem Laderahmen ein. Nach dem Hochklappen befindet sich die oberste Patrone in der Verschlußbahn. Nachladen einzelner Patronen von oben ist ebenfalls möglich.

Der Sicherungshebel wurde rechts vor dem Abzug, der Pistolengriff direkt hinter dem Abzug installiert. Am Lauf sind Mündungsbremse, Korn, Tragegriff und ein nach hinten klappbares Zweibein mit verstellbaren Füßen und großen runden Auflageflächen befestigt. Löst man die Verriegelung mit dem Gehäuse, läßt sich der Lauf abnehmen und auswechseln.

Die Zielvorrichtung befindet sich über der Seelenachse des Laufes auf dem Gehäuse. Das Visier wird auf 100 m bis 1 500 m Distanz eingestellt. Das Balkenkorn mit Tunneldach kann seitlich reguliert werden. Der Holzkolben hat ein Gummipolster, das den durch die Mündungsbremse bereits erheblich verringerten Rückstoß zusätzlich dämpft. Daher ist er relativ schwach. Die Bedienung erfolgt durch zwei Mann, der Transport bei abgenommenem Lauf, Positionswechsel mit der kompletten Waffe. Sie wird in diesem Fall an Griff und Kolben getragen.

Trotz guter Durchschlagsleistung und hoher Treffsicherheit war die Panzerbüchse nicht unter allen Witterungsbedingungen uneingeschränkt funktionstüchtig. Die feinen Bohrungen der Gasentnahmeeinrichtung verschmutzten mitunter. Vor allem bei extrem niedrigen Temperaturen mußte der Schütze mit Störungen bei der Patronenzuführung rechnen. Er konnte die Waffe dann aber als Einzellader benutzen.

Dessen ungeachtet beurteilte eine deutsche Militärfachzeitschrift vom April 1943 Simonows Konstruktion nicht nur als eine Waffe von beachtlicher Panzer-Durchschlagsleistung, sondern bezeichnete sie darüber hinaus als die wirkungsvollste aller bis dahin bekannten Panzerbüchsen der Kaliber von 13 mm bis 15 mm. Von der deutschen Wehrmacht erbeutete PTRS-Panzerbüchsen wurden sofort im Kampf benutzt.

Im Vergleich zur PTRD-Panzerbüchse war ihre Serienfertigung allerdings relativ teuer und schwierig. Ihre Stückzahl blieb daher hinter der der anderen zurück. Dennoch sind beträchtliche Mengen hergestellt worden. Der Produktionsausstoß stieg 1941 bis 1942 von nur 77 auf 63 308 Stück. Auf Grund verbesserter Technologien verringerten sich in vergleichbarem Maße die Fertigungskosten. Ende 1943 betrugen sie nur noch 50 Prozent der anfangs benötigten Mittel.

Ab Januar 1945 nicht mehr hergestellt, sind Panzerbüchsen beider Modelle erst einige Jahre nach dem zweiten Weltkrieg abgelöst worden. Nachfolgewaffe war mit dem Modell RPG 2

Panzerbüchse Modell Simonow PTRS 1941

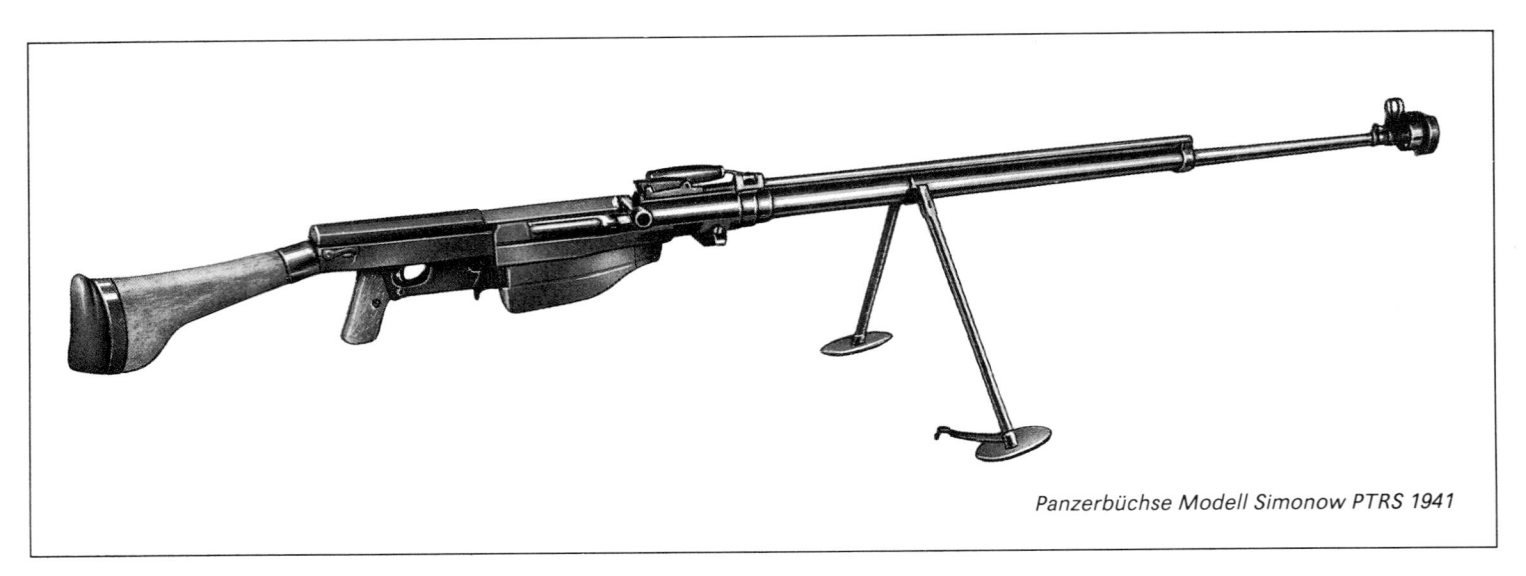

(s. »Schützenwaffen heute«) eine Panzerbüchse reaktiver Funktionsweise.

Mit Waffen nach diesem Prinzip hatte man in der Sowjetunion schon 1931 experimentiert. Damals war vom Konstrukteur B. S. Petropawlowski das Granaten verschießende Versuchsmodell RS 65 mit 65 mm Kaliber vorgestellt worden, ausgerüstet mit Schutzschild am vorn und hinten offenen Abschußrohr. Allerdings erwies sich diese Waffe als relativ unhandlich und von unzureichender Leistung.

Die Experimente mit reaktiven Panzerbüchsen wurden dann bald zugunsten der Artillerieraketen vom Typ Katjuscha eingestellt, begannen aber während des zweiten Weltkriegs erneut. Anfang 1944 stand eine reaktive Panzerbüchse von 80 mm Kaliber zum Test bereit. Von März bis April jenen Jahres sollen 408 Stück für die Truppenerprobung hergestellt worden sein.

Die Entwicklung herkömmlicher Panzerbüchsen ist ebenfalls fortgesetzt worden. Anfang 1942 hatte N. W. Rukawischnikow eine Versuchswaffe mit dem Kaliber 12,7 mm zur Erprobung präsentiert. Sie brachte ihm allerdings ebensowenig Erfolg wie seine schon drei Jahre zuvor zum Ordonnanzmodell erklärte, nicht jedoch produzierte Konstruktion.

Die Neuentwicklung war ein Gasdrucklader mit Drehverschluß, gepolsterter Schulterstütze und klappbarem Zweibein. Die Masse betrug 10,8 kg, die Länge 1 500 mm, die praktische Feuergeschwindigkeit maximal 15 S/min. Für Munition des Kalibers 12,7 mm eingerichtet, konnte der Schütze auch Patronen von 14,5 mm Kaliber verschießen, wenn er Lauf und Auswerfer wechselte. Das soll mit wenigen Handgriffen möglich gewesen sein. Die Durchschlagsleistung allerdings blieb hinter dem Kampfwert der Panzerbüchsen von Degtjarjow und Simonow zurück.

Dies jedoch war eines der entscheidenden Kriterien; denn ab jenem Jahr wurde die Infanterie mit feindlichen Panzern konfrontiert, deren Panzerung der Gegner verstärkt hatte. Man benötigte also Panzerbüchsen von höherer Durchschlagsleistung, möglicherweise mit größerem Kaliber, wie sie S. E. Raschkow, S. I. Jermolajew und W. E. Sluchotzki konstruierten. Ihre Versuchswaffe mit dem Kaliber 20 mm – ebenfalls von 1942 und als Modell RES 1942 bezeichnet – wurde ebenso erprobt wie ein Testmodell von M. N. Bljum für Spezialpatronen des Kalibers 14,5 mm mit gesteigerter Mündungsgeschwindigkeit.

Panzerbüchsen vom Typ RES erzielten auf 100 m eine Durchschlagswirkung von 70 mm Panzerstahl, Waffen von Bljum durchschlugen auf diese Distanz 55 mm Panzerung. Auf 200 m bis 300 m war die Leistung beider Testmodelle mit etwa 55 mm Panzerdurchschlag vergleichbar. Obwohl gegen mittlere und stärkere Panzer einsetzbar, wurde nach gründlicher Überlegung auf eine Übernahme in die strukturmäßige Ausrüstung verzichtet.

Die Zukunft gehörte den Panzerbüchsen von anderer Funktionsweise. Um nach 1943/44 produzierte Panzer aus Nahdistanz mit dem ersten Schuß außer Gefecht setzen zu können, bedurfte es Waffen eines effektiveren Wirkprinzips: reaktiver Panzerbüchsen mit Hohlladungsgranaten.

Daten: *Panzerbüchse Modell Simonow PTRS 1941*

Kaliber:	14,5 mm	Patrone:	14,5 × 114
v_0:	1 010 m/s	Lauflänge:	1 227 mm
Länge Waffe:	2 140 mm	Visierschußweite:	1 500 m
Feuergeschwindigkeit:	10–15 S/min	Einsatzschußweite:	400 m[1]
Durchschlagsleistung:	40/100, 35/300 mm/m		
Masse ungeladen:	20,90 kg		
Masse des Zweibeins:	1,00 kg		

[1] *Gegen Bunker: 800 m.*

Spanien

Selbstladepistolen der Baureihen Star:
Modelle 1920, 1921 und 1922 sowie ihre Versionen 9 mm, 7,63 mm, .38 und .45; Modell 1926 und Versionen 7,65 mm

Obwohl nach dem ersten Weltkrieg in Serienproduktion beträchtlichen Umfangs hergestellt und auch in erheblicher Stückzahl in mehrere Länder exportiert, sind über die damaligen Erzeugnisse der spanischen Firma Bonifacio Echeverria Star SA in Eibar weit weniger definitive Einzelheiten bekannt als über andere Selbstladepistolen. Dies liegt wohl daran, daß der 1905 von den Brüdern Bonifacio und Julian Echeverria in Eibar gegründete Betrieb 1936 bis 1939 während des spanischen Bürgerkriegs nicht nur stark beschädigt wurde, sondern überdies auch den größten Teil seines Firmenarchivs verloren hat.

So sind die Informationen in der Fachliteratur über Star-Pistolen oftmals sehr widersprüchlich. Das trifft auf Maschinenpistolen übrigens ebenfalls zu, zum Beispiel auf die seit Anfang der dreißiger Jahre in diesem Unternehmen produzierte MPi Modell Star 1932 (s. dort).

Der erste in Eibar gefertigte Typ einer Selbstladepistole war im Jahr der Firmengründung das für den zivilen Markt bestimmte Modell Izarra mit 6,35 mm Kaliber gewesen. Zum gefragten Lieferanten für Armee- und Polizeiformationen avancierte das Unternehmen aber bereits vor dem Krieg, allerdings vorwiegend für das Ausland. Damals wurden Pistolen mit 7,65 mm Kaliber zum Verfeuern entsprechender Browning-Patronen geliefert.

Dazu gehörten zum Beispiel eine modifizierte Version der Izarra-Pistole und eine Modell 1914 genannte Waffe, deren Produktion man erst 1926 eingestellt hat. Sie wurde in einer Anzahl von ungefähr 20 000 Stück nach Frankreich geliefert und gehörte dort wie die ebenfalls aus Spanien importierte Ruby-Pistole Modell 1916 zur Ausrüstung der Streitkräfte.

Nach dem ersten Weltkrieg vergrößerte die Firma ihr Angebot. Sie entwickelte eine beträchtliche Anzahl von gutklassigen Pistolen und wuchs zu einem bedeutenden Lieferanten für Armee und Polizei des eigenen Landes heran. Man produzierte Waffen für den zivilen Markt und für den Export sowie Sport- und Militärversionen unterschiedlicher Kaliber von 5,6 mm bis .45. Sie verschossen die damals handelsüblichen Patronen.

Die Bezeichnung der Star-Pistolen erweist sich als ebenso kompliziert wie die Identifizierung nach dem Jahr ihrer Produktion. Heute werden solche Waffen Typ A, B, E, F, M, P, S und SI genannt. Mit Typ A kennzeichnet man die Versionen zum Verfeuern von Largo-Patronen 9 mm, mit Typ B die Versionen für Parabellum-Patronen 9 mm, mit Typ E die Modifikationen für Browning-Patronen 6,35 mm, mit Typ F die Sportpistolen von 5,6 mm Kaliber, mit Typ M die für Munition .38 Colt und .38 Colt Super, mit Typ P die für Munition .45 ACP, mit Typ S die für Browning-Patronen 7,65 mm und mit Typ SI schließlich die für Browning-Patronen 9 mm kurz eingerichteten Ausführungen.

Nach erst vor wenigen Jahren veröffentlichten Untersuchungen sollen die Bezeichnungen früher allerdings anders gewesen sein. Danach benutzte die Firma teils Jahreszahlen, teils Buchstabenkombinationen. Sie hat auf Modellkennzeichnung mitunter völlig verzichtet und später häufig aus dem Fertigungsprogramm bereits entfernte Pistolentypen recht sporadisch erneut produziert. Das betraf nicht nur die für die bewaffneten Kräfte bestimmten Versionen, sondern auch die Zivil- und Sportwaffen.

Daher ist eine Aufzählung der Star-Modelle sehr schwierig und stets mit dem Risiko möglicher Fehler verbunden. So kann die nachfolgende Darstellung nur als der Versuch eines Überblicks gewertet werden. Er umfaßt ausschließlich die für Polizei

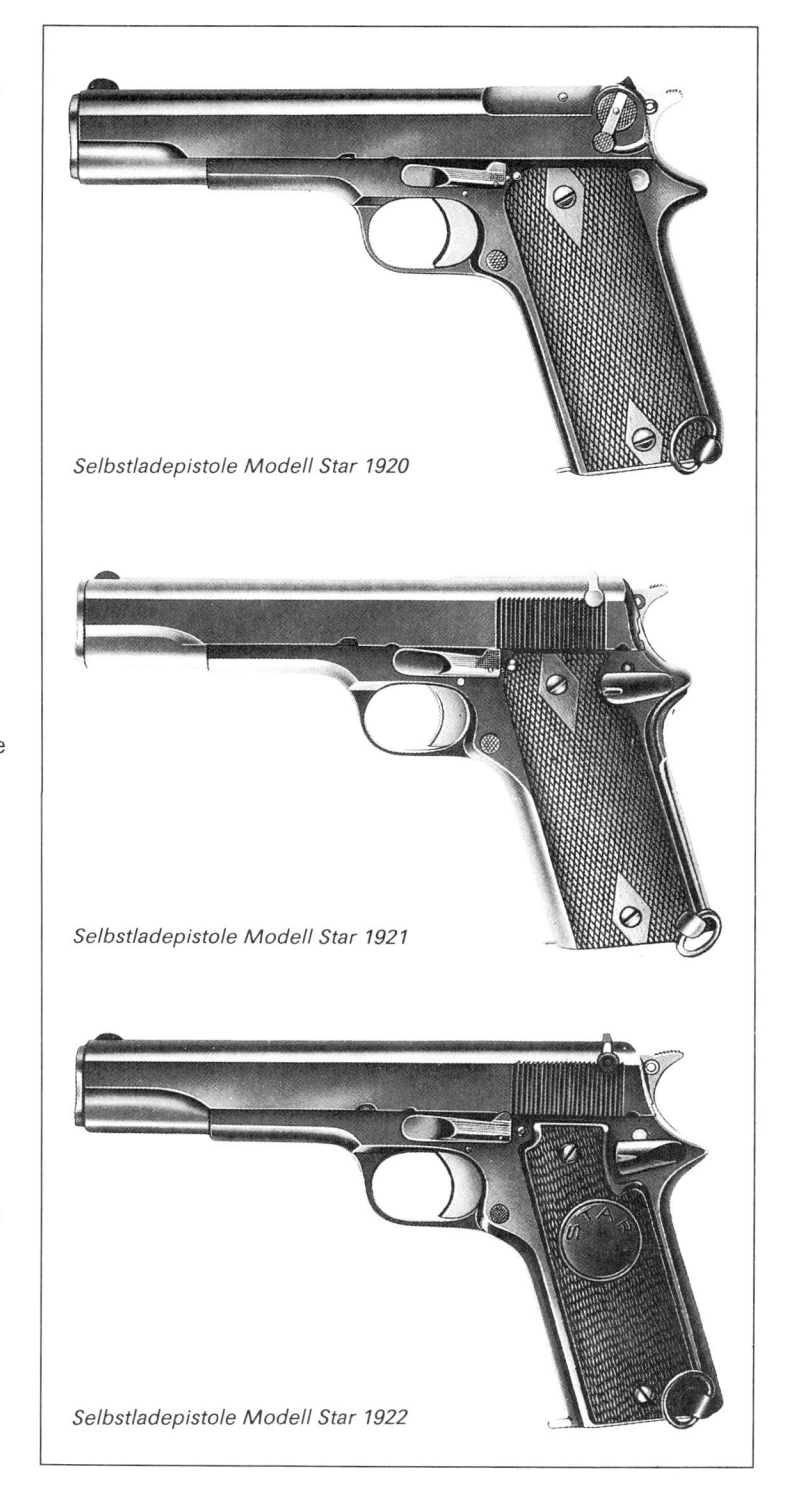

Selbstladepistole Modell Star 1920

Selbstladepistole Modell Star 1921

Selbstladepistole Modell Star 1922

und Militärformationen geeigneten Waffen ab Kaliber 7,65 mm.

Abgesehen vom Modell 1926, diente sämtlichen nach 1919 in Eibar entwickelten Selbstladepistolen die damalige US-amerikanische Standardwaffe Modell Colt M 1911 bzw. deren später verbesserte Version M 1911 A1 (s. dort) gewissermaßen als Grund-

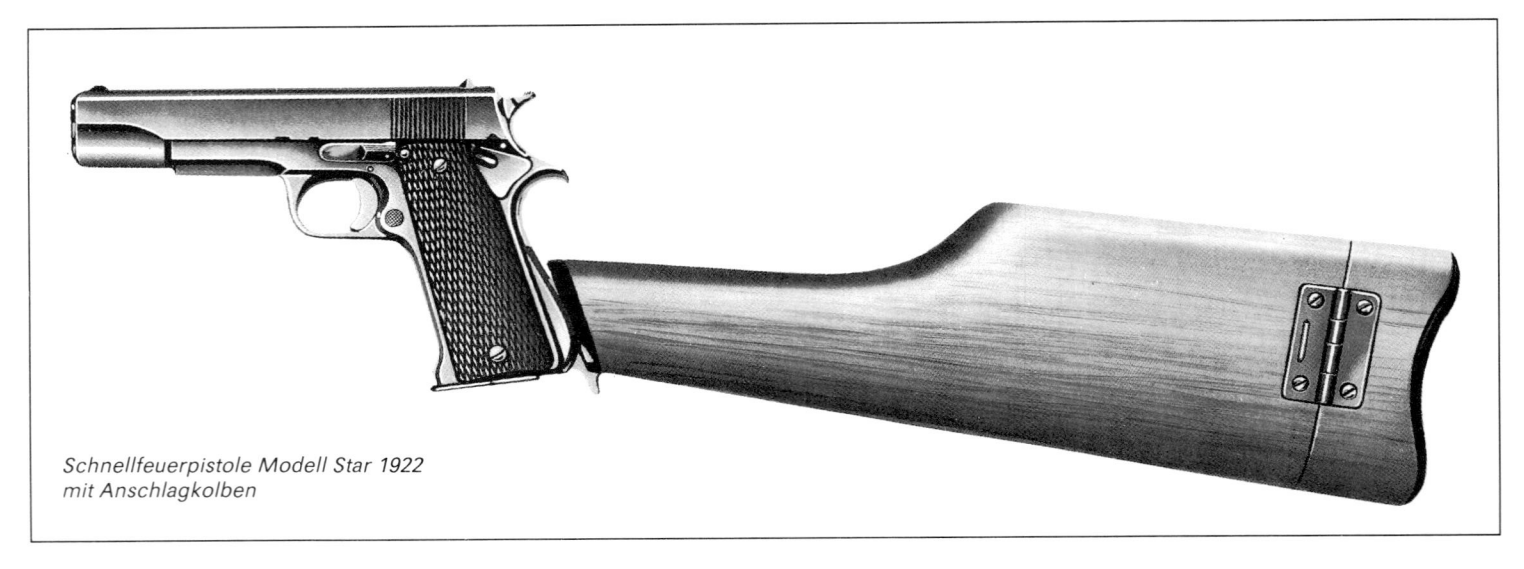

Schnellfeuerpistole Modell Star 1922 mit Anschlagkolben

lage. Star-Pistolen sind zwar keine originalgetreuen Kopien, aber mit Colt-Pistolen weitgehend identisch. Die spanischen Ingenieure übernahmen das Konstruktions- und Funktionsprinzip Browningscher Art, haben jedoch manche Mechanismen verändert. Sie sind teils vereinfacht, teils verbessert, ohne allerdings etwa grundlegend modifiziert worden zu sein. Auch das Design stimmt weitgehend überein. So sehen Star-Pistolen aus spanischer Produktion der US-amerikanischen Standardwaffe auffallend ähnlich.

Grundtypen der nach 1919 bis Ende des zweiten Weltkriegs produzierten Star-Pistolen waren die Modelle 1920, 1921 und 1922. Waffen eines jeden Modells existierten in mehreren Versionen. Sie unterscheiden sich nicht nur in bezug auf das Kaliber und die zu verwendende Munition voneinander, sondern auch hinsichtlich Abmessungen, technischer Ausstattung und Zubehör.

Im Jahre 1920 stellten die spanischen Konstrukteure mit der nach dem Zeitpunkt des Produktionsbeginns als Star 1920 bezeichneten Pistole eine für die Patrone 9 mm Largo eingerichtete Waffe vor. Sie erhielt durch die zuständigen Dienststellen von Armee und Polizei gute Kritiken und wurde in deren Bestand eingereiht. Kurz danach folgten die bald ebenfalls von den Streitkräften und Polizeiformationen übernommenen Modelle 1921 und 1922. Sie verschossen Patronen desselben Typs.

Derartige Waffen – das Modell 1920 wurde bis 1921, das Modell 1921 nur in jenem Jahr, das Modell 1922 aber bis 1931 gefertigt – gehörten vor allem während des spanischen Bürgerkriegs auf beiden Seiten zum Bestand.

Das gilt auch für die auf der Grundlage des Modells 1922 entwickelten Versionen desselben Kalibers. Dazu zählen die Star-Pistolen der Modelle 1922 A, 1922 A1, 1922 M und 1922 MD. In der Fachliteratur kombiniert man die Buchstaben zwar selten mit der genannten Jahreszahl; des besseren Überblicks wegen und aus Gründen unkomplizierterer Orientierung soll hier auf die den Grundtyp kennzeichnende zusätzliche Angabe 1922 jedoch nicht verzichtet werden.

Das von 1924 bis 1931 hergestellte Modell 1922 A war eine geringfügig verbesserte Version der Star-Pistole von 1922. Die Veränderungen betrafen lediglich solche periodischen Verbesserungen, wie sie bei der Produktion von Serienwaffen allgemein üblich sind. Das Modell 1922 A1 war eine Star-Pistole der Ausführung von 1922 bzw. mit den eben erwähnten Veränderungen, aber mit Trageriemen. Derartige Waffen sind von 1931 bis 1983 hergestellt worden. Während desselben Zeitraums lieferte die spanische Firma auch als Modelle 1922 M und 1922 MD bezeichnete Star-Pistolen – die einen als größere Ausführung des Typs A, die anderen mit einer Vorrichtung, durch die der Unterbrecher außer Funktion gesetzt werden kann.

Über Stückzahlen sind keine exakten Angaben verfügbar. Die Fachliteratur informiert zwar über Seriennummern von Waffen unterschiedlicher Ausführung, nicht jedoch darüber, welche Patronen diese verschossen. Da man nicht nur für Largo-Munition eingerichtete Star-Pistolen produziert hat, sondern auch mit denselben oder ähnlichen Buchstabenkombinationen gekennzeichnete Waffen für andere Patronen, fehlen zuverlässige Hinweise auf definitive Stückzahlen der einzelnen Ausführungen von Erzeugnissen des Betriebes in Eibar.

Nachstehend die wenigen verfügbaren Angaben. Von 1920 bis 1934 sollen Star-Pistolen der Modelle 1920, 1921 und 1922 in unterschiedlichen Versionen mit folgenden, jeweils mit der Zahl 1 beginnenden Seriennummern produziert worden sein: als Grundausführungen bis 66 996, als Typ A bis 11 730, als Typ D bis 31 475, als Typ E bis 6 700, als Typ F bis 1 450, als Typ M bis 4 835, als Typ P bis 5 112. Typ E ist eine Ausführung mit speziellem Hahn und Sicherheitshebel hinter dem Abzug; Typ F eine Sportversion mit derselben Sicherheitsmechanik, aber einem ungefähr 108 mm langen Lauf; Typ P schließlich eine Ausführung mit speziellen Griffschalen.

Zu den zum Teil ebenfalls als Typen A, M und MD sowie als Typ MM bezeichneten Star-Pistolen der Modellreihe 1920 bis 1922 gehörten für die Mauser-Patrone 7,63 mm eingerichtete Waffen. Sie blieben nicht im Lande, sondern wurden exportiert, vermutlich nach Südamerika. Über Kundenländer und Stückzahlen sind allerdings keine verläßlichen Angaben verfügbar, wohl aber über die Produktion einzelner Versionen.

Erste Ausführung der Star-Pistole dieses Kalibers war das von 1920 bis 1921 hergestellte Modell 1920, eine lediglich zum Verschießen von Mauser-Patronen aptierte Version des für die Largo-Munition eingerichteten Grundmodells von 1920. Das Exportmodell 1921 mit 7,63 mm Kaliber ist, abgesehen von der Aptierung für die entsprechende Munition, ebenfalls mit der Grundausführung der Star-Pistole Modell 1921 identisch und wurde nur 1921 gefertigt. Ab dem folgenden Jahr produzierte man dann Waffen des Modells 1922.

Mit Ausnahme des anderen Kalibers haben sie dieselbe Ausstattung wie die in Spanien geführten Pistolen der entsprechenden Typen: das Modell 1922 A die schon erwähnten periodischen Verbesserungen, das Modell 1922 M die im Vergleich zum Typ A größeren Abmessungen, das Modell 1922 MD die Dauerfeuereinrichtung. Im Unterschied zu den Waffen von 9 mm Kaliber für Largo-Patronen produzierte die spanische Firma für die Mauser-Patrone 7,63 mm eingerichtete Star-Pistolen auch als Modell 1922 MM mit Dauerfeuereinrichtung und Anschlagkolben. Typ A wurde von 1922 bis 1983 hergestellt. Produktionsbeginn der anderen Ausführungen war das Jahr 1933, die Zeitdauer für Typ M und Typ MM bis 1983, für Typ MD nur bis 1980.

Ebenfalls für den Export standen Star-Pistolen der Modelle 1920, 1921 und 1922 in mehreren für die Parabellum-Patrone 9 mm eingerichteten Versionen bereit. Zwei Ausführungen davon sind besonders interessant: das Modell 1922 B und das Modell 1922 B 08. Pistolen des erstgenannten Typs mit Trageriemen wurden von 1931 bis 1983 für private Kunden in den USA hergestellt. Mit Waffen des anderen Typs hat das spanische Unternehmen von 1942 bis 1944 die Polizei und Wehrmacht Deutschlands beliefert.

Bezüglich der Anzahl sind nur Schätzungen, nicht jedoch konkrete Angaben möglich. Vermutlich übernahm das Heereswaffenamt mehr als 33 500 Stück. Die Fachliteratur informiert, dies seien Waffen der Seriennummern zwischen 215 975 und 249 687 gewesen.

Darüber hinaus wurden in Spanien für Patronen .38 ACP, .380 ACP und .45 ACP eingerichtete Star-Pistolen gefertigt. Waffen zum Verschießen von Munition des Typs .38 ACP standen in fast allen Ausführungen wie die für die Largo-Patrone eingerichteten Pistolen zur Verfügung. Unterschiede gab es wohl nur in bezug auf die Oberflächenbearbeitung der Verschlußteile. Für die britische Munition vom Typ .380 ACP aptierte Modifikationen wurden Modelle 1922 D, H, I, IN und S genannt. Sie sind von verschiedenartiger Ausstattung und unterschiedlichen Abmessungen, waren in den Exportländern sowohl für Kunden aus dem zivilen Bereich als auch für Militär und Polizei bestimmt. Für die Patrone .45 ACP eingerichtete Star-Pistolen schließlich sind als Modelle 1920, 1921 und 1922 sowie als Typ 1922 P, 1922 M und 1922 PD bekannt. Die letztgenannten Pistolen wurden vor allem Anfang bis Mitte der dreißiger Jahre gefertigt.

Etwa zur gleichen Zeit lieferte die spanische Firma auch Pistolen mit dem Kaliber 7,65 mm zum Verschießen von Browning-Patronen in zahlreiche Länder. Stückzahlen und Kunden sind nicht genau bekannt, wohl aber Versionen und Zeiträume der Herstellung. Grundausführung war die Star-Pistole Modell 1926 mit einem hinter dem Abzug plazierten Sicherungshebel. Sie wurde fünf Jahre später durch die kleinere Taschenpistole Modell 1926 abgelöst. Von 1932 bis 1942 folgten drei als Modelle 1926 I bezeichnete Ausführungen unterschiedlicher technischer Ausstattung – teils mit etwa 108 mm langem Lauf, teils mit veränderter Sicherheitsmechanik. Waffen solchen Typs gehörten noch 1957 zum Produktionsprogramm.

Nach dem zweiten Weltkrieg sind Star-Pistolen in großer Stückzahl in viele Länder exportiert worden. Das waren sowohl Vorkriegsmodelle als auch auf ihrer Grundlage nach 1945 modifizierte Nachkriegsversionen verschiedenartiger Ausstattung. Darüber hinaus haben die Konstrukteure der traditionsreichen Firma in Eibar mehrere Neuentwicklungen präsentiert. Zu den Neukonstruktionen gehörte zum Beispiel die Selbstladepistole Modell Star 28 DA (s. »Schützenwaffen heute«). Auch von diesem Grundmodell gab es mehrere Versionen.

Selbstladepistole Modell Astra 400 und Versionen 9 mm bzw. 7,65 mm und 6,35 mm

Anfang dieses Jahrhunderts hatte der spanische Artillerie-Oberstleutnant Don Venanzio Lopez de Ceballos y Aguirre, Graf von Campo-Giro, eine Selbstladepistole mit einem damals völlig im Gegensatz zu vergleichbaren anderen Waffen stehenden Verschlußsystem entwickelt: einem unverriegelten Feder/Masse-Verschluß. Die Pistole war dann nach einigen Veränderungen am 24. September 1912 als Ordonnanzwaffe bei den Streitkräften des Landes eingeführt worden. Die Produktion erfolgte bei der Firma Unceta y Compañia SA in Guernica.

Von der als Campo-Giro-Pistole bezeichneten Faustfeuerwaffe sind mehrere Versionen bekannt: die Erstausführung von 1904 mit dem Kaliber 9 mm für Bergmann-Patronen, aber zu einem sehr geringen Teil auch mit 7,65 mm Kaliber, sowie die Militärversionen mit 9 mm Kaliber von 1910, 1912, 1913 und 1913/16. Die Waffe von 1912 war eine Modifikation der Ausführung von 1910 mit einigen Veränderungen. Das Modell 1913/16 kann aus heutiger Sicht wohl als sozusagen größere Variante der später hergestellten Astra-Pistole Modell 300 gewertet werden.

Diese Astra-Pistole mit dem Kaliber 7,65 mm oder 9 mm für Browning-Patronen entsprechenden Typs wiederum war eine kleinere Version der ab Herbst 1921 produzierten Militärpistole Modell Astra 400, für dessen Übernahme sich die Militärs im Oktober 1921 entschieden. Die Astra-Pistole 300 hingegen verkaufte man vor dem zweiten Weltkrieg in unbekannter Stückzahl auf dem zivilen Markt. Darüber hinaus gab es mit dem Astra-Modell 200 auch eine Taschenpistole zum Verschießen von Browning-Patronen 6,35 mm.

Trotz einer Reihe von Unterschieden haben alle erwähnten Astra-Pistolen ein mit Waffen des Typs Campo-Giro identisches Konstruktions- und Funktionsprinzip. Das ist der unverriegelte Feder/Masse-Verschluß, auch bei den für die Largo-Patrone 9 mm eingerichteten Militärversionen.

Als Ordonnanzwaffe erhielt die Campo-Giro-Pistole also im Oktober 1921 Konkurrenz. Damals übernahmen die spanischen Streitkräfte, und zwar Armee, Marine und Luftwaffe, mit dem Modell Astra 400 eine neue Standardpistole. Sie wurde bis Ende des zweiten Weltkriegs geführt. Bedeutendster Unterschied zu ihrer Vorgängerin ist die Anordnung des Hahnes. Bei der Konstruktion Campo-Giros befindet sich der Hahn außen, bei der Astra-Pistole hingegen innen. Das ist übrigens nicht nur beim Modell 400, sondern auch bei allen anderen Versionen der Fall.

Abgesehen von einer relativ geringen Stückzahl mit 7,65 mm Kaliber, wurde die neueingeführte Ordonnanzwaffe im Kaliber 9 mm gefertigt. Sie war ursprünglich für die Largo-Patrone eingerichtet worden – das ist die spanische Version der Patrone Bergmann-Bayard –, kann aber auch andere Munition des Kalibers 9 mm verschießen. Dazu gehören Patronen der Typen Steyr, Browning lang, Browning kurz, Parabellum, .38 ACP und ähnliche. Allerdings hat sich in der Praxis erwiesen, daß die Waffe nicht mit jedem Patronentyp auf Grund deren unterschiedlicher Gesamt- und Hülsenlänge sowie der Form des Geschosses optimal funktioniert. Entscheidend für einwandfreies Zuführen und Zünden sind übrigens nicht nur die Dimensionen des Patronenlagers, sondern ist vor allem der Zustand des Ausziehers.

Der Betrieb erzielte mit der Astra-Pistole Modell 400 und ihren Versionen einen großen Verkaufserfolg. Bis 1946, als die Serienfertigung eingestellt wurde, sollen nicht weniger als 105 275 Stück produziert worden sein. In manchen Veröffentlichungen wird auch über eine Stückzahl von 106 175 berichtet. Wie die Fachliteratur informiert, wurden von 1931 bis 1937 etwa 33 000 Stück und danach bis 1939 weitere 35 275 Stück ausgeliefert. Das waren Pistolen, die der Erstausführung von 1921 völlig entsprachen.

Aus der Zeit zwischen 1937 und 1939 sind aber auch zwei, nicht in Guernica hergestellte Nachbauten bekannt, eine mit der Prägung RE gekennzeichnete Kopie aus Valencia und eine Ausführung mit der Prägung Ascaso. Ab 1940 setzte man bei Unceta die Serienfertigung der Waffe mit einer geringfügigen Veränderung fort: Die Magazinhaltefeder befindet sich nicht hinten wie bei den bis dahin hergestellten Pistolen, sondern auf der linken Seite unten am Griff.

Interessant ist die Tatsache, daß das Heereswaffenamt in Deutschland damals sofort auf ein Lieferangebot der spanischen

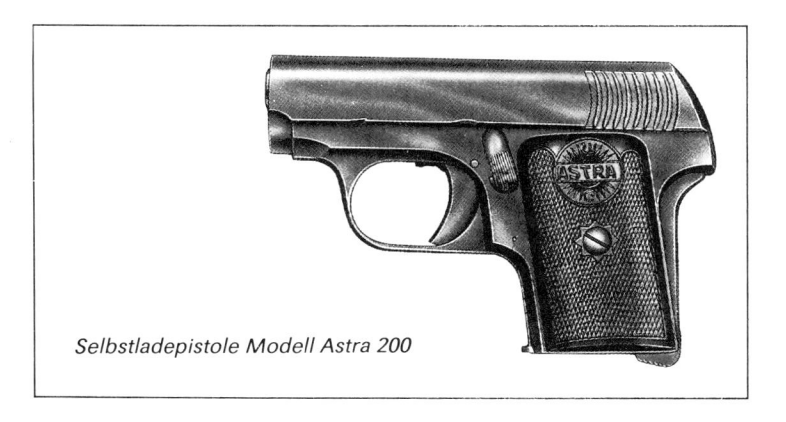

Selbstladepistole Modell Astra 200

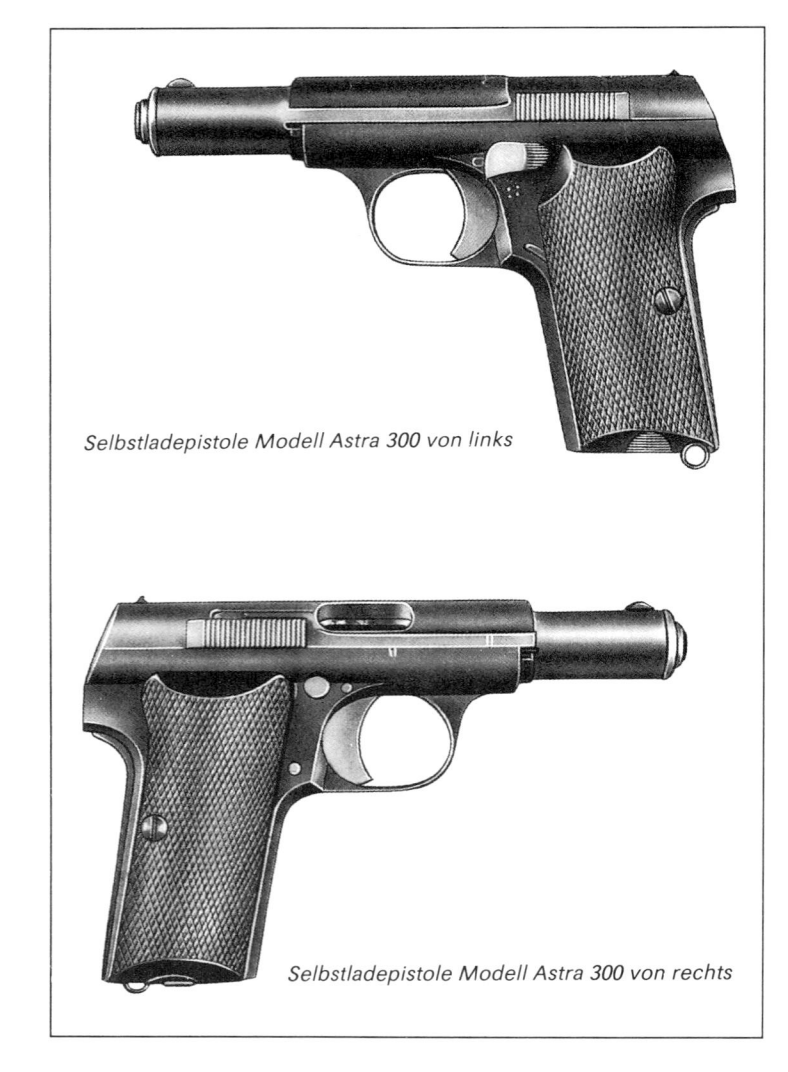

Spanien

Selbstladepistole Modell Astra 300 von links

Selbstladepistole Modell Astra 300 von rechts

Selbstladepistole Modell Astra 400 von links (mit Plastgriffschalen)

Selbstladepistole Modell Astra 400 von rechts (mit Plastgriffschalen)

Selbstladepistole Modell Astra 400 von rechts (mit Holzgriffschalen)

Röntgenschnitt der Selbstladepistole Modell Astra 400

Firma vom April 1941 reagierte. Am 17. August jenen Jahres wurde ein Kaufvertrag über 6 000 für die spanische Largo-Patrone eingerichtete Astra-Pistolen Modell 400 und 6 000 für die Patrone Browning kurz eingerichtete Astra-Pistolen Modell 300 abgeschlossen. Der Stückpreis des ersten Modells betrug übrigens 43,90 RM, des zweiten nur 31,70 RM. Der Auftrag umfaßte auch die Lieferung des Zubehörs: Reservemagazin, Tasche, Reinigungsgerät und Bedienungsanleitung.

Die Auslieferung begann bereits am 18. Oktober und war schon nach drei Monaten erledigt. Bis Juli 1944 folgten weitere Bestellungen, auf Grund der in Deutschland nicht immer verfügbaren Patronen spanischer Herkunft allerdings nicht mehr für Pistolen Modell 400, sondern für solche des Typs Astra 300. Insgesamt erhielt das deutsche Heereswaffenamt 85 390 derartige Pistolen, davon 22 390 Stück mit 7,65 mm Kaliber. Hinzu kamen Astra-Pistolen Modell 200. Sie waren wohl für höhere Offiziere bestimmt. Anfang Januar 1943 wurden 15 000 Stück geliefert.

Wegen akuten Mangels an Faustfeuerwaffen wollten die zuständigen Dienststellen in Deutschland aber auch auf Astra-Pistolen der Bauart 400 nicht verzichten. Sie beauftragten die spanische Firma, die Ordonnanzwaffe zu modifizieren. Die neue Version sollte kleiner und handlicher sein, vor allem aber für die Parabellum-Patrone 9 mm eingerichtet werden. Nachdem der Hersteller 50 als Astra-Modell 600/43 bezeichnete Versuchswaffen präsentiert hatte, erhielt er einen Auftrag über 10 450 Stück. Sie sollen vom 16. Mai bis 16. Juli 1944 geliefert worden sein.

Später expedierte weitere 28 000 Pistolen solcher Version kamen nicht mehr beim deutschen Besteller an. In Südfrankreich von den Alliierten gestoppt, ging die Lieferung zurück nach Guernica, wo man übrigens das Modell 600/43 noch bis 1945 produzierte. Etwa 38 000 solcher Pistolen, einschließlich 7,6 Millionen Patronen, kauften dann im Oktober 1951 Behörden der Bundesrepublik Deutschland als Erstausstattung für den Bundesgrenzschutz und Formationen der Bereitschaftspolizei. Diese

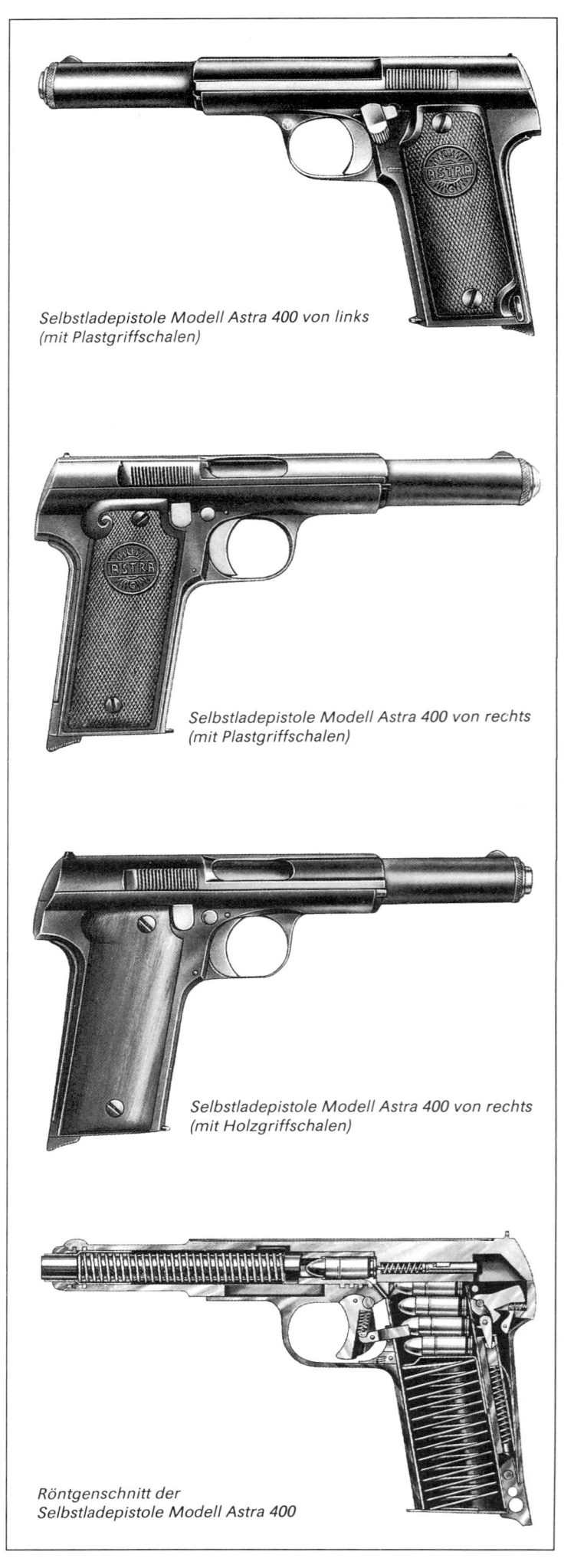

Selbstladepistole Modell Astra 600/43 von links

Selbstladepistole Modell Astra 600/43 von rechts

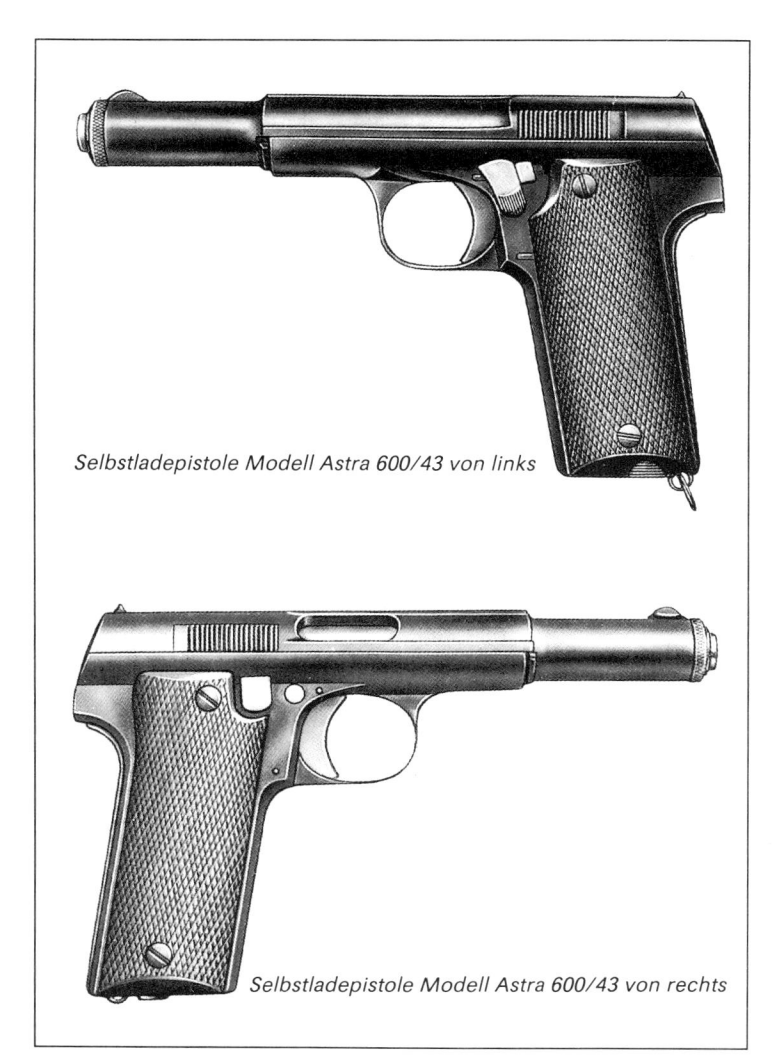

Waffen wurden 1959 bis 1963 aus der Ausrüstung entfernt und durch Pistolen Modell Walther P1 (s. »Schützenwaffen heute«) ersetzt.

Astra-Pistolen vom Typ 400 hatte der spanische Betrieb vor dem zweiten Weltkrieg unter anderem auch nach Chile und Frankreich exportiert, wo man sie ebenfalls offiziell als Armeewaffen führte. Die größten Lieferungen nach Frankreich erfolgten Mitte der zwanziger Jahre. Derartige Pistolen wurden dort im Mai 1940 von deutschen Truppen erbeutet und in die Ausrüstung der Wehrmacht eingereiht. Ebenso verfuhr man mit anderen in Frankreich benutzten Faustfeuerwaffen spanischer Produktion: zum Beispiel mit Star-Pistolen (s. dort), Ruby-Pistolen und Kopien von Revolvern der US-amerikanischen Firma Smith & Wesson sowie Colt-Revolvern. All diese in Spanien hergestellten, in Frankreich geführten und von Deutschland erbeuteten Waffen gehörten bald inoffiziell zum Bestand und halfen später, manche Lücke zu schließen.

Die Selbstladepistole Modell Astra 400 ist ein unverriegelter Rückstoßlader mit feststehendem Lauf, Feder/Masse-Verschluß und innenliegendem Hahn. Der Schlitten umschließt den Lauf wie ein Rohr. Da starke Patronen benutzt werden, muß die konzentrisch um den Lauf angeordnete Rückstoßfeder ebenfalls stark sein. Ähnliches trifft zu auf die Schlagfeder für den Hahn. Daher läßt sich der Schlitten nur mit erheblichem Kraftaufwand zurückziehen.

Die festjustierte offene Visierung hat eine U-förmige Kimme mit 2,5 mm breitem Ausschnitt und ein 2 mm breites, halbrundes Korn. Geschossen wird nach dem Single-action-Prinzip. Da der Hahn verdeckt liegt und die Pistole keinen Signalstift hat, kann der Schütze nicht erkennen, ob die Waffe geladen und gespannt ist. Es gibt aber noch weitere Nachteile. Dazu gehören ein relativ starker Rückstoß, vor allem beim Modell 600/43 mit Parabellum-Patronen, und eine nicht in jeder Beziehung zuverlässige Sicherung.

Die Waffe hat drei Sicherheitseinrichtungen: Magazinsicherung, Handballensicherung und Hebelsicherung. Der Abzug wird bei herausgezogenem Magazin zuverlässig blockiert. Die Handballensicherung, die den Hahn außer Funktion setzt, muß auf Grund ihrer starken Feder fest eingedrückt werden. Die Mechanik des mit dem Daumen bedienbaren Sicherungshebels auf der linken Seite des Griffstücks blockiert Abzug und Schlitten. Um zu sichern, schwenkt der Schütze den Hebel nach oben. Das ist in gespanntem und ungespanntem Zustand möglich. Zieht er jedoch den Verschluß der gesicherten Waffe nur geringfügig zurück, wird die Pistole selbsttätig entsichert. Sogenanntes Doppeln allerdings ist nicht zu befürchten.

Nach Verschießen der letzten Patrone verbleibt der Verschluß in offener Stellung. Hat der Schütze ein volles Magazin eingeführt, muß er das Verschlußstück geringfügig zurückziehen, ehe die Sperre sich löst. Erst dann ist die Waffe feuerbereit.

Die für die deutsche Wehrmacht hergestellte Astra-Version 600/43 gehört zu den wenigen für die Patrone 9 mm Parabellum eingerichteten Pistolen, die einen unverriegelten Feder/Masse-Verschluß und einen feststehenden Lauf haben. Abgesehen von Masse, Abmessungen und Munition sowie einigen geringfügigen Veränderungen, entspricht sie der spanischen Ordonnanzwaffe, ist sie auch mit dem Astra-Modell 300 identisch. Dessen Breite beträgt 30 mm. Das Modell 400 ist 32 mm breit. Die Version 600/43 hat eine Breite von 33 mm und eine Drallänge von 238,7 mm.

Astra-Pistolen dieser Typen werden wie folgt auseinandergenommen: Der Schütze drückt das Laufführungsrohr mit der Magazinkante geringfügig ein und dreht den Laufring um 90°. Danach kann er Laufführungsrohr und Feder herausziehen. Dann zieht er das Verschlußstück zurück und arretiert es mit der Klaue des Sicherungshebels. Der Lauf wird nach links gedreht, das arretierte Verschlußstück wieder freigelegt und zusammen mit dem Lauf nach vorn vom Gehäuse abgezogen.

Daten: Selbstladepistole Modell Astra 400

Kaliber:	9 mm	Patrone:	9 × 23
v_0:	360 m/s	Lauflänge:	150 mm
Länge Waffe:	225 mm	Züge/Richtung:	6/r
Höhe Waffe:	135 mm	Magazinkapazität:	8 Schuß
Länge Visierlinie:	mm	Einsatzschußweite:	50 m
Masse geladen:	1,145 kg		
Masse mit leerem Magazin:	1,045 kg		

Daten: Selbstladepistole Modell Astra 300

Kaliber:	9 mm[1]	Patrone:	9 × 17[1]
v_0:	265 m/s	Lauflänge:	98 mm
Länge Waffe:	160 mm	Züge/Richtung:	6/r
Höhe Waffe:	118 mm[2]	Magazinkapazität:	7 Schuß[1]
Länge Visierlinie:	mm	Einsatzschußweite:	40 m
Masse geladen:	0,697 kg		
Masse mit leerem Magazin:	0,630 kg		

[1] Auch mit Kaliber 7,65 mm für 8 Patronen 7,65 × 17 HR.
[2] Mit Fangriemenöse.

Daten: Selbstladepistole Modell Astra 600/43

Kaliber:	9 mm	Patrone:	9 × 19
v_0:	325 m/s	Lauflänge:	135 mm
Länge Waffe:	206 mm	Züge/Richtung:	6/r
Höhe Waffe:	128 mm[1]	Magazinkapazität:	8 Schuß
Länge Visierlinie:	mm	Einsatzschußweite:	50 m
Masse geladen:	1,084 kg		
Masse mit leerem Magazin:	0,986 kg		

[1] Mit Fangriemenöse: 133 mm.

Spanien

Selbstladepistole Modell Astra 900 sowie ihre Schnellfeuerversionen Modelle 901, 902 und 903 7,63 mm

Diese Waffen sind keine völligen Eigenentwicklungen der spanischen Firma Unceta y Compañia SA, sondern Kopien, wenigstens zu einem gewissen Teil. Ihre Fertigung begann in Guernica nach dem ersten Weltkrieg. Grundlage bildete die Mauser-Pistole Modell C 96 (s. dort) aus Deutschland. Der genaue Zeitpunkt des Produktionsbeginns ist nicht bekannt. Wahrscheinlich wurde das Astra-Modell 900 im Jahre 1928 erstmals serienmäßig gefertigt. Um 1930 jedenfalls stand der spanische Betrieb bereits mit dem deutschen Unternehmen Mauser Werke AG in hartem und erfolgreichem Konkurrenzkampf.

Die deutsche Firma lief in Gefahr, als sicher geglaubte Absatzmärkte zu verlieren, vor allem in China und Südamerika. Angesichts der Tatsache, daß der Oberndorfer Betrieb von 1924 bis 1930 etwa 54 Prozent seines gesamten Umsatzes an Waffen mit Selbstladepistolen vom Typ des Mauser-Modells C 96 erzielt hatte, war die Aktivität des spanischen Konkurrenten geradezu existenzgefährdend. So mußten die Mauser-Werke kräftig zulegen, um den technischen Vorsprung des Betriebes aus Guernica aufzuholen.

Er bestand vor allem darin, daß die Versionen der Astra-Pistole mit einer Einrichtung zum Schießen von Dauerfeuer ausgerüstet worden waren. Mit Anschlagkolben komplettiert, konnte der Schütze solche Waffen also wie Klein-Maschinenpistolen benutzen. Das war zusätzlich zu dem geringeren Stückpreis des spanischen Erzeugnisses ein entscheidendes Verkaufsargument und brachte einen beachtlichen Exporterfolg.

In der Fachliteratur wird die Astra-Version Modell 903 F auch als die in mancher Beziehung erste Dauerfeuerwaffe in Pistolenform bezeichnet. Dabei läßt man allerdings außer acht, daß die Steyr-Pistole Modell 1912 aus Österreich bereits im Oktober 1916 als Version P 16 mit Dauerfeuereinrichtung, Anschlagkolben und einem Magazin für 16 Patronen zur Verfügung gestanden hatte.

Lieferte der deutsche Hersteller seine Waffen als Modell 1930 schon mit verbesserter Sicherung und bald darauf auch mit Wechselmagazin aus, so exportierte auch er schließlich Schnellfeuerpistolen. Deren Export begann 1931. Sie erhielten später die Bezeichnung Mauser-Modell 1932 (s. dort).

Astra-Pistolen unterscheiden sich deutlich von Mauser-Pistolen, allerdings nicht auf den ersten Blick, wohl aber bezüglich ihrer Konstruktions- und Funktionsweise. Das spanische Unternehmen hat seine Erzeugnisse modifiziert. Sie sehen der Originalwaffe zwar auffallend ähnlich, sind aber in wesentlichen Funktionsdetails erheblich verändert worden. Vor allem betrifft das die Schloßkonstruktion und die Verriegelungsmechanik.

Vergleicht man Astra-Pistolen mit den deutschen Waffen vom Typ Mauser, so erkennt man eine weitgehende Übereinstimmung von Form und Design, von Anordnung und Gestaltung wichtiger Baugruppen. Dazu gehören Lauf und Visiereinrichtung, Magazin, Griffstück, Abzugsbügel und außenliegender Hahn. Obwohl bei den spanischen Modellen geringfügig länger, trifft das auf den Schlitten ebenfalls zu. Das als Anschlagkolben benutzbare Futteral aber ist daher entsprechend größer.

Die Mauser-Pistole hat ein als komplette Baugruppe gefertigtes Schloß mit völlig integrierten Bauteilen, die Astra-Pistole hingegen eine Konstruktion, bei der die Bauteile Schlagstück, Schließfeder, Abzugsstange mit Unterbrecher und Sicherung einzeln im Rahmen gelagert und durch eine Platte abgedeckt sind. Bei der Mauser-Pistole ist das Verriegelungsstück lose eingehängt, bei der Astra-Pistole aber drehbar gelagert und fest mit dem Schlitten verbunden. Die im Schloßträger geführte Schlagfeder der Mauser-Pistole wirkt direkt auf den Hahn, die weiter hinten im Griffrahmen plazierte Schlagfeder der Astra-Pistole jedoch auf eine durch Gelenk mit dem Hahn verbundene Stoßstange. Wesentliche Unterschiede gibt es auch bei der Abzugseinrichtung.

In Guernica wurden folgende Ausführungen produziert: das Modell Astra 900, gewissermaßen die Grundversion, sowie die Astra-Varianten 901, 902 und 903. Außer der letztgenannten Version, die es als Modell 903 F auch zum Verschießen von Patronen des Typs 9 mm Bergmann-Bayard bzw. des spanischen Typs Largo gibt, sind solche Pistolen in ihrer Standardausfüh-

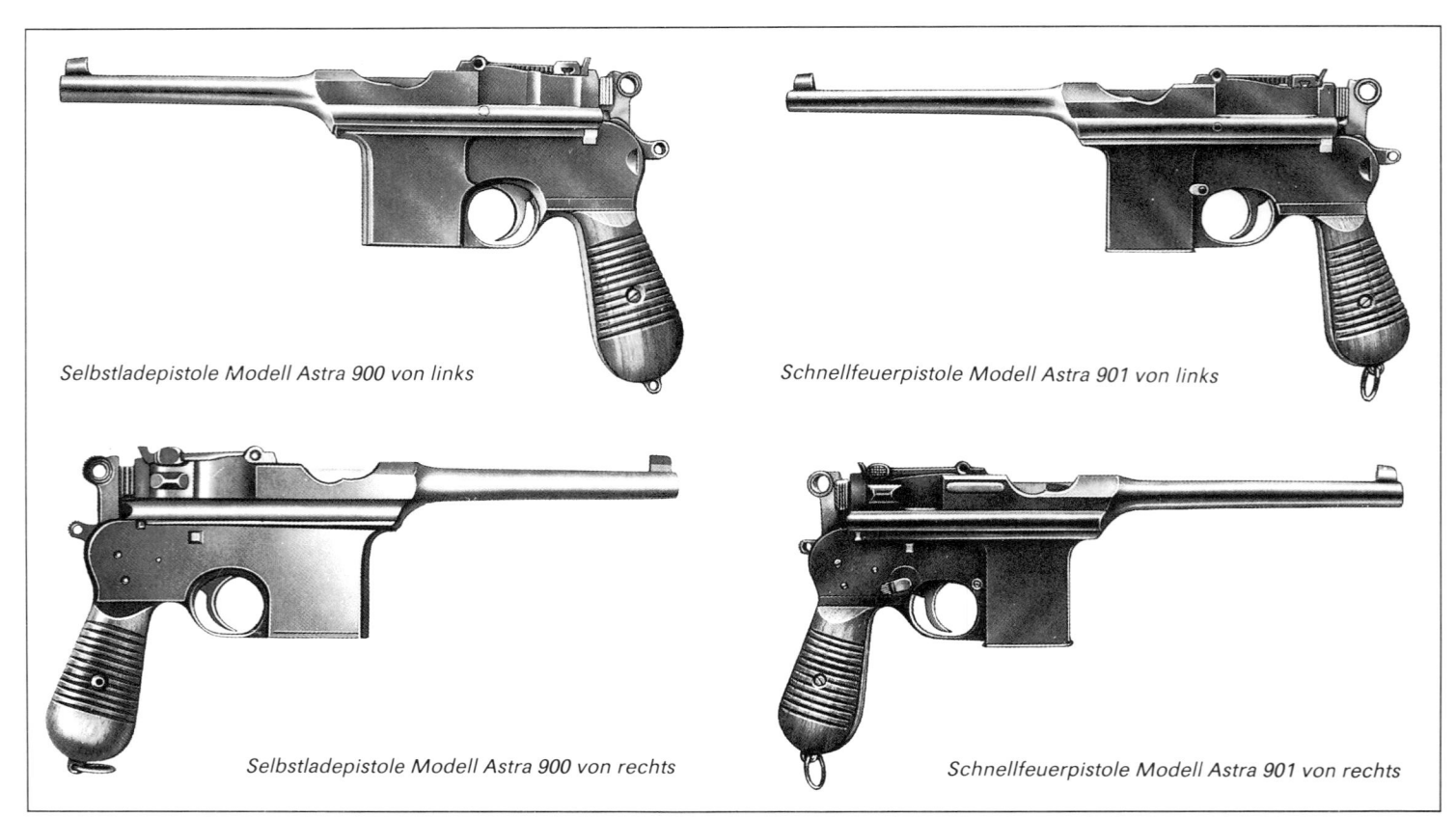

Selbstladepistole Modell Astra 900 von links

Schnellfeuerpistole Modell Astra 901 von links

Selbstladepistole Modell Astra 900 von rechts

Schnellfeuerpistole Modell Astra 901 von rechts

Spanien

Schnellfeuerpistole Modell Astra 902 von rechts mit festinstalliertem Magazin für 20 Patronen

Schnellfeuerpistole Modell Astra 902 von links (Kaliber 9 mm) mit festinstalliertem Magazin für 20 Patronen

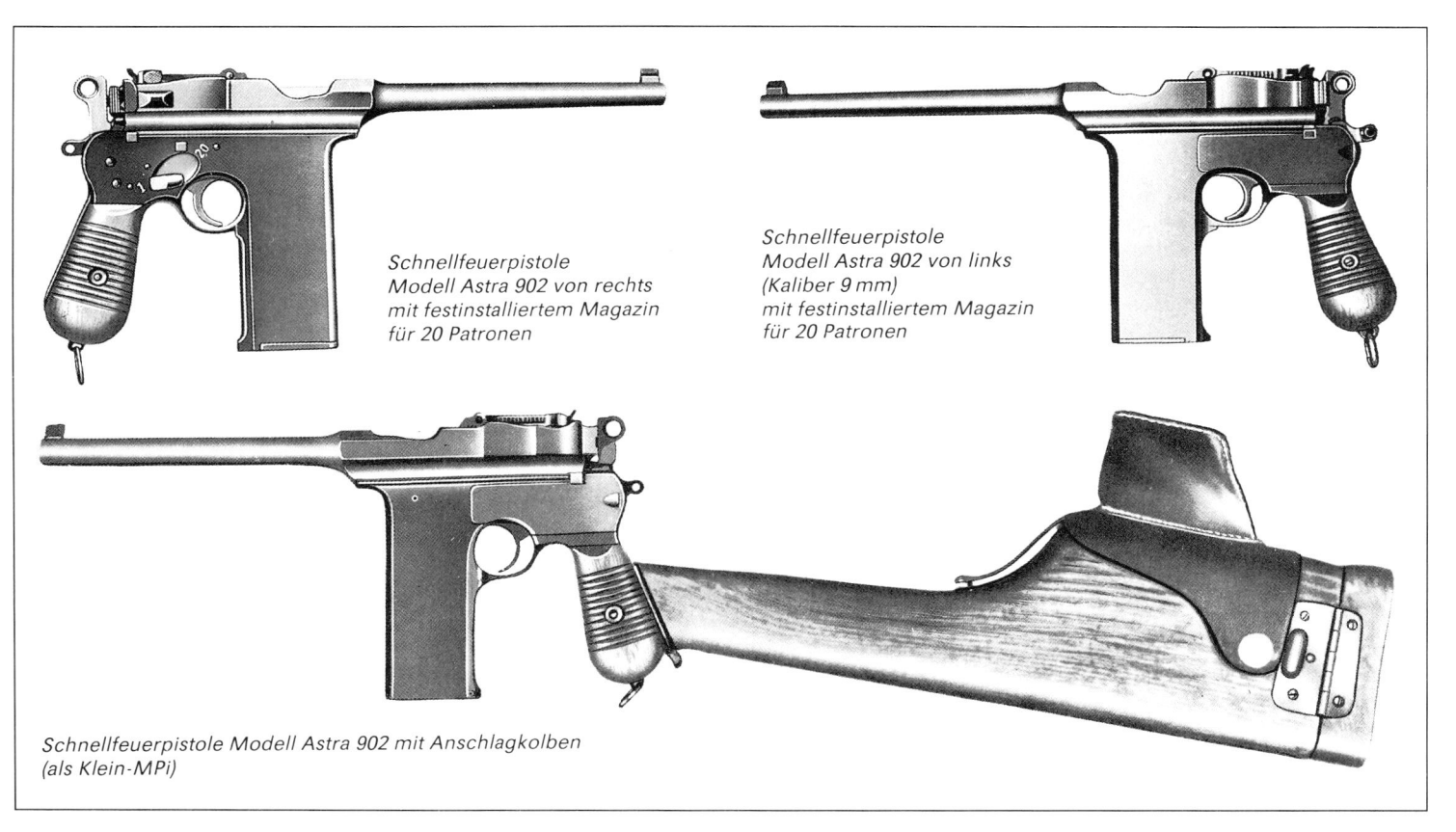

Schnellfeuerpistole Modell Astra 902 mit Anschlagkolben (als Klein-MPi)

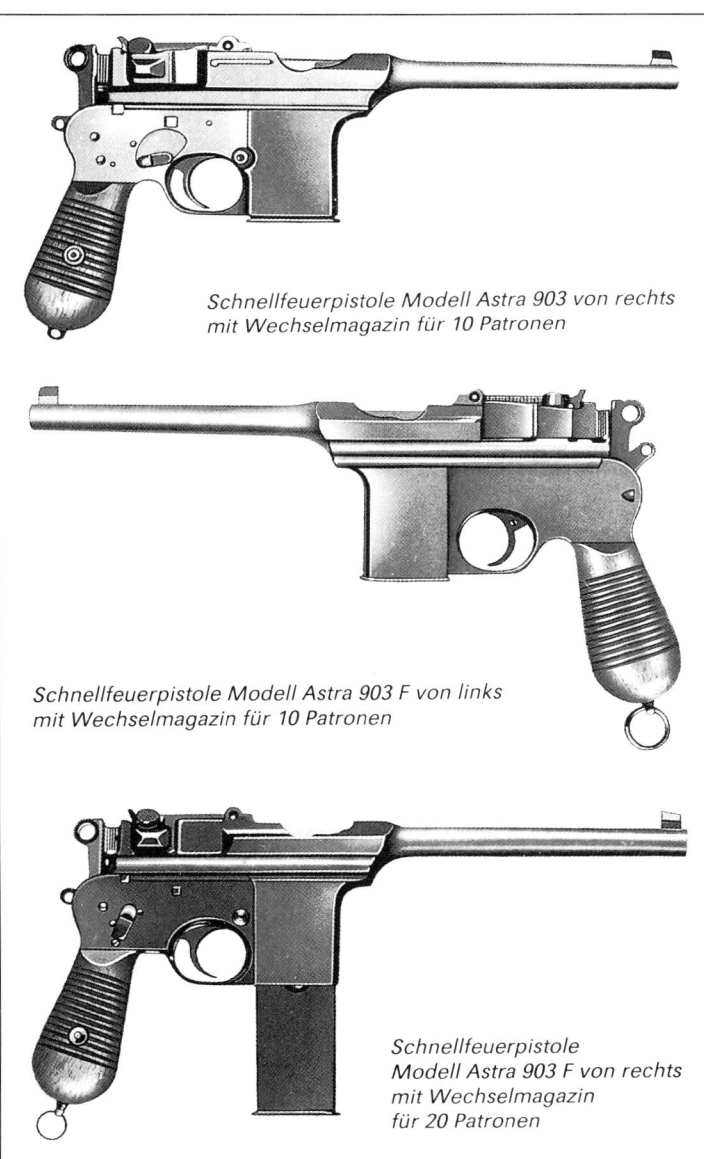

Schnellfeuerpistole Modell Astra 903 von rechts mit Wechselmagazin für 10 Patronen

Schnellfeuerpistole Modell Astra 903 F von links mit Wechselmagazin für 10 Patronen

Schnellfeuerpistole Modell Astra 903 F von rechts mit Wechselmagazin für 20 Patronen

Daten: Selbstladepistole Modell Astra 900

Kaliber:	7,63 mm	Patrone:	7,63 × 25
v_0:	430 m/s	Lauflänge:	140 mm[1]
Länge Waffe:	294 mm	Züge/Richtung:	6/r
Höhe Waffe:	155 mm	Magazinkapazität:	10 Schuß
Länge Visierlinie:	mm	Einsatzschußweite:	50 m
Masse ungeladen:	1,300 kg		
Masse mit Futteral:	1,850 kg		

[1] Mit Patronenlager.

Daten: Schnellfeuerpistole Modell Astra 902

Kaliber:	7,63 mm	Patrone:	7,63 × 25
v_0:	460 m/s	Lauflänge:	183 mm
Länge Waffe:	362 mm[1]	Züge/Richtung:	6/r
Höhe Waffe:	mm	Magazinkapazität:	20 Schuß
Länge Visierlinie:	mm	Einsatzschußweite:	50 m[2]
Masse ungeladen:	1,360 kg		
Masse mit Anschlagkolben:	1,920 kg		

[1] Mit Anschlagkolben: 781 mm.
[2] Mit Anschlagkolben als Klein-MPi: 150 m.

rung für die Mauser-Patrone 7,63 mm eingerichtet. Allerdings informiert die Fachliteratur auch über die Existenz von Pistolen der Modelle 902 und 903 mit 9 mm Kaliber. Abgesehen vom Modell 900, haben Astra-Pistolen eine Dauerfeuereinrichtung und eine Vorrichtung zum Befestigen eines Anschlagkolbens.

Die Grundversion Modell Astra 900 hat stets ein festinstalliertes Magazin für 10, die Variante 902 zumeist ein solches für 20 Patronen. Es gibt aber auch Astra-Pistolen Modell 902 mit Wechselmagazin für 10 oder 20 Schuß, die für die Modelle 901, 903 und 903 F ebenfalls zur Verfügung stehen. Waffen der Grundversion schießen nur Einzelfeuer, sämtliche anderen hingegen auch Dauerfeuer, aber mit zum Teil unterschiedlicher Kadenz. Bei Astra-Pistolen der Typen 901 und 902 brechen in jeder Sekunde etwa 10 Schüsse; bei Waffen der Versionen 903 und 903 F hingegen beträgt die Feuergeschwindigkeit nur 300 S/min.

Solche Pistolen haben eine Verzögerungseinrichtung mit einem auf den Hahn wirkenden Bremshebel. Sie befindet sich im Griff. Hat der Schütze den Abzug betätigt, wird die Vorwärtsbe-

Spanien

wegung des Hahnes zum Schlagbolzen um einen Sekundenbruchteil verzögert. Das ist bei Einzel- und Dauerfeuer der Fall. So kann man mit solchen Pistolen auch ohne Anschlagkolben treffsicherer Dauerfeuer schießen als mit den anderen, denen eine derartige Verzögerungseinrichtung fehlt. Auf diese Weise wirkt der relativ starke Rückstoß, den Astra- und auch Mauser-Pistolen haben, weniger negativ auf das Trefferergebnis.

Die Selbstladepistole Modell Astra 900 und ihre Schnellfeuerversionen sind Rückstoßlader mit kurz zurückgleitendem Lauf und einem starr verriegelten Verschluß. Bei Waffen mit festinstalliertem Magazin werden die Patronen einzeln oder mit Ladestreifen eingeführt. Ist die letzte Patrone verschossen, verbleibt der Verschluß in geöffneter Stellung. Die Breite des Grundmodells beträgt am Schlitten 31 mm, am Griff 34 mm. Seine Visiereinrichtung ist von 50 m bis 1 000 m einstellbar.

Der Schütze erreicht mit den Schnellfeuerpistolen Modell 901 und 902 bei Dauerfeuer eine praktische Feuergeschwindigkeit von 80 S/min. Die Kadenz des Modells 903 ist auf Grund der Verzögerungseinrichtung um etwa 50 Prozent reduziert. Die Feuerart wird mit dem Hebel über der rechten Griffschale eingestellt, mit dem man die Waffe auch sichert.

Außer diesen Pistolen gab es eine weitere in Spanien nachgebaute Waffe vom Mauser-Typ C 96. Das war ein Erzeugnis der Firma Eulogio Arrostegui in Eibar. Sie wurde Modell Azul MM 31 genannt und mit 7,63 mm Kaliber geliefert. Über Stückzahlen und Einsatz liegen keine Informationen vor, wohl aber über Magazinkapazität und Lauflänge. Das festinstallierte Magazin kann mit 20 Patronen gefüllt werden. Die Lauflänge beträgt 177 mm. Bezüglich anderer Details ist nichts bekannt, auch nicht über einen eventuellen Export.

Maschinenpistole Modell Star 1932 9 mm

Ab 1932 produzierte die spanische Firma Bonifacio Echeverria Star SA in Eibar Maschinenpistolen. In jenem Jahr sind das wohl nur Waffen in geringer Stückzahl gewesen. Wie die Fachliteratur informiert, hat eine Serienproduktion von nennenswerter Größenordnung erst Mitte der dreißiger Jahre begonnen.

Das Modell war von Konstrukteuren des Unternehmens entwickelt worden. Die Waffen der Standardausführung verschossen Patronen 9 mm Bergmann-Bayard bzw. die spanische Version vom Typ Largo. Weitere Modifikationen wurden mit unterschiedlichem Kaliber für verschiedenartige Patronen geliefert.

Die MPi Modell Star 1932 ist ein Rückstoßlader mit unverriegeltem Masseverschluß, beweglichem Schlagbolzen und Abzugssicherung. Das Öffnen des Verschlusses wird durch einen Riegel verzögert. Der Verschluß funktioniert auf ähnliche Weise wie das System der US-amerikanischen Thompson-MPi (s. dort). Abhängig von der Modifikation haben solche Waffen einen unterschiedlich langen Lauf mit oder ohne Mantel. Eine spätere Version erhielt einen Feuerregler.

Der Schütze kann Einzel- oder Dauerfeuer schießen. Die Munition wird aus einem geraden, zweireihigen Stangenmagazin zugeführt, das auch als vorderer Haltegriff dient. Damals

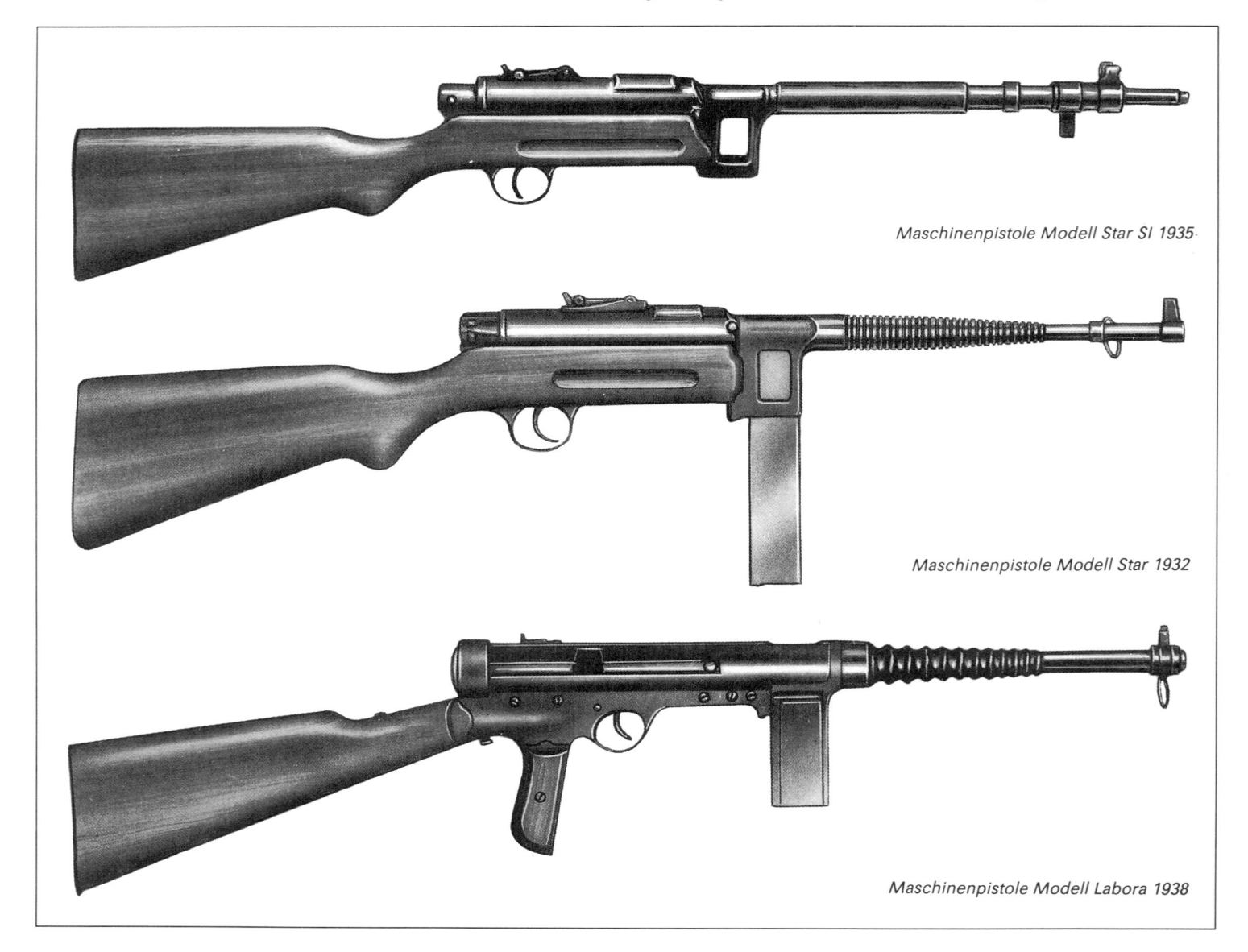

Maschinenpistole Modell Star SI 1935

Maschinenpistole Modell Star 1932

Maschinenpistole Modell Labora 1938

Maschinenpistole Modell Star Z 45

Spanien

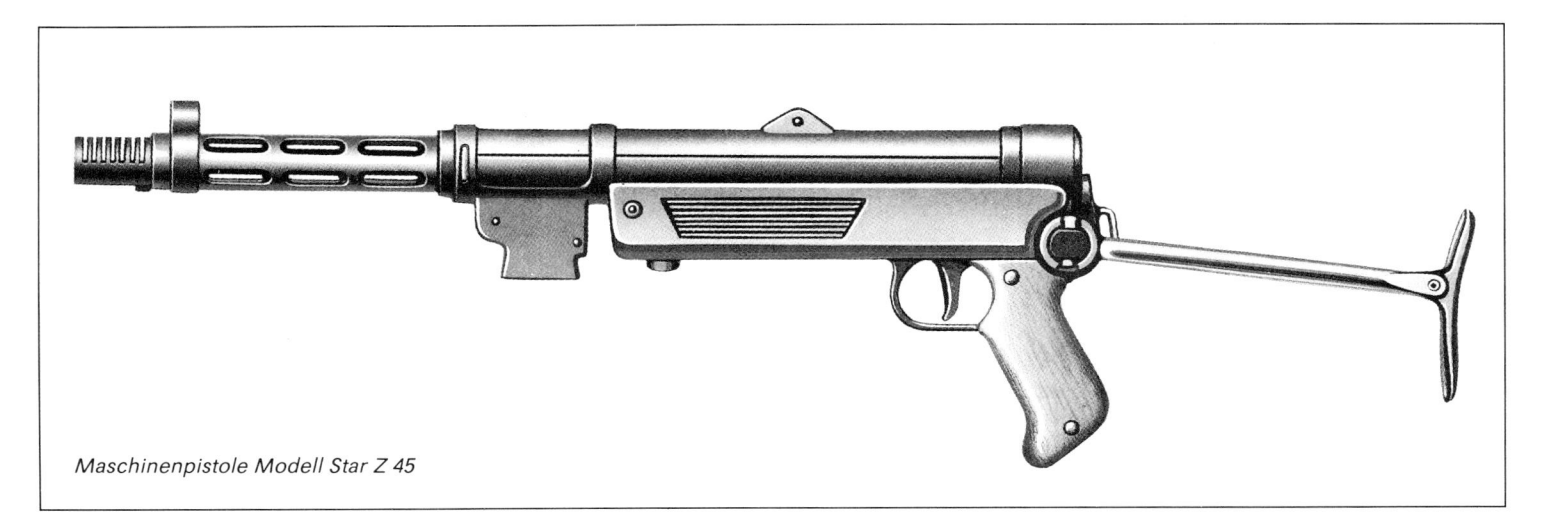

waren Magazine unterschiedlicher Kapazität von 30 bzw. 40 Schuß verfügbar. Das Kurvenvisier kann zwar auf 50 m bis 1 000 m Entfernung eingestellt werden, die Einsatzschußweite dürfte jedoch kaum größer sein als 150 m Distanz. Die Länge der Visierlinie beträgt 450 mm.

Die Waffe hat einen Karabinerkolben aus Holz, ist von unkomplizierter Bauweise und einfacher Verarbeitung. Über Schußleistung und Qualität sind keine Informationen verfügbar. In welcher Stückzahl solche Maschinenpistolen hergestellt wurden und ob sie bei den spanischen Streitkräften offiziell eingeführt waren, ist nicht bekannt. Als sicher aber gilt, daß sie während des Bürgerkriegs von 1936 bis 1939 zur Ausrüstung gehörten.

Außer deutschen Konstruktionen, zum Beispiel den Maschinenpistolen Modell Bergmann 18/1, Modell Schmeisser 28/2 (s. dort), Modell Erma EMP (s. dort) und Modell Bergmann 35 (s. dort), mit denen vor allem die Putschisten aus dem eigenen Land und die deutsch-italienischen Truppen in großer Menge bewaffnet waren, kamen auch die MPi Modell Suomi 1931 (s. dort) aus Finnland und weitere, in Spanien entwickelte Maschinenpistolen zum Einsatz. Über solche spanischen Waffen gibt es jedoch nur wenige Informationen, und diese sind zum Teil sehr widersprüchlich. Das betrifft, wie schon erwähnt, auch das Jahr des Produktionsbeginns der Star-MPi in Eibar.

Ab 1935 sollen dort unter dem Namen Star-Maschinenpistolen die Modelle SI 1935, RU 1935 sowie TN 1935 und ab 1936 das von einem Ingenieur namens Gollat entwickelte Modell XX 1935 hergestellt worden sein. Die letztgenannte Waffe, so die Fachliteratur, war eine sowohl Einzel- als auch Dauerfeuer schießende, für die Largo-Patrone 9 mm eingerichtete, geringfügig modifizierte Kopie der deutschen Bergmann-MPi mit einem Magazin von 32 Schuß Kapazität. In Eibar wurde auch die Schmeisser-MPi Modell 28/2 nachgebaut.

Zum Produktionsprogramm der Firma Industrias de Guerra de Cataluna gehörten ebenfalls Maschinenpistolen, zum Beispiel die MPi Modell Labora 1938. Sie verschießt Largo-Patronen 9 mm, hat ein gerades Stangenmagazin, einen Holzkolben aus Nußbaum und einen Pistolengriff hinter dem Abzug. Das Magazin wird als vorderer Haltegriff benutzt. Der Verschluß ist sehr klein, die Schließfeder sehr leicht. Etwa zwei Drittel des Laufes sind von einem Mantel mit radialen Kühlrippen umgeben.

Auf Grund komplizierter Dreh- und Fräsarbeiten konnten solche Maschinenpistolen nur mit großem Zeit- und Kostenaufwand hergestellt werden. Über Stückzahlen liegen keine Informationen vor. Bekannt aber ist, daß man derartige Waffen gegen Ende des spanischen Bürgerkriegs eingesetzt hat.

Ab 1940 ist das Fertigungsprogramm um ein weiteres Modell ergänzt worden. In Spanien begann der Nachbau der deutschen Erma-MPi EMP, eingerichtet jedoch für die Largo-Patrone 9 mm. Mit derartigen Waffen rüstete man Polizeieinheiten und militärische Sonderformationen des Landes aus. In verbesserter Ausführung wurden Maschinenpistolen solchen Typs später als Modell 1941/44 bezeichnet.

Vor Ende des zweiten Weltkriegs entwickelten Ingenieure der spanischen Firma in Eibar eine eigene, allerdings einer Reihe von Details der deutschen MPi Modell 40 (s. dort) sehr ähnliche Konstruktion. Schon im Frühjahr 1945 benutzt, aber erst nach Kriegsende bei den Streitkräften als MPi Modell Star Z 45 (s. »Schützenwaffen heute«) eingeführt, gehörte sie noch Mitte der achtziger Jahre zur Ausrüstung.

Daten: Maschinenpistole Modell Star 1932

Kaliber:	9 mm	Patrone:	9 × 23
v_0:	380 m/s	Lauflänge:	280 mm
Länge Waffe:	830 mm	Züge/Richtung:	
Feuergeschwindigkeit:	720 S/min	Visierschußweite:	1 000 m
		Einsatzschußweite:	150 m
Munitionszuführung:	gerades Stangenmagazin mit 30 bzw. 40 Schuß		
Masse ohne Magazin:	3,43 kg		

Tschechoslowakei

Selbstladepistole Modell ČZ 1922 (Modell ČZ 1922 N) 9 mm

Nach Gründung der Tschechoslowakischen Republik – Proklamation des souveränen Staates war am 28. Oktober 1918 – konnten weder die neugebildeten Streitkräfte noch die Polizeiformationen mit einheitlichen Infanteriewaffen ausgerüstet werden. Sie führten Waffen zahlreicher unterschiedlicher Typen ausländischer Herkunft. Das betraf auch Pistolen. Damals wurden im Lande noch keine als Dienstwaffen für Militär oder Polizei geeigneten Selbstladepistolen gefertigt.

Die Zugehörigkeit zur Doppelmonarchie Österreich-Ungarn hatte sich auch hemmend auf die Entwicklung einer eigenen Waffenproduktion ausgewirkt. Erst nach Erringen der Souveränität ließ sich die Stagnation auf diesem Gebiet Schritt um Schritt überwinden. Dabei spielten die Traditionen bei der Fertigung von Feuerwaffen, insbesondere der Herstellung von Pistolen durch versierte Büchsenmacher seit dem 16. Jahrhundert, keine unbedeutende Rolle. Die bürgerliche Tschechoslowakei unternahm trotz schwieriger wirtschaftlicher Lage große Anstrengungen, um sich dem Einfluß der Waffenfirmen Österreichs und Deutschlands nach und nach zu entziehen, und errichtete eine eigene Industrie dieser Branche.

Bevor sie jedoch leistungsfähig wurde, mußten Pistolen noch weitgehend im Ausland gekauft werden. Dazu gehörten vor allem das von Karel Krnka entwickelte Modell Krnka-Roth 1907 und die Steyr-Pistole Modell 1912, beide aus Österreich, außerdem Pistolen der Typen Beholla, Dreyse und Mauser sowie Ortgies-Pistolen (s. dort), alle aus deutscher Produktion.

Der erste im eigenen Lande gelegene Betrieb, der den Streitkräften Selbstladepistolen anbot, war die 1918 in der Hauptstadt erbaute Waffenfabrik Praga. Zu ihren Konstrukteuren gehörte der später weltbekannte Ingenieur Václav Holek. Damals beschäftigte er sich mit der Entwicklung einer nach der Firma Modell Praga benannten Pistole. In der Ausführung mit 7,65 mm Kaliber stand sie als Prototyp Mitte 1919, in einer anderen als Modell Praga 1921 bezeichneten Version mit 6,35 mm Kaliber zwei Jahre später zur Verfügung. Obwohl noch ein Prototyp und in der Firmenerprobung, bestellte das Verteidigungsministerium von der Pistole des größeren Kalibers im Juni 1919 ohne vorangegangene Prüfung 5 000 Stück.

Im Dezember desselben Jahres vergab das Ministerium einen weiteren Auftrag. Die Škoda-Werke in Plzeň erhielten auf ihr Angebot zur Lieferung von Selbstladepistolen eines von Alois Tomiška konstruierten Modells mit 7,65 mm Kaliber eine Bestellung über 10 000 Stück. Auch diese Pistole war damals noch nicht erprobt.

Prüfung erfolgte erst am 3. Januar 1920. Eine Militärkommission testete außer den obengenannten Waffen auch eine bereits 1916 vom Ingenieur Josef Nickl aus den deutschen Mauser-Werken entwickelte, für Spezialmunition eingerichtete Pistole. Sie sollte mit Lizenz in der Tschechoslowakischen Staatlichen Waffenfabrik AG, der späteren Zbrojovka Brno, hergestellt werden. Diesen Betrieb, in dem Nickl damals beschäftigt war, hatte man aber bereits 1919 für die Gewehrproduktion bestimmt, auf die man sich dann ab 1923, als die gesamte Produktion von Armeepistolen in einen neuerbauten Betrieb nach Strakonice verlagert wurde, insbesondere konzentrierte.

Auf Grund ihrer wesentlich besseren Funktionssicherheit und größeren Schußpräzision bestand die Nickl-Pistole den Vergleich mit den Waffen aus Prag und Plzeň erfolgreich. Obwohl sie im eigenen Lande nicht hergestellte Spezialpatronen verschoß, wurde sie ebenfalls unverzüglich bestellt und nach einigen Veränderungen am 19. Juni 1922 schließlich als Pistole Modell ČZ 1922, mitunter auch Modell ČZ 1922 N genannt, in die strukturmäßige Bewaffnung der Streitkräfte übernommen.

Dieser Entscheidung waren interessante Ereignisse vorangegangen. Sie verdeutlichen die komplizierte Situation, in der sich die Streitkräfte, aber auch die Polizeiformationen damals befanden, als sie eine möglichst schnell zu realisierende einheitliche Bewaffnung anstrebten, dabei jedoch mit einer Vielzahl entwicklungsbedingter Schwierigkeiten konfrontiert wurden. Das betraf übrigens nicht nur die Ausrüstung mit Pistolen, sondern auch die Verfügbarkeit anderer Infanteriewaffen.

Der Bestellung der Nickl-Pistole nach ihrem erfolgreichen Test im Januar 1920 waren nicht etwa Absagen an die Waffenfabrik Praga und die Škoda-Werke gefolgt. Das Verteidigungsministerium hielt an den angebotenen Verträgen fest, die beiden Betriebe allerdings nahmen sie weniger ernst. Die Škoda-Werke ließen Streitkräfte und Polizei glatt im Stich, die Waffenfabrik Praga praktizierte höchst merkwürdige Methoden.

Im Juni 1920 kam aus Plzeň die Nachricht, daß man keine einzige Pistole liefern werde; denn die Fertigung von Faustfeuerwaffen passe nicht mehr in das Produktionsprogramm. Diese Absage hinderte die Unternehmensleitung allerdings nicht daran, die Pistolenproduktion in neuerrichteten Plzeňer Betrieben tatkräftig zu fördern und dafür sogar profilierte Mitarbeiter der Firma abzustellen, zum Beispiel Tomiška. Armeepistolen wurden dort unter seiner Leitung jedoch nicht gefertigt, sondern Taschenpistolen, zunächst das für die Browning-Patrone 6,35 mm eingerichtete Modell Fox.

Die Waffenfabrik Praga hingegen versuchte, aus der schwierigen Situation des Verteidigungsministeriums Kapital zu schlagen. Der Forderung nach einer verbesserten Ausführung der kaum für den militärischen Einsatz geeigneten Praga-Pistole mit 7,65 mm Kaliber begegnete sie nicht etwa mit Auftragsbestätigung der bereits im Juni 1919 erhaltenen Bestellung, sondern mit einer höheren Preisforderung. Im Juni 1920 – zu dieser Zeit verfügte das Militär immer noch nicht über im Lande hergestellte Pistolen – löste das Verteidigungsministerium einen Auftrag über 5 000 Praga-Pistolen von verbesserter Ausführung zu den vom Betrieb diktierten finanziellen Bedingungen aus.

Statt Pistolen, die inzwischen auf Lager produziert wurden, erhielt die Behörde monatelang jedoch nur schriftliche Forderungen nach weiter erhöhtem Preis. Im Oktober 1921 erklärte das Verteidigungsministerium Bereitschaft zur Übernahme der Praga-Pistole als Behelfswaffe. Mitte des folgenden Monats konnte man 4 600 Stück in den Bestand einreihen, allerdings zu wiederum höheren Kosten und in zwei unterschiedlichen Ausführungen: Waffen der beanstandeten Erstversion ohne separaten Auswerfer, Pistolen der verbesserten Zweitversion mit dieser Einrichtung.

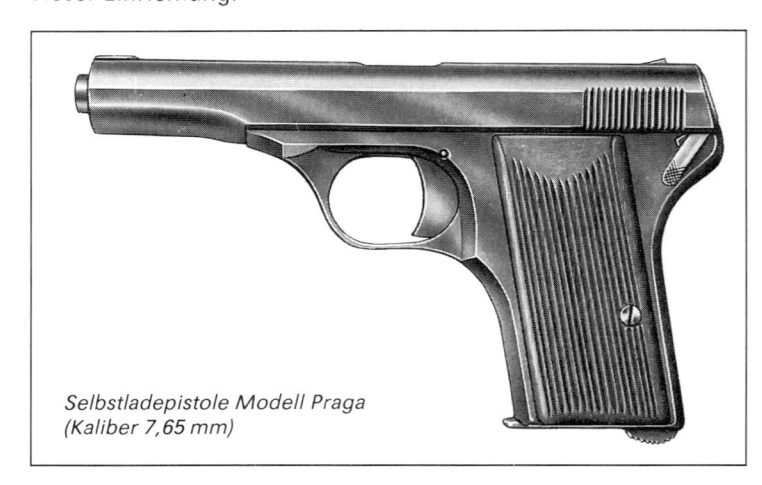

Selbstladepistole Modell Praga (Kaliber 7,65 mm)

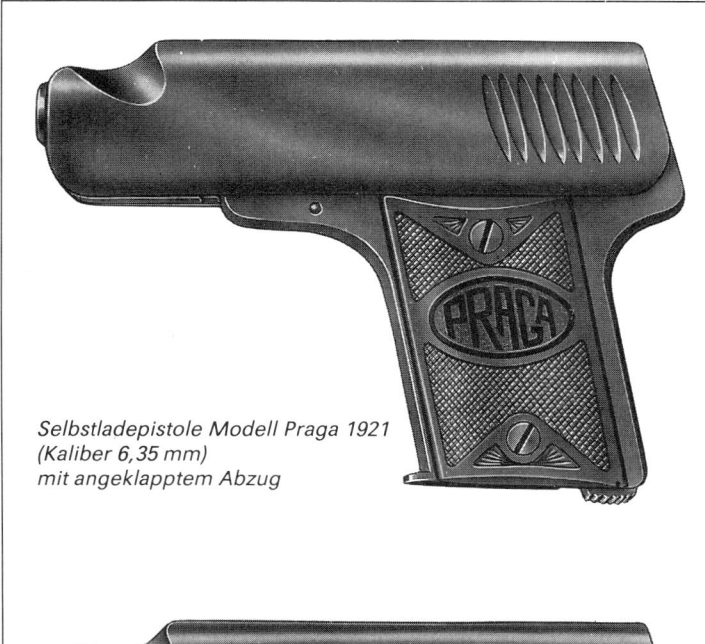

Selbstladepistole Modell Praga 1921 (Kaliber 6,35 mm) mit angeklapptem Abzug

Selbstladepistole Modell Praga 1921 (Kaliber 6,35 mm) mit abgeklapptem Abzug

Bei angeklapptem Abzug ist die Waffe gesichert und der Abzugsstollen auch in durchgeladenem Zustand blockiert. Die Arretierung wird aufgehoben, sobald der Abzug nach unten abklappt. Das geschieht beim Durchladen, wenn der Schütze den Schlitten zurückzieht, schon nach 2 mm bis 3 mm. Der Abzug kann aber auch mit dem Finger abgeklappt werden. Eine weitere, den Abzugsstollen ebenfalls blockierende Sicherungseinrichtung tritt bei herausgenommenem Magazin in Funktion.

Etwa zur gleichen Zeit, da die Waffenfabrik Praga endlich lieferte, standen auch die ersten Nickl-Pistolen aus Brno zur Verfügung. Das waren zwei Fertigungsserien von insgesamt 2700 Stück mit verbessertem Auswerfer und stabilisierter Sicherungsfeder. Das Verteidigungsministerium teilte sie der Polizei zu.

Anfang 1922 sollte die Konstruktion nochmals verändert werden. Die Militärs verlangten Aptierung auf die Browning-Patrone 9 mm kurz und forderten, Schlitten und Lauf zu verstärken sowie Auswerfer, Visier, Schlagbolzen und Hahn zu verbessern. Darüber hinaus strebte man eine Veränderung der Verschlußblockierung an. Die Waffe war zwar nicht mit einem typischen Verschlußfang ausgerüstet, der Verschluß blieb aber nach Verfeuern der letzten Patrone so lange offen, bis ein volles Magazin eingeführt wurde. Diese Blockierung sollte schon außer Funktion gesetzt werden, wenn der Schütze das leergeschossene Magazin herausnahm.

Abgesehen von wenigen für die Browning-Patrone eingerichteten Waffen, hat der Betrieb jedoch alle Forderungen nach Veränderung ignoriert. Sie wurden erst bei der in Strakonice ab 1925 produzierten weiterentwickelten Version Modell ČZ 1924

Sie gingen teils an die Streitkräfte, teils an die Polizei. Die im Lande herausgegebene Fachliteratur weist auf zahlreiche Mängel konstruktiver Art und bei der Verarbeitung hin. Die Funktionssicherheit war ebensowenig gewährleistet wie die Schußpräzision. Auf Grund seiner schlechten Qualität – nicht wenige Pistolen mußten nachgearbeitet werden – konnte das Modell in der Tat wohl nur zur Aushilfe und so lange als Interimslösung dienen, bis bessere Waffen verfügbar waren.

Diese ließen allerdings nach wie vor auf sich warten, so daß man sich weiterhin aus dem Ausland versorgen mußte, zum Beispiel mit 7600 Pistolen der Typen Dreyse und Ortgies aus Deutschland. Sie waren im Oktober 1921 bestellt worden. Eine weitere Bestellung über 6150 Ortgies-Pistolen folgte am 31. Dezember 1923. Diese Faustfeuerwaffen erfüllten die in sie gesetzten Erwartungen, die Dreyse-Pistolen der Fachliteratur zufolge jedoch keineswegs.

Um die Leistungen der Waffenfabrik Praga objektiv einzuschätzen, sei betont, daß ihr bereits erwähntes anderes Erzeugnis, das Modell 1921 mit 6,35 mm Kaliber, von wesentlich besserer Qualität war als die Militärversion. Als Westentaschenpistole genügte das kleine Praga-Modell den Anforderungen bewaffneter Kräfte jedoch ebenfalls nicht. Die Pistole wurde ab 1921 auf dem zivilen Markt angeboten. Ihre Stückzahl ist unbekannt.

Die Praga-Pistole Modell 1921, ein Rückstoßlader mit Masseverschluß und drei flachen Zapfen zum Befestigen des Laufes, war eine sehr interessante Konstruktion des Ingenieurs Holek. Völlig im Gegensatz zur Praga-Pistole mit größerem Kaliber hatte er auf einen Abzugsbügel verzichtet. Auf den ersten Blick sieht die Waffe so aus, als hätte man den Abzug völlig vergessen. Er befindet sich angeklappt unten am Schlitten, schließt bündig mit diesem ab.

Selbstladepistole Modell ČZ 1922 (Kaliber 9 mm) von links

Selbstladepistole Modell ČZ 1922 (Kaliber 9 mm) von rechts

Tschechoslowakei

(s. dort) berücksichtigt. Warum sich das Verteidigungsministerium vorher nicht durchsetzen konnte, ließ sich nicht feststellen.

Die Fachliteratur des Landes informiert über Schwierigkeiten bei der Produktion der Browning-Patronen, die wohl nicht qualitätsgerecht dimensioniert wurden. Über Qualitätsmängel der Waffen wird ebenfalls berichtet, zurückzuführen auf ungenügende Erfahrungen bei der Pistolenherstellung, die weniger eine Serienproduktion als vielmehr manuelle Fertigung gewesen sein soll.

Bis Ende 1922 wurden kaum mehr als 6 000 Pistolen Modell ČZ 1922 hergestellt. Die Militärs verhandelten mit der Südböhmischen Waffenfabrik AG, aus der 1923 die Tschechische Waffenfabrik AG Prag, die Česká Zbrojovka (ČZ), mit Hauptwerk in Strakonice hervorging. Sie stellten einen sofortigen Auftrag von 20 000 Pistolen mit der Garantie in Aussicht, die Anzahl innerhalb von fünf Jahren auf 100 000 Stück zu erhöhen. Vertragsabschluß war jedoch erst am 3. Dezember 1923. Der Stückpreis wurde auf 560 Kronen festgelegt, 42 Kronen mehr als für die Waffen aus Brno bezahlt werden mußten.

Wie hoch der Produktionsausstoß von ČZ-Pistolen Modell 1922 insgesamt war, geht aus keiner Veröffentlichung exakt hervor. Als man Ende 1923 Bilanz zog, mußte festgestellt werden, daß der bis dahin ermittelte Bedarf von insgesamt 135 000 Stück nicht annähernd hatte realisiert werden können. Fast 100 000 Pistolen fehlten, und von ungefähr 35 000 an Streitkräfte und Polizei gelieferten Waffen waren mehr als die Hälfte nicht Nickl-Pistolen aus Eigenproduktion, sondern Pistolen aus Importen, vor allem Waffen der Typen Ortgies und Dreyse. Man schätzt, daß die Firma aus Brno bis zu diesem Zeitpunkt etwa 18 000 ČZ-Pistolen Modell 1922 geliefert hat.

Die Selbstladepistole Modell ČZ 1922 ist ein Rückstoßlader mit kurz zurückgleitendem Lauf, verriegeltem Drehverschluß und halbverdecktem außenliegendem Hahn. In Originalausführung verschießt sie Nickl-Patronen 9 mm, in abgeänderter Version Browning-Patronen 9 mm kurz. Ist die letzte Patrone verfeuert,

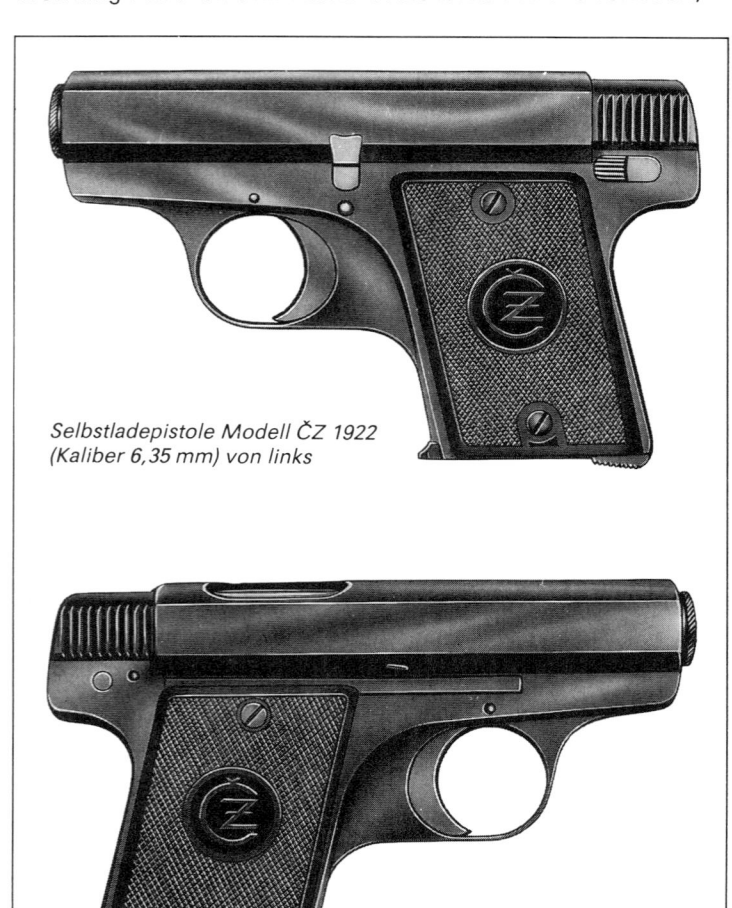

Röntgenschnitt der Selbstladepistole Modell ČZ 1922 (Kaliber 6,35 mm)

Selbstladepistole Modell ČZ 1922 (Kaliber 6,35 mm) von links

Selbstladepistole Modell ČZ 1922 (Kaliber 6,35 mm) von rechts

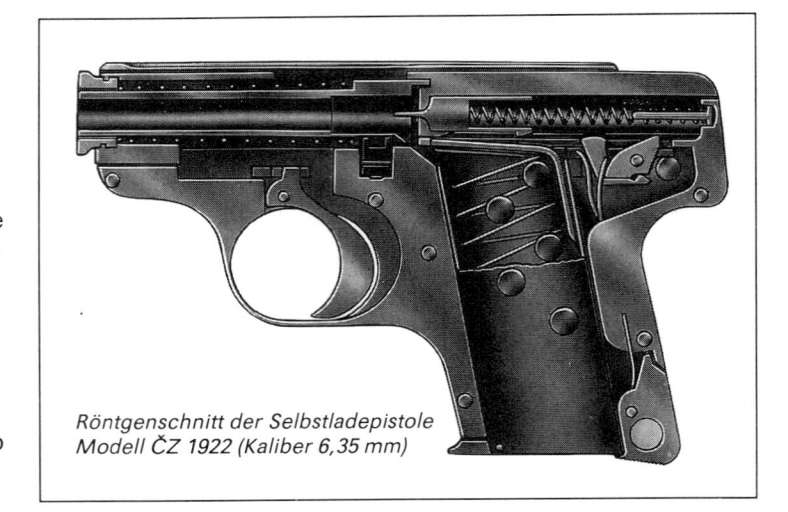

verbleibt der Verschluß in offener Stellung. Sobald ein neues Magazin eingeführt wird, schnellt der Schlitten nach vorn.

Sehr bemerkenswert sind die Sicherheitseinrichtungen mit nur einer einzigen, sowohl auf den Sicherungshebel als auch auf die Abzugsstange wirkenden Feder. Die Bedienelemente Sicherungshebel und Entriegelungsknopf befinden sich auf der linken Seite des Griffstücks direkt hinter dem Abzug. Sie können vom Daumen der Schießhand gut erreicht werden.

In gesichertem Zustand fängt die Feder den Hebel. Drückt der Schütze auf den Entriegelungsknopf, rastet die Sicherung aus, die Abzugsstange wird freigegeben, und die Waffe ist feuerbereit. Ihre Schußpräzision wird als zufriedenstellend, ihre Bedienbarkeit als gut bezeichnet. Um die Pistole zu reinigen, muß sie in neun Hauptbauteile zerlegt werden.

Bezüglich Entwicklung, Produktion und Einsatz der Munition für die erste in der Tschechoslowakei offiziell eingeführte Selbstladepistole aus eigener Fertigung sind Erläuterungen notwendig: Nickl hatte seinerzeit nicht nur eine Pistole, sondern auch die dafür geeignete Munition entwickelt. Sie entsprach weitgehend der Browning-Patrone 9 mm kurz, erreichte aber eine geringfügig schwächere ballistische Leistung. Die Abmessungen der Nickl-Patrone waren mit denen der obengenannten Browning-Patrone nahezu identisch, der Patronenboden stimmte mit dem der Browning-Patrone 7,65 mm überein.

Nickl-Patronen wurden ab April 1918 bei der Munitionsfirma Deutsche Werke AG (DWA) in Berlin, später auch bei der Hirtenberger Patronen-, Zündhütchen- und Metallwarenfabrik AG in Österreich hergestellt. Sie mußten also von dort importiert werden. Angesichts der damit verbundenen Kosten ist es verständlich, daß das Verteidigungsministerium unverzügliche Umstellung der Waffe auf die inzwischen im Lande produzierte Browning-Patrone forderte. Dieses Vorhaben gelang allerdings erst mit dem weiterentwickelten Modell ČZ 1924.

Ab 1922 gab es eine weitere als Modell ČZ 1922 bezeichnete Pistole, jedoch mit dem Kaliber 6,35 mm. Das war eine von Tomiška entwickelte, bis 1927/28 in Strakonice hergestellte Waffe mit einfachem Masseverschluß und Schlagbolzenzündung. Informationen in der Fachliteratur deuten darauf hin, daß solche oftmals mit militärischem Abnahmestempel gekennzeichneten Pistolen von der Armee zwar nicht offiziell eingeführt, wohl aber benutzt worden sind. Sie waren wohl als persönliche Waffe hoher Stabsoffiziere und Polizeibeamter im Bestand. Der Produktionsausstoß wird auf insgesamt 10 000 Stück geschätzt. Wie viele davon an bewaffnete Kräfte oder auf dem zivilen Markt verkauft wurden, ist nicht bekannt.

Daten: Selbstladepistole Modell Praga 1921

Kaliber:	6,35 mm	Patrone:	6,35 × 15,5 HR
v_0:	m/s	Lauflänge:	mm
Länge Waffe:	55 mm	Züge/Richtung:	4/r
Höhe Waffe:	83 mm	Magazinkapazität:	6 Schuß
Länge Visierlinie:	mm	Einsatzschußweite:	20 m
Masse ohne Magazin:	0,330 kg		

Daten: Selbstladepistole Modell ČZ 1922 (Modell ČZ 1922 N)

Kaliber:	9 mm	Patrone:	9 × 17 ER[1]
v₀:	260 m/s	Lauflänge:	89 mm[2]
Länge Waffe:	150 mm	Züge/Richtung:	6/r
Höhe Waffe:	142 mm	Magazinkapazität:	8 Schuß
Länge Visierlinie:	110 mm	Einsatzschußweite:	30 m
Masse ungeladen:	0,670 kg		

[1]) *Spezialpatrone 9 mm Nickl mit eingezogenem Rand (ER).*
[2]) *Gezogener Teil: 71 mm.*

Daten: Selbstladepistole Modell ČZ 1922

Kaliber:	6,35 mm	Patrone:	6,35 × 15,5 HR
v₀:	m/s	Lauflänge:	63 mm
Länge Waffe:	122 mm	Züge/Richtung:	6/r
Höhe Waffe:	76 mm	Magazinkapazität:	6 Schuß
Länge Visierlinie:	mm	Einsatzschußweite:	20 m
Masse ungeladen:	0,400 kg		

Selbstladepistole Modell ČZ 1924 9 mm

Dieses Modell ist eine Weiterentwicklung der 1916 vom deutschen Ingenieur Josef Nickl konstruierten und nach ihm benannten Nickl-Pistole, die in der Tschechoslowakei ab 1922 unter der Bezeichnung Modell ČZ 1922 (s. dort) als Ordonnanzwaffe hergestellt wurde. Das genaue Datum, da Nickl-Pistolen aus dem Bestand von Streitkräften und Polizei ausgesondert wurden, ist nicht bekannt, wohl aber das Jahr der Produktionseinstellung. Der Fertigungsstopp erfolgte zugunsten des weiterentwickelten Modells Ende 1923. Damals wurde die Produktion aller Armeepistolen aus der Tschechoslowakischen Staatlichen Waffenfabrik AG in Brno in den Strakonicer Betrieb der Tschechischen Waffenfabrik AG Prag, der Česká Zbrojovka (ČZ), verlagert.

Am 3. Dezember 1923 unterzeichneten Vertreter der Herstellerfirma und des Verteidigungsministeriums einen Vertrag. Danach sollte der Strakonicer Betrieb zunächst 20 000 Armeepistolen und in den folgenden fünf Jahren weitere 80 000 Stück liefern. Wie der Vertrag festlegte, mußten das auf der Grundlage der Nickl-Pistole weiterentwickelte Waffen sein: umgerüstet auf die Browning-Patrone 9 mm kurz und zum Teil konstruktiv verbessert.

Solche Forderungen hatten die Militärs bereits zu Beginn der Serienproduktion des Modells ČZ 1922 gestellt. Vom damaligen Produzenten, der Waffenfabrik Brno, waren sie jedoch ignoriert worden. Das Verteidigungsministerium ließ bei Vertragsunterzeichnung keinen Zweifel daran, sie gegenüber dem Hersteller in Strakonice auf jeden Fall durchsetzen zu wollen.

Unter Leitung des Konstrukteurs František Myška wurden sie dort innerhalb weniger Wochen erfüllt. Bereits im Februar 1924 konnten die Militärs den verlangten technischen Standard der konstruktiv überarbeiteten Pistole bestätigen. Einen Monat darauf begannen die Vorbereitungen für die Serienproduktion.

Nach vollendetem Neubau des Betriebes und nach Installation eines modernen Maschinenparks war Ende Januar 1925 die materiell-technische Basis so stabil, daß man an einer erfolgreichen Produktion in Strakonice kaum noch Zweifel hatte. Damals bestanden dort solide Grundlagen für eine Serienfertigung von monatlich 3 000 Pistolen.

Dennoch gab es den Produktionsstart verzögernde Schwierigkeiten. Die Mauser Werke AG, Patentinhaber der Nickl-Pistole, erhob unannehmbare Lizenzforderungen. Sie gingen über die seinerzeit für die Herstellung der ČZ-Pistole Modell 1922 vereinbarten finanziellen Bedingungen hinaus. Der Rechtsstreit zog sich monatelang hin. Er endete mit einem Kompromiß, verzögerte aber die Serienproduktion der von Streitkräften und Polizei dringend benötigten Ordonnanzpistole. Sie erhielt die Bezeichnung Modell ČZ 1924. Erst im August 1925 konnte eine Nullserie von 200 Stück hergestellt werden.

Die Erstbestellung von 20 000 Pistolen wurde bis Juni 1926, der Gesamtauftrag von 100 000 Stück bis Ende 1931 realisiert. Nach neuen Aufträgen von 1935 und 1936 lieferte der Betrieb bis Frühjahr 1938 weitere 80 000 Pistolen. Der Stückpreis hatte zunächst 560 Kronen betragen. Er wurde ab 1928 auf 540 und 1936 schließlich auf 320 Kronen reduziert.

Bis 15. März 1939, als der faschistische deutsche Staat die Tschechoslowakei annektierte, blieb die ČZ-Pistole Modell 1924 Standardwaffe der Streitkräfte des Landes. Sie gehörte auch zum Bestand der Polizei, die zu dieser Zeit allerdings schon weitge-

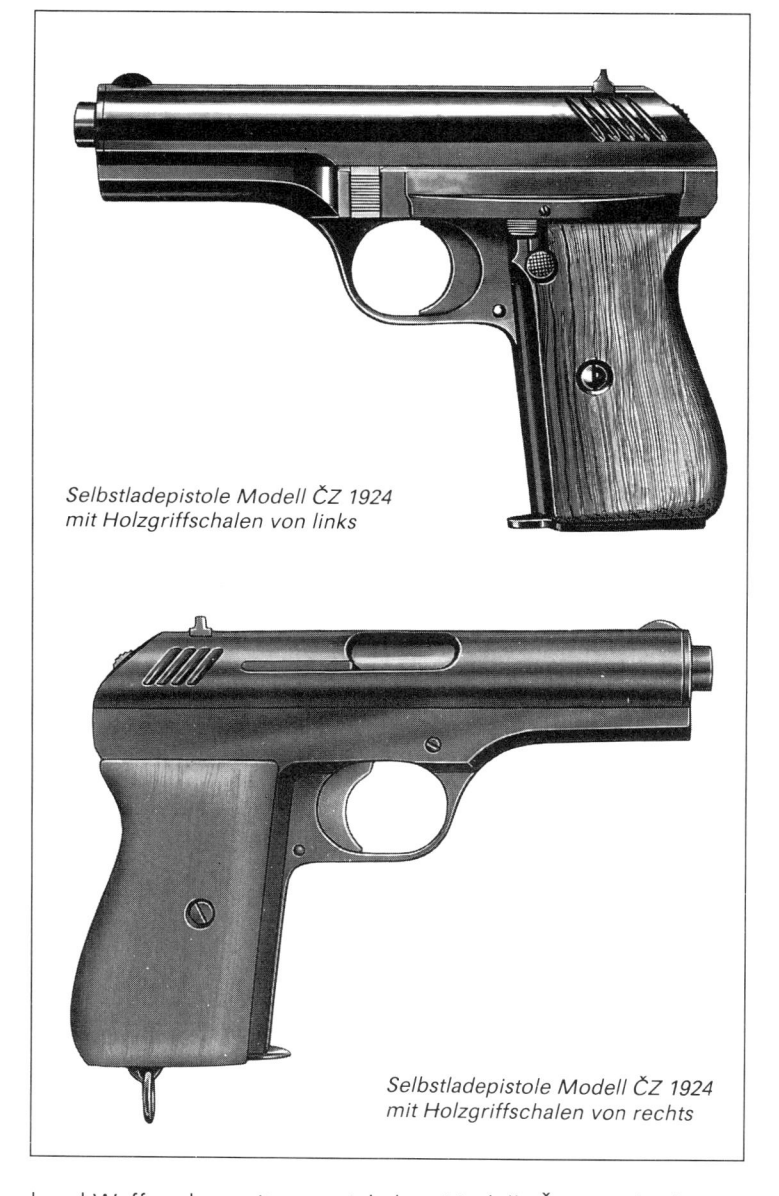

Selbstladepistole Modell ČZ 1924 mit Holzgriffschalen von links

Selbstladepistole Modell ČZ 1924 mit Holzgriffschalen von rechts

hend Waffen des weiterentwickelten Modells ČZ 1927 (s. dort) führte. ČZ-Pistolen des Typs 1924 sind unter deutscher Besatzung zwar nicht produziert, jedoch übernommen worden. Das deutsche Heereswaffenamt bezeichnete sie als Modell P 24 (t). Die ebenfalls übernommene Nickl-Pistole ČZ 1922 wurde Modell P 22 (t) genannt.

Die Selbstladepistole Modell ČZ 1924 ist wie die vorher gefertigte Nickl-Pistole ein Rückstoßlader mit kurz zurückgleitendem Lauf und verriegeltem Drehverschluß, im Gegensatz zu dieser jedoch für die Browning-Patrone 9 mm kurz eingerichtet. Trotz im Prinzip übereinstimmender Konstruktion gibt es eine Reihe von Unterschieden, nicht aber beim Funktionssystem.

Wie bei der Nickl-Pistole erfolgt die Verriegelung mittels Drehlaufs, wobei die Bewegung des Laufes um seine Längsachse vom Laufhalter gesteuert wird. Die Waffe hat einen halbverdeckten außenliegenden Hahn. Im Unterschied zum Vorgänger-

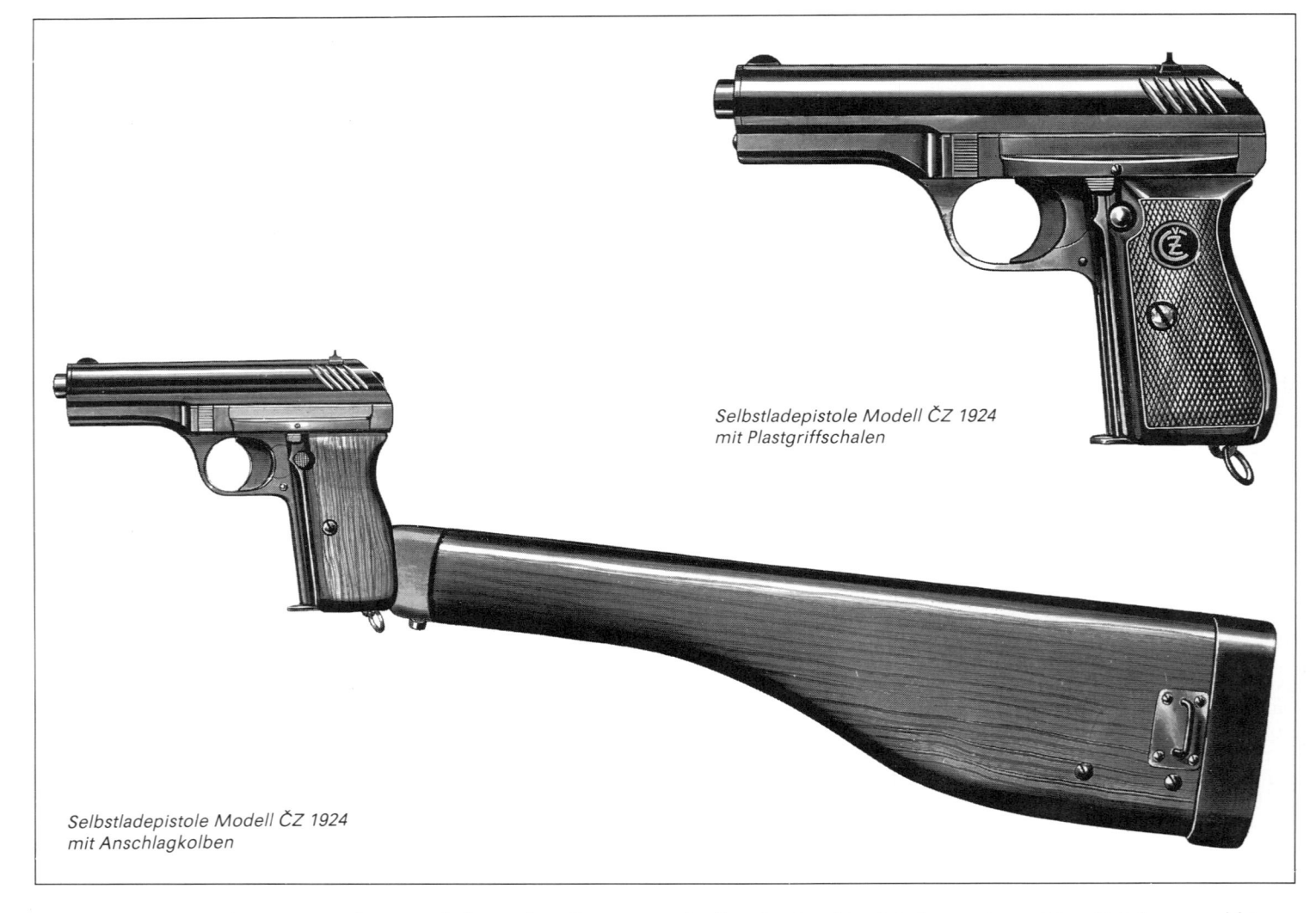

Tschechoslowakei

Selbstladepistole Modell ČZ 1924 mit Plastgriffschalen

Selbstladepistole Modell ČZ 1924 mit Anschlagkolben

modell kann er mit dem Daumen besser erfaßt werden. Das Sicherungssystem wurde beibehalten, das Abzugssystem vereinfacht. Der Laufhalter ist kleiner. Die Waffe wirkt etwas robuster und hat eine bessere Handlage. Die Magazinkapazität beträgt 8 Schuß.

Es gab auch eine für die Patrone 9 mm Parabellum eingerichtete Version, zum Teil mit Holzkolben. Solche Waffen, etwas größer und schwerer als die Standardausführung, exportierte man in die Türkei. Eine weitere, allerdings nur in geringer Stückzahl gefertigte Version hat einen längeren Griff und ein Holzetui, das als Kolben angesetzt werden kann. Diese Modell ČZ 1928 genannte Ausführung wurde 1929/30 in einer Anzahl von 1 700 Stück an Zollbeamte nach Polen geliefert.

Im Bericht der Expertenkommission vom 31. Oktober 1925, die damals die Nullserie begutachtet hatte, war die Standardpistole als eine präzise schießende, für die Selbstverteidigung sehr gut geeignete Waffe beurteilt worden. Die Militärs lobten die Konstruktion als solide, die Funktionsweise als zuverlässig, die Lebensdauer als bemerkenswert hoch, die Bedienbarkeit als unkompliziert. Hervorgehoben wurden außerdem das gutklassige Material und die fachgerechte Verarbeitung.

Als man die Übernahme der neuen Armeepistole Modell ČZ 1938 (s. dort) beschloß, erhielt die Ordonnanzwaffe alten Typs jedoch erstaunlich schlechte Kritiken. In einem Bericht vom 29. März 1938 urteilte man über die zur Aussonderung vorgesehene Pistole wie folgt: geringe Feuerbereitschaft, schnelles Verschmutzen, kompliziertes Demontieren. Darüber hinaus wurde darauf hingewiesen, daß eine Ladehemmung nur schwierig zu beseitigen und die Waffe vor unbeabsichtigtem Auslösen von Schüssen nicht sicher sei.

Im Ausland war das Modell bei weitem nicht so geschätzt wie andere in der Tschechoslowakei produzierte Waffen, zum Beispiel das leichte MG Modell ZB 1926 (s. dort) und das schwere MG Modell ZB 1937 (s. dort). Trotz vielfachen Bemühens der Herstellerfirma, die sich von Waffenprüfstellen in Lüttich und Berlin günstige Attestate besorgte und ihre Pistolen sowohl in europäischen als auch in südamerikanischen Ländern vorführte, blieb der Export weit hinter den Erwartungen zurück. Die Lieferungen ins Ausland erreichten nur sehr geringe Stückzahlen. Außer nach Polen und in die Türkei konnten ČZ-Pistolen dieses Typs nur nach Litauen und Lettland exportiert werden. Mit dem von Myška konstruierten, für die Patrone 7,65 mm Browning eingerichteten Nachfolgemodell ČZ 1927 erzielte die Firma ebenfalls keinen nennenswerten Exporterfolg.

Pistolen ČZ 1924 werden wie folgt auseinandergenommen: Ist der Verschluß bei eingeführtem leerem Magazin in seiner hinteren Stellung arretiert, wird der auf der rechten Seite oberhalb des vorderen Teiles des Abzugsbügels gelegene Querstift eingedrückt, der Riegelschieber nach unten bewegt und der Riegel

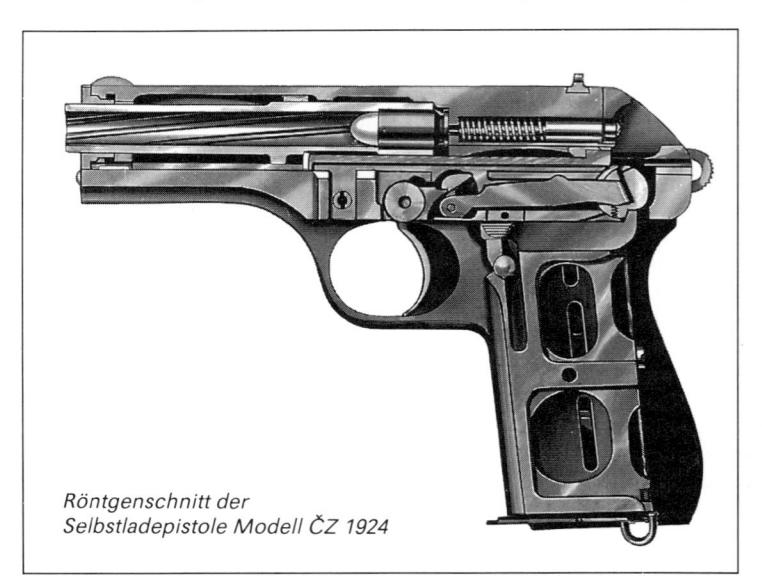

Röntgenschnitt der Selbstladepistole Modell ČZ 1924

entfernt. Dann schiebt der Schütze das Verschlußstück zusammen mit Lauf, Laufhalter und Schließfeder einschließlich ihrer Stange nach vorn und dreht die Laufbuchse so weit nach rechts, bis die Markierung mit der Kerbe rechts im Vorderteil des Schlittens übereinstimmt. Ist die Laufhaltebuchse abgenommen, wird zuerst der Lauf nach vorn, danach der Schlitten vom Griffstück, schließlich die Schließfeder mit Führungsstift und Laufhalter entfernt.

Daten: Selbstladepistole Modell ČZ 1924

Kaliber:	9 mm	Patrone:	9 × 17
v_0:	m/s	Lauflänge:	98 mm
Länge Waffe:	155 mm	Züge/Richtung:	6/r
Höhe Waffe:	128 mm	Magazinkapazität:	8 Schuß
Länge Visierlinie:	115 mm	Einsatzschußweite:	40 m
Masse mit leerem Magazin:	0,510 kg		

Selbstladepistole Modell ČZ 1927 7,65 mm

Mitte der zwanziger Jahre entwickelte František Myška, Chefkonstrukteur im Strakonicer Betrieb der Tschechischen Waffenfabrik AG Prag, der Česká Zbrojovka (ČZ), die von den Streitkräften des Landes als Ordonnanzwaffe geführte Pistole Modell ČZ 1924 (s. dort) weiter. Dabei verfolgte er zwei Ziele. Einerseits wollte er die Konstruktion vereinfachen, andererseits die Pistole zum Verschießen einer weiteren Munitionsart einrichten. Da bis dahin ČZ-Pistolen im Ausland nicht gefragt waren, hoffte der Chefkonstrukteur, ihre Exportattraktivität zu erhöhen, wenn sie nicht nur in einer Ausführung für Browning-Patronen 9 mm kurz, sondern auch für Browning-Patronen 7,65 mm geliefert werden konnten.

Bei der Weiterentwicklung bediente sich Myška bewährter Konstruktionsdetails und wesentlicher Funktionselemente der deutschen Mauser-Pistolen Modelle 1910 und 1914. Er übernahm das Abzugs- und Sicherungssystem der ČZ-Pistole Modell 1924, verzichtete jedoch auf die Verriegelung. Abgesehen vom Verriegelungssystem und Kaliber, stimmt die Grundkonzeption der als Modell ČZ 1927 bezeichneten Weiterentwicklung mit dem damaligen Ordonnanzmodell im Prinzip überein. Unterschiede gibt es lediglich auf Grund der Veränderung jener Bauteile, die direkt oder indirekt mit dem Verriegelungsmechanismus zusammenhängen.

Beide Modelle sehen sich nicht nur sehr ähnlich, sondern haben auch weitgehend identische Bauteile. Einige stimmen sogar völlig überein und können gegeneinander ausgetauscht werden: zum Beispiel die Teile des Abzugssystems, die manuell zu betätigende Sicherung und die Magazinsicherung. Die Pistolen gleichen sich so sehr, daß Verschluß und Griffstück beider Modelle miteinander kombinierbar sind. Daher bedurfte es keines großen Aufwands zur Umstellung der Produktion. Zahlreiche Bauteile für Waffen beider Typen wurden auf denselben Maschinen gefertigt.

Die Selbstladepistole Modell ČZ 1927 ist ein konventioneller Rückstoßlader mit Feder/Masse-Verschluß, halbverdecktem außenliegendem Hahn und festjustierter, aus Blattkorn und U-Kimme bestehender Visierung. Die Magazinhalterung befindet sich unten am Griffstück, die manuelle Sicherung oben am Griffstück auf der linken Seite der Waffe.

Ist sie gesichert, rastet der Sicherungshebel fest ein. Um zu entsichern, muß der Knopf unter dem Sicherungshebel eingedrückt werden, und die durchgeladene Pistole ist feuerbereit. Obwohl sie keinen Schlittenfanghebel hat, bleibt der Verschluß nach Verfeuern der letzten Patrone offen. Die Breite beträgt 27 mm, der Abzugswiderstand 2,3 kg.

In der Fachliteratur werden Feuerbereitschaft, Schußpräzision, Trefflleistung und Durchschlagskraft dieser vor allem für den Polizeidienst bestimmten Pistole als völlig ausreichend bezeichnet. Überdies lobt man die Bedienung als unkompliziert und hebt hervor, daß sich der abgerundete, geriffelte Hahn schon bei leichtem Daumendruck spannen läßt. Er hat allerdings keine Sicherheitsraste. Das Tragen der durchgeladenen, entsicherten und nicht gespannten Waffe ist keineswegs ungefährlich.

Als 1927 die Fertigung begann, versprach man sich einen größeren Exporterfolg als mit der Standard-Faustfeuerwaffe der Streitkräfte, die sich nur in geringer Stückzahl ins Ausland verkaufen ließ. Das Interesse ausländischer Kunden an der neuen Pistole war allerdings noch geringer. Bis März 1939 sind kaum mehr als 24 000 Stück hergestellt worden. Die meisten wurden

Selbstladepistole Modell ČZ 1927 (Fertigung vor März 1939)

Selbstladepistole Modell ČZ 1927 (Modell 27 t)

Selbstladepistole Modell ČZ 1927 (Fertigung nach 1945)

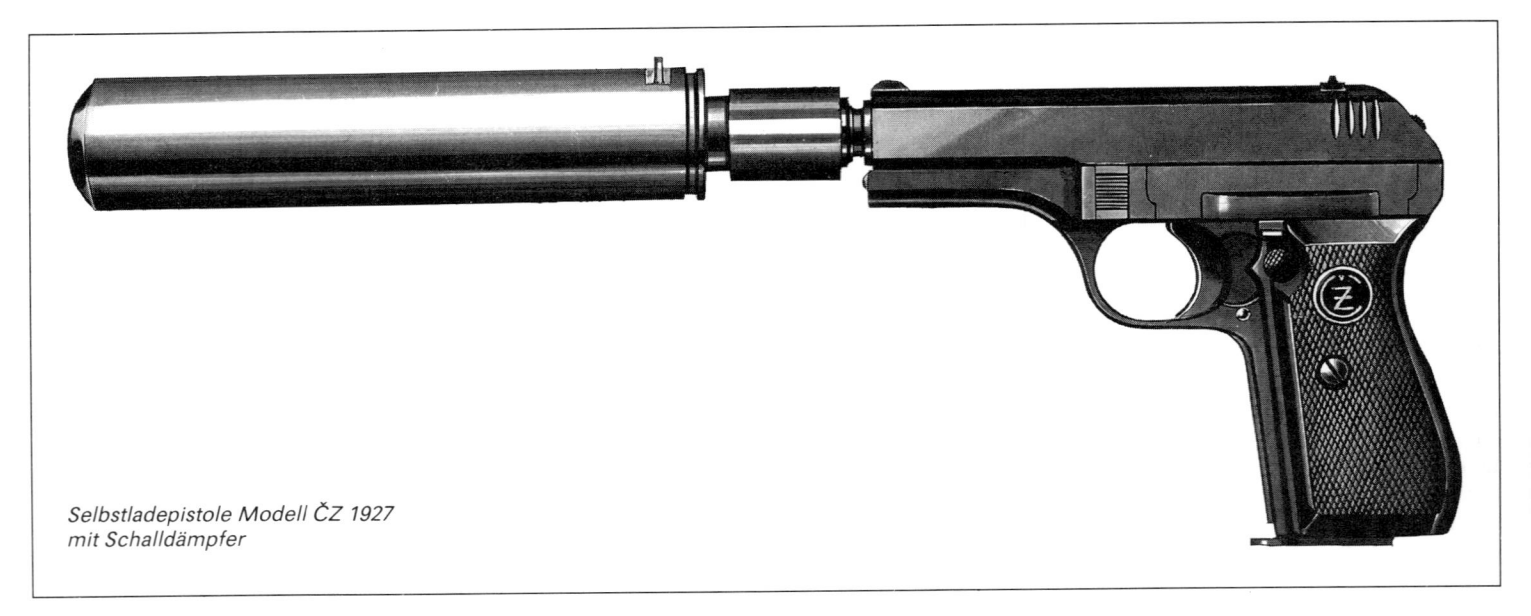

Tschechoslowakei

Selbstladepistole Modell ČZ 1927 mit Schalldämpfer

an Polizeiformationen des eigenen Landes geliefert. Diese Pistolen haben vier schräge Griffraster am Schlitten und den Firmenschriftzug des Strakonicer Betriebes.

Am 15. März 1939 annektierte Deutschland die benachbarte Tschechoslowakei und unterstellte die Industrie seiner Kontrolle. Das galt auch für Produktionsstätten, in denen Waffen gefertigt wurden. Wenige Wochen später begann in Strakonice die Massenproduktion von Pistolen des Typs ČZ 1927. Das deutsche Heereswaffenamt bezeichnete sie als Pistole Modell 27 (t). Bis 1941 erhielten die Waffen die Prägung der unter deutscher Besatzung als Böhmische Waffenfabrik AG geführten Firma. Danach wurden sie ohne Prägung des Herstellers, aber mit einem Kode gekennzeichnet.

Wie viele Pistolen unter deutscher Kontrolle produziert werden mußten, ist nicht genau bekannt. Die Fachliteratur informiert über 240 000 bis 254 000 Stück bis Juni 1941 und insgesamt 473 000 Stück bis zur Befreiung der Tschechoslowakei durch die sowjetischen Streitkräfte. Außer an dem genannten Firmenschriftzug bzw. der Kodierung sowie an dem Abnahmestempel des deutschen Heereswaffenamts, zum Teil auch der Polizei, sind diese Waffen auch an den gerade gefrästen vier Griffrastern am Schlitten erkennbar.

Wurden die Pistolen anfangs in sorgfältiger Verarbeitung gefertigt, waren später, vor allem von 1943 bis 1945, deutliche Qualitätsmängel sichtbar. Außerdem veränderte man geringfügige konstruktive Details und lieferte die Waffen mit oder ohne Festhalteschraube in der Seitenplatte, mit gefräster oder gepreßter Seitenplatte, mit gefrästem oder gepreßtem Sicherungshebel, mit oder ohne Fangriemenring im Magazinhalteknopf.

Darüber hinaus gab es Sonderausführungen. So ist eine Version mit dem Kaliber 5,6 mm bekannt, die vermutlich für das Schießtraining gefertigt wurde, und eine andere mit Schalldämpfer. Schalldämpfer-Pistolen haben einen längeren Lauf mit dickerer Mündung. Die Länge des Laufes beträgt etwa 135 mm, die Länge des Schalldämpfers 205 mm.

Obwohl nicht Ordonnanzwaffe, wurden Strakonicer Pistolen Modell ČZ 1927 bei den deutschen Streitkräften benutzt. Die Übernahme erfolgte vor allem bei der Luftwaffe, aber auch bei der SS und Polizeiformationen. Man schätzt die in den Bestand übernommene Anzahl auf etwa 440 000 Stück. Das übertraf bei weitem die Menge der ebenfalls in deutsche Dienste gestellten Selbstladepistolen Modell VIS 1935 (s. dort) aus Polen und Modell FN Browning 1935 High Power (s. dort) aus Belgien. Zwi-

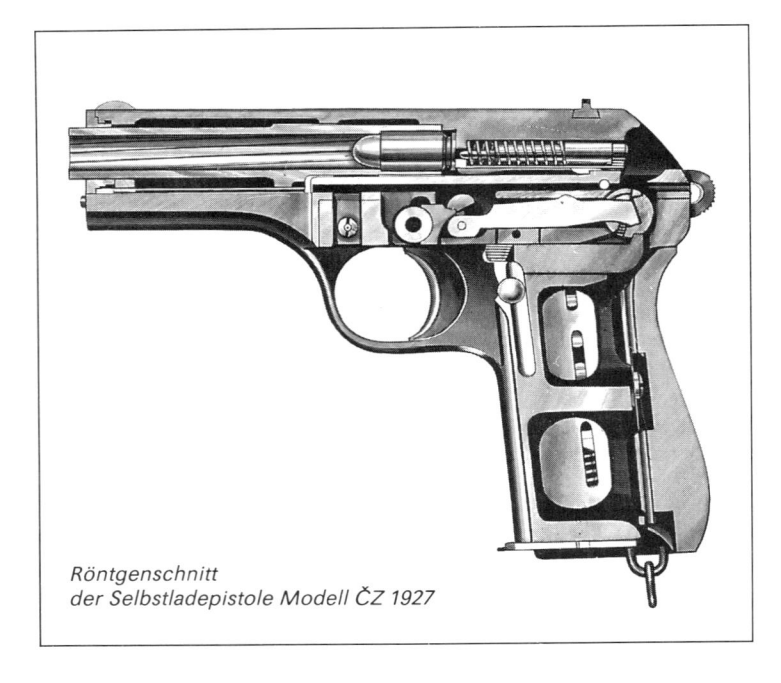

Röntgenschnitt der Selbstladepistole Modell ČZ 1927

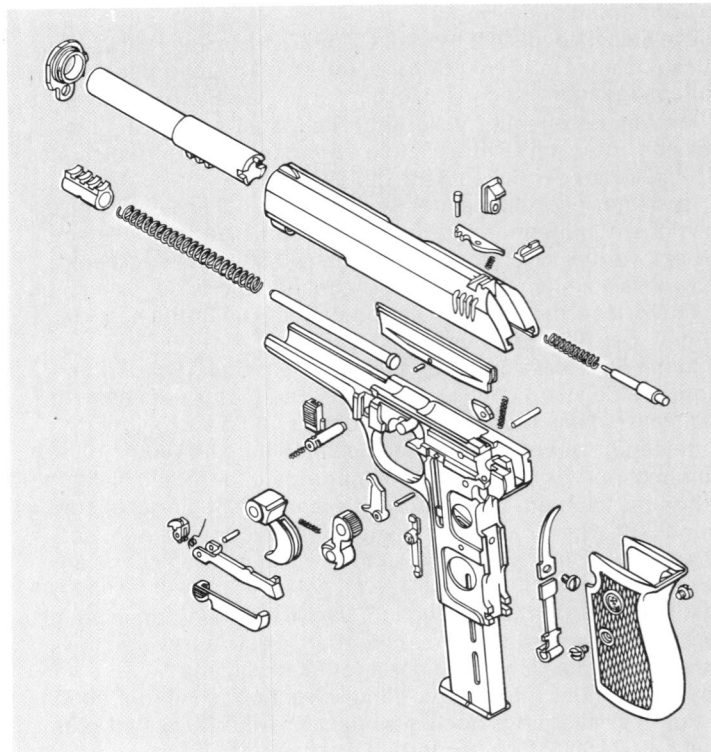

Explosionszeichnung der Selbstladepistole Modell ČZ 1927

schen 1939 und 1941 in Strakonice produzierte Pistolen Modell 27 (t) sind von 1950 bis 1952 auch bei der Grenzpolizei Bayerns in der Bundesrepublik Deutschland geführt worden.

Nach der Befreiung der Tschechoslowakei reihte man die ČZ-Pistole wieder in das Fertigungsprogramm ein. Von Mitte 1945 bis Anfang 1950, als die Produktion zugunsten der Selbstladepistole Modell ČZ 50 (s. »Schützenwaffen heute«) endgültig gestoppt wurde, sollen zwischen 144 000 bis 158 000 Stück hergestellt worden sein.

Daten: Selbstladepistole Modell ČZ 1927

Kaliber:	7,65 mm	Patrone:	7,65 × 17 HR
v_0:	305 m/s	Lauflänge:	99 mm[1]
Länge Waffe:	155 mm	Züge/Richtung:	6/r
Höhe Waffe:	125 mm	Magazinkapazität:	8 Schuß
Länge Visierlinie:	115 mm	Einsatzschußweite:	40 m
Masse ungeladen:	0,670 kg		

[1] 135 mm bei Sonderausführung Modell 27 (t) mit Schalldämpfer.

Selbstladepistole Modell ČZ 1938 9 mm

Hatten im Oktober 1925 die Militärs die damalige Ordonnanzpistole der tschechoslowakischen Streitkräfte als eine nahezu tadellose Waffe gelobt, urteilten sie ein Jahrzehnt später völlig anders. Mitte der dreißiger Jahre forderten sie, die Ausrüstung mit besseren Faustfeuerwaffen zu modernisieren. Sie verlangten eine neue Standardpistole.

Das zu dieser Zeit geführte Modell ČZ 1924 (s. dort) entsprach nicht mehr den Anforderungen. Die Waffe war von relativ komplizierter Konstruktion und nur mit beträchtlichem Kosten- und Zeitaufwand herstellbar. Seit 1927 stand mit dem Modell ČZ 1927 (s. dort) zwar eine Weiterentwicklung von einfacherer Bauweise zur Verfügung, Alternativmodell war sie jedoch nicht.

Diese Pistole verschoß die für den Polizeieinsatz geeignete Browning-Patrone 7,65 mm. Für eine Armeewaffe wurde aber Munition größerer Durchschlagsleistung verlangt. Eine für die Parabellum-Patrone 9 mm eingerichtete Pistole wäre zweifellos besser geeignet gewesen als ein Modell für Browning-Patronen 9 mm kurz, auf das die Militärs orientierten.

František Myška, Chefkonstrukteur des Strakonicer Betriebes der Tschechischen Waffenfabrik AG Prag, der Česká Zbrojovka (ČZ), beschäftigte sich daher ab 1936 mit einem entsprechenden Entwicklungsprojekt. Bereits 1937 konnte er den Prototyp vorstellen. Eine Testserie von 25 Stück ging zur Truppenerprobung. Ein Jahr später war die Konstruktion serienfertig. Einziger Unterschied zwischen Prototyp und Serienmodell bestand in Ausführung und Material der aus einem Stück hergestellten Griffschalen. Für die Prototypen verwendete man Holz, für die Serienwaffen Hartgummi oder Kunststoff.

Von der militärischen Führung am 1. Juni 1938 akzeptiert, wurde die Myška-Pistole unter der Bezeichnung Modell ČZ 1938 offiziell als künftige Standardwaffe bestätigt. Wenige Tage später begann man in Strakonice mit den Vorbereitungen für die Serienproduktion, und am 14. Juni jenes Jahres erteilte das Verteidigungsministerium einen Auftrag über 41 000 Stück zu einem Preis von je 270 Kronen. Zu dieser Zeit dürfte die Fertigung des Modells ČZ 1924 eingestellt worden sein. ČZ-Pistolen Modell 1927 hingegen verblieben im Fertigungsprogramm.

Wenige Wochen später sollten die Streitkräfte Waffen des neuen Modells erhalten. Informationen in der Fachliteratur, wonach der Strakonicer Betrieb mit seinen Lieferungen, wie vorgesehen, 1938 begann, sind aber falsch. Einheimische Autoren führen den Nachweis, daß die Armee des Landes offiziell nicht eine einzige neue Standardpistole erhielt, weder zu jener Zeit noch nach dem zweiten Weltkrieg, als man die Produktion solcher Waffen nicht mehr fortsetzte.

Sämtliche vor der Annexion des Landes hergestellten Armeepistolen des neuen Typs fielen in die Hände der Besatzer. Wie hoch die Stückzahl war, konnte nicht exakt ermittelt werden. Erwiesen ist aber, daß die vom deutschen Heereswaffenamt als Modell 39 (t) bezeichnete Myška-Pistole ab April/Mai 1939 ohne konstruktive Veränderungen weiter produziert wurde. Man reihte sie in den Bestand von Wehrmacht, Luftwaffe und anderen bewaffneten Formationen Deutschlands ein. Die Wehrmacht soll mehr als 41 000 Stück, die Luftwaffe etwa 3 000 Stück erhalten haben. Über die Anzahl der an andere Formationen gelieferten Pistolen ist nichts bekannt.

Die Selbstladepistole Modell ČZ 1938, wie das ebenfalls von Myška entwickelte Modell ČZ 1927 eine unverriegelte Waffe, ist ein Rückstoßlader mit feststehendem Lauf, Feder/Masse-Ver-

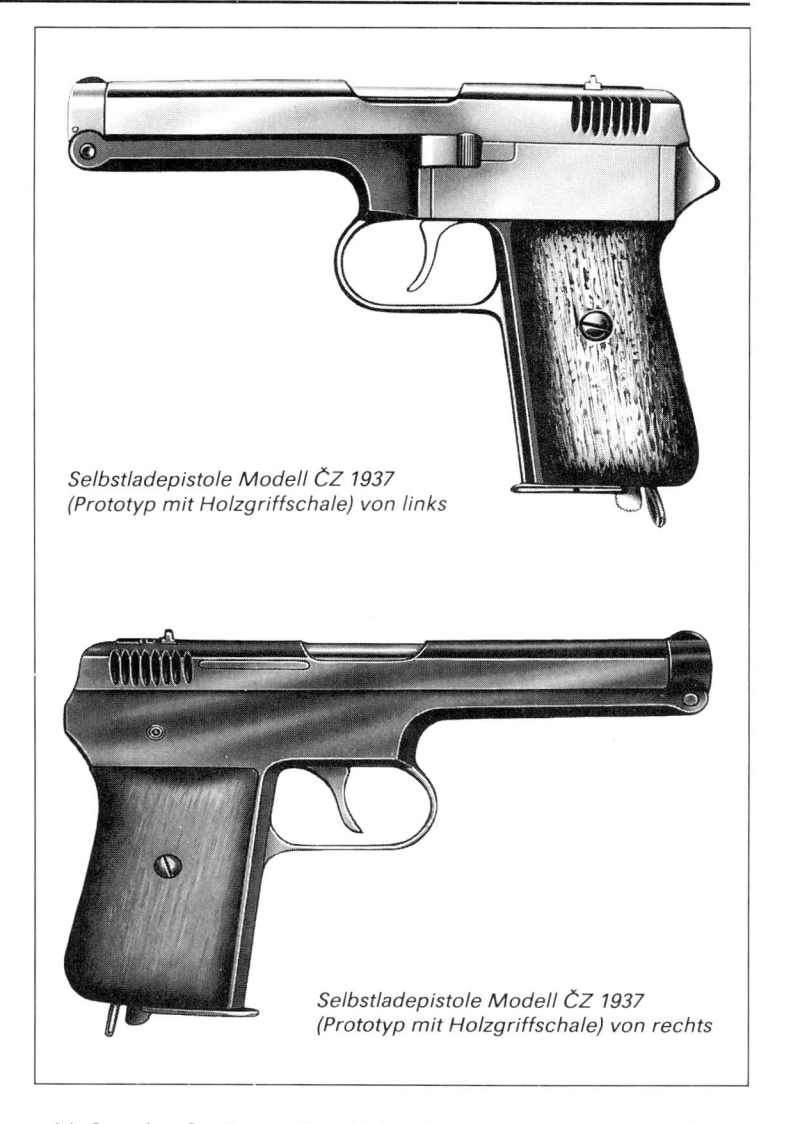

Selbstladepistole Modell ČZ 1937 (Prototyp mit Holzgriffschale) von links

Selbstladepistole Modell ČZ 1937 (Prototyp mit Holzgriffschale) von rechts

schluß und außenliegendem Hahn. Bei etwaigem Versagen kann der Schütze den Abzug erneut betätigen, ohne daß er den Verschluß öffnen muß. Da eine Spannraste fehlt, funktioniert die Pistole nur nach dem Double-action-Prinzip. Der Schütze muß also sehr sorgfältig zielen und mit voller Konzentration abdrücken. Auf Grund des verhältnismäßig großen Abzugswiderstands, der relativ schlechten Handlage und der ungünstigen Form ist das allerdings schwierig. Trotzdem werden verhältnismäßig gute Schußleistungen erreicht. Ist die letzte Patrone verfeuert, bleibt der Verschluß offen. Er schließt sich, sobald man das leere Magazin entfernt.

Die Zielvorrichtung genügt den Anforderungen einer für die Verteidigung auf kurze Distanz bestimmten Faustfeuerwaffe. Die V-Kimme ist seitlich in das Verschlußstück eingeschoben, das niedrige Balkenkorn an dem Teil des Rahmens befestigt, der die Laufmündung umschließt. Obwohl die Waffe keine Sicherung hat — anfangs mit Sicherungseinrichtung ausgerüstet, hat der Konstrukteur bald darauf verzichtet —, kann man die Pistole in geladenem, aber entspanntem Zustand tragen.

Selbstladepistole Modell ČZ 1938 von links

Selbstladepistole Modell ČZ 1938 von rechts

Ihre Breite beträgt 28 mm, die Drallänge 250 mm, die praktische Feuergeschwindigkeit 30 S/min, die Magazinkapazität 8 Schuß. Ob es damals in der Tschechoslowakei außer der handelsüblichen Standardmunition 9 mm Browning kurz auch eine geringfügig kürzere Spezialpatrone solchen Typs gab, wie in der Fachliteratur mitunter behauptet, ließ sich nicht ermitteln.

Die Pistole besteht aus 45 Einzelteilen. Hauptteile sind Lauf, Verschlußstück, Griffstück und Magazin. Der Schütze kann die Waffe mit wenigen Handgriffen auseinander nehmen. Er schiebt den Drücker nach vorn, schwenkt gleichzeitig das Verschlußstück mit Lauf um den Laufhaltebolzen nach vorn und zieht das Verschlußstück vom Lauf ab. Dieser bleibt mit dem Rahmen verbunden. Dann wird das Schlagbolzenende in die Kammer gedrückt und das Schlagbolzengegenlager nach oben herausgezogen. Danach sind Schlagbolzen und Schlagbolzenfeder frei.

Wie schon erwähnt, wurden derartige Waffen, obwohl zu Standardpistolen erklärt, nie an die Streitkräfte des Landes geliefert, auch nicht nach der Befreiung der Tschechoslowakei durch sowjetische Truppen. Nach dem zweiten Weltkrieg haben versierte Konstrukteure innerhalb kurzer Zeit für gutklassige Neuentwicklungen gesorgt, die in den staatlichen Betrieben in großer Stückzahl hergestellt wurden. Erste Standard-Faustfeuerwaffe nach 1945 war das Modell ČZ 52 (s. »Schützenwaffen heute«), eine zunächst für das Kaliber 9 mm vorgesehene, dann aber mit dem Kaliber 7,62 mm in Serienproduktion hergestellte Armeepistole.

Daten: Selbstladepistole Modell ČZ 1938

Kaliber:	9 mm	Patrone:	9 × 17
v_0:	270 m/s	Lauflänge:	118 mm
Länge Waffe:	190 mm	Züge/Richtung:	6/r
Höhe Waffe:	127 mm	Magazinkapazität:	8 Schuß
Länge Visierlinie:	160 mm	Einsatzschußweite:	40 m
Masse geladen:	0,980 kg		

Maschinenpistolen
Modell ČZ 1938 und Modell ZK 383 sowie Versionen 9 mm

Daß die militärische Führung der am 28. Oktober 1918 proklamierten Tschechoslowakischen Republik nahezu zwei Jahrzehnte die Bewaffnung der Streitkräfte mit Maschinenpistolen ablehnte, lag nur zum Teil an der komplizierten wirtschaftlichen Situation des jungen Staates. Für Dauerfeuer eingerichtete, Pistolenmunition verschießende automatische Waffen von relativ geringer Einsatzschußweite und Durchschlagskraft der Geschosse paßten nicht in das taktische Konzept. Als die Generalität im Frühjahr 1919 die Ausrüstung der Infanterie modernisieren wollte – auf Grund des akuten Geldmangels wurde dieses Ziel damals allerdings nicht erreicht –, konzentrierte sie sich auf Mehrladegewehre und Mehrladekarabiner sowie auf Maschinengewehre. Zum Teil nahm man aber auch Vorhaben in Angriff, um in absehbarer Zeit Infanterieformationen mit automatischen Gewehren zu bewaffnen.

An Maschinenpistolen bestand wie bei den Militärs der meisten anderen Länder noch kein Interesse. Eine damals von Josef Netsch vorgestellte Konstruktion wurde ebenso abgelehnt wie die zunächst als Angriffspistole, später als automatisches Gewehr bezeichnete Entwicklung Václav Holeks aus der Waffenfabrik Praga. Einzelheiten darüber sind nicht bekannt, wohl aber weitere ablehnende Entscheidungen der militärischen Führung auf Angebote zur Übernahme der Bergmann-MPi Modell 18/1 aus Deutschland und später der Thompson-MPi Modell 1921 (s. dort) aus den USA.

Am waffentechnischen Fortschritt interessierte tschechoslowakische Konstrukteure, die die Entwicklung in anderen Ländern sehr aufmerksam verfolgten, experimentierten trotzdem mit derartigen Waffen. Dazu gehörten vor allem die Brüder František und Josef Koucký sowie František Myška. Die Kouckýs waren bei der Tschechoslowakischen Waffenfabrik AG in Brno beschäftigt, die damals bereits Gewehre und Maschinengewehre in zahlreiche Länder verkaufte; Myška war Chefkonstrukteur des Strakonicer Betriebes der Tschechischen Waffenfabrik AG Prag, des Herstellers von Faustfeuerwaffen, die nach der Firma Česká Zbrojovka (ČZ) als ČZ-Pistolen bekannt wurden.

Als Mitte der dreißiger Jahre Offiziere des Forschungsinstituts für Militärtechnik und Vertreter der Stabsführung der tschechoslowakischen Armee endlich mit gebotener Konsequenz über Vorzüge und Nachteile des Einsatzes von Maschinenpistolen berieten, konnte der Strakonicer Betrieb sofort eine entsprechende Konstruktion anbieten. Unter Leitung von Myška hatte ein Ingenieurteam bereits an einem firmeninternen Entwicklungsprojekt gearbeitet.

Das war eine für den Einsatz bei Infanterie und Kavallerie vorgesehene, für Einzel- und Dauerfeuer eingerichtete Waffe mit festem, von einem Schutzmantel umgebenen Lauf und Wechselmagazin für 24 oder 36 Patronen des Typs 9 mm Browning kurz. Sie stand im Dezember 1937 zur Verfügung und wurde im März des folgenden Jahres erprobt.

Beim Test beschädigt, stellte Myška seine Neuentwicklung in verbesserter Ausführung der Militärkommission im Mai erneut vor und hatte Erfolg. Die Kommission entschied, daß die Maschinenpistole bis 300 m Distanz dem leichten MG Modell ZB 1926 (s. dort) gleichwertig und für bestimmte Gefechtsaufgaben an Stelle dieser Waffe einsetzbar sei, sofern man sie mit stabilerem Lauf ohne Mantel und einem Magazin von 96 Schuß Kapazität ausrüstete, für die Montage auf Lafetten vorbereitete und ausschließlich für Dauerfeuer einrichtete.

Allerdings sollte die Myška-MPi in solcher Ausführung nicht, wie vom Konstrukteur beabsichtigt, der Infanterie oder Kavallerie, sondern der Besatzung von Befestigungsanlagen zugeteilt

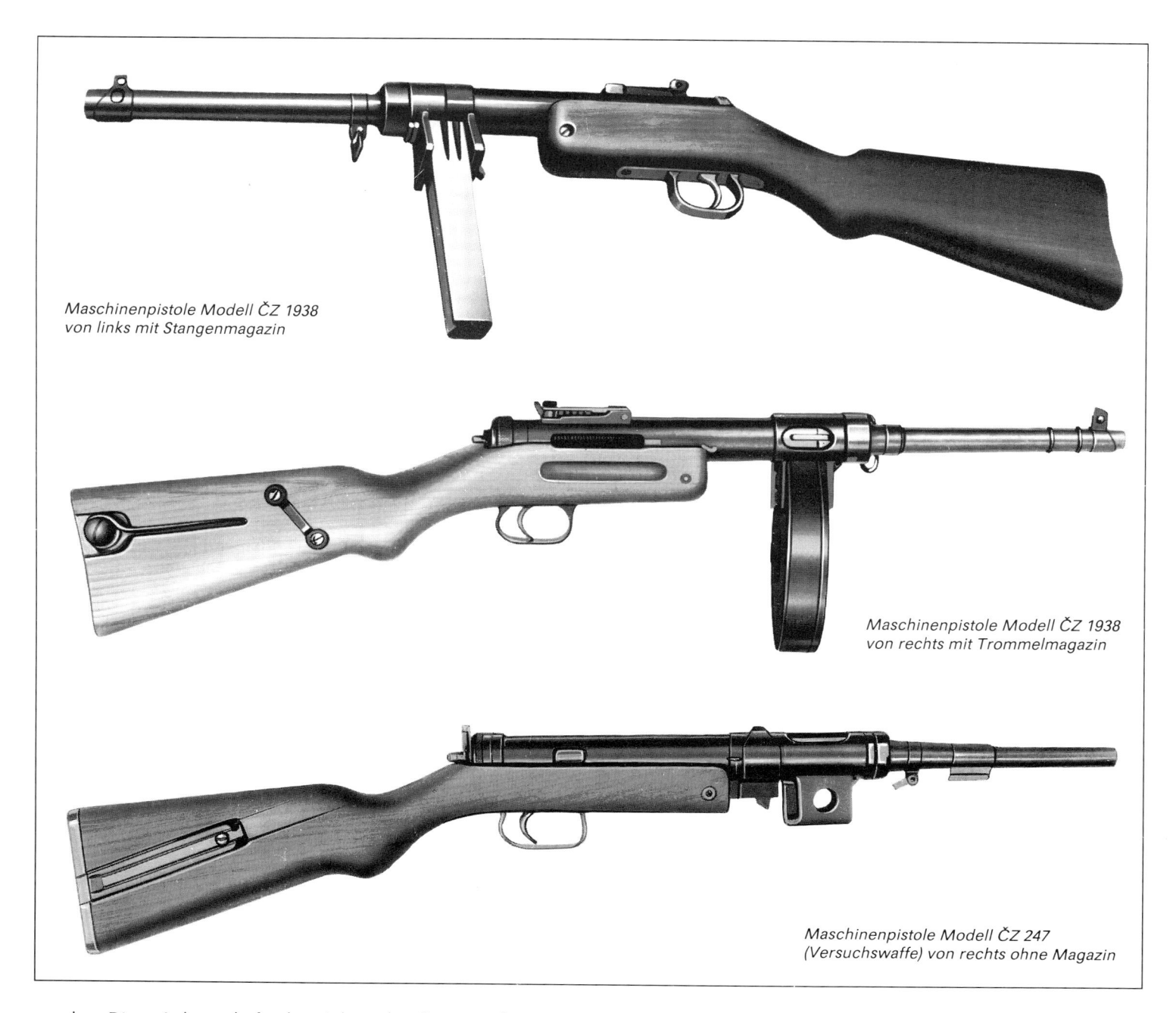

Maschinenpistole Modell ČZ 1938 von links mit Stangenmagazin

Maschinenpistole Modell ČZ 1938 von rechts mit Trommelmagazin

Maschinenpistole Modell ČZ 247 (Versuchswaffe) von rechts ohne Magazin

Tschechoslowakei

werden. Diese Anlagen befanden sich an den Grenzen des Landes in bergigem Gelände mit zumeist dichtem Waldbestand und waren mit Maschinengewehren ausgerüstet. Für ein derart begrenztes Schußfeld hielt man eine zusätzliche Bewaffnung mit automatischen Waffen leichterer Art als sehr gut geeignet. Nach erneutem Test einer entsprechend den Forderungen der Militärkommission umkonstruierten Ausführung wurden einige solcher Waffen im Sommer 1938 zur Truppenerprobung an die Besatzung einer Befestigungsanlage ausgegeben.

Inzwischen hatten auch Infanterie, Kavallerie und Artillerie Bedarf angemeldet, allerdings nicht für die nur Dauerfeuer schießende Zweitversion mit Trommelmagazin für 96 Patronen, verstärktem Lauf und den Vorrichtungen zur Lafettenmontage, sondern für die ursprüngliche Ausführung. Die verantwortlichen Militärs lehnten alle Forderungen am 18. Juni 1938 als nicht realisierbar ab. Angesichts der begrenzten finanziellen Mittel sahen sie die ordonnanzmäßige Einführung von Maschinenpistolen nur in der Zweitversion und nur für Befestigungsanlagen vor.

Am 20. September jenen Jahres erging der Befehl, die Myška-MPi als Modell ČZ 1938 in die strukturmäßige Ausrüstung der Befestigungsanlagen einzugliedern, anderen Waffengattungen aber möglichst schnell Maschinenpistolen derselben Ausführung zur Truppenerprobung zu übergeben. Die Waffe erhielt die Bezeichnung Maschinengewehr-Pistole und wurde in einer Anzahl von 3 500 Stück zu einem Preis von je 560 Kronen in Strakonice bestellt.

Wie die im Lande herausgegebene Fachliteratur informiert, sind zwar Maschinenpistolen Modell ČZ 1938 gefertigt, nicht aber ausgeliefert worden. Bis Juni 1939, drei Monate nach Annexion der Tschechoslowakei durch das benachbarte Deutschland, soll der Entwicklerbetrieb lediglich 15 Stück einer Vorserie hergestellt haben. Einige davon sind noch heute als Exponate in Museen vorhanden. Weitere Waffen solchen Typs wurden weder unter deutscher Besatzung noch nach der Befreiung des Landes durch die sowjetischen Streitkräfte produziert.

Die MPi Modell ČZ 1938 ist ein Rückstoßlader mit feststehendem Lauf, gefedertem Masseverschluß, Kurvenschiebevisier und Holzschäftung. Im Gegensatz zur Erstausführung hat Myška die Ordonnanzwaffe nur für Dauerfeuer eingerichtet. Sie verschießt Patronen des Typs 9 mm Browning kurz. Abhängig von der Einsatzbestimmung für Infanterie, Kavallerie und Artillerie oder für Festungsanlagen standen von unten einsetzbare Magazine unterschiedlicher Art und Kapazität zur Verfügung: ein gerades Stangenmagazin für 24 und zwei Trommelmagazine für 36 oder 94 Patronen.

Nach 1945 entwickelte Myška die Waffe zur MPi Modell ČZ 247 weiter. Für Einzel- und Dauerfeuer eingerichtet, verschoß sie Patronen des Typs 9 mm Parabellum. Die Munition wurde aus einem geraden, zweireihigen Stangenmagazin von 40 Schuß Kapazität zugeführt. Der Magazinhalter konnte in waagerechte und vertikale Stellung geschwenkt werden: waagerecht auf dem Transport, senkrecht beim Schießen.

Tschechoslowakei

Wie die Vorkriegsversion war diese Maschinenpistole mit einem festen, karabinerähnlichen Holzkolben ausgerüstet. Auf seiner rechten Seite befand sich ein Magazinfüller, am Lauf eine Vorrichtung zum Aufpflanzen eines Bajonetts. Gehäuse und Magazinhalter wurden im Prägeverfahren gefertigt.

Myška hatte diese Maschinenpistole in einer Periode angespannter Suche nach modernen Infanteriewaffen konstruiert. Sie war Teil eines großen Entwicklungsprojekts, zu dem auch zahlreiche Versuchswaffen weiterer Konstrukteure gehörten, unter anderem eine Modell ZB 47 genannte Maschinenpistole von Václav Holek, die Modelle ZK 466-015, ZK 476 und ZK 480 der Brüder Koucký, aber auch die von Jaroslav Holeček entworfene und schließlich zum Maßstab für die weitere Entwicklung erklärte MPi-Konstruktion ČZ 47/p.

Sämtliche obengenannten Maschinenpistolen sind nicht in Serienproduktion hergestellt worden. Sie waren in geringer Stückzahl für die Truppenerprobung bereitgestellte Versuchswaffen. Auf dieser Grundlage konnten die Konstrukteure des Landes schließlich noch heute weltweit geschätzte Maschinenpistolen entwickeln: zunächst die Modelle 23 und 25 (s. »Schützenwaffen heute«) sowie die Modelle 24 und 26 (s. »Schützenwaffen heute«), später die MPi Modell 58 (s. »Schützenwaffen heute«) und Klein-Maschinenpistolen des Waffensystems Modell Skorpion (s. »Schützenwaffen heute«).

Als wenige Wochen nach der Annexion der faschistische deutsche Staat die Industrie der Tschechoslowakei unter seine Kontrolle gestellt hatte, fielen den Besatzern in der Waffenfabrik Brno auch dort entwickelte und produzierte Maschinenpistolen in die Hände. Das waren von den Brüdern Koucký konstruierte, von den Militärs aber abgelehnte Waffen des Modells ZK 383. Die Fachliteratur informiert über das Entwicklungsdatum nicht übereinstimmend. Meist wird das Jahr 1933 genannt. Autoren des Landes berichten jedoch, daß solche Maschinenpistolen erst seit 1938 bekannt sind.

Im Unterschied zum damaligen Ordonnanzmodell wurde die Koucký-MPi unter deutscher Besatzung modifiziert und in Serienproduktion hergestellt. Die Konstrukteure entwickelten mehrere Versionen und richteten sie zum Verschießen unterschiedlicher Patronentypen ein, zum Beispiel für Munition 9 mm Parabellum, 9 mm Steyr und .45 ACP. Solche Maschinenpistolen wurden bis 1948 produziert. Während des zweiten Weltkriegs gehörten sie zur Ausrüstung der SS. Bis 1966 waren sie Standardwaffen der bulgarischen Streitkräfte. Bei bewaffneten Formationen in südamerikanischen Ländern, wie Venezuela, sind sie vermutlich ebenfalls geführt worden. Unter deutscher Kontrolle sollen in Brno 20 000 Maschinenpistolen dieses Typs für die Waffen-SS, für die slowakischen Nationalisten und das damalige Bulgarien hergestellt worden sein.

Die MPi Modell ZK 383 ist ein Rückstoßlader mit unverriegeltem, gefedertem Masseverschluß. In Standardausführung verfeuert sie Parabellum-Patronen 9 mm. Das Stangenmagazin wird von links angesetzt, die Munition in Einzel- oder Dauerfeuer verschossen. Die Magazinkapazität beträgt 30 Schuß, die praktische Feuergeschwindigkeit bei Einzelfeuer 40 S/min, bei Dauerfeuer 120 S/min. Feuerwahlhebel und Sicherung befinden sich auf der linken Seite, griffgünstig vor bzw. über dem Abzug. Der Spannhebel wurde ebenfalls links installiert.

Die theoretische Feuergeschwindigkeit kann von 500 S/min auf 700 S/min erhöht werden. Um sie zu regulieren, muß der Schütze ein kleines Stück von 17 g Masse aus dem Verschluß herausnehmen. Der Lauf hat Querrippen und einen durchbrochenen Mantel. Die Kühllöcher sind rund. Manche Waffen rüstete man mit Bajonetthalter und klappbarem Zweibein aus. Der Holzkolben wurde festinstalliert. Die Tangentenkimme ist bis 800 m Distanz verstellbar. Die Fachliteratur informiert aber auch über ein Schiebevisier bis 500 m Entfernung.

Maschinenpistolen dieses Typs wurden in mehreren Ausführungen hergestellt. Eine davon hat einen auswechselbaren Lauf und ein unter dem Lauf befestigtes Zweibein. Zusammen- und angeklappt rastet es in eine Aussparung des hölzernen Handschutzes ein. Für den Einsatz bei der Polizei gab es eine als Modell ZK 383 P bezeichnete Version mit festem Lauf, ohne

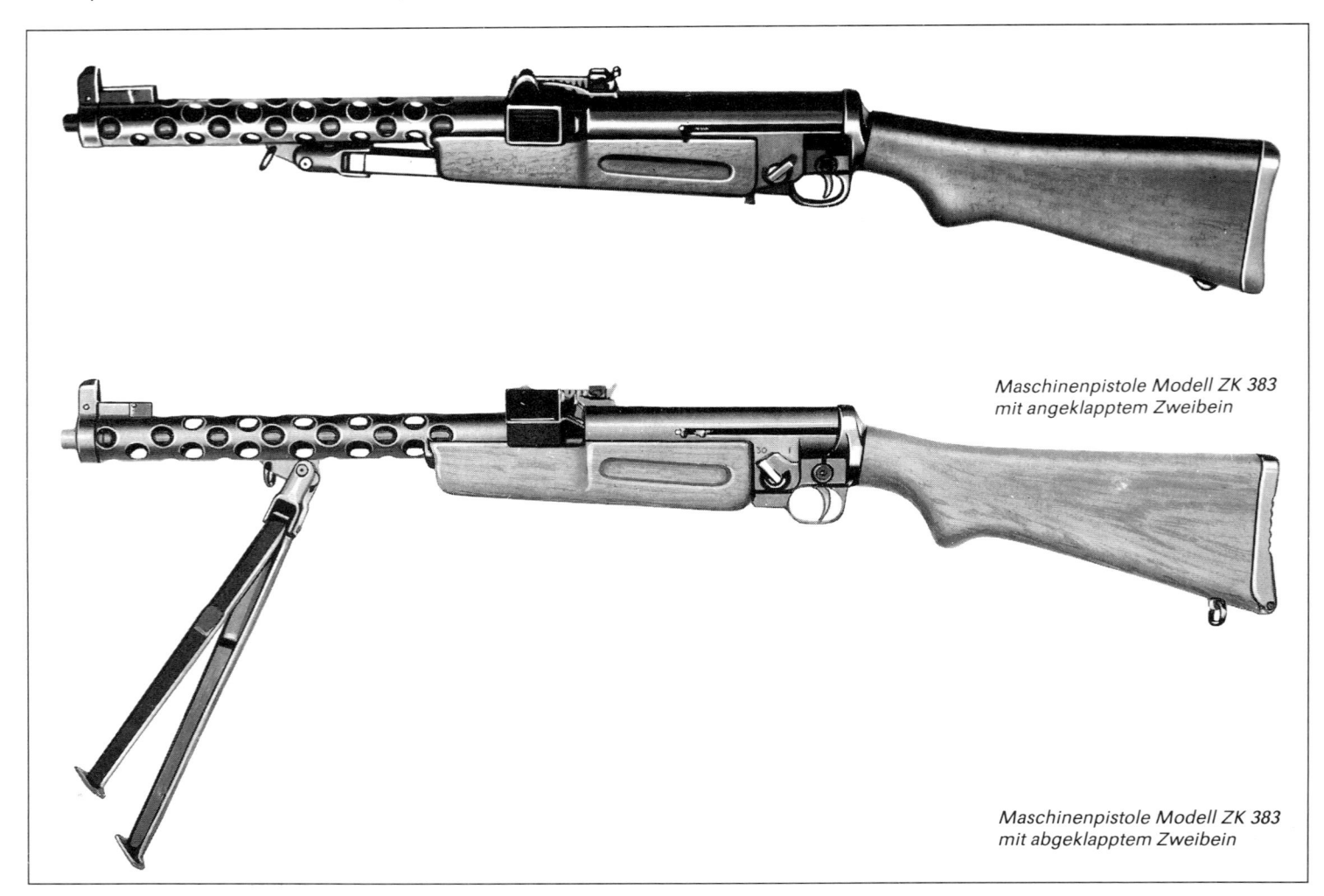

Maschinenpistole Modell ZK 383 mit angeklapptem Zweibein

Maschinenpistole Modell ZK 383 mit abgeklapptem Zweibein

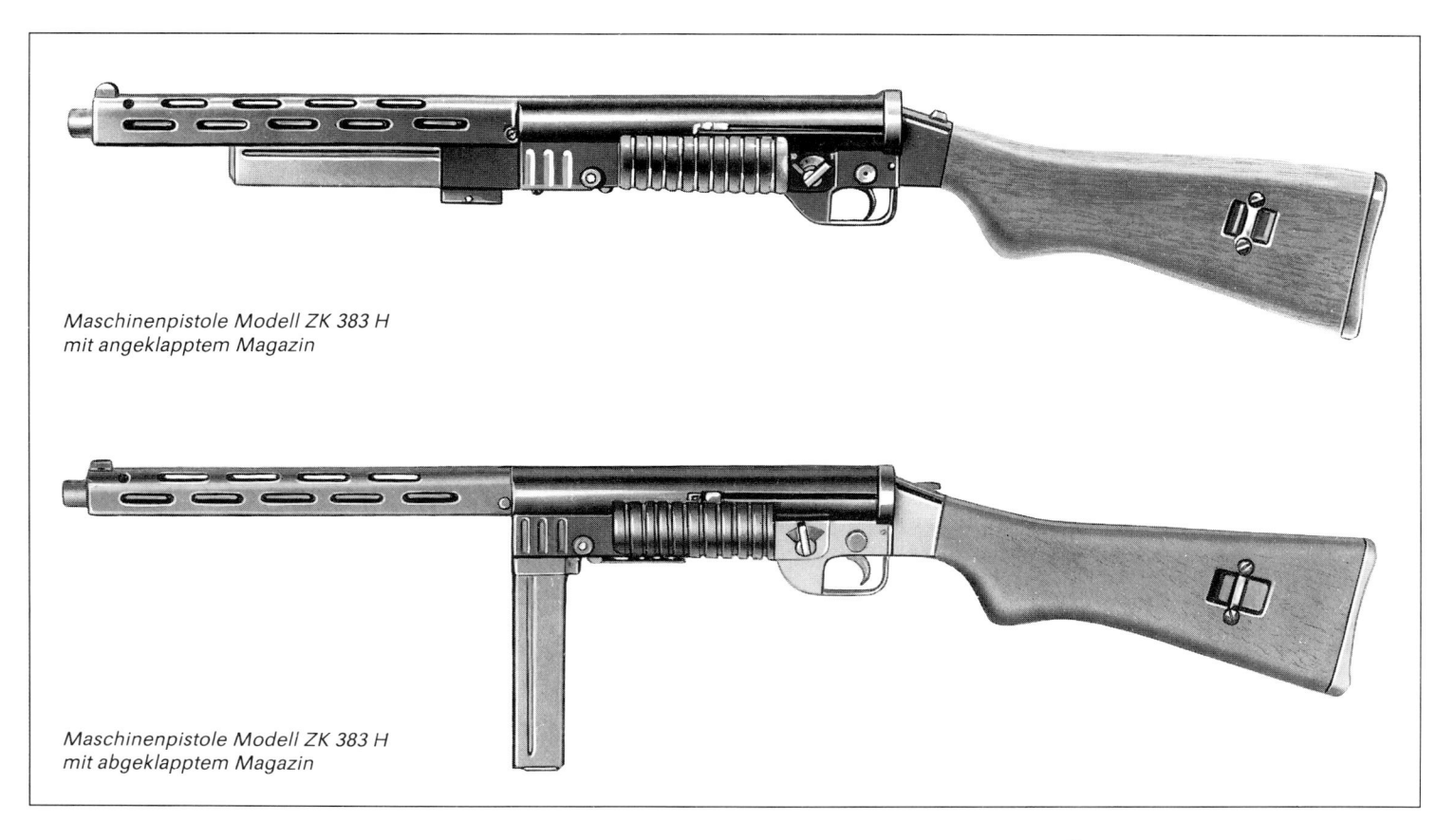

Maschinenpistole Modell ZK 383 H mit angeklapptem Magazin

Maschinenpistole Modell ZK 383 H mit abgeklapptem Magazin

Zweibein und ohne Bajonetthalterung. Eine andere Ausführung wird als MPi Modell ZK 383 H bezeichnet. Diese Maschinenpistole von verbesserter Konstruktion hat ein gerades Stangenmagazin, das beim Transport nach vorn unter den Lauf geschwenkt werden kann, und eine von einer Klappe gegen eindringenden Schmutz geschützte Ladeöffnung. Der Lauf steckt in einem Mantel mit länglichen Kühlschlitzen.

Sämtliche Versionen dieses MPi-Modells werden als Waffen von solider Konstruktion gelobt. Sie sind aus Präzisionsgußteilen hergestellt und ausgezeichnet verarbeitet. Trefferleistung und Schußgenauigkeit beurteilt man als sehr gut, die Fertigung als relativ kompliziert und die Kosten als hoch.

Daten: Maschinenpistole Modell ČZ 1938

Kaliber:	9 mm	Patrone:	9 × 17
v_0:	290 m/s	Lauflänge:	216 mm
Länge Waffe:	787 mm	Züge/Richtung:	
Feuergeschwindigkeit:	600 S/min	Visierschußweite:	m
		Einsatzschußweite:	300 m
Munitionszuführung:	\multicolumn{3}{l}{gerades Stangenmagazin mit 24 Schuß}		
	Trommelmagazin mit 36 bzw. 94 Schuß		
Masse ungeladen:	3,63 kg		

Daten: Maschinenpistole Modell ČZ 247 (Versuchswaffe)

Kaliber:	9 mm	Patrone:	9 × 19
v_0:	380 m/s	Lauflänge:	198 mm
Länge Waffe:	764 mm	Züge/Richtung:	
Feuergeschwindigkeit:	550 S/min	Visierschußweite:	m
		Einsatzschußweite:	200 m
Munitionszuführung:	gerades Stangenmagazin mit 40 Schuß		
Masse ungeladen:	2,90 kg		
Masse des vollen Magazins:	0,82 kg		

Daten: Maschinenpistole Modell ZK 383

Kaliber:	9 mm	Patrone:	9 × 19
v_0:	380 m/s	Lauflänge:	325 mm
Länge Waffe:	899 mm	Züge/Richtung:	6/r
Feuergeschwindigkeit:	500 S/min[1]	Visierschußweite:	800 m[2]
		Einsatzschußweite:	200 m
Munitionszuführung:	gerades Stangenmagazin mit 30 Schuß		
Masse ungeladen:	4,26 kg		
Masse des vollen Magazins:	0,56 kg		

[1] Auf 700 S/min regulierbar.
[2] Auch mit 500 m angegeben.

Mehrlader des Systems Mannlicher 8 mm: Mehrladegewehr, Mehrladekarabiner und Mehrladestutzen Modell 1895

Als am 28. Oktober 1918 die Tschechoslowakische Republik proklamiert wurde, waren die neugebildeten Streitkräfte und Polizeiformationen mit Infanteriewaffen unterschiedlichsten Typs ausländischer Herkunft ausgerüstet. Nach einem Dokument vom 11. April 1921 gab es zu dieser Zeit immer noch 92 verschiedene Modelle von Handfeuerwaffen und ein Dutzend unterschiedlicher Munitionsarten vom Kaliber 6,5 mm bis 9 mm. Besonders kritisch war die Situation bei Gewehren. Der Bestand glich eher einem Warenhaussortiment als einer truppendiensttauglichen Ausrüstung.

Verfügbar waren vor allem aus dem ehemaligen Österreich-Ungarn stammende Mannlicher-Mehrlader Modell 1895 sowie Mehrlader Modelle 88 und 98 aus deutscher Produktion, außerdem Mehrladegewehre und -karabiner aus Frankreich, Italien, Japan und dem ehemaligen zaristischen Rußland: Waffen der Typen Berthier 1907/15, Mannlicher-Carcano 1891, Arisaka Meiji 38 von 1905 und Mosin 1891. Hinzu kamen zahlreiche andere Modelle von Gewehren, des weiteren Revolver, Selbstladepistolen und Maschinengewehre unterschiedlicher Art.

Ende 1919/Anfang 1920 hatte die Generalität feststellen müssen, daß es angesichts der schwierigen finanziellen Situation des jungen Staates völlig unmöglich war, innerhalb kurzer Zeit eine einheitliche Bewaffnung auf hohem Niveau zu erreichen. Daher ordnete sie eine nur zum Teil mit Umrüstung, zumeist

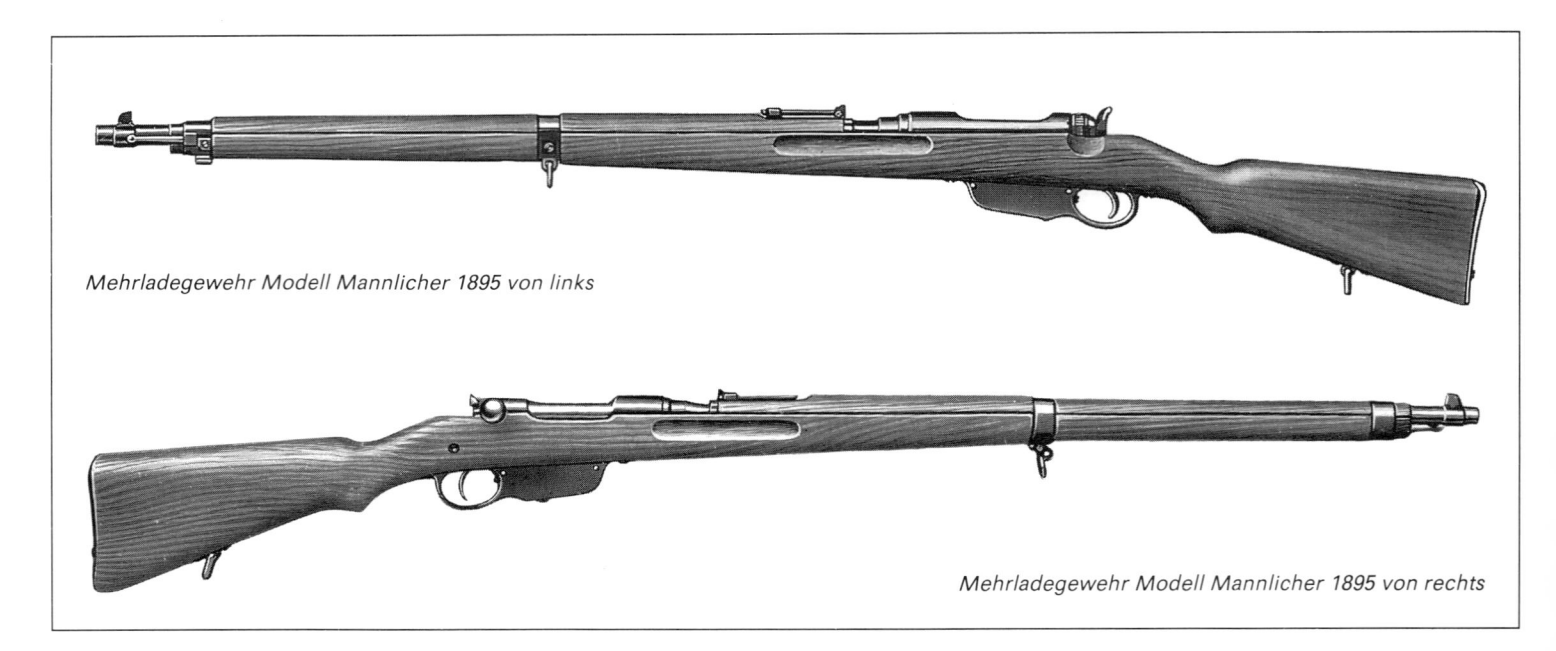

Mehrladegewehr Modell Mannlicher 1895 von links

Mehrladegewehr Modell Mannlicher 1895 von rechts

aber mit Umstrukturierung verbundene Korrektur an, durch die ein gewisses Maß an einheitlicher Ausrüstung für zumindest einzelne Waffengattungen angestrebt werden sollte.

Danach erhielten Infanterie, Kavallerie, Artillerie, Pioniertruppen und rückwärtige Dienste vorzugsweise Mannlicher-Mehrlader des Typs 1895; bekamen motorisierte Truppen, Panzerzüge, Fernmelderegimenter, Luftwaffe und Militärpolizei weitgehend Mauser-Mehrlader Modell 98; wurden den Wachbataillonen und Reserveeinheiten vor allem auf die Patrone 8 mm umgerüstete Mosin-Mehrlader Modell 1891 zugeteilt.

Die meisten Mannlicher-Gewehre waren aus österreichischem Bestand und nicht nur technisch veraltet, sondern darüber hinaus nach langem Kriegseinsatz zumeist auch verschlissen. So blieb die Ausrüstung vorläufig ohne Chance auf baldige Veränderung auf einem bereits Jahre vor dem ersten Weltkrieg erreichten technischen Niveau. Sie mußte mit hohem finanziellem Aufwand wieder in einen verwendungsfähigen Zustand versetzt werden. Das galt zwar vor allem für Gewehre und Karabiner, betraf jedoch andere Infanteriewaffen ebenfalls.

In einer solchen Situation mußte die politische und militärische Führung die Weichen für die künftige Entwicklung stellen und darüber entscheiden, ob in den folgenden Jahren Infanteriewaffen weiterhin im Ausland gekauft oder in neu zu errichtenden Betrieben in der Tschechoslowakei hergestellt werden sollten. Nach Abwägen aller aus der politischen Lage resultierenden militärischen Aspekte entschied man sich für den Aufbau einer eigenen, vom Ausland unabhängigen Waffenindustrie.

Diese Entscheidung fiel auch aus ökonomischen Gründen. Da der Versailler Vertrag vom 28. Juni 1919 den deutschen und österreichischen Firmen die Produktion von Militärwaffen verbot und sie daher zunächst als Konkurrenten auf dem Weltmarkt weitgehend ausschaltete, spekulierte man auf einen Export künftiger tschechoslowakischer Waffen. Ehe er allerdings beginnen konnte, verging eine Reihe von Jahren, in denen grundlegende Voraussetzungen geschaffen werden mußten: vom Aufbau neuer Betriebe über deren Ausrüstung mit einem leistungsfähigen Maschinenpark bis zur Entwicklung moderner Infanteriewaffen sowie dem Start und dem Beherrschen ihrer Serienproduktion.

Bis Ende des ersten Weltkriegs hatte es eine waffenproduzierende Industrie nur in bescheidenen Anfängen gegeben. Nennenswert leistungsfähige Betriebe dieser Branche waren die Ausnahme. Lediglich die Škoda-Werke in Plzeň stellten seit Ende des vorigen Jahrhunderts Maschinengewehre des Typs Salvator-Dormus her und rüsteten seit 1917 Mehrladegewehre Modell 1907/15 aus Frankreich zum Verschießen österreichischer Munition des Kalibers 8 mm um. Außerdem fertigten Büchsenmacher in Vejprty Bauteile für Mannlicher- und Mauser-Mehrlader. Darüber hinaus gab es einige Munitionsfabriken, zum Beispiel die Firma Sellier & Bellot in Prag sowie die Zweigstelle der österreichischen Firma Roth in Bratislava.

Bevor man sich endgültig auf die Eigenproduktion von Infanteriewaffen orientierte, war schon Anfang 1919 in Brno die Tschechoslowakische Staatliche Waffenfabrik gegründet worden, aus der dann 1924 die Tschechoslowakische Waffenfabrik AG hervorging. Unter dem Namen Zbrojovka Brno erwarb sie sich innerhalb kurzer Zeit vor allem mit leichten und schweren Maschinengewehren Modell ZB 1926 (s. dort) bzw. Modell ZB 1937 (s. dort) Weltruf. Diese Firma hatte den Streitkräften mit der Selbstladepistole Modell ČZ 1922 (s. dort) auch die erste im eigenen Lande hergestellte Standard-Faustfeuerwaffe geliefert, deren Produktion dann aber 1923 an einen inzwischen in Strakonice neuerbauten Betrieb der Tschechischen Waffenfabrik AG Prag abgegeben wurde. Unter dem Namen Česká Zbrojovka (ČZ) wurde er bald auch international bekannt.

Der Produktionsverlagerung aller Armeepistolen von Brno nach Strakonice lagen zwei profilbestimmende Beschlüsse des Verteidigungsministeriums zugrunde: der Beschluß vom November 1919, wonach die Firma in Brno für die Fertigung von Militärgewehren auserwählt worden war, und der Beschluß vom Dezember 1922, der sie zum alleinigen Gewehrlieferanten für die tschechoslowakische Armee bestimmte. Bereits 1919 hatte in Brno die Installation von Maschinen aus der österreichischen Waffenfirma Steyr zur Herstellung von Bauteilen für Mannlicher-Mehrlader begonnen, und 1920/21 wurden dort eine komplette, aus 1 500 Maschinen bestehende Anlage aus den deutschen Mauser-Werken zur Produktion von Mauser-Mehrladern sowie weitere Aggregate in Betrieb genommen.

Inzwischen verfügte die Produktionsstätte auch über einen Stamm versierter Fachkräfte und über Dokumentationen für die Produktion von Waffen der Typen Mannlicher und Mauser. Die Produktionsunterlagen für Mauser-Gewehre standen damals allerdings erst zum Teil zur Verfügung. Hingegen waren namhafte Fachleute, die in den Waffenfirmen des ehemaligen Österreich-Ungarn, in Wien, Steyr und Budapest, gearbeitet hatten, in ihre Heimat, die Tschechoslowakei, zurückgekehrt und nicht mit leeren Händen gekommen. Ihre zum Teil jahrzehntelangen Erfahrungen und die von ihnen mitgebrachten Zeichnungen, Fertigungsunterlagen sowie Dossiers über Erprobungskriterien und Qualitätskennziffern sollten für die beabsichtigte Gewehrproduktion genutzt werden.

Bevor sie jedoch beginnen konnte, mußten in Brno 100 000 Mannlicher-Mehrlader generalüberholt werden, um sie für den Truppendienst in den tschechoslowakischen Streitkräften verwenden zu können. Der Auftrag dafür war dem Betrieb Ende 1919 erteilt worden, zu einem Zeitpunkt, da sich die Militärs zunächst auf Mehrlader dieses Typs als künftige Standardwaffe der Infanterie festgelegt hatten. Anfang 1920 bestellten sie 10 000 Visiere. Im September jenen Jahres,

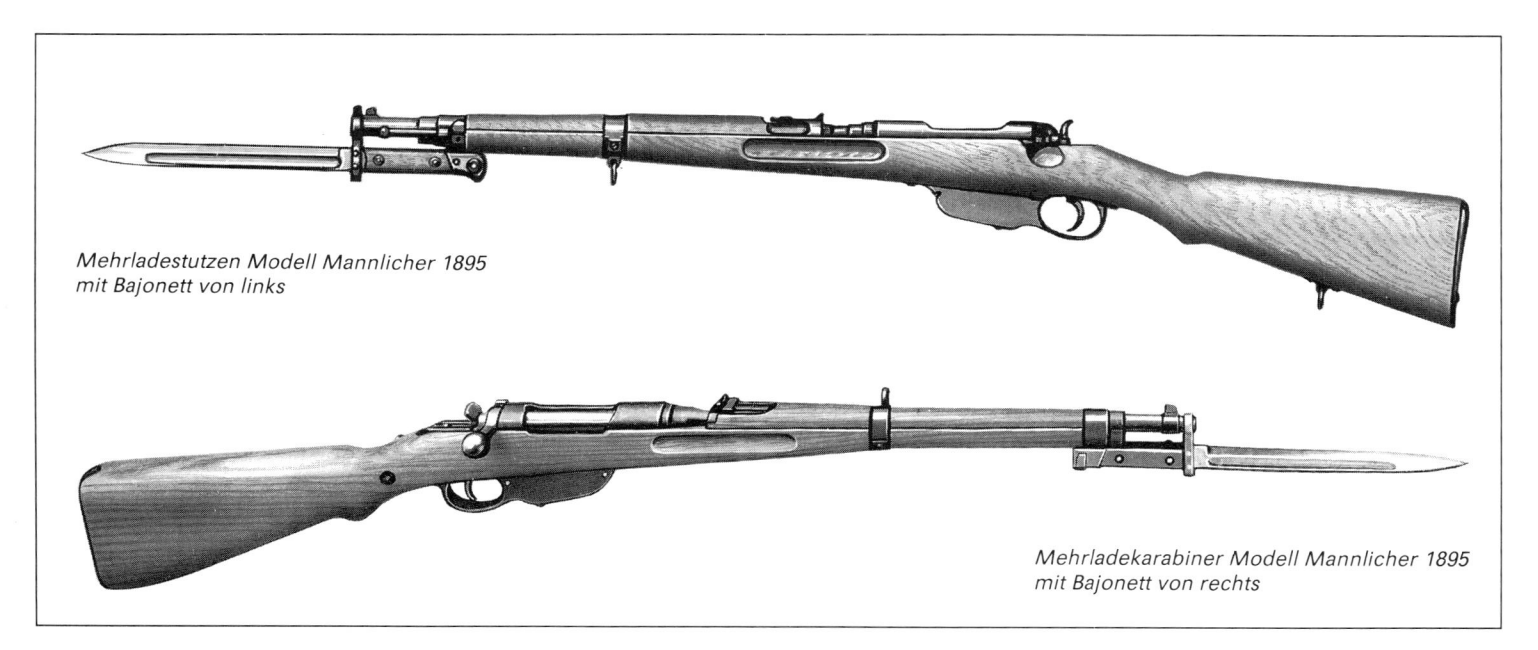

Mehrladestutzen Modell Mannlicher 1895 mit Bajonett von links

Mehrladekarabiner Modell Mannlicher 1895 mit Bajonett von rechts

nachdem im Verteidigungsministerium bereits sieben Monate die Meldung der Firma vorlag, für die Neuproduktion gerüstet zu sein, wurden 40 000 neu zu fertigende Mannlicher-Karabiner in Auftrag gegeben.

Damals hatte die Generalität allerdings nicht nur Kenntnis von der Existenz eines vom Konstrukteur Rudolf Jelen zum Patent angemeldeten Gewehrs auf der Grundlage des Mauser-Systems, sondern bereits dessen Erprobung angeordnet. Damals waren auch schon verbindliche Absprachen mit jugoslawischen Militärs über Entwicklung und Produktion eines gemeinsamen Mauser-Gewehrs getroffen worden. Und schließlich bestanden damals bereits günstige Voraussetzungen für einen unverzüglichen Produktionsbeginn von Mauser-Gewehren in Brno.

Hingegen war der Betrieb trotz seiner wohl sehr übertriebenen optimistischen Erklärung vom Februar 1920 zur Neuproduktion kompletter Mannlicher-Mehrlader keineswegs fähig. Das lag an dem dafür nicht ausreichenden, zur Herstellung solcher Waffen unvollständigen Maschinenpark. Die Möglichkeiten erschöpften sich in Reparatur und Herstellung einzelner Bauteile wie Schaft, Lauf und Visier. Alle Versuche, den Maschinenpark durch Käufe in Steyr zu komplettieren, schlugen fehl, auch in den folgenden Monaten.

Um den Bedarf der Armee zu decken, sollten Mannlicher-Mehrlader zumeist importiert werden, und zwar zu so geringen wie möglichen Kosten. So kauften die Militärs zum Beispiel im April/Mai 1921 etwa 45 000 bereits gebrauchte Gewehre und Karabiner dieses Typs aus jugoslawischem Bestand, mußten diese aber vor Übergabe an die Truppe in Brno reparieren lassen. Allerdings zog sich die Auslieferung bis Mitte 1922 hin. In Auftrag gegebene Bajonette des Typs 1895, insgesamt etwa 100 000 Stück, ließen sogar bis 1924 auf sich warten.

Zwei Jahre zuvor hatte die Generalität auf Grund der immer komplizierter werdenden Situation sich endlich gegen das Mannlicher- und für das Mauser-System entschieden. So mußte man sich zusätzlich damit befassen, die unter großer Anstrengung und mit erheblichem Kostenaufwand instandgesetzten Mannlicher-Mehrlader mit möglichst hohem finanziellem Erlös an Streitkräfte anderer Länder zu verkaufen. Ein sehr geringer Teil soll später auch tatsächlich in Südamerika abgesetzt worden sein. Die Stückzahl ist unbekannt.

Bekannt hingegen ist die am 24. Juni 1921 verfügbar gewesene Anzahl derartiger Waffen. An diesem Tage hatten die für die Armeebewaffnung zuständigen Militärs den Chef des Generalstabs schriftlich aufgefordert, sich zur künftigen Ausrüstung mit Gewehren präzise und definitiv zu erklären. Sie informierten ihn über einen Bestand an Mehrladern des Typs Mannlicher von 364 198, des Typs Mauser von etwa 77 000 und des Typs Mosin mit auf 8 mm umgerüstetem Kaliber von ungefähr 13 000 Stück. Der vom Generalstab im vorangegangenen Frühjahr befohlene Gewehrbestand, so wurde mitgeteilt, läge um insgesamt 100 000 Stück unter dem Soll, und 11 000 Mannlicher-Mehrlader seien in schrottreifem Zustand.

Da einerseits die Erprobung des von Jelen vorgeschlagenen Gewehrs nur zögernd vorankomme und andererseits an eine unverzügliche Serienproduktion eines Armeegewehrs neuen Typs wohl kaum zu denken sei, schlage man vor, den Betrieb in Brno wenigstens zu einem Teil für die Serienfertigung von Mannlicher-Gewehren zu befähigen, ihn aber gleichzeitig auf die Produktion eines eventuell neuen Modells vorzubereiten. Das war eine geradezu ultimative Forderung. Sie löste endlich die das damalige Problem klärende Aktivität aus.

Der Generalstab reagierte überraschend schnell in weniger als drei Wochen. Eine Neuproduktion von Mannlicher-Mehrladern, so lautete die Antwort, solle in dem Umfang erfolgen, wie schrottreife Waffen ausgesondert werden müßten. Am 22. Juli 1921 jedoch fiel eine andere, und zwar endgültige Entscheidung. An diesem Tage erklärte die Direktion des staatlichen Unternehmens in Brno, zur Herstellung von Mannlicher-Mehrladern nicht in der Lage, zur Produktion von Mehrladern des Systems Mauser (s. dort) aber garantiert fähig zu sein. Am 28. April 1922 befahl das Verteidigungsministerium schließlich die Ablösung des Mannlicher-Gewehrs. Sie zog sich bis Mitte der dreißiger Jahre hin.

Wie die Fachliteratur informiert, wurden aber bis Ende 1922 in Brno unter großen Schwierigkeiten etwa 500 Mehrlader des Typs Mannlicher hergestellt, vermutlich in handwerklicher Einzelfertigung. Das waren Mehrladestutzen Modell 1895. Sie dürften mit der Ausführung der damals in Österreich produzierten Waffen dieses Typs weitgehend übereingestimmt haben.

Zu dieser Zeit fertigten die Steyr-Werke zwei Modelle des Typs Mannlicher 1895: einen Repetierkarabiner und einen Repetierstutzen. Bis 1930 wurden diese Waffen dort zum Mehrladestutzen Modell Mannlicher 1895/30 weiterentwickelt. Er war für die Patrone 8 mm Steyr mit schwerem Spitzgeschoß eingerichtet.

Der Mehrladestutzen Modell Mannlicher 1895 ist eine Waffe mit Zylinderverschluß für Geradzugbewegung und einem im Mittelschaft integrierten Magazin für 5 Patronen. Das sind rauchlose Nitropatronen mit Rundkopfgeschoß. Sie werden auf einen dünnen Stahlblechrahmen gesteckt, den der Schütze bei geöffnetem Verschluß der Waffe in ihren Magazinkasten einführt.

Die Zubringerfeder drückt die Patronen gegen die Ladeöffnung der Kammerhülse nach oben; der Magazinhalter hält den Laderahmen in unterer Stellung fest. Die Munitionszuführung erfolgt während des Repetierens, wobei der Verschluß beim Vorschieben die Patrone erfaßt. Ist die letzte Patrone in den Laderaum eingeführt, fällt der leere Rahmen durch die Öffnung am Boden des Magazinkastens nach unten hinaus.

Zur Zielvorrichtung gehört ein von 225 m bis 1 800 m Distanz einstellbares Rahmenvisier. Unter dem Lauf kann ein Bajonett befestigt werden, an der Öse des Gewehrrings, etwa in Laufmitte, und der Öse unten am Kolben ein Trageriemen. Da die Fachleute in Brno über die Dokumentationen aus Steyr verfügten, erfolgte der Nachbau wahrscheinlich weitgehend originalgetreu mit annähernd übereinstimmender Masse, identischen Abmessungen und in derselben Ausstattung. Daher können die in der Tabelle veröffentlichten Daten der Waffe aus österreichischer Produktion wohl auch für den in der Tschechoslowakei gefertigten Stutzen gelten.

Daten: Mehrladestutzen Modell Mannlicher 1895

Kaliber:	8 mm	Patrone:	8 × 50,5 R
v_0:	m/s	Lauflänge:	498 mm
Länge Waffe:	1 005 mm[1]	Züge/Richtung:	4/r
Feuergeschwindigkeit:	S/min	Visierschußweite:	1 800 m
		Einsatzschußweite:	600 m
Munitionszuführung:	integriertes Magazin für 5 Schuß		
Masse ungeladen, ohne Bajonett:	3,13 kg		
Masse des Bajonetts:	0,30 kg	[1] Länge mit Bajonett: 1 251 mm.	

Mehrlader des Systems Mauser 7,92 mm, 7,65 mm und 7 mm: Mehrladegewehre Modelle 98/22 und 98/29 sowie Modell 1924, Mehrladekarabiner Modelle L und 12 sowie Modell 16/33 (Gewehr 33/40) und Mehrlademusketon Modell 98/29

Wenige Monate nach Firmengründung, ab Frühjahr 1920, übernahm die Tschechoslowakische Staatliche Waffenfabrik in Brno, aus der 1924 die unter dem Namen Zbrojovka Brno bald weltbekannt werdende Tschechoslowakische Waffenfabrik AG hervorging, von den deutschen Mauser-Werken in Oberndorf eine komplette Produktionsanlage für Mauser-Mehrlader, etwa 1 500 Maschinen. Außerdem wurden fertige Einzelteile für ungefähr 42 000 Gewehre geliefert. Sie sollten im tschechoslowakischen Unternehmen montiert werden. Dem deutschen Betrieb war nach den Bestimmungen des am 28. Juni 1919 unterzeichneten Versailler Vertrags die Herstellung von Militärwaffen verboten.

In einem langwierigen Entscheidungsprozeß rangen sich die tschechoslowakischen Militärs entgegen ihrer ursprünglichen Absicht dazu durch, als Standardwaffe nicht Mannlicher-, sondern Mauser-Mehrlader einzuführen. Die endgültige Entscheidung darüber fiel am 22. Juli 1921, als die Unternehmensleitung in Brno sich außerstande erklärte, die bis dahin als Ordonnanzwaffen geltenden Mehrlader des Systems Mannlicher (s. dort) in ihrem Betrieb herzustellen. Am 28. April 1922 befahl das Verteidigungsministerium die Ablösung des Mannlicher-Gewehrs. Dieser Prozeß zog sich hin bis Mitte der dreißiger Jahre.

Die Zustimmung der Regierung des Landes zur Produktion von Mehrladern des Mauser-Systems erfolgte offensichtlich auch unter dem Blickwinkel eines möglichen weltweiten Exports. Dafür bestanden sehr günstige Voraussetzungen; denn nach dem ersten Weltkrieg war aus Deutschland und Österreich auf Grund des Versailler Vertrags zunächst kaum oder nur wenig Konkurrenz zu erwarten. Die Chance wurde gründlich genutzt. Mehrladegewehre und -karabiner aus Brno gehörten bald zur Ausrüstung der Streitkräfte zahlreicher Staaten.

Der Betrieb entwickelte sich nach dem belgischen Unternehmen Fabrique Nationale (FN), mit dem übrigens Vereinbarungen über Präsenz und Marktanteile im Ausland getroffen wurden, zum zweitgrößten in Europa ansässigen Exporteur von Gewehren. In bezug auf Maschinengewehre – aus Brno gingen insbesondere die leichten und schweren Maschinengewehre Modell ZB 1926 (s. dort) bzw. Modell ZB 1937 (s. dort) in alle Welt – dürften Status und Position ähnlich gewesen sein.

Bis 1938 wurden in der Tschechoslowakei mehr als 1,6 Millionen Militärgewehre produziert, bis Ende des zweiten Weltkriegs insgesamt etwa 2,5 Millionen Stück. Die Anzahl der Bajonette war noch höher. Eine Rechnung tschechoslowakischer Ökonomen weist bis März 1939 einen Exportumsatz von 2,152 Milliarden Kronen aus, nur zwei Millionen unter dem Wert der Lieferungen für die Armee des eigenen Landes. Hingewiesen werden muß allerdings darauf, daß diese Statistik nicht nur Gewehre, sondern auch die anderen bei der Zbrojovka Brno produzierten Militärwaffen einschließt.

Bevor jedoch vergleichbar gute Bilanzen erreicht werden konnten, war die ökonomische Position des Betriebes sehr instabil. Hatte es schon vor der Zustimmung zum Mauser-System zahlreiche Komplikationen bei der Bereitstellung von Gewehren gegeben, so nahmen die Schwierigkeiten nach der Entscheidung gegen das Mannlicher-System zunächst bedenkliche Dimensionen an. Ende 1921 stand die Leitung des tschechoslowakischen Unternehmens mit den Firmenchefs des Oberndorfer Betriebes noch immer in Verhandlungen, um die für die Serienfertigung erforderlichen Dokumentationen komplett zu erhalten. Erst nach massivem Druck wurden sie vollständig übergeben.

Herstellung und Montage verzögerten sich, Produktion und

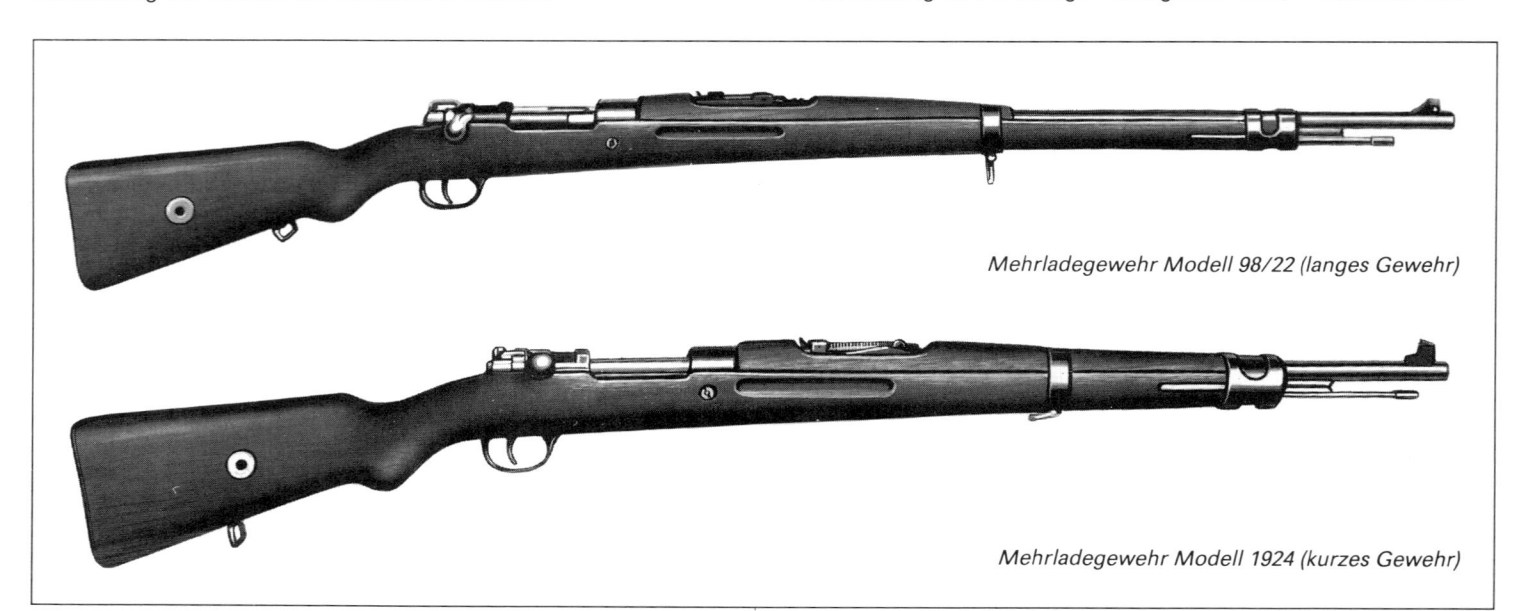

Mehrladegewehr Modell 98/22 (langes Gewehr)

Mehrladegewehr Modell 1924 (kurzes Gewehr)

Mehrladekarabiner Modell 12

Mehrladegewehr Modell 98/29 (langes Gewehr)

Mehrlademusketon Modell 98/29

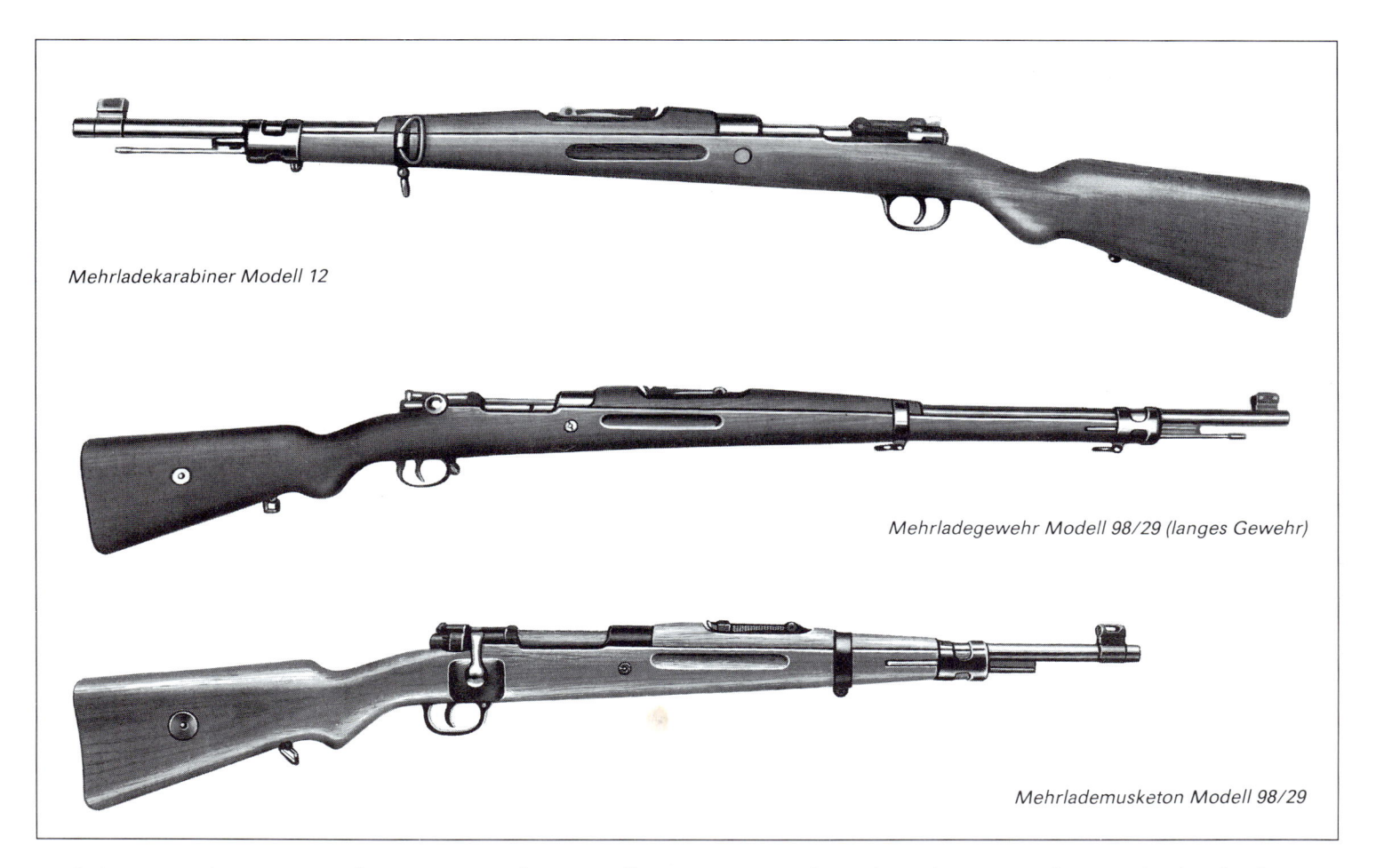

Auslieferung stockten. Erst 1923 konnten in Brno fertiggestellte Mauser-Gewehre des Typs 98, weitgehend in Originalausführung, von den Streitkräften des Landes übernommen werden. Wenige Jahre später, nach Einführung einer weiterentwickelten einheitlichen Standardwaffe, sonderte man sie jedoch wieder aus.

Bereits im August 1919, als die Militärs noch am Mannlicher-Mehrlader als Ordonnanzwaffe festhielten, hatte der Reserveoffizier und Waffenexperte Rudolf Jelen ein von ihm auf der Grundlage des Mauser-Systems konstruiertes Gewehr mit Bajonett zum Patent angemeldet. Er schlug es als künftige Standardwaffe vor.

Jelens Gewehr war für eine ebenfalls von ihm entwickelte Spezialpatrone des Kalibers 7 mm eingerichtet und statt mit deutscher, mit sogenannter mexikanischer Visierung ausgestattet. Der Kimmeneinschnitt war nicht kantig, sondern von der Form eines Halbkreises, das Korn nicht keilförmig, sondern gerade und von seitlichen Backen geschützt. Obwohl man in der waffentechnischen Abteilung des Verteidigungsministeriums der Meinung war, das Jelen-Gewehr sei weniger eine Neukonstruktion als vielmehr eine Kopie von Mauser-Versionen und anderen Waffen, begannen im April 1920 auf Initiative führender Militärs Versuche, Erprobungen und Tests.

Im Herbst jenen Jahres nahm das Projekt internationale Dimensionen an. Die Verteidigungsministerien der Tschechoslowakei und Jugoslawiens vereinbarten die gemeinsame Entwicklung und Produktion eines Mauser-Gewehrs. Sie trafen Absprachen, Jelens Konstruktion dafür zu nutzen. Man bestellte in Brno 300 Gewehre und 300 beidseitig scharf geschliffene Bajonette von rhombischer Form, davon je 150 Gewehre mit 7 mm bzw. 7,92 mm Kaliber und je 150 Bajonette mit einer Klinge von 500 mm bzw. 400 mm Länge.

Obwohl sich zu dieser Zeit die Übernahme eines Mehrladers vom System Mauser als künftige Standardwaffe der Streitkräfte schon mit Deutlichkeit abzeichnete – am 8. September 1920 hatte eine Militärkommission die Konstruktion Jelens im Vergleich zum Mannlicher-Gewehr als wesentlich besser bewertet –, wären knapp ein halbes Jahr später beinahe sämtliche damals verfügbaren Mauser-Mehrlader des Typs 98, etwa 77 000 Stück aus deutschem Bestand, ins Ausland verkauft worden. Erstaunlicherweise hatte das tschechoslowakische Verteidigungsministerium trotz des gemeinsamen Entwicklungsprojekts mit Jugoslawien dieses Geschäft initiiert und dafür vom Generalstab der Armee sogar eine Bestätigung erhalten. Gewissermaßen in letzter Minute konnte die Aktion unterbunden werden, und die Mauser-Mehrlader verblieben im Lande.

Kurz darauf wuchs ihre Anzahl. Im Juni 1921 kaufte das Verteidigungsministerium 60 000 Stück durch Vermittlung einer deutschen Firma aus dem Bestand einer Ende des ersten Weltkriegs in den Niederlanden stationierten Division des ehemaligen kaiserlichen deutschen Heeres. Im Frühjahr 1922 in Brno eingetroffen, wurden sie in der Waffenfabrik generalüberholt. Eine spätere Bestellung im Ausland über 100 000 Gewehre zum Stückpreis von 499 Kronen konnte nur zum Teil realisiert und mußte schließlich rückgängig gemacht werden. Der ausländische Vertragspartner kam in Lieferverzug.

Zu dieser Zeit waren bereits zukunftsbestimmende Entscheidungen gefallen: Die Ablösung des Mannlicher-Gewehrs war beschlossene Sache, die Konstruktion Jelens als zu kompliziert und zu teuer abgelehnt, die Waffenfabrik Brno im Besitz von Lieferaufträgen für Mauser-Gewehre des Typs 98 im Wert von 40 Millionen Kronen. Der erste Auftrag über 1 000 Stück lag seit Anfang Januar 1922 vor, der zweite über 39 000 Stück seit 20. April jenes Jahres.

Abgesehen vom Kaliber 7,92 mm und der entsprechenden Mauser-Patrone mit sS-Geschoß (schweres Spitzgeschoß), hatte man sich allerdings bezüglich der Ausführung noch nicht einigen können. Die Vertreter der einzelnen Waffengattungen forderten Versionen von unterschiedlichen Abmessungen und verschiedenartigem Zubehör: manche lange, andere kurze Gewehre; teils mit deutscher, teils mit mexikanischer Visierung; zum Teil mit Bajonett, zum Teil ohne.

Die ersten 10 000 in Brno hergestellten Mauser-Gewehre wurden mit deutscher, weitere 30 000 Stück mit mexikanischer Visierung geliefert, alle mit 1 250 mm Gesamtlänge und zunächst ohne Bajonett. Die Gewehre standen ab Anfang, die Bajonette erst ab Ende 1923 zur Verfügung. Derartige Mehrlader erhielten die Bezeichnung Modell 98/22 und galten als lange Gewehre.

Um ihre Qualität gab es zwischen Hersteller, Militärs und anderen Fachleuten einen monatelangen Streit. Bemängelt wurde vor allem der ungenügende Standardisierungsgrad. Da manche Bauteile noch aus deutscher, andere aus tschechoslowakischer Produktion stammten, konnten sie nicht gegeneinander ausgetauscht werden. Das erschwerte Reparatur und Instandhaltung.

Als später weiterentwickelte, verkürzte Standardgewehre in ausreichender Menge zur Verfügung standen, wurden sämtliche noch brauchbaren Waffen Modell 98/22 ebenso wie die zu dieser Zeit noch verfügbaren Gewehre des Typs 98 in Originalausführung ins Ausland verkauft, insgesamt mehrere zehntausend Stück. Abnehmer waren vor allem Jugoslawien und die Türkei, zum Teil auch China und Norwegen. Abgesehen von einer geringen, nach Südamerika gelieferten Anzahl, ließen sich die ebenfalls ausgesonderten Mannlicher-Gewehre jedoch kaum noch absetzen. Im Jahre 1930 befanden sich 300 000 Stück in den Arsenalen.

Bereits 1922 hatten Konstrukteure in Brno mit verkürzten Gewehren experimentiert. Sie entsprachen damit den Forderungen der Kavallerie und Artillerie nach Mehrladern von besserer Manövrierfähigkeit. Allerdings gaben die unbefriedigenden Testergebnisse dem Streit der Experten neuen Zündstoff. Die Kritiker meldeten starke Bedenken hinsichtlich des Standardisierungsgrads an. Auf Grund zahlreicher Funktionsstörungen der Versuchswaffen zweifelten sie auch an der Zuverlässigkeit und Schußpräzision des zur Einführung vorgesehenen Modells. Einer der entschiedensten Gegner war Rudolf Jelen.

Ungeachtet zahlreicher Intrigen ging die Arbeit in Brno zügig weiter. Mitte Mai 1923 bestand das kurze Gewehr sämtliche Funktionstests und wurde von einer Militärkommission als truppendiensttauglich bestätigt. Nach einer von Jelen initiierten Intervention beim Verteidigungsministerium bekräftigte die Kommission Ende Juni jenen Jahres noch einmal ausdrücklich ihre Entscheidung und fällte über die endgültige Ausführung von Gewehr und Bajonett ein abschließendes positives Urteil. Einen Monat danach wurden die ersten Waffen geliefert.

Man bezeichnete sie zunächst als kurzes Gewehr Modell 98, später als Modell 98/23 und schließlich als Modell 1923. Etwa 10 000 Gewehre mit auswechselbarem Visierfuß wurden Modell 1923 A genannt. Vermutlich sind insgesamt 90 000 Stück hergestellt worden. Die Fachliteratur des Landes informiert darüber, daß die Waffenfabrik Brno einen bereits am 30. Dezember 1922 vom Verteidigungsministerium erteilten Auftrag über 90 000 verkürzte Gewehre, deren Ausführung noch präzisiert werden sollte, über 50 000 Bajonette und diverse Ersatzteile – damals waren übrigens 56 Millionen Kronen angezahlt worden – qualitäts- und sortimentsgerecht erfüllt hat.

Mit der Standardisierung gab es allerdings noch immer Probleme. Die Bauteile waren so lange nicht austauschbar, wie man in Brno auf der Grundlage von Dokumentationen der Firma Mauser produzierte. Das Problem konnte erst gelöst werden, als zur Produktion der kurzen Gewehre nicht nur neue Technologien, sondern darüber hinaus zahlreiche neue Maschinen, Spezialvorrichtungen und Meßmittel zur Verfügung standen. Die Kosten dafür betrugen zwar mehr als 19 Millionen Kronen, die Investition hat sich aber gelohnt. Anfang 1925 erreichte der Betrieb eine Austauschquote der Bauteile von 90 bis 95 Prozent.

Zu dieser Zeit produzierte er mit dem Modell 1924 schon ein weiterentwickeltes kurzes Gewehr. Dieses Modell von 7,92 mm Kaliber, 4,08 kg Masse, 1 100 mm Gesamtlänge, 590 mm Lauflänge und einer von 300 m bis 2 000 m Entfernung um jeweils 100 m Distanz verstellbaren Visiereinrichtung sowie einem Bajonett von 300 mm Klingenlänge avancierte zur Einheitswaffe der tschechoslowakischen Streitkräfte. Sie wurde ab Mitte Oktober 1925 zunächst an Infanterie und Kavallerie ausgegeben.

Damals lagerten in den Arsenalen etwa 180 000 kurze Gewehre: außer 80 000 Stück des Modells 1923 und 10 000 Stück des Modells 1923 A auch 90 000 Stück des Modells 1924. Etwa 40 000 Waffen des neuesten Typs waren im Dezember 1923, die anderen 50 000 Stück zwölf Monate später in Brno bestellt worden. Bis Ende 1925 wurden vier Infanterie- und zwei Gebirgsdivisionen sowie eine Reiterbrigade umbewaffnet. Sie erhielten 80 000 Gewehre Modell 1923 bzw. 1923 A und mehr als 50 000 Gewehre Modell 1924.

Um die wachsenden Aufträge realisieren zu können, arbeitete man in der Waffenfabrik in Brno seit Jahresanfang 1926 im Zwei-Schicht-System. Kurze Zeit später wurde in Považská Bystrica der Grundstein für eine zweite Gewehrfabrik gelegt. Sie sollte bis 1934 aufgebaut und 1936 produktionsbereit sein. Ein Jahr später lief die Serienfertigung auf vollen Touren. Vorgesehen war eine Tagesproduktion von 800 Gewehren und Bajonetten. Später plante man für Haupt- und Zweigwerk zusammen 1 200 Stück.

Bis Ende 1929 kaufte das Verteidigungsministerium mehr als 370 000 Gewehre Modell 1924, bis März 1933 insgesamt fast eine halbe Million. Zwei Jahre später waren die Streitkräfte und anderen bewaffneten Formationen im wesentlichen mit Gewehren des neuen Typs versorgt.

Hatte ihr Stückpreis ohne Bajonett bis 1926 etwa 1 000 Kronen betragen, zahlte das Verteidigungsministerium später für ein Gewehr mit Bajonett nur noch 667 und ab den dreißiger Jahren lediglich 540 Kronen. Der geringere Preis war nicht nur eine Folge rationellerer Fertigung im staatlichen Betrieb, sondern zum Teil auch die Konsequenz, die sich aus dem Einsatz billigeren einheimischen Materials ergab – allerdings nicht zum Vorteil des Erzeugnisses.

Über die Qualität der Gewehre aus tschechoslowakischer Produktion urteilt die internationale Fachliteratur zumeist positiv. Man lobt Funktionssicherheit, Treffleistung und Schußpräzision sowie die solide Verarbeitung. Einheimische Autoren jedoch urteilen kritischer. Sie weisen auf konstruktiv nicht gelöste Details hin, auf den Anforderungen nicht immer genügendes Material und auf daraus resultierende Mängel, zum Beispiel eine unzureichende Lebensdauer der Läufe. Ausdrücklich wird aber hervorgehoben, daß dies nur für im eigenen Lande verwendete Gewehre, nicht jedoch für Exportwaffen galt.

Außer dem Modell 1924 wurden damals in Brno auch folgende andere auf der Grundlage des Mauser-Systems entwickelte Waffen produziert: Modell L, Modell 12, Modell 98/29 als langes Gewehr und kurzes Musketon. Waffen sämtlicher Typen sind in großer Stückzahl in zahlreiche Länder verkauft worden. Das profitabelste Geschäft machte die Zbrojovka Brno mit kurzen Gewehren des Typs 1924.

Die ersten 40 000 Stück gingen 1926 nach Jugoslawien. Vier Jahre später erhielt Persien (ab 1935 Iran) ungefähr 10 000 Waffen. Wie ausdrücklich verlangt, waren alle mit einem Kolben aus dunklem Holz ausgestattet. Nach Brasilien wurden 1931 insgesamt 15 000 Gewehre in modifizierter Ausführung geliefert, und zwar mit 7 mm Kaliber, dünnerem Lauf, stärker gebogenem Kammerstengel, aber leichterem Kolben. Ihre Masse betrug 3,9 kg.

Modifikationen des Modells 1924 waren übrigens keine Ausnahme. Der Hersteller erfüllte mit äußerster Genauigkeit jeden Wunsch seiner ausländischen Geschäftspartner. Lieferungen an diese hatten vor den Bestellungen der eigenen Armee immer Vorrang. Nicht selten wurden dem Verteidigungsministerium bereits avisierte Waffensendungen in Richtung Exportland umdirigiert. Mitunter nahm der Betrieb bei der Militärverwaltung sogar Anleihen auf, um Auslandsgeschäfte unverzüglich erledigen zu können.

Als 1930 zum Beispiel persische Kunden, wie schon erwähnt, unbedingt Gewehre mit Kolben aus dunklem Holz haben wollten, griff man auf Waffen aus den Arsenalen zurück, da für die Produktion damals nur Kolben aus hellem Holz zur Verfügung standen. Auf Grund solcher und ähnlicher Anleihen schuldete die Waffenfabrik dem Verteidigungsministerium im Frühjahr 1939 fast eine viertel Million Gewehre.

Nicht nur die persischen Militärs hatten Sonderwünsche. So erhielten 1930 Kunden aus Peru Gewehre mit 7,65 mm Kaliber und modifizierter Zielvorrichtung, Kunden aus Bolivien Waffen desselben Kalibers, aber mit verändertem Kammerstengel und anders geformtem Kolben. Nach Venezuela gingen Gewehre mit

Mehrladekarabiner Modell 16/33

*Mehrladegewehr Modell 33/40
(Mehrladekarabiner Modell 16/33)
von links (mit Kolbenschuh und Schutzblech)*

*Mehrladegewehr Modell 33/40
(Mehrladekarabiner Modell 16/33)
von rechts (mit Kolbenschuh und Schutzblech)*

*Mehrladegewehr Modell 33/40
(Mehrladekarabiner Modell 16/33)
mit Zielfernrohr*

*Mehrladegewehr Modell 33/40
(Mehrladekarabiner Modell 16/33)
mit Klappkolben*

Tschechoslowakei

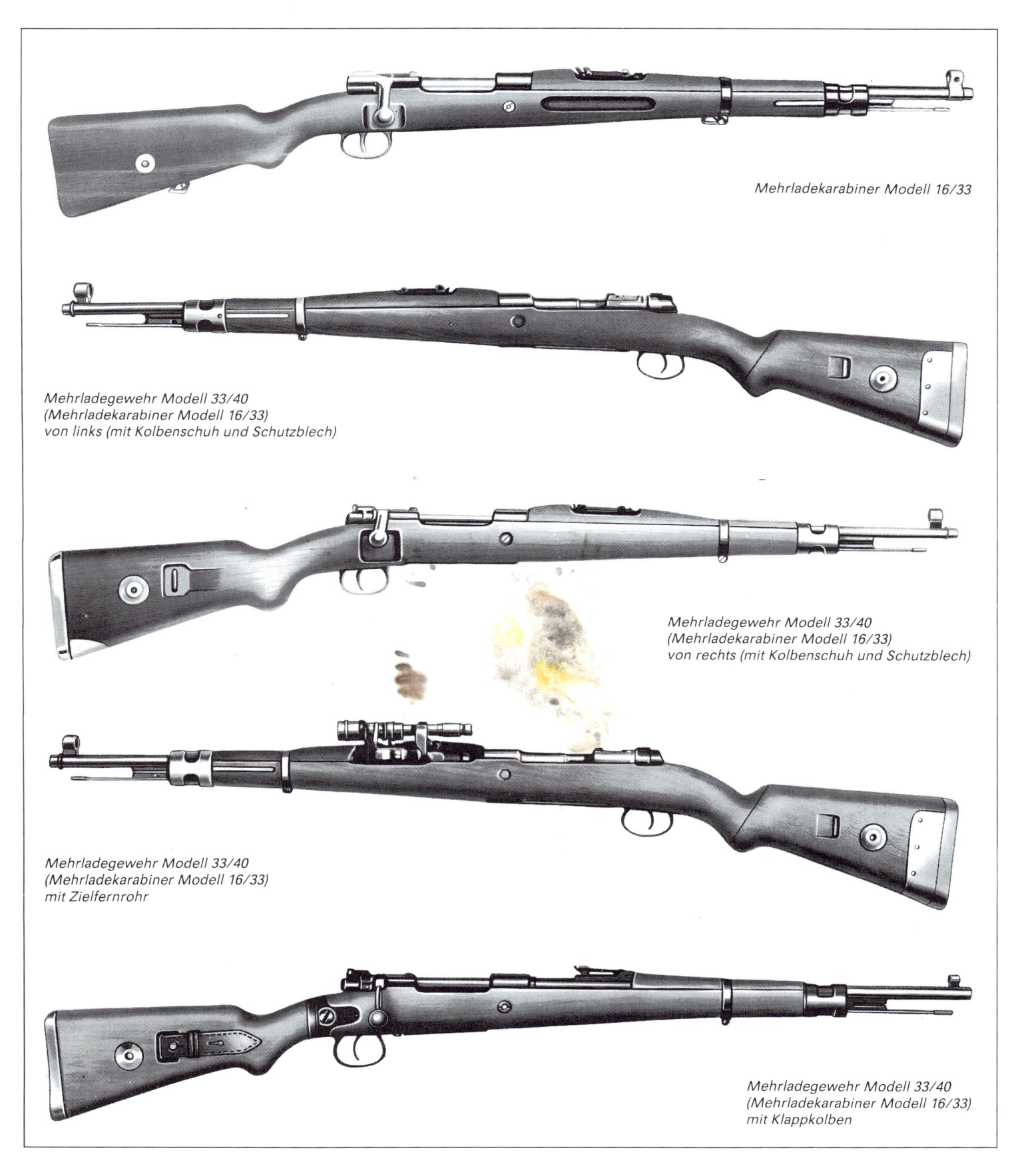

7 mm Kaliber, nach Estland Waffen mit verschiebbarem Visier, einem Lauf von 490 mm Länge und veränderter Bajonettarretierung.

Zu den Abnehmern kurzer Gewehre Modell 1924 — teils in Standardversion, teils mit anderem Kaliber und in verschiedenartiger Ausführung — gehörten auch folgende weitere Länder: China, Ekuador, Guatemala, Kolumbien, Litauen, Nikaragua, Rumänien und Uruguay. Die bedeutendsten Kunden mit Aufträgen von 100 000 Stück und zum Teil weit darüber hinaus waren Bolivien, Brasilien, China, Persien/Iran und Rumänien.

Die Streitkräfte Rumäniens erhielten übrigens mehr kurze Gewehre Modell 1924 als die tschechoslowakische Armee.

Eine weitere, nur für den Export produzierte Version war der Karabiner Modell L. Bereits 1926 nach Lettland geliefert, nannte man ihn auch Lettisches Gewehr. Die Waffe von 7,92 mm Kaliber ist mit mexikanischer Visierung und klappbarem Bajonett ausgerüstet. Mit 7,65 mm oder 7 mm Kaliber wurden solche Karabiner auch in Länder des amerikanischen Kontinents verkauft, zum Beispiel nach Argentinien, Bolivien, Brasilien und Mexiko.

491

Tschechoslowakei

Ebenfalls für den Export entwickelten die Konstrukteure der Waffenfabrik Brno einen Modell 12, mitunter auch Modell 12/33 genannten Karabiner von 7 mm Kaliber mit mexikanischer Visierung, 556 mm langem Lauf und gebogenem Kammerstengel. Etwa 5 000 solcher Waffen wurden 1930 nach Kolumbien, mehrere zehntausend Stück später nach Brasilien geliefert.

Zu den Exportwaffen gehörten ab Ende der zwanziger Jahre auch vom Modell 98/22 abgeleitete lange Gewehre. Man nannte sie Modell 98/29. Sie unterscheiden sich vom langen Gewehr der Erstausführung bezüglich Visiereinrichtung, Kolben, Garnitur und Bajonett. Das Bajonett wurde anders befestigt und ist länger: beim Modell 98/22 mit der Schneide nach oben zum Lauf, beim Modell 98/29 mit der Schneide nach unten.

Das lange Gewehr der Zweitversion hat ein Kaliber von 7,92 mm. Die Gesamtlänge beträgt 1 250 mm, die Lauflänge 740 mm. Die Zielvorrichtung kann von 100 m bis 2 000 m Entfernung um jeweils 100 m Distanz eingestellt werden. Waffen dieses Typs wurden vor allem nach Persien exportiert, etwa 80 000 Stück von 1930 bis 1931, weitere während der folgenden Jahre.

Als Modell 98/29 bezeichnete man auch eine ebenfalls Ende der zwanziger Jahre entwickelte, auf Grund ihrer kurzen Bauweise speziell für die Kavallerie geeignete Waffe mit einer von 100 m bis 2 000 m Entfernung um jeweils 100 m Distanz einstellbaren Zielvorrichtung mexikanischer Art. Der mit 965 mm Gesamtlänge und 455 mm Lauflänge kürzeste in Brno gefertigte Karabiner wurde dort Musketon genannt. Abnehmer waren vor allem bewaffnete Formationen in Persien bzw. im Iran und die Streitkräfte Brasiliens. Sie erhielten Musketons mit 7,92 mm bzw. 7 mm Kaliber.

Anfang der dreißiger Jahre stand ein weiterer, auf der Grundlage des kurzes Gewehrs vom Typ 1924 konstruierter Karabiner zur Verfügung: das Modell 16/33. Solche Waffen wurden ausschließlich mit dem Kaliber 7,92 mm produziert und zunächst nur von Formationen im eigenen Lande geführt. Das waren vorwiegend Gendarmerie, Grenzschutz und Polizeieinheiten, zu deren strukturmäßiger Ausrüstung noch bis 1934 Mannlicher-Karabiner gehörten. Etwa im März/April jenes Jahres bestellte das Verteidigungsministerium 18 040 Karabiner. Weitere Aufträge für insgesamt 7 271 Stück wurden im Mai und Juni 1938 erteilt.

Der Karabiner Modell 16/33 hat eine Gesamtlänge von 995 mm, eine Lauflänge von 490 mm sowie eine für den Bereich von 50 m bis 500 m Entfernung um 50 m Distanz und bis 1 000 m Entfernung um 100 m Distanz verstellbare Visiereinrichtung. Die Drallänge beträgt 240 mm, die Länge des Bajonetts 361 mm. Der Kolben wird von einer Kappe geschützt.

Im März 1939 annektierte Deutschland die Tschechoslowakei. Die Firmen in Brno und Považská Bystrica wurden besetzt. Die Produktion mußte zugunsten der Besatzer weitergeführt werden. Zunächst ließen diese sämtliche damals zum Fertigungsprogramm gehörenden Waffen weiterhin produzieren. Aus ihrem Export erzielten sie beträchtliche Gewinne, zum Beispiel aus Lieferungen des Gewehrs Modell 1924 in den Iran, nach Japan und Rumänien.

Später, ab 1941/42, erfolgte die Produktion ausschließlich für die deutschen Truppen und ihre Verbündeten. In Brno mußten vor allem der Mauser-Mehrladekarabiner Modell 98 k (s. dort), die Standardwaffe der Wehrmacht, sowie die Universal-Maschinengewehre Modell 34 (s. dort) und Modell 42 (s. dort), aber auch Flugzeug-Maschinengewehre deutschen Typs bzw. Teile dafür produziert werden.

Nur der tschechoslowakische Karabiner Modell 16/33 verblieb im Fertigungsprogramm. Unter der Bezeichnung Gewehr 33/40 wurde er am 16. November 1940 in die strukturmäßige Bewaffnung der deutschen Wehrmacht eingeführt und von den Gebirgstruppen, später auch von Einheiten der Waffen-SS übernommen. Ein Befehl zur Produktion von 50 000 Stück war dem Zweigwerk in Považská Bystrica im Frühjahr 1940 erteilt worden.

Abgesehen von dem veränderten Kolbenschutz — statt mit Kolbenkappe waren die Waffen mit einem die Kolbenkanten umgebenden Kolbenschuh aus Blech und zusätzlich mit einem auf der linken Seite des Kolbens aufgeschraubten Schutzblech ausgerüstet —, wurde der Karabiner in Originalausführung gefertigt, aber mit deutscher Kodierung gekennzeichnet. Aus solchen Waffen verschoß man sowohl die tschechoslowakische Originalmunition als auch deutsche Mauser-Patronen 7,92 mm. Außer der Standardausführung gab es eine Version mit Zielfernrohr für Scharfschützen und eine in geringer Stückzahl für Fallschirmjäger bereitgestellte Modifikation mit nach links klappbarem Kolben.

Der Mehrladekarabiner Modell 16/33 entspricht im Prinzip dem deutschen Mehrladekarabiner Modell 98 k. Er unterscheidet sich von diesem nur bezüglich weniger Details. Dazu gehören Gesamt- und Lauflänge der Waffe, ein anderer Visierbereich sowie der erwähnte Kolbenschuh und die Schutzplatte. Außerdem sind Rückstoß, Mündungsknall und Mündungsfeuer auf Grund des kürzeren Laufes stärker als bei der deutschen Standardwaffe.

Nach dem zweiten Weltkrieg wurden in den staatlichen Waffenbetrieben zunächst einige Vorkriegsmodelle gefertigt. Von Anfang an konzentrierten sich die Konstrukteure jedoch zunehmend auf neue Waffensysteme und entwickelten unter anderem leistungsfähige Selbstladegewehre. Das erste von den tschechoslowakischen Streitkräften eingeführte Selbstladegewehr war das Modell 52 (s. „Schützenwaffen heute").

Daten: Mehrladegewehr Modell 98/22 (langes Gewehr)

Kaliber:	7,92 mm	Patrone:	7,92 × 57
v_0:	m/s	Lauflänge:	740 mm[2]
Länge Waffe:	1 250 mm[1]	Züge/Richtung:	4/r
Feuergeschwindigkeit:	15 S/min	Visierschußweite:	2 100 m
		Einsatzschußweite:	600 m
Munitionszuführung:	integriertes Magazin für 5 Schuß		
Masse ungeladen, ohne Bajonett:	4,15 kg		
Masse ungeladen, mit Bajonett:	4,50 kg	[1] Mit Bajonett: 1 500 mm. [2] Gezogener Teil: 655 mm.	

Daten: Mehrladegewehr Modell 1924 (kurzes Gewehr)

Kaliber:	7,92 mm	Patrone:	7,92 × 57
v_0:	765 m/s	Lauflänge:	590 mm[2]
Länge Waffe:	1 100 mm[1]	Züge/Richtung:	4/r
Feuergeschwindigkeit:	15 S/min	Visierschußweite:	2 000 m
		Einsatzschußweite:	600 m
Munitionszuführung:	integriertes Magazin für 5 Schuß		
Masse ungeladen, ohne Bajonett:	4,08 kg		
Masse ungeladen, mit Bajonett:	4,48 kg	[1] Mit Bajonett: 1 410 mm. [2] Gezogener Teil: 505 mm.	

Daten: Mehrladekarabiner Modell 12

Kaliber:	7 mm	Patrone:	7 × 57
v_0:	m/s	Lauflänge:	556 mm[2]
Länge Waffe:	1 066 mm[1]	Züge/Richtung:	4/r
Feuergeschwindigkeit:	15 S/min	Visierschußweite:	2 000 m
		Einsatzschußweite:	500 m
Munitionszuführung:	integriertes Magazin für 5 Schuß		
Masse ungeladen, ohne Bajonett:	3,85 kg		
Masse ungeladen, mit Bajonett:	4,30 kg	[1] Mit Bajonett: 1 447 mm. [2] Gezogener Teil: 467 mm.	

Daten: Mehrladegewehr Modell 98/29 (langes Gewehr)

Kaliber:	7,92 mm	Patrone:	7,92 × 57
v_0:	m/s	Lauflänge:	740 mm[2]
Länge Waffe:	1 250 mm[1]	Züge/Richtung:	4/r
Feuergeschwindigkeit:	15 S/min	Visierschußweite:	2 000 m
		Einsatzschußweite:	600 m
Munitionszuführung:	integriertes Magazin für 5 Schuß		
Masse ungeladen, ohne Bajonett:	4,15 kg		
Masse ungeladen, mit Bajonett:	4,66 kg	[1] Mit Bajonett: 1 650 mm. [2] Gezogener Teil: 648 mm.	

Daten: Mehrlademusketon Modell 98/29

Kaliber:	7,92 mm	Patrone:	7,92 × 57
v_0:	m/s	Lauflänge:	455 mm[2]
Länge Waffe:	965 mm[1]	Züge/Richtung:	4/r
Feuergeschwindigkeit:	15 S/min	Visierschußweite:	2000 m
		Einsatzschußweite:	400 m
Munitionszuführung:	integriertes Magazin für 5 Schuß		
Masse ungeladen, ohne Bajonett:	3,66 kg		
Masse ungeladen, mit Bajonett:	4,17 kg		
Masse der Bajonettscheide:	0,23 kg		

[1] Mit Bajonett: 1365 mm.
[2] Gezogener Teil: 363 mm.

Daten: Mehrladekarabiner Modell 16/33

Kaliber:	7,92 mm	Patrone:	7,92 × 57
v_0:	m/s	Lauflänge:	490 mm[2]
Länge Waffe:	995 mm[1]	Züge/Richtung:	4/r
Feuergeschwindigkeit:	15 S/min	Visierschußweite:	1000 m
		Einsatzschußweite:	500 m
Munitionszuführung:	integriertes Magazin für 5 Schuß		
Masse ungeladen, ohne Bajonett:	3,48 kg		
Masse ungeladen, mit Bajonett:	3,79 kg		

[1] Mit Bajonett: 1255 mm.
[2] Gezogener Teil: 402 mm.

Versuchs-Selbstladegewehre 7,92 mm

Zur Ausrüstung der Streitkräfte Deutschlands, Frankreichs und des zaristischen Rußland hatten bereits während des ersten Weltkriegs automatische Gewehre gehört. Allerdings waren das vorwiegend Versuchswaffen gewesen, aus heutiger Sicht von unausgereifter Konstruktion, zumeist in geringer Stückzahl und nicht Bestandteil der strukturmäßigen Bewaffnung. Ihre Existenz und ihr Einsatz bewiesen das Bestreben der Konstrukteure, zum Teil auch von weitsichtigen Militärs, nach technischer Vervollkommnung der Waffensysteme, nach Perfektionierung des Gewehrs, dem hauptsächlichsten Kampfmittel des Infanteristen, zur automatischen Waffe.

Einer der ersten, die sich ein solches Ziel setzten, wahrscheinlich der erste europäische Konstrukteur überhaupt, der sich mit Selbstladern beschäftigte, war Anfang der achtziger Jahre des vorigen Jahrhunderts Karel Krnka. Der in Velký Varadin, in der heutigen ČSFR, als Sohn eines Büchsenmachers geborene Krnka diente damals als Leutnant in einem Infanterieregiment der Armee Österreich-Ungarns. Außer anderen Waffen entwickelte er später auch mehrere automatische Gewehre. Allerdings ist keines davon in die strukturmäßige Ausrüstung übernommen worden.

Von 1882 bis 1884 baute Krnka das Werndl-Gewehr zu einem Gasdruckselbstlader um. Er verlängerte den Schlagbolzen, auf den der Gasdruck einwirkte, und verwendete eine Patrone mit beweglicher Zündkapsel. Mittels Gasdrucks auf den Schlagbolzen wurde der Verschluß geöffnet, die Hülse der verfeuerten Patrone aus der Waffe entfernt und ihr Hahn gespannt. Die von Krnka als Verschlußautomat bezeichnete Konstruktion funktionierte als selbsttätiger Mechanismus.

Schon im vorigen Jahrhundert beschäftigte sich Krnka auch mit Selbstladegewehren für Jagd und Sport. So entwickelte er 1899 ein automatisches Jagdgewehr. Das war ein Gasdrucklader mit beweglichem Lauf und verriegeltem Verschluß. In der Fachliteratur wird das Gewehr als die älteste Waffe dieser Art gewertet.

Nach Gründung der Tschechoslowakischen Republik am 28. Oktober 1918 bot sich für die Ausrüstung der Streitkräfte mit automatischen Gewehren kaum eine Chance. Einerseits orientierte sich die Generalität auf Mehrlader als Standardbewaffnung, andererseits war die wirtschaftliche Lage des jungen Staates äußerst kompliziert. Damals standen noch nicht einmal ausreichende finanzielle Mittel für die Bewaffnung mit Mehrladern eines einheitlichen Typs zur Verfügung, geschweige denn die für Entwicklung, Erprobung und Produktion völlig neuer Waffensysteme erforderlichen Investitionen. Die Streitkräfte verfügten über Gewehre und Karabiner unterschiedlichster Modelle aus verschiedenen Ländern.

Um wenigstens ein gewisses Maß an einheitlicher Ausrüstung zumindest einzelner Waffengattungen zu erreichen, bedurfte es großer Anstrengung. Zunächst galten Mehrlader des Systems Mannlicher (s. dort) als Standardwaffen. Ende April 1922 erklärte das Verteidigungsministerium nach langem Zögern endgültig die Mehrlader des Systems Mauser (s. dort) zur Ordonnanz. Automatische Gewehre aus eigener Produktion übernahmen die Streitkräfte des Landes erst nach dem zweiten Weltkrieg. Erste Waffe dieser Art war das Selbstladegewehr Modell 52 (s. „Schützenwaffen heute").

Zwischen seiner Einführung und der Erstbewaffnung der tschechoslowakischen Armee lagen etwa drei Jahrzehnte. Dennoch war das auf keinen Fall eine Zeit der Stagnation auf dem speziellen Gebiet automatisches Gewehr. Trotz gewisser Bedenken und trotz der gebotenen Einschränkung auf Grund akuter finanzieller Probleme haben weitsichtige tschechoslowakische Militärs den waffentechnischen Fortschritt nicht aus dem Auge verloren.

Als sie kurz nach dem ersten Weltkrieg die taktische Konzeption ihrer Infanterie berieten, waren auch automatische Gewehre im Gespräch. Sie wurden jedoch nicht als Ablösung für die Standardwaffe Mehrlader gebraucht, sondern als Ergänzung, sowohl des Repetiergewehrs als auch des Maschinengewehrs. Derartige Überlegungen standen im Zusammenhang mit dem Vorhaben, selbstentwickelte leichte Maschinengewehre einzuführen. Expertenkommissionen formulierten 1919/20 ihre Vorstellungen, wie Feuerkraft und Beweglichkeit der Infanterie wesentlich erhöht werden könnten.

Demnach sollten die damals bestehenden MG-Gruppen jeder Kompanie statt mit zwei, mit drei leichten Maschinengewehren ausgerüstet werden und sämtliche mit Mehrladern bewaffneten Gruppen zusätzlich ein leichtes Maschinengewehr sowie ein automatisches Gewehr erhalten. Zweieinhalb Jahre später allerdings wollte man die Gliederung verändern und die Truppe in Schützengruppen und Sturmgruppen unterteilen – die eine Formation mit dem leichten Maschinengewehr ausgerüstet, die andere mit dem automatischen Gewehr.

Die entsprechenden Dienststellen waren bereits 1920 beauftragt worden, derartige Waffen schnellstmöglich entwickeln zu lassen. Angesichts der damals und später konzipierten Taktik ist es klar, daß das als automatisches Gewehr bezeichnete Kampfmittel keine Selbstlade-, sondern eine Schnellfeuerwaffe sein sollte. Wahrscheinlich dachte man sogar an eine ähnliche Konstruktion, wie sie John Moses Browning mit dem nach ihm benannten leichten MG Modell BAR 1918 im letzten Kriegsjahr für die US-amerikanischen Streitkräfte entwickelt hatte. Diese Waffe kann ebenso als leichtes Maschinengewehr wie auch als eine Art frühes Schnellfeuergewehr eingestuft werden.

Anfang 1923 erarbeiteten die für die Ausrüstung mit Infanteriewaffen verantwortlichen Experten in der Tschechoslowakei konkrete Richtlinien für Konstruktion, Erprobung und Produktion leichter Maschinengewehre und automatischer Gewehre. Falls die einheimische Industrie dazu nicht in der Lage sein sollte, wollte man solche Waffen im Ausland beschaffen. Wie ernst es den Militärs mit dieser Drohung den waffenproduzierenden Betrieben des Landes gegenüber war, bewies der für März jenen Jahres ausgeschriebene Wettbewerb, zu dem man ausländische Konstrukteure und Firmen zuließ.

Bezüglich des automatischen Gewehrs galten dabei folgende Kriterien: Kaliber 7,92 mm für Mauser-Patronen, Masse ohne Magazin nicht mehr als maximal 6,5 kg, Magazin integriert oder abnehmbar und mit 10 Schuß Kapazität, theoretische Feuergeschwindigkeit bei Dauerfeuer 100 S/min bis 300 S/min,

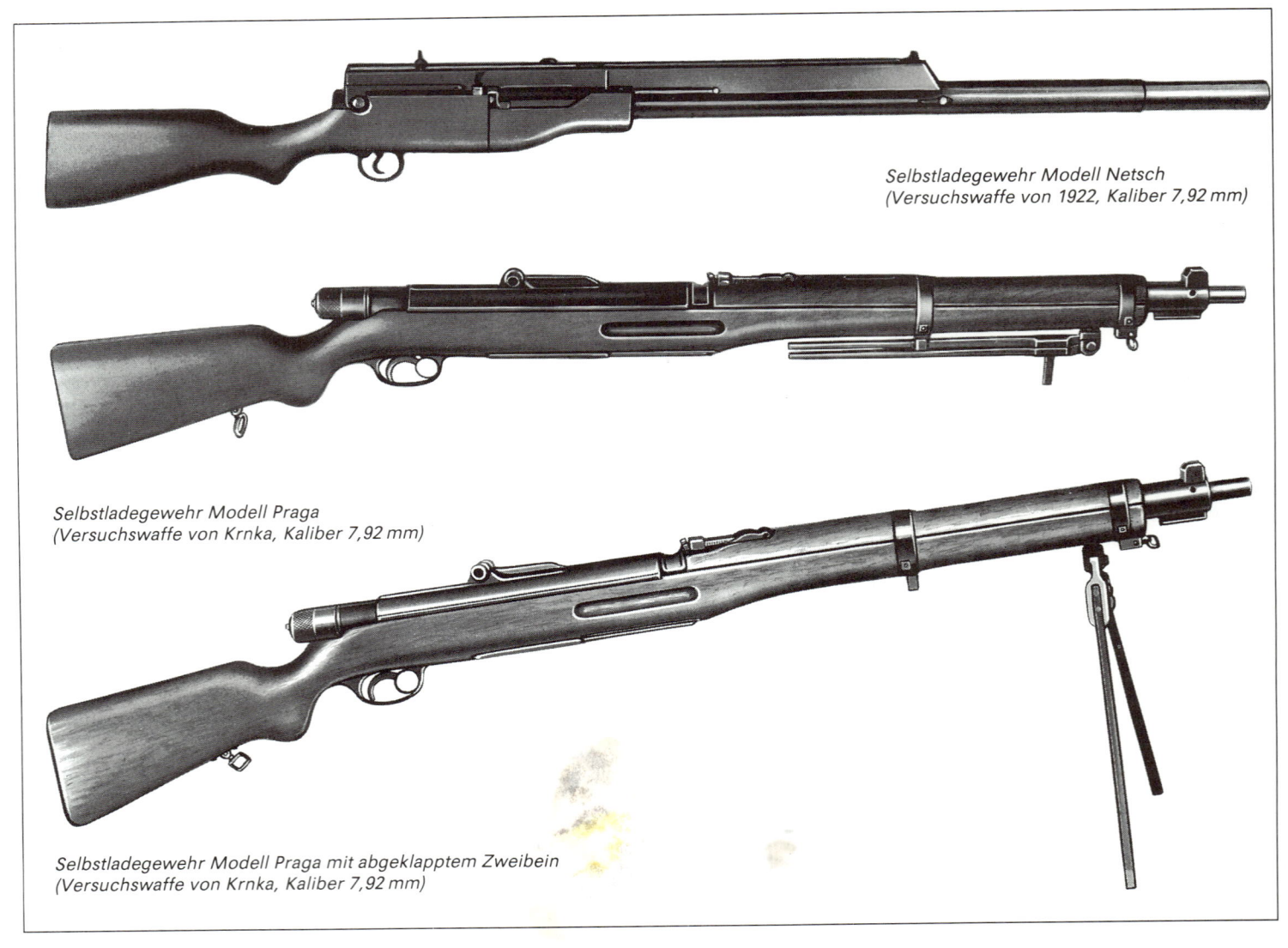

Tschechoslowakei

Selbstladegewehr Modell Netsch
(Versuchswaffe von 1922, Kaliber 7,92 mm)

Selbstladegewehr Modell Praga
(Versuchswaffe von Krnka, Kaliber 7,92 mm)

Selbstladegewehr Modell Praga mit abgeklapptem Zweibein
(Versuchswaffe von Krnka, Kaliber 7,92 mm)

Anschlagsart sowohl liegend als auch in der Bewegung aus der Hüfte, Arretierungsvorrichtung für ein Bajonett. Obwohl man also ganz offensichtlich ein Schnellfeuergewehr, zudem mit sehr geringem Patronenvorrat, forderte, stellten die Konstrukteure des Landes wohl nur Selbstlader zur Verfügung.

Das galt auch für die bereits unmittelbar nach dem ersten Weltkrieg präsentierten Versuchsmuster. Zu den Ausnahmen gehörte wohl nur eine schon 1919 vom Konstrukteur Josef Netsch vorgeführte Handfeuerwaffe. Sie glich zwar einem Karabiner, war aber eine Art Maschinenpistole und verschoß Pistolenmunition. Im Frühjahr 1920 meldete Rudolf Jelen ein automatisches Gewehr mit kurz zurückgleitendem Lauf zum Patent an, und der Ingenieur R. Geyer aus Aš präsentierte ebenfalls eine automatische Waffe ähnlicher Art. Angebote trafen damals auch aus Budapest ein. Sie kamen von einem Ingenieur namens C. Bessemer, der einen Mannlicher-Mehrlader Modell 1895 zum Selbstladegewehr umgebaut hatte.

Im Oktober 1920 forderten tschechoslowakische Militärs aus Frankreich zwei Selbstladegewehre an, die dort während des ersten Weltkriegs bei der Infanterie versuchsweise benutzt worden waren. Dabei handelte es sich um das 1917 zunächst für jede Kompanie, dann aber auch an jeden Zug und später an jede Gruppe in einer Anzahl von je einem Stück ausgegebene Modell RSC 1917. Das war ein Gasdrucklader mit starr verriegeltem Verschluß und Mannlicher-Magazin, der Lebel-Patronen von 8 mm Kaliber verschoß, 1918 verbessert wurde, sich aber nicht bewährt hat.

Über Versuche mit diesen französischen Waffen in der Tschechoslowakei ist nichts bekannt, wohl aber darüber, daß 1921/22 mehrere Konstruktionen einheimischer Experten getestet wurden. Dazu gehörten auf automatische Funktionsweise umgebaute Mannlicher-Gewehre, eine automatische Kugelbüchse und ein von den Büchsenmachern Horák und Vanek aus der Firma F. Dušek in Opočno konstruiertes Selbstladegewehr. Die Testergebnisse befriedigten nicht.

Ende 1921 präsentierte Netsch eine für die Mauser-Patrone 7,92 mm eingerichtete Versuchswaffe, die in der Fachliteratur des Landes als Selbstlader klassifiziert wird. Das Gewehr war mit Trommelmagazin von heute nicht mehr bekannter Kapazität, mit beweglichem vorderem Schaftstück, mit Gasdüse und auf den Verschluß einwirkendem Gestänge ausgerüstet, das den vom Gasdruck ausgelösten Bewegungsimpuls übertrug. Die Waffe funktionierte als Gasdrucklader mit starr verriegeltem Verschluß.

Eine Expertenkommission schätzte das automatische Gewehr nach zwei Tests im Januar und Februar 1922 als brauchbare Konstruktion ein und bestellte 25 Stück für einen Truppenversuch. Sie sollten in dem damals unter dem Namen Südböhmische Waffenfabrik AG firmierenden neuerrichteten Betrieb in Strakonice hergestellt werden, der ab 1923 zu der als Česká Zbrojovka (ČZ) bald weit über die Grenzen des Landes bekannt werdenden Tschechischen Waffenfabrik AG Prag gehörte.

Die Truppenerprobung des Netsch-Gewehrs – Anfang November 1922 standen vier Stück zur Verfügung – war nicht erfolgreich. In der Fachliteratur wird die Versuchswaffe als Modell 1922, mitunter aber auch als Modell ČZ 1924 geführt. Die erstgenannte, vom Baujahr der Testmuster abgeleitete Bezeichnung dürfte exakter sein als die andere; denn 1924 hatte man die Konstruktion längst abgelehnt, und im Strakonicer ČZ-Betrieb wurden zu dieser Zeit derartige Versuchs-Selbstlader nicht mehr gefertigt.

Im Dezember 1924 erbat Netsch übrigens vom Verteidigungsministerium die Übersendung eines Mauser-Gewehrs, dessen Verschluß er auf automatische Funktionsweise umstellen wollte. Es ist möglich, daß dies zur Verwechslung führte und Anlaß für die obengenannte andere Bezeichnung war. Die erbetene Waffe wurde Anfang des folgenden Jahres zwar zugestellt, der damals schon schwerkranke Konstrukteur konnte die Arbeit jedoch nicht mehr beenden.

Auch Krnka hatte mit seinen automatischen Gewehren keinen Erfolg. Als er im Februar 1926 verstarb, experimentierten Ingenieure der Tschechoslowakischen Waffenfabrik AG Brno zwar auf der Grundlage seiner Erfindungen weiter, ein Selbstlade- oder Schnellfeuergewehr seiner Konstruktion ist jedoch nie eingeführt worden. Seine Konstruktionsprinzipien aber wurden genutzt, zum Beispiel der drehbare Verschluß. Nach seinem Tode bei der Československá Zbrojovka in Brno hergestellte Versuchsgewehre erhielten die Bezeichnung Modelle K.

Krnka war erst 1923 aus Österreich, wo er zuletzt als Direktor der Konstruktionswerkstatt in der Hirtenberger Patronenfabrik gearbeitet hatte, in seine Heimat zurückgekehrt und zunächst bei der Waffenfabrik Praga, dann in Brno beschäftigt gewesen. Aus Österreich brachte er zahlreiche Patente seiner automatischen Waffen mit, unter anderem von Selbstladegewehren. Eines davon war ein von ihm während seiner Tätigkeit bei der Wiener Firma G. Roth konstruiertes Armeegewehr aus dem Jahre 1908. Österreich-Ungarns Generalität hatte den für eine Krnka-Spezialpatrone von 7 mm Kaliber eingerichteten Selbstlader nicht akzeptiert.

Im Januar 1922 bot Krnka mit Post an das tschechoslowakische Verteidigungsministerium sowohl seine Dienste als auch seine Konstruktionen an. Vier Monate später übersandte er einige Waffen, darunter jenes Armeegewehr von 1908. Die Unternehmensleitung in Brno zeigte nach anfänglicher Zustimmung plötzlich kein Interesse mehr, die Waffenfabrik Praga jedoch stellte Modifikationen als Versuchswaffen her und erprobte sie 1923 im Beisein des Konstrukteurs, allerdings mit unbefriedigendem Ergebnis.

Das nach der Firma Modell Praga genannte Selbstladegewehr verschoß Mauser-Patronen 7,92 mm. Sie wurden aus einem von unten einsetzbaren Magazin zugeführt. Seine Kapazität ist nicht bekannt. Die Waffe war mit Rückstoßlader mit lang zurückgleitendem Lauf und mit Kurvenvisier, Bajonettarretierung sowie Zweibein ausgerüstet. Das Zweibein befand sich festinstalliert und nach hinten klappbar unter dem Vorderschaft. Da es in der Fachliteratur Hinweise auf einen durchbrochenen Laufmantel gibt, die verfügbaren Abbildungen jedoch keine Perforierung zeigen, existierte von dieser Waffe vermutlich noch eine zweite Version.

Kurz nachdem sich die Versuche mit dem schon erwähnten Gewehr von Netsch als unbefriedigend erwiesen hatten, erhielt Krnka vom Verteidigungsministerium den Auftrag zur Entwicklung einer für Einzel- und Dauerfeuer eingerichteten Waffe. Sie sollte als Rückstoßlader mit beweglichem Lauf funktionieren, ein Bajonett, maximal 4 kg Masse und identische Bauteile mit dem zum Standardgewehr erklärten Mehrlader Modell 1924 (s. dort) haben.

Im Frühjahr 1925 legte der Konstrukteur Zeichnungen vor. Bereits im Oktober jenes Jahres wurde seine Versuchswaffe mit befriedigendem Ergebnis erprobt. Krnka sollte lediglich die Masse verringern, außerdem mehrere Bauteile denen des Standardgewehrs noch besser angleichen. Nach dem Tode des Konstrukteurs fiel die Entscheidung, die Waffe nicht als Schnellfeuer-, sondern als Selbstladegewehr weiterzuentwickeln. Die Waffenfabrik Brno stellte ein solches Testmodell Ende 1926 bei einem Wettbewerb in Polen vor.

Um diese Zeit experimentierte ein anderer profilierter Konstrukteur ebenfalls mit automatischen Gewehren: Emanuel Holek, bis 1926 in der Waffenfabrik Praga beschäftigt, dann einige Monate beim Strakonicer Betrieb der Česká Zbrojovka AG Prag tätig, ab 1927 in Brno unter Vertrag. In Prag hatte er am leichten MG Modell Praga 1924 großen Anteil, in Strakonice einen später Modell S genannten Versuchsselbstlader konstruiert, und in Brno entwickelte er bald mehrere als Modelle ZH bekanntgewordene automatische Gewehre.

Waffen der Typen K (Krnka) und S (Strakonice) wurden ab Sommer 1927 mehrmals getestet und im Frühjahr 1929 auf Weisung der waffentechnischen Abteilung des Verteidigungsministeriums in einer Anzahl von je zehn Stück an Infanterie und Kavallerie zur Truppenerprobung gegeben. Die Mängel waren zwar unübersehbar, allerdings nicht so gravierend, um beide Konstruktionen ablehnen zu müssen. Gewehre vom Typ S sollten weiterentwickelt werden. Auf der Grundlage solcher Waffen konstruierte Holek ein als Modell ZH 1929 bezeichnetes, für die Mauser-Patrone 7,92 mm eingerichtetes Selbstladegewehr.

Von seiner Serienreife erhielt das Verteidigungsministerium im Frühjahr, die internationale Öffentlichkeit im Juni Kenntnis. Damals stellte Holek das Gewehr, aptiert für Patronen von 7 mm Kaliber, bei einem Wettbewerb in den USA vor. Drei Monate später lieferte die Waffenfirma Brno 150 Stück einer Nullserie mit 7,92 mm Kaliber nach China.

Das Selbstladegewehr Modell ZH 1929 ist ein Gasdrucklader mit starr verriegeltem Blockverschluß. Die Automatik wird durch einen Gaskolben betätigt. Er überträgt die Energie der Pulvergase auf ein Gestänge, das die Ver- und Entriegelung des Verschlusses bewirkt. Die Waffe verschießt Patronen des Typs 7,92 mm Mauser. Sie werden aus einem von unten einsetzbaren Trapezmagazin zugeführt. Seine Kapazität beträgt 20 Schuß. Das Gewehr ist mit Kurvenvisier, Holzkolben und hölzernem Handschutz ausgerüstet.

Im Januar 1930 stimmte die Generalität zwar einem Vergleichsschießen mit Selbstladern der Typen S, K und ZH 1929 zu, legte jedoch für einen solchen Wettbewerb keinen Termin fest. Dennoch setzten die Konstrukteure ihre Arbeit mit Konsequenz fort. Unter Leitung von Holek entstanden während der folgenden Jahre in Brno nicht nur zahlreiche weiterentwickelte Versuchsselbstlader; der Konstrukteur ließ auch keine Möglich-

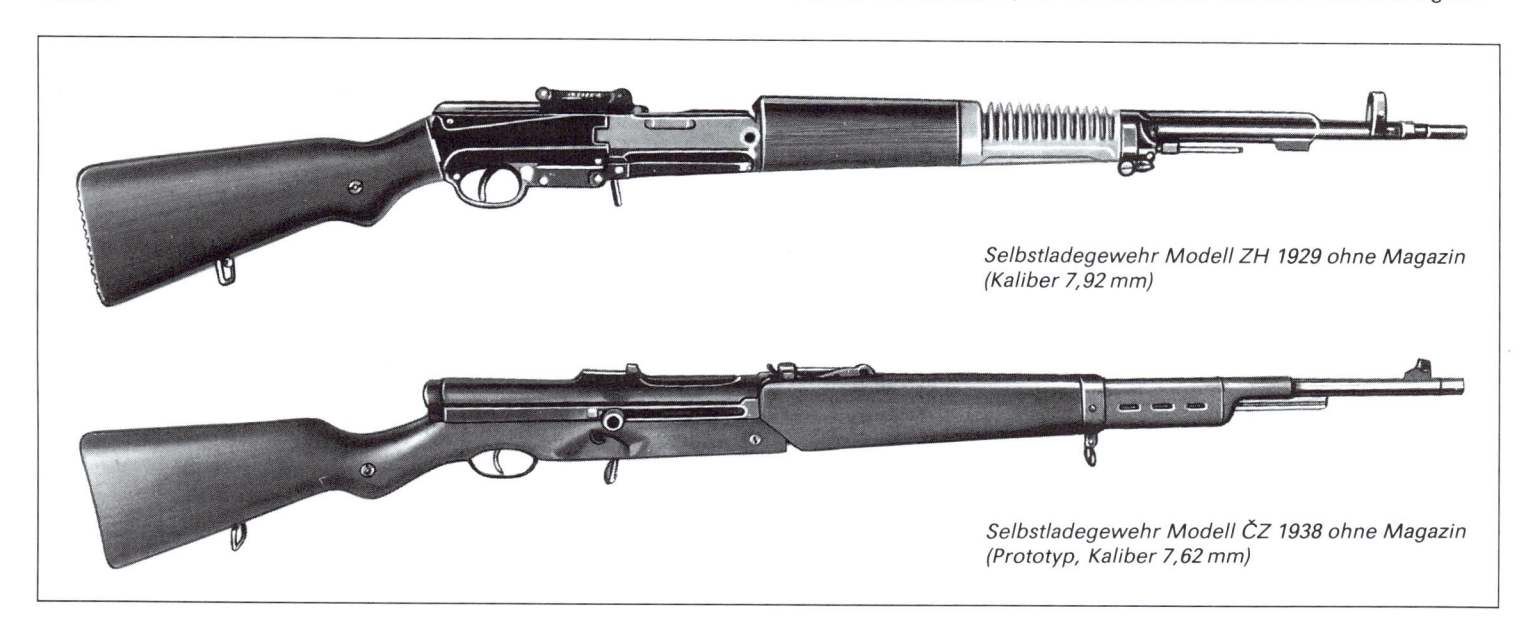

Selbstladegewehr Modell ZH 1929 ohne Magazin (Kaliber 7,92 mm)

Selbstladegewehr Modell ČZ 1938 ohne Magazin (Prototyp, Kaliber 7,62 mm)

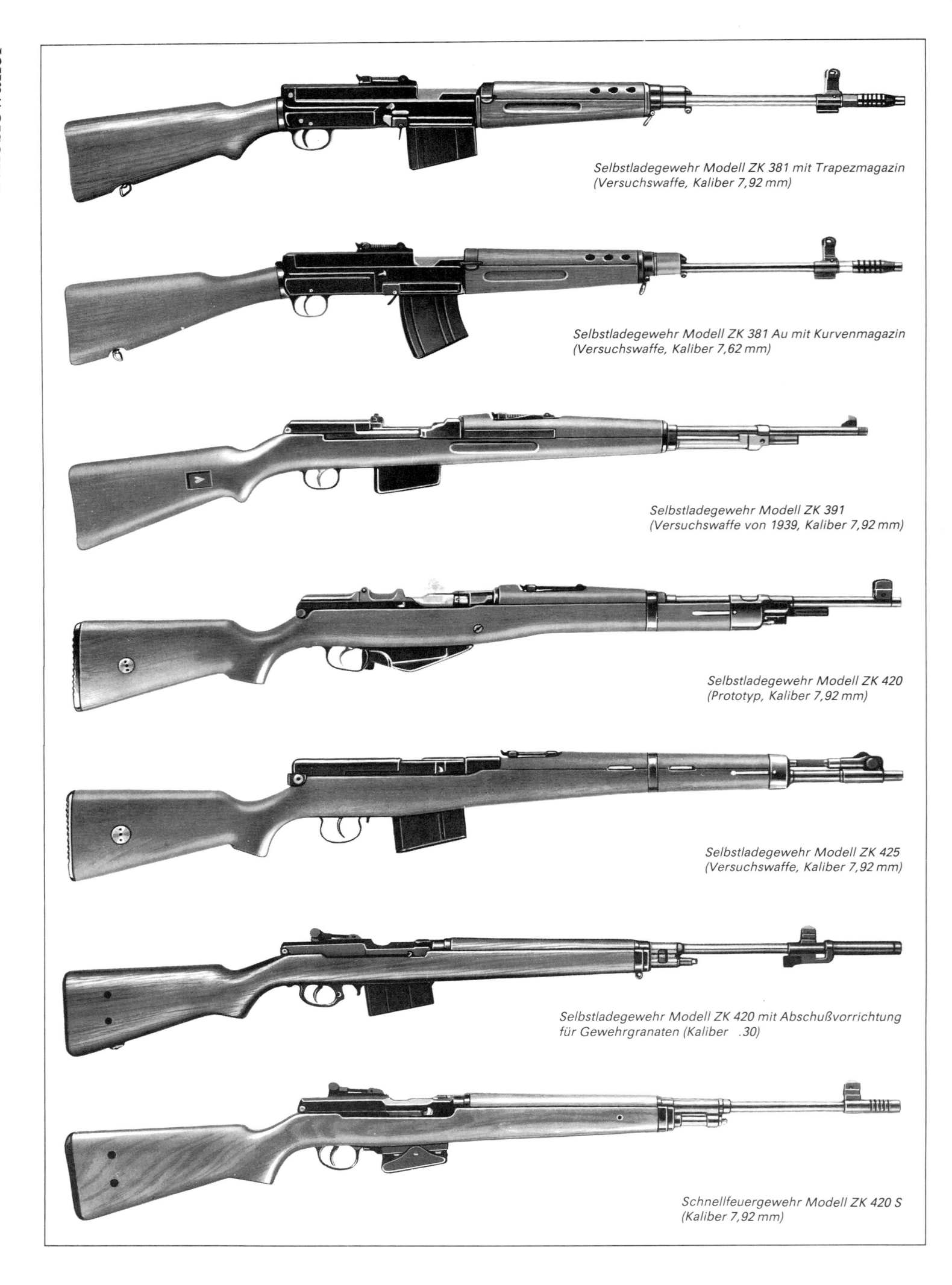

Tschechoslowakei

Selbstladegewehr Modell ZK 381 mit Trapezmagazin (Versuchswaffe, Kaliber 7,92 mm)

Selbstladegewehr Modell ZK 381 Au mit Kurvenmagazin (Versuchswaffe, Kaliber 7,62 mm)

Selbstladegewehr Modell ZK 391 (Versuchswaffe von 1939, Kaliber 7,92 mm)

Selbstladegewehr Modell ZK 420 (Prototyp, Kaliber 7,92 mm)

Selbstladegewehr Modell ZK 425 (Versuchswaffe, Kaliber 7,92 mm)

Selbstladegewehr Modell ZK 420 mit Abschußvorrichtung für Gewehrgranaten (Kaliber .30)

Schnellfeuergewehr Modell ZK 420 S (Kaliber 7,92 mm)

keit ungenutzt, sie potentiellen Kunden vorzuführen, vor allem im Ausland.

Er präsentierte sie in Äthiopien, Bolivien, China, Ekuador, Griechenland, Lettland, Litauen, Persien (ab 1935 Iran), Rumänien und in der Türkei. Zu bedeutenden Exportgeschäften kam es allerdings nicht. Nur einige hundert Stück konnten verkauft werden, zum Beispiel eine geringe Anzahl nach Äthiopien und etwa 600 Waffen nach China.

Anfang bis Ende der dreißiger Jahre wurde in Brno und Strakonice, aber auch in der 1922 gegründeten, damals in Mnichovo Hradiště und später in der in Prag ansässigen Waffenfirma Janeček die Entwicklung von Selbstladern stark forciert. Namhafte Konstrukteure wie Emanuel Holek, František und Josef Koucký, Jan Kratochvíl und Václav Polanka bemühten sich intensiv um neue Gewehre mit automatischem Mechanismus. Sie legten Konstruktionen vor, die für die damalige Zeit zum Teil als bedeutend gewertet werden können.

Obwohl die tschechoslowakischen Militärs im Gegensatz zur Generalität der meisten anderen Länder bezüglich des automatischen Gewehrs schon kurz nach dem ersten Weltkrieg erstaunlichen Weitblick bewiesen hatten, standen sie ein Jahrzehnt später dem technischen Fortschritt auf diesem Gebiet überraschend abwartend und unentschlossen gegenüber. So blieb die Möglichkeit ungenutzt, eventuell eine revolutionierende Umbewaffnung der Streitkräfte einzuleiten. Allerdings dürfen in diesem Zusammenhang drei wesentliche gegen eine eventuelle Umbewaffnung sprechende Aspekte nicht unerwähnt bleiben:

Abgesehen von neuentwickelten Selbstladepistolen und Maschinengewehren, war zu dieser Zeit das mit enormem Kraft- und Zeitaufwand verbundene Programm der Umrüstung aller Truppenteile von Mannlicher- auf Mauser-Mehrlader gerade zum Abschluß gebracht worden. Infolge dieses Projekts waren die ohnehin begrenzten finanziellen Mittel erschöpft und weitere Investitionen in noch wachsenden Größenordnungen innerhalb weniger Jahre nicht möglich. Außerdem bestand angesichts der Tatsache, daß sich die Streitkräfte der anderen europäischen Staaten ebenfalls auf Mehrlader festgelegt hatten, für das vergleichsweise kleine Land Tschechoslowakei wohl auch keine Notwendigkeit, gewissermaßen zu den Pionieren auf diesem Gebiet aufschließen zu müssen.

Damals verfügten nur die Sowjetunion und die USA über automatische Gewehre als Bestandteil der strukturmäßigen Bewaffnung, zu dieser Zeit allerdings nur in verhältnismäßig geringer Stückzahl. Die sowjetischen Streitkräfte führten das Schnellfeuergewehr Modell Simonow AWS 1936 (s. dort), bald darauf auch Tokarew-Selbstlader der Typen SWT 1938 und SWT 1940 (s. dort). Sie ließen jedoch keine Absicht erkennen, mit derartigen Waffen ihre Standardausrüstung von Mehrladern des Systems Mosin (s. dort) etwa ersetzen und ablösen zu wollen. Daher war die Existenz automatischer Gewehre bei der sowjetischen Armee für die Militärs der Tschechoslowakei kein Anlaß zum Umrüsten.

Daß 1936 die US-amerikanischen Streitkräfte mit der Übernahme des Selbstladegewehrs Modell M1 Garand (s. dort) in ihre Ausrüstung begannen, war wohl ebenfalls keinerlei Grund, einen solchen Schritt sofort nachvollziehen zu müssen. Einerseits ging die Bewaffnung mit Garand-Gewehren sowieso nur sehr schleppend voran, andererseits zählten die USA nicht zu den potentiellen Gegnern.

Die Bedrohung durch das benachbarte Deutschland zwang die militärische Führung der Tschechoslowakei jedoch zu Konsequenzen. Allerdings konnte man die Waffensysteme nur im Rahmen der begrenzten Möglichkeiten vervollkommnen. Das betraf auch automatische Gewehre. Ein Teil der Generalität erwog ihre endgültige Übernahme in die strukturmäßige Bewaffnung. An die zuständigen Dienststellen erging der Befehl, die Erprobungen zu intensivieren.

Dafür standen bereits mehrere neu- und weiterentwickelte Muster zur Verfügung, vor allem Waffen aus Strakonice und Brno. Das Verteidigungsministerium konzentrierte sich insbesondere auf Selbstlader der Typenreihen ČZ aus Strakonice und ZH aus Brno. Im Jahre 1935 testete man sie auf Verwendbarkeit zur Fliegerabwehr bei Infanterie und Kavallerie. Im Jahre 1936 gab man sie zur Truppenerprobung an zwei Kavallerieregimenter. Im Mai 1937, als darüber debattiert wurde, vor allem Scharfschützen mit automatischen Zielfernrohr-Gewehren auszurüsten, ordnete man weitere Tests an.

Sie fanden 1938 mit völlig überarbeiteten Waffen beider Typenreihen statt. Die für Truppenerprobungen an Infanterie und Kavallerie ausgegebenen Gewehre aus Strakonice wurden als ČZ 1937, die Holek-Gewehre aus Brno als ZH 1937 bezeichnet. Weder die einen noch die anderen entsprachen den in sie gesetzten Erwartungen. Sie mußten daher verbessert werden.

Das Strakonicer Versuchsgewehr, entwickelt von Jan Kratochvíl und Václav Polanka, war schließlich erfolgreich. Im Februar 1939 bestand die Waffe sowohl ein Vergleichsschießen gegen einige Konstruktionen aus Brno als auch einen kurzfristig anberaumten Truppenversuch. Kriterien waren die Verwendbarkeit zur Fliegerabwehr und der Einsatz bei der Infanterie unter erschwerten Kampfbedingungen.

Am 13. März 1939 schlug dann schließlich die waffentechnische Abteilung des Verteidigungsministeriums das Strakonicer Gewehr zur Übernahme in die strukturmäßige Ausrüstung vor. Die Waffe sollte die Bezeichnung Modell ČZ 1939 erhalten.

Das Selbstladegewehr war ein Gasdrucklader mit starr verriegeltem Verschluß, einem Magazin für 10 Mauser-Patronen 7,92 mm und Arretierung für das Bajonett des Typs 24. Die Masse betrug 4,4 kg, die Gesamtlänge 1150 mm. Außer der mit dem Standardmehrlader identischen Visierung gehörte eine für die Fliegerabwehr geeignete Zielvorrichtung zur Ausstattung. Das Fliegervisier konnte in einer Aussparung rechts im Kolben untergebracht werden.

Ein Prototyp dieser Waffe wird in der Fachliteratur des Landes als Selbstladegewehr Modell ČZ 1938 bezeichnet. Die Verriegelung erfolgte durch einen Verschlußblock mit Pendelbewegung. Der für die Standardpatrone sowjetischen Typs mit den Abmessungen 7,62 × 54 R eingerichtete Prototyp war mit einem von unten einsetzbaren Magazin ausgestattet. Er wurde 1938 bei einem Wettbewerb in der Sowjetunion vorgeführt.

Auch andere Versuchswaffen dieser Zeit sind sehr interessant. Dazu gehört das beim Vergleichsschießen im Februar 1939 abgelehnte Gewehr von Holek. Es war auf der Grundlage seines Selbstladers ZH 1937 entstanden. Die verbesserte neue Waffe wurde Modell ZH 1939 genannt. Von diesem Gasdrucklader mit starr verriegeltem Verschluß und Kolbensystem, einem von unten einsetzbaren Trapezmagazin für Mauser-Patronen 7,92 mm und mit Standardbajonett sind keine weiteren Einzelheiten bekannt.

Ab Mitte der dreißiger Jahre waren auch automatische Gewehre der Waffenfabrik Janeček erprobt worden, ebenfalls Gasdrucklader mit starr verriegeltem Verschluß. Ihr Selbstlademechanismus funktionierte durch Einwirken des Gasdrucks auf die Außenwand der Patronenhülse. Bei den ersten Versuchswaffen wurden die Gase durch Bohrungen, bei später verbesserten Ausführungen durch Kanäle im Patronenlager geleitet. Sie mündeten ein in die Laufzüge. Die Antriebsenergie konnte reguliert werden, wenn man Größe und Länge der Rillen variierte. Solche Waffen verfeuerten Patronen 7,92 mm Mauser. Die Munition wurde aus einem Trapezmagazin von 10 Schuß Kapazität zugeführt. Selbstlader der Firma Janeček, zum Beispiel das Modell 1936, haben sich nicht bewährt.

Aus Veröffentlichungen tschechoslowakischer Autoren sind einige interessante Details über weitere automatische Gewehre von damals bekannt. Allerdings wird nicht darüber informiert, ob und wann sie von Vertretern militärischer Dienststellen der Tschechoslowakei getestet wurden. Das waren Konstruktionen der Brüder Koucký von der Zbrojovka Brno.

So stellte 1938 Josef Koucký sein Selbstladegewehr Modell ZK 381 vor, einen für die Mauser-Patrone 7,92 mm eingerichteten Gasdrucklader mit starr verriegeltem Kippverschluß. Das Versuchsgewehr war eine Weiterentwicklung der bereits vielbeachteten Modelle ZK 371 und ZK 373. Die Munition befand sich in einem von unten einsetzbaren Trapezmagazin. Seine Kapazität betrug 10 oder 15 Schuß. Koucký hat diese Waffe mehrmals modifiziert.

Eine Modell ZK 381 Au genannte Version mit Kurvenmagazin heute nicht mehr bekannter Kapazität wurde im August 1938 in der Sowjetunion vorgeführt. Die Waffe verschoß die sowjetischen Standardpatronen 7,62 mm. Beim Dauerschießen von 10 000 Schuß erwies sich das Testgewehr als zuverlässig und treffsicher. Die Streuung auf 1 000 m Distanz betrug nur 1 m × 1 m. Weitere Fakten sind nicht bekannt, auch keine Informationen darüber, welche Ergebnisse im Februar 1939 bei einer Vorführung in Frankreich mit auf das Kaliber 7,5 mm umgerüsteten Waffen erreicht wurden. Fest steht jedoch, daß keine Serienfertigung erfolgte.

Sämtliche weiteren bis Ende des zweiten Weltkriegs konstruierten Selbstladegewehre entwickelten František und Josef Koucký nach der Annexion der Tschechoslowakei unter deutscher Kontrolle. Das blieben ausnahmslos Versuchswaffen, die vor 1945 nicht in Serienproduktion hergestellt wurden. Dazu gehörten die Selbstladegewehre Modell ZK 391 von 1939 und 1943 sowie die Gewehre der Typen ZK 420 und ZK 425, beide von 1942. Alle Waffen waren Gasdrucklader mit starr verriegeltem Verschluß.

Der 1939 konstruierte Selbstlader Modell ZK 391 verfeuerte Mauser-Patronen 7,92 mm und war mit einem Trapezmagazin von 10 Schuß Kapazität ausgerüstet. Diese Waffe, deren Automatik mittels Gasdrucks auf einen Kolben betätigt wurde, beurteilt man in der Fachliteratur als die erste erfolgreiche Lösung einer Ausführung des flachen Verschlußblocks mit kleinem Öffnungswinkel. Am Verschlußgehäuse befand sich eine Sicherung. Sie wirkte direkt auf den im Verschlußblock gelagerten Schlagbolzen.

Das 1943 modifizierte, auch italienisches Modell genannte Selbstladegewehr ZK 391 verschoß Mauser-Patronen desselben Kalibers und war mit einem abkippbaren Trapezmagazin ausgestattet. Der Selbstlademechanismus wurde durch den Druck der Pulvergase auf einen unter dem Lauf gelegenen Kolben betätigt. Der Verschlußblock war flach und schwenkbar, der Spanngriff an der linken Seite plaziert.

Waffen solchen Typs waren für eine Serienproduktion in Italien bestimmt, konnten bis Kriegsende dort jedoch nicht mehr hergestellt werden. Zusammen mit anderen Gewehren wurden sie ohne Erfolg im Mai 1946 in Dänemark vorgeführt.

Im Gegensatz dazu sind automatische Gewehre des Typs ZK 420 nach 1945 hergestellt worden. Ihre Stückzahl ist nicht bekannt, wohl aber die Vielfalt an Varianten, die für einen beabsichtigten Export zur Verfügung standen. Derartige Waffen wurden 1946 in Dänemark, 1947 in Äthiopien, Großbritannien und Schweden, 1948 in Ägypten und Israel, 1949 schließlich in der Schweiz vorgeführt. Die einzelnen Versionen unterschieden sich voneinander nur geringfügig, verschossen aber Munition verschiedenartigen Typs. Es gab Modifikationen für Mauser-Patronen 7 mm, 7,65 mm und 7,92 mm, für schwedische und schweizerische Munition mit dem Kaliber 6,5 mm bzw. 7,5 mm sowie für die US-amerikanische Springfield-Patrone .30-06. Von einigen Waffen sind sogar Abbildungen verfügbar.

Die schließlich zur Serienfertigung bestimmte Version wurde Modell ZK 420 S genannt. Die Waffe schießt nicht nur Einzel-, sondern auch Dauerfeuer, ist also ein Schnellfeuergewehr, für die Mauser-Patrone 7,92 mm eingerichtet sowie mit Trapezmagazin von 10 Schuß Kapazität und außenliegendem Gasregulator ausgerüstet. Das Gewehr wiegt 3,9 kg. Zahlreiche Teile wurden in Prägetechnik gefertigt. Die Waffe wird in der Fachliteratur als äußerst zuverlässig und treffsicher beurteilt.

Abgesehen von Gasregulator und Dauerfeuereinrichtung sowie einer Reihe technischer Verbesserungen, entspricht diese Nachkriegsversion weitgehend dem Selbstlader Modell ZK 420 von 1942. Konstruktionsprinzip und Funktionsweise stimmen überein. Die Waffe der Erstausführung, gewissermaßen der Prototyp, war ein Gasdrucklader mit starr verriegeltem Verschluß und einem unter dem Lauf gelegenen Gaskolben. Das Magazin wurde von oben mit 10 Mauser-Patronen 7,92 mm gefüllt. Dafür benutzte man Ladestreifen.

Im Unterschied zu Waffen des Typs ZK 420 befand sich der Gaskolben des Selbstladegewehrs Modell ZK 425 über dem Lauf. Solche Gewehre waren Konstruktionen mit demselben Funktionsprinzip und Verschlußsystem. Sie verfeuerten auch Patronen desselben Typs. Die Kapazität des Trapezmagazins betrug 10 Schuß. Derartige Selbstlader sind weder vor 1945 noch danach hergestellt worden. Sie erreichten wie fast alle in der Tschechoslowakei ab 1919 bis Ende des zweiten Weltkriegs entwickelten automatischen Gewehre nur den Status von Versuchswaffen.

Schwere Maschinengewehre des Systems Schwarzlose 7,92 mm: Modell 1907/24 und Modell 1924

Nach einem Lagebericht vom 1. Januar 1922 verfügten die tschechoslowakischen Streitkräfte zu dieser Zeit über insgesamt mehr als 10 000 Maschinengewehre, davon die meisten schwerer Bauart. Zur Ausrüstung gehörten 4 773 vor allem aus dem ehemaligen Österreich-Ungarn stammende schwere und leichte Maschinengewehre des Systems Schwarzlose Modell 1907 und Modell 1907/12, exakt 1 986 schwere und leichte Maschinengewehre des Systems Maxim Modell 08 (s. dort) und Modell 08/15 aus Deutschland sowie mit dem Modell Maxim PM 1910 Waffen desselben Systems aus dem Bestand des ehemaligen zaristischen Rußland.

Außerdem war die Armee mit schweren Maschinengewehren weiterer Systeme bewaffnet, etwa 950 Stück Modell Hotchkiss 1914 aus Frankreich, ungefähr 60 Stück Modell Fiat-Revelli 1907/12 aus Italien und einigen hundert Stück vom System Colt/Browning sowie mit anderen. Der Bestand an leichten Maschinengewehren der obengenannten Systeme wurde durch das französische Modell Chauchat 1915 ergänzt.

So führte man bis auf ganz wenige Ausnahmen nur Maschinengewehre ausländischer Produktion. Ausnahmen bildeten die Waffen des Systems Salvator-Dormus, deren Erstausführung Modell Škoda 1893 ab Ende des vorigen Jahrhunderts in den Škoda-Werken in Plzeň hergestellt und später zu den Škoda-Modellen 1909 und 1913 verbessert worden war.

Eine stattliche Anzahl jener 10 000 Maschinengewehre hatte man erst nach dem ersten Weltkrieg gekauft. Weitere waren als Reparationsleistung ins Land gekommen oder von Tschechoslowaken, die als Soldaten in der österreichisch-ungarischen Armee hatten dienen müssen, als Bestandteil ihrer Ausrüstung mitgebracht worden. Unmittelbar nach Staatsgründung verfügten die neugebildeten Streitkräfte über nur ungefähr 1 000 auf dem Territorium des Landes stationierte schwere Maschinengewehre, davon etwa die Hälfte Waffen des Schwarzlose-Typs.

Der Bestand war also 1918/19 völlig unzureichend, die Anzahl wesentlich geringer als in anderen Staaten, Ergänzung daher dringend geboten. Als im April 1919 die tschechoslowakischen Militärs erste Maßnahmen zur Komplettierung der Ausrüstung einleiteten, beschäftigten sie sich auch sehr ernsthaft mit dem Problem Maschinengewehr. Schon damals entstanden Konzeptionen zur Entwicklung derartiger Waffen. Das sollten zunächst vor allem schwere, später aber auch leichte Maschinengewehre sein.

Investitionen, Entwicklungspotential und Produktionskapazität reichten dafür allerdings vorerst nicht aus. Auch Anfang der zwanziger Jahre bei der Waffenfabrik Praga begonnene firmeneigene Entwicklungsprojekte brachten nicht den erhofften Erfolg. Man mußte sich mit den Waffen aus altem Bestand behelfen und einige Millionen Kronen für den Import aufwenden. Da Geld in nur sehr begrenztem Maße zur Verfügung stand, waren kaum Waffen aus Neuproduktion, sondern bereits im Truppendienst eingesetzte Maschinengewehre gekauft worden. So standen die für Ausrüstung und Bewaffnung verantwortlichen Militärs vor einem zunehmend komplizierter werdenden Problem.

Zahlreiche Maschinengewehre waren nach langem Kriegseinsatz stark verschlissen, Ersatzteile teuer und schwierig im Ausland beschaffbar. Sie sollten daher in den Betrieben der Tschechoslowakei hergestellt werden. Aufforderungen dazu gingen rechtzeitig nach Plzeň an die Škoda-Werke, dem einzigen Betrieb mit Tradition als Maschinengewehrproduzent, und nach Brno an die 1919 gegründete Tschechoslowakische Staatliche Waffenfabrik, die spätere Zbrojovka Brno.

Obwohl zugesagt, verweigerte die Unternehmensleitung der Škoda-Werke dem Verteidigungsministerium im Juni 1920 plötzlich ihre Unterstützung mit der Begründung, keine Maschinengewehre mehr produzieren zu wollen und daher auch keine Ersatzteile mehr herstellen zu können. Die Lage war sehr kompliziert; denn in Brno kam man auf Grund noch ungenügender Erfahrung mit der Herstellung von Ersatzteilen nicht zurecht. In dieser Situation war an eine Neuproduktion von Maschinengewehren in Brno überhaupt nicht zu denken, und das Verteidigungsministerium mußte von einem solchen Vorhaben Abstand nehmen.

Von im Januar 1920 bestellten 2500 kompletten Ersatzteilgarnituren für Schwarzlose-Maschinengewehre Modell 1907/12 konnte die Waffenfabrik im folgenden Jahr noch nicht einmal die Hälfte liefern, und diese auch nicht komplett. Aus Brno kamen nur Mündungsfeuerdämpfer und in unzureichender Anzahl auch Läufe. Ihre Qualität war nicht akzeptabel, der Auftrag mußte storniert werden. Er wurde der Waffenfabrik Praga übertragen, die ihn zur Zufriedenheit realisierte.

Damals war der mit der Produktion von Gewehren total überlastete Betrieb in Brno zur Herstellung von Maschinengewehren und ihren Bauteilen noch nicht in der Lage. Wenige Jahre später jedoch erlangte er vor allem mit solchen Waffen einen international guten Ruf. Bei der Československá Zbrojovka unter dem Warenzeichen ZB produzierte leichte und schwere Maschinengewehre Modell ZB 1926 (s. dort) bzw. Modell ZB 1937 (s. dort) sowie ihre Versionen wurden in zahlreiche Länder geliefert. Bis jedoch Waffen dieser Art aus eigener Entwicklung und Fertigung zur Verfügung gestellt werden konnten, mußten die tschechoslowakischen Streitkräfte mit Maschinengewehren aus halb Europa auskommen und dabei komplizierte Probleme der Instandhaltung und Munitionsbereitstellung lösen.

Im Sommer 1921 fiel die lange hinausgezögerte Entscheidung, daß die damals als Standardwaffen geltenden Mehrlader des Systems Mannlicher (s. dort) durch Mehrlader des Systems Mauser (s. dort) abgelöst werden würden. Damit stand fest, in absehbarer Zeit würde die Patrone 7,92 mm Mauser zur Standardmunition avancieren. Sie sollte selbstverständlich auch für Maschinengewehre verwendet werden, sowohl für Waffen der leichten als auch der schweren Bauart. Damals war klar, daß ein neues leichtes Maschinengewehr – ein entsprechendes Entwicklungsprojekt stand inzwischen zur Diskussion – von vornherein für derartige Patronen konzipiert werden mußte. Allerdings reichten weder Entwicklungs- noch Produktionskapazität, geschweige denn die Investitionsfonds für ein Parallelprojekt zur Entwicklung eines schweren Maschinengewehrs.

Daher konnte man keinesfalls auf die vorhandenen Waffen verzichten. Da die Ausrüstung etwa zur Hälfte aus Maschinengewehren des Systems Schwarzlose bestand, blieb keine andere Möglichkeit, als diese für die Mauser-Patrone zu aptieren. Das sollte unter Beachtung zweier Kriterien erfolgen. Einerseits wurde verlangt, gleichzeitig die konstruktiven Mängel des Schwarzlose-MG zu beseitigen, andererseits, die Waffen so auszurüsten, daß sie sowohl Mauser-Munition als auch Mannlicher-Patronen verfeuern konnten. Dafür sollte ein Wechselbausatz konstruiert, außerdem mußten entsprechende Visiere bereitgestellt werden.

Wenn man bedenkt, wie unterschiedlich Abmessungen und Form der Patronenhülsen, wie verschieden Geschoßmasse, Druck und Leistung von Munition des Typs Mauser und Mannlicher sind, kann man sich vorstellen, daß diese Aufgabe außerordentlich kompliziert war. Mit ihrer Lösung wurde der Ingenieur Janeček, Inhaber einer 1922 unter seinem Namen in Mnichovo Hradiště gegründeten, später in Prag ansässigen Firma, beauftragt. Im Juli 1924 lieferte er 24 umgerüstete Schwarzlose-Maschinengewehre zur Truppenerprobung. Die Waffen waren nicht nur zum Verfeuern von Munition beider Arten umgebaut, sondern zum Teil auch verändert worden, hatten allerdings entgegen der ursprünglichen Forderung konstruktiv nicht verbessert werden können.

Janeček hatte sie mit größerem Wasserkühler, einem um etwa 100 mm verlängerten, aber enger gebohrten Lauf sowie mit einem geringfügig veränderten Verschluß ausgerüstet. Sein Mechanismus war ungefähr 1 mm nach oben versetzt.

Bei der Erprobung erwies sich, daß Lauflänge und Laufbohrung richtig waren, die Veränderungen am Gelenkmechanismus jedoch nicht. Das mußte rückgängig gemacht werden. Sämtliche auf diese Weise zum Verschießen von Mauser-Patronen umgerüsteten Maschinengewehre des Schwarzlose-Systems erhielten die Modellbezeichnung 1907/24; die später mit dem Kaliber 7,92 mm neuhergestellten Waffen dieses Typs wurden Modell 1924 genannt.

Sie sind wassergekühlte Gasdrucklader mit Friktionsverschluß und feststehendem Lauf. Ihr Mechanismus wird durch den Gasdruck auf den Patronenboden angetrieben, der Verschluß durch eine Spiralfeder geschlossen. Der Verschluß mit schrägliegenden Gelenken ist unverriegelt und nicht ausreichend abgedichtet. Ein Hebelsystem bewirkt verzögertes Öffnen. Die Arbeitsweise hat Ähnlichkeit mit dem System von Dampfmaschinen mit Kolben, Pleuelstange und Kurbel.

Lauf und Wasserbehälter sind länger bzw. voluminöser als beim Schwarzlose-MG in Originalausführung. Die Patronen werden aus einem Textilgurt zugeführt und per Dauerfeuer mit etwa 200 S/min praktischer Feuergeschwindigkeit verschossen. Der Gurt hat eine Kapazität von 250 Schuß und befindet sich in einem Kasten. Im Unterschied zu den meisten anderen Maschinengewehren wird die Munition nicht von rechts oder links, sondern von unten zugeführt.

Jede Patrone muß vorher gefettet werden. Das geschieht in der Waffe durch eine im Gehäuse eingebaute, selbsttätig arbeitende Schmiervorrichtung mit Öl. Ölen ist erforderlich, um die leere Hülse ohne Schwierigkeit entfernen zu können. Sie muß das Patronenlager schon während des Schusses verlassen. Dabei steht sie, fest an die Wandung gepreßt, unter noch sehr hohem Innendruck. Ungeölt würde sie reißen. Ladehemmungen mit geölten Patronen sind allerdings auch keine Ausnahme. Das Öl verunreinigt die Automatik und wirkt auf diese Weise funktionsstörend.

Die konstruktiven Mängel des Schwarzlose-MG ließen sich nicht beseitigen. Außer dem unzureichend abgedichteten Verschluß und der Notwendigkeit, die Munition ölen zu müssen, sind wie auch bei zahlreichen anderen Typen die Art der Patronenzuführung mittels Textilgurts und die sehr große Masse der Waffe ebenfalls entscheidende Nachteile. Bei Regen wird der Gurt feucht, bei Kälte, sehr oft gefroren, ist er zu steif, und die Munition kann nicht störungsfrei zugeführt werden. Die Masse des vollen Patronenkastens nicht mitgerechnet, wiegt das auf einer Dreibeinlafette montierte Maschinengewehr mit vollem Wasser- und Ölbehälter weit mehr als 40 kg.

Auf Grund des längeren Laufes und des größeren Wasserbehälters kam ein weiterer Nachteil hinzu: Der Schwerpunkt hat sich verändert. Er liegt zu weit vorn, und das Maschinengewehr ist nicht standsicher. Die Dreibeinlafette, ohnehin instabil, entsprach daher nicht mehr den Anforderungen. Versuche, sie zu verbessern oder durch ein anderes Stützsystem zu ersetzen, schlugen fehl.

In der Fachliteratur gibt es Hinweise darauf, daß der Konstrukteur František Holek das Schwarzlose-MG so umgebaut hat, daß man auf die Ölpumpe verzichten konnte. Das Maschinengewehr, im Unterschied zur Originalwaffe mit Luftkühlung und für die Mauser-Patrone eingerichtet, hat einen ausschwenkbaren Gaskolben erhalten und funktionierte daher nach einem anderen Prinzip. Dieser Information zufolge verriegelte und öffnete der Verschluß mit Hilfe des Gasdrucks an der Laufmündung. Außerdem war die Waffe mit einem neukonstruierten, von Holek zum Patent angemeldeten Mündungsfeuerdämpfer ausge-

Tschechoslowakei

Schweres Maschinengewehr Modell Schwarzlose 1907/12

Schweres Maschinengewehr Modell Schwarzlose 1924

rüstet. Weitere Details sind nicht bekannt, auch keine Informationen darüber, ob diese Veränderungen für Umbau und Neuproduktion der Schwarzlose-Modelle 1907/24 und 1924 zur Diskussion standen.

Möglich ist das, denn bevor die tschechoslowakischen Militärs ihre Entscheidung trafen, waren verschiedene Varianten erprobt worden. So hatte der Konstrukteur Rudolf Jelen das Schwarzlose-MG ebenfalls ohne Ölpumpe, aber mit verstärktem Patronenauswerfer und verändertem Verschluß vorgestellt. Seine im Juni 1922 in der Tschechoslowakei zum Patent angemeldete Erfindung erwies sich jedoch als wenig brauchbar. Die Hülsen rissen schon nach 60 bis 80 Schuß, und die Testwaffe war nicht funktionssicher.

Bei Nachforschungen in Österreich entdeckten Waffenexperten des tschechoslowakischen Verteidigungsministeriums, daß Jelen dieselbe Vorrichtung bereits während des Krieges in Österreich ohne Erfolg hatte erproben und patentieren lassen. Es gab Streit, dann aber doch grünes Licht. Man experimentierte mit Jelens Konstruktion und Janečeks Hilfe weiter.

Kontroversen gab es auch zwischen den Waffenfabriken Janeček und Praga. Als Ende 1922 das Verteidigungsministerium wegen Fehlens einer eigenen MG-Konstruktion auf Neufertigung von Schwarzlose-Maschinengewehren schwerer Bauart im Inland orientierte, versuchte die Unternehmensleitung des hauptstädtischen Betriebes, sich diesen Auftrag zu sichern. Ihr Direktor informierte das Ministerium darüber, daß die österreichische Waffenfabrik Steyr bereit sei, für 17,5 Millionen Kronen mehrere tausend halb- und montagefertige Waffenteile und eine komplette Produktionsanlage für die Montage zu verkaufen. Würde die Regierung sich dazu entschließen, könne er die ersten Maschinengewehre in spätestens sechs Monaten liefern.

Auch Janeček war an einem Auftrag zur Produktion von Maschinengewehren sehr interessiert, aber nicht durch Montage alter Bauteile und nicht an den technisch veralteten Anlagen aus Steyr. Er machte ein anderes Angebot. Bei Erhalt eines staatlichen Zuschusses von sechs Millionen Kronen und der Zusage des Verteidigungsministeriums zur Abnahme von 1 200 Waffen innerhalb von vier Jahren sicherte er binnen eines dreiviertel Jahres eine monatliche Lieferung von 50 Maschinengewehren mit einem Stückpreis von 38 000 Kronen zu. Das sollten für die Mauser-Patrone eingerichtete Waffen sein, deren Bauteile er auf selbst beschafften Maschinen in Neuproduktion herstellen wollte.

Nachdem der eine Konkurrent mehrmals das Angebot des anderen unterboten hatte, erhielt Janečeks Waffenfabrik im Juli 1923 schließlich den Zuschlag. Die Bedingungen, so die Fachliteratur des Landes, waren wie folgt: Schwarzlose-Maschinengewehre des Kalibers 7,92 mm mit Bauteilen aus Neuproduktion und einer der Mauser-Patrone angepaßten neuen Visierung, garantierte Austauschbarkeit sämtlicher Bauteile, völliger Verzicht auf staatliche Zuschüsse, 40 000 Kronen Stückpreis bei Abnahme von 1 200 und 30 000 Kronen bei Abnahme von insgesamt 4 200 Waffen.

Wie viele Maschinengewehre Modell 1924 dann hergestellt wurden, ist nicht bekannt, wohl aber, wie schwierig die Aktion des Umrüstens der Truppe von Originalwaffen des Typs 1907/12 für Mannlicher-Patronen auf aptierte Maschinengewehre des Typs 1907/24 für Mauser-Patronen war. Ab Herbst 1925 sollte Division für Division zügig umgerüstet werden, und zwar in dem Rhythmus, wie die entsprechenden Verbände für die Mauser-Patrone 7,92 mm eingerichtete Mehrladegewehre erhielten.

Allerdings hatte man den schlechten Zustand der alten Maschinengewehre nicht einkalkuliert. Sie mußten nicht nur umgebaut, sondern nach jahrelangem Truppendienst auch generalüberholt werden. Bis Ende 1925 lieferte die inzwischen nach Prag umgezogene Firma 1 335 Stück, davon 1 145 Waffen direkt an die Truppe. Nach einer neuen Richtlinie erhielt ein Infanterieregiment 34 schwere Maschinengewehre, ein Gebirgs- und Grenzschutzbataillon 16 und ein Kavallerieregiment 14 Stück.

Bis Mitte 1928 sind in der Waffenfabrik Janeček etwa 5 000 Schwarzlose-Maschinengewehre umgerüstet worden. Die Produktion des Modells 1924 begann etwa zu dieser Zeit, erreichte Anfang des folgenden Jahres eine Anzahl von ungefähr 1 000 Stück und wurde 1932 beendet. Für den Bedarfsfall sicherte sich das Verteidigungsministerium bei der Firma eine monatliche Fertigungskapazität von 600 Waffen.

Der Betrieb erledigte aber nicht nur Aufträge für das Inland, sondern bemühte sich auch um Export. Dafür wurden Maschinengewehre sogar versuchsweise auf Luftkühlung umgestellt, möglicherweise nach dem bereits erwähnten Prinzip des Konstrukteurs Holek. Erste Kontakte nahm man bereits Mitte 1928 zu Partnern in Äthiopien, Kolumbien, Peru, Polen, Rumänien und der Türkei auf. Bedeutende Geschäftsabschlüsse blieben jedoch aus; denn Maschinengewehre des Systems Schwarzlose wurden Ende der zwanziger/Anfang der dreißiger Jahre nur noch zur Ergänzung vorhandener Bestände, nicht aber zur Neueinführung gebraucht. Insgesamt lieferte die Firma nur wenige hundert Stück nach Brasilien, China und Kolumbien. Schweden hat solche Waffen ebenfalls importiert.

Interessant ist, daß Janeček auch für den Verkauf jener Maschinengewehre eingeschaltet wurde, die die Armee Mitte der dreißiger Jahre auszumustern begann. Wie die Fachliteratur informiert, konnten nur von Waffen des Systems Maxim nennenswerte Mengen abgesetzt werden, etwa 900 Stück Modell 08 an die Türkei. Das geringste Interesse bestand für Hotchkiss-Maschinengewehre, obwohl man sie je Stück für nur 3 000 Kronen anbot. Im Frühjahr 1939 befanden sich immer noch 900 solcher Waffen in den Arsenalen.

Maschinengewehre des Typs Schwarzlose verblieben bis Ende des zweiten Weltkriegs in der strukturmäßigen Ausrüstung, allerdings nur die Waffen der schweren Version. Die leichten Maschinengewehre wurden bereits ab Mitte 1928 durch das leichte MG Modell ZB 1926 nach und nach ersetzt. Für die Ablösung der schweren Maschinengewehre durch das neue Modell ZB 1937 konnten sich die Militärs nicht entscheiden. Diese Waffen waren vorrangig für die Ausrüstung von Befestigungsanlagen und Panzerfahrzeugen bestimmt. Die Infanterie hat nur wenige Stück erhalten.

Daten: Schweres Maschinengewehr Modell Schwarzlose 1924

Kaliber:	7,92 mm	Patrone:	7,92 × 57
v_0:	755 m/s	Lauflänge:	630 mm
Länge Waffe:	1 067 mm	Züge/Richtung:	
Feuergeschwindigkeit:	520 S/min	Visierschußweite:	m
		Einsatzschußweite:	1 200 m
Munitionszuführung:	Textilgurt (im Kasten) mit 250 Schuß		
Masse:	19,30 kg		
Masse auf Dreibeinlafette (ohne Munition, Kühlwasser und Öl):	40,30 kg		
Masse der Dreibeinlafette:	18,80 kg		

Leichtes Maschinengewehr Modell ZB 1926 und Versionen 7,92 mm

Als im April 1919 die tschechoslowakischen Militärs über die damalige und künftige Ausrüstung ihrer Streitkräfte berieten, entwarfen sie erste Konzeptionen für die Entwicklung von Maschinengewehren. Zunächst sollten Waffen schwerer, danach Waffen leichter Bauweise konstruiert werden. Parallelprojekte waren aus finanziellen und Kapazitätsgründen nicht möglich. Tatsächlich ging man dann jedoch einen anderen Weg und konzentrierte sich zuerst auf leichte Maschinengewehre.

Die damals verfügbare Ausrüstung an Waffen solcher Art bestand aus Modellen ausländischer Herkunft. Dazu gehörten vor allem die leichten Maschinengewehre Modell Schwarzlose 1907/12 für die Infanterie, Modell 08/15 für die Artillerie und Modell Chauchat 1915 für die Kavallerie. Sie stammten aus Österreich, Deutschland bzw. Frankreich. Über ihre Qualität wurde heftig debattiert. Die meisten Militärs vertraten die Ansicht, daß keine dieser Waffen geeignet sei.

Besonders schlecht schnitten die Schwarzlose-Maschinengewehre ab, die die Infanterie unter derselben Bezeichnung auch in schwerer Bauweise führte. Solche Waffen wurden später von Mannlicher- auf Mauser-Patronen umgerüstet und in dieser Modifikation neuproduziert. In aptierter Ausführung nannte man sie schweres MG Modell Schwarzlose 1907/24, in neuer Version Modell 1924 (s. dort).

Die leichten Maschinengewehre des Schwarzlose-Systems, so das Expertenurteil, waren wesentlich zu schwer. Im Grunde genommen, so kritisierte man, seien sie schwere Maschinengewehre mit einem leichteren Dreibein, als Sturmwaffe für angreifende Infanteristen keineswegs brauchbar und auf dem Marsch nur per Karren, nicht aber am Mann transportierbar. Progressive Militärs stellten nachdrücklich die Forderung nach leichten automatischen Waffen mit Luftkühlung, sowohl nach einem Selbstlade- oder Schnellfeuergewehr als auch nach einem leichten

Tschechoslowakei

Maschinengewehr, möglichst von der Art des US-amerikanischen Browning-MG Modell BAR M 1918. In diesem Zusammenhang kritisierte man auch die beiden anderen, vorwiegend bei Artillerie und Kavallerie geführten MG-Modelle leichter Bauweise.

Noch größere Bedeutung erlangte diese Waffenart, als 1921 entschieden wurde, die MG-Gruppe jeder Infanteriekompanie statt mit zwei, mit drei leichten Maschinengewehren auszurüsten und jeder Infanteriegruppe zusätzlich zu den Mehrladern eine solche Waffe ebenfalls zuzuteilen. Außerdem wollte man die Feuerkraft der Gruppe durch ordonnanzmäßiges Einführen eines automatischen Gewehrs verstärken. Trotz der Entwicklung zahlreicher Versuchs-Selbstladegewehre (s. dort) blieb dies jedoch ein nie verwirklichtes Vorhaben. Das Entwicklungsprojekt leichtes Maschinengewehr hingegen konnte zu einem alle Erwartungen übertreffenden Abschluß gebracht werden, allerdings erst Mitte der zwanziger Jahre.

Mangels geeigneter Waffen aus Eigenproduktion hatte die Generalität ab 1920 auf Konstruktionen des Auslands gesetzt. Dabei waren Maschinengewehre unterschiedlicher Modelle und Herkunft geprüft worden: aus Dänemark das Madsen-MG, aus Frankreich das Darne-MG und das Hotchkiss-MG, aus den USA das Browning-MG Modell BAR. Aus Italien standen ebenfalls Testwaffen zur Verfügung. Obwohl man von dem einen oder anderen Modell eine gewisse Anzahl für die Truppenerprobung bestellte – 1921 vom Darne-MG zum Beispiel 105 Stück, davon 100 für Mannlicher- und 5 für Mauser-Patronen, teils mit Luft-, teils mit Wasserkühlung –, ist damals keine Entscheidung gefallen.

Sicher wurde das Zögern auch von vielversprechenden Ereignissen im Lande beeinflußt. Etwa um diese Zeit stellten sich nämlich tschechoslowakische Konstrukteure und Firmen ebenfalls mit Neuentwicklungen leichter Maschinengewehre und automatischer Gewehre vor. Einer der ersten war Rudolf Jelen. Im Januar 1921 präsentierte die Waffenfabrik Praga ein von ihm entwickeltes Maschinengewehr, allerdings ohne Erfolg. Ende jenes Jahres reichte der Konstrukteur Dokumentationen für ein Maschinengewehr mit beweglichem Lauf ein. Wenige Wochen danach meldete Josef Netsch ebenfalls eine Konstruktion an. Sie war nicht nur als Maschinen-, sondern auch als Schnellfeuergewehr konzipiert, etwa wie ein leichtes BAR-Modell. Die bestellten Testwaffen wurden wohl in der damaligen Südböhmischen Waffenfabrik AG, der späteren Česká Zbrojovka (ČZ) in Strakonice, gefertigt.

Nähere Einzelheiten darüber sind nicht bekannt, auch nicht über Neuentwicklungen von 1922 aus dem hauptstädtischen Betrieb. In jenem Jahr bestellte das Verteidigungsministerium mehrere Waffen unterschiedlicher Ausführung eines im Frühjahr geprüften Testmodells von Václav Holek. In der Fachliteratur werden sie als Praga-Maschinengewehre Modell 1 und Modell 2 bezeichnet, der erste Typ mit 520 mm, der zweite mit 600 mm bis 740 mm langem Lauf. Karel Krnka, damals noch im Ausland, in Österreich, tätig, bot ebenfalls einige Konstruktionen an, automatische Gewehre und leichte Maschinengewehre.

Während dieser Zeit bereiteten Verteidigungsministerium und Generalstab einen Wettbewerb vor, zu dem auch ausländische Firmen zugelassen werden sollten. Mehrmals wurden die Bedingungen formuliert. Anfang 1923 konkretisierte man sie endgültig und legte den Beginn des Wettbewerbs auf den 15. März fest. Außer Konstruktionen von Holek, Krnka und Netsch waren auch Waffen der Typen Berthier, Browning, Darne, St. Étienne, Hotchkiss und Madsen zugelassen.

Entsprechend der Ausschreibung sollten die Test-Maschinengewehre folgenden Kriterien genügen: Mauser-Patrone 7,92 mm, Magazinkapazität 25 bis 30 Schuß bzw. Textil- oder Metallgurt mit 50 bis 100 Patronen, Feuergeschwindigkeit 250 S/min bis 300 S/min, maximal 12 kg Masse, Luftkühlung, Einzel- und Dauerfeuer, auswechselbarer Lauf, unkomplizierte Bauweise, einfache Bedienung und kostengünstige Produktion. Hohe Schußpräzision, absolute Funktionssicherheit des Systems und lange Lebensdauer waren als selbstverständlich vorgegeben. Und schließlich ließen die Verantwortlichen keinen Zweifel daran, daß sie auf keinen Fall einer Waffe zustimmen würden, die nicht sofort in hoher Stückzahl in der Tschechoslowakei hergestellt werden konnte, und sei es in Lizenzproduktion.

Vermutlich führte der Wettbewerb auf Grund der letztgenannten Entscheidung zu keinem definitiven Ergebnis. Für die Waffenfabrik Praga ergab sich dadurch die Chance zur Weiterentwicklung ihrer alles in allem recht positiv beurteilten Holek-Konstruktion. Allerdings war sich das Verteidigungsministerium im klaren darüber, daß einerseits das Projekt kaum vor Ablauf eines Jahres beendet und andererseits die Entwicklerfirma zu

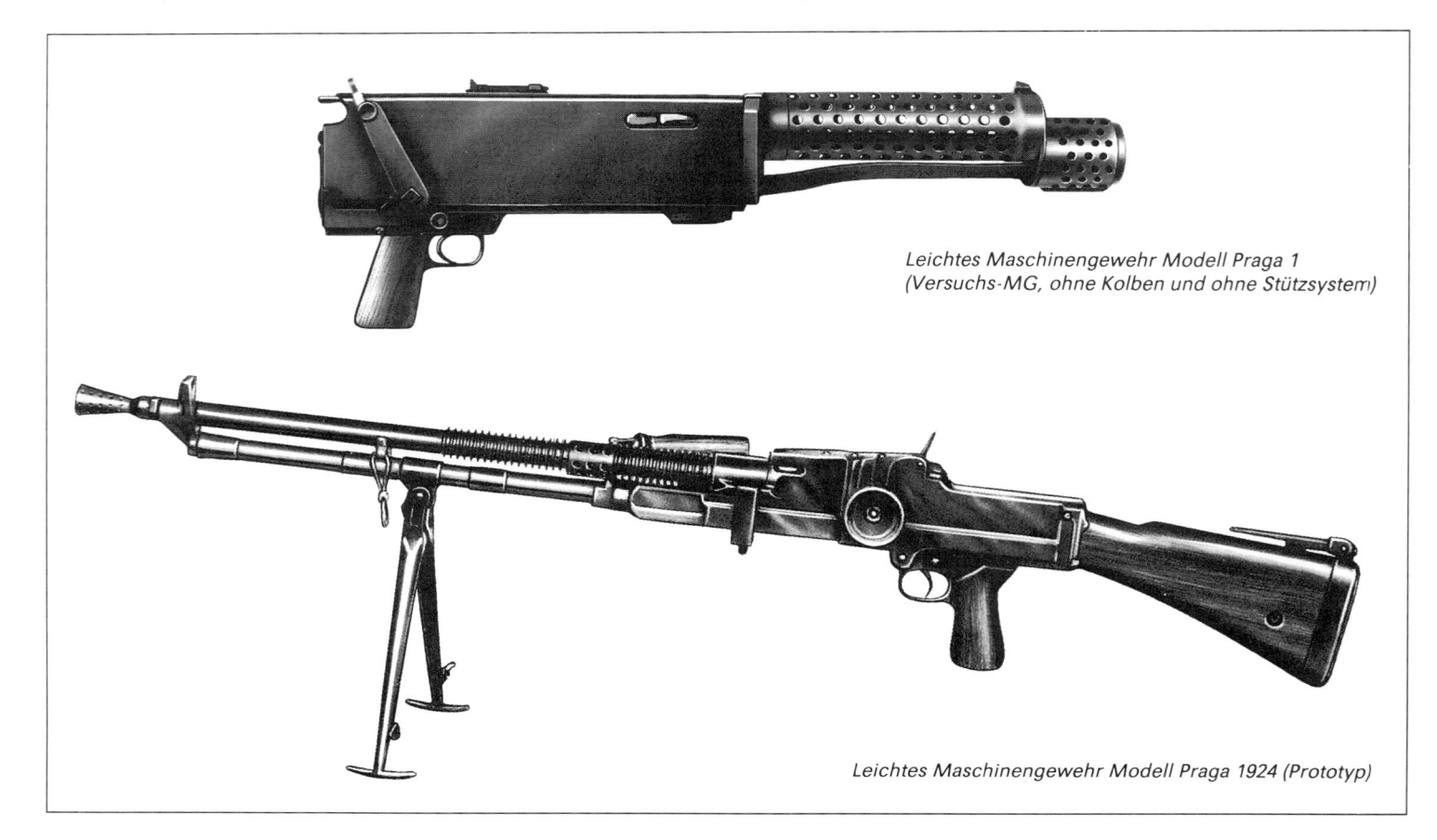

Leichtes Maschinengewehr Modell Praga 1 (Versuchs-MG, ohne Kolben und ohne Stützsystem)

Leichtes Maschinengewehr Modell Praga 1924 (Prototyp)

*Leichtes Maschinengewehr Modell ZB 1926
von links ohne Magazin*

*Leichtes Maschinengewehr Modell ZB 1926
von rechts ohne Magazin*

*Leichtes Maschinengewehr Modell ZB 1926
von rechts mit geradem Stangenmagazin*

*Leichtes Maschinengewehr Modell ZB 1927
von links mit geradem Stangenmagazin*

Tschechoslowakei

Tschechoslowakei

Leichtes Maschinengewehr Modell ZB 1930 von links mit Kurvenmagazin

Leichtes Maschinengewehr Modell ZB 1930 von rechts mit Kurvenmagazin auf Dreibeinlafette (Zweibein abgeklappt)

einer Serienproduktion nicht in der Lage sein würde. Für den Fall eines für das Praga-MG ungünstigen Ausgangs bestand die Generalität auf unverzüglichen Lizenzverhandlungen über eine eventuelle Produktion des Madsen-MG in der damaligen Tschechoslowakischen Staatlichen Waffenfabrik, der späteren Zbrojovka Brno. Man erwog außerdem den sofortigen Import von 2000 Waffen.

Überraschend stellte der hauptstädtische Betrieb am 11. April 1923 ein weiterentwickeltes Versuchs-MG vor, das sich hervorragend bewährte. Ohne Beanstandung verfeuerte es an zwei Tagen aus zwei Läufen 7500 Schuß. Konstrukteure und Firmenleitung stellten schnelle Vervollkommnung und zügige Produktion in Aussicht. Sie versicherten, in maximal einem halben Jahr 300 in Werkstattfertigung hergestellte Maschinengewehre zu einem Stückpreis von 23800 Kronen liefern zu können, und zwar komplett mit Stützsystem sowie einschließlich Ersatzteilen. Bei einem Auftrag von 2000 Waffen würde der Stückpreis, so bot man an, lediglich 9600 Kronen betragen, allerdings ohne Zubehör, ohne Ersatzteile und bei einer Vorauszahlung von 5,6 Millionen Kronen, die man für Kauf und Installation der Maschinen benötige.

Offenbar hat sich die Prager Waffenfabrik die Gunst führender Militärs erworben, die sich beim Verteidigungsminister tatkräftig für ihre Belange einsetzten. Obwohl ein als Praga-Modell 1/23 bezeichnetes Maschinengewehr, eine nach den Forderungen der Wettbewerbskommission weiterentwickelte Modifikation der Versuchswaffe Modell 1, bei einem Test sehr schlecht abschnitt, soll der Minister eine plötzliche, alle Beteiligten überraschende Entscheidung getroffen haben. Er verfügte, sowohl die geforderte Millionenvorauszahlung zu leisten als auch 1000 Praga-Maschinengewehre zu bestellen. Diese Entscheidung ist allerdings rückgängig gemacht worden. Der hauptstädtische Betrieb hat sich jedoch bei einem Wettbewerb im folgenden Jahr durchsetzen können.

Das geschah wohl in letzter Minute und gegen starke ausländische Konkurrenz. Die Entscheidung war schon fast zugunsten

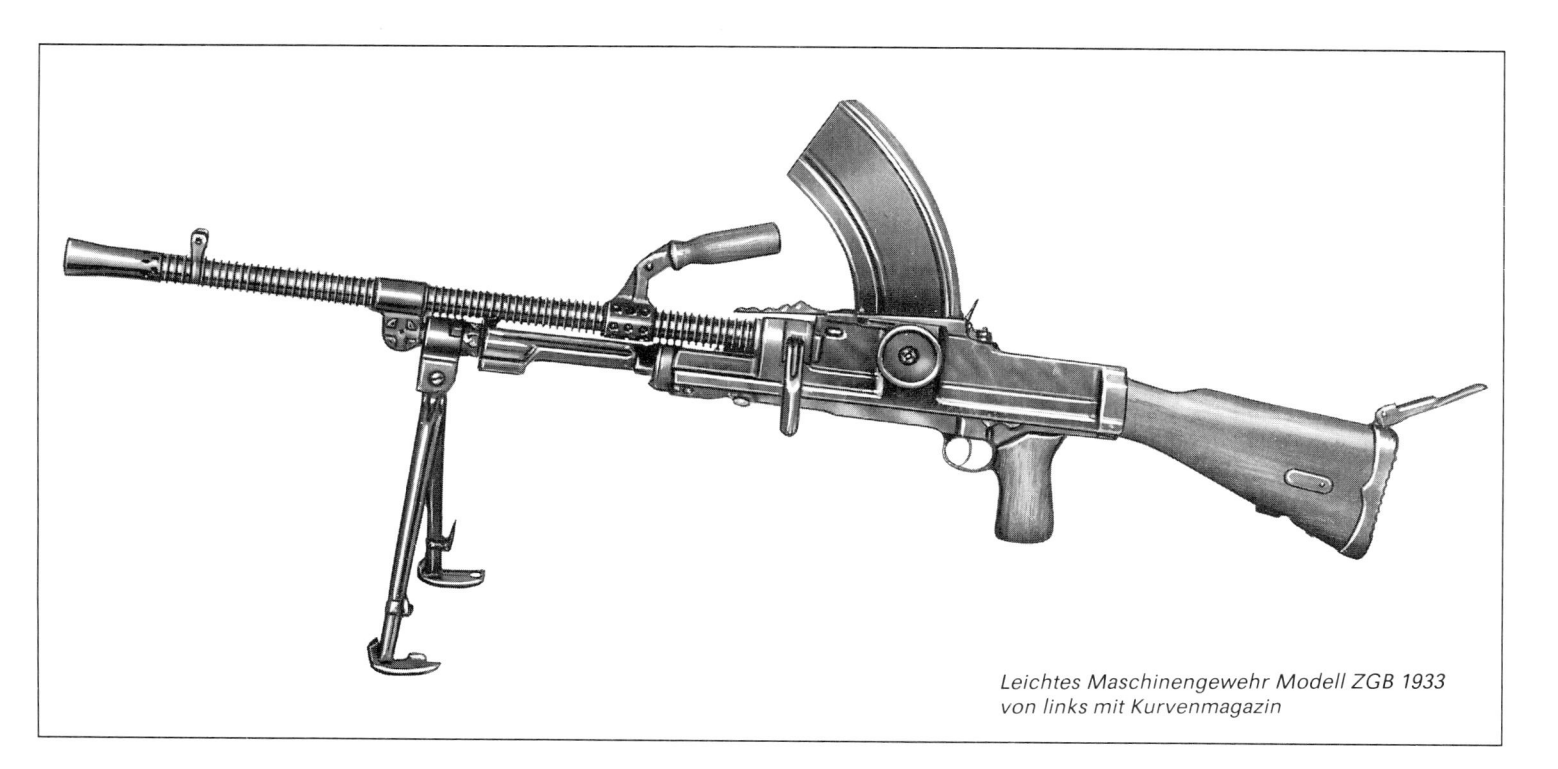

Leichtes Maschinengewehr Modell ZGB 1933 von links mit Kurvenmagazin

des leichten Browning-MG Modell BAR gefallen, als das Prager Unternehmen mit einer gerade noch rechtzeitig testfertig gewordenen Weiterentwicklung in den Wettbewerb eingriff und ihn siegreich beendete.

Diese Weiterentwicklung früherer Versuchswaffen war eine von Václav Holek gemeinsam mit seinem Bruder Emanuel sowie den Konstrukteuren Anton Marek und Podrabski geschaffene Konstruktion. Ihr leichtes Maschinengewehr mit Patronenzuführung per Gurt zeigte sich der ausländischen Konkurrenz als eindeutig überlegen. Umgebaut auf Magazinzuführung, wurde es leichtes MG Modell Praga 1924 genannt. Bei allen Tests erwies sich die Waffe von ausgezeichneter Güte. Ende 1924 befürworteten die Militärs ihre Übernahme in die strukturmäßige Ausrüstung.

Sofortige Herstellung allerdings war nicht möglich. Der Prager Betrieb verfügte nicht über die erforderliche Kapazität, und die an der Serienfertigung sehr interessierte Zbrojovka Brno war mit der Produktion der Mehrlader des Systems Mauser (s. dort) total überlastet. So konnte Holek die Konstruktion noch weiter verbessern.

Als Übergangslösung wurden leichte Browning-Maschinengewehre Modell BAR M 1918 und M 1922 (s. dort) sowie Hotchkiss Modell 1922 (s. dort) gekauft. In der Fachliteratur gibt es Hinweise darauf, daß man das Hotchkiss-MG in der Tschechoslowakei sogar hergestellt hat. Die seinerzeit im Zusammenhang mit Truppenerprobungen aufgegebenen Bestellungen für Maschinengewehre der Typen Madsen und Darne sind damals endgültig storniert worden.

Die Serienfertigung des neuen Maschinengewehrs begann erst 1926 in Brno, wo Václav Holek, inzwischen dort tätig, später Leiter der Versuchswerkstatt wurde. Ohne Unterstützung der Škoda-Werke in Plzeň, die technische Hilfe leisteten, hätte sich bei all den Schwierigkeiten der Produktionsstart noch länger verzögert.

Schwierigkeiten gab es übrigens auch in anderer Hinsicht. Fast ein Jahrzehnt stritten sich Hersteller und Entwickler um die Lizenzgebühren. Der Waffenfabrik Brno waren sie entschieden zu hoch, der Waffenfabrik Praga entschieden zu gering. Erst im Juni 1935 konnte der Streit beigelegt werden. Am meisten gewann dabei der Finanzier, eine im Auftrag des Prager Unternehmens tätige Industriebank, am wenigsten die Konstrukteure, deren Anteil man ein um das andere Mal kürzte.

Ende 1926 hatte die Truppe die ersten Waffen übernommen. Man nannte sie leichtes MG Modell ZB 1926. Bis 1929 erhielt die Infanterie mehrere tausend Stück. Die Namensänderung war weniger eine Folge des verzögerten Produktionsbeginns, sondern vielmehr prinzipieller Ursache. Sie resultierte aus konstruktiven Verbesserungen.

Abgesehen von einer Reihe weniger auffälliger Details, hat die in Serienfertigung hergestellte Version außer einem veränderten Visier vor allem einen Lauf anderer Art. Der Lauf des Praga-Modells 1924 ist nur bis etwa zur Hälfte, der Lauf der Serienwaffe hingegen in voller Länge von Kühlrippen umgeben.

Weitere Veränderungen erfolgten später nach oftmaligen Dauertests und Belastungsversuchen sowie auch auf Grund spezieller Forderungen ausländischer Kunden. Diese erhielten ihren Bedingungen und Wünschen exakt entsprechende Modifikationen. Die Konstruktion wurde dabei stets weiter verbessert. Aus heutiger Sicht ist dieses Maschinengewehr, gewissermaßen das Lebenswerk seines Konstrukteurs Václav Holek, die wohl bedeutendste in der damaligen Tschechoslowakei entwickelte Waffe. Viele Experten bezeichnen sie sogar als eines der besten leichten Maschinengewehre, die es je gab. Allerdings hat die Waffe keinen großen Patronenvorrat.

Das leichte MG Modell ZB 1926, eine zuschießende Waffe, ist ein luftgekühlter Gasdrucklader mit starr verriegeltem Kippverschluß und feststehendem Lauf. Nahe der Laufmündung befindet sich eine Bohrung. Dort werden die Pulvergase entzogen. Ein Teil davon wird auf den Kolben des Verschlußriegels geleitet. Bewirkt durch den Gasdruck, öffnet der Riegel den Verschluß, und die Hülse wird aus der Kammer entfernt. Erneutes Laden, Schließen und Verriegeln erfolgen mit starker Feder.

Die Munition wird aus einem von oben einsetzbaren kastenförmigen Magazin unter Federdruck zugeführt. Das Magazin hat eine Kapazität von 20 Schuß. Das sind Patronen 7,92 mm Mauser. Sie werden in Einzel- oder Dauerfeuer verschossen. Die praktische Feuergeschwindigkeit bei langanhaltendem Dauerfeuer beträgt 180 S/min, bei Feuerstößen bis 100 S/min.

Wie schon erwähnt, hat der Lauf Kühlrippen, außerdem Griff und Mündungsfeuerdämpfer. Unter dem Lauf wurde ein klappbares Zweibein befestigt. Eine noch stabilere Stützvorrichtung ist später ebenfalls erprobt worden. Zusätzlich zum Zweibein hat man unter dem Kolben ein Einbein befestigt. Das eröffnete wesentlich bessere Möglichkeiten bei der Seiten- und Tiefenfeuereinstellung. Außerdem wurde ein leichtes Untergestell für die Verwendung des Maschinengewehrs gegen fliegende Ziele erprobt.

Hauptteile der Waffe sind Lauf mit Griff, Düse und Mündungsfeuerdämpfer; Gehäuse mit Gaszylinder; Visiereinrichtung; der aus Gaskolben, Gleitstück und Schloß bestehende Verschluß; Bodenstück mit Griffstück; Abzugseinrichtung und Kolben mit Schließfeder.

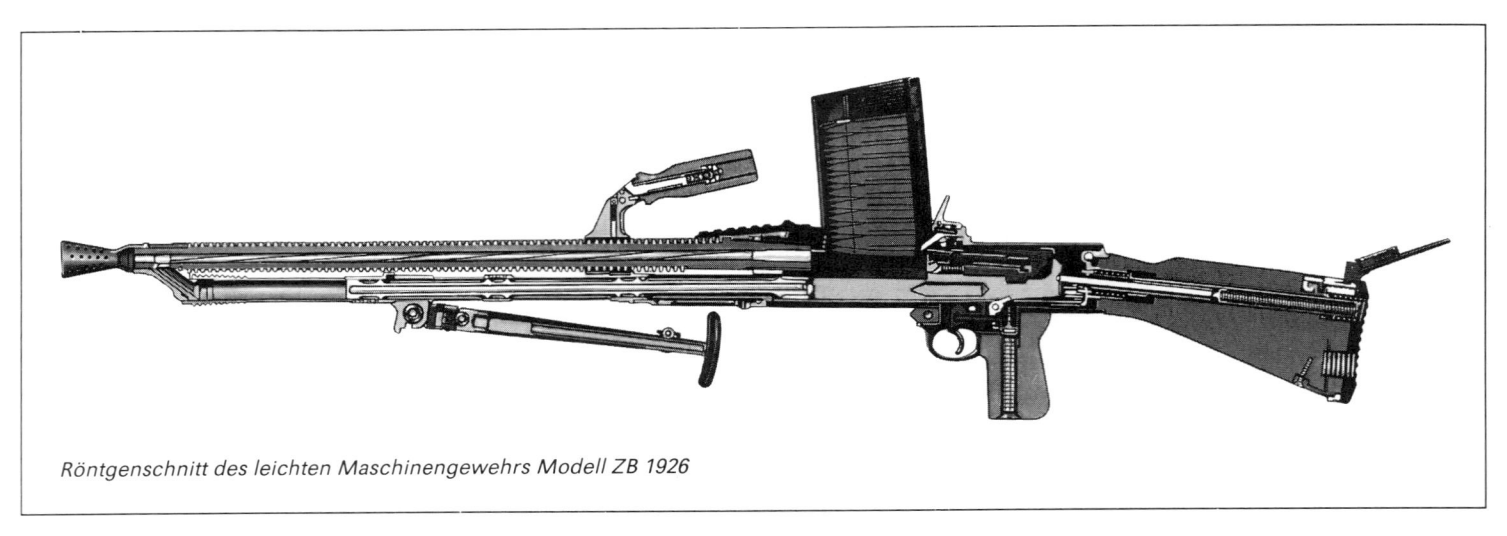

Röntgenschnitt des leichten Maschinengewehrs Modell ZB 1926

Die Visiereinrichtung befindet sich an der linken Gehäusewand und hat eine Skala von 200 m bis 1 500 m Entfernung, einstellbar um jeweils 100 m Distanz. Als noch mögliche Einsatzschußweite gegen kleine und schwer erkennbare Ziele gilt 1 200 m, gegen große und gut erkennbare Ziele 1 500 m Entfernung. Effektivste Verwendung erfolgt bis 700 m Distanz.

Während der Serienfertigung ist die Waffe zum Modell ZB 1927 weiterentwickelt worden. Auf den ersten Blick stellt man zwar keinen Unterschied fest, dennoch hat die Zweitversion einige konstruktive Veränderungen: an Gasregulator, Gaskolben und Laufkupplung, zum Teil auch am Verschlußmechanismus. Weitere konstruktive Verbesserungen betrafen unter anderem Laufbefestigung, Verschluß, Gaskolben und Stützsystem, vor allem aber das Prinzip der Gasentnahme für den Antrieb der Automatik mit einem länglichen Durchbruch im Lauf an Stelle der Bohrung. Auf diese Weise modifiziert, wurde das Maschinengewehr als Modell ZB 1930 und Mitte der dreißiger Jahre schließlich in einer für Patronen unterschiedlicher Fabrikation gleichermaßen geeigneten Ausführung als Modell ZB 1930 J ebenfalls ausgeliefert.

Waffen des Typs ZB 1930 sind auch als persisches, Waffen des Typs ZB 1930 J als jugoslawisches Modell bekannt. Aus Maschinengewehren der letztgenannten Version konnte der Schütze ohne Beeinträchtigung der Funktionstüchtigkeit des Systems Patronen verschiedenartiger Qualität verschießen.

Im Unterschied zur Erstausführung haben Waffen der weiterentwickelten Versionen einen Regler, mit dem man Menge und Intensität der vom Lauf in den Gaszylinder überströmenden Pulvergase in sieben Positionen einstellen kann. Maschinengewehre des Typs ZB 1930 sind oft mit der schon erwähnten zusätzlichen Kolbenstütze sowie einer Seitenrichtplatte mit Seitenbegrenzer ausgestattet. Die Skaleneinteilung des Visiers ist ebenfalls anders. Sie reicht von 100 m bis 2 000 m Entfernung, teils um 50 m, teils um 100 m Distanz verstellbar.

Im Prinzip hatte man das Problem des Verfeuerns von Munition unterschiedlicher Laborierung und Güte schon 1933 gelöst. Das war im Zusammenhang mit einem der bedeutendsten Auslandsgeschäfte gelungen. Ende der zwanziger Jahre wurde in Großbritannien, deren Streitkräfte ein neues leichtes Maschinengewehr einführen wollten, zusammen mit Waffen aus anderen Ländern auch das Erzeugnis aus Brno erprobt. Vier Jahre lang testete eine Expertenkommission sämtliche verfügbaren leichten Maschinengewehre aus aller Welt.

Die Entscheidung fiel schließlich zugunsten der tschechoslowakischen Waffe. Holek hat sie den britischen Forderungen entsprechend modifiziert. Er rüstete sie von 7,92 mm auf das Kaliber .303 um und richtete sie ein zum Verschießen der britischen Cordit-Gewehrpatrone 7,7 × 56 R. Deren Verbrennungsrückstände verschmutzten jedoch den Mechanismus und verursachten Funktionsstörungen der Gaszuführung.

Mit der von Holek dann aber neu konstruierten Waffe, selbstverständlich auf der Grundlage seines bewährten Systems, konnten die Forderungen der britischen Interessenten in vollem Umfang erfüllt werden. Das neue leichte Maschinengewehr erhielt die Bezeichnung Modell ZGB 1933 (Z: Zbrojovka, GB: Great Britain, 1933: Jahr der Konstruktion). Obwohl von gleichem Funktionsprinzip wie die Originalwaffe sowie übereinstimmender Laufwechseleinrichtung und nur geringfügig modifiziertem Abzugssystem, unterscheiden sich beide Modelle beträchtlich voneinander.

Im Jahre 1933 wurden mehrere Dutzend Maschinengewehre des neuen Modells – einige waren auf einer zur Fliegerabwehr geeigneten leichten Lafette montiert – zum Test nach Großbritannien geliefert. Die tschechoslowakischen Streitkräfte zeigten ebenfalls Interesse. Zur Erprobung erhielten sie eine modifizierte Version, allerdings in kaum nennenswerter Stückzahl. Die Waffe wurde als Modell 1934 bezeichnet und verschoß Mauser-Patronen 7,92 mm. Weitere Einzelheiten darüber sind nicht bekannt, wohl aber über die nach Großbritannien gelieferten Waffen.

Sie fanden die Zustimmung der britischen Militärs, die sich entschlossen, das Maschinengewehr in die strukturmäßige Ausrüstung zu übernehmen. Im Mai 1935 unterzeichneten die britische Regierung und die Unternehmensleitung der Tschechoslowakischen Waffenfabrik AG Brno einen Lizenzvertrag. Auf seiner Grundlage wurde das Maschinengewehr bei der britischen Firma Royal Small Arms Factory (RSAF) in Enfield unter einer Bezeichnung hergestellt, für die man die Anfangsbuchstaben der Städte Brno und Enfield gewählt hatte: leichtes MG Modell Bren (s. dort). Der Lizenzvertrag war einer der größten geschäftlichen Erfolge des tschechoslowakischen Unternehmens, zumal sich dieses damals in einer Krise befand.

Bedeutende Geschäftsabschlüsse über Lieferungen des Holek-MG in andere Länder hatte die Firma aber schon vorher tätigen können. Bereits 1926 war eine Werbekampagne gestartet worden. Der Export begann schon nach Lieferung von etwa 1 000 Waffen an die tschechoslowakischen Streitkräfte.

Erste Auslandskunden waren Jugoslawien und Litauen, ab 1928 auch China, 1929 und später folgten Brasilien, Chile, Ekuador, Persien (ab 1935 Iran), Rumänien und weitere Staaten. Bemerkenswert ist, daß man die Waffen für den Export mit unterschiedlichem Kaliber und in vielfacher Modifikation produzierte.

Maschinengewehre des Typs ZB 1926 bzw. ihre Versionen siegten in 18 internationalen Wettbewerben, wurden in 24 Länder geliefert und in einigen dieser Staaten zur Ordonnanz erklärt. Außer Großbritannien waren das zum Beispiel Jugoslawien und Rumänien. Urteilt man an Hand importierter Stückzahlen, so dürfte das Maschinengewehr in China und in der Türkei ebenfalls Standardwaffe gewesen sein.

Auch die Streitkräfte Deutschlands, das im März 1939 die Tschechoslowakei annektierte, übernahmen leichte Maschinengewehre aus Brno in ihre Ausrüstung und bezeichneten sie als Modell 26 (t) und Modell 30 (t). Unter deutscher Kontrolle mußten Produktion und Export zugunsten der Besatzer weitergeführt werden. Ein Jahr nach Fertigungsbeginn des deutschen Universal-MG Modell 34 (s. dort) in Brno kam 1941 dann aber der Stopp für die tschechoslowakische Waffe.

Bezüglich ihres Produktionsausstoßes gibt es sehr unterschiedliche Angaben. So liegen Informationen vor, wonach von 1926 bis 1939 etwa 150 000 Stück hergestellt worden sein sollen. Ob das richtig ist, ließ sich nicht ermitteln, wohl aber, daß sich 1931 das Verteidigungsministerium für den Bedarfsfall beim Hersteller eine Produktionskapazität von monatlich 665 Maschinengewehren einschließlich Ersatzteilen sicherte und allein von 1936 bis 1938 mehr als 34 000 Waffen bestellt hat.

Insgesamt soll das Ministerium 120 000 ZB-Maschinengewehre des leichten Typs gekauft haben. Die meisten davon lagerten in den Arsenalen. So sind den deutschen Besatzern nach der Annexion vom 15. März 1939 bedeutende Mengen ungebrauchter Maschinengewehre in die Hände gefallen. Über die Stückzahl liegen allerdings weder genaue Zahlen noch Schätzungen vor.

Über den Umfang der Auslandslieferungen hingegen informiert die Fachliteratur ausführlich: China soll 30 249 leichte Maschinengewehre der Modelle ZB 1926 und ZB 1927 gekauft haben, Litauen 3 138, Japan 2 200, Jugoslawien 1 500, Brasilien 1 080 Stück, Ekuador 200 und Chile 11.

Maschinengewehre Modell ZB 1930 wurden in einer Stückzahl von 17 131 nach Rumänien, von 9 805 in die Türkei, von 3 350 nach Bolivien, von 2 000 nach Afghanistan, von 1 257 nach Peru exportiert. Zu den Kunden gehörten auch Ekuador mit 750 Stück, Äthiopien mit 450, Uruguay mit 80, Guatemala mit 50, Lettland mit 11 und Nikaragua mit 5 Stück.

Die eigens für Jugoslawien modifizierte Version Modell ZB 1930 J wurde dorthin in einer Menge von 15 500 Stück und in einer Anzahl von 110 Stück nach Venezuela geliefert. Vom britischen Modell ZGB 1933 nahmen Ägypten 1 060, Bulgarien 3 000, der Irak 850, Lettland 600 und Großbritannien 85 Stück ab.

So hat das tschechoslowakische Unternehmen von 1927 bis 1940 insgesamt fast 90 000 leichte Maschinengewehre Modell ZB 1926 bzw. deren Versionen und knapp 6 000 Waffen des britischen Modells exportiert. Der rumänische Betrieb Copsa Mica in Cugir zeigte an einer Lizenznahme großes Interesse. Die Entwicklerfirma stellte ab 1930 Ausrüstungen zur Verfügung und Fachleute bereit. Sie sorgten für einen problemlosen Produktionsstart von Maschinengewehren des Typs ZB 1930.

Nach 1945 wurde das Holek-MG ebenfalls produziert, allerdings in geringer Stückzahl und fast nur für den Eigenbedarf der Streitkräfte des Landes. Ab 1952 erhielten diese dann mit dem für die Patrone M 52 eingerichteten leichten MG Modell 52 (s. »Schützenwaffen heute«) neuentwickelte Waffen. Sie sind später zum Verschießen der Kurzpatrone des sowjetischen Typs M 43 umgebaut und als Modell 52/57 bezeichnet worden.

Daten: Leichtes Maschinengewehr Modell Praga 1924

Kaliber:	7,92 mm	Patrone:	7,92 × 57
v_0:	740 m/s	Lauflänge:	570 mm
Länge Waffe:	1 130 mm	Züge/Richtung:	4/r
Feuergeschwindigkeit:	400 S/min	Visierschußweite:	1 500 m
		Einsatzschußweite:	700 m
Munitionszuführung:	gerades Stangenmagazin mit 30 Schuß Gurt mit 50 Schuß		
Masse:	10,50–11,20 kg		

Daten: Leichtes Maschinengewehr Modell ZB 1926

Kaliber:	7,92 mm	Patrone:	7,92 × 57
v_0:	760 m/s[1]	Lauflänge:	600 mm
Länge Waffe:	1 168 mm	Züge/Richtung:	4/r
Feuergeschwindigkeit:	500 S/min	Visierschußweite:	1 500 m
		Einsatzschußweite:	700 m
Munitionszuführung:	gerades Stangenmagazin mit 20 Schuß		
Masse ungeladen:	8,89 kg		
Masse des vollen Magazins:	0,80 kg		
Masse des Laufes:	2,50 kg	[1] Tschechoslowakische Patrone M 1934.	

Daten: Leichtes Maschinengewehr Modell ZB 1930

Kaliber:	7,92 mm	Patrone:	7,92 × 57
v_0:	830 m/s[1]	Lauflänge:	600 mm
Länge Waffe:	1 170 mm	Züge/Richtung:	4/r
Feuergeschwindigkeit:	600 S/min	Visierschußweite:	2 000 m
		Einsatzschußweite:	1 200 m
Munitionszuführung:	gerades Stangenmagazin mit 20 Schuß		
Masse ungeladen:	9,65 kg		
Masse des vollen Magazins:	0,80 kg		
Masse des Laufes:	2,50 kg	[1] Tschechoslowakische Patrone M 1923.	

Daten: Leichtes Maschinengewehr Modell ZGB 1933

Kaliber:	.303	Patrone:	.303 (7,7 × 56 R)
v_0:	745 m/s	Lauflänge:	635 mm
Länge Waffe:	1 150 mm	Züge/Richtung:	6/r
Feuergeschwindigkeit:	500 S/min	Visierschußweite:	≈ 1 097 m[1]
		Einsatzschußweite:	700 m
Munitionszuführung:	Kurvenmagazin mit 30 Schuß		
Masse:	10,20 kg		

[1] Entspricht 1 200 yd.

Schweres Maschinengewehr Modell ČZ 1930 7,92 mm

Dieses Modell ist die verbesserte Ausführung eines auf der Grundlage von Maschinengewehren der Systeme Vickers und Lewis entwickelten Flugzeug-MG, das Konstrukteure der Tschechischen Waffenfabrik AG Prag 1928 vorgestellt hatten. Wie die Modell ČZ 1928 genannte Waffe war ihre im Strakonicer Betrieb der Česká Zbrojovka (ČZ) verbesserte Version ursprünglich nur als synchronisiert schießendes Flugzeug-Maschinengewehr mit Gurtzuführung bestimmt.

Wechselte man die Zubringereinrichtung aus und verwendete ein Trommelmagazin, konnte die Waffe aber als Beobachter-MG dienen, meist in Zwillingsausführung auf Speziallafette. Montiert auf einem stabilen T-förmigen Zweibein aus Stahlrohr mit einem rundum drehbaren und in senkrechter Ebene um 90° beweglichen Schwenkkopf, war sie auch für den Erdkampf und mit Aufsatzstück als Fliegerabwehr-MG benutzbar. Das Stützsystem hat massive Stahlspitzen, die sich bis zu den Stütztellern in den Boden bohren und auf diese Weise sicheren Halt gewährleisten.

Mit Stützsystem und Gurtzuführung wurde das Modell ČZ 1930 unter der Bezeichnung MG 30 (t) von den deutschen Streitkräften dann ab Beginn des zweiten Weltkriegs geführt, vorwiegend von der Luftwaffe und zumeist nur auf landeseigenem Territorium. Bei der Annexion der Tschechoslowakei am 15. März 1939 waren den Besatzern ČZ-Maschinengewehre in beträchtlicher Stückzahl in die Hände gefallen.

Die Konstruktion zählte zu den wichtigsten Projekten der Česká Zbrojovka und wurde von einem Team erfahrener Ingenieure entwickelt. Dazu gehörten František Brejcha, František Sikyta, Adolf Sýkora und Václav Zíbar. Seine Maschinengewehre exportierte der Betrieb seit Beginn ihrer Serienproduktion, ab 1930 also, in mehrere Länder, zum Beispiel nach Estland, Griechenland und Persien (ab 1935 Iran). Dort verwendete man sie vor allem als Ausrüstung gepanzerter Gefechtsfahrzeuge, vermutlich aber als Waffen beim Erdkampf und gegen fliegende Ziele ebenfalls.

Für diesen Einsatz wurde das ČZ-MG auch in der Tschechoslowakei getestet. Das geschah 1932, als man das bei der Zbrojovka Brno von Václav Holek und Miloslav Rolčík konstruierte Versuchs-MG ZB 50, einen der zahlreichen Vorläufer des schweren MG Modell ZB 1937 (s. dort), erprobte. Funktionssicherheit und Kadenz entsprachen nach damaliger Auffassung zwar den Kriterien für ein Panzer-MG, für den Erdkampf und zur Abwehr fliegender Ziele jedoch hielt man einerseits die Feuergeschwindigkeit für zu hoch, andererseits das Kaliber für zu klein.

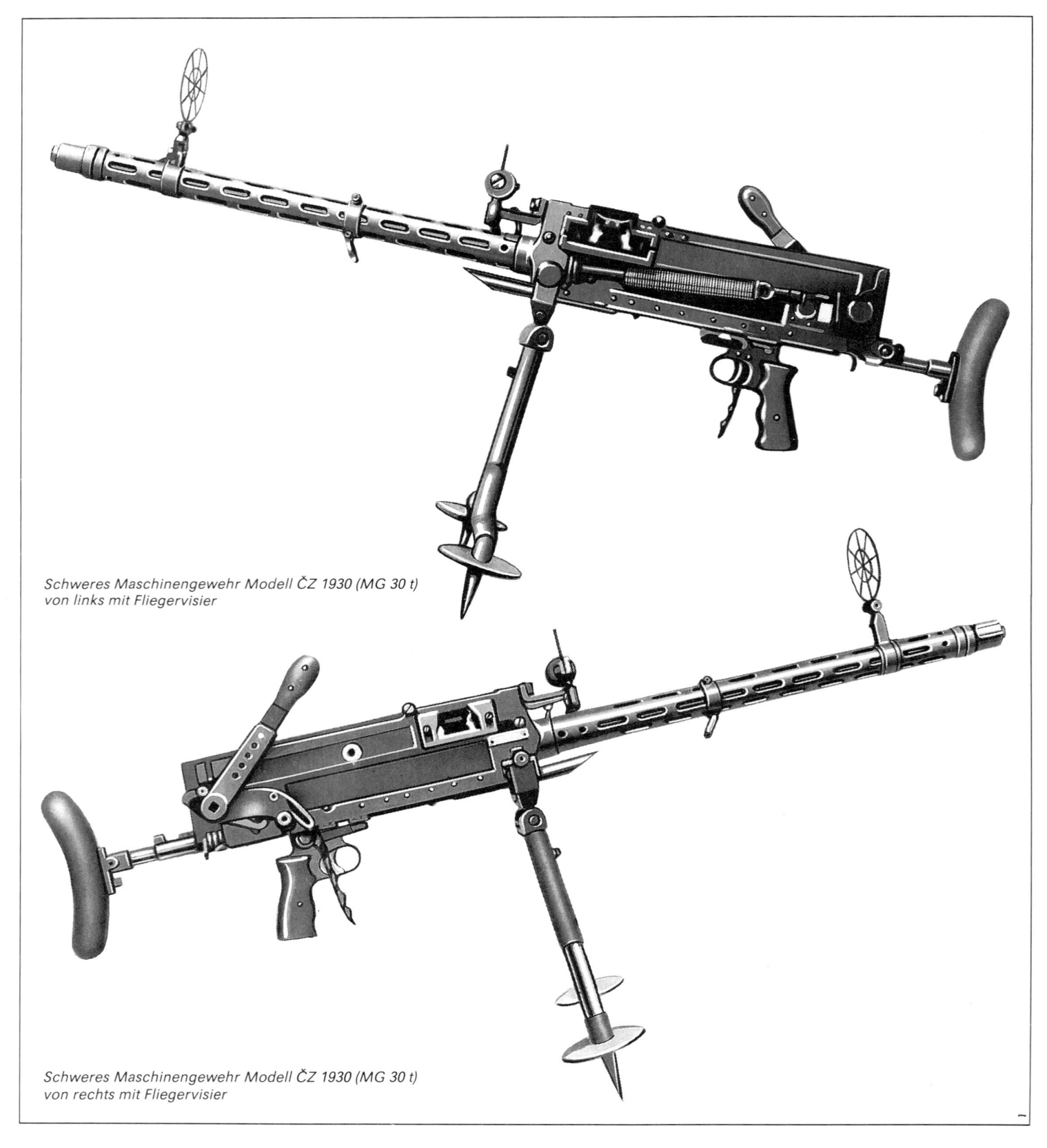

Tschechoslowakei

Schweres Maschinengewehr Modell ČZ 1930 (MG 30 t) von links mit Fliegervisier

Schweres Maschinengewehr Modell ČZ 1930 (MG 30 t) von rechts mit Fliegervisier

Daß Waffen dieses Typs behelfsmäßig auch dafür dienten, steht allerdings außer Zweifel.

Wie viele Maschinengewehre hergestellt wurden, ist nicht bekannt. Hinweise in der Fachliteratur des Landes lassen darauf schließen, daß die Anzahl bedeutend gewesen sein muß. So hat 1932 zum Beispiel das Verteidigungsministerium mit dem Hersteller Verträge abgeschlossen, die ihn im Bedarfsfall zur Lieferung von monatlich 160 Stück an die Streitkräfte des Landes verpflichteten.

Etwa zu dieser Zeit begann die Česká Zbrojovka mit der Produktion im neuerrichteten Zweigwerk Uherský Brod. Das Programm umfaßte dort vornehmlich Maschinengewehre ČZ 1930, aber auch Leuchtpistolen. Aus Strakonicer Fertigung standen übrigens außerdem noch mehrere hundert Stück für die Luftwaffe aptierte Infanterie-Maschinengewehre der Typen Lewis und Vickers zur Verfügung. Das waren auf die Mauser-Patrone 7,92 mm umgerüstete Waffen.

Das schwere MG Modell ČZ 1930 ist ein luftgekühlter Rückstoßlader mit kurz zurückgleitendem Lauf. Die Waffe hat folgende unbewegliche Bauteile: Laufmantel, Gehäuse mit Schulterstütze und Ladevorrichtung, Pistolengriff, Abzugseinrichtung, Zuführer, Visier und Federsystem. Bewegliche Teile sind der Verschluß, der Lauf und die Gleitvorrichtung.

Der Laufmantel, auch Trägerelement für den Rückstoßverstärker, hat zahlreiche Kühlschlitze. Vorn ist das Kreiskorn, hinten das Fliegervisier, etwa in der Mitte die Schelle mit dem

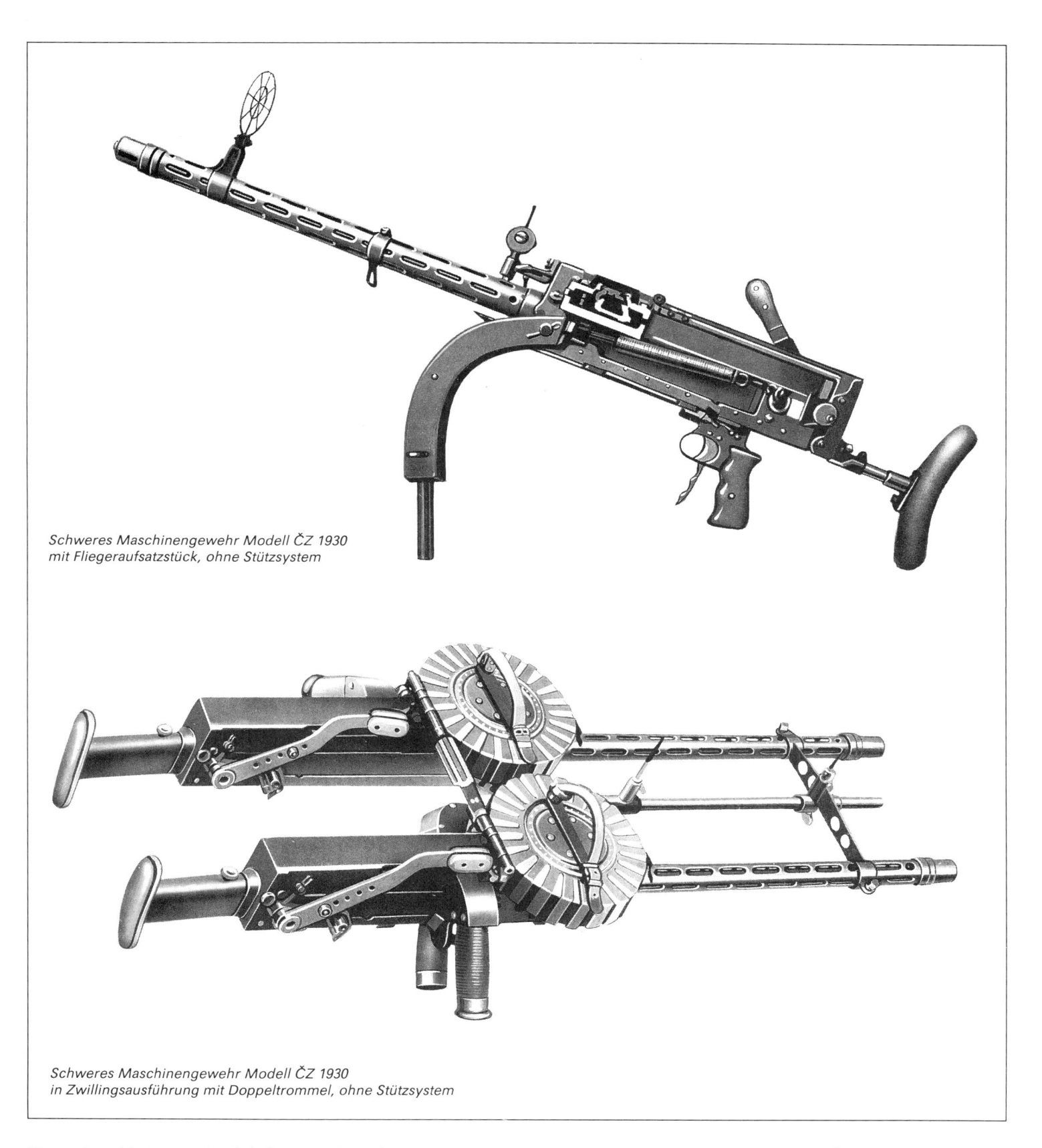

Schweres Maschinengewehr Modell ČZ 1930 mit Fliegeraufsatzstück, ohne Stützsystem

Schweres Maschinengewehr Modell ČZ 1930 in Zwillingsausführung mit Doppeltrommel, ohne Stützsystem

Riemenbügel befestigt. Die Schulterstütze besteht aus einem teleskopartig zusammengesetzten äußeren und inneren Stützrohr. Sie hat eine Stellvorrichtung und eine Kolbenplatte.

Die Sicherung befindet sich im Pistolengriff. Ihre Mechanik wirkt auf den Abzug. Der Spannhebel ist rechts installiert. Das Maschinengewehr kann Einzel- oder Dauerfeuer schießen. Als Munition benutzt man Mauser-Patronen 7,92 mm. Je nach Verwendung der Waffe werden sie aus flachen Trommeln oder metallenen Zerfallgurten zugeführt, die sich in einem Kasten befinden. Der kurze Gurt hat eine Kapazität von 125, der lange von 250 Schuß. Für den Einsatz zur Fliegerabwehr muß das Maschinengewehr mit einer speziellen Vorrichtung auf dem Ständer des Zweibeins befestigt werden.

Daten: Schweres Maschinengewehr Modell ČZ 1930

Kaliber:	7,92 mm	Patrone:	7,92 × 57
v_0:	m/s	Lauflänge:	721 mm[1])
Länge Waffe:	1 023 mm	Züge/Richtung:	4/r
Feuergeschwindigkeit:	900 S/min	Visierschußweite:	m
		Einsatzschußweite:	1 200 m
Munitionszuführung:	Metallgurt (im Kasten) mit 125 bzw. 250 Schuß		
	Doppeltrommel mit Schuß		
Masse:	10,80 kg		

[1]) *Gezogener Teil: 662 mm.*

Tschechoslowakei

Schweres Maschinengewehr Modell ZB 1937 7,92 mm

Das Vorhaben der tschechoslowakischen Militärs, die Armee des Landes mit leistungsstarken schweren Maschinengewehren eines einheitlichen Typs auszurüsten, gelang ab Mitte der zwanziger Jahre nur zum Teil. Damals war die Entscheidung zur Umrüstung der schweren Maschinengewehre des Systems Schwarzlose (s. dort) auf die Mauser-Patrone 7,92 mm gefallen. Die in der Waffenfabrik Janeček umgebauten Maschinengewehre erhielten die Bezeichnung Modell 1907/24. Die dort später neuproduzierten Waffen desselben Kalibers wurden Modell 1924 genannt.

Maschinengewehre beider Typen waren nicht nur von zu großer Masse und wassergekühlt; darüber hinaus gab es zahlreiche weitere, aus dem Schwarzlose-System resultierende Mängel. Man hatte das schon Anfang der zwanziger Jahre bei den aus Österreich stammenden Maschinengewehren der Originalausführung erkannt, aus verschiedenen Gründen jedoch keine andere akzeptable Lösung gefunden. Entsprechende Entwicklungsprojekte der Waffenfabrik Praga konnten nicht zum Erfolg geführt werden. Das betraf Konstruktionen von Rudolf Jelen und Emanuel Holek.

Jelen entwickelte Ende 1921 einen luftgekühlten, für die Mauser-Patrone 7,92 mm eingerichteten Gasdrucklader mit starr verriegeltem Verschluß, nach vorn beweglichem Lauf und Patronenzuführung per Gurt. Nach dem Jahr der Patentanmeldung, im Januar 1922, wird sie in der Fachliteratur schweres MG Modell Jelen 1922 genannt. Zweimal getestet und beide Male nicht funktionssicher, wurde das ohnehin als zu leicht beurteilte schwere Maschinengewehr abgelehnt.

Holek stellte zu einem Wettbewerb im Frühjahr 1923 eine improvisierte schwerere Version eines leichten Maschinengewehrs vor. Diese Waffe war ebenfalls ein luftgekühlter, für dieselbe Patrone eingerichteter Gasdrucklader mit starr verriegeltem Verschluß, aber feststehendem Lauf.

Weiterentwickelt, stand sie wenige Monate später in verbesserter Ausführung als schweres Versuchs-MG Modell Praga 1924 zur Verfügung. Diese Bezeichnung täuscht. Abgesehen von einem schwereren Lauf, verstärkten Kolben und Dreibein – die Masse betrug insgesamt etwa 36 kg –, glich sie dem im Vorjahr beim Wettbewerb getesteten leichten Versuchs-MG Modell Praga 1/23.

Schweres Maschinengewehr Modell ZB 50 auf Dreibeinlafette ältester Ausführung (Versuchswaffe)

Schweres Maschinengewehr Modell ZB 53 auf Dreibeinlafette ältester Ausführung (Versuchswaffe für die Infanterie)

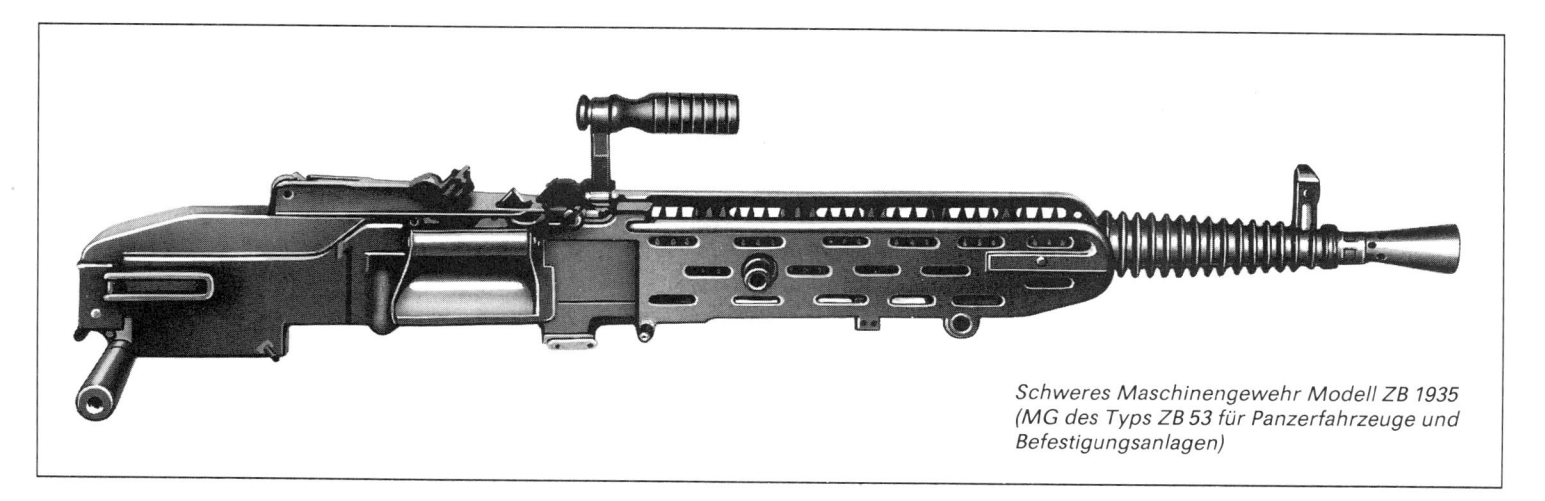

Schweres Maschinengewehr Modell ZB 1935 (MG des Typs ZB 53 für Panzerfahrzeuge und Befestigungsanlagen)

Dennoch fanden Erprobungen statt. Die Waffe bewährte sich aber nicht. So blieb das Problem schweres Maschinengewehr nach wie vor ungelöst. Einige Jahre schien es fast so, als wolle man sich mit dem für die Mauser-Patrone aptierten Schwarzlose-MG zufrieden geben und auf ein im eigenen Lande konstruiertes schweres Maschinengewehr verzichten.

Dann jedoch begann man plötzlich im Frühjahr 1930 bei der Tschechoslowakischen Waffenfabrik AG Brno mit einem entsprechenden Entwicklungsprojekt. Vom Verteidigungsministerium war dazu keine Aufforderung gekommen. Dem Vorhaben lag Eigeninitiative der Konstrukteure Václav Holek und Miloslav Rolčík zugrunde, ausgelöst möglicherweise durch den großen internationalen Erfolg mit dem leichten MG Modell ZB 1926 (s. dort), das in zahlreiche Länder geliefert wurde.

Das schwere Versuchs-MG von 1930 verschoß Mauser-Patronen 7,92 mm. Seine theoretische Feuergeschwindigkeit wird mit 500 S/min bis 700 S/min angegeben. Die Waffe war ein Rückstoßlader mit kurz zurückgleitendem Lauf und auf einer Dreibeinlafette des Typs Schwarzlose montiert. Drei technische Einrichtungen waren bemerkenswert: der in ungewöhnlicher Weise zur Seite öffnende Verschluß; der Metallgurt, dessen Glieder nach dem Schuß zerfielen; die Anfang der dreißiger Jahre für eine Neuentwicklung, zumal durch erfahrene Konstrukteure, längst nicht mehr zeitgemäße Wasserkühlung.

Umgebaut auf Luftkühlung und ausgerüstet mit einem anderen Verschluß sowie einer Dreibeinlafette eigener Konstruktion, stellten Holek und Rolčík die dann als schweres MG Modell ZB 50 bezeichnete Waffe 1932 bei einem Wettbewerb in Griechenland vor. Die tschechoslowakischen Militärs ließen sie zusammen mit dem vor allem für die Ausrüstung von Flugzeugen vorgesehenen schweren MG Modell ČZ 1930 (s. dort) auf ihre Verwendbarkeit als Bordwaffe gepanzerter Fahrzeuge testen und erwogen wohl auch ihren späteren Einsatz bei der Infanterie.

Doch die Leistung entsprach nur bedingt den Anforderungen. Bei geringer Schußfolge wurden akzeptable Ergebnisse erzielt, bei hoher Schußfolge aber, wie sie gegen gepanzerte Fahrzeuge und zur Abwehr fliegender Ziele erforderlich ist, waren die Mängel ganz offensichtlich: zu viele Funktionsstörungen. Da dies eindeutig am Funktionsprinzip lag, vor allem am Rückgleiten des relativ schweren Laufes, trafen die Verantwortlichen die einzig richtige Entscheidung. Sie lehnten die Waffe ab und beauftragten die Konstrukteure mit der Entwicklung eines neuen Maschinengewehrs anderer Konzeption, eines Gasdruckladers.

Von der Entwicklerfirma als Modell ZB 52 bezeichnet, wurde ein derartiges Versuchs-MG mit luftgekühltem Lauf, einer von 500 S/min auf 700 S/min regulierbaren theoretischen Feuergeschwindigkeit sowie mit einer neuen Lafette bereits 1933 getestet. Man entwickelte die Waffe sofort zum Modell ZB 53 mit wiederum neuer Lafette weiter.

Endlich zeichnete sich ein Erfolg ab. Die Testwaffe bestand sämtliche Prüfungen und erwies sich dem schweren Schwarzlose-MG aus der Firma Janeček in bezug auf Zuverlässigkeit und Präzision sowie hinsichtlich aller technischen Parameter eindeutig als überlegen. Kritik gab es nur an der Dreibeinlafette, die die Konstrukteure dann mehrmals veränderten.

Ende 1934 wurde die Neuentwicklung bei der Truppe erprobt. Der Betrieb stellte 17 Maschinengewehre zur Verfügung, davon sieben ohne Stützsystem für den Einbau in Panzerfahrzeugen. Die anderen mit Lafette testete man bei Infanterie und Kavallerie sowie bei einem Radfahrerbataillon und einem Gebirgsregiment mit so gutem Ergebnis, daß das Verteidigungsministerium sofort 500 Stück anforderte, allerdings ohne Lafette.

Diese Waffen waren ausschließlich für den Einbau in gepanzerten Fahrzeugen und für die Ausrüstung von Befestigungsanlagen bestimmt. Sie erhielten von den Militärs die Truppenbezeichnung schweres MG Modell ZB 1935. Bei ihrer Produktion, die damals vor dem endgültigen Abschluß der Entwicklungsarbeit trotz der Installation neuer Maschinen und Anlagen im Wert von acht Millionen Kronen noch keine Serien-, sondern Werkstattfertigung war, wurden sämtliche Erfahrungen aus den Truppenversuchen berücksichtigt.

Die Leitung des Unternehmens ließ die doppelte Anzahl von Maschinengewehren herstellen. Von Mai bis Ende 1935 erhielt die Armee die angeforderten 500 Stück. Die anderen Waffen – in festem Vertrauen auf die Qualität der Konstruktion, gewissermaßen als Generalprobe für eine bevorstehende Serienproduktion im voraus gefertigt – wurden auf Lager gelegt. Bei Bedarf, mit dem man in Kürze rechnete, sollten sie sofort verfügbar sein. Bei dieser Aktion auf eigenes Risiko spekulierte die Firmenleitung natürlich auch auf einen künftigen Export.

Wie recht sie damit hatte, bewies das große Interesse beim Vorführen des schweren Maschinengewehrs im Juni 1935 in Großbritannien. Im folgenden Jahr kauften die britischen Militärs mehrere Testwaffen zum Stückpreis von 310 Pfund und 15 000 Schuß Munition. Anfang 1937 konnte die Zbrojovka Brno mit dem Unternehmen Birmingham Small Arms Company Ltd. (BSA) einen bedeutenden Vertrag abschließen. Er regelte die Lizenzfertigung der Waffe aus der Tschechoslowakei durch britische Firmen.

Bis Ende des zweiten Weltkriegs wurden dort für die Ausrüstung von Panzern und anderen gepanzerten Fahrzeugen etwa 60 000 Maschinengewehre produziert. Man bezeichnete sie als Modell Besa (s. dort) und stellte auch Modifikationen her. Für die Produktion der Mauser-Patrone 7,92 mm ist in Großbritannien sogar eine Munitionsfabrik errichtet worden.

Als vom 10. bis 12. Juni 1936 in Brno eine aus Vertretern des Betriebes und Militärs gebildete Expertenkommission tagte, war der Lizenzvertrag mit der britischen Firma schon so gut wie perfekt. Man hatte dem Geschäftspartner überzeugende Fakten von Truppenversuchen und Dauertests mit den schweren Maschinengewehren des Typs ZB 53 bzw. Modell 1935 mitteilen können. Sie ergänzten die guten Erfahrungen, die die britischen Militärs mit ihren Testwaffen ebenfalls gemacht hatten.

Fakten dieser Art wurden auf der Expertenberatung gründlich analysiert. Trotz aller guten Ergebnisse beriet man weitere Verbesserungen der Konstruktion. Das erfolgte in der Absicht, sowohl den eigenen Streitkräften als auch den Kunden im Ausland eine optimale Waffe anbieten zu können.

So einigten sich Militärs und Herstellerbetrieb auf insgesamt 27 technische Veränderungen. Damals erhielt die dann am 29. Januar 1937 bei den tschechoslowakischen Streitkräften eingeführte Waffe ihre endgültige Bezeichnung: schweres MG Modell ZB 1937. Das Maschinengewehr sollte in drei Versionen hergestellt werden: für Befestigungsanlagen und die Infanterie in der Ausführung O, für gepanzerte Fahrzeuge in der Ausführung UV, für den Export ohne Sonderbezeichnung. Für Maschinengewehre, die der technischen Ausstattung von Waffen des Typs ZB 53 entsprachen, behielt man die Bezeichnung Modell ZB 1935 bei.

Das schwere MG Modell ZB 1937 ist ein luftgekühlter Gasdrucklader mit starr verriegeltem Verschluß und kurz zurückgleitendem Lauf. Verschluß und Lauf gleiten in verriegelter Position etwa 20 mm zurück. Hat das Geschoß die Bohrung im Lauf passiert, strömen die Gase in den Gaskolben, bewirken die Entriegelung und schließlich den weiteren Rückstoß des Verschlusses ohne Lauf.

Menge und Intensität der überströmenden Gase können mit einem Regulator in vier Positionen eingestellt werden. Die Waffe hat einen Beschleuniger, der die Vorlaufgeschwindigkeit des Verschlusses steuert und bei entsprechender Position die theoretische Feuergeschwindigkeit von 500 S/min auf 700 S/min erhöht.

Die Munition wird aus Metallgurten von rechts zugeführt. Sie haben eine Kapazität von 100 bzw. 200 Schuß. Das sind Patronen 7,92 mm Mauser. Sie werden in Einzel- oder Dauerfeuer verschossen. Die praktische Feuergeschwindigkeit beträgt 200 S/min. Ist die Waffe auf einer Lafette des Typs 37 montiert – diese Version wurde Mitte Januar 1939 bestätigt – kann die Feuerhöhe am Stützsystem auf 350 mm, 500 mm oder 650 mm eingestellt werden. Unebenheiten des Bodens lassen sich mit dem Dreibein ausgleichen.

Der Lauf ist auswechselbar und von schwerer oder leichter Ausführung. Er wird durch eine beidseitig am Waffengehäuse festinstallierte Konstruktion vor Beschädigung geschützt. Das sind Seitenbleche zur Wärmeableitung, eine Art Laufmantel mit Kühlschlitzen, aber oben und unten offen. Die schweren Läufe wurden zumeist mit radialen Kühlrippen geliefert. Jeder Lauf hat drei senkrechte Nuten zur Verbindung mit dem Verschlußgehäuse und einen nach vorn klappbaren Griff. Trotzdem ist das Wechseln des Laufes recht kompliziert und dauert relativ lange. Die Drallänge beträgt 240 mm. Das Rahmenvisier kann von 200 m bis 2 500 m Distanz eingestellt werden. Die effektivste Einsatzschußweite beträgt jedoch 1 000 m.

Da vorrangig für den Einsatz in Befestigungsanlagen und Panzerfahrzeugen bestimmt, stand die endgültige Ausführung für die Infanterie zum Zeitpunkt der offiziellen Übernahme in die strukturmäßige Bewaffnung noch nicht fest. Bis die Militärs am 17. Januar 1939 eine verbesserte Dreibeinlafette mit der Werksbezeichnung ZB 308 als Typ 37 für die Truppen der Infanterie annahmen, galt die für die Befestigungsanlagen bestimmte MG-Version O – teils ohne, teils mit Lafette von 1935 – auch als Waffe für die Infanterie.

Wie viele Maschinengewehre dort eingesetzt wurden, ist nicht bekannt. Waffen mit neuester Lafette sind vor der Annexion durch das benachbarte Deutschland am 15. März 1939 auf keinen Fall, die anderen sicher nicht in großer Stückzahl ausgegeben worden. In der ČSFR veröffentlichte Analysen der damaligen Situation informieren darüber, daß die Generalität der Verwendung dieses Maschinengewehrs bei der Infanterie und einer damit verbundenen Ablösung des seinerzeit als Standardwaffe bestimmten Schwarzlose-MG mit 7,92 mm Kaliber aus verschiedenen Gründen nur sekundäre Bedeutung beimaß.

Ein Grund dafür mag die prekäre finanzielle Situation gewesen sein. Anfang der dreißiger Jahre war die Ausrüstung der Truppe mit aptierten und neuhergestellten Schwarzlose-Maschinengewehren gerade abgeschlossen. Die Kosten dafür hatten viele Millionen Kronen betragen, und die Neubewaffnung wäre mit einem noch größeren Aufwand verbunden gewesen. Im August

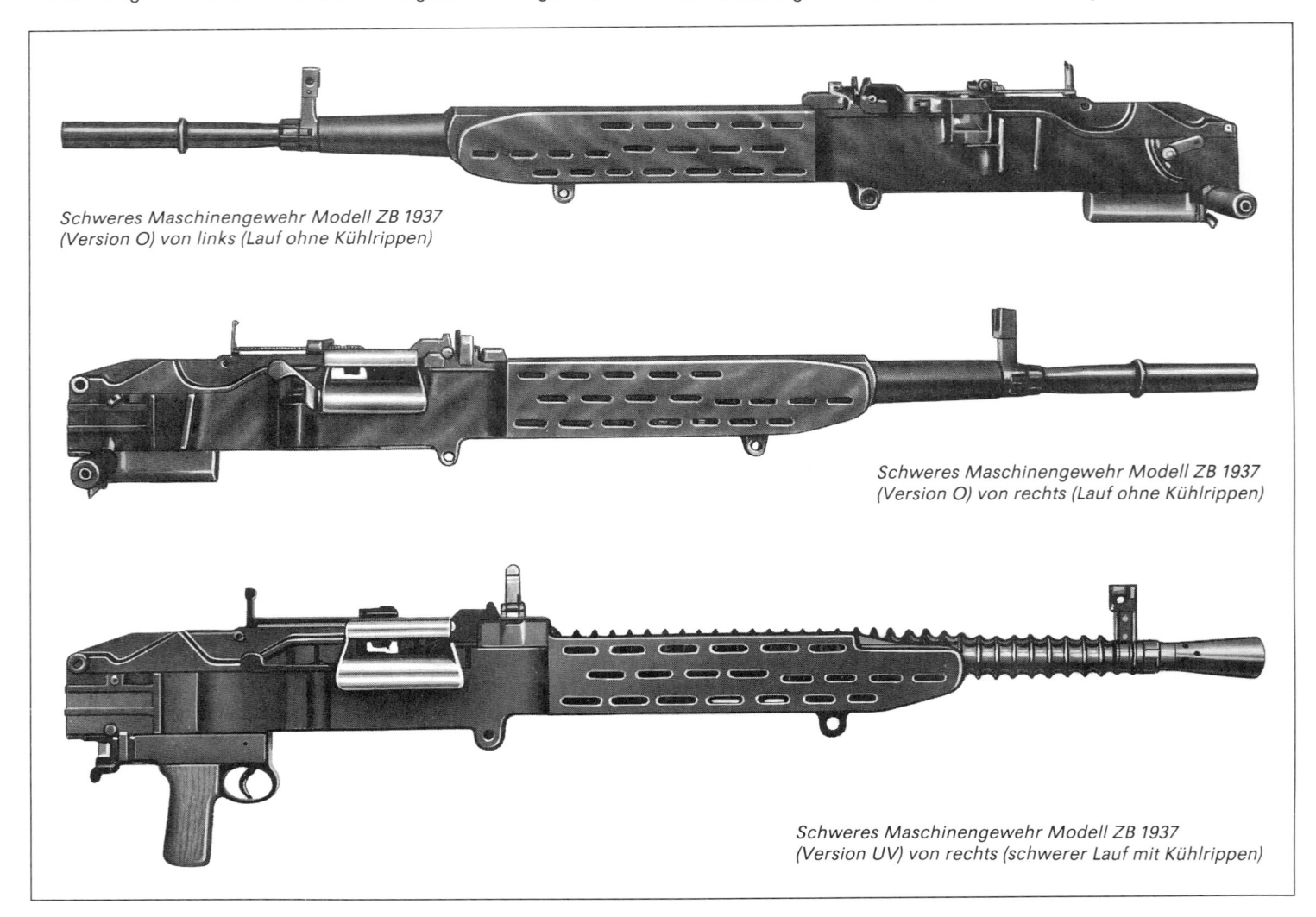

Schweres Maschinengewehr Modell ZB 1937 (Version O) von links (Lauf ohne Kühlrippen)

Schweres Maschinengewehr Modell ZB 1937 (Version O) von rechts (Lauf ohne Kühlrippen)

Schweres Maschinengewehr Modell ZB 1937 (Version UV) von rechts (schwerer Lauf mit Kühlrippen)

Schweres Maschinengewehr Modell ZB 1937 von links auf Dreibeinlafette Typ 37

Schweres Maschinengewehr Modell ZB 1937 (Modell 37 t) von rechts auf Dreibeinlafette Typ ZB 309

1935, als etwa die Hälfte jener 500 neuentwickelten Waffen des Modells ZB 1935 zur Verfügung stand, erklärte ein Vertreter des Verteidigungsministeriums, eine Ablösung des Schwarzlose-MG sei noch nicht geplant und eine Serienproduktion der neuen Waffe als Ausrüstung für die Infanterie derzeit indiskutabel.

Über die Ausrüstung anderer Waffengattungen mit Maschinengewehren des neuen Typs hingegen fielen im November 1936 definitive Entscheidungen. Später zwar präzisiert und geringfügig korrigiert, galten sie im Prinzip aber als Richtlinie für Produktion, Lieferung und Einsatz bei der Truppe. Demnach sollten zunächst insgesamt 6700 schwere ZB-Maschinengewehre hergestellt werden: 500 Stück Modell 1935 und 6 200 Stück Modell 1937; davon 4 500 in der Ausführung O ohne Lafette für die Festungsanlagen, die anderen für die Panzereinheiten als Version UV, in geringer Stückzahl aber auch für Pioniertruppen zur Ausrüstung von Kampfbooten. Die ersten Lieferungen erwartete man schon 1936, die letzten Ende 1939.

Bis Ende 1938 erhöhte das Verteidigungsministerium seinen Auftrag um weitere 8 300 auf 15 000 Stück, erhielt aber bis 15. Oktober jenen Jahres nicht mehr als insgesamt 6 000 Waffen. Immerhin waren das 75 Prozent der Gesamtproduktion bis zu diesem Zeitpunkt.

Die ersten 500 Maschinengewehre, Waffen des Modells 1935, hatte man gegen Jahresende 1936 geliefert. Sie stammten zum größten Teil aus dem vorsorglich angelegten Lagerbestand. Da in Werkstattfertigung hergestellt, war allerdings keine Austauschbarkeit der einzelnen Bauteile gewährleistet. Garantie dafür gab die Direktion des Betriebes erst bei der Serienproduktion in Fließfertigung. Nach Entscheidung des Verteidigungsministeriums vom Herbst 1937 wurden bald sämtliche Waffen von 1935 gegen das Serienmodell ZB 1937 ausgetauscht und exportiert.

Rumänien soll 287 Stück, der Iran 160 und China die anderen erhalten haben. Nach China wurden auch die ersten ab Jahres-

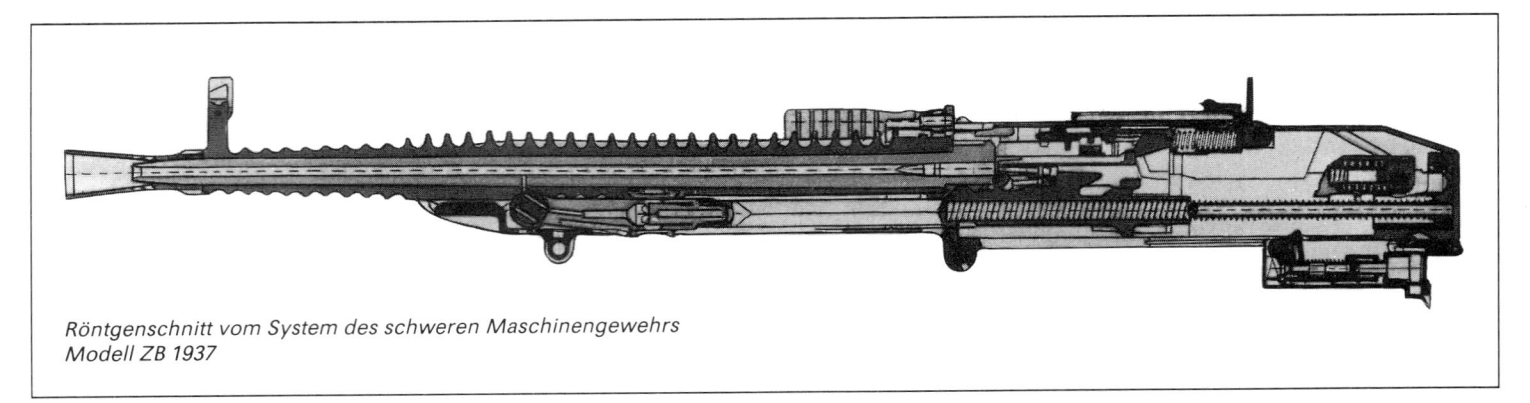

Röntgenschnitt vom System des schweren Maschinengewehrs Modell ZB 1937

beginn 1937 in Fließfertigung hergestellten Maschinengewehre des Serienmodells ZB 1937 geliefert. Wie die Fachliteratur informiert, hatte die Firmenleitung auf Grund von Startschwierigkeiten einige Qualitätsparameter nicht gewährleisten können, so daß die tschechoslowakischen Militärs die Abnahme verweigerten.

Für den Export wurden mit insgesamt ungefähr 12 000 Stück etwa doppelt soviel Waffen hergestellt wie für die eigenen Streitkräfte. Allein 1939 exportierte man mehr als 5 000 Maschinengewehre.

Zu den Auslandskunden gehörten außer China, dem Iran und Rumänien sowie dem Lizenznehmer Großbritannien auch Afghanistan, Bulgarien, Chile, Jugoslawien, Litauen und Peru. Bedeutendster Kunde war Rumänien, deren Streitkräfte nicht nur die bereits erwähnten Maschinengewehre von 1935, sondern darüber hinaus auch 6 529 Waffen der Infanterieversion mit modifizierter Lafette neuer Bauart und 1 470 Stück der Version O übernahmen. Nach Chile lieferte man die Maschinengewehre in modifizierter Ausführung mit 7 mm, nach Peru mit 7,65 mm Kaliber, allerdings nur wenige Stück.

Produktion und Export wurden nach März 1939 unter deutscher Besatzung fortgesetzt, wenigstens so lange, bis der Betrieb Waffen aus deutscher Konstruktion sowie Teile dafür fertigen mußte. Die deutsche Wehrmacht übernahm dann schließlich Maschinengewehre des Typs ZB 1937 ebenfalls in ihre Ausrüstung. Sie erhielten die Bezeichnung Modell 37 (t).

Wann die Produktion eingestellt wurde, ist nicht genau bekannt. Vermutlich während des Jahres 1941. Bis dahin beschäftigten sich Ingenieure in Brno auf deutsche Anweisung auch mit der Weiterentwicklung der Waffe. Sie sollten ihre Masse verringern und die Feuergeschwindigkeit auf 1 350 S/min erhöhen, eine neue Zielvorrichtung und eine neue Lafette bereitstellen. Sie erhielt die Werksbezeichnung ZB 309. Mit dem Ende der Produktion kam dann der Stopp für alle weiteren Experimente.

Nach dem zweiten Weltkrieg gliederten die tschechoslowakischen Streitkräfte das schwere ZB-Maschinengewehr zunächst in ihren Bestand ein. Sie führten aber auch das schwere MG Modell Maxim PM 1910 aus der Sowjetunion sowie die Universal-Maschinengewehre Modell 34 (s. dort) und Modell 42 (s. dort) aus Deutschland. Nach relativ kurzer Zeit wurde die Ausrüstung dann mit leichten, schweren und überschweren Maschinengewehren sowjetischen Typs komplettiert. Schließlich übernahm man auch im eigenen Lande konstruierte neue Waffen, zum Beispiel das Universal-MG Modell 59 (s. »Schützenwaffen heute«), dessen Entwicklung Anfang der fünfziger Jahre begonnen hatte.

Daten: Schweres Maschinengewehr Modell ZB 1937

Kaliber:	7,92 mm	Patrone:	7,92 × 57
v_0:	790 m/s	Lauflänge:	733 mm
Länge Waffe:	1 096 mm	Züge/Richtung:	4/r
Feuergeschwindigkeit:	500 S/min[1]	Visierschußweite:	2 500 m
		Einsatzschußweite:	1 000 m
Munitionszuführung:	Stahlgurt mit 100 bzw. 200 Schuß		
Masse ungeladen:	19,00 kg		
Masse der Lafette:	17,50 kg		
Masse des vollen 100-Schuß-Gurtes:	3,40 kg		
Masse des vollen 200-Schuß-Gurtes:	6,80 kg		

[1] Regulierbar auf 700 S/min.

Überschweres Maschinengewehr Modell ZB 60 15 mm

Länger als ein Jahrzehnt konnten sich die für Bewaffnung und Ausrüstung verantwortlichen Militärs tschechoslowakischer Dienststellen nicht darüber einigen, ob und welche Kampfmittel bei Infanterie und Kavallerie zur Abwehr fliegender und gepanzerter Ziele eingeführt werden sollten. Sie erwogen leichte Kanonen von kleinem Kaliber, Minenwerfer oder kleine Haubitzen; sie diskutierten aber auch über Maschinenkanonen, dann über großkalibrige Maschinengewehre und Panzerbüchsen. Da, wie während des ersten Weltkriegs festgestellt, Infanterie und Kavallerie Angriffen von Flugzeugen und gepanzerten Gefechtsfahrzeugen nahezu wehrlos gegenüberstanden, benötigte man auf jeden Fall wirksame Waffen, die gewissermaßen die Lücke zwischen schweren Maschinengewehren üblichen Kalibers einerseits sowie zur Artillerie zählenden Kampfmitteln andererseits schließen konnten.

Bereits 1919 wurden aus Deutschland 47 Maschinenkanonen des Typs Becker mit 20 mm Kaliber, ein Jahr danach zwei Tankgewehre Modell 18 mit 7,92 mm Kaliber gekauft. Die Tschechoslowakische Staatliche Waffenfabrik in Brno, die spätere Československá Zbrojovka, erhielt den Auftrag zur Entwicklung von Stützsystemen. Innerhalb weniger Monate stellte sie eine für die Maschinenkanone bestimmte Versuchslafette vor. Aus den Škoda-Werken in Plzeň hingegen kamen bis 1922/23 mehrere Projektstudien über sogenannte kleine Infanteriekanonen. Kurz danach folgten erste Versuchswaffen.

Keines der genannten Systeme erschien als geeignet, zumal sich etwa zu dieser Zeit eventuell die Lösung des Problems durch ein großkalibriges Maschinengewehr anbot. Ende 1922 stand der Prototyp einer solchen Waffe mit 13 mm Kaliber zur Diskussion. Das war eine Weiterentwicklung des vom Ingenieur Karl Gast konstruierten Flugzeug-MG, einer im ersten Weltkrieg auf deutscher Seite verwendeten doppelläufigen Waffe mit Trommelmagazin für 189 Mauser-Patronen 7,92 mm.

Trotz schwieriger finanzieller Situation kaufte das Verteidigungsministerium für 1,85 Millionen Kronen die Patentrechte für den Prototyp. Im Herbst 1923 wurde die Waffenfabrik Janeček in Mnichovo Hradiště mit der Entwicklung dreier, für unterschiedlichen Einsatz vorgesehener Modelle dieses Systems beauftragt: je einer Waffe für Flugzeuge mit 7,92 mm, zur Abwehr gepanzerter Fahrzeuge mit 15 mm, zur Fliegerabwehr mit 20 mm Kaliber.

Im Gegensatz dazu erklärte der Generalstab plötzlich ein

gegen Panzerfahrzeuge verwendbares Kampfmittel von erstrangiger, Waffen für Flugzeuge und deren Abwehr jedoch von sekundärer Bedeutung. Das Verteidigungsministerium veranlaßte die Erprobung zweier Systeme. Das waren neue, vom Ingenieur Reinhold Becker entwickelte Maschinenkanonen mit 20 mm Kaliber, in der Fachliteratur auch Semag-MG genannt, die die Schweizer Firma Oerlikon herstellte, und jene bereits erwähnten Infanteriekanonen kleinen Kalibers, die die Škoda-Werke inzwischen als Prototypen bereitgestellt hatten. Befriedigende Ergebnisse konnten weder mit den einen noch mit den anderen Waffen erzielt werden.

In den Mittelpunkt des Interesses rückte daher das großkalibrige Maschinengewehr. Für seine Entwicklung wurden 1928 Aufträge erteilt, sowohl an die Waffenfabrik Janeček als auch an den staatlichen Betrieb in Brno. Gleichzeitig sollten Lafetten konstruiert werden. Über ihre Art herrschte keine Klarheit. Manche Militärs forderten ein für den Erdkampf und zur Fliegerabwehr universell geeignetes Stützsystem, andere je eine Speziallafette. Derartige Waffen von 20 mm Kaliber und mit universellem Stützsystem wurden 1928/29 erprobt.

Aus Prag, inzwischen neuer Sitz der Waffenfabrik Janeček, kam ein Rückstoßlader mit kurz zurückgleitendem Lauf, mit Trommelmagazin von 50 Schuß Kapazität und 240 S/min theoretischer Feuergeschwindigkeit. Die Waffe war auf einer schweren Radlafette von 110 kg Masse montiert, die man in eine Dreibeinlafette umrüsten konnte. Václav Holek und Miloslav Rolčík aus Brno stellten eine als Modell H bezeichnete Versuchswaffe desselben Funktionsprinzips und vergleichbarer Universallafette, aber mit Kastenmagazin vor. Über seine Kapazität ist nichts bekannt, wohl aber über die Feuergeschwindigkeit. Sie war mit der Kadenz der anderen Versuchswaffe identisch.

Beide Systeme sind zwar abgelehnt worden; vermutlich hat ihr Test aber doch dazu beigetragen, daß die zuständigen Fachleute in Verteidigungsministerium und Generalstab mehr Klarheit darüber gewannen, von welcher Art die Kampfmittel denn eigentlich sein müßten. Allerdings war das nicht direkt nach der Erprobung klar, sondern erst später, als man deutlicher zwischen Waffen zur Bekämpfung von Panzerfahrzeugen auf Nahdistanz und zur Abwehr fliegender Ziele unterschied. Immerhin haben dann 1929 die Militärs ihre Forderungen präzisiert.

Sie bestellten in Brno ein überschweres Maschinengewehr, montiert auf fahrbarer Universallafette. Die Waffe sollte in feuerbereiter Position sowohl von der Bedienmannschaft in Stellung gerollt als auch auf einem Wagen transportiert und selbstverständlich von Fahrzeugen und Pferden gezogen werden können. Solche Konstruktionen – ihr Kaliber betrug teils 13,4 mm, teils 14,5 mm – stellte die Tschechoslowakische Waffenfabrik, damals schon als Zbrojovka Brno in zahlreichen Ländern bekannt, im Herbst 1929 vor. Obwohl bis 1932 mehrmals getestet, allerdings mit wenig erfolgversprechendem Ergebnis, ließ der Generalstab ein Jahr danach noch immer auf definitive Nachricht warten.

Im April 1933 erklärte er dann, ein für Infanterie und Kavallerie neu zu entwickelndes überschweres Maschinengewehr sei vor allem zur Fliegerabwehr bestimmt, gegen gepanzerte Fahrzeuge jedoch nur bedingt und nur im Ausnahmefall vorgesehen. Zur Hauptwaffe der Panzerabwehr auf Nahdistanz wurde die Maschinenkanone, später die Panzerbüchse erklärt. Für die Ausrüstung der Truppe mit derartigen und anderen Kampfmitteln legte man eine Reihenfolge fest, nach der die Panzerabwehrwaffe vor dem überschweren Maschinengewehr rangierte. Dieser Überlegung lag sicher auch die Erfahrung aus den vergangenen Jahren zugrunde, daß Maschinenkanonen durch Import schneller verfügbar sein würden als überschwere Maschinengewehre, deren Entwicklung sich noch immer im Versuchsstadium befand.

Wie unvollkommen derartige Konstruktionen tatsächlich noch waren, erwies sich ein viertel Jahr nach der Generalstabsentscheidung ganz offensichtlich. Im September 1933 wurde ein neues Versuchs-MG des Kalibers 14,5 mm aus Brno erprobt. Als Gasdrucklader mit starr verriegeltem Verschluß war die Waffe zwar von zweckmäßigerer Funktionsweise als die bis dahin vorgestellten Rückstoßlader; auf Grund zahlreicher Mängel mußte sie jedoch abgelehnt werden.

Als zunächst ungeeignet erwies sich auch die im folgenden Jahr erprobte Neukonstruktion mit der Werksbezeichnung ZB 60. Nicht nur die Versuchswaffe aus Brno, sondern auch die eigens für sie in den Škoda-Werken entwickelte Munition des Kalibers 15 mm versagte. Erst fünf Jahre später waren diese Waffe und solche Munition dann perfekt und konnten für die Serienproduktion vorbereitet werden.

So stand also 1934, nach etwa eineinhalb Jahrzehnten angestrengten Experimentierens, noch immer kein Ergebnis in Aussicht. Um das Problem etwa notwendig werdender Fliegerabwehr durch Infanterie und Kavallerie wenigstens zum Teil und zumindest vorläufig zu lösen – die offen betriebene Kriegsvorbereitung im benachbarten Deutschland veranlaßte zwingend zu höherer Aktivität – schlugen besorgte Militärs die Eingliederung von Zwillings-Maschinengewehren herkömmlichen und großen Kalibers vor: je Infanteriedivision eine Kompanie mit zwölf solcher Systeme, je Reiterbrigade eine Eskadron mit sechs Stück. Diese Interimslösung wurde jedoch nicht akzeptiert, wohl aber die Forderung des Generalstabs, die Truppe sofort mit zur Panzerabwehr auf Nahdistanz verwendbaren Kampfmitteln auszurüsten.

Im Mai 1935 entschloß sich das Verteidigungsministerium zum Import von Panzerbüchsen Modell Oerlikon (s. dort) aus der Schweiz. Diese Waffen werden in der Fachliteratur häufig Maschinenkanonen, mitunter auch überschwere Maschinenge-

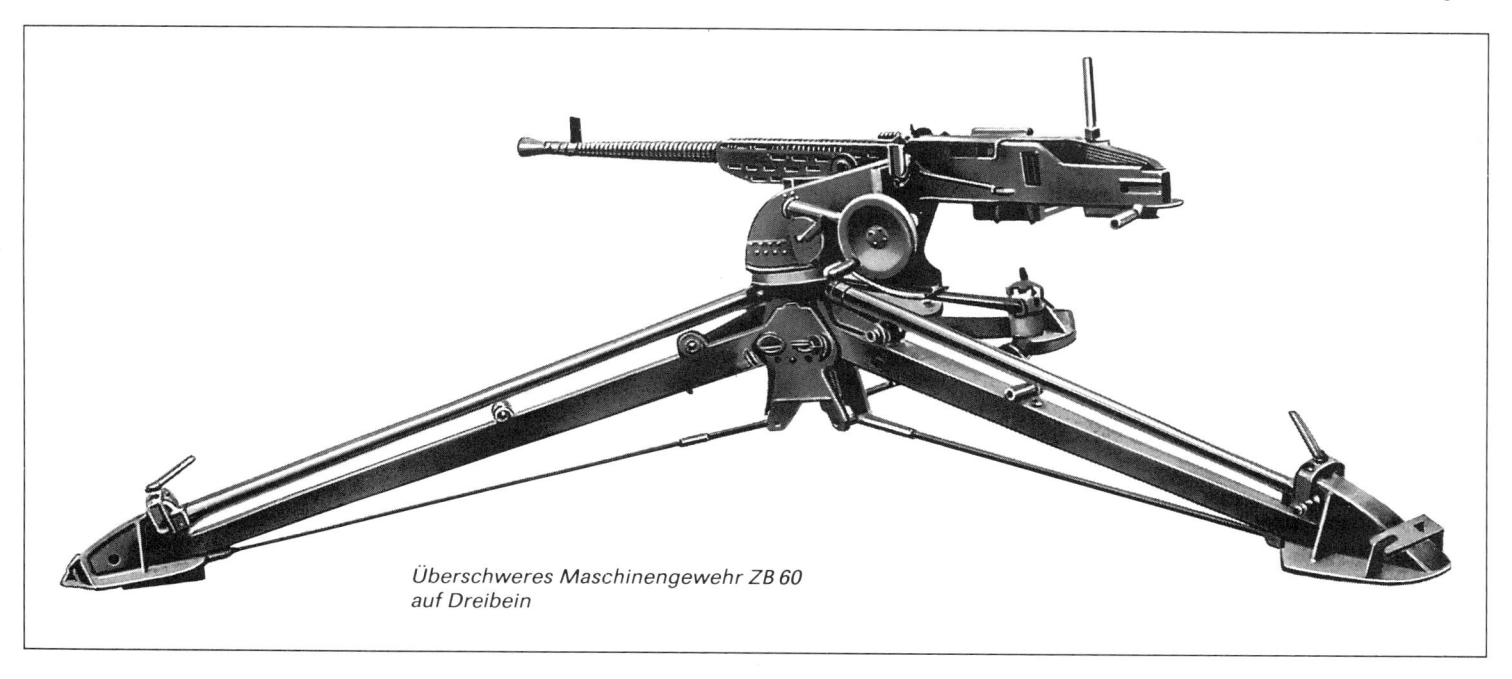

Überschweres Maschinengewehr ZB 60 auf Dreibein

wehre genannt. Der Hersteller bezeichnete sie als schwere Selbstladegewehre. In der strukturmäßigen Ausrüstung der Tschechoslowakei führte man sie als großkalibrige Maschinengewehre, zunächst als Modell 1935, später als Modell 1936.

In diesem Zusammenhang ist eine Erläuterung notwendig: Bis heute blieb ungeklärt, ob das taktische Konzept den Einsatz dieser Waffen tatsächlich zur Panzerabwehr oder zur Bekämpfung fliegender Ziele vorsah. Darüber ist man geteilter Meinung; und außerdem gibt es Vermutungen, wonach man sie entsprechend dem Standpunkt der Generalität von 1929 als für beide Zwecke bestimmte Kampfmittel wertete.

Daß die Munition des Kalibers 15 mm – ihre Entwicklung verlagerte man von Plzeň nach Brno – als eine Spezialpatrone zur Luftabwehr eingestuft, daß die Arbeit am überschweren MG Modell ZB 60 ab Anfang 1937 konsequent vorangetrieben, daß schließlich dieser Waffe nach einem Vergleichsschießen der Vorrang gegenüber dem aus der Schweiz importierten Kampfmittel eingeräumt wurde, dies alles scheint denen recht zu geben, die folgende Unterscheidung treffen: die Konstruktion der Firma Oerlikon vor allem für die Panzerabwehr, die Konstruktion aus Brno vorrangig zur Abwehr fliegender Ziele.

Das überschwere MG Modell ZB 60 ist ein Gasdrucklader mit starr verriegeltem Verschluß und kurz zurückgleitendem Lauf. Konstruktions- und Funktionsprinzip sind weitgehend mit dem des schweren MG Modell ZB 1937 (s. dort) identisch. Das Maschinengewehr hat einen auffallend langen Lauf, ein Gehäuse mit beidseitigen Kühlschlitzen, eine Stütze mit Schulteranlage beim Einsatz als Fliegerabwehrwaffe und eine Handhabe für den Kampf zu ebener Erde.

Die Waffe verschießt Spezialpatronen von 15 mm Kaliber mit panzerbrechendem oder Sprenggeschoß, zum Teil mit Leuchtspur. Das Geschoß erzielt zwar Wirkung bis 2 000 m Entfernung, hat seine volle Durchschlagskraft aber nur bis etwa zur Hälfte dieser Distanz. Die Munitionszuführung erfolgt mit Metallgurt. Als Stützsystem wurden unterschiedliche Lafetten verwendet, zum Beispiel ein sehr stabiles Dreibein mit hohem massivem Ständer oder eine schwere gummibereifte Radlafette.

Daß das Verteidigungsministerium dieser Waffe für einen geplanten Einsatz als Fliegerabwehr-MG den Vorrang eingeräumt hat, dürfte weniger von ihrer einheimischen Herkunft als vielmehr von ihren Vorzügen gegenüber der ausländischen Panzerbüchse bestimmt gewesen sein. Bei einem Vergleich taktisch-technischer Daten und anderer Parameter beider Waffen wird das ganz offensichtlich:

Gurtzuführung mit 40 Patronen gegenüber dem Magazin von nur 5 bzw. 10 Schuß Kapazität, Feuergeschwindigkeit von 430 S/min gegenüber einer Kadenz von lediglich 8 S/min bis 10 S/min, geschätzte Einsatzschußweite von etwa 1 000 m Entfernung gegenüber 300 m bzw. 500 m Distanz; überdies bessere Bedingungen fürs Zielen und für die Ausbildung.

Das Urteil des Auslands war ebenfalls positiv. Militärs aus Großbritannien, denen das Maschinengewehr Anfang 1937 vorgeführt wurde, veranlaßten Lizenzkauf und ließen es produzieren. Marineoffiziere aus Jugoslawien äußerten sich im Herbst jenen Jahres sehr zustimmend und erwirkten später einen Import. Dennoch schätzen Autoren aus der ČSFR ein, die Konstruktion sei weniger gelungen als andere Waffen aus Brno, etwa das leichte MG Modell ZB 1926 (s. dort) oder das schwere MG Modell ZB 1937.

Am 15. März 1939 befanden sich jedoch überschwere ZB-Maschinengewehre weder in den Arsenalen noch bei der Truppe. Einer Statistik zufolge verfügten die Streitkräfte damals außer über 29, allerdings bereits zur Aussonderung bestimmte Maschinenkanonen des Typs Becker über 229 Panzerbüchsen Modell Oerlikon. Panzerbüchsen aus eigener Produktion waren ebenfalls noch nicht vorhanden.

Obwohl nach mehrmals wiederholten Tests, weiteren Verbesserungen und erneuter sorgfältiger Erprobung ab Spätsommer 1938 für die Serienproduktion im gerade neuerrichteten Zweigwerk Vsetín vorbereitet, ist bis zur Okkupation kein einziges Maschinengewehr des neuentwickelten Typs ausgeliefert worden. Informationen darüber, ob die Produktion bereits begonnen hatte und wie viele Waffen danach hergestellt wurden, liegen nicht vor. Die Fachliteratur der ČSFR berichtet lediglich von einer Serienfertigung in begrenztem Umfang und einem Export in mehrere Länder, zum Beispiel nach Jugoslawien, jedoch ohne dabei Stückzahlen zu nennen.

In diesem Zusammenhang wird auch ein nach 1939 weiterentwickeltes Maschinengewehr dieses Typs erwähnt. Die Waffe erhielt die Bezeichnung überschweres MG Modell ZB 63, ist allerdings nur erprobt, nicht aber in Serienproduktion hergestellt worden. Sie verschoß Patronen derselben Art und war mit einer elektrischen Abfeuerungseinrichtung ausgerüstet.

Daten: Überschweres Maschinengewehr Modell ZB 60

Kaliber:	15 mm	Patrone:	15 × 101
v_0:	905 m/s	Lauflänge:	1 090 mm
Länge Waffe:	2 050 mm	Züge/Richtung:	
Feuergeschwindigkeit:	430 S/min	Visierschußweite:	m
		Einsatzschußweite:	1 000 m[1]
Munitionszuführung:	Metallgurt mit 40 Schuß		
Masse mit Dreibeinlafette:	159,00 kg		

[1] Maximal: 2 000 m.

Panzerbüchsen Modell 1941 7,92 mm und 15 mm

Im April 1933 erklärte der Generalstab der tschechoslowakischen Armee die Lösung des Problems der Panzerabwehr auf Nahdistanz durch Infanterie und Kavallerie zu einer Aufgabe von hoher Dringlichkeit. Zu dieser Zeit verfügte die Truppe über keine wirksamen Kampfmittel gegen gepanzerte Gefechtsfahrzeuge, auch nicht über leistungsstarke Waffen zur Abwehr fliegender Ziele.

Man hatte zwar seit 1918/19 intensiv mit Begleitwaffen für die Infanterie experimentiert und dabei sowohl leichte Kanonen kleinen Kalibers, kleine Haubitzen und Minenwerfer als auch Maschinenkanonen und großkalibrige Maschinengewehre erprobt, war aber zu keinem befriedigenden Ergebnis gekommen. Zum Teil lag das auch an der unterschiedlichen Auffassung der Vertreter aus den einzelnen Dienststellen, die sich über die Ausrüstung der Truppe nicht hatten einigen können und mal der sogenannten kleinen Infanteriekanone, mal der Maschinenkanone, mal dem großkalibrigen Maschinengewehr den Vorrang einräumten.

Zur Generalstabsberatung vom April 1933 waren auch die für Bewaffnung und Ausrüstung verantwortlichen Vertreter des Verteidigungsministeriums zugegen. Gemeinsam legte man eine Rangfolge der dringlich zu lösenden Aufgaben fest. Nach einem Dokument vom Juni jenen Jahres sollten beschleunigt ein Gewehrgranatgerät sowie leistungsstarke Munition für Gewehre und Maschinengewehre entwickelt, eine Infanterie-Panzerabwehrkanone und ein überschweres Maschinengewehr zur Bekämpfung fliegender Ziele konstruiert werden. Als schnell und in nachstehender Reihenfolge zu realisieren, wurden darüber hinaus folgende Forderungen gestellt: für jedes Bataillon Minenwerfer, für jede Kompanie Granatwerfer und Haubitzen.

Über die Entwicklung von Panzerbüchsen konnte man damals noch keinen Beschluß fassen, da bezüglich solcher Waffen noch keine Erfahrungen vorlagen. Als im Mai 1935 das Verteidigungsministerium Bestellungen für die teils als Maschinenkanonen, teils als großkalibrige Maschinengewehre, durch den Hersteller aber als schwere Selbstladegewehre bezeichneten Panzerbüchsen Modell Oerlikon (s. dort) aufgab und derartige Waffen aus Schweizer Export bald darauf eintrafen, erwuchs den tschechoslowakischen Militärs ein zusätzliches Problem. Sie mußten die Entwicklung solcher Panzerabwehrmittel veranlassen, allerdings wesentlich leichterer Waffen, als es die genannten Erzeugnisse aus der schweizerischen Firma Oerlikon oder gar die kurz zuvor übernommenen Infanterie-Panzerabwehrkanonen aus landeseigener Konstruktion und Produktion waren.

Die Informationen darüber, daß jenseits der Grenze, im benachbarten Deutschland, die Entwicklung von Gefechtsfahrzeugen mit dickerer Panzerung und von Infanteriewaffen vorangetrieben wurde, die panzerbrechende Geschosse verfeuern konnten, lösten ernste Besorgnis aus. Die Militärs analysierten die Lage. Sie mußten feststellen, es blieb keine andere Wahl, als zum längst begonnenen Projekt überschweres Maschinengewehr, das bis 1934 lediglich zu der damals noch mangelhaften Versuchswaffe Modell ZB 60 (s. dort) einschließlich noch ungeeigneter Munition geführt hatte, zusätzlich ein Entwicklungsprojekt Panzerbüchse in Angriff zu nehmen.

Angesichts der Tatsache, daß Infanterie und Kavallerie – ähnlich wie die im ersten Weltkrieg kämpfenden Truppen – etwaigen Angriffen durch gepanzerte Fahrzeuge und aus der Luft immer noch weitgehend wehrlos gegenüber stehen würden, war entschlossenes Handeln dringend geboten. Man war sich allerdings nicht im klaren darüber, nach welcher Methode am zweckmäßigsten zu verfahren sei.

Zur Diskussion stand zum Beispiel das Gerlich-Prinzip für Waffen mit konischem Rohr oder Lauf. Daraus verfeuerte Geschosse wurden in der Waffe von einem größeren auf ein kleineres Kaliber verformt. Das bot unter anderem den Vorteil, die Granate auf Grund ihres größeren Querschnitts beim Abschuß optimaler beschleunigen und dann für das Geschoß nach Passieren der Mündung die Vorteile stark reduzierten Luftwiderstands ausnutzen zu können. Allerdings bedurfte es dazu einer sehr großen Pulverladung, außerdem Spezialmaterials, und die Lebensdauer war wesentlich geringer als die herkömmlicher Konstruktionen.

Wie in den anderen Ländern verzichtete man in der Tschechoslowakei auf dieses Prinzip und konzentrierte sich auf die herkömmliche Methode. Diese Entscheidung des Generalstabs wurde gegen die Vertreter der Infanterie getroffen. Ultimativ forderten sie nach dem Gerlich-Prinzip funktionierende Waffen, zwei Stück je Infanteriegruppe. Der Konstruktion solcher Panzerbüchsen widmete sich später tatsächlich eine Firma, die damals in Prag ansässige Waffenfabrik Janeček. Allerdings war das erst während des Krieges sowie im Auftrag und unter Kontrolle der deutschen Besatzer, deren Panzerbüchsen, die Modelle 38 und 39 (s. dort), sich nicht bewährt hatten.

Aufträge für ähnliche Panzerbüchsen wurden 1936 sowohl der Tschechoslowakischen Waffenfabrik AG, der Zbrojovka Brno, als auch dem schon erwähnten Betrieb in Prag erteilt. Die Militärs legten dabei auf unterschiedliche Waffen mit den vier Kalibern 20 mm, 15 mm, 11 mm und 7,92 mm sowie in unterschiedlicher Ausführung hinsichtlich Masse und Anzahl der Bedienmannschaft Wert. Das sollten Einzellader sein, wobei man aber betone, falls Möglichkeiten bestünden, seien Mehrlader und Selbstlader sehr willkommen.

Für die Panzerbüchse mit 20 mm Kaliber waren eine Masse von maximal 60 kg und eine Höchstzahl von drei Mann Bedienung gefordert, für die Waffe von 15 mm Kaliber 25 kg und zwei Mann, für Panzerbüchsen, die Patronen 7,92 mm verschießen sollten, 8 kg Masse und ein Schütze. Ein solcher Auftrag ging nach Brno. Die Vorgaben an den Prager Betrieb lauteten auf 11 mm Kaliber, maximal 20 kg Masse und zwei Mann Bedienung.

Erste Ergebnisse aus Brno erwartete man bis Oktober 1936, aus Prag bis Mai 1937. Weder in dem einen noch in dem anderen Jahr konnten jedoch Versuchswaffen hergestellt werden. Zum Teil lag das nicht nur an der Kompliziertheit des Projekts und an mangelnder Erfahrung, sondern auch an den weiterhin unterschiedlichen Auffassungen der Militärs über Art und Ausführung künftiger Panzerbüchsen.

Das Verteidigungsministerium befand sich hinsichtlich der meisten Vorgaben für Kaliber, Masse und Bedienmannschaft in krassem Widerspruch zur Führung der Infanterie. Sie erhob Protest und wies nach, daß die Ausrüstung des Infanteristen weit mehr wog, als er seinerzeit als Soldat der österreichisch-ungarischen Armee hatte mit sich tragen müssen. Kämen noch schwere Panzerbüchsen hinzu, so die Argumentation, würden noch mehr Transportmittel benötigt werden.

Da man daran jedoch auf keinen Fall interessiert sein könnte, müßten Panzerbüchsen von nur einem Mann transportierbar und bedienbar sein. Daher kämen nur leichte Waffen in Frage. Optimal wären Panzerbüchsen für die Patrone 7,92 mm, möglicherweise noch akzeptabel Waffen mit größerem Kaliber, auf jeden Fall aber unter 15 mm.

Hinsichtlich der Masse der neu zu entwickelnden Waffen war die Haltung der Infanterie zweifellos richtig, nicht aber bezüglich der Munition. Zu dieser Zeit stand längst fest, daß Panzerbüchsen mit dem Kaliber 7,92 mm nicht den Gefechtsanforderungen entsprachen. Die Durchschlagsleistung der Patrone war gegen die immer stabiler werdende Panzerung der Gefechtsfahrzeuge nicht ausreichend. Das erwies sich später auch bei den schon erwähnten Panzerbüchsen aus deutscher Konstruktion, die Patronen des Typs P 318 mit den Abmessungen 7,92 × 94 verschossen.

Kurz bevor das deutsche Modell 38 im Truppenversuch erprobt wurde, ließen die tschechoslowakischen Militärs ihre erste Panzerbüchse testen. Das war am 8. April 1938. Zu dieser Zeit stand aber nur eine einzige Testwaffe zur Verfügung, und zwar eine Panzerbüchse mit 7,92 mm Kaliber, entwickelt in Brno. Man bezeichnete sie als Modell W/7,92.

Der Generalstab gab zwar Hinweise zur Verbesserung, akzeptierte aber die Konstruktion und bestellte 500 Stück. Die Vertreter der Infanterie hingegen hatten starke Bedenken: unzureichende Wirkung und zu große Masse. Im Juni und August jenen Jahres fanden weitere Tests mit veränderten Versionen statt. Sie brachten jedoch noch ungünstigere Ergebnisse. Die Streuung war zu hoch, die Leistung zu gering, die Lebensdauer der Waffe und die Geschwindigkeit des Geschosses nach Verlassen der Mündung entsprachen nicht den Erwartungen. Auf Veranlassung der Direktion der Befestigungsanlagen wurden solche Panzerbüchsen übrigens auch auf für das schwere MG Modell ZB 1937 (s. dort) bestimmte Lafetten des Typs 37 montiert.

Unbefriedigend aus Sicht der Infanterie verliefen auch die Erprobungen einer ebenfalls in Brno entwickelten, Modell W/15 genannten Panzerbüchse mit 15 mm Kaliber im September und Oktober 1938. Für diese Waffe interessierte sich insbesondere die Direktion der Befestigungsanlagen, trotz aller Bedenken schließlich aber auch die Infanterie. Beide Waffengattungen meldeten Bedarf an. Weitere Informationen sind nicht verfügbar. In der Fachliteratur der ČSFR gibt es lediglich Hinweise darauf, daß der Generalstab einer Ausrüstung der Befestigungsanlagen mit Panzerbüchsen Modell W/15 in einer von deren Direktion gewünschten Stückzahl zugestimmt hat.

Panzerbüchsen beider Typen haben damals jedoch nur den Status von Versuchswaffen erreicht. Sie wurden nicht an die Truppe geliefert. Die Waffenfabrik Janeček blieb noch erfolgloser. Ihre Konstruktion war wegen zu großer Masse bereits im Juni 1938 mit der Entscheidung abgelehnt worden, daß man auf weitere Versionen verzichte.

Nach der Annexion wurde die Entwicklungsarbeit an Panzerbüchsen zunächst gestoppt, dann aber mit Intensität unter deutscher Kontrolle und zu Nutzen der Besatzer fortgesetzt. Die Fachliteratur des Landes informiert über mehrere Konstruktionen aus der Waffenfabrik Brno. Dazu gehörten Panzerbüchsen, die unter folgender Bezeichnung geführt wurden: ZK 395, ZK 405, ZK 406, ZK 407, ZK 416 und Modell 1941. Nur das Modell 1941 ist in Serienproduktion hergestellt worden. Die anderen blieben Versuchswaffen. Als ihre Konstrukteure werden Emanuel und Václav Holek sowie Josef Koucký genannt. Man bescheinigt ihnen solide Arbeit.

Versuchswaffen des Typs ZK 395 wurden in Ausführungen mit 12 mm und 15 mm Kaliber getestet, Versuchswaffen der Typen ZK 405, ZK 406 und ZK 407 mit 7,92 mm Kaliber bereitgestellt. Die Panzerbüchse ZK 405 war ein Einzellader, ZK 406 ein Mehrlader, ZK 407 ein Selbstlader. Die als ZK 416 bezeichnete Versuchswaffe verschoß Patronen mit 15 mm Kaliber, die automatisch zugeführt wurden. Ob die Konstruktion als Selbstlade- oder Schnellfeuerwaffe funktionierte, ist zwar nicht genau bekannt;

Tschechoslowakei

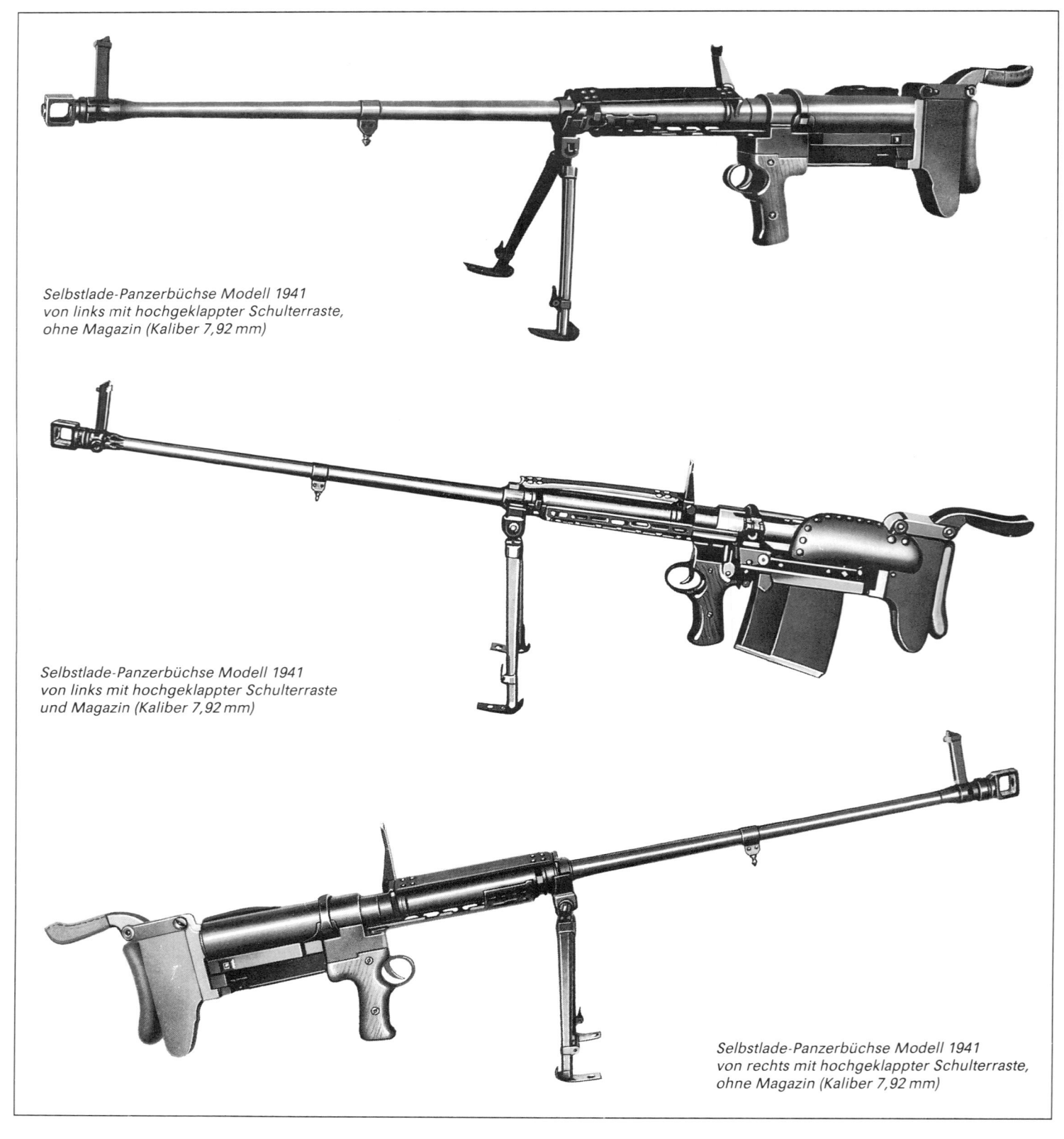

Selbstlade-Panzerbüchse Modell 1941 von links mit hochgeklappter Schulterraste, ohne Magazin (Kaliber 7,92 mm)

Selbstlade-Panzerbüchse Modell 1941 von links mit hochgeklappter Schulterraste und Magazin (Kaliber 7,92 mm)

Selbstlade-Panzerbüchse Modell 1941 von rechts mit hochgeklappter Schulterraste, ohne Magazin (Kaliber 7,92 mm)

es gibt aber Hinweise darauf, daß man sie, obwohl vorgesehen, für Dauerfeuer schließlich nicht eingerichtet hat.

Als erwiesen hingegen gilt: Waffen mit der Modellbezeichnung 1941 waren die weiterentwickelten Ausführungen der Versuchs-Panzerbüchsen Typ W von 1938/39. Die Serienwaffen standen in zwei Versionen als Selbstlader mit 7,92 mm und als Einzellader mit 15 mm Kaliber zur Verfügung. Wie groß ihre Stückzahl war, ist nicht bekannt, wohl aber, daß Panzerbüchsen mit dem größeren Kaliber unter anderem nach Italien geliefert, Panzerbüchsen mit dem kleineren Kaliber bei Wehrmacht und SS-Verbänden Deutschlands eingesetzt wurden.

Waffen beider Versionen sind von relativ einfacher Konstruktion und haben eine verhältnismäßig geringe Masse. Ihre Produktion soll sehr kostengünstig gewesen sein. Über Bedienung und Handhabung urteilt die Fachliteratur zumeist positiv, insbesondere in bezug auf die universelle Verwendbarkeit in Bunkern, Gefechtsfahrzeugen und Schützenlöchern.

Die Selbstlade-Panzerbüchse Modell 1941 des Kalibers 7,92 mm ist ein Rückstoßlader mit kurz zurückgleitendem Lauf, Einkammer-Mündungsbremse und direkt am Waffengehäuse angebauter Schulterstütze, die eine klappbare Raste hat. Auf Grund der kompakten Bauweise und Linienführung – Lauf, Gehäuse und Schulterstütze sowie Schulter des Schützen bilden eine Gerade – wird der Rückstoß erheblich verringert. Den größten Teil des Rückstoßes kompensiert die Mündungsbremse, einen weiteren die gefederte Schulterstütze.

Unter dem Waffengehäuse befindet sich ein durchbrochener Blechmantel, an der linken Seite ein Polster und auf dem Gehäuse eine Schlaufe für den Trageriemen. Unter dem Lauf, am Schwerpunkt der Waffe, ist ein klappbares Zweibein befestigt. Der Abzug wurde mit einem handhabungssicheren Pistolengriff kombiniert und direkt vor dem Magazin angebracht.

Das Magazin muß von unten eingesetzt werden. Seine Kapazität beträgt 10 Schuß. Das sind Patronen des Typs P 318. Sie werden mit einer praktischen Feuergeschwindigkeit von 20 S/min verschossen. Auf 100 m Distanz können sie 30 mm, auf 300 m Entfernung 20 mm dicken Panzerstahl durchschlagen.

Über Waffen dieses Typs gibt es in der Fachliteratur mitunter sich völlig widersprechende Angaben. Teils werden sie der Produktion der Mauser Werke AG Oberndorf in Deutschland, teils jedoch der Fertigung der Waffenfabrik Solothurn in der Schweiz zugeordnet. Das ist falsch. Richtig hingegen ist, daß sowohl in Deutschland als auch in der Schweiz ebenfalls Panzerbüchsen mit ähnlicher oder identischer Modellbezeichnung hergestellt wurden. Auf Grund dieser Bezeichnung kann man die drei Waffenmodelle, sofern kein Bildvergleich möglich ist und keine Kenntnis über Funktionsweise und Kaliber besteht, tatsächlich miteinander verwechseln.

Die Waffe aus Deutschland war die schwere Panzerbüchse Modell 41 mit dem Kaliber 28/20 mm (s. dort), die Waffe aus der Schweiz die schwere Panzerbüchse Modell 1941 mit dem Kaliber 24 mm (s. dort). Das deutsche Modell wurde bei den Mauser-Werken, das schweizerische bei der Eidgenössischen Waffenfabrik Bern (W+F) hergestellt. Ihre Konstrukteure nannten Waffen dieses Typs auch Tankbüchse 41.

Panzerbüchsen Modell 1941 aus der Tschechoslowakei jedoch sind mit den unterschiedlichen Kalibern 7,92 mm und 15 mm produziert worden, und zwar ausschließlich bei der Zbrojovka Brno. Ungewiß allerdings ist, ob man die Fertigung dort nach 1945 fortgesetzt hat. Einige Hinweise in der Fachliteratur lassen darauf schließen, daß dies bei Waffen mit dem Kaliber 15 mm der Fall gewesen sein könnte.

Darüber hinaus gibt es auffällige Widersprüche bezüglich der taktisch-technischen Daten von Panzerbüchsen Modell 1941 mit 7,92 mm Kaliber aus tschechoslowakischer Produktion. In manchen Veröffentlichungen werden Masse, Gesamtlänge, Lauflänge und Magazinkapazität mit 13 kg, 1 195 mm, 839 mm und 10 Schuß angegeben, in anderen hingegen mit 18,14 kg, 1 511 mm, 1 102 mm und 6 Schuß. Ähnlich differieren Mündungsgeschwindigkeit und Durchschlagsleistung. Welche Angaben richtig sind, ließ sich nicht feststellen.

Die Panzerbüchse Modell 1941 des Kalibers 15 mm ist ein Einzellader mit feststehendem Verschluß und in Längsrichtung beweglichem Lauf. Das Öffnen und Schließen der Waffe wird durch den Lauf bewirkt. Der Schütze muß sie von unten laden, indem er die Patrone in den zwischen hinterer Gehäusewand und Zubringer gelegenen Patronenraum einschiebt. Nach Ausschalten der Sperre dreht er den Lauf mit dem Spannhebel nach rechts. Dabei wird sowohl die Verbindung zwischen Lauf und Verschluß gelöst als auch der Schlagbolzen gespannt.

Schiebt man den Lauf vor, wird die Waffe geöffnet; zieht man ihn geringfügig zurück, gelangt die Patrone vor das Laufmundstück und nach weiterem Zurückziehen des Laufes schließlich in das Patronenlager. Sobald nach dem Schließen der Lauf wieder nach links gedreht wird, ist die Panzerbüchse verriegelt und feuerbereit. In diesem Zustand kann die nächste Patrone bereits in den Patronenraum eingeführt werden. Das Auswerfen der Hülse erfolgt nach Öffnen des Schlosses nach vorn, und zwar in seitlicher Richtung rechts. Die bereits zugeführte Patrone gelangt durch Zurückziehen des Laufes in Feuerbereitschaft.

Als praktische Feuergeschwindigkeit werden 10 S/min bis 12 S/min angegeben. Eine so schnelle Schußfolge erscheint jedoch als zu hoch. Sie dürfte wohl auf die theoretische Kadenz zutreffen. Allerdings wird ausdrücklich versichert, daß ein geübter Schütze in jeder Minute zehn bis zwölf gezielte Schüsse abgeben kann. Über die Durchschlagsleistung informiert die Fachliteratur wie folgt: Panzerstahl von 28 mm Dicke auf 100 m Distanz, von 18 mm auf 300 m Entfernung, und zwar bei einem Auftreffwinkel von 90°.

Die Schulterstütze hat eine körpergerecht geformte Anlage und ist gefedert. Sie verringert den Rückstoß beträchtlich. Zu mehr als der Hälfte wird er aber schon durch die Mündungsbremse kompensiert. Die Visiereinrichtung kann auf 300 m, 600 m und 800 m Distanz eingestellt werden. Unter dem Lauf befindet sich ein klappbares Zweibein. Bei Stellungswechsel wird

Daten: Selbstlade-Panzerbüchse Modell 1941

Kaliber:	7,92 mm	Patrone:	7,92 × 94
v_0:	1 175 m/s[1]	Lauflänge:	839 mm[2]
Länge Waffe:	1 195 mm[3]	Visierschußweite:	m
Feuergeschwindigkeit:	20 S/min	Einsatzschußweite:	300 m
Durchschlagsleistung:	30/100 bzw. 20/300 mm/m		
Masse:	13,00 kg[4]		

[1] Auch mit 1 220 m/s angegeben.
[2] Auch mit 1 102 mm angegeben.
[3] Auch mit 1 511 mm angegeben.
[4] Auch mit 18,14 kg angegeben.

Daten: Panzerbüchse Modell 1941

Kaliber:	15 mm	Patrone:	15 × 104
v_0:	900 m/s	Lauflänge:	1 500 mm
Länge Waffe:	1 710 mm	Visierschußweite:	800 m
Feuergeschwindigkeit:	10 S/min	Einsatzschußweite:	300 m
Durchschlagsleistung:	28/100 bzw. 18/300 mm/m		
Masse:	18,50 kg		

Panzerbüchse Modell 1941 von links (Kaliber 15 mm)

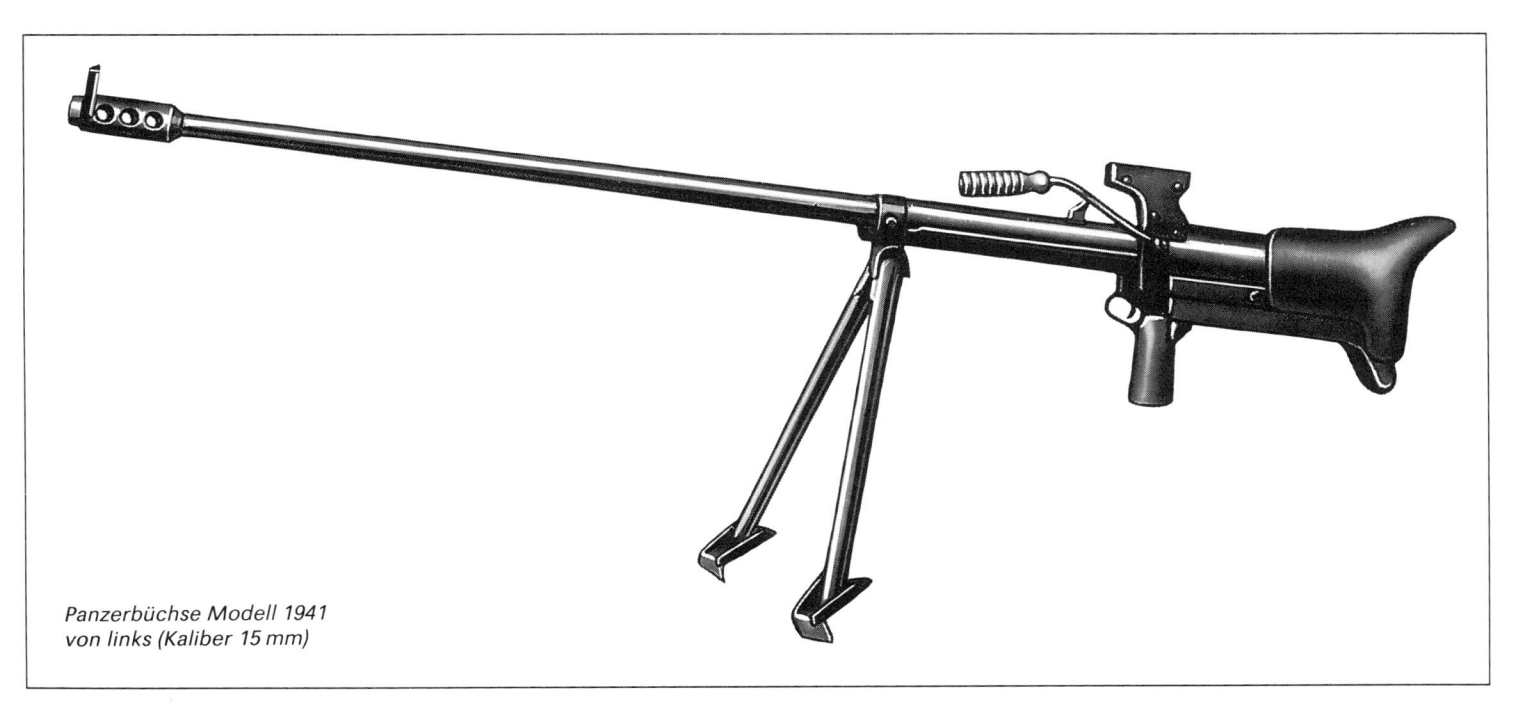

die Panzerbüchse am Spannhebel getragen. Er ist am Schwerpunkt der Waffe befestigt. Auf dem Marsch erfolgt der Transport mittels Rückentrage, die der Schütze sich wie einen Rucksack überschnallt.

Wie schon erwähnt, wurden unter deutscher Besatzung in der Prager Firma Janeček ebenfalls Panzerbüchsen konstruiert. Das waren Waffen mit konischem Lauf nach dem Gerlich-Prinzip. Sie sind in mehreren Ausführungen gefertigt worden, allerdings nur als Versuchswaffen. Zu den Konstrukteuren gehörte der Ingenieur J. Kyncl. Die Fachliteratur informiert über die drei Kaliber 9/7 mm, 11/7,92 mm und 15/11 mm. Über taktisch-technische Daten von Waffen der beiden größeren Kaliber sind einige Details, von den anderen keine Einzelheiten bekannt.

So soll 1940/41 eine als L 11 bezeichnete Version des Kalibers 11/7,92 mm mit 885 mm Gesamtlänge und einem Lauf erprobt worden sein, dessen gezogener Teil 625 mm lang war. Diese Panzerbüchse wird als Selbstlader ausgewiesen, der SmK-Munition mit einer Mündungsgeschwindigkeit von 1 250 m/s verschoß. Dieselbe Mündungsgeschwindigkeit mit Munition derselben Art, aber vom Kaliber 15/11 mm, erreichte eine Selbstlade-Panzerbüchse mit der Bezeichnung L 15. Die Gesamtlänge betrug 1 095 mm, die Länge des gezogenen Teiles des Laufes 745 mm.

Eine weitere, allerdings nicht mit Modellnamen gekennzeichnete Ausführung des Kalibers 15/11 mm wurde in zwei Versionen als Einzel- und Selbstlader getestet. Der Selbstlader war mit oben angebrachtem Magazin, Pistolengriff hinter dem Abzug, Tragegriff und klappbarem Zweibein ausgerüstet. Die Masse betrug ungefähr 27 kg, die Mündungsgeschwindigkeit des Geschosses etwa 1 400 m/s.

Ungarn

Selbstladepistole Modell Frommer 1929 9 mm

Anfang der dreißiger Jahre übernahmen die ungarischen Streitkräfte eine neue Dienstpistole. Das erfolgte im Zusammenhang mit der Orientierung auf modernere Waffen. Die Militärs beabsichtigten eine weitgehende Umrüstung. Neue Infanteriewaffen sollten schrittweise eingeführt, alte nach und nach abgelöst werden.

Allerdings waren die finanziellen Möglichkeiten des damals noch jungen Staates äußerst begrenzt. Er war erst am 16. November 1918 als bürgerliche Republik proklamiert worden. Jahrhundertelang hatten die Habsburger das Land unterjocht. Mitte April 1849 wurde zwar die Unabhängigkeit ausgerufen, Ende Oktober das Land jedoch erneut unter österreichische Herrschaft und Ende Mai 1867 schließlich wieder in die Doppelmonarchie Österreich-Ungarn gezwungen.

Als dann nach dem ersten Weltkrieg und der Revolution vom Oktober 1918 endlich die staatliche Souveränität erkämpft worden war, gab es in der jungen Republik so viele Probleme, daß man an eine modernere Infanteriebewaffnung der neuformierten Streitkräfte nicht denken konnte. Ein Jahrzehnt später wurden zwar erste Schritte eingeleitet, die beabsichtigten Vorhaben einer weitgehenden Umrüstung konnten jedoch nicht verwirklicht werden, weder damals noch bis zu Beginn des zweiten Weltkriegs.

Eine neue Dienstpistole allerdings führte man ein. Sie war von demselben Spezialisten für Faustfeuerwaffen entwickelt worden, der knapp ein Jahrzehnt zuvor die Taschenpistole Modell Frommer-Liliput und vor dem ersten Weltkrieg als Modelle 1901, 1906, 1910 sowie Frommer-Stop 1912 und Frommer-Baby bezeichnete Pistolen konstruiert hatte: Rudolf Frommer. Von 1905 bis 1935 leitete der studierte Maschinenbaufachmann die Budapester Metallwaren-, Waffen- und Maschinenfabrik AG als deren Direktor.

Nach mehreren Anläufen – manche der obengenannten Pistolen hatte Frommer in der Hoffnung auf das Interesse der Militärs entwickelt – gelang ihm der Durchbruch. Seine Pistole Modell Frommer-Stop war zwar ebenfalls bei den Streitkräften benutzt worden, allerdings während des ersten Weltkriegs bei den Truppen der Doppelmonarchie nur in bescheidenem Umfang.

Die wichtigsten Patente für das Modell 1929 meldete der Ingenieur am 6. Juli 1921 und am 19. Januar 1924 unter Nummer 373 175 bzw. 413 591 an. Die erstgenannte Patentschrift umfaßte die Details der Verschlußkonstruktion mit außen- oder innenliegendem Hahn, die Befestigung des Laufes und die Schlittenfangvorrichtung. Die andere schützte die Handballensicherung mit Unterbrecher sowie die Lage der drei Federn für Hahn, Abzugsstollen und Auslöseschieber. Diese Federn befinden sich in einem speziellen Gehäuse im Griffstück hinter dem Magazinschacht. Das Federgehäuse wird dort von zwei Stiften gehalten.

Die Pistole Frommer-Liliput hat dasselbe Konstruktions- und Funktionsprinzip wie die spätere Armeewaffe. Ab 1922 auf dem zivilen Markt angeboten, war die Taschenpistole damals wahrscheinlich das einzige, auf jeden Fall aber eines der ersten Modelle von 6,35 mm Kaliber mit Schlittenfangeinrichtung. Nach Verschießen der letzten Patrone hält sie den Verschluß in offener Stellung fest. Frommers Liliput-Pistole ist eine Waffe mit Feder/Masse-Verschluß, unter dem Lauf plazierter Vorholfeder, außen angebrachtem Hahn und Handballensicherung.

Im Zusammenhang mit der Modellbezeichnung ist ein Hinweis auf die vom deutschen Ingenieur A. Menz in Suhl konstruierte Liliput-Pistole angebracht. Beide Waffen dürfen nicht miteinander verwechselt werden.

Die Westentaschenpistole von 1922 diente als Grundlage für

Selbstladepistole Modell Frommer-Liliput

Selbstladepistole Modell Frommer 1929 von links mit Fingerstütze

Selbstladepistole Modell Frommer 1929 von links mit Fangriemenöse

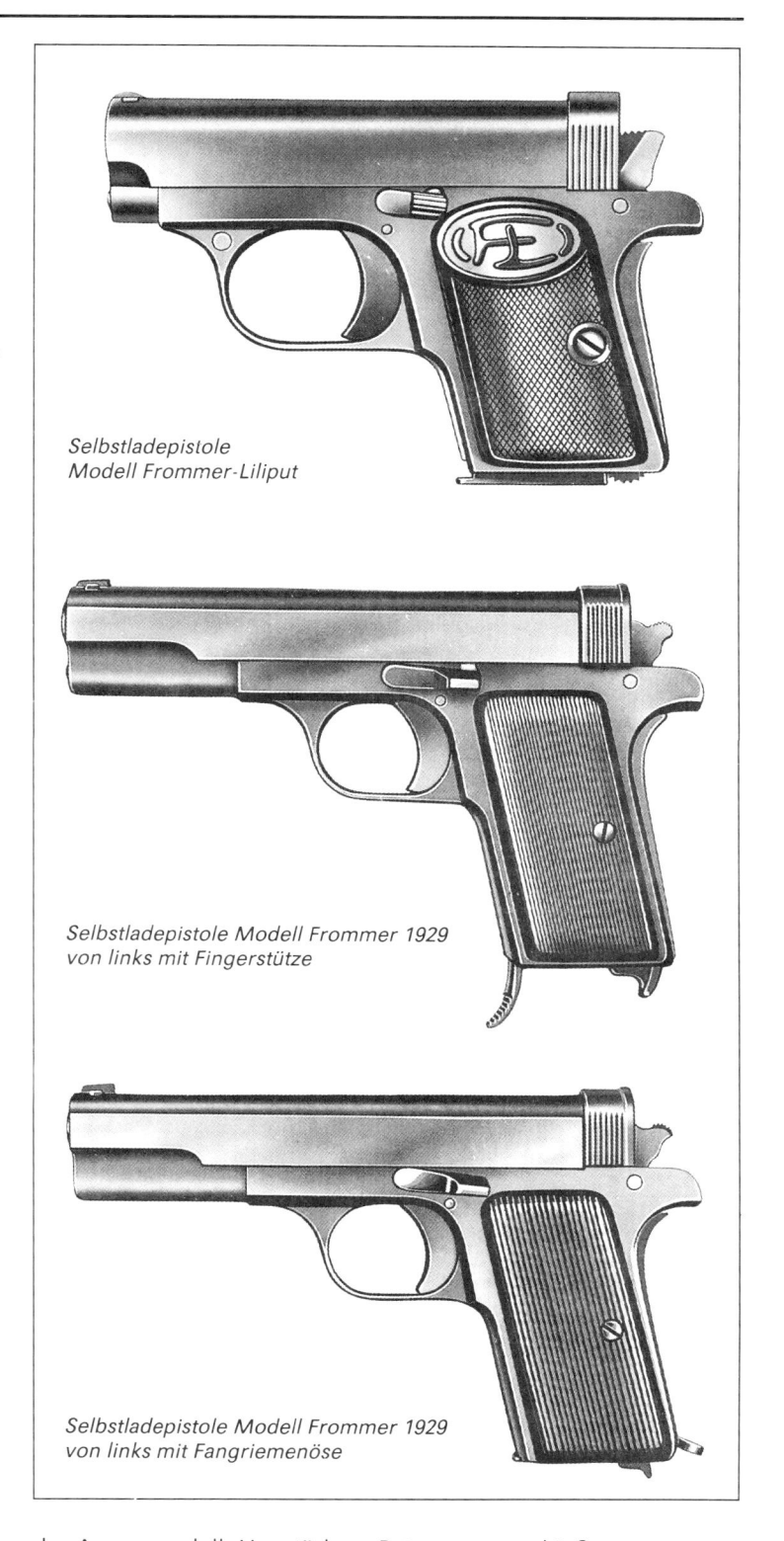

das Armeemodell. Um stärkere Patronen verschießen zu können, veränderte der Konstrukteur im wesentlichen nur die Proportionen. So ist die Dienstwaffe gewissermaßen die Liliput-Variante in maßstabsgerechter größerer Dimension. Im Frühjahr 1929 getestet, wurde die Pistole sofort akzeptiert. Ihre Produktion begann im Budapester Betrieb schon im Sommer jenes Jahres und endete 1936. Die Stückzahl wird auf 45 000 bis 50 000 geschätzt.

Selbstladepistole Modell Frommer 1929 von rechts mit Fingerstütze

Selbstladepistole Modell Frommer 1929 von rechts mit Fangriemenöse

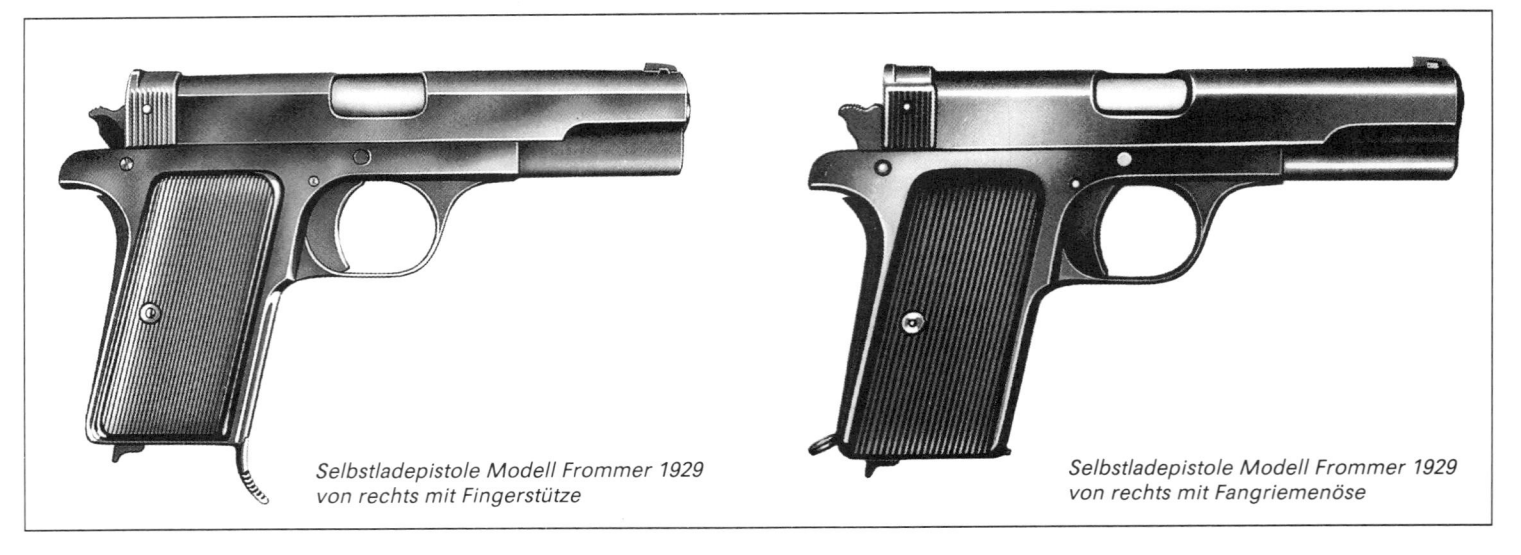

Außerdem fertigte man eine Version mit dem Kaliber 5,6 mm. Sie wurde von Militärangehörigen zum Training benutzt, wahrscheinlich aber auch im Handel vertrieben. Darüber hinaus gab es Waffen des Kalibers 9 mm mit einem Wechselsystem für Kleinkaliberpatronen. Solche Pistolen haben eine dem sportlichen Schießen angepaßte Visiereinrichtung. Der Kimmenschlitz ist breiter und tiefer, das relativ breite Balkenkorn auf einem Sockel plaziert.

Die Selbstladepistole Modell Frommer 1929 ist ein unverriegelter Rückstoßlader mit ungebremstem Feder/Masse-Verschluß, außenliegendem Hahn, Handballensicherung und automatischer Schlittenfangvorrichtung. Die Vorholfeder befindet sich unter dem Lauf. Er wird mit vier Rippen am Rahmen gehalten, hat also zwei Rippen mehr als die Liliput-Pistole. Der Lauf wird vom Schlitten völlig umschlossen.

Das Griffstück ist aus einem Stück hergestellt, der Hahn wie bei allen Frommer-Pistolen auffallend kurz. Unten am Griffstück, unmittelbar hinter dem Magazinhaltehebel, befindet sich eine beweglich gelagerte Fangriemenöse, allerdings erst bei Waffen aus späterer Serienproduktion. Die ersten wurden ohne Öse geliefert.

Die Visierung ist starr und offen. Das Magazin kann auch für Pistolen Modell 1937 (s. dort) benutzt werden. Die Kapazität beträgt 7 Schuß. Das sind Patronen des Typs Browning 9 mm kurz. Sie werden mit beachtlicher Treffsicherheit bei allerdings sehr hartem Abzug verschossen. Die Faustfeuerwaffe hat nicht nur eine recht gute Handlage, sondern ist trotz ihrer geringen Masse und relativ kleinen Abmessungen robust. Viele Magazine wurden mit Fingerstütze geliefert. Pistolen mit derartigem Magazin sind daher noch griffgünstiger. Die Griffschalen bestehen aus Nußbaum. Sie haben Längsrillen und werden von einer durchgehenden, hinter dem Magazin plazierten Schraube zusammengehalten. Die Breite der Waffe beträgt 29 mm.

Röntgenschnitt der Selbstladepistole Modell Frommer-Liliput

Daten: Westentaschenpistole Modell Frommer-Liliput

Kaliber:	6,35 mm	Patrone:	6,35 × 15,5 HR
v_0:	m/s	Lauflänge:	54 mm
Länge Waffe:	110 mm	Züge/Richtung:	6/r
Höhe Waffe:	80 mm	Magazinkapazität:	6 Schuß
Länge Visierlinie:	93 mm	Einsatzschußweite:	20 m
Masse ohne Magazin:	0,310 kg		

Daten: Selbstladepistole Modell Frommer 1929

Kaliber:	9 mm	Patrone:	9 × 17
v_0:	280 m/s	Lauflänge:	100 mm
Länge Waffe:	175 mm	Züge/Richtung:	4/r[2]
Höhe Waffe:	128 mm[1]	Magazinkapazität:	7 Schuß[3]
Länge Visierlinie:	141 mm	Einsatzschußweite:	40 m
Masse geladen:	0,787 kg		
Masse mit leerem Magazin:	0,720 kg		
Masse des Magazins:	0,060 kg		

[1] Mit Fingerstütze.
[2] Mit Kaliber 5,6 mm: 6/r.
[3] Mit Kaliber 5,6 mm: 10 Schuß.

Selbstladepistole Modell 1937 9 mm und 7,65 mm

Nur kurze Zeit produziert, wurde die bei den ungarischen Streitkräften Anfang der dreißiger Jahre eingeführte Frommer-Pistole Modell 1929 (s. dort) aus der Budapester Metallwaren-, Waffen- und Maschinenfabrik AG 1936 vom Hersteller vereinfacht und modernisiert. Ein Jahr darauf übernahm man die verbesserte Version als Modell 1937 in die strukturmäßige Bewaffnung. Der Weiterentwicklung lagen vor allem fertigungstechnische Notwendigkeiten zugrunde. Bei verbesserter Technologie konnten die modifizierten Waffen auf moderneren Maschinen, in kürzerer Zeit und mit weniger Kosten hergestellt werden.

Die Veränderungen betrafen insbesondere das Schlitten/Verschluß-System aber auch die Visierung. Sie beeinflußten darüber hinaus das Design. Die modernisierte Pistole hat eine bessere Gestaltung. Sie sieht eleganter aus und wirkt gefälliger. Der kurze Hahn allerdings ist geblieben. Die Waffe hat eine bewegliche Fangriemenöse unten am Griffstück, Griffschalen aus Nußbaum mit Längsrillen und ein Magazin mit Fingerstütze. Solche Magazine können auch für die Frommer-Pistole von 1929 benutzt werden.

Urteilt man an Hand der Seriennummern, so kann als sicher

Selbstladepistole Modell 1937 von links

Selbstladepistole Modell 1937 von rechts

Selbstladepistole Modell 37 (u)

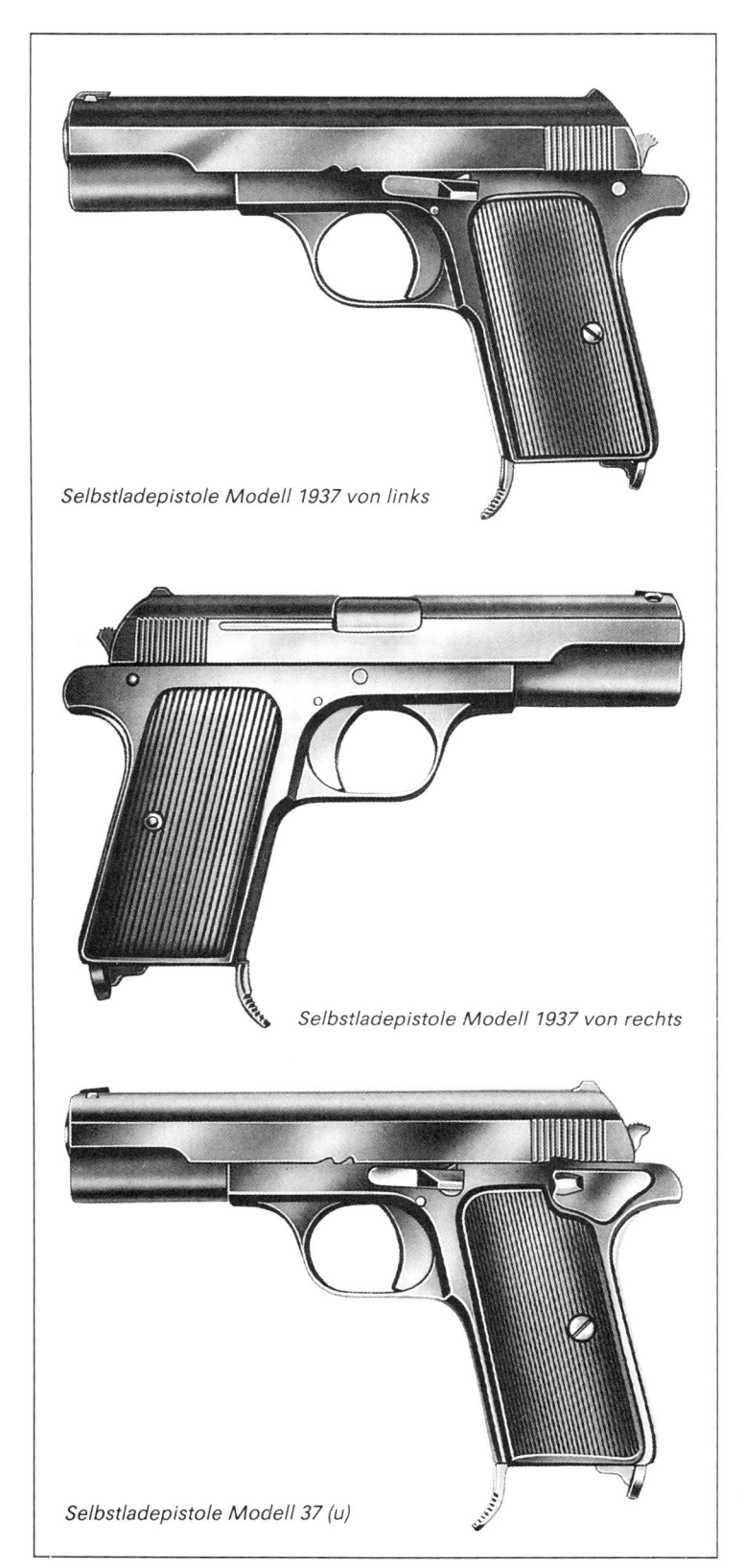

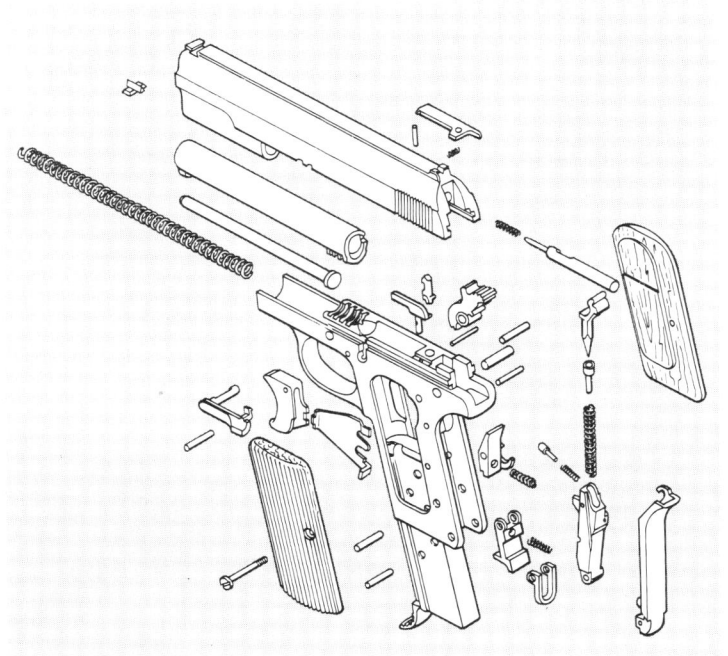

Explosionszeichnung der Selbstladepistole Modell 1937

Explosionszeichnung der Selbstladepistole Modell 37 (u)

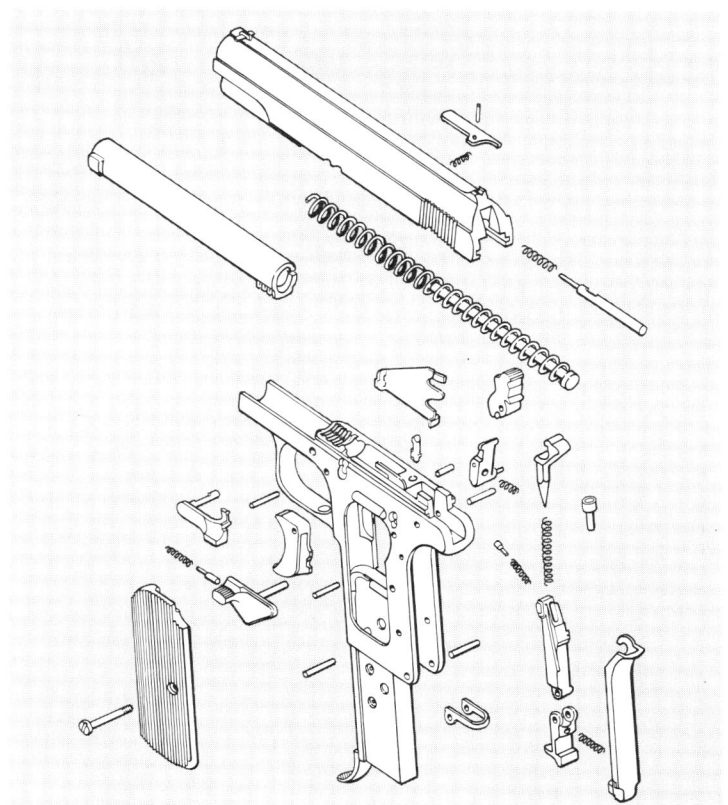

Ungarn

gelten, daß für Streitkräfte, Polizei und andere bewaffnete Formationen des Landes, aber auch für den zivilen Markt und möglicherweise für den Export beachtliche Mengen hergestellt wurden. Eingeschlossen darin sind auch die nach dem Krieg für kurze Zeit erneut produzierten Pistolen. Die Seriennummern beginnen im Anschluß an die der Frommer-Pistole bei 50 000 und enden bei etwa 250 000. Es ist jedoch nicht erwiesen, ob tatsächlich 200 000 Stück hergestellt worden sind.

Zunächst fertigte man sie mit dem Kaliber 9 mm zum Verschießen von Browning-Patronen 9 mm kurz. Ab Jahresbeginn 1941 gelieferte Pistolen Modell 1937 waren für die Browning-Patrone 7,65 mm eingerichtet. Abgesehen vom anderen Kaliber, wurden sie einige Monate in unveränderter Ausführung produziert, allerdings nicht mehr unter ungarischer Regie.

Die Kontrolle hatten deutsche Beauftragte übernommen. Dadurch konnten die bei den deutschen Streitkräften während des Krieges inzwischen stark dezimierten Bestände an Faustfeuerwaffen ergänzt werden. Der renommierte Budapester Betrieb war zur Lieferung von Pistolen mit 7,65 mm Kaliber in veränderter Ausführung verpflichtet.

Ehe deren Serienproduktion begann, wurden dort, gewissermaßen zur Probe, bereits auf das neue Kaliber umgerüstete Pistolen noch in Originalausführung und mit ungarischer Kennzeichnung hergestellt. Ab Juni/Juli 1941 produzierte die Firma völlig in deutschem Auftrag. Bis März 1942 lieferte sie 50 000 Pistolen. Sie waren vor allem für die Luftwaffe bestimmt. Eine weitere Serie von 60 000 Pistolen, deren Fertigung Mitte 1943 begann, konnte im folgenden Jahr, als sich die deutschen

Truppen aus Ungarn absetzen mußten, nach ungefähr 40 000 Stück nicht mehr zum Abschluß gebracht werden.

Die nach Deutschland gelieferten Pistolen unterscheiden sich von den ungarischen Ordonnanzwaffen auf Grund einer zusätzlich zur Handballensicherung installierten Sicherheitseinrichtung. Fachleute betonen, dies sei völlig überflüssig gewesen. Auf der linken Seite des Rahmens befindet sich ein vom Daumen der rechten Schießhand bedienbarer Sicherungshebel. Darüber hinaus wurden sämtliche Pistolen mit einer Magazinsperre ausgerüstet. Man führte sie bei den deutschen Streitkräften unter der Bezeichnung Pistole Modell 37 (u).

Der Budapester Betrieb soll 1943/44 auch als Modell 1937 C (Commercial) gekennzeichnete Zivilwaffen gefertigt und eine für die Kleinkaliberpatrone 5,6 mm eingerichtete Version hergestellt haben. Einzelheiten über Stückzahlen und Käufer sind nicht bekannt.

Die Selbstladepistole Modell 1937 ist wie das Vorgängermodell ein unverriegelter Rückstoßlader mit Feder/Masse-Verschluß, außenliegendem, zu kleinem Hahn, Schlittenfangvorrichtung und automatisch funktionierender Handballensicherung. Der Verschluß jedoch wurde wesentlich anders konstruiert: bei der Frommer-Pistole von 1929 ein mit dem Schlitten durch Bajonettverriegelung verbundener separater Verschlußzylinder, beim Modell 1937 ein aus einem einzigen Stück bestehender Schlitten und Verschlußblock.

Zur Visierung gehören eine auf einem Sockel installierte Kimme und ein entschieden zu feines Korn. Zwischen Kimme und Korn befindet sich eine Schiene von 6 mm Breite mit sehr feinen Rillen. Diese Visierschiene absorbiert jeden Lichtreflex. Die Waffe ist 31 mm breit. In der Fachliteratur urteilt man über Zuverlässigkeit und Funktionssicherheit lobend. Vor allem wird darauf hingewiesen, daß das Auseinandernehmen wesentlich unkomplizierter sei als bei der Frommer-Pistole von 1929.

Daten: Selbstladepistole Modell 1937

Kaliber:	9 mm[1]	Patrone:	9 × 17[1]
v_0:	280 m/s	Lauflänge:	100 mm[2]
Länge Waffe:	173 mm	Züge/Richtung:	4/r
Höhe Waffe:	129 mm	Magazinkapazität:	8 Schuß[1]
Länge Visierlinie:	145 mm	Einsatzschußweite:	40 m
Masse geladen:	0,811 kg		
Masse mit leerem Magazin:	0,735 kg		

[1] Auch mit Kaliber 7,65 mm für 7 Patronen 7,65 × 17 HR.
[2] Gezogener Teil: 84 mm.

Daten: Selbstladepistole Modell 37 (u)

Kaliber:	7,65 mm	Patrone:	7,65 × 17 HR
v_0:	280 m/s	Lauflänge:	100 mm
Länge Waffe:	173 mm	Züge/Richtung:	4/r
Höhe Waffe:	129 mm	Magazinkapazität:	7 Schuß
Länge Visierlinie:	145 mm	Einsatzschußweite:	40 m
Masse ungeladen:	0,750 kg		

Maschinenpistolen Modelle 1939 und 1943 9 mm

Mitte der dreißiger Jahre erhielt der ungarische Konstrukteur Pal Király den Auftrag, eine Maschinenpistole zu entwickeln. Die Streitkräfte des am 16. November 1918 als bürgerliche Republik proklamierten Staates sollten schrittweise mit neuen Infanteriewaffen ausgerüstet werden. In richtiger Erkenntnis über die Bedeutung automatischer Waffen hatten sich die Militärs auch auf Maschinenpistolen orientiert. Im Unterschied zu anderen Projekten, zu deren Verwirklichung weder die Kapazität noch die finanziellen Mittel ausreichten, kam man bei der Bereitstellung von Maschinenpistolen besser voran.

Mit Király hatte ein versierter Konstrukteur die Initiative ergriffen. Er war früher schon, von Unternehmen anderer Länder verpflichtet, erfolgreich gewesen, zum Beispiel in der Schweizerischen Industrie-Gesellschaft (SIG). Dort hatte er sich bei der Entwicklung der MPi Modell MKMO (s., dort) und des leichten MG Modell SIG KE 7 (s. dort) Verdienste erworben. Für die schweizerische Maschinenpistole konstruierte er Magazingehäuse und Zuführsystem, für das Maschinengewehr übernahm er gemeinsam mit dem damaligen Direktor von SIG die Projektleitung.

Nach dem zweiten Weltkrieg wurde Király ebenfalls wieder im Ausland aktiv. In der Dominikanischen Republik konstruierte er das Schnellfeuergewehr Modell Cristobal 2 (s. »Schützenwaffen heute«). Diese Arbeit war gewissermaßen die Fortsetzung seiner Tätigkeit von Mitte der dreißiger Jahre. Das dominikanische Schnellfeuergewehr hat dasselbe Verschlußsystem wie die ungarischen Maschinenpistolen.

Sie wurden in der Budapester Metallwaren-, Waffen- und Maschinenfabrik AG zunächst als Modell 1939, später dann in verbesserter Ausführung als Modell 1943 hergestellt. Waffen beider Typen gehörten zur Ausrüstung der ungarischen Streitkräfte. Die Serienproduktion der Erstversion soll nach knapp 8 000 Stück gestoppt worden sein. Über die Stückzahl der weiterentwickelten Version sind keine Informationen verfügbar, lediglich ein Hinweis, daß solche Maschinenpistolen in größerer Menge geliefert wurden. Die ungarische Firma konnte sogar einen Lizenzvertrag abschließen. Das britische Unternehmen Birmingham Small Arms Company Ltd. (BSA) erwarb das Recht zur Herstellung der MPi Modell 1939, nahm es dann bis auf eine Serie von modifizierten Testwaffen aber nicht wahr.

In Ungarn wurde die Király-MPi nach 1945 ebenfalls nicht mehr gefertigt. Mit sowjetischer Lizenz stellte man dort zunächst die Schpagin-MPi Modell PPSch 1941 (s. dort) her, nannte sie aber Modell 48 M (s. »Schützenwaffen heute«) und begann dann

Maschinenpistole Modell 1939

Maschinenpistole Modell 1943 von links mit abgeklappter Schulterstütze

Maschinenpistole Modell 1943 von rechts mit angeklappter Schulterstütze

mit der Serienproduktion verschiedener Versionen von Maschinenpistolen des Waffensystems Modell Kalaschnikow AK 47 (s. »Schützenwaffen heute«), von Waffen also, die eigentlich Schnellfeuerkarabiner sind und auch als Sturmgewehre bezeichnet werden.

Beide Maschinenpistolen Királys sind in bezug auf ihr Konstruktions- und Funktionsprinzip völlig identisch. Sie unterscheiden sich voneinander jedoch auf den ersten Blick. Die Erstversion sieht einem Karabiner auffallend ähnlich. Sie hat einen festen Holzkolben, einen bis weit nach vorn in Richtung Laufmündung reichenden Handschutz aus Holz, einen relativ langen Lauf und ein exakt im rechten Winkel einsetzbares Magazin. Die Zweitversion hingegen wurde mit einer klappbaren Metallschulterstütze, einem kürzeren Lauf, einer anderswinklig angeordneten Magazinzuführung und einem Pistolengriff hinter dem Abzug ausgerüstet. Sie hat zwar ebenfalls einen hölzernen Handschutz, aber von wuchtigerer, wesentlich stabiler wirkenden Form.

Die MPi Modell 1943 ist ein aus offener Verschlußstellung zuschießender Rückstoßlader mit verzögertem Rücklauf und halbstarr verriegeltem Masseverschluß. Im Verschluß befindet sich ein drehbar gelagerter Verriegelungshebel. Der Verschluß besteht aus zwei Teilen, dem leichten vorderen und dem schwereren hinteren Teil.

Befindet sich der Verschluß in vorderer Position, so verriegelt der Hebel, der in senkrechter Stellung in einer Aussparung des Gehäuses steht, nach unten. Ist die Patrone gezündet, muß zuerst der schwere hintere Teil des Verschlusses gegen den Druck der Schließfeder nach hinten geschoben werden. Danach kann sich der Hebel aus seiner Arretierung lösen, kann der Verschlußkopf entriegeln und erst dann sich der Verschluß völlig öffnen.

Ein derart kompliziertes, aus zahlreichen Einzelteilen bestehendes System, mit dem Király sowohl die Verschlußmasse als auch die Feuergeschwindigkeit in vertretbaren Grenzen hielt, war auf Grund der benutzten Patrone unumgänglich gewesen. Die Waffe gehört zu den wenigen für die starke Patrone Mauser Export 9 mm eingerichteten Maschinenpistolen. Solche Pistolenpatronen – sie werden seit Jahren nicht mehr produziert – waren übrigens so lange die stärkste Munition für Faustfeuer-

Daten: Maschinenpistole Modell 1939

Kaliber:	9 mm	Patrone:	9 × 25
v_0:	450 m/s	Lauflänge:	499 mm
Länge Waffe:	1 048 mm[1]	Züge/Richtung:	6/r
Feuergeschwindigkeit:	750 S/min	Visierschußweite:	600 m
		Einsatzschußweite:	200 m
Munitionszuführung: gerades Stangenmagazin mit 40 Schuß			
Masse geladen:	4,54 kg		
Masse ohne Magazin:	3,72 kg		
Masse des leeren Magazins:	0,29 kg	[1] Mit Bajonett: 1 345 mm.	

Daten: Maschinenpistole Modell 1943

Kaliber:	9 mm	Patrone:	9 × 25
v_0:	450 m/s	Lauflänge:	425 mm
Länge Waffe:	750 mm[1]	Züge/Richtung:	6/r
Feuergeschwindigkeit:	750 S/min	Visierschußweite:	600 m
		Einsatzschußweite:	200 m
Munitionszuführung: gerades Stangenmagazin mit 40 Schuß			
Masse geladen:	4,40 kg		
Masse ohne Magazin:	3,60 kg		
Masse des leeren Magazins:	0,27 kg	[1] Bei abgeklappter Schulterstütze: 950 mm.	

waffen, wie es noch keine Revolverpatronen .357 Magnum gab. Ihre Fertigung begann 1935.

Da der Konstrukteur die für eine Maschinenpistole recht ungewöhnliche Patrone gewählt hatte, mußte er auch bezüglich des Verschlußsystems die notwendige Konsequenz ziehen. Ein anderes als dieses System hätte eine zu große Masse des Verschlusses bedingt und eine zu hohe Feuergeschwindigkeit, überdies auch instabile Treffpunktlage der Waffe zur Folge gehabt. Mit nur 500 g Masse ist der Verschluß der ungarischen Maschinenpistole aber relativ leicht, und die Kadenz hatte, wie damalige Untersuchungsergebnisse informieren, um etwa 60 Prozent auf ungefähr 750 S/min reduziert werden können.

Die Munition wird aus einem geraden Stangenmagazin von 40 Schuß Kapazität zugeführt und in Einzel- oder Dauerfeuer verschossen. Der Schütze stellt die Feuerart mit einem hinten am Gehäuse installierten drehbaren Ring ein. Dieser dient auch zum Sichern der Waffe. Das Magazin kann einschließlich Halterung nach vorn unter den Lauf geklappt werden. Abgesehen von der Handlichkeit beim Transport, ist dabei der Zuführmechanismus außer Funktion gesetzt und die Waffe perfekt gesichert.

Sie hat ein Schiebevisier. Es ist bis 600 m Entfernung um jeweils 50 m Distanz verstellbar. Der Spanngriff befindet sich in einem offenen Schlitz an der rechten Gehäuseseite. Die Metallschulterstütze, mit Holzeinlagen im Holm, ist klappbar. In Marschlage wird sie unter das Gehäuse geschwenkt. In dieser Position kann der Schütze ebenfalls feuern. Hinter dem Abzug befindet sich ein Pistolengriff, am Lauf eine Halterung zum Befestigen des auch für das Mehrladegewehr Modell 1935 (s. dort) benutzten Bajonetts.

Fachleute loben die Király-MPi als eine funktionssichere, präzise und treffgenau schießende Waffe. Auch bei Dauerfeuer soll optimale Stabilität gewährleistet sein. Die Bedienung ist einfach, das Auseinandernehmen unkompliziert. Allerdings war die Produktion auf Grund des komplizierten Verschlußsystems mit seinen zahlreichen Einzelteilen relativ teuer.

Bevor solche Maschinenpistolen mit klappbarer Metallschulterstütze zur Verfügung standen, soll die Erstausführung modifiziert worden sein. Die Fachliteratur verweist auf ein Modell 1939 A mit klappbarem Holzkolben. Sie informiert auch über Modifikationen für Parabellum-Patronen 9 mm. Das dürfte den Tatsachen jedoch nicht entsprechen. Für derartige Munition hatte der Konstrukteur seine Waffen nicht eingerichtet. Richtig ist aber, daß man solche Patronen aus diesen Maschinenpistolen verschießen kann.

Mehrladegewehre Modell 1935 und Modell 98/40   8 mm bzw. 7,92 mm

Im Jahre 1935 wurden die ungarischen Streitkräfte mit einem Standardgewehr ausgerüstet. Sie erhielten Stutzen des Systems Mannlicher-Schönauer. Man bezeichnete sie als Mehrladegewehr Modell 1935. Solche Gewehre wurden in der Metallwaren-, Waffen- und Maschinenfabrik AG in der Hauptstadt des Landes produziert. Die Stückzahl ist unbekannt, dürfte aber bedeutend gewesen sein; denn 1940 verfügte die Budapester Firma über einen beträchtlichen Bestand noch nicht ausgelieferter Waffen.

Das Mehrladegewehr Modell 1935 hat einen drehbaren Zylinderverschluß nach dem Mannlicher-System. Der Verschluß ist selbstspannend, hat Kammer- und Schlößchenleitschiene, eine geteilte Hülsenbrücke und einen abnehmbaren Verschlußkopf. Die Verriegelung erfolgt dreifach. Am Ende der Schlagbolzenmutter befindet sich ein Daumengriff, mit dem das Schlößchen bei Versagern nachgespannt werden kann.

Kammerleitschiene und Knopf des Kammerstengels sind hohl. Dadurch konnte die Masse der Waffe reduziert werden. Das nach unten aus dem Schaft herausragende Mannlicher-Magazin hat eine Kapazität von 5 Schuß. Das sind ungarische Randpatronen mit den Abmessungen 8 × 56 R. Unter dem Lauf befindet sich eine Arretierungsvorrichtung, an der der Schütze ein Bajonett befestigen kann.

Sämtliche 1940 verfügbaren Gewehre wurden von der deutschen Wehrmacht in den eigenen Bestand übernommen. Wie die waffenproduzierenden Betriebe in den damals bereits annektierten oder überfallenen anderen Ländern stellte die politische Führung Deutschlands die Budapester Firma nach Beitritt Ungarns zum Dreimächtepakt vom 20. November 1940 unter deutsche Kontrolle. Da die Aggressoren den zweiten Weltkrieg inzwischen auf nahezu ganz Europa ausgedehnt hatten, wurde der Mangel an Waffen zunehmend akuter.

Aus eigener Produktion konnte der ungeheure Bedarf nicht annähernd gedeckt werden. Wie sämtliche Waffen betraf das die Infanteriewaffen und bei diesen auch die Gewehre. Daher war der Bestand an Gewehren im Budapester Betrieb mehr als willkommen. Allerdings ließen sich die ungarischen Mannlicher-Mehrlader nicht so problemlos zum Verschießen der deutschen Standardmunition verwenden wie etwa die nach dem Mauser-System konstruierten Waffen aus Belgien, Polen und der Tschechoslowakei. Diese waren für dieselben Patronen geeignet, die auch der in Deutschland produzierte Mehrladekarabiner Modell 98 k (s. dort) verschoß.

Das Heereswaffenamt veranlaßte Umbau und Aptierung. Bis 1943 wurden sämtliche ungarischen Gewehre zum Modell 98/40 verändert und in die Ausrüstung des deutschen Heeres übernommen. Die danach in Budapest neuproduzierten Gewehre waren Waffen mit den befohlenen konstruktiven Veränderungen.

Die Aptierung betraf weniger Lauf und Verschluß, sondern vor allem Patronenlager, Magazin und Abzugsbügel. Der Lauf mit 7,87 mm Durchmesser von Feld zu Feld war im Vergleich zum Lauf deutscher Waffen mit etwa 7,90 mm Durchmesser zwar relativ eng, für die Standardpatrone 7,92 × 57 aber unverändert verwendbar, nachdem man das Patronenlager nachgefräst hatte. Abgesehen von einer geringfügigen Veränderung am Verschlußkopf, wurde der Verschluß in Originalkonstruktion beibehalten.

Das Magazin konnte jedoch nicht benutzt werden. Es wurde durch eine zwar improvisierte, jedoch für Mauser-Patronen geeignete Mehrladeeinrichtung mit Zubringer und Zubringerfeder von nahezu originalgetreuer Mauser-Ausführung ersetzt. Um die Patronen mit Ladestreifen einführen zu können, mußten Hülsenbrücke und Verschlußhülse entsprechend präpariert

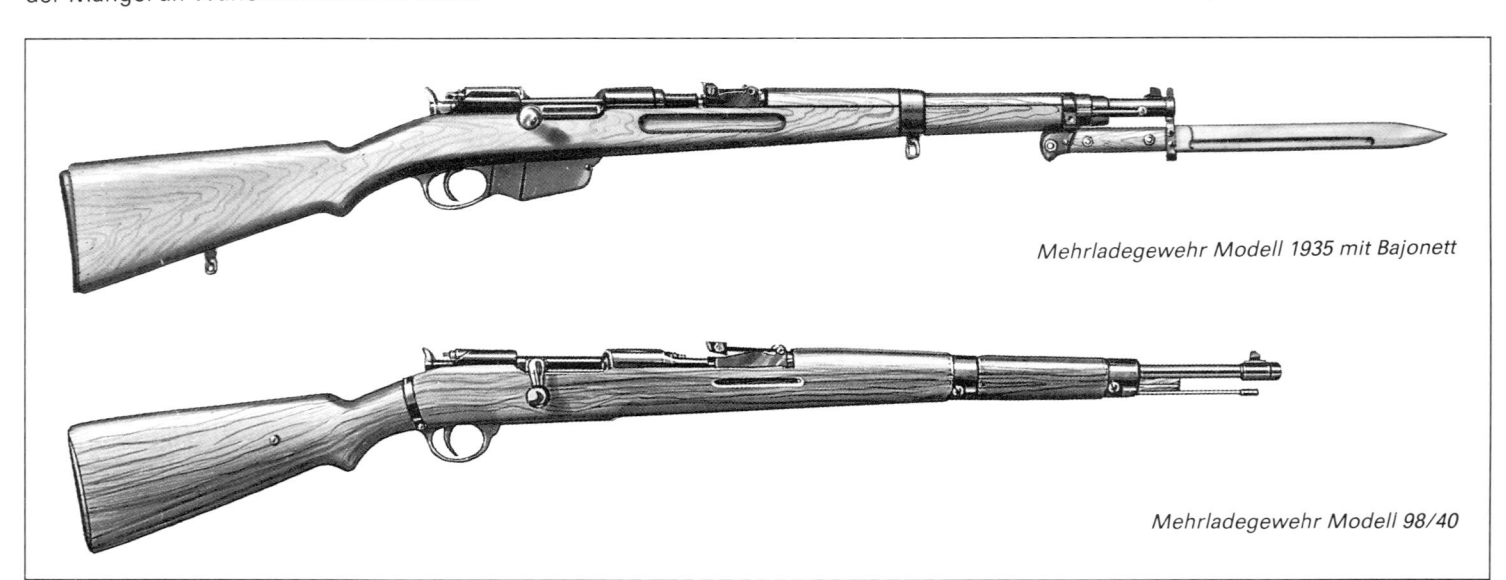

Mehrladegewehr Modell 1935 mit Bajonett

Mehrladegewehr Modell 98/40

werden. Der Abzugsbügel ist ebenfalls anders, das Visier mit 100 m bis 2 000 m Distanzeinteilung neu, die Bajonetthalterung verändert, und der Riemen wird nicht mehr unten, sondern an der linken Seite befestigt.

Auf diese Weise entstand eine zum Verschießen der deutschen Standardmunition aptierte Waffe. Sie hat eine Drallänge von 240 mm. Als Mehrladegewehr Modell 98/40 wurde sie am 13. Oktober 1941 bei der deutschen Wehrmacht offiziell eingeführt und bei der ungarischen Infanterie ebenfalls verwendet.

Daten: Mehrladegewehr Modell 98/40

Kaliber:	7,92 mm	Patrone:	7,92 × 57
v_0:	750 m/s	Lauflänge:	610 mm
Länge Waffe:	1 105 mm	Züge/Richtung:	4/r
Feuergeschwindigkeit:	10 S/min	Visierschußweite:	2 000 m
		Einsatzschußweite:	600 m
Munitionszuführung:	integriertes Magazin für 5 Schuß		
Masse ungeladen:	4,08 kg		

USA

Polizeirevolver der Baureihe Colt .38: Modelle Detective Special und Official Police

In der Fachliteratur werden Polizeirevolver der US-amerikanischen Firma Colt's Patent Firearms Manufacturing Corporation in Hartford, Connecticut, als Waffen von perfekter Konstruktion und Verarbeitung bewertet. Man betont, sie gehören zu den besten Revolvern der Welt, und dies seit dem Tage, da der Hartforder Betrieb sie in Erstausführung präsentierte. Das erste Polizeimodell, entwickelt auf der Grundlage des Colt-Revolvers New Army, hatte bereits 1904 zur Verfügung gestanden. Dies war eine Waffe mit einer entgegen dem Uhrzeigersinn rotierenden Trommel gewesen.

Ab 1908 produzierte das Unternehmen solche Revolver in verbesserter Konstruktion und mit nach rechts drehender Trommel. Eine Version war das mit einem mittelschweren Rahmen ausgerüstete Modell Police Positive Special, das Patronen des Typs Smith & Wesson .38 Special verschoß. Mit derartigen Waffen erzielte der Betrieb einen so großen Geschäftserfolg, daß er sie nicht nur jahrzehntelang herstellte, sondern auch modifizierte.

So übernahm er 1927 einen im Vorjahr als Modell Detective Special präsentierten Revolver in sein Produktionsprogramm. Die speziell für Polizeibeamte entwickelte Waffe hat ein Kaliber von .38 und einen Lauf von nur 2 Zoll (50,8 mm) Länge. Der Revolver muß nicht im Holster, sondern kann auch als Taschenwaffe getragen werden. Er ist kleiner als die Version von 1908, wiegt weniger, verschießt aber die leistungsstarken Patronen desselben Typs. Von 1927 bis 1932 wurden solche Revolver mit viereckigem Griff und Rahmen geliefert, danach mit abgerundetem Griff und Rahmen geliefert. Nach dem zweiten Weltkrieg produzierte Colt sie in verbesserter, neuesten waffentechnischen Erkenntnissen entsprechender Ausführung.

Das gilt auch für das Modell Official Police, einen 1928 erstmals unter diesem Namen vorgestellten Revolver, dessen Serienfertigung nach 1945 weitergeführt wurde. Mit dem Grundtyp dieser Waffe, 1908 als Modell Army Special vorgestellt, hatte die Hartforder Firma ihren Revolver New Army ersetzen wollen. Als dies nicht gelang – das neue Modell avancierte nicht zu einer Armeewaffe –, bahnte der Betrieb sich bald erfolgreich entwickelnde Geschäftsbeziehungen zu Polizeiformationen an. Sie übernahmen das ab 1928 als Official Police bezeichnete Modell in ihre Ausrüstung.

Waffen aller genannten Typen standen bis 1945 in mehreren Ausführungen zur Verfügung. Sie unterscheiden sich voneinander auf Grund ihres Kalibers, der benutzten Munition, der Lauf- und Gesamtlänge sowie ihrer Masse. Von Polizeiformationen wurden insbesondere die für die Patrone Smith & Wesson .38 Special eingerichteten Revolver geführt. Nach dem Krieg hat das Hartforder Unternehmen die Palette von Militär- und Polizeirevolvern Modell Colt (s. »Schützenwaffen heute«) bedeutend erweitert.

Revolver Modell Colt Police Positive Special

Revolver Modell Colt Detective Special

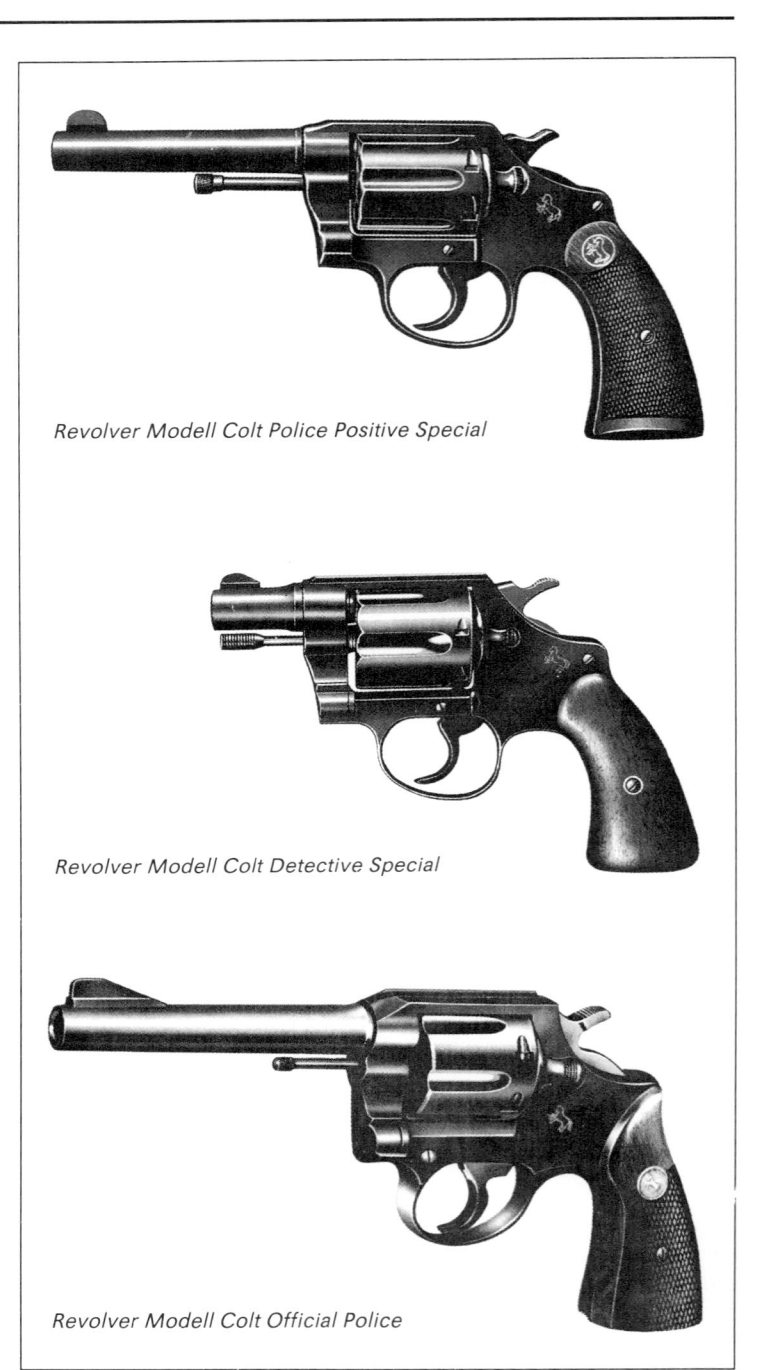

Revolver Modell Colt Official Police

Daten: Revolver Modell Colt Detective Special

Kaliber:	.38	Patrone:	.38 S & W Special (9 × 29 R)
v₀:	220 m/s	Lauflänge:	≈51 mm¹⁾
Länge Waffe:	180 mm	Züge/Richtung:	6/l
Höhe Waffe:	120 mm	Trommelkapazität:	6 Schuß
Länge Visierlinie:	mm	Einsatzschußweite:	20 m
Masse ungeladen:	0,620 kg		

¹⁾ Entspricht 2 Zoll.

Daten: Revolver Modell Colt Official Police

Kaliber:	.38	Patrone:	.38 S & W Special (9 × 29 R)
v₀:	300 m/s	Lauflänge:	≈102 mm¹⁾
Länge Waffe:	236 mm	Züge/Richtung:	6/l
Höhe Waffe:	mm	Trommelkapazität:	6 Schuß
Länge Visierlinie:	mm	Einsatzschußweite:	40 m
Masse ungeladen:	0,910 kg		

¹⁾ Entspricht 4 Zoll.

Revolver Modell Smith & Wesson .38/44 Heavy Duty .38

Am 1. April 1930 präsentierte die US-amerikanische Firma Smith & Wesson aus Springfield, Massachusetts, mit dem Modell .38/44 Heavy Duty einen neuen Revolver mit großem Rahmen zum Verschießen einer neulaborierten, .38–.44 Smith & Wesson Special genannten Patrone. Er war auf Forderung von Polizeidienststellen konstruiert worden. Sie hatten eine Waffe verlangt, deren Munition eine größere Durchschlagswirkung haben sollte; denn die Wirkung der aus dem Militär- und Polizeirevolver Modell Smith & Wesson M 1905 und aus dem von Polizeibeamten ebenfalls benutzten Revolver Modell Smith & Wesson Regulation Police M 1917 verfeuerten Geschosse erwies sich als zu schwach.

Die Weiterentwicklung bzw. Neulaborierung der Patrone erfolgte auf der Grundlage der Munition des Typs .38 Smith & Wesson Special. Auf diese Weise erhielt man eine Hochgeschwindigkeitspatrone. Sie verursachte allerdings einen sehr starken Rückschlag und sollte nur aus Revolvern mit großem Rahmen verschossen werden.

So orientierte man sich von Anfang an auf einen Revolver schwerer Konstruktion, für den ein N-Rahmen, ein Rahmen beachtlicher Größe und Stabilität, geeignet war. Ursprünglich für Schwenktrommelrevolver mit .44 Kaliber vorgesehen, wurden N-Rahmen also auch für Waffen mit kleinerem Kaliber verwendet. In diesem Zusammenhang muß erwähnt werden, daß die Springfielder Firma den ersten Revolver mit .44 Kaliber bereits 1905 vorgestellt hatte, und zwar zusammen mit der damals neuen Patrone .44 Smith & Wesson Special.

Er wurde als sogenanntes 1. Modell, in weiterentwickelter Ausführung als 2. Modell sowie erneut verbessert ab 1926 als 3. Modell hergestellt und auch Modell 1926 genannt. Außerdem gab es Modifikationen von wesentlich höherem Produktionsausstoß für andere leistungsstarke Patronen. In diese Kategorie gehört auch der für die Patrone .45 ACP eingerichtete Revolver Modell Smith & Wesson M 1917, als Standardwaffe von der US-amerikanischen Marine während des ersten und zweiten Weltkriegs, aber auch von der Militärpolizei und in geringer Stückzahl beim Heer benutzt.

Abgesehen von der Munition, ist der ab April 1930 in Serienproduktion hergestellte Revolver .38/44 Heavy Duty ebenso konstruiert wie das 3. Modell von 1926. In Standardversion haben Heavy-Duty-Revolver einen Lauf von 5 Zoll (127 mm) Länge, eine Masse von 1,134 kg und eine brünierte oder vernickelte Oberfläche. Da verschiedene Dienststellen Sonderwünsche äußerten, produzierte die Firma aber auch Läufe mit einer Länge von 3½, 4, 6 oder 8⅜ Zoll (88,9 mm, 101,6 mm, 152,4 mm oder 212,7 mm).

Als man 1941 die Fertigung vorübergehend einstellte, waren exakt 11 111 solcher Revolver verkauft worden, die meisten an Polizeiformationen. Von 1946 bis 1966 erneut produziert, wurden solche Waffen in verbesserter Ausführung mit einer Hammersicherung derselben Art geliefert, die man seit Dezember 1944 bereits in den Militär- und Polizeirevolver M 1905 bzw. in seine für den Export nach Großbritannien modifizierte Version Modell .38/200 British Service (s. dort) eingebaut hatte. Darüber hinaus gab es später weitere die Qualität verbessernde Veränderungen.

Ab 1957 wurden Waffen dieses Typs als Modell 20 bezeichnet. Als man 1966 ihre Fertigung zugunsten von Revolvern mit dem Kaliber .357 Magnum endgültig stoppte, waren 20 604 Heavy-Duty-Revolver aus Nachkriegsproduktion verkauft worden, wiederum vor allem an Polizeiformationen, an Sportschützen jedoch ebenfalls. Diese konnten außerdem eine Sportversion erwerben. Das war das Modell .38/44 Outdoorsman, produziert von 1931 bis 1941 und von 1946 bis 1966.

Revolver Modell Smith & Wesson M 1917 mit Holzgriffschalen

Revolver Modell Smith & Wesson M 1917 mit Plastgriffschalen

Revolver Modell Smith & Wesson M 1926

Revolver Modell Smith & Wesson .38/44 Heavy Duty

Revolver Modell Smith & Wesson .38/44 Outdoorsman

Revolver Modell Smith & Wesson M 1935 Magnum .357

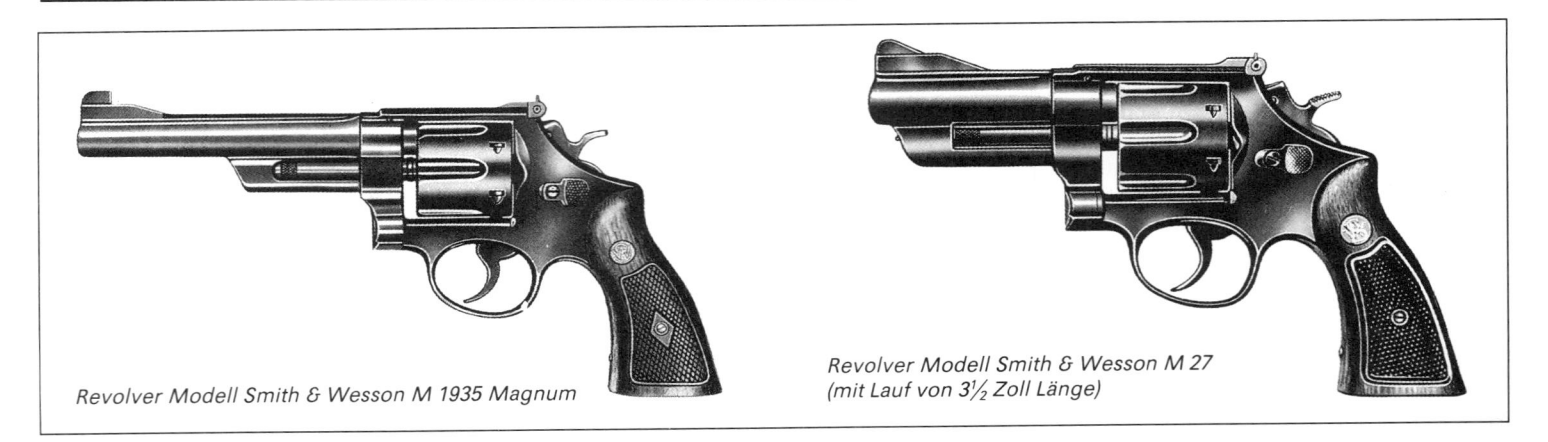

Revolver Modell Smith & Wesson M 1935 Magnum

Revolver Modell Smith & Wesson M 27 (mit Lauf von 3½ Zoll Länge)

Diese Waffe ist gewissermaßen das Nachfolgemodell des Revolvers Smith & Wesson .38/44 Heavy Duty (s. dort) von 1930. Sie verdrängte ihn jedoch erst 1966 endgültig aus dem Produktionsprogramm der US-amerikanischen Firma Smith & Wesson in Springfield, Massachusetts. Für die Konstruktion beider Modelle waren spezielle Wünsche von Kunden, zumeist von Polizeibeamten, maßgebend gewesen, und für beide Waffen hatte man zuvor spezielle Patronen bereitstellen müssen.

Das erfolgte auf der Grundlage der Munition des Typs .38 Smith & Wesson Special. Für den Revolver vom Kaliber .38/44 entstand durch stärkere Laborierung eine Hochgeschwindigkeitspatrone, für den Magnum-Revolver durch Verlängerung der Hülse und ebenfalls starke Pulverladung jedoch eine Patrone völlig neuen Typs, und zwar von überdurchschnittlich gesteigerter Leistung. In Zusammenarbeit mit der Firma Winchester Repeating Arms Company in New Haven, Connecticut, entwickelt, wurde sie ab 1935 bei Smith & Wesson produziert.

Am 8. April jenen Jahres überreichten die Firmenchefs dem damaligen Direktor des FBI die erste Waffe des neuen Typs aus Einzelanfertigung. Man hatte beabsichtigt, solche Revolver nur hin und wieder auf direkte Bestellung zu fabrizieren und wollte jedem Kunden ein auf seinen Namen ausgeschriebenes Zertifikat aushändigen. Die Nachfrage veranlaßte jedoch bald zur Serienfertigung von monatlich 120 Stück. Trotzdem hielt die Produktion nicht mit den Bestellungen Schritt. Bis 1938 lieferte die Firma etwa 5 500, bis Ende 1941, dem Zeitpunkt des Eingreifens der USA in den zweiten Weltkrieg, 6 642 Magnum-Revolver, zu einem großen Teil an höhere Polizeibeamte. Revolver dieses Typs wurden schon damals und werden noch heute von Offizieren bei Polizei und Militär getragen.

Die Nachkriegsproduktion – bis Juni 1952 exakt 6 322 verkaufte Waffen – begann im Dezember 1948 mit verbesserten Sicherungseinrichtungen derselben Art, wie man sie seit Dezember 1944 auch in den Revolver Modell Military & Police M 1905 bzw. in seine für Großbritannien bestimmte Exportversion Modell .38/200 British Service (s. dort) einbaute. Sämtliche seit dieser Zeit neu in die Fertigung übernommenen bzw. wieder produzierten Revolver des Springfielder Betriebes erhielten ein solches verändertes Sicherungssystem. Darüber hinaus gab es eine Vielzahl weiterer konstruktiver Verbesserungen, und zwar vor sowie nach 1957, seitdem dieser Revolver M 27 (s. »Schützenwaffen heute«) genannt wird.

Die ersten Magnum-Revolver hatte man mit feinen Riefen an Lauf und Rahmen geliefert. Dadurch ließen sich Lichtreflexionen vermeiden. Damals wurden die Waffen mit unterschiedlich langem Lauf von 3½ bis 8¾ Zoll (88,9 mm bis 222,3 mm), in sieben unterschiedlichen Kornversionen und der entsprechenden Visiereinrichtung verkauft. Waffen aus Nachkriegsproduktion bietet man in Standardausführung mit einem Lauf von 4 oder 6 Zoll (101,6 mm oder 152,4 mm), in Sonderausführung auch mit 3½, 5, 6½ oder 8⅜ Zoll (88,9 mm, 127 mm, 165,1 mm oder 212,7 mm) Lauflänge an.

Seit Revolver dieses Typs erstmals produziert wurden – das

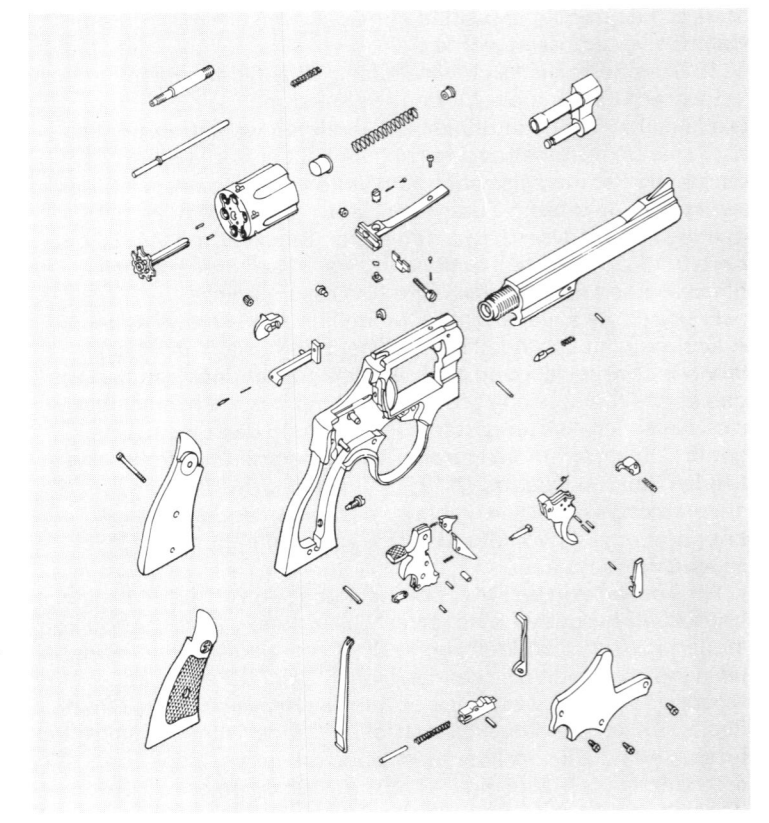

Explosionszeichnung des Revolvers Modell Smith & Wesson M 27

Magnum-Modell 27 ist heute der älteste im Springfielder Betrieb gefertigte Revolver mit N-Rahmen – gelten sie als die teuersten Faustfeuerwaffen von Smith & Wesson. Wesentlich billiger ist der für die Magnum-Patrone .357 eingerichtete, seit April 1954 hergestellte und ebenfalls von Polizeiangehörigen als persönliche Waffe getragene Revolver vom Typ M 28 Highway Patrolman (s. »Schützenwaffen heute«).

Daten: Revolver Modell Smith & Wesson M 1935 Magnum

Kaliber:	.357	Patrone:	.357 S & W Magnum
v_0:	460 m/s[1]		(9 × 32 R)
Länge Waffe:	≈ 270 mm[2]	Lauflänge:	≈ 140 mm[3]
Höhe Waffe:	140 mm	Züge/Richtung:	6/r
Länge Visierlinie:	170 mm	Trommelkapazität:	6 Schuß
Masse ungeladen:	1,230 kg	Einsatzschußweite:	40 m

[1] Mit Lauf von 8¾ Zoll.
[2] Mit Lauf von 5½ Zoll.
[3] Entspricht 6 Zoll; auch mit Lauf von 3½ Zoll (≈ 89 mm) bis 8¾ Zoll (≈ 222 mm).

Revolver Modell Smith & Wesson .38/200 British Service .38

Während des zweiten Weltkriegs führte die US-amerikanische Marine den von der Firma Smith & Wesson in Springfield, Massachusetts, produzierten Revolver Modell Military & Police M 1905 als Standard-Faustfeuerwaffe. Das war schon die achte, verbesserte Version. Die Erstausführung hatte wenige Monate vor der Jahrhundertwende als Modell Military & Police M 1899 zur Verfügung gestanden. Am 25. Juni 1900 bzw. im Februar des folgenden Jahres waren je 1 000 Stück von Marine und Heer zur Probe angekauft worden. Etwa um diese Zeit übernahm die Polizei mehrerer Bundesstaaten das Modell ebenfalls.

Revolver solchen Typs wurden seitdem in ständig wachsender Anzahl bei den Streitkräften des Landes verwendet, weniger beim Heer, in großer Menge aber bei der Marine. Deren Führung bestellte so viele, daß sich die Mitarbeiter des Springfielder Betriebes seit Anfang des Jahrhunderts insbesondere auf dieses Modell konzentrieren konnten und es bis 1905 siebenmal weiterentwickelten. Seine Produktion wurde nur 1918/19 für ein dreiviertel Jahr zugunsten des Revolvers Modell Smith & Wesson M 1917 unterbrochen.

Solche für die Patrone .45 ACP eingerichteten Waffen mit großem N-Rahmen und ausschwenkbarer Trommel von 6 Schuß Kapazität gehörten ebenfalls zur Ausrüstung der Marine, auch der gesamten Militärpolizei und in geringerer Menge des Heeres. Sie wurden dort nicht nur während des ersten, sondern in einer Anzahl von kaum weniger als insgesamt 100 000 Stück auch noch während des zweiten Weltkriegs geführt. Darüber hinaus lieferte man 1938 etwa 25 000 Revolver nach Brasilien und exportierte derartige Waffen auch nach Großbritannien.

Das gilt in noch stärkerem Maße für den Polizeirevolver Military & Police vom Typ M 1905. Allerdings war das nicht die für die Patrone .38 Smith & Wesson Special eingerichtete Ausführung, sondern eine speziell für die britischen Streitkräfte modifizierte Version zum Verschießen von Munition des Typs .380 British Service. Um das Exportmodell von der Originalausführung deutlich unterscheiden zu können, gab ihm der Hersteller die Bezeichnung .38/200 British Service. Die der Kaliberangabe nachgestellte Zahl 200 weist auf die Geschoßmasse in grains hin.

In der Fachliteratur wird das Exportmodell als die wichtigste Variante des Militär- und Polizeirevolvers bezeichnet. Vom 11. März 1940 bis 9. März 1945 in einer Anzahl von 568 204 Stück hergestellt, lieferte die Springfielder Firma der britischen Regierung weit über eine halbe Million solcher Revolver. Bis Ende Februar 1941 wurde dort fast nur in britischem Auftrag gearbeitet. Danach erhöhte man die Fertigungskapazität und konnte die für Streitkräfte und Polizeieinheiten des eigenen Landes bestimmten Revolver M 1905 ebenfalls in wachsendem Umfang produzieren.

Waffen für Großbritannien wurden zunächst mit unterschiedlich langem Lauf von 4, 5 oder 6 Zoll (101,6 mm, 127 mm oder 152,4 mm), Revolver für den Eigenbedarf stets mit einem Lauf von 2 oder 4 Zoll (50,8 mm oder 101,6 mm) Länge montiert. Etwa ab April 1942 soll die Exportversion nur noch mit dem langen Lauf von 6 Zoll geliefert worden sein, da sich die Schußleistung solcher Revolver als wirksamer erwies. Unterschiede gab es auch bei der Oberflächenbearbeitung: bis Dezember 1941 in blanker, bis April 1942 in brünierter, später in sandgestrahlter Ausführung, und zwar übereinstimmend für sämtliche Waffen dieses Typs.

Identisch sind auch Abmessungen, Trommelkapazität und selbstverständlich der Rahmen von mittlerer Größe. Man verwendete den geschlossenen K-Rahmen. Die Trommel ist nach links ausschwenkbar und hat 6 Schuß Kapazität. In der Fachliteratur wird darauf hingewiesen, daß der Schlagbolzen nicht kräftig genug auf den Patronenboden schlägt. Für Patronen aus US-amerikanischer Produktion mit der empfindlichen Zündkappe aus Kupfer zwar völlig ausreichend, wird jedoch die britische Munition mit Messingkapsel nicht immer zuverlässig gezündet. Das ist besonders der Fall, wenn die Schlag- oder Hahnfeder nach langer Verwendung oder längerem Liegen der

Revolver Modell Smith & Wesson .38/200 British Service von links mit Holzgriffschalen

Revolver Modell Smith & Wesson .38/200 British Service von rechts mit Plastgriffschalen

Waffe instabil und dadurch der Aufschlag noch weicher wird.

Die Stückzahlen waren beeindruckend. Bis 24. April 1942 wurden eine Million erreicht. Dazu gehörten sämtliche ab 1899 hergestellten, als Military & Police bezeichneten und für Patronen von .38 Kaliber eingerichteten Revolver, einschließlich der Waffen für Großbritannien. Bis 22. März 1948 betrug der Produktionsausstoß zwei Millionen, bis 27. November 1969 drei Millionen Stück. Dazu gehörten auch Waffen von unterschiedlicher Ausführung und anderem Kaliber als .38, die aber erst nach 1945 hergestellt worden waren, außerdem mit der Zusatzprägung V als Victory-Modell gekennzeichnete Revolver aus dem zweiten Weltkrieg.

Die mitunter in der Fachliteratur aufgestellte Behauptung, das Victory-Modell sei eine spezielle Version gewesen, ist falsch. Das V vor der Seriennummer hat nur symbolischen Charakter. Der Hersteller wollte damit seiner Hoffnung auf ein schnelles Ende des Krieges mit siegreichem Ausgang für denjenigen zum Ausdruck bringen, für den diese Waffe bestimmt war.

Auf solche Weise gekennzeichnete Revolver – sowohl für Großbritannien als auch für die US-amerikanischen Streitkräfte und Polizeiformationen bestimmt – wurden bis zum Sommer 1945 produziert. Die erste Waffe mit derartiger Zusatzprägung war der nach Erreichen der Eine-Million-Stück-Grenze am 27. April 1942 zuerst hergestellte Revolver vom Typ Military & Police der neu beginnenden Serie. Er erhielt die Kennzeichnung V 1, das letzte Victory-Modell die Prägung VS 811 119.

In diesem Zusammenhang ist eine Erläuterung zu einer Konstruktionsänderung notwendig: Manche Revolver der Victory-Serie sind tatsächlich modifizierte Waffen, und zwar mit einer neuen, vor unbeabsichtigter Schußauslösung besser schützenden Hahnblockierung. Sie wurde allerdings erst ab Dezember 1944 und für die Revolver nach Nummer V 769 000 serienmäßig verwendet. Um sie zu kennzeichnen, benutzte der Hersteller die Prägung VS. Darüber hinaus gab es Waffen mit der Prägung SV vor der Seriennummer. Das waren bereits fertigmontierte Revolver mit der Sicherung alten Typs, die aber vor Auslieferung umgerüstet wurden.

Zwei Jahre, nachdem man die Produktion der für Großbritan-

USA

Revolver Modell Smith & Wesson Victory

Röntgenschnitt des Revolvers Modell Smith & Wesson .38/200 British Service

nien bestimmten Waffen eingestellt hatte, begann sie im Februar 1947 erneut. Bis 11. August jenes Jahres lieferte die US-amerikanische Firma ihrem Auftraggeber etwa 10 000 weitere Revolver. Er benötigte sie für die Ausrüstung bewaffneter Kräfte in den Commonwealth-Ländern. Ab 1957, als Smith & Wesson für sämtliche Waffen neue, exakte Modellbezeichnungen einführte, wurden derartige, damals zeitweise ebenfalls gefertigte Revolver übrigens Modell 11 genannt.

An Hand der neuen Modellbezeichnungen sind die nach dem zweiten Weltkrieg für Eigenbedarf und Export produzierten Militär- und Polizeirevolver vom Typ M 1905 deutlich voneinander zu unterscheiden. Man stellte sie, wie schon erwähnt, nicht nur in enormen Stückzahlen her, sondern auch in unterschiedlichen Ausführungen und Kalibern zum Verschießen verschiedenartiger Patronen. Die Konstruktion ist übereinstimmend, die Rahmengröße unterschiedlich. Das Kaliber umfaßt den Bereich von .32 bis .45, schließt aber auch für Kleinkaliberpatronen .22 modifizierte Versionen ein (s. »Schützenwaffen heute«).

Daten: Revolver Modell Smith & Wesson .38/200 British Service

Kaliber:	.38	Patrone:	.380 British Mk.2
v_0:	185 m/s		(9 × 20 R)
Länge Waffe:	≈ 260 mm[1]	Lauflänge:	≈ 152 mm[2]
Höhe Waffe:	130 mm	Züge/Richtung:	5/r
Länge Visierlinie:	155 mm	Magazinkapazität:	6 Schuß
Masse ungeladen:	0,900 kg	Einsatzschußweite:	40 m

[1] Mit Lauf von 6 Zoll.
[2] Entspricht 6 Zoll; auch mit Lauf von 4 Zoll (≈ 102 mm) und 5 Zoll (≈ 127 mm).

Selbstladepistole Modell Colt M 1911 A1 .45

Längere Zeit als dieses Modell war keine andere Selbstladepistole Standard-Faustfeuerwaffe. Schon 1926 bei den Streitkräften der USA eingeführt, erhielt sie erst 1982 eine Nachfolgerin. Die Dienstzeit in diesem Land ist jedoch nicht auf den genannten Zeitraum begrenzt. Eineinhalb Jahrzehnte vor 1926 gehörte dort ein Modell solchen Typs bereits zur Ausrüstung, und eineinhalb Jahrzehnte nach 1982 könnte das noch immer der Fall sein.

Vorgängerin der US-amerikanischen Standard-Faustfeuerwaffe war die 1911 übernommene Colt-Pistole Government M 1911, Nachfolgerin soll die Beretta-Pistole Modell 92 F (s. »Schützenwaffen heute«) sein. Als sie zur neuen Ordonnanzwaffe erklärt wurde, verfügten die US-amerikanischen Streitkräfte über etwa 418 000 Colt-Pistolen. Daß ihre Ablösung sehr lange dauern wird, liegt auf der Hand.

Die tatsächliche Dienstzeit dürfte also die sieben Jahrzehnte, die die Pistole schon Standardwaffe war, weit überschreiten. Außerdem war bzw. ist sie in zahlreichen anderen Ländern ebenfalls Dienstwaffe bei Streitkräften und Polizeieinheiten und wurde bzw. wird dort in Serienfertigung hergestellt. Das geschieht teils in Lizenz, teils in ungenehmigtem Nachbau, zum Teil originalgetreu, zum Teil modifiziert. Die Frage, wie viele Millionen Stück seit 1911/12 allerorts insgesamt produziert worden sind, kann man wohl ebensowenig beantworten wie die Frage, bis wann Waffen dieses Typs noch benutzt werden.

Das Patent für die Konstruktion war von John Moses Browning bereits vor der Jahrhundertwende angemeldet worden. In den folgenden Jahren präsentierte die Firma Colt mehr oder weniger auf dieser Grundlage entwickelte Browningsche Konstruktionen. Zu diesen gehören auch die Modelle M 1902 mit .38 und M 1905 mit .45 Kaliber. Über weitere Pistolen, die man 1909 und 1910 konstruierte, entstand schließlich eine Waffe, die sich gegen starke Konkurrenz einheimischer Firmen durchsetzen konnte. Am 29. März 1911 wurde sie als Colt-Pistole Modell M 1911 zur Ordonnanz erklärt und seitdem auch Government-Pistole (Regierungsmodell) genannt.

Abgesehen von wenigen Änderungen, ist das die Pistole, die

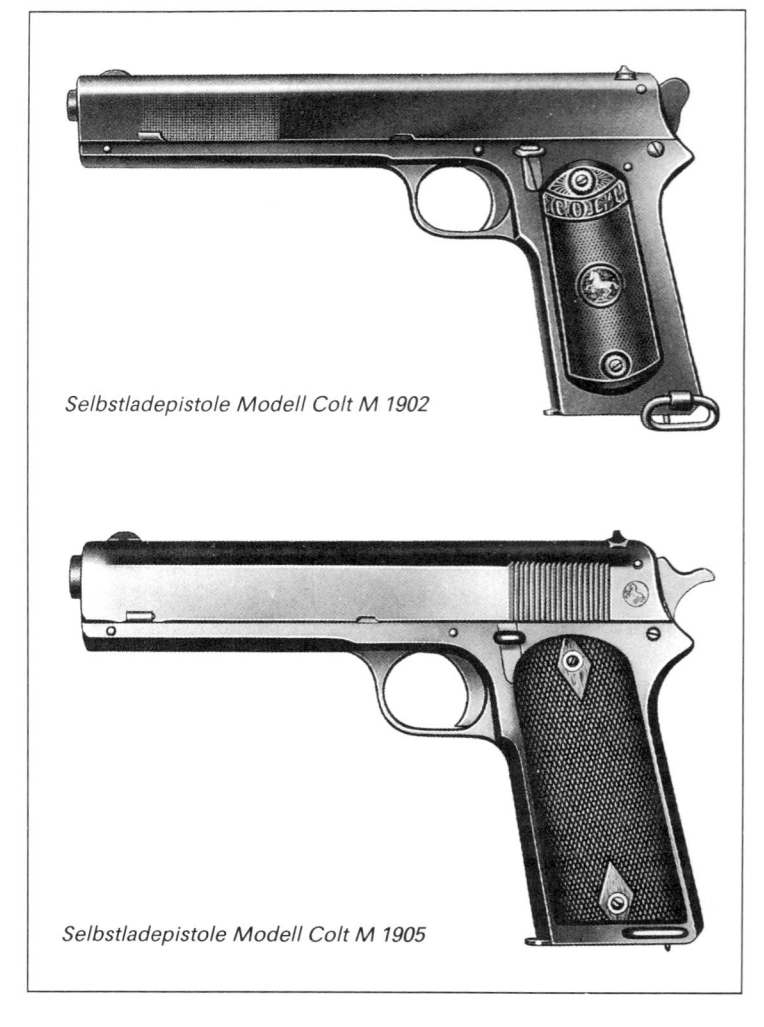

Selbstladepistole Modell Colt M 1902

Selbstladepistole Modell Colt M 1905

Selbstladepistole Modell Colt M 1911

Selbstladepistole Modell Colt M 1911 A1 von links

Selbstladepistole Modell Colt M 1911 A1 von rechts

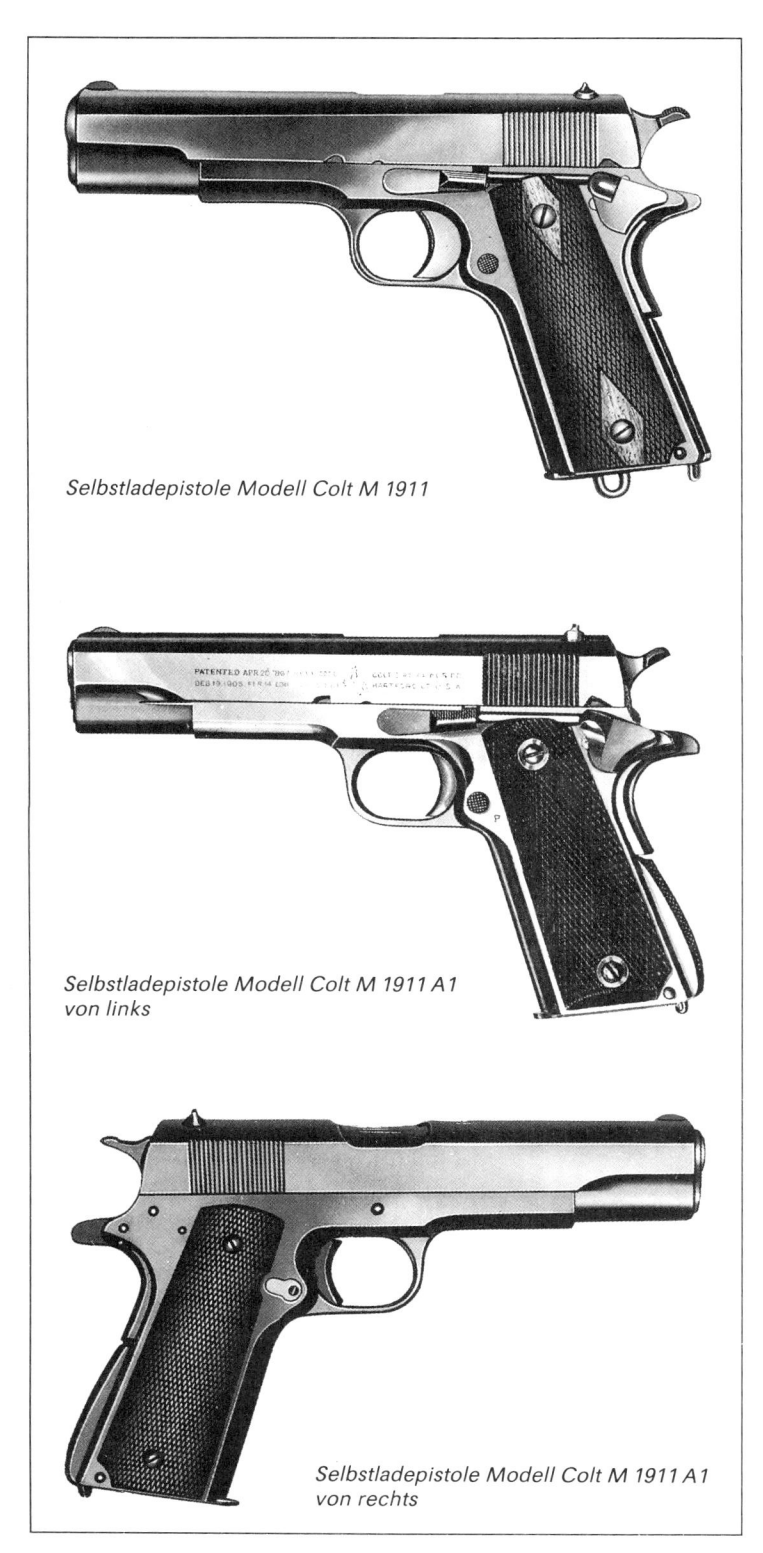

bis 1982 bei der Armee Standard-Faustfeuerwaffe war. Sie hatte sich schon während des ersten Weltkriegs bewährt und erwies sich während des zweiten trotz mehrerer Mängel ebenfalls als eine Pistole mit einer Reihe von Vorzügen. Einige Mängel waren 1921 beseitigt worden, als man die Waffe geringfügig verändert hatte, um sie dann 1926 unter der Bezeichnung M 1911 A1 ordonnanzmäßig zu übernehmen.

Mit solchen Pistolen wurden während des zweiten Weltkriegs sämtliche Offiziere und Unteroffiziere des US-amerikanischen Heeres ausgerüstet. Diese Waffen trugen auch alle Maschinengewehrschützen, die Bedienungsmannschaften von Mörsern und Geschützen, außerdem Fernmelder, Kraftfahrer und Angehörige zahlreicher Einheiten.

Wie so oft, machte die Marine jedoch eine Ausnahme. Sie führte Militär- und Polizeirevolver Modell Military & Police M 1905 mit dem Kaliber .38 in sehr großer Anzahl. Das waren Waffen desselben Typs, der von der US-amerikanischen Firma Smith & Wesson in Springfield, Massachusetts, als modifizierte Exportversion Modell Smith & Wesson .38/200 British Service (s. dort) von 1940 bis 1945 für die britischen Streitkräfte hergestellt wurde.

US-amerikanische Soldaten kämpften aber auch mit anderen Revolvern, die schon während des ersten Weltkriegs produziert worden waren. Dazu gehörten die für die Patrone .45 ACP eingerichteten Revolver der Firmen Colt sowie Smith & Wesson, beide M 1917 genannt. Sie wurden zwar vorwiegend bei der Marine geführt, zählten jedoch auch zur Ausrüstung des Heeres, allerdings in geringerer Stückzahl. Revolver solchen Typs produzierte die Firma Colt bis 1920, die Firma Smith & Wesson bis 1949.

Die modifizierte Government-Pistole hat eine bessere Visierung und Handlage, ist griffgünstiger und dadurch einfacher bedienbar als die Erstausführung. Korn und Kimmenausschnitt sind breiter, der Abzug ist schmaler, die Handballensicherung ragt weiter aus dem Griffstück heraus, das Schlagfedergehäuse ist gewölbt.

Das Griffstück hat einen stärkeren Rücken. So findet der Daumen der Schießhand besseren Halt, und der Handballen des Schützen kann sich besser anpassen. Abzugszunge und Abzugsbügel sind vor allem für Schützen mit kleiner Hand günstiger gestaltet: Die Zunge ragt weniger weit aus dem Rahmen heraus, und der Bügel ist kürzer. Schließlich erhielt der Rahmen am Abzug eine Nut, in die der Abzugsfinger des Schützen paßt. Die Griffschalen haben ebenfalls eine andere Form.

In derart verbesserter Ausführung wurde die modifizierte Government-Pistole M 1911 A1 ab 1924 bei der Firma Colt's Patent Firearms Manufacturing Corporation in Hartford, Connecticut, hergestellt. Der Produktionsausstoß jenen Jahres betrug allerdings nur 10 000 Stück. Der Bedarf der Streitkräfte war damals nicht hoch. Man verfügte über genügend Pistolen aus der Zeit bis Ende des ersten Weltkriegs.

Wie die Fachliteratur informiert, sollen die Streitkräfte von Mitte 1919 bis Ende 1938 lediglich 17 300 Colt-Pistolen gekauft haben. Das waren ein Restposten der Erstausführung und 13 645 Stück der verbesserten Version, die Colt damals als Alleinhersteller lieferte. Bis Ende 1941, als die USA nach dem japanischen Überfall auf den Pazifik-Stützpunkt Pearl Harbour in den zweiten Weltkrieg eingriffen, konnte die Hartforder Firma bei den Militärs nicht mehr als 56 732 Armeepistolen absetzen.

Dann jedoch stiegen die Bestellungen enorm. Von 1942 bis 1945 sollen die Streitkräfte der USA nicht weniger als 1 936 880 Stück übernommen haben. Das wurde an Hand der veröffentlichten Seriennummern errechnet. Diese Waffen kamen nicht nur von Colt, sondern von sechs weiteren Firmen. Darunter befanden sich so profilierte Unternehmen wie Ithaca Gun Company in Ithaca, New York, und Remington Arms Corporation in Bridgeport, Connecticut, aber mit der Firma Singer Sewing Machine Company auch ein Hersteller von Nähmaschinen. Colt lieferte knapp ein Viertel, Remington mehr als eine Million.

Die Selbstladepistole Modell Colt M 1911 A1 ist ein Rückstoßlader mit beweglichem Lauf und verriegeltem Verschluß. Sie funktioniert nach dem Single-action-System, hat einen außenliegenden Hahn und eine festjustierte Visierung. Die Waffe besteht aus den drei Hauptbaugruppen Gehäuse bzw. Rahmen mit Griffstück, Verschluß bzw. Schlitten oder Gleitstück und Lauf.

Lauf und Schlitten sind bei Schußabgabe fest miteinander verriegelt. Die Verriegelung wird durch zwei Nocken oben am Lauf bewirkt. Unter dem Druck eines Teiles der Pulvergase stoßen Lauf und Schlitten zusammen zurück. Sie entriegeln, sobald das Geschoß die Mündung passiert hat. Beim Entriegeln rasten die Laufnocken aus den Nuten des Schlittens aus, und dieser gleitet allein weiter nach hinten.

Dabei wird die Hülse aus dem Patronenlager gezogen und kurz vor Abschluß der Rückwärtsbewegung des Schlittens aus der Waffe entfernt. Der Schlitten stößt so weit zurück, daß er den Hahn in die Feuerraste drücken und spannen kann. Aus seiner hinteren Position wird der Schlitten von der unter dem Lauf angeordneten Schließfeder wieder nach vorn geholt. Beim Vorlauf schiebt er eine Patrone aus dem Magazin, führt sie in

USA

das Patronenlager des Laufes ein und verriegelt. Die Waffe ist feuerbereit.

Da sie mit der Drehhebel- und einer Handballensicherung perfekte Sicherheitseinrichtungen hat, kann sich der Schuß unbeabsichtigt nicht lösen. Die Drehhebelsicherung arretiert den gespannten Hahn und den Schlitten. Die Handballensicherung wird nur außer Funktion gesetzt, wenn der Schütze den Griff fest umfaßt, etwa beim Anschlag. Daher ist die Waffe unabhängig von der Stellung des Drehhebels also auch zuverlässig gesichert, wenn sie abgelegt oder in der Pistolentasche getragen wird.

Sogenanntes Doppeln ist ebenfalls nicht möglich. Sobald nämlich der Schlitten zurückstößt, wird der Unterbrecher aus seiner Raste nach unten gedrückt, die Verbindung zwischen Stange und Abzug also sofort unterbrochen. Auch nach Einrasten des Unterbrechers, bei der Vorwärtsbewegung des Schlittens, kann sich kein Schuß lösen. Erst muß der Schütze den Abzug freigeben, um ihn dann zu betätigen.

Ist die letzte Patrone verschossen, drückt der Magazinzubringer das Fangstück nach oben. Es greift in die Nuten des Schlittens ein, und der Verschluß bleibt so lange offen, bis der Schütze den Hebel des Fangstücks nach unten bewegt. Hat er zuvor ein volles Magazin eingeführt, schiebt der Schlitten beim Vorwärtsgleiten die erste Patrone in das Patronenlager des Laufes. Der Knopf des Magazinhalters befindet sich übrigens auf der linken Seite des Gehäuses in Höhe des Abzugs.

Die Waffe verschießt Patronen des Typs .45 ACP. Sie werden aus einem Magazin von 7 Schuß Kapazität zugeführt. Die praktische Feuergeschwindigkeit beträgt 14 S/min, der Abzugswiderstand 2,25 kg bis 3,0 kg, die Drallänge 406 mm, die Breite der Pistole 32 mm.

Sie wird wie folgt auseinandergenommen: Der Schütze spannt und sichert die Waffe, drückt ihre Federhülse ein, dreht die Laufführungshülse um 90°, läßt dann Federhülse und Schließfeder vorsichtig nach vorn gleiten und nimmt die Federhülse heraus. Danach muß er entsichern, den Schlitten zurückziehen und den Hebel des Schlittenfangstücks, dessen Achse er vorher gelöst hat, entfernen. Anschließend kann er den Schlitten nach vorn, Federzapfen und Schließfeder aber nach hinten entfernen, nach Linksdrehung um 180° auch die Laufführungshülse entnehmen und schließlich den Lauf nach vorn herausziehen. Um die Waffe auf diese Weise auseinander zu nehmen, braucht man kein Werkzeug.

Über ihre Qualität wird in der Fachliteratur unterschiedlich geurteilt. Einerseits lobt man Zuverlässigkeit und Funktionstüchtigkeit, die perfekten Sicherheitseinrichtungen sowie die robuste Ausführung und die noch wirksame Reichweite bis 100 m Distanz; andererseits zählt man eine ganze Reihe von Nachteilen

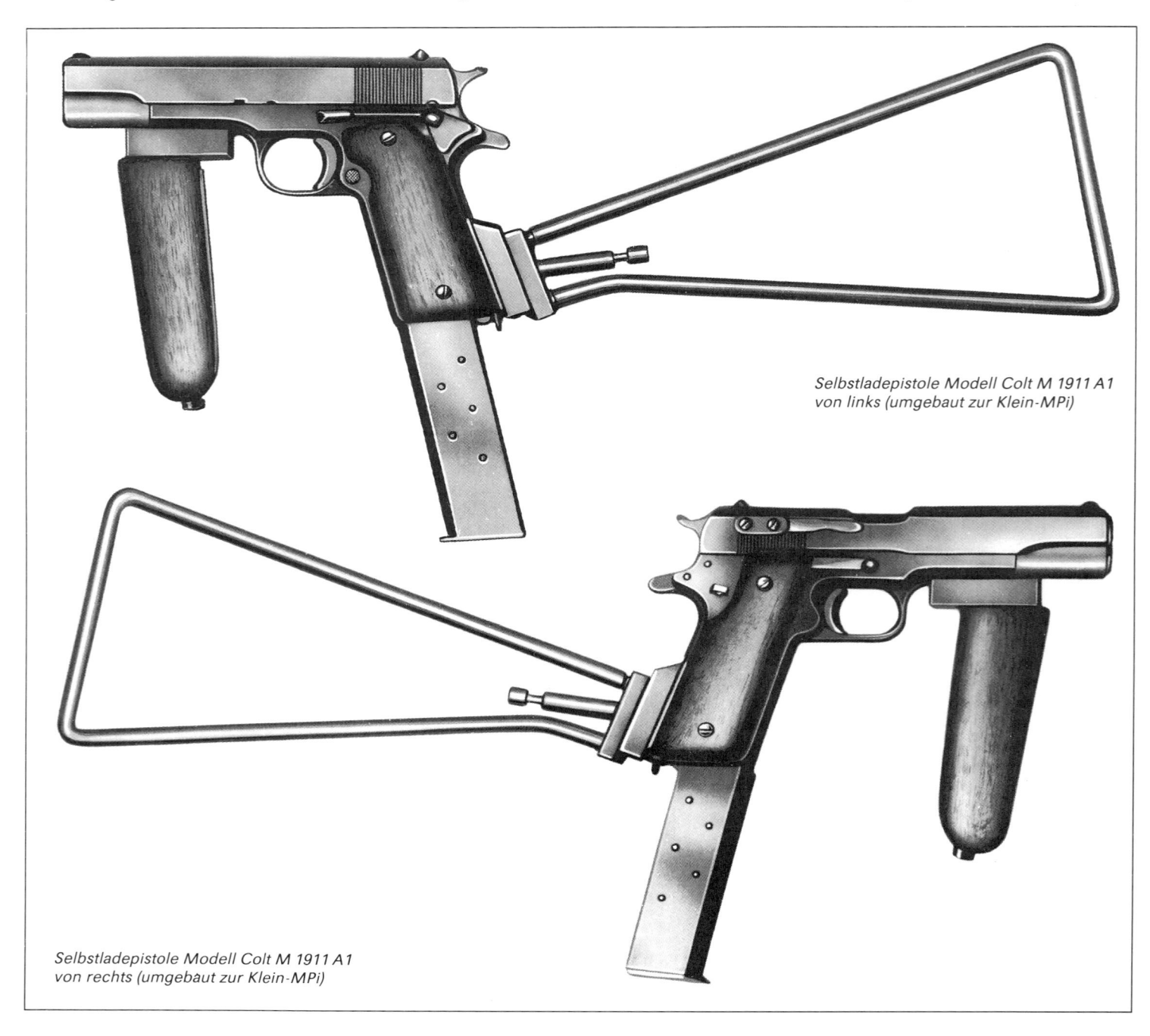

Selbstladepistole Modell Colt M 1911 A1 von links (umgebaut zur Klein-MPi)

Selbstladepistole Modell Colt M 1911 A1 von rechts (umgebaut zur Klein-MPi)

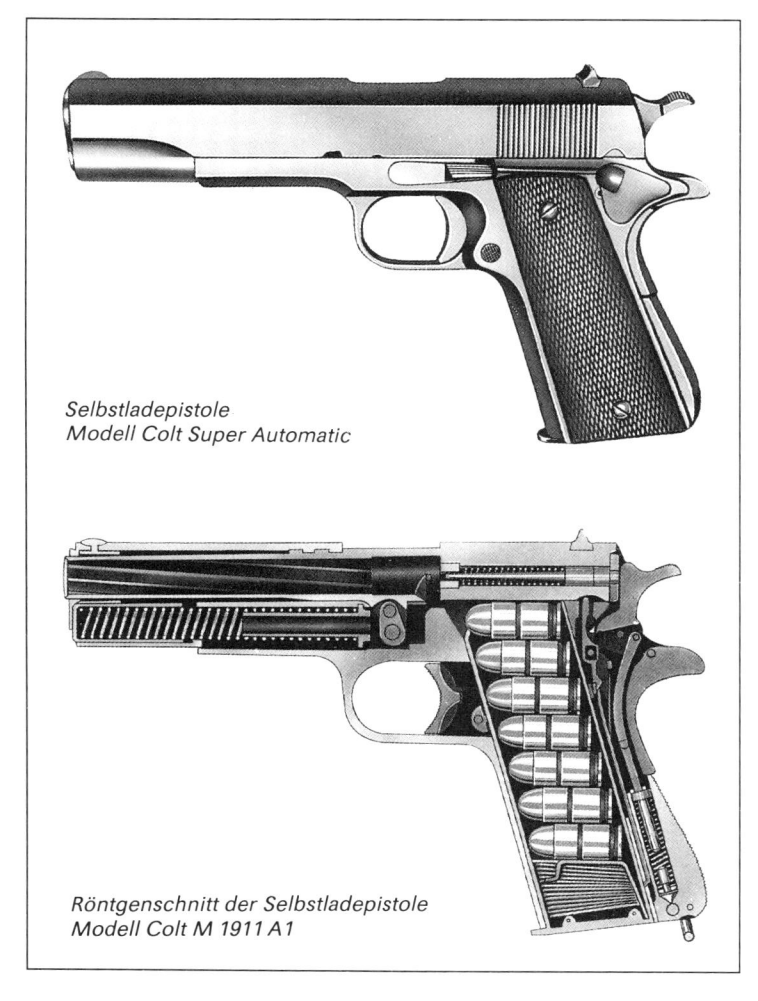

Selbstladepistole Modell Colt Super Automatic

Röntgenschnitt der Selbstladepistole Modell Colt M 1911 A1

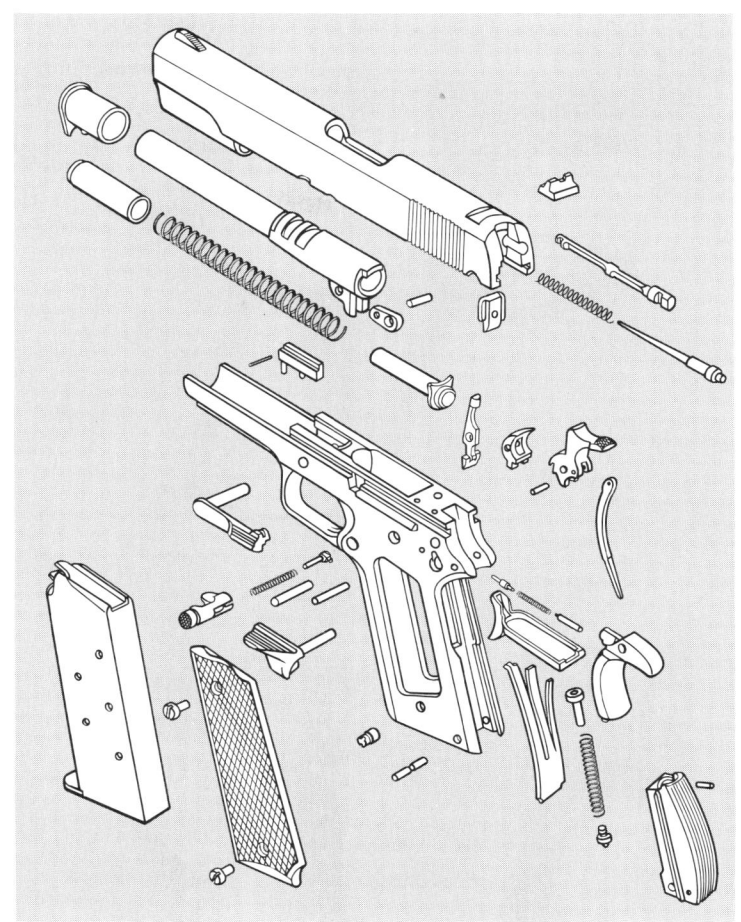

Explosionszeichnung der Selbstladepistole Modell Colt M 1911 A1

auf. Dazu gehören die zu große Masse, die im Vergleich zu anderen Armeepistolen beachtliche Größe, der starke Rückstoß sowie die nicht für jedermann günstige Handlage und schließlich die nicht immer gewährleistete Treffgenauigkeit.

Das allerdings sind Mängel, die ihre Ursache auch in der starken Patrone haben. Die damalige Entscheidung für das recht große Kaliber von 11,43 mm zog ganz selbstverständlich Konsequenzen nach sich. Wer die Vorteile einer sicheren Stoppwirkung wünscht, muß auch die damit verbundenen Nachteile in Kauf nehmen. Trotzdem erwies sich die Colt-Pistole M 1911 A1, eine der stärksten Militärpistolen des zweiten Weltkriegs, als eine Waffe, die den in sie gesetzten Erwartungen gerecht wurde.

In der Zeit, als das Geschäft mit den Armeepistolen sozusagen am Boden lag, wurde die Waffe modifiziert. Anfang 1929 stellte die Firma Colt ihre Selbstladepistole Modell Colt Super Automatic vor und löste damit sämtliche bis dahin produzierten, für die leistungsschwächere Munition der Typen .380 ACP und .38 Automatic Colt eingerichteten Pistolen ab. Dazu gehörte auch das anfangs erwähnte Colt-Modell M 1902. Darüber hinaus gab es von der Armeewaffe abgeleitete Sportpistolen: ab 1932 eine Scheibenversion mit Speziallauf und Standard-, später auch mit Targetvisierung; ab 1935 eine für die neue Patrone .38 Super Automatic eingerichtete Spezialmodifikation.

Die Sportpistolen sind nach dem zweiten Weltkrieg mehrmals modifiziert und verbessert worden. Hinzu kam, vorrangig für den Einsatz bei bewaffneten Kräften, eine Vielzahl von Varianten zum Verschießen der Patronen .45 ACP, .38 Super Automatic und 9 mm Parabellum. Dazu gehören seit 1950 sogenannte Commander-Pistolen, seit 1970 auch die als Combat-Commander bezeichneten Modifikationen, seit 1973 eine Modell 15 genannte Miniversion und schließlich eine Spezialpistole mit einer den Schlagbolzen stets blockierenden Sicherung. Solche seit 1983 verkauften Waffen entsichern automatisch, wenn der Schütze den Abzug betätigt. Selbstverständlich produzierte man auch für Kleinkaliberpatronen eingerichtete Ausführungen und Pistolen mit Umrüstset auf das Kaliber .22.

Außerdem muß erwähnt werden, daß die Armeeversion M 1911 A1 (s. »Schützenwaffen heute«) nach 1945 ebenfalls verbessert wurde. So hat man zum Beispiel Laufflagerung und Sicherheitsraste des Hammers verändert. Nach wie vor blieb aber die Grundkonstruktion unverändert.

Daten: *Selbstladepistole Modell Colt M 1911 A1*

Kaliber:	.45	Patrone:	.45 ACP (11,43 × 23)
v_0:	260 m/s	Lauflänge:	127 mm
Länge Waffe:	219 mm	Züge/Richtung:	6/l
Höhe Waffe:	140 mm	Magazinkapazität:	7 Schuß
Länge Visierlinie:	165 mm	Einsatzschußweite:	50 m
Masse geladen:	1,247 kg		
Masse mit leerem Magazin:	1,100 kg		

Einladepistole Modell Liberator .45

Während des zweiten Weltkriegs war eine Vielzahl von Partisanen, die in Europa und Asien gegen die Staaten Deutschland und Japan kämpften, mit Pistolen solchen Typs ausgerüstet. Allerdings sind weder die Einsatzländer genau bekannt noch die exakten Stückzahlen. In Europa wurden solche Waffen insbesondere von französischen Widerstandskämpfern benutzt, über die Anwendung auf dem asiatischen Kontinent gibt es keine verläßlichen Informationen.

Auftraggeber und Hersteller hingegen sind bekannt. Mit dem Ziel, Kämpfer im sogenannten Untergrund mit Spezialwaffen für

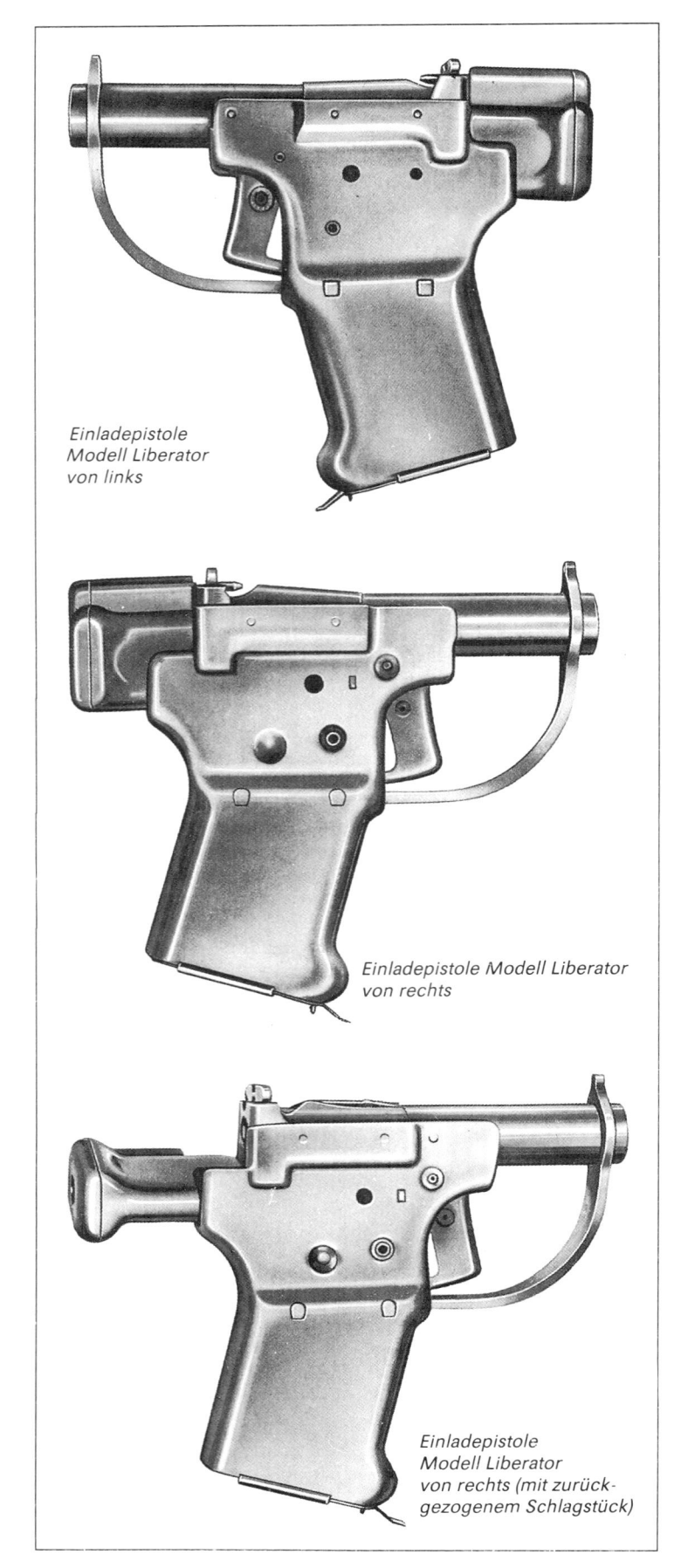

USA

Einladepistole Modell Liberator von links

Einladepistole Modell Liberator von rechts

Einladepistole Modell Liberator von rechts (mit zurückgezogenem Schlagstück)

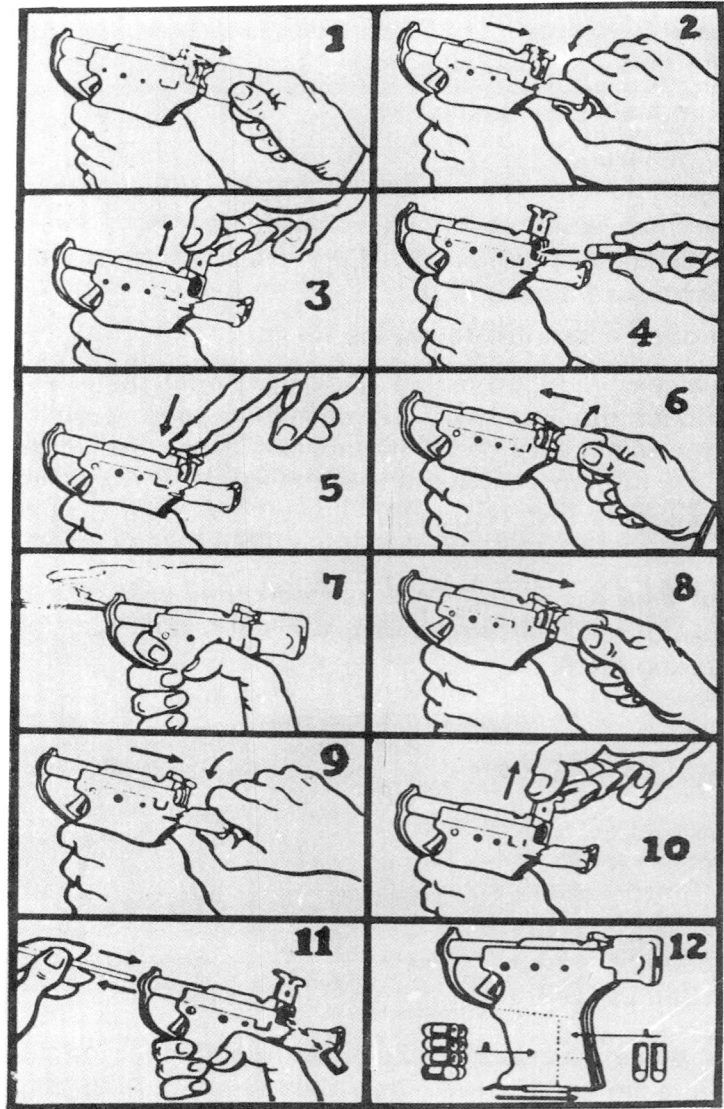

Bedienungsanleitung für die Einladepistole Modell Liberator

Angriff und Verteidigung auszurüsten, hatte im Frühjahr 1942 der damalige Chef des Office of Strategic Service (OSS) einen entsprechenden Auftrag erteilt, übrigens nicht nur für diese Pistole, sondern auch für eine Maschinenpistole, und zwar für das Modell UD 1942 (s. dort).

Das OSS war eine Dienststelle, die sich unter anderem mit der Mobilisierung, Organisation und Ausrüstung von Widerstandsgruppen in den von deutschen Truppen besetzten Ländern beschäftigte. Die Organisation erfüllte also im wesentlichen dieselben Aufgaben wie die Special Operations Executive (SOE) genannte Spezialeinheit der britischen Armee. Auf deren Veranlassung wurden ebenfalls interessante Waffen entwickelt und produziert: der Revolver Modell Commando (s. dort), die Mehrladepistolen Modell Welrod Mk. 1 und Mk. 2 (s. dort), die Schalldämpferpistole Modell Sleeve (s. dort).

Allerdings setzte man die britischen Waffen vor allem bei Kommandounternehmen von Spezialeinheiten der eigenen Streitkräfte ein. Einladepistolen Modell Liberator hingegen waren bei US-amerikanischen Soldaten nicht im Gebrauch, sondern ausschließlich für ausländische Widerstandskämpfer bestimmt. Piloten warfen einzeln in imprägnierten Schachteln verpackte Pistolen, meist komplett mit Zubehör, 10 Patronen Reservemunition und in Bildern dargestellter Bedienungsanleitung, über besetzten Gebieten ab. Abgeleitet von ihrer Bestimmung erhielten die Waffen ihren Namen Liberator (Befreier). Produzent war die Guide Lamp Division in Anderson, Indiana, eine Tochterfirma des Unternehmens General Motors.

Innerhalb eines einzigen Monats sollen dort im August 1942 etwa eine Million Stück hergestellt worden sein. Es gibt aber auch Informationen über einen Produktionsausstoß von insgesamt zwei Millionen Pistolen. Ob diese Angaben den Tatsachen entsprechen, konnte nicht nachgeprüft werden. Da das Modell auf Grund seiner einfachen, ja überaus primitiven Bauweise mit minimalem Aufwand an Material, Zeit und Fertigungskapazität produzierbar war – der Stückpreis betrug wohl nicht mehr als zwei Dollar –, könnte durchaus eine Menge von einer bis zwei Millionen Stück hergestellt worden sein.

Die Einladepistole Modell Liberator ist, wie schon angedeutet, von sehr primitiver Konstruktion. Griff und Gehäuse bestehen aus 0,8 mm dünnem Blech ohne spezielle Oberflächenbearbeitung. Sie wurden aus zwei gestanzten, von Nieten und Stiften zusammengehaltenen Halbschalen hergestellt. Vor dem Verschweißen hat man Abzug, Schlagbolzen und Lauf installiert. Der Lauf ist lediglich ein glattes Stück Eisenrohr von 3,1 mm Wanddicke und 11,5 mm Innendurchmesser. Der Durchmesser des Patronenlagers beträgt 12,6 mm.

Da die Waffe kein Magazin hat, muß sie einzeln geladen werden. Sie verschießt Patronen vom Typ .45 ACP. Das Geschoß durcheilt den glatten Lauf ohne Führung durch Züge und Felder und verläßt ihn ohne eine rotierende Bewegung. Dementsprechend ist das Trefferergebnis. Hinzu kommen weitere Nachteile: harter Abzug, starker Rückstoß und wenig Griffsicherheit, da die Waffe aus glattem Blech nicht fest in der Hand liegt.

Solche Pistolen können nur auf 2 m bis maximal 5 m Distanz benutzt werden. Auf größere Entfernung ist die Trefferwahrscheinlichkeit zu gering. Über die Wirkung urteilt die Fachliteratur widersprüchlich. In manchen Veröffentlichungen wird die Pistole als ausreichend auf kürzeste Distanz, in anderen jedoch als völlig inakzeptabel bezeichnet. In diesem Zusammenhang weist man darauf hin, daß der Schütze sich beträchtlicher Gefahren aussetzt: Die Ungewißheit, ob er den Gegner trifft, sei ebenso groß wie die Möglichkeit, daß die Pistole, falls sie überhaupt funktioniert, beim Abschuß auseinanderfällt.

Als Korn dient das spitze Endstück des aus einem massiven Blechstreifen bestehenden Abzugsbügels. Er verbindet den Griff mit dem Lauf und ragt über diesen hinaus. Als Kimme benutzt man den Einschnitt hinten in der Verschlußplatte. Allerdings wird der Visiereinschnitt fast völlig vom Schlagstück verdeckt.

Die Verschlußplatte ist 3,2 mm dick. Sie hat zwei Bohrungen — eine für den Schlagbolzen, die andere für den Führungsstift des Schlagstücks. Als Schlagstück dient ein massiver Gußteil mit festem Schlagbolzen und einem Führungsstift. Dieser Stift hält die Verschlußplatte beim Schuß in ihrer unteren Position fest.

Will der Schütze die Waffe laden, muß er das Schlagstück entgegen dem Druck der unter dem Lauf plazierten Schraubenfeder nach hinten ziehen und zur linken Seite abschwenken. Danach schiebt er die Verschlußplatte nach oben, führt eine Patrone in das Patronenlager ein, bringt zuerst die Verschlußplatte in ihre untere, dann das Schlagstück in seine hintere Stellung zurück und rastet es ein. In diesem Zustand ist die Waffe gespannt und feuerbereit.

Wird ihr Abzug betätigt, drückt die Mechanik das Schlagstück geringfügig nach hinten und gibt es dann frei. Das Schlagstück schnellt vor, treibt seinen Schlagbolzen durch das Loch in der Verschlußplatte auf den Patronenboden, und der Schuß bricht.

Da die Waffe keinen Auszieher hat, muß die Hülse manuell entfernt werden. Der Schütze stößt sie bei geöffnetem Verschluß mit einem als Zubehör mitgelieferten Stab von vorn nach hinten hinaus. Erst dann kann er erneut laden.

Ist er versiert, erreicht er eine praktische Feuergeschwindigkeit von 3 S/min, höchstens 4 S/min. Die Reservemunition, maximal 10 Patronen, steckt im Hohlraum des Griffstücks, wo sich auch die Bedienungsanleitung befindet.

Daten: Einladepistole Modell Liberator

Kaliber:	.45	Patrone:	.45 ACP (11,43 × 23)
v_0:	200 m/s	Lauflänge:	101 mm
Länge Waffe:	141 mm	Züge/Richtung:	entfällt
Höhe Waffe:	117 mm	Munitionskapazität:	1 Schuß[1])
Länge Visierlinie:	mm	Einsatzschußweite:	2–5 m
Masse ungeladen:	0,450 kg		

[1]) *Kein Magazin.*

Maschinenpistolen des Systems Thompson .45: Modelle 1921 und 1928 A1 sowie Modelle M1 und M1 A1

Erste Versuchsmuster der später Thompson-MPi genannten Konstruktion waren im Oktober 1917 unter dem Namen Persuader (Überzeuger), weitere im Sommer 1918 unter der Bezeichnung Annihilator (Zerstörer) getestet und funktionstüchtige Prototypen dieser Maschinenpistole schließlich Anfang November jenen Jahres, wenige Tage vor Ende des ersten Weltkriegs, vorgestellt worden. Zu dieser Zeit hatten sich die US-amerikanischen Streitkräfte aber bereits zur Übernahme einer anderen automatischen Waffe entschieden.

Sie war vom damaligen Remington-Ingenieur und späteren Springfield-Mitarbeiter John D. Pedersen entwickelt und den verantwortlichen Militärs im August 1917 vorgeführt worden. Diese bestellten bei der Firma Remington Arms Corporation in Bridgeport, Connecticut, sofort 100 000 Stück. Kurz darauf erweiterten sie den Auftrag auf eine halbe Million. Ende des ersten Weltkriegs standen etwa 65 000 solcher Waffen zur Verfügung. Obwohl offiziell eingeführt, kam nicht eine einzige zum Einsatz. Bis auf wenige Stück, die man nach Japan lieferte, sollen sie 1931 verschrottet worden sein.

In der Fachliteratur wird die Konstruktion, der die US-amerikanischen Militärs die Tarnbezeichnung automatische Pistole Modell 1918 gaben, teils als Pedersen-Einsatz, teils als Pedersen-Gewehr bezeichnet. Die schnellschießende Waffe war keine Selbstladepistole, geschweige denn eine Maschinenpistole.

Pedersen hatte lediglich eine für das Mehrladegewehr Modell Springfield M 1903 verwendbare Zusatzeinrichtung entwickelt, die man gegen den Verschluß des Springfield-Gewehrs austauschen konnte. Eingesetzt in den Mehrlader, war sie gewissermaßen eine als Rückstoßlader funktionierende Selbstladepistole mit einem nach oben ragenden Stangenmagazin von 40 Schuß Kapazität. Als Munition verwendete man eine Spezialpatrone mit .30 Kaliber.

Ehe sich John Taliaferra Thompson zur Konstruktion einer Maschinenpistole entschloß, hatte auch er mit einem automatischen Gewehr experimentiert, zunächst allein, später gemeinsam mit anderen Konstrukteuren. Bis November 1914 war Thompson als hoher Offizier für Entwicklung und Serienproduktion, für Konstruktion und Bereitstellung von Infanteriewaffen sowie Munition in entsprechenden Dienststellen der Armee tätig gewesen. Bei den Vorbereitungen für den im April 1898 beginnenden Kampf der USA gegen Kuba hatte er eine mit Gatling-Waffen ausgerüstete Abteilung formiert, später bei der Entwicklung des Springfield-Gewehrs sowie der Patrone .30-06 mitgewirkt und schließlich auch entscheidenden Anteil daran, daß die US-amerikanischen Streitkräfte die Colt-Pistole Modell Government 1911 als Ordonnanzwaffe übernahmen.

Im November 1914 aus dem Armeedienst ausgeschieden, gehörte Thompson zu den leitenden Angestellten der Firma Remington. Man beauftragte ihn mit Projektierung und Bau zweier neuer Gewehrfabriken. Eine entstand in Eddystone, Pennsylvania, die andere in Bridgeport, Connecticut. Dort wurden Springfield-Gewehre für Großbritannien bzw. Mosin-Gewehre für das damalige zaristische Rußland produziert.

Während dieser Zeit beschäftigte sich Thompson mit Projektstudien für ein automatisches Gewehr, konnte sich aber weder für einen Rückstoßlader noch für einen Gasdrucklader entscheiden. Als er 1915 den ehemaligen Marineoffizier John N. Blish für sein Projekt interessierte, stand eine Lösung in Aussicht. Blish war im Besitz eines Patents über eine von ihm entwickelte Verschlußkonstruktion, die nach dem Gasdruckladeprinzip mit verzögertem Rücklauf funktionierte.

Im Vertrauen auf den Erfolg dieses Systems und mit einer kräftigen Kapitalspritze durch einen Bekannten, gründete Thompson im August 1916 eine eigene Firma. Er nannte sie Auto-Ordnance

USA

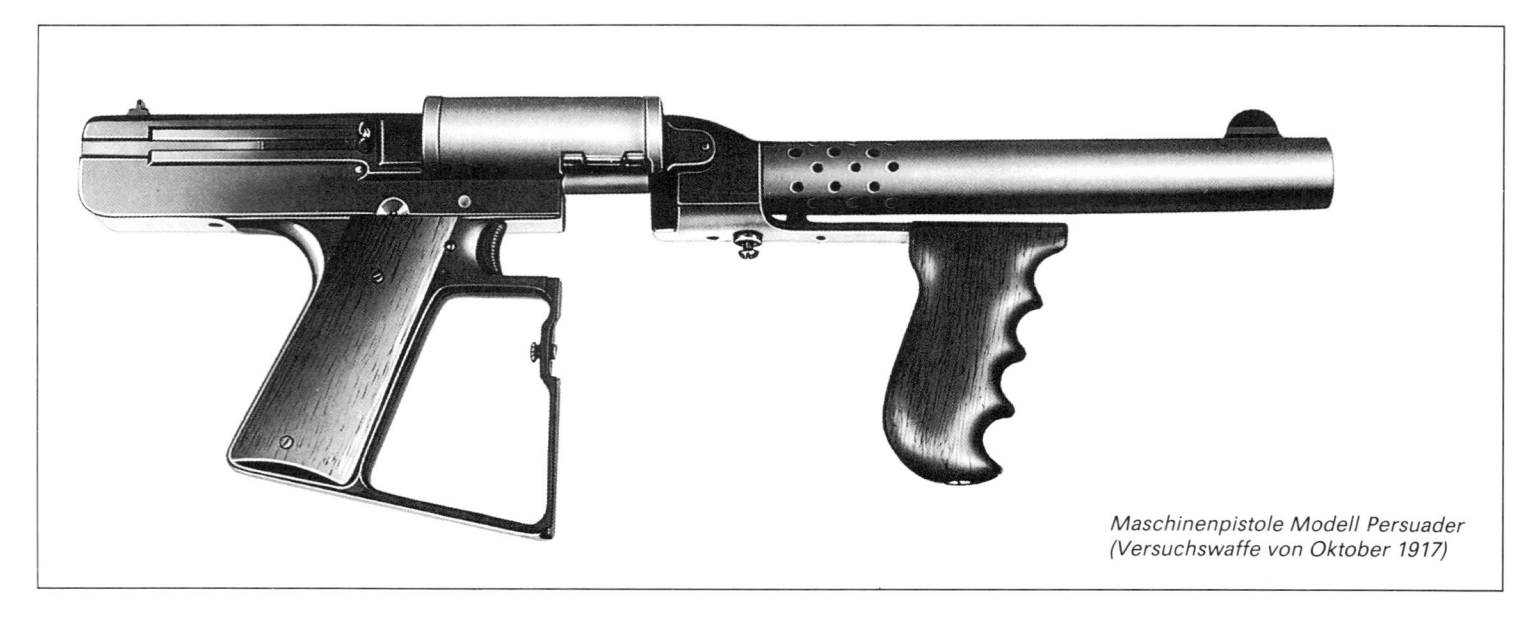

Maschinenpistole Modell Persuader (Versuchswaffe von Oktober 1917)

Corporation. Ihre Aktien waren zu ungleichen Teilen im Besitz des Kapitalgebers, des Patentinhabers und des Firmengründers. Er engagierte einen Chefingenieur, der bis Ende jenen Jahres für die Installation der Produktionsausrüstung sorgte und mit dem Konstrukteur Oscar Payne einen weiteren Waffenfachmann gewann.

Im Oktober 1917 – Thompson stand zu dieser Zeit schon wieder sechs Monate im Dienst der Streitkräfte, die ihn bald vom Oberst zum Brigadegeneral beförderten – testete das Team die bereits erwähnte Persuader-Versuchswaffe mit einem rücklaufverzögerten, aber modifizierten Blish-Verschluß und Gurtzuführung. Das war kein automatisches Gewehr, sondern eine Maschinenpistole. Statt Springfield-Patronen, die man anfangs für die Erstkonstruktion hatte benutzen wollen, verschoß dieses Testmodell Pistolenmunition vom Typ .45 ACP. Allerdings gab es nach sechs bis sieben Schuß stets Ladehemmungen.

Erst die Annihilator genannte Maschinenpistole mit weiter verbessertem Verschlußsystem und einem von unten einsetzbaren geraden Stangenmagazin, das 20 Patronen faßte, erwies sich bei Dauerfeuer als funktionstüchtig. Sie war gewissermaßen der Prototyp der späteren Thompson-MPi, stand jedoch erst in den letzten Kriegstagen zur Verfügung und wurde von den Militärs abgelehnt. Dennoch setzte der Firmengründer, inzwischen wieder Zivilist, nach dem Krieg seine Arbeit fort.

Unter Thompsons Federführung wurden bei der Auto-Ordnance Corporation mehrere Ausführungen des Annihilators erprobt: teils mit Gurt-, teils mit Magazinzuführung, manche mit einem von Kühlrippen umgebenen Lauf, andere mit einer von Payne konstruierten Zusatzeinrichtung, die den Verschluß mit Öl schmierte. Schließlich standen solche Testwaffen ohne Schulterstütze oder Kolben, aber mit zwei Pistolengriffen aus Holz, auch mit einem Trommelmagazin zur Verfügung – zunächst mit einem Magazin für 100, später für 50 Schuß. Das war Munition des Typs .45 ACP. Sie wurde mit einer Feuergeschwindigkeit von 1 000 S/min verschossen. Sämtliche Waffen der Annihilator-Serie nennt man in der Fachliteratur mitunter auch Thompson-MPi Modell 1919.

Bei einem Test am 27. April 1920 erwies sich die Maschinenpistole als funktionstüchtig. Wie die Fachliteratur informiert, soll es bei 2 000 Schuß nur eine einzige Ladehemmung gegeben haben. Ein ähnlich gutes Ergebnis erzielten Marineangehörige der US-amerikanischen Streitkräfte bei einem Probeschießen im Sommer jenes Jahres.

Nachdem das Thompson-Team ein Angebot von Colt's Patent Firearms Manufacturing Corporation in Hartford, Connecticut, zum Ankauf sämtlicher Rechte – die Hartforder Firmenchefs wollten eine Million Dollar zahlen, aber keinem Lizenzbau zustimmen – abgelehnt hatte, begann die Serienproduktion der Waffe unter der Bezeichnung MPi Modell Thompson 1921. Die Fertigung erfolgte in Kooperation. Die Entwicklerfirma stellte die Maschinen und Werkzeuge bereit. Colt übernahm die Herstellung von Gehäuse, Lauf und Verschlußsystem sowie die Montage, das Unternehmen Lyman Gun Sight Corporation die Zulieferung der Visiereinrichtungen, die Firma Remington schließlich die Fertigung von Kolben und Pistolengriffen.

Der erwartete Geschäftserfolg blieb allerdings aus. Obwohl im April 1921 Marine und Heer des Landes nach erneuten Tests die Qualität der Waffe bestätigten, gaben sie keine Bestellung auf. Aus Europa, wo Thompson bei einem persönlichen Besuch einen großangelegten Werbefeldzug startete, kamen ebenfalls keine Aufträge – weder aus Belgien noch aus Frankreich, weder aus Großbritannien noch aus Rumänien, Spanien oder der Tschechoslowakei. Man zeigte sich dort zwar interessiert, vor allem in Belgien und Großbritannien, doch Lieferverträge wurden nicht abgeschlossen, jedenfalls keine von großer Bedeutung.

Thompson soll auf seiner Europareise lediglich 495 Maschinenpistolen nach Irland verkauft haben. Kunden im Inland kamen zu dieser Zeit nur von der Polizei und vom sogenannten zivilen Markt, vor allem aus Verbrecherkreisen. Diese benutzten Maschinenpistolen solchen Typs während der zwanziger und dreißiger Jahre bei bewaffneten Auseinandersetzungen mit der Polizei und im Bandenkrieg gegeneinander. Das verhalf der Thompson-MPi, die übrigens in damaligen und späteren Gangsterfilmen zum unentbehrlichen Requisit avancierte, zwar zu gewisser Publizität, nicht aber zu jenem Erfolg, mit dem die Firmenchefs fest gerechnet hatten.

Die Thompson-MPi Modell 1921 ist ein Rückstoßlader mit einem verzögerten Masseverschluß. Er bleibt so lange geschlossen, bis das Geschoß die Laufmündung passiert hat. Der Lauf hat Kühlrippen und einen den Rückstoß verringernden Mündungskompensator. Die Visiereinrichtung ist bis 600 yd. (548,64 m) einstellbar. Unter dem Lauf befindet sich ein Pistolengriff mit Fingerkerben. Der andere Pistolengriff wurde hinter dem Abzug, der Spannhebel oben auf dem Gehäuse installiert. Auf der linken Seite des Griffstücks sind zwei Hebel angebracht – einer zum Sichern, der andere zum Einstellen der Feuerart.

Ursprünglich mit einem Trommelmagazin von 100 Schuß Kapazität geliefert, verwendete man auch das Trommelmagazin, das mit nur 50 Patronen gefüllt werden konnte. Später wurden außerdem gerade Stangenmagazine für 20 bzw. 30 Patronen benutzt. Das sind Pistolenpatronen des Typs .45 ACP. Die Munition wird in Einzel- oder Dauerfeuer verschossen. Konstrukteur der Trommelmagazine war der Ingenieur Payne. Diese Magazine haben eine sechsarmige, von einer Spiralfeder angetriebene Drehvorrichtung.

Die Fertigung der Thompson-MPi war zeit- und kostenaufwendig. In der Fachliteratur wird ihre gute Qualität und sorgfältige Oberflächenbearbeitung hervorgehoben. Man betont, daß die Masse groß, der Rückstoß gering und die Stabilität bei Dauerfeuer sehr gut ist.

USA

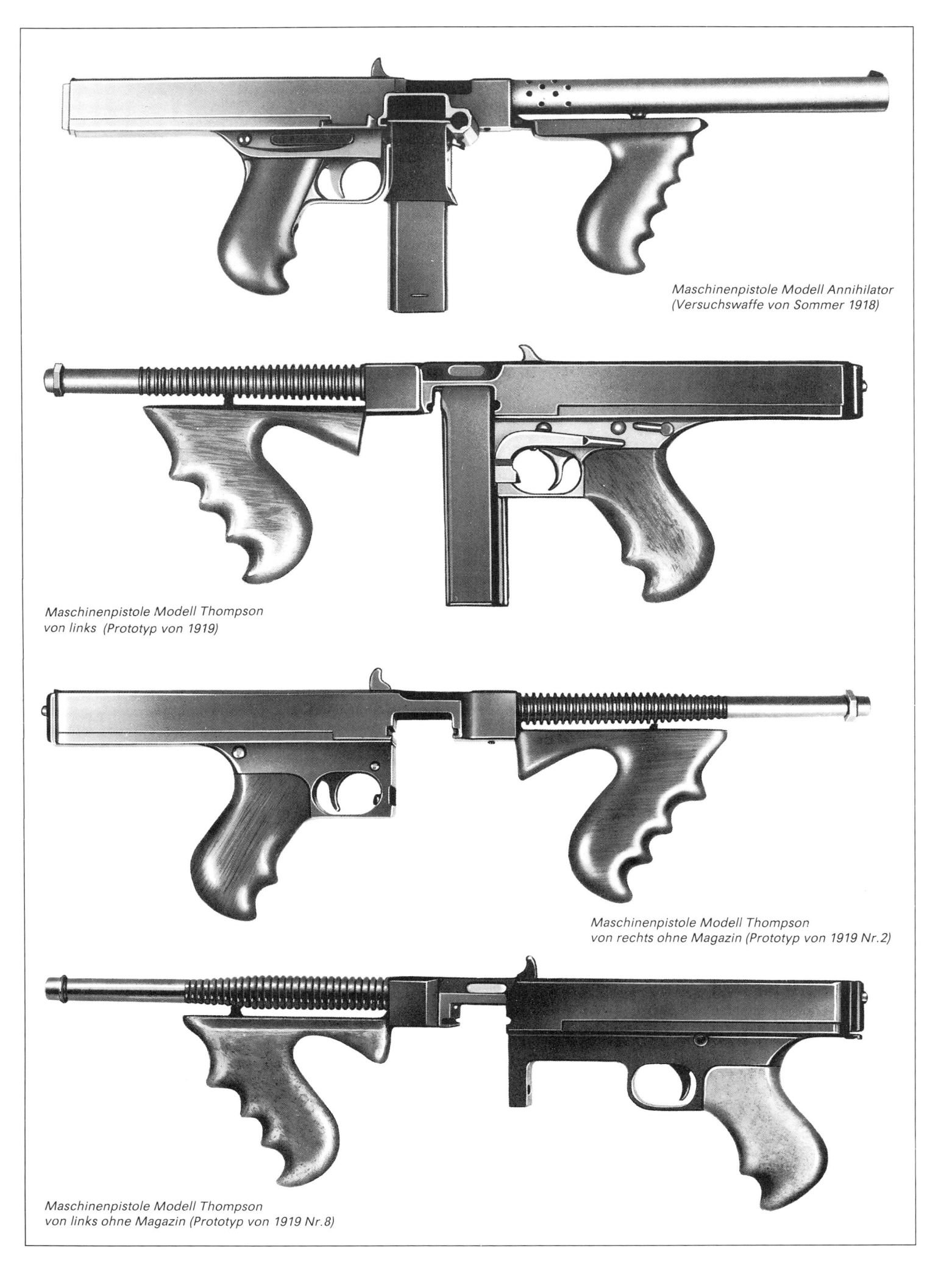

*Maschinenpistole Modell Annihilator
(Versuchswaffe von Sommer 1918)*

*Maschinenpistole Modell Thompson
von links (Prototyp von 1919)*

*Maschinenpistole Modell Thompson
von rechts ohne Magazin (Prototyp von 1919 Nr. 2)*

*Maschinenpistole Modell Thompson
von links ohne Magazin (Prototyp von 1919 Nr. 8)*

539

USA

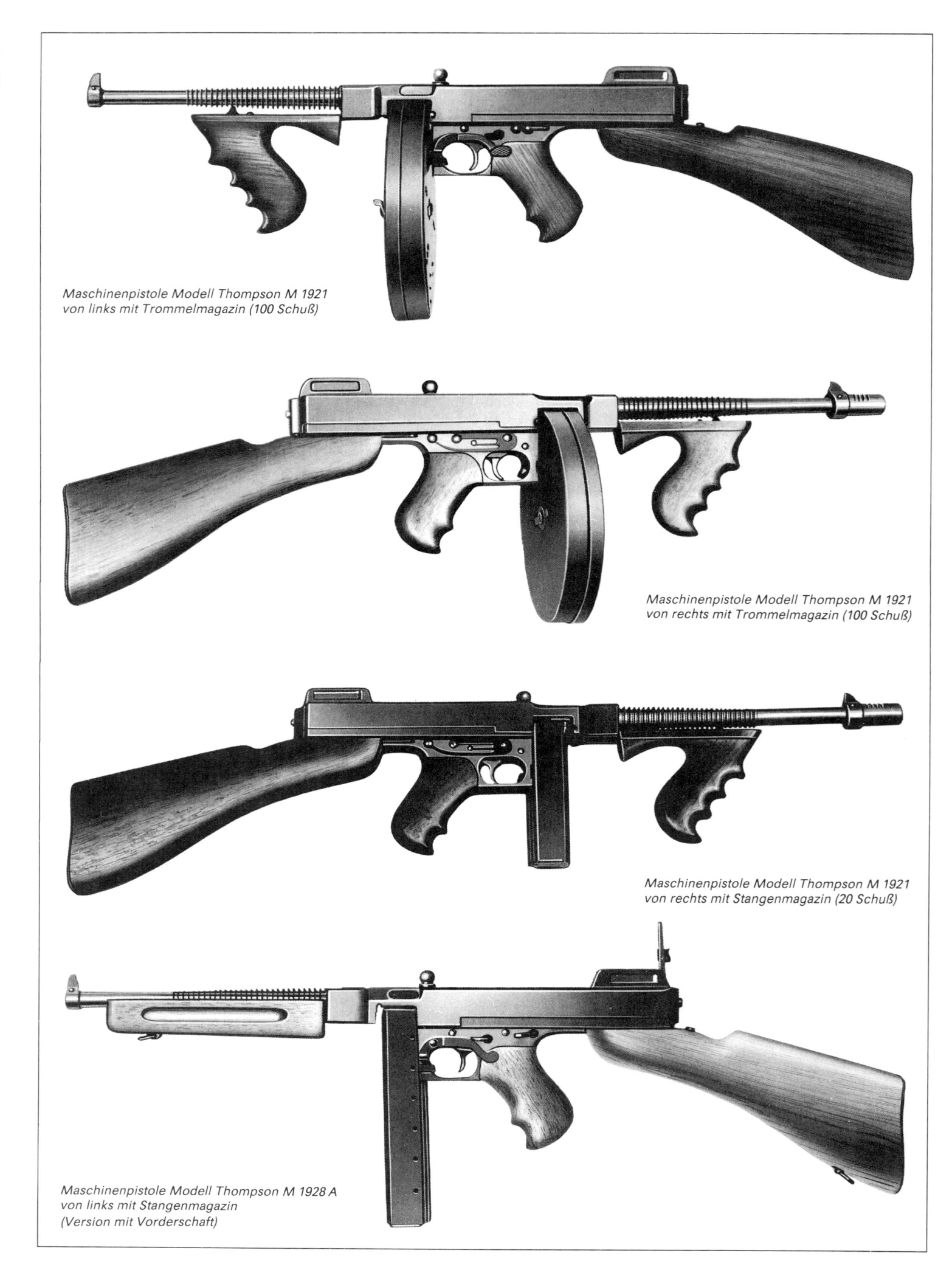

Maschinenpistole Modell Thompson M 1921 von links mit Trommelmagazin (100 Schuß)

Maschinenpistole Modell Thompson M 1921 von rechts mit Trommelmagazin (100 Schuß)

Maschinenpistole Modell Thompson M 1921 von rechts mit Stangenmagazin (20 Schuß)

Maschinenpistole Modell Thompson M 1928 A von links mit Stangenmagazin (Version mit Vorderschaft)

USA

*Maschinenpistole Modell Thompson M 1928 A1
von links mit Stangenmagazin (20 Schuß)*

*Maschinenpistole Modell Thompson M 1928 A1
von rechts mit Stangenmagazin (20 Schuß)*

*Maschinenpistole Modell Thompson M1
von links mit Stangenmagazin (30 Schuß)*

*Maschinenpistole Modell Thompson M1
von rechts mit Stangenmagazin (20 Schuß)*

USA

Bis Ende der dreißiger Jahre sollen jedoch lediglich 10 300 Stück verkauft worden sein. Das waren ausnahmslos Waffen, die man 1921 in Kooperation bei der Firma Colt hergestellt hatte. Die damaligen Verträge lauteten auf 15 000 Stück. Daß die Auto-Ordnance Corporation kurz vor dem Bankrott stand, war angesichts dieser prekären Geschäftslage nicht verwunderlich.

Dennoch war die Thompson-MPi während der geschäftlich erfolglosen eineinhalb Jahrzehnte mehrmals modifiziert worden. Zu den Versionen gehörten das für die Remington-Patrone .45 eingerichtete Modell von 1923 mit etwa 360 mm langem Lauf und das Modell von 1924 für Parabellum-Patronen 9 mm. Im Jahre 1926 stand die Thompson-MPi darüber hinaus als Modifikation von ungefähr 810 mm Gesamtlänge ohne Mündungskompensator und mit Lauf ohne Kühlrippen zur Verfügung, 1927 dann in einer nur für Einzelfeuer eingerichteten Version.

Dem Modell von 1924 lag eine Aufforderung aus Belgien zugrunde, die Thompson-MPi zum Verschießen von Parabellum-Patronen zu präparieren. Das Modell von 1926 war ein modifizierter Nachbau der britischen Firma Birmingham Small Arms Company Ltd. (BSA). Das Modell 1927 schließlich sollte Alternativvariante für all jene potentiellen Kunden sein, die auf Dauerfeuer schießende Waffen keinen Wert legten. Keine der drei Modifikationen wurde jedoch in Serienproduktion hergestellt, keine dieser Versionen brachte also Gewinn.

Trotzdem gab Thompson nicht auf. Ende 1926 belieferte er die US-amerikanischen Marinetruppen, unter deren Schutz die USA in jenem Jahr in Nikaragua einen ihr hörigen Präsidenten eingesetzt hatten, mit einigen Maschinenpistolen Modell 1921. Solche Waffen wurden dort ab Januar 1927 zur Bekämpfung von Aufständen benutzt. In der Hoffnung, die US-amerikanische Marineinfanterie zur Abnahme weiterer Waffen veranlassen zu können, ließ Thompson 1928 eine speziell für die Marine modifizierte Ausführung bereitstellen. Solche Maschinenpistolen schossen mit geringerer Feuergeschwindigkeit. Sie erhielten einen geraden Vorderschaft, einen Mündungskompensator mit zwei oben gelegenen Schlitzen und ein gerades Stangenmagazin von 30 Schuß Kapazität. Der Mündungskompensator war eine Konstruktion der beiden Marineoffiziere Richard M. Cutts Senior und Junior.

Waffen dieses Typs bezeichnet man als Modell 1928 AC, Maschinenpistolen solcher Ausführung ohne Mündungsbremse als Modell 1928 A. Beide Versionen waren mit Vorderschaft oder mit zweitem Pistolengriff lieferbar. Außerdem gab es die Thompson-MPi als Modell 1928 A1 mit Mündungskompensator, geradem hölzernem Vorderschaft und Trommel- oder Stangenmagazin. Diese Waffe – sie wurde später bei den US-amerikanischen Streitkräften offiziell eingeführt – erhielt ein verbessertes Auswerfersystem, entsprach aber bezüglich der anderen konstruktiven Details dem Modell von 1928.

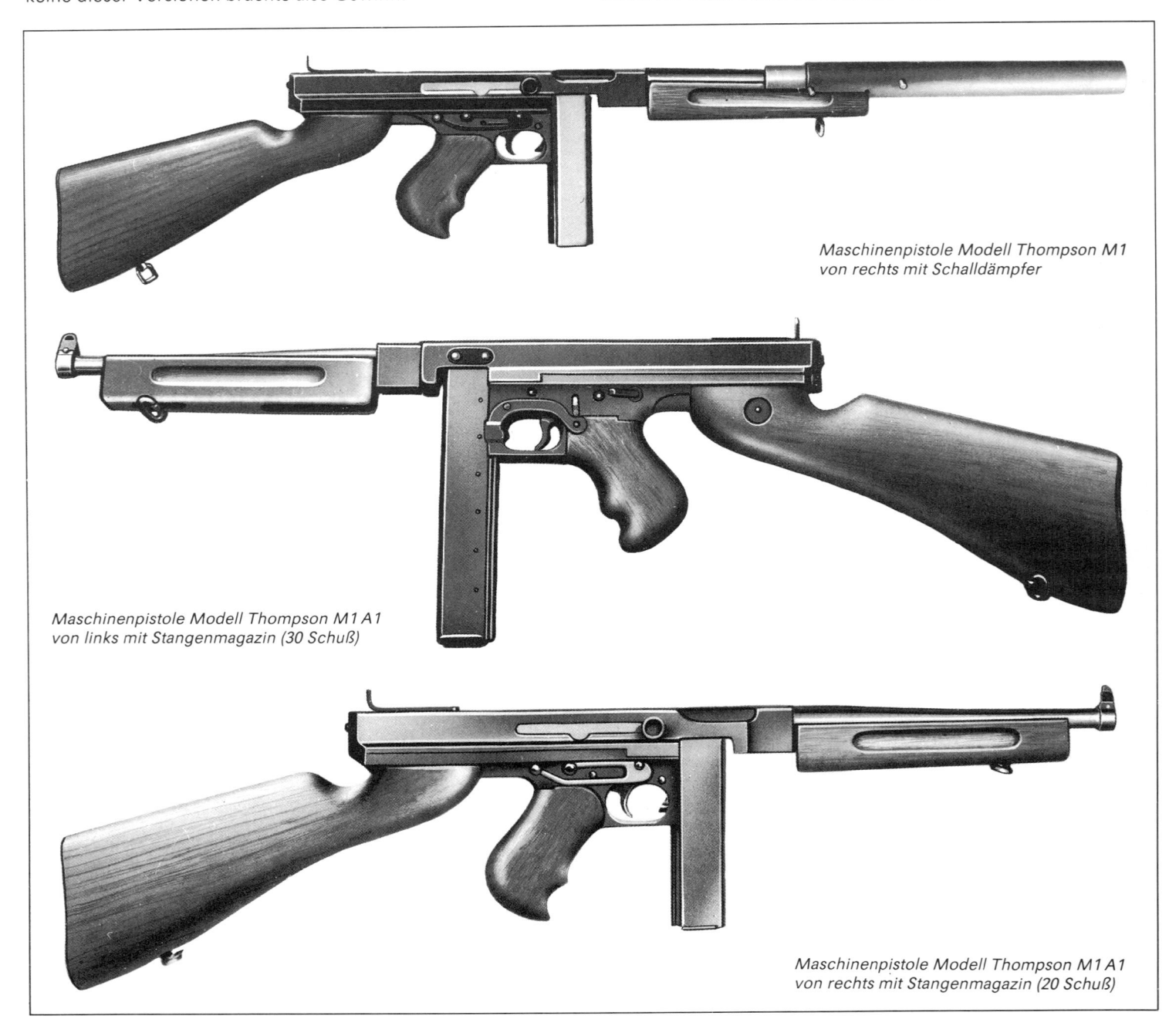

Maschinenpistole Modell Thompson M1 von rechts mit Schalldämpfer

Maschinenpistole Modell Thompson M1 A1 von links mit Stangenmagazin (30 Schuß)

Maschinenpistole Modell Thompson M1 A1 von rechts mit Stangenmagazin (20 Schuß)

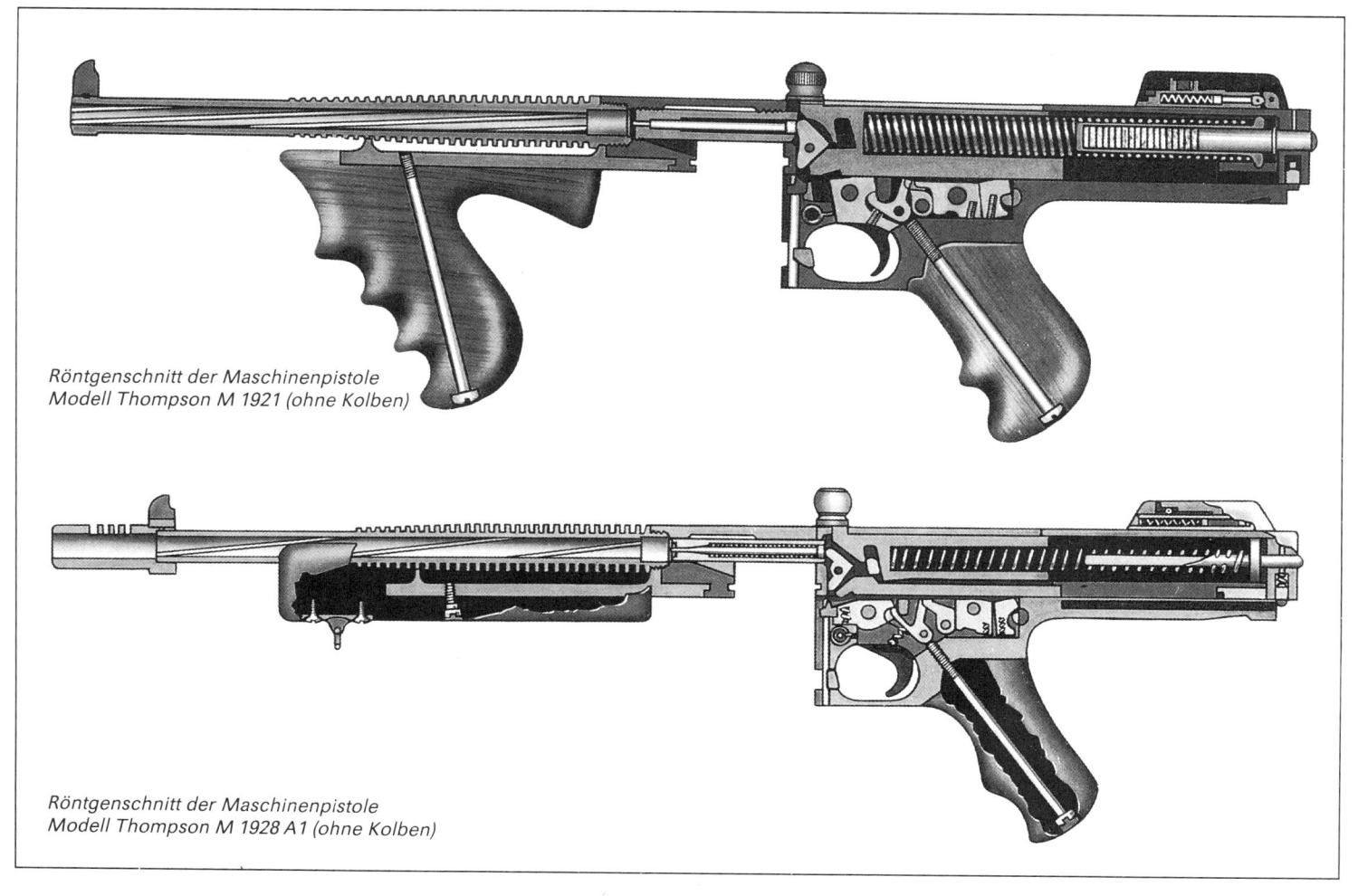

Röntgenschnitt der Maschinenpistole Modell Thompson M 1921 (ohne Kolben)

Röntgenschnitt der Maschinenpistole Modell Thompson M 1928 A1 (ohne Kolben)

Eine weitere Version der Thompson-MPi wurde als Modell BSA 1929 bezeichnet. Das war jedoch keine in den USA, sondern eine in Großbritannien modifizierte Waffe von etwa 910 mm Gesamtlänge mit einem von Kühlrippen umgebenen Lauf und Mündungsbremse. Je nach Ausführung verschossen derartige Maschinenpistolen unterschiedliche Munition, zum Beispiel Mauser-Patronen 7,63 mm und 9 mm oder Paràbellum-Patronen 7,65 mm und 9 mm. Solche Waffen wurden in Belgien getestet. Die belgische Firma Fabrique Nationale (FN) wollte 10 000 Stück in Lizenz produzieren, nahm von diesem Vorhaben allerdings Abstand.

Über die Einführung der Thompson-MPi als US-amerikanische Ordonnanzwaffe gibt es in der Fachliteratur unterschiedliche Angaben. In manchen Veröffentlichungen wird das Jahr 1928, in anderen das Jahr 1932, in weiteren das Jahr 1938 genannt. Eine Schweizer Fachzeitschrift berichtet, bis 1939 habe das US-amerikanische Heer lediglich 371 Stück gekauft. Auf Grund dieser Information läßt sich schlußfolgern, daß die Thompson-MPi vor 1938 wohl kaum offiziell geführt worden sein dürfte.

Fest steht jedoch, erste Ordonnanzwaffe dieser Art war das Modell 1928 A1. Später folgten die Modelle M1 und M1 A1. Diese wurden ab 1942 in Serienproduktion von großer Stückzahl hergestellt, zu einer Zeit also, da sich Thompson über den Erfolg seiner Erfindung nicht mehr freuen konnte. Er verstarb im Juni 1940, als sich seine Firma um neue Kooperationspartner bemühte.

Obwohl die Thompson-MPi Anfang des zweiten Weltkriegs keineswegs mehr zu den modernen Waffen zählte – vor allem in Deutschland standen längst bessere Modelle zur Verfügung –, war sie die in den USA einzige verfügbare Maschinenpistole, die man in Massenfertigung herstellen konnte. Ende 1939/Anfang 1940 vergab die französische Regierung zwei Aufträge über insgesamt 6 000 Stück. Ende 1940 lagen aus Großbritannien Bestellungen über 107 500 Maschinenpistolen vor. Im August 1941 sollen bereits 318 900 Waffen des Typs Thompson 1928 A1 in Auftrag gegeben worden sein, allerdings nur etwa 20 450 Stück von der US-amerikanischen Regierung.

Der monatliche Produktionsausstoß erreichte bald die enorme Stückzahl von 90 000. Als man 1944 die Fertigung zugunsten der von George J. Hyde entwickelten MPi Modell M3 (s. dort) schließlich einstellte, waren insgesamt mehr als 1,5 Millionen Thompson-Maschinenpistolen aller Typen produziert und verkauft worden.

Hersteller war nicht nur die Auto-Ordnance Corporation – inzwischen mit neuem Besitzer und einer modernen Produktionsstätte in Bridgeport –, sondern auch die US-amerikanische Firma Savage Arms Company in Utica. Ihre Waffen wurden von alliierten Truppen bei fast allen bedeutenden Kämpfen des zweiten Weltkriegs in Europa, Afrika und Südostasien eingesetzt.

Hatte man die Thompson-MPi Modell 1928 A1 zunächst in einer Ausführung gefertigt, wie vorher erwähnt, so wurde sie ab November 1941 nur noch mit dem geraden Stangenmagazin von 30 Schuß Kapazität und ab Dezember jenes Jahres mit einer im Prägeverfahren herstellbaren offenen Visiereinrichtung geliefert. Dieses Visier hat eine auf 100 yd. (91,44 m) festinstallierte Lochkimme mit seitlichem Schutz. Von 1940 bis 1943 wurden insgesamt 562 511 Maschinenpistolen Modell 1928 A1 ausgeliefert. Sämtliche Waffen erhielten einen Lauf mit Kühlrippen.

Die Anzahl der von 1942 bis 1943 bzw. von 1942 bis 1944 produzierten Thompson-Maschinenpistolen M1 und M1 A1 betrug 285 480 bzw. 639 143 Stück. Ihre Konstruktion war vereinfacht, Herstellungskosten und -zeit waren entscheidend verringert worden. Die ab 25. April 1942 als Thompson-MPi Modell M1 bezeichnete Waffe hat einen unverriegelten Masseverschluß ohne Rücklaufverzögerer, einen beweglichen Schlagbolzen, keine Mündungsbremse und statt der komplizierten Lyman-Visierung zumeist die bereits erwähnte offene Visierkonstruktion. Ab 27. Oktober 1942 hergestellt, wurde die Thompson-MPi Modell M1 A1 nicht mehr wie die Waffen zuvor mit separatem Schlagbolzen und Schlagstück, sondern mit einem feststehenden, auf dem Verschlußkopf installierten Schlagbolzen geliefert. Beide vereinfachten Modelle haben einen Lauf ohne Kühlrippen und einen auf der rechten Seite installierten Spannhebel. Mußten für die Thompson-MPi 1928 A1 noch 209 Dollar gezahlt

USA

werden, so gab man die letztgenannten Waffen für nur 45 Dollar je Stück ab.

Maschinenpistolen des Typs Thompson werden seit den siebziger Jahren wieder produziert. Hersteller ist die US-amerikanische Firma Numrich. Wie die Fachliteratur informiert, soll das Unternehmen sämtliche Rechte erworben haben und derartige Waffen nicht nur für Sammler, sondern auch für Polizeiformationen fertigen. Zum Lieferprogramm gehören für Einzel- und Dauerfeuer eingerichtete Maschinenpistolen sowie Waffen, die nur Einzelfeuer schießen.

Daten: Maschinenpistole Modell Thompson M 1921

Kaliber:	.45	Patrone:	.45 ACP (11,43 × 23)
v_0:	280 m/s	Lauflänge:	267 mm
Länge Waffe:	856 mm	Züge/Richtung:	6/r
Feuergeschwindigkeit:	800 S/min	Visierschußweite:	≈ 549 m[1]
		Einsatzschußweite:	100 m
Munitionszuführung:	Trommelmagazin mit 100 bzw. 50 Schuß		
	gerades Stangenmagazin mit 30 bzw. 20 Schuß		
Masse ohne Magazin:	4,88 kg		

[1] Entspricht 600 yd.

Daten: Maschinenpistole Modell Thompson M 1928 A1

Kaliber:	.45	Patrone:	.45 ACP (11,43 × 23)
v_0:	280 m/s	Lauflänge:	267 mm
Länge Waffe:	856 mm	Züge/Richtung:	6/r
Feuergeschwindigkeit:	675 S/min	Visierschußweite:	≈ 549 m[1]
		Einsatzschußweite:	200 m
Munitionszuführung:	Trommelmagazin mit 50 Schuß		
	gerades Stangenmagazin mit 30 bzw. 20 Schuß		
Masse ohne Magazin:	4,88 kg		

[1] Entspricht 600 yd.

Daten: Maschinenpistolen Modelle Thompson M1 und M1 A1

Kaliber:	.45	Patrone:	.45 ACP (11,43 × 23)
v_0:	280 m/s	Lauflänge:	267 mm
Länge Waffe:	813 mm	Züge/Richtung:	6/r
Feuergeschwindigkeit:	700 S/min	Visierschußweite:	≈ 91 m[1]
		Einsatzschußweite:	100 m
Munitionszuführung:	gerades Stangenmagazin mit 30 Schuß[2]		
Masse ohne Magazin:	4,74 kg		

[1] Entspricht 100 yd.
[2] Stangenmagazine mit 20 Patronen können ebenfalls verwendet werden.

Maschinenpistolen Modelle Reising 50 und 55 .45

Über Maschinenpistolen dieser Typen ist wenig bekannt. Wie die Fachliteratur informiert, sind wohl nicht mehr als insgesamt 10 000 Stück beider Modelle produziert worden. Es gibt aber auch Veröffentlichungen, die über 100 000 solcher Maschinenpistolen berichten. Hersteller war das US-amerikanische Unternehmen Harrington & Richardson Arms Corporation in Worcester, Massachusetts, Konstrukteur der Firmeningenieur Eugene T. Reising.

Er hatte 1938 mit der Entwicklung begonnen und sie am 28. Juni 1940 zum Patent angemeldet. Dreimal getestet, danach stets verbessert und ab Dezember 1941 in Serienfertigung hergestellt, wurde die Konstruktion von der US-amerikanischen Marine als Ordonnanzwaffe übernommen. Die Erstausführung mit Holzkolben bezeichnete man als MPi Modell Reising 50, die Zweitversion mit klappbarer Metallschulterstütze als Modell Reising 55.

Außerdem gab es eine Modell 60 genannte, nur für Einzelfeuer eingerichtete Waffe mit Holzkolben und einem geraden Stangenmagazin von 12 Schuß Kapazität. Sie war eher ein Selbstladekarabiner als eine Maschinenpistole und wurde wohl nur für den sogenannten zivilen Markt hergestellt. Die Fertigung erfolgte vermutlich erst nach dem zweiten Weltkrieg, zu einer Zeit also, da die Marine dem Betrieb keine Lieferaufträge mehr erteilte.

Obwohl bei Kämpfen im Gebiet des Stillen Ozeans eingesetzt, haben sich Maschinenpistolen des Typs Reising nicht bewährt. In der Fachliteratur wird nicht nur über häufige Ladehemmungen berichtet, sondern auch darüber, daß viele Marineinfanteristen solche Waffen, erbost über deren unzuverlässige Funktionsweise, kurzerhand wegwarfen. In geringer Menge sollen Maschinenpistolen solcher Art während des zweiten Weltkriegs auch nach Kanada und in die Sowjetunion geliefert

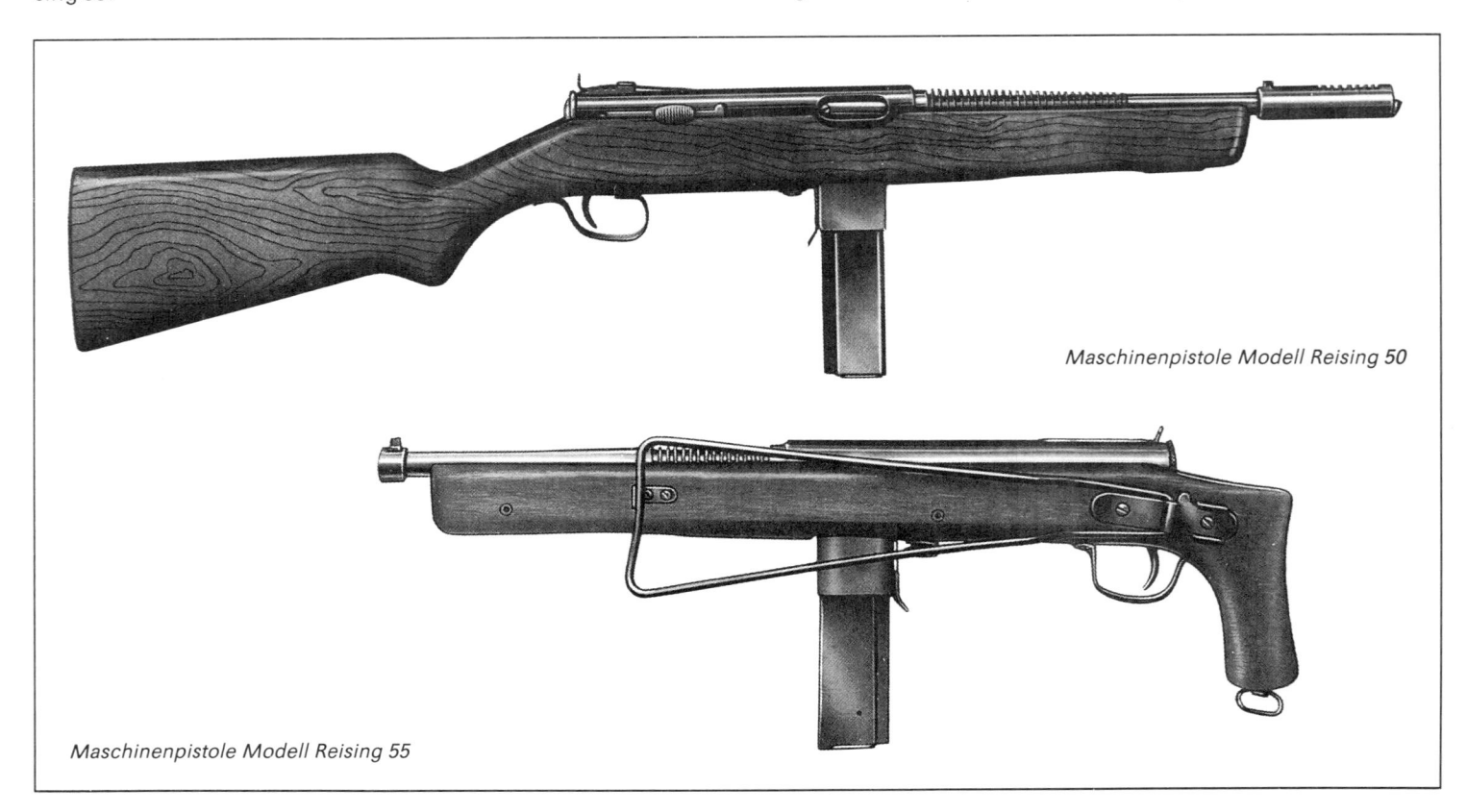

Maschinenpistole Modell Reising 50

Maschinenpistole Modell Reising 55

Selbstladekarabiner Modell Reising 60

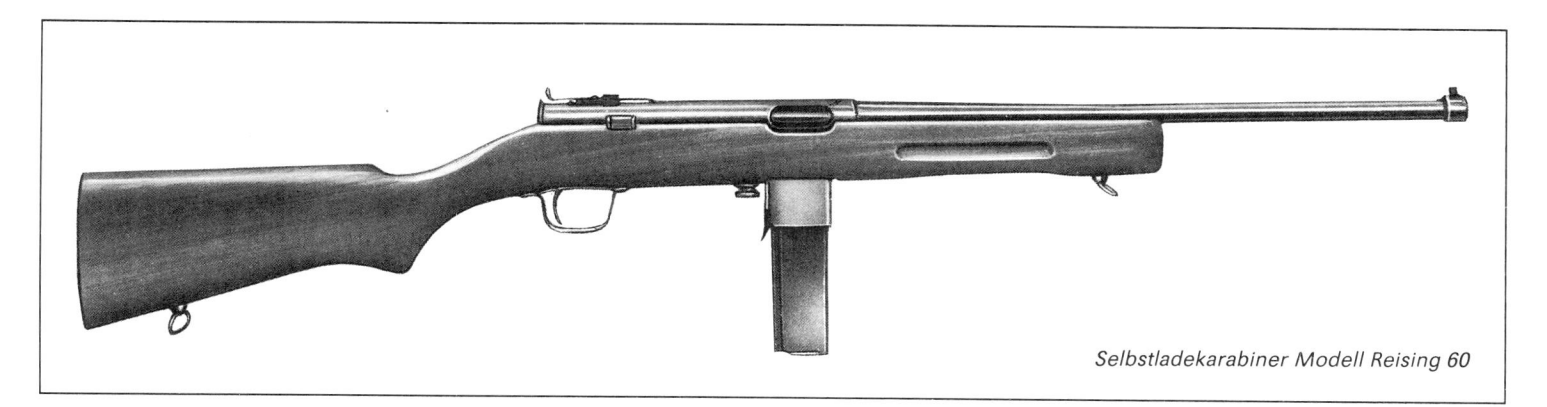

worden sein. Über Stückzahlen und etwaigen Einsatz gibt es jedoch keine Informationen.

Die MPi Modell Reising ist eine aufschießende Waffe mit verriegeltem Verschluß und verzögertem Rücklauf. Auf Grund der komplizierten Konstruktion funktioniert die Automatik sehr unzuverlässig. Gegen Verschmutzung weitgehend ungeschützt, sind Ladehemmungen und Versager nicht die Ausnahme, sondern die Regel.

Das zylindrische, durch eine Feder angetriebene Schlagstück stößt den beweglichen Schlagbolzen nach vorn. Beim Zünden der Patrone befindet sich der hintere Teil des Verschlusses fest verriegelt in einer oben im Gehäuse gelegenen Aussparung. Danach wird der Verschluß entriegelt und gleitet verzögert zurück. Daher ist die Feuergeschwindigkeit gering, und die Waffe schießt, sofern sie funktioniert, relativ treffgenau.

Ebenso ungewöhnlich wie die Gesamtkonstruktion ist der Spannvorgang. Der Schütze betätigt keinen Spannhebel wie bei anderen Maschinenpistolen, sondern eine in der Fachliteratur als Fingerhebel bezeichnete Vorrichtung in Form eines Knopfes. Er befindet sich griffgünstig in einer Aussparung unten am Handschutz, aus der Sicht des Schützen nur wenige Zentimeter vor dem Magazinschacht. Durch Fingerdruck wird er in Position gebracht. Dabei arretiert der Schütze das Schlagstück.

Die Munition wird aus einem von unten einsetzbaren Stangenmagazin zugeführt und in Einzel- oder Dauerfeuer verschossen. Das sind Patronen des Typs .45 ACP. Auf Grund der außergewöhnlichen Konstruktion ist das Dauerfeuer eigentlich eine schnelle Abfolge von einzelnen Schüssen. Dabei muß die Automatik das Schlagstück stets neu spannen, durch die Feder zurückhalten und dann nach vorn drücken. Für den militärischen Einsatz verwendete man Magazine mit 20 Schuß Kapazität. Es gab aber auch Magazine für 12 Patronen.

Das Modell 50 hat einen Holzkolben, das Modell 55 eine klappbare Metallschulterstütze. Das ist ein an der linken Seite des Gehäuses installierter Stahlbügel, der nicht sehr stabil wirkt. Das Gelenk befindet sich direkt über dem Abzug, unmittelbar vor dem Pistolengriff, an dem eine Riemenöse angebracht wurde. Auch der Lauf ist von unterschiedlicher Ausführung. Bezüglich der Kühlrippen zwar weitgehend übereinstimmend, hat man die Erstversion mit Mündungskompensator, die Zweitversion jedoch ohne gefertigt. Der Mündungskompensator hat mehrere Schlitze und ist auffallend massiv.

Daten: Maschinenpistole Modell Reising 50

Kaliber:	.45	Patrone:	.45 ACP (11,43 × 23)
v_0:	280 m/s	Lauflänge:	279 mm
Länge Waffe:	1 080 mm	Züge/Richtung:	6/r
Feuergeschwindigkeit:	550 S/min	Visierschußweite:	≈ 274 m[1]
		Einsatzschußweite:	200 m
Munitionszuführung:	gerades Stangenmagazin mit 20 Schuß		
Masse ohne Magazin:	3,06 kg		
Masse des vollen Magazins:	0,63 kg		

[1] Entspricht 300 yd.

Daten: Maschinenpistole Modell Reising 55

Kaliber:	.45	Patrone:	.45 ACP (11,43 × 23)
v_0:	280 m/s	Lauflänge:	267 mm
Länge Waffe:	794 mm	Züge/Richtung:	6/r
Feuergeschwindigkeit:	500 S/min	Visierschußweite:	≈ 274 m[1]
		Einsatzschußweite:	200 m
Munitionszuführung:	gerades Stangenmagazin mit 20 Schuß		
Masse ohne Magazin:	2,83 kg		

[1] Entspricht 300 yd.

Maschinenpistole Modell UD 1942 9 mm

Im Mai 1941 wurde in den USA mit der United Defence Supply Corporation ein Unternehmen gebildet, zu dessen Aufgaben die Versorgung alliierter Truppen und Kommandoeinheiten mit Waffen gehörte. Dieses Unternehmen arbeitete eng mit dem Office of Strategic Service (OSS) zusammen. Das war eine für Organisation, Anleitung und Ausrüstung von Widerstandsgruppen in den von deutschen Truppen besetzten Ländern verantwortliche Dienststelle der US-amerikanischen Streitkräfte.

In ihrem Auftrag wurden in den USA Zehntausende von Waffen produziert. Man brachte sie auf illegalem Weg zu Widerstandsorganisationen und Partisaneneinheiten nach Europa, warf sie auch mit Fallschirmen über Gebieten ab, die von deutschen Truppen besetzt worden waren. Wie andere Waffen gehörten dazu Maschinenpistolen, darunter bekannte Konstruktionen wie die MPi Modell M3 (s. dort) aber auch weniger bekannte Maschinenpistolen des Typs UD 1942.

Derartige Waffen fertigte man ab 1942 auf Veranlassung der obengenannten Institutionen bei der US-amerikanischen Firma Marlin Firearms Corporation in New Haven, Connecticut. Die Fachliteratur informiert, daß dort 15 000 solcher Maschinenpistolen hergestellt wurden. Bei den Streitkräften des Landes nicht eingeführt, kamen sie außer in Europa, zum Beispiel in Frankreich, vor allem bei niederländischen Truppen in Südostasien zum Einsatz und wurden darüber hinaus speziellen Kommandotrupps der US-amerikanischen Armee zur Verfügung gestellt. Waffen solchen Typs werden in der Fachliteratur nach der Herstellerfirma nicht selten MPi Modell Marlin bzw. nach dem Entwicklerbetrieb, der High Standard Corporation, ebenfalls in New Haven, MPi Modell High Standard genannt.

Konstrukteur war Carl G. Swebilius, Ingenieur und Gründer der New Havener Entwicklerfirma. Vermutlich hat er sich schon Ende der dreißiger Jahre mit Projekten für Maschinenpistolen beschäftigt. Wann die Konstruktion fertig war, ist nicht genau bekannt. Auf jeden Fall wurde sie bereits vor dem Eingreifen der USA in den zweiten Weltkrieg getestet. Die ersten Tests fanden im August 1940 statt. Das waren für die Patrone .45 ACP eingerichtete Versuchswaffen mit einem geraden Stangenmagazin von 20 Schuß Kapazität.

Auf Grund der hohen Feuergeschwindigkeit entschied man

USA

Maschinenpistole Modell UD 1 (Versuchswaffe)

Maschinenpistole Modell UD 1942 von links mit Doppelmagazin

Maschinenpistole Modell UD 1942 von rechts mit Doppelmagazin

Maschinenpistole Modell UD 1942 von rechts mit Einzelmagazin

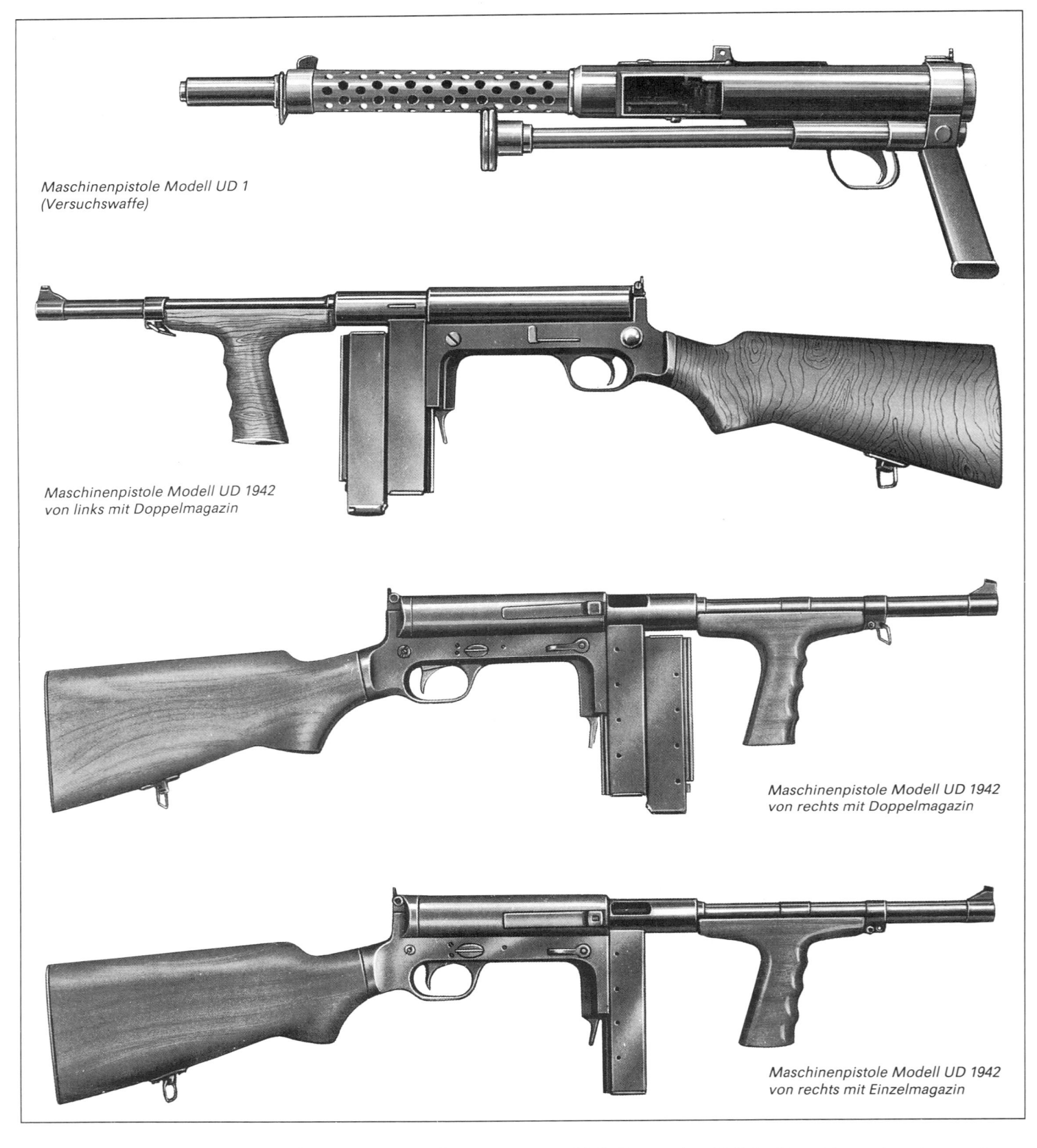

sich für die Entwicklung eines Spezialmagazins von größerem Fassungsvermögen. Prototypen mit neuem Magazin, aber auch mit modifiziertem Verschluß und reduzierter Feuergeschwindigkeit wurden im November 1941 geprüft. Die Maschinenpistole schoß treffgenau und funktionssicher. Warum die Streitkräfte nicht diese Waffe, sondern später die von George J. Hyde entwickelte MPi Modell M2 (s. dort) übernahmen, ist ungeklärt. Trotz zufriedenstellenden Ergebnisses konnte die Versuchswaffe weder die Konstruktion Hydes noch die verbesserten Thompson-Maschinenpistolen Modelle M1 und M1 A1 (s. dort) aus dem Felde schlagen.

Die MPi Modell UD 1942 ist ein zuschießender Rückstoßlader mit feststehendem Lauf und unverriegeltem, gefedertem Masseverschluß. Der vordere Teil des Verschlusses hat einen geringeren Durchmesser als der hintere Teil. Das Schlagstück ist drehbar gelagert, der Schlagbolzen separat installiert. Er wird von einer Feder nach vorn gedrückt. Der Spannhebel wurde ebenfalls getrennt vom Verschluß angebracht. Wenn dieser beim Schießen nach vorn schnellt und wieder zurückgleitet, verbleibt der Spannhebel in unveränderter Stellung.

Im Unterschied zu den Prototypen verschießt die in Serienfertigung hergestellte Maschinenpistole nicht Munition des Typs .45 ACP, sondern Parabellum-Patronen 9 mm. Sie werden zumeist aus einem Doppelmagazin zugeführt, das aus zwei geraden Stangen von je 20 Schuß Kapazität besteht. Ist die erste Stange leer, dreht der Schütze das gesamte Magazin um 180°.

Auf diese Weise bringt er die zweite Stange in Zuführposition. Ein Stangenmagazin allein kann aber ebenfalls benutzt werden.

Die Waffe schießt Einzel- oder Dauerfeuer. Der Feuerwahlhebel befindet sich rechts und ist von der Sicherung getrennt. Bei Dauerfeuer beträgt die praktische Feuergeschwindigkeit 100 S/min. Die Visiereinrichtung hat keine Distanzregulierung. Das Korn ist festinstalliert, die Kimme mittels Drehtrommel links an der Waffe angebracht, aber seiten- und höhenverstellbar. Auf 200 m Distanz am effektivsten einsetzbar, schießt die Maschinenpistole auf größere Entfernung ebenfalls treffsicher. Das gilt allerdings nur für Einzelfeuer. Die Stabilität bei Dauerfeuer ist nicht ausreichend. Vor dem Magazin befindet sich ein Griffstück mit Fingerkerben, an dem die Hand des Schützen sicheren Halt findet. Der Holzkolben ist von relativ klobiger Form.

In der Fachliteratur gibt es auch Hinweise auf eine Modell UD 1 genannte Maschinenpistole mit perforiertem Laufmantel. Sie verschoß sowohl Munition des Typs .45 ACP als auch Parabellum-Patronen 9 mm und war zu diesem Zweck mit zwei unterschiedlichen, gegeneinander austauschbaren Läufen ausgerüstet. Der für die entsprechende Munition geeignete Lauf wurde zum Schießen benutzt, der andere auf ein Gewinde links am Gehäuse geschraubt. Seine über dem Pistolengriff befestigte Halterung war drehbar. Der Wechsellauf ließ sich anklappen und als Schulterstütze benutzen.

Die Patronen wurden aus einem geraden Stangenmagazin von 20 Schuß Kapazität zugeführt, die leeren Hülsen nach rechts ausgeworfen. Das horizontal von links einsetzbare Magazin bot der zweiten Hand des Schützen sicheren Halt. Der Hebel zum Einstellen der Feuerart befand sich auf der rechten Gehäuseseite. Trotz hoher theoretischer Feuergeschwindigkeit von 1 150 S/min soll die Treffgenauigkeit bemerkenswert gewesen sein.

Derartige Maschinenpistolen sind auf Veranlassung der United Defence Supply Corporation getestet, jedoch nicht produziert worden. Sie standen wohl nur als Versuchswaffen zur Verfügung, entwickelt vermutlich von demselben Konstrukteur. Auf eine Serienfertigung hat man wohl deshalb verzichtet, weil die Konstruktion nicht immer einwandfrei funktionierte. Sie war nicht nur störanfällig gegen Nässe und Schlamm, der Zuführmechanismus arbeitete ebenfalls nicht präzise.

Daten: Maschinenpistole Modell UD 1942

Kaliber:	9 mm	Patrone:	9 × 19
v₀:	365 m/s	Lauflänge:	279 mm
Länge Waffe:	810 mm	Züge/Richtung:	6/r
Feuergeschwindigkeit:	700 S/min	Visierschußweite:	entfällt
		Einsatzschußweite:	200 m
Munitionszuführung:	zwei gerade Stangenmagazine mit je 20 Schuß[1]		
Masse ohne Magazin:	4,10 kg		
Masse eines vollen 20-Schuß-Magazins:	0,45 kg		

[1] Drehbares Doppelmagazin.

Maschinenpistolen Modelle M2 .45 sowie M3 und M3 A1 .45 und 9 mm

Bevor George J. Hyde, ein in Deutschland geborener, 1926 aber in die USA ausgewanderter Ingenieur, Maschinenpistolen entwickelte, hatte er bei der Konstruktion von Waffen anderer Art große Erfahrungen erworben. In seinem Geburtsland war er während des ersten Weltkriegs an der Entwicklung von Maschinengewehren beteiligt, in den USA dann Konstrukteur zahlreicher Sportwaffen gewesen. Trotzdem gelang ihm die Konstruktion einer truppendiensttauglichen Maschinenpistole nicht auf Anhieb.

Drei unterschiedliche Waffen wurden nach Tests abgelehnt. Dennoch entwickelte Hyde eine davon Anfang 1942 weiter. Das war eine im November 1938 nicht akzeptierte, damals Modell 35 genannte Maschinenpistole. Er verbesserte sie im Auftrag der Inland Manufacturing Division in Dayton, Ohio, einem Zweigbetrieb der US-amerikanischen Firma General Motors Corporation, zur MPi Modell Hyde-Inland. Als man sie im April 1942 testete, bahnte sich für den Konstrukteur der Erfolg an.

Bei 6 080 Schuß soll es nur 20 Ladehemmungen gegeben haben. Da die Waffe mit einer Dauerfeuergeschwindigkeit von etwa 530 S/min treffsicherer war als die Thompson-MPi Modell M 1928 A1 (s. dort), wurde sie nochmals weiterentwickelt. Nach erneutem Test erhielt sie eine für das Thompson-Stangenmagazin geeignete Halterung und eine stärkere Rückholfeder. Am 13. April 1942 wurde Hydes Konstruktion schließlich als MPi Modell M2 zur Ordonnanzwaffe erklärt.

Wie die Fachliteratur informiert, erhielt die US-amerikanische Firma Marlin Firearms Corporation in New Haven, Connecticut, am 10. Juni 1942 einen Auftrag über die Produktion von 164 450 Stück zu je 38,58 Dollar. Ob der Auftrag in vorgesehenem Umfang erledigt wurde, konnte nicht festgestellt werden. Einerseits deuten Veröffentlichungen darauf hin, andererseits berichtet man aber, die Fertigung sei Mitte Juni 1943 eingestellt worden und die monatliche Höchstproduktion habe 13 500 Waffen betragen. Auf jeden Fall erfolgte der Fertigungsstopp auf Grund erheblicher Mängel. Sie waren sowohl technologischer als auch konstruktiver Art und resultierten zum Teil wohl auch aus dem verwendeten Material.

Bereits im Oktober 1942 hatte Hyde mit der Entwicklung einer neuen Maschinenpistole begonnen. Die Waffe sollte folgenden Kriterien entsprechen: Ganzmetallkonstruktion, umrüstbar vom Kaliber .45 auf das Kaliber 9 mm, schnell demontierbar, Produktionszeit und Kosten nicht höher als bei der britischen Sten-MPi (s. dort), die wie die deutsche MPi Modell 40 (s. dort) gewissermaßen als Grundlage diente.

Das Projekt wurde mit Unterstützung von Frederick W. Sampson, einem der Chefingenieure von General Motors, und dem Armeeoberst René Studler in aller Eile vorangetrieben. In weniger als einem Monat stand eine für Einzel- und Dauerfeuer eingerichtete, damals T 15 genannte Versuchswaffe zur Verfügung. Modifiziert zur Abgabe von Dauerfeuer, wurde sie als T 20 vom 18. bis 24. November jenen Jahres mit gutem Ergebnis getestet.

Die Maschinenpistole schoß treffsicher und war auch nach speziellen Prüfungen auf Unempfindlichkeit gegen Staub, Sand, Nässe und Schlamm völlig funktionstüchtig. Bei Lebensdauerversuchen von 5 000 Schuß stellte man nur zwei Versager fest. Lediglich die herausziehbare Schulterstütze mußte verlängert werden.

Am 24. Dezember 1942 erklärten die Militärs die Konstruktion als MPi Modell M3 zur Ordonnanzwaffe. Ihre Serienfertigung wurde einem Zweigbetrieb von General Motors, der Guide Lamp Division in Anderson, Indiana, übertragen. Am 29. Januar 1943 erhielt sie einen Auftrag zur Produktion von zunächst 300 000 Maschinenpistolen. Mit Herstellung und Montage der Verschlüsse beauftragte man die Unternehmen Buffalo Arms Corporation und Rock Island Arsenal in Island, Illinois.

Eine Maschinenpistole sollte 17,92 Dollar kosten. Später wurde mit 18,36 Dollar neu kalkuliert. Obwohl eine sehr kostengünstige Waffe, mußten im Oktober jenes Jahres 33,33 Dollar gezahlt werden. Die verbesserte Version M3 A1 war jedoch wesentlich billiger. Im April 1945 betrug ihr Stückpreis 21, im Juni desselben Jahres 22 Dollar.

Die Serienproduktion des Modells M3 begann im Mai 1943. Im Juli sollten 20 000, im August 60 000 und ab September monatlich 70 000 Maschinenpistolen ausgeliefert werden. Das gelang jedoch nicht. Obwohl die Mitarbeiter des Betriebes in Anderson über langjährige Erfahrungen bei der Kaltverformung verfügten, kamen sie mit der Bearbeitung der Stanz- und Preßteile nicht zurecht.

Im Juli konnten sie den Streitkräften nur 900 Waffen liefern. Erst im Dezember hatte sich die Produktion einigermaßen stabilisiert. Allerdings stellte man in diesem Monat nicht 70 000 Maschinenpistolen her, wie das vorgesehen war, sondern lediglich 40 000 Stück. Schließlich mußte die Unternehmensleitung

USA

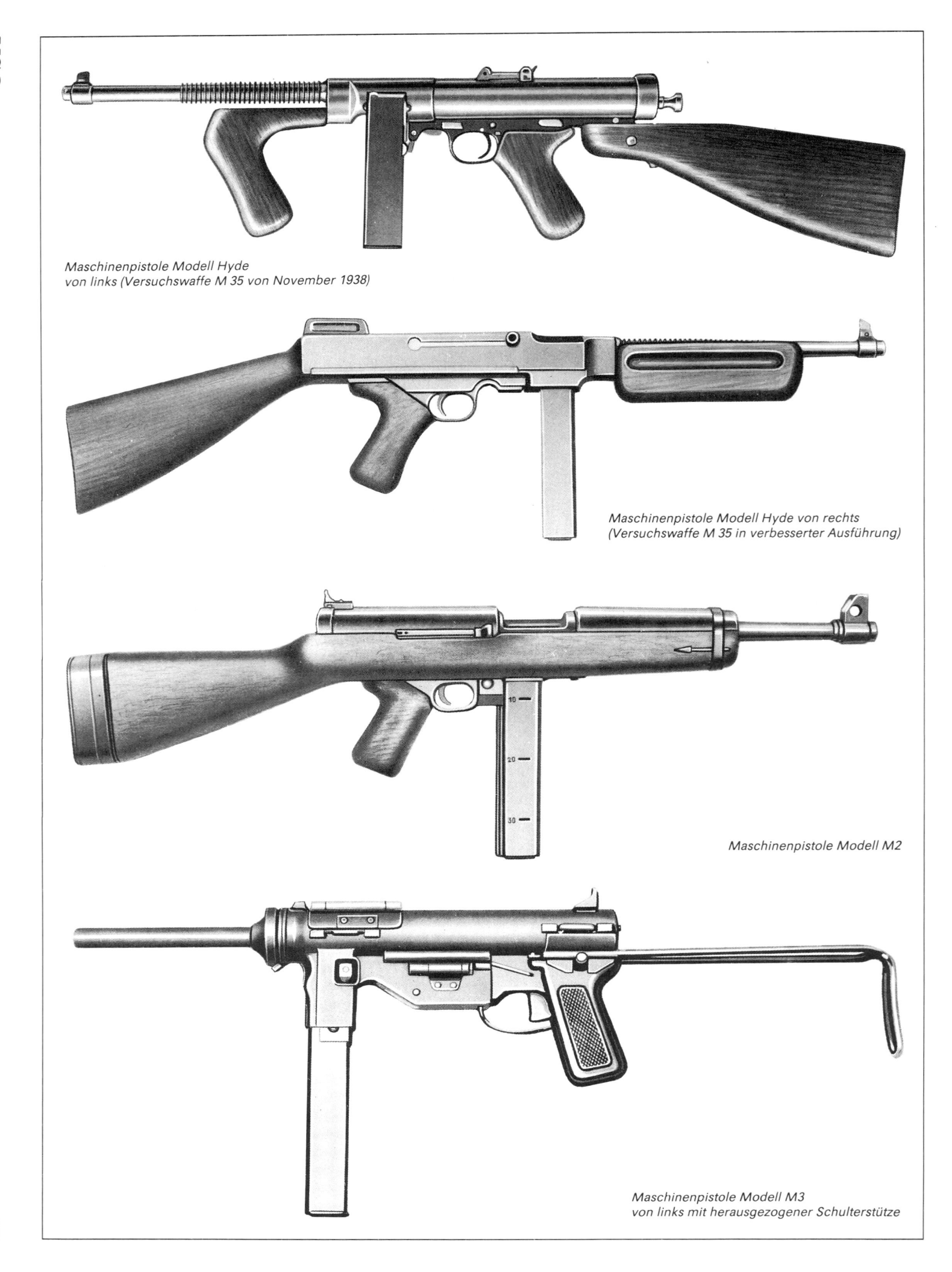

*Maschinenpistole Modell Hyde
von links (Versuchswaffe M 35 von November 1938)*

*Maschinenpistole Modell Hyde von rechts
(Versuchswaffe M 35 in verbesserter Ausführung)*

Maschinenpistole Modell M2

*Maschinenpistole Modell M3
von links mit herausgezogener Schulterstütze*

USA

*Maschinenpistole Modell M3
von links ohne Magazin mit herausgezogener Schulterstütze*

*Maschinenpistole Modell M3
von rechts mit herausgezogener Schulterstütze*

*Maschinenpistole Modell M3 A1
von links mit Schalldämpfer US-amerikanischer Fertigung*

*Maschinenpistole Modell M3
von rechts mit Schalldämpfer US-amerikanischer Fertigung*

USA

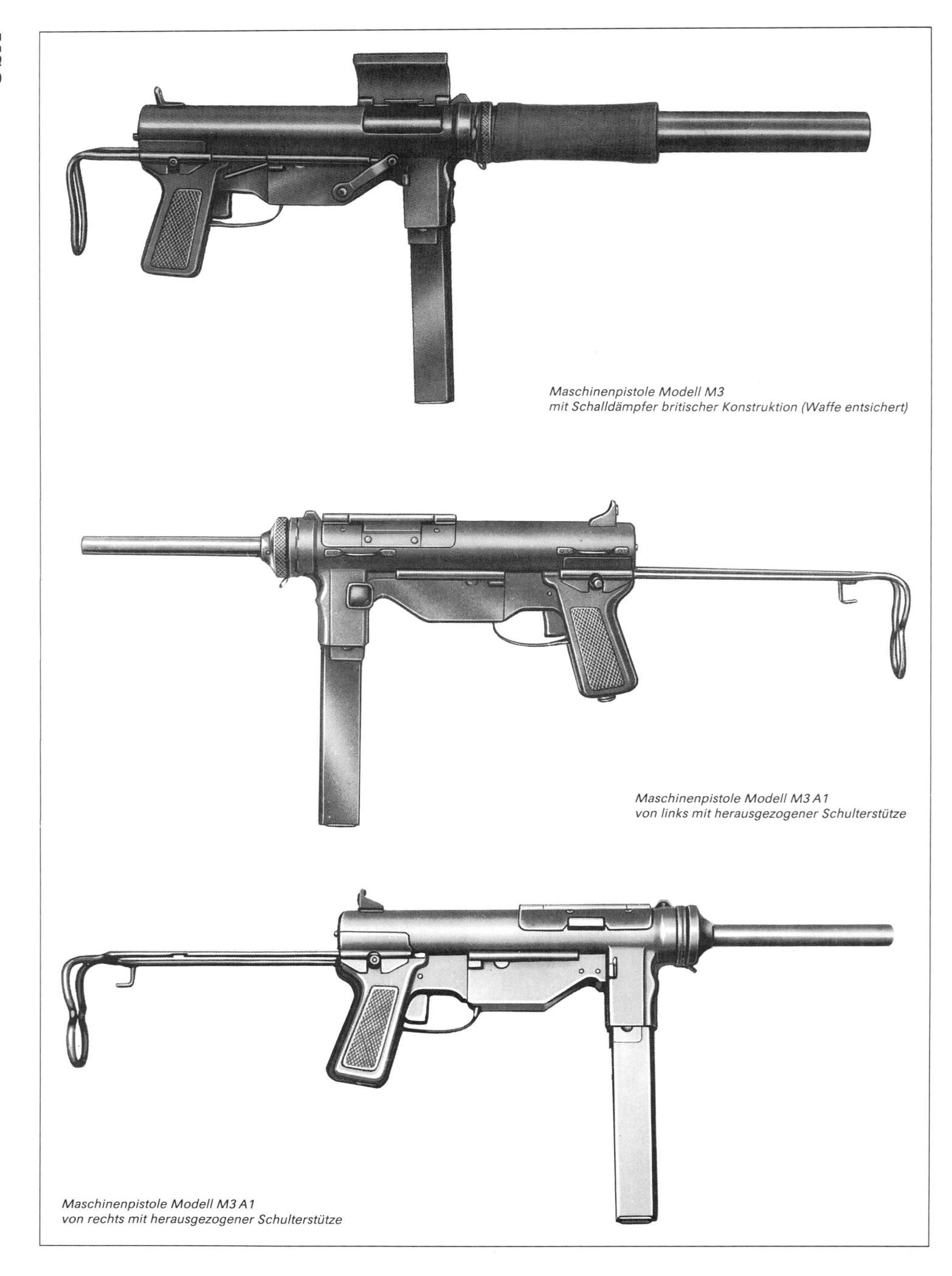

*Maschinenpistole Modell M3
mit Schalldämpfer britischer Konstruktion (Waffe entsichert)*

*Maschinenpistole Modell M3 A1
von links mit herausgezogener Schulterstütze*

*Maschinenpistole Modell M3 A1
von rechts mit herausgezogener Schulterstütze*

Maschinenpistole Modell M3 A1
von rechts mit Mündungsfeuerdämpfer (Waffe entsichert)

Röntgenschnitt von Funktionsdetails der Maschinenpistole Modell M3

tung den für 1944 kalkulierten Produktionsausstoß um mehr als 125 000 Waffen reduzieren und die monatliche Sollziffer auf 30 000 Stück korrigieren. Sie wurde dann aber um annähernd 2 000 Maschinenpistolen überboten.

Das waren zumeist Waffen mit dem Kaliber .45, aber auch etwa 25 000 für die Parabellum-Patrone 9 mm eingerichtete Maschinenpistolen. Eigentlich für im Südpazifik eingesetzte Truppen bestimmt, wurden die Waffen mit 9 mm Kaliber jedoch nach Europa gebracht. Man warf sie mit Fallschirmen über Gebieten ab, in denen Widerstandskämpfer und Partisaneneinheiten operierten, insbesondere in Frankreich und Dänemark.

Die MPi Modell M3 ist ein zuschießender Rückstoßlader mit feststehendem Lauf und unverriegeltem Feder/Masse-Verschluß. Die Munition wird aus einem geraden Stangenmagazin von 30 Schuß Kapazität zugeführt. Das sind Patronen des Typs .45 ACP oder Parabellum-Patronen 9 mm. Sie werden per Dauerfeuer mit einer praktischen Feuergeschwindigkeit von 90 S/min bis 120 S/min verschossen. Da die theoretische Kadenz mit 400 S/min sehr gering ist, können sogar ungeübte Schützen bei entsprechend kurzer Betätigung des Abzugs Einzelfeuer abgeben.

Zu den Vorzügen dieser Maschinenpistole gehört außer der bemerkenswert hohen Schußpräzision auch das problemlose Umrüsten von einer Munitionsart auf die andere. Für diesen Zweck müssen Verschlußstück und Magazinadapter ausgetauscht werden. Das ist mit wenigen Handgriffen möglich.

Die Waffe besteht völlig aus im Preß- und Prägeverfahren hergestellten Metallteilen. Beide Gehäusehälften, einschließlich Pistolengriffstück, Magazinhalterung und Abzugseinrichtung, sind miteinander verschweißt. Das Gehäuse hat hinten keine Öffnung. Vorn befindet sich ein Gewinde zum Aufschrauben des Laufes. Am Lauf kann ein Mündungsfeuer- oder ein Schalldämpfer befestigt werden. Die herausziehbare Metallschulterstütze, eine zweiarmige Metallstrebe aus stabilem Profildraht mit Ansatz und oberhalb des Pistolengriffs plazierter Knopfarretierung, ist ebenso wie Kimme und Korn fest mit dem Gehäuse verbunden. Zur Zielvorrichtung gehört ein Dioptervisier.

Der zylindrische Verschluß mit feststehendem Schlagbolzen gleitet auf zwei Führungsstangen aus hochwertigem Stahl. Jede Stange hat eine Rückholfeder. Die Spannkurbel ist auf der rechten Seite hinter dem Magazinschacht installiert. Oben auf dem Gehäuse befindet sich eine Öffnung mit Klappdeckel. Dort werden die Patronenhülsen ausgestoßen. Will der Schütze nicht schießen, so schließt er die Öffnung.

In diesem Zustand ist die Waffe gesichert. Ein am Klappdeckel befestigter, nach unten ragender Stift wirkt gewissermaßen als Sicherungsnocken. Er greift in eine Vertiefung ein und blockiert den Verschluß. Auch wenn die Waffe gespannt und der Abzug

USA

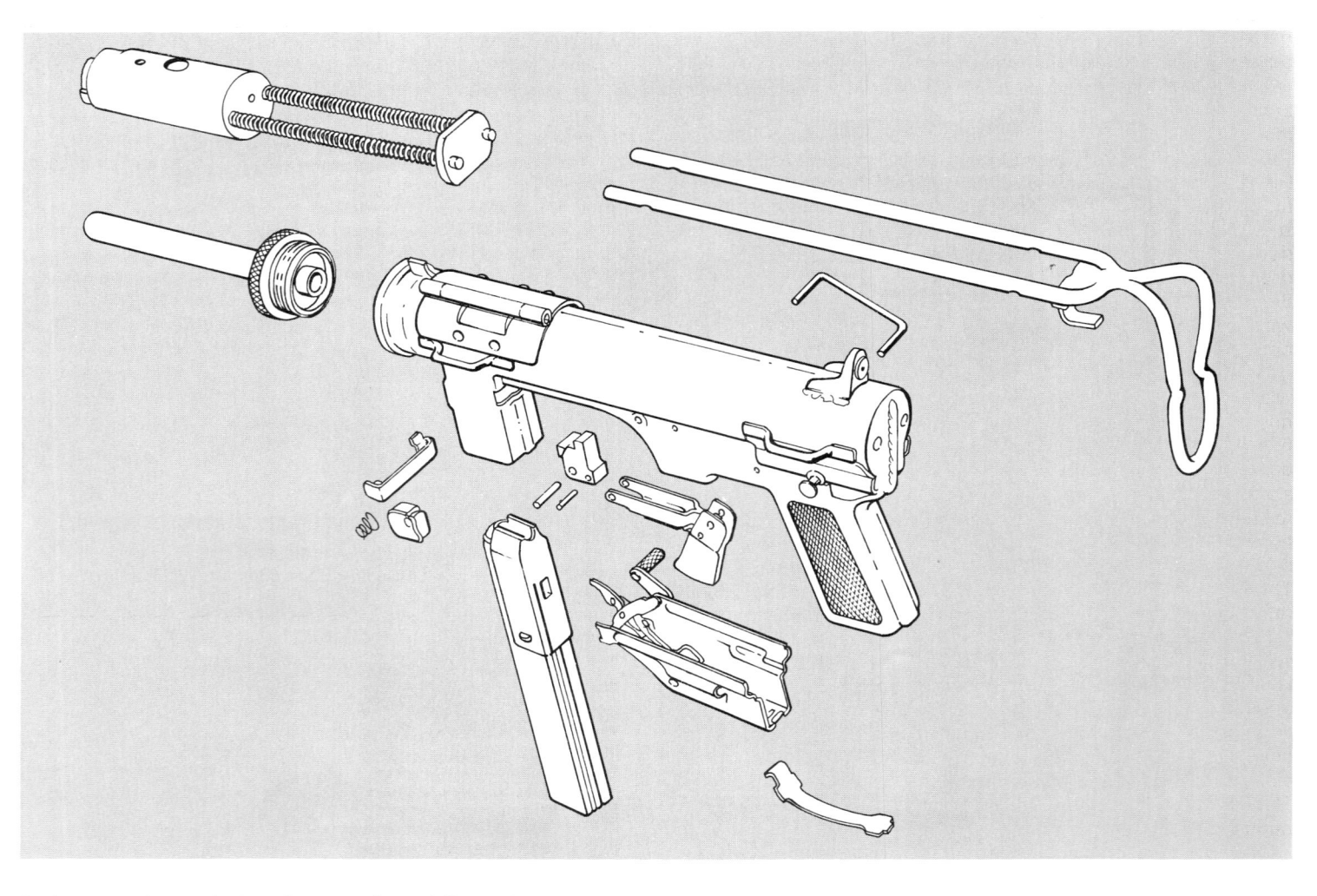

Explosionszeichnung der Maschinenpistole Modell M3 (oben)

Explosionszeichnung der Maschinenpistole Modell M3 A1 (unten)

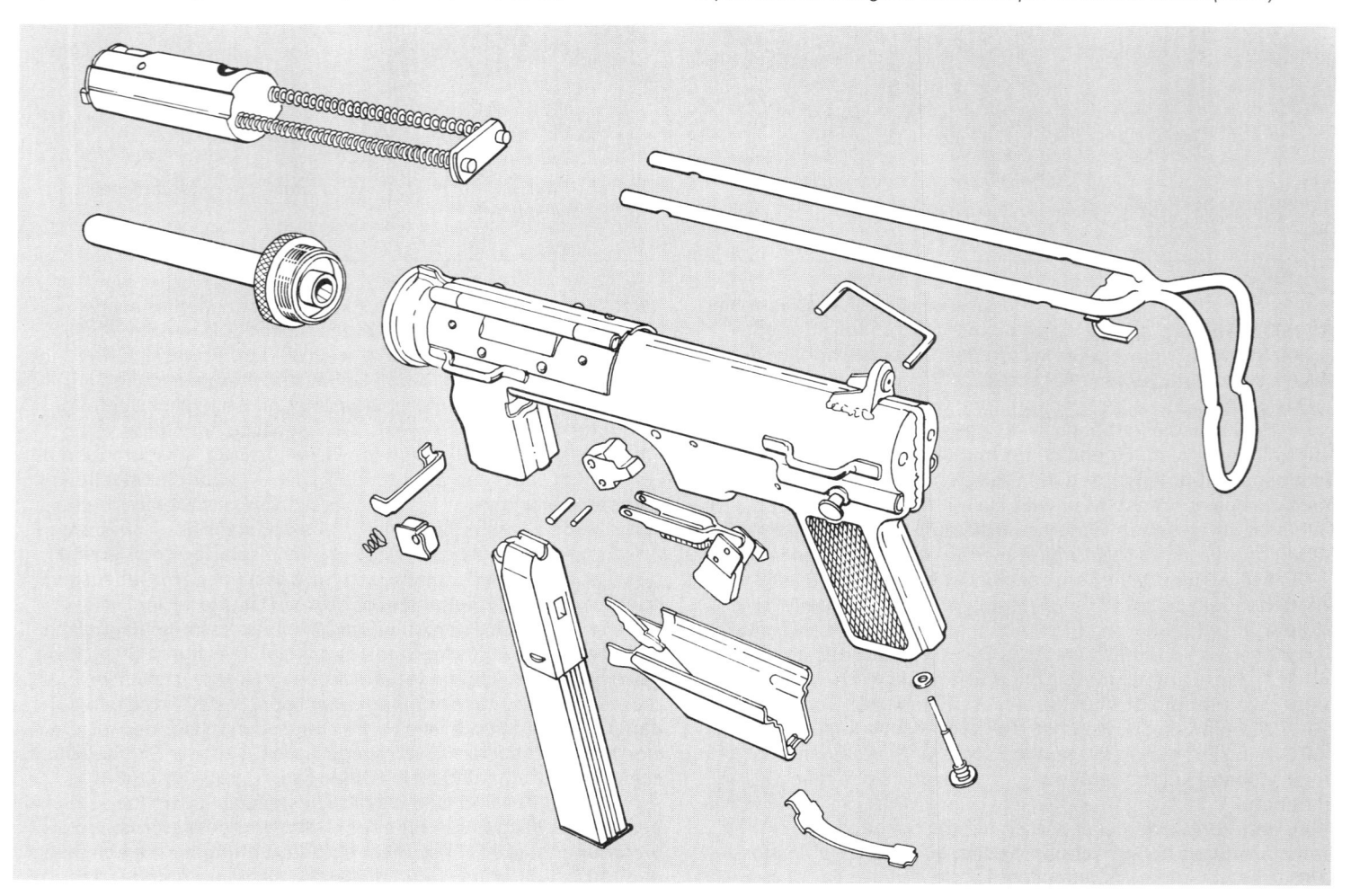

betätigt wird, kann kein Schuß brechen. Wird der Deckel jedoch geöffnet, ist die gespannte Maschinenpistole sofort entsichert. In dieser Stellung kann sich der Schuß allerdings auch bei Erschütterung lösen, zum Beispiel, wenn die Waffe zu Boden fällt.

Schießen ist also nur bei geöffnetem Klappdeckel möglich. Hat der Schütze den Abzug betätigt, schnellt das Verschlußstück durch den Druck der gespannten Schließfeder nach vorn. Die zugeführte Patrone wird in das Patronenlager geschoben und dort gezündet. Während das Geschoß den Lauf passiert, drücken die Pulvergase das Verschlußstück wieder nach hinten. Beim Zurückgleiten zieht es die Hülse aus dem Lauf heraus. Sie wird nach oben ausgeworfen, sobald das Verschlußstück auf den Auswerfer prallt.

Auf Grund ihres ungewöhnlichen Aussehens – der Lauf ragt wie eine Düse aus der Mitte des zylindrischen Gehäuses hervor – nannte man die Maschinenpistole zumeist Grease Gun (Fettspritze), mitunter auch Cake Decorator (Kuchenverzierer oder Tortenspritze). US-amerikanische Fallschirmjäger sollen sie als Vest-pocket howitzer (Westentaschen-Haubitze) bezeichnet haben. Obwohl sich die Waffe trotz Störungen bei der Munitionszuführung im großen und ganzen bewährte, wurde sie von der Truppe nur ungern geführt. Viele Soldaten wollten auf ihre Thompson-MPi nicht verzichten. Sie sollen sich, so die Fachliteratur, gegen den Austausch hartnäckig geweigert haben.

Das war auch noch der Fall, als die Maschinenpistole verbessert wurde. Man verzichtete auf Spannkurbel, Verschlußsperrklinke und einige andere Bauteile, verlängerte Auswerferöffnung und Klappdeckel, modifizierte die Verschlußkonstruktion und veränderte die Magazinhalterung geringfügig. Nach erfolgreichem Test – 27 500 Schuß aus fünf Versuchswaffen ohne eine einzige Störung – wurde die verbesserte Maschinenpistole am 11. Oktober 1944 als Modell M3 A1 in die strukturmäßige Bewaffnung übernommen.

Der Schütze spannt die modifizierte Maschinenpistole wie folgt: Er öffnet den Klappdeckel, steckt einen Finger in das dafür vorgesehene, vordere Loch des Verschlusses und zieht diesen so weit zurück, bis das Verschlußstück an der Abzugsstange einrastet. Dann kann er den Abzug betätigen. Bei zurückgezogenem Verschluß und geschlossenem Klappdeckel ist die Waffe gespannt und gesichert.

Verschlußwechsel ist mit noch weniger Handgriffen als bei der Erstausführung möglich. Abzugsbügel und Griffstück verbleiben in unveränderter Position. Um den Verschluß zu entfernen, muß nur die Laufhalterung abgeschraubt werden.

Über die Stückzahlen beider Modelle gibt es in der Fachliteratur unterschiedliche Angaben. Ein Standardwerk informiert über insgesamt mehr als 655 000 Maschinenpistolen. Knapp 607 000 davon waren Waffen der Erstversion. Demnach wurden 1943 exakt 85 130 Stück des Typs M3 hergestellt, ein Jahr später 343 372 und 1945 schließlich 178 192, außerdem 15 469 Maschinenpistolen Modell M3 A1. Hinzu kamen etwa 33 200 Stück nach dem Beginn des Korea-Krieges am 25. Juni 1950. Diese Waffen wurden von der US-amerikanischen Firma Ithaca Gun Company in Ithaca, New York, produziert.

Maschinenpistolen solchen Typs sind nach dem zweiten Weltkrieg auch in Argentinien, China, auf der chinesischen Insel Taiwan und in Portugal hergestellt worden. In China nannte man sie Modell 36 (s. »Schützenwaffen heute«), in Taiwan Modelle 36 und 37 (s. »Schützenwaffen heute«). Waffen aus US-amerikanischer Produktion wurden nach 1945 in beträchtlicher Menge in mehrere Länder exportiert. Zum Teil gehörten sie dort noch Ende der achtziger Jahre zur Ausrüstung.

Zu dieser Zeit stand die MPi Modell M3 A1 bei Militärpolizei und Nationalgarde der USA in geringer Stückzahl ebenfalls noch im Dienst. Zur strukturmäßigen Bewaffnung der Streitkräfte zählte sie jedoch nur bis Ende der fünfziger Jahre. Ab 1957 wurden Waffen dieses Typs durch das Schnellfeuergewehr Modell M 14 (s. »Schützenwaffen heute«) abgelöst, das damals auch die Selbstlader Modell M1 Garand (s. dort) und Modell M1 Carbine sowie dessen Versionen (s. dort) ersetzte.

Daten: Maschinenpistole Modell M3

Kaliber:	.45[1]	Patrone:	.45 ACP (11,43 × 23)[1]
v_0:	270 m/s	Lauflänge:	200 mm
Länge Waffe:	570 mm[2]	Züge/Richtung:	4/r
Feuergeschwindigkeit:	400 S/min	Visierschußweite:	100 m
		Einsatzschußweite:	100 m[3]
Munitionszuführung:	gerades Stangenmagazin mit 30 Schuß		
Masse ungeladen:	3,70 kg		

[1] *Umrüstbar auf 9 mm Kaliber für Parabellum-Patronen 9 × 19.*
[2] *Bei herausgezogener Schulterstütze: 750 mm.*
[3] *Auch mit 200 m angegeben.*

Daten: Maschinenpistole Modell M3 A1

Kaliber:	.45[1]	Patrone:	.45 ACP (11,43 × 23)[1]
v_0:	280 m/s	Lauflänge:	203 mm
Länge Waffe:	560 mm[2]	Züge/Richtung:	4/r
Feuergeschwindigkeit:	400 S/min	Visierschußweite:	100 m
		Einsatzschußweite:	100 m[3]
Munitionszuführung:	gerades Stangenmagazin mit 30 Schuß		
Masse ohne Magazin:	3,30 kg		

[1] *Umrüstbar auf 9 mm Kaliber für Parabellum-Patronen 9 × 19.*
[2] *Bei herausgezogener Schulterstütze: 757 mm.*
[3] *Auch mit 200 m angegeben.*

Mehrladegewehre
Modell Springfield M 1903 A1, M 1903 A3 und M 1903 A4 .30

Eigentlich sollte der Springfield-Mehrlader schon Mitte der dreißiger Jahre vom damals neuentwickelten Selbstladegewehr Modell M1 Garand (s. dort) nach und nach abgelöst werden. Zahlreiche US-amerikanische Truppen waren jedoch noch Ende des zweiten Weltkriegs mit dem Modell von 1903 bzw. seinen Modifikationen ausgerüstet. Sie verwendeten Springfield-Gewehre sogar noch 1950 bis 1953 während des Korea-Krieges.

Der Einsatz solcher Waffen über den Zeitraum eines halben Jahrhunderts hinweg ist nur zu einem Teil darauf zurückzuführen, daß diese Konstruktion von ausgezeichneter Qualität war. Für die langjährige Verwendung gab es auch ganz andere Gründe: Die Umbewaffnung auf das Garand-Gewehr konnte nicht in geplantem Tempo vollzogen werden. Als die USA nach dem japanischen Überfall auf den Pazifik-Stützpunkt Pearl Harbour Anfang Dezember 1941 in den zweiten Weltkrieg eingriffen, hielt die Produktion von neuen Selbstladegewehren noch weniger Schritt mit dem großen Bedarf.

Nur knapp die Hälfte der Heerestruppen verfügte zu dieser Zeit über Infanteriegewehre des neuen Typs. So mußte man wohl oder übel auf den schon für den Reservebestand vorgesehenen Mehrlader zurückgreifen. Die Marineinfanterie wurde sofort mit Springfield-Gewehren bewaffnet. Außerdem erhielt sie aber auch Selbstladegewehre Modell Johnson 1941 (s. dort) und später Selbstladekarabiner Modell M1 Carbine (s. dort).

Die Mehrlader, die sich im ersten Weltkrieg hervorragend bewährt hatten, kamen sowohl Anfang Juni 1942 in der siegreichen See/Luft-Schlacht um die Midway-Inseln im Pazifik gegen die Japaner als auch fünf Monate später bei der Landung US-amerikanischer und britischer Truppen in Nordafrika erneut zu militärischem Ansehen. Sie waren bis Kriegsende unverzichtbare Ergänzung des zur Standardwaffe avancierten Garand-Gewehrs.

Daß man aus der Not eine Tugend machte, darf keinesfalls als eine Abwertung der Qualität des Springfield-Mehrladers verstanden werden. Diese Waffe gehörte zweifellos zu den beispiel-

USA

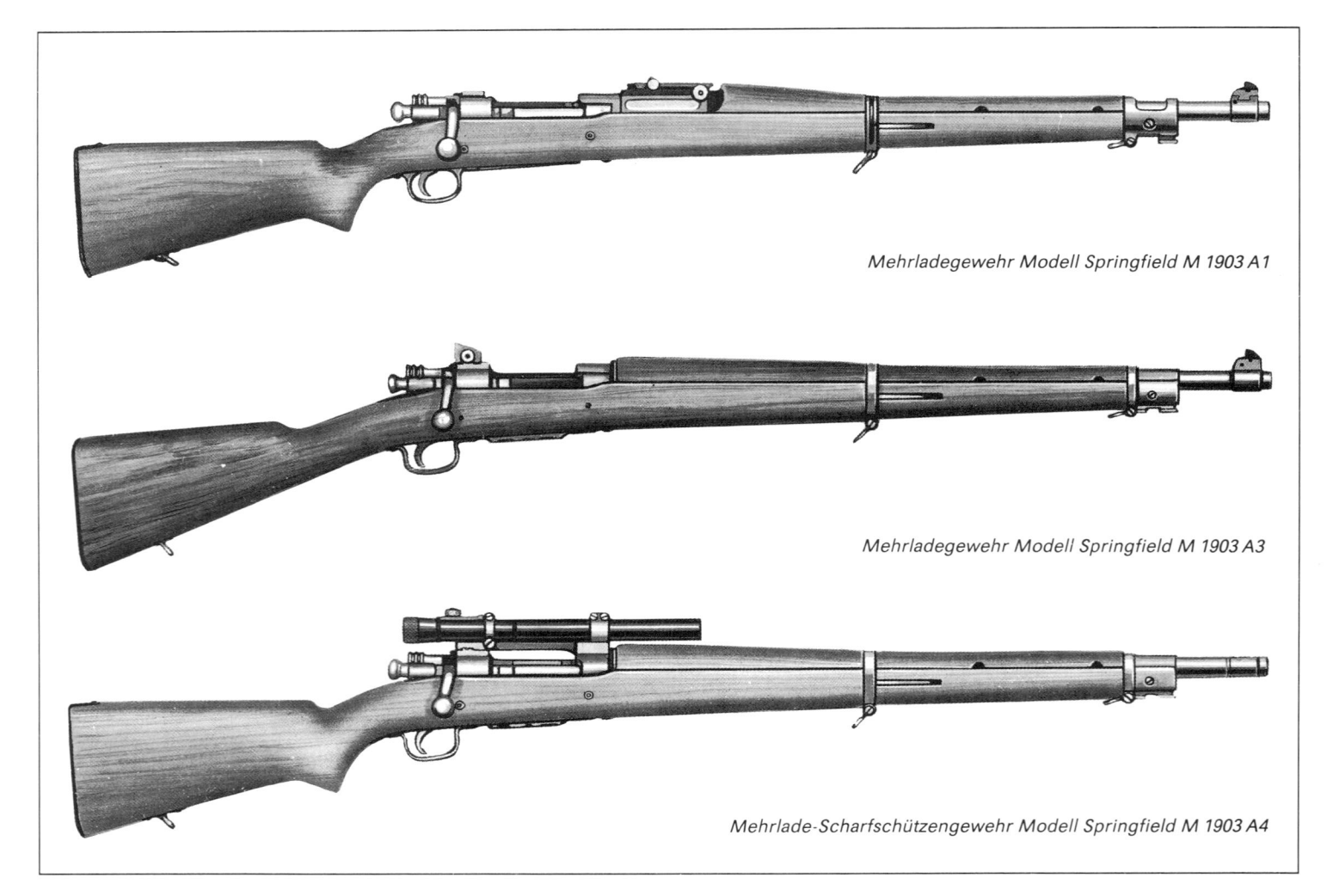

Mehrladegewehr Modell Springfield M 1903 A1

Mehrladegewehr Modell Springfield M 1903 A3

Mehrlade-Scharfschützengewehr Modell Springfield M 1903 A4

haften Konstruktionen von Anfang dieses Jahrhunderts. Daß sie aber das beste Infanteriegewehr aller Zeiten war, wie die US-amerikanische Fachliteratur oft wertet, ist ebenso stark übertrieben wie die Behauptung, mit diesem Modell hätte man nie mehr erreichbare konstruktive Maßstäbe gesetzt.

Zu letzterem nur soviel: Lediglich der zweiteilige Schlagbolzen ist eine Konstruktion aus den Staaten. Das seinerzeit geringfügig verbesserte Verriegelungssystem jedoch ist eine Mauser-Entwicklung, das Spannstück eine Konstruktion von Krag-Jörgensen und das Magazin schließlich eine Lee-Enfield-Erfindung. Unbestritten allerdings sind die sehr guten Schußleistungen der US-amerikanischen Waffe und die außerordentliche Präzision bei der Produktion des Systems, auch die gute Oberflächenbearbeitung und Schäftung sowie alles in allem das anspruchsvolle Design.

So konnte man 1941 also auf eine gute Waffe zurückgreifen. Seit ihrer Einführung hatte sie übrigens nur in einigen Details verbessert werden müssen. Das betraf zum Beispiel Schaft und Visier, aber auch neue, mit Materialwechsel verbundene technologische Verfahren. Abgesehen von der 1906 erfolgten Anpassung an die Springfield-Patrone .30-06 mit Spitzgeschoß, war sie konstruktiv unverändert geblieben. Im Prinzip galt das trotz einiger Modifizierungen für die bis 1944 produzierten Modelle ebenfalls.

Am 5. Dezember 1929 wurde das Springfield-Gewehr M 1903 A1 eingeführt. Die Veränderungen betrafen vor allem die Schäftung. Damals löste der sogenannte C-Schaft den S-Schaft ab. Der Kolben ist etwas länger und von gestreckter Form. Er hat einen vollen, der Hand des Schützen gut angepaßten Pistolengriff. Im Unterschied zu den Waffen älteren Typs befinden sich am Vorderschaft keine Griffrillen.

Etwa 1936 kam eine weitere geringfügige Änderung hinzu. Die Verschlußringe sämtlicher ab dieser Zeit hergestellten Springfield-Gewehre M 1903 A1 erhielten eine zusätzliche Bohrung zum Entweichen der Gase, vor allem bei Hülsenreißern. War eine Bohrung von ein Achtel Zoll Durchmesser bis dahin nur auf der rechten Seite üblich, so wurde plötzlich auf der linken Seite des Verschlußrings eine weitere angebracht. Noch heute rätseln die Fachleute, warum das geschah, zumal man bei den später produzierten Gewehren M 1903 A3 und M 1903 A4 auf die zweite Bohrung wieder verzichtete.

Bei diesen am 21. Mai 1942 bzw. am 18. Januar 1943 eingeführten Modellen befindet sich die Gasentlastungsbohrung allerdings nicht auf der rechten, sondern auf der linken Seite des Verschlußrings. Der Vorderschaft des Springfield-Gewehrs M 1903 A3 hat keine Griffrillen, der Kolben ist zumeist gerade, bei manchen Waffen aber mit vollem Pistolengriff, bei anderen nur mit einem Ansatz. Für Gewehre des Typs M 1903 A4 wurde zumeist die Schäftung in C-Form mit vollem, selten der Kolben mit nur angedeutetem Pistolengriff benutzt.

Die wesentlichen Unterschiede zu den vorher produzierten Springfield-Gewehren sind das neue Fertigungsverfahren für einige Bauteile, die veränderte Zielvorrichtung und der modifizierte Lauf. Laufbänder, Magazinplatten und Abzugsbügel wurden nicht mehr gefräst, sondern im Preß- und Stanzverfahren gefertigt. Sie haben eine geringfügig veränderte Form und tragen ebenso wie andere Metallteile seit damals Spuren der Bearbeitungswerkzeuge.

Das Visier befindet sich weiter hinten auf der Verschlußbrücke, allerdings nur beim Modell M 1903 A3. Das Modell M 1903 A4, ein Scharfschützengewehr, hat keine mechanische Visierung, sondern ein Zielfernrohr mit 2,5fach vergrößernder Optik. Und bis auf wenige Ausnahmen wurden die Gewehre schließlich ab Sommer 1942 mit einem Lauf produziert, der statt vier Zügen nur noch zwei hat. Aus dieser Zeit gibt es aber auch Waffen, die einen Lauf mit sechs Zügen haben.

Hersteller von Springfield-Gewehren waren folgende Firmen: Springfield Armory in Springfield, Massachusetts; Rock Island Arsenal in Island, Illinois; Remington Arms Corporation in Bridgeport, Connecticut, sowie die vorher auf die Fertigung von Schreibmaschinen spezialisierte Firma Smith-Corona in Syracuse. Daß bei Remington und Smith-Corona enorme Mengen

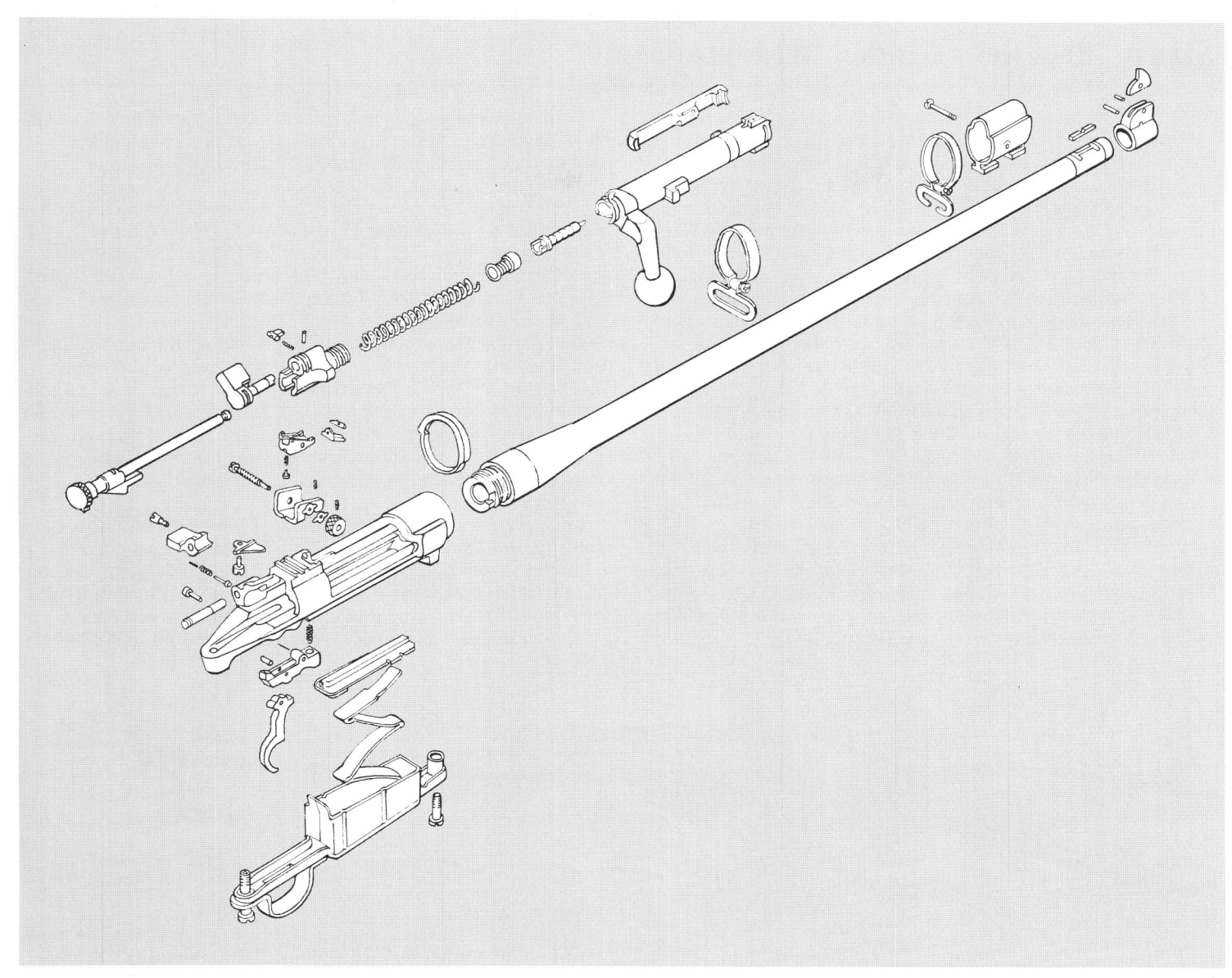

Explosionszeichnung vom System und von Details des Mehrladegewehrs Modell Springfield M 1903

produziert, ja sogar weitere Unternehmen als Zulieferer eingeschaltet werden mußten, ergab sich auf Grund des großen Bedarfs während des zweiten Weltkriegs.

Die Serienfertigung von Springfield-Gewehren war bei Rock Island am 30. Juni 1919, bei Springfield Armory im Oktober 1939 eingestellt worden. Bis dahin hatte man dort knapp 350 000 bzw. mehr als 1,53 Millionen Stück produziert. Außerdem standen Einzelteile zur Verfügung, die später bei Remington zu kompletten Gewehren montiert wurden. Montage und Serienfertigung begannen bei Remington im Jahr 1940, bei Smith Corona im Februar 1942. Springfield Armory produzierte damals Garand-Gewehre, stellte zwischen 1939 und 1945 aber auch Läufe und Verschlußringe für Springfield-Mehrlader her.

Deren Produktion wurde schließlich 1944 endgültig gestoppt: am 28. Februar bei Remington, wo man noch bis Juni des Jahres Scharfschützengewehre M 1903 A4 aus vorhandenen Teilen montierte; am 19. März dann auch bei Smith-Corona. Der Produktionsausstoß von Remington betrug weit über eine Million, darunter ungefähr 28 000 Scharfschützengewehre, von Smith-Corona knapp 238 000 Stück. So dürften in den USA ab 1903 insgesamt etwa 3,2 Millionen Springfield-Gewehre hergestellt worden sein.

Interessant ist die Tatsache, daß die Firma Remington solche Waffen eigentlich nicht für die US-amerikanischen, sondern für die britischen Streitkräfte fertigen wollte. Mit Hilfe einer kräftigen Kapitalspritze aus Großbritannien hatte man Anfang bis Mitte 1941 entscheidende Voraussetzungen für eine Massenproduktion von Springfield-Gewehren M 1903 mit dem Kaliber .303 für die britische Infanteriepatrone geschaffen. Ein entsprechender Auftrag der britischen Regierung über 500 000 Stück lag bereits vor, wurde jedoch nicht erfüllt. Wie die Fachliteratur berichtet, soll damals nicht ein einziges Gewehr außer Landes gegeben worden sein.

Die britischen Truppen hatten nach ihrer Niederlage im französischen Dunkerque vom 4. Juni 1940 lediglich Springfield-Gewehre aus US-amerikanischen Reservebeständen erhalten. Dies reichte jedoch nicht annähernd aus, um die in Frankreich verlorenen 90 000 Gewehre zu ersetzen. Erst später, als die Produktion von Garand-Selbstladern forciert werden konnte, übernahmen sowohl britische als auch französische Soldaten weitere Springfield-Gewehre in heute nicht mehr feststellbarer Stückzahl in ihre Ausrüstung. Da jedoch die Bereitstellung der Munition ein schwer lösbares Problem war, wurden Springfield-Mehrlader zumeist nur als Reservewaffen benutzt.

Daten: Mehrladegewehr Modell Springfield M 1903 A1

Kaliber:	.30	Patrone:	.30-06 (7,62 × 63)
v_0:	815 m/s	Lauflänge:	610 mm
Länge Waffe:	1 097 mm	Züge/Richtung:	4/l
Feuergeschwindigkeit:	10 S/min	Visierschußweite:	≈ 2 469 m[1]
		Einsatzschußweite:	600 m
Munitionszuführung:	integriertes Magazin für 5 Schuß		
Masse ungeladen:	3,94 kg		

[1] *Entspricht 2 700 yd.*

USA

Selbstladegewehr Modell M1 Garand .30

Mit automatischen Gewehren hatten US-amerikanische Konstrukteure bereits zur Jahrhundertwende experimentiert. Von 1907 bis 1910 waren dann einige Selbstlader erprobt worden. Damals legte die militärische Führung auf derartige Waffen jedoch noch keinen Wert. Dennoch waren die USA das erste Land der Welt, das ein Selbstladegewehr zur Standardwaffe erklärte. Mitte der dreißiger Jahre übernahmen die Streitkräfte nach langjährigen intensiven Tests zahlreicher in- und ausländischer Versuchsmodelle das neuentwickelte Garand-Gewehr in ihre strukturmäßige Bewaffnung, allerdings nur das Heer. Die Marine entschloß sich dazu erst im November 1941.

Die Umrüstung vom Springfield-Mehrlader M 1903 auf die neue Ordonnanzwaffe dauerte aber wesentlich länger als vorgesehen. Obwohl bereits im Januar 1936 die Entscheidung gefallen war, verfügte die Truppe bis Ende 1938 über nicht mehr als 7500 und 1940 über ungefähr 50 000 Garand-Gewehre. Als die USA Anfang Dezember 1941 nach dem japanischen Überfall auf den Pazifik-Stützpunkt Pearl Harbour in den zweiten Weltkrieg eingriffen, war die Umbewaffnung nicht annähernd vollzogen. Mehr als die Hälfte der Streitkräfte führte noch die Standardwaffen alten Typs. Der Springfield-Mehrlader M 1903 sowie seine Modifikationen M 1903 A1, M 1903 A3 und M 1903 A4 (s. dort) verblieben sogar bis Mitte der fünfziger Jahre in der Ausrüstung, fast ebensolange wie das Garand-Gewehr.

Beide Gewehrtypen wurden während des zweiten Weltkriegs in Massenfertigung produziert. Hersteller des Selbstladers waren vor allem die bekannten US-amerikanischen Unternehmen Springfield Armory in Springfield, Massachusetts, und die Winchester Repeating Arms Company in New Haven, Connecticut. Die Springfielder Firma hatte die ersten Garand-Gewehre 1937 gefertigt. Bis November 1939 wurde sie völlig auf deren Produktion umgestellt. Winchester erhielt den ersten Auftrag erst Anfang 1941. Aber Ende des Jahres lief die Massenproduktion auch dort auf Hochtouren.

Beide Unternehmen sollen bis 1945, als man kurz vor Kriegsende die Serienfertigung vorübergehend stoppte, mehr als 4,02 Millionen Garand-Gewehre hergestellt haben. Etwa 3,5 Millionen davon kamen aus Springfield. Auch andere Firmen waren beauftragt worden. Bis 1945 betrug der Produktionsausstoß insgesamt 4,2 Millionen Stück. Während des Korea-Krieges von 1950 bis 1953, stellte man weitere 1,3 Millionen Garand-Gewehre her.

Konstrukteur dieser Waffe war der US-amerikanische Ingenieur John C. Garand. Um 1920 hatte er bereits Versuchsselbstlader entwickelt. Sie waren wie die von anderen Konstrukteuren vorgestellten Selbstladegewehre von Vertretern der Streitkräfte erprobt, jedoch abgelehnt worden. Auf Grund seiner vielversprechenden Leistungen erhielt Garand kurze Zeit später bei

Selbstladegewehr Modell Pedersen (Versuchswaffe von 1926, Kaliber .276)

Selbstladegewehr Modell White (Versuchswaffe, Kaliber .276)

Selbstladegewehr Modell Garand (Versuchswaffe)

Selbstladegewehr Modell Garand (früheste Version)

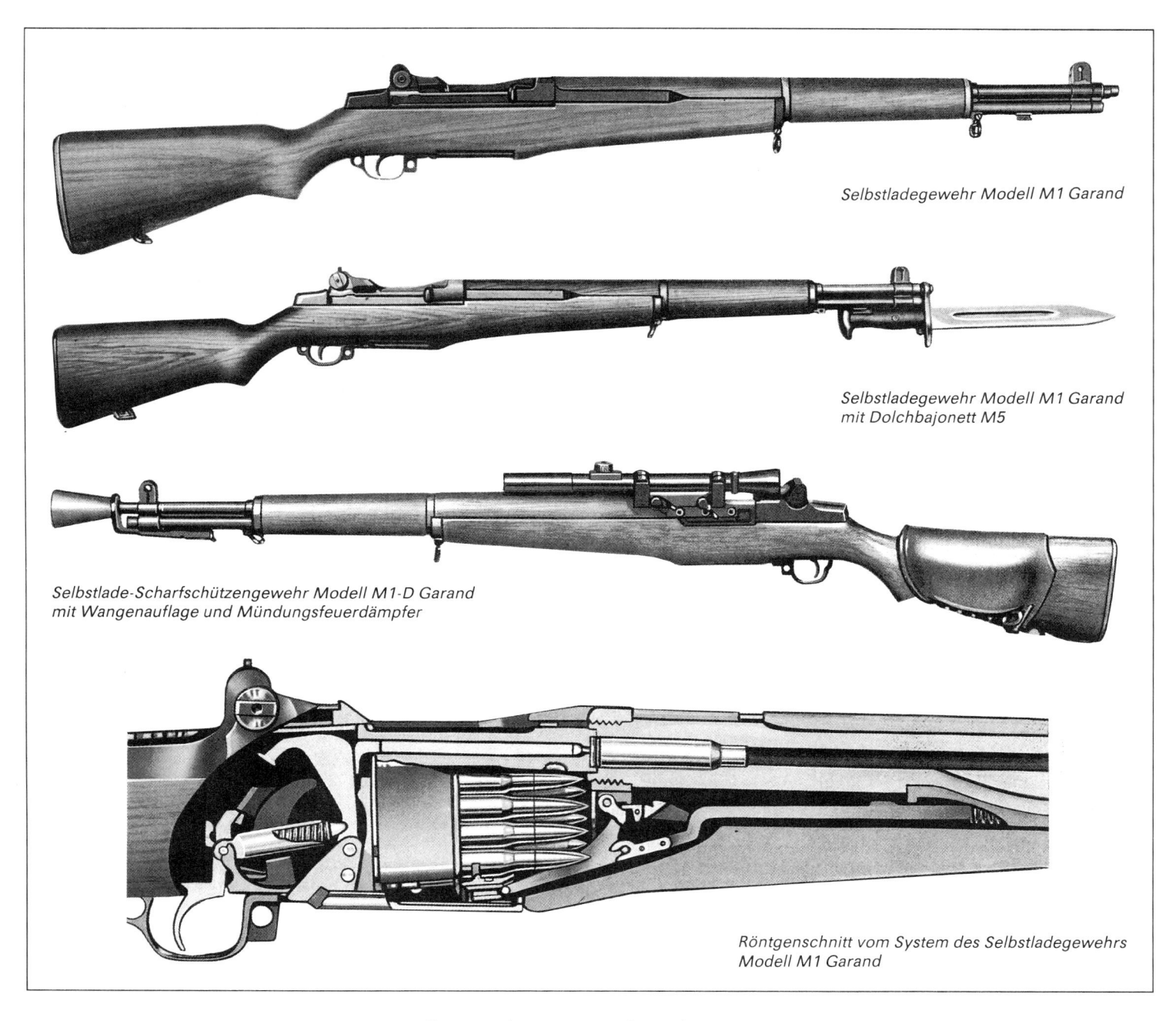

Selbstladegewehr Modell M1 Garand

Selbstladegewehr Modell M1 Garand mit Dolchbajonett M5

Selbstlade-Scharfschützengewehr Modell M1-D Garand mit Wangenauflage und Mündungsfeuerdämpfer

Röntgenschnitt vom System des Selbstladegewehrs Modell M1 Garand

Springfield Armory aber wenigstens eine Anstellung. In diesem Unternehmen war damals auch der Ingenieur John D. Pedersen tätig, ehemals Angestellter der Firma Remington Arms Corporation in Bridgeport, Connecticut. Dort hatte er seinerzeit den nach ihm benannten Pedersen-Einsatz für das Springfield-Gewehr konstruiert.

Beide Waffenexperten bemühten sich intensiv um die Entwicklung eines truppendiensttauglichen automatischen Gewehrs. Sie konstruierten zahlreiche Versuchsmodelle, gingen dabei allerdings unterschiedliche Wege. Als Waffenspezialist mit dem erforderlichen Weitblick für ökonomische Probleme, auch bezüglich der Munitionierung, konzentrierte sich Garand auf einen Gasdrucklader mit Drehzapfenverschluß, der Standardpatronen .30-06 verschießen konnte. Die erste Versuchswaffe dieser Art wurde bereits 1926 erprobt. Pedersen jedoch vertraute auf einen verzögerten Rückstoßlader mit Kniegelenkverschluß. Er war von seiner Konstruktion so überzeugt, daß er eigens dafür eine Patrone mit dem Kaliber .276 entwickelte.

Sie fand zunächst den Beifall einer Expertenkommission, zu deren Aufgaben die Entscheidung über das neu zu entwickelnde Armeegewehr gehörte. Garand mußte seine Waffe sogar für diese Patrone umrüsten. Als beide Gewehre erneut getestet wurden, legte der damalige Stabschef der Armee nicht nur sein Veto ein, sondern annullierte kurzerhand den Beschluß der Experten. Er beraumte Schießversuche mit Garands Testwaffe an, und zwar mit Standardpatronen.

Garands ursprüngliche Auffassung, daß man einer unkomplizierten, für die Springfield-Patrone eingerichteten Konstruktion den Vorzug geben müßte, erwies sich schließlich als richtig. Sein Prototyp wurde zur Ordonnanz erklärt, Pedersens Testwaffe einschließlich Munition aber abgelehnt. Auch die britische Firma Vickers in Crayford, mit der der enttäuschte Konstrukteur später ins Geschäft kommen wollte, zeigte kein Interesse.

Das Selbstladegewehr Modell M1 Garand ist ein Gasdrucklader mit angebohrtem Lauf, darunter liegender Schließfeder und starr verriegeltem Drehzapfenverschluß. Der Gaszylinder befindet sich unter dem Lauf und reicht bis zur Mündung. So entsteht bei flüchtigem Betrachten der Eindruck, die Waffe habe zwei Läufe. Auf Grund des langen Gaskanals ist das Gestänge des Gaskolbens länger als bei den meisten anderen Gasdruck-Selbstladegewehren. Im Gegensatz zu diesen wird der Verschluß nicht nach vorn gedrückt, sondern gezogen.

Der Lauf ist in das massive, relativ kurze Verschlußgehäuse eingeschraubt. Die Bohrung befindet sich nahe der Mündung. Durch dieses Loch wird ein Teil der Pulvergase in den Gaszylinder geleitet. Während das Geschoß den Lauf verläßt, drücken die Pulvergase das Gestänge mit dem Gaskolben nach hinten.

Gasgestänge und Verschluß sind miteinander verbunden. Stoßen die Gase das Gestänge zurück, so geht auch der Verschlußhebel nach hinten. Bei dieser Bewegung dreht er den Verschluß, hebt dabei die Verriegelung auf und schiebt ihn zurück. Beim Zurückgleiten wird die Patronenhülse entfernt und das

Schlagstück gespannt. Danach bewegt sich der Verschluß wieder nach vorn und führt die nächste Patrone zu. Er dreht sich und verriegelt an der rechten Seite des Verschlußgehäuses, wobei einer der Verriegelungszapfen in eine Ausfräsung des Verschlußhebels eingreift.

Die festeingebaute Mehrladeeinrichtung, eine Konstruktion nach dem Mannlicher-System für 8 Patronen, befindet sich im Mittelschaft und schließt bündig mit diesem ab. Die Kapazität hätte bei anderer Bauart höher sein können. Die Militärs hatten jedoch ein hervorstehendes Magazin mit dem Hinweis, es behindere den Schützen, kategorisch abgelehnt. Ohne Laderahmen kann die Mehrladeeinrichtung nicht gefüllt werden. Das Nachladen einzelner Patronen ist also nicht möglich. Hat der Schütze das Mannlicher-Magazin gefüllt, schließt sich der Verschluß selbsttätig. Sobald die letzte Patrone in den Lauf eingeführt wurde, fällt der Laderahmen nach unten aus der Waffe heraus. Nach dem letzten Schuß verbleibt ihr Verschluß in geöffneter Stellung.

Das Gewehr hat ein Dioptervisier. Die Visierschußweite beträgt 1 200 yd. (1 097,28 m). Mit zwei seitlich befestigten großen Rändelschrauben ist die Visierung höhen- und seitenverstellbar. Die Sicherung befindet sich im Abzugsbügel. An einer Halterung unter dem Gaskanal kann ein Bajonett aufgepflanzt werden, entweder das kurze Dolchbajonett M5 oder das längere Messerbajonett vom Typ M1.

Das damalige Standardgewehr der US-amerikanischen Streitkräfte ist relativ schwer, hat aber einen verhältnismäßig geringen Rückstoß. Die Treffgenauigkeit ist gut, die Schußleistung entspricht dem damaligen Standard. Bezüglich der Funktionssicherheit gibt es in der Fachliteratur keine Kritik. Obwohl der Verschlußmechanismus vor Witterungseinflüssen weitgehend ungeschützt ist, sind Ladehemmungen die Ausnahme. Auch die praktische Feuergeschwindigkeit entspricht mit durchschnittlich 30 S/min den Anforderungen des Gefechts.

Über die Vorzüge hinsichtlich Handhabung und Treffpunktlage, Feuergeschwindigkeit und Rückstoß wurden im April 1942 in einer Fachzeitschrift Deutschlands außerordentlich interessante, aus US-amerikanischen Untersuchungen stammende Einzelheiten veröffentlicht. So soll man getestet haben, wie je zehn Rekruten nach dreieinhalb Tagen Ausbildung mit dem Springfield- und mit dem Garand-Gewehr schossen.

Auf 25 m und 180 m Distanz erreichten sie mit dem Mehrlader 66 Prozent, mit dem Selbstlader jedoch 87 Prozent Treffer; auf 270 m und 450 m Entfernung betrug die Trefferquote 80 bzw. 91 Prozent. Bei einem weiteren Versuch verfeuerte die mit dem Springfield-Gewehr schießende Gruppe in vier Minuten nur 364 Patronen bei lediglich 67 Prozent Trefferquote, die Gruppe der Garand-Schützen hingegen 689 Patronen bei 83 Prozent.

Ähnlich beeindruckende Ergebnisse konnte man feststellen, als die Auswirkungen des Rückstoßes untersucht wurden. Nach 60 Schuß verringerte sich die Trefferquote der mit Springfield-Mehrladern schießenden Schützen erheblich; nach 150 Schuß war sie unbefriedigend, nach 300 Schuß völlig indiskutabel. Mit dem Garand-Gewehr gab es nach 300 Schuß jedoch keinen Grund zur Beanstandung. Und schließlich lieferte ein Schütze, der – das Gewehr an der nackten Schulter – 700 Patronen mit einer praktischen Feuergeschwindigkeit von 25 S/min verschoß, einen überzeugenden Beweis vom geringen Rückstoß des Selbstladers.

Außer der Standardausführung gibt es auch Modifikationen. Dazu gehören eine Version mit einer Spezialvorrichtung zum Verschießen von Gewehrgranaten sowie die Versionen M1-C und M1-D. Das sind Scharfschützengewehre mit Zielfernrohr, später zusätzlich mit einer Wangenauflage aus Leder und einem Mündungsfeuerdämpfer ausgerüstet. Das Granatgerät erhielt die Bezeichnung M7. Mit Hilfe dieser Vorrichtung können Panzerabwehr-, Splitter- und Leuchtspurgranaten bis maximal 300 yd. (274,32 m) verschossen werden. Eine kürzere und leichtere, speziell für Luftlandetruppen geeignete Karabinerversion war zwar vorgesehen, wurde 1944 auch erprobt, aber nicht hergestellt.

Interessant ist die Tatsache, daß das Garand-Gewehr bereits während des zweiten Weltkriegs kopiert werden sollte. Ingenieure in Japan rüsteten die Waffe auf das Kaliber 7,7 mm um und testeten die modifizierte Version im März/April 1945 bei der Marine. Das in aller Eile für die Serienproduktion vorbereitete japanische Selbstladegewehr – es erhielt die Bezeichnung Modell 5 (s. dort) – konnte jedoch nicht mehr hergestellt werden.

Als nach dem zweiten Weltkrieg US-amerikanische Konstrukteure an der Entwicklung von Schnellfeuergewehren arbeiteten, testeten sie auch zu Versuchszwecken für Dauerfeuer eingerichtete Garand-Gewehre mit einem Magazin von 20 Schuß Kapazität. Über mehrere andere Versuchswaffen führte das Entwicklungsprojekt schließlich zum Schnellfeuergewehr Modell M 14 (s. »Schützenwaffen heute«). Am 1. Mai 1957 offiziell eingeführt, löste die damals neue Ordonnanzwaffe das Garand-Gewehr ab und mit ihm auch den Selbstladekarabiner Modell M1 Carbine (s. dort) sowie die MPi Modell M3 und ihre modifizierte Version M3 A1 (s. dort).

Bei den Streitkräften anderer Länder jedoch, die nach 1945 Selbstlader vom Typ Garand in großer Stückzahl einführten, blieb die 1936 entwickelte Waffe noch lange Standardgewehr, zum Teil noch Ende der achtziger Jahre. Das waren nicht nur aus den USA importierte, sondern auch in Lizenz hergestellte Gewehre, zum Beispiel das Modell M1 (s. »Schützenwaffen heute«) der italienischen Firma Pietro Beretta S.p.A. In Italien entwickelte man auf der Grundlage des US-amerikanischen Selbstladers mit dem Schnellfeuergewehr Modell Beretta BM 59 (s. »Schützenwaffen heute«) übrigens ebenfalls eine neue Ordonnanzwaffe. Sie ist Bestandteil eines 1959 übernommenen Waffensystems, zu dem auch leichte Maschinengewehre gehören.

Daten: Selbstladegewehr Modell M1 Garand

Kaliber:	.30	Patrone:	.30-06 (7,62 × 63)
v_0:	855 m/s	Lauflänge:	610 mm
Länge Waffe:	1 107 mm[1]	Züge/Richtung:	4/r
Feuergeschwindigkeit:	30 S/min	Visierschußweite:	≈ 1 097 m[2]
		Einsatzschußweite:	600 m
Munitionszuführung:	integriertes Mannlicher-Magazin für 8 Schuß		
Masse ungeladen:	4,37 kg	[1] Mit Messerbajonett M1: 1 354 mm.	
Masse mit Bajonett:	4,82 kg	[2] Entspricht 1 200 yd.	

Selbstladegewehr Modell Johnson 1941 .30

Im Vergleich zu den anderen Selbstladern der US-amerikanischen Streitkräfte, dem Modell M1 Garand (s. dort) sowie dem Modell M1 Carbine und dessen Modifikationen (s. dort), wurde das Johnson-Gewehr mit nur etwa 70 000 Stück in recht geringer Anzahl hergestellt. Die anderen Selbstlader waren Standardwaffen, das Gewehr von Melvin Maynard Johnson, einem Rechtsanwalt mit waffentechnischen Ambitionen und Reserveoffizier bei der Marineinfanterie, kam gewissermaßen nur zur Aushilfe in den Truppendienst.

Mit der Entwicklung hatte Johnson 1936 begonnen, dem Jahr der Einführung des Garand-Gewehrs bei den Landstreitkräften.

Zwei Jahre zuvor hatte er bereits mit zwei Versuchsmodellen eines automatischen Gewehrs experimentiert, allerdings ohne Erfolg. Seine neue Konstruktion jedoch erwies sich beim privaten Test am 29. Februar 1936 als funktionstüchtig. Der Konstrukteur wollte dem Garand-Gewehr, dessen Gefechtseigenschaften ihm auf Grund persönlicher Beziehungen zum Entwicklerbetrieb gut bekannt waren, Konkurrenz machen. Er beabsichtigte aber, nicht nur den militärischen, sondern auch den zivilen Markt zu erobern.

Eine Bostoner Maschinenbaufirma stellte dem Privatmann im August 1936 ein erstes Modell her. Die in Handarbeit gefertigte

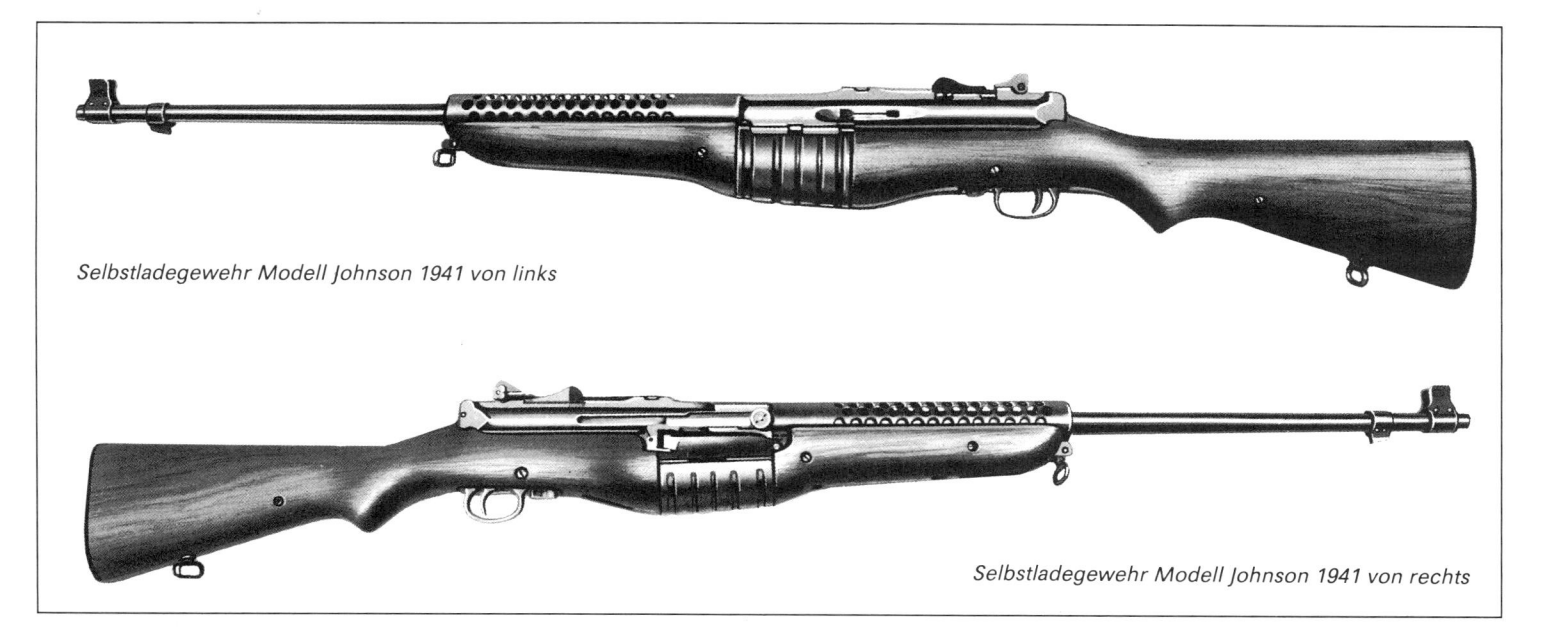

Selbstladegewehr Modell Johnson 1941 von links

Selbstladegewehr Modell Johnson 1941 von rechts

Waffe mit dickwandigem Gehäuse war entschieden zu schwer. Sie verschoß Springfield-Patronen .30-06. Die Munition wurde aus einem abnehmbaren kastenförmigen Magazin zugeführt. Seine Kapazität betrug 4 Patronen.

Im Herbst des folgenden Jahres knüpfte Johnson Geschäftsverbindungen zur Marlin Firearms Corporation in New Haven, Connecticut, und schloß einen Vertrag über die Fertigung von vier Testgewehren. Eines davon sollte dem US-amerikanischen Heer, ein weiteres den britischen Streitkräften präsentiert werden. Mit den beiden anderen wollte der Konstrukteur weitere Versuche durchführen bzw. einem noch zu gewinnenden Produzenten eine Musterwaffe zur Verfügung stellen.

Die Prototypen waren im März 1938 vorführbereit und die Beziehungen des als Waffenfachmann noch völlig namenlosen Konstrukteurs tatsächlich so weitreichend, daß das Büro des Chefs der Infanterie einem Testschießen zustimmte. Es fand vom 19. bis 25. März jenen Jahres statt, allerdings mit einem für Johnson unbefriedigenden Resultat. Funktions- und Genauigkeitstests wurden zwar mit respektablen Ergebnissen absolviert, die Lebensdauererprobungen endeten jedoch mit einem Fiasko.

Die Lippen sämtlicher Magazine – man benutzte sowohl Magazine Johnsonscher Konstruktion als auch Magazine des leichten MG Modell Browning BAR M 1918, beide von unterschiedlicher Kapazität und mit modifizierten Magazinlippen – deformierten sich beim Zuführen der Patronen während des Schießens. Beschwerden des Konstrukteurs, sämtliche Magazine seien unsachgemäß gefüllt worden, fanden kein Gehör, seine Waffen daher keine Zustimmung. Man schätzte sie zwar als entwicklungsfähig, nicht aber als truppendiensttauglich ein und bewertete sie im Vergleich zum Garand-Gewehr als eindeutig unterlegen.

Tests mit weiterentwickelten Waffen brachten ebenfalls keinen Erfolg, weder bei der US-amerikanischen noch bei der britischen Infanterie. Da sich die Streitkräfte des eigenen Landes für seine Waffen nicht interessierten, erwirkte der Konstrukteur – inzwischen auf der Suche nach Partnern mit der erforderlichen Fertigungskapazität – die Erlaubnis für einen Export. Dies betraf nicht nur das Gewehr, sondern auch sein inzwischen fertiges leichtes Maschinengewehr, später leichtes MG Modell Johnson 1941 (s. dort) genannt. Beide Konstruktionen waren Ende 1938/Anfang 1939 produktionsreif.

Obwohl die Exporterlaubnis die Chance auf ein gutes Geschäft offen hielt, wollte Johnson keinesfalls auf die wesentlich lukrativeren Lieferungen in hoher Stückzahl an die US-amerikanischen Streitkräfte verzichten. In zahlreichen Dokumentationen legte er Regierungsbeamten die Vorzüge der eigenen Waffen und die Nachteile des Garand-Gewehrs dar, versuchte er den Nachweis zu führen, daß seine Waffen nicht nur besser sind als Gewehre vom Typ Garand, sondern auch kostengünstiger hergestellt werden können. Der Konstrukteur beschwerte sich über die militärische Führung des Landes, intervenierte bei Abgeordneten und Senatoren, erzielte aber keinen Erfolg. Am 11. Juni 1940 sprach sich der US-amerikanische Verteidigungsminister gegen ihn aus.

Mit seinem Selbstladegewehr hatte Johnson in den USA also zunächst keinen Erfolg. Bei einer Werbeaktion konnte er aber die Führung der niederländischen Streitkräfte interessieren. Die nach der Kapitulation vor dem Kriegsgegner Deutschland im Mai 1940 ins britische Exil gegangene niederländische Regierung bestellte Selbstlader und Maschinengewehre für ihre in der Kolonie Indonesien stationierten Heerestruppen und für die Marine. Waffen beider Typen, hergestellt bei der Firma Cranston Arms in Cranston, sind in Indonesien erstmals im Januar 1942 während der Kämpfe gegen die japanische Armee benutzt worden.

Dennoch wurden Selbstlade- und Maschinengewehre solchen Typs auch von der US-amerikanischen Marineinfanterie eingesetzt, als die USA bei den Midway-Inseln das japanische Vordringen im pazifischen Raum stoppten. Wie viele dort vorhanden waren, ist nicht bekannt, wohl aber, daß Johnsons Waffen gewissermaßen über Nacht in die Ausrüstung kamen. Die Marine hatte sich im November 1941 für das Garand-Gewehr entschieden, verfügte allerdings im darauffolgenden Dezember über keinen einzigen derartigen Selbstlader. Man versorgte die Marineinfanterie verstärkt mit Springfield-Gewehren M 1903 bzw. M 1903 A1 (s. dort) und ergänzte diese in aller Eile durch die kurze Zeit vorher noch verschmähten Johnson-Selbstlader. Wahrscheinlich übernahm die Marine bis 1943 insgesamt 20 000 Stück.

Die niederländische Exilarmee wurde damals nicht termingemäß beliefert; denn nach Eingreifen der USA in den zweiten Weltkrieg brauchten deren Truppen jede verfügbare Waffe selbst. Erst als der Produktionsausstoß des Garand-Gewehrs hoch genug war und darüber hinaus mit Selbstladekarabinern M1 Carbine genügend weitere Waffen hergestellt wurden, interessierte sich die Marine nicht mehr für die Gewehre ihres Reserveoffiziers.

Außer mit den Niederlanden schloß Johnson auch Verträge mit Chile. Dorthin exportierte er auf das Kaliber 7 mm modifizierte Waffen in geringer Stückzahl. Auf Grund mangelnder Nachfrage wurde die Produktion dann 1944 eingestellt.

Zu dieser Zeit benutzten US-amerikanische Soldaten Johnsons Gewehre nicht mehr. Sie waren durch die damaligen Standardwaffen abgelöst und vom Office of Strategic Services (OSS) übernommen worden. Diese Dienststelle der US-amerikanischen Streitkräfte mit der Aufgabe der Organisation, Anleitung und Ausrüstung von Widerstandsbewegungen gegen Deutschland, lieferte Johnson-Gewehre auf demselben Weg nach Europa wie andere Waffen. Man warf sie mit Fallschirmen über

Gebiete ab, die von deutschen Truppen besetzt waren, insbesondere über Frankreich.

Das Selbstladegewehr Modell Johnson 1941 ist ein Rückstoßlader mit Drehverschluß. Die Waffe hat zwei auffallende konstruktive Besonderheiten: ein System, dessen Entriegelung durch die Rückstoßenergie bewirkt wird, und einen kurz zurückgleitenden Lauf, der ausgewechselt werden kann. Ein derartiges, für Pistolen und Maschinengewehre häufig verwendetes Funktionsprinzip ist für Militärgewehre nicht üblich. Bei Gewehren, die für den militärischen Einsatz bestimmt sind, erfolgt die Entriegelung mit Hilfe des Gasdrucks. Und daß man den Lauf mit wenigen Handgriffen wie bei Maschinengewehren auswechseln kann, ist bei Militärgewehren sehr selten.

Die Schließfeder befindet sich unten im Handschutz. In einem schrägen, röhrenförmigen Tunnel gelagert, steht sie über ein Gestänge mit dem Verschluß in Verbindung. Sobald der Schuß bricht, gleiten Lauf und Verschluß zusammen zurück. Der zwischen Schließfeder und Verschluß angeordnete Hebel dreht den Verschluß. Dadurch wird die Verriegelung mit dem Lauf gelöst.

Während sich der Lauf unter Federdruck allein wieder nach vorn bewegt, gleitet der Verschluß weiter nach hinten. Dabei wird die Hülse entfernt und ausgeworfen, danach das Schlagstück gespannt. Die zusammengepreßte Schließfeder drückt dann den Verschluß wieder nach vorn, bis er mit dem Lauf verriegelt. In diesem Zustand kann der nächste Schuß abgegeben werden. Ist die letzte Patrone verfeuert, verbleibt der Verschluß in offener Stellung. Durch leichten Druck auf die Magazinklappe wird er geschlossen.

Der Lauf hat einen kurzen Mantel mit oben gelegenen Kühllöchern. Der Kühlmantel reicht nur bis zur Höhe des Handschutzes, der wie der feste Kolben aus Holz hergestellt wurde. Der andere Teil des Laufes, etwa die Hälfte seiner Gesamtlänge, ist freistehend und ragt ungeschützt aus dem Gehäuse heraus.

Nahe der Mündung kann ein Bajonett aufgepflanzt werden. Das ist kein Messerbajonett wie beim Garand-Gewehr oder bei Waffen vom Typ Carbine, sondern ein kurzes Nadelbajonett von sehr geringer Masse. Mit dem Standardbajonett, zu schwer für das Johnson-Gewehr, könnte der Selbstlader mit kurz zurückgleitendem Lauf nicht funktionssicher repetieren.

Wie das damalige Standardgewehr verschießt die Waffe aber Springfield-Patronen .30-06. Sie werden aus einem trommelförmigen Magazin zugeführt. Das Magazin ist festeingebaut und hat eine Kapazität von 10 Schuß. Seine Lippen befinden sich innen im Verschlußgehäuse und sind als dessen festinstallierte Teile vor Beschädigung geschützt. Daher erfolgt das Zuführen komplikationslos. Ladehemmungen sind selten.

Geladen wird mit Ladestreifen, auf dem 5 Patronen aufgereiht sind, oder einzeln von Hand. Das Magazin kann in jedem Zustand der Waffe gefüllt werden, bei gesichertem oder ungesichertem Gewehr, bei offenem oder geschlossenem Verschluß. Wie viele Patronen sich im Magazin befinden, spielt dabei keine Rolle. Entladen ist ebenfalls mit wenigen Handgriffen möglich.

Der Sicherungshebel befindet sich direkt vor dem Abzugsbügel. Die Sicherung, mit dem Zeigefinger der Schießhand bedienbar, blockiert den Abzug. Zur Zielvorrichtung gehören ein Schiebevisier und ein Korn mit seitlichem Schutz.

In der Fachliteratur wird der Johnson-Selbstlader als eine Waffe beurteilt, die störanfälliger ist als das Garand-Gewehr, vor allem bei extremer Beanspruchung und unter extremen Bedingungen wie Hitze und Kälte, Staub, Nässe und Schlamm. Der Rückstoß soll stärker sein, die Treffgenauigkeit dem damaligen Standard entsprechen. Nach dem zweiten Weltkrieg noch im Bestand der US-amerikanischen Streitkräfte verbliebene Johnson-Gewehre sind spätestens während der siebziger Jahre aus den Reservedepots entfernt worden.

Daten: Selbstladegewehr Modell Johnson 1941

Kaliber:	.30	Patrone:	.30-06 (7,62 × 63)
v_0:	855 m/s	Lauflänge:	558 mm
Länge Waffe:	1 156 mm	Züge/Richtung:	4/r
Feuergeschwindigkeit:	30 S/min	Visierschußweite:	m
		Einsatzschußweite:	600 m
Munitionszuführung:	integriertes Magazin für 10 Schuß		
Masse:	4,31 kg		

Selbstladekarabiner Modell M1 Carbine und Versionen .30

Als sich die Führung der US-amerikanischen Streitkräfte während der zwanziger Jahre mit dem Entwicklungsprojekt für ein Selbstladegewehr beschäftigte, wurde auch die Übernahme einer speziellen Waffe für nicht in vorderster Front operierende Soldaten erwogen. Auf jeden Fall sollte das eine automatische Langwaffe sein: wirkungsvoller als eine Pistole oder Maschinenpistole, leichter und handlicher als ein Infanteriegewehr, vor allem für Selbstschutz und Verteidigung sehr gut geeignet und daher von einer mit dem Gewehr in etwa vergleichbaren Feuerkraft. Solche Waffen wollte man unter anderem an Bedienmannschaften von Geschützen ausgeben, an Kraftfahrer, Fernmeldetechniker und Angehörige rückwärtiger Dienste.

Jahrelang blieb das Projekt jedoch ein nicht ernsthaft betriebenes Vorhaben. Man behalf sich wie in der ersten Zeit nach dem Weltkrieg weiterhin mit Pistolen. Das sollte zwar keine Dauerlösung sein; aber einerseits scheute man die Ausgaben, andererseits hatte man viele andere Probleme, zum Beispiel mit der vorgesehenen Einführung eines Selbstladers als neue Standardwaffe.

Dieses Projekt machte nur zögernde Fortschritte. Schließlich gab es dann beim Produktionsstart des im Januar 1936 in die strukturmäßige Bewaffnung der Infanterie übernommenen Selbstladegewehrs Modell M1 Garand (s. dort) so viele Schwierigkeiten, daß die Militärs ihr Projekt einer leichten Langwaffe 1938 vorerst beiseite legten.

Dann allerdings wurde die Zeit knapp. Die militärischen Anfangserfolge der Truppen Deutschlands an allen Fronten des zweiten Weltkriegs, vor allem der massierte Einsatz deutscher Fallschirmjäger gegen rückwärtige Gebiete überfallener europäischer Länder, veranlaßte zu entschlossenem Handeln. Im Juni 1940 schrieben die Militärs einen Wettbewerb für die Entwicklung eines automatischen Gewehrs von nicht mehr als 2,5 kg Masse und nicht weniger als 300 yd. (274,32 m) Einsatzschußweite aus. Zunächst wurde eine Schnellfeuer-, dann aber eine Selbstladewaffe verlangt. Sie sollte von ebenso unkomplizierter Handhabung sein wie das Garand-Gewehr.

Bezüglich des Magazins gab es anfangs noch keine konkreten Vorstellungen. Man wollte die Versuchswaffen mit Magazinen von 5 bis 50 Schuß Kapazität testen. Nachdem sich die Militärs auf einen Selbstlader geeinigt hatten, verlangten sie ein Magazin für 20 Patronen.

Über die Munition hingegen war man sich im Prinzip von Anfang an klar. Auf Grund der vorgegebenen Einsatzschußweite der Waffe mußte sie von größerer Reichweite sein als die für Pistolen und Maschinenpistolen verwendete Patrone .45 ACP. In wenigen Wochen modifizierten Konstrukteure des US-amerikanischen Unternehmens Winchester Repeating Arms Company in New Haven, Connecticut, die dort produzierte Jagdpatrone .32 SL zur schließlich .30 US Carbine genannten Karabinerpatrone mit den Abmessungen 7,62 × 33.

Die Ausschreibung wurde 25 profilierten Firmen unterbreitet. Am 1. Mai 1941 stellten neun Unternehmen ihre Versuchswaffen vor. Dazu gehörten außer dem Patronenentwickler die Firmen Auto-Ordnance Corporation; Bendix Aviation Corporation; Colt's Patent Firearms Manufacturing Corporation in Hartford, Connecticut; Harrington & Richardson Arms Company in Worcester, Massachusetts; John H. Murphy; Savage Arms Company in Utica; Springfield Armory in Springfield, Massachusetts; Woodhull Corporation.

Nach mehreren schnell aufeinanderfolgenden Tests befanden

USA

Selbstladekarabiner Modell M1 Carbine von links

Selbstladekarabiner Modell M1 Carbine von rechts

Selbstladekarabiner Modell M1 A1 Carbine von links mit angeklappter Schulterstütze

Selbstladekarabiner Modell M1 A1 Carbine von rechts mit abgeklappter Schulterstütze

Schnellfeuerkarabiner Modell M2 Carbine von links

Schnellfeuerkarabiner Modell M2 Carbine von rechts ohne Magazin

561

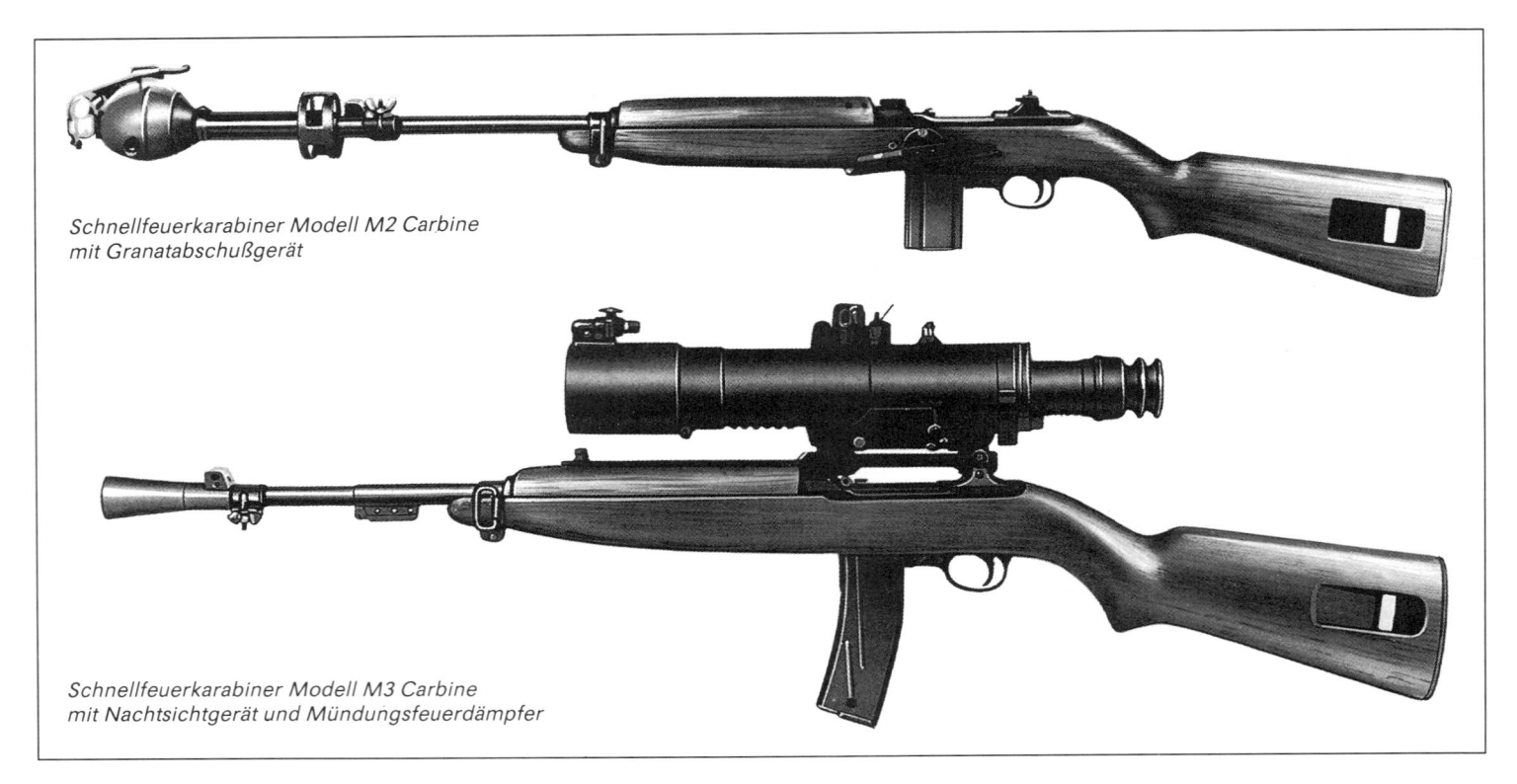

USA

Schnellfeuerkarabiner Modell M2 Carbine mit Granatabschußgerät

Schnellfeuerkarabiner Modell M3 Carbine mit Nachtsichtgerät und Mündungsfeuerdämpfer

sich schließlich nur noch der Selbstlader von Springfield Armory und das von Winchester vorgestellte Modell im Rennen. Die Waffe der damals durch den Produktionsstart des Garand-Gewehrs total überlasteten Firma Winchester war im letzten Augenblick angemeldet worden. Sie erhielt die Zustimmung der Militärs, mußte aber geringfügig verändert werden. Das betraf Kolben, Kolbenkappe und Vorderschaft sowie Visier, Hülsenauswurf und anderes.

Am 22. Oktober 1941 wurde das Winchester-Gewehr Ordonnanz- und Standardwaffe. Unter der Bezeichnung Selbstladekarabiner Modell M1 Carbine ab 1942 hergestellt, führte man es in großer Stückzahl bei den US-amerikanischen Streitkräften ein und belieferte auch die Verbündeten. Wie die Fachliteratur informiert, soll dieser Karabiner – das gilt für all seine Modifikationen ebenfalls – die populärste Waffe der Westalliierten während des zweiten Weltkriegs gewesen sein.

Entgegen der ursprünglichen Absicht benutzte man sie auch bei Truppen der vordersten Linie auf kurze Entfernung, erstmals in großer Menge Anfang August 1942 bei der Landung US-amerikanischer und britischer Verbände in Nordafrika. Solche Karabiner wurden bald von allen Luftlandetruppen und der Marineinfanterie geführt, insbesondere im Raum des Pazifik gegen japanische Armee-Einheiten. Karabiner dieses Typs spielten bei der Invasion in der Normandie am 6. Juni 1944 ebenfalls eine entscheidende Rolle. Sie gehörten 1950 bis 1953 während des Korea-Krieges noch immer zur Ausrüstung und wurden auch von zahlreichen Soldaten 1964/65 beim Beginn des Krieges gegen Vietnam verwendet.

Ab Mai 1942 waren das nicht nur Waffen der Erstausführung mit festem Holzkolben, sondern auch Modifikationen gewesen. Damals wurde eine M1 A1 genannte Version mit Pistolengriff und nach links klappbarer Metallschulterstütze für Fallschirmjäger eingeführt. Solche Waffen konnten auch bei angeklappter Schulterstütze benutzt werden. In der Fachliteratur gibt es Hinweise auf Spezialversionen, die man als M1 A3 und M1 A4 bezeichnet haben soll, beide mit Pistolengriff und klappbarer bzw. herausziehbarer Skelettschulterstütze. Ob dies den Tatsachen entspricht, konnte nicht festgestellt werden. Abbildungen davon sind jedenfalls nicht verfügbar.

Im September/Oktober 1944 kam das für Einzel- und Dauerfeuer eingerichtete Carbine-Modell M2 mit Feuerwahlhebel an der linken Seite der Hülsenbrücke hinzu. Ab August stellte man die Version M3 für Scharfschützen her. Sie war allerdings lediglich ein Karabiner M2, ausgestattet mit Nachtsichtgerät. Bevor das Modell M3 serienmäßig produziert wurde, hatte man Karabiner M1 und M2 versuchsweise mit einem solchen Gerät ausgerüstet. Mechanisches Visier und Oberteil des Gehäuses waren entfernt bzw. verändert worden. Derartig umgebaute Waffen erhielten die Bezeichnung T 3.

Außerdem gab es diverse Modifikationen bezüglich der Bauteile. Das betraf Magazin und Magazinhalterung, Bajonett und Bajonettarretierung, Verschluß, Visier, Sicherung und anderes. Hinzu kam verschiedenartiges Zubehör, zum Beispiel Mündungskompensator und Mündungsfeuerdämpfer, Bajonett, Magazinstaubklappe, Platzpatronen- und Granatabschußgerät.

Waren die Waffen der Ausführung M1 zunächst mit einem geraden Stangenmagazin von 15 Schuß Kapazität ausgerüstet, so lieferte man den Karabiner M2 später mit einem Kurvenmagazin für 30 Patronen. Obwohl diese für Einzel- und Dauerfeuer eingerichtete Waffe im Herbst 1944 eingeführt wurde, soll das größere Magazin erst ab April 1945 produziert worden sein. Um es sicher befestigen zu können, verstärkte man den Magazinhalter.

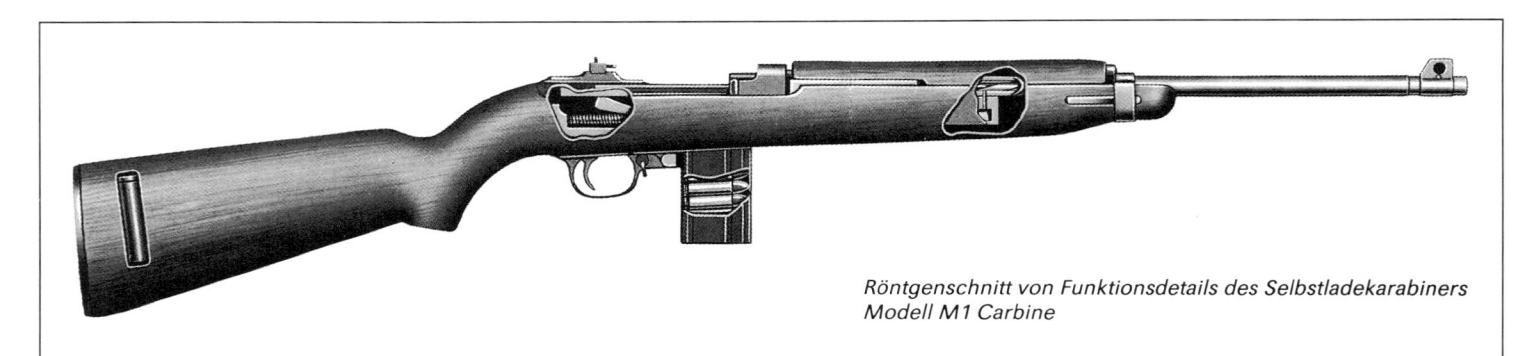

Röntgenschnitt von Funktionsdetails des Selbstladekarabiners Modell M1 Carbine

Dennoch sind beide Magazine für sämtliche Karabinerversionen benutzbar.

Auch die Visierung wurde modifiziert. Ab Februar 1943 lieferte man die Waffen nicht mehr mit einfachem Klappvisier, sondern mit einer seiten- und höhenregulierbaren Zielvorrichtung. Der mit Nachtsichtgerät ausgerüstete Karabiner M3 hat kein mechanisches Visier. Ab Mai 1944 hergestellte Waffen haben ein verändertes vorderes Riemenband und eine Haltevorrichtung für ein Bajonett. Mit Produktionsbeginn der auch für Dauerfeuer eingerichteten Version wurde der Verschluß modifiziert. Vorher flach, stellte man ihn ab Herbst 1944 in runder Ausführung her. Im März 1945 verbesserten die Konstrukteure schließlich auch die Sicherung. Statt des Druckknopfs – er befand sich direkt neben dem Halteknopf für das Magazin und wurde sehr oft mit diesem verwechselt – installierte man einen Hebel.

Trotz der Vielzahl von Verbesserungen können sämtliche Teile jedes Karabiners gegeneinander ausgetauscht werden. Oftmals wurden Waffen aus früher Produktion später modifiziert und nachgerüstet. Das betrifft sogar die Feuerart. Mit Hilfe eines Umbausatzes war es möglich, einen Karabiner M1 oder M1A1 nachträglich zur Abgabe von Dauerfeuer einzurichten. Ein solcher umgebauter Karabiner kann durchaus eine Haltevorrichtung für ein Bajonett, eine modernisierte Kimme und eine verbesserte Sicherung haben, mit dem Magazin von 30 Schuß Kapazität und dem für jede Waffe benutzbaren Zubehör ausgerüstet sein.

Zu den Herstellern von Waffen des Typs Carbine gehörten neun Unternehmen, darüber hinaus eine Reihe von Zulieferern für Halbfabrikate, des weiteren Kooperationspartner für Einzelteile. Insgesamt sollen von 1942 bis 1945 exakt 6 117 827 Carbine-Waffen, davon ungefähr 550 000 für Einzel- und Dauerfeuer eingerichtete Karabiner M2, produziert worden sein, und zwar 2 642 097 Stück von der Inland Manufacturing Division of General Motors in Dayton, Ohio; 818 059 Stück von Winchester; 545 616 Stück von der Underwood-Elliot-Fisher Company in Hartford, Connecticut; 517 212 Stück von der Saginaw Steering Gear Division of General Motors in Saginaw, Michigan; 413 017 Stück von der National Postal Meter Company in Rochester, New York; 359 666 Stück von der Quality Hardware Company in Chikago, Illinois; 346 500 Stück von der International Business Machines Corporation in Poughkeepsie, New York; 228 500 Stück von der Rock-Ola Manufacturing Corporation in Chicago, Illinois; 247 160 Stück von der Standard Products Company in Port Clinton, Ohio.

Der Selbstladekarabiner Modell M1 Carbine ist ein Gasdrucklader mit angebohrtem Lauf und starr verriegeltem Drehzapfenverschluß. Die Bohrung befindet sich unten am Lauf, etwa in seiner Mitte. Durch das kleine Loch strömt ein Teil der Pulvergase in den Zylinder und drückt den Gaskolben eine nur kurze Strecke nach hinten. Der Gaskolben betätigt den Verschluß über ein Gestänge, das sich rechts vom Lauf befindet. Dabei wird der Verschlußhebel etwa 7 mm zurück bewegt. Er dreht den Verschluß und bewirkt dabei dessen Entriegelung. Im Gegensatz zum Garand-Selbstladegewehr befindet sich die Schließfeder zwischen Gehäuseende und Gestänge rechts neben dem Verschluß.

Oftmals wird der Karabiner als Baby-Garand bezeichnet. Obwohl dem Garand-Gewehr in gewisser Weise bezüglich Aussehen und Mechanik nicht unähnlich, ist er eine vom Infanteriegewehr stark abweichende Konstruktion. Die Waffe hat ein anderes Gasladesystem und wurde nicht für die Standardpatrone .30-06 eingerichtet, sondern verschießt spezielle Carbine-Patronen. Sie werden aus einem völlig anderen Magazin von wesentlich größerer Kapazität zugeführt. Hinzu kommen die Modifikationen von ebenfalls völlig anderer Art: der Pistolengriff, die klappbare Metallschulterstütze, das Visier und schließlich die Dauerfeuereinrichtung.

Es ist falsch, diesen Karabiner als eine nur unzureichende Waffe hinsichtlich Einsatzdistanz, Treffgenauigkeit und Durchschlagswirkung einzustufen. Selbstverständlich erreicht er nicht die von einem Infanteriegewehr verlangten Werte. Er war jedoch von Anfang an als Waffe zur Selbstverteidigung für Soldaten bestimmt, die nicht in vorderster Linie kämpfen. Daß er dort benutzt, zumeist also wie ein Infanteriegewehr eingesetzt wurde und aus diesem Grunde nicht immer den in ihn gesetzten Erwartungen entsprach, rechtfertigt weder die Zweifel noch die Kritik an seinem tatsächlichen Kampfwert.

Abgesehen von der instabilen Lage bei Dauerfeuer, die die Treffsicherheit beeinträchtigt, erwiesen sich sämtliche Carbine-Modelle als zuverlässige und funktionstüchtige Waffen, wenn man sie taktisch richtig benutzte. Auf kurze Distanz haben sie eine erheblich größere Feuerkraft als das Garand-Gewehr. Ihr Rückstoß ist wesentlich schwächer. Außerdem sind solche Karabiner auf Grund ihrer geringen Masse sehr handlich und daher im Gefecht sehr manövrierfähig.

Nach dem zweiten Weltkrieg nicht mehr produziert, verblieben der Karabiner und seine Modifikationen so lange in der Ausrüstung der US-amerikanischen Streitkräfte, bis mit Schnellfeuergewehren Modell M14 (s. »Schützenwaffen heute«) modernere Waffen zur Verfügung standen. Carbine-Modelle wurden nach 1945 auch bei den Streitkräften anderer Staaten geführt. Dazu gehörten die Bundesrepublik Deutschland, Dänemark, Frankreich, Italien, Japan, die Niederlande und Österreich, später außerdem zahlreiche Entwicklungsländer. Dort zählten solche Karabiner zum Teil noch Ende der achtziger Jahre zur strukturmäßigen Bewaffnung.

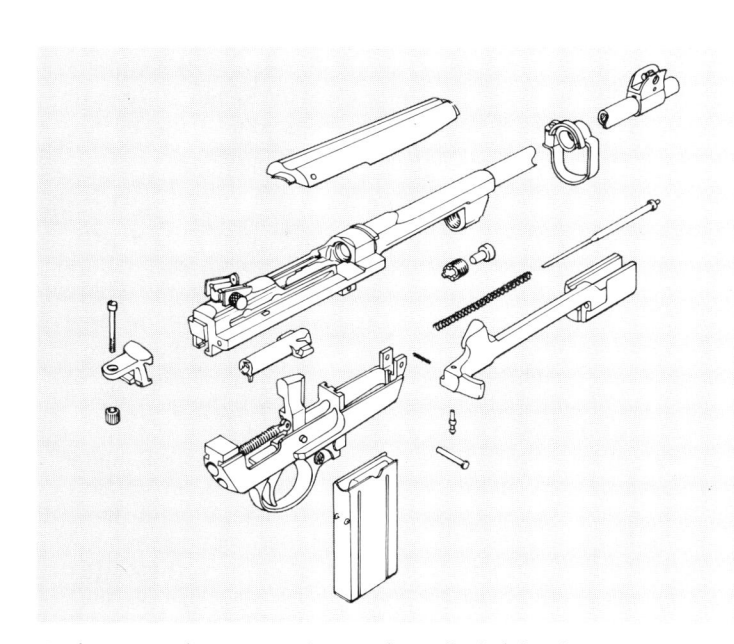

Explosionszeichnung vom System des Selbstladekarabiners Modell M1 Carbine

Daten: Selbstladekarabiner Modell M1 Carbine

Kaliber:	.30	Patrone:	.30 US Carbine
v_0:	590 m/s		(7,62 × 33)
Länge Waffe:	904 mm	Lauflänge:	457 mm
Feuer-		Züge/Richtung:	4/r
geschwindigkeit:	45 S/min	Visierschußweite:	≈ 274 m[1]
		Einsatzschußweite:	250 m
Munitionszuführung:	gerades Stangenmagazin mit 15 Schuß		
Masse:	2,48 kg		

[1]) Entspricht 300 yd.

Daten: Schnellfeuerkarabiner Modell M2 Carbine

Kaliber:	.30	Patrone:	.30 US Carbine
v_0:	590 m/s		(7,62 × 33)
Länge Waffe:	648 mm[1]	Lauflänge:	458 mm
Feuer-		Züge/Richtung:	4/r
geschwindigkeit:	750 S/min	Visierschußweite:	≈ 274 m[2]
		Einsatzschußweite:	250 m
Munitionszuführung:	Kurvenmagazin mit 30 Schuß		
Masse:	2,48 kg		

[1]) Bei abgeklappter Schulterstütze: 905 mm.
[2]) Entspricht 300 yd.

Leichte Maschinengewehre des Systems Browning BAR .30: Modelle M 1922, M 1918 A1 und M 1918 A2

Trotz seiner Verdienste um die weltweite Entwicklung der Waffentechnik hatte der gebürtige US-Amerikaner John Moses Browning erhebliche Mühe, die Generalität seines Heimatlands von der Bedeutung des Maschinengewehrs zu überzeugen. Die US-amerikanischen Militärs standen dieser Waffe ebenso ablehnend gegenüber wie die für die Ausrüstung der Infanterie zuständigen Dienststellen der meisten anderen Staaten. In den USA war die Haltung zum Maschinengewehr sogar noch skeptischer als anderswo. Ende vorigen Jahrhunderts führte lediglich die Marine eine geringe Stückzahl des von Browning konstruierten schweren MG Modell 1895.

Als die USA am 6. April 1917 mit ihrer Kriegserklärung an das kaiserliche Deutschland in den ersten Weltkrieg eingriffen und zweieinhalb Monate später erste Einheiten des Heeres zum Kampf nach Frankreich entsandten, war die Ausrüstung mit Maschinengewehren immer noch völlig unzureichend. Die Streitkräfte verfügten über lediglich 1110 schwere Maschinengewehre und über eine geringe, heute nicht mehr bekannte Anzahl leichter Waffen dieser Art.

Nicht ein einziges Modell entsprach den Anforderungen. Sie waren entweder technisch veraltet oder konnten wie im Falle des leichten MG Modell Chauchat 1915 aus Frankreich nicht mit dem Erfolg eingesetzt werden, der nötig gewesen wäre. In bezug auf das Chauchat-MG ist allerdings zu betonen, daß diese Waffe, deren Gefechtseigenschaften man aus heutiger Sicht zumeist nicht sachlich beurteilt, unter damaligen Bedingungen durchaus von akzeptablem Kampfwert war. Dies erwies sich überall dort, wo solche Maschinengewehre massenhaft eingesetzt wurden.

Beim Europakorps der USA war das mangels ausreichender Menge jedoch nicht der Fall. In aller Eile wurden daher Großaufträge zur Produktion von bereits verfügbaren, neuentwickelten Maschinengewehren vergeben. Mit diesen Waffen, so hoffte man, würde das bis dahin unbewältigte taktische Problem einer wirksamen Feuerunterstützung für Gruppe, Zug und Kompanie gelöst werden können.

Die in Auftrag gegebenen schweren und leichten Maschinengewehre waren Entwicklungen von Browning. Am 27. Februar 1917 hatte er zwei, schon 1901 patentierte Konstruktionen vorführen dürfen. Die eine war die später schweres MG Modell Browning M 1917, die andere die schließlich leichtes MG Modell Browning BAR M 1918 genannte Waffe. Nach langem Hin und Her gaben die Militärs ihre Zustimmung.

Das leichte Maschinengewehr wurde ab Februar bzw. ab Juni 1918 bei den US-amerikanischen Firmen Winchester Repeating Arms Company in New Haven, Connecticut, und Marlin-Rockwell Firearms Corporation, ebenfalls in New Haven, in Serienproduktion hergestellt. Im November betrug der tägliche Produktionsausstoß 300 bzw. 200 Stück. Zu dieser Zeit hatten sich längst drei weitere Unternehmen in die Produktion eingeschaltet, darunter auch die Firma Colt's Patent Firearms Manufacturing Corporation in Hartford, Connecticut, wo die Waffe von Browning zur Serienreife geführt worden war. So konnte man schließlich jeden Tag insgesamt mehr als 700 Maschinengewehre produzieren und bis Jahresende etwa 52000 Stück ausliefern.

Nach wie vor kämpften die US-amerikanischen Einheiten in Frankreich jedoch mit leichten Maschinengewehren aus britischer und französischer Fertigung. Wann die ersten Waffen Browningscher Konstruktion bei der Truppe eintrafen, ist nicht bekannt, wohl aber, daß sie am 13. September 1918 erstmals eingesetzt wurden. Wenn man weiß, daß die verbündeten Franzosen und Briten die einmal gesehene Waffe sofort in großer Stückzahl bestellten, ist die Zurückhaltung der US-amerikanischen Militärs noch weniger verständlich. Allein nach Frankreich wurden 15000 solcher Browning-Maschinengewehre geliefert.

In diesem Zusammenhang ist eine Erläuterung notwendig: Die US-amerikanischen Truppen praktizierten die französische Taktik des ständig vorrückenden Feuers, wonach die angreifende Infanterie die Verteidiger mit ununterbrochenem Feuer niederhalten sollte. Ein derart wirksames Feuer versprach man sich mit dem Chauchat-MG. Allerdings war diese Waffe dafür weniger geeignet als das im Hüftanschlag besser führbare Browning-MG.

Eigentlich ist es kein leichtes Maschinengewehr, sondern eher ein für Einzel- und Dauerfeuer eingerichtetes Schnellfeuergewehr. Etwa so hat man es in den USA auch klassifiziert: BAR – Browning Automatic Rifle (automatisches Gewehr). Die Waffe konnte zwar sehr gut aus der Bewegung zur Unterstützung angreifender Infanterie geführt, auf Grund des fehlenden Zweibeins jedoch kaum im Liegendanschlag benutzt werden. Stets wurde aber der aus dem damaligen Entwicklungsstand der Waffentechnik resultierende Mangel eines mit nur 20 Patronen zu geringen Munitionsvorrats deutlich.

Bezüglich der Patronenkapazität konnte man keine Abhilfe schaffen, in bezug auf das Stützsystem wußte man sich zu helfen, allerdings erst nach dem Krieg. Die Waffe von 1918 wurde zum BAR-Modell M 1922 modifiziert: zu einem leichten Maschinengewehr von etwa 10 kg Masse, mit Zweibein und zumeist zusätzlicher Stütze am Kolben sowie einem mit Kühlrippen ausgerüsteten, relativ schweren Lauf. Im Jahre 1922 in die strukturmäßige Bewaffnung übernommen, führte man die verbesserte Version zunächst bei der Kavallerie ein. Allerdings blieb die Stückzahl begrenzt, und der geringe Patronenvorrat erwies sich, wie übrigens bei allen damaligen leichten Maschinengewehren anderer Länder, weiterhin als ein Nachteil.

Das Browning-MG von 1922 hat dieselbe Magazinkapazität wie die Erstausführung. Langanhaltendes Dauerfeuer, wie die Kavalleristen erhofft hatten, war also nicht möglich. Bei 400 S/min theoretischer Feuergeschwindigkeit verschießt die nur für Dauerfeuer eingerichtete Waffe die verfügbaren 20 Patronen innerhalb kurzer Zeit. Mit dem Browning-MG M 1919 A2, auf dessen Grundlage später das luftgekühlte Standard-MG des Heeres, das Modell M 1919 A4 (s. dort), entstand, konnten die Forderungen der Kavallerie dann aber erfüllt werden.

Obwohl man das Browning-MG Modell BAR noch zweimal modifizierte, ließ sich der entscheidende Mangel nie beseitigen. Die 1937 bzw. 1940 übernommenen Ausführungen M 1918 A1 und M 1918 A2 haben zwar einen Lauf mit für Dauerfeuer gut geeigneter dickerer Wandung, nicht aber ein Magazin von höherer Kapazität. Die eine Version ist für Einzel- und Dauerfeuer, die andere nur für Dauerfeuer eingerichtet. Die Kadenz des erstgenannten Modells beträgt etwa 400 S/min, die des anderen kann in zwei Bereichen von 350 S/min auf 550 S/min reguliert werden. Ein geübter Schütze erreicht mit Waffen beider Modelle wohl kaum eine höhere praktische Feuergeschwindigkeit als 60 S/min bis 80 S/min.

Unterschiede gibt es beim höhenverstellbaren Stützsystem ebenfalls. Das Zweibein des zuerst eingeführten Maschinengewehrs ist am Gaskanal vor dem Handschutz befestigt und hat spikesartige Füße. Das Zweibein der anderen Version befindet sich am Lauf, nahe der Mündung, und hat Füße mit kufenartiger Auflagefläche. Beide Waffenmodelle sind mit einem festen Holzkolben ausgerüstet, an dem der Schütze eine höhenjustierbare Zusatzstütze befestigen kann.

An der Kolbenplatte befindet sich eine abklappbare Schulterauflage, am Lauf ein Mündungsfeuerdämpfer. Bei der Version von 1937 ist er lang und zylindrisch, beim 1940 eingeführten Modell relativ kurz und rund. Für dieses Maschinengewehr stellte man später übrigens Kolben aus Plast her, verbesserte die Magazinhalterung und rüstete den Lauf mancher Waffen mit einem Tragegriff aus. Der Vollständigkeit halber sei angemerkt, daß ab 1942 Browning-Maschinengewehre des Typs M 1918 A2 zum Teil ohne Stützsystem geliefert wurden.

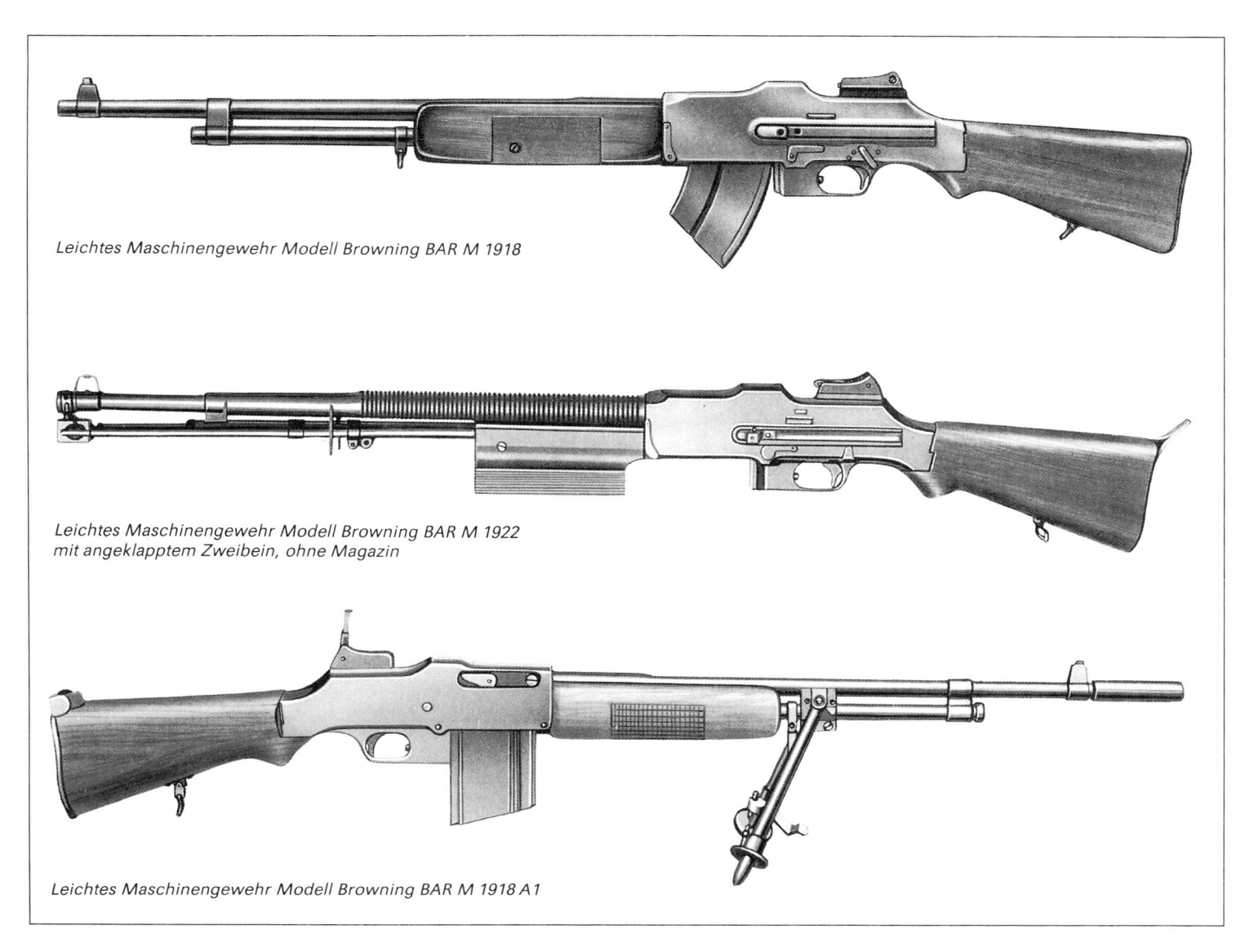

Leichtes Maschinengewehr Modell Browning BAR M 1918

Leichtes Maschinengewehr Modell Browning BAR M 1922 mit angeklapptem Zweibein, ohne Magazin

Leichtes Maschinengewehr Modell Browning BAR M 1918 A1

Das leichte MG Modell Browning BAR ist ein Gasdrucklader mit starr verriegeltem Horizontalblockverschluß. Die Schließfeder befindet sich hinter dem Verschluß in einem röhrenförmigen Tunnel, der Gaskanal unter dem Lauf. Als Munition benutzt man Springfield-Patronen .30-06. Sie werden aus einem von unten einsetzbaren Trapezmagazin zugeführt. Das Visier ist bis 1 500 yd. (1 371,60 m) einstellbar.

In der Fachliteratur werden Waffen dieses Typs sehr unterschiedlich beurteilt. Manche Autoren weisen auf die Treffgenauigkeit und Funktionssicherheit hin, andere betonen, daß diese Browning-Modelle als Gewehre entschieden zu schwer, als leichte Maschinengewehre alles in allem von unzureichender Leistung und Wirkung blieben. Wie so oft liegt die Wahrheit jedoch in der Mitte. Richtig ist sowohl das eine als auch das andere, allerdings in Abhängigkeit von taktischer Aufgabe und entsprechendem Einsatz.

Unbestreitbar bleibt jedenfalls, daß Browning die Konstruktion dem damaligen taktischen Konzept der Militärs angepaßt hatte. Trotz der geringen Magazinkapazität war er seiner Zeit um einen bemerkenswerten Schritt voraus. Für den damaligen Einsatz entwickelt, erwies sich die Waffe als gut geeignet. Die Frage jedoch, warum man im Laufe der Jahre die Magazinkapazität nicht erhöht hat, bleibt offen. In diesem Zusammenhang gibt es in der Fachliteratur übrigens Hinweise darauf, daß man bereits 1918 ein Magazin mit 40 Patronen Fassungsvermögen erprobt haben soll, allerdings ohne Erfolg, weil die Waffe zu schwer und zu unhandlich wurde.

Obwohl keines der Browning-Modelle vom Typ BAR den taktischen Anforderungen an ein leichtes Maschinengewehr gerecht werden konnte, gehörten sie während des zweiten Weltkriegs erstaunlicherweise zu den wichtigsten automatischen Waffen der US-amerikanischen Infanteriegruppen. Tatsächlich verfügten die Streitkräfte des Landes über kein einziges Modell eines den taktischen Aufgaben genügenden leichten Maschinengewehrs aus eigener Entwicklung und Produktion. Lediglich die Marine hatte in aller Eile mit dem leichten MG Modell Johnson 1941 (s. dort) eine in etwa truppendiensttaugliche Waffe dieser Art eingeführt. Gemessen am tatsächlichen zahlenmäßigen Bedarf, blieb ihre Stückzahl allerdings sehr begrenzt. Die Waffe erreichte kaum Bedeutung.

Browning-Maschinengewehre vom Typ BAR wurden auch 1950 bis 1953 während des Korea-Krieges eingesetzt und in beträchtlicher Stückzahl noch 1964/65 zu Beginn des Krieges in Vietnam benutzt. Zu dieser Zeit hatte aber die Ablösung durch das Universal-MG Modell M 60 (s. »Schützenwaffen heute«) längst begonnen.

Insgesamt sollen in den USA von 1922 bis 1945 und während des Korea-Krieges mehr als 350 000 Maschinengewehre M 1922, M 1918 A1 und M 1918 A2 produziert worden sein. Viele davon gehörten noch Ende der achtziger Jahre zur Ausrüstung von Streitkräften zahlreicher Länder. Diese hatten derartige Waffen nach 1945 aus US-amerikanischem Bestand übernommen.

Produktion war aber nicht nur in den USA erfolgt. Man hatte ausländischen Unternehmen Lizenzen zum Nachbau erteilt, zum Beispiel dem belgischen Unternehmen Fabrique Nationale (FN) in Herstal, wo sie als Maschinengewehre des Systems Browning (s. dort) hergestellt und in großer Stückzahl exportiert wurden. Von dort nach Polen gelieferte leichte Maschinengewehre sind als Modell FN 1928, nach China verkaufte Waffen als Modell FN 1930 bekannt, beide mit 7,92 mm Kaliber. Unter derselben Modellbezeichnung FN 1930 waren sie mit 7 mm Kaliber bei den chilenischen und mit 7,65 mm Kaliber bei den belgischen Streitkräften eingeführt. Die Infanterie des Herstellerlands benutzte auch das leichte MG Modell FN D, eine verbesserte Version, mit

USA

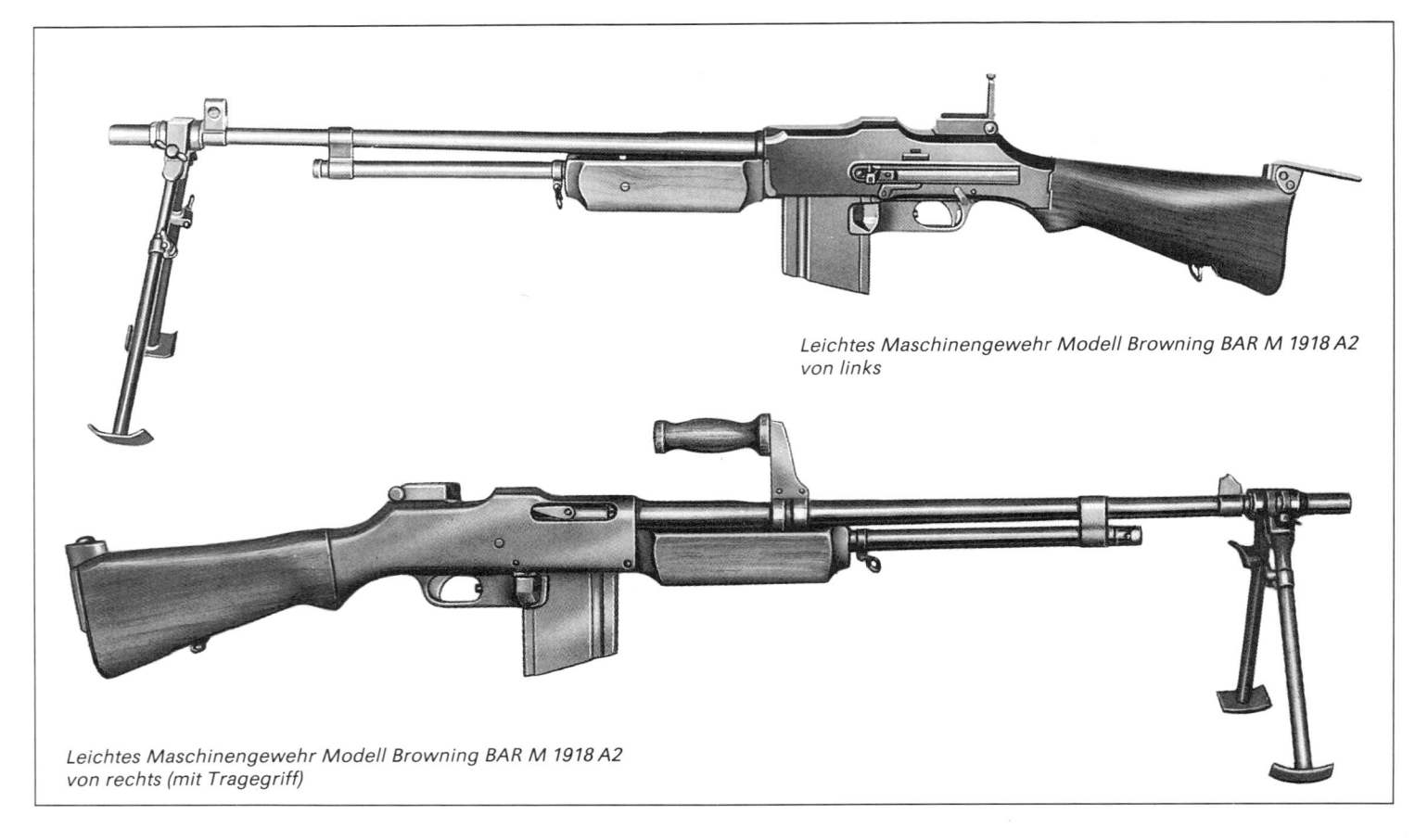

Leichtes Maschinengewehr Modell Browning BAR M 1918 A2 von links

Leichtes Maschinengewehr Modell Browning BAR M 1918 A2 von rechts (mit Tragegriff)

der die Herstaler Firma ebenfalls erfolgreiche Auslandsgeschäfte realisierte.

Nach belgischem Beispiel in Polen hergestellte Waffen Browningscher Konstruktion heißen leichtes MG Modell Browning 1928 (s. dort), mit US-amerikanischer Lizenz in Schweden gefertigte Versionen leichtes MG Modell Browning 1921 (s. dort). Die meisten außerhalb der USA produzierten Browning-Maschinengewehre vom Typ BAR verschossen Munition anderer Art als die Originalwaffen. Dazu gehörten vor allem Mauser-Patronen 7 mm, 7,65 mm und 7,92 mm, aber auch schwedische Infanteriepatronen des Kalibers 6,5 mm.

Daten: Leichtes Maschinengewehr Modell Browning BAR M 1922

Kaliber:	.30	Patrone:	.30-06 (7,62 × 63)
v_0:	735 m/s	Lauflänge:	595 mm
Länge Waffe:	1 205 mm	Züge/Richtung:	4/r
Feuergeschwindigkeit:	400 S/min	Visierschußweite:	≈ 1 372 m[1]
		Einsatzschußweite:	800 m
Munitionszuführung:	Trapezmagazin mit 20 Schuß		
Masse ohne Magazin:	10,00 kg		

[1] *Entspricht 1 500 yd.*

Daten: Leichtes Maschinengewehr Modell Browning BAR M 1918 A1

Kaliber:	.30	Patrone:	.30-06 (7,62 × 63)
v_0:	750 m/s	Lauflänge:	600 mm
Länge Waffe:	1 210 mm	Züge/Richtung:	4/r
Feuergeschwindigkeit:	400 S/min	Visierschußweite:	≈ 1 372 m[1]
		Einsatzschußweite:	800 m
Munitionszuführung:	Trapezmagazin mit 20 Schuß		
Masse ohne Magazin:	8,40 kg		

[1] *Entspricht 1 500 yd.*

Daten: Leichtes Maschinengewehr Modell Browning BAR M 1918 A2

Kaliber:	.30	Patrone:	.30-06 (7,62 × 63)
v_0:	855 m/s	Lauflänge:	610 mm
Länge Waffe:	1 220 mm	Züge/Richtung:	4/r
Feuergeschwindigkeit:	350 S/min[1]	Visierschußweite:	≈ 1 372 m[2]
		Einsatzschußweite:	800 m
Munitionszuführung:	Trapezmagazin mit 20 Schuß		
Masse ohne Magazin:	9,50 kg		
Masse des Laufes:	1,70 kg		

[1] *Regulierbar auf 550 S/min.*
[2] *Entspricht 1 500 yd.*

Überschwere Maschinengewehre Modell Browning M2 und M2 HB .50

Diesen Maschinengewehren, sie wurden 1933 eingeführt, lag eine Konzeption von Ende des ersten Weltkriegs zugrunde. Die ab Juni 1917 in Frankreich operierenden Einheiten der US-amerikanischen Streitkräfte hatten sich dort bald der Angriffe von gepanzerten Gefechtsfahrzeugen erwehren müssen. Das völlig unzureichend ausgerüstete Expeditionskorps aus Übersee – leichte und schwere Maschinengewehre erhielt man anfangs zumeist von den Verbündeten – war nicht in der Lage, wirkungsvolle Gegenmittel einzusetzen.

So verließ man sich zunächst auch in dieser Hinsicht auf die Franzosen und Briten, die damals mit Maschinengewehren und spezieller Munition stärkerer Wirkung experimentierten. Allerdings waren die Ergebnisse nicht zufriedenstellend. Da sich kein greifbarer Erfolg abzeichnete, veranlaßten die US-amerikanischen Militärs eigene Versuche. Man experimentierte mit einer relativ leistungsstarken, für französische Maschinenkanonen bestimmten Munition des Kalibers 11 mm. In aller Eile wurde ihre Verwendung in speziell dafür umgerüsteten schweren Maschinengewehren Modell Browning M 1917 erprobt.

Der Test war wenig erfolgversprechend, das Projekt aber so wichtig, daß man das Stadium des Experimentierens schnell überwinden mußte. So beauftragten die Militärs John Moses Browning mit der Konstruktion eines für die Tankabwehr geeigneten Maschinengewehrs und die US-amerikanische Firma Winchester Repeating Arms Company in New Haven, Connecticut, mit der Entwicklung entsprechender Munition. Man einigte sich auf das Kaliber .50, entgegen der ursprünglichen Absicht dann auch statt auf eine Patrone mit Rand auf randlose Munition.

Waffe wie Patrone wurden am 15. Oktober 1918 getestet. Erst einen halben Monat zuvor war übrigens das schwere Browning-MG M 1917 erstmals im Kampf benutzt worden. Hatte man sich beim Einsatz dieses längst truppendiensttauglichen Modells unverständlich viel Zeit gelassen, war völlig im Gegensatz dazu das Entwicklungsprojekt für ein überschweres Maschinengewehr mit großer Eile vorangetrieben worden.

Die Tests verliefen allerdings weniger erfolgreich als erhofft. Die großkalibrige Waffe schoß mit einer Feuergeschwindigkeit von 500 S/min, erreichte auf Grund ihres nur 775 mm langen Laufes aber lediglich eine Mündungsgeschwindigkeit von maximal 670 m/s. Dennoch bestellten die Militärs 10 000 Stück. Sie wurden bei Winchester als überschweres MG Modell Browning M 1918 produziert. Ob das in vorgesehener Anzahl geschah, ist nicht bekannt.

Da weder die Waffe noch die Munition zufriedenstellte, mußte weiterexperimentiert werden. Die Konstrukteure erhielten den Auftrag, einen längeren Lauf zu entwickeln und die Patrone zu verbessern. Das war nicht möglich. Ein damals erprobtes Versuchs-MG erwies sich, einschließlich Stützsystem, mit 70 kg Masse als zu schwer, und das Geschoß der modifizierten Patrone erreichte nur eine inakzeptable Durchschlagswirkung.

In dieser Situation erbeutete die kämpfende Truppe deutsche Panzerbüchsen vom Typ des Tankgewehrs Modell 18 nebst Munition. Auf deren Grundlage entwickelten Ingenieure bei Winchester eine neue Patrone von ausreichender Mündungsgeschwindigkeit und Durchschlagskraft. Derartige Munition wird heute als Patrone .50 US Browning M2 noch nahezu unverändert hergestellt. Die damals produzierten wassergekühlten überschweren Maschinengewehre Modell Browning M 1918, die diese Patronen verschießen konnten, waren Ende des ersten Weltkriegs kaum noch zum Einsatz gekommen. Gewissermaßen eine Version des Browning-MG M 1917 in vergrößerter Ausführung, hatten sie übrigens im Unterschied zu diesem einen speziellen Rückstoßdämpfer, einen Regler zum Einstellen der Feuergeschwindigkeit und eine andere Visierung erhalten.

Die Vorzüge der neuen Munition erwiesen sich also erst beim Verschießen aus den weiterentwickelten Maschinengewehren. Derartige Waffen standen ab 1921 zur Verfügung. Sie wurden sofort eingeführt, danach erneut modifiziert und in verbesserten Ausführungen 1930 bzw. 1933 ordonnanzmäßig übernommen. Das waren die überschweren Maschinengewehre M 1921, M 1921 A1 sowie M2 und M2 HB (HB: Heavy Barrel – schwerer Lauf).

Solche Waffen gab bzw. gibt es in Ausführungen als Flugzeug-MG und als Panzer-MG für den starren oder beweglichen Einbau, als Fliegerabwehr-MG zur Verwendung auf Fahrzeugen, Schiffen und am Boden sowie als speziell für die Infanterie bestimmte Version. Obwohl sämtliche Ausführungen nach identischem Prinzip funktionieren, haben nicht alle dasselbe Kühlsystem. Die Infanterie-, Flugzeug- und Panzer-Maschinengewehre – erste Ordonnanzwaffe für den Einbau in Flugzeugen war das erst 1923 übernommene, aber M 1921 genannte Modell – werden mit Luft, die Fliegerabwehr-Maschinengewehre mit Wasser gekühlt.

Das 1921 eingeführte Fliegerabwehr-MG Modell M 1921 von 35,8 kg Masse war mit einem 910 mm langen Lauf ausgerüstet. Die Geschosse der mit Gurt von links zugeführten Patronen erreichten 865 m/s Mündungsgeschwindigkeit. Später erhielt die Waffe einen größeren Kühlbehälter für wesentlich mehr Wasser. Sie wurde 1930 als M 1921 A1 übernommen und wog 10 kg mehr als das Erstmodell. Drei Jahre danach erhielten die Streitkräfte die Version M2 von 54,9 kg Masse, davon 9,5 kg

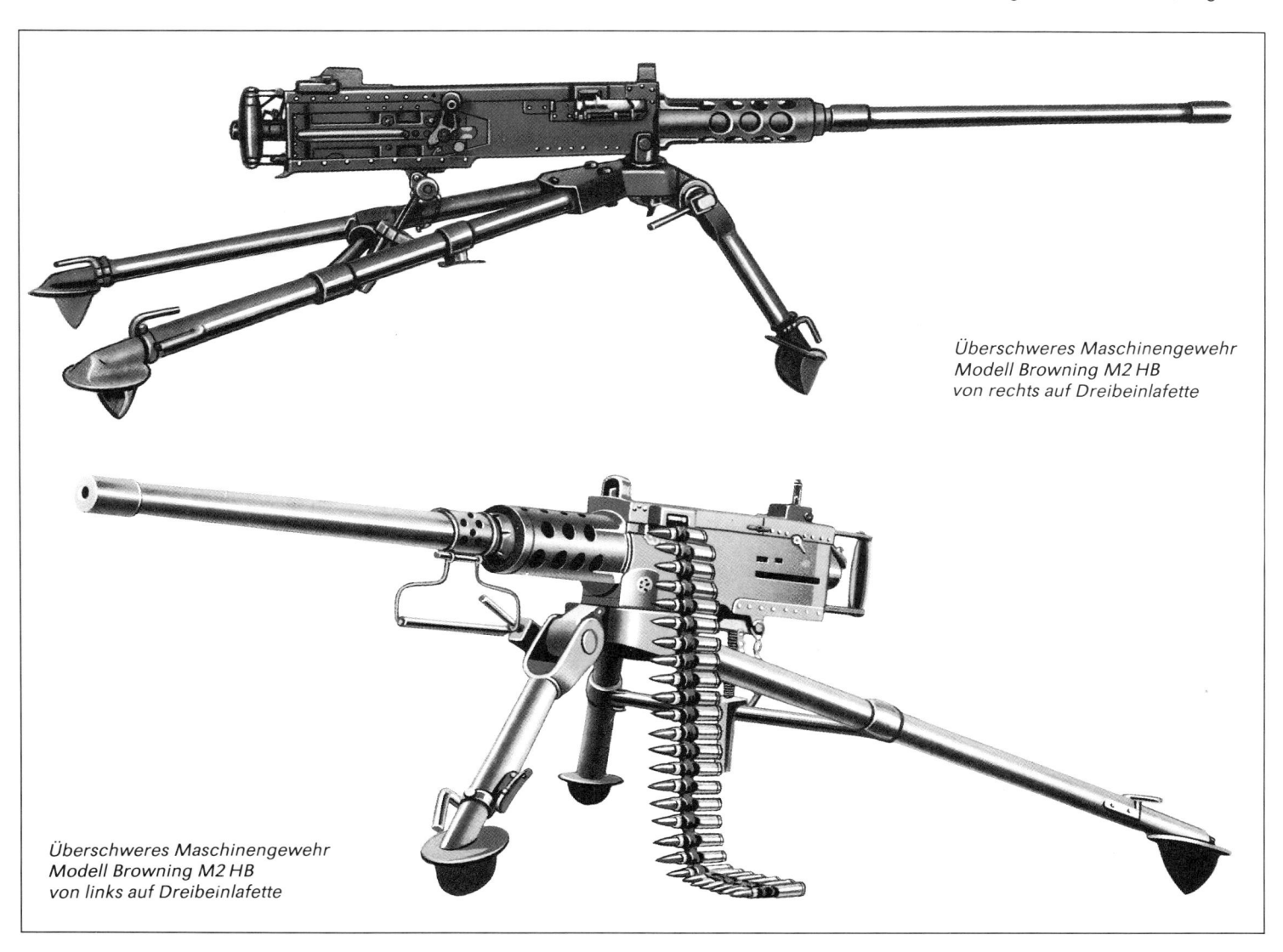

Überschweres Maschinengewehr Modell Browning M2 HB von rechts auf Dreibeinlafette

Überschweres Maschinengewehr Modell Browning M2 HB von links auf Dreibeinlafette

USA

*Überschweres Maschinengewehr
Modell Browning M2
von rechts auf Dreibeinlafette*

*Überschweres Maschinengewehr
Modell Browning M2 HB
auf einem zur Abwehr fliegender Ziele
geeigneten Stützsystem*

Kühlwasser, mit einem 6,9 kg schweren und 1 140 mm langen Lauf sowie mit 895 m/s Mündungsgeschwindigkeit und 650 S/min theoretischer Feuergeschwindigkeit.

Wie die Flugzeug-Maschinengewehre sind die für den Einsatz bei der Infanterie bestimmten Versionen M2 bzw. M2 HB Waffen mit Luftkühlung. Man übernahm sie 1933 zunächst mit dem kürzeren Lauf von etwa 910 mm Länge, rüstete sie dann aber mit einem schweren Lauf von 1 143 mm Länge und 10,4 kg Masse aus. Solche Waffen – das gilt für die Flugzeug-, Panzer- und Fliegerabwehr-Maschinengewehre ebenso – wurden während des zweiten Weltkriegs in großer Stückzahl hergestellt und vor allem bei den Streitkräften der USA und Großbritanniens benutzt.

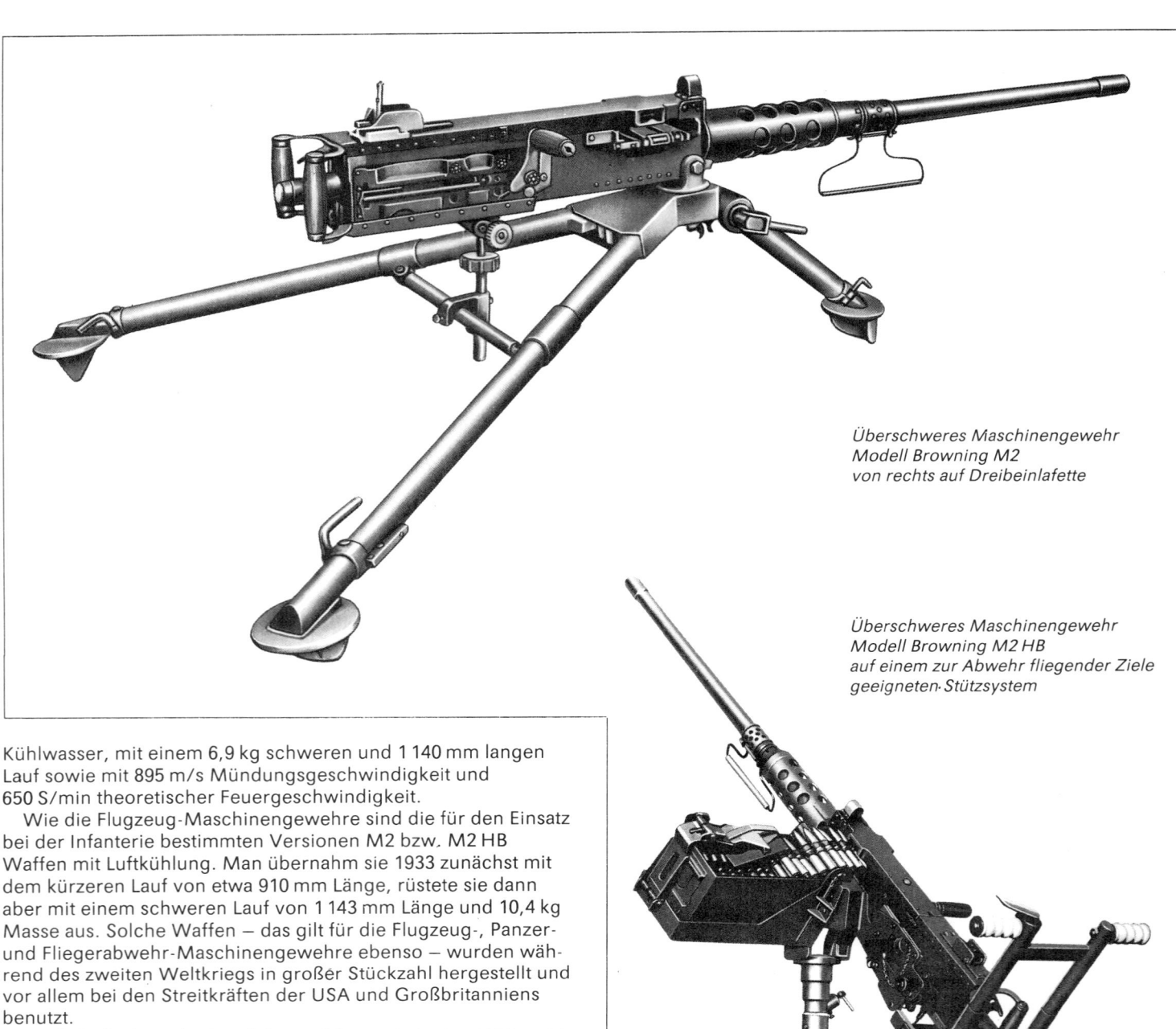

Noch Ende der achtziger Jahre gehörten sie in den USA und in zahlreichen anderen Ländern zur strukturmäßige Bewaffnung. Zu dieser Zeit gab es darüber hinaus mit dem überschweren MG Modell Browning M2 HQCB (s. »Schützenwaffen heute«) längst eine von der Firma Fabrique Nationale (FN) in Belgien entwickelte und bei den Streitkräften dieses Landes eingeführte Version besserer Qualität.

Das überschwere MG Modell Browning M2 ist ein Rückstoßlader mit kurz zurückgleitendem Lauf und verriegeltem Verschluß von der Art eines Horizontalblockverschlusses mit Fallriegel. Da die Patrone bereits zündet, bevor der schon mit dem Lauf verriegelte Verschluß seine vordere Position völlig erreicht hat, wird ein Teil der Energie absorbiert. Ein anderer Teil wird durch einen hydraulischen Stoßdämpfer – er ragt zwischen den beiden Spatengriffen nach hinten aus dem Gehäuse heraus – beim Rückstoß von Lauf und Verschluß abgefangen.

Hat der Stoßdämpfer den zurückgleitenden Lauf nach nicht mehr als 20 mm gestoppt, ist der Gasdruck so weit abgefallen, daß der Verschluß entriegeln kann und sich allein weiter zurück bewegt. Dabei wird die Hülse aus der Waffe entfernt und die nächste Patrone aus dem Gurt gezogen. Die beim Rückstoß zusammengepreßte Schließfeder treibt die beweglichen Teile aus ihrer hintersten Position wieder nach vorn. Die Patrone wird in das Patronenlager geschoben und sofort nach Verriegelung des Verschlusses mit dem Lauf in der letzten Phase ihrer gemeinsamen Vorwärtsbewegung gezündet.

Der Verschlußabstand muß genauestens eingestellt werden. Ist er um wenige Tausendstel Millimeter zu groß oder zu klein, kann der Verschluß beim Zünden der Patrone zurückschlagen bzw. die Patrone bei unverriegeltem Verschluß explodieren.

Die Munition wird aus einem Metallgurt wahlweise von rechts oder links zugeführt. Der Gurt befindet sich in einem Kasten und hat eine Kapazität von 110 Patronen. Obwohl für Dauerfeuer konzipiert, wurde eine geringe Anzahl von Maschinengewehren solchen Typs mit einer Schlagbolzenverriegelung ausgerüstet. Diese können auch Einzelfeuer schießen.

Kurz nach Übernahme in die strukturmäßige Bewaffnung stellte man Mängel fest. Die Mechanik funktionierte zwar zufriedenstellend, der Lauf war jedoch nach maximal 80 Schuß ununterbrochenen Dauerfeuers so überhitzt, daß er abkühlen oder ausgewechselt werden mußte. Mit einem modifizierten Lauf – länger, schwerer und vor Überhitzung besser geschützt – bekamen die Konstrukteure diesen Mangel weitgehend in den Griff. Der Laufwechsel ist allerdings kompliziert. Um einen heißgeschossenen Lauf auszuwechseln, benötigen zwei Mann einige

Minuten. Abgesehen davon, daß sie die heißgeschossenen Metallteile schlecht handhaben können, müssen sie den eingewechselten Lauf neu justieren.

Treffsicherheit und Durchschlagskraft entsprachen dem damaligen Standard. Aus solchen Waffen verfeuerte Geschosse durchschlagen auf 100 m Distanz 25 mm dicken Panzerstahl und sind daher nicht nur gegen befestigte Erdstellungen, sondern auch gegen leichtgepanzerte Fahrzeuge wirkungsvoll einsetzbar. Während des zweiten Weltkriegs benutzte man derartige Maschinengewehre außer in Flugzeugen, Panzern und anderen gepanzerten Gefechtsfahrzeugen trotz ihrer relativ geringen Kadenz als schwere Unterstützungswaffen der Infanterie und als effektive Abwehrwaffe gegen fliegende Ziele.

Daten: Überschweres Maschinengewehr Modell Browning M2 HB

Kaliber:	.50	Patrone:	.50 US (12,7 × 99)
v_0:	895 m/s	Lauflänge:	1 143 mm[1]
Länge Waffe:	1 651 mm	Züge/Richtung:	8/r
Feuergeschwindigkeit:	500 S/min	Visierschußweite:	≈ 2 377 m[2]
Munitionszuführung:	Metallgurt (im Kasten) mit 110 Schuß	Einsatzschußweite:	1 400 m
Masse:	38,11 kg		
Masse des Dreibeins:	19,86 kg		
Masse des schweren Laufes:	10,40 kg		

[1] Mit Lauf von 914 mm Länge zunächst als Modell M2 hergestellt.
[2] Entspricht 2 600 yd.

Schweres Maschinengewehr Modell Browning M 1917 A1 .30

Ende Februar 1917 hatte John Moses Browning Beauftragten der US-amerikanischen Streitkräfte zwei neuentwickelte Maschinengewehre vorgeführt. Das eine, eigentlich eine Art Schnellfeuergewehr, war die später als leichtes MG Modell Browning BAR M 1918 bezeichnete Waffe gewesen, das andere das schwere MG Modell Browning M 1917. Beide Modelle sollten in großer Stückzahl in die strukturmäßige Bewaffnung übernommen werden. Auf diese Weise wollte man das damals völlig unbewältigte Problem der Ausrüstung mit Maschinengewehren endlich lösen.

Als die USA am 6. April 1917, wenige Wochen nach Brownings erfolgreicher Demonstration seiner für die Massenproduktion geeigneten Neuentwicklungen, in den ersten Weltkrieg eingriffen, waren die Streitkräfte mit lediglich 1 110 schweren Maschinengewehren dreier unterschiedlicher Typen ausgerüstet. Eineinhalb Jahre später zu Kriegsende standen dann 56 608 in drei Firmen des Landes hergestellte Browning-Maschinengewehre M 1917 zur Verfügung.

Allerdings befanden sich nur die wenigsten davon bei den ab Juni 1917 nach Frankreich entsandten Einheiten des US-amerika-

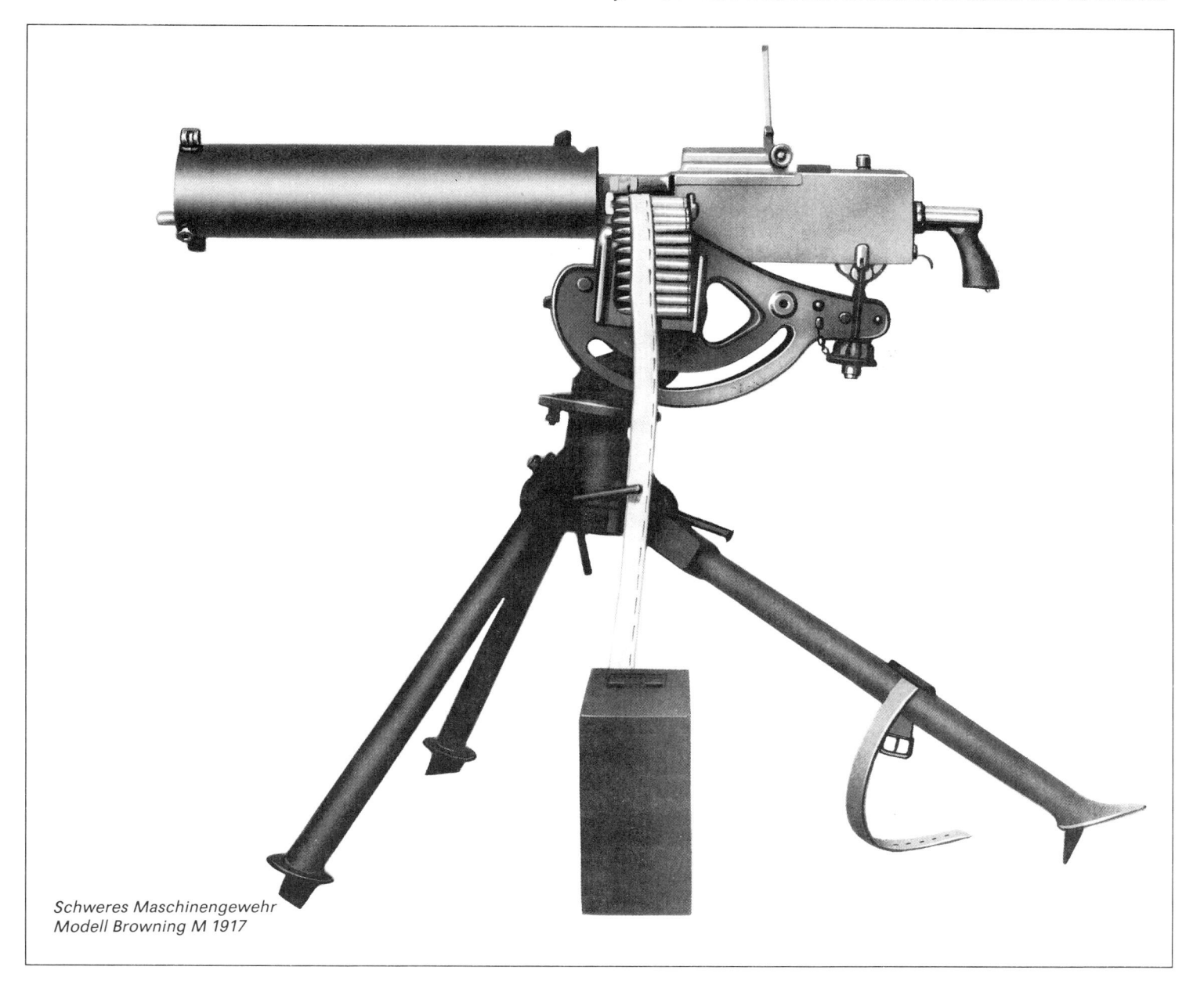

Schweres Maschinengewehr Modell Browning M 1917

USA

*Schweres Maschinengewehr
Modell Browning M 1917 A1*

*Schweres Maschinengewehr
Modell Colt-Browning M 1938 B*

nischen Heeres. Diese kämpften vorwiegend mit französischen und britischen Maschinengewehren. Wie die Fachliteratur informiert, sind die ersten Browning-Maschinengewehre M 1917 dort erst am 26. September 1918 tatsächlich eingesetzt worden. Vier solcher Waffen sollen bis zum 30. September insgesamt nicht mehr als 13 000 Schuß verfeuert haben.

So bestand das Browning-MG dieses Typs seine eigentliche Feuertaufe beim US-amerikanischen Heer erst während des zweiten Weltkriegs. Damals führte man bereits die verbesserte Version M 1917 A1 von verändertem Aussehen: zum Beispiel mit Spatengriffen an Stelle des für die Erstausführung charakteristischen Pistolengriffs hinter dem Abzug, mit veränderter Munitionszuführung und schließlich auf einer modifizierten, auch zur Fliegerabwehr geeigneten Dreibeinlafette montiert. Das Browning-MG M 1917 A1 war 1936 eingeführt worden und avancierte zur Standardwaffe des Heeres.

Bis Dezember 1941, dem Monat des Überfalls japanischer Truppen auf den US-amerikanischen Pazifik-Stützpunkt Pearl Harbour, waren die Streitkräfte mit derartigen Maschinengewehren allerdings in völlig unzureichender Menge ausgerüstet worden. Die Situation zum Zeitpunkt des Eingreifens in den zweiten Weltkrieg ähnelte auffallend dem Zustand vom Frühjahr 1917. Im Unterschied zu damals, als man über keine einzige moderne Waffe dieser Art verfügt hatte, stand im Dezember 1941 jedoch ein truppendiensttaugliches Modell serienfertig bereit. Ab 1942 wurde es in großer Stückzahl produziert und an die Streitkräfte ausgegeben.

Das schwere MG Modell Browning M 1917 A1 – in der Fachliteratur bezeichnet man die Waffe oftmals als mittleres Maschinengewehr – ist ein Rückstoßlader mit kurz zurückgleitendem Lauf und starr verriegeltem Blockverschluß. Browning hatte sich also des auf dem Rückstoßprinzip basierenden Maxim-Systems bedient, statt des Kniegelenkverschlusses jedoch eine wesentlich unkompliziertere Verriegelungsmethode gewählt.

Ver- und Entriegelung erfolgen, indem die Nocken des Verschlusses nach oben in die hinten am Lauf installierten Nuten eingreifen bzw. aus diesen nach unten hinausgedrückt werden. Sind Lauf und Verschlußblock miteinander verriegelt, befinden sich die Nocken in oberer Position; sind sie entriegelt, in unterer Stellung. Sehr wichtig für einwandfreies Verriegeln, aber auch zum Vermeiden von Hülsenreißern und Ladehemmungen ist der richtige Abstand zwischen Verschlußblock und vorderem Teil des Patronenlagers. Dieser Abstand kann von Hand eingestellt werden.

Sobald die Patrone gezündet ist – das geschieht sofort nach dem Verriegeln –, stoßen Lauf und Verschluß zusammen zurück. Nach etwa 13 mm Rücklauf erfolgt die Entriegelung. Während der Lauf gestoppt wird, gleitet der Verschluß allein weiter. Die Automatik befördert eine neue Patrone aus dem Gurt in den T-förmigen Schlitz des Verschlußkopfs. In diese Zuführposition gebracht, entfernt sie die vorher aus dem Lauf herausgezogene Hülse aus der Waffe.

Ein Stoßdämpfer verringert die Wucht des Rückstoßes. Befindet sich der Verschlußblock in hinterer Stellung, treibt die Kraft der zusammengepreßten Schließfeder die beweglichen Teile des Systems wieder nach vorn. Die Patrone wird in den Lauf geschoben, der Verschluß verriegelt mit diesem und gleitet mit ihm zusammen noch weiter vorwärts. In diesem Augenblick zündet die Patrone. Der dabei plötzlich entstehende Gasdruck wird teils kompensiert, teils zur Vorwärtsbewegung von Lauf und Verschluß bis zu deren vorderer Position ausgenutzt.

Die Waffe verfeuert Springfield-Patronen .30-06. Sie werden aus einem Gurt von links zugeführt und mit einer praktischen Kadenz von etwa 250 S/min per Dauerfeuer verschossen. Die Gurte sind aus Hanf oder Metall hergestellt und haben eine Kapazität von 250 Patronen. Das Kurvenvisier ist bis 2 800 yd. (2 560,32 m) Entfernung einstellbar. In der Fachliteratur gibt es aber auch Hinweise auf Waffen mit 3 400 yd. (3 108,96 m) Visierschußweite.

Zu Beginn des zweiten Weltkriegs standen luftgekühlte Infanterieversionen des Browning-MG M 1917 ebenfalls schon zur Verfügung. Das waren zum Modell M 1919 A4 (s. dort) modifizierte Maschinengewehre. Sie gehörten zu einem ganzen Waffensystem. Seine Produktion hatte 1919 mit MG-Versionen für Flugzeuge und Panzer begonnen. Die wassergekühlten Infanterie-Maschinengewehre wurden schließlich nach und nach von luftgekühlten abgelöst. Gegen Ende des zweiten Weltkriegs führten die Infanteristen fast nur noch Waffen des Typs M 1919 A4 mit wesentlich leichterem Dreibein. Die Maschinengewehre M 1917 A1 lagerte man ein in Reservedepots oder exportierte sie in beträchtlicher Stückzahl in zahlreiche Länder.

Für den Export bestimmte Modifikationen der Maschinengewehre M 1917 und M 1917 A1 hatte man übrigens bei der US-amerikanischen Firma Colt's Patent Firearms Manufacturing Corporation in Hartford, Connecticut, schon Ende der dreißiger Jahre hergestellt. Das waren die wassergekühlten Colt-Browning-Modelle M 1938 bzw. M 1938 B. Sie wurden in unterschiedlicher Ausführung gefertigt, beispielsweise mit Pistolengriff hinter dem Abzug oder mit Spatengriffen, zum Teil auch zum Verschießen verschiedenartiger Munition. Eingerichtet für die Mauser-Patrone 7,92 mm, machten Waffen des Typs M 1938 B insbesondere den Maschinengewehren der belgischen Firma Fabrique Nationale (FN) und des tschechoslowakischen Unternehmens Zbrojovka Brno im Exportland China Konkurrenz.

Dorthin lieferte Colt die Maschinengewehre mit einer schweren Dreibeinlafette. Man hatte sie auf der Grundlage des für das Modell M 1917 verwendeten Stützsystems konstruiert. Die Oberlafette konnte mit wenigen Handgriffen nach hinten verlängert, unkompliziert hochgestellt und auf diese Weise zur Bekämpfung von fliegenden Zielen präpariert werden. Das Maschinengewehr, als Waffe zur Fliegerabwehr hinten an der Oberlafette montiert, hat sich, so die Fachliteratur, sehr gut bewährt. Das gilt auch in bezug auf die Verwendung als Unterstützungswaffe bei der Infanterie.

Daten: Schweres Maschinengewehr Modell Browning M 1917 A1

Kaliber:	.30	Patrone:	.30-06 (7,62 × 63)
v_0:	855 m/s	Lauflänge:	610 mm
Länge Waffe:	978 mm	Züge/Richtung:	4/r
Feuergeschwindigkeit:	500 S/min[1]	Visierschußweite:	≈ 2 560 m[2]
		Einsatzschußweite:	1 800 m
Munitionszuführung:	Metall- oder Textilgurt (im Kasten) mit 250 Schuß		
Masse ohne Kühlwasser:	14,97 kg		
Masse der Dreibeinlafette:	24,00 kg		

[1]) Auch mit 600 S/min angegeben.
[2]) Entspricht 2 800 yd.; auch mit 3 400 yd. (≈ 3 109 m) angegeben.

Daten: Schweres Maschinengewehr Modell Colt-Browning M 1938 B

Kaliber:	7,92 mm	Patrone:	7,92 × 57
v_0:	745 m/s	Lauflänge:	610 mm
Länge Waffe:	981 mm	Züge/Richtung:	
Feuergeschwindigkeit:	500 S/min[1]	Visierschußweite:	2 500 m
		Einsatzschußweite:	1 800 m
Munitionszuführung:	Metall- oder Textilgurt (im Kasten) mit 250 Schuß		
Masse mit Kühlwasser:	18,60 kg		
Masse der Dreibeinlafette:	24,63 kg		

[1]) Auch mit 600 S/min angegeben.

USA

Schweres Maschinengewehr Modell Browning M 1919 A4 und Versionen .30

Nach dem ersten Weltkrieg wurde das wassergekühlte schwere MG Modell Browning M 1917 vielfach modifiziert. Zu den Modifikationen gehörte nicht nur die 1936 in die Ausrüstung übernommene ebenfalls wassergekühlte Version M 1917 A1 (s. dort), die Anfang des zweiten Weltkriegs Standardwaffe des US-amerikanischen Heeres war, sondern eine ganze Reihe schon vorher und später eingeführter weiterer Maschinengewehre. Manche davon wurden bei der Infanterie, andere zum Einbau in Panzern und Flugzeugen verwendet. Es gab sogar eine für die Kavallerie bestimmte Ausführung.

Sämtliche Maschinengewehre sind Konstruktionen von John Moses Browning, entweder von ihm persönlich entwickelt oder von anderen Ingenieuren auf der Grundlage seines Systems modifiziert. Ausnahmslos Rückstoßlader mit verriegeltem Verschluß, funktionieren sie nach demselben Prinzip wie das Browning-MG M 1917 bzw. dessen verbesserte Version M 1917 A1. Sie verschießen Springfield-Patronen .30-06. Der Lauf ist je nach Ausführung schwer oder leicht, im Unterschied zum Grundmodell von 1917 und seiner 1936 eingeführten Modifikation jedoch stets luftgekühlt.

Die erste Version hatte Browning bereits Ende des Krieges zum Flugzeug-MG M 1918 modifiziert, einer Waffe von etwa 13,8 kg Masse, ungefähr 840 m/s Mündungsgeschwindigkeit und 1 100 S/min theoretischer Kadenz. Die Munition wurde aus einem Zerfallgurt von links zugeführt. Der Schütze konnte den Abzug per Hand betätigen oder das Feuer motorsynchronisiert steuern. Später stand mit dem Browning-MG Modell 1918 M1 eine verbesserte Ausführung zur Verfügung. Das war ebenfalls ein Flugzeug-MG mit ungefähr denselben taktisch-technischen Daten, vorgesehen für den starren oder beweglichen Einbau.

Auch diese Version wurde verbessert, allerdings erst nach Kriegsende, und Flugzeug-MG Modell M 1919 genannt, kurz danach dann zur Ausführung 1919 M2 weiterentwickelt. Das Flugzeug-MG M 1919 war eine starr oder beweglich einbaubare Waffe, je nach Einbauart mit motorsynchronisierter oder handbetätigter Feuerführung. Die Masse betrug 13,6 kg, die Mündungsgeschwindigkeit 840 m/s, die theoretische Feuergeschwindigkeit 1 100 S/min. Die Ausführung 1919 M2 entsprach mit 855 m/s Mündungs- und 1 350 S/min Feuergeschwindigkeit höheren Anforderungen. Die Masse der Waffe zum starren Einbau mit motorgesteuerter Abfeuerung betrug 9,8 kg; die beweglich eingebaute Waffe mit Handabzug wog 10,4 kg. Die Munition wurde aus einem Zerfallgurt zugeführt, einstellbar von rechts oder links.

Wie die Fachliteratur informiert, hat man zwar sämtliche Modifikationen getestet und versuchsweise in Flugzeugen erprobt, aber nur eine Version in die strukturmäßige Bewaffnung übernommen. Das war das Modell 1919 M2 als beweglich eingebaute Waffe mit waagerechter Rückstoßdämpfung, Handabzug und Spatengriffen. Abgesehen von ihrer speziellen Ausführung als Flugzeug-MG, unterscheidet sie sich von dem schweren MG Modell Browning M 1917 trotz übereinstimmenden Konstruktions- und Funktionsprinzips auf den ersten Blick auf Grund des anderen Kühlsystems.

Das Grundmodell von 1917 hat, wie schon erwähnt, einen wassergekühlten, die Modifikation von 1919 einen luftgekühlten Lauf. Luftkühlung wurde für sämtliche folgenden Maschinengewehre der Ausführung M 1919 beibehalten.

War das Flugzeug-MG mit einem leichten Lauf ausgerüstet worden, so benutzte man für ein Panzer-MG, dessen erste Ausführung ebenfalls M 1919 genannt wurde, einen schweren. Einen Lauf solcher Bauart erhielt die mit Halterung für ein Zielfernrohr ausgerüstete Version M 1919 A1 ebenfalls. Für beide Panzer-Maschinengewehre nennt die Fachliteratur übereinstimmende Daten: 15 kg Masse, etwa 855 m/s Mündungs- und 550 S/min theoretische Feuergeschwindigkeit.

Weitere für den Einbau in Panzern benutzte Versionen sind die Modelle M 1919 A2 und M 1919 A3. Das letztgenannte Maschinengewehr, eine Waffe mit Hilfsvisier, wurde nur in geringer Stückzahl gefertigt, das erstgenannte von der US-amerikanischen Kavallerie ebenfalls geführt. Für diese Waffengattung war es ursprünglich auch vorgesehen gewesen.

Die Kavallerie hatte 1922 leichte Browning-Maschinengewehre des Typs BAR M 1922 (s. dort) erhalten. Mit solchen für Dauerfeuer eingerichteten Waffen war die Feuerkraft der berittenen Truppen bedeutend erhöht worden. Allerdings konnten die Kavalleristen langanhaltendes Dauerfeuer nicht schießen, denn mit nur 20 Patronen war der Munitionsvorrat zu gering. Daher verlangten sie entsprechende andere Waffen. Mit dem Browning-MG M 1919 A2 – ausgerüstet mit 472 mm langem Lauf, leichtem Dreibein und Gurtzuführung von links – konnten sie zur Verfügung gestellt werden.

Als Zubehör führten die Kavalleristen für jedes Maschinengewehr – zur Bedienung gehörten zwei Mann – außer dem Dreibein einen Ersatzlauf sowie einen Kasten mit Werkzeug und Ersatzteilen bei sich. Die strukturmäßig zugeteilten 1 500 Patronen befanden sich in drei Kästen mit je zwei Gurten für jeweils 250 Schuß. Interessant ist die vom Chef der Kavallerie erlassene Dienstvorschrift für den Einsatz der Waffe zur Abwehr fliegender Ziele: Um das Maschinengewehr hoch aufrichten zu können, sollte die vordere Stütze des Dreibeins auf das Knie des Hilfsschützen gelegt werden.

Auf der Grundlage der Kavallerieversion wurde mit dem schweren Browning-MG M 1919 A4 schließlich jene Ordonnanzwaffe entwickelt, die während des zweiten Weltkriegs in enormer Stückzahl zum Einsatz kam. Sie löste das wassergekühlte Browning-MG M 1917 A1 nach und nach ab und avancierte ihrerseits zur Standardwaffe des Heeres.

Aber nicht nur die Infanterie benutzte Maschinengewehre vom Typ M 1919 A4. Solche Waffen, speziell dafür ausgerüstet, wurden auch in Panzern und Flugzeugen installiert. Britische Panzereinheiten zum Beispiel führten derartige Maschinengewehre als beweglich eingebaute Zusatzbewaffnung noch Jahre nach 1945. Daß in Panzerfahrzeugen installierte Maschinengewehre – sie ließen sich mit wenigen Handgriffen demontieren und schnell auf dem nach Vorschrift stets mitzuführenden Dreibein befestigen – für den Erdkampf und zur Fliegerabwehr ebenfalls benutzt werden konnten, gehört zu den Vorzügen solcher Waffen.

Darüber hinaus gab es Versionen des Modells M 1919 A4 für den starren Einbau. Sie waren teils mit motorbetriebenem, teils mit handbetätigtem Abzug sowie mit senkrechter oder waagerechter Rückstoßdämpfung ausgestattet. Derartige Waffen – das gilt für die Versionen zum beweglichen Einbau ebenfalls – nennt man in der Fachliteratur auch Maschinenkanonen und komplettiert die Typenbezeichnung mit dem Zusatz HB (Heavy Barrel: schwerer Lauf).

Weitere Modifikationen wurden mit den Ausführungen M 1919 A5, M 1919 A6 und M 1919 A6 E1 während des zweiten Weltkriegs bzw. danach hergestellt. Das erstgenannte Modell ist ein für den starren Einbau bestimmtes Panzer-MG mit Speziallafette und besonderer Ladeeinrichtung, das andere ein leichtes Maschinengewehr für die Infanterie, das dritte eine nach 1945 zwar vorgestellte und erprobte, nicht aber verwendete Version.

Das leichte MG Modell Browning M 1919 A6 mit im Vergleich zu den anderen Waffen veränderter Lauflagerung hat ein verstellbares Zweibein, einen gewehrähnlichen Kolben mit Pistolengriff, meist einen Tragegriff und stets einen Mündungsfeuerdämpfer. Diese Version wurde im Februar 1943 in die strukturmäßige Bewaffnung übernommen, hat sich jedoch nicht bewährt. Nennenswerte Stückzahlen sind damals nicht hergestellt worden. Trotzdem hat man die Waffe später ins Ausland geliefert.

USA

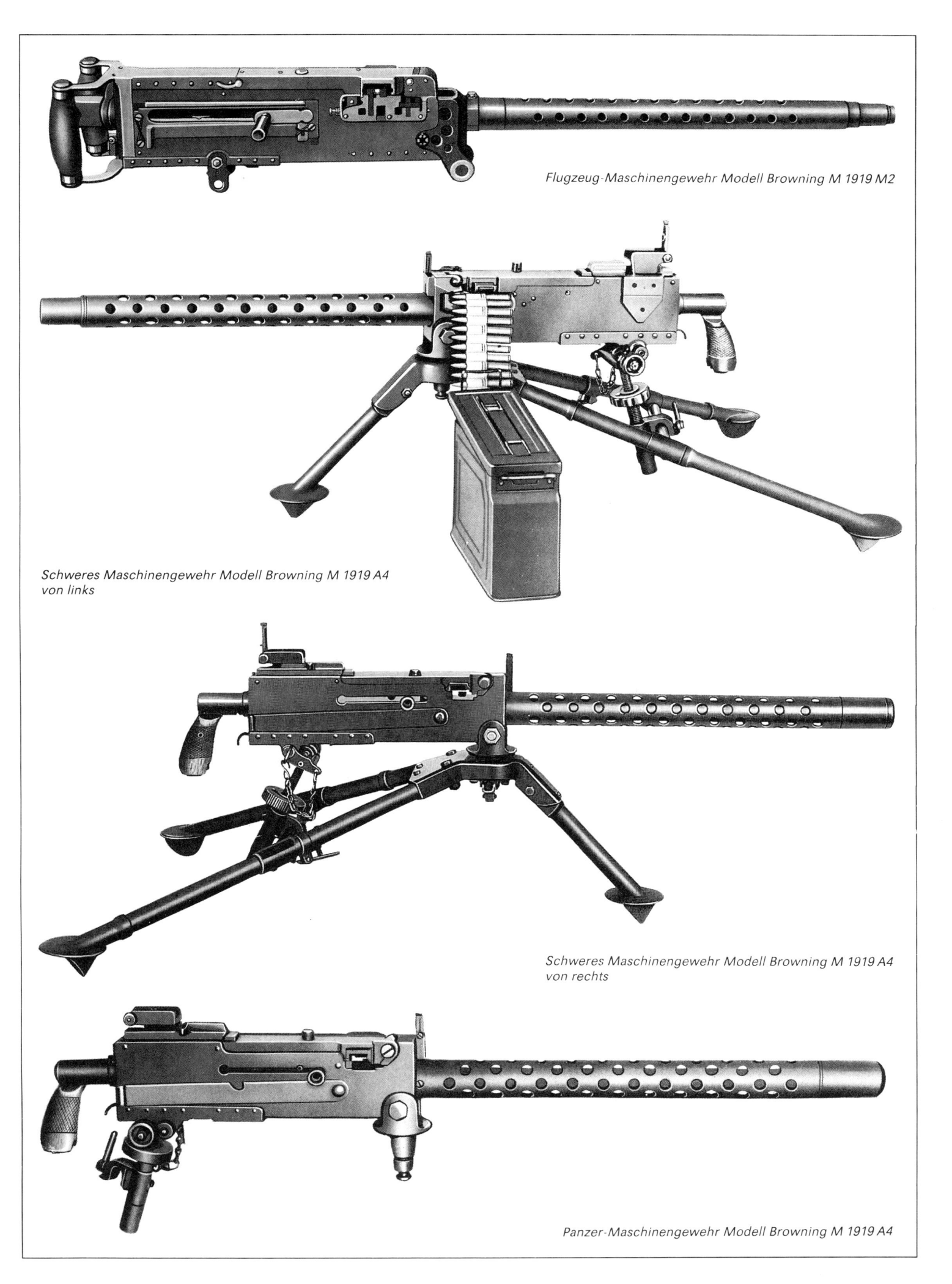

Flugzeug-Maschinengewehr Modell Browning M 1919 M2

Schweres Maschinengewehr Modell Browning M 1919 A4 von links

Schweres Maschinengewehr Modell Browning M 1919 A4 von rechts

Panzer-Maschinengewehr Modell Browning M 1919 A4

USA

Leichtes Maschinengewehr Modell Browning M 1919 A6 von links mit Tragegriff

Leichtes Maschinengewehr Modell Browning M 1919 A6 von rechts ohne Tragegriff

Röntgenschnitt des schweren Maschinengewehrs Modell Browning M 1919 A4

Als leichtes Maschinengewehr ist sie allerdings entschieden zu schwer. Mit fast 15 kg Masse ohne Munition wiegt sie wesentlich mehr als die damals in anderen Ländern produzierten leichten Maschinengewehre. Überdies ist die Rückstoßkraft unzureichend, jederzeitige Funktionstüchtigkeit daher nicht gewährleistet, die Manövrierfähigkeit auf Grund des im Kasten untergebrachten Gurtes mit 250 Patronen stark eingeschränkt.

Mit der offiziellen Übernahme in die Ausrüstung wollte man wohl die immer lauter werdende Forderung der kämpfenden Truppe nach einem leichten Maschinengewehr von großem Patronenvorrat besänftigen. Abgesehen von dem in geringer Anzahl bei der Marine geführten leichten MG Modell Johnson 1941 (s. dort), verfügten die US-amerikanischen Streitkräfte während des zweiten Weltkriegs nämlich über kein einziges den Anforderungen des modernen Gefechts entsprechendes leichtes Maschinengewehr. Die Browning-Modelle BAR M 1918, M 1922, M 1918 A1 und M 1918 A2 (s. dort) waren zwar zuverlässig, mit ihrer Magazinkapazität von nur 20 Schuß jedoch eher Schnellfeuergewehre als leichte Maschinengewehre.

Waffen des Browning-Typs M 1919 werden in der Fachliteratur oftmals als mittlere, mitunter sogar als eine Art leichter Mehrzweck-Maschinengewehre bezeichnet. Nicht selten stuft man sie auch als Universal-Maschinengewehre ein. Letzteres mag in gewisser Weise zutreffend sein, wenn man sie nach ihrem Stützsystem beurteilt. Das Modell M 1919 A4 auf Dreibein sollte aber als schweres, das Modell M 1919 A6 auf Zweibein trotz der genannten Einschränkungen als leichtes Maschinengewehr bezeichnet werden.

Das schwere MG Modell Browning M 1919 A4 ist ein mit Gasdruckunterstützung funktionierender Rückstoßlader mit kurz zurückgleitendem Lauf und starr verriegeltem Verschluß. Der schwere Lauf wird von Luft gekühlt und befindet sich in einem durchbrochenen Mantel. Maschinengewehre aus früher Produktion haben einen Laufmantel mit länglichen, alle anderen aber mit runden Kühlöffnungen.

Die Waffe verschießt Springfield-Patronen .30-06. Sie werden mit einem an beiden Enden durch Metall verstärkten Textilgurt aus einem Kasten von links zugeführt und per Dauerfeuer verschossen. Die Kapazität des Gurtes beträgt 250 Patronen, die praktische Feuergeschwindigkeit bei dreißigminütigem, ununterbrochenem Dauerfeuer 60 S/min, ohne daß die Waffe zu heiß wird.

Sie ist mit einem Pistolengriff ausgerüstet. Er befindet sich hinter dem Abzug. Dieser hat keinen Bügel und steht nach hinten aus dem Gehäuse heraus. Das Visier kann bis 2 400 yd. (2 194,56 m) Entfernung eingestellt werden. Als Stützsystem benutzt man ein relativ leichtes, aber stabiles Dreibein. Die beiden hinteren Beine sind in halber Höhe mit einer Stange verbunden, an der sich auch Rad und Gewinde zum Höhenrichten befinden.

Bei der US-amerikanischen Infanterie wurden schwere Maschinengewehre des Browning-Modells M 1919 A4 während des zweiten Weltkriegs vor allem zur Feuerunterstützung der Kompanie eingesetzt. Sie haben sich dabei als zuverlässige und funktionssichere Waffen von ausreichender Treffgenauigkeit bewährt, ohne jedoch eine herausragende Bedeutung erlangen zu können. Daher begannen bereits 1942/43 Versuche, das Universal-MG Modell 42 (s. dort) aus Deutschland zum Verschießen von Springfield-Patronen umzurüsten.

Dieses Vorhaben mißlang. Trotz intensiv betriebener anderer Entwicklungsprojekte verblieben die Maschinengewehre Browningscher Konstruktion solchen Typs noch jahrelang in der Ausrüstung. Sie wurden auch 1950 bis 1953 während des Korea-Krieges in relativ großer Stückzahl benutzt. Ihre Ablösung begann erst Anfang der sechziger Jahre, als das Universal-MG Modell M 60 (s. »Schützenwaffen heute«) zur Verfügung stand. Bei den Streitkräften zahlreicher anderer Länder gehörten aus den USA importierte Browning-Maschinengewehre – das betrifft vor allem die Infanteriemodelle M 1919 A4 und M 1919 A6, aber auch die Versionen zum Einbau in Panzern – noch Ende der achtziger Jahre zur strukturmäßigen Bewaffnung.

Daten: Schweres Maschinengewehr Modell Browning M 1919 A4

Kaliber:	.30	Patrone:	.30-06 (7,62 × 63)
v_0:	855 m/s	Lauflänge:	610 mm
Länge Waffe:	1041 mm	Züge/Richtung:	4/r
Feuer-		Visierschußweite:	≈ 2 195 m[1]
geschwindigkeit:	500 S/min	Einsatzschußweite:	1 400 m
Munitionszuführung:	Textilgurt (im Kasten) mit 250 Schuß		
Masse:	14,10 kg		
Masse des Dreibeins:	6,35 kg	[1] Entspricht 2 400 yd.	

Daten: Leichtes Maschinengewehr Modell Browning M 1919 A6

Kaliber:	.30	Patrone:	.30-06 (7,62 × 63)
v_0:	855 m/s	Lauflänge:	610 mm
Länge Waffe:	1 346 mm	Züge/Richtung:	4/r
Feuer-		Visierschußweite:	≈ 1 463 m[1]
geschwindigkeit:	500 S/min	Einsatzschußweite:	800 m
Munitionszuführung:	Textilgurt (im Kasten) mit 250 Schuß		
Masse mit Zweibein:	14,94 kg		
Masse des Zweibeins:	0,74 kg	[1] Entspricht 1 600 yd.	

Leichtes Maschinengewehr Modell Johnson 1941 .30

Noch heute rätseln die Fachleute darüber, aus welchem Grund sich die US-amerikanischen Streitkräfte während des zweiten Weltkriegs bzw. davor nicht zur Übernahme eines allen taktischen Anforderungen entsprechenden leichten Maschinengewehrs als Standardwaffe entschlossen haben. In der Tat, die USA waren das einzige Land unter den bedeutenden Militärmächten, das derartige Waffen nicht offiziell führte.

Nach wie vor hielten die Militärs an den bereits 1918 übernommenen Infanteriewaffen vom Browning-Typ BAR fest. Mehrmals modifiziert, standen sie schließlich als Modelle M 1922, M 1918 A1 und M 1918 A2 (s. dort) in großer Stückzahl zur Verfügung. Sie wurden zwar wie leichte Maschinengewehre benutzt, werden zumeist auch als solche eingestuft, waren jedoch auf Grund ihrer geringen Magazinkapazität eine Art Schnellfeuergewehre, allerdings von relativ großer Masse.

Immerhin machte kurz nach dem japanischen Überfall vom Dezember 1941 auf den Pazifik-Stützpunkt Pearl Harbour wenigstens die US-amerikanische Marine den Versuch, die Führung der Streitkräfte für ein leichtes Maschinengewehr zu interessieren. Das war eine Konstruktion ihres Reserveoffiziers Melvin Maynard Johnson.

Mitte 1941 hatte die Marine das 1937 entwickelte Maschinengewehr getestet. Als die USA in den zweiten Weltkrieg eingriffen, bestellte die Marineinfanterie einige tausend Stück. Sie wurden beim US-amerikanischen Unternehmen Cranston Arms in Cranston hergestellt. Unter der Bezeichnung leichtes MG Modell Johnson 1941 übernahm man Waffen dieses Typs in die Ausrüstung, führte sie allerdings ebensowenig ordonnanzmäßig ein wie das auf dem Reißbrett desselben Konstrukteurs entstandene Selbstladegewehr Modell Johnson 1941 (s. dort).

Wie die Fachliteratur informiert, erwies sich das Johnson-MG als zuverlässige und treffsichere Waffe. Sie war erheblich leichter und von geringeren Abmessungen als die obengenannten Konstruktionen nach dem Browning-System und daher besser zu handhaben als diese. Die Magazinkapazität allerdings hätte größer sein sollen, so das Urteil von Experten. Da die Ladeeinrichtung aber unkompliziert nachgefüllt werden konnte, verfügte der Schütze im Gegensatz zu den Infanteriewaffen des Browning-Typs BAR trotzdem über ausreichend Reservemunition. Auch für Fallschirmjäger wäre die Waffe geeignet gewesen. Schnell demontierbar, soll sie binnen eineinhalb Minuten von versierten Schützen wieder zusammengesetzt worden sein.

Obwohl sich solche Maschinengewehre 1942 bei Kämpfen im Pazifik und 1943 bei Spezialeinheiten in Italien sehr gut bewährten, lehnte die Führung des Heeres eine Übernahme in die strukturmäßige Bewaffnung ab. Eine 1944 verbesserte Version wurde zwar getestet, aber ebenfalls nicht eingeführt.

Trotzdem war das Maschinengewehr Ordonnanzwaffe, allerdings nicht in den USA, sondern bei den in Indonesien stationierten niederländischen Kolonialtruppen. Anfang 1941 hatte die nach der Kapitulation vor dem Kriegsgegner Deutschland ins Londoner Exil gegangene niederländische Regierung einige tausend Waffen bestellt. Wahrscheinlich wurden insgesamt 10 000 Stück produziert. Man nimmt an, daß die Niederlande und die US-amerikanische Marine je die Hälfte davon erhielten.

Nach 1945 in den USA weder benutzt noch gefertigt, sind Maschinengewehre der verbesserten Version von 1944 unter der Bezeichnung Modell Dror in Israel hergestellt worden. Die Fachliteratur informiert in diesem Zusammenhang sowohl über das Jahr 1952 als auch über eine geringe Stückzahl und berichtet, daß sich die Waffen unter den komplizierten Bedingungen des Kampfes in der Wüste nicht bewährt haben.

Das leichte MG Modell Johnson 1941 ist ein Rückstoßlader mit kurz zurückgleitendem Lauf und Drehverschluß. Es funktioniert nach demselben Prinzip wie das bereits erwähnte Selbstladegewehr, wurde aber für Einzel- und Dauerfeuer eingerichtet und hat ein anderes Magazin. Der Verschluß entriegelt, nachdem der Lauf etwa 3 mm zurückgeglitten ist.

Bei Einzelfeuer funktioniert die Waffe aufschießend, bei Dauerfeuer zuschießend. Die Schließfeder wirkt direkt auf den Verschluß. Sie befindet sich in einem röhrenförmigen Tunnel oben auf dem Gewehrkolben. Von ihrer Federkraft ist die Feuergeschwindigkeit abhängig. Diese wurde durch den Einbau verschieden starker Schließfedern mitunter variiert.

USA

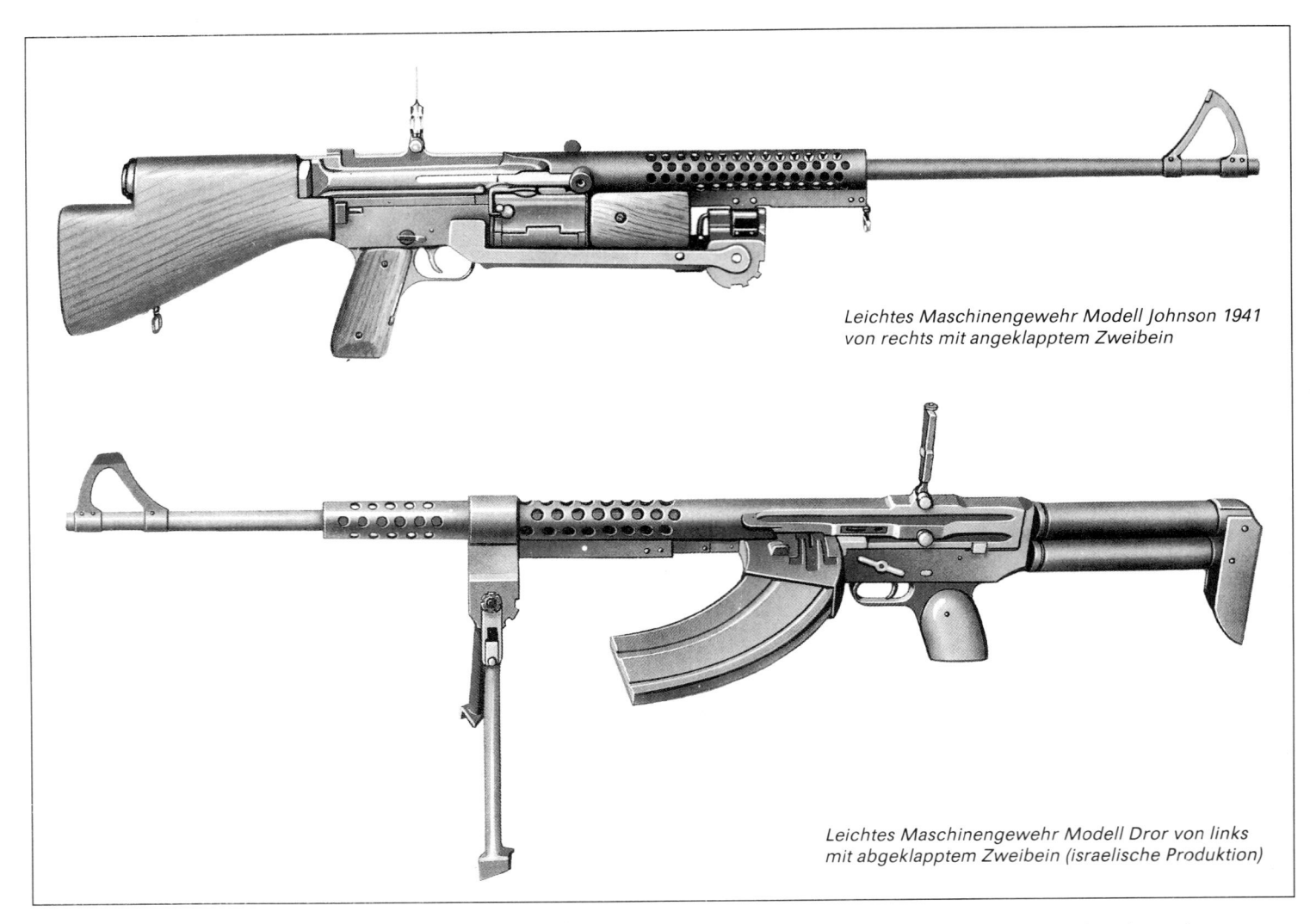

Leichtes Maschinengewehr Modell Johnson 1941 von rechts mit angeklapptem Zweibein

Leichtes Maschinengewehr Modell Dror von links mit abgeklapptem Zweibein (israelische Produktion)

Die Waffe verschießt Springfield-Patronen .30-06. Sie werden aus einem geraden, von links ansetzbaren Kurvenmagazin zugeführt. Seine Kapazität beträgt 20 Schuß. Dennoch verfügt der Schütze über einen ausreichenden Patronenvorrat, weil er das leergeschossene Magazin mit Hilfe eines speziellen Ladegeräts, in dem sich Reservemunition befindet, augenblicklich nachfüllen kann.

Das Maschinengewehr hat einen Gewehrkolben und einen Pistolengriff, beide aus Holz. Ein Teil des Laufes ist von einem perforierten Stahlmantel umgeben, der andere Teil ragt aus diesem heraus. Direkt vor dem kurzen hölzernen Handschutz, etwa in der Mitte des Laufmantels, befindet sich ein auffallend stabiles Zweibein, das nach hinten angeklappt werden kann.

Die verbesserte Version von 1944 hat keinen Holzkolben, sondern eine metallene, aus zwei massiven Stahlrohren bestehende Schulterstütze mit Ansatzstück für die Schulter des Schützen. Die Masse dieser Waffe beträgt ohne Magazin 6,7 kg. Die theoretische Feuergeschwindigkeit, mit 450 S/min bis 700 S/min angegeben, ist regulierbar.

Daten: Leichtes Maschinengewehr Modell Johnson 1941

Kaliber:	.30	Patrone:	.30-06 (7,62 × 63)
v_0:	855 m/s	Lauflänge:	558 mm
Länge Waffe:	1066 mm	Züge/Richtung:	4/r
Feuergeschwindigkeit:	400 S/min	Visierschußweite:	m
		Einsatzschußweite:	800 m
Munitionszuführung:	Kurvenmagazin mit 20 Schuß		
Masse ohne Magazin:	5,90 kg		

Reaktive Panzerbüchsen Modell Bazooka 2.36 (≈60 mm): M1, M1 A1 und M9

Die in der Fachliteratur nicht selten geäußerte Behauptung, die US-amerikanischen Streitkräfte hätten sich mit dem Problem Panzerbüchse nicht früher beschäftigt als ab 1942, ist nicht exakt. In jenem Jahr erteilte man zwar erst den Auftrag zur Produktion einer reaktiven Panzerbüchse, die gewissermaßen über Nacht vom Prototyp zum Serienmodell erklärt worden war; Infanteriewaffen für die Panzerabwehr aus Nahdistanz standen jedoch seit langem auf dem Entwicklungsprogramm. Allerdings hatte es nahezu zwei Jahrzehnte gedauert, bis man den Startschuß zur Serienproduktion geben konnte.

So waren weder die während der zwanziger Jahre bei der Firma Springfield Armory in Springfield, Massachusetts, begonnenen Projektstudien für Panzerbüchsen vorangetrieben noch die Konsequenzen bedacht worden, die eine 1940 erfolgte unüberlegte Übernahme von Hohlladungsgranaten aus Schweizer Erfinderbüros nach sich ziehen würden. Bezüglich des Springfield-Projekts muß man wissen, daß die Militärs eine gewehrähnliche Panzerbüchse von .60 Kaliber erbeten hatten; hinsichtlich der Schweizer Granate mit Hohlladungs-Gefechtskopf ist zu erläutern, daß die Verantwortlichen aus Begeisterung über deren Präsenz unverzüglich einen Auftrag zur Massenproduktion auslösten.

Im März 1939 stand die Munition für eine noch längst nicht fertige Panzerbüchse aus Springfield zur Verfügung. Ende 1941 wußte man nicht, aus welcher Waffe die schon in stattlicher Anzahl im Arsenal liegenden Hohlladungsgranaten verschossen

USA

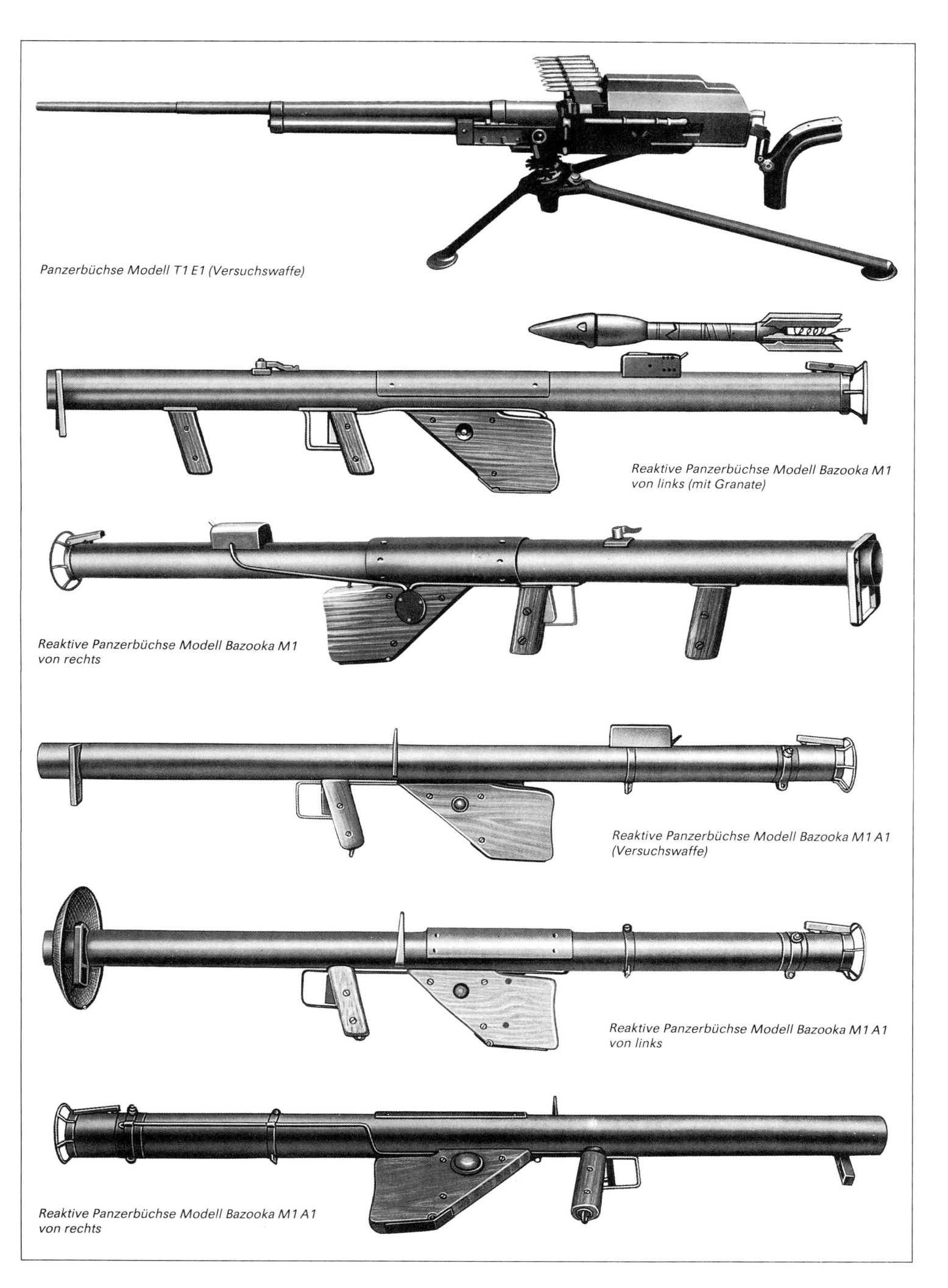

Panzerbüchse Modell T1 E1 (Versuchswaffe)

Reaktive Panzerbüchse Modell Bazooka M1 von links (mit Granate)

Reaktive Panzerbüchse Modell Bazooka M1 von rechts

Reaktive Panzerbüchse Modell Bazooka M1 A1 (Versuchswaffe)

Reaktive Panzerbüchse Modell Bazooka M1 A1 von links

Reaktive Panzerbüchse Modell Bazooka M1 A1 von rechts

USA

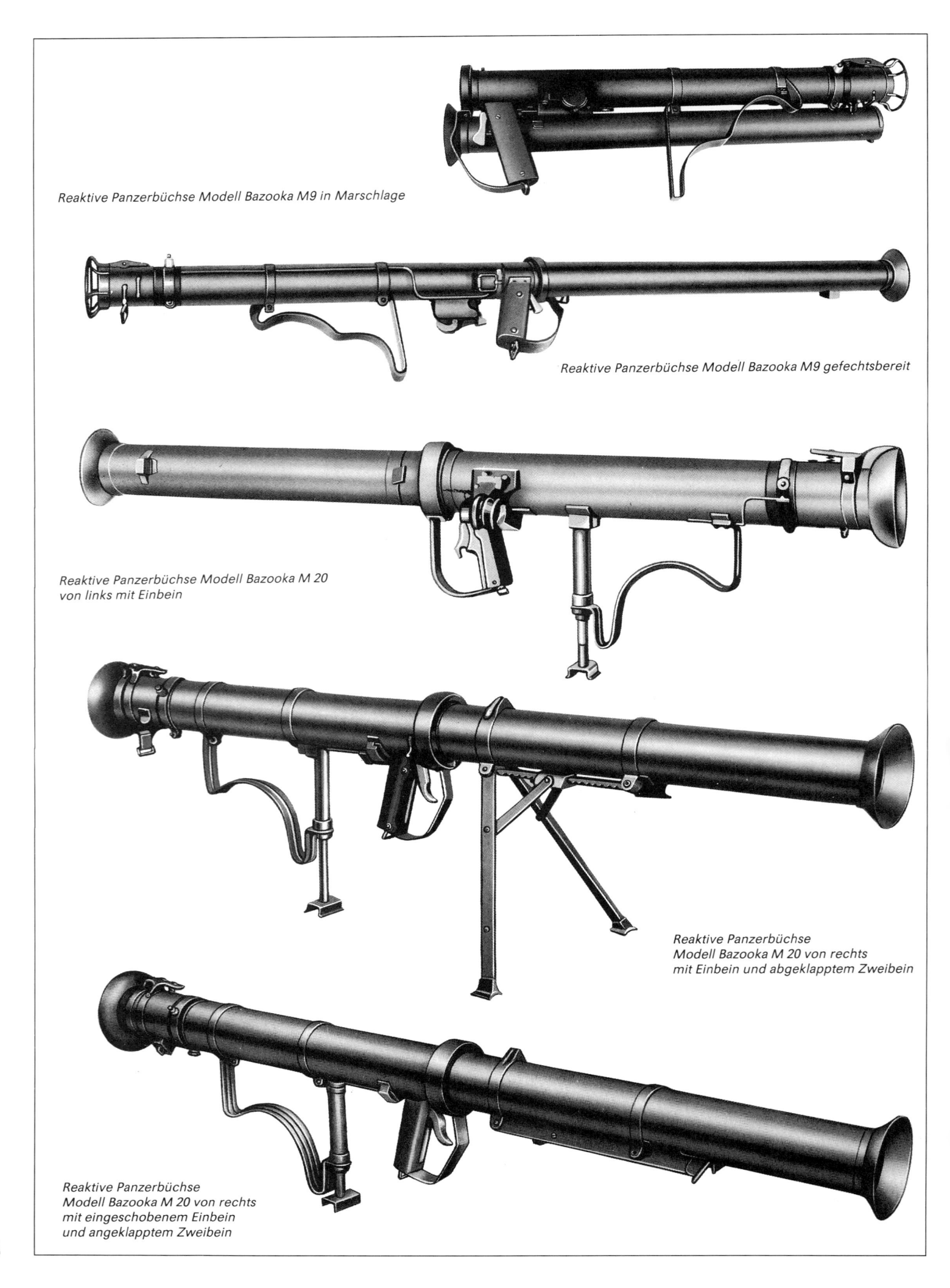

Reaktive Panzerbüchse Modell Bazooka M9 in Marschlage

Reaktive Panzerbüchse Modell Bazooka M9 gefechtsbereit

Reaktive Panzerbüchse Modell Bazooka M 20 von links mit Einbein

Reaktive Panzerbüchse Modell Bazooka M 20 von rechts mit Einbein und abgeklapptem Zweibein

Reaktive Panzerbüchse Modell Bazooka M 20 von rechts mit eingeschobenem Einbein und angeklapptem Zweibein

werden sollten. Daß man dann schließlich doch noch eine sehr akzeptable Lösung fand, ist angesichts der geschilderten Umstände erstaunlich.

Die erstmals am 30. Oktober 1942 erprobte Testpanzerbüchse aus Springfield – das war ein Modell T1 E1 genannter, nach dem Gasdrucksystem funktionierender Selbstlader mit Hotchkiss-Ladestreifen von 5 bzw. 8 Schuß Kapazität – wurde im Juni 1944 endgültig abgelehnt. Für die so überstürzt produzierten Granaten hatte sich – mehr oder weniger durch Glück oder Zufall – damals schon längst eine Waffe gefunden. Sie gilt heute als die erste truppendiensttaugliche Panzerbüchse mit reaktivem Prinzip.

Ihr Konstrukteur war der Armeeoffizier Skinner, ein seit Jahren mit Granatwerfern und Raketen experimentierender Waffenfachmann. Kurzerhand hatte er einen von ihm entwickelten Granatwerfer umkonstruiert und zum Verschießen der bis dahin ungenutzten Hohlladungsmunition präpariert.

Als Skinner seine nicht avisierte Waffe bei Versuchen mit neuentwickelten Panzerabwehrmitteln außerhalb des Testprogramms vorführen durfte, konnte er die Konkurrenz deklassieren. Die Demonstration war so überzeugend – alle verfeuerten Granaten trafen auf Anhieb mit großer Vernichtungswirkung ins Ziel –, daß die Militärs die Panzerbüchse sofort akzeptierten. Schon einen Monat später standen 5 000 Stück zur Verfügung.

Das waren Waffen der Erstversion Modell Rocket Launcher M1. Panzerbüchsen der Zweit- und der Drittversion bezeichnete man als Modelle Rocket Launcher M1 A1 bzw. M9. Außerdem gab es eine vierte, Modell Rocket Launcher M 20 genannte Version mit mehreren Modifikationen, allerdings erst nach 1945. Sämtliche Versionen hießen bei der Truppe Bazooka. Da sie allerorts unter diesem Namen bekannt sind, werden sie hier ebenso genannt. Sie wurden in mehrfacher Ausführung von unterschiedlicher Modifikation hergestellt, Waffen vor Kriegsende mit dem Kaliber 2.36 ($\approx$60 mm), die Varianten der Nachkriegsversion mit dem Kaliber 3.50 (88,9 mm).

Reaktive Panzerbüchsen des Typs Bazooka sind mehrmals verwendbare Waffen mit einem vorn und hinten offenen Abschußrohr. Sie verschießen flügelstabilisierte Granaten mit Hohlladungs-Gefechtskopf oder Nebelladung mit Brandwirkung. Die Munition wird entweder über Batterie oder Generator gezündet.

Je nach Version hat die Waffe ein ein- oder zweiteiliges Rohr. An der Mündung des einteiligen Rohres kann der Schütze eine Vorrichtung befestigen. Sie fängt die entweichenden Gase der Treibladung ab. An der Mündung des zweiteiligen Rohres befindet sich meist serienmäßig ein festinstallierter Trichter von gleicher Funktion. Abhängig von ihrer Ausführung ist die Panzerbüchse mit mechanischem oder optischem Visier, einer Schulterstütze aus Holz oder einem als Schulterstütze geformten Bügel aus Stahlblech ausgerüstet. Handhabe und Abzugseinrichtung einiger Versionen unterscheiden sich ebenfalls voneinander.

Zur Bedienung werden zwei Mann benötigt: der Schütze, der zielt und schießt, sowie sein für das Bereitstellen der Munition und das Laden verantwortlicher Gehilfe. Hat er die Zündleitung

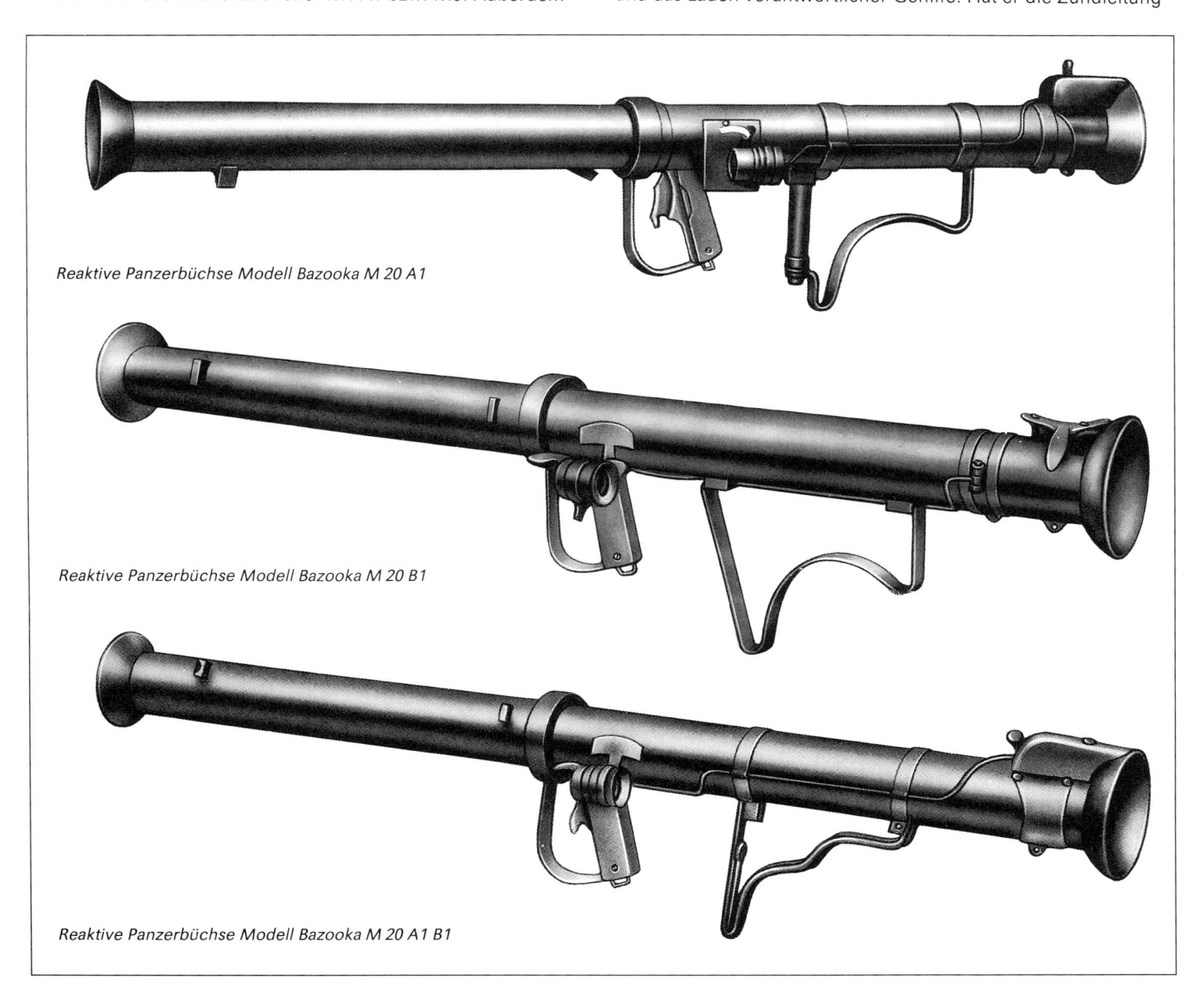

Reaktive Panzerbüchse Modell Bazooka M 20 A1

Reaktive Panzerbüchse Modell Bazooka M 20 B1

Reaktive Panzerbüchse Modell Bazooka M 20 A1 B1

USA

gelöst – sie ist an dem Kontaktstift oben am Rohr befestigt –, kann er die Granate von hinten einführen. Dabei muß er eine ebenfalls oben am Rohr installierte, federnd gelagerte Arretierung so lange nach unten drücken, bis sich die Munition vor der Arretierung befindet. Diese hält die Granate nicht nur sicher im Rohr, sondern stellt bei wieder befestigter Zündleitung auch den Massekontakt von der Munition zum Abschußrohr her. Sobald der Schütze den Abzug der feuerbereiten Waffe betätigt, wird die Treibladung gezündet.

Das Bazooka-Modell M1 mit einteiligem Abschußrohr hat eine batteriegespeiste Stromversorgung. Die Batterien – zwei in Betrieb, zwei in Reserve – sind im Hohlraum der hölzernen Schulterstütze untergebracht und nach Öffnen einer Klappe von unten erreichbar. Eine Kontrollampe an der linken Seite der Schulterstütze signalisiert den feuerbereiten Zustand. Er ist hergestellt, sobald der Schütze den Ein- und Ausschalter oben auf dem Rohr entsprechend betätigt hat. Hinter dem Abzug befindet sich ein hölzerner Pistolengriff, vorn unter dem Rohr ein zusätzlicher Haltegriff für die linke Hand. Die mechanische Visiereinrichtung ist zweiteilig, das Korn auffallend groß.

Bei einer später gefertigten, modifizierten Ausführung der Erstversion wurde die Zielvorrichtung verändert. Diese Waffe, ebenfalls Bazooka M1 genannt und mit einteiligem Abschußrohr ausgerüstet, hat ein sehr schmales Korn mit Einteilungen für 100 yd., 200 yd. und 300 yd. (91,44 m, 182,88 m und 274,32 m) Distanz. Der vordere Teil der Visiereinrichtung befindet sich an der linken Seite der Rohrmündung. Auf den Ein- und Ausschalter konnte man verzichten. Hat der Schütze die Batterien eingesetzt und die Klappe der Schulterstütze geschlossen, ist die Waffe sofort feuerbereit.

Das ab 1943 produzierte Bazooka-Modell M1 A1 mit einteiligem Rohr, ohne Ein- und Ausschalter sowie ohne vorderen Haltegriff, hat ein kleineres, weiter nach hinten versetztes Korn, aber mit derselben Distanzeinteilung wie die vorher gefertigte Waffe. Um sich der Gefahr entweichender Treibladungsgase nicht aussetzen zu müssen, kann der Schütze an der Mündung ein mit dichtem Drahtgeflecht bespanntes Gestell von mehr als doppeltem Rohrdurchmesser befestigen. Das runde Gestell wird von einer Klemmvorrichtung gehalten und ist leicht abnehmbar. Es soll sich jedoch nicht bewährt haben, wurde daher nur selten benutzt und später durch einen festinstallierten Mündungstrichter ersetzt.

Ab 1944 erhielt die Truppe das entscheidend verbesserte Bazooka-Modell M9 mit einem aus Leichtmetall hergestellten Abschußrohr, das zweiteilig ist. Der Schütze transportiert die Waffe auseinandergenommen und montiert sie erst unmittelbar vor dem Gefecht. Die Panzerbüchse ist mit elektromagnetischem Generator, optischem Visier, einer Schulterstütze aus Stahlblech und dem schon erwähnten Mündungstrichter ausgerüstet. Der Abzug befindet sich tief im Pistolengriff und hat einen starken Bügel, an dem die linke Hand Halt findet.

Die Nachkriegsversion Modell M 20 sowie ihre Modifikationen M 20 A1, M 20 B1 und M 20 A1 B1 wurden mit größerem Kaliber geliefert. Aus solchen Panzerbüchsen verfeuerte Granaten haben eine zwei- bis dreifach größere Durchschlagsleistung. Bezüglich des Aussehens besteht zu den Waffen aus Kriegsproduktion jedoch kaum ein Unterschied. Handhabe, Mündungstrichter und Metallschulterstütze sind lediglich etwas anders geformt, optisches Visier und Abschußrohr aber erheblich verbessert worden. Das Rohr von Panzerbüchsen M 20 und M 20 A1 wurde aus spezialbehandeltem Aluminiumblech, das Rohr der anderen Modifikationen aus Aluminiumguß hergestellt. Waffen M 20 A1 und M 20 A1 B1 haben außer der federnd gelagerten Arretierung einen als zusätzliche Sicherung funktionierenden Schalter. Er ist auf die Positionen Laden oder Feuern einstellbar.

Bazooka-Büchsen sind nach dem zweiten Weltkrieg in großer Menge hergestellt und in zahlreiche Länder Europas und Übersees exportiert worden. Sie gehörten in fast allen Staaten des NATO-Pakts zur strukturmäßigen Bewaffnung der Streitkräfte. In den USA wurden sie bis etwa Mitte der siebziger Jahre durch reaktive Panzerbüchsen Modell LAW 72 (s. »Schützenwaffen heute«) abgelöst. In anderen NATO-Staaten zählten sie bis Ende der siebziger, in zahlreichen weiteren Ländern noch Ende der achtziger Jahre zum Bestand. Solche Waffen sind bei zahlreichen Kampfhandlungen benutzt worden.

Daten: Reaktive Panzerbüchse Modell Bazooka M1

Kaliber Abschußrohr:	60 mm	Länge Abschußrohr:	mm
Kaliber Granate:	60 mm	Länge Granate:	549 mm
v_0:	105 m/s	Visierschußweite:	m
Länge startbereite		Einsatzschußweite:	200 m[1]
Waffe:	1 390 mm	Durchschlagsleistung:	100 mm[2]
Feuergeschwindigkeit:	S/min		
Masse:	5,80 kg		
Masse der Granate:	2,80 kg		
Masse des Geschosses:	1,54 kg		

[1] Auch mit 300 m angegeben.
[2] Auch mit 80 mm bis 105 mm angegeben.

Daten: Reaktive Panzerbüchse Modell Bazooka M9

Kaliber Abschußrohr:	60 mm	Länge Abschußrohr:	mm
Kaliber Granate:	60 mm	Länge Granate:	549 mm
v_0:	105 m/s	Visierschußweite:	≈ 274 m[1]
Länge startbereite		Einsatzschußweite:	200 m[2]
Waffe:	1 549 mm	Durchschlagsleistung:	100 mm[3]
Feuergeschwindigkeit:	S/min		
Masse:	6,50 kg		
Masse der Granate:	2,80 kg		
Masse des Geschosses:	1,54 kg		

[1] Entspricht 300 yd.
[2] Auch mit 300 m angegeben.
[3] Auch mit 80 mm bis 105 mm angegeben.

HINWEISE

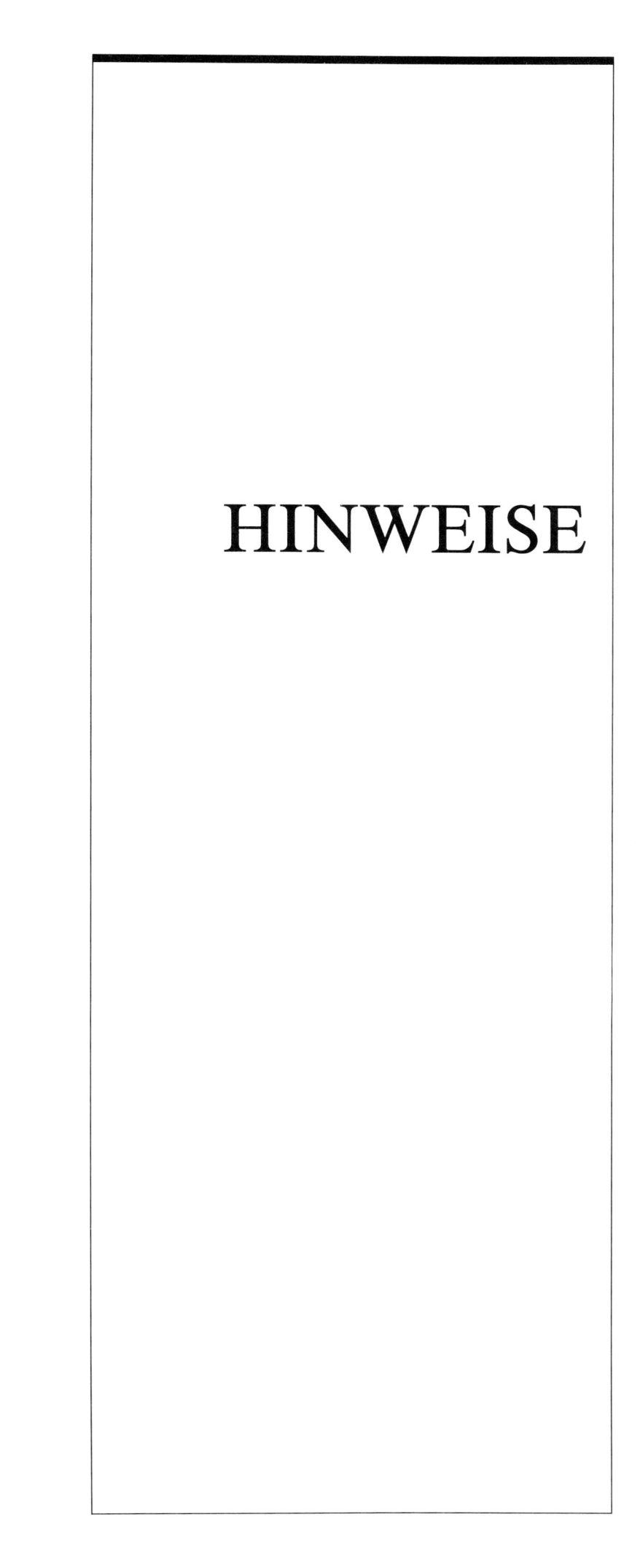

Umrechnungsfaktoren und Berechnungen

Hinweise für die Umrechnung von in Zoll und anderen englischen Maßeinheiten angegebenen Werten in das metrische System und umgekehrt sowie für die Berechnung wichtiger Leistungsparameter von Waffen und Munition:

Die Kaliberbezeichnungen von Waffen und Munition erfolgen in den USA in $1/100$ Zoll, in Großbritannien in $1/1000$ Zoll. Häufig sind diese Kaliberangaben nur annähernde Werte. Die gebräuchlichsten Kaliber von Waffen und Munition nach Zoll entsprechen den Kalibern in Millimetern wie folgt:

amerikanische bzw. englische Bezeichnung	metrische Bezeichnung
.22	5,6 mm
.223	5,56 mm
.25	6,35 mm bis 6,6 mm
.30	7,62 mm bis 7,65 mm
.303	7,7 mm
.32	7,65 mm bis 8,1 mm
.35	9 mm
.38	9 mm bis 9,6 mm
.44	10,6 mm bis 11,2 mm
.45	11,43 mm
.50	12,5 mm bis 12,9 mm

Für die Umrechnung englischer Maßeinheiten in metrische bzw. veraltete Einheiten und umgekehrt gelten folgende Umrechnungsfaktoren:

Längenmaße

	mm	cm	m	in.	ft.	yd.
Millimeter 1 mm millimetre	1	0,1	0,001	0,039 37	0,003 3	0,001 1
Zentimeter 1 cm centimetre	10	1	0,01	0,393 7	0,032 8	0,010 9
Meter 1 m metre	1000	100	1	39,37	3,280 8	1,093 6
Zoll 1 in. inch	25,4	2,54	0,025 4	1	0,083 33	0,027 77
Fuß 1 ft. foot	304,8	30,48	0,304 8	12	1	0,333 3
Elle 1 yd. yard	914,4	91,44	0,914 4	36	3	1

Flächenmaße

	cm²	m²	sq. in.	sq. ft.	sq. yd.
Quadratzentimeter 1 cm²	1	0,000 1	0,155	0,001 076 3	0,000 119 6
Quadratmeter 1 m²	10 000	1	1550	10,764	1,195 990 1
Quadratzoll 1 sq. in. square inch	6,451 6	0,000 645 16	1	0,006 944 4	0,000 771 6
Quadratfuß 1 sq. ft. square foot	929,03	0,092 903	144	1	0,111 111 1
Quadratelle 1 sq. yd. square yard	8 361,27	0,836 127	1296	9	1

Raummaße

	cm³	m³	cu. in.	cu. ft.	cu. yd.
Kubikzentimeter 1 cm³	1	0,000 001	0,061 023 9	0,000 035 3	0,000 001 3
Kubikmeter 1 m³	1 000 000	1	61 023,982	35,314 724	1,307 950 7
Kubikzoll 1 cu. in. cubic inch	16,387	0,000 016 4	1	0,000 578 7	0,000 021 4
Kubikfuß 1 cu. ft. cubic foot	28 316,846	0,028 316 8	1728	1	0,037 037
Kubikelle 1 cu. yd. cubic yard	764 554,85	0,764 555	46 656	27	1

Massen

	g	kg	gr.	oz.	lb.
Gramm 1 g	1	0,001	15,432 098	0,035 273 4	0,002 2
Kilogramm 1 kg	1000	1	15 432,098	35,273 4	2,204 634
Gran 1 gr. grain	0,064 8	0,000 065	1	0,002 3	0,000 142 8
Unze 1 oz. ounce	28,35	0,028 35	437,5	1	0,062 5
Pfund 1 lb. pound	453,59	0,453 59	7 000	16	1

Geschwindigkeit

	m/s	ft./s
Meter je Sekunde 1 m/s metre per sec.	1	3,280 8
Fuß je Sekunde 1 ft./s foot per sec.	0,304 8	1

Kraft

	N	kp
Newton 1 N	1	0,101 971 6
Kilopond 1 kp	9,806 65	1

Energie

	J	kpm	cal	ft. pd.
Joule 1 J	1	0,101 971 6	0,238 845 8	0,737 571 9
Kilopondmeter 1 kpm	9,806 65	1	2,342 3	7,233 273
Kalorie 1 cal	4,186 8	0,426 93	1	3,088 101 2
Fußpfund 1 ft. pd. foot-pound	1,355 8	0,138 25	0,323 823 5	1

Druck

	Pa	bar	kp/cm² = at	lb./sq. in.
Pascal 1 Pa	1	0,00001	0,00001	0,000 145
Bar 1 bar	100 000	1	1,019 716 2	14,503 6
Kilopond je Quadratzentimeter 1 kp/cm² = 1 at techn. Atmosphäre	98 066,5	0,980 665	1	14,223 172
Pfund je Quadratzoll 1 lb/sq. in. pound per square inch	6 894,8	0,068 95	0,070 31	1

An Hand dieser Tabellen kann man mit Hilfe eines Taschenrechners Werte unkompliziert umrechnen.

Beispiele:

1. Die Länge einer Waffe wird in einer englischen Quelle mit 3 Fuß 2 Zoll angegeben. Wieviel ist das in Millimeter? In der Tabelle **Längenmaße** sind für Fuß 304,8 mm und für Zoll 25,4 mm angegeben:

   $304,8 \times 3 = 914,4$
   $25,4 \times 2 = \underline{50,8}$
   $965,2$

   Die Länge der Waffe beträgt 965,2 mm.

2. Die Masse der Pulverladung einer Patrone wird mit 1,65 g angegeben. Wieviel ist das in der englischen Maßeinheit grain? In der Tabelle **Massen** findet man unter der Angabe 1 Gramm den Wert von 15,432 098 grains:

   $1,65 \times 15,432\,098 = \underline{25,462\,961}$

   Aufgerundet hat die Pulverladung 25,463 gr.

3. Die Mündungsenergie eines Geschosses wird in einer Quelle mit 320 kpm angegeben. Wieviel ist das in der im Internationalen Einheitensystem festgelegten Einheit Joule? In der Tabelle **Energie** ist der Umrechnungsfaktor für 1 kpm mit 9,806 65 Joule angegeben:

   $320 \times 9,806\,65 = \underline{3\,138,128}$

   Die Mündungsenergie des Geschosses beträgt aufgerundet 3,140 J.

   Berechnung einiger Leistungsparameter:

Querschnittsbelastung

Die Querschnittsbelastung bezeichnet das Verhältnis der Masse eines Geschosses zu der Fläche seines Querschnitts. Sie drückt aus, wieviel Gramm je nach Geschoßmasse auf die Flächeneinheit von 1 cm² entfallen. Je größer die Querschnittsbelastung, desto leichter überwindet das Geschoß Widerstände wie den Luftwiderstand oder Widerstände im Ziel. Die Querschnittsbelastung eines Geschosses wird nach folgender Formel berechnet:

$$QB = \frac{m}{\pi \times r^2}$$

QB = Querschnittsbelastung in g/cm²
m = Masse des Geschosses in g
r = halber Durchmesser des Geschosses in cm
π = 3,1416

Beispiel:
Das Geschoß einer US-amerikanischen Infanteriepatrone .30-06 des Typs Springfield M2 hat einen Durchmesser von 0,785 cm und eine Masse von 9,7 g.

$0,785 : 2 = 0,392\,5$
$0,392\,5^2 = 0,154\,056\,2$
$0,154\,056\,2 \times 3,1416 = 0,483\,982\,9$
$9,7 : 0,483\,982\,9 = \underline{20,042\,03}$

Abgerundet hat das Geschoß einer Infanteriepatrone .30-06 eine Querschnittsbelastung von 20,04 g/cm².

Abzugswiderstand

Gewöhnlich wurde und wird bei einer Waffe vom Abzugswiderstand bzw. Abzugsgewicht gesprochen. Diese werden oft in Kilogramm (Masse) bzw. in Kilopond (Gewicht) angegeben, wobei man in diesem Fall Kilogramm mit Kilopond gleichsetzt. Da Angaben solcher Art jedermann vertraut sind, wurden sie in diesem Buch beibehalten, wurden die Werte nicht auf die seit einigen Jahren dafür gültige Maßeinheit umgerechnet. Exakt wäre es jedoch, von der Abzugskraft zu sprechen. Damit ist die Kraft gemeint, die aufgewendet werden muß, um den Widerstand des Abzugs zu überwinden. Nach dem Internationalen Einheitensystem wird Kraft in der Einheit Newton angegeben. Die Umrechnung des Abzugsgewichts von Kilopond in die Abzugskraft Newton erfolgt nach folgender Formel:

1 Kilopond = 9,806 65 Newton

Beispiel:
Das Abzugsgewicht einer Waffe wird mit 2 Kilopond angegeben:

$2 \times 9,806\,65 = 19,613\,3$ Newton

Die Abzugskraft, die beim Betätigen des Abzugs dieser Waffe aufgewendet werden muß, beträgt aufgerundet 20 N.

Umdrehungsgeschwindigkeit

Während der Bewegung im gezogenen Lauf erhält das Geschoß auf Grund der schraubenförmig gewundenen Züge und Felder seinen Drall, eine Drehbewegung um die Längsachse, und rotiert dann im Fluge außerhalb des Laufes. Je höher die Mündungsgeschwindigkeit und je kürzer der Drall, desto größer die Umdrehungsgeschwindigkeit. Die Umdrehungsgeschwindigkeit gibt an, wie oft sich das Geschoß in einer Sekunde um seine Längsachse dreht. Man kann die Umdrehungsgeschwindigkeit des Geschosses beim Austritt aus der Mündung der Waffe nach folgender Formel berechnen:

$$UG = \frac{v_0}{Dl}$$

UG = Umdrehungsgeschwindigkeit in Umdrehungen je Sekunde U/s
v_0 = Mündungsgeschwindigkeit in m/s
Dl = Drallänge in m

Beispiel:
Die v_0 der Mauser-Pistolenpatrone 7,63 × 25 beträgt, aus der deutschen Selbstladepistole Modell Mauser 1920 verschossen, 400 m/s. Die Pistole hat eine Drallänge von 240 mm.

$400 : 0,240 = \underline{1\,666,66}$

Die Umdrehungsgeschwindigkeit des Geschosses dieser Patrone beträgt aufgerundet 1 667 U/s.

Geschoßenergie

Die Geschoßenergie ist das dem Geschoß innewohnende Arbeitsvermögen beim Auftreffen auf ein Ziel. Sie ergibt sich aus der Geschoßgeschwindigkeit und der Geschoßmasse und errechnet sich für den Augenblick des Austritts aus der Laufmündung nach folgender Formel:

$$E_0 = \frac{m}{2} \times v_0^2$$

E_0 = Mündungsenergie in J
m = Masse des Geschosses in kg
v_0 = Mündungsgeschwindigkeit in m/s

Beispiel:
Die französische Infanteriepatrone 7,5 mm M 1929 C (7,5 × 54) hat ein Geschoß mit einer Masse von 9 g und eine v_0 von etwa 820 m/s.

$0,009 : 2 = 0,004\,5$
$820^2 = 672\,400$
$0,004\,5 \times 672\,400 = \underline{3\,025,8}$

Das Geschoß dieser Patrone hat aufgerundet eine Mündungsenergie von 3 026 J.

Hinweise

REGISTER

Register

Sämtliche Register sind nach einem Prinzip aufgebaut, das dem Leser einen schnellen und vollständigen Überblick darüber ermöglicht, auf welchen Seiten er über Infanteriewaffen, Patronen und Personen informiert wird. Die Zahlen der Seiten, auf denen die ausführliche Information bzw. der Haupttext zur jeweiligen Waffe oder Patrone steht, sind durch einen stärkeren Schriftgrad hervorgehoben. Auf den anderen Seiten (Zahlen mit gewöhnlichem Schriftgrad) wird über weitere wissenswerte Fakten informiert, die mit den dort veröffentlichten Details über eine andere Waffe, Patrone oder Person in einem wichtigen Zusammenhang stehen. Zum Teil aber ist die entsprechende Waffe, Patrone oder Person auf den nicht hervorgehobenen Seiten lediglich erwähnt.

An Hand der manchen Seitenzahlen nachgeordneten Buchstaben kann der Leser feststellen, wo er über eine Waffe oder Patrone taktisch-technische Daten und Illustrationen findet. Die Buchstaben bedeuten:
D = taktisch-technische **D**aten,
B = **B**ild (technische Grafik oder Aktionsfoto, wobei auf Aktionsfotos abgebildete Waffen zum Teil verdeckt sein können),
S = **S**chnitt (Röntgenschnitt),
E = **E**xplosionszeichnung.
Weitere Abkürzungen sind:
mod. = modifiziert,
s. = siehe,
(s. Waffen »heute«) = siehe »Schützenwaffen heute« bzw. »Infanteriewaffen heute«, einheitlich abgekürzt: Waffen »heute«. Beide Werke sind völlig identisch.

Infanteriewaffen

Entsprechend der Systematik des Buches wurden seine Waffenregister nach den Waffenarten Revolver, Pistolen (Selbstladepistolen und andere), Maschinenpistolen, Gewehre (auch Karabiner), Maschinengewehre und Panzerbüchsen (unterteilt nach herkömmlichen und reaktiven Panzerbüchsen) geordnet.

Die Register enthalten die Bezeichnungen sämtlicher im Buch beschriebener bzw. erwähnter Infanteriewaffen, sofern diese nach dem ersten Weltkrieg entwickelt oder aber — falls es sich um Modelle älteren Datums handelt — in dem jeweiligen Land nach 1918 erstmalig produziert wurden. Im Ausnahmefall sind darüber hinaus einige wichtige Waffen aus der Zeit vor Ende des ersten Weltkriegs aufgeführt: zum Beispiel bei Pistolen das Modell Colt Government M 1911 aus den USA, bei Maschinenpistolen die Bergmann-MPi 18/1 aus Deutschland und die Villar-Perosa-MPi aus Italien, bei Gewehren das Modell Arisaka Meiji 38 aus Japan, bei Maschinengewehren das leichte Chauchat-MG 1915 aus Frankreich. Diese und andere vor 1918 entstandenen und hier im Ausnahmefall aufgeführten Kampfmittel waren für die weitere Entwicklung von Waffen sehr bedeutend — teils im jeweiligen Land, teils auch international.

In den Registern wurden auch die Bezeichnungen von exportierten Waffen vermerkt, die man im Importland anders genannt hat als im Herstellerland. Für bei Kampfhandlungen erbeutete oder unter Kontrolle durch eine fremde Macht in einem besetzten Land produzierte Waffen gilt das ebenfalls. Oftmals sind dabei die Originalbezeichnung und das Herstellerland in Klammern hinzugefügt. Nach dieser Methode wurde auch verfahren, wenn mehrere Hersteller in demselben Land das gleiche Modell produzierten, es aber abweichend von der Originalbezeichnung benannten.

Modelle von vor 1918 stehen, wie schon erwähnt, nur im Ausnahmefall in den Registern, solche von nach 1945 hingegen immer. Sofern diese im Buch »Schützenwaffen heute« bzw. »Infanteriewaffen heute« ausführlich beschrieben wurden, erhielten sie den Zusatz »(s. Waffen ›heute‹)«.

Außerdem sind in den Registern sämtliche im Buch erwähnten Prototypen, Test- und Versuchswaffen aufgeführt, des weiteren die auf der Grundlage von Infanteriewaffen modifizierten Versionen, die als Bordwaffen in Panzern und gepanzerten Fahrzeugen sowie in Flugzeugen eingebaut werden konnten. Das gilt auch im umgekehrten Fall, wenn eine speziell für den Einbau in Flugzeugen oder Panzern entwickelte Waffe zu einem Kampfmittel für Infanteristen modifiziert wurde. All diese Waffen erhielten einen entsprechenden Zusatz. Zum Teil sind auch für den Export und für sportliche Zwecke produzierte Versionen besonders gekennzeichnet. Wie Zusatz und Kennzeichnung erfolgten, wird in diesem Vorspann noch an Beispielen erläutert.

Der Leser kann sich an den Hinweisen in den Registern schnell und unkompliziert orientieren. Er findet die gesuchte, nach ihrer Art eingeordnete Waffe in der jeweiligen Registergruppe sowohl unter ihrem Eigennamen als auch unter ihrem Kaliber, wobei nach metrischem und Zollkaliber unterteilt wurde. Das Register nach Eigennamen ist alphabetisch geordnet; dabei rangiert Zahl vor Buchstabe und kleines vor größerem Kaliber. Das Register nach metrischem bzw. Zollkaliber ist nach Kalibergröße und zusätzlich alphabetisch geordnet, wobei ebenfalls Zahl vor Buchstabe rangiert. Die teils in Klammern, teils ohne Klammern stehenden Zusatzvermerke wurden weitgehend in dieses Ordnungsprinzip einbezogen.

Des besseren Überblicks wegen sind dabei jedoch abweichend von der Regel Zahl vor Buchstabe bzw. A vor B in einigen, wenigen Fällen Ausnahmen gemacht worden. Das gilt insbesondere bezüglich der Registerhinweise auf ganze Baureihen von Revolvern und Pistolen sowie Waffensysteme von Maschinenpistolen, Mehrladern, Maschinengewehren und Panzerbüchsen. Solche Hinweise wurden zumeist der Aufzählung der zum jeweiligen Komplex gehörenden Einzelwaffen vorangestellt. Beispiel: Der Registerhinweis auf das Waffensystem von Sten-Maschinenpistolen aus Großbritannien erfolgt des besseren Überblicks wegen also vor den einzelnen Waffen dieses Systems.

Jede Infanteriewaffe ist in den Registern ebenso bezeichnet wie im Hauptteil, allerdings bei Verzicht auf das an dieser Stelle überflüssige Wort »Modell«. Die sowohl in den einleitenden Beiträgen als auch im Patronen- und Hauptteil mitunter verwendete synonyme Bezeichnung von Waffen, beispielsweise in Kurzform, wurde in den Registern nicht gesondert aufgeführt. Beispiel: Man findet die im Text zuweilen Schpagin-MPi genannte sowjetische Waffe in den Registern stets unter ihrer vollständigen Bezeichnung »MPi Schpagin PPSch 1941«.

Ein Vermerk der entsprechenden Seitenzahl in den Registern erfolgte auch, wenn in einem Text auf eine Waffe Bezug genommen wird, sie an dieser Stelle aber nicht direkt namentlich genannt wird. In solchem Fall findet der Leser beim Nachschlagen zwar nicht ihren Namen, erkennt jedoch aus dem Zusammenhang, welche Waffe gemeint ist. Auf diese Weise geht ihm keine Information verloren.

Um exakt zu informieren, erhielten zahlreiche in den Registern aufgeführten Modelle Zusatzvermerke, die auf wichtige Fakten hinweisen: zum Beispiel auf den jeweiligen Grundtyp, eine Weiterentwicklung oder spezielle Variante; daß es sich um eine modifizierte, modernisierte oder reparierte Waffe handelt; auf besondere technische Ausstattung des entsprechenden Modells; auf das Jahr seiner Entwicklung; auf Hersteller- und Nutzerland usw. Derartige Zusatzvermerke wurden zum Teil in Klammern gesetzt.

Die Tatsache, daß die deutschen Streitkräfte und andere bewaffnete Formationen Deutschlands Infanteriewaffen aus zahlreichen Ländern in ihren strukturmäßigen Bestand einreihten, ist hier wie folgt berücksichtigt worden. Beispiel: Das Mehrladegewehr Modell 1935 aus Ungarn wurde bei der deutschen Wehrmacht in modifizierter Ausführung als Modell 98/40 geführt. Dieses Modell ist dem Register nach Eigennamen als »98/40 (mod. 1935) 7,92 mm Mehrladegewehr Deutschland (Ungarn)« und dem Register nach metrischem Kaliber als »7,92 mm 98/40 (mod. 1935) Mehrladegewehr Deutschland (Ungarn)« zugeordnet.

Auf der Grundlage von Infanteriewaffen modifizierte Kampfmittel zum Einbau in Panzern oder Flugzeugen sind ebenfalls eindeutig gekennzeichnet. Beispiel: Das US-amerikanische Panzer-MG Modell Browning M 1919 A1, eine Version des schweren Browning-MG Modell M 1917, steht in den Registern unter »Browning M 1919 A1 .30 Panzer-Maschinengewehr (mod. sMG Browning M 1917) USA« bzw. ».30 Browning M 1919 A1

Panzer-Maschinengewehr (mod. sMG Browning M 1917) USA«.

Auch andere wichtige Zusatzinformationen wurden einer Waffenbezeichnung mitunter nachgestellt, zum Beispiel, wenn es sich bei dem entsprechenden Modell um eine »(Standardversion)«, »(Fallschirmjäger-Version)« oder »(Exportversion)« bzw. um eine »Trainingswaffe«, »Versuchswaffe«, »Testwaffe« oder aber um einen »Prototyp« handelt.

Gehören zu einer »Baureihe« oder einem »Waffensystem« mehrere Revolver oder Pistolen bzw. Maschinenpistolen, Gewehre, Maschinengewehre oder Panzerbüchsen unterschiedlicher Kaliber, so ist das in den Registern entsprechend vermerkt. Beispiel: In Belgien wurden Mehrladegewehre und -karabiner des Mauser-Systems in mehreren Kalibern hergestellt. Im Register nach Eigennamen wird das nur einmal berücksichtigt, und zwar als »FN Mauser Waffensystem 6,5 mm, 7 mm, 7,65 mm, 7,92 mm Mehrladegewehre und Mehrladekarabiner Belgien«; im Register nach Kaliber entsprechend viermal, und zwar jeweils mit Hinweis auf die drei anderen Modifikationen, beispielsweise »6,5 mm FN Mauser Waffensystem (auch 7 mm, 7,65 mm und 7,92 mm) Mehrladegewehre und Mehrladekarabiner Belgien«. Bei Baureihen von Pistolen wurde auf gleiche Weise verfahren.

Hinsichtlich der Bezeichnungen »Tschechoslowakei« und »ČSFR« ist eine Erläuterung notwendig: Vor 1945 in diesem Land produzierte Waffen werden stets unter »Tschechoslowakei« geführt, Modelle nach 1945 hingegen immer unter »ČSFR«. Eine Unterscheidung nach ČSR, ČSSR und ČSFR – die Bezeichnung ČSSR (Tschechoslowakische Sozialistische Republik) führte dieser Staat ab 11. Juli 1960, die neue Bezeichnung ČSFR (Tschechische und Slowakische Föderative Republik) gab er sich am 20. April 1990 – wurde der Übersichtlichkeit wegen vermieden. In solchen Fällen empfiehlt sich das Nachschlagen im Buch »Schützenwaffen heute« bzw. »Infanteriewaffen heute«, sofern in den Registern der Zusatz »(s. Waffen ›heute‹)« vermerkt ist.

Bezüglich der Waffenregister gilt folgendes Prinzip: Ein der Waffenbezeichnung nachgestellter, durch stärkeren Schriftgrad hervorgehobener Hinweis auf Seitenzahlen bedeutet, daß der Leser dort die Hauptinformation über die entsprechende Waffe findet, zum Teil einschließlich taktisch-technischer Daten, technischer Grafik, Röntgenschnitt und Explosionszeichnung – verdeutlicht durch die Buchstaben »DBSE«.

Über sämtliche Waffen mit einem Seitenhinweis in stärkerem Schriftgrad gibt es einen Haupttext. Das sind zumeist Serienwaffen; mitunter aber auch Modelle, die Prototypen geblieben sind, wie das zum Beispiel beim leichten Maschinengewehr Besal aus Großbritannien der Fall war. Die wichtigsten Versionen einer Waffe bzw. eines Waffensystems oder einer Baureihe wurden ebenfalls mit Seitenhinweisen in stärkerem Schriftgrad gekennzeichnet, Test- und Versuchswaffen sowie Versionen von untergeordneter Bedeutung hingegen nicht. Diese haben Seitenhinweise in gewöhnlichem Schriftgrad.

Die Autoren nehmen an, daß sich der Leser in logischen Zusammenhängen informieren will. Daher sind ausgewählten Prototypen, Test- und Versuchswaffen sowie ausgewählten Modifikationen und Versionen von Serienmodellen stets alle Seitenzahlen nachgeordnet, auf denen die vollständige Information über den Gesamtkomplex steht. Das ist auch der Fall, wenn solche Waffen nicht schon am Anfang, sondern erst in der Mitte oder am Schluß eines Komplexes erwähnt werden.

Patronen

Diese Register enthalten die Bezeichnungen sämtlicher im Patronenteil beschriebener bzw. genannter Patronen. Die Patronenregister konzentrieren sich vor allem auf die 40 in Text, Bild und taktisch-technischen Daten vorgestellten Patronenarten für die militärische Verwendung. Sie berücksichtigen jedoch in diesem Zusammenhang erwähnte andere Patronentypen ebenfalls; nicht jedoch jene, die darüber hinaus im Waffenteil erwähnt werden.

Der Leser findet die gesuchte Patrone in den Registergruppen sowohl unter ihrem Eigennamen bzw. der Sachbezeichnung als auch unter ihrem Kaliber, wobei das Kaliberregister nach metrischem und Zollkaliber unterteilt ist. Außerdem gibt es ein Register nach Kaliber × Hülsenlänge. Jeder im zuletzt genannten Register aufgeführten Patrone wurde des besseren Überblicks wegen ihr Eigenname angefügt. Dieser steht dort in Klammern.

Das Register nach Eigennamen bzw. Sachbezeichnung ist alphabetisch geordnet; dabei rangiert Zahl vor Buchstabe und kleines vor größerem Kaliber. Für das Register Kaliber × Hülsenlänge war das Ordnungsprinzip der Kalibergröße und Länge der Hülse, für das Register nach Kaliber dessen Größe und zusätzlich das Alphabet maßgebend, wobei ebenfalls Zahl vor Buchstabe rangiert.

Damit die Information über jede Patrone unkompliziert auffindbar ist, wurden diese in den Registern zum Teil in mehreren Bezeichnungsvarianten erfaßt. Beispiel: Die US-amerikanische Patrone ».45 ACP«, im Register nach Zollkaliber an der ihrer Kalibergröße entsprechenden Stelle plaziert, wird im Register nach Eigennamen bzw. Sachbezeichnungen nochmals genannt, dort unter »ACP .45«. Die Bezeichnungen mancher Patronen lassen mehrfache Kombinationsmöglichkeiten zu. Beispiel: Die sowjetische Mosin-Patrone ist im Register nach metrischem Kaliber sowohl unter »7,62 mm M 1908/30 Mosin« als auch unter »7,62 mm Mosin M 1908/30« aufgeführt. Entsprechend wurde im Register nach Eigennamen bzw. Sachbezeichnungen verfahren. Dort findet man diese Patrone unter »M 1908/30 Mosin 7,62 mm« und unter »Mosin M 1908/30 7,62 mm«.

Hingewiesen werden muß darauf, daß die hier praktizierten Bezeichnungsvarianten in anderen Werken der Fachliteratur kaum üblich sind. In der Regel nennt man dort nur das Kaliber und den Eigennamen der Patronen, oftmals jedoch in nicht einheitlicher Weise. Daher haben sich die Autoren – gewissermaßen aus Gründen des Dienstes am Leser – für eine Methode entschieden, die auch dem Ungeübten schnelles und unverwechselbares Auffinden der gewünschten Patrone ermöglicht.

Personen

Das Personenregister enthält die Namen der in diesem Buch erwähnten Konstrukteure von Waffen oder Munition sowie die Namen weiterer in den einleitenden Beiträgen, im Patronen- und Waffenteil genannter Fachleute auf diesem Gebiet.

Infanteriewaffen nach Alphabet

Revolver

1882/29 7,5 mm Revolver Schweiz **386**DBS 387
Albion Mk.1* (Enfield Nr.2 Mk.1*) .380 Revolver Großbritannien 260–263
Albion Mk.1** (Enfield Nr.2 Mk.1**) .380 Revolver Großbritannien 260–263
Colt Baureihe Polizeirevolver .38 USA **528**DB
Colt Baureihen und Einzelmodelle verschiedener Typen .357, .38 Militär- und Polizeirevolver USA 528 (s. Waffen »heute«)
Colt Detective Special .38 Revolver USA **528**DB
Colt Official Police .38 Revoler USA **528**DB
Commando 9 mm Revolver Großbritannien **263–264**B 265 267 285 536
Enfield Nr.2 Mk.1 .380 Revolver Großbritannien 95 **260–263**DBSE 264 280 356
Enfield Nr.2 Mk.1* .380 Revolver Großbritannien **260–263**B
Enfield Nr.2 Mk.1** .380 Revolver Großbritannien **260–263**
Nagant 1930 7,62 mm Revolver Polen **362**B
New Nambu 60 .38 Revolver Japan 330 (s. Waffen »heute«)
Smith & Wesson Baureihen und Einzelmodelle verschiedener Typen .22, .357, 9 mm, .38, .41, .44, .45 Militär- und Polizeirevolver USA 532 (s. Waffen »heute«)
Smith & Wesson .38/44 Heavy Duty .38 Revolver USA **529**B 530
Smith & Wesson .38/44 Outdoorsman Sportwaffe .38 Revolver USA 529B
Smith & Wesson .38/200 British Service .38 Revolver USA 75 260 529 530 **531–532**DBS 533
Smith & Wesson M 11 .38 Revolver USA 532
Smith & Wesson M 20 (.38/200 British Service) .38 Revolver USA 529
Smith & Wesson M 27 .357 Revolver USA **530**BE (s. Waffen »heute«)
Smith & Wesson M 28 Highway Patrolman .357 Revolver USA 530 (s. Waffen »heute«)
Smith & Wesson M 1926 (3. Modell) .44 Revolver USA **529**B
Smith & Wesson M 1935 Magnum .357 Revolver USA **530**DB
Smith & Wesson Victory (Military & Police, .38/200 British Service) .38 Revolver USA **531–532**B
Webley Police & Military Mk.4 .22 Revolver Großbritannien 261
Webley Police & Military Mk.4 .32 Revolver Großbritannien 261
Webley Police & Military Mk.4 .380 Revolver Großbritannien **260**B 261 263D

Pistolen

10/22 (FN Browning 1922) 7,65 mm Selbstladepistole Frankreich (Belgien) 242
11 (Colt M 1911 A1) .45 Selbstladepistole Österreich (USA) 360
33 7,62 mm Selbstladepistole Polen 417 (s. Waffen »heute«)
38 (Walther P 38) 9 mm Selbstladepistole Österreich (Deutschland) 360
40 S (1940) 9 mm Selbstladepistole Dänemark (Schweden) 379
48 7,62 mm Selbstladepistole Ungarn 417 (s. Waffen »heute«)
48 7,65 mm Selbstladepistole Ungarn 117 (s. Waffen »heute«)
49 (SIG P 210) 7,65 mm Selbstladepistole Schweiz 245 388 (s. Waffen »heute«)
51 7,62 mm Selbstladepistole China 417 (s. Waffen »heute«)
57 7,62 mm Selbstladepistole Jugoslawien 417 (s. Waffen »heute«)
68 7,62 mm Selbstladepistole Korea 417 (s. Waffen »heute«)
70 (d) 9 mm Selbstladepistole Jugoslawien 417 (s. Waffen »heute«)
1910/21 9 mm Selbstladepistole Dänemark **101–102**DBS
1923 (mod. P 08) 7,65 mm Selbstladepistole Finnland 229
1923 (P 08) 9 mm Selbstladepistole Finnland (Deutschland) 229
1927 .45 Selbstladepistole Argentinien **84**DB
1928 (ČZ 1924) 9 mm Selbstladepistole Polen (Tschechoslowakei) 363
1930 (FN Browning 1935 High Power/Vorserienwaffe) 9 mm Selbstladepistole Polen (Belgien) 363
1931 Prototyp/Versuchswaffe (VIS 1935) 9 mm Selbstladepistole Polen 362
1937 7,65 mm Selbstladepistole Ungarn **522–524**DBE
1937 9 mm Selbstladepistole Ungarn **522–524**DBE
1937 Trainingswaffe/Sportwaffe 5,6 mm Selbstladepistole Ungarn 524
1937 C (Zivilversion) 7,65 mm Selbstladepistole Ungarn 524
1939 (Walther P 38) 9 mm Selbstladepistole Schweden (Deutschland) 126 378
1940 (Lahti VKT-L 1935) 9 mm Selbstladepistole Schweden (Finnland) 126 230 **378–379**DBS 383
1944 Versuchswaffe/Prototyp 9 mm Selbstladepistole Finnland 230B 231D
1950 9 mm Selbstladepistole Frankreich 243 245 (s. Waffen »heute«)
Ascaso (Astra 400) 9 mm Selbstladepistole Spanien 467
Astra 200 6,35 mm Selbstladepistole Spanien 467B 468
Astra 300 7,65 mm Selbstladepistole Spanien 467 468B 469D
Astra 300 9 mm Selbstladepistole Spanien 467 468B 469D
Astra 400 9 mm Selbstladepistole Spanien **467–469**DBS
Astra 600/43 9 mm Selbstladepistole Spanien **467–469**DB
Astra 900 7,63 mm Selbstladepistole Spanien 108 **470–472**DB
Astra 901 7,63 mm Schnellfeuerpistole Spanien 108 396 **470–472**B
Astra 902 7,63 mm Schnellfeuerpistole Spanien 108 396 **470–472**DB
Astra 902 9 mm Schnellfeuerpistole Spanien 471B
Astra 903 7,63 mm Schnellfeuerpistole Spanien 108 396 **470–472**B
Astra 903 9 mm Schnellfeuerpistole Spanien 471
Astra 903 F 7,63 mm Schnellfeuerpistole Spanien 108 396 470–472B
Astra 903 F 9 mm Schnellfeuerpistole Spanien 470–472B
Azul MM 31 7,63 mm Schnellfeuerpistole Spanien 472
Baby-Nambu 7 mm Selbstladepistole Japan 332DBE
Baby-Parabellum Testwaffe 7,65 mm Selbstladepistole Deutschland 111B 112
Baby-Parabellum Testwaffe 9 mm Selbstladepistole Deutschland 111B 112
Ballester Molina .45 Selbstladepistole Argentinien **84–85**DB
Beretta 92 F 9 mm Selbstladepistole Italien 532 (s. Waffen »heute«)
Beretta 418 6,35 mm Selbstladepistole Italien 306
Beretta 420 6,35 mm Selbstladepistole Italien 306
Beretta 421 6,35 mm Selbstladepistole Italien 306B
Beretta 951 9 mm Selbstladepistole Italien 307 308 (s. Waffen »heute«)
Beretta 1915/19 (1922) 7,65 mm Selbstladepistole Italien 306 307BS 310D
Beretta 1919 (Brevetto) 6,35 mm Selbstladepistole Italien 306B 309D
Beretta 1923 9 mm Selbstladepistole Italien 307 308BS 310D
Beretta 1926 6,35 mm Selbstladepistole Italien 306 307S
Beretta 1931 7,65 mm Selbstladepistole Italien **306–310**DB
Beretta 1932 9 mm Selbstladepistole Italien **306–310**D
Beretta 1934 9 mm Selbstladepistole Italien **306–310**DBSE 314 326
Beretta 1935 7,65 mm Selbstladepistole Italien **306–310**DB
Browning High Power 9 mm Selbstladepistole Kanada 261 **356–357**B
Browning High Power Nr.1 Mk.1 9 mm Selbstladepistole Kanada **356–357**B
Browning High Power Nr.1 Mk.1* 9 mm Selbstladepistole Kanada **356–357**B
Browning High Power Nr.2 Mk.1 9 mm Selbstladepistole Kanada **356–357**B
Browning High Power Nr.2 Mk.1* 9 mm Selbstladepistole Kanada **356–357**B
Chautecler 6,35 mm Selbstladepistole Frankreich 239
Colt Government M 1911 .45 Selbstladepistole USA 76 84 94 96 417 418 465 466 532 533B 537
Colt M 1911 (mod. Colt Government M 1911) .455 Selbstladepistole Großbritannien (USA) 260
Colt M 1911 A1 .45 Selbstladepistole USA 76 84 243 285 331 360 363 465 466 **532–535**DBSE (s. Waffen »heute«)
Colt M 1911 A1 (Version als Klein-MPi) .45 Selbstladepistole USA 534B
Colt Super Automatic .38 Selbstladepistole USA 535
ČZ 50 7,65 mm Selbstladepistole ČSFR 481 (s. Waffen »heute«)
ČZ 52 7,62 mm Selbstladepistole ČSFR 482 (s. Waffen »heute«)
ČZ 1922 6,35 mm Selbstladepistole Tschechoslowakei 476BS 477D
ČZ 1922 (ČZ 1922 N) 9 mm Selbstladepistole Tschechoslowakei 362 **474–477**DB 486
ČZ 1924 9 mm Selbstladepistole Tschechoslowakei 362 387 475 476 **477–479**DBS 481
ČZ 1927 7,65 mm Selbstladepistole Tschechoslowakei 387 477 478 **479–481**DBSE
ČZ 1927 Trainingswaffe 5,6 mm Selbstladepistole Tschechoslowakei 480
ČZ 1928 (ČZ 1924 mit Anschlagkolben) 9 mm Selbstladepistole Tschechoslowakei 363 478B
ČZ 1937 Prototyp (ČZ 1938) 9 mm Selbstladepistole Tschechoslowakei 481B
ČZ 1938 9 mm Selbstladepistole Tschechoslowakei 478 **481–482**DB
DWM 1923 7,65 mm Selbstladepistole Deutschland 112 114 **115**DB 334
FN Browning 10/22 7,65 mm Selbstladepistole Belgien **93–94**DB
FN Browning 10/22 9 mm Selbstladepistole Belgien **93–94**DB

FN Browning 1922 7,65 mm Selbstladepistole Belgien **93–94**DBE 242
FN Browning 1922 9 mm Selbstladepistole Belgien 74 **93–94**DBE 242
FN Browning 1935 High Power 7,65 mm Selbstladepistole Belgien 94–97B
FN Browning 1935 High Power 9 mm Selbstladepistole Belgien 85 **94–97**DBSE 101 260 356 362 363 480
FN Browning 1935 High Power (Luxusversion) 9 mm Selbstladepistole Belgien 95
FN Browning 1935 High Power Sportwaffe 5,6 mm Selbstladepistole Belgien 94–97
FN Browning Nr.1 (1923) Prototyp 9 mm Selbstladepistole Belgien 94–97
FN Browning Nr.100 (1927) Prototyp 9 mm Selbstladepistole Belgien 94–97
Fox 6,35 mm Selbstladepistole Tschechoslowakei 474
Frommer 1929 9 mm Selbstladepistole Ungarn **521–522**DB 523 524
Frommer 1929 Trainingswaffe 5,6 mm Selbstladepistole Ungarn 522D
Frommer-Liliput 6,35 mm Selbstladepistole Ungarn 521B 522DS
Haenel-Schmeisser M1 1920 6,35 mm Selbstladepistole Deutschland **114**DB
Haenel-Schmeisser M2 1920 6,35 mm Selbstladepistole Deutschland 114D
Hamada Typ 1 7,65 mm Selbstladepistole Japan **334**
Hamada Typ 2 8 mm Selbstladepistole Japan **334**
HK 4 5,6 mm Selbstladepistole Bundesrepublik Deutschland 132 (s. Waffen »heute«)
HK 4 6,35 mm Selbstladepistole Bundesrepublik Deutschland 132 (s. Waffen »heute«)
HK 4 7,65 mm Selbstladepistole Bundesrepublik Deutschland 132 (s. Waffen »heute«)
HK 4 9 mm Selbstladepistole Bundesrepublik Deutschland 132 (s. Waffen »heute«)
Korowin Sportwaffe 7,62 mm Selbstladepistole Sowjetunion 414B
Korowin 1920/21 Versuchswaffe (erste Version) 6,35 mm Selbstladepistole Sowjetunion 414B
Korowin 1923 Versuchswaffe 7,65 mm Selbstladepistole Sowjetunion 415
Korowin 1927 Versuchswaffe 7,65 mm Selbstladepistole Sowjetunion 415 416B
Korowin 1939 Versuchswaffe 7,62 mm Selbstladepistole Sowjetunion 415B
Korowin 1941 Versuchswaffe 9 mm Selbstladepistole Sowjetunion 415B
Lahti 1926 Versuchswaffe 7,65 mm Selbstladepistole Finnland 229
Lahti 1929 Versuchswaffe/Prototyp 7,65 mm Selbstladepistole Finnland 229
Lahti 1931 Prototyp (VKT-L 1935) 9 mm Selbstladepistole Finnland 229
Lahti VKT-L 1935 9 mm Selbstladepistole Finnland 126 **229–231**DBSE 378 383
Le Cavalier 7,65 mm Selbstladepistole Frankreich 243
Le Cavalier 9 mm Selbstladepistole Frankreich 243
Le Defendeur 6,35 mm Selbstladepistole Frankreich 243
Le Français 6,35 mm Selbstladepistole Frankreich **239–241**DBS
Le Français (Militärversion) 9 mm Selbstladepistole Frankreich **239–241**DBS 242 243 387
Le Français (Policeman) 7,65 mm Selbstladepistole Frankreich **239–241**DBS 242 387
Le Gendarm 7,65 mm Selbstladepistole Frankreich 243
Le Gendarm 9 mm Selbstladepistole Frankreich 243
Le Sanspareil 6,35 mm Selbstladepistole Frankreich 239
Le Toutacier 6,35 mm Selbstladepistole Frankreich 239
Liberator .45 Einladepistole USA **535–537**DB
Libia 6,35 mm Selbstladepistole Frankreich 239
MAB Baureihen 6,35 mm, 7,65 mm, 9 mm Selbstladepistolen Frankreich 239 **241–243**DB
MAB A 6,35 mm Westentaschen-Selbstladepistole Frankreich 239 **241–243**DB
MAB C 7,65 mm Selbstladepistole Frankreich 239 **241–243**DB
MAB C 9 mm Selbstladepistole Frankreich **241–243**DB
MAB D 7,65 mm Selbstladepistole Frankreich 93 **241–243**DB
MAB D 9 mm Selbstladepistole Frankreich 93 **241–243**DB
MAB PA 15 (F1) 9 mm Selbstladepistole Frankreich 241 243 (s. Waffen »heute«)
MAB R 9 mm Selbstladepistole Frankreich 243
MAB-WAC (Exportversion) 7,65 mm Selbstladepistole Frankreich 243
MAB-WAC (Exportversion) 9 mm Selbstladepistole Frankreich 243
Makarow PM 9,2 mm Selbstladepistole Sowjetunion 415 419 (s. Waffen »heute«)
Manurhin PP 7,65 mm Selbstladepistole Frankreich 117 (s. Waffen »heute«)
Manurhin PP 9 mm Selbstladepistole Frankreich 117 (s. Waffen »heute«)
Manurhin PPK 7,65 mm Selbstladepistole Frankreich 117 (s. Waffen »heute«)

Manurhin PPK 9 mm Selbstladepistole Frankreich 117 (s. Waffen »heute«)
Marina 7,65 mm Selbstladepistole Frankreich 239
Mauser 1920 7,63 mm Selbstladepistole Deutschland **106–109**DBS 415
Mauser 1922 (Bolo-Mauser) 7,63 mm Selbstladepistole Deutschland 106–109
Mauser 1926 7,63 mm Selbstladepistole Deutschland **106–109**
Mauser 1930 7,63 mm Selbstladepistole Deutschland **106–109**B 470
Mauser 1932 7,63 mm Schnellfeuerpistole Deutschland **106–109**DB 470
Mauser 1932 7,65 mm Schnellfeuerpistole Deutschland 108
Mauser 1932 9 mm Schnellfeuerpistole Deutschland 108
Mauser 1934 7,65 mm Selbstladepistole Deutschland 107 **123–124**DBS 130
Mauser C 96 Baureihe 7,63 mm Selbstlade- und Schnellfeuerpistolen Deutschland **106–109**DBSE
Mauser C 96 7,63 mm Selbstladepistole Deutschland 27B 73 **106–109**DBE 125 158 306 334 360 415 470 472
Mauser HSc 7,65 mm Selbstladepistole Bundesrepublik Deutschland 131 132E (s. Waffen »heute«)
Mauser HSc 7,65 mm Selbstladepistole Deutschland 107 116 123 125 129 **130–133**DBSE 155
Mauser HSc 9 mm Selbstladepistole Bundesrepublik Deutschland 131 (s. Waffen »heute«)
Mauser HSc 9 mm Selbstladepistole Deutschland 132
Mauser HSc Sportwaffe 5,6 mm Selbstladepistole Bundesrepublik Deutschland 131 (s. Waffen »heute«)
Mauser HSc Sportwaffe 5,6 mm Selbstladepistole Deutschland 132
Mauser HSc 80 (mod. Mauser HSc) 9 mm Selbstladepistole Italien (Bundesrepublik Deutschland) 131
Mauser-Parabellum 1936 (P 08) 9 mm Selbstladepistole Deutschland 107 110–112
Mauser WTP 1 6,35 mm Westentaschen-Selbstladepistole Deutschland 107 **124**DB
Mauser WTP 2 6,35 mm Westentaschen-Selbstladepistole Deutschland 107 **124**DBS
MKE Kirikkale 7,65 mm Selbstladepistole Türkei 117 (s. Waffen »heute«)
MKE Kirikkale 9 mm Selbstladepistole Türkei 117 (s. Waffen »heute«)
Nambu 94 8 mm Selbstladepistole Japan 330 331 332 **333**DBE 334
Nambu Taisho 14 8 mm Selbstladepistole Japan **330–332**DBSE 333 334 340 341 342
New Nambu 57 .45 Selbstladepistole Japan 331 (s. Waffen »heute«)
New Nambu 57 A 9 mm Selbstladepistole Japan 331 (s. Waffen »heute«)
New Nambu 57 B 7,65 mm Selbstladepistole Japan 332 (s. Waffen »heute«)
Ortgies 6,35 mm Selbstladepistole Deutschland **112–113**DBS
Ortgies 7,65 mm Selbstladepistole Deutschland **112–113**DBS 474 475 476
Ortgies 9 mm Selbstladepistole Deutschland **112–113**DBS 474 475 476
P 08 9 mm Selbstladepistole Deutschland 106 107 **110–112**DBSE 115 125 128 131 155 229 264 334 387 416
P 08 (mod.) 7,65 mm Selbstladepistole Deutschland 111
P 22 (t) (ČZ 1922) 9 mm Selbstladepistole Deutschland (Tschechoslowakei) 477
P 24 (t) (ČZ 1924) 9 mm Selbstladepistole Deutschland (Tschechoslowakei) 477–479DBS
P 27 (t) (ČZ 1927) 7,65 mm Selbstladepistole Deutschland (Tschechoslowakei) 479–481DBSE
27 (t) mit Schalldämpfer (ČZ 1927) 7,65 mm Selbstladepistole Deutschland (Tschechoslowakei) 480B
P 35 (p) (VIS 1935) 9 mm Selbstladepistole Deutschland (Polen) **362–364**DBE
P 35/1 (p) (VIS 1935) 9 mm Selbstladepistole Deutschland (Polen) **362–364**DBE
P 37 (u) (1937) 7,65 mm Selbstladepistole Deutschland (Ungarn) **522–524**DBE
P 38 H (Sauer & Sohn 1938) 7,65 mm Selbstladepistole Deutschland **129–130**DBS
P 39 (t) (ČZ 1938) 9 mm Selbstladepistole Deutschland (Tschechoslowakei) 481–482DB
P 64 9,2 mm Selbstladepistole Polen 364 (s. Waffen »heute«)
P 80 9 mm Selbstladepistole Österreich 360 (s. Waffen »heute«)
P 83 9,2 mm Selbstladepistole Polen 364
P 625 (f) (Petter 1935) 7,65 mm Selbstladepistole Deutschland (Frankreich) **243–245**DBSE
P 640 (b) (FN Browning 1935 High Power) Selbstladepistole Deutschland (Belgien) **94–97**DBSE
P 1920 (reparierte P 08) 9 mm Selbstladepistole Deutschland 110
Parabellum 1900/06 7,65 mm Selbstladepistole Schweiz 387
Parabellum 1906/29 7,65 mm Selbstladepistole Schweiz 386 **387–388**DBS 389
Petter 7,65 mm Selbstladepistole Schweiz 245

Register

Petter 1935 7,65 mm Selbstladepistole Frankreich 74 239 242 **243–245**DBSE 247 248
Petter 1935 A 7,65 mm Selbstladepistole Frankreich **243–245**B
Petter 1935 S 7,65 mm Selbstladepistole Frankreich **243–245**B
Peugeot 6,35 mm Selbstladepistole Frankreich 239
Praga 7,65 mm Selbstladepistole Tschechoslowakei 474B
Praga 1921 6,35 mm Selbstladepistole Tschechoslowakei 474 475B 476D
Prilutzki 1924 Versuchswaffe 7,65 mm Selbstladepistole Sowjetunion 415
Prilutzki 1928 Versuchswaffe/Testwaffe 7,65 mm Selbstladepistole Sowjetunion 415 416B
Prima 6,35 mm Selbstladepistole Frankreich 239
PSM 5,45 mm Selbstladepistole Sowjetunion 414 (s. Waffen »heute«)
RE (Astra 400) 9 mm Selbstladepistole Spanien 467
Rex 6,35 mm Selbstladepistole Frankreich 239
Rheinmetall 7,65 mm Selbstladepistole Deutschland **114–115**DB
SA 6,35 mm Selbstladepistole Frankreich 239
Sauer & Sohn Baureihen 6,35 mm, 7,65 mm Selbstladepistolen Deutschland **120–122**DBSE
Sauer & Sohn 1919 6,35 mm Selbstladepistole Deutschland **120–122**B
Sauer & Sohn 1920 6,35 mm Westentaschen-Selbstladepistole Deutschland **120–122**B
Sauer & Sohn 1926 7,65 mm Selbstladepistole Deutschland **120–122**B 129
Sauer & Sohn 1928 6,35 mm Westentaschen-Selbstladepistole Deutschland **120–122**DB
Sauer & Sohn 1930 7,65 mm Selbstladepistole Deutschland **120–122**BE 129
Sauer & Sohn 1938 7,65 mm Selbstladepistole Deutschland 116 120 **129–130**DBS
Sauer & Sohn Behördenmodell 7,65 mm Selbstladepistole Deutschland **120–122**DBS 129
Sauer & Sohn Behördenmodell Versuchswaffe 5,6 mm Selbstladepistole Deutschland 122
Sauer & Sohn Behördenmodell Versuchswaffe 9 mm Selbstladepistole Deutschland 122
Sleeve 7,65 mm Schalldämpfer-Pistole Großbritannien 265 **267**BS 285 536
Star Baureihen 7,63 mm, 7,65 mm, 9 mm, .38, .45 Selbstladepistolen Spanien 84 387 **465–467**B 469
Star 28 DA 9 mm Selbstladepistole Spanien 467 (s. Waffen »heute«)
Star 1920 9 mm Selbstladepistole Spanien **465–467**B
Star 1920 (Exportversion) 7,63 mm Selbstladepistole Spanien **465–467**B
Star 1920 (Exportversion) .38 Selbstladepistole Spanien **465–467**B
Star 1920 (Exportversion) .45 Selbstladepistole Spanien **465–467**B
Star 1921 9 mm Selbstladepistole Spanien **465–467**B
Star 1921 (Exportversion) 7,63 mm Selbstladepistole Spanien **465–467**B
Star 1921 (Exportversion) .38 Selbstladepistole Spanien **465–467**B
Star 1921 (Exportversion) .45 Selbstladepistole Spanien **465–467**B
Star 1922 9 mm Selbstladepistole Spanien **465–467**B
Star 1922 (Exportversion) 7,63 mm Selbstladepistole Spanien **465–467**B
Star 1922 (Exportversion) .38 Selbstladepistole Spanien **465–467**B
Star 1922 (Exportversion) .45 Selbstladepistole Spanien **465–467**B
Star 1922 A 9 mm Selbstladepistole Spanien **465–467**B
Star 1922 A (Exportversion) 7,63 mm Selbstladepistole Spanien **465–467**B
Star 1922 A (Exportversion) .38 Selbstladepistole Spanien **465–467**B
Star 1922 A1 9 mm Selbstladepistole Spanien **465–467**B
Star 1922 A1 (Exportversion) .38 Selbstladepistole Spanien **465–467**B
Star 1922 B (Exportversion) 9 mm Selbstladepistole Spanien **465–467**B
Star 1922 B 08 (Exportversion) 9 mm Selbstladepistole Spanien **465–467**B
Star 1922 D (Exportversion) .380 Selbstladepistole Spanien **465–467**B
Star 1922 H (Exportversion) .380 Selbstladepistole Spanien **465–467**B
Star 1922 I (Exportversion) .380 Selbstladepistole Spanien **465–467**B
Star 1922 IN (Exportversion) .380 Selbstladepistole Spanien **465–467**B
Star 1922 M 9 mm Selbstladepistole Spanien **465–467**B
Star 1922 M (Exportversion) 7,63 mm Selbstladepistole Spanien **465–467**B
Star 1922 M (Exportversion) .38 Selbstladepistole Spanien **465–467**B
Star 1922 M (Exportversion) .45 Selbstladepistole Spanien **465–467**B
Star 1922 MD 9 mm Schnellfeuerpistole Spanien **465–467**B
Star 1922 MD (Exportversion) 7,63 mm Schnellfeuerpistole Spanien **465–467**B
Star 1922 MM (Exportversion) 7,63 mm Schnellfeuerpistole Spanien **465–467**B
Star 1922 P (Exportversion) .45 Selbstladepistole Spanien **465–467**B
Star 1922 PD (Exportversion) .45 Schnellfeuerpistole Spanien **465–467**B
Star 1922 S (Exportversion) .380 Selbstladepistole Spanien **465–467**B
Star 1926 (Exportversion) 7,65 mm Selbstladepistole Spanien **465–467**B
Star 1926 I (Exportversion) 7,65 mm Selbstladepistole Spanien **465–467**B
Star A 9 mm Selbstladepistole Spanien 465
Star B 9 mm Selbstladepistole Spanien 465
Star E 6,35 mm Selbstladepistole Spanien 465
Star F 5,6 mm Selbstladepistole Spanien 465
Star M .38 Selbstladepistole Spanien 465
Star P .45 Selbstladepistole Spanien 465
Star S 7,65 mm Selbstladepistole Spanien 465
Star SI 9 mm Selbstladepistole Spanien 465
Stetschkin APS 9,2 mm Schnellfeuerpistole Sowjetunion 419 (s. Waffen »heute«)
Steyr 1934 7,65 mm Selbstladepistole Österreich **360–361**DBS
Tokagypt 58 9 mm Selbstladepistole Ungarn 417 (s. Waffen »heute«)
Tomiška 7,65 mm Selbstladepistole Tschechoslowakei 474
Triomphe 6,35 mm Selbstladepistole Frankreich 239
TTR 3 Trainingswaffe 5,6 mm Selbstladepistole Sowjetunion 418 419D
TTR 4 Sportwaffe 5,6 mm Selbstladepistole Sowjetunion 418
Tula-Korowin TK 6,35 mm Selbstladepistole Sowjetunion **414–415**DB 416 420
Tula-Tokarew TT 1930 7,62 mm Selbstladepistole Sowjetunion 73 74 **415–419**
Tula-Tokarew TT 1933 7,62 mm Selbstladepistole Sowjetunion 16B 74 230 244 **415–419**DBSE
Union 6,35 mm Selbstladepistole Frankreich 239
Union 7,65 mm Selbstladepistole Frankreich 239
Unique 15 6,35 mm Selbstladepistole Frankreich 245
Unique 16 6,35 mm Selbstladepistole Frankreich 245
Unique 17 7,65 mm Selbstladepistole Frankreich **245–246**BE
Unique Bcf 66 6,35 mm Selbstladepistole Frankreich 246
Unique Bcf 66 7,65 mm Selbstladepistole Frankreich 246
Unique Bcf 66 9 mm Selbstladepistole Frankreich 246
Unique Fr 51 Police (C2) 7,65 mm Selbstladepistole Frankreich 246
Unique Fr 51 Police (C2) 9 mm Selbstladepistole Frankreich 246
Unique L 6,35 mm Selbstladepistole Frankreich 246
Unique L 7,65 mm Selbstladepistole Frankreich 246
Unique Rr 51 Police (C1) 7,65 mm Selbstladepistole Frankreich 246
Unique Rr 51 Police (C1) 9 mm Selbstladepistole Frankreich 246
Verney 6,35 mm Selbstladepistole Frankreich 239
Vickers-Parabellum 9 mm Selbstladepistole Großbritannien **264**
VIS 1935 9 mm Selbstladepistole Polen **362–364**DBE 365 375 418 480
VIS 1935 Sportwaffe 5,6 mm Selbstladepistole Polen 363
VIS 1935 Versuchswaffe 9 mm Schnellfeuerpistole Polen 363
VIS 1935 Versuchswaffe .45 Selbstladepistole Polen 363
Walther 8 7,65 mm Selbstladepistole Deutschland 116DBS 125
Walther 9 6,35 mm Selbstladepistole Deutschland 116 117DB 125
Walther AP (Armeepistole) Versuchswaffe 9 mm Selbstladepistole Deutschland 125–129D
Walther AP (Armeepistole) Versuchswaffe .45 Selbstladepistole Deutschland 125–129
Walther HP (Heerespistole) Versuchswaffe 7,65 mm Selbstladepistole Deutschland 125–129
Walther HP (Heerespistole) Versuchswaffe/Prototyp 9 mm Selbstladepistole Deutschland 125–129B
Walther MP (Militärpistole) Versuchswaffe 9 mm Selbstladepistole Deutschland 125–129B
Walther P1 9 mm Selbstladepistole Bundesrepublik Deutschland 125B 469 (s. Waffen »heute«)
Walther P 38 9 mm Selbstladepistole Deutschland 19B 27B 111 112 116 **125–129**DBSE 131 155 157 230 360 378 379
Walther P 38 k 9 mm Selbstladepistole Bundesrepublik Deutschland 129
Walther P 38 k 9 mm Selbstladepistole Deutschland **125–129**DB
Walther PP 5,6 mm Selbstladepistole Deutschland **116–119**DBE
Walther PP 6,35 mm Selbstladepistole Deutschland 116–119
Walther PP 7,65 mm Selbstladepistole Deutschland **116–119**DBS 123 125 126 129 130 230
Walther PP 9 mm Selbstladepistole Deutschland 116–119
Walther PP Versuchswaffe 7,65 mm Schnellfeuerpistole Deutschland 116–119
Walther PPK 5,6 mm Selbstladepistole Deutschland **116–119**DB
Walther PPK 6,35 mm Selbstladepistole Deutschland 116–119
Walther PPK 7,65 mm Selbstladepistole Deutschland **116–119**DB 123 125 126 129 130
Walther PPK 9 mm Selbstladepistole Deutschland 116–119
Walther PPK Versuchswaffe 7,65 mm Schnellfeuerpistole Deutschland 116–119
Welrod (Hand Firing Device) .45 Mehrladepistole USA 265
Welrod Mk.1 9 mm Mehrladepistole Großbritannien **265–267**DB 285 536
Welrod Mk.2 7,65 mm Mehrladepistole Großbritannien **265–267**DBS 285 536
WIS 1931 Versuchswaffe/Prototyp (VIS 1935) 9 mm Selbstladepistole Polen 363
Wojewodin 1939 Versuchswaffe 7,62 mm Selbstladepistole Sowjetunion 418B 419
Wojewodin 1939 mit Anschlagkolben Versuchswaffe 7,62 mm Selbstladepistole Sowjetunion 418B 419

Maschinenpistolen

23 9 mm Maschinenpistole ČSFR 484 (s. Waffen »heute«)
24 7,62 mm Maschinenpistole ČSFR 484 (s. Waffen »heute«)
25 9 mm Maschinenpistole ČSFR 484 (s. Waffen »heute«)
26 7,62 mm Maschinenpistole ČSFR 484 (s. Waffen »heute«)
34 (ö) (Steyr 1934) 9 mm Maschinenpistole Deutschland (Österreich) **135–136**DBS 361
36 .45 Maschinenpistole China 553 (s. Waffen »heute«)
36 .45 Maschinenpistole China (Taiwan) 553 (s. Waffen »heute«)
37 9 mm Maschinenpistole China (Taiwan) 553 (s. Waffen »heute«)
38 (MP 38) 9 mm Maschinenpistole Deutschland 24B 26 137 138 **142–147**DB 148 170 172 270 275 316 396
38/40 (MP 38/40) 9 mm Maschinenpistole Deutschland 146
40 (MP 40) 9 mm Maschinenpistole Deutschland 21B 26 89 135 137 138 **142–147**DBS 148 149 151 157 164 165 170 172 248 427 473 547
40 (MP 40) mit Schalldämpfer 9 mm Maschinenpistole Deutschland 146
40/1 (MP 40/1) 9 mm Maschinenpistole Deutschland **142–147**DB
41 7,62 mm Maschinenpistole Polen 367 427 (s. Waffen »heute«)
43 7,62 mm Maschinenpistole China 430 (s. Waffen »heute«)
43 7,62 mm Maschinenpistole Polen 367 430 (s. Waffen »heute«)
43/52 7,62 mm Maschinenpistole Polen 367 430 (s. Waffen »heute«)
48 M 7,62 mm Maschinenpistole Ungarn 427 524 (s. Waffen »heute«)
49 7,62 mm Maschinenpistole Jugoslawien 427 (s. Waffen »heute«)
49 7,62 mm Maschinenpistole Korea 427 (s. Waffen »heute«)
49/57 7,62 mm Maschinenpistole Jugoslawien 427 (s. Waffen »heute«)
50 7,62 mm Maschinenpistole China 427 (s. Waffen »heute«)
58 7,62 mm Maschinenpistole ČSFR 484 (s. Waffen »heute«)
100 8 mm Maschinenpistole Japan **334–336**DB 341
100/1 (1940) 8 mm Maschinenpistole Japan **334–336**DB
100/1 (1943) mit Klappkolben 8 mm Maschinenpistole Japan **334–336**D
100/2 (1944) 8 mm Maschinenpistole Japan **334–336**DB
748 (e) (Sten Mk.1) 9 mm Maschinenpistole Deutschland (Großbritannien) 271–280DB
749 (e) (Sten Mk.2) 9 mm Maschinenpistole Deutschland (Großbritannien) 271–280DBS
1922 Versuchswaffe 7,65 mm Maschinenpistole Finnland 229 231
1926 7,65 mm Maschinenpistole Finnland 231B 232 234D 236
1926 9 mm Maschinenpistole Finnland 232
1931 (mod. Suomi 1931) 9 mm Maschinenpistole Finnland 233B
1931 Versuchswaffe (Suomi 1931) 9 mm Maschinenpistole Finnland 231B
1937 (mod. Suomi 1931) 9 mm Maschinenpistole Schweden (Finnland) 379
1937 Versuchswaffe 9 mm Maschinenpistole Polen 365
1937/39 (mod. Suomi 1931) 9 mm Maschinenpistole Schweden (Finnland) 141 232 **379–380**D 383
1937/39 F (mod. Suomi 1931) 9 mm Maschinenpistole Schweden (Finnland) **379–380**DB
1938 Prototyp (Mors 1939) 9 mm Maschinenpistole Polen 365–367
1938 Versuchswaffe 9 mm Maschinenpistole Polen 365
1939 9 mm Maschinenpistole Ungarn 268 393 **524–526**DB
1939 A 9 mm Maschinenpistole Ungarn 526
1941/44 (mod. Erma EMP) 9 mm Maschinenpistole Spanien (Deutschland) 139 473
1943 9 mm Maschinenpistole Ungarn 393 **524–526**DB
1943 (Suomi 1931) 9 mm Maschinenpistole Schweiz (Finnland) 399 400
1943/44 (Suomi 1931) 9 mm Maschinenpistole Schweiz (Finnland) 232 399 **400–402**DB
1944 9 mm Maschinenpistole Finnland 233B 234
1946 9 mm Maschinenpistole Finnland 233B 234
Annihilator (Thompson M 1919) Versuchswaffe/Prototyp .45 Maschinenpistole USA 537 538B
Austen Mk.1 9 mm Maschinenpistole Australien **89–91**DB
Austen Mk.1 mit Schalldämpfer 9 mm Maschinenpistole Australien **89–91**B
Austen Mk.2 9 mm Maschinenpistole Australien **89–91**DB
BA 52 (TZ 1945) 9 mm Maschinenpistole Burma (Italien) 319
Beretta Waffensystem 9 mm Maschinenpistolen Italien 75 149 **311–317**DBS
Beretta 1 Versuchswaffe 9 mm Maschinenpistole Italien 311–317DB
Beretta 2 Versuchswaffe/Prototyp 9 mm Maschinenpistole Italien 316
Beretta 3 Versuchswaffe/Prototyp 9 mm Maschinenpistole Italien 316
Beretta 4 Versuchswaffe 9 mm Maschinenpistole Italien 316
Beretta 5 9 mm Maschinenpistole Italien 316
Beretta 38/49 9 mm Maschinenpistole Italien 314 316 (s. Waffen »heute«)
Beretta 1918 9 mm Maschinenpistole Italien 311 312B 317D
Beretta 1938/42 9 mm Maschinenpistole Italien **311–317**DBS
Beretta 1938/43 9 mm Maschinenpistole Italien 311–317BS
Beretta 1938/44 9 mm Maschinenpistole Italien **311–317**BS
Beretta 1938 A 9 mm Maschinenpistole Italien 22B 26 **311–317**DBS 319 326
Beretta 1938 A (erste Variante) 9 mm Maschinenpistole Italien **311–317**DB
Beretta 1938 A (zweite Variante) 9 mm Maschinenpistole Italien **311–317**DB
Beretta 1938 A (dritte Variante) 9 mm Maschinenpistole Italien **311–317**DBS
Bergmann 18/1 9 mm Maschinenpistole Deutschland 25 86 133BS 134 137 138 139 140 142 144 268 311 312 390 392 473 482
Bergmann 18/1 9 mm Maschinenpistole Finnland 134
Bergmann 34 7,63 mm Maschinenpistole Deutschland/Dänemark **140–142**B
Bergmann 34 7,65 mm Maschinenpistole Deutschland/Dänemark **140–142**B
Bergmann 34 9 mm Maschinenpistole Deutschland/Dänemark **140–142**B
Bergmann 34 (MP 34) 9 mm Maschinenpistole Deutschland **140–142**B 144 268 379
Bergmann 34/1 9 mm Maschinenpistole Deutschland **140–142**DB
Bergmann 35 7,63 mm Maschinenpistole Deutschland/Dänemark **140–142**B
Bergmann 35 7,65 mm Maschinenpistole Deutschland/Dänemark **140–142**BS
Bergmann 35 9 mm Maschinenpistole Deutschland/Dänemark **140–142**BS
Bergmann 35 .45 Maschinenpistole Deutschland/Dänemark 140–142
Bergmann 35 (MP 35) 9 mm Maschinenpistole Deutschland **140–142**DBS 144 473
Bergmann 35/1 9 mm Maschinenpistole Deutschland **140–142**B
BMK 32 Prototyp (Bergmann MP 34) 9 mm Maschinenpistole Deutschland 140
BSA 1926 (mod. Thompson M 1926) Versuchswaffe 9 mm Maschinenpistole Großbritannien (USA) 542
BSA 1929 (mod. Thompson M 1929) Versuchswaffe 7,63 mm Maschinenpistole Großbritannien (USA) 543
BSA 1929 (mod. Thompson M 1929) Versuchswaffe 7,65 mm Maschinenpistole Großbritannien (USA) 543
BSA 1929 (mod. Thompson M 1929) Versuchswaffe 9 mm Maschinenpistole Großbritannien (USA) 269 543
Carl Gustaf 45 9 mm Maschinenpistole Schweden 380 (s. Waffen »heute«)
Carl Gustaf 45 B 9 mm Maschinenpistole Schweden 380 (s. Waffen »heute«)
ČZ 47/p Versuchswaffe/Prototyp 9 mm Maschinenpistole ČSFR 484 (s. Waffen »heute«)
ČZ 247 Versuchswaffe 9 mm Maschinenpistole ČSFR 483B 485D
ČZ 1938 9 mm Maschinenpistole Tschechoslowakei **482–485**DB
Degtjarjow 1929 Versuchswaffe 7,62 mm Maschinenpistole Sowjetunion 420B
Degtjarjow 1934 Prototyp (PPD 1934) 7,62 mm Maschinenpistole Sowjetunion 420
Degtjarjow 1942 Versuchswaffe 7,62 mm Maschinenpistole Sowjetunion 428
Degtjarjow PPD 1934 7,62 mm Maschinenpistole Sowjetunion 18 26 **419–423**DB 424
Degtjarjow PPD 1934/38 7,62 mm Maschinenpistole Sowjetunion 18 26 73 **419–423**DB 424 433
Degtjarjow PPD 1940 7,62 mm Maschinenpistole Sowjetunion 18 26B 73 **419–423**DB 424
Erma 44 9 mm Maschinenpistole Deutschland 146
Erma EMP 7,63 mm Maschinenpistole Deutschland 138–139B
Erma EMP 7,65 mm Maschinenpistole Deutschland 138–139B 246 247
Erma EMP 9 mm Maschinenpistole Deutschland 137 **138–139**DBS 144 170 246 247 268 365 366 396 473
Erma EMP 35 9 mm Maschinenpistole Deutschland 139
Erma EMP mit Schalldämpfer 9 mm Maschinenpistole Deutschland **138–139**DB
ETVS 7,65 mm Maschinenpistole Frankreich 246
F1 9 mm Maschinenpistole Australien 86 91 (s. Waffen »heute«)
Flieger-Doppelpistole 1919 7,65 mm Maschinenpistole (IMG) Schweiz 389B 390B
FNAB 1943 9 mm Maschinenpistole Italien **317–318**DBS
Hyde-Inland Testwaffe .45 Maschinenpistole USA 547
Jati-Matic 9 mm Maschinenpistole Finnland 248 (s. Waffen »heute«)
K 50 M 7,62 mm Maschinenpistole Vietnam 427 (s. Waffen »heute«)
Kalaschnikow Waffensystem 5,45 mm, 7,62 mm Maschinenpistolen (Schnellfeuerkarabiner, Sturmgewehre) DDR 168 (s. Waffen »heute«)
Kalaschnikow Waffensystem 5,45 mm, 7,62 mm Maschinenpistolen (Schnellfeuerkarabiner, Sturmgewehre) Sowjetunion 168 430 (s. Waffen »heute«)
Kalaschnikow AK 47 7,62 mm Maschinenpistole (Schnellfeuerkarabiner, Sturmgewehr) Sowjetunion 168 427 429 430 440 525 (s. Waffen »heute«)
Kokoda Versuchswaffe 9 mm Maschinenpistole Australien 90 91DB

Labora 1938 9 mm Maschinenpistole Spanien 472B 473
Lanchester Mk.1 9 mm Maschinenpistole Großbritannien 26 134 135 **268–270**DB 271
Lanchester Mk.1* 9 mm Maschinenpistole Großbritannien **268–270**B
M2 .45 Maschinenpistole USA 268 546 **547–553**B
M3 9 mm Maschinenpistole USA 248 **547–553**DBSE
M3 .45 Maschinenpistole USA 27 28B 90 248 543 545 **547–553**DBSE 558
M3 A1 9 mm Maschinenpistole USA 248 **547–553**DBE
M3 A1 .45 Maschinenpistole USA 27 248 336 **547–553**DBE 558
M 35 Versuchswaffe .45 Maschinenpistole USA 268 547 548B
MAS 1935 Versuchswaffe 7,65 mm Maschinenpistole Frankreich 246
MAS 1938 7,65 mm Maschinenpistole Frankreich 26 74 243 **246–248**DBS
MAT 49 9 mm Maschinenpistole Frankreich 248 (s. Waffen »heute«)
MCEM Versuchswaffe 9 mm Maschinenpistole Australien 90 91B
Mitchell Versuchswaffe 9 mm Maschinenpistole Großbritannien 270
Mors 1939 9 mm Maschinenpistole Polen **365–367**DBS 375 389
Orita 1941 9 mm Maschinenpistole Rumänien **377**DB
OVP 9 mm Maschinenpistole Italien 311 312B 317D
Owen Waffensystem 9 mm Maschinenpistolen Australien **86–89**DBS
Owen 1952 (modernisiert) 9 mm Maschinenpistole Australien **86–89**B
Owen Mk.1/42 9 mm Maschinenpistole Australien **86–89**DB
Owen Mk.1/43 9 mm Maschinenpistole Australien **86–89**DBS
Owen Mk.1/44 9 mm Maschinenpistole Australien **86–89**
Owen Mk.2 9 mm Maschinenpistole Australien 89
Owen Mk.2/43 Versuchswaffe 9 mm Maschinenpistole Australien 86–89DB
Patchett Versuchswaffe/Prototyp 9 mm Maschinenpistole Großbritannien 270 278
Persuader Versuchswaffe .45 Maschinenpistole USA 537 538B
PM 63 9,2 mm Klein-Maschinenpistole Polen 367 (s. Waffen »heute«)
PMK Waffensystem 7,62 mm Maschinenpistolen Polen 367 (s. Waffen »heute«)
Reising 50 .45 Maschinenpistole USA **544–545**DB
Reising 55 .45 Maschinenpistole USA **544–545**DB
Schmeisser 28/2 7,63 mm Maschinenpistole Deutschland 133–134
Schmeisser 28/2 7,65 mm Maschinenpistole Deutschland 133–134
Schmeisser 28/2 .45 Maschinenpistole Deutschland 133–134
Schmeisser 28/2 (MP 28/2) 9 mm Maschinenpistole Deutschland 86 **133–134**DBS 144 149 268 270 420 473
Schmeisser-Bayard 1934 (Schmeisser 28/2) 9 mm Maschinenpistole Belgien (Deutschland) 134
Schmeisser-Haenel 41 (MP 41) 9 mm Maschinenpistole Deutschland **148–149**DB
Schpagin 1940 Versuchswaffe 7,62 mm Maschinenpistole Sowjetunion 424
Schpagin PPSch 1941 7,62 mm Maschinenpistole Sowjetunion 17B 18 26 27B 31B 73 146 149 367 422 **424–427**DBS 428 429 524
Schpagin PPSch 1941 Testwaffe 9 mm Maschinenpistole Deutschland (Sowjetunion) 427
Schpagin PPSch 1942 7,62 mm Maschinenpistole Sowjetunion 426B 427 428
Schpitalny 1940 Versuchswaffe 7,62 mm Maschinenpistole Sowjetunion 424
SCK 65 9 mm Maschinenpistole Japan 336 (s. Waffen »heute«)
SCK 66 9 mm Maschinenpistole Japan 336 (s. Waffen »heute«)
SIG 310 9 mm Maschinenpistole Schweiz 398 (s. Waffen »heute«)
SIG 1920 (mod. Bergmann 18/1) 7,63 mm Maschinenpistole Schweiz (Deutschland) 334 335 341 **390–392**DBS 396
SIG 1920 (mod. Bergmann 18/1) 7,65 mm Maschinenpistole Schweiz (Deutschland) 334 335 341 **390–392**DBS 396
SIG 1930 Versuchswaffe 9 mm Maschinenpistole Schweiz 392 393B
SIG 1940 Versuchswaffe 9 mm Maschinenpistole Schweiz 396 397B
SIG 1941 9 mm Maschinenpistole Schweiz **396–398**DB 399
SIG 1944 9 mm Maschinenpistole Schweiz **396–398**DB
SIG MKMO (Militärversion) 7,63 mm Maschinenpistole Schweiz **392–396**DBS 524
SIG MKMO (Militärversion) 7,65 mm Maschinenpistole Schweiz **392–396**DBS 524
SIG MKMO (Militärversion) 9 mm Maschinenpistole Schweiz **392–396**DBS 524
SIG MKMS (Militärversion) 7,65 mm Maschinenpistole Schweiz **392–396**DBS
SIG MKMS (Militärversion) 9 mm Maschinenpistole Schweiz **392–396**DBS 398
SIG MKPO (Polizeiversion) 7,63 mm Maschinenpistole Schweiz **392–396**DB
SIG MKPO (Polizeiversion) 7,65 mm Maschinenpistole Schweiz **392–396**DB
SIG MKPO (Polizeiversion) 9 mm Maschinenpistole Schweiz **392–396**DB

SIG MKPS (Polizeiversion) 7,65 mm Maschinenpistole Schweiz **392–396**DB
SIG MKPS (Polizeiversion) 9 mm Maschinenpistole Schweiz **392–396**DB
Skorpion Waffensystem 7,65 mm, 9 mm, 9,2 mm Klein-Maschinenpistolen ČSFR 484 (s. Waffen »heute«)
Solothurn S1-100 9 mm Maschinenpistole Deutschland/Schweiz **135–136**DBS 214 268 361 390 **392** 409 410
Solothurn S 17-100 9 mm Maschinenpistole Deutschland/Schweiz 136
Star 1932 9 mm Maschinenpistole Spanien 268 465 **472–473**DB
Star RU 1935 9 mm Maschinenpistole Spanien 473
Star SI 1935 9 mm Maschinenpistole Spanien 472B 473
Star TN 1935 9 mm Maschinenpistole Spanien 473
Star XX 1935 9 mm Maschinenpistole Spanien 473
Star Z 45 9 mm Maschinenpistole Spanien 473B (s. Waffen »heute«)
Sten-Kopien (nachgebaute Maschinenpistolen des Waffensystems Sten) Volkssturm-Maschinenpistolen 9 mm Deutschland 146 **149–151**DB 157 177 178 272
Sten-Kopie Blohm & Voss 9 mm Volkssturm-Maschinenpistole Deutschland **149–151**DB
Sten-Kopie Gerät Neumünster 3008 9 mm Volkssturm-Maschinenpistole Deutschland 146 **149–151**DB 272
Sten-Kopie Gerät Potsdam (Sten Mk.2) 9 mm Maschinenpistole Deutschland **149–151**B 272
Sten-Kopie Nr.1 9 mm Volkssturm-Maschinenpistole Deutschland **149–151**
Sten-Kopie Nr.2 9 mm Volkssturm-Maschinenpistole Deutschland **149–151**B
Sten-Kopie Nr.3 9 mm Volkssturm-Maschinenpistole Deutschland **149–151**
Sten Waffensystem 9 mm Maschinenpistolen Großbritannien 25B 26 27 30B 86 89 149 248 265 270 **271–280**DBS 319 357 426 547
Sten Mk.1 9 mm Maschinenpistole Großbritannien **271–280**DB
Sten Mk.1* 9 mm Maschinenpistole Großbritannien **271–280**DB
Sten Mk.2 9 mm Maschinenpistole Großbritannien 89 150 151 178 **271–280**DBS 547
Sten Mk.2 9 mm Maschinenpistole Kanada 20B 271–280B
Sten Mk.2S mit Schalldämpfer 9 mm Maschinenpistole Großbritannien **271–280**DBS
Sten Mk.2S IR mit Schalldämpfer und Infrarotgerät Versuchswaffe 9 mm Maschinenpistole Großbritannien 271–280
Sten Mk.3 9 mm Maschinenpistole Großbritannien **271–280**DB
Sten Mk.3 9 mm Maschinenpistole Kanada 271–280
Sten Mk.4A Versuchswaffe 9 mm Maschinenpistole Großbritannien 271–280DB
Sten Mk.4B Versuchswaffe 9 mm Maschinenpistole Großbritannien 271–280DB
Sten Mk.5 9 mm Maschinenpistole Großbritannien **271–280**DB
Sten Mk.6S mit Schalldämpfer 9 mm Maschinenpistole Großbritannien **271–280**DB
Sterling Waffensystem 9 mm Maschinenpistolen Großbritannien 270 278 (s. Waffen »heute«)
Steyr 935 (Steyr-Solothurn S1-100) 9 mm Maschinenpistole Portugal (Deutschland/Österreich/Schweiz) 135
Steyr 1934 7,63 mm Maschinenpistole Österreich 135 214
Steyr 1934 7,65 mm Maschinenpistole Österreich 135 214
Steyr 1934 9 mm Maschinenpistole Österreich/Deutschland **135–136**DBS 214 361 392
Steyr-Solothurn S1-100 (34 ö) 9 mm Maschinenpistole Deutschland/Österreich/Schweiz **135–136**DBS 144 187 214 361 390 392
Sudajew 1942 Versuchswaffe 7,62 mm Maschinenpistole Sowjetunion 427 428
Sudajew 1944 Versuchswaffe (für Kurzpatrone M 43) 7,62 mm Maschinenpistole Sowjetunion 430
Sudajew PPS 1942 7,62 mm Maschinenpistole Sowjetunion 26 **427–430**DB
Sudajew PPS 1943 7,62 mm Maschinenpistole Sowjetunion 18 26 27B 73 146 234 367 **427–430**DBS
Suomi 1931 9 mm Maschinenpistole Finnland 141 230 **231–234**DB 236 268 270 365 379 383 399 400 420 422 473
Suomi 1932 (mod.) 9 mm Maschinenpistole Finnland 233B 234
Swebilius 1940 Testwaffe .45 Maschinenpistole USA 545 546
Swebilius 1941 Prototyp (UD 1942) .45 Maschinenpistole USA 546
T 15 Versuchswaffe .45 Maschinenpistole USA 547
T 20 Prototyp (M3) 9 mm Maschinenpistole USA 547
T 20 Prototyp (M3) .45 Maschinenpistole USA 547
Thompson Waffensystem .45 Maschinenpistolen USA 27 76 246 270 472 **537–544**DBS
Thompson M1 .45 Maschinenpistole USA 27 248 336 **537–544**DB 546
Thompson M1 A1 .45 Maschinenpistole USA 27 248 **537–544**DB 546
Thompson M 1921 .45 Maschinenpistole USA 482 **537–544**DBS
Thompson M 1923 .45 Maschinenpistole USA 542

Thompson M 1924 9 mm Maschinenpistole USA 542
Thompson M 1926 mod. (BSA 1926) Versuchswaffe 9 mm Maschinenpistole USA (Großbritannien) 542
Thompson M 1927 (mod.) Versuchswaffe .45 Maschinenpistole USA 542
Thompson M 1928 A .45 Maschinenpistole USA 540B 542
Thompson M 1928 A1 .45 Maschinenpistole USA 20B 26 27 246 268 271 285 365 **537–544**DBS 547 553
Thompson M 1928 AC .45 Maschinenpistole USA 542
Thompson M 1929 mod. (BSA 1929) Versuchswaffe 7,63 mm Maschinenpistole USA (Großbritannien) 543
Thompson M 1929 mod. (BSA 1929) Versuchswaffe 7,65 mm Maschinenpistole USA (Großbritannien) 543
Thompson M 1929 mod. (BSA 1929) Versuchswaffe 9 mm Maschinenpistole USA (Großbritannien) 269 543
Tokarew 1927 Versuchswaffe 7,62 mm Maschinenpistole Sowjetunion 419 420B 423D
Typ 1 (1934) Versuchswaffe 8 mm Maschinenpistole Japan 334B 335
Typ 2 (1934) Versuchswaffe 6,5 mm Maschinenpistole Japan 334 335
Typ 2 (1934) Versuchswaffe 7,7 mm Maschinenpistole Japan 334 335
Typ 2 (1934) Versuchswaffe 8 mm Maschinenpistole Japan 334 335
Typ 2 (1934) Versuchswaffe 8,65 mm Maschinenpistole Japan 334 335
Typ 3 (1934) Versuchswaffe 8 mm Maschinenpistole Japan 334 335
TZ 1945 9 mm Maschinenpistole Italien **319–320**DBS
UD 1 Testwaffe/Versuchswaffe 9 mm Maschinenpistole USA 546B 547
UD 1 Testwaffe/Versuchswaffe .45 Maschinenpistole USA 546B 547
UD 1942 9 mm Maschinenpistole USA 536 **545–547**DB
Vesely Versuchswaffe 9 mm Maschinenpistole Großbritannien 270
Villar Perosa 1915 9 mm Maschinenpistole Italien 25 26 133 268 311B 312 389
Vollmer 1925 Versuchswaffe/Prototyp (Vollmer-Erma) 9 mm Maschinenpistole Deutschland 137
Vollmer-Erma 7,63 mm Maschinenpistole Deutschland 137 420
Vollmer-Erma 7,65 mm Maschinenpistole Deutschland 137
Vollmer-Erma 9 mm Maschinenpistole Deutschland **137–138**DB 139 144 170 420
Welgun Versuchswaffe 9 mm Maschinenpistole Großbritannien 270
W+F 1919 (Pistolengewehr) 7,65 mm Maschinenpistole Schweiz **388–390**DB 396 405
W+F 1941 9 mm Maschinenpistole Schweiz 396 **399–400**DB 405
W+F 1941/44 9 mm Maschinenpistole Schweiz **399–400**DB
ZB 47 Versuchswaffe 9 mm Maschinenpistole ČSFR 484
ZK 383 9 mm Maschinenpistole Tschechoslowakei **482–485**DB
ZK 383 .45 Maschinenpistole Tschechoslowakei 484
ZK 383 H 9 mm Maschinenpistole Tschechoslowakei **482–485**B
ZK 383 P 9 mm Maschinenpistole Tschechoslowakei **482–485**
ZK 466-015 Versuchswaffe 9 mm Maschinenpistole ČSFR 484
ZK 476 Versuchswaffe 9 mm Maschinenpistole ČSFR 484
ZK 480 Versuchswaffe 9 mm Maschinenpistole ČSFR 484

Gewehre

5 Versuchswaffe 7,7 mm Selbstladegewehr Japan **340–341**B 558
12 7 mm Mehrladekarabiner Tschechoslowakei **488–493**DB
12/33 7 mm Mehrladekarabiner Tschechoslowakei 492
16/33 7,92 mm Mehrladekarabiner Tschechoslowakei **488–493**DB
31/55 7,5 mm Mehrlade-Scharfschützenkarabiner Schweiz 404 (s. Waffen »heute«)
33/40 (16/33) 7,92 mm Mehrladekarabiner Deutschland (Tschechoslowakei) 156 **488–493**DB
33/40 mit Klappkolben (16/33) 7,92 mm Mehrladekarabiner Deutschland (Tschechoslowakei) 491B 492
33/40 mit Zielfernrohr (16/33) 7,92 mm Mehrladekarabiner Deutschland (Tschechoslowakei) 491B 492
52 7,62 mm Selbstladegewehr ČSFR 492 493 (s. Waffen »heute«)
64 7,62 mm Schnellfeuergewehr Japan 340 (s. Waffen »heute«)
98 7,92 mm Mehrladegewehr Tschechoslowakei 489 490
98/22 7,92 mm Mehrladegewehr Tschechoslowakei **488–493**DB
98/23 7,92 mm Mehrladegewehr Tschechoslowakei 490
98/29 7 mm Mehrlademusketon Tschechoslowakei **488–493**B
98/29 7,92 mm Mehrladegewehr Tschechoslowakei **488–493**DB
98/29 7,92 mm Mehrlademusketon Tschechoslowakei **488–493**DB
98/40 (mod. 1935) 7,92 mm Mehrladegewehr Deutschland (Ungarn) 157 **526–527**DB
99 (Ersatzgewehr 99/2) 7,7 mm Mehrladegewehr Japan 339B 340
99 (Ersatzgewehr 99/3) 7,7 mm Mehrladegewehr Japan 339B 340
99 (Fallschirmjäger-Version) 7,7 mm Mehrladegewehr Japan 28 **338–340**B
99 (Kurzversion) 7,7 mm Mehrladegewehr Japan 28 **338–340**DB
99 (Scharfschützen-Version) 7,7 mm Mehrladegewehr Japan 28 337 **338–340**B
99 (Standardversion) 7,7 mm Mehrladegewehr Japan 28 **338–340**B 345 351
1891/30 7,62 mm Mehrladegewehr Sowjetunion 18 28 **431–436**DBSE 437 440
1891/30 7,62 mm Mehrlade-Scharfschützengewehr Sowjetunion 18B 28 156 **431–436**DB 442
1891/98/23 (mod. Mehrladegewehr Mosin 1891) 7,92 mm Mehrladekarabiner Polen (Rußland) 368
1891/98/25 (mod. Mehrladegewehr Mosin 1891) 7,92 mm Mehrladekarabiner Polen (Rußland) **367–368**B
1891/98/26 (mod. Mehrladegewehr Mosin 1891) 7,92 mm Mehrladekarabiner Polen (Rußland) 368
1896/38 6,5 mm Mehrladegewehr Schweden **380–382**BE
1896/41 mit Zielfernrohr 6,5 mm Mehrladegewehr Schweden **380–382**B
1898 7,92 mm Mehrladegewehr Polen **368–370**B
1898 7,92 mm Mehrladekarabiner Polen **368–370**
1898 a 7,92 mm Mehrladegewehr Polen **368–370**
1898 a 7,92 mm Mehrladekarabiner Polen **368–370**B
1911 (Schmidt-Rubin) 7,5 mm Mehrladekarabiner Schweiz 402 403 407
1923 7,92 mm Mehrladegewehr Tschechoslowakei 490
1923 A 7,92 mm Mehrladegewehr Tschechoslowakei 490
1924 7 mm Mehrladegewehr Tschechoslowakei **488–493**B
1924 7,65 mm Mehrladegewehr Tschechoslowakei **488–493**B
1924 7,92 mm Mehrladegewehr Jugoslawien 355
1924 7,92 mm Mehrladegewehr Tschechoslowakei 355 **488–493**DB 495
1924 7,92 mm Mehrladekarabiner Jugoslawien **355**
1924/27 7,62 mm Mehrladekarabiner Sowjetunion 431B 432
1929 7,92 mm Mehrladegewehr Jugoslawien **355**B
1929 7,92 mm Mehrladekarabiner Jugoslawien **355**
1929 7,92 mm Mehrladegewehr Polen 157 355 367 **368–370**DB
1931 7,5 mm Mehrladekarabiner Schweiz 78 400 **402–404**DBS 407 413
1931/42 7,5 mm Mehrlade-Scharfschützenkarabiner Schweiz 78 **402–404**DBS
1931/43 7,5 mm Mehrlade-Scharfschützenkarabiner Schweiz 78 **402–404**DBS
1935 8 mm Mehrladegewehr Ungarn 157 **526–527**B
1938 6,5 mm Mehrladegewehr Schweden **380–382**B
1938 7,62 mm Mehrladekarabiner Sowjetunion 19 28 **431–436**DB 442
1944 7,62 mm Mehrladekarabiner Sowjetunion 19 28 **431–436**DB
A 115 Versuchswaffe 7,92 mm Selbstladegewehr Deutschland 158 160 170
AK 4 7,62 mm Schnellfeuergewehr Schweden 382 (s. Waffen »heute«)
Arisaka 97 6,5 mm Mehrlade-Scharfschützengewehr Japan 28 76 **337**DB 338 340
Arisaka Meiji 30 6,5 mm Mehrladegewehr Japan 28 76 337
Arisaka Meiji 38 6,5 mm Mehrladegewehr Japan 28 76 337 338 339 340 485
Arisaka Meiji 38 6,5 mm Mehrladekarabiner Japan 338 340
Arisaka Meiji 38 (Fallschirmjäger-Version) 6,5 mm Mehrladekarabiner Japan 340
Arisaka Meiji 38 Testwaffe (von 1938) 7,7 mm Mehrladegewehr Japan 338
Arisaka Meiji 38 Testwaffe (von 1938) 7,7 mm Mehrladekarabiner Japan 338
Arisaka Meiji 44 (Fallschirmjäger-Version) Versuchswaffe 6,5 mm Mehrladekarabiner Japan 340
Arisaka Meiji 44 Testwaffe (von 1938) 7,7 mm Mehrladekarabiner Japan 338
Arisaka Schützengrabengewehr 6,5 mm Mehrladegewehr Japan 340
Beretta 1918/30 (MPi-Version) 9 mm Selbstladekarabiner Italien 312B 313
Beretta 1935 (MPi-Version) Versuchswaffe 9 mm Selbstladekarabiner Italien 313 317D
Beretta BM 59 7,62 mm Schnellfeuergewehr Italien 558 (s. Waffen »heute«)
Berthier Waffensystem (mod.) 7,5 mm Mehrladegewehre Frankreich 29 30B 249B 250D 252
Berthier 1907/15 M 34 7,5 mm Mehrladegewehr Frankreich 249B 250D
Carcano 1891/24 6,5 mm Mehrladekarabiner Italien 76 320B 322
Carcano 1891/38 6,5 mm Mehrladegewehr Italien 76 321B 322
Carcano 1891/41 6,5 mm Mehrladegewehr Italien 76 321B 322
Carcano 1938 6,5 mm Mehrladekarabiner Italien 76 322
Carcano 1938 (mod. Einheitsgewehr) 6,5 mm Mehrladegewehr Italien 76 **320–322**B
Carcano 1938 7,35 mm Mehrladekarabiner Italien 322
Carcano 1938 (Einheitsgewehr) 7,35 mm Mehrladegewehr Italien 28 76 **320–322**DB 325 326
Carcano 1938 (mod.) 7,92 mm Mehrladegewehr Italien/Deutschland 322
Carcano 1938 TS 6,5 mm Mehrladekarabiner Italien 76 321B 322
Carcano 1938 TS 7,35 mm Mehrladekarabiner Italien 321B 322
CETME Waffensystem 7,62 mm Schnellfeuergewehre Spanien 176 (s. Waffen »heute«)
CETME 7,62 mm Schnellfeuergewehr Spanien 166 (s. Waffen »heute«)

Register

Cristobal 2 .30 Schnellfeuergewehr Dominikanische Republik 524 (s. Waffen »heute«)
ČZ Typenreihe von Versuchswaffen 7,92 mm Selbstladegewehre Tschechoslowakei 497
ČZ 1937 Versuchswaffe 7,92 mm Selbstladegewehr Tschechoslowakei 497
ČZ 1938 Prototyp 7,62 mm Selbstladegewehr Tschechoslowakei 495B 497
ČZ 1939 7,92 mm Selbstladegewehr Tschechoslowakei 497
Degtjarjow 1925 Versuchswaffe 7,62 mm Schnellfeuergewehr Sowjetunion 439
Degtjarjow 1930 Versuchswaffe 7,62 mm Selbstladegewehr Sowjetunion 439
De Lisle .45 Mehrladekarabiner Großbritannien **285–286**DBS
Dragunow SWD 7,62 mm Selbstlade-Scharfschützengewehr Sowjetunion 434 440 (s. Waffen »heute«)
FA MAS F3 5,56 mm Schnellfeuergewehr Frankreich 166 (s. Waffen »heute«)
Farquhar-Hill 1924 Versuchswaffe .303 Schnellfeuergewehr (auch in Version als lMG) Großbritannien 280 281B 284D
FFV 890 C 5,56 mm Schnellfeuergewehr Schweden 382 (s. Waffen »heute«)
FG 42 7,92 mm Schnellfeuer-Fallschirmjägergewehr Deutschland 22B 31 32B 147 **164–167**DBS 170
FG 42 Ausführung 1 7,92 mm Schnellfeuer-Fallschirmjägergewehr Deutschland **164–167**DB
FG 42 Ausführung 2 7,92 mm Schnellfeuer-Fallschirmjägergewehr Deutschland **164–167**DB
FG 42 Ausführung 3 7,92 mm Schnellfeuer-Fallschirmjägergewehr Deutschland **164–167**DB
FG 42 mit Schießbecher (Granatgerät) 7,92 mm Schnellfeuer-Fallschirmjägergewehr Deutschland **164–167**DB
FG 42 mit Zielfernrohr 7,92 mm Schnellfeuer-Fallschirmjägergewehr Deutschland **164–167**DB
Fjodorow 1916 (Fjodorow-Automat) 6,5 mm Schnellfeuergewehr Rußland/Sowjetunion 29 436B 438D 439 443 444
Fjodorow 1925 Versuchswaffe 7,62 mm Schnellfeuergewehr Sowjetunion 439B
FN Mauser Waffensystem 6,5 mm, 7 mm, 7,65 mm, 7,92 mm Mehrladegewehre und Mehrladekarabiner Belgien **97–98**B
FN 1922 6,5 mm Mehrladekarabiner Belgien 97–98
FN 1922 7 mm Mehrladekarabiner Belgien 97–98
FN 1922 7,65 mm Mehrladekarabiner Belgien 97–98
FN 1922 7,92 mm Mehrladekarabiner Belgien 97–98
FN 1924 6,5 mm Mehrladekarabiner Belgien 97–98
FN 1924 7 mm Mehrladekarabiner Belgien 97–98
FN 1924 7,65 mm Mehrladekarabiner Belgien 97–98
FN 1924 7,92 mm Mehrladekarabiner Belgien 97–98
FN 1924/30 6,5 mm Mehrladekarabiner Belgien **97–98**B
FN 1924/30 7 mm Mehrladekarabiner Belgien **97–98**B
FN 1924/30 .30 Mehrladekarabiner Belgien 97–98
FN 1924/30 7,65 mm Mehrladekarabiner Belgien **97–98**B
FN 1924/30 7,92 mm Mehrladekarabiner Belgien **97–98**B 157 355
FN 1924/30 Trainingswaffe 5,6 mm Mehrladekarabiner Belgien **97–98**B
FN 1935 6,5 mm Mehrladegewehr Belgien **97–98**
FN 1935 7 mm Mehrladegewehr Belgien **97–98**
FN 1935 7,65 mm Mehrladegewehr Belgien **97–98**
FN 1935 7,92 mm Mehrladegewehr Belgien **97–98**
FN 1936 7,65 mm Mehrladegewehr Belgien **97–98**B
FN FAL 7,62 mm Schnellfeuergewehr Belgien 100 280 (s. Waffen »heute«)
G 35 Versuchswaffe 7,92 mm Selbstladegewehr Deutschland 158
G 41 M (Mauser) 7,92 mm Selbstladegewehr Deutschland 31 155 **157–160**DB 161
G 41 W (Walther) 7,92 mm Selbstladegewehr Deutschland 31 **157–160**DB 161 162 170
G 43 7,92 mm Selbstladegewehr Deutschland 31 156 157 160 **161–163**DBE 170 178
G 43 mit Zielfernrohr 7,92 mm Selbstladegewehr Deutschland **161–163**DB
Garand Versuchswaffe .276 Selbstladegewehr USA 557
Garand 1926 Versuchswaffe .30 Selbstladegewehr USA 556B 557
Hakim 42/49 (mod. Ljungman 1942 B) 7,92 mm Selbstladegewehr Ägypten (Schweden) 382
HK G3 Waffensystem 7,62 mm Schnellfeuergewehre Bundesrepublik Deutschland 176 (s. Waffen »heute«)
Janeček 1936 Versuchswaffe 7,92 mm Selbstladegewehr Tschechoslowakei 497
Jelen Versuchswaffe 7 mm Mehrladegewehr Tschechoslowakei 489
Jelen Versuchswaffe 7,92 mm Mehrladegewehr Tschechoslowakei 489
Johnson 1936 Versuchswaffe .30 Selbstladegewehr USA 558 559

Johnson 1938 Versuchswaffe .30 Selbstladegewehr USA 559
Johnson 1941 (mod.) 7 mm Selbstladegewehr USA 559
Johnson 1941 .30 Selbstladegewehr USA 30 553 **558–560**DB 575
K Versuchswaffen 7,92 mm Selbstladegewehre Tschechoslowakei 495
K 43 7,92 mm Selbstladegewehre Deutschland **161–163**DBE 170 178
K 43 mit Zielfernrohr 7,92 mm Selbstladegewehr Deutschland **161–163**DB
Kalaschnikow Waffensystem 5,45 mm und 7,62 mm Schnellfeuerkarabiner, Sturmgewehre (s. unter Maschinenpistolen)
Krag-Jörgensen Waffensystem 6,5 mm Mehrlade-Scharfschützengewehre Norwegen **358–359**B
Krag-Jörgensen 1923 6,5 mm Mehrlade-Scharfschützengewehr Norwegen **358–359**B
Krag-Jörgensen 1925 6,5 mm Mehrlade-Scharfschützengewehr Norwegen **358–359**B
Krag-Jörgensen 1930 6,5 mm Mehrlade-Scharfschützengewehr Norwegen **358–359**B
Krnka 1925 Versuchswaffe 7,92 mm Schnellfeuergewehr Tschechoslowakei 495
Krnka 1926 Versuchswaffe 7,92 mm Schnellfeuergewehr Tschechoslowakei 495
L 7 mm Mehrladekarabiner Tschechoslowakei **488–493**
L 7,65 mm Mehrladekarabiner Tschechoslowakei **488–493**
L 7,92 mm Mehrladekarabiner Tschechoslowakei **488–493**
L1 A1 7,62 mm Selbstladegewehr Australien 92 (s. Waffen »heute«)
L1 A1 7,62 mm Selbstladegewehr Großbritannien 280 283 (s. Waffen »heute«)
L 42 A1 7,62 mm Mehrlade-Scharfschützengewehr Großbritannien 283 (s. Waffen »heute«)
Lebel Waffensystem (mod.) 7,5 mm, 8 mm Mehrladegewehre und Mehrladekarabiner Frankreich 29 30B **248–250**DB 252
Lebel 1886/93 M 27 7,5 mm Mehrladegewehr Frankreich **248–250**D
Lebel 1886/93 R 35 8 mm Mehrladekarabiner Frankreich **248–250**DB
Lee-Enfield Waffensystem .303 Mehrladegewehre und Mehrladekarabiner Großbritannien 29 33B 86 92 **280–284**DBSE 294 297 357
Lee-Enfield Mk.5 (Nr.1 Mk.5) .303 Mehrladegewehr Großbritannien 280 281 283B
Lee-Enfield Mk.6 (Nr.1 Mk.6) .303 Mehrladegewehr Großbritannien 280 281
Lee-Enfield Nr.1 Mk.3 .303 Mehrladegewehr Australien 86 **92**B 281
Lee-Enfield Nr.1 Mk.3 .303 Mehrladegewehr Großbritannien 20B 29 86 92 270 **280–284**DBSE 285
Lee-Enfield Nr.2 Mk.4 Trainingswaffe .22 Mehrladegewehr Großbritannien 281 284D
Lee-Enfield Nr.4 Mk.1 .303 Mehrladegewehr Großbritannien 29 30B 92 **280–284**DB
Lee-Enfield Nr.4 Mk.1* .303 Mehrladegewehr Kanada 281 283 284
Lee-Enfield Nr.4 Mk.1* .303 Mehrladegewehr USA 281 283 284
Lee-Enfield Nr.4 Mk.1 T .303 Mehrlade-Scharfschützengewehr Großbritannien 283
Lee-Enfield Nr.5 Mk.1 .303 Mehrladekarabiner Großbritannien 29 **280–284**DB
Ljungman 1942 Prototyp 6,5 mm Selbstladegewehr Schweden 382–383
Ljungman 1942 B 6,5 mm Selbstladegewehr Schweden **382–383**DB
M1 7,62 mm Selbstladegewehr Italien 322 558 (s. Waffen »heute«)
M1 .30 Selbstladegewehr Italien 322 558 (s. Waffen »heute«)
M1 Carbine .30 Selbstladekarabiner USA 30 31B 78 252 553 558 559 **560–563**DBSE
M1 A1 Carbine .30 Selbstladekarabiner USA 30 **560–563**B
M1 A3 Carbine .30 Selbstladekarabiner USA 562
M1 A4 Carbine .30 Selbstladekarabiner USA 562
M1 Garand .30 Selbstladegewehr USA 19B 30 31B 157 252 322 340 341 438 497 553 555 **556–558**DBS 559 560 562 563
M1 Garand 1944 Testwaffe .30 Selbstladekarabiner USA 558
M1-C Garand mit Zielfernrohr .30 Selbstlade-Scharfschützengewehr USA 558
M1-D Garand mit Zielfernrohr .30 Selbstlade-Scharfschützengewehr USA 557B 558
M2 Carbine .30 Schnellfeuerkarabiner USA 30 **560–563**DB
M3 Carbine .30 Schnellfeuerkarabiner USA 30 **560–563**B
M 14 7,62 mm Schnellfeuergewehr USA 553 558 563 (s. Waffen »heute«)
Mannlicher Waffensystem 8 mm Mehrladegewehr, Mehrladekarabiner und Mehrladestutzen Tschechoslowakei **485–488**DB 489 490 493 497 499
Mannlicher 1895 8 mm Mehrladestutzen Tschechoslowakei **485–488**DB
Mannlicher 1895 (repariert) 8 mm Mehrladegewehr Tschechoslowakei **485–488**B
Mannlicher 1895 (repariert) 8 mm Mehrladekarabiner Tschechoslowakei **485–488**B 492
Mannlicher 1895/30 8 mm Mehrladestutzen Österreich 487

MAS 49 7,5 mm Selbstladegewehr Frankreich 253 (s. Waffen »heute«)
MAS 1932 A Prototyp (MAS 1936) 7,5 mm Mehrladegewehr Frankreich 251–253
MAS 1936 7,5 mm Mehrladegewehr Frankreich 29 78 249 250 **251–253**DBE
MAS 1936 CR 39 7,5 mm Mehrladegewehr Frankreich 251–253B
MAS 1936 Trainingswaffe 5,6 mm Mehrladegewehr Frankreich 253
MAS 1936/51 7,5 mm Mehrladegewehr Frankreich 251B 253
Mauser 98 (Gewehr 98) 7,92 mm Mehrladegewehr Deutschland 28 30B 80 106 140 151 152 153 249 338 368 369 483 486 489 490
Mauser 98 a (Karabiner 98 a) 7,92 mm Mehrladekarabiner Deutschland 28 151 152 153 156 368 369
Mauser 98 b (Karabiner 98 b) 7,92 mm Mehrladekarabiner Deutschland 28 **151–152**DB
Mauser 98 k (Karabiner 98 k) 7,92 mm Mehrladekarabiner Deutschland 21B 28 30B 97 98 131 147 150 152 **153–157**DBSE 160 161 164 165 170 172 177 178 180 355 370 492 526
Mauser 98 k (Karabiner 98 k) mit Klappkolben 7,92 mm Mehrladekarabiner Deutschland **153–157**
Mauser 98 k (Karabiner 98 k) mit Schießbecher (Gewehrgranatgerät) 7,92 mm Mehrladekarabiner Deutschland **153–157**B
Mauser 98 k (Karabiner 98 k) mit Zielfernrohr 7,92 mm Mehrladekarabiner Deutschland **153–157**B
Mauser-Gerät 06 H Versuchswaffe 7,92 mm Schnellfeuerkarabiner Deutschland 175–177DBS
(Mauser) Standardgewehr 1924 (Exportversion) 7,92 mm Mehrladekarabiner Deutschland **153–157**BS 355
(Mauser) Standardgewehr 1931 (Exportversion) 6,5 mm Mehrladekarabiner Deutschland **153–157**
(Mauser) Standardgewehr 1931 (Exportversion) 7 mm Mehrladekarabiner Deutschland **153–157**
(Mauser) Standardgewehr 1931 (Exportversion) 7,65 mm Mehrladekarabiner Deutschland **153–157**
(Mauser) Standardgewehr 1931 (Exportversion) 7,92 mm Mehrladekarabiner Deutschland **153–157**
Mauser Waffensystem 7 mm, 7,65 mm, 7,92 mm Mehrladegewehre, Mehrladekarabiner und Mehrlademusketon Tschechoslowakei 157 377 487 **488–493**DB 497 499 505
Mauser Waffensystem 7,92 mm Mehrladegewehre und Mehrladekarabiner Polen 366 367 **368–370**DB 372 375
Mkb 42 H (Haenel) Testwaffe/Prototyp 7,92 mm Schnellfeuerkarabiner Deutschland 32 167–175DB
Mkb 42 W (Walther) Testwaffe/Prototyp 7,92 mm Schnellfeuerkarabiner Deutschland 32 158 167–175DB
Mkb 43 M (Mauser) Versuchswaffe/Prototyp 7,92 mm Schnellfeuerkarabiner Deutschland 175–177
Mkb Vollmer 1935 Versuchswaffe 7,75 mm Schnellfeuerkarabiner Deutschland 170
Mkb Vollmer 1935/2 Versuchswaffe 7,75 mm Schnellfeuerkarabiner Deutschland 168B 170
Mkb Vollmer 1935/3 Versuchswaffe 7,75 mm Schnellfeuerkarabiner Deutschland 170 174D
Mosin 1891 7,62 mm Mehrladegewehr Finnland (Rußland) 28B 231 235
Mosin Waffensystem 7,62 mm Mehrladegewehre und Mehrladekarabiner Rußland/Sowjetunion 29 161 231 367 368 369 422 **431–436**DBSE 437 438 442 485 497
Mosin 1891 7,62 mm Mehrladegewehr Rußland/Sowjetunion 28 78 234 367 368 426 431 432 433 434 436 485
Mosin 1891 (mod.) 8 mm Mehrladegewehr Tschechoslowakei (Rußland) 486 487
MP 43 7,92 mm Schnellfeuerkarabiner Deutschland 32 167–175B 176
MP 43/1 7,92 mm Schnellfeuerkarabiner Deutschland 167–175B
MP 44 (Sturmgewehr 44) 7,92 mm Schnellfeuerkarabiner Deutschland 31 32B 80 155 158 165 167–175DBS 176 177 178
M Typ 1938 Versuchswaffe 7,92 mm Selbstladegewehr Polen 371
Netsch 1922 Versuchswaffe (auch ČZ 1924 genannt) 7,92 mm Selbstladegewehr Tschechoslowakei 494B
Pedersen 1926 Versuchswaffe .276 Selbstladegewehr USA 556B 557
Pedersen T2 E1 Versuchswaffe .276 Selbstladegewehr Großbritannien 280 281B 284D
Praga Versuchswaffe 7,92 mm Selbstladegewehr Tschechoslowakei 494B 495
Raschid 7,62 mm Selbstladegewehr Ägypten 382 (s. Waffen »heute«)
Reising 60 .45 Selbstladekarabiner USA 544 545B
S Versuchswaffe 7,92 mm Selbstladegewehr Tschechoslowakei 495
SAFN 49 7,92 mm Selbstladegewehr Belgien 98 (s. Waffen »heute«)
SIG 510 (Sturmgewehr 57) 7,5 mm Schnellfeuergewehr Schweiz 402 404 (s. Waffen »heute«)
SIG 510 Waffensystem 7,5 mm, 7,62 mm Schnellfeuergewehre Schweiz 402 (s. Waffen »heute«)

Simonow 1926 Versuchswaffe 7,62 mm Selbstladegewehr Sowjetunion 436
Simonow 1931 Versuchswaffe 7,62 mm Schnellfeuergewehr Sowjetunion 436 437
Simonow 1935 Versuchswaffe 7,62 mm Schnellfeuerkarabiner Sowjetunion 436
Simonow AWS 1936 7,62 mm Schnellfeuergewehr Sowjetunion 18 29 30 31B 157 161 434 **436–438**DBS 440 497
Simonow AWS 1936 mit Zielfernrohr 7,62 mm Schnellfeuergewehr Sowjetunion 434 437
Simonow SKS 45 7,62 mm Selbstladekarabiner Sowjetunion 437 440 (s. Waffen »heute«)
Springfield M 1903 .30 Mehrladegewehr USA 79 353 537 553 554 555E 556 557 559
Springfield M 1903 A1 .30 Mehrladegewehr USA 29 **553–555**DBE 556 559
Springfield M 1903 A3 .30 Mehrladegewehr USA 29 **553–555**BE 556
Springfield M 1903 A4 .30 Mehrlade-Scharfschützengewehr USA 29 **553–555**B 556
Steyr AUG 77 5,56 mm Schnellfeuergewehr Österreich 166 (s. Waffen »heute«)
Sturmgewehr 44 (MP 44) 7,92 mm Schnellfeuerkarabiner Deutschland 31 32B 80 155 158 165 **167–175**DBS 176 177 178
Sturmgewehr 44 (MP 44) mit gebogenem Lauf und Periskopvisier 7,92 mm Schnellfeuerkarabiner Deutschland 173 174B 175
Sturmgewehr 44 (MP 44) mit Schalldämpfer 7,92 mm Schnellfeuerkarabiner Deutschland 172 173
Sturmgewehr 45 M Prototyp 7,92 mm Schnellfeuerkarabiner Deutschland 32 155 **175–177**DB
Sturmgewehr 57 7,5 mm Schnellfeuergewehr Schweiz 402 404 (s. Waffen »heute«)
T3 (mod. M1 Carbine und M2 Carbine) .30 Schnellfeuerkarabiner USA 562
Tokarew 1921 Versuchswaffe 6,5 mm Selbstladekarabiner Sowjetunion 438
Tokarew 1925 Versuchswaffe 7,62 mm Schnellfeuergewehr Sowjetunion 439
Tokarew 1930 Versuchswaffe 7,62 mm Schnellfeuergewehr Sowjetunion 439B
Tokarew 1932 Versuchswaffe 7,62 mm Selbstladegewehr Sowjetunion 439B 440
Tokarew AWT 1940 7,62 mm Schnellfeuerkarabiner Sowjetunion 438–443DB
Tokarew SWT 1938 7,62 mm Selbstladegewehr Sowjetunion 18 29 30 157 161 419 437 **438–443**DBSE 497
Tokarew SWT 1940 7,62 mm Selbstladegewehr Sowjetunion 18 29 30 157 161 419 434 437 **438–443**DBSE 497
Tokarew SWT 1940 7,62 mm Selbstladekarabiner Sowjetunion 438–443B
Tokarew SWT 1940 mit Zielfernrohr 7,62 mm Selbstlade-Scharfschützengewehr Sowjetunion 434 438–443B
Typ 1 (mod. Mannlicher-Carcano) 6,5 mm Mehrladegewehr Japan (Italien) 340
Valmet Waffensystem 7,62 mm Schnellfeuergewehre Finnland 231 (s. Waffen »heute«)
Versuchswaffen 7,92 mm Selbstladegewehre Tschechoslowakei **493–498**B 502
Volkssturmgewehre und -karabiner 7,92 mm, verschiedene Modelle von Mehrladern, Selbstladern und Schnellfeuerwaffen Deutschland 157 **177–180**DB 340
Volkssturmgewehr 1–5 (Gustloff-Werke) 7,92 mm Selbstladekarabiner Deutschland **177–180**DB
Volkssturmgewehr (Hessische Industriewerke Wetzlar) 7,92 mm Mehrladegewehr Deutschland **177–180**B
Volkssturmgewehr (Steyr) 7,92 mm Mehrladegewehr Österreich/Deutschland **177–180**
Volkssturmkarabiner (Erfurter Maschinenfabrik) 7,92 mm Selbstladekarabiner Deutschland **177–180**
Volkssturmkarabiner (Hessische Industriewerke Wetzlar) 7,92 mm Selbstladekarabiner Deutschland **177–180**DB
Volkssturmkarabiner MP 45 7,92 mm Schnellfeuerkarabiner Deutschland **177–180**B
Volkssturmkarabiner (Steyr) 7,92 mm Mehrladekarabiner Österreich/Deutschland **177–180**
Volkssturmkarabiner (Walther) 7,92 mm Schnellfeuerkarabiner Deutschland **177–180**B
White Versuchswaffe .276 Selbstladegewehr USA 556B
Winchester 1941 Versuchswaffe/Prototyp (M1 Carbine) .30 Selbstladekarabiner USA 562
ZH Typenreihe von Versuchswaffen 7,92 mm Selbstladegewehre Tschechoslowakei 497
ZH 1929 7,92 mm Selbstladegewehr Tschechoslowakei 495B

Register

ZH 1929 Versuchswaffe 7 mm Selbstladegewehr Tschechoslowakei 495
ZH 1929 Versuchswaffe 7,92 mm Selbstladegewehr Tschechoslowakei 495
ZH 1937 Versuchswaffe 7,92 mm Selbstladegewehr Tschechoslowakei 497
ZH 1939 Versuchswaffe 7,92 mm Selbstladegewehr Tschechoslowakei 497
ZK 371 Versuchswaffe 7,92 mm Selbstladegewehr Tschechoslowakei 497
ZK 373 Versuchswaffe 7,92 mm Selbstladegewehr Tschechoslowakei 497
ZK 381 Versuchswaffe 7,5 mm Selbstladegewehr Tschechoslowakei 498
ZK 381 Versuchswaffe 7,92 mm Selbstladegewehr Tschechoslowakei 496B 497
ZK 381 Au Versuchswaffe 7,62 mm Selbstladegewehr Tschechoslowakei 496B 498
ZK 391 Versuchswaffe (von 1939) 7,92 mm Selbstladegewehr Tschechoslowakei 496B 498
ZK 391 Versuchswaffe (von 1943) 7,92 mm Selbstladegewehr Tschechoslowakei 498
ZK 420 Prototyp 7,92 mm Selbstladegewehr ČSFR 496B 498
ZK 420 Versuchswaffe 6,5 mm Selbstladegewehr ČSFR 498
ZK 420 Versuchswaffe 7 mm Selbstladegewehr ČSFR 498
ZK 420 Versuchswaffe 7,5 mm Selbstladegewehr ČSFR 498
ZK 420 Versuchswaffe .30 Selbstladegewehr ČSFR 496B 498
ZK 420 Versuchswaffe 7,65 mm Selbstladegewehr ČSFR 498
ZK 420 Versuchswaffe 7,92 mm Selbstladegewehr ČSFR 498
ZK 420 Versuchswaffe (von 1942) 7,92 mm Selbstladegewehr Tschechoslowakei 498
ZK 420 S 7,92 mm Schnellfeuergewehr ČSFR 496B 498
ZK 425 Versuchswaffe 7,92 mm Selbstladegewehr Tschechoslowakei 496B 498

Maschinengewehre

1 7,7 mm schweres Maschinengewehr Japan **345–347**DB
3 (MG 3) 7,62 mm Universal-Maschinengewehr Bundesrepublik Deutschland 33 105 199 325 (s. Waffen »heute«)
08 (MG 08) 7,92 mm schweres Maschinengewehr Deutschland 32 **180–182**DBS 183 185 188 189 203 346 372 373 404 455 498 501
08/15 (MG 08/15) 7,92 mm leichtes Maschinengewehr Deutschland 170 180 182 183 185 188 203 370 372 455 501
08/18 7,92 mm leichtes Maschinengewehr Deutschland 183 188
13 (Gerät 13, Dreyse 13) 7,92 mm leichtes Maschinengewehr Deutschland 186 203
13 a (Gerät 13 a, Dreyse 13) Versuchswaffe 7,92 mm leichtes Maschinengewehr Deutschland 183–186
13 b (Gerät 13 b) Prototyp (Dreyse 13) 7,92 mm leichtes Maschinengewehr Deutschland 183–186
14 (Gerät 14, Dreyse 14) Versuchswaffe 7,92 mm schweres Maschinengewehr Deutschland 203
15 7,92 mm Flugzeug-Maschinengewehr Deutschland 187 191 194 201–205DBS 206
15 7,92 mm leichtes Maschinengewehr (mod. Flugzeug-MG 15) Deutschland 187 191 **201–205**DB 210
16 (Gerät 16) Versuchswaffe 7,92 mm leichtes Maschinengewehr Deutschland 203
16 Versuchswaffe 7,92 mm Einheits-Maschinengewehr Deutschland 183 188B 203
17 7,92 mm Flugzeug-Maschinengewehr Deutschland 187 191 194 201–205B 206 208
17 7,92 mm leichtes Maschinengewehr (mod. Flugzeug-MG 17) Deutschland 187 191 **201–205** 210
24/29 (f) (Châtellerault 1924/29) 7,5 mm leichtes Maschinengewehr Deutschland (Frankreich) 256–259DBS
26 (t) (ZB 1926) 7,92 mm leichtes Maschinengewehr Deutschland (Tschechoslowakei) 501–507DBS
28 (p) (Browning 1928) 7,92 mm leichtes Maschinengewehr Deutschland (Polen) 370–372DB
30 (t) (ČZ 1930) 7,92 mm schweres Maschinengewehr Deutschland (Tschechoslowakei) 507–509DB
30 (t) (ZB 1930) 7,92 mm leichtes Maschinengewehr Deutschland (Tschechoslowakei) 501–507DB
34 (MG 34) 7,92 mm Universal-Maschinengewehr Deutschland 17 24B 32B 155 185 **188–195**DBS 197 199 200 203 208 217 455 458 492 506 514
34 (MG 34) 7,92 mm Universal-Maschinengewehr (Version als Fla-MG) Deutschland 33B **188–195**DBS
34 (MG 34) 7,92 mm Universal-Maschinengewehr (Version als Panzer-MG) Deutschland **188–195**BS
34/41 7,92 mm Universal-Maschinengewehr Deutschland **188–195**DB
34 S Versuchswaffe 7,92 mm Universal-Maschinengewehr 188–195B
37 (t) (ZB 1937) 7,92 mm schweres Maschinengewehr Deutschland (Tschechoslowakei) 510–514DBS
39 Versuchswaffe 7,92 mm Universal-Maschinengewehr Deutschland 197
39/41 Versuchswaffe/Prototyp (MG 42) 7,92 mm Universal-Maschinengewehr Deutschland 197–201
42 (MG 42) 7,92 mm Universal-Maschinengewehr Deutschland 22B 33 155 185 191 194 **197–201**DBSE 208 455 458 492 514 575
42 (MG 42) 7,92 mm Universal-Maschinengewehr (Version als Fla-MG) Deutschland **197–201**DBSE
42 (MG 42) 7,92 mm Universal-Maschinengewehr (Version als Panzer-MG) Deutschland **197–201**DSE
42 V Versuchswaffe/Prototyp 7,92 mm Universal-Maschinengewehr Deutschland 201
42/59 7,62 mm Universal-Maschinengewehr Italien 325 328 (s. Waffen »heute«)
45 Versuchswaffe/Prototyp 7,92 mm Universal-Maschinengewehr Deutschland 201
52 7,5 mm Universal-Maschinengewehr Frankreich 257 (s. Waffen »heute«)
52 7,62 mm leichtes Maschinengewehr ČSFR 507 (s. Waffen »heute«)
52/57 7,62 mm leichtes Maschinengewehr ČSFR 507 (s. Waffen »heute«)
53 7,62 mm leichtes Maschinengewehr China 449 (s. Waffen »heute«)
54 12,7 mm überschweres Maschinengewehr China 450 (s. Waffen »heute«)
54 .50 überschweres Maschinengewehr Pakistan 450 (s. Waffen »heute«)
57 7,62 mm schweres Maschinengewehr China 455 (s. Waffen »heute«)
59 7,62 mm Universal-Maschinengewehr ČSFR 514 (s. Waffen »heute«)
63 7,62 mm schweres Maschinengewehr China 455 (s. Waffen »heute«)
81 7,92 mm Flugzeug-Maschinengewehr Deutschland 155 194 205–208DBS 210
81 7,92 mm leichtes Maschinengewehr (mod. Flugzeug-MG 81) Deutschland 194 **205–208**DB 210
81 Z 7,92 mm Flugzeug-Maschinengewehr Deutschland 205–208DB
81 Z 7,92 mm leichtes Maschinengewehr (mod. Flugzeug-MG 81 Z) Deutschland **205–208**D
89 7,7 mm Heeres/Bord-Maschinengewehr (mod. lMG Nambu Taisho 11) Japan 344
89 7,7 mm leichtes Maschinengewehr (mod. Flugzeug-MG 89) Japan 344
89 7,7 mm leichtes Maschinengewehr (mod Heeres/Bord-MG 89, mod. lMG Nambu Taisho 11) Japan 344
91 6,5 mm leichtes Maschinengewehr (mod. Panzer-MG 91) Japan 341–344B
91 6,5 mm Panzer-Maschinengewehr (mod. lMG Nambu Taisho 11) Japan 341–344B
92 7,7 mm schweres Marine/Bord-Maschinengewehr Japan 345 **347**DB
92 7,7 mm schweres Maschinengewehr Japan 22B **345–347**DB
93 13,2 mm überschweres Maschinengewehr Japan **348**DB
93 13,2 mm überschweres Maschinengewehr (Version als Fla-MG) Japan 348
96 6,5 mm leichtes Maschinengewehr Japan 76 343 **349–350**DB
97 7,7 mm leichtes Maschinengewehr (mod. Panzer-MG 97, mod. lMG ZB 1926) Japan 344
97 7,7 mm Panzer-Maschinengewehr (mod. lMG ZB 1926) Japan 344B
99 7,7 mm leichtes Maschinengewehr Japan **350–352**DB
120 (r) (Degtjarjow DP 1928) 7,62 mm leichtes Maschinengewehr Deutschland (Sowjetunion) 445–449DBS
120/2 (r) (Degtjarjow DPM 1944) 7,62 mm leichtes Maschinengewehr Deutschland (Sowjetunion) 445–449B
131 13 mm Flugzeug-Maschinengewehr Deutschland 194 208–210DB
131 13 mm Panzer-Maschinengewehr (mod. Flugzeug-MG 131) Deutschland 208–210B
131 13 mm überschweres Maschinengewehr (mod. Flugzeug-MG 131) Deutschland 194 **208–210**B
151 15 mm Flugzeug-Maschinengewehr Deutschland 155 194 208 210–214DBS
151/20 20 mm Flugzeug-Maschinengewehr Deutschland 194 208 210–214DB
151/20 20 mm überschweres Maschinengewehr (mod. Flugzeug-MG 151/20) Deutschland 194 208 **210–214**B
151/20 20 mm überschweres Maschinengewehr (mod. Flugzeug-MG 151/20, Version als Fla-MG) Deutschland 194 208 **210–214**B
158 (d) (Madsen 1903/24) 8 mm leichtes Maschinengewehr Deutschland (Dänemark) 102–105DB
159 (d) (Madsen 1924) 8 mm leichtes Maschinengewehr Deutschland (Dänemark) 102–105
944 (MG 34) 7,92 mm Universal-Maschinengewehr Portugal (Deutschland) 195
1907/24 (mod. Schwarzlose) 7,92 mm schweres Maschinengewehr Tschechoslowakei **498–501** 510 511 512 513

1909/21 7,62 mm schweres Maschinengewehr Finnland 234 235
1910/28 (mod. Maxim PM 1910) 7,92 mm schweres Maschinengewehr Polen (Rußland) 372B 373
1914/29 (mod. Schwarzlose) 7,92 mm schweres Maschinengewehr Schweden (Tschechoslowakei) 383 384
1914/29 (Schwarzlose) 6,5 mm schweres Maschinengewehr Schweden 77
1921 7,62 mm schweres Maschinengewehr Finnland **234–236**DB
1922 Prototyp (mod. Flugzeug-MG Gast) 13 mm überschweres Maschinengewehr Deutschland 514
1924 (mod. Schwarzlose) 7,92 mm schweres Maschinengewehr Tschechoslowakei 383 384 **498–501**DB 510 511 512 513
1925 7,92 mm (mod. Hotchkiss 1914) schweres Maschinengewehr Polen 373B
1925 (Furrer) 7,5 mm leichtes Maschinengewehr Schweiz 78 183 **404–407**DB 409 410
1929 Versuchswaffe 13,4 mm überschweres Maschinengewehr Tschechoslowakei 515
1929 Versuchswaffe 14,5 mm überschweres Maschinengewehr Tschechoslowakei 515
1930 (Steyr-Solothurn S2-200) 7,92 mm leichtes Maschinengewehr Österreich/Deutschland **186–187**DBS 214 **361** 402
1930 (Steyr-Solothurn S2-200) 8 mm leichtes Maschinengewehr Österreich/Deutschland **186–187**DBS 214 **361** 402
1930 Versuchswaffe 7,92 mm schweres Maschinengewehr Tschechoslowakei 511
1931 (Châtellerault 1924/29) 7,5 mm Panzer-Maschinengewehr Frankreich 258B 259
1931 (Steyr-Solothurn S2-200) 7,92 mm leichtes Maschinengewehr Ungarn (Deutschland/Schweiz) 187
1931 Versuchswaffe 7,62 mm leichtes Maschinengewehr Sowjetunion 448
1932/33 7,62 mm schweres Maschinengewehr Finnland **234–236**DB
1933 Versuchswaffe 14,5 mm überschweres Maschinengewehr Tschechoslowakei 515
1934 (Châtellerault 1924/29) 7,5 mm Flugzeug-Maschinengewehr Frankreich 259
1934 T (Châtellerault 1924/29) 7,5 mm Flugzeug-Maschinengewehr Frankreich 259
1934/39 (Châtellerault 1924/29) 7,5 mm Flugzeug-Maschinengewehr Frankreich 259
1934 Versuchswaffe 7,62 mm leichtes Maschinengewehr Sowjetunion 448
1935 20 mm überschweres Maschinengewehr (Panzerbüchse Oerlikon) Tschechoslowakei (Schweiz) 516
1936 20 mm überschweres Maschinengewehr (Panzerbüchse Oerlikon) Tschechoslowakei (Schweiz) 516
1938 Versuchswaffe 7,62 mm leichtes Maschinengewehr Sowjetunion 448
1943 7,5 mm schweres Maschinengewehr Schweiz 78 **409–410**DB
Aswan (Gorjunow SG 1943) 7,62 mm schweres Maschinengewehr Ägypten (Sowjetunion) 455
Berthier (Exportversion) .303 leichtes Maschinengewehr Großbritannien 286
Besa 7,92 mm schweres Maschinengewehr Großbritannien 289 **294–295**DB 296 297 511
Besa 7,92 mm schweres Maschinengewehr (Version als Panzer-MG) Großbritannien **294–295**B 511
Besa Mk.1 7,92 mm schweres Maschinengewehr Großbritannien **294–295**
Besa Mk.2 7,92 mm schweres Maschinengewehr Großbritannien **294–295**
Besa Mk.3 7,92 mm schweres Maschinengewehr Großbritannien **294–295**D
Besa (ZB 60) 15 mm überschweres Maschinengewehr Großbritannien (Tschechoslowakei) 295B
Besal Mk.1 Prototyp .303 leichtes Maschinengewehr Großbritannien 294 **295–297**
Besal Mk.2 Prototyp .303 leichtes Maschinengewehr Großbritannien **295–297**DB
Breda 1924 Versuchswaffe 6,5 mm leichtes Maschinengewehr Italien 322
Breda 1926 6,5 mm leichtes Maschinengewehr Italien 322 323B 324D
Breda 1928 6,5 mm leichtes Maschinengewehr Italien 323
Breda 1930 6,5 mm leichtes Maschinengewehr Italien 76 **322–325**DB 326 328
Breda 1930 (Exportversion) 7,92 mm leichtes Maschinengewehr Italien 323
Breda 1930 Testwaffe 7,35 mm leichtes Maschinengewehr Italien 325
Breda 1937 8 mm schweres Maschinengewehr Italien 76 323 325 **326–329**DB
Breda 1938 8 mm Panzer-Maschinengewehr (mod. sMG Breda 1937) Italien 329B
Bren .303 leichtes Maschinengewehr Australien 86 289
Bren .303 leichtes Maschinengewehr Großbritannien 21B 33B 34 86 257 287 **289–293**DBS 294 295 296 297 357 506
Bren .303 leichtes Maschinengewehr Kanada 289
Bren .303 leichtes Maschinengewehr (Version als Fla-MG) Großbritannien **289–293**B
Bren .303 leichtes Maschinengewehr (Version als Panzer-MG) Großbritannien **289–293**B
Bren 7,92 mm leichtes Maschinengewehr Kanada 289
Bren L4 Waffensystem 7,62 mm leichte Maschinengewehre Großbritannien 291 (s. Waffen »heute«)
Bren Mk.1 .303 leichtes Maschinengewehr Großbritannien **289–293**DB
Bren Mk.2 .303 leichtes Maschinengewehr Großbritannien **289–293**BS
Bren Mk.3 .303 leichtes Maschinengewehr Großbritannien **289–293**DB
Browning 1921 6,5 mm leichtes Maschinengewehr Schweden 77 99 **383**DB 566
Browning 1928 7,92 mm leichtes Maschinengewehr Polen 99 **370–372**DB 375 566
Browning 1930 7,92 mm schweres Maschinengewehr Polen **372–375**DB
Browning 1930 A 7,92 mm schweres Maschinengewehr Polen **372–375**DB
Browning 1936 6,5 mm schweres Maschinengewehr Schweden 77 383 **394–385**DB
Browning 1936 7,92 mm schweres Maschinengewehr Schweden 383 **384–385**DB
Browning BAR Waffensystem .30 leichte Maschinengewehre USA 34B 98 **564–566**DB
Browning BAR M 1918 .30 leichtes Maschinengewehr USA 98 183 256 257 286 287 289 383 493 502 505 559 564 565B 569 574 575
Browning BAR M 1918 A1 .30 leichtes Maschinengewehr USA 34 99 **564–566**DB 574 575
Browning BAR M 1918 A2 .30 leichtes Maschinengewehr USA 34 99 **564–566**DB 574 575
Browning BAR M 1922 .30 leichtes Maschinengewehr USA 99 183 370 371 505 **564–566**DB 572 574 575
Browning M2 .50 überschweres Maschinengewehr USA 34 81 **566–569**DB
Browning M2 .50 überschweres Maschinengewehr (Version als Fla-MG) USA 81 567 568
Browning M2 .50 überschweres Maschinengewehr (Version als Flugzeug-MG) USA 81 567
Browning M2 .50 überschweres Maschinengewehr (Version als Panzer-MG) USA 81 567
Browning M2 HB .50 überschweres Maschinengewehr USA 34 81 449 **566–569**DB
Browning M2 HB .50 überschweres Maschinengewehr (Version als Fla-MG) USA 81 567 568B
Browning M2 HB .50 überschweres Maschinengewehr (Version als Flugzeug-MG) USA 81 567
Browning M2 HB .50 überschweres Maschinengewehr (Version als Panzer-MG) USA 81 567
Browning M2 HQCB 12,7 mm überschweres Maschinengewehr Belgien 568 (s. Waffen »heute«)
Browning M 1917 .30 schweres Maschinengewehr USA 81 99 373 384 455 564 567 569B 571 572
Browning M 1917 (mod.) Versuchswaffe 11 mm schweres Maschinengewehr USA 566
Browning M 1917 A1 .30 schweres Maschinengewehr USA 99 455 **569–571**DB 572
Browning M 1919 .30 Panzer-Maschinengewehr (mod. sMG Browning M 1917) USA 572
Browning M 1919 Versuchswaffe .30 Flugzeug-Maschinengewehr (mod. sMG Browning M 1917) USA 572
Browning M 1919 A1 .30 Panzer-Maschinengewehr (mod. sMG Browning M 1917) USA 572
Browning M 1919 A2 .30 Kavallerie-Maschinengewehr (mod. sMG Browning M 1917) USA 564 572
Browning M 1919 A2 .30 Panzer-Maschinengewehr (mod. sMG Browning M 1917) USA 572
Browning M 1919 A3 .30 Panzer-Maschinengewehr (mod. sMG Browning M 1917) USA 572
Browning M 1919 A4 .30 schweres Maschinengewehr USA 34 564 571 **572–575**DBS
Browning M 1919 A4 .30 schweres Maschinengewehr (Version als Fla-MG) USA 572 573
Browning M 1919 A4 .30 schweres Maschinengewehr (Version als Flugzeug-MG) USA 572
Browning M 1919 A4 .30 schweres Maschinengewehr (Version als Panzer-MG) USA 572 573B

Register

Browning M 1919 A5 .30 Panzer-Maschinengewehr (mod. sMG Browning M 1919 A4) USA 572

Browning M 1919 A6 .30 leichtes Maschinengewehr USA 572 574B 575D

Browning M 1919 A6 E1 Versuchswaffe .30 leichtes Maschinengewehr USA 572

Browning M 1919 M2 .30 Flugzeug-Maschinengewehr (mod. sMG Browning M 1917) USA 572 573B

Browning M 1921 .50 überschweres Maschinengewehr USA 81 567

Browning M 1921 .50 überschweres Maschinengewehr (Version als Fla-MG) USA 81 567

Browning M 1921 .50 überschweres Maschinengewehr (Version als Flugzeug-MG) USA 81 567

Browning M 1921 .50 überschweres Maschinengewehr (Version als Panzer-MG) USA 81 567

Browning M 1921 A1 .50 überschweres Maschinengewehr USA 81 567

Browning M 1921 A1 .50 überschweres Maschinengewehr (Version als Fla-MG) USA 81 567

Browning M 1921 A1 .50 überschweres Maschinengewehr (Version als Flugzeug-MG) USA 81 567

Browning M 1921 A1 .50 überschweres Maschinengewehr (Version als Panzer-MG) USA 81 567

Châtellerault 1924 7,5 mm leichtes Maschinengewehr Frankreich 78 249 251 256 257

Châtellerault 1924/29 7,5 mm leichtes Maschinengewehr Frankreich 78 249 251 253 **256–259**DBS 370

Châtellerault 1924/29 7,5 mm leichtes Maschinengewehr (Version als Fla-MG) Frankreich 256–259BS

Chauchat 1915 8 mm leichtes Maschinengewehr Frankreich 183 254 256 286 370 372 443 498 501 564

Colt-Browning M 1938 (mod. Browning M 1917) .30 schweres Maschinengewehr USA 571

Colt-Browning M 1938 B (mod. Browning M 1917 A1) .30 schweres Maschinengewehr USA 571

Colt-Browning M 1938 B (mod. Browning M 1917 A1) 7,92 mm schweres Maschinengewehr USA 570B 571D

ČZ 1928 7,92 mm Flugzeug-Maschinengewehr Tschechoslowakei 507

ČZ 1930 7,92 mm schweres Maschinengewehr Tschechoslowakei **507–509**DB 511

ČZ 1930 7,92 mm schweres Maschinengewehr (Version als Fla-MG) Tschechoslowakei **507–509**DB

ČZ 1930 (Zwilling) 7,92 mm schweres Maschinengewehr Tschechoslowakei 509B

Darne 1922 6,5 mm leichtes Maschinengewehr Frankreich 253 254B

Darne 1922 7 mm leichtes Maschinengewehr Frankreich 253 254B

Darne 1922 7,5 mm leichtes Maschinengewehr Frankreich 253 254B

Darne 1922 7,92 mm leichtes Maschinengewehr Frankreich 253 254B

Darne 1922 8 mm leichtes Maschinengewehr Frankreich 253 254B

Degtjarjow 1923 Versuchswaffe 7,62 mm leichtes Maschinengewehr Sowjetunion 445

Degtjarjow 1924 Versuchswaffe 7,62 mm leichtes Maschinengewehr Sowjetunion 445

Degtjarjow 1930 Testwaffe/Prototyp (DK) 12,7 mm überschweres Maschinengewehr Sowjetunion 449

Degtjarjow 1930 Versuchswaffe 7,62 mm schweres Maschinengewehr Sowjetunion 452

Degtjarjow 1938 Testwaffe/Prototyp (DS 1939) 7,62 mm schweres Maschinengewehr Sowjetunion 452

Degtjarjow 1943 Versuchswaffe 7,62 mm leichtes Maschinengewehr Sowjetunion 448

Degtjarjow DA-2 7,62 mm Flugzeug-Maschinengewehr (mod. lMG Degtjarjow DP 1928) Sowjetunion 447

Degtjarjow DA 1928 7,62 mm Flugzeug-Maschinengewehr (mod. lMG Degtjarjow DP 1928) Sowjetunion 447

Degtjarjow DA 1930 7,62 mm Flugzeug-Maschinengewehr (mod. lMG Degtjarjow DP 1928) Sowjetunion 447

Degtjarjow DK 12,7 mm überschweres Maschinengewehr Sowjetunion 449 452

Degtjarjow DP 1928 7,62 mm leichtes Maschinengewehr Sowjetunion 18B 27B 31B 34 183 375 444 **445–449**DBS 452

Degtjarjow DPM 1944 7,62 mm leichtes Maschinengewehr Sowjetunion 34 375 **445–449**B 452

Degtjarjow DS 1939 7,62 mm schweres Maschinengewehr Sowjetunion **451–454**DB 455

Degtjarjow DS 1939 7,62 mm schweres Maschinengewehr (Version als Fla-MG) Sowjetunion 454

Degtjarjow DT 1929 7,62 mm Panzer-Maschinengewehr (mod. lMG Degtjarjow DP 1928) Sowjetunion 447B

Degtjarjow RPD 7,62 mm leichtes Maschinengewehr Sowjetunion 375 448 449 (s. Waffen »heute«)

Degtjarjow-Schpagin DSchK 1938 12,7 mm überschweres Maschinengewehr Sowjetunion 18 34 81 82 424 **449–451**DB 452 459

Degtjarjow-Schpagin DSchK 1938 12,7 mm überschweres Maschinengewehr (Version als Fla-MG) Sowjetunion 33B 450 451

Degtjarjow-Schpagin DSchK 1938/46 12,7 mm überschweres Maschinengewehr Sowjetunion 450 (s. Waffen »heute«)

DP 7,62 mm leichtes Maschinengewehr Polen 449 (s. Waffen »heute«)

DPM 7,62 mm leichtes Maschinengewehr Polen 449 (s. Waffen »heute«)

Dreyse 13 7,92 mm leichtes Maschinengewehr Deutschland **183–186**DBS 187 188 189 190 197 203 445

Dreyse 13 k 7,92 mm leichtes Maschinengewehr Deutschland **183–186**DS

Dreyse 13 kd 7,92 mm leichtes Maschinengewehr Deutschland **183–186**DBS

Dreyse-Muskete 1928/29 Versuchswaffe 7,92 mm leichtes Maschinengewehr Deutschland 183–186 189

Dror (Johnson 1944) .30 leichtes Maschinengewehr Israel (USA) 575 576B

Fiat-Revelli 1914/35 8 mm schweres Maschinengewehr Italien 76 323 **325–326**DB

Fjodorow-Degtjarjow 1921 Versuchswaffe 6,5 mm leichtes Maschinengewehr Sowjetunion 443

Fjodorow-Degtjarjow 1922 Versuchswaffe (luftgekühlt) 6,5 mm leichtes Maschinengewehr Sowjetunion 443 444

Fjodorow-Degtjarjow 1922 Versuchswaffe (wassergekühlt) 6,5 mm leichtes Maschinengewehr Sowjetunion 443 444

Fjodorow-Schpagin 1922 Versuchswaffe (Zwilling) 6,5 mm leichtes Maschinengewehr Sowjetunion 444

FN Browning Waffensystem 7 mm , .30, 7,65 mm, 7,92 mm leichte und schwere Maschinengewehre Belgien **98–100**DB 565

FN 1917 7 mm schweres Maschinengewehr Belgien **98–100**D

FN 1917 7,65 mm schweres Maschinengewehr Belgien **98–100**D

FN 1917 7,92 mm schweres Maschinengewehr Belgien **98–100**D

FN 1928 7 mm leichtes Maschinengewehr Belgien **98–100**

FN 1928 7,65 mm leichtes Maschinengewehr Belgien **98–100**

FN 1928 7,92 mm leichtes Maschinengewehr Belgien **98–100** 183 370 565

FN 1930 7 mm leichtes Maschinengewehr Belgien **98–100** 565

FN 1930 7,65 mm leichtes Maschinengewehr Belgien **98–100** 565

FN 1930 7,92 mm leichtes Maschinengewehr Belgien **98–100** 370 565

FN D 7 mm leichtes Maschinengewehr Belgien **98–100**DB

FN D .30 leichtes Maschinengewehr Belgien **98–100**DB

FN D 7,65 mm leichtes Maschinengewehr Belgien **98–100**DB 565

FN D 7,92 mm leichtes Maschinengewehr Belgien **98–100**DB

FN MAG 7,62 mm Universal-Maschinengewehr Belgien 100 385 (s. Waffen »heute«)

Gorjunow 1941 Versuchswaffe 7,62 mm schweres Maschinengewehr Sowjetunion 455

Gorjunow 1942 Prototyp (SG 1943) 7,62 mm schweres Maschinengewehr Sowjetunion 455

Gorjunow SG 1943 7,62 mm schweres Maschinengewehr Sowjetunion 34 375 452 **454–458**DBS

Gorjunow SG 1943 7,62 mm schweres Maschinengewehr (Version als Fla-MG) Sowjetunion 458

Gorjunow SG 1943 B 7,62 mm schweres Maschinengewehr Sowjetunion **454–458**

Gorjunow SGM 7,62 mm schweres Maschinengewehr Sowjetunion 455 (s. Waffen »heute«)

Gorjunow SGMB 7,62 mm Panzer-Maschinengewehr (mod. sMG Gorjunow SGM) Sowjetunion 455 (s. Waffen »heute«)

Gorjunow SGMT 7,62 mm Panzer-MG (mod. sMG Gorjunow SGM) Sowjetunion 455 (s. Waffen »heute«)

Gorjunow SGT 7,62 mm Panzer-MG (mod. sMG Gorjunow SG 1943) Sowjetunion 455

H Versuchswaffe 20 mm überschweres Maschinengewehr/Maschinenkanone Tschechoslowakei 515

Hotchkiss 1914/25 8 mm schweres Maschinengewehr Frankreich 254

Hotchkiss Waffensystem 6,5 mm, 7 mm, 7,5 mm, 7,92 mm, 8 mm leichte Maschinengewehre Frankreich **253–256**DBS

Hochkiss 1922 6,5 mm leichtes Maschinengewehr Frankreich **253–256**B

Hotchkiss 1922 7 mm leichtes Maschinengewehr Frankreich **253–256**B

Hotchkiss 1922 7,5 mm leichtes Maschinengewehr Frankreich **253–256**B

Hotchkiss 1922 7,92 mm leichtes Maschinengewehr Frankreich **253–256**B 370 505

Hotchkiss 1922 8 mm leichtes Maschinengewehr Frankreich **253–256**B

Hotchkiss 1925 7 mm leichtes Maschinengewehr Frankreich **253–256**

Hotchkiss 1926 8 mm leichtes Maschinengewehr Frankreich **253–256**DBS

Janeček Versuchswaffe 20 mm überschweres Maschinengewehr/Maschinenkanone Tschechoslowakei 515

Register

Jelen 1922 Versuchswaffe 7,92 mm schweres Maschinengewehr Tschechoslowakei 510

Johnson 1941 .30 leichtes Maschinengewehr USA 559 565 574 **575–576**DB

Johnson 1944 Testwaffe .30 leichtes Maschinengewehr USA 575 576

Kalaschnikow PK/PKS 7,62 mm Universal-Maschinengewehr Polen 375 (s. Waffen »heute«)

Kalaschnikow PK/PKS Waffensystem 7,62 mm schwere Maschinengewehre Sowjetunion 375 430 458 (s. Waffen »heute«)

Kalaschnikow PK/PKS 7,62 mm Universal-Maschinengewehr Sowjetunion 375 430 458 (s. Waffen »heute«)

Kalaschnikow PKM/PKMS Waffensystem 7,62 mm schwere Maschinengewehre Sowjetunion 430 458 (s. Waffen »heute«)

Kalaschnikow RPK 7,62 mm leichtes Maschinengewehr Sowjetunion 430 440 448 449 (s. Waffen »heute«)

Knorr-Bremse 1935/36 7,92 mm leichtes Maschinengewehr Deutschland/Österreich **195–197**DB

Kulspruta M 58 6,5 mm Universal-Maschinengewehr Schweden 385 (s. Waffen »heute«)

Kulspruta M 58 7,62 mm Universal-Maschinengewehr Schweden 385 (s. Waffen »heute«)

L7 A1 7,62 mm Universal-Maschinengewehr Großbritannien 287 (s. Waffen »heute«)

Lahti 1926 7,62 mm leichtes Maschinengewehr Finnland 34 **236–237**DB

Lahti 1926 (Exportversion) .303 leichtes Maschinengewehr Finnland 236–237B

Lahti 1926 (Exportversion) 7,92 mm leichtes Maschinengewehr Finnland 236–237B

Lahti 1934 Versuchswaffe 7,62 mm leichtes Maschinengewehr Finnland 236

Lewis 1920 6,5 mm leichtes Maschinengewehr Rumänien 77

Lewis 1924 6,5 mm leichtes Maschinengewehr Frankreich 253 254B

Lewis 1924 7 mm leichtes Maschinengewehr Frankreich 253 254B

Lewis 1924 7,5 mm leichtes Maschinengewehr Frankreich 253 254B

Lewis 1924 7,92 mm leichtes Maschinengewehr Frankreich 253 254B 370

Lewis 1924 8 mm leichtes Maschinengewehr Frankreich 253 254B

Lewis Mk.4 .303 leichtes Maschinengewehr (mod. Flugzeug-MG Lewis) Großbritannien 287B

LH 1933 7,92 mm leichtes Maschinengewehr Finnland 195–197B

LH 1933 Testwaffe 6,5 mm leichtes Maschinengewehr Schweden 195–197B

M 60 7,62 mm Universal-Maschinengewehr USA 166 199 565 575 (s. Waffen »heute«)

Madsen Waffensystem 6,5 mm, 7,62 mm, 7,92 mm, 8 mm leichte und Universal-Maschinengewehre Dänemark 34 **102–105**DBS

Madsen 1903/24 7,92 mm leichtes Maschinengewehr Dänemark **102–105**B 183 188

Madsen 1903/24 8 mm leichtes Maschinengewehr Dänemark **102–105**DB

Madsen 1922 8 mm leichtes Maschinengewehr Frankreich 253

Madsen 1924 7,92 mm leichtes Maschinengewehr Dänemark **102–105** 370

Madsen 1924 7,92 mm Universal-Maschinengewehr Dänemark **102–105**DBS

Madsen 1924 8 mm leichtes Maschinengewehr Dänemark **102–105** 287 289

Madsen-Saetter Waffensystem 7,62 mm, 12,7 mm leichte, schwere und überschwere Maschinengewehre Dänemark 105 (s. Waffen »heute«)

MAS 1922 7,5 mm leichtes Maschinengewehr Frankreich 253

Mauser (1931 und 1932) Versuchswaffen 7,92 mm leichte Maschinengewehre Deutschland 189B 190

Maxim-Kolesnikow MK Versuchswaffe 7,62 mm leichtes Maschinengewehr Sowjetunion 444

Maxim PM 1910 7,62 mm schweres Maschinengewehr Rußland/Sowjetunion 18 19B 372 373 431 444 445 451 452 453B 454 455 458 498 514

Maxim-Tokarew MT 7,62 mm leichtes Maschinengewehr Sowjetunion **443–445**DB

Maxim Waffensystem 7,62 mm schwere Maschinengewehre Finnland **234–236**DB

Nambu Taisho 11 6,5 mm leichtes Maschinengewehr Japan 76 183 **341–344**DB 345 349 350

NTK 62 7,62 mm Universal-Maschinengewehr Japan 352 (s. Waffen »heute«)

Praga 1 Versuchswaffe 7,92 mm leichtes Maschinengewehr Tschechoslowakei 502B 504

Praga 1/23 Versuchswaffe 7,92 mm leichtes Maschinengewehr Tschechoslowakei 504 510

Praga 2 Versuchswaffe 7,92 mm leichtes Maschinengewehr Tschechoslowakei 502

Praga 1924 Prototyp (ZB 1926) 7,92 mm leichtes Maschinengewehr Tschechoslowakei 370 495 501–507DB

Praga 1924 Versuchswaffe 7,92 mm schweres Maschinengewehr Tschechoslowakei 510

RP 46 7,62 mm Kompanie-Maschinengewehr Sowjetunion 447 448 (s. Waffen »heute«)

RPD 7,62 mm leichtes Maschinengewehr Polen 375 (s. Waffen »heute«)

Safat 6,5 mm Flugzeug-Maschinengewehr Italien 323

Safat 6,5 mm leichtes Maschinengewehr (mod. Flugzeug-MG) Italien 323

Schpagin 1922 Versuchswaffe (Zwilling) 6,5 mm leichtes Maschinengewehr Sowjetunion 444

Schwarzlose Waffensystem (mod.) 7,92 mm schwere Maschinengewehre Tschechoslowakei **498–501**DB 510 512 513

Semag 20 mm überschweres Maschinengewehr/Maschinenkanone Schweiz 515

SIG KE 7 7 mm leichtes Maschinengewehr Schweiz 34 407–409B 524

SIG KE 7 7,65 mm leichtes Maschinengewehr Schweiz 34 407–409B 524

SIG KE 7 .303 leichtes Maschinengewehr Schweiz 34 407–409B 524

SIG KE 7 7,92 mm leichtes Maschinengewehr Schweiz 34 **407–409**DB 524

SIG KE 7 8 mm leichtes Maschinengewehr Schweiz 34 407–409B 524

SG 43 (Gorjunow SG 1943) 7,62 mm schweres Maschinengewehr ČSFR (Sowjetunion) 455

SG 43 (Gorjunow SG 1943) 7,62 mm schweres Maschinengewehr Polen (Sowjetunion) 455

SGMG (Gorjunow SG 1943) 7,62 mm schweres Maschinengewehr Ungarn (Sowjetunion) 455

Solothurn S2-100 7,92 mm leichtes Maschinengewehr Deutschland/Schweiz **186–187**B 214 361 392 **409** 410

Solothurn S2-100 8 mm leichtes Maschinengewehr Deutschland/Schweiz **186–187**B 214 361 392 **409** 410

Solothurn S2-100 (1929) 7,92 mm leichtes Maschinengewehr Deutschland/Schweiz **186–187**B 214 361 **409** 410

Solothurn S2-200 7,92 mm leichtes Maschinengewehr Deutschland/Schweiz **186–187**DBS 188 190 191 194 203 210 214 361 392 **409** 410

Solothurn S2-100 8 mm leichtes Maschinengewehr Deutschland/Schweiz **186–187**BS 214 361 392 **409** 410

Steyr-Solothurn S2-200 (1930) 7,92 mm leichtes Maschinengewehr Deutschland/Schweiz **186–187**DBS 188 190 191 194 203 210 214 361 392 **409** 410

Valmet 62 7,62 mm leichtes Maschinengewehr Finnland 237 (s. Waffen »heute«)

VGO (mod. Vickers-Berthier 1928) .303 Flugzeug-Maschinengewehr Großbritannien 287

Vickers-Berthier .303 leichtes Maschinengewehr Großbritannien **286–289**DB 370 455

Vickers-Berthier 1925 Versuchswaffe .303 leichtes Maschinengewehr Großbritannien 287

Vickers-Berthier Mk.1 .303 leichtes Maschinengewehr Großbritannien **286–289**DB

Vickers-Berthier Mk.2 .303 leichtes Maschinengewehr Großbritannien **286–289**DB

Vickers-Berthier Mk.3 .303 leichtes Maschinengewehr Großbritannien **286–289**DB

Vickers-Berthier Mk.3 .303 leichtes Maschinengewehr Indien 287

Vickers-Berthier Versuchswaffe .303 Universal-Maschinengewehr Großbritannien 287

Vollmer 1926 Versuchswaffe 7,92 mm leichtes Maschinengewehr Deutschland 184B 185 186 189 190

W+F 51 7,5 mm Universal-Maschinengewehr Schweiz 410 (s. Waffen »heute«)

Wladimirow KPW 14,5 mm überschweres Maschinengewehr Sowjetunion 34 82 449 **459**DB

Wladimirow PKP 14,5 mm überschweres Maschinengewehr Sowjetunion 459 (s. Waffen »heute«)

ZB 50 Versuchswaffe 7,92 mm schweres Maschinengewehr Tschechoslowakei 507 510B 511

ZB 52 Versuchswaffe 7,92 mm schweres Maschinengewehr Tschechoslowakei 294 511

ZB 53 Versuchswaffe 7,92 mm schweres Maschinengewehr Tschechoslowakei 294 510–514B

ZB 60 15 mm überschweres Maschinengewehr Tschechoslowakei 295 **514–516**DB 517

ZB 60 15 mm überschweres Maschinengewehr (Version als Fla-MG) Tschechoslowakei **514–516**D

ZB 60 Versuchswaffe 15 mm überschweres Maschinengewehr Tschechoslowakei 515 517

ZB 63 Versuchswaffe 15 mm überschweres Maschinengewehr Tschechoslowakei 516

ZB 1926 7,92 mm leichtes Maschinengewehr Tschechoslowakei 34 183 256 257 287 289 294 344 349 351 355 370 377 455 478 482 486 488 499 **501–507**DBS 511 516

ZB 1927 7 mm leichtes Maschinengewehr Tschechoslowakei **501–507**
ZB 1927 7,65 mm leichtes Maschinengewehr Tschechoslowakei **501–507**
ZB 1927 7,92 mm leichtes Maschinengewehr Tschechoslowakei **501–507**B
ZB 1930 7 mm leichtes Maschinengewehr Tschechoslowakei **501–507**
ZB 1930 7,65 mm leichtes Maschinengewehr Tschechoslowakei **501–507**
ZB 1930 7,92 mm leichtes Maschinengewehr Tschechoslowakei 377 **501–507**DB
ZB 1930 J 7,92 mm leichtes Maschinengewehr Tschechoslowakei **501–507**
ZB 1934 (mod. ZGB 1933) Versuchswaffe 7,92 mm leichtes Maschinengewehr Tschechoslowakei 289 506
ZB 1935 (ZB 53) 7,92 mm schweres Maschinengewehr Tschechoslowakei 294 **510–514**B
ZB 1937 7 mm schweres Maschinengewehr Tschechoslowakei 514
ZB 1937 7,65 mm schweres Maschinengewehr Tschechoslowakei 514
ZB 1937 7,92 mm schweres Maschinengewehr Tschechoslowakei 294 295 478 486 488 499 501 507 **510–514**DBS 516
ZB 1937/O 7,92 mm schweres Maschinengewehr (Version für Befestigungsanlagen und Infanterie) Tschechoslowakei **510–514**BS
ZB 1937/UV 7,92 mm schweres Maschinengewehr (Version als Panzer-MG) Tschechoslowakei **510–514**BS
ZGB 1933 .303 leichtes Maschinengewehr Tschechoslowakei 289 **501–507**DB

Herkömmliche Panzerbüchsen

35 (p) (1935) 7,92 mm Panzerbüchse Deutschland (Polen) 375–376DB
38 7,92 mm Panzerbüchse Deutschland 35 81 **217–222**DB 223 225 226 517
39 7,92 mm Panzerbüchse Deutschland 35 81 **217–222**DB 223 225 226 376 517
40 G Versuchswaffe 7,92 mm Panzerbüchse Deutschland 220 221B 222D
40 K Versuchswaffe 7,92 mm Panzerbüchse Deutschland 220 221B 222D
40 W Versuchswaffe 7,92 mm Panzerbüchse Deutschland 220B 222D
41 (Fallschirmjäger-Version) 28/20 mm schwere Panzerbüchse Deutschland 155 221 **222–224**DB 225 226 412 519
41 (Standardversion) 28/20 mm schwere Panzerbüchse Deutschland 155 221 **222–224**DB 225 226 412 519
41 Versuchswaffe 7,92 mm Panzerbüchse Deutschland 220B 221 222D
44 Versuchswaffe 7,92 mm Panzerbüchse Deutschland 220 221
97 20 mm schwere Panzerbüchse Japan 34 83 **353–354**DB
1935 7,92 mm Panzerbüchse Polen 81 215 220 **375–376**DB
1935 Versuchswaffe/Prototyp 7,92 mm Panzerbüchse Polen 375
1936 (Solothurn S 18-100) 20 mm schwere Panzerbüchse Ungarn (Deutschland/Schweiz) 215
1939 7,92 mm Panzerbüchse Sowjetunion 461
1939 (Einzellader) 12,7 mm Panzerbüchse Sowjetunion 461 462D
1939 (Mehrlader) 12,7 mm Panzerbüchse Sowjetunion 461 462DB
1941 7,92 mm Selbstlade-Panzerbüchse Tschechoslowakei 221 412 **516–520**DB
1941 15 mm Panzerbüchse Tschechoslowakei 221 412 **516–520**DB
1941 (Tankbüchse 41) 24 mm schwere Panzerbüchse Schweiz **412–413**D 519
A 1938 20 mm schwere Panzerbüchse Polen 376
Bljum 1942 Versuchswaffe 14,5 mm Panzerbüchse Sowjetunion 464
Bofors 1940 20 mm schwere Panzerbüchse Schweden 34 **385**DB
Boys .55 Panzerbüchse Großbritannien 82 220 **297–299**DB 357
Boys .55 Panzerbüchse Kanada 298B 299
Boys Mk.1 .55 Panzerbüchse Großbritannien **297–299**DB
Boys Mk.1* .55 Panzerbüchse Kanada 298B 299
Boys Mk.2 .55 Panzerbüchse Großbritannien **297–299**B
Boys Mk.3 .55 Panzerbüchse Großbritannien **297–299**
Degtjarjow PTRD 1941 14,5 mm Panzerbüchse Sowjetunion 34B 35 82 **459–462**DBS
Kurtschewski 1931 Versuchswaffe 37 mm Panzerbüchse Sowjetunion 459
L 11 Versuchswaffe 11/7,92 mm Selbstlade-Panzerbüchse Tschechoslowakei 520
L 15 Versuchswaffe 15/11 mm Selbstlade-Panzerbüchse Tschechoslowakei 520
Lahti VKT-L 1939 20 mm schwere Panzerbüchse Finnland 34 **237–238**DB
Madsen 1935 20 mm schwere Panzerbüchse Dänemark 34 82 **105**DB 376
Oerlikon 20 mm schwere Panzerbüchse Schweiz 34 215 376 **411–412**DBS 515 516
Oerlikon 1936 20 mm schwere Panzerbüchse Schweiz 34 **411–412**DBS
Oerlikon (Erstausführung) 20 mm schwere Panzerbüchse Schweiz 34 **411–412**DB

RES 1942 Versuchswaffe 20 mm schwere Panzerbüchse Sowjetunion 464
Rukawischnikow 1939 14,5 mm Panzerbüchse Sowjetunion 461 463 464
Rukawischnikow 1939 Versuchswaffe 14,5 mm Panzerbüchse Sowjetunion 460 461
Rukawischnikow 1942 Versuchswaffe 12,7 mm Panzerbüchse Sowjetunion 464
Schpitalny 1939 Versuchswaffe 14,5 mm Panzerbüchse Sowjetunion 460
Simonow PTRS 1941 14,5 mm Panzerbüchse Sowjetunion 35 82 437 459 461 462 **463–464**DB
Solo 40 (Solothurn S 18-1000) 20 mm schwere Panzerbüchse Schweiz/Deutschland 22B 215 410 412
Solothurn S 18-100 20 mm schwere Panzerbüchse Deutschland/Schweiz 34 187 **214–217**DBS 392 409 **410**
Solothurn S 18-1000 20 mm schwere Panzerbüchse Deutschland/Schweiz 34 187 **214–217**DB 392 409 **410** 412
Solothurn S 18-1100 20 mm schwere Panzerbüchse Deutschland/Schweiz 34 187 **214–217**DB 392 409 **410**
Stanchion-gun Prototyp (Boys) .55 Panzerbüchse Großbritannien 297
T1 E1 Testwaffe .60 schwere Panzerbüchse USA 579
W/7,92 Testwaffe/Prototyp 7,92 mm Panzerbüchse Tschechoslowakei 517 518
W/15 Testwaffe/Prototyp 15 mm Panzerbüchse Tschechoslowakei 517 518
Wladimirow 1939 Versuchswaffe 14,5 mm Panzerbüchse Sowjetunion 460 461
ZK 395 Versuchswaffe 12 mm Panzerbüchse Tschechoslowakei 517
ZK 395 Versuchswaffe 15 mm Panzerbüchse Tschechoslowakei 517
ZK 405 Versuchswaffe 7,92 mm Panzerbüchse Tschechoslowakei 517
ZK 406 Versuchswaffe 7,92 mm Panzerbüchse Tschechoslowakei 517
ZK 407 Versuchswaffe 7,92 mm Panzerbüchse Tschechoslowakei 517
ZK 416 Versuchswaffe 15 mm Panzerbüchse Tschechoslowakei 517

Reaktive Panzerbüchsen

43 (Raketenpanzerbüchse) 88 mm reaktive Panzerbüchse Deutschland 225
50 83 mm reaktive Panzerbüchse Schweiz 412 (s. Waffen »heute«)
51 90 mm reaktive Panzerbüchse Schweiz 412 (s. Waffen »heute«)
54 (Raketenpanzerbüchse) 88 mm reaktive Panzerbüchse Deutschland **225–226**DB 227
54 (Raketenpanzerbüchse) 100 mm reaktive Panzerbüchse Deutschland **225–226**D 227
1944 Versuchswaffe 80 mm reaktive Panzerbüchse Sowjetunion 464
Bazooka M1 2.36 reaktive Panzerbüchse USA 35 225 **576–580**DB
Bazooka M1 A1 2.36 reaktive Panzerbüchse USA **576–580**B
Bazooka M9 2.36 reaktive Panzerbüchse USA 19B **576–580**DB
Bazooka M 20 3.50 reaktive Panzerbüchse USA 579 580
Bazooka M 20 A1 3.50 reaktive Panzerbüchse USA 579B 580
Bazooka M 20 A1 B1 3.50 reaktive Panzerbüchse USA 579B 580
Bazooka M 20 B1 3.50 reaktive Panzerbüchse USA 579B 580
Blindicide RL 83 83 mm reaktive Panzerbüchse Belgien 412 (s. Waffen »heute«)
LAW 72 66 mm reaktive Panzerbüchse USA 580 (s. Waffen »heute«)
Panzerfaust Waffensystem 28 mm, 45 mm, 50 mm, 60 mm reaktive Panzerbüchsen Deutschland 35 224 **226–228**DB
Panzerfaust 30 45 mm reaktive Panzerbüchse Deutschland **226–228**DB
Panzerfaust 30 klein 28 mm reaktive Panzerbüchse Deutschland **226–228**DB
Panzerfaust 30 klein (Faustpatrone 1) Prototyp 28 mm reaktive Panzerbüchse Deutschland 226
Panzerfaust 60 50 mm reaktive Panzerbüchse Deutschland 22B **226–228**DB
Panzerfaust 100 60 mm reaktive Panzerbüchse Deutschland **226–228**D
Piat 76/89 mm reaktive Panzerbüchse Großbritannien **299–300**DB
RPG 2 40/80 mm reaktive Panzerbüchse Sowjetunion 463 464 (s. Waffen »heute«)
RS 65 Versuchswaffe 65 mm reaktive Panzerbüchse Sowjetunion 464

Infanteriewaffen nach metrischem Kaliber

Revolver

7,5 mm 1882/29 Revolver Schweiz **386**DBS 387
7,62 mm Nagant 1930 Revolver Polen **362**B
9 mm Commando Revolver Großbritannien **263–264**B 265 267 285 536
9 mm Smith & Wesson Militär- und Polizeirevolver, Baureihen und Einzelmodelle verschiedener Typen (auch .22, .357, .38, .41, .44 und .45), USA 532 (s. Waffen »heute«)

Pistolen

5,45 mm PSM Selbstladepistole Sowjetunion 414 (s. Waffen »heute«)
5,6 mm 1937 Trainingswaffe/Sportwaffe Selbstladepistole Ungarn 524
5,6 mm ČZ 1927 Trainingswaffe Selbstladepistole Tschechoslowakei 480
5,6 mm FN Browning 1935 High Power Sportwaffe Selbstladepistole Belgien 94–97
5,6 mm Frommer 1929 Trainingswaffe Selbstladepistole Ungarn 522D
5,6 mm HK 4 Selbstladepistole Bundesrepublik Deutschland 132 (s. Waffen »heute«)
5,6 mm Mauser HSc Sportwaffe Selbstladepistole Bundesrepublik Deutschland 131 (s. Waffen »heute«)
5,6 mm Mauser HSc Sportwaffe Selbstladepistole Deutschland 132
5,6 mm Sauer & Sohn Behördenmodell Versuchswaffe Selbstladepistole Deutschland 122
5,6 mm Star F Selbstladepistole Spanien 465
5,6 mm TTR 3 Trainingswaffe Selbstladepistole Sowjetunion 418 419D
5,6 mm TTR 4 Sportwaffe Selbstladepistole Sowjetunion 418 419
5,6 mm VIS 1935 Sportwaffe Selbstladepistole Polen 363
5,6 mm Walther PP Selbstladepistole Deutschland 116–119DBE
5,6 mm Walther PPK Selbstladepistole Deutschland 116–119DB
6,35 mm Astra 200 Selbstladepistole Spanien 467B 468
6,35 mm Beretta 418 Selbstladepistole Italien 306
6,35 mm Beretta 420 Selbstladepistole Italien 306
6,35 mm Beretta 421 Selbstladepistole Italien 306B
6,35 mm Beretta 1919 (Brevetto) Selbstladepistole Italien 306B 309D
6,35 mm Beretta 1926 Selbstladepistole Italien 306 307S
6,35 mm Chautecler Selbstladepistole Frankreich 239
6,35 mm ČZ 1922 Selbstladepistole Tschechoslowakei 476BS 477D
6,35 mm Fox Selbstladepistole Tschechoslowakei 474
6,35 mm Frommer-Liliput Selbstladepistole Ungarn 521B 522DS
6,35 mm Haenel-Schmeisser M1 1920 Selbstladepistole Deutschland **114**DB
6.35 mm Haenel-Schmeisser M2 1920 Selbstladepistole Deutschland 114D
6,35 mm HK 4 Selbstladepistole Bundesrepublik Deutschland 132 (s. Waffen »heute«)
6,35 mm Korowin 1920/21 Versuchswaffe (erste Version) Selbstladepistole Sowjetunion 414B
6,35 mm Le Defendeur Selbstladepistole Frankreich 243
6,35 mm Le Français Selbstladepistole Frankreich **239–241**DBS
6,35 mm Le Sanspareil Selbstladepistole Frankreich 239
6,35 mm Le Toutacier Selbstladepistole Frankreich 239
6,35 mm Libia Selbstladepistole Frankreich 239
6,35 mm MAB Baureihen (auch 7,65 mm und 9 mm) Selbstladepistolen Frankreich 239 **241–243**DB
6,35 mm MAB A Westentaschen-Selbstladepistole Frankreich 239 **241–243**DB
6,35 mm Mauser WTP 1 Westentaschen-Selbstladepistole Deutschland 107 124DB
6,35 mm Mauser WTP 2 Westentaschen-Selbstladepistole Deutschland 107 124DBS
6,35 mm Ortgies Selbstladepistole Deutschland **112–113**DBS
6,35 mm Peugeot Selbstladepistole Frankreich 239
6,35 mm Praga 1921 Selbstladepistole Tschechoslowakei 474 475B 476D
6,35 mm Prima Selbstladepistole Frankreich 239
6,35 mm Rex Selbstladepistole Frankreich 239
6,35 mm SA Selbstladepistole Frankreich 239
6,35 mm Sauer & Sohn Baureihen (auch 7,65 mm) Selbstladepistolen Deutschland **120–122**DBSE
6,35 mm Sauer & Sohn 1919 Selbstladepistole Deutschland **120–122**B
6,35 mm Sauer & Sohn 1920 Westentaschen-Selbstladepistole Deutschland **120–122**B
6,35 mm Sauer & Sohn 1928 Westentaschen-Selbstladepistole Deutschland **120–122**DB
6,35 mm Star E Selbstladepistole Spanien 465
6,35 mm Triomphe Selbstladepistole Frankreich 239
6,35 mm Tula-Korowin TK Selbstladepistole Sowjetunion **414–415**DB 416 420
6,35 mm Union Selbstladepistole Frankreich 239
6,35 mm Unique 15 Selbstladepistole Frankreich 245
6,35 mm Unique 16 Selbstladepistole Frankreich 245
6,35 mm Unique Bcf 66 Selbstladepistole Frankreich 246
6,35 mm Unique L Selbstladepistole Frankreich 246
6,35 mm Verney Selbstladepistole Frankreich 239
6,35 mm Walther 8 Selbstladepistole Deutschland 116DBS 125
6,35 mm Walther 9 Selbstladepistole Deutschland 116 117DB 125
6,35 mm Walther PP Selbstladepistole Deutschland 116–119
6,35 mm Walther PPK Selbstladepistole Deutschland 116–119
7 mm Baby-Nambu Selbstladepistole Japan 332DBE
7,62 mm 33 Selbstladepistole Polen 417 (s. Waffen »heute«)
7,62 mm 48 Selbstladepistole Ungarn 417 (s. Waffen »heute«)
7,62 mm 51 Selbstladepistole China 417 (s. Waffen »heute«)
7,62 mm 57 Selbstladepistole Jugoslawien 417 (s. Waffen »heute«)
7,62 mm 68 Selbstladepistole Korea 417 (s. Waffen »heute«)
7,62 mm ČZ 52 Selbstladepistole ČSFR 482 (s. Waffen »heute«)
7,62 mm Korowin Sportwaffe Selbstladepistole Sowjetunion 414B
7,62 mm Korowin 1939 Versuchswaffe Selbstladepistole Sowjetunion 415B
7,62 mm Tula-Tokarew TT 1930 Selbstladepistole Sowjetunion 73 74 **415–419**B
7,62 mm Tula-Tokarew TT 1933 Selbstladepistole Sowjetunion 16B 74 230 244 **415–419**DBSE
7,62 mm Wojewodin 1939 Versuchswaffe Selbstladepistole Sowjetunion 418B 419
7,62 mm Wojewodin 1939 mit Anschlagkolben Versuchswaffe Selbstladepistole Sowjetunion 418B 419
7,63 mm Astra 900 Selbstladepistole Spanien 108 **470–472**DB
7,63 mm Astra 901 Schnellfeuerpistole Spanien 108 396 **470–472**B
7,63 mm Astra 902 Schnellfeuerpistole Spanien 108 396 **470–472**DB
7,63 mm Astra 903 Schnellfeuerpistole Spanien 108 396 **470–472**B
7,63 mm Astra 903F Schnellfeuerpistole Spanien 108 396 470–472B
7,63 mm Azul MM 31 Schnellfeuerpistole Spanien 472
7,63 mm Mauser 1920 Selbstladepistole Deutschland **106–109**DBS 415
7,63 mm Mauser 1922 (Bolo-Mauser) Selbstladepistole Deutschland 106–109
7,63 mm Mauser 1926 Selbstladepistole Deutschland **106–109**
7,63 mm Mauser 1930 Selbstladepistole Deutschland **106–109**B 470
7,63 mm Mauser 1932 Schnellfeuerpistole Deutschland **106–109**DB 470
7,63 mm Mauser C 96 Baureihen Selbstlade- und Schnellfeuerpistolen Deutschland **106–109**DBSE
7,63 mm Mauser C 96 Selbstladepistole Deutschland 27B 73 **106–109**DBE 125 158 306 334 360 415 470 472
7,63 mm Star Baureihen (auch 7,65 mm, 9 mm, .38 und .45) Selbstladepistolen Spanien 84 **465–467**B
7,63 mm Star 1920 (Exportversion) Selbstladepistole Spanien **465–467**B
7,63 mm Star 1921 (Exportversion) Selbstladepistole Spanien **465–467**B
7,63 mm Star 1922 (Exportversion) Selbstladepistole Spanien **465–467**B
7,63 mm Star 1922 A (Exportversion) Selbstladepistole Spanien **465–467**B
7,63 mm Star 1922 M (Exportversion) Selbstladepistole Spanien **465–467**B
7,63 mm Star 1922 MD (Exportversion) Schnellfeuerpistole Spanien **465–467**B
7,63 mm Star 1922 MM (Exportversion) Schnellfeuerpistole Spanien **465–467**B
7,65 mm 10/22 (FN Browning 1922) Selbstladepistole Frankreich (Belgien) 242
7,65 mm 48 Selbstladepistole Ungarn 117 (s. Waffen »heute«)
7,65 mm 49 (SIG P 210) Selbstladepistole Schweiz 245 388 (s. Waffen »heute«)
7,65 mm 1923 (mod. P 08) Selbstladepistole Finnland 229
7,65 mm 1937 Selbstladepistole Ungarn **522–524**DBE
7,65 mm 1937 C (Zivilversion) Selbstladepistole Ungarn 524
7,65 mm Astra 300 Selbstladepistole Spanien 467 468B 469D
7,65 mm Baby-Parabellum Testwaffe Selbstladepistole Deutschland 111B 112
7,65 mm Beretta 1915/19 (1922) Selbstladepistole Italien 306 307BS 310D

Register

7,65 mm Beretta 1931 Selbstladepistole Italien **306–310**DB
7,65 mm Beretta 1935 Selbstladepistole Italien **306–310**DB
7,65 mm ČZ 50 Selbstladepistole ČSFR 481 (s. Waffen »heute«)
7,65 mm ČZ 1927 Selbstladepistole Tschechoslowakei 387 477 478 **479–481**DBSE
7,65 mm DWM 1923 Selbstladepistole Deutschland 112 114 **115**DB 334
7,65 mm FN Browning 10/22 Selbstladepistole Belgien **93–94**DB
7,65 mm FN Browning 1922 Selbstladepistole Belgien **93–94**DBE 242
7,65 mm FN Browning 1935 High Power Selbstladepistole Belgien 94–97B
7,65 mm Hamada Typ 1 Selbstladepistole Japan **334**
7,65 mm HK 4 Selbstladepistole Bundesrepublik Deutschland 132 (s. Waffen »heute«)
7,65 mm Korowin 1923 Versuchswaffe Selbstladepistole Sowjetunion 415
7,65 mm Korowin 1927 Versuchswaffe Selbstladepistole Sowjetunion 415 416B
7,65 mm Lahti 1926 Versuchswaffe Selbstladepistole Finnland 229
7,65 mm Lahti 1929 Versuchswaffe/Prototyp Selbstladepistole Finnland 229
7,65 mm Le Cavalier Selbstladepistole Frankreich 243
7,65 mm Le Français (Policeman) Selbstladepistole Frankreich **239–241**DBS 242 387
7,65 mm Le Gendarm Selbstladepistole Frankreich 243
7,65 mm MAB Baureihen (auch 6,35 mm und 9 mm) Selbstladepistolen Frankreich 239 **241–243**DB
7,65 mm MAB C Selbstladepistole Frankreich 239 **241–243**DB
7,65 mm MAB D Selbstladepistole Frankreich 93 **241–243**DB
7,65 mm MAB-WAC (Exportversion) Selbstladepistole Frankreich 243
7,65 mm Manurhin PP Selbstladepistole Frankreich 117 (s. Waffen »heute«)
7,65 mm Manurhin PPK Selbstladepistole Frankreich 117 (s. Waffen »heute«)
7,65 mm Marina Selbstladepistole Frankreich 239
7,65 mm Mauser 1932 Schnellfeuerpistole Deutschland 108
7,65 mm Mauser 1934 Selbstladepistole Deutschland 107 **123–124**DBS 130
7,65 mm Mauser HSc Selbstladepistole Bundesrepublik Deutschland 131 132E (s. Waffen »heute«)
7,65 mm Mauser HSc Selbstladepistole Deutschland 107 116 123 125 129 **130–133**DBSE 155
7,65 mm MKE Kirikkale Selbstladepistole Türkei 117 (s. Waffen »heute«)
7,65 mm New Nambu 57 B Selbstladepistole Japan 332 (s. Waffen »heute«)
7,65 mm Ortgies Selbstladepistole Deutschland **112–113**DBS 474 475 476
7,65 mm P 08 (mod.) Selbstladepistole Deutschland 111
7,65 mm P 27 (t) (ČZ 1927) Selbstladepistole Deutschland (Tschechoslowakei) **479–481**DBSE
7,65 mm P 27 (t) mit Schalldämpfer (ČZ 1927) Selbstladepistole Deutschland (Tschechoslowakei) 480B
7,65 mm P 37 (u) (1937) Selbstladepistole Deutschland (Ungarn) 522–524DBE
7,65 mm P 38 H (Sauer & Sohn 1938) Selbstladepistole Deutschland **129–130**DBS
7,65 mm P 625 (f) (Petter 1935) Selbstladepistole Deutschland (Frankreich) **243–245**DBSE
7,65 mm Parabellum 1900/06 Selbstladepistole Schweiz 387
7,65 mm Parabellum 1906/29 Selbstladepistole Schweiz 386 **387–388**DBS 389
7,65 mm Petter Selbstladepistole Schweiz 245
7,65 mm Petter 1935 Selbstladepistole Frankreich 74 239 242 **243–245**DBSE 247 248
7,65 mm Petter 1935 A Selbstladepistole Frankreich **243–245**B
7,65 mm Petter 1935 S Selbstladepistole Frankreich **243–245**B
7,65 mm Praga Selbstladepistole Tschechoslowakei 474B
7,65 mm Prilutzki 1924 Versuchswaffe Selbstladepistole Sowjetunion 415
7,65 mm Prilutzki 1928 Versuchswaffe/Testwaffe Selbstladepistole Sowjetunion 415 416B
7,65 mm Rheinmetall Selbstladepistole Deutschland **114–115**DB
7,65 mm Sauer & Sohn Baureihen (auch 6,35 mm) Selbstladepistolen Deutschland **120–122**DBSE
7,65 mm Sauer & Sohn 1926 Selbstladepistole Deutschland **120–122**B 129
7,65 mm Sauer & Sohn 1930 Selbstladepistole Deutschland **120–122**BE 129
7,65 mm Sauer & Sohn 1938 Selbstladepistole Deutschland 116 120 **129–130**DBS
7,65 mm Sauer & Sohn Behördenmodell Selbstladepistole Deutschland **120–122**DBS 129
7,65 mm Sleeve Schalldämpfer-Pistole Großbritannien 265 **267**BS 285 536
7,65 mm Star Baureihen (auch 7,63 mm, 9 mm, .38 und .45) Selbstladepistolen Spanien 84 387 **465–467**B 469

7,65 mm Star 1926 (Exportversion) Selbstladepistole Spanien **465–467**B
7,65 mm Star 1926 I (Exportversion) Selbstladepistole Spanien **465–467**B
7,65 mm Star S Selbstladepistole Spanien 465
7,65 mm Steyr 1934 Selbstladepistole Österreich **360–361**DBS
7,65 mm Tomiška Selbstladepistole Tschechoslowakei 474
7,65 mm Union Selbstladepistole Frankreich 239
7,65 mm Unique 17 Selbstladepistole Frankreich **245–246**BE
7,65 mm Unique Bcf 66 Selbstladepistole Frankreich 246
7,65 mm Unique Fr 51 Police (C2) Selbstladepistole Frankreich 246
7,65 mm Unique L Selbstladepistole Frankreich 246
7,65 mm Unique Rr 51 Police (C1) Selbstladepistole Frankreich 246
7,65 mm Walther HP (Heerespistole) Versuchswaffe Selbstladepistole Deutschland 125–129
7,65 mm Walther PP Selbstladepistole Deutschland **116–119**DBS 123 125 126 129 130 230
7,65 mm Walther PP Versuchswaffe Schnellfeuerpistole Deutschland 116–119
7,65 mm Walther PPK Selbstladepistole Deutschland **116–119**DB 123 125 126 129 130
7,65 mm Walther PPK Versuchswaffe Schnellfeuerpistole Deutschland 116–119
7,65 mm Welrod Mk.2 Mehrladepistole Großbritannien **265–267**DBS 285 536
8 mm Hamada Typ 2 Selbstladepistole Japan **334**
8 mm Nambu 94 Selbstladepistole Japan 330 331 332 **333**DBE 334
8 mm Nambu Taisho 14 Selbstladepistole Japan **330–332**DBSE 333 334 340 341 342
9 mm 38 (Walther P 38) Selbstladepistole Österreich (Deutschland) 360
9 mm 40 S (1940) Selbstladepistole Dänemark (Schweden) 379
9 mm 70 (d) Selbstladepistole Jugoslawien 417 (s. Waffen »heute«)
9 mm 1910/21 Selbstladepistole Dänemark **101–102**DBS
9 mm 1923 (P 08) Selbstladepistole Finnland (Deutschland) 229
9 mm 1928 (ČZ 1924) Selbstladepistole Polen (Tschechoslowakei) 363
9 mm 1930 (FN Browning 1935 High Power/Vorserienwaffe) Selbstladepistole Polen (Belgien) 363
9 mm 1931 Prototyp/Versuchswaffe (VIS 1935) Selbstladepistole Polen 362
9 mm 1937 Selbstladepistole Ungarn **522–524**DBE
9 mm 1939 (Walther P 38) Selbstladepistole Schweden (Deutschland) 126 378
9 mm 1940 (Lahti VKT-L 1935) Selbstladepistole Schweden (Finnland) 126 230 **378–379**DBS 383
9 mm 1944 Versuchswaffe/Prototyp Selbstladepistole Finnland 230B 231D
9 mm 1950 Selbstladepistole Frankreich 243 245 (s. Waffen »heute«)
9 mm Ascaso (Astra 400) Selbstladepistole Spanien 467
9 mm Astra 300 Selbstladepistole Spanien 467 468B 469D
9 mm Astra 400 Selbstladepistole Spanien **467–469**DBS
9 mm Astra 600/43 Selbstladepistole Spanien **467–469**DB
9 mm Astra 902 Schnellfeuerpistole Spanien 471B
9 mm Astra 903 Schnellfeuerpistole Spanien 471
9 mm Astra 903 F Schnellfeuerpistole Spanien 470–472B
9 mm Baby-Parabellum Testwaffe Selbstladepistole Deutschland 111B 112
9 mm Beretta 92 F Selbstladepistole Italien 532 (s. Waffen »heute«)
9 mm Beretta 951 Selbstladepistole Italien 307 308 (s. Waffen »heute«)
9 mm Beretta 1923 Selbstladepistole Italien 307 308BS 310D
9 mm Beretta 1932 Selbstladepistole Italien **306–310**D
9 mm Beretta 1934 Selbstladepistole Italien **306–310**DBSE 314 326
9 mm Browning High Power Selbstladepistole Kanada 261 **356–357**B
9 mm Browning High Power Nr.1 Mk.1 Selbstladepistole Kanada **356–357**B
9 mm Browning High Power Nr.1 Mk.1* Selbstladepistole Kanada **356–357**B
9 mm Browning High Power Nr.2 Mk.1 Selbstladepistole Kanada **356–357**B
9 mm Browning High Power Nr.2 Mk.1* Selbstladepistole Kanada **356–357**B
9 mm ČZ 1922 (ČZ 1922 N) Selbstladepistole Tschechoslowakei 362 **474–477**DB 486
9 mm ČZ 1924 Selbstladepistole Tschechoslowakei 362 387 475 476 **477–479**DBS 481
9 mm ČZ 1928 (ČZ 1924 mit Anschlagkolben) Selbstladepistole Tschechoslowakei 363 478B
9 mm ČZ 1937 Prototyp (ČZ 1938) Selbstladepistole Tschechoslowakei 481B
9 mm ČZ 1938 Selbstladepistole Tschechoslowakei 478 **481–482**DB
9 mm FN Browning 10/22 Selbstladepistole Belgien 93–94B
9 mm FN Browning 1922 Selbstladepistole Belgien 74 **93–94**DBE 242
9 mm FN Browning 1935 High Power Selbstladepistole Belgien 85 **94–97**DBSE 101 260 356 362 363 480

9 mm FN Browning 1935 High Power (Luxusversion) Selbstladepistole Belgien 95
9 mm FN Browning Nr. 1 (1923) Prototyp Selbstladepistole Belgien 94–97
9 mm FN Browning Nr. 100 (1927) Prototyp Selbstladepistole Belgien 94–97
9 mm Frommer 1929 Selbstladepistole Ungarn **521–522**DB 523 524
9 mm HK 4 Selbstladepistole Bundesrepublik Deutschland 132 (s. Waffen »heute«)
9 mm Korowin 1941 Versuchswaffe Selbstladepistole Sowjetunion 415B
9 mm Lahti 1931 Prototyp (VKT-L 1935) Selbstladepistole Finnland 229
9 mm Lahti VKT-L 1935 Selbstladepistole Finnland 126 **229–231**DBSE 378 383
9 mm Le Cavalier Selbstladepistole Frankreich 243
9 mm Le Français (Militärversion) Selbstladepistole Frankreich **239–241**DBS 242 243 387
9 mm Le Gendarm Selbstladepistole Frankreich 243
9 mm MAB Baureihen (auch 6,35 mm und 7,65 mm) Selbstladepistolen Frankreich 239 **241–243**DB
9 mm MAB C Selbstladepistole Frankreich **241–243**DB
9 mm MAB D Selbstladepistole Frankreich 93 **241–243**DB
9 mm MAB PA 15 (F1) Selbstladepistole Frankreich 241 243 (s. Waffen »heute«)
9 mm MAB R Selbstladepistole Frankreich 243
9 mm MAB-WAC (Exportversion) Selbstladepistole Frankreich 243
9 mm Manurhin PP Selbstladepistole Frankreich 117 (s. Waffen »heute«)
9 mm Manurhin PPK Selbstladepistole Frankreich 117 (s. Waffen »heute«)
9 mm Mauser 1932 Schnellfeuerpistole Deutschland 108
9 mm Mauser HSc Selbstladepistole Bundesrepublik Deutschland 131 (s. Waffen »heute«)
9 mm Mauser HSc Selbstladepistole Deutschland 132
9 mm Mauser HSc 80 (mod. Mauser HSc) Selbstladepistole Italien (Bundesrepublik Deutschland) 131
9 mm Mauser-Parabellum 1936 (P 08) Selbstladepistole Deutschland 107 110–112
9 mm MKE Kirikkale Selbstladepistole Türkei 117 (s. Waffen »heute«)
9 mm New Nambu 57 A Selbstladepistole Japan 331 (s. Waffen »heute«)
9 mm Ortgies Selbstladepistole Deutschland **112–113**DBS 474 475 476
9 mm P 08 Selbstladepistole Deutschland 106 107 **110–112**DBSE 115 125 128 131 155 229 264 334 387 416
9 mm P 22 (t) (ČZ 1922) Selbstladepistole Deutschland (Tschechoslowakei) 477
9 mm P 24 (t) (ČZ 1924) Selbstladepistole Deutschland (Tschechoslowakei) 477–479DBS
9 mm P 35 (p) (VIS 1935) Selbstladepistole Deutschland (Polen) 362–364DBE
9 mm P 35/1 (p) (VIS 1935) Selbstladepistole Deutschland (Polen) 362–364DBE
9 mm P 39 (t) (ČZ 1938) Selbstladepistole Deutschland (Tschechoslowakei) 481–482DB
9 mm P 80 Selbstladepistole Österreich 360 (s. Waffen »heute«)
9 mm P 640 (b) (FN Browning 1935 High Power) Selbstladepistole Deutschland (Belgien) 94–97DBSE
9 mm P 1920 (reparierte P 08) Selbstladepistole Deutschland 110
9 mm RE (Astra 400) Selbstladepistole Spanien 467
9 mm Sauer & Sohn Behördenmodell Versuchswaffe Selbstladepistole Deutschland 122
9 mm Star Baureihen (auch 7,63 mm, 7,65 mm, .38 und .45) Selbstladepistolen Spanien 84 **465–467**B
9 mm Star 28 DA Selbstladepistole Spanien 467 (s. Waffen »heute«)
9 mm Star 1920 Selbstladepistole Spanien **465–467**B
9 mm Star 1921 Selbstladepistole Spanien **465–467**B
9 mm Star 1922 Selbstladepistole Spanien **465–467**B
9 mm Star 1922 A Selbstladepistole Spanien **465–467**B
9 mm Star 1922 A1 Selbstladepistole Spanien **465–467**B
9 mm Star 1922 B (Exportversion) Selbstladepistole Spanien **465–467**B
9 mm Star 1922 B 08 (Exportversion) Selbstladepistole Spanien **465–467**B
9 mm Star 1922 M Selbstladepistole Spanien **465–467**B
9 mm Star 1922 MD Schnellfeuerpistole Spanien **465–467**B
9 mm Star A Selbstladepistole Spanien 465
9 mm Star B Selbstladepistole Spanien 465
9 mm Star SI Selbstladepistole Spanien 465
9 mm Tokagypt 58 Selbstladepistole Ungarn 417 (s. Waffen »heute«)
9 mm Unique Bcf 66 Selbstladepistole Frankreich 246
9 mm Unique Fr 51 Police (C2) Selbstladepistole Frankreich 246
9 mm Unique Rr 51 Police (C1) Selbstladepistole Frankreich 246
9 mm Vickers-Parabellum Selbstladepistole Großbritannien 264
9 mm VIS 1935 Selbstladepistole Polen **362–364**DBE 365 375 418 480
9 mm VIS 1935 Versuchswaffe Schnellfeuerpistole Polen 363
9 mm Walther AP (Armeepistole) Versuchswaffe Selbstladepistole Deutschland 125–129D

9 mm Walther HP (Heerespistole) Versuchswaffe/Prototyp Selbstladepistole Deutschland 125–129B
9 mm Walther MP (Militärpistole) Versuchswaffe Selbstladepistole Deutschland 125–129B
9 mm Walther P1 Selbstladepistole Bundesrepublik Deutschland 125B 469 (s. Waffen »heute«)
9 mm Walther P 38 Selbstladepistole Deutschland 19B 27B 111 112 116 **125–129**DBSE 131 155 157 230 360 378 379
9 mm Walther P 38 k Selbstladepistole Bundesrepublik Deutschland 129
9 mm Walther P 38 k Selbstladepistole Deutschland **125–129**DB
9 mm Walther PP Selbstladepistole Deutschland 116–119
9 mm Walther PPK Selbstladepistole Deutschland 116–119
9 mm Welrod Mk.1 Mehrladepistole Großbritannien **265–267**DB 285 536
9 mm WIS 1931 Versuchswaffe/Prototyp (VIS 1935) Selbstladepistole Polen 363
9,2 mm Makarow PM Selbstladepistole Sowjetunion 415 419 (s. Waffen »heute«)
9,2 mm P 64 Selbstladepistole Polen 364 (s. Waffen »heute«)
9,2 mm P 83 Selbstladepistole Polen 364
9,2 mm Stetschkin APS Schnellfeuerpistole Sowjetunion 419 (s. Waffen »heute«)

Maschinenpistolen

5,45 mm Kalaschnikow Waffensystem (auch 7,62 mm) Maschinenpistolen (Schnellfeuerkarabiner, Sturmgewehre) DDR 168 (s. Waffen »heute«)
5,45 mm Kalaschnikow Waffensystem (auch 7,62 mm) Maschinenpistolen (Schnellfeuerkarabiner, Sturmgewehre) Sowjetunion 168 430 (s. Waffen »heute«)
6,5 mm Typ 2 (1934) Versuchswaffe Maschinenpistole Japan 334 335
7,62 mm 24 Maschinenpistole ČSFR 484 (s. Waffen »heute«)
7,62 mm 26 Maschinenpistole ČSFR 484 (s. Waffen »heute«)
7,62 mm 41 Maschinenpistole Polen 367 427 (s. Waffen »heute«)
7,62 mm 43 Maschinenpistole China 430 (s. Waffen »heute«)
7,62 mm 43 Maschinenpistole Polen 367 430 (s. Waffen »heute«)
7,62 mm 43/52 Maschinenpistole Polen 367 430 (s. Waffen »heute«)
7,62 mm 48 M Maschinenpistole Ungarn 427 524 (s. Waffen »heute«)
7,62 mm 49 Maschinenpistole Jugoslawien 427 (s. Waffen »heute«)
7,62 mm 49 Maschinenpistole Korea 427 (s. Waffen »heute«)
7,62 mm 49/57 Maschinenpistole Jugoslawien 427 (s. Waffen »heute«)
7,62 mm 50 Maschinenpistole China 427 (s. Waffen »heute«)
7,62 mm 58 Maschinenpistole ČSFR 484 (s. Waffen »heute«)
7,62 mm Degtjarjow 1929 Versuchswaffe Maschinenpistole Sowjetunion 420B
7,62 mm Degtjarjow 1934 Prototyp (PPD 1934) Maschinenpistole Sowjetunion 420
7,62 mm Degtjarjow 1942 Versuchswaffe Maschinenpistole Sowjetunion 428
7,62 mm Degtjarjow PPD 1934 Maschinenpistole Sowjetunion 18 26 **419–423**DB 424
7,62 mm Degtjarjow PPD 1934/38 Maschinenpistole Sowjetunion 18 26 73 **419–423**DB 424 433
7,62 mm Degtjarjow PPD 1940 Maschinenpistole Sowjetunion 18 26B 73 **419–423**DB 424
7,62 mm K 50 M Maschinenpistole Vietnam 427 (s. Waffen »heute«)
7,62 mm Kalaschnikow Waffensystem (auch 5,45 mm) Maschinenpistolen (Schnellfeuerkarabiner, Sturmgewehre) DDR 168 (s. Waffen »heute«)
7,62 mm Kalaschnikow Waffensystem (auch 5,45 mm) Maschinenpistolen (Schnellfeuerkarabiner, Sturmgewehre) Sowjetunion 168 430 (s. Waffen »heute«)
7,62 mm Kalaschnikow AK 47 Maschinenpistole (Schnellfeuerkarabiner, Sturmgewehr) Sowjetunion 168 427 429 430 440 525 (s. Waffen »heute«)
7,62 mm PMK Waffensystem Maschinenpistolen Polen 367 (s. Waffen »heute«)
7,62 mm Schpagin 1940 Versuchswaffe Maschinenpistole Sowjetunion 424
7,62 mm Schpagin PPSch 1941 Maschinenpistole Sowjetunion 17B 18 26 27B 31B 73 146 149 367 422 **424–427**DBS 428 429 524
7,62 mm Schpagin PPSch 1942 Maschinenpistole Sowjetunion 426B 427 428
7,62 mm Schpitalny 1940 Versuchswaffe Maschinenpistole Sowjetunion 424
7,62 mm Sudajew 1942 Versuchswaffe Maschinenpistole 427 428
7,62 mm Sudajew 1944 Versuchswaffe (für Kurzpatrone M 43) Maschinenpistole Sowjetunion 430
7,62 mm Sudajew PPS 1942 Maschinenpistole Sowjetunion 26 **427–430**DB
7,62 mm Sudajew PPS 1943 Maschinenpistole Sowjetunion 18 26 27B 73 146 234 367 **427–430**DBS

Register

7,62 mm Tokarew 1927 Versuchswaffe Maschinenpistole Sowjetunion 419 420B 423D

7,63 mm Bergmann 34 Maschinenpistole Deutschland/Dänemark **140–142**B

7,63 mm Bergmann 35 Maschinenpistole Deutschland/Dänemark **140–142**BS

7,63 mm BSA 1929 (mod. Thompson M 1929) Versuchswaffe Maschinenpistole Großbritannien (USA) 543

7,63 mm Erma EMP Maschinenpistole Deutschland 138–139B

7,63 mm Schmeisser 28/2 Maschinenpistole Deutschland 133–134

7,63 mm SIG 1920 (mod. Bergmann 18/1) Maschinenpistole Schweiz (Deutschland) 334 335 341 **390–392**DBS 396

7,63 mm SIG MKMO (Militärversion) Maschinenpistole Schweiz **392–396**DBS 524

7,63 mm SIG MKPO (Polizeiversion) Maschinenpistole Schweiz **392–396**DB

7,63 mm Steyr 1934 Maschinenpistole Österreich 135 214

7,63 mm Thompson M 1929 mod. (BSA 1929) Versuchswaffe Maschinenpistole USA (Großbritannien) 543

7,63 mm Vollmer-Erma Maschinenpistole Deutschland 137 420

7,65 mm 1922 Versuchswaffe Maschinenpistole Finnland 229 231

7,65 mm 1926 Maschinenpistole Finnland 231B 232 234D 236

7,65 mm Bergmann 34 Maschinenpistole Deutschland/Dänemark **140–142**B

7,65 mm Bergmann 35 Maschinenpistole Deutschland/Dänemark **140–142**BS

7,65 mm BSA 1929 (mod. Thompson M 1929) Versuchswaffe Maschinenpistole Großbritannien (USA) 543

7,65 mm Erma EMP Maschinenpistole Deutschland 138–139B 246 247

7,65 mm ETVS Maschinenpistole Frankreich 246

7,65 mm Flieger-Doppelpistole 1919 Maschinenpistole (lMG) Schweiz 389B 390B

7,65 mm MAS 1935 Versuchswaffe Maschinenpistole Frankreich 246

7,65 mm MAS 1938 Maschinenpistole Frankreich 26 74 243 **246–248**DBS

7,65 mm Schmeisser 28/2 Maschinenpistole Deutschland 133–134

7,65 mm SIG 1920 (mod. Bergmann 18/1) Maschinenpistole Schweiz (Deutschland) 334 335 341 **390–392**DBS 396

7,65 mm SIG MKMO (Militärversion) Maschinenpistole Schweiz **392–396**DBS 524

7,65 mm SIG MKMS (Militärversion) Maschinenpistole Schweiz **392–396**DBS

7,65 mm SIG MKPO (Polizeiversion) Maschinenpistole Schweiz **392–396**DB

7,65 mm SIG MKPS (Polizeiversion) Maschinenpistole Schweiz **392–396**DB

7,65 mm Skorpion Waffensystem (auch 9 mm und 9,2 mm) Klein-Maschinenpistolen ČSFR 484 (s. Waffen »heute«)

7,65 mm Steyr 1934 Maschinenpistole Österreich 135 214

7,65 mm Thompson M 1929 mod. (BSA 1929) Versuchswaffe Maschinenpistole USA (Großbritannien) 543

7,65 mm Vollmer-Erma Maschinenpistole Deutschland 137

7,65 mm W+F 1919 (Pistolengewehr) Maschinenpistole Schweiz **388–390**DB 396 405

7,7 mm Typ 2 (1934) Versuchswaffe Maschinenpistole Japan 334 335

8 mm 100 Maschinenpistole Japan **334–336**DB 341

8 mm 100/1 (1940) Maschinenpistole Japan **334–336**DB

8 mm 100/1 (1943) mit Klappkolben Maschinenpistole Japan **334–336**D

8 mm 100/2 (1944) Maschinenpistole Japan **334–336**DB

8 mm Typ 1 (1934) Versuchswaffe Maschinenpistole Japan 334B 335

8 mm Typ 2 (1934) Versuchswaffe Maschinenpistole Japan 334 335

8 mm Typ 3 (1934) Versuchswaffe Maschinenpistole Japan 334 335

8,65 mm Typ 2 (1934) Versuchswaffe Maschinenpistole Japan 334 335

9 mm 23 Maschinenpistole ČSFR 484 (s. Waffen »heute«)

9 mm 25 Maschinenpistole ČSFR 484 (s. Waffen »heute«)

9 mm 34 (ö) (Steyr 1934) Maschinenpistole Deutschland (Österreich) **135–136**DBS 361

9 mm 37 Maschinenpistole China (Taiwan) 553 (s. Waffen »heute«)

9 mm 38 (MP 38) Maschinenpistole Deutschland 24B 26 137 138 **142–147**DB 148 170 172 270 275 316 396

9 mm 38/40 (MP 38/40) Maschinenpistole Deutschland 146

9 mm 40 (MP 40) Maschinenpistole Deutschland 21B 26 89 135 137 138 **142–147**DBS 148 149 151 157 164 165 170 172 248 427 473 547

9 mm 40 (MP 40) mit Schalldämpfer Maschinenpistole Deutschland 146

9 mm 40/1 (MP 40/1) Maschinenpistole Deutschland **142–147**DB

9 mm 748 (e) (Sten Mk.1) Maschinenpistole Deutschland (Großbritannien) 271–280DB

9 mm 749 (e) (Sten Mk.2) Maschinenpistole Deutschland (Großbritannien) 271–280DB

9 mm 1926 Versuchswaffe Maschinenpistole Finnland 232

9 mm 1931 (mod. Suomi 1931) Maschinenpistole Finnland 233B

9 mm 1931 Versuchswaffe (Suomi 1931) Maschinenpistole Finnland 231B

9 mm 1937 (mod. Suomi 1931) Maschinenpistole Schweden (Finnland) 379

9 mm 1937 Versuchswaffe Maschinenpistole Polen 365

9 mm 1937/39 (mod. Suomi 1931) Maschinenpistole Schweden (Finnland) 141 232 **379–380**D 383

9 mm 1937/39 F (mod. Suomi 1931) Maschinenpistole Schweden (Finnland) **379–380**DB

9 mm 1938 Prototyp (Mors 1939) Maschinenpistole Polen 365–367

9 mm 1938 Versuchswaffe Maschinenpistole Polen 365

9 mm 1939 Maschinenpistole Ungarn 268 393 **524–526**DB

9 mm 1939 A Maschinenpistole Ungarn 526

9 mm 1941/44 (mod. Erma EMP) Maschinenpistole Spanien (Deutschland) 139 473

9 mm 1943 Maschinenpistole Ungarn 393 **524–526**DB

9 mm 1943 (Suomi 1931) Maschinenpistole Schweiz (Finnland) 399 400

9 mm 1943/44 (Suomi 1931) Maschinenpistole Schweiz (Finnland) 232 399 **400–402**DB

9 mm 1944 Maschinenpistole Finnland 233B 234

9 mm 1946 Maschinenpistole Finnland 233B 234

9 mm Austen Mk.1 Maschinenpistole Australien **89–91**DB

9 mm Austen Mk.1 mit Schalldämpfer Maschinenpistole Australien **89–91**B

9 mm Austen Mk.2 Maschinenpistole Australien **89–91**DB

9 mm BA 52 (TZ 1945) Maschinenpistole Burma (Italien) 319

9 mm Beretta Waffensystem Maschinenpistolen Italien 75 149 **311–317**DBS

9 mm Beretta 1 Versuchswaffe Maschinenpistole Italien 311–317DB

9 mm Beretta 2 Versuchswaffe/Prototyp Maschinenpistole Italien 316

9 mm Beretta 3 Versuchswaffe/Prototyp Maschinenpistole Italien 316

9 mm Beretta 4 Versuchswaffe Maschinenpistole Italien 316

9 mm Beretta 5 Maschinenpistole Italien 316

9 mm Beretta 38/49 Maschinenpistole Italien 314 316 (s. Waffen »heute«)

9 mm Beretta 1918 Maschinenpistole Italien 311 312B 317D

9 mm Beretta 1938/42 Maschinenpistole Italien **311–317**DBS

9 mm Beretta 1938/43 Maschinenpistole Italien **311–317**B

9 mm Beretta 1938/44 Maschinenpistole Italien **311–317**BS

9 mm Beretta 1938 A Maschinenpistole Italien 22B 26 **311–317**DBS 319 326

9 mm Beretta 1938 A (erste Variante) Maschinenpistole Italien **311–317**DB

9 mm Beretta 1938 A (zweite Variante) Maschinenpistole Italien **311–317**DB

9 mm Beretta 1938 A (dritte Variante) Maschinenpistole Italien **311–317**DBS

9 mm Bergmann 18/1 Maschinenpistole Deutschland 25 86 133BS 134 137 138 139 140 142 144 268 311 312 390 392 473 482

9 mm Bergmann 18/1 Maschinenpistole Finnland 134

9 mm Bergmann 34 Maschinenpistole Deutschland/Dänemark **140–142**B

9 mm Bergmann 34 (MP 34) Maschinenpistole Deutschland/Dänemark **140–142**B 144 268 379

9 mm Bergmann 34/1 Maschinenpistole Deutschland/Dänemark **140–142**DB

9 mm Bergmann 35 Maschinenpistole Deutschland/Dänemark **140–142**BS

9 mm Bergmann 35 (MP 35) Maschinenpistole Deutschland/Dänemark **140–142**DBS 144 473

9 mm Bergmann 35/1 Maschinenpistole Deutschland/Dänemark **140–142**B

9 mm BMK 32 Prototyp (Bergmann MP 34) Maschinenpistole Deutschland 140

9 mm BSA 1926 (mod. Thompson M 1926) Versuchswaffe Maschinenpistole Großbritannien (USA) 542

9 mm BSA 1929 (mod. Thompson M 1929) Versuchswaffe Maschinenpistole Großbritannien (USA) 269 543

9 mm Carl Gustaf 45 Maschinenpistole Schweden 380 (s. Waffen »heute«)

9 mm Carl Gustaf 45 B Maschinenpistole Schweden 380 (s. Waffen »heute«)

9 mm ČZ 47/p Versuchswaffe/Prototyp Maschinenpistole ČSFR 484 (s. Waffen »heute«)

9 mm ČZ 247 Versuchswaffe Maschinenpistole ČSFR 483B 485D

9 mm ČZ 1938 Maschinenpistole Tschechoslowakei **482–485**DB

9 mm Erma 44 Maschinenpistole Deutschland 146

9 mm Erma EMP Maschinenpistole Deutschland 137 **138–139**DBS 144 170 246 247 268 365 366 396 473

9 mm Erma EMP 35 Maschinenpistole Deutschland 139

9 mm Erma EMP mit Schalldämpfer Maschinenpistole Deutschland **138–139**DB

9 mm F1 Maschinenpistole Australien 86 91 (s. Waffen »heute«)

9 mm FNAB 1943 Maschinenpistole Italien **317–318**B

9 mm Jati-Matic Maschinenpistole Finnland 248 (s. Waffen »heute«)

9 mm Kokoda Versuchswaffe Maschinenpistole Australien 90 91DB

9 mm Labora 1938 Maschinenpistole Spanien 472B 473

9 mm Lanchester Mk.1 Maschinenpistole Großbritannien 26 134 135 **268–270**DB 271
9 mm Lanchester Mk.1* Maschinenpistole Großbritannien **268–270**B
9 mm M3 Maschinenpistole USA 248 **547–553**DBSE
9 mm M3 A1 Maschinenpistole USA 248 **547–553**DBE
9 mm MAT 49 Maschinenpistole Frankreich 248 (s. Waffen »heute«)
9 mm MCEM Versuchswaffe Maschinenpistole Australien 90 91B
9 mm Mitchell Versuchswaffe Maschinenpistole Großbritannien 270
9 mm Mors 1939 Maschinenpistole Polen **365–367**DBS 375 389
9 mm Orita 1941 Maschinenpistole Rumänien **377**D
9 mm OVP Maschinenpistole Italien 311 312B 317D
9 mm Owen Waffensystem Maschinenpistolen Australien **86–89**DBS
9 mm Owen 1952 (modernisiert) Maschinenpistole Australien **86–89**B
9 mm Owen Mk.1/42 Maschinenpistole Australien **86–89**DB
9 mm Owen Mk.1/43 Maschinenpistole Australien **86–89**DBS
9 mm Owen Mk.1/44 Maschinenpistole Australien **86–89**
9 mm Owen Mk.2 Maschinenpistole Australien 89
9 mm Owen Mk.2/43 Versuchswaffe Maschinenpistole Australien **86–89**DB
9 mm Patchett Versuchswaffe/Prototyp Maschinenpistole Großbritannien 270 278
9 mm Schmeisser 28/2 (MP 28/2) Maschinenpistole Deutschland 86 **133–134**DBS 144 149 268 270 420 473
9 mm Schmeisser-Bayard 1934 (Schmeisser 28/2) Maschinenpistole Belgien (Deutschland) 134
9 mm Schmeisser-Haenel 41 (MP 41) Maschinenpistole Deutschland **148–149**DB
9 mm Schpagin PPSch 1941 Testwaffe Maschinenpistole Deutschland (Sowjetunion) 427
9 mm SCK 65 Maschinenpistole Japan 336 (s. Waffen »heute«)
9 mm SCK 66 Maschinenpistole Japan 336 (s. Waffen »heute«)
9 mm SIG 310 Maschinenpistole Schweiz 398 (s. Waffen »heute«)
9 mm SIG 1930 Versuchswaffe Maschinenpistole Schweiz 392 393B
9 mm SIG 1940 Versuchswaffe Maschinenpistole Schweiz 396 397B
9 mm SIG 1941 Maschinenpistole Schweiz **396–398**DB 399
9 mm SIG 1944 Maschinenpistole Schweiz **396–398**DB
9 mm SIG MKMO (Militärversion) Maschinenpistole Schweiz **392–396**DBS 524
9 mm SIG MKMS (Militärversion) Maschinenpistole Schweiz **392–396**DBS 398
9 mm SIG MKPO (Polizeiversion) Maschinenpistole Schweiz **392–396**DB
9 mm SIG MKPS (Polizeiversion) Maschinenpistole Schweiz **392–396**DB
9 mm Skorpion Waffensystem (auch 7,65 mm und 9,2 mm) Klein-Maschinenpistolen ČSFR 484 (s. Waffen »heute«)
9 mm Solothurn S1-100 Maschinenpistole Deutschland/Schweiz **135–136**DBS 214 268 361 390 **392** 409 410
9 mm Solothurn S 17-100 Maschinenpistole Deutschland/Schweiz 136
9 mm Star 1932 Maschinenpistole Spanien 268 465 **472–473**DB
9 mm Star RU 1935 Maschinenpistole Spanien 473
9 mm Star SI 1935 Maschinenpistole Spanien 472B 473
9 mm Star TN 1935 Maschinenpistole Spanien 473
9 mm Star XX 1935 Maschinenpistole Spanien 473
9 mm Star Z 45 Maschinenpistole Spanien 473B (s. Waffen »heute«)
9 mm Sten-Kopien (nachgebaute Maschinenpistolen des Waffensystems Sten) Volkssturm-Maschinenpistolen Deutschland 146 **149–151**DB 157 177 178 272
9 mm Sten-Kopie Blohm & Voss Volkssturm-Maschinenpistole Deutschland **149–151**DB
9 mm Sten-Kopie Gerät Neumünster 3008 Volkssturm-Maschinenpistole Deutschland 146 **149–151**DB 272
9 mm Sten-Kopie Gerät Potsdam (Sten Mk.2) Maschinenpistole Deutschland (Großbritannien) **149–151**B 272
9 mm Sten-Kopie Nr. 1 Volkssturm-Maschinenpistole Deutschland **149–151**
9 mm Sten-Kopie Nr. 2 Volkssturm-Maschinenpistole Deutschland **149–151**B
9 mm Sten-Kopie Nr. 3 Volkssturm-Maschinenpistole Deutschland **149–151**
9 mm Sten Waffensystem Maschinenpistolen Großbritannien 25B 26 27 30B 86 89 149 248 265 270 **271–280**DBS 319 357 426 547
9 mm Sten Mk.1 Maschinenpistole Großbritannien **271–280**DB
9 mm Sten Mk.1* Maschinenpistole Großbritannien **271–280**DB
9 mm Sten Mk.2 Maschinenpistole Großbritannien 89 150 151 178 **271–280**DBS 547
9 mm Sten Mk.2 Maschinenpistole Kanada 20B 271–280B
9 mm Sten Mk.2S mit Schalldämpfer Maschinenpistole Großbritannien **271–280**DBS
9 mm Sten Mk.2S IR mit Schalldämpfer und Infrarotgerät Versuchswaffe Maschinenpistole Großbritannien 271–280
9 mm Sten Mk.3 Maschinenpistole Großbritannien **271–280**DB
9 mm Sten Mk.3 Maschinenpistole Kanada 271–280
9 mm Sten Mk.4A Versuchswaffe Maschinenpistole Großbritannien 271–280DB
9 mm Sten Mk.4B Versuchswaffe Maschinenpistole Großbritannien 271–280DB
9 mm Sten Mk.5 Maschinenpistole Großbritannien **271–280**DB
9 mm Sten Mk.6S mit Schalldämpfer Maschinenpistole Großbritannien **271–280**DB
9 mm Sterling Waffensystem Maschinenpistolen Großbritannien 270 278 (s. Waffen »heute«)
9 mm Steyr 935 (Steyr-Solothurn S1-100) Maschinenpistole Portugal (Deutschland/Österreich/Schweiz) 135
9 mm Steyr 1934 Maschinenpistole Österreich/Deutschland **135–136**DBS 214 361 392
9 mm Steyr-Solothurn S1-100 (34 ö) Maschinenpistole Deutschland/ Österreich/Schweiz **135–136**DBS 144 187 214 361 390 392
9 mm Suomi 1931 Maschinenpistole Finnland 141 230 **231–234**DB 236 268 270 365 379 383 399 400 420 422 473
9 mm Suomi 1932 (mod.) Maschinenpistole Finnland 233B 234
9 mm T 20 Prototyp (M3) Maschinenpistole USA 547
9 mm Thompson M 1924 Maschinenpistole USA 542
9 mm Thompson M 1926 mod. (BSA 1926) Versuchswaffe Maschinenpistole USA (Großbritannien) 542
9 mm Thompson M 1929 mod. (BSA 1929) Versuchswaffe Maschinenpistole USA (Großbritannien) 269 543
9 mm TZ 1945 Maschinenpistole Italien **319–320**DBS
9 mm UD 1 Testwaffe/Versuchswaffe Maschinenpistole USA 546B 547
9 mm UD 1942 Maschinenpistole USA 536 **545–547**DB
9 mm Vesely Versuchswaffe Maschinenpistole Großbritannien 270
9 mm Villar Perosa 1915 Maschinenpistole Italien 25 26 133 268 311B 312 389
9 mm Vollmer 1925 Versuchswaffe/Prototyp (Vollmer-Erma) Maschinenpistole Deutschland 137
9 mm Vollmer-Erma Maschinenpistole Deutschland **137–138**DB 139 144 170 420
9 mm Welgun Versuchswaffe Maschinenpistole Großbritannien 270
9 mm W+F 1941 Maschinenpistole Schweiz 396 **399–400**DB 405
9 mm W+F 1941/44 Maschinenpistole Schweiz **399–400**DB
9 mm ZB 47 Versuchswaffe Maschinenpistole ČSFR 484
9 mm ZK 383 Maschinenpistole Tschechoslowakei **482–485**DB
9 mm ZK 383 H Maschinenpistole Tschechoslowakei **482–485**B
9 mm ZK 383 P Maschinenpistole Tschechoslowakei **482–485**
9 mm ZK 466-015 Versuchswaffe Maschinenpistole ČSFR 484
9 mm ZK 476 Versuchswaffe Maschinenpistole ČSFR 484
9 mm ZK 480 Versuchswaffe Maschinenpistole ČSFR 484
9,2 mm PM 63 Klein-Maschinenpistole Polen 367 (s. Waffen »heute«)
9,2 mm Skorpion Waffensystem (auch 7,65 mm und 9 mm) Klein-Maschinenpistolen ČSFR 484 (s. Waffen »heute«)

Gewehre

5,45 mm Kalaschnikow Waffensystem (auch 7,62 mm) Schnellfeuerkarabiner, Sturmgewehre (s. unter Maschinenpistolen)
5,56 mm FA MAS F3 Schnellfeuergewehr Frankreich 166 (s. Waffen »heute«)
5,56 mm FFV 890 C Schnellfeuergewehr Schweden 382 (s. Waffen »heute«)
5,56 mm Steyr AUG 77 Schnellfeuergewehr Österreich 166 (s. Waffen »heute«)
5,6 mm FN 1924/30 Trainingswaffe Mehrladekarabiner Belgien 97–98B
5,6 mm MAS 1936 Trainingswaffe Mehrladegewehr Frankreich 253
6,5 mm 1896/38 Mehrladegewehr Schweden **380–382**BE
6,5 mm 1896/41 mit Zielfernrohr Mehrladegewehr Schweden **380–382**B
6,5 mm 1938 Mehrladegewehr Schweden **380–382**B
6,5 mm Arisaka 97 Mehrlade-Scharfschützengewehr Japan 28 76 **337**DB 338 340
6,5 mm Arisaka Meiji 30 Mehrladegewehr Japan 28 76 337
6,5 mm Arisaka Meiji 38 Mehrladegewehr Japan 28 76 337 338 339 340 485
6,5 mm Arisaka Meiji 38 Mehrladekarabiner Japan 338 340
6,5 mm Arisaka Meiji 38 (Fallschirmjäger-Version) Mehrladekarabiner Japan 340
6,5 mm Arisaka Meiji 44 (Fallschirmjäger-Version) Versuchswaffe Mehrladekarabiner Japan 340
6,5 mm Arisaka Schützengrabengewehr Mehrladegewehr Japan 340
6,5 mm Carcano 1891/24 Mehrladekarabiner Italien 76 320B 322
6,5 mm Carcano 1891/38 Mehrladegewehr Italien 76 321B 322
6,5 mm Carcano 1891/41 Mehrladegewehr Italien 76 321B 322
6,5 mm Carcano 1938 Mehrladekarabiner Italien 76 322
6,5 mm Carcano 1938 (mod. Einheitsgewehr) Mehrladegewehr Italien 76 **320–322**B

Register

6,5 mm Carcano 1938 TS Mehrladekarabiner Italien 76 321B 322
6,5 mm Fjodorow 1916 (Fjodorow-Automat) Schnellfeuergewehr Rußland/Sowjetunion 29 436B 438D 439 443 444
6,5 mm FN Mauser Waffensystem (auch 7 mm, 7,65 mm und 7,92 mm) Mehrladegewehre und Mehrladekarabiner Belgien 97–98B
6,5 mm FN 1922 Mehrladekarabiner Belgien 97–98
6,5 mm FN 1924 Mehrladekarabiner Belgien 97–98
6,5 mm FN 1924/30 Mehrladekarabiner Belgien **97–98**B
6,5 mm FN 1935 Mehrladegewehr Belgien **97–98**
6,5 mm Krag-Jörgensen Waffensystem Mehrlade-Scharfschützengewehre Norwegen **358–359**B
6,5 mm Krag-Jörgensen 1923 Mehrlade-Scharfschützengewehr Norwegen **358–359**B
6,5 mm Krag-Jörgensen 1925 Mehrlade-Scharfschützengewehr Norwegen **358–359**B
6,5 mm Krag-Jörgensen 1930 Mehrlade-Scharfschützengewehr Norwegen **358–359**B
6,5 mm Ljungman 1942 Prototyp Selbstladegewehr Schweden 382–383
6,5 mm Ljungman 1942 B Selbstladegewehr Schweden **382–383**DB
6,5 mm (Mauser) Standardgewehr 1931 (Exportversion) Mehrladekarabiner Deutschland 153–157
6,5 mm Tokarew 1921 Versuchswaffe Selbstladekarabiner Sowjetunion 438
6,5 mm Typ 1 (mod. Mannlicher-Carcano) Mehrladegewehr Japan (Italien) 340
6,5 mm ZK 420 Versuchswaffe Selbstladegewehr ČSFR 498
7 mm 12 Mehrladekarabiner Tschechoslowakei **488–493**DB
7 mm 12/33 Mehrladekarabiner Tschechoslowakei 492
7 mm 98/29 Mehrlademusketon Tschechoslowakei **488–493**B
7 mm 1924 Mehrladegewehr Tschechoslowakei **488–493**B
7 mm FN Mauser Waffensystem (auch 6,5 mm, 7,65 mm und 7,92 mm) Mehrladegewehre und Mehrladekarabiner Belgien **97–98**B
7 mm FN 1922 Mehrladekarabiner Belgien 97–98
7 mm FN 1924 Mehrladekarabiner Belgien 97–98
7 mm FN 1924/30 Mehrladekarabiner Belgien **97–98**B
7 mm FN 1935 Mehrladegewehr Belgien 97–98
7 mm Jelen Versuchswaffe Mehrladegewehr Tschechoslowakei 489
7 mm Johnson 1941 (mod.) Selbstladegewehr USA 559
7 mm L Mehrladekarabiner Tschechoslowakei **488–493**
7 mm (Mauser) Standardgewehr 1931 (Exportversion) Mehrladekarabiner Deutschland 153–157
7 mm Mauser Waffensystem (auch 7,65 mm und 7,92 mm) Mehrladegewehre, Mehrladekarabiner und Mehrlademusketon Tschechoslowakei 487 **488–493**DB 505
7 mm ZH 1929 Versuchswaffe Selbstladegewehr Tschechoslowakei 495
7 mm ZK 420 Versuchswaffe Selbstladegewehr ČSFR 498
7,35 mm Carcano 1938 Mehrladekarabiner Italien 322
7,35 mm Carcano 1938 (Einheitsgewehr) Mehrladegewehr Italien 28 76 **320–322**DB 325 326
7,35 mm Carcano 1938 TS Mehrladekarabiner Italien 321B 322
7,5 mm 31/55 Mehrlade-Scharfschützenkarabiner Schweiz 404 (s. Waffen »heute«)
7,5 mm 1911 (Schmidt-Rubin) Mehrladekarabiner Schweiz 402 403 407
7,5 mm 1931 Mehrladekarabiner Schweiz 78 400 **402–404**DBS 407 413
7,5 mm 1931/42 Mehrlade-Scharfschützenkarabiner Schweiz 78 **402–404**DBS
7,5 mm 1931/43 Mehrlade-Scharfschützenkarabiner Schweiz 78 **402–404**DBS
7,5 mm Berthier Waffensystem (mod.) Mehrladegewehre Frankreich 29 30B 249B 250D 252
7,5 mm Berthier 1907/15 M 34 Mehrladegewehr Frankreich 249B 250D
7,5 mm Lebel Waffensystem (mod.) (auch 8 mm) Mehrladegewehre und Mehrladekarabiner Frankreich 29 30B **248–250**B 252
7,5 mm Lebel 1886/93 M 27 Mehrladegewehr Frankreich **248–250**D
7,5 mm MAS 49 Selbstladegewehr Frankreich 253 (s. Waffen »heute«)
7,5 mm MAS 1932 A Prototyp (MAS 1936) Mehrladegewehr Frankreich 251–253
7,5 mm MAS 1936 Mehrladegewehr Frankreich 29 78 249 250 **251–253**DBE
7,5 mm MAS 1936 CR 39 Mehrladegewehr Frankreich 251–253B
7,5 mm MAS 1936/51 Mehrladegewehr Frankreich 251B 253
7,5 mm SIG 510 Waffensystem (auch 7,62 mm) Schnellfeuergewehre Schweiz 402 (s. Waffen »heute«)
7,5 mm SIG 510 (Sturmgewehr 57) Schnellfeuergewehr Schweiz 402 404 (s. Waffen »heute«)
7,5 mm Sturmgewehr 57 Schnellfeuergewehr Schweiz 402 404 (s. Waffen »heute«)
7,5 mm ZK 381 Versuchswaffe Selbstladegewehr Tschechoslowakei 498
7,5 mm ZK 420 Versuchswaffe Selbstladegewehr ČSFR 498
7,62 mm 52 Selbstladegewehr ČSFR 492 493 (s. Waffen »heute«)
7,62 mm 64 Schnellfeuergewehr Japan 340 (s. Waffen »heute«)

7,62 mm 1891/30 Mehrladegewehr Sowjetunion 18 28 **431–436**DBSE 437 440
7,62 mm 1891/30 Mehrlade-Scharfschützengewehr Sowjetunion 18B 28 156 **431–436**DB 442
7,62 mm 1924/27 Mehrladekarabiner Sowjetunion 431B 432
7,62 mm 1938 Mehrladekarabiner Sowjetunion 19 28 **431–436**DB 442
7,62 mm 1944 Mehrladekarabiner Sowjetunion 19 28 **431–436**DB
7,62 mm AK 4 Schnellfeuergewehr Schweden 382 (s. Waffen »heute«)
7,62 mm Beretta BM 59 Schnellfeuergewehr Italien 558 (s. Waffen »heute«)
7,62 mm CETME Waffensystem Schnellfeuergewehre Spanien 176 (s. Waffen »heute«)
7,62 mm CETME Schnellfeuergewehr Spanien 166 (s. Waffen »heute«)
7,62 mm ČZ 1938 Prototyp Selbstladegewehr Tschechoslowakei 495B 497
7,62 mm Degtjarjow 1925 Versuchswaffe Schnellfeuergewehr Sowjetunion 439
7,62 mm Degtjarjow 1930 Versuchswaffe Selbstladegewehr Sowjetunion 439
7,62 mm Dragunow SWD Selbstlade-Scharfschützengewehr Sowjetunion 434 440 (s. Waffen »heute«)
7,62 mm Fjodorow 1925 Versuchswaffe Schnellfeuergewehr Sowjetunion 439B
7,62 mm FN FAL Schnellfeuergewehr Belgien 100 280 (s. Waffen »heute«)
7,62 mm HK G3 Waffensystem Schnellfeuergewehre Bundesrepublik Deutschland 176 (s. Waffen »heute«)
7,62 mm Kalaschnikow Waffensystem (auch 5,45 mm) Schnellfeuerkarabiner, Sturmgewehre (s. unter Maschinenpistolen)
7,62 mm L1 A1 Selbstladegewehr Australien 92 (s. Waffen »heute«)
7,62 mm L1 A1 Selbstladegewehr Großbritannien 280 283 (s. Waffen »heute«)
7,62 mm L 42 A1 Mehrlade-Scharfschützengewehr Großbritannien 283 (s. Waffen »heute«)
7,62 mm M1 Selbstladegewehr Italien 322 558 (s. Waffen »heute«)
7,62 mm M 14 Schnellfeuergewehr USA 553 558 563 (s. Waffen »heute«)
7,62 mm Mosin 1891 Mehrladegewehr Finnland 28B 231 235
7,62 mm Mosin Waffensystem Mehrladegewehre und Mehrladekarabiner Rußland/Sowjetunion 29 161 231 367 368 369 422 **431–436**DBSE 437 438 442 485 497
7,62 mm Mosin 1891 Mehrladegewehr Rußland/Sowjetunion 28 78 234 367 368 426 431 432 433 434 436 485
7,62 mm Raschid Selbstladegewehr Ägypten 382 (s. Waffen »heute«)
7,62 mm Simonow 1926 Versuchswaffe Selbstladegewehr Sowjetunion 436
7,62 mm Simonow 1931 Versuchswaffe Schnellfeuergewehr Sowjetunion 436 437
7,62 mm Simonow 1935 Versuchswaffe Schnellfeuerkarabiner Sowjetunion 436
7,62 mm Simonow AWS 1936 Schnellfeuergewehr Sowjetunion 18 29 30 31B 157 161 434 **436–438**DBS 440 497
7,62 mm Simonow AWS 1936 mit Zielfernrohr Schnellfeuergewehr Sowjetunion 434 437
7,62 mm Simonow SKS 45 Selbstladekarabiner Sowjetunion 437 440 (s. Waffen »heute«)
7,62 mm Tokarew 1925 Versuchswaffe Schnellfeuergewehr Sowjetunion 439
7,62 mm Tokarew 1930 Versuchswaffe Schnellfeuergewehr Sowjetunion 439B
7,62 mm Tokarew 1932 Versuchswaffe Selbstladegewehr Sowjetunion 439B 440
7,62 mm Tokarew AWT 1940 Schnellfeuerkarabiner Sowjetunion 438–443DB
7,62 mm Tokarew SWT 1938 Selbstladegewehr Sowjetunion 18 29 30 157 161 419 437 **438–443**DBSE 497
7,62 mm Tokarew SWT 1940 Selbstladegewehr Sowjetunion 18 29 30 157 161 419 434 437 **438–443**DBSE 497
7,62 mm Tokarew SWT 1940 Selbstladekarabiner Sowjetunion 438–443B
7,62 mm Tokarew SWT 1940 mit Zielfernrohr Selbstlade-Scharfschützengewehr Sowjetunion 434 438–443B
7,62 mm Valmet Waffensystem Schnellfeuergewehre Finnland 231 (s. Waffen »heute«)
7,62 mm ZK 381 Au Versuchswaffe Selbstladegewehr Tschechoslowakei 496B 498
7,65 mm 1924 Mehrladegewehr Tschechoslowakei **488–493**B
7,65 mm FN Mauser Waffensystem (auch 6,5 mm, 7 mm und 7,92 mm) Mehrladegewehre und Mehrladekarabiner Belgien **97–98**B
7,65 mm FN 1922 Mehrladekarabiner Belgien 97–98
7,65 mm FN 1924 Mehrladekarabiner Belgien 97–98
7,65 mm FN 1924/30 Mehrladekarabiner Belgien **97–98**B
7,65 mm FN 1935 Mehrladegewehr Belgien **97–98**

7,65 mm FN 1936 Mehrladegewehr Belgien **97–98**B
7,65 mm L Mehrladekarabiner Tschechoslowakei **488–493**
7,65 mm (Mauser) Standardgewehr 1931 (Exportversion) Mehrladekarabiner Deutschland **153–157**
7,65 mm Mauser Waffensystem (auch 7 mm und 7,92 mm) Mehrladegewehre, Mehrladekarabiner und Mehrlademusketon Tschechoslowakei 487 **488–493**DB 505
7,65 mm ZK 420 Versuchswaffe Selbstladegewehr ČSFR 498
7,7 mm 5 Versuchswaffe Selbstladegewehr Japan **340–341**B 558
7,7 mm 99 (Ersatzgewehr 99/2) Mehrladegewehr Japan 339B 340
7,7 mm 99 (Ersatzgewehr 99/3) Mehrladegewehr Japan 339B 340
7,7 mm 99 (Fallschirmjäger-Version) Mehrladegewehr Japan 28 **338–340**B
7,7 mm 99 (Kurzversion) Mehrladegewehr Japan 28 **338–340**DB
7,7 mm 99 (Scharfschützen-Version) Mehrladegewehr Japan 28 337 **338–340**B
7,7 mm 99 (Standardversion) Mehrladegewehr Japan 28 **338–340**B 345 351
7,7 mm Arisaka Meiji 38 Testwaffe (von 1938) Mehrladegewehr Japan 338
7,7 mm Arisaka Meiji 38 Testwaffe (von 1938) Mehrladekarabiner Japan 338
7,7 mm Arisaka Meiji 44 Testwaffe (von 1938) Mehrladekarabiner Japan 338
7,75 mm Mkb Vollmer 1935 Versuchswaffe Schnellfeuerkarabiner Deutschland 170
7,75 mm Mkb Vollmer 1935/2 Versuchswaffe Schnellfeuerkarabiner Deutschland 168B 170
7,75 mm Mkb Vollmer 1935/3 Versuchswaffe Schnellfeuerkarabiner Deutschland 170 174D
7,92 mm 16/33 Mehrladekarabiner Tschechoslowakei **488–493**DB
7,92 mm 33/40 (16/33) Mehrladekarabiner Deutschland (Tschechoslowakei) 156 **488–493**DB
7,92 mm 33/40 mit Klappkolben (16/33) Mehrladekarabiner Deutschland (Tschechoslowakei) 491B 492
7,92 mm 33/40 mit Zielfernrohr (16/33) Mehrladekarabiner Deutschland (Tschechoslowakei) 491B 492
7,92 mm 98 Mehrladegewehr Tschechoslowakei 489 490
7,92 mm 98/22 Mehrladegewehr Tschechoslowakei **488–493**DB
7,92 mm 98/23 Mehrladegewehr Tschechoslowakei 490
7,92 mm 98/29 Mehrladegewehr Tschechoslowakei **488–493**DB
7,92 mm 98/29 Mehrlademusketon Tschechoslowakei **488–493**DB
7,92 mm 98/40 (mod. 1935) Mehrladegewehr Deutschland (Ungarn) 157 **526–527**DB
7,92 mm 1891/98/23 (mod. Mehrladegewehr Mosin 1891) Mehrladekarabiner Polen (Rußland) 368
7,92 mm 1891/98/25 (mod. Mehrladegewehr Mosin 1891) Mehrladekarabiner Polen (Rußland) **367–368**B
7,92 mm 1891/98/26 (mod. Mehrladegewehr Mosin 1891) Mehrladekarabiner Polen (Rußland) 368
7,92 mm 1898 Mehrladegewehr Polen **368–370**B
7,92 mm 1898 Mehrladekarabiner Polen **368–370**
7,92 mm 1898 a Mehrladegewehr Polen **368–370**
7,92 mm 1898 a Mehrladekarabiner Polen **368–370**B
7,92 mm 1923 Mehrladegewehr Tschechoslowakei 490
7,92 mm 1923 A Mehrladegewehr Tschechoslowakei 490
7,92 mm 1924 Mehrladegewehr Jugoslawien 355
7,92 mm 1924 Mehrladegewehr Tschechoslowakei 355 **488–493**DB 495
7,92 mm 1924 Mehrladekarabiner Jugoslawien **355**
7,92 mm 1929 Mehrladegewehr Jugoslawien **355**B
7,92 mm 1929 Mehrladekarabiner Jugoslawien **355**
7,92 mm 1929 Mehrladekarabiner Polen 157 355 367 **368–370**DB
7,92 mm A 115 Versuchswaffe Selbstladegewehr Deutschland 158 160 170
7,92 mm Carcano 1938 (mod.) Mehrladegewehr Italien/Deutschland 322
7,92 mm ČZ Typenreihe von Versuchswaffen Selbstladegewehre Tschechoslowakei 497
7,92 mm ČZ 1937 Versuchswaffe Selbstladegewehr Tschechoslowakei 497
7,92 mm ČZ 1939 Selbstladegewehr Tschechoslowakei 497
7,92 mm FG 42 Schnellfeuer-Fallschirmjägergewehr Deutschland 22B 31 32B 147 **164–167**DBS 170
7,92 mm FG 42 Ausführung 1 Schnellfeuer-Fallschirmjägergewehr Deutschland **164–167**DB
7,92 mm FG 42 Ausführung 2 Schnellfeuer-Fallschirmjägergewehr Deutschland **164–167**DB
7,92 mm FG 42 Ausführung 3 Schnellfeuer-Fallschirmjägergewehr Deutschland **164–167**DB
7,92 mm FG 42 mit Schießbecher (Granatgerät) Schnellfeuer-Fallschirmjägergewehr Deutschland **164–167**DB
7,92 mm FG 42 mit Zielfernrohr Schnellfeuer-Fallschirmjägergewehr Deutschland **164–167**DB

7,92 mm FN Mauser Waffensystem (auch 6,5 mm, 7 mm und 7,65 mm) Mehrladegewehre und Mehrladekarabiner Belgien **97–98**B
7,92 mm FN 1922 Mehrladekarabiner Belgien **97–98**
7,92 mm FN 1924 Mehrladekarabiner Belgien **97–98**
7,92 mm FN 1924/30 Mehrladekarabiner Belgien **97–98**B 157 355
7,92 mm FN 1935 Mehrladegewehr Belgien **97–98**
7,92 mm G 35 Versuchswaffe Selbstladegewehr Deutschland 158
7,92 mm G 41 M (Mauser) Selbstladegewehr Deutschland 31 155 **157–160**DB 161
7,92 mm G 41 W (Walther) Selbstladegewehr Deutschland 21 **157–160**DB 161 162 170
7,92 mm G 43 Selbstladegewehr Deutschland 31 156 157 160 **161–163**DBE 170 178
7,92 mm G 43 mit Zielfernrohr Selbstladegewehr Deutschland **161–163**DB
7,92 mm Hakim 42/49 (mod. Ljungman 1942 B) Selbstladegewehr Ägypten 382 (s. Waffen »heute«)
7,92 mm Janeček 1936 Versuchswaffe Selbstladegewehr Tschechoslowakei
7,92 mm Jelen Versuchswaffe Mehrladegewehr Tschechoslowakei 489
7,92 mm K Versuchswaffen Selbstladegewehre Tschechoslowakei 495
7,92 mm K 43 Selbstladegewehr Deutschland **161–163**DBE 170 178
7,92 mm K 43 mit Zielfernrohr Selbstladegewehr Deutschland **161–163**DB
7,92 mm Krnka 1925 Versuchswaffe Schnellfeuergewehr Tschechoslowakei 495
7,92 mm Krnka 1926 Versuchswaffe Selbstladegewehr Tschechoslowakei 495
7,92 mm L Mehrladekarabiner Tschechoslowakei **488–493**
7,92 mm Mauser 98 (Gewehr 98) Mehrladegewehr Deutschland 28 30B 80 106 140 151 152 153 249 338 368 369 432 485 486 489 490
7,92 mm Mauser 98 a (Karabiner 98 a) Mehrladekarabiner Deutschland 28 151 152 153 156 368 369
7,92 mm Mauser 98 b (Karabiner 98 b) Mehrladekarabiner Deutschland 28 **151–152**DB
7,92 mm Mauser 98 k (Karabiner 98 k) Mehrladekarabiner Deutschland 21B 28 30B 97 98 131 147 150 152 **153–157**DBSE 160 161 164 165 170 172 177 178 180 355 370 492 526
7,92 mm Mauser 98 k (Karabiner 98 k) mit Klappkolben Mehrladekarabiner Deutschland **153–157**
7,92 mm Mauser 98 k (Karabiner 98 k) mit Schießbecher (Gewehrgranatgerät) Mehrladekarabiner Deutschland **153–157**B
7,92 mm Mauser 98 k (Karabiner 98 k) mit Zielfernrohr Mehrladekarabiner Deutschland **153–157**B
7,92 mm Mauser-Gerät 06 H Versuchswaffe Schnellfeuerkarabiner Deutschland 175–177DBS
7,92 mm (Mauser) Standardgewehr 1924 (Exportversion) Mehrladekarabiner Deutschland **153–157**BS 355
7,92 mm (Mauser) Standardgewehr 1931 (Exportversion) Mehrladekarabiner Deutschland **153–157**
7,92 mm Mauser Waffensystem Mehrladegewehre und Mehrladekarabiner Polen 366 367 **368–370**DB 372 375
7,92 mm Mauser Waffensystem (auch 7 mm und 7,65 mm) Mehrladegewehre, Mehrladekarabiner und Mehrlademusketon Tschechoslowakei 157 377 487 **488–493**DB 497 499 505
7,92 mm Mkb 42 H (Haenel) Testwaffe/Prototyp Schnellfeuerkarabiner Deutschland 32 **167–175**DB
7,92 mm Mkb 42 W (Walther) Testwaffe/Prototyp Schnellfeuerkarabiner Deutschland 32 158 **167–175**DB
7,92 mm Mkb 43 M (Mauser) Versuchswaffe/Prototyp Schnellfeuerkarabiner Deutschland 175–177
7,92 mm MP 43 Schnellfeuerkarabiner Deutschland 32 **167–175**B 176
7,92 mm MP 43/1 Schnellfeuerkarabiner Deutschland **167–175**B
7,92 mm MP 44 (Sturmgewehr 44) Schnellfeuerkarabiner Deutschland 31 32B 80 155 158 165 **167–175**DBS 176 177 178
7,92 mm M Typ 1938 Versuchswaffe Selbstladegewehr Polen 371
7,92 mm Netsch 1922 Versuchswaffe (auch ČZ 1924 genannt) Selbstladegewehr Tschechoslowakei 494B
7,92 mm Praga Versuchswaffe Selbstladegewehr Tschechoslowakei 494B 495
7,92 mm S Versuchswaffe Selbstladegewehr Tschechoslowakei 495
7,92 mm SAFN 49 Selbstladegewehr Belgien 98 (s. Waffen »heute«)
7,92 mm Sturmgewehr 44 (MP 44) Schnellfeuerkarabiner Deutschland 31 32B 80 155 158 165 **167–175**DBS 176 177 178
7,92 mm Sturmgewehr 44 (MP 44) mit gebogenem Lauf und Periskopvisier Schnellfeuerkarabiner Deutschland 173 174B 175
7,92 mm Sturmgewehr 44 (MP 44) mit Schalldämpfer Schnellfeuerkarabiner Deutschland 172 173
7,92 mm Sturmgewehr 45 M Prototyp Schnellfeuerkarabiner Deutschland 32 155 **175–177**DB

7,92 mm Versuchswaffen Selbstladegewehre Tschechoslowakei
493–498B 502

7,92 mm Volkssturmgewehre und -karabiner, verschiedene Modelle von Mehrladern, Selbstladern und Schnellfeuerwaffen Deutschland 157 **177–180**DB 340

7,92 mm Volkssturmgewehr 1–5 (Gustloff-Werke) Selbstladekarabiner Deutschland **177–180**DB

7,92 mm Volkssturmgewehr (Hessische Industriewerke Wetzlar) Mehrladegewehr Deutschland **177–180**B

7,92 mm Volkssturmgewehr (Steyr) Mehrladegewehr Österreich/Deutschland **177–180**

7,92 mm Volkssturmkarabiner (Erfurter Maschinenfabrik) Selbstladekarabiner Deutschland **177–180**

7,92 mm Volkssturmkarabiner (Hessische Industriewerke Wetzlar) Selbstladekarabiner Deutschland **178–180**DB

7,92 mm Volkssturmkarabiner MP 45 Schnellfeuerkarabiner Deutschland **177–180**DB

7,92 mm Volkssturmkarabiner (Steyr) Mehrladekarabiner Österreich/Deutschland **177–180**

7,92 mm Volkssturmkarabiner (Walther) Schnellfeuerkarabiner Deutschland **177–180**B

7,92 mm ZH Typenreihe von Versuchswaffen Selbstladegewehre Tschechoslowakei 497

7,92 mm ZH 1929 Selbstladegewehr Tschechoslowakei 495B

7,92 mm ZH 1929 Versuchswaffe Selbstladegewehr Tschechoslowakei 495

7,92 mm ZH 1937 Versuchswaffe Selbstladegewehr Tschechoslowakei 497

7,92 mm ZH 1939 Versuchswaffe Selbstladegewehr Tschechoslowakei 497

7,92 mm ZK 371 Versuchswaffe Selbstladegewehr Tschechoslowakei 497

7,92 mm ZK 373 Versuchswaffe Selbstladegewehr Tschechoslowakei 497

7,92 mm ZK 381 Versuchswaffe Selbstladegewehr Tschechoslowakei 496B 497

7,92 mm ZK 391 Versuchswaffe (von 1939) Selbstladegewehr Tschechoslowakei 496B 498

7,92 mm ZK 391 Versuchswaffe (von 1943) Selbstladegewehr Tschechoslowakei 498

7,92 mm ZK 420 Prototyp Selbstladegewehr ČSFR 496B 498

7,92 mm ZK 420 Versuchswaffe Selbstladegewehr ČSFR 498

7,92 mm ZK 420 Versuchswaffe (von 1942) Selbstladegewehr Tschechoslowakei 498

7,92 mm ZK 420 S Schnellfeuergewehr ČSFR 496B 498

7,92 mm ZK 425 Versuchswaffe Selbstladegewehr Tschechoslowakei 496B 498

8 mm 1935 Mehrladegewehr Ungarn 157 **526–527**B

8 mm Lebel Waffensystem (mod.) (auch 7,5 mm) Mehrladegewehre und Mehrladekarabiner Frankreich 29 30B **248–250**

8 mm Lebel 1886/93 R 35 Mehrladekarabiner Frankreich **248–250**DB

8 mm Mannlicher Waffensystem Mehrladegewehr, Mehrladekarabiner und Mehrladestutzen Tschechoslowakei **485–488**DB 489 490 493 497 499

8 mm Mannlicher 1895 Mehrladestutzen Tschechoslowakei **485–488**DB

8 mm Mannlicher 1895 (repariert) Mehrladegewehr Tschechoslowakei **485–488**B

8 mm Mannlicher 1895 (repariert) Mehrladekarabiner Tschechoslowakei **485–488**B 492

8 mm Mannlicher 1895/30 Mehrladestutzen Österreich 487

8 mm Mosin 1891 (mod.) Mehrladegewehr Tschechoslowakei (Rußland) 486 487

9 mm Beretta 1918/30 (MPi-Version) Selbstladekarabiner Italien 312B 313

9 mm Beretta 1935 (MPi-Version) Versuchswaffe Selbstladekarabiner Italien 313 317D

Maschinengewehre

6,5 mm 91 leichtes Maschinengewehr (mod. Panzer-MG 91) Japan 341–344B

6,5 mm 91 Panzer-Maschinengewehr (mod. IMG Nambu Taisho 11) Japan 341–344B

6,5 mm 96 leichtes Maschinengewehr Japan 76 343 **349–350**DB

6,5 mm 1914/29 (Schwarzlose) schweres Maschinengewehr Schweden 77

6,5 mm Breda 1924 Versuchswaffe leichtes Maschinengewehr Italien 322

6,5 mm Breda 1926 leichtes Maschinengewehr Italien 322 323B 324D

6,5 mm Breda 1928 leichtes Maschinengewehr Italien 323

6,5 mm Breda 1930 leichtes Maschinengewehr Italien 76 **322–325**DB 326 328

6,5 mm Browning 1921 leichtes Maschinengewehr Schweden 77 99 383DB 566

6,5 mm Browning 1936 schweres Maschinengewehr Schweden 77 383 **384–385**DB

6,5 mm Darne 1922 leichtes Maschinengewehr Frankreich 253 254B

6,5 mm Fjodorow-Degtjarjow 1921 Versuchswaffe leichtes Maschinengewehr Sowjetunion 443

6,5 mm Fjodorow-Degtjarjow 1922 Versuchswaffe (luftgekühlt) leichtes Maschinengewehr Sowjetunion 443 444

6,5 mm Fjodorow-Degtjarjow 1922 Versuchswaffe (wassergekühlt) leichtes Maschinengewehr Sowjetunion 443 444

6,5 mm Fjodorow-Schpagin 1922 Versuchswaffe (Zwilling) leichtes Maschinengewehr Sowjetunion 444

6,5 mm Hotchkiss Waffensystem (auch 7 mm, 7,5 mm, 7,92 mm und 8 mm) leichte Maschinengewehre Frankreich **253–256**DBS

6,5 mm Hotchkiss 1922 leichtes Maschinengewehr Frankreich **253–256**B

6,5 mm Kulspruta M 58 Universal-Maschinengewehr Schweden 385 (s. Waffen »heute«)

6,5 mm Lewis 1920 leichtes Maschinengewehr Rumänien 77

6,5 mm Lewis 1924 leichtes Maschinengewehr Frankreich 253 254B

6,5 mm LH 1933 Testwaffe leichtes Maschinengewehr Schweden 195–197B

6,5 mm Madsen Waffensystem (auch 7,62 mm, 7,92 mm und 8 mm) leichte und Universal-Maschinengewehre Dänemark 34 **102–105**DBS

6,5 mm Nambu Taisho 11 leichtes Maschinengewehr Japan 76 183 **341–344**DB 345 349 350

6,5 mm Safat Flugzeug-Maschinengewehr Italien 323

6,5 mm Safat leichtes Maschinengewehr (mod. Flugzeug-MG) Italien 323

6,5 mm Schpagin 1922 Versuchswaffe (Zwilling) leichtes Maschinengewehr Sowjetunion 444

7 mm Darne 1922 leichtes Maschinengewehr Frankreich 253 254B

7 mm FN Browning Waffensystem (auch .30, 7,65 mm und 7,92 mm) leichte und schwere Maschinengewehre Belgien **98–100**DB 565

7 mm FN 1917 schweres Maschinengewehr Belgien **98–100**D

7 mm FN 1928 leichtes Maschinengewehr Belgien **98–100**

7 mm FN 1930 leichtes Maschinengewehr Belgien **98–100** 565

7 mm FN D leichtes Maschinengewehr Belgien **98–100**DB

7 mm Hotchkiss Waffensystem (auch 6,5 mm, 7,5 mm, 7,92 mm und 8 mm) leichte Maschinengewehre Frankreich **253–256**DBS

7 mm Hotchkiss 1922 leichtes Maschinengewehr Frankreich **253–256**B

7 mm Hotchkiss 1925 leichtes Maschinengewehr Frankreich **253–256**

7 mm Lewis 1924 leichtes Maschinengewehr Frankreich 253 254B

7 mm SIG KE 7 leichtes Maschinengewehr Schweiz 34 **407–409**B 524

7 mm ZB 1927 leichtes Maschinengewehr Tschechoslowakei **501–507**

7 mm ZB 1930 leichtes Maschinengewehr Tschechoslowakei **501–507**

7 mm ZB 1937 schweres Maschinengewehr Tschechoslowakei 514

7,35 mm Breda 1930 Testwaffe leichtes Maschinengewehr Italien 325

7,5 mm 24/29 (f) (Châtellerault 1924/29) leichtes Maschinengewehr Deutschland (Frankreich) **256–259**DBS

7,5 mm 52 Universal-Maschinengewehr Frankreich 257 (s. Waffen »heute«)

7,5 mm 1925 (Furrer) leichtes Maschinengewehr Schweiz 78 183 **404–407**DB 409 410

7,5 mm 1931 (Châtellerault 1924/29) Panzer-Maschinengewehr Frankreich 258B 259

7,5 mm 1934 (Châtellerault 1924/29) Flugzeug-Maschinengewehr Frankreich 259

7,5 mm 1934 T (Châtellerault 1924/29) Flugzeug-Maschinengewehr Frankreich 259

7,5 mm 1934/39 (Châtellerault 1924/29) Flugzeug-Maschinengewehr Frankreich 259

7,5 mm 1943 schweres Maschinengewehr Schweiz 78 **409–410**DB

7,5 mm Châtellerault 1924 leichtes Maschinengewehr Frankreich 78 249 251 256 257

7,5 mm Châtellerault 1924/29 leichtes Maschinengewehr Frankreich 78 249 251 253 **256–259**DBS 370

7,5 mm Châtellerault 1924/29 leichtes Maschinengewehr (Version als Fla-MG) Frankreich 256–259BS

7,5 mm Darne 1922 leichtes Maschinengewehr Frankreich 253 254B

7,5 mm Hotchkiss Waffensystem (auch 6,5 mm, 7 mm, 7,92 mm und 8 mm) leichte Maschinengewehre Frankreich **253–256**DBS

7,5 mm Hotchkiss 1922 leichtes Maschinengewehr Frankreich **253–256**B

7,5 mm Lewis 1924 leichtes Maschinengewehr Frankreich 253 254B

7,5 mm MAS 1922 leichtes Maschinengewehr Frankreich 253

7,5 mm W+F 51 Universal-Maschinengewehr Schweiz 410 (s. Waffen »heute«)

7,62 mm 3 (MG 3) Universal-Maschinengewehr Bundesrepublik Deutschland 33 105 199 325 (s. Waffen »heute«)

7,62 mm 42/59 Universal-Maschinengewehr Italien 325 328 (s. Waffen »heute«)

7,62 mm 52 leichtes Maschinengewehr ČSFR 507 (s. Waffen »heute«)

7,62 mm 52/57 leichtes Maschinengewehr ČSFR 507 (s. Waffen »heute«)

7,62 mm 53 leichtes Maschinengewehr China 449 (s. Waffen »heute«)

7,62 mm 57 schweres Maschinengewehr China 455 (s. Waffen »heute«)
7,62 mm 59 Universal-Maschinengewehr ČSFR 514 (s. Waffen »heute«)
7,62 mm 63 schweres Maschinengewehr China 455 (s. Waffen »heute«)
7,62 mm 120 (r) (Degtjarjow DP 1928) leichtes Maschinengewehr Deutschland (Sowjetunion) 445–449DBS
7,62 mm 120/2 (r) (Degtjarjow DPM 1944) leichtes Maschinengewehr Deutschland (Sowjetunion) 445–449B
7,62 mm 1909/21 schweres Maschinengewehr Finnland 234 235
7,62 mm 1921 schweres Maschinengewehr Finnland **234–236**DB
7,62 mm 1931 Versuchswaffe leichtes Maschinengewehr Sowjetunion 448
7,62 mm 1932/33 schweres Maschinengewehr Finnland **234–236**DB
7,62 mm 1934 Versuchswaffe leichtes Maschinengewehr Sowjetunion 448
7,62 mm 1938 Versuchswaffe leichtes Maschinengewehr Sowjetunion 448
7,62 mm Aswan (Gorjunow SG 1943) schweres Maschinengewehr Ägypten (Sowjetunion) 455
7,62 mm Bren L4 Waffensystem leichte Maschinengewehre Großbritannien 291 (s. Waffen »heute«)
7,62 mm Degtjarjow 1923 Versuchswaffe leichtes Maschinengewehr Sowjetunion 445
7,62 mm Degtjarjow 1924 Versuchswaffe leichtes Maschinengewehr Sowjetunion 445
7,62 mm Degtjarjow 1930 Versuchswaffe schweres Maschinengewehr Sowjetunion 452
7,62 mm Degtjarjow 1938 Testwaffe/Prototyp (DS 1939) schweres Maschinengewehr Sowjetunion 452
7,62 mm Degtjarjow 1943 Versuchswaffe leichtes Maschinengewehr Sowjetunion 448
7,62 mm Degtjarjow DA-2 Flugzeug-Maschinengewehr (mod. lMG Degtjarjow DP 1928) Sowjetunion 447
7,62 mm Degtjarjow DA 1928 Flugzeug-Maschinengewehr (mod. lMG Degtjarjow DP 1928) Sowjetunion 447
7,62 mm Degtjarjow DA 1930 Flugzeug-Maschinengewehr (mod. lMG Degtjarjow DP 1928) Sowjetunion 447
7,62 mm Degtjarjow DP 1928 leichtes Maschinengewehr Sowjetunion 18B 27B 31B 34 183 375 444 **445–449**DBS 452
7,62 mm Degtjarjow DPM 1944 leichtes Maschinengewehr Sowjetunion 34 375 **445–449**B 452
7,62 mm Degtjarjow DS 1939 schweres Maschinengewehr Sowjetunion **451–454**DB 455
7,62 mm Degtjarjow DS 1939 schweres Maschinengewehr (Version als Fla-MG) Sowjetunion 454
7,62 mm Degtjarjow DT 1929 Panzer-Maschinengewehr (mod. lMG Degtjarjow DP 1928) Sowjetunion 447B
7,62 mm Degtjarjow RPD leichtes Maschinengewehr Sowjetunion 375 448 449 (s. Waffen »heute«)
7,62 mm DP leichtes Maschinengewehr Polen 449 (s. Waffen »heute«)
7,62 mm DPM leichtes Maschinengewehr Polen 449 (s. Waffen »heute«)
7,62 mm FN MAG Universal-Maschinengewehr Belgien 100 385 (s. Waffen »heute«)
7,62 mm Gorjunow 1941 Versuchswaffe schweres Maschinengewehr Sowjetunion 455
7,62 mm Gorjunow 1942 Prototyp (Gorjunow SG 1943) schweres Maschinengewehr Sowjetunion 455
7,62 mm Gorjunow SG 1943 schweres Maschinengewehr Sowjetunion 34 375 452 **454–458**DBS
7,62 mm Gorjunow SG 1943 schweres Maschinengewehr (Version als Fla-MG) Sowjetunion 458
7,62 mm Gorjunow SG 1943 B schweres Maschinengewehr Sowjetunion **454–458**
7,62 mm Gorjunow SGM schweres Maschinengewehr Sowjetunion 455 (s. Waffen »heute«)
7,62 mm Gorjunow SGMB Panzer-Maschinengewehr (mod. sMG Gorjunow SGM) Sowjetunion 455 (s. Waffen »heute«)
7,62 mm Gorjunow SGMT Panzer-Maschinengewehr (mod. sMG Gorjunow SGM) Sowjetunion 455 (s. Waffen »heute«)
7,62 mm Gorjunow SGT Panzer-Maschinengewehr (mod. sMG Gorjunow SG 1943) Sowjetunion 455
7,62 mm Kalaschnikow PK/PKS Universal-Maschinengewehr Polen 375 (s. Waffen »heute«)
7,62 mm Kalaschnikow PK/PKS Waffensystem schwere Maschinengewehre Sowjetunion 375 430 458 (s. Waffen »heute«)
7,62 mm Kalaschnikow PK/PKS Universal-Maschinengewehr Sowjetunion 375 430 458 (s. Waffen »heute«)
7,62 mm Kalaschnikow PKM/PKMS Waffensystem schwere Maschinengewehre Sowjetunion 430 458 (s. Waffen »heute«)
7,62 mm Kalaschnikow RPK leichtes Maschinengewehr Sowjetunion 430 440 448 449 (s. Waffen »heute«)

7,62 mm Kulspruta M 58 Universal-Maschinengewehr Schweden 385 (s. Waffen »heute«)
7,62 mm L7 A1 Universal-Maschinengewehr Großbritannien 287 (s. Waffen »heute«)
7,62 mm Lahti 1926 leichtes Maschinengewehr Finnland 34 **236–237**DB
7,62 mm Lahti 1934 Versuchswaffe leichtes Maschinengewehr Finnland 236
7,62 mm M 60 Universal-Maschinengewehr USA 166 199 565 575 (s. Waffen »heute«)
7,62 mm Madsen Waffensystem (auch 6,5 mm, 7,92 mm und 8 mm) leichte und Universal-Maschinengewehre Dänemark 34 **102–105**DBS
7,62 mm Madsen-Saetter Waffensystem (auch 12,7 mm) leichte, schwere und überschwere Maschinengewehre Dänemark 105 (s. Waffen »heute«)
7,62 mm Maxim-Kolesnikow MK Versuchswaffe leichtes Maschinengewehr Sowjetunion 444
7,62 mm Maxim PM 1910 schweres Maschinengewehr Rußland/Sowjetunion 18 19B 372 373 431 444 445 451 452 453B 454 455 458 498 514
7,62 mm Maxim-Tokarew MT leichtes Maschinengewehr Sowjetunion **443–445**DB
7,62 mm Maxim Waffensystem schwere Maschinengewehre Finnland **234–236**DB
7,62 mm NTK 62 Universal-Maschinengewehr Japan 352 (s. Waffen »heute«)
7,62 mm RP 46 Kompanie-Maschinengewehr Sowjetunion 447 448 (s. Waffen »heute«)
7,62 mm RPD leichtes Maschinengewehr Polen 375 (s. Waffen »heute«)
7,62 mm SG 43 (Gorjunow SG 1943) schweres Maschinengewehr ČSFR (Sowjetunion) 455
7,62 mm SG 43 (Gorjunow SG 1943) schweres Maschinengewehr Polen (Sowjetunion) 455
7,62 mm SGMG (Gorjunow SG 1943) schweres Maschinengewehr Ungarn (Sowjetunion) 455
7,62 mm Valmet 62 leichtes Maschinengewehr Finnland 237 (s. Waffen »heute«)
7,65 mm FN Browning Waffensystem (auch 7 mm, .30 und 7,92 mm) leichte und schwere Maschinengewehre Belgien **98–100**DB 565
7,65 mm FN 1917 schweres Maschinengewehr Belgien **98–100**D
7,65 mm FN 1928 leichtes Maschinengewehr Belgien **98–100**
7,65 mm FN 1930 leichtes Maschinengewehr Belgien **98–100** 565
7,65 mm FN D leichtes Maschinengewehr Belgien **98–100**DB 565
7,65 mm SIG KE 7 leichtes Maschinengewehr Schweiz 34 **407–409**B 524
7,65 mm ZB 1927 leichtes Maschinengewehr Tschechoslowakei **501–507**
7,65 mm ZB 1930 leichtes Maschinengewehr Tschechoslowakei **501–507**
7,65 mm ZB 1937 schweres Maschinengewehr Tschechoslowakei 514
7,7 mm 1 schweres Maschinengewehr Japan **345–347**DB
7,7 mm 89 Heeres/Bord-Maschinengewehr (mod. lMG Nambu Taisho 11) Japan 344
7,7 mm leichtes Maschinengewehr (mod. Flugzeug-MG 89) Japan 344
7,7 mm 89 leichtes Maschinengewehr (mod. Heeres/Bord-MG 89, mod. lMG Nambu Taisho 11) Japan 344
7,7 mm 92 schweres Marine/Bord-Maschinengewehr Japan 345 **347**DB
7,7 mm 92 schweres Maschinengewehr Japan 22B **345–347**DB
7,7 mm 97 leichtes Maschinengewehr (mod. Panzer-MG 97, mod. lMG ZB 1926) Japan 344
7,7 mm 97 Panzer-Maschinengewehr (mod. lMG ZB 1926) Japan 344B
7,7 mm 99 leichtes Maschinengewehr Japan **350–352**DB
7,92 mm 08 (MG 08) schweres Maschinengewehr Deutschland 32 **180–182**DBS 183 185 188 189 203 346 372 373 404 455 498 501
7,92 mm 08/15 (MG 08/15) leichtes Maschinengewehr Deutschland 170 180 182 183 185 188 203 370 372 455 501
7,92 mm 08/18 leichtes Maschinengewehr Deutschland 183 188
7,92 mm 13 (Gerät 13, Dreyse 13) leichtes Maschinengewehr Deutschland 186 203
7,92 mm 13 a (Gerät 13 a, Dreyse 13) Versuchswaffe leichtes Maschinengewehr Deutschland 183–186
7,92 mm 13 b (Gerät 13 b) Prototyp (Dreyse 13) leichtes Maschinengewehr Deutschland 183–186
7,92 mm 14 (Gerät 14, Dreyse 14) Versuchswaffe schweres Maschinengewehr Deutschland 203
7,92 mm 15 Flugzeug-Maschinengewehr Deutschland 187 191 194 **201–205**DBS 206
7,92 mm 15 leichtes Maschinengewehr (mod. Flugzeug-MG 15) Deutschland 187 191 **201–205**DB 210
7,92 mm 16 (Gerät 16) Versuchswaffe leichtes Maschinengewehr Deutschland 203
7,92 mm 16 Versuchswaffe Einheits-Maschinengewehr Deutschland 183 188B 203
7,92 mm 17 Flugzeug-Maschinengewehr Deutschland 187 191 194 **201–205**B 206 208

Register

7,92 mm 17 leichtes Maschinengewehr (mod. Flugzeug-MG 17) Deutschland 187 191 **201–205** 210

7,92 mm 26 (t) (ZB 1926) leichtes Maschinengewehr Deutschland (Tschechoslowakei) 501–507DBS

7,92 mm 28 (p) (Browning 1928) leichtes Maschinengewehr Deutschland (Polen) 370–372DB

7,92 mm 30 (t) (ČZ 1930) schweres Maschinengewehr Deutschland (Tschechoslowakei) 507–509DB

7,92 mm 30 (t) (ZB 1930) leichtes Maschinengewehr Deutschland (Tschechoslowakei) 501–507DB

7,92 mm 34 (MG 34) Universal-Maschinengewehr Deutschland 17 24B 32B 155 185 **188–195**DBS 197 199 200 203 208 217 455 458 492 506 514

7,92 mm 34 (MG 34) Universal-Maschinengewehr (Version als Fla-MG) Deutschland 33B **188–195**DBS

7,92 mm 34 (MG 34) Universal-Maschinengewehr (Version als Panzer-MG) Deutschland **188–195**BS

7,92 mm 34/41 Universal-Maschinengewehr Deutschland **188–195**DB

7,92 mm 34 S Versuchswaffe Universal-Maschinengewehr Deutschland **188–195**B

7,92 mm 37 (t) (ZB 1937) schweres Maschinengewehr Deutschland (Tschechoslowakei) 510–514DBS

7,92 mm 39 Versuchswaffe Universal-Maschinengewehr Deutschland 197

7,92 mm 39/41 Versuchswaffe/Prototyp (MG 42) Universal-Maschinengewehr Deutschland 197–201

7,92 mm 42 (MG 42) Universal-Maschinengewehr Deutschland 22B 33 155 185 191 194 **197–201**DBSE 208 455 458 492 514 575

7,92 mm 42 (MG 42) Universal-Maschinengewehr (Version als Fla-MG) Deutschland **197–201**DBSE

7,92 mm 42 (MG 42) Universal-Maschinengewehr (Version als Panzer-MG) Deutschland **197–201**DSE

7,92 mm 42 V Versuchswaffe/Prototyp Universal-Maschinengewehr Deutschland 201

7,92 mm 45 Versuchswaffe/Prototyp Universal-Maschinengewehr Deutschland 201

7,92 mm 81 Flugzeug-Maschinengewehr Deutschland 155 194 **205–208**DBS 210

7,92 mm 81 leichtes Maschinengewehr (mod. Flugzeug-MG 81) Deutschland 194 **205–208**DB 210

7,92 mm 81 Z Flugzeug-Maschinengewehr Deutschland **205–208**DB

7,92 mm 81 Z leichtes Maschinengewehr (mod. Flugzeug-MG 81 Z) Deutschland **205–208**D

7,92 mm 944 (MG 34) Universal-Maschinengewehr Portugal (Deutschland) 195

7,92 mm 1907/24 (mod. Schwarzlose) schweres Maschinengewehr Tschechoslowakei **498–501** 510 511 512 513

7,92 mm 1910/28 (mod. Maxim PM 1910) schweres Maschinengewehr Polen (Rußland) 372B 373

7,92 mm 1914/29 (mod. Schwarzlose) schweres Maschinengewehr Schweden (Tschechoslowakei) 383 384

7,92 mm 1924 (mod. Schwarzlose) schweres Maschinengewehr Tschechoslowakei 383 384 **498–501**DB 510 511 512 513

7,92 mm 1925 (mod. Hotchkiss 1914) schweres Maschinengewehr Polen 373B

7,92 mm 1930 (Steyr-Solothurn S2-200) leichtes Maschinengewehr Österreich/Deutschland **186–187**DBS 214 **361** 409

7,92 mm 1930 Versuchswaffe schweres Maschinengewehr Tschechoslowakei 511

7,92 mm 1931 (Steyr-Solothurn S2-200) leichtes Maschinengewehr Ungarn (Deutschland/Schweiz) 187

7,92 mm Besa schweres Maschinengewehr Großbritannien 289 **294–295**DB 296 297 511

7,92 mm Besa schweres Maschinengewehr (Version als Panzer-MG) Großbritannien **294–295**B 511

7,92 mm Besa Mk.1 schweres Maschinengewehr Großbritannien **294–295**

7,92 mm Besa Mk.2 schweres Maschinengewehr Großbritannien **294–295**

7,92 mm Besa Mk.3 schweres Maschinengewehr Großbritannien **294–295**D

7,92 mm Breda 1930 (Exportversion) leichtes Maschinengewehr Italien 323

7,92 mm Bren leichtes Maschinengewehr Kanada 289

7,92 mm Browning 1928 leichtes Maschinengewehr Polen 99 **370–372**DB 375 566

7,92 mm Browning 1930 schweres Maschinengewehr Polen **372–375**DB

7,92 mm Browning 1930 A schweres Maschinengewehr Polen **372–375**DB

7,92 mm Browning 1936 schweres Maschinengewehr Schweden 383 **384–385**DB

7,92 mm Colt-Browning M 1938 B (mod. Browning M 1917 A1) schweres Maschinengewehr USA 570B 571D

7,92 mm ČZ 1928 Flugzeug-Maschinengewehr Tschechoslowakei 507

7,92 mm ČZ 1930 schweres Maschinengewehr Tschechoslowakei **507–509**DB 511

7,92 mm ČZ 1930 schweres Maschinengewehr (Version als Fla-MG) Tschechoslowakei **507–509**DB

7,92 mm ČZ 1930 (Zwilling) schweres Maschinengewehr Tschechoslowakei 509B

7,92 mm Darne 1922 leichtes Maschinengewehr Frankreich 253 254B

7,92 mm Dreyse 13 leichtes Maschinengewehr Deutschland **183–186**DBS 187 188 189 190 197 203 445

7,92 mm Dreyse 13 k leichtes Maschinengewehr Deutschland **183–186**DS

7,92 mm Dreyse 13 kd leichtes Maschinengewehr Deutschland **183–186**DBS

7,92 mm Dreyse-Muskete 1928/29 Versuchswaffe leichtes Maschinengewehr Deutschland 183–186 189

7,92 mm FN Browning Waffensystem (auch 7 mm, .30 und 7,65 mm) leichte und schwere Maschinengewehre 565

7,92 mm FN 1917 schweres Maschinengewehr Belgien **98–100**D

7,92 mm FN 1928 leichtes Maschinengewehr Belgien **98–100** 183 370 565

7,92 mm FN 1930 leichtes Maschinengewehr Belgien **98–100** 370 565

7,92 mm FN D leichtes Maschinengewehr Belgien **98–100**DB

7,92 mm Hotchkiss Waffensystem (auch 6,5 mm, 7 mm, 7,5 mm und 8 mm) leichte Maschinengewehre Frankreich **253–256**DBS

7,92 mm Hotchkiss 1922 leichte Maschinengewehre Frankreich **253–256**B 370 505

7,92 mm Jelen 1922 Versuchswaffe schweres Maschinengewehr Tschechoslowakei 510

7,92 mm Knorr-Bremse 1935/36 leichtes Maschinengewehr Deutschland/Österreich **195–197**DB

7,92 mm Lahti 1926 (Exportversion) leichtes Maschinengewehr Finnland 34 236–237B

7,92 mm Lewis 1924 leichtes Maschinengewehr Frankreich 253 254B 370

7,92 mm LH 1933 leichtes Maschinengewehr Finnland **195–197**B

7,92 mm Madsen Waffensystem (auch 6,5 mm, 7,62 mm und 8 mm) leichte und Universal-Maschinengewehre Dänemark 34 **102–105**DBS

7,92 mm Madsen 1903/24 leichtes Maschinengewehr Dänemark **102–105**B 183 188

7,92 mm Madsen 1924 leichtes Maschinengewehr Dänemark **102–105** 370

7,92 mm Madsen 1924 Universal-Maschinengewehr Dänemark **102–105**DBS

7,92 mm Mauser (1931 und 1932) Versuchswaffen leichte Maschinengewehre Deutschland 189B 190

7,92 mm Praga 1 Versuchswaffe leichtes Maschinengewehr Tschechoslowakei 502B 504

7,92 mm Praga 1/23 Versuchswaffe leichtes Maschinengewehr Tschechoslowakei 504 510

7,92 mm Praga 2 Versuchswaffe leichtes Maschinengewehr Tschechoslowakei 502

7,92 mm Praga 1924 Prototyp (ZB 1926) leichtes Maschinengewehr Tschechoslowakei 370 495 501–507DB

7,92 mm Praga 1924 Versuchswaffe schweres Maschinengewehr Tschechoslowakei 510

7,92 mm Schwarzlose Waffensystem (mod.) schwere Maschinengewehre Tschechoslowakei **498–501**DB 510 512 513

7,92 mm SIG KE 7 leichtes Maschinengewehr Schweiz 34 **407–409**DB 524

7,92 mm Solothurn S2-100 leichtes Maschinengewehr Deutschland/Schweiz **186–187**B 214 361 392 **409** 410

7,92 mm Solothurn S2-100 (1929) leichtes Maschinengewehr Deutschland/Schweiz **186–187**B 214 361 **409** 410

7,92 mm Solothurn S2-200 leichtes Maschinengewehr Deutschland/Schweiz **186–187**DBS 188 190 191 194 203 208 214 361 392 **409** 410

7,92 mm Steyr-Solothurn S2-200 (1930) leichtes Maschinengewehr Deutschland/Schweiz **186–187**DBS 188 190 191 194 203 208 214 361 392 **409** 410

7,92 mm Vollmer 1926 Versuchswaffe leichtes Maschinengewehr Deutschland 184B 185 186 189 190

7,92 mm ZB 50 Versuchswaffe schweres Maschinengewehr Tschechoslowakei 507 510B 511

7,92 mm ZB 52 Versuchswaffe schweres Maschinengewehr Tschechoslowakei 294 511

7,92 mm ZB 53 Versuchswaffe schweres Maschinengewehr Tschechoslowakei 294 510–514B

7,92 mm ZB 1926 leichtes Maschinengewehr Tschechoslowakei 34 183 256 257 287 289 294 344 349 351 355 370 377 455 478 482 486 488 499 **501–507**DBS 511 516

7,92 mm ZB 1927 leichtes Maschinengewehr Tschechoslowakei
501–507B
7,92 mm ZB 1930 leichtes Maschinengewehr Tschechoslowakei 377
501–507DB
7,92 mm ZB 1930 J leichtes Maschinengewehr Tschechoslowakei
501–507
7,92 mm ZB 1934 (mod. ZGB 1933) Versuchswaffe leichtes Maschinengewehr Tschechoslowakei 289 506
7,92 mm ZB 1935 (ZB 53) schweres Maschinengewehr Tschechoslowakei 294 **510–514**B
7,92 mm ZB 1937 schweres Maschinengewehr Tschechoslowakei 294 295 478 486 488 499 501 507 **510–514**DBS 516
7,92 mm ZB 1937/O schweres Maschinengewehr (Version für Befestigungsanlagen und Infanterie) Tschechoslowakei **510–514**BS
7,92 mm ZB 1937/UV schweres Maschinengewehr (Version als Panzer-MG) Tschechoslowakei **510–514**BS
8 mm 158 (d) (Madsen 1903/24) leichtes Maschinengewehr Deutschland (Dänemark) 102–**105**DB
8 mm 159 (d) (Madsen 1924) leichtes Maschinengewehr Deutschland (Dänemark) 102–105
8 mm 1930 (Steyr-Solothurn S2-200) leichtes Maschinengewehr Österreich/Deutschland **186–187**DBS 214 361 409
8 mm Breda 1937 schweres Maschinengewehr Italien 76 323 325 **326–329**DB
8 mm Breda 1938 Panzer-Maschinengewehr (mod. sMG Breda 1937) Italien 329B
8 mm Chauchat 1915 leichtes Maschinengewehr Frankreich 183 254 256 286 370 372 443 498 501 564
8 mm Darne 1922 leichtes Maschinengewehr Frankreich 253 254B
8 mm Fiat-Revelli 1914/35 schweres Maschinengewehr Italien 76 323 **325–326**DB
8 mm Hotchkiss 1914/25 schweres Maschinengewehr Frankreich 254
8 mm Hotchkiss Waffensystem (auch 6,5 mm, 7 mm, 7,5 mm und 7,92 mm) leichte Maschinengewehre Frankreich **253–256**DBS
8 mm Hotchkiss 1922 leichtes Maschinengewehr Frankreich **253–256**B
8 mm Hotchkiss 1926 leichtes Maschinengewehr Frankreich **253–256**DBS
8 mm Lewis 1924 leichtes Maschinengewehr Frankreich 253 254B
8 mm Madsen Waffensystem (auch 6,5 mm, 7,62 mm und 7,92 mm) leichte und Universal-Maschinengewehre Dänemark 34 **102–105**DBS
8 mm Madsen 1903/24 leichtes Maschinengewehr Dänemark **102–105**DB
8 mm Madsen 1922 leichtes Maschinengewehr Frankreich 253
8 mm Madsen 1924 leichtes Maschinengewehr Dänemark **102–105** 287 289
8 mm SIG KE 7 leichtes Maschinengewehr Schweiz 34 **407–409**B 524
8 mm Solothurn S2-100 leichtes Maschinengewehr Deutschland/Schweiz **186–187**B 214 361 392 **409** 410
8 mm Solothurn S2-200 leichtes Maschinengewehr Deutschland/Schweiz **186–187**BS 214 361 392 409 410
11 mm Browning M 1917 (mod.) Versuchswaffe schweres Maschinengewehr USA 566
12,7 mm 54 überschweres Maschinengewehr China 450 (s. Waffen »heute«)
12,7 mm Browning M2 HQCB überschweres Maschinengewehr Belgien 568 (s. Waffen »heute«)
12,7 mm Degtjarjow 1930 Testwaffe/Prototyp (DK) überschweres Maschinengewehr Sowjetunion 449
12,7 mm Degtjarjow DK überschweres Maschinengewehr Sowjetunion 449 452
12,7 mm Degtjarjow-Schpagin DSchK 1938 überschweres Maschinengewehr Sowjetunion 18 34 81 82 424 **449–451**DB 452 459
12,7 mm Degtjarjow-Schpagin DSchK 1938 überschweres Maschinengewehr (Version als Fla-MG) Sowjetunion 33B 450 451
12,7 mm Degtjarjow-Schpagin DSchK 1938/46 überschweres Maschinengewehr Sowjetunion 450 (s. Waffen »heute«)
12,7 mm Madsen-Saetter Waffensystem (auch 7,62 mm) leichte, schwere und überschwere Maschinengewehre Dänemark 105 (s. Waffen »heute«)
13 mm 131 Flugzeug-Maschinengewehr Deutschland 194 **208–210**DB
13 mm 131 Panzer-Maschinengewehr (mod. Flugzeug-MG 131) Deutschland **208–210**B
13 mm 131 überschweres Maschinengewehr (mod. Flugzeug-MG 131) Deutschland 194 **208–210**B
13 mm 1922 Prototyp (mod. Flugzeug-MG Gast) überschweres Maschinengewehr Deutschland 514
13,2 mm 93 überschweres Maschinengewehr Japan **348**DB
13,2 mm 93 überschweres Maschinengewehr (Version als Fla-MG) Japan 348
13,4 mm 1929 Versuchswaffe überschweres Maschinengewehr Tschechoslowakei 515
14,5 mm 1929 Versuchswaffe überschweres Maschinengewehr Tschechoslowakei 515
14,5 mm 1933 Versuchswaffe überschweres Maschinengewehr Tschechoslowakei 515
14,5 mm Wladimirow KPW überschweres Maschinengewehr Sowjetunion 34 82 449 **459**DB
14,5 mm Wladimirow PKP überschweres Maschinengewehr Sowjetunion 459 (s. Waffen »heute«)
15 mm 151 Flugzeug-Maschinengewehr Deutschland 155 194 208 **210–214**DBS
15 mm Besa (ZB 60) überschweres Maschinengewehr Großbritannien (Tschechoslowakei) 295B
15 mm ZB 60 überschweres Maschinengewehr Tschechoslowakei 295 **514–516**DB 517
15 mm ZB 60 überschweres Maschinengewehr (Version als Fla-MG) Tschechoslowakei **514–516**D
15 mm ZB 60 Versuchswaffe überschweres Maschinengewehr Tschechoslowakei 515 517
15 mm ZB 63 Versuchswaffe überschweres Maschinengewehr Tschechoslowakei 516
20 mm 151/20 Flugzeug-Maschinengewehr Deutschland 194 208 **210–214**DB
20 mm 151/20 überschweres Maschinengewehr (mod. Flugzeug-MG 151/20) Deutschland 194 208 **210–214**B
20 mm 151/20 überschweres Maschinengewehr (mod. Flugzeug-MG 151/20, Version als Fla-MG) Deutschland 194 208 **210–214**B
20 mm 1935 überschweres Maschinengewehr (Panzerbüchse Oerlikon) Tschechoslowakei (Schweiz) 516
20 mm 1936 überschweres Maschinengewehr (Panzerbüchse Oerlikon) Tschechoslowakei (Schweiz) 516
20 mm H Versuchswaffe überschweres Maschinengewehr/Maschinenkanone Tschechoslowakei 515
20 mm Janeček Versuchswaffe überschweres Maschinengewehr/Maschinenkanone Tschechoslowakei 515
20 mm Semag überschweres Maschinengewehr/Maschinenkanone Schweiz 515

Herkömmliche Panzerbüchsen

7,92 mm 35 (p) (1935) Panzerbüchse Deutschland (Polen) **375–376**DB
7,92 mm 38 Panzerbüchse Deutschland 35 81 **217–222**DB 223 225 226 517
7,92 mm 39 Panzerbüchse Deutschland 35 81 **217–222**DB 223 225 226 376 517
7,92 mm 40 G Versuchswaffe Panzerbüchse Deutschland 220 221B 222D
7,92 mm 40 K Versuchswaffe Panzerbüchse Deutschland 220 221B 222D
7,92 mm 40 W Versuchswaffe Panzerbüchse Deutschland 220B 222D
7,92 mm 41 Versuchswaffe Panzerbüchse Deutschland 220B 221 222D
7,92 mm 44 Versuchswaffe Panzerbüchse Deutschland 220 221
7,92 mm 1935 Panzerbüchse Polen 81 215 220 **375–376**DB
7,92 mm 1935 Versuchswaffe/Prototyp Panzerbüchse Polen 375
7,92 mm 1939 Panzerbüchse Sowjetunion 461
7,92 mm 1941 Selbstlade-Panzerbüchse Tschechoslowakei 221 412 **516–520**DB
7,92 mm W/7,92 Testwaffe/Prototyp Panzerbüchse Tschechoslowakei 517 518
7,92 mm ZK 405 Versuchswaffe Panzerbüchse Tschechoslowakei 517
7,92 mm ZK 406 Versuchswaffe Panzerbüchse Tschechoslowakei 517
7,92 mm ZK 407 Versuchswaffe Panzerbüchse Tschechoslowakei 517
11/7,92 mm L 11 Versuchswaffe Selbstlade-Panzerbüchse Tschechoslowakei 520
12 mm ZK 395 Versuchswaffe Panzerbüchse Tschechoslowakei 517
12,7 mm 1939 (Einzellader) Panzerbüchse Sowjetunion 461 462D
12,7 mm 1939 (Mehrlader) Panzerbüchse Sowjetunion 461 462DB
12,7 mm Rukawischnikow 1942 Versuchswaffe Panzerbüchse Sowjetunion 464
14,5 mm Bljum 1942 Versuchswaffe Panzerbüchse Sowjetunion 464
14,5 mm Degtjarjow PTRD 1941 Panzerbüchse Sowjetunion 34B 35 82 **459–462**DBS
14,5 mm Rukawischnikow 1939 Panzerbüchse Sowjetunion 461 463 464
14,5 mm Rukawischnikow 1939 Versuchswaffe Panzerbüchse Sowjetunion 460 461
14,5 mm Schpitalny 1939 Versuchswaffe Panzerbüchse Sowjetunion 460
14,5 mm Simonow PTRS 1941 Panzerbüchse Sowjetunion 35 82 437 459 461 462 **463–464**DB
14,5 mm Wladimirow 1939 Versuchswaffe Panzerbüchse Sowjetunion 460 461
15 mm 1941 Panzerbüchse Tschechoslowakei 221 412 **516–520**DB
15 mm W/15 Testwaffe/Prototyp Panzerbüchse Tschechoslowakei 517 518

15 mm ZK 395 Versuchswaffe Panzerbüchse Tschechoslowakei 517
15 mm ZK 416 Versuchswaffe Panzerbüchse Tschechoslowakei 517
15/11 mm L 15 Versuchswaffe Selbstlade-Panzerbüchse Tschechoslowakei 520
20 mm 97 schwere Panzerbüchse Japan 34 83 **353–354**DB
20 mm 1936 (Solothurn S 18–100) schwere Panzerbüchse Ungarn (Deutschland/Schweiz) 215
20 mm A 1938 schwere Panzerbüchse Polen 376
20 mm Bofors 1940 schwere Panzerbüchse Schweden 34 **385**DB
20 mm Lahti VKT-L 1939 schwere Panzerbüchse Finnland 34 **237–238**DB
20 mm Madsen 1935 schwere Panzerbüchse Dänemark 34 82 **105**DB 376
20 mm Oerlikon schwere Panzerbüchse Schweiz 34 215 376 **411–412**DBS 515 516
20 mm Oerlikon 1936 schwere Panzerbüchse Schweiz 34 **411–412**DBS
20 mm Oerlikon (Erstausführung) schwere Panzerbüchse Schweiz 34 **411–412**DB
20 mm RES 1942 Versuchswaffe schwere Panzerbüchse Sowjetunion 464
20 mm Solo 40 (Solothurn S 18–1000) schwere Panzerbüchse Schweiz/Deutschland 22B 215 410 412
20 mm Solothurn S 18–100 schwere Panzerbüchse Deutschland/Schweiz 34 187 **214–217**DBS 392 409 **410**
20 mm Solothurn S 18–1000 schwere Panzerbüchse Deutschland/Schweiz 34 187 **214–217**DB 392 409 410 412
20 mm Solothurn S 18–1100 schwere Panzerbüchse Deutschland/Schweiz 34 187 **214–217**DB 392 409 410
24 mm 1941 (Tankbüchse 41) schwere Panzerbüchse Schweiz **412–413**D 519
28/20 mm 41 (Fallschirmjäger-Version) schwere Panzerbüchse Deutschland 155 221 **222–224**DB 225 226 412 519
28/20 mm 41 (Standardversion) schwere Panzerbüchse Deutschland 155 221 **222–224**DB 225 226 412 519
37 mm Kurtschewski 1931 Versuchswaffe Panzerbüchse Sowjetunion 459

Reaktive Panzerbüchsen

28 mm Panzerfaust Waffensystem (auch 45 mm, 50 mm und 60 mm) reaktive Panzerbüchsen Deutschland 35 224 **226–228**DB
28 mm Panzerfaust 30 klein reaktive Panzerbüchse Deutschland **226–228**DB
28 mm Panzerfaust 30 klein (Faustpatrone 1) Prototyp reaktive Panzerbüchse Deutschland 226
40/80 mm RPG 2 reaktive Panzerbüchse Sowjetunion 463 464 (s. Waffen »heute«)
45 mm Panzerfaust Waffensystem (auch 28 mm, 50 mm und 60 mm) reaktive Panzerbüchsen Deutschland 35 224 **226–228**DB
45 mm Panzerfaust 30 reaktive Panzerbüchse Deutschland **226–228**DB
50 mm Panzerfaust Waffensystem (auch 28 mm, 45 mm und 60 mm) reaktive Panzerbüchsen Deutschland 35 224 **226–228**DB
50 mm Panzerfaust 60 reaktive Panzerbüchse Deutschland 22B **226–228**DB
60 mm Panzerfaust Waffensystem (auch 28 mm, 45 mm und 50 mm) reaktive Panzerbüchsen Deutschland 35 224 **226–228**DB
60 mm Panzerfaust 100 reaktive Panzerbüchse Deutschland **226–228**D
65 mm RS 65 Versuchswaffe reaktive Panzerbüchse Sowjetunion 464
66 mm LAW 72 reaktive Panzerbüchse USA 580 (s. Waffen »heute«)
76/89 mm Piat reaktive Panzerbüchse Großbritannien **299–300**DB
80 mm 1944 Versuchswaffe reaktive Panzerbüchse Sowjetunion 464
83 mm 50 reaktive Panzerbüchse Schweiz 412 (s. Waffen »heute«)
83 mm Blindicide RL 83 reaktive Panzerbüchse Belgien 412 (s. Waffen »heute«)
88 mm 43 (Raketenpanzerbüchse) reaktive Panzerbüchse Deutschland 225
88 mm 54 (Raketenpanzerbüchse) reaktive Panzerbüchse Deutschland **225–226**DB 227
90 mm 51 reaktive Panzerbüchse Schweiz 412 (s. Waffen »heute«)
100 mm 54 (Raketenpanzerbüchse) reaktive Panzerbüchse Deutschland **225–226**D 227

Infanteriewaffen nach Zollkaliber

Revolver

.22 Smith & Wesson Baureihen und Einzelmodelle verschiedener Typen (auch .357, 9 mm, .38, .41 und .45) Militär- und Polizeirevolver USA 532 (s. Waffen »heute«)
.22 Webley Police & Military Mk.4 Revolver Großbritannien 261
.32 Webley Police & Military Mk.4 Revolver Großbritannien 261
.357 Colt Baureihen und Einzelmodelle verschiedener Typen (auch .38) Militär- und Polizeirevolver USA 528 (s. Waffen »heute«)
.357 Smith & Wesson Baureihen und Einzelmodelle verschiedener Typen (auch .22, 9 mm, .38, .41, .44 und .45) Militär- und Polizeirevolver USA 532 (s. Waffen »heute«)
.357 Smith & Wesson M 27 Revolver USA **530**BE (s. Waffen »heute«)
.357 Smith & Wesson M 28 Highway Patrolman Revolver USA 530 (s. Waffen »heute«)
.357 Smith & Wesson M 1935 Magnum Revolver USA **530**DB
.38 Colt Baureihen und Einzelmodelle verschiedener Typen (auch .357) Militär- und Polizeirevolver USA 528 (s. Waffen »heute«)
.38 Colt Baureihe Polizeirevolver USA **528**DB
.38 Colt Detective Special Revolver USA **528**DB
.38 Colt Official Police Revolver USA **528**DB
.38 New Nambu 60 Revolver Japan 330 (s. Waffen »heute«)
.38 Smith & Wesson Baureihen und Einzelmodelle verschiedener Typen (auch .22, .357, 9 mm, .41, .44 und .45) Militär- und Polizeirevolver USA 532 (s. Waffen »heute«)
.38 Smith & Wesson .38/44 Heavy Duty Revolver USA **529**B 530
.38 Smith & Wesson .38/44 Outdoorsman Sportwaffe Revolver USA 529B
.38 Smith & Wesson .38/200 British Service Revolver USA 75 260 529 530 **531–532**DBS 533
.38 Smith & Wesson M 11 Revolver USA 532
.38 Smith & Wesson M 20 (.38/200 British Service) Revolver USA 529
.38 Smith & Wesson Victory (Military & Police, .38/200 British Service) Revolver USA **531–532**B
.380 Albion Mk.1* (Enfield Nr.2 Mk.1*) Revolver Großbritannien 260–263
.380 Albion Mk.1** (Enfield Nr.2 Mk.1**) Revolver Großbritannien 260–263
.380 Enfield Nr.2 Mk.1 Revolver Großbritannien 95 **260–263**DBSE 264 280 356
.380 Enfield Nr.2 Mk.1* Revolver Großbritannien **260–263**B
.380 Enfield Nr.2 Mk.1** Revolver USA **260–263**
.380 Webley Police & Military Mk.4 Revolver Großbritannien 260B 261 263D
.41 Smith & Wesson Baureihen und Einzelmodelle verschiedener Typen (auch .22, .357, 9 mm, .38, .44 und .45) Militär- und Polizeirevolver USA 532 (s. Waffen »heute«)
.44 Smith & Wesson Baureihen und Einzelmodelle verschiedener Typen (auch .22, .357, 9 mm, .38, .41 und .45) Militär- und Polizeirevolver USA 532 (s. Waffen »heute«)
.44 Smith & Wesson M 1926 (3. Modell) Revolver USA 529B
.45 Smith & Wesson Baureihen und Einzelmodelle verschiedener Typen (auch .22, .357, 9 mm, .38, .41 und .44) Militär- und Polizeirevolver USA 532 (s. Waffen »heute«)

Pistolen

.38 Colt Super Automatic Selbstladepistole USA 535
.38 Star Baureihen (auch 7,63 mm, 7,65 mm, 9 mm, .380 und .45) Selbstladepistolen Spanien 84 **465–467**B
.38 Star 1920 (Exportversion) Selbstladepistole Spanien **465–467**B
.38 Star 1921 (Exportversion) Selbstladepistole Spanien **465–467**B
.38 Star 1922 (Exportversion) Selbstladepistole Spanien **465–467**B
.38 Star 1922 A (Exportversion) Selbstladepistole Spanien **465–467**B
.38 Star 1922 A1 (Exportversion) Selbstladepistole Spanien **465–467**B
.38 Star 1922 M (Exportversion) Selbstladepistole Spanien **465–467**B
.38 Star M Selbstladepistole Spanien 465
.380 Star Baureihen (auch 7,63 mm, 7,65 mm, 9 mm und .38) Selbstladepistolen Spanien 84 **465–467**B
.380 Star 1922 D (Exportversion) Selbstladepistole Spanien **465–467**B
.380 Star 1922 H (Exportversion) Selbstladepistole Spanien **465–467**B
.380 Star 1922 I (Exportversion) Selbstladepistole Spanien **465–467**B
.380 Star 1922 IN (Exportversion) Selbstladepistole Spanien **465–467**B
.380 Star 1922 S (Exportversion) Selbstladepistole Spanien **465–467**B
.45 11 (Colt M 1911 A1) Selbstladepistole Österreich (USA) 360
.45 1927 Selbstladepistole Argentinien **84**DB
.45 Ballester Molina Selbstladepistole Argentinien **84–85**DB
.45 Colt Government M 1911 Selbstladepistole USA 76 84 94 96 417 418 465 466 532 533B 537
.45 Colt M 1911 A1 Selbstladepistole USA 76 84 243 285 331 360 363 465 466 **532–535**DBSE (s. Waffen »heute«)
.45 Colt M 1911 A1 (Version als Klein-MPi) Selbstladepistole USA 534B
.45 Liberator Einladepistole USA **535–537**DB
.45 New Nambu 57 Selbstladepistole Japan 331 (s. Waffen »heute«)
.45 Star Baureihen (auch 7,63 mm, 7,65 mm, 9 mm, .38 und .380) Selbstladepistolen Spanien 84 **465–467**B
.45 Star 1920 (Exportversion) Selbstladepistole Spanien **465–467**B
.45 Star 1921 (Exportversion) Selbstladepistole Spanien **465–467**B
.45 Star 1922 (Exportversion) Selbstladepistole Spanien **465–467**B
.45 Star 1922 M (Exportversion) Selbstladepistole Spanien **465–467**B
.45 Star 1922 P (Exportversion) Selbstladepistole Spanien **465–467**B
.45 Star 1922 PD (Exportversion) Schnellfeuerpistole Spanien **465–467**B
.45 Star P Selbstladepistole Spanien 465
.45 VIS 1935 Versuchswaffe Selbstladepistole Polen 363
.45 Walther AP (Armeepistole) Versuchswaffe Selbstladepistole Deutschland 125–129
.45 Welrod (Hand Firing Device) Mehrladepistole USA 265
.455 Colt M 1911 (mod. Colt Government M 1911) Selbstladepistole Großbritannien (USA) 260

Maschinenpistolen

.45 36 Maschinenpistole China 553 (s. Waffen »heute«)
.45 36 Maschinenpistole China (Taiwan) 553 (s. Waffen »heute«)
.45 1940 Versuchswaffe Maschinenpistole USA 545
.45 Annihilator (Thompson M 1919) Versuchswaffe/Prototyp Maschinenpistole USA 537 538B
.45 Bergmann 35 Maschinenpistole Deutschland/Dänemark 140–142
.45 Hyde-Inland Testwaffe Maschinenpistole USA 547
.45 M2 Maschinenpistole USA 268 546 **547–553**B
.45 M3 Maschinenpistole USA 27 28B 90 248 543 545 **547–553**DBSE 558
.45 M3 A1 Maschinenpistole USA 27 248 336 **547–553**DBE 558
.45 M 35 Versuchswaffe Maschinenpistole USA 268 547 548B
.45 Persuader Versuchswaffe Maschinenpistole USA 537 538B
.45 Reising 50 Maschinenpistole USA **544–545**DB
.45 Reising 55 Maschinenpistole USA **544–545**DB
.45 Schmeisser 28/2 Maschinenpistole Deutschland 133–134
.45 Swebilius 1940 Testwaffe Maschinenpistole USA 545 546
.45 Swebilius 1941 Prototyp (UD 1942) Maschinenpistole USA 546
.45 T 15 Versuchswaffe Maschinenpistole USA 547
.45 T 20 Prototyp (M3) Maschinenpistole USA 547
.45 Thompson Waffensystem Maschinenpistole USA 27 76 246 270 472 **537–544**DBS
.45 Thompson M1 Maschinenpistole USA 27 248 336 **537–544**DB 546
.45 Thompson M1 A1 Maschinenpistole USA 27 248 **537–544**DB 546
.45 Thompson M 1921 Maschinenpistole USA 482 **537–544**DBS
.45 Thompson M 1923 Maschinenpistole USA 542
.45 Thompson M 1927 (mod.) Versuchswaffe Maschinenpistole USA 542
.45 Thompson M 1928 A Maschinenpistole USA 540B 542
.45 Thompson M 1928 A1 Maschinenpistole USA 20B 26 27 246 268 271 285 365 **537–544**DBS 547 553
.45 Thompson M 1928 AC Maschinenpistole USA 542
.45 UD 1 Testwaffe/Versuchswaffe Maschinenpistole USA 546B 547
.45 ZK 383 Maschinenpistole Tschechoslowakei 484

Gewehre

.22 Lee-Enfield Nr.2 Mk.4 Trainingswaffe Mehrladegewehr Großbritannien 281 284D
.276 Garand Versuchswaffe Selbstladegewehr USA 557
.276 Pedersen 1926 Versuchswaffe Selbstladegewehr USA 556B 557
.276 Pedersen T2 E1 Versuchswaffe Selbstladegewehr Großbritannien 280 281B 284D

Register

.276 White Versuchswaffe Selbstladegewehr USA 556B
.30 Cristobal 2 Schnellfeuergewehr Dominikanische Republik 524 (s. Waffen »heute«)
.30 FN 1924/30 Mehrladekarabiner Belgien 97–98
.30 Garand 1926 Versuchswaffe Selbstladegewehr USA 556B 557
.30 Johnson 1936 Versuchswaffe Selbstladegewehr USA 558 559
.30 Johnson 1938 Versuchswaffe Selbstladegewehr USA 559
.30 Johnson 1941 Selbstladegewehr USA 30 553 **558–560**DB 575
.30 M1 Selbstladegewehr Italien 322 558 (s. Waffen »heute«)
.30 M1 Carbine Selbstladekarabiner USA 30 31B 78 252 553 558 559 **560–563**DBSE
.30 M1 A1 Carbine Selbstladekarabiner USA 30 **560–563**B
.30 M1 A3 Carbine Selbstladekarabiner USA 562
.30 M1 A4 Carbine Selbstladekarabiner USA 562
.30 M1 Garand Selbstladegewehr USA 19B 30 31B 157 252 322 340 341 438 497 553 555 **556–558**DBS 559 560 562 563
.30 M1 Garand 1944 Testwaffe Selbstladekarabiner USA 558
.30 M1-C Garand mit Zielfernrohr Selbstlade-Scharfschützengewehr USA 558
.30 M1-D Garand mit Zielfernrohr Selbstlade-Scharfschützengewehr USA 557B 558
.30 M2 Carbine Schnellfeuerkarabiner USA 30 **560–563**DB
.30 M3 Carbine Schnellfeuerkarabiner USA 30 **560–563**B
.30 Springfield M 1903 Mehrladegewehr USA 79 353 537 553 554 555E 556 557 559
.30 Springfield M 1903 A1 Mehrladegewehr USA 29 **553–555**DBE 556 559
.30 Springfield M 1903 A3 Mehrladegewehr USA 29 **553–555**BE 556
.30 Springfield M 1903 A4 Mehrlade-Scharfschützengewehr USA 29 **553–555**B 556
.30 T3 (mod. M1 Carbine und M2 Carbine) Schnellfeuerkarabiner USA 562
.30 Winchester 1941 Versuchswaffe/Prototyp (M1 Carbine) Selbstladekarabiner USA 562
.30 ZK 420 Versuchswaffe Selbstladegewehr ČSFR 496B 498
.303 Farquhar-Hill 1924 Versuchswaffe Schnellfeuergewehr (auch in Version als lMG) Großbritannien 280 281B 284D
.303 Lee-Enfield Waffensystem Mehrladegewehre und Mehrladekarabiner Großbritannien 29 33B 86 92 **280–284**DBSE 294 297 357
.303 Lee-Enfield Mk.5 (Nr.1 Mk.5) Mehrladegewehr Großbritannien 280 281 283B
.303 Lee-Enfield Mk.6 (Nr.1 Mk.6) Mehrladegewehr Großbritannien 280 281
.303 Lee-Enfield Nr.1 Mk.3 Mehrladegewehr Australien 86 92B 281
.303 Lee-Enfield Nr.1 Mk.3 Mehrladegewehr Großbritannien 20B 29 86 92 270 **280–284**DBSE 285
.303 Lee-Enfield Nr.4 Mk.1 Mehrladegewehr Großbritannien 29 30B 92 **280–284**DB
.303 Lee-Enfield Nr.4 Mk.1* Mehrladegewehr Kanada 281 283 284
.303 Lee-Enfield Nr.4 Mk.1* Mehrladegewehr USA 281 283 284
.303 Lee-Enfield Nr.4 Mk.1 T Mehrlade-Scharfschützengewehr Großbritannien 283
.303 Lee-Enfield Nr.5 Mk.1 Mehrladekarabiner Großbritannien 29 **280–284**DB
.45 De Lisle Mehrladekarabiner Großbritannien **285–286**DBS
.45 Reising 60 Selbstladekarabiner USA 544 545B

Maschinengewehre

.30 Browning BAR Waffensystem leichte Maschinengewehre USA 34B 98 **564–566**DB
.30 Browning BAR M 1918 leichtes Maschinengewehr USA 98 183 256 257 286 287 289 383 493 502 505 559 564 565B 569 574 575
.30 Browning BAR M 1918 A1 leichtes Maschinengewehr USA 34 99 **564–566**DB 574 575
.30 Browning BAR M 1918 A2 leichtes Maschinengewehr USA 34 99 **564–566**DB 574 575
.30 Browning BAR M 1922 leichtes Maschinengewehr USA 99 183 370 371 505 **564–566**DB 572 574 575
.30 Browning M 1917 schweres Maschinengewehr USA 81 99 373 384 455 564 567 569B 571 572
.30 Browning M 1917 A1 schweres Maschinengewehr USA 99 455 **569–571**DB 572
.30 Browning M 1919 Panzer-Maschinengewehr (mod. sMG Browning M 1917) USA 572
.30 Browning M 1919 Versuchswaffe Flugzeug-Maschinengewehr (mod. sMG Browning M 1917) USA 572
.30 Browning M 1919 A1 Panzer-Maschinengewehr (mod. sMG Browning M 1917) USA 572
.30 Browning M 1919 A2 Kavallerie-Maschinengewehr (mod. sMG Browning M 1917) USA 564 572
.30 Browning M 1919 A1 Panzer- Maschinengewehr (mod. sMG Browning M 1917) USA 572
.30 Browning M 1919 A3 Panzer-Maschinengewehr (mod. sMG Browning M 1917) USA 572
.30 Browning M 1919 A4 schweres Maschinengewehr USA 34 564 571 **572–575**DBS
.30 Browning M 1919 A4 schweres Maschinengewehr (Version als Fla-MG) USA 572 573
.30 Browning M 1919 A4 schweres Maschinengewehr (Version als Flugzeug-MG) USA 572
.30 Browning M 1919 A4 schweres Maschinengewehr (Version als Panzer-MG) USA 572 573B
.30 Browning M 1919 A5 Panzer-Maschinengewehr (mod. sMG Browning M 1919 A4) USA 572
.30 Browning M 1919 A6 leichtes Maschinengewehr USA 572 574B 575D
.30 Browning M 1919 A6 E1 Versuchswaffe leichtes Maschinengewehr USA 572
.30 Browning M 1919 M2 Flugzeug-Maschinengewehr (mod. sMG Browning M 1917) USA 572 573B
.30 Colt-Browning M 1938 (mod. Browning M 1917) schweres Maschinengewehr USA 571
.30 Colt-Browning M 1938 B (mod. M 1917 A1) schweres Maschinengewehr USA 571
.30 Dror (Johnson 1944) leichtes Maschinengewehr Israel (USA) 575 576B
.30 FN Browning Waffensystem (auch 7 mm, 7,65 mm und 7,92 mm) leichte und schwere Maschinengewehre Belgien **98–100**DB 565
.30 FN D leichtes Maschinengewehr Belgien **98–100**DB
.30 Johnson 1941 leichtes Maschinengewehr USA 559 565 574 **575–576**DB
.30 Johnson 1944 Testwaffe leichtes Maschinengewehr USA 575 576
.303 Berthier (Exportversion) leichtes Maschinengewehr Großbritannien 286
.303 Besal Mk.1 Prototyp leichtes Maschinengewehr Großbritannien 294 **295–297**
.303 Besal Mk.2 Prototyp leichtes Maschinengewehr Großbritannien **295–297**DB
.303 Bren leichtes Maschinengewehr Australien 86 289
.303 Bren leichtes Maschinengewehr Großbritannien 21B 33B 34 86 257 287 **289–293**DBS 294 295 296 297 357 506
.303 Bren leichtes Maschinengewehr Kanada 289
.303 Bren leichtes Maschinengewehr (Version als Fla-MG) Großbritannien **289–293**B
.303 Bren leichtes Maschinengewehr (Version als Panzer-MG) Großbritannien **289–393**B
.303 Bren Mk.1 leichtes Maschinengewehr Großbritannien **289–293**DB
.303 Bren Mk.2 leichtes Maschinengewehr Großbritannien **289–293**BS
.303 Bren Mk.3 leichtes Maschinengewehr Großbritannien **289–293**DB
.303 Lahti 1926 (Exportversion) leichtes Maschinengewehr Finnland 34 236–237B
.303 Lewis Mk.4 leichtes Maschinengewehr (mod. Flugzeug-MG Lewis) Großbritannien 287
.303 SIG KE 7 leichtes Maschinengewehr Schweiz 34 407–409B 524
.303 VGO (mod. Vickers-Berthier 1928) Flugzeug-Maschinengewehr Großbritannien 287
.303 Vickers-Berthier leichtes Maschinengewehr Großbritannien **286–289**DB 370 455
.303 Vickers-Berthier 1925 Versuchswaffe leichtes Maschinengewehr Großbritannien 287
.303 Vickers-Berthier Mk.1 leichtes Maschinengewehr Großbritannien **286–289**DB
.303 Vickers-Berthier Mk.2 leichtes Maschinengewehr Großbritannien **286–289**DB
.303 Vickers-Berthier Mk.3 leichtes Maschinengewehr Großbritannien **286–289**DB
.303 Vickers-Berthier Mk.3 leichtes Maschinengewehr Indien 287
.303 Vickers-Berthier Versuchswaffe Universal-Maschinengewehr Großbritannien 287
.303 ZGB 1933 leichtes Maschinengewehr Tschechoslowakei 289 **501–507**D
.50 54 überschweres Maschinengewehr Pakistan 450 (s. Waffen »heute«)
.50 Browning M2 überschweres Maschinengewehr USA 34 81 **566–569**DB
.50 Browning M2 überschweres Maschinengewehr (Version als Fla-MG) USA 81 567 568
.50 Browning M2 überschweres Maschinengewehr (Version als Flugzeug-MG) USA 81 567

.50 Browning M2 überschweres Maschinengewehr (Version als Panzer-MG) USA 81 567
.50 Browning M2 HB überschweres Maschinengewehr USA 34 81 449 **566–569**DB
.50 Browning M2 HB überschweres Maschinengewehr (Version als Fla-MG) USA 81 567 568B
.50 Browning M2 HB überschweres Maschinengewehr (Version als Flugzeug-MG) USA 81 567
.50 Browning M2 HB überschweres Maschinengewehr (Version als Panzer-MG) USA 81 567
.50 Browning M 1921 überschweres Maschinengewehr USA 81 567
.50 Browning M 1921 überschweres Maschinengewehr (Version als Fla-MG) USA 81 567
.50 Browning M 1921 überschweres Maschinengewehr (Version als Flugzeug-MG) USA 81 567
.50 Browning M 1921 überschweres Maschinengewehr (Version als Panzer-MG) USA 81 567
.50 Browning M 1921 A1 überschweres Maschinengewehr USA 81 567
.50 Browning M 1921 A1 überschweres Maschinengewehr (Version als Fla-MG) USA 81 567
.50 Browning M 1921 A1 überschweres Maschinengewehr (Version als Flugzeug-MG) USA 81 567
.50 Browning M 1921 A1 überschweres Maschinengewehr (Version als Panzer-MG) USA 81 567

Herkömmliche Panzerbüchsen

.55 Boys Panzerbüchse Großbritannien 82 220 **297–299**DB 357
.55 Boys Panzerbüchse Kanada 298B 299
.55 Boys Mk.1 Panzerbüchse Großbritannien **297–299**DB
.55 Boys Mk.1* Panzerbüchse Kanada 298B 299
.55 Boys Mk.2 Panzerbüchse Großbritannien **297–299**B
.55 Boys Mk.3 Panzerbüchse Großbritannien **297–299**
.55 Stanchion-gun Prototyp (Boys) Panzerbüchse Großbritannien 297
.60 T1 E1 Testwaffe schwere Panzerbüchse USA 579

Reaktive Panzerbüchsen

2.36 Bazooka M1 reaktive Panzerbüchse USA 35 225 **576–580**DB
2.36 Bazooka M1 A1 reaktive Panzerbüchse USA **576–580**B
2.36 Bazooka M9 reaktive Panzerbüchse USA 19B **576–580**DB
3.50 Bazooka M 20 reaktive Panzerbüchse USA 578B 579 580
3.50 Bazooka M 20 A1 reaktive Panzerbüchse USA 579B 580
3.50 Bazooka M 20 A1 B1 reaktive Panzerbüchse USA 579B 580
3.50 Bazooka M 20 B1 reaktive Panzerbüchse USA 579B 580

Register der Patronen

Eigennamen bzw. Sachbezeichnungen der Patronen nach Alphabet

ACP .25 **73**DB
ACP .32 **74**DB
ACP .380 **74**DB
ACP .45 **76**DB
Arisaka M 30 6,5 mm 76
Arisaka M 38 6,5 mm **76**DB
Automatic Colt .45 **76**DB
Borchardt 7,65 mm **74**DB
Borchardt 7,65 mm (von 1893) 73 74
Boys .55 **82**DB
British Lee-Enfield Mk.7 .303 **79**DB
British Service Mk.1 .380 75
British Service Mk.2 .380 **75**DB
Browning 6,35 mm **73**DB
Browning 7,65 mm **74**DB
Browning kurz 9 mm **74**DB
Browning lang 9 mm 74
Colt long .38 75
Colt Special .38 75
DWM 7 mm 80
Geco M 35 7,75 mm 80
Glisenti M 10 9 mm **75**DB
High-Speed-Patrone 75
High-Velocity-Patrone 75
Holland, Holland Rand 7,92 mm **80**DB
Holland Nr.1 6,5 mm 80
Holland Nr.23 7,92 mm **80**DB
Krag .30–40 79
Krag Dänemark M 89/10 8 mm **80–81**DB
Krag/Norwegen M 94 6,5 mm **77**DB
Lebel M 08 8 mm 80
Lee-Metford .303 79
long Colt .38 75
Luger .30 **74**DB
Luger 9 mm 74 **75**DB
M 03 Mannlicher/Griechenland 6,5 mm **77**DB
M 03/05 Mauser 7,92 mm 79 **80**DB 81
M 08 Lebel 8 mm 80
M 10 Glisenti 9 mm **75**DB
M 11 (Schmidt-Rubin) 7,5 mm **78**DB
M 30/38 12,7 mm **81–82**DB
M 30 Arisaka 6,5 mm 76
M 35 Geco 7,75 mm 80
M 38 Arisaka 6,5 mm **76**DB
M 41 14,5 mm 82
M 41/44 14,5 mm **82**DB
M 82 Schweizer Ordonnanz 7,5 mm **73**DB
M 88 Mauser 7,92 mm 80
M 89 Mauser 7,65 mm 79
M 89/10 Krag Dänemark 8 mm **80–81**DB
M 89/10 Mauser 7,65 mm **79**DB
M 91 Mannlicher-Carcano 6,5 mm **76–77**DB
M 91 Paravicino-Carcano 6,5 mm **76–77**DB
M 91/08 Mosin 7,62 mm 79
M 92 7,7 mm 76
M 93 Mannlicher/Rumänien 6,5 mm **77**DB
M 93 Mauser 7 mm **77–78**DB
M 94 Krag/Norwegen 6,5 mm **77**DB
M 95 Mannlicher/Holland 6,5 mm **77**DB
M 96 Mauser/Schweden 6,5 mm **77**DB
M 97 20 mm **83**DB
M 98 20 mm 83
M 99 7,7 mm 76
M 99 20 mm (20 × 71) 83
M 99 20 mm (20 × 101) 83
M 1887 Schwedisch-Nagant 7,5 mm 73
M 1891 Mosin 7,62 mm 78
M 1895 Nagant 7,62 mm **73**DB
M 1896 Mauser 7,63 mm **73–74**DB
M 1900 Mannlicher-Schönauer 6,5 mm **77**DB
M 1908/30 Mosin 7,62 mm **78–79**DB
M 1924 C 7,5 mm 78
M 1929 C 7,5 mm **78**DB
M 1930 Tokarew 7,62 mm **73**DB
M 1935 lang 7,65 mm **74**DB
Madsen 20 mm **82–83**DB
Magnum .357 **75–76**DB
Mannlicher-Carcano M 91 6,5 mm **76–77**DB
Mannlicher/Griechenland M 03 6,5 mm **77**DB
Mannlicher/Holland M 95 6,5 mm **77**DB
Mannlicher/Rumänien M 93 6,5 mm **77**DB
Mannlicher-Schönauer M 1900 6,5 mm **77**DB
Mauser 7,9 mm (M 03/05) 80
Mauser 8 mm (M 03/05) 80
Mauser-Automatic .30 **73–74**DB
Mauser Export 9 mm 74
Mauser M 03/05 7,92 mm 79 **80**DB 81
Mauser M 88 7,92 mm 80
Mauser M 89 7,65 mm 79
Mauser M 89/10 7,65 mm **79**DB
Mauser M 93 7 mm **77–78**DB
Mauser M 1896 7,63 mm **73–74**DB
Mauser/Schweden M 96 6,5 mm **77**DB
Meiji 30 6,5 mm 76
Meiji 38 6,5 mm **76**DB
Mk.1 British Service .380 75
Mk.2 British Service .380 **75**DB
Mk.7 British Lee-Enfield .303 **79**DB
Mosin M 91/08 7,62 mm 79
Mosin M 1891 7,62 mm 78
Mosin M 1908/30 7,62 mm **78–79**DB
Nagant M 1895 7,62 mm **73**DB
Nr.1 Holland 6,5 mm 80
Nr.23 Holland 7,92 mm **80**DB
P 35 7,92 mm **81**DB
P 318 7,92 mm **81**DB
Parabellum 7,65 mm **74**DB
Parabellum 9 mm 74 **75**DB
Paravicino-Carcano M 91 6,5 mm **76–77**DB
Pedersen .30 74
Pieper 8 mm 73
PP 43 7,92 mm **80**DB
randlose Gewehrpatrone Springfield .30-03 76
Schmidt-Rubin 7,5 mm **78**DB
Schmidt-Rubin 7,5 mm (von 1887) 80
Schwedisch-Nagant M 1887 7,5 mm 73
Schweizer Ordonnanz M 82 7,5 mm **73**DB
Smith & Wesson .32 74
Smith & Wesson .38 (von 1876) 75
Smith & Wesson Magnum .357 **75–76**DB
Smith & Wesson Special .38 **75**DB 76
Smith & Wesson Super Police .38 75
Special .38 **75**DB 76
Special Colt .38 75
Tokarew M 1930 7,62 mm **73**DB
US Browning M2 .50 **81**DB
US Carbine .30 **78**DB
US Springfield .30-06 78 79
US Springfield M2 .30-06 **79**DB
Winchester SL .32 78

Patronen nach Kaliber × Hülsenlänge

6,35 × 15,5 HR (6,35 mm Browning, .25 ACP) **73**DB
6,5 × 50,5 HR (6,5 mm Arisaka Meiji 30) 76
6,5 × 50,5 HR (6,5 mm Arisaka Meiji 38) **76**DB
6,5 × 52,5 (6,5 mm Paravicino-Carcano M 91, Mannlicher-Carcano M 91) **76–77**DB
6,5 × 53,5 (6,5 × 54) (6,5 mm Mannlicher/Griechenland M 03, Mannlicher-Schönauer M 1900) **77**DB
6,5 × 54 R (6,5 × 53 R) (6,5 mm Holland Nr.1) 80
6,5 × 54 R (6,5 × 53 R) (6,5 mm Mannlicher/Rumänien M 93, Mannlicher/Holland M 95) **77**DB
6,5 × 55 (6,5 mm Krag/Norwegen M 94, Mauser/Schweden M 96) **77**DB
7 × 57 (7 mm Mauser M 93) **77–78**DB
7,5 × 22,5 R (7,5 mm Schwedisch-Nagant M 1887) 73
7,5 × 22,5 R (7,5 mm Schweizer Ordonnanz M 82) **73**DB
7,5 × 54 (7,5 mm M 1929 C) **78**DB
7,5 × 55,5 (7,5 mm M 11 Schmidt-Rubin) **78**DB
7,5 × 55,5 (7,5 mm Schmidt-Rubin) **78**DB
7,5 × 55,5 (7,5 mm Schmidt-Rubin, von 1887) 80
7,5 × 58 (7,5 mm M 1924 C) 78
7,62 × 20 (.30 Pedersen) 74
7,62 × 25 (7,62 mm Tokarew M 1930) **73**DB
7,62 × 33 (.30 US Carbine) **78**DB
7,62 × 39 R (7,62 mm Nagant M 1895) **73**DB
7,62 × 54 R (7,62 mm Mosin M 91/08) 79
7,62 × 54 R (7,62 mm Mosin M 1891) 78
7,62 × 54 R (7,62 mm Mosin M 1908/30) **78–79**DB
7,62 × 58,5 R (.30-40 Krag) 79
7,62 × 63 (.30-06 US Springfield) 78 79
7,62 × 63 (.30-06 US Springfield M2) **79**DB
7,62 × 65 (.30-03 randlose Gewehrpatrone Springfield) 76
7,63 × 25 (7,63 mm Mauser M 1896, .30 Mauser Automatic) **73–74**DB
7,65 × 17 HR (7,65 mm Browning, .32 ACP) **74**DB
7,65 × 20 (7,65 mm M 1935 lang) **74**DB
7,65 × 22 (7,65 mm Parabellum, .30 Luger, 7,65 mm Borchardt) **74**DB
7,65 × 33 R (.32 Winchester SL) 78
7,65 × 53,5 (7,65 mm Mauser M 89) 79
7,65 × 53,5 (7,65 mm Mauser M 89/10) **79**DB
7,7 × 56 R (.303 British Lee-Enfield Mk.7) **79**DB
7,7 × 56 R (.303 Lee-Metford) 79
7,7 × 58 (7,7 mm M 99) 76
7,7 × 58 HR (7,7 mm M 92) 76
7,75 × 39,5 (7,75 mm Geco M 35) 80
7,92 × 33 (7,92 mm PP 43) **80**DB
7,92 × 57 (7,92 mm Mauser M 88) 80
7,92 × 57 (8 × 57 JS) (7,92 mm Mauser M 03/05) 79 **80**DB 81
7,92 × 57 R (7,92 mm Holland Nr.23 7,92 mm Holland, Holland Rand) **80**DB
7,92 × 94 (7,92 mm P 318) **81**DB
7,92 × 107 (7,92 mm P 35) **81**DB
8 × 41 R (8 mm Pieper) 73
8 × 50,5 R (8 mm Lebel M 86) 80
8 × 57 JRS 80
8 × 57 JS (7,92 × 57) (7,92 mm Mauser M 03/05) 80
8 × 58 R (8 mm Krag Dänemark M 89/10) **80–81**DB
9 × 17 (9 mm Browning kurz, .380 ACP) **74**DB
9 × 19 (9 mm Glisenti M 10) **75**DB
9 × 19 (9 mm Parabellum, 9 mm Luger) 74 **75**DB
9 × 20 HR (9 mm Browning lang) 74
9 × 20 R (.38 Smith & Wesson Super Police) 75
9 × 20 R (.38 Smith & Wesson, von 1876) 75
9 × 20 R (.380 British Service Mk.1) 75
9 × 20 R (.380 British Service Mk.2) **75**DB
9 × 25 (9 mm Mauser Export) 74
9 × 26 R (.38 long Colt) 75
9 × 29 R (.38 Colt Special) 75

Register

9 × 29 R (.38 Smith & Wesson Special, .38 Special) **75**DB 76
9 × 29,5 R (.38 Colt Special) 75
9 × 32 R (.357 Magnum) **75–76**DB
11,43 × 23 (.45 ACP, .45 Colt Automatic) **76**DB
12,7 × 99 (.50 US Browning M2) **81**DB
12,7 × 108 (12,7 mm M 30/38) **81–82**DB
13,9 × 100 G (.55 Boys) **82**DB
14,5 × 114 (14,5 mm M 41) 82
14,5 × 114 (14,5 mm M 41/44) **82**DB
20 × 71 (20 mm M 98) 83
20 × 71 (20 mm M 99) 83
20 × 101 (20 mm M 99) 83
20 × 120 (20 mm Madsen) **82–83**DB
20 × 124 (20 mm M 97) **83**DB

Patronen nach metrischem Kaliber

6,35 mm Browning **73**DB
6,5 mm Arisaka M 30 76
6,5 mm Arisaka M 38 **76**DB
6,5 mm Holland Nr.1 80
6,5 mm Krag/Norwegen M 94 **77**DB
6,5 mm M 03 Mannlicher/Griechenland **77**DB
6,5 mm M 30 Arisaka 76
6,5 mm M 38 Arisaka **76**DB
6,5 mm M 91 Mannlicher-Carcano **76–77**DB
6,5 mm M 91 Paravicino-Carcano **76–77**DB
6,5 mm M 94 Krag/Norwegen **77**DB
6,5 mm M 96 Mauser/Schweden **77**DB
6,5 mm M 1900 Mannlicher-Schönauer **77**DB
6,5 mm Mannlicher-Carcano M 91 **76–77**DB
6,5 mm Mannlicher/Griechenland M 03 **77**DB
6,5 mm Mannlicher-Schönauer M 1900 **77**DB
6,5 mm Mauser/Schweden M 96 **77**DB
6,5 mm Meiji 30 76
6,5 mm Meiji 38 **76**DB
6,5 mm Nr.1 Holland 80
6,5 mm Paravicino-Carcano M 91 **76–77**DB
7 mm DWM 80
7 mm M 93 Mauser **77–78**DB
7 mm Mauser M 93 **77–78**DB
7,5 mm M 11 (Schmidt-Rubin) **78**DB
7,5 mm M 82 Schweizer Ordonnanz **73**DB
7,5 mm M 1887 Schwedisch-Nagant 73
7,5 mm M 1924 C 78
7,5 mm M 1929 C **78**DB
7,5 mm Schmidt-Rubin **78**DB
7,5 mm Schmidt-Rubin (von 1887) 80
7,5 mm Schwedisch-Nagant M 1887 73
7,5 mm Schweizer Ordonnanz M 82 **73**DB
7,62 mm M 91/08 Mosin 79
7,62 mm M 1891 Mosin 78
7,62 mm M 1895 Nagant **73**DB
7,62 mm M 1908/30 Mosin **78–79**DB
7,62 mm M 1930 Tokarew **73**DB
7,62 mm Mosin M 91/08 79
7,62 mm Mosin M 1891 78
7,62 mm Mosin M 1908/30 **78–79**DB
7,62 mm Nagant M 1895 **73**DB
7,62 mm Tokarew M 1930 **73**DB
7,63 mm M 1896 Mauser **73–74**DB
7,63 mm Mauser M 1896 **73–74**DB
7,65 mm Borchardt **74**DB
7,65 mm Borchardt (von 1893) 73 74
7,65 mm Browning **74**DB
7,65 mm M 89 Mauser 79
7,65 mm M 89/10 Mauser **79**DB
7,65 mm M 1935 lang **74**DB
7,65 mm Mauser M 89 79
7,65 mm Mauser M 89/10 **79**DB
7,65 mm Parabellum **74**DB
7,7 mm M 92 76
7,7 mm M 99 76
7,75 mm Geco M 35 80
7,75 mm M 35 Geco 80
7,9 mm Mauser (M 03/05) 80
7,92 mm Holland, Holland Rand **80**DB
7,92 mm Holland Nr.23 **80**DB
7,92 mm M 03/05 Mauser 79 **80**DB 81
7,92 mm M 88 Mauser 80
7,92 mm Mauser M 03/05 79 **80**DB 81
7,92 mm Mauser M 88 80
7,92 mm Nr.23 Holland **80**DB
7,92 mm P 35 **81**DB
7,92 mm P 318 **81**DB
7,92 mm PP 43 **80**DB
8 mm Krag Dänemark M 89/10 **80–81**DB
8 mm Lebel M 08 80
8 mm M 08 Lebel 80
8 mm M 89/10 Krag Dänemark **80–81**DB
8 mm Mauser (M 03/05) 80
8 mm Pieper 73
9 mm Browning kurz **74**DB
9 mm Browning lang 74
9 mm Glisenti M 10 **75**DB
9 mm Luger 74 **75**DB
9 mm M 10 Glisenti **75**DB
9 mm Mauser Export 74
9 mm Parabellum 74 **75**DB
12,7 mm M 30/38 **81–82**DB
14,5 mm M 41 82
14,5 mm M 41/44 **82**DB
20 mm M 97 **83**DB
20 mm M 98 83
20 mm M 99 (20 × 71) 83
20 mm M 99 (20 × 101) 83
20 mm Madsen **82–83**DB

Patronen nach Zollkaliber

.25 ACP **73**DB
.30 Luger **74**DB
.30 Mauser Automatic **73–74**DB
.30 Pedersen 74
.30 US Carbine **78**DB
.30-03 randlose Gewehrpatrone Springfield 76
.30-06 US Springfield 78 79
.30-06 US Springfield M2 **79**DB
.30-40 Krag 79
.303 British Lee-Enfield Mk.7 **79**DB
.303 Lee-Metford 79
.303 Mk.7 British Lee-Enfield **79**DB
.32 ACP **74**DB
.32 Smith & Wesson 74
.32 Winchester SL 78
.357 Magnum **75–76**DB
.357 Smith & Wesson Magnum **75–76**DB
.38 Colt long 75
.38 Colt Special 75
.38 long Colt 75
.38 Smith & Wesson Special **75**DB 76
.38 Smith & Wesson Super Police 75
.38 Smith & Wesson (von 1876) 75
.38 Special **75**DB 76
.38 Special Colt 75
.380 ACP **74**DB
.380 British Service Mk.1 75
.380 British Service Mk.2 **75**DB
.380 Mk.1 British Service 75
.380 Mk.2 British Service **75**DB
.45 ACP **76**DB
.45 Automatic Colt **76**DB
.50 US Browning M2 **81**DB
.55 Boys **82**DB

Register der Personen

Arisaka, Nariake 337 338
Barnitzke 180
Barthelmes, Fritz 125
Baumgarten 320
Becker, Reinhold 411 515
Bergmann, Theodor 101 140 144
Berthier, André 249 286 287
Besrukow, I. I. 439
Bessemer, C. 494
Blish, John N. 537
Bljum, M. N. 460 464
Borchardt, Hugo 110 111
Boys 297
Brejcha, František 507
Browning, John Moses 73 74 76 84 93 94 95 239 242 363 438 455 493 532 564 565 566 569 571 572
Busenhart, Emil 398
Carcano, Salvatore M. 320
Ceballos y Aguirre, Don Venanzio Lopez de, Graf von Campo-Giro 467
Clair 239
Colt, Samuel 438
Cutts, Richard M. Junior 542
Cutts, Richard M. Senior 542
Degtjarjow, Wassili Alexejewitsch 419 420 421 424 426 428 437 438 439 443 444 445 448 449 452 455 459 461 463 464
Dörsch 320
Dragunow, Jewgenij Fjedorowitsch 434
Dubinin, A. A. 448
Echeverria, Bonifacio 465
Echeverria, Julian 465
Ehrhardt, Heinrich 214
Eklund 382
End, Gotthard 393 407
Farquhar, Mowbray 280
Faulkoner, Harry 296
Feederle, Fidel 106
Feederle, Friedrich 106
Feederle, Josef 106
Felsztyn, T. Dr. 375
Filatow, Nikolai Michailowitsch 436
Fjodorow, Wladimir Grigorjewitsch 419 424 432 436 438 439 443 444 445 458
Fosbery, George Vincent 260
Frommer, Rudolf 521
Furrer, Adolf 387 389 396 399 400 405 407 409
Gaetzki 393
Garand, John C. 556 557
Gast, Karl 514
Geipel, Berthold 137 138
Gerlich, H. 223

Geyer, R. 494
Giandoso, Toni 319
Giandoso, Zorzoli 319
Gollat 473
Gorjunow, Michail 455
Gorjunow, Pjotr Maximowitsch 455 457
Grunow 197
Hall, S. E. M. 90
Hebler, Friedrich Wilhelm 168
Heinemann, Karl 158
Herlach, Fritz 214
Hill 280
Holeček, Jaroslav 484
Holek, Emanuel 495 497 505 510 517
Holek, František 499 501
Holek, Václav 289 294 295 474 475 482 484 502 505 506 507 511 515 517
Horák 494
Hyde, George J. 543 546 547
Janeček 499 500 501
Jašek, Leopold 377
Jeffries 299
Jelen, Rudolf 487 489 490 494 500 502 510
Jermolajew, S. I. 464
Johnson, Melvin Maynard 558 559 575
Jörgensen 554
Jurek, B. 376
Kalaschnikow, Dr. Michail Timofejewitsch 427 430 448
Király, Pal 393 407 524 525
Kolesnikow, Iwan Nikolajewitsch 420 438 444 450 451
Komaritzky, Irizarch Andrejewitsch 420 433
Konowalow, W. P. 438
Korowin, Sergej Alexandrowitsch 414 415 416 419 420 460
Koucký, František 482 484 497 498
Koucký, Josef 482 484 497 498 517
Krag 554
Kratochvíl, Jan 497
Krnka, Karel 120 168 360 431 474 493 495 502
Krotkiewski, Z. 374
Kurtschewski, L. W. 459
Kusnetzow, A. I. 439
Kyncl, J. 520
Lahti, Aimo Johannes 229 230 231 232 234 236 237 378 379
Lanchester, Georg Herbert 270
Langweiler, Dr. 223 226
Lauf, Hans 195 196
Lee 79

Lisle, William George de 285
Ljungman 382
Luger, Georg 74 75 106 110 111
Madsen 102
Makarow, Nikolai Fjedorowitsch 415
Mannlicher, Ferdinand Ritter von 73 77 438
Marek, Anton 505
Marengoni, Tullio 306 311 312 313 316 317
Maroszek, Jósef 371 375
Mauser, Paul 158 203 438
Maxim, Hiram 438
Menz, A. 521
Metford 79
Mondragon 438
Mosin, Sergej Iwanowitsch 431
Müller 140
Myška, František 477 478 479 481 482 483 484
Nagant, Emile 415 431
Nagant, Leon 415 431
Nambu, Kijiro 331 333 341 342 343 344 349 350
Netsch, Josef 482 494 495 502
Neufeldt, K. 223
Nickl, Josef 108 123 362 474 476 477
Odkolek, Adolf 254
Ortgies, Heinrich 112 113
Owen, Evelyn E. 86 89 90
Paravicino 320
Payne, Oscar 538
Pedersen, John D. 280 537 557
Petropawlowski, B. S. 464
Petter, Charles G. 243
Pieper, Nicolas 360
Podrabski 505
Polanka, Václav 497
Poljakow, P. P. 448
Prilutzki, S. A. 415 416 420
Puff, Karl 223
Rakow, I. I. 419
Rakula, Theodor 214
Raschkow, S. E. 464
Rasmussen, Julius Alexander 102
Reising, Eugene T. 544
Revelli Abiel Betel 311 325 326
Riddel, Uarre 89
Rolčík, Miloslav 294 295 507 511 515
Roschtschepej, J. U. 439
Rubin 73 78 402
Rukawischnikow, N. W. 428 460 461 464
Sampson, Frederick W. 547
Schilin, A. I. 447 448
Schmeisser, Hans 114

Schmeisser, Hugo 133 140 144 148 149 151 170 175 176 179 180 311 390 392
Schmeisser, Louis 101 114
Schmidt, Rudolf 73 78 386 402
Schönauer 77
Schouboe, Theodor 102
Schpagin, Georgi Semjonowitsch 424 427 428 444 449 452
Schpitalny, Boris Gawrilowitsch 424 433 459 460
Seidel, Alex 131 132
Sheppherd, Reginald Vernon 271
Sikyta, František 507
Simonow, Sergej Gawrilowitsch 341 434 436 439 440 448 459 461 463 464
Skinner 579
Skrzypiński, Jan 363 365 366
Sluchotzki, W. E. 464
Stähle, Wilhelm 176
Stange, Louis 135 144 165 183 186 188 189 190 197 214 361 392
Studler, René 547
Sudajew, Alexej Iwanowitsch 427 428 429 430 448
Swebilius, Carl G. 545
Sýkora, Adolf 507
Thompson, John Taliaferra 537 538 542 543
Tokarew, Fjodor Wassiljewitsch 341 415 416 418 419 420 434 437 438 439 440 444
Tomiška, Alois 474 476
Turpin, Harold John 271
Urasnow, D. W. 439
Vanek 494
Vollmer, Heinrich 80 137 138 144 148 158 170 185 189
Vorgrimmler, Ludwig 176 177
Wallis 299
Walther, Erich 125
Walther, Fritz 125
Walther, Georg 125
Welwyn 265
Westinger, Karl 108
Wilniewczyc, Piotr 363 365 366
Wladimirow, Semjon Wladimirowitsch 459 460
Wojewodin, P. W. 419
Woronkow, W. E. 455
Yato 334
Zehner, Hans 120 122 129
Zíbar, Václav 507